Hoeren
Internet- und Kommunikationsrecht
Praxis-Lehrbuch

Internet- und Kommunikationsrecht

Praxis-Lehrbuch

von

Prof. Dr. Thomas Hoeren
Universitätsprofessor
Direktor des Instituts für Informations-,
Telekommunikations- und Medienrecht
Münster

2. Auflage

2012

Verlag
Dr. Otto Schmidt
Köln

*Bibliografische Information
der Deutschen Nationalbibliothek*

Die Deutsche Nationalbibliothek verzeichnet diese Publikation in der Deutschen Nationalbibliografie; detaillierte bibliografische Daten sind im Internet über http://dnb.d-nb.de abrufbar.

Verlag Dr. Otto Schmidt KG
Gustav-Heinemann-Ufer 58, 50968 Köln
Tel. 02 21/9 37 38-01, Fax 02 21/9 37 38-943
info@otto-schmidt.de
www.otto-schmidt.de

ISBN 978-3-504-42052-9

©2012 by Verlag Dr. Otto Schmidt KG, Köln

Das Werk einschließlich aller seiner Teile ist urheberrechtlich geschützt. Jede Verwertung, die nicht ausdrücklich vom Urheberrechtsgesetz zugelassen ist, bedarf der vorherigen Zustimmung des Verlages. Das gilt insbesondere für Vervielfältigungen, Bearbeitungen, Übersetzungen, Mikroverfilmungen und die Einspeicherung und Verarbeitung in elektronischen Systemen.

Das verwendete Papier ist aus chlorfrei gebleichten Rohstoffen hergestellt, holz- und säurefrei, alterungsbeständig und umweltfreundlich.

Einbandgestaltung: Jan P. Lichtenford, Mettmann
Satz: WMTP, Birkenau
Druck und Verarbeitung: Betz, Darmstadt
Printed in Germany

Vorwort

Das Internetrecht ist rätselhaft. Es bewegt sich genauso schnell wie das Internet selbst und unterliegt damit vielen, unvorhergesehenen Änderungen. Vor diesem Hintergrund ist es ein besonderes Wagnis, ein Buch zum Internetrecht zu veröffentlichen. In dem Moment, in dem es erscheint, droht es überholt zu sein. Lange Zeit hat der Verfasser daher ein ausführliches Skriptum zum Internetrecht zum kostenlosen Download in aktualisierter Form bereitgestellt; bei dieser Praxis soll es auch bleiben. Dennoch hatte schon vor Jahren der Verlag Dr. Otto Schmidt das Risiko auf sich genommen, das Skript auch als Buch zu veröffentlichen. Anfänglich war die Skepsis hoch, ob sich ein Parallelvertrieb von ebook und Buch lohnt. Doch die sehr guten Verkaufszahlen für den Grundriss Internetrecht zeigen, dass sich das Experiment gelohnt hat. Dies gab uns auch den Mut, eine Neuauflage zu wagen. Dafür bot sich das Jahr 2012 insofern an, als dass größere gesetzgeberische Änderungen in diesem Jahr nicht zu erwarten sind. Eingearbeitet wurden in die vorliegende Auflage gesetzgeberische und Rechtsprechungsentwicklungen bis Oktober 2011. In den Fahnen wurden dann noch einzelne wichtige Änderungen bis Anfang Januar 2012 nachgetragen. Dennoch wird sicherlich das eine oder andere fehlen; insofern bitte ich schon jetzt um Verzeihung und darum, über fehlende oder falsche Informationen benachrichtigt zu werden. Ansonsten wünsche ich viel Spaß bei der Lektüre des Buches.

Ich danke dem Verlag Dr. Otto Schmidt für das langjährige Vertrauen und die exzellente Zusammenarbeit (insbesondere bei der sechswöchigen Rekordzeit bis zur Drucklegung dieses Buches) sowie den Mitarbeiter/Innen des ITM, voran Herrn Arne Neubauer, für die sehr zügige und gründliche Mitwirkung bei den Fahnen in Tages- und Nachtschichten.

Münster, im Februar 2012   Thomas Hoeren

Inhaltsübersicht

	Seite
Vorwort	V
Inhaltsverzeichnis	XV
Abkürzungsverzeichnis	XXVII

Erstes Kapitel:
Information und Recht – die Kernbegriffe

I. Einführung	1
II. Geschichte des Informationsrechts	2
III. Einführende Literatur und Fachzeitschriften	3

Zweites Kapitel:
Rechtsprobleme beim Erwerb von Domains

I. Praxis der Adressvergabe	9
1. Internationale Strukturen	9
2. ICANN	9
3. Die .EU-Domain	13
4. Die DENIC eG	16
5. Domainrecherche im Internet	19
II. Kennzeichenrechtliche Vorgaben	20
1. Kollisionsrechtliche Vorfragen	20
2. §§ 14, 15 MarkenG	24
3. Titelschutz nach § 5 Abs. 3 MarkenG	44
4. Reichweite von §§ 823, 826 BGB und § 3 UWG	46
5. Allgemeiner Namensschutz über § 12 BGB	48
6. Rechtsfolgen einer Markenrechtsverletzung	57
7. Verantwortlichkeit der DENIC für rechtswidrige Domains	62
8. Schutz von Domains nach dem MarkenG	67

	Seite
III. Pfändung und Bilanzierung von Domains	74
IV. Streitschlichtung nach der UDRP	77
V. Streitschlichtung rund um die EU-Domain	83

Drittes Kapitel:
Das Urheberrecht

I. Vorüberlegungen	89
II. Kollisionsrechtliche Fragen	90
III. Schutzfähige Werke	94
1. Der Katalog geschützter Werkarten	94
2. Idee – Form	95
3. Schutzhöhe	97
IV. Leistungsschutzrechte	101
1. Ausübende Künstler, §§ 73–84 UrhG	102
2. Tonträgerhersteller, §§ 85, 86 UrhG	103
3. Datenbankhersteller, §§ 87a–87e UrhG	104
V. Verwertungsrechte des Urhebers	113
1. Vervielfältigung	113
2. Bearbeitung	117
3. Recht der öffentlichen Zugänglichmachung	119
4. Verbreitungsrecht	121
VI. Urheberpersönlichkeitsrechte	121
1. Entstellungsverbot	122
2. Namensnennungsrecht	123
3. Erstveröffentlichungsrecht	123

	Seite
VII. Gesetzliche Schranken	124
1. Ablauf der Schutzfrist und verwaiste Werke	125
2. Erschöpfungsgrundsatz	126
3. Öffentliche Reden (§ 48 UrhG)	129
4. Zeitungsartikel (§ 49 UrhG)	130
5. Zitierfreiheit (§ 51 UrhG)	134
6. Öffentliche Zugänglichmachung für Unterricht und Forschung, § 52a UrhG	137
7. Die Nutzung über Bibliothekarbeitsplätze, § 52b UrhG	139
8. Vervielfältigungen zum eigenen Gebrauch, § 53 UrhG	140
9. Ausblick auf den „Dritten Korb"	154
10. Kartellrechtliche Zwangslizenzen	155
VIII. Verwertungsgesellschaften	158
1. GEMA	160
2. VG Wort	163
3. VG Bild-Kunst	163
IX. Möglichkeiten der Rechteübertragung	164
1. Vorüberlegungen	164
2. Abgrenzung der Nutzungsrechte	166
3. § 31a UrhG und die unbekannten Nutzungsarten	175
4. Die Rechtsstellung des angestellten Webdesigners	178
5. Nutzungsrechtsverträge in der Insolvenz	183
X. Code as Code – Zum Schutz von und gegen Kopierschutzmechanismen	186
XI. Folgen bei Rechtsverletzung	191
1. Strafrechtliche Sanktionen	191
2. Zivilrechtliche Ansprüche	193

Viertes Kapitel:
Online-Marketing: Werberechtliche Fragen

Seite

I. Kollisionsrechtliche Fragen 206

II. Anwendbare Regelungen 213
   1. Besondere Regelungen mit wettbewerbsrechtlichem Gehalt 213
   2. Allgemeines Wettbewerbsrecht 246
   3. Prozessuale Fragen 270

Fünftes Kapitel:
Der Vertragsschluss mit Kunden

I. Kollisionsrechtliche Fragen 275
   1. UN-Kaufrecht 275
   2. Grundzüge der Rom I-VO 276
   3. Sonderanknüpfungen 279
   4. Besonderheiten im Versicherungsvertragsrecht 280

II. Vertragsschluss im Internet 281
   1. Allgemeine Regeln und Internetabofallen 282
   2. Vertragsschluss bei Online-Auktionen 287

III. Zugang, Anfechtung und Vollmacht bei elektronischen Willenserklärungen 294

IV. Schriftform und digitale Signatur 300

V. Beweiswert digitaler Dokumente 302
   1. Freie richterliche Beweiswürdigung 303
   2. Beweisvereinbarung 304
   3. Signaturrichtlinie und das neue Signaturgesetz 305

VI. Das Recht der Allgemeinen Geschäftsbedingungen 310

	Seite
VII. Zahlungsmittel im elektronischen Geschäftsverkehr	315
1. Herkömmliche Zahlungsmethoden	316
2. Internetspezifische Zahlungsmethoden	317
VIII. Verbraucherschutz im Internet	319
1. Kollisionsrechtliche Fragen	320
2. Das Fernabsatzrecht	323

Sechstes Kapitel: Datenschutzrecht

	Seite
I. Vorab: Besondere Persönlichkeitsrechte	338
II. Geschichte des Datenschutzrechts	345
1. Vorgeschichte bis zum BDSG 1991	345
2. Die EU-Datenschutzrichtlinie und die jüngsten Novellierungen des BDSG	347
3. Die Richtlinie 2006/24/EG	351
III. Kollisionsrechtliche Vorfragen	354
IV. Die Grundstruktur des BDSG	356
1. Abgrenzung zwischen BDSG und Telemediengesetz	356
2. Personenbezogene Daten, § 3 Abs. 1 BDSG	356
3. Erhebung, Verarbeitung und Nutzung von Daten	359
V. Ermächtigungsgrundlagen	363
1. Einwilligung	363
2. Tarifvertrag/Betriebsvereinbarung – zugleich eine Einführung in arbeitsrechtliche Probleme mit Bezug zum Internet	367
3. Gesetzliche Ermächtigung	375
VI. Haftung bei unzulässiger oder unrichtiger Datenverarbeitung	381
1. Vertragliche Ansprüche	382
2. Gesetzliche Ansprüche	382

	Seite
VII. Sonderbestimmungen im Online-Bereich	387
1. Datenschutz im TK-Sektor: Das TKG	388
2. Das TMG	390
VIII. Ausgewählte Sonderprobleme	393
1. Web-Cookies	393
2. Protokollierung von Nutzungsdaten zur Missbrauchsbekämpfung	395
3. Outsourcing	396
4. Data Mining und Data Warehouse	403
5. Grenzüberschreitender Datenaustausch	404
6. Datennutzung in der Insolvenz	410

Siebtes Kapitel:
Haftung von Online-Diensten

I. Kollisionsrechtliche Vorfragen	414
II. Das Telemediengesetz (TMG)	415
1. Der Content-Provider	416
2. Der Access-Provider	421
3. Der Host-Provider	422
4. Haftung für Links	425
5. Haftung für sonstige Intermediäre	435

Achtes Kapitel:
Die internationalen Aspekte des Internetrechts

I. Zuständigkeit bei Immaterialgüterrechtsverletzungen	450
1. Innerdeutsche Fälle	450
2. Internationale Zuständigkeit	452
II. Zuständigkeit bei Verträgen	456
1. Die nationale Zuständigkeit	456

	Seite
2. Die EuGVO	456
3. Das Haager Übereinkommen	457
III. Vollstreckung	459
IV. Online Dispute Settlement	459
V. Internationales Privatrecht	460
1. CISG	460
2. EU-Kollisionsrecht	460
3. Deutsches IPR	465
4. Exemplarische Problemgestaltungen	465

Neuntes Kapitel:
Internetstrafrecht

I. Einführung	470
II. Anwendbarkeit deutschen Strafrechts	470
III. Internationale Regelungen	471
1. Cyber Crime Convention	472
2. EU-Rahmenbeschluss des Europarates (2005/222/JI)	473
3. EU-Richtlinie zur Vorratsdatenspeicherung (2006/24/EG)	473
4. EU-Haftbefehl (2002/584/JI)	474
IV. Materielles Internetstrafrecht	475
1. Internet als Propagandamittel	475
2. Gewaltdarstellungen im Internet (§ 131 StGB)	477
3. (Kinder-) Pornographie im Internet	478
4. Jugendschutz im Internet	480
5. Beleidigungen im Internet	481
6. Hyperlinks	482
7. Viren, Würmer, Trojaner, Spyware	484
8. Phishing, Pharming	485

	Seite
9. DDoS-Attacken (Distributed Denial of Service)	488
10. Dialer	490
11. IP-Spoofing und Portscanning	492
12. Einstellung von mangelbehafteten Angeboten ins Internet einschl. der Nutzung fremder Accounts („Account-Takeover")	494
13. Filesharing	494
14. Film-Streaming	495

V. Strafprozessrecht 498

1. Vorratsdatenspeicherung und Verdeckte Onlinedurchsuchung 498
2. E-Mail-Überwachung und Beschlagnahme von E-Mails 504
3. Hinzuziehung von Dritten im Ermittlungsverfahren 507

Anhang Musterverträge

I. Einkaufsbedingungen	509
II. Erwerb von Musikrechten für die Online-Nutzung	511
III. Nutzungsvereinbarungen mit angestellten Programmierern	514
IV. Mustertext: AGB-Vorschläge zur Gewährleistung	517
V. Belehrungen über das Widerrufsrecht und das Rückgaberecht bei Verbraucherverträgen	518

Stichwortverzeichnis 527

Inhaltsverzeichnis

	Seite
Vorwort	V
Inhaltsübersicht	VII
Abkürzungsverzeichnis	XXVII

Erstes Kapitel:
Information und Recht – die Kernbegriffe

I. Einführung	1
II. Geschichte des Informationsrechts	2
III. Einführende Literatur und Fachzeitschriften	3

Zweites Kapitel:
Rechtsprobleme beim Erwerb von Domains

I. Praxis der Adressvergabe	9
1. Internationale Strukturen	9
2. ICANN	9
3. Die .EU-Domain	13
4. Die DENIC eG	16
5. Domainrecherche im Internet	19
II. Kennzeichenrechtliche Vorgaben	20
1. Kollisionsrechtliche Vorfragen	20
2. §§ 14, 15 MarkenG	24
a) Kennzeichenmäßige Benutzung	24
b) Benutzung im geschäftlichen Verkehr	25
c) Verwechslungsgefahr	27
d) Gleichnamigkeit	32
e) Gattungsbegriffe	36
f) „com"-Adressen	43
g) Regional begrenzter Schutz	44

	Seite
3. Titelschutz nach § 5 Abs. 3 MarkenG	44
4. Reichweite von §§ 823, 826 BGB und § 3 UWG	46
5. Allgemeiner Namensschutz über § 12 BGB	48
6. Rechtsfolgen einer Markenrechtsverletzung	57
a) Unterlassungsanspruch	57
b) Schadensersatz durch Verzicht	59
7. Verantwortlichkeit der DENIC für rechtswidrige Domains	62
8. Schutz von Domains nach dem MarkenG	67
a) Domain als Marke i.S.d. § 3 MarkenG	67
b) Domain als Unternehmenskennzeichen i.S.d. § 5 Abs. 2 MarkenG	68
c) Titelschutz	71
d) Afilias und die Konsequenzen	72
III. Pfändung und Bilanzierung von Domains	74
IV. Streitschlichtung nach der UDRP	77
V. Streitschlichtung rund um die EU-Domain	83

Drittes Kapitel:
Das Urheberrecht

I. Vorüberlegungen	89
II. Kollisionsrechtliche Fragen	90
III. Schutzfähige Werke	94
1. Der Katalog geschützter Werkarten	94
2. Idee – Form	95
3. Schutzhöhe	97
IV. Leistungsschutzrechte	101
1. Ausübende Künstler, §§ 73–84 UrhG	102
2. Tonträgerhersteller, §§ 85, 86 UrhG	103
3. Datenbankhersteller, §§ 87a–87e UrhG	104

	Seite
a) Vorüberlegungen: Der urheberrechtliche Schutz von Datenbanken	104
b) Die Sui-generis-Komponente	105

V. Verwertungsrechte des Urhebers 113
  1. Vervielfältigung 113
  2. Bearbeitung 117
  3. Recht der öffentlichen Zugänglichmachung 119
  4. Verbreitungsrecht 121

VI. Urheberpersönlichkeitsrechte 121
  1. Entstellungsverbot 122
  2. Namensnennungsrecht 123
  3. Erstveröffentlichungsrecht 123

VII. Gesetzliche Schranken 124
  1. Ablauf der Schutzfrist und verwaiste Werke 125
  2. Erschöpfungsgrundsatz 126
  3. Öffentliche Reden (§ 48 UrhG) 129
  4. Zeitungsartikel (§ 49 UrhG) 130
     a) Artikel 130
     b) Zeitungen 131
     c) Elektronische Pressespiegel 131
     d) Vergütungsanspruch 133
  5. Zitierfreiheit (§ 51 UrhG) 134
     a) Zitierfreiheit für wissenschaftliche Werke 135
        aa) Wissenschaft 135
        bb) Umfang des Zitats 135
        cc) Zitatzweck 135
        dd) Quellenangabe 136
     b) Kleinzitat, § 51 Nr. 2 UrhG 137
     c) Musikzitate, § 51 Nr. 3 UrhG 137
  6. Öffentliche Zugänglichmachung für Unterricht und Forschung, § 52a UrhG 137

		Seite
7.	Die Nutzung über Bibliothekarbeitsplätze, § 52b UrhG	139
8.	Vervielfältigungen zum eigenen Gebrauch, § 53 UrhG	140
	a) Privater Gebrauch	142
	b) Eigener wissenschaftlicher Gebrauch	146
	c) Aufnahme in ein eigenes Archiv	147
	d) Zeitungs- und Zeitschriftenbeiträge	147
	e) Kopienversanddienste, § 53a UrhG	147
	f) Ausnahmeregelungen für den Unterricht	149
	g) Rechtsfolge: Vergütungsanspruch	150
	aa) Die alte Rechtslage: Vergütung bei Bild- und Tonaufzeichnungen und bei reprographischen Vervielfältigungen	150
	bb) Die neue Rechtslage: § 54 Abs. 1 UrhG	152
	h) Hausrechte	152
9.	Ausblick auf den „Dritten Korb"	154
10.	Kartellrechtliche Zwangslizenzen	155

VIII. Verwertungsgesellschaften ... 158

1.	GEMA	160
2.	VG Wort	163
3.	VG Bild-Kunst	163

IX. Möglichkeiten der Rechteübertragung ... 164

1.	Vorüberlegungen	164
	a) Die Homepage	165
	b) Projektbeteiligte	165
	c) Inhalt	165
	d) Finanzierung	166
	e) Projektbeendigung	166
2.	Abgrenzung der Nutzungsrechte	166
	a) Einfaches versus ausschließliches Nutzungsrecht	166
	b) Zeitliche und räumliche Begrenzung	167
	c) Zweckübertragung (§ 31 Abs. 5 UrhG): Auflistung der zu übertragenden Rechte	168
	d) Weiterübertragung	170

	Seite
e) Nichtausübung und Rückrufsrechte	171
f) Honorare	172
3. § 31a UrhG und die unbekannten Nutzungsarten	175
a) Einführung	175
b) Unbekannte Nutzungsarten und der „Zweite Korb"	176
c) Übergangsregelung des § 137l UrhG	177
4. Die Rechtsstellung des angestellten Webdesigners	178
5. Nutzungsrechtsverträge in der Insolvenz	183
X. Code as Code – Zum Schutz von und gegen Kopierschutzmechanismen	186
XI. Folgen bei Rechtsverletzung	191
1. Strafrechtliche Sanktionen	191
2. Zivilrechtliche Ansprüche	193
a) § 97 Abs. 1 UrhG	193
aa) Anspruch auf Beseitigung und Unterlassung	194
bb) Anspruch auf Schadensersatz	194
b) Sonstige Geldansprüche	197
c) Auskunft und Rechnungslegung	197

Viertes Kapitel:
Online-Marketing: Werberechtliche Fragen

I. Kollisionsrechtliche Fragen	206
II. Anwendbare Regelungen	213
1. Besondere Regelungen mit wettbewerbsrechtlichem Gehalt	213
a) Standesrecht	214
b) Werbebeschränkungen für besondere Produkte	220
c) Das eBay-Bewertungssystem	226
d) Die Preisangabenverordnung, die Impressums- und weitere Informationspflichten	233
aa) Preisangabenverordnung	233
bb) Impressumspflicht	236
cc) Fax und Mails	239

	Seite
dd) Lieferfristen	240
ee) Widerrufsbelehrung nach Fernabsatzrecht	241
2. Allgemeines Wettbewerbsrecht	246
a) Kommerzielle Versendung von E-Mails	246
b) Trennungsgebot	253
c) Hyperlinks	255
aa) Deep Linking	256
bb) Framing bzw. Inline-Linking	257
cc) Vorspannwerbung und Virtual Malls	258
d) Meta-Tags und Google AdWords	259
e) Sonstige wettbewerbsrechtliche Werbebeschränkungen	267
3. Prozessuale Fragen	270

Fünftes Kapitel:
Der Vertragsschluss mit Kunden

I. Kollisionsrechtliche Fragen	275
1. UN-Kaufrecht	275
2. Grundzüge der Rom I-VO	276
3. Sonderanknüpfungen	279
4. Besonderheiten im Versicherungsvertragsrecht	280
II. Vertragsschluss im Internet	281
1. Allgemeine Regeln und Internetabofallen	282
2. Vertragsschluss bei Online-Auktionen	287
III. Zugang, Anfechtung und Vollmacht bei elektronischen Willenserklärungen	294
IV. Schriftform und digitale Signatur	300
V. Beweiswert digitaler Dokumente	302
1. Freie richterliche Beweiswürdigung	303
2. Beweisvereinbarung	304
3. Signaturrichtlinie und das neue Signaturgesetz	305

	Seite
VI. Das Recht der Allgemeinen Geschäftsbedingungen	310
VII. Zahlungsmittel im elektronischen Geschäftsverkehr	315
1. Herkömmliche Zahlungsmethoden	316
2. Internetspezifische Zahlungsmethoden	317
VIII. Verbraucherschutz im Internet	319
1. Kollisionsrechtliche Fragen	320
2. Das Fernabsatzrecht	323
a) Anwendungsbereich	325
b) Widerrufs- und Rückgaberecht	326
c) Kostentragung	327
aa) Rücksendekosten	327
bb) Hinsendekosten	328
cc) Nutzungsentschädigung	329
d) Ausnahmebestimmungen	331
e) Das Widerrufsrecht bei Onlineauktionen	332
f) Bestellkorrektur und Empfangsbestätigung	335

Sechstes Kapitel:
Datenschutzrecht

I. Vorab: Besondere Persönlichkeitsrechte	338
II. Geschichte des Datenschutzrechts	345
1. Vorgeschichte bis zum BDSG 1991	345
2. Die EU-Datenschutzrichtlinie und die jüngsten Novellierungen des BDSG	347
3. Die Richtlinie 2006/24/EG	351
III. Kollisionsrechtliche Vorfragen	354
IV. Die Grundstruktur des BDSG	356
1. Abgrenzung zwischen BDSG und Telemediengesetz	356
2. Personenbezogene Daten, § 3 Abs. 1 BDSG	356

	Seite
3. Erhebung, Verarbeitung und Nutzung von Daten	359
a) Erhebung von Daten, § 3 Abs. 3 BDSG	359
b) Verarbeitung von Daten	360
aa) Speicherung, § 3 Abs. 4 Nr. 1 BDSG	360
bb) Veränderung, § 3 Abs. 4 Nr. 2 BDSG	361
cc) Übermittlung, § 3 Abs. 4 Nr. 3 BDSG	361
dd) Sperrung, § 3 Abs. 4 Nr. 4 BDSG	362
ee) Löschung, § 3 Abs. 4 Nr. 5 BDSG	363
V. Ermächtigungsgrundlagen	363
1. Einwilligung	363
2. Tarifvertrag/Betriebsvereinbarung – zugleich eine Einführung in arbeitsrechtliche Probleme mit Bezug zum Internet	367
3. Gesetzliche Ermächtigung	375
a) § 28 BDSG	375
b) Rasterfahndung und Auskunftsersuchen staatlicher Stellen	376
VI. Haftung bei unzulässiger oder unrichtiger Datenverarbeitung	381
1. Vertragliche Ansprüche	382
2. Gesetzliche Ansprüche	382
a) Verletzung des Persönlichkeitsrechts, § 823 Abs. 1 BGB	383
b) Verletzung eines Schutzgesetzes, § 823 Abs. 2 BGB	385
c) Schadensersatz nach §§ 824, 826 BGB	386
d) Unterlassungs- und Beseitigungsansprüche	386
VII. Sonderbestimmungen im Online-Bereich	387
1. Datenschutz im TK-Sektor: Das TKG	388
2. Das TMG	390
VIII. Ausgewählte Sonderprobleme	393
1. Web-Cookies	393
2. Protokollierung von Nutzungsdaten zur Missbrauchsbekämpfung	395
3. Outsourcing	396
a) Auftragsverarbeitung und Funktionsübertragung	397
b) Besonderheiten bei Geheimnisträgern	402

	Seite
4. Data Mining und Data Warehouse	403
5. Grenzüberschreitender Datenaustausch	404
6. Datennutzung in der Insolvenz	410

Siebtes Kapitel:
Haftung von Online-Diensten

I. Kollisionsrechtliche Vorfragen	414
II. Das Telemediengesetz (TMG)	415
1. Der Content-Provider	416
a) Vertragliche Haftung	417
b) Deliktische Haftung	419
2. Der Access-Provider	421
3. Der Host-Provider	422
4. Haftung für Links	425
a) Überblick	426
b) Haftung für Hyperlinks	428
c) Suchdienste	432
5. Haftung für sonstige Intermediäre	435

Achtes Kapitel:
Die internationalen Aspekte des Internetrechts

I. Zuständigkeit bei Immaterialgüterrechtsverletzungen	450
1. Innerdeutsche Fälle	450
2. Internationale Zuständigkeit	452
a) EuGVO	452
b) Das Haager Übereinkommen über Gerichtsstandsvereinbarungen	455
II. Zuständigkeit bei Verträgen	456
1. Die nationale Zuständigkeit	456
2. Die EuGVO	456
3. Das Haager Übereinkommen	457

	Seite
III. Vollstreckung	459
IV. Online Dispute Settlement	459
V. Internationales Privatrecht	460
1. CISG	460
2. EU-Kollisionsrecht	460
a) Rom I-Verordnung	460
b) Rom II-Verordnung	463
3. Deutsches IPR	465
4. Exemplarische Problemgestaltungen	465

Neuntes Kapitel:
Internetstrafrecht

I. Einführung	470
II. Anwendbarkeit deutschen Strafrechts	470
III. Internationale Regelungen	471
1. Cyber Crime Convention	472
2. EU-Rahmenbeschluss des Europarates (2005/222/JI)	473
3. EU-Richtlinie zur Vorratsdatenspeicherung (2006/24/EG)	473
4. EU-Haftbefehl (2002/584/JI)	474
IV. Materielles Internetstrafrecht	475
1. Internet als Propagandamittel	475
2. Gewaltdarstellungen im Internet (§ 131 StGB)	477
3. (Kinder-) Pornographie im Internet	478
4. Jugendschutz im Internet	480
5. Beleidigungen im Internet	481
6. Hyperlinks	482
7. Viren, Würmer, Trojaner, Spyware	484
8. Phishing, Pharming	485

	Seite
9. DDoS-Attacken (Distributed Denial of Service)	488
10. Dialer	490
11. IP-Spoofing und Portscanning	492
12. Einstellung von mangelbehafteten Angeboten ins Internet einschl. der Nutzung fremder Accounts („Account-Takeover")	494
13. Filesharing	494
14. Film-Streaming	495
V. Strafprozessrecht	498
1. Vorratsdatenspeicherung und Verdeckte Onlinedurchsuchung	498
2. E-Mail-Überwachung und Beschlagnahme von E-Mails	504
3. Hinzuziehung von Dritten im Ermittlungsverfahren	507

Anhang Musterverträge

I. Einkaufsbedingungen	509
II. Erwerb von Musikrechten für die Online-Nutzung	511
III. Nutzungsvereinbarungen mit angestellten Programmierern	514
IV. Mustertext: AGB-Vorschläge zur Gewährleistung	517
V. Belehrungen über das Widerrufsrecht und das Rückgaberecht bei Verbraucherverträgen	518

Stichwortverzeichnis ... 527

Abkürzungsverzeichnis

a.A.	anderer Ansicht
ABA	American Bar Association
ABl. EG	Amtsblatt der Europäischen Gemeinschaften
Abs.	Absatz
ADR	Alternative Dispute Resolution
AG	Amtsgericht
AGB	Allgemeine Geschäftsbedingungen
AGBG	Gesetz zur Regelung des Rechts der Allgemeinen Geschäftsbedingungen (alte Fassung, mittlerweile in §§ 305–310 BGB geregelt)
AHB	Allgemeine Haftpflichtbedingungen
AJP	Aktuelle Juristische Praxis (Zeitschrift)
AOL	American Online
APNIC	Koordinierungsstelle für Domainnamen in Asien
ArchPT	Archiv für Post und Telekommunikation (Zeitschrift)
ARPA	Advanced Research Projects Agency
AuA	Arbeit und Arbeitsrecht (Zeitschrift)
BAG	Bundesarbeitsgericht
BB	Betriebs-Berater (Zeitschrift)
BDSG	Bundesdatenschutzgesetz
BFH	Bundesfinanzhof
BGB	Bürgerliches Gesetzbuch
BGBl.	Bundesgesetzblatt
BGH	Bundesgerichtshof
BMBF	Bundesministerium für Bildung und Forschung
BMFT	Bundesministerium für Forschung und Technik (jetzt Bundesministerium für Bildung und Forschung, BMBF)
BMJ	Bundesministerium der Justiz
BRAO	Bundesrechtsanwaltsordnung
BR-Drs.	Bundesrats-Drucksache
BSA	Business Software Alliance
BT-Drs.	Bundestags-Drucksache
Btx	Bildschirmtext
BVerfG	Bundesverfassungsgericht
BVerwG	Bundesverwaltungsgericht
B2B	Business to Business
B2C	Business to Consumer
CD-ROM	Compact Disc Read-Only Memory
CERN	Kernforschungszentrum in Genf
CF	Computer Fachwissen (Zeitschrift)

c.i.c.	Culpa in contrahendo
CISG	Convention on the International Sale of Goods
CMMV	Clearingstelle Multimedia für Verwertungsgesellschaften von Urheber- und Leistungsschutzrechten GmbH
Core	Internet Council of Internet Registrars
CPU	Central Processing Unit
CR	Computer und Recht (Zeitschrift)
CRi	Computer Law Review International (Zeitschrift)
DAB	Digital Audio Broadcasting
DANA	Datenschutznachrichten
DB	Der Betrieb (Zeitschrift)
DENIC	Interessenverband Deutsches Network Information Center
DFÜ	Datenfernübertragung
DGRI	Deutsche Gesellschaft für Recht und Informatik e.V.
DIGI	Deutsche Interessengemeinschaft Internet
Digma	Zeitschrift für Datenrecht und Datensicherheit
DMCA	Digital Millenium Copyright Act
DNS	Domain Name System
DRiZ	Deutsche Richterzeitung (Zeitschrift)
DRM	Digital Rights Management
DuD	Datenschutz und Datensicherheit (Zeitschrift)
DV	Datenverarbeitung
DVD	Digital Versatile Disc
DVBl.	Deutsches Verwaltungsblatt (Zeitschrift)
ECLIP	Electronic Commerce Legal Issues Platform
ECLR	European Comparative Law Review
ECMS	Electronic Copyright Management Systems
E-Commerce	Electronic Commerce
EDI	Electronic Data Interchange
EDV	elektronische Datenverarbeitung
EGBGB	Einführungsgesetz zum Bürgerlichen Gesetzbuch
EGG	Elektronisches Geschäftsverkehrgesetz
EIPR	European Intellectual Property Review
E-Mail	Electronic Mail
EU	Europäische Union
EuGH	Europäischer Gerichtshof
EuGVÜ	Europäisches Übereinkommen über die gerichtliche Zuständigkeit und die Vollstreckung gerichtlicher Entscheidungen in Zivil- und Handelssachen
EuZW	Europäische Zeitschrift für Wirtschaftsrecht (Zeitschrift)
EWR	Europäischer Wirtschaftsraum

FTC	Federal Trade Commission
FTP	File Transfer Protocol
GBDe	Global Business Dialogue on E-Commerce
GEMA	Gesellschaft für musikalische Aufführungsrechte
GewO	Gewerbeordnung
GRUR	Gewerblicher Rechtsschutz und Urheberrecht (Zeitschrift)
GRUR Int.	Gewerblicher Rechtsschutz und Urheberrecht International (Zeitschrift)
GTLD	generic Topleveldomain
GVBl.	Gesetzes- und Verordnungsblatt
GVL	Gesellschaft zur Verwertung von Leistungsschutzrechten
HGB	Handelsgesetzbuch
HRRS	Online-Zeitschrift für höchstrichterliche Rechtsprechung im Strafrecht
Hrsg.	Herausgeber
HTML	Hyper Text Markup Language
HTTP	Hyper Text Transport Protocol
HWG	Heilmittelwerbegesetz
HWiG	Gesetz über den Widerruf von Haustürgeschäften und ähnlichen Geschäften
IAHC	International Ad Hoc Committee
IANA	Internet Assigned Numbers Authority
ICANN	Internet Corporation for Assigned Names and Numbers
ICC	International Chamber of Commerce
IDN	Internationalized Domain Names
IHK	Industrie- und Handelskammer
IMP	Interface Message Processor
InterNIC	Internet Network Information Center's Registration Service
IP	Internet Protocol
IPR	Internationales Privatrecht
IPRax	Praxis des Internationalen Privat- und Verfahrensrechts (Zeitschrift)
IRC	International Relay Chat
ISDN	Integrated Services Digital Network
ISO	International Organization for Standardization
ISOC	Internet Society
i.S.v.	im Sinne von
ITAA	Information Technology Association of America
ITM	Institut für Informations-, Telekommunikations- und Medienrecht
ITLP	International Trade Law Project
ITRB	Der IT-Rechts-Berater (Zeitschrift)
ITU	International Telecommunications Union

IuKDG	Informations- und Kommunikationsdienstegesetz
IZVR	Internationales Zivilverfahrensrecht
K&R	Kommunikation und Recht (Zeitschrift)
KJ	Kritische Justiz (Zeitschrift)
KUG	Kunsturheberrechtsgesetz
KWG	Kreditwesengesetz
LAG	Landesarbeitsgericht
LG	Landgericht
LMBG	Lebensmittelbedarfsgesetz
LRG	Landesrundfunkgesetz
LUG	Literatururheberrechtsgesetz
LuGÜ	Lugano-Übereinkommen
Leits.	Leitsatz
MA	Markenartikel (Zeitschrift)
MarkenG	Gesetz über den Schutz von Marken und sonstigen Kennzeichen
MD	Magazindienst
MDR	Monatsschrift für deutsches Recht (Zeitschrift)
MDStV	Mediendienstestaatsvertrag
Mitt.	Mitteilungen der deutschen Patentanwälte (Zeitschrift)
MMR	Multimedia und Recht (Zeitschrift)
MMRCS	Multimedia Rights Clearance Systems
NJW	Neue Juristische Wochenschrift (Zeitschrift)
NJW-CoR	Neue Jurististische Wochenschrift – Computerreport (Zeitschrift)
NJW-RR	Neue Juristische Wochenschrift/Rechtsprechungsreport (Zeitschrift)
NSI	Network Solutions Inc.
n.v.	nicht veröffentlicht
NW	Nordrhein-Westfalen
NZA	Neue Zeitschrift für Arbeitsrecht (Zeitschrift)
NZV	Netzzugangsverordnung
OECD	Organisation for Economic Co-Operation and Development
OEM	Original Equipment Manufacturer
OLG	Oberlandesgericht
ONP	Open Network Provision
OVG	Oberverwaltungsgericht
PatG	Patentgesetz
PC	Personal Computer
PersR	Der Personalrat (Zeitschrift)

PGP	Pretty Good Privacy
PIN	Personal Identification Number
POP	Point of Presence
PTRegG	Regulierungsbehörde für Post und Telekommunikation
pVV	positive Vertragsverletzung
R + S	Recht und Schaden (Zeitschrift)
RabelsZ	Rabels Zeitschrift für ausländisches und internationales Privatrecht (Zeitschrift)
RAM	Random Access Memory
RBÜ	Revidierter Berner Übereinkunft
RdA	Recht der Arbeit (Zeitschrift)
RDRP	Restrictions Dispute Resolution Policy (RDRP)
RDV	Recht der Datenverarbeitung (Zeitschrift)
RdW	Recht der Wirtschaft (Zeitschrift)
RefE	Referentenentwurf
RegE	Regierungsentwurf
RIAA	Recording Industry Association of America
RIPE-NCC	Réseaux Internet Protocol Européen Network Coordination Center
RIW	Recht der internationalen Wirtschaft (Zeitschrift)
RL	Richtlinie
SCP	Sunrise Challenge Policy
SET	Secure Electronic Transaction
SigG	Signaturgesetz
SigV	Signaturverordnung
SSL	Secure Socket Layer
StBerG	Steuerberatungsgesetz
STOP	Start-Up Trademark Opposition Policy
TBDF	Transborder Data Flow
TDDSG	Teledienstedatenschutzgesetz
TDG	Teledienstegesetz
TDSV	Telekommunikationsdatenschutzverordnung
TKG	Telekommunikationsgesetz
TKR	Telekommunikationsrecht
TKV	Telekommunikationskundenschutzverordnung
TLD	Topleveldomain
TMG	Telemediengesetz
TMR	Telekommunikations & Medienrecht (Zeitschrift)
UDRP	Uniform Dispute Resolution Procedure
UFITA	Archiv für Urheber-, Film-, Funk- und Theaterrecht (Zeitschrift)
UN	United Nations

UNCITRAL	United Nations Commission on International Trade Law
UPR	Urheberpersönlichkeitsrecht
UrhG	Urheberrechtsgesetz
URL	Uniform Respurce Locator
US	United States
UWG	Gesetz gegen den unlauteren Wettbewerb
VAG	Versicherungsaufsichtsgesetz
VAR	Value Added Reseller
VDZ	Verband Deutscher Zeitschriftenverleger
VerbrKrG	Verbraucherkreditgesetz
VERDI	Very Extensive Rights Data Information (Projekt der EU)
VersR	Versicherungsrecht (Zeitschrift)
VG	Verwertungsgesellschaft
VO	Verordnung
VuR	Verbraucher und Recht (Zeitschrift)
VPRT	Verband Privater Rundfunk und Telekommunikation
VVG	Versicherungsvertragsgesetz
WCT	World Copyright Treaty
WIPO	World Intellectual Property Organization
WM	Wertpapier-Mitteilungen (Zeitschrift)
WPPT	World Performers and Producers Right Treaty
WRP	Wettbewerb in Recht und Praxis (Zeitschrift)
WTO	World Trade Organisation
WuW	Wirtschaft und Wettbewerb (Zeitschrift)
WWW	World Wide Web
ZfA	Zeitschrift für Arbeitsrecht (Zeitschrift)
ZIP	Zeitschrift für Wirtschaftsrecht (Zeitschrift)
ZUM	Zeitschrift für Urheber- und Medienrecht (Zeitschrift)
ZUM-RD	Zeitschrift für Urheber- und Medienrecht/Rechtsprechungsdienst (Zeitschrift)
ZPO	Zivilprozessordnung
ZZP	Zeitschrift für Zivilprozess (Zeitschrift)

Erstes Kapitel:
Information und Recht – die Kernbegriffe

I. Einführung

Das **Informationsrecht** ist eine neue Rechtsdisziplin, deren Wurzeln im Dunkeln liegen. Dies hängt zu einem großen Teil damit zusammen, dass der Gegenstand dieses Fachs nicht klar zu bestimmen ist. Niemand weiß, was Information ist. In der Tat scheint jeder zu wissen, was Information ist, ohne es jedoch konkret benennen zu können.[1] Gängig sind negative Definitionen, etwa dergestalt: Information ist nicht gegenständlich, nicht greifbar, nicht zeitlich beschränkt. Solche Umschreibungen helfen wenig. Ebenso vage sind jedoch positive Auskünfte wie: Information sei ein „dritter Urzustand der Welt", eine „neue Art Wirklichkeit", neben der materiellen und geistigen Wirklichkeit, eine „strukturelle Koppelung", eine „dritte universelle Grundgröße". Diesen nebulösen Aussagen entsprechen einer Fülle von Informationsbegriffen in einzelnen Fachdisziplinen. Die differenziertesten Definitionsversuche unterscheiden zwischen Information als Prozess, als Subjekt, als Objekt und als System. Letztendlich bezeichnet Information semantisch wohl jede Kenntnisbeziehung zu jedem realen und irrealen Gegenstand der Welt.[2] Damit ist der Begriff allerdings konturen- und grenzenlos. Offensichtlich aber besteht bei vielen Informationen ein ökonomischer Wert, der es rechtfertigen kann, diesen einer einzelnen Person zuzuordnen. Zu beachten ist allerdings, dass dieser Wert nur schwer zu fassen ist. Eine Information kann beispielsweise in dem Moment, in dem sie anderen mitgeteilt wird, ihren Wert verlieren, da ihr Wert einzig und allein darin bestehen kann, dass niemand sie kennt.

Letztendlich umschreibt der Begriff des Informationsrechts eine Querschnittsmaterie, in deren Mittelpunkt Phänomene wie
– das Internet
– Soft- und Hardware
– Kunsthandel
– Rundfunk und Fernsehen
– Musik, Theater, Film, Foto, Printmedien
– Telekommunikation, Satellitenkommunikation, Kabelnetze
stehen.

---

1 Siehe hierzu *Steinmüller*, Informationstechnologie und Gesellschaft, Darmstadt 1993, 189.
2 So bereits *Welp*, IuR 1988, 443, 445.

Das Informationsrecht bildet jedoch nicht den Oberbegriff für eine lose Sammlung verschiedenster Themen. Vielmehr beschäftigt das Informationsrecht eine zentrale Leitfrage: Wie werden wem wann und warum Ausschließlichkeitsrechte an Informationen zugeordnet? Diese Leitfrage lässt sich in **Einzelprobleme** untergliedern. So ist z.B. im Informationsrecht zu fragen:
- Welche Ausschließlichkeitsrechte bestehen überhaupt (z.B. Immaterialgüterrechte, Persönlichkeitsrechte, Geheimnisschutz)?
- Wie lassen sich diese Rechte voneinander abgrenzen?
- Wie kann das Interesse der Allgemeinheit am freien Zugang zu Informationen gesichert werden?
- Welche öffentlichen Interessen rechtfertigen Verbote der Informationsnutzung?

II. Geschichte des Informationsrechts

Das Informationsrecht nahm seinen historischen Ausgangspunkt **Anfang der siebziger Jahre**, als mit der zunehmenden Bedeutung der EDV auch deren Risiken Gegenstand der öffentlichen Diskussion wurden. So begann ein Streitgespräch über den **Schutz personenbezogener Daten**, das sich bald mit einem der SPD nahestehenden politischen Duktus verband. In der Folge entstanden die ersten Datenschutzgesetze in Hessen (1974) und auf Bundesebene (1979). Nach dem Volkszählungsurteil (1983) trat der Streit um Möglichkeiten und Grenzen des Datenschutzes noch einmal in das Licht der Öffentlichkeit, bevor der Datenschutz daraufhin seine bis heute andauernde Talfahrt begann.

Auf anderen Gebieten kam die Diskussion erst allmählich ins Laufen. Zunächst wurden „first generation issues" behandelt, insbesondere die Frage der **Anwendbarkeit traditioneller Regelwerke auf Software- und Hardware**. So rankten sich Rechtsprechung und Literatur Anfang der achtziger Jahre um die Urheberrechtsfähigkeit oder die Sachqualität von Software. Als diese Grundsatzfragen durch höchstrichterliche Rechtsprechung geklärt waren, kamen die **„second generation issues"**, Spezialfragen, wie der Vervielfältigungsbegriff bei RAM-Speicherung.

Die Forschung bewegte sich bis Ende der achtziger Jahre in ruhigeren Gewässern, bis dann durch **Multimedia und Internet** neue Themen ins Blickfeld gerieten. Bislang scheint die Forschung hier noch bei den „first generation issues" stehen geblieben zu sein. So finden sich zahlreiche Beiträge zur Anwendbarkeit des traditionellen Werberechts auf Online-Marketing oder zum Schutz gegen Domain-Grabbing. Inzwischen normalisiert sich die Diskussion wieder. Nachdem die Anwendbarkeit traditioneller Regelungen auf Internet-Sachverhalte weitgehend (auch durch Gesetzeskorrekturen) geklärt ist, kommt jetzt erneut die Phase, in denen Detailfragen zu klären sind.

Dennoch ist es bis heute noch nicht gelungen, ein klares dogmatisches System des Informationsrechts zu begründen. Der Zusammenhang zwischen den verschiedenen Facetten des Informationsrechts bedarf noch der Aufklärung und Diskussion.

III. Einführende Literatur und Fachzeitschriften

Zum Informationsrecht insgesamt ist einführende Literatur dünn gesät. Noch wird die Publikationsszene von einer Vielzahl einzelner Monographien und Einführungen zu Teilaspekten, wie etwa dem Datenschutzrecht oder dem Datenverarbeitungsvertragsrecht, geprägt. Im Übrigen ist zu beachten, dass die Gefahr einer Überalterung im Informationsrecht sehr hoch ist: Bedingt durch das enorme Tempo der Gesetzgebung und Rechtsprechung auf diesem Gebiet sind Werke meist schon veraltet, wenn sie erscheinen. Man muss daher alle Werke auf diesem Gebiet (einschließlich des vorliegenden) mit Bedacht lesen und auf aktuelle Entwicklungen hin kritisch prüfen.

Hinweise zu Einführungsliteratur für einzelne Teilgebiete finden sich vor den jeweiligen Abschnitten in diesem Werk. Als **übergeordnete Literatur** ist zu empfehlen:

- *Hoeren/Sieber* (Hrsg.), Handbuch Multimediarecht, München, Loseblatt: Stand 2011.
- *Kilian/Heussen* (Hrsg.), Computerrechtshandbuch, München, Loseblatt: Stand 2010.
- *Paschke/Berlit* (Hrsg.), Gesamtes Medienrecht, Baden-Baden, 2008.
- *Spindler/Schuster* (Hrsg.), Recht der elektronischen Medien, München, 2. Aufl. 2011.

Einzelmonographien:

- *Thomas Hoeren*, Internet- und Kommunikationsrecht, Köln 2012
- *Niko Härting*, Internetrecht, 4. Aufl., Köln 2010.
- *Haug*, Internetrecht, 2. Aufl. 2010.
- *Köhler/Arndt/Fetzer*, Recht des Internet, 7. Aufl., Heidelberg (C.F. Müller) 2011.
- *Moritz/Dreier*, Rechts-Handbuch zum E-Commerce, 2. Aufl., Köln 2005.
- *Christian Schwarzenegger u.a.* (Hrsg.), Internet-Recht und Strafrecht (für die Schweiz), Zürich 2004.
- *Andreas Wiebe*, Internetrecht (für Österreich), Wien 2004.

Hinsichtlich der **Fachzeitschriften** ist ein Trend zu einer Informationsüberflutung zu beobachten. Eine Fülle neuer Zeitschriften ist in den letzten Jahren zum Informationsrecht erschienen; offensichtlich wittern viele Verleger hier „Morgenluft". Die Qualität der Beiträge lässt allerdings manchmal zu wünschen übrig; viele Inhalte wiederholen sich. Bei der Lektüre ist also Vorsicht geboten. Im Einzelnen erscheinen in **Deutschland** folgende Zeitschriften (in alphabetischer Reihenfolge):

– Archiv für Presserecht/Zeitschrift für Medien- und Kommunikationsrecht (AfP)
– Computer und Recht (CR)
– Computer Law Review International (CRi)
– Datenschutz-Nachrichten (DANA)
– Datenschutz und Datensicherung (DuD)
– Datenverarbeitung, Steuer, Wirtschaft, Recht (DSWR)
– Datenverarbeitung im Recht (DVR; eingestellt 1987)
– Gewerblicher Rechtsschutz und Urheberrecht (GRUR)
– Gewerblicher Rechtsschutz und Urheberrecht. Internationaler Teil (GRUR Int.)
– Der IT-Rechts-Berater (ITRB)
– Informatik und Recht (IuR; eingestellt 1988)
– Kommunikation & Recht (K&R)
– Kunst & Recht (KR)
– Multimedia und Recht (MMR)
– Neue Juristische Wochenschrift. Computerreport (NJW-CoR; eingestellt 2000)
– Öffentliche Verwaltung und Datenverarbeitung (ÖVD; eingestellt 1986)
– Recht der Datenverarbeitung (RDV)
– Zeitschrift für geistiges Eigentum
– Zeitschrift für Urheber- und Medienrecht (ZUM) und der dazu gehörige Rechtsprechungsdienst (ZUM-RD).

Österreich:
– Ecolex
– Medien & Recht
– Rundfunkrecht (RfR).

Schweiz:
– sic!
– Digma/Zeitschrift für Datenrecht und Informationssicherheit

Im internationalen Kontext ist die Lage auf dem Zeitschriftenmarkt kaum überschaubar. Hier sei nur eine Auswahl genannt:
- Actualidad Informatica Aranzadi (E)
- Auteurs & Media (B)
- Berkeley Technology Law Journal (USA)
- Columbia Visual Arts & Law Journal (USA)
- Communications Law (Tolley's)
- Computer Law & Practice (UK)
- Computer Law & Security Report (UK)
- The Computer Lawyer (USA)
- Computerrecht (NL)
- EDI Law Review (NL)
- European Intellectual Property Review (UK)
- Information & Communications Technology Law (UK)
- Informatierecht (NL)
- Jurimetrics (USA)
- Lamy Droit de l'informatique (F)
- Revue internationale de Droit d'Auteur (F)
- Rutgers Computer & Technology Law Journal (USA)
- The John Marshal Journal of Computer& Information Law (USA)
- Vanderbilt Journal of Law & Technology (USA)
- World Intellectual Property Law (USA)

Für die Recherche in **Fachbibliotheken** muss beachtet werden, dass es sich beim Informationsrecht um eine junge Disziplin handelt, die nur an wenigen Universitäten beheimatet ist. Der unbedarfte Forscher wird daher meist enttäuscht sein, wenn er versucht, über seine lokale Fakultätsbibliothek an einschlägige Werke zu gelangen. Zu empfehlen sind die Bibliotheken folgender Einrichtungen
- DFG-Graduiertenkolleg „Geistiges Eigentum und Gemeinfreiheit" (Universität Bayreuth)
- Max-Planck-Institut für Geistiges Eigentum, Wettbewerbs- und Steuerrecht (München)
- Institut für Rechtsinformatik (Universität Saarbrücken)
- Institut für das Recht der Informations- und Kommunikationstechnik (Humboldt Universität Berlin)
- Institut für Medienrecht und Kommunikationsrecht (Universität Köln)
- Institut für Geistiges Eigentum, Wettbewerbs- und Medienrecht (TU Dresden)

- Institut für Rechtsinformatik (Universität Hannover)
- Zentrum für Rechtsinformatik (Universität Karlsruhe)
- Gerd Bucerius-Stiftungsprofessur für Kommunikationsrecht (Universität Rostock)
- Institut für Informations-, Telekommunikations- und Medienrecht/ITM (Universität Münster)
- Institut für Urheber- und Medienrecht (München).

Im **europäischen Ausland** findet sich das
- Institut voor Informatierecht (Universiteit Amsterdam/Niederlande)
- Centre de Recherches Informatique et Droit/CRID (Universite de Namur/Belgien)
- Centre for Advanced Legal Studies (London)
- Institut für Rechtsphilosophie, Rechtssoziologie und Rechtsinformatik der Karl-Franzens-Universität Graz
- Interdisciplinary Centre for Law & Information Technology (Leuven)
- Norwegian Research Center for Computers and Law/NRCCL (Oslo)
- Queen Mary University of London School of Law (London)
- Centre d'Estudis de Dret i Informàtica de Balears (Palma de Mallorca).

In den **USA** bestehen Forschungseinrichtungen u.a. an der Harvard Law School: „Berkman Center for Internet & Society" und der Yale University: „Center for Internet Studies". Weitere Forschungseinrichtungen und Lehrstühle bestehen an der Columbia Law School (New York) und den Universitäten Stanford und Berkeley.

Zweites Kapitel:
Rechtsprobleme beim Erwerb von Domains

Literatur: *Allmendinger*, Probleme bei der Umsetzung namens- und markenrechtlicher Unterlassungsverpflichtungen im Internet, GRUR 2000, 966; *Apel/Große-Ruse*, Markenrecht versus Domainrecht. Ein Plädoyer für die Paradigmen des Markenrechts im Rechtsvergleich, WRP 2000, 816; *Baum*, Die effiziente Lösung von Domainnamenskonflikten, München 2005; *Bettinger*, Kennzeichenkollisionen im Internet, in: Mayer-Schönberger u.a. (Hrsg.), Das Recht der Domainnamen, Wien 2001, 139; *Bettinger*, Internationale Kennzeichenkonflikte im Internet, in: Lehmann (Hrsg.), Electronic Business in Europa. Internationales, europäisches und deutsches Online-Recht, München 2002, 201; *Böcker*, Der Löschungsanspruch in der registerkennzeichenrechtlich motivierten Domainstreitigkeit, GRUR 2007, 370; *Bröcher*, Domainnamen und das Prioritätsprinzip im Kennzeichenrecht, MMR 2005, 203; *Bücking*, Namens- und Kennzeichenrechte im Internet (Domainrecht), Stuttgart 2002; *Bücking*, Update Domainrecht: Aktuelle Entwicklung im deutschen Recht der Internetdomains, MMR 2000, 656; *Danckwerts*, Örtliche Zuständigkeit bei Urheber-, Marken- und Wettbewerbsverletzungen im Internet, GRUR 2007, 104; *Dieselhorst/Plath*, Marken und Domains, in: Moritz/Dreier (Hrsg.), Rechtshandbuch E-Commerce, 2. Aufl. Köln 2005, S. 306; *Eckhard*, Das Domain-Name-System. Eine kritische Bestandsaufnahme aus kartellrechtlicher Sicht, Frankfurt 2001; *Eichelberger*, Benutzungszwang für .eu-Domains, K&R 2007, 453; *Erd*, Probleme des Online-Rechts, Teile 1: Probleme der Domainvergabe und -nutzung, KJ 2000, 107; *Erdmann*, Gesetzliche Teilhabe an Domain-Names. Eine zeichen- und wettbewerbsrechtliche Untersuchung, GRUR 2004, 405; *Ernst*, Verträge rund um die Domain, MMR 2002, 709; *Ernstschneider*, Zeichenähnlichkeit, Waren-/Dienstleistungsähnlichkeit, Branchennähe im Domain-Rechtsstreit, Jur PC Web-Dok 219/2002; *Fallenböck/Kaufmann/Lausegger*, Ortsnamen und geografische Bezeichnungen als Internet-Domainnamen, ÖBl. 2002, Heft 04, 164; *Fezer*, Die Kennzeichenfunktion von Domainnamen, WRP 2000, 669; *Florstedt*, www.Kennzeichenidentitaet.de. Zur Kollision von Kennzeichen bei Internet-Domainnamen, Frankfurt 2001; *Gräbig*, Domain und Kennzeichenrecht, MMR 2009, Beil. Nr. 6, 25; *Haar/Krone*, Domainstreitigkeiten und Wege zu ihrer Beilegung, in: Mitteilungen der deutschen Patentanwälte 2005, 58; *Hagemann*, Rechtsschutz gegen Kennzeichenmissbrauch unter Berücksichtigung der Internet-Domain-Problematik, Frankfurt 2001; *Härting*, Kennzeichenrechtliche Ansprüche im Domainrecht, ITRB 2008, 38; *Hellmich/Jochheim*, Domains im Agenturgeschäft nach der grundke.de Entscheidung, K&R 2007, 494; *Huber/Dingeldey*, Ratgeber Domainnamen, Starnberg 2001; *Hülsewig*, Rechtsschutz gegen die unberechtigte Nutzung von Domains im Internet – ein systematischer Überblick unter Berücksichtigung aktueller Rechtsprechung, JA 2008, 592; *Jaeger-Lenz*, Marken- und Wettbewerbsrecht im Internet: Domains und Kennzeichen, in: Lehmann (Hrsg.), Electronic Business in Europa. Internationales, europäisches und deutsches Online-Recht, München 2002, 161; *Jaeger-Lenz*, Die Einführung der .eu-Domains – Rechtliche Rahmenbedingungen für Registrierung und Streitigkeiten, WRP 2005, 1234; *Joller*, Zur Verletzung von Markenrechten durch Domainnames, Markenrecht 2000, 10; *Kazemi*, Schutz von Domainnamen in den Beitrittsstaaten, MMR 2005, 577; *Körner*, Der Schutz der Marke als absolutes Recht – insbesondere die Domain als Gegenstand markenrechtlicher Ansprüche, GRUR 2005, 33; *Koos*, Die Domain als Vermögensgegenstand zwischen Sache und Immaterialgut – Begründung und Konsequenzen einer Absolutheit des Rechts an einer Domain, MMR 2004, 359; *Kort*, Namens- und markenrechtliche Fragen bei der Verwendung von Domainnamen, DB 2001, 249; *Kur*, Territorialität versus Globalität – Kennzeichenkonflikte im Internet, WRP 2000, 935; *Lehmann*, Domains – weltweiter Schutz für Name, Firma, Marke, geschäftliche Bezeichnung im Internet?, WRP 2000, 947; *Martinek*, Die Second-Level-Domain als Gegenstand des Namensrechts in Deutschland, in: Festschrift für Käfer 2009, 197; *Marwitz*, Domainrecht schlägt Kennzeichenrecht?, WRP 2001, 9; *Marwitz*, Das System der Domainnamen, ZUM 2001, 398; *Mayer-Schönberger/Galla/Fallenböck* (Hrsg.), Das Recht der Domainnamen, Wien 2001; *Meyer*, Neue Begriffe in Neuen Medien – Eine Herausforderung für das Markenrecht, GRUR 2001, 204; *Mietzel*, Die ersten 200 ADR-Entscheidungen zu .eu-Domains – Im Spagat zwischen Recht und Gerechtigkeit, MMR 2007, 282; *Mietzel/Orth*, Quo vadis .eu-ADR? – Eine erneute Bestandsaufnahme nach 650 Entscheidungen, MMR 2007, 757; *Müller*, .eu-Domains – Erkenntnisse aus dem ersten Jahr Spruchpraxis, GRUR Int. 2007, 990; *Nägele*, Die Rechtsprechung des Bundesgerichtshofs zu Internet-Domains, WRP 2002, 138; *Pfeiffer*, Cyberwar gegen Cybersquatter, GRUR 2001, 92; *Pothmann/Guhn*, Erste Analyse der Rechtsprechung zu .eu-Domains in ADR-Verfahren, K&R 2007, 69; *Racz*, Second-Level-Domains aus kennzeichenrechtlicher Sicht, Frankfurt 2001; *Reinhart*, Kollisionen zwischen eingetragenen Marken und Domainnamen, in: WRP 2001, 13; *Reinhart*, Bedeutung und Zukunft der Top-Level-Domains im Markenrecht einerseits und im Namen- und Wettbewerbsrecht andererseits, WRP 2002, 628; *Ruff*, DomainLaw: Der Rechtsschutz von Domainnamen im Internet, München 2002; *Samson*, Domain-Grabbing in den USA: Ist die Einführung des „Trademark Cyberpirarcy Prevention Act" notwendig?, GRUR 2000, 137; *Schack*, Internationale Urheber-, Marken- und Wettbewerbsverletzungen im Internet, MMR 2000, 59 und 135; *de Selby*, Domain name disputes – a practical guide, in: American Journal of Entertainment Law 22 (2001), 33; *Schafft*, Die systematische Registrierung von Domain-Varianten. Nicht sittenwidrig, sondern sinnvoll, CR 2002, 434; *Schafft*, Streitigkeiten über „.eu"-Domains, GRUR 2004, 986; *Schmidt-Bogatzky*, Zeichenrechtliche Fragen im Internet, GRUR 2000, 959; *Schönberger*, Der Schutz des Namens von Gerichten gegen die Verwendung als oder in Domainnamen, GRUR 2002, 478; *Schumacher/Ernstschneider/Wiehager*, Domainnamen im Internet, Berlin/Heidelberg 2002; *Selby*, Domain law and internet governance, in: Bourbaki Law Review 34 (2008), 325; *Sobola*, Homepage, Domainname, Meta-Tags – Rechtsanwaltswerbung im Internet, NJW 2001, 1113; *Sobola*, Ansprüche auf .eu-Domains, ITRB 2007, 259; *Thiele*, Internet Provider auf Abwegen – Zur Rechtsnatur der Domainbeschaffung, ecolex 2004, 777; *Ubber*, Markenrecht im Internet, Heidelberg 2002; *Thiele*, US-amerikanisches Gesetz gegen Domaingrabbing, Wirtschaftsrechtliche Blätter 2000, 549; *Thiele*, Internet-Domainnamen und Wettbewerbsrecht, in: Gruber/Mader (Hrsg.), Internet und eCommerce. Neue Herausforderungen im Privatrecht, Wien 2000, 75; *Ullmann*, Wer suchet der findet – Kennzeichenrechtsverletzungen im Internet, GRUR 2007, 663; *Viefhues*, Domain-Name-Sharing, MMR 2000, 334; *Viefhues*, Folgt die Rechtsprechung zu den Domain-Names wirklich den Grundsätzen des Kennzeichenrechtes, NJW 2000, 3239; *Viefhues*, Domain-Names. Ein kurzer Rechtsprechungsüberblick, MMR 2001, Beil. Nr. 8, 25; *Viefhues*, Wenn die Treuhand zum Pferdefuß wird, MMR 2005, 76; *Voegelie-Wenzl*, Internet Governance am Beispiel der Internet Corporation of Assigned Names and Numbers (ICANN), GRUR Int. 2007, 807; *Weisert*, Die Domain als namensgleiches Recht? Die Büchse der Pandora öffnet sich, WRP 2009, 128.

Wer im Internet erreichbar sein will, braucht eine **eindeutige Adresse**. Ansonsten erreicht ihn weder die elektronische Post noch kann der Nutzer sein Informationsangebot abrufen. Internet-Adressen sind ein äußerst knappes Gut. Sie können nur einmal vergeben werden; der Run auf diese Kennzeichnungen ist deshalb eine logische Konsequenz. Schon bald machten sich erste digitale Adressenhändler auf die Suche nach wertvollen Kennzeichnungen, die sie reservieren ließen, um sie nachher gegen teures Geld zu verkaufen. Markenrechtliche Auseinandersetzungen waren vorprogrammiert und es häuften sich im In- und Ausland Gerichtsentscheidungen zu diesem Problembereich.

I. Praxis der Adressvergabe

Literatur: *Bettinger* in: Bettinger/Leistner, Werbung und Vertrieb im Internet, Köln, 2002; *Bettinger*, Domain Name Law and practice, Oxford, 2005; *Burgställer*, Die neue „doteu"-Domain, Medien & Recht 2004, 214; *Forgó*, Das Domain Name System, in: Mayer-Schönberger u.a. (Hrsg.), Das Recht der Domain Namen, Wien 2001, 1; *Froomkin*, Wrong Turn in Cyberspace: Using ICANN to Route around the APA and the Constitution, in: Duke University Law Journal, October 2000, 17; *Müller*, Alternative Adressierungssysteme für das Internet – Kartellrechtliche Probleme, MMR 2006, 427; *Müller, Tobias*, Das neue alternative Streitbeilegungsverfahren für .eu-Domains, in: SchiedsVZ 2008, 76; *Rayle*, Die Registrierungspraktiken für Internet-Domainnamen in der EU, München 2003; *Wibbeke*, Online-Namensschutz, Organisation der Domainverwaltung in Zeiten der Globalisierung, ITRB 2008, 182.

Bei der Durchsetzung der markenrechtlichen Vorgaben sind die **faktischen Besonderheiten** der Adressvergabe im Internet zu beachten. Nur eine offiziell gemeldete Adresse kann ordnungsgemäß geroutet werden, d.h. am Internet teilnehmen.

1. Internationale Strukturen

Literatur: *Kleinwächter*, The Silent Subversive: ICANN and the new Global Governance, in „info: the journal of policy, regulation and strategy for communications, information and media", Vol. 3, No. 4, August 2001, 259; *Kleinwächter*, ICANN als United Nations der Informationsgesellschaft? Der lange Weg zur Selbstregulierung des Internets, MMR 1999, 452; *Kleinwächter*, ICANN between technical mandate and political challenges, in: Telecommunications Policy, No. 24, 2000, 553; *Kleinwächter*, ICANN as the „United Nations" of the Global Information Society?: The Long Road Towards the Self-Regulation of the Internet, in: Gazette, Vol. 62, No. 6, p. 451; *Kleinwächter*, ICANN lehnt „.xxx"-TLD ab, MMR 2007, Heft 8; *Voegeli-Wenzl*, Internet Governance am Beispiel der Internet Corporation of Assigned Names and Numbers (ICANN), GRUR Int. 2007, 807; *Meyer*, Die Zukunft der Internetadressierung, DFN-Infobrief 01/2007.

2. ICANN

Die für die Kommunikation zwischen den einzelnen Rechnern erforderlichen IP-Adressen werden nicht vom Staat vergeben. Als Oberorganisation ist vielmehr die **ICANN** (Internet Corporation for Assigned Names and Numbers) zuständig.[1] Die ICANN wurde im Herbst 1998 als private non-profit-public benefit organization i.S.d §§ 5110–6910 des California Corporation Code in den USA gegründet.[2] Der Sitz ist in Kalifornien.

---

1 Siehe dazu *Kleinwächter*, MMR 1999, 452.
2 Siehe dazu auch die Articles of Incorporation des ICANN vom 28.1.1998, abrufbar unter http://www.icann.org/general/articles.htm.

Die ICANN hat weit reichende Kompetenzen im Domainbereich, u.a.

- die Kontrolle und Verwaltung des **Root-Server-Systems** (mit Ausnahme des obersten A-Root-Server, der lange Zeit unter der Kontrolle der US-Regierung stand und heute von VeriSign Global Registry Services verwaltet wird)
- die **Vergabe und Verwaltung von IP-Adressen**, mit Hilfe der Numbering Authorities ARIN (für Amerika), RIPE (für Europa), Afrinic (für Afrika) oder APNIC (für die Regionen Asien und Pazifik)
- die **Vergabe und Verwaltung von Top-Level-Domains**, sowohl hinsichtlich der länderbasierten Kennungen (country-code Top-Level-Domains; ccTLDs) als auch der generischen Top-Level-Domains (gTLDs); hierzu akkreditiert ICANN sog. Registrars, bei denen dann die einzelnen Domains registriert werden können.

Derzeit bestehen folgende **gTLDs:**[1]

- arpa (ARPANET; diese TLD wird von der IANA[2] als „Infrastrukturdomain" bezeichnet)
- biz (Unternehmen)
- com („Commercial")
- info (Informationsdienste)
- int (Internationale Organisationen)
- name (Natürliche Personen oder Familien)
- net (für Angebote mit Internetbezug)
- org (für nichtkommerzielle Organisationen)
- pro (Bestimmte Berufsgruppen – Anwälte, Steuerberater, Ärzte, Ingenieure – in USA, Kanada, Deutschland und dem Vereinigten Königreich)

Außerdem bestehen folgende sog. Sponsored gTLDs:[3]

- aero (Luftverkehr)
- asia (Region Asien)
- cat (Region Katalonien)
- coop (Genossenschaftlich organisierte Unternehmen)
- edu (Bildungsorganisationen)
- gov (US-Regierung)

---

1 Um die zuständigen Registrierungsstellen für diese Kennungen festzustellen siehe http://www.icann.org/registries/listing.html.
2 Bei der IANA handelt es sich um die Internet Assigned Numbers Organisation, die die Vergabe von IP-Adressen, Top Level Domains und IP-Protokollnummern regelt. Die IANA ist eine organisatorische Unterabteilung der ICANN; siehe dazu http://www.iana.org/about/ und *Meyer*, DFN-Infobrief, 1/2007.
3 Siehe dazu http://www.icann.org/registrars/accredited-list.html.

- jobs (Internationaler Bereich des Human Resource Management)
- mil (US-Militär)
- mobi (Mobilfunkanbieter bzw. Inhalte, die durch mobile Endgeräte genutzt werden können)
- museum (für Museen)
- tel (vereinfachtes Anrufen bei Firmen und Unternehmen)
- travel (Reiseanbieter)
- xxx (Pornoanbieter).

Wurde 2007 noch von ICANN die Endung .xxx abgelehnt, hat sie sich am 20. Juni 2011 jedoch im Rahmen einer Ausweitung des Rahmes möglicher TLDs auch für diese ausgesprochen.[1] Dies eröffnet Raum für neue kennzeichenrechtliche Problemstellungen, wollen doch Inhaber von Kennzeichenrechten diese in der Regel nicht mit der Endung .xxx im Internet wiederfinden. Daher war es vom 7. September 2011 möglich, innerhalb von 30 Tagen Markennamen auf Dauer für die Registrierung unter der TLD .xxx zu sperren.[2]

Länderspezifisch bestehen heute über 200 verschiedene Top-Level-Domains.[3] Wichtig sind die **ccTLDs**

- at (Österreich)
- ch (Schweiz)
- de (Deutschland)
- es (Spanien)
- fr (Frankreich)
- jp (Japan)
- nl (Niederlande)
- no (Norwegen)
- uk (Großbritannien).

Die Kennung „.us" (für die USA) existiert zwar, ist aber nicht gebräuchlich. Einen besonderen Reiz üben Kennungen aus, die über ihren Länderbezug hinaus eine Aussagekraft haben, wie z.B.: „.tv" (für Tuvalu; begehrt bei Fernsehsendern) und „.ag" (für Antigua; gleichzeitig Ausdruck für Aktiengesellschaft). Besondere Probleme bestanden mit der Zulassung von Domains auf der Basis des chinesisch-japanischen Schriftsystems; diese Probleme wurden im Juni 2003 durch die Einführung eigener ICANN-Standardisierungsrichtlinien gelöst.[4]

---

1 Vgl. http://heise.de/-1211025 (zuletzt abgerufen am 14.9.2011).
2 Vgl. zu diesem Problemkreis MMR-Aktuell 2011, 320145.
3 Siehe dazu die Liste unter http://www.iana.org/domains/root/db (Stand: 7.9.2011).
4 http://www.icann.org/general/idn-guidelines-20jun03.htm.

In der Diskussion ist die Einführung weiterer Regio-TLDs wie „.bayern", „.berlin" oder „.nrw". Der Deutsche Bundestag hat sich im Januar 2008 für solche Kennungen ausgesprochen.[1] Im Rahmen der Novellierung 2011 des TKG ist jetzt eine Änderung geplant, wonach solche Regio-TLDs nur mit Zustimmung der jeweiligen Gebietskörperschaft beantragt werden können.[2] So soll § 66 TKG folgender Absatz 5 angefügt werden: „Ist im Vergabeverfahren für generische Domänen oberster Stufe für die Zuteilung oder Verwendung einer geografischen Bezeichnung, die mit dem Namen einer Gebietskörperschaft identisch ist, eine Einverständniserklärung oder Unbedenklichkeitsbescheinigung durch eine deutsche Regierungs- oder Verwaltungsstelle erforderlich, obliegt die Entscheidung über die Erteilung des Einverständnisses oder die Ausstellung einer Unbedenklichkeitsbescheinigung der nach dem jeweiligen Landesrecht zuständigen Stelle. Weisen mehrere Gebietskörperschaften identische Namen auf, liegt die Entscheidungsbefugnis bei der Gebietskörperschaft, die nach der Verkehrsauffassung die größte Bedeutung hat."

ICANN selbst plant die völlige Freigabe aller TLDs. Wegen kartellrechtlicher Bedenken soll die Gestaltung von TLDs frei möglich sein, so dass TLDs wie „.Siemens" denkbar sind. Erste Vorschläge für ein solches System wurden unter dem Stichwort „Openness Change Innovation" im Oktober 2008 veröffentlicht.[3] In der Zwischenzeit liegt ein „Applicant guidebook" vor, das die weiteren Details des Verfahrens beschreibt. Zu entrichten sind 185 000 US-Dollar als Registrierungsgebühr. Antragsberechtigt sind Unternehmen, Organisationen und Institutionen „von gutem Ansehen" („in good standing"). Privatpersonen oder Einzelkaufleute können sich nicht registrieren. Verfügbar sind ASCII-Code-Zeichen und gTLDS aus nicht lateinischen Zeichen. Nach der Anmeldung folgt eine Überprüfung der technischen und finanziellen Kompetenz des Antragstellers („Evaluation Procedere"). Danach können Dritte Einsprüche gegen ein Registrierungsantrag vorbringen („Dispute Resolution Procedere"). Bei mehreren Anträgen für eine TLD soll der Zuschlag nach Auktionsregeln oder nach Maßgabe einer vergleichenden Evaluierung erfolgen („comparative evaluation"). Am 20. Juni 2011 wurde mittlerweile bekannt gegeben, dass sich Unternehmen und Organisationen vom 21. Januar 2012 bis zum 12. April 2012 um die Zuteilung neuer TLDs bewerben können.[4] Dies können insbesondere Namen von Unternehmen und Städten sowie Allgemeinbegriffe sein (z.B. .firma, .stadt, .green, .africa, .berlin).[5]

---

1 http://dip21.bundestag.de/dip21/btp/16/16136.pdf.
2 http://www.bayerndigitalradio.de/uploads/media/BMWI_TKG-Novelle_100915.pdf.
3 http://www.icann.org/en/topics/new-gtld-program.htm.
4 Vgl. http://heise.de/-1263102 (zuletzt abgerufen am 5.10.2011).
5 MMR-Aktuell 2011, 319448.

3. Die .EU-Domain

Literatur: *Eichelberger*, Benutzungszwang für .eu-Domains?, K&R 2007, 453; *Eichelberger*, Das Verhältnis von alternativem Streitbeilegungsverfahren zum Zivilprozess bei Streitigkeiten über .eu-Domains, K&R 2008, 410; *Mietzel*, Die ersten 200 ADR-Entscheidungen zu .eu-Domains, MMR 2007, 282; *Mietzel/Orth*, Quo vadis – .eu-ADR? MMR 2007, 757; *Müller*, „.eu"-Domains: Erkenntnisse aus dem ersten Jahr Spruchpraxis, GRUR Int. 2007, 990; *Müller*, „.eu"-Domains: Widerruf aufgrund zweijähriger Nichtbenutzung ab Domainregistrierung, GRUR Int 2009, 653; *Müller*, Das neue alternative Streitbeilegungsverfahren für eu.Domains: Einführung und erste Erkenntnisse aus der Praxis, SchiedsVZ 2008, 76; *Pothmann/Guhn*, Erste Analyse der Rechtsprechung zu .eu-Domains in ADR-Verfahren, K&R 2007, 69; *Sobola*, Ansprüche auf .eu-Domains, ITRB 2007, 259.

Nachdem die ICANN im Jahre 2000 die Einführung einer neuen ccTLD „.eu" beschlossen hat, ist diese ab dem 7. Dezember 2005 sehr erfolgreich gestartet. Seit diesem Zeitpunkt war es für die Inhaber registrierter Marken[1] und öffentlicher Einrichtungen im Rahmen der sog. „landrush-period" möglich, die Vergabe der „.eu"-Domains zu beantragen. Zwei Monate später, also ab dem 7. Februar 2006, konnten dann sonstige Rechteinhaber eine Domain unter der TLD „.eu" beantragen („landrush-period II"). Innerhalb dieser Zeiträume galt für Rechteinhaber das sog. „Windhundprinzip"; wer als erster seinen Registrierungsantrag bei der zuständigen Behörde EuRID[2] einreichte, der erhielt die Domain. Die jeweiligen kennzeichenrechtlichen Positionen mussten innerhalb einer Frist von 40 Tagen bei dem Unternehmen Price Waterhouse Coopers zur Prüfung vorgelegt werden. Die Dokumentation der entsprechenden kennzeichenrechtlichen Positionen erforderte eine besondere Sorgfalt, da bereits formale Fehler (fehlendes Deckblatt der Anmeldung etc.) zu einer Abweisung führten. Eine solche Abweisung bedeutete zwar noch keinen vollständigen Verlust der Domain, jedoch war eine Nachbesserung nicht möglich und zwischenzeitlich eingereichte Registrierungswünsche für die Domain erhielten eine bessere Priorität.

Bei Streitigkeiten über eine **EU-Domain** gibt es sechs verschiedene Wege, tätig zu werden. Zunächst empfiehlt sich als Hauptweg die Anrufung einer Streitschlichtungsinstanz, in diesem Fall des tschechischen Schiedsgerichtshofes, der zentral alle Aufgaben der Streitschlichtung für die EU-Domain wahrnimmt. Art. 21 VO (EG) 874/2004 bestimmt, dass sich eine Streitschlichtung ausschließlich auf Marken- oder Namensrechte beziehen kann, gegen die die EU-Domain verstößt. Der entsprechende Rechteinhaber muss vortragen, dass die Gegenseite kein Gegenrecht oder legitimes Interesse geltend machen kann oder die entsprechende Domain bösgläubig registriert oder nutzt. Das Streit-

---

[1] Hierzu zählten neben reinen Wortmarken (nationale Marken, europäische Gemeinschaftsmarken oder internationale Registrierungen mit Schutzwirkung in einem Mitgliedsland der EU) auch Wort-Bild-Marken, bei denen der Wortbestandteil vorrangige Bedeutung hat.

[2] http://www.eurid.eu.

schlichtungsverfahren unterscheidet sich hier fundamental von der UDRP, die das Fehlen eines Gegenrechtes kumulativ zur Bösgläubigkeit prüft und eine Bösgläubigkeit bei Registrierung *und* bei der Nutzung verlangt. Ein legitimes Interesse liegt vor, wenn die entsprechende Bezeichnung bereits vorher vom Domaininhaber genutzt worden war. Zu beachten sind insbesondere die Interessen von Händlern, die mit der Benutzung der Domain auf ihre Waren hinweisen wollen. Eine Bösgläubigkeit der Registrierung oder Nutzung liegt vor, wenn die entsprechenden Vorgänge unlauter sind, insbesondere wenn die Domain zur wettbewerbswidrigen Verunglimpfung oder Unterdrucksetzung des Markenrechtsinhabers genutzt werden soll. Neu ist auch gegenüber der UDRP, dass eine zweijährige Nichtbenutzung ebenfalls unter die bösgläubige Registrierung fällt und zum nachträglichen Widerruf der Domain führt.

Der *EuGH* stellte mit der Entscheidung in der Sache reifen.eu klar, dass die Auflistung der Bösgläubigkeitsfälle in Art. 21 Abs. 3 VO (EG) Nr. 874/2004 nicht abschließend ist.[1] So muss die Beurteilung des nationalen Gerichts vielmehr aufgrund einer umfassenden Würdigung der Umstände erfolgen. Dabei ist nach Auffassung des Gerichts insbesondere zu berücksichtigen, ob der Markeninhaber beabsichtige, die Marke auf dem Markt zu benutzen, für den Schutz beantragt wurde, und ob die Marke so gestaltet wurde, dass eine Gattungsbezeichnung kaschiert wurde. Bösgläubigkeit könne darüber hinaus durch die Registrierung einer Vielzahl vergleichbarer Marken, sowie deren Eintragung kurz vor Beginn der ersten Phase für die Registrierung von EU-Domains indiziert werden.[2]

Zusammen mit 33 anderen aus Gattungsbegriffen bestehenden Marken hatte die Klägerin die Marke &R&E&I&F&E&N& für Sicherheitsgurte angemeldet. Dabei fügte sie jeweils das Sonderzeichen „&" vor und nach jedem Buchstaben ein. Die Klägerin beabsichtigte nicht, die Marke &R&E&I&F&E&N& für Sicherheitsgurte tatsächlich zu benutzen. In der ersten Phase der gestaffelten Registrierung ließ sie auf der Grundlage der Marke &R&E&I&F&E&N& die Domain „reifen.eu" registrieren, da nach den in der VO (EG) Nr. 874/2004 vorgesehenen Übertragungsregeln Sonderzeichen entfernt wurden. Sie plante unter der Domain reifen.eu ein Portal für Reifenhändler aufzubauen. Zudem ließ die Klägerin die Wortmarke kurz vor Beginn der ersten Phase der gestaffelten Registrierung der Domain „.eu" eintragen. Somit erfolgte die Registrierung der Domain reifen.eu für die Klägerin bösgläubig i.S.v. Art. 21 Abs. 1 Buchst. b VO (EG) Nr. 874/2004. Dem stand nicht entgegen, dass keine der beispielhaften Tatbestandsalternativen des Art. 21 Abs. 3 VO (EG) Nr. 874/2004 erfüllt war.[3]

Daneben bleibt noch der normale Gerichtsweg mit der klassischen kennzeichenrechtlichen Prüfung je nach Landesrecht (Art. 21 Abs. 4 VO (EG)

---

[1] *EuGH*, Urt. v. 3.6.2010 – C-569/08, CR 2010, 615 = MMR 2010, 538 – reifen.eu.
[2] *EuGH*, Urt. v. 3.6.2010 – C-569/08, CR 2010, 615 = MMR 2010, 538 – reifen.eu.
[3] *EuGH*, Urt. v. 3.6.2010 – C-569/08, CR 2010, 615 = MMR 2010, 538 – reifen.eu.

Nr. 874/2004).[1] Auch an die Streitschlichtung selbst kann sich ein Gerichtsverfahren anschließen (Art. 22). Bei formalen Verstößen gegen die Registrierungsbedingungen, etwa bei der Angabe falscher Adressen, kommt ein Widerruf von Amts wegen in Betracht (Art. 20). Schließlich bleibt auch die Möglichkeit, je nach Landesrecht bei unsittlichen Registrierungen einen Widerruf vorzunehmen (Art. 18).

In der Zwischenzeit liegen auch **erste deutsche Gerichtsentscheidungen** zum „.eu"-System vor. Das *OLG Düsseldorf* hat mit Urteil vom 11. September 2007 in der Sache „**last-minute.eu**"[2] die Verordnungen der EU zur „.eu"-Domain als unmittelbar geltendes Recht angewendet. Ferner hat das *OLG* bekräftigt, dass die Entscheidung eines Schiedsgerichts der Tschechischen Landwirtschaftskammer zu „.eu"-Domain nichts an der Zuständigkeit staatlicher Gerichte für kennzeichenrechtliche Streitigkeiten um „.eu"-Domains ändere. Der Begriff „last-minute" sei in der Touristikbranche rein beschreibend und daher nicht schutzfähig. Dementsprechend sei die Nutzung der Domain „last-minute.eu" mit Berufung auf eine Marke für Bekleidungsprodukte nicht missbräuchlich im Sinne der EU-Verordnungen zu „.eu"-Domains.

Das *OLG Hamburg* hat mit Urteil vom 12. April 2007[3] in Sachen **original-nordmann.eu** entschieden, dass eine .eu-Domain frei wählbar sei und von einem Nichtmarkeninhaber registriert werden könne, auch wenn für eine beschreibende Internet-Adresse mit dem Top-Level „.eu" in einem Mitgliedstaat der EU eine identische Marke eingetragen sei. Hintergrund für diese Wertung sei das Territorialitätsprinzip, wonach eine nationale Wortmarke nur im Anmeldeland ihre Wirkung entfalte. Im konkreten Fall stand die Domain „original-nordmann.eu" in Streit, die ein deutscher Staatsangehöriger angemeldet hatte, der sich erfolgreich gegen einen britischen Bürger zur Wehr setzte, für den in Britannien die Wortmarke „Original Nordmann" eingetragen ist.

Da für den Bereich der Top-Level-Domain „.eu" im Falle von Rechtsstreitigkeiten **kein Dispute-Verfahren** besteht, müsse einem Antragsteller im Streit um eine Domain zumindest ein Verfügungsverbot zugesprochen werden, wenn er glaubhaft machen kann, dass er über entsprechende Rechte an der Internetadresse verfügt und sich der derzeitige Domaininhaber auf keine Anspruchsgrundlagen berufen kann. Dies hat das *Kammergericht (KG)*[4] entschieden. Damit gab das *KG* dem Antrag auf Erlass einer einstweiligen Verfügung statt und verpflichtete den Domaininhaber, es zu unterlassen, über die

---

[1] Dazu zum Beispiel *OLG Hamburg*, Urt. v. 24.4.2007 – 3 U 50/07, CR 2009, 512 mit Verweis darauf, dass auch eine Kennung mit .eu-Domain gegen das deutsche Markenrecht verstoßen kann.
[2] *OLG Düsseldorf*, Urt. v. 11.9.2007 – I-20 U 21/07, MMR 2008, 107.
[3] *OLG Hamburg*, Urt. v. 12.4.2007 – 3 U 212/06, K&R 2007, 414.
[4] *LG Berlin*, Beschl. v. 10.8.2007 – 5 W 230/07, MMR 2008, 53 = AfP 2008, 327 = CR 2007, 735 = GRUR-RR 2007, 398 = ITRB 2007, 226 m. Anm. *Rössel* = K&R 2007, 527 = MarkenR 2007, 393, 506 = Mitt. 2008, 36 = WRP 2007, 1245.

in Streit stehende „.eu"-Adresse entgeltlich oder unentgeltlich zu verfügen, es sei denn, es erfolge eine Übertragung auf den Antragsteller oder ein gänzlicher Verzicht.

Im Übrigen hat das *LG München*[1] darauf hingewiesen, dass die „.eu"-Festlegungsverordnung **kein Schutzgesetz** i.S.v. § 823 Abs. 2 BGB sei.

4. Die DENIC eG

Über die Einrichtung einer deutschen Domain[2] unterhalb der Top-Level-Domain „.de" und ihre Anbindung an das Internet wacht seit dem 17. Dezember 1996 die **DENIC** eG.[3] Im August 2008 hatte sie 264 Mitglieder[4] (davon 13 per Amt), einschließlich der Deutschen Telekom AG. Aufgaben der DENIC sind der Betrieb des Primary-Nameservers für die Top-Level-Domain „.de", die bundesweit zentrale Vergabe von Domains unterhalb der Top-Level-Domain „.de" und die Administration des Internet in Zusammenarbeit mit internationalen Gremien.[5]

Die Tätigkeit der DENIC erfolgt auf **rein zivilrechtlicher Grundlage**; insbesondere ist die DENIC weder als Beliehener noch als untergeordnete Behörde etwa im Verhältnis zur Bundesnetzagentur anzusehen.

Die DENIC eG hat genau festgelegt, wie ein Domain-Name beschaffen sein muss. Ein gültiger Domain-Name besteht aus maximal 63 Buchstaben, Ziffern und dem Bindestrich. Er beginnt und endet mit einem Buchstaben oder einer Ziffer, wobei er mindestens einen Buchstaben beinhalten muss.[6] Zwischen Groß- und Kleinschreibung wird nicht unterschieden. Nicht zulässig sind die Namen bestehender Top-Level-Domains (arpa, com, int, gov, mil,

---

1 *LG München I*, Urt. v. 10.5.2007 – 17 HKO 19416/06.
2 In Österreich ist die NIC.AT GmbH zuständig, in der Schweiz SWITCH (Swiss Academic and Research Network). Adressen: nic.at, Jakob-Haringer-Str. 8, A-5020 Salzburg, Tel.: 0043/662/46690, Fax: 0043/662/466919, E-Mail: service@nic.at, http://www.nic.at; für das SWITCH, Werdstraße 2, Postfach, CH-8021 Zürich, Tel.: 0041/848/844080, Fax: 0041/848/844081, E-Mail: helpdesk@nic.ch, http://www.switch.ch.
3 Die DENIC darf von sich behaupten, sie sei ohne Gewinnabsicht tätig und eine Non-Profit-Organisation; siehe *LG Frankfurt a.M.*, Urt. v. 24.10.2001 – 2/6 O 280/01, MMR 2002, 126 = CR 2002, 616 (Ls.).
4 Zu den einzelnen Mitgliedern siehe http://www.denic.de/denic/mitglieder/mitgliederliste.html.
5 Die DENIC ist erreichbar unter der Adresse Kaiserstraße 75–77, 60329 Frankfurt a.M., Tel.: 069/272350, Fax: 069/27235238, E-Mail: Info@DENIC.de, www.DENIC.de.
6 Siehe dazu *LG Frankfurt a.M.*, Urt. v. 22.3.2000 – 3/8 O 153/99, MMR 2000, 627 m. Anm. *Welzel*, wonach kein Anspruch aus §§ 19 Abs. 1, 20 Abs. 2 GWB gegen die DENIC auf Registrierung einer Domain gegeben ist, wenn nach den Registrierungsbedingungen sachliche Gründe, insbesondere technischer Natur, gegen die Erteilung sprechen (hier die Domain „01051.de").

nato, net, org, edu ...) sowie deutsche Kfz-Kennzeichen.[1] Umlaute und Sonderzeichen sind seit dem 1. März 2004 erlaubt. Eine weitere, eigene Unterteilung (Subdomain) ist möglich, wird jedoch nicht von der DENIC eG, sondern vom Provider oder vom Nutzer eingerichtet.

In der Zwischenzeit ist auch klar, dass die DENIC Domains mit zwei Buchstaben zulassen muss. Nach Auffassung des *OLG Frankfurt*[2] hat der Automobilhersteller Volkswagen gegen die DENIC einen kartellrechtlichen Anspruch (§ 20 GWB) auf Zuteilung einer zweistelligen de-Domain (hier: „vw.de"). Es könne nicht darauf abgestellt werden, dass die DENIC gemäß ihren Richtlinien Second-Level-Domains, die lediglich aus zwei Buchstaben bestehen, nicht vergibt. Eine Ungleichbehandlung von VW liege im Verhältnis zu solchen Automobilunternehmen vor, deren Marke als Second-Level-Domain unter der Top-Level-Domain „.de" eingetragen wurde. Allerdings gebe es nur einen auflösend bedingten Anspruch, da technische Änderungen weiterhin möglich bleiben sollen.[3] In einer weiteren Entscheidung hat das *LG Frankfurt*[4] darauf hingewiesen, dass eine Verpflichtung der DENIC zur Registrierung von Zwei-Zeichen-Domains, die einem KFZ-Zulassungsbezirk entsprechen, nicht besteht. Ein beachtenswerter sachlicher Grund im Sinne des Kartellrechts sei gegeben, wenn der bloße Plan der Regionalisierung des Domainraums „.de" durch Einführung von Second-Level-Domains, die KFZ-Zulassungsbezirken entsprechen, noch in Zukunft realisiert werden könnte, auch wenn eine gewisse Anzahl der dafür benötigten Domains derzeit vergeben ist. Abgelehnt wurde ferner seitens der Gerichte ein kartellrechtlicher Anspruch auf einstellige de-Domains („x.de").[5] Trotzdem hat die DENIC mit Wirkung vom 23. Oktober 2009 den Namensraum für ein- und zweistellige Domains zur Registrierung freigegeben. Daraufhin gab es zahlreiche Folgeprozesse derjenigen, die Rechte an Zweibuchstabenbezeichnungen geltend machten. Im Streit zuletzt um hr.de und sr.de, in dem der Hessische und der Saarländische Rundfunk gegen die DENIC tätig wurden, hob das *OLG Frankfurt a.M.*[6] nun die Urteile des *Landgerichts Frankfurt*[7] auf. Ging das *Landgericht* jeweils von einem namensrechtlichen Unterlassungsanspruch nach § 12 BGB aus, vertritt das *OLG Frankfurt a.M.* die Ansicht, die DENIC sei weder Störer

---

1 Zur Unvereinbarkeit von Domains mit Kfz-Reichen auch *LG Frankfurt a.M.*, Urt. v. 7.1.2009 – 2-06 O 362/08.
2 *OLG Frankfurt a.M.*, Urt. v. 29.4.2008 – 11 U 32/04, MMR 2008, 609 m. Anm. *Welzel* = CR 2008, 656 = GRUR-RR 2008, 321 = ITRB 2008, 147 m. Anm. *Rössel* = K&R 2008, 449 m. Anm. *Dingeldey*; Anm. *Jaeschke*, JurPC 2008, Web-Dok. 113/2008; Anm. *Breuer/Steger*, WRP 2008, 1487.
3 Zulässig sind allerdings Ablehnungen von Domains aus reinen Ziffern; *OLG Frankfurt a.M.*, Urt. v. 13.2.2007 – 11 U 24/06, MMR 2008, 614 m. Anm. *Welzel* = CR 2008, 742 – 11880.de.
4 *LG Frankfurt a.M.*, Urt. v. 7.1.2009 – 2-06 O 362/08.
5 *LG Frankfurt a.M.*, Urt. v. 20.5.2009 – 2-6 O 671/08.
6 Urt. v. 26.10.2010 – 11 U 29/10 (Kart) und 11 U 30/10 (Kart).
7 Urt. v. 4.3.2010 – 2/3 O 483/09 und 2/3 O 482/09.

und noch habe sie Prüfpflichten verletzt.[1] Ähnlich hat im Übrigen das *OLG Brandenburg*[2] Änderungsansprüche eines Betroffenen im Hinblick auf Falscheintragungen in der Whois-Liste abgelehnt. Die Eintragung in der Whois-Datenbank der DENIC sei kein Bereicherungsgegenstand nach § 812 Abs. 2 Satz 2 Alt. 2 BGB, da die Eintragungen keinen öffentlichen Glauben genössen, sondern ein rein privates Verzeichnis der Vertragspartner der DENIC darstellten.

Die **Registrierung** der freien Domains erfolgt selten direkt über die DENIC. Meistens sind Zwischenhändler tätig, z.B. Discount Provider wie Strato oder Puretec/1&1. Dennoch kommt der Domainvertrag immer zwischen dem Kunden und der DENIC direkt zustande. Die Domainprovider selbst vermitteln nur das Domaingeschäft auf der Basis eines entgeltlichen Geschäftsbesorgungsvertrages (§ 675 BGB) und betreuen die Domain auf dienstvertraglicher Grundlage.

Nach den Vergabebedingungen der DENIC[3] liegt die Verantwortung für marken- und namensrechtliche Folgen aus der Registrierung des Domainnamens beim Kunden.[4] Der Kunde versichert der DENIC gegenüber, dass er die Einhaltung kennzeichenrechtlicher Vorgaben geprüft hat und keine Anhaltspunkte für die Verletzung von Rechten Dritter vorliegen (§ 3 Abs. 1). Eine doppelte Adressvergabe kann folglich von der DENIC nicht verhindert werden. Wer einen freien Namen gefunden hat, kann ihn bei der DENIC als Second-Level-Domain registrieren lassen.[5] Er riskiert dann allerdings, dass er nachträglich markenrechtlich auf Unterlassung in Anspruch genommen wird. Um eine schnelle Übertragung der Domain von einem Domain-Grabber auf den anderen zu verhindern, sieht die DENIC einen sog. Dispute-Eintrag vor. Hierfür muss ein Dritter glaubhaft machen, dass er ein Recht auf die Domain hat und dieses gegenüber dem Domaininhaber geltend machen (§ 2 Abs. 3 Satz 1 der Registrierungsbedingungen). Dieser Eintrag wirkt für ein Jahr und wird auf Antrag verlängert. Ist bereits ein Dispute-Antrag für einen anderen eingetragen, besteht keine Möglichkeit mehr, einen zweiten Dispute-Eintrag vornehmen zu lassen. Eine Domain, die mit einem Dispute-Eintrag versehen ist, kann vom Inhaber weiter genutzt, jedoch nicht übertragen werden. Weiterhin gewährleistet der Dispute-Eintrag, dass der Berechtigte des Eintrags automatisch neuer Domaininhaber wird, wenn der bisherige Domaininhaber die Domain freigibt. Gegen einen unberechtigten Dispute-Eintrag steht einem Betroffenen die negative Feststellungsklage zu, mit Verweis auf einen Eingriff in

---

[1] Ähnlich zuvor schon *OLG Frankfurt a.M.*, Urt. v. 18.5.2010 – 11 U 36/09 (Kart), MMR 2010, 694.
[2] *OLG Brandenburg*, Urt. v. 15.9.2010 – 3 U 164/09, CR 2011, 268 = GRUR-RR 2010, 485.
[3] Die Bedingungen datieren aus dem Jahr 2004 (im Internet abrufbar unter http://www.denic.de/de/bedingungen.html).
[4] Absatz „Domainnamen", I. (5).
[5] Er beantragt daneben noch ein IP-Netz beim NIC im Rahmen dessen 254 Nummern zur weiteren Vergabe zur Verfügung stehen (ClassC-Netz).

den eingerichteten und ausgeübten Gewerbebetrieb (§ 823 Abs. 1 BGB).[1] Der Domaininhaber einer Domain mit einem Gattungsbegriff (welle.de) kann aus § 823 Abs. 1 BGB gerichtlich gegen den Dispute-Eintrag vorgehen, den ein Namensrechtsinhaber (die Gemeinde Welle in Niedersachen) bei der DENIC hat eintragen lassen.[2]

5. Domainrecherche im Internet

Noch freie Domains lassen sich über Suchmaschinen finden, etwa
- http://www.denic.de
- http://www.speednames.com
- http://www.domainsearch.com.

Will ein Unternehmen also feststellen, ob die gewünschte Domain-Bezeichnung noch frei ist, kann es über die Homepage der DENIC eine Suche nach vergebenen, reservierten oder aktivierten Domain-Names starten (http://www.denic.de/hintergrund/whois-service/webwhois.html). In der whois Datenbank kann **jedermann** recherchieren und eine Fülle persönlicher Informationen, insbesondere über den Domaininhaber, ziehen. Die in der whois-Abfrage ersichtlichen Domaindaten sind allerdings **datenschutzrechtlich geschützt**. Sie dürfen nur zum Zwecke der technischen oder administrativen Notwendigkeiten des Internetbetriebs oder zur Kontaktaufnahme mit dem Domaininhaber bei rechtlichen Problemen genutzt und ohne ausdrückliche schriftliche Erlaubnis der DENIC eG weder elektronisch noch in anderer Art gespeichert werden.[3] Abgeschafft wurde von der DENIC ferner eine „reverse" Abfrage nach Domaininhabern (Aufführung aller Domainnamen eines bestimmten Anmelders) sowie die alphabetische Auflistung aller registrierten Domainnamen. Möglich ist nur noch die Abfrage nach dem Inhaber eines bestimmten Domainnamens, da diese Information bei Rechtsstreitigkeiten benötigt wird.

Hinzu kommen Angaben zum
- admin-c: Der administrative Ansprechpartner (admin-c) ist die vom Domaininhaber benannte natürliche Person, die als sein Bevollmächtigter berechtigt und gegenüber der DENIC auch verpflichtet ist, sämtliche z.B. die Domain „hoeren.de" betreffenden Angelegenheiten verbindlich zu entscheiden.
- Tech-c: Der technische Ansprechpartner (tech-c) betreut die Domain in technischer Hinsicht.
- Zone-c: Der Zonenverwalter (zone-c) betreut die Nameserver der Domain.

---
1 *OLG Köln*, Urt. v. 17.3.2006 – 6 U 163/05.
2 *LG Köln*, Urt. v. 8.5.2009 – 81 O 220/08.
3 Siehe dazu auch den 13. Bericht der Landesregierung über die Tätigkeit der für den Datenschutz im nicht-öffentlichen Bereich in Hessen zuständigen Aufsichtsbehörden vom 30.8.2000, DrS 15/1539 des Hessischen Landtages, Abschnitt 9.2.

Anders verhält sich für die „**.com**"-**Adressen** die NSI, die Datenbestände mit detaillierten Kundeninformationen zum Kauf anbietet, darunter Namen, Adressen und Telefonnummern sowie Informationen darüber, welche Sicherheitsvorkehrungen für bestimmte Webseiten getroffen werden, ob eine Seite aktiv betreut wird, oder ob eine Seite ein E-Commerce-Angebot bereithält.

Für die Markenrecherche im Internet bietet sich an:
- https://dpinfo.dpma.de/ (Deutsche Marken)
- http://www.patentamt.at/Beratung/Recherche_und_Produkte/Markenrecherche/ (Österreich)
- http://www.ige.ch (Schweiz)
- http://oami.europa.eu/ows/rw/pages/QPLUS/databases/databases.de.do (Europäisches Markenamt).

Auch Titelschutzregister sind online abrufbar, so etwa:
- Titelschutzanzeiger (www.presse.de)
- Softwareregister (www.software-register.de).

II. Kennzeichenrechtliche Vorgaben

Domains lösen eine Vielzahl kennzeichenrechtlicher Konflikte aus. Insbesondere kann die Registrierung und/oder Nutzung einer Domain mit marken-, namens- oder wettbewerbsrechtlichen Vorgaben kollidieren. Im Weiteren werden deshalb die wichtigsten Rechtsfragen des Domainerwerbs skizziert.

1. Kollisionsrechtliche Vorfragen

Literatur: *Baetzgen*, Internationales Wettbewerbs- und Immaterialgüterrecht im EG-Binnenmarkt. Kollisionsrecht zwischen Marktspaltung („Rom II") und Marktintegration (Herkunftslandprinzip), Köln 2007; *Hoeren/Sieber*, Handbuch Multimedia-Recht, 23. Aufl., München 2010; *Kotthoff*, Die Anwendbarkeit des deutschen Wettbewerbsrechts auf Werbemaßnahmen im Internet, CR 1997, 676; *Leible*, Rom I und Rom II – Neue Perspektiven im Europäischen Kollisionsrecht, Bonn 2009; *Mankowski*, Internet und Internationales Wettbewerbsrecht, GRUR Int. 1999, 909; *Mankowski*, Kennzeichenbenutzung durch ausländische Nutzer im Internet, MMR 2002, 817; *Rüßmann*, Wettbewerbshandlungen im Internet – Internationale Zuständigkeit und anwendbares Recht, K&R 1998, 422; *Sack*, Internationales Laterkeitsrecht nach der Rom II-VO, WRP 2008, 845.

Das Markenrecht steht an der **Schnittstelle von Wettbewerbs- und Immaterialgüterrecht**. Kollisionsrechtlich wird das **Territorialitätsprinzip** angewendet,[1] obwohl dies mit dem wettbewerbsrechtlichen Gedanken des finalen Markteingriffs nicht vereinbar ist. In diesem Sinne sieht Art. 8 Rom II-VO eine An-

---

1 Palandt/*Thorn*, BGB, Art. 6 Rom II-VO (IPR) Rz. 4; jurisPK/*Wurmnest*, BGB, Art. 6 Rom II-VO Rz. 5; vgl. auch: *Sack*, WRP 2008, 845, 858.

knüpfung an das sog. Schutzlandprinzip (*lex loci protectionis*)[1] vor. Demnach ist das „Recht des Staates anzuwenden, für den der Schutz beansprucht wird".[2] Es entscheidet folglich die reine Möglichkeit des technischen Abrufs über das anzuwendende Recht; für das Markenrecht gilt insofern das Recht eines beliebigen Abrufstaates.[3] Die Werbung eines Herstellers für ein markenrechtsverletzendes Produkt im Internet macht diesen daher zu einem Mittäter, selbst wenn die Werbung unter einer im Ausland registrierten „.com"-Domain erfolgt.[4] Diese starre Haltung wird jedoch zunehmend von Obergerichten durchbrochen. So sahen bereits mehrere Gerichte[5] zu Recht Anlass, die Anwendung der allgemeinen kennzeichenrechtlichen Kollisionsregeln auf Kennzeichenkonflikte im Internet einzuschränken. Dabei soll die Einschränkung nicht kollisionsrechtlich, sondern **materiell-rechtlich**, durch eine normative Einschränkung des Kennzeichenrechts vorgenommen werden. Eine Verletzungshandlung im Inland soll erst dann gegeben sein, wenn die Internetinformation einen über die bloße Abrufbarkeit im Inland hinausreichenden Inlandsbezug aufweist. Nach Auffassung des *OLG Düsseldorf*[6] kann das Territorialitätsprinzip nicht unbesehen in Domainrechtsfällen übernommen werden. Eine inländische Kennzeichenbenutzung kann in der Tat nicht schon allein deshalb bejaht werden, weil Internetseiten von jedem Ort der Welt abrufbar sind. Wäre dies der Fall, würde dies zu einer uferlosen Ausdehnung des Schutzes nationaler Kennzeichenrechte und zu einer unangemessenen Beschränkung der Selbstdarstellung ausländischer Unternehmen führen. Daher ist es erforderlich, dass das kennzeichenverletzende Internetangebot einen hinreichenden wirtschaftlich relevanten Inlandsbezug („commercial effect"[7]) aufweist.

Ähnliches gilt traditionell schon immer für die nicht-markenrechtlichen Kennzeichenrechte, etwa nach §§ 12, 823 BGB. Hier soll der **Grundsatz des bestimmungsgemäßen Abrufs** zum Tragen kommen.[8] Demnach ist nicht das Recht jedes Abrufstaates, sondern nur das Recht desjenigen Staates zu beach-

---

1 Hk-BGB/*Dörner*, Art. 8 Rom II-VO Rz. 2; jurisPK/*Heinze*, BGB, Art. 8 Rom II-VO Rz. 1.
2 Art. 8 Abs. 1 Rom II-VO.
3 *KG*, Urt. v. 25.3.1997 – 5 U 659/97, CR 1997, 685 = K&R 1998, 36 = NJW 1997, 3321 – Concert Concept.
4 *öOGH*, Urt. v. 24.4.2001 – 4 Ob 81/01, GRUR Int. 2002, 265.
5 *OLG Karlsruhe*, Urt. v. 10.7.2002 – 6 U 9/02 (LG Mannheim), MMR 2002, 814 m. Anm. *Mankowski*, CR 2003, 375; *BGH*, Urt. v. 13.10.2005 – I ZR 163/02, MDR 2005, 1005 = CR 2005, 359 m. Anm. *Junker* (OLG Hamburg), GRUR 2005, 431, 433; *OLG München*, Urt. v. 16.6.2005 – 29 U 5456/04 (LG München I), MMR 2005, 608, 609; *OLG Hamm*, Urt. v. 31.7.2003 – 4 U 40/03 (LG Bielefeld), MMR 2004, 177.
6 *OLG Düsseldorf*, Urt. v. 22.4.2008 – I 20 U 140/07.
7 Vgl. WIPO: Joint Recommendation (Publication 845), Part II: Use of a sign on the internet.
8 So etwa *OLG Karlsruhe*, Urt. v. 9.7.1999 – 6 U 62/99, CR 1999, 783 = K&R 1999, 423 – Bad-Wildbad.com.

ten, dessen Staatsangehörige zu den intendierten Nutzern des Angebots zählen.

Zu klären ist dann, ob die Verbreitung nicht nur zufällig, sondern gewollt in dem Land erfolgt ist. Die „Bestimmung" einer Homepage ist aber in vielen Fällen nur schwierig festzustellen. Als Ansatzpunkte werden u.a. herangezogen:

- die Sprache der Webseite[1] (problematisch ist insofern die englische Sprache[2]),
- die Staatsangehörigkeit von Kläger und Beklagtem,[3]
- die Verwendung von Währungen[4] (allerdings meist ein schwaches Indiz[5]),
- Werbung für die Webseite im Land,[6]
- der Geschäftsgegenstand betrifft typischerweise auch das Land.[7]
- Top Level Domain (inbes. positive Indizwirkung)[8]

Wichtig sind **Disclaimer** auf der Homepage, die darauf verweisen, dass sich die Homepage nur an Kunden aus bestimmten Ländern richtet. Die Wirksamkeit eines solchen Disclaimers ist aber gerade hinsichtlich der Domainfrage mehr als zweifelhaft.[9] Der *BGH* hat einen solchen Disclaimer im Rahmen ei-

---

[1] *BGH*, Urt. v. 13.10.2004 – I ZR 163/02 (KG), MDR 2005, 1005 = CR 2005, 359 m. Anm. *Junker*, GRUR Int. 2005, 433, 434; *OLG Hamburg*, Urt. v. 27.2.2003 – 3 U 7/01, GRUR-RR 2003, 332, 335; ZUM-RD 2003, 567, 573 – nimm2.com; *OLG Hamm*, Urt. v. 31.7.2003 – 4 U 40/03 (LG Bielefeld), MMR 2004, 177 – nobia.se.

[2] *Hoeren*, Handbuch MMR, Teil 25, C. Rz. 214 – gleiche Diskussion zur int. Zuständigkeit; So ausdrücklich auch *OLG Frankfurt a.M.*, Urt. v. 3.12.1998 – 6 W 122/98, CR 1999, 450; vgl. aus der Literatur nur *Rüßmann*, K&R 1998, 422, 424; *Mankowski*, GRUR Int. 1999, 909, 917.

[3] *LG Braunschweig*, Urt. v. 5.8.1997 – 9 O 188/97, CR 1998, 364 – delta.com.

[4] *OLG Hamburg*, GRUR-RR 2003, 332, 335; ZUM-RD 2003, 567, 573 – nimm2.com; *OLG Hamm* v. 31.7.2003 – 4 U 40/03, MMR 2004, 177 – nobia.se.

[5] *Hoeren*, Handbuch MMR, Teil 25, Rz. 214 – gleiche Diskussion zur int. Zuständigkeit; so auch *Kotthoff*, CR 1997, 676, 682; *Mankowski*, GRUR Int. 1999, 909, 918 (schwaches Indiz); *Mankowski*, CR 2000, 763, 764.

[6] *LG Hamburg*, Urt. v. 30.6.2000 – 416 O 91/00, CR 2000, 617 m. Anm. *Bettinger* = MMR 2000, 763 – last-minute.com; vgl. auch: *OLG Frankfurt a.M.*, Urt. v. 3.12.1998 – 6 W 122/98, CR 1999, 450; *LG Hamburg*, Urt. v. 5.5.1999 – 315 O 271/98, MMR 1999, 612, 613 – Animal Planet; *Kotthoff*, CR 1997, 676, 682; *LG Hamburg*, Urt. v. 3.8.2001 – 416 O 294/00, GRUR Int. 2002, 163, 164 – hotel-maritime.dk; bestätigt durch *OLG Hamburg*, Urt. v. 2.5.2002 – 3 U 312/01, CR 2002, 837 = MMR 2002, 822 = MD 2002, 899 – hotel-maritime.dk und *BGH*, Urt. v. 13.10.2004 – I ZR 163/02, MDR 2005, 1005 = CR 2005, 359 m. Anm. *Junker* = GRUR 2005, 431, 432.

[7] *OLG Hamburg*, Urt. v. 25.11.2004 – 3 U 33/03, CR 2006, 278 = GRUR-RR 2005, 383, 385.

[8] *Hoeren*, Handbuch MMR, Teil 25, Rz. 214 m.w.N – gleiche Diskussion zur int. Zuständigkeit.

[9] Siehe dazu *KG*, Urt. v. 20.12.2001 – 2 W 211/01, GRUR Int. 2002, 448, 449 – Knoblauch; *LG Frankfurt a.M.*, Urt. v. 10.8.2001 – 3/12 O 96/01, CR 2002, 222, 223

ner Streitigkeit über die Lieferung einer Online-Apotheke für zulässig erachtet.[1]

Die **örtliche Zuständigkeit** des Gerichts ergibt sich aus § 32 ZPO, sofern nicht der allgemeine Gerichtsstand des §§ 12, 13 ZPO (Wohnsitz des Beklagten) in Betracht kommt. Für den deliktischen Gerichtsstand des § 32 ZPO wird darauf abgestellt, wo die Domain über das Internet abrufbar ist.[2] Für **die internationale Zuständigkeit** werden die Zuständigkeitsregeln der ZPO analog angewendet, sofern nicht bi- oder multilaterale Staatsverträge (insbesondere die EuGVVO) zur Anwendung kommen.[3] Die EuGVVO über die gerichtliche Zuständigkeit geht ähnlich von einem allgemeinen Gerichtsstand am Wohnsitz des Beklagten (Art. 2) und vom deliktischen Gerichtsstand am Handlungs- oder Erfolgsort (Art. 5 Nr. 3)[4] aus. Gerade die Möglichkeit, am Erfolgsort zu klagen, läuft somit auf einen fliegenden Gerichtsstand, ähnlich wie im Presserecht, hinaus.[5] Die Vornahme einer Eingrenzung auf solche Erfolgsorte, welche von der bestimmungsgemäßem Ausrichtung der Webseite erfasst sind, ist in diesem Zusammenhang umstritten.[6]

Anders hat allerdings der *BGH* in neueren Entscheidungen[7] zur Reichweite der internationalen Zuständigkeit bei Domainstreitigkeiten folgende Stellung bezogen: Zur Begründung der internationalen Zuständigkeit deutscher Gerichte nach Art. 5 Nr. 3 EuGVVO reiche es aus, dass die Verletzung des geschützten Rechtsguts im Inland behauptet wird und diese nicht von vornherein ausgeschlossen ist. Die Zuständigkeit sei nicht davon abhängig, dass eine Rechtsverletzung tatsächlich eingetreten ist. Materiell-rechtlich sei aber zu beachten, dass nicht jedes im Inland abrufbare Angebot ausländischer

---

m. Anm. *Dieselhorst*; *Kur*, WRP 2000, 935, 938; *Mankowski*, MMR 2002, 817, 819; OLG München, Urt. v. 17.5.2002 – 21 U 5569/01 (LG München I), MMR 2002, 611.

1 *BGH*, Urt. v. 30.3.2006 – I ZR 24/03, CR 2006, 539 = MDR 2006, 941 (KG); BGHZ, 167, 91, 108 = GRUR 2006, 513, 517 = NJW 2006, 2630, 2635. Ähnlich auch *LG Köln*, Urt. v. 13.9.2005 – 33 O 209/03, NJOZ 2006, 1506; *OLG Hamburg*, Urt. v. 25.11.2004 – 3 U 33/03, CR 2006, 278 – abebooks; *OLG München*, Urt. v. 16.6.2005 – 29 U 5456/04, CR 2006, 347 = GRUR-RR 2005, 375 – 800-flowers.
2 *LG Köln*, Mitt. 2006, 183 – postbank24.
3 Siehe dazu auch die Überlegungen am Ende des Skriptums.
4 Zur Anwendbarkeit im Kennzeichenrecht *KG*, Urt. v. 7.11.2000 – 5 U 6923/99, RIW 2001, 611, 613; *OLG Karlsruhe*, Urt. v. 9.6.1999 – 6 U 62/99, CR 1999, 783 (LG Karlsruhe), MMR 1999, 604 – bad wildbad; *öOGH*, Urt. v. 13.7.1999 – 4 Ob 347/98, GRUR Int. 2000, 795 – Thousand Clowns.
5 Vgl. *OLG Karlsruhe*, 10.7.2002 – 6 U 9/02 (LG Mannheim), MMR 2002, 814, 815; *OLG München*, Urt. v. 15.11.2001 – 29 U 3769/01 (LG München I), MMR 2002, 166, 167 = CR 2002, 449, 450 m. Anm. *Mankowski* – literaturhaus.de; *OLG Hamburg*, Urt. v. 2.5.2002 – 3 U 312/01 (LG Hamburg), MMR 2002, 822 = CR 2002, 837 – hotel-maritime.dk; siehe auch *öOGH*, Urt. v. 24.4.2001 – 4 Ob 81/01, GRUR Int. 2002, 265, 266 – Red Bull; *Danckwerts*, GRUR 2007, 104.
6 Vgl. jurisPK/*Heinze*, BGB, Art. 8 Rom II-VO Rz. 12. m.w.N.
7 Noch etwas unentschlossen; *BGH*, Urt. v. 13.10.2004 – I ZR 163/02, MDR 2005, 1005 = CR 2005, 359 m. Anm. *Junker*, MMR 2005, 239 – Hotel Maritime; dagegen klar: *BGH*, Urt. v. 9.7.2009 – Xa ZR 19/08 (KG), MDR 2009, 1348 = NJW 2009, 3371.

Dienstleistungen im Internet bei Verwechslungsgefahr mit einem inländischen Kennzeichen i.S.v. § 14 Abs. 2 Nr. 2 MarkenG kennzeichenrechtliche Ansprüche auslösen könne. Erforderlich sei, dass das Angebot einen wirtschaftlich relevanten Inlandsbezug aufweist.[1]

2. §§ 14, 15 MarkenG

a) Kennzeichenmäßige Benutzung

Seitdem die Domains aus Gründen der Anwenderfreundlichkeit eingeführt worden sind, erkannte der Markt rasch das enorme Potential für ein globales Marketing. Domains sind heutzutage **Marketinginstrumente**, die bewusst zur Kennzeichnung eines Unternehmens oder eines Produktes im WWW ausgesucht und eingesetzt werden. Im Übrigen muss auch ein Blick auf die vergleichbare Rechtsprechung zur Verwendung von unternehmensbezogenen Telegrammen und Telexkennungen vorgenommen werden. Tat sich die ältere Rechtsprechung noch mit Einräumung eines kennzeichnungsrechtlichen Schutzes in diesem Bereich schwer,[2] ging der *BGH* in der „Fernschreiberkennung"-Entscheidung[3] davon aus, dass jedenfalls die Benutzung einer (verwechslungsfähigen) Fernschreibkennung dann in das prioritätsältere Kennzeichen eingreife, wenn diese Benutzung kennzeichenmäßig erfolge. Letzteres nahm das *Berufungsgericht* bei der Benutzung einer aus dem Firmenschlagwort bestehenden Fernschreibkennung an. Das *Gericht* hat es als bedeutsam angesehen, dass der Fernschreibteilnehmer die Kennung selbst auswähle und damit auch eine Kennung auswählen könne, deren Buchstabenzusammenstellung geeignet sei, auf ihn hinzuweisen. Auch die Verwendung der Fernschreibkennung auf dem Geschäftspapier rechtfertige es, eine Kennung als kennzeichenmäßigen Hinweis auf das Unternehmen zu verstehen.[4] Auch bei der Verwendung eines Namens als Third-Level-Domain handele es sich bei Anwendung dieser Gedanken um eine kennzeichenmäßige Benutzung.[5] Das Recht an einem Unternehmenskennzeichen erlischt jedoch mit Aufgabe des Unternehmens, unabhängig von einer eventuellen Fortführung der Domain.[6]

---

[1] *BGH*, Urt. v. 13.10.2004 – I ZR 163/02, MDR 2005, 1005 = CR 2005, 359 m. Anm. *Junker*, MMR 2005, 239 – Hotel Maritime; so auch *OLG München*, Urt. v. 16.6.2005 – 29 U 5456/04 (LG München I), MMR 2005, 608; GRUR-RR 2005, 375, 376.
[2] Siehe RGZ 102, 89 – EKA; BGHZ 8, 387 – Telefonnummern; *BGH*, Urt. v. 25.2.1955 – I ZR 124/53, GRUR 1955, 481, 484 – Telegrammadressen.
[3] *BGH*, Urt. v. 18.12.1985 – I ZR 122/83, MDR 1986, 558 = GRUR 1986, 475; vgl. hierzu auch *OLG Hamburg*, Urt. v. 16.9.1982 – 3 U 131/82, GRUR 1983, 191.
[4] Ähnlich auch US-amerikanische Entscheidungen wie Morrim vom Midco Communication, 726 F Supp. 1195 (D Minn. 1989).
[5] *LG Duisburg*, Urt. v. 2.12.1999 – 8 O 219/99, CR 2000, 27 = MMR 2000, 168 = NJW-CoR 2000, 237.
[6] Wobei diese Fortführung jedoch als Unternehmensschlagwort selbständig ein Unternehmenskennzeichenrecht begründen könnte, *BGH*, Urt. v. 24.2.2005 – I ZR 161/02, MDR 2006, 41 = CR 2006, 54 – seicom.de = NJW-RR 2005, 1350 = MMR 2005, 761.

Nach § 16 WZG, dem Vorgänger des Markengesetzes, war die Benutzung eines fremden Warenzeichens zulässig, wenn der Gebrauch „nicht warenzeichenmäßig" erfolgte. Daraus wurde von der herrschenden Meinung gefolgert, dass lediglich die kennzeichenmäßige Benutzung durch das WZG geschützt sei. Das MarkenG hat diese Beschränkung aufgegeben.[1] §§ 14, 15 MarkenG sprechen nur noch allgemein von der „Benutzung" des Zeichens, ohne dies zu beschränken. Nicht unter das Marken- und Namensrecht fällt allerdings die **bloße Namensnennung**: So darf z.B. ein Fußballfan den Namen „Arminia Bielefeld" als Suchbegriff im Internet verwenden.[2] Diese Benutzung steht der (ebenfalls freien) Nennung des Namens in Presseveröffentlichungen, im Index eines Sportbuchs oder als Stichwort in einem Lexikon gleich. Eine erlaubte schlichte Namensnennung ist also gegeben, wenn für jedermann deutlich ist, dass nicht der Namensträger selbst spricht, sondern Dritte über ihn berichten.

b) Benutzung im geschäftlichen Verkehr

Um dem Schutz des MarkenG zu unterfallen, muss die Domain **im geschäftlichen Verkehr benutzt** werden. Sie muss also der Förderung eines Geschäftszweckes dienen oder die Teilnahme am Erwerbsleben ausdrücken. Eine Verwendung von Kennzeichnungen durch private Anwender fällt damit grundsätzlich nicht in den Schutzbereich des MarkenG.[3] Eine Nutzung der Marke durch Private kann jedoch eine Benutzung im geschäftlichen Verkehr sein, wenn die Nutzung einen gewissen Umfang annimmt und über das hinausgeht, was im privaten Verkehr üblich ist.[4] So liegt nach einer Entscheidung des *OLG Frankfurt* eine private Verkaufstätigkeit nicht mehr vor, wenn ein eBay Mitglied die privaten Verkaufsinteressen einer größeren Anzahl dritter Personen bündelt und damit ein Handelsvolumen erreicht, das ihm auf der Handelsplattform eBay eine besondere Beachtung verschafft.[5] Domains, die von juristischen Personen oder Personenhandelsgesellschaften gehalten werden, sind nie privat genutzt.[6] Im Übrigen ist auch die Vermutung des § 344 Abs. 1 HGB zu beachten.[7]

---

1 A.A. allerdings *Sack*, GRUR 1995, 81.
2 So *LG Detmold*, Urt. v. 26.2.1997 – 2 S 308/96 (n.v.).
3 So auch *OLG Köln*, Urt. v. 26.10.2001 – 6 U 76/01, MMR 2002, 167 = CR 2002, 285 = – lotto-privat.de; *LG München I*, Urt. v. 10.10.1007 – 1 HKO 8822/07, MMR 2008, 267 – studi.de; *LG Berlin*, Urt. v. 21.2.2008 – 52 O 111/07, MMR 2008, 484 – naeher.de.
4 *LG Berlin*, GRUR-RR 2004, 16.
5 *OLG Frankfurt a.M.*, Urt. v. 27.7.2004 – 6 W 54/04, GRUR 2004, 1042.
6 *BGH*, Urt. v. 19.7.2007 – I ZR 137/04, CR 2007, 727 = WRP 2007, 1193 – Euro Telekom.
7 *OLG Hamburg*, Urt. v. 28.7.2005 – 5 U 141/04, MMR 2006, 476 – metrosex. Nur am Rande sei darauf verwiesen, dass der Betreiber eines Online-Shops regelmäßig nicht als Handelsvertreter i.S.d. §§ 84 ff. HGB angesehen werden kann; dazu *Dieselhorst/Grages*, MMR 2011, 368.

Fraglich ist allerdings, ob die Zuweisung von **Domains an Private zum Zwecke des Weiterverkaufs** an Unternehmen unter das MarkenG fällt. Da die Zuweisung an eine Privatperson in der Regel zur rein privaten Nutzung erfolgt, kann das MarkenG nur Anwendung finden, wenn Anhaltspunkte dafür vorliegen, dass eine geschäftliche Nutzung geplant ist.[1] Die bloße Reservierung einer Domain oder Verwendung mit „Baustellenschild" ist noch keine Benutzung im markenrechtlichen Sinne und kann daher auch nicht nach dem MarkenG geahndet werden.[2] Zur geschäftlichen Benutzung reicht es aus, wenn sich auf der streitgegenständlichen Internetseite Werbung befindet.[3] In dem Angebot des Privatmannes zum (entgeltlichen) Rückerwerb kann dann ein Indiz für eine Gewerbsabsicht liegen. Zumindest reicht dies für eine vorbeugende Unterlassungsklage aus. Losgelöst vom Merkmal des geschäftlichen Verkehrs kann in diesen Fällen subsidiär auf § 12 BGB zurückgegriffen werden, sofern es um Unternehmenskennzeichen geht. Bei der Benutzung fremder Marken als Teil einer Domain bleibt aber eine empfindliche Schutzlücke. Denn selbst wenn man die Reservierung einer solchen Domain als Benutzung i.S.v. § 14 MarkenG ansieht,[4] lassen sich hinsichtlich der Verwechslungsgefahr keine Aussagen zur Waren-/Dienstleistungsähnlichkeit machen.

Mit Urteil vom 13. März 2008[5] hat der *BGH* in der Entscheidung Metrosex über die rechtliche Beurteilung von Domains entschieden, die nur reserviert, aber nicht genutzt werden. Eine solche „Baustellen-Domain" sei als solche noch keine markenmäßige Verwendung. Aus der Tatsache, dass die Domainnamen von einem kaufmännischen Unternehmen angemeldet worden seien, können nicht hergeleitet werden, dass bei einer Verwendung der Domainnamen neben dem Handel im geschäftlichen Verkehr notwendig auch die weiteren Voraussetzungen der §§ 14 Abs. 2 oder 15 Abs. 2 MarkenG erfüllt seien. Hier sei der Begriff Metrosex nur beschreibend verwendet worden, nämlich für einen neuen Männertyp (heterosexuell veranlagt, modisch gekleidet, in Düfte gehüllt und vornehmlich in Metropolen lebend). Im Übrigen sei die

---

1 Siehe auch *Kur*, Festgabe Beier 1996, 265, 273.
2 *BGH*, Urt. v. 13.3.2008 – I ZR 151/05, MDR 2008, 1410 = CR 2008, 730 – metrosex.
3 *LG Hamburg*, Urt. v. 1.3.2000 – 315 O 219/99, MMR 2000, 436 – luckystrike.
4 Dafür *Ubber*, WRP 1997, 497, 507; ähnlich jetzt auch *BGH*, Urt. v. 26.6.2003 – I ZR 296/00, MDR 2004, 347 = WRP 2003, 1215 – maxem.de; dagegen mit guten Gründen *OLG Dresden*, Urt. v. 28.11.2000 – 14 U 2486/00, CR 2001, 408 – kurt-biedenkopf.de; *OLG Köln*, Urt. v. 26.10.2001 – 6 U 76/01, MMR 2002, 167 – lotto-privat.de; *OLG Karlsruhe*, Urt. v. 12.9.2001 – 6 U 13/01 (LG Mannheim), MMR 2002, 118 – dino.de; *LG München I*, Urt. v. 18.3.2004 – 17 HKO 16815/03 – sexquisit.de; *Bücking*, NJW 1997, 1886, 1888; *Völker/Weidert*, WRP 1997, 652, 657; *OLG Hamburg*, Urt. v. 28.7.2005 – 5 U 141/04, GRUR-RR 2006, 14 – metrosex.de. Eigenartig die Hinweise des *BGH*, Urt. v. 2.12.2004 – I ZR 207/01, MDR 2005, 1182 = CR 2005, 593 = MMR 2005, 534 – welt. Dort will der *BGH* einen Schutz gegen die Registrierung nur zulassen, wenn damit eine erhebliche Beeinträchtigung des Namensrechts verbunden ist.
5 OLG Frankfurt a.M., Urt. v. 29.4.2008 – 11 U 32/04, CR 2008, 656 = MMR 2008, 609.

bloße Anmeldung einer solchen Domain als Marke noch keine kennzeichenmäßige Benutzung. In der Entscheidung „ahd"[1] hat der *BGH* präzisiert, dass die Registrierung einer Domain nur bei Vorliegen besonderer Umstände als unlautere Mitbewerberbehinderung i.S.v. § 4 Nr. 10 UWG anzusehen ist. Ein solcher besonderer Umstand liege noch nicht in der bloßen Massenregistrierung von Domains zu deren Verkauf.

c) Verwechslungsgefahr

Benutzt jemand unbefugt eine Domain, die das Kennzeichen eines anderen Unternehmens oder ein ähnliches Zeichen gem. § 5 Abs. 2 MarkenG enthält und schafft er dadurch eine **Verwechslungsgefahr**, so kann er auf **Unterlassung** in Anspruch genommen werden (§§ 14, 15 Abs. 2 und 4 MarkenG). Aber auch ohne Verwechslungsgefahr ist es Dritten untersagt, fremde Zeichen zu benutzen, sofern es sich um im Inland bekannte Unternehmenskennzeichen handelt und durch die Nutzung des fremden Zeichens deren Unterscheidungskraft oder Wertschätzung ohne rechtfertigenden Grund **in unlauterer Weise ausgenutzt oder beeinträchtigt** werden (§ 15 Abs. 3 MarkenG). Handelt der Schädiger vorsätzlich oder fahrlässig, so ist er dem Inhaber der Bezeichnung zum Ersatz des entstehenden Schadens verpflichtet (§ 15 Abs. 5 MarkenG). Ein Betriebsinhaber haftet für Fehlverhalten seiner Angestellten oder Beauftragten (§ 15 Abs. 6 i.V.m. § 14 Abs. 7 MarkenG). Die Beurteilung der Verwechslungsgefahr ist unter Berücksichtigung aller Umstände des Einzelfalles vorzunehmen. Dabei besteht eine Wechselwirkung zwischen den in Betracht zu ziehenden Faktoren, insbesondere der Ähnlichkeit der Marken und der Ähnlichkeit der mit ihnen gekennzeichneten Waren sowie der Kennzeichnungskraft der älteren Marke. Somit kann ein geringerer Grad der Ähnlichkeit der Waren durch einen höheren Grad der Ähnlichkeit der Marken ausgeglichen werden und umgekehrt.[2] Folge dieser Wechselwirkung ist es, dass bei Warenidentität ein wesentlich deutlicherer Abstand der Zeichen selbst erforderlich ist, um eine Verwechslungsgefahr auszuschließen, als bei einem größeren Warenabstand.[3]

Überträgt man diese Vorgaben auf das Internet, so kann jedes Unternehmen nach § 15 Abs. 2 und 4 MarkenG die Verwendung ihres Kennzeichens in einer Internet-Adresse durch einen Konkurrenten verbieten. Das Konkurrenzverhältnis kann bereits dadurch zustande kommen, dass der Eindruck entsteht, Markenrechtsinhaber und Domaininhaber könnten zusammenarbeiten. Auch die ansonsten privilegierte Benutzung einer Marke gem. § 23 Nr. 3 MarkenG,

---

1 *BGH*, Urt. v. 19.2.2009 – I ZR 135/06.
2 *EuGH* v. 29.9.1998 – Rs. C-39/97, NJW 1999, 933 – Canon; *BGH*, Urt. v. 20.10.1999 – I ZR 110/97, GRUR 2000, 608 = NJW-RR 2000, 1202 = WRP 2000, 529, 531 – ARD1; *BGH*, Urt. v. 13.1.2000 – I ZR 223/97, MDR 2000, 1265 = GRUR 2000, 506 = NJW-RR 2000, 856 = WRP 2000, 535 – Attachè/Tisserand.
3 *öOGH*, Urt. v. 21.12.2004 – 4 Ob 238/04k – sexnews.at (n.v.).

um auf den Vertrieb von Ersatzteilen hinzuweisen, stellt eine Markenverletzung dar, wenn die verletzte Marke lediglich mit dem Zusatz „Ersatzteile" als Domain geführt wird. Eine solche Nutzung ist nicht notwendig i.S.d. § 23 Nr. 3 MarkenG, weil auch eine andere Domainbezeichnung gewählt werden könnte.[1] Gefährlich sind Verweise auf der Homepage. Eine Zurechnung liegt bereits darin, dass der User die Homepage – etwa aufgrund von Links oder Frames zu branchennahen Unternehmen – mit dem Rechteinhaber verbindet.[2] Selbst wenn keine Links vorhanden sind, soll ein Verweis auf eine fremde Webseite zur Zurechnung ausreichen.[3] Bei Serienzeichen reicht im Übrigen bereits das gedankliche in Verbindung bringen der jüngeren mit der älteren Marke, so z.B. der Domain „immobilien24" mit der Deutschen Bank 24.[4] Erforderlich ist bei grenzüberschreitenden Fällen, dass diese einen wirtschaftlich relevanten Inlandsbezug aufweisen.[5] Bei Gleichnamigkeit kann die Verwechslungsgefahr durch klarstellende Hinweise auf der ersten Seite der Homepage ausgeschlossen werden.[6]

Bei **Branchenverschiedenheit** der Unternehmen bzw. der durch die Marken angesprochenen Verkehrskreise scheidet eine Verwechslungsgefahr i.d.R. aus.[7] Dies gilt insbesondere für lediglich registrierte Domains, bei denen ein Bezug zu einer Branche fehlt.[8] Allerdings ist auch nicht-konkurrierenden Unternehmen nach §§ 14 Abs. 2 Nr. 1, 2, 15 Abs. 3 MarkenG die Benutzung fremder bekannter Kennzeichen als Bestandteil ihrer Adresse verboten, soweit dies zu einer Ausnutzung der Wertschätzung („Rufausbeutung") bzw. zu einer Behinderung führt.

Streitigkeiten gibt es immer noch wegen der Verwendung von **VZ-Domains**. Das *LG Hamburg* hat sich der Auffassung des *LG Köln* angeschlossen, wo-

---

1 *LG Düsseldorf*, Urt. v. 19.7.2006 – 2a O 32/06, CR 2007, 118 = GRUR-RR 2007, 14 = ITRB 2007, 54 – cat-ersatzteile.de.
2 Siehe zur Verwechslungsgefahr durch Links auf Homepages der gleichen Branche *LG Mannheim*, Urt. v. 10.9.1999 – 7 O 74/99, MMR 2000, 47; ferner zur Zeichenähnlichkeit bei identischen Dienstleistungen *LG München*, Urt. v. 31.5.2006 – 1 HKO 11526/05, CR 2007, 536 – GoYellow.
3 *LG Berlin*, Urt. v. 30.10.1997 – 16 O 236/97 (n.v.).
4 *BGH*, Urt. v. 24.1.2002 – I ZR 156/99, NJW-RR 2002, 829 – Bank 24.
5 *BGH*, Urt. v. 13.10.2004 – I ZR 163/02, MDR 2005, 1005 = CR 2005, 359 m. Anm. *Junker* = NJW 2005, 1435 – maritime.dk.
6 *BGH*, Urt. v. 21.9.2006 – I ZR 201/03, MDR 2007, 286 = CR 2007, 36 = GRUR 2007, 259, 260 – solingen.info.
7 *OLG Frankfurt a.M.*, Urt. v. 4.5.2000 – 6 U 81/99, CR 2000, 698 = MMR 2000, 486 = WRP 2000, 772 = NJW-RR 2001, 547.
8 A.A. aber *LG Düsseldorf*, Urt. v. 4.4.1997 – 34 O 191/96, CR 1998, 165. Das *LG* wollte auf die Prüfung der Produktähnlichkeit in diesen Fällen gänzlich verzichten; ähnlich auch *OLG Rostock*, Urt. v. 16.2.2000 – 2 U 5/99, MMR 2001, 128; *LG München I*, Urt. v. 17.9.1997 – 1 HKO 12216/97, NJW-CoR 1998, 111; *LG Bochum*, Urt. v. 27.11.1997 – 14 O 152/97 – hellweg; *Biermann*, WRP 1999, 999; *Wagner*, ZHR 1998, 712. A.A. aber zu Recht *Bettinger*, in: Mayer-Schönberger u.a. (Hrsg.), Das Recht der Domains, Wien 2001, 138; *Fezer*, WRP 2000, 669.

II. Kennzeichenrechtliche Vorgaben

nach der Zusatz VZ in einer Domain eine Verwechselungsgefahr im weiteren Sinne mit den Social Networks der VZ-Gruppe begründen könne.[1]

Hinsichtlich der **Rufausbeutung** reicht es aus, dass der/ein Internet-Nutzer zum Aufrufen einer Homepage verleitet wird, für die er sich sonst – ohne die inkriminierte Kennzeichenverwendung – nicht entschieden hätte. Dies gilt jedenfalls bei bekannten Kennzeichen.[2] Kritisch ist allerdings zu vermerken, dass die bloße Ausnutzung einer erhöhten Aufmerksamkeit noch keine Rufausbeutung darstellt. Dazu müsste durch die Domainnutzung auch die Wertschätzung der eigenen Produkte des Domaininhabers gesteigert worden sein. Doch müsste man hierzu die jeweilige Homepage des Domaininhabers und die dort angekündigten Produkte betrachten.

Eine Behinderung der unternehmerischen Ausdehnung wird bejaht, wenn der Domainname für den Inhaber des Kennzeichens blockiert ist.[3] Eine Registrierung ohne sachlichen Grund gilt als vorwerfbar.[4] Ähnliches gilt für die unmittelbare Umleitung einer Webseite auf eine andere zentrale Homepage des Domaininhabers.[5] Auch die Massenregistrierung von Domains mit Bezug auf bekannte Kennzeichen (sog. Domain Name Trafficking) reicht aus.[6] Ähnliches gilt für die Inanspruchnahme deutlich über den Registrierungskosten liegender Vergütungen für die Übertragung der Domain auf den Markenrechtsinhaber (sog. Cyber-Squatting).[7] Ausreichen soll es ferner, wenn für die Kunden der Markenrechtsinhaberin durch die fehlende Benutzung der konnektierten Webseite der Eindruck entstehen könnte, die Inhaberin stecke in geschäftlichen Schwierigkeiten.[8]

---

1 *LG Hamburg*, Urt. v. 2.10.2008 – 312 O 464/08; ähnlich *LG Köln*, Urt. v. 2.5.2008 – 84 O 33/08, CR 2009, 57.
2 *OLG München*, Urt. v. 2.4.1998 – 6 U 4798/97, CR 1998, 556 m. Anm. *Hackbarth* = K&R 1998, 363 = NJW-RR 1998, 394 = MMR 1998, 668 – Freundin; *OLG Karlsruhe*, Urt. v. 24.6.1998 – 6 U 247/97, WRP 1998, 900 = ZUM 1998, 944 = MMR 1999, 171 – Zwilling; *OLG Düsseldorf*, WRP 1998, 343 = NJW-WettbewerbsR 1999, 626 – UFA; *OLG Hamburg*, MD 2001, 315; ähnlich *LG München I*, 4 HKO 14792/96 (n.v.); *LG Hamburg*, 315 O 478/98 (n.v.); *LG Mannheim*, Urt. v. 24.6.1998 – 7 O 529/97, K&R 1998, 558 – Brockhaus; *LG München I*, Urt. v. 20.2.2003 – 17 HKO 17818/02, MMR 2003, 677 – freundin.de.
3 *OLG Dresden*, Urt. v. 20.10.1998 – 14 U 3613/97, CR 1999, 589 = K&R 1999, 133, 136; *LG Hamburg*, MD 2001, 376; *LG Köln*, Urt. v. 10.6.1999 – 31 O 55/99.
4 *OLG München*, Urt. v. 2.4.1998 – 6 U 4798/97, CR 1998, 556 m. Anm. *Hackbarth* = MMR 1998, 668, 669; *OLG Karlsruhe*, Urt. v. 24.6.1998 – 6 U 247/97 – MMR 1999, 171, 172.
5 *OLG München*, Urt. v. 23.9.1999 – 29 U 4357/99, CR 2000, 624 = MMR 2000, 100, 101; NJWE-WettbR 2000, 70.
6 *OLG München*, Urt. v. 23.9.1999 – 29 U 4357/99, CR 2000, 624 = MMR 2000, 100, 101.
7 *LG München I*, Urt. v. 7.5.1997 – 7 HKO 2682/97, CR 1998, 434; *LG Bonn*, Beschl. v. 22.9.1997 – 1 O 374/97, MMR 1998, 110.
8 *LG Bremen*, Urt. v. 13.1.2000 – 12 O 453/99, CR 2000, 543 = MMR 2000, 375.

Das *OLG Hamm*[1] hat in der „Krupp"-Entscheidung allerdings trotz der Verschiedenheit der Branchen – Stahlindustrie contra Online-Agentur – nicht nur die Verwässerungs-, sondern auch die Verwechslungsgefahr aufgrund der überragenden Verkehrsgeltung des Unternehmens Krupp, das, so der Senat, für eine ganze Epoche deutscher Industriegeschichte stehe und fast zum Synonym für die Stahlindustrie schlechthin geworden sei, bejaht.

Für das deutsche Recht ist bei einem solchen Kennzeichenschutz **das besondere Freihaltebedürfnis der Mitbewerber** zu bedenken. Adressen sind im Internet ein knappes Gut; dies gilt vor allem für die Angaben auf der Second-Level-Domain.[2] Schon für den früheren Ausstattungsschutz nach § 25 WZG ging die Rechtsprechung davon aus, dass bei einfachen Beschaffenheits- und Bestimmungsangaben ein überwiegendes Freihaltebedürfnis der Allgemeinheit zu bejahen sei.[3] Geschützt sind daher Unternehmen auf jeden Fall, soweit Konkurrenten eine mit ihrer Unternehmenskennzeichnung identische Adresse auf der Second- oder Third-Level-Domain-Ebene[4] verwenden (z.B. „ibm.de" oder „ibm.eunet.de"). In einem solchen Fall wird das NIC oder der jeweilige Provider häufig auch den Namen nachträglich ändern.

Streitig ist, ob ein Rechteinhaber gegen **ähnlich lautende Domains** vorgehen kann. Ein Teil der Rechtsprechung lehnt dies ab. So hat das *OLG Frankfurt* in seiner Entscheidung vom 13. Februar 1997[5] betont, dass eine registrierte Online-Adresse lediglich einer **identischen** Verwendung durch einen anderen entgegenstehe, so dass schon durch geringfügige Abwandlungen oder Zusätze die tatsächliche Sperrwirkung überwunden werden könne. Hier gilt jedoch m.E. **die allgemeine Rechtsprechung zur Verwechslungsgefahr**.[6]

In Anwendung dessen hat das *LG Koblenz* die Nutzung des Domainamens „allesueberwein.de" trotz eines einstweiligen Verbotes der Domain „alles-

---

[1] OLG Hamm, Urt. v. 13.1.1998 – 4 U 135/97, CR 1998, 241 m. Anm. *Bettinger* = MMR 1998, 214 m. Anm. *Berlit*.
[2] Aus diesem Grund besteht auch kein schutzwürdiges Interesse eines Kennzeicheninhabers an der Erlangung sämtlicher, mit dem eigenen Kennzeichen verwechslungsfähiger Domains, vgl. *OLG Hamm*, Urt. v. 27.11.2006 – 6 U 106/05, MMR 2007, 391.
[3] BGH, Urt. v. 27.11.1968 – I ZR 138/66, GRUR 1969, 54. – „Grüne Vierkantflasche"; BGH, Urt. v. 30.6.1959 – I ZR 31/58, GRUR 1960, 83 – „Nährbier"; BGH, Urt. v. 5.3.1971 – I ZR 101/69, GRUR 1971, 305, 308 – „Konservendosen II; BGH, Urt. v. 7.3.1979 – I ZR 45/77, GRUR 1979, 470 – „RBB/RBT".
[4] Siehe *LG Duisburg*, Urt. v. 2.12.1999 – 8 O 219/99, CR 2000, 27 = MMR 2000, 168 – kamp-lintfort.cty.de.
[5] OLG Frankfurt a.M., Urt. v. 13.12.1997 – 6 W 5/97, CR 1997, 271 m. Anm. *Bettinger* = WRP 1997, 341.
[6] öOGH, Urt. v. 3.4.2001 – 4 Ob 73/01, GRUR Int. 2002, 450; *OLG Düsseldorf*, Urt. v. 23.9.2003 – I-20 U 158/02, MMR 2004, 491 – mobell.de; so auch *Biermann*, WRP 1999, 999; ähnlich auch *Bettinger*, GRUR Int. 1997, 402; *Kur*, CR 1996, 590; *Viefhues*, NJW 2000, 3239; *Ernstschneider*, Jur PC WebDok. 219/2002.

ueber-wein.de" nicht verboten.[1] Ähnlich großzügig argumentierte das *LG Düsseldorf*, das zwischen „T-Online" und der Domain „donline.de" eine Verwechslungsgefahr aufgrund der geringen Kennzeichenkraft der Bezeichnung „T-Online" verneint hat.[2] Verwechslungsfähig ist aber die Domain „siehan.de" im Vergleich zum Firmenschlagwort „Sieh an!".[3] Auch die Domain „kompit.de" wurde als verwechslungsfähig mit dem Unternehmenskennzeichen und der Marke „combit" angesehen.[4] Verneint wurde die Verwechslung zwischen der Domain „pizza-direkt.de" und der (als fast beschreibend angesehenen) Marke „pizza-direct".[5] Ebenso verneint wurde eine Markenrechtsverletzung bei der Internetdomain „mbp.de" im Verhältnis zur Marke „MB&P",[6] sowie bei der Domain „test24.de"; hier bestehe keine Verwechselungsgefahr mit der Wort-Bild-Marke „test" der Stiftung Warentest, da das Wort „test" allein (ohne die geschützten grafischen Elemente) nicht eindeutig auf die Stiftung Warentest hinweise.[7] Anders sieht es das *OLG Rostock* in der Entscheidung „mueritz-online.de".[8] Hiernach soll ein Markenrechtsverstoß vorliegen, wenn Domain-Name und Marke sich nur in Umlauten und der Groß-/Kleinschreibung unterscheiden. Auch wurde eine Verwechslungsgefahr zwischen „Intershop" und „Intershopping" bejaht,[9] sowie zwischen „G-Mail" und „GMail".[10] Das *OLG Hamburg* stellt auf die klangliche Ähnlichkeit ab, weil Domains auch in mündlichen Gesprächen genannt werden, und bejahte mit dieser Begründung die Verwechslungsfähigkeit von „be-mobile.de" zu „T-Mobile".[11] Der Schutz geht im Übrigen auch in Richtung Umlautdomains. So hat das *LG Köln*[12] z.B. dem Domaininhaber von „touristikbörse24.de" die Nutzung als Domain-Grabbing untersagt.

---

1 *LG Koblenz*, Urt. v. 27.10.1999 – 1 HO 125/99, MMR 2000, 571. Ähnlich *OLG Hamburg*, Beschl. v. 8.1.2009 – 5 W 1/09 und *LG Hamburg*, Urt. v. 16.7.2009 – 327 O 117/09.
2 *LG Düsseldorf*, 34 O 56/99 (n.v.). Anders aber *LG Frankfurt a.M.*, Beschl. v. 15.7.1997 – 2-06 O 409/97 (n.v.) zum Fall t-online versus t-offline.
3 *OLG Hamburg*, Urt. v. 2.5.2002 – 3 U 216/01, MMR 2002, 682 – siehan = CR 2002, 833 m. Anm. *Florstedt*.
4 *OLG Hamburg*, Urt. v. 14.12.2005 – 5 U 36/05, MMR 2006, 226.
5 *OLG Hamm*, GRUR 1999, 374 = NJW-RR 1999, 631.
6 *OLG München*, Urt. v. 20.9.2001 – 29 U 3014/01, MMR 2002, 170 – mbp.de.
7 *OLG München*, Urt. v. 20.9.2001 – 29 U 3014/01, MMR 2002, 170 – mbp2007, 384 = K&R 2007, 271 – test24.de.
8 *OLG Rostock*, Urt. v. 16.2.2000 – 2 U 5/99, MMR 2001, 128 Ls. = K&R 2000, 303 = NJW-WettbewR 2000, 161.
9 *OLG München*, Urt. v. 20.1.2000 – 29 U 5819/99, MMR 2000, 277 = NJW-CoR 2000, 308 Ls.
10 *OLG Hamburg*, Urt. v. 4.7.2007 – 5 U 87/06, MMR 2007, 653 = GRUR-RR 2007, 319 – GMail. In diesem Verfahren unterlag der Internetriese Google einem in Deutschland agierenden Unternehmen, welches sich bereits im Jahr 2000 die Wort-Bild-Marke „G-Mail... und die Post geht richtig ab" gesichert hatte. Google bietet seinen E-Mail-Dienst seit der Entscheidung unter dem Namen „Google Mail" an.
11 *OLG Hamburg*, Urt. v. 7.7.2003 – 3 W 81/03, CR 2004, 61 = MMR 2003, 669.
12 *LG Köln*, Beschl. v. 12.3.2004 – 31 O 155/04 (n.v.).

d) Gleichnamigkeit

Fraglich ist, ob ein in lauterer Weise aus dem eigenen Namen abgeleiteter Domain-Name benutzt werden darf, wenn er mit einer anderen Bezeichnung kollidiert. Teilweise wird in der Literatur hierzu auf das **Recht der Namensgleichen** abgestellt (§ 23 Nr. 1 MarkenG).[1] Dies hätte zur Folge, dass derjenige, der zuerst seine Domain hat registrieren lassen, zum Zuge kommt. Ihm gegenüber hätte auch der Inhaber eines prioritätsälteren Kennzeichens, der die Domain noch nicht hat registrieren lassen, nur dann Unterlassungsansprüche, wenn die Benutzung des Domainnamens gegen die guten Sitten verstößt.

Dagegen haben das *LG Bochum* und das *OLG Hamm*[2] als Berufungsinstanz entschieden, dass der Inhaber eines bekannten Firmenschlagwortes aufgrund der hier erfolgten Anwendung des Gleichnamigenrechts aus dem Kennzeichenrecht gegenüber dem prioritätsjüngeren Anwender bei Gleichnamigkeit einen Unterlassungsanspruch hat. Der Einzelhandelskaufmann hatte seinen Familiennamen, der mit dem schon vorhandenen Firmenschlagwort identisch war, als Domainnamen gewählt. Das Gericht hielt es nach Abwägung der Interessen für zumutbar, dass er seine Adresse durch Hinzufügen geringfügiger Zusätze, die die ursprüngliche Kennzeichnungskraft nicht aufheben, ändert. Auf die von ihm gewählte Domain-Adresse musste er in jedem Fall verzichten, um eine Verwechselungs- bzw. Verwässerungsgefahr zu vermeiden.[3]

Handelt es sich allerdings nicht um eine bekannte Firma (wie bei der Bezeichnung „Krupp" im Falle des *OLG Hamm*), gilt der Grundsatz **„first come, first served"** zu Gunsten desjenigen, der einen mit einer Firma identischen Familiennamen als erster als Domain hat registrieren lassen.[4] Diese Rechtsprechung ist von anderen Gerichten fortentwickelt worden, etwa im Hinblick auf den Firmennamen „Wolfgang Joop".[5] Diese Grundsätze gelten jedoch nur im Hinblick auf bekannte Marken oder Unternehmenskennzeichen, nicht für kleine Unternehmen und deren Namen.[6] Das *OLG Koblenz* vertritt die Auffassung, dass auch bei normalen Städtenamen bei Gleichnamigkeit das Prinzip „first come, first served" gelten soll.[7] Als Namensträger, der – wenn er seinen Namen als Internetadresse hat registrieren lassen – einem anderen Namensträger

---

1 *Kur*, Festgabe Beier 1996, 265, 276.
2 *OLG Hamm*, Urt. v. 13.1.1998 – U 135/97, OLG Hamm v. 13.1.1998 – 4 U 135/97, CR 1998, 241 m. Anm. *Bettinger* = MMR 1998, 214 m. Anm. *Berlit*.
3 So auch in der Schweiz siehe *Schweizerisches Bundesgericht*, Urt. v. 21.1.2005 – 4C 376/2004/lma, MMR 2005, 366 m. Anm. *Mietzel* – www.maggi.com.
4 *LG Paderborn*, Urt. v. 1.9.1999 – 4 O 228/99, MMR 2000, 49.
5 *LG Hamburg*, Urt. v. 1.8.2000 – 312 O 328/00, CR 2001, 197 = MMR 2000, 622 m. Anm. *Bottenschein*.
6 Siehe *LG Paderborn*, Urt. v. 1.9.1999 – 4 O 228/99, MMR 2000, 49 = ZUM-RD 2000, 344.
7 *OLG Koblenz*, Urt. v. 25.1.2002 – 8 U 1842/00, CR 2002, 280 m. Anm. *Eckhardt* = MMR 2002, 44; *LG Osnabrück*, Urt. v. 23.9.2005 – 12 O 3937/04, MMR 2006, 248.

nicht weichen muss, kommt auch der Träger eines ausgefallenen und daher kennzeichnungskräftigen Vornamens (hier: Raule) in Betracht (raule.de).[1]

Dies hat auch der *BGH* in der Entscheidung **Hufeland** bekräftigt.[2] Wenn zwei Unternehmen mit ihrem Firmenschlagwort identische Internetadresse begehren, liege ein Fall der Gleichnamigkeit vor. Dies habe zur Folge, dass bei der Vergabe weiterhin das Prioritätsprinzip gilt und die Domain jenem Unternehmen zusteht, das zuerst die Anmeldung vorgenommen hat. Daran ändere sich auch nichts, wenn das derzeit bei der Vergabestelle eingetragene Unternehmen nur regional tätig ist. Davon grenzt der *BGH* aber den Fall Peek & Cloppenburg ab, in dem zwei gleichnamige Unternehmen seit vielen Jahren markenrechtliche Auseinandersetzungen führen. Die Gleichgewichtslage, die zwischen zwei in derselben Branche, aber an verschiedenen Standorten tätigen gleichnamigen Handelsunternehmen bestehe, könne dadurch gestört werden, dass eines der beiden Unternehmen das Unternehmenskennzeichen als Internetadresse oder auf seinen Internetseiten verwendet, ohne dabei ausreichend deutlich zu machen, dass es sich nicht um den Internetauftritt des anderen Unternehmens handelt.[3]

Das *OLG Stuttgart* hat diese Überlegungen dann wieder relativiert.[4] Streiten zwei Parteien um eine mit ihrem Unternehmensnamen identische Webadresse (sog. Recht der Gleichnamigen) sei zwar grundsätzlich auf das Prioritätsprinzip abzustellen, wonach demjenigen Namensträger die Domain zusteht, der sie als Erster bei der Vergabestelle registriert hat. Innerhalb der vorzunehmenden Interessenabwägung haben jedoch auch andere Fakten Berücksichtigung zu finden, die dazu führen können, dass dem Prioritätsälteren die Adresse doch nicht zusteht. Dem tatsächlichen Domaininhaber stehe die Kennung z.B. nicht zu, wenn er durch die Reservierung **etwas suggeriere, was nicht der Realität entspreche**. Dies sei der Fall, wenn der Anmelder eine Domain mit dem Schlagwort „Unternehmensgruppe" in Verbindung mit seinem Namen wähle, aber über gar keine derartige Gruppe verfüge. Im Rahmen der Interessensabwägung seien auch weitere tatsächliche Faktoren zu berücksichtigen. So etwa, ob ernsthaft damit zu rechnen sei, dass der Domaininhaber bei fehlendem Content die Adressen mit Inhalt ausstatten wird. Dabei sei auch die Abgabe einer eidesstattlichen Versicherung des Domaininhabers von Bedeutung.

Denkbar wäre auch eine Lösung über eine Abgrenzungsvereinbarung (sog. **Domain-Name-Sharing**[5]), aufgrund derer für beide Kennzeichenrechtsinhaber ein

---

1 *BGH*, Urt. v. 23.10.2008 – I ZR 11/06, CR 2009, 679 = MDR 2009, 882 – Vorname.de gegen Nachname.de.
2 *BGH*, Urt. v. 23.6.2005 – I ZR 288/02, CR 2006, 193 = MDR 2006, 528 = MMR 2006/159 – „hufeland.de".
3 *BGH*, Urt. v. 31.3.2010 – I ZR 174/07 (OLG Düsseldorf), CR 2010, 519 = MDR 2010, 884 – Peek & Cloppenburg, GRUR 2010, 738.
4 Urt. v. 26.7.2007 – 7 U 55/07, CR 2008, 120 = MMR 2008, 178.
5 Ausführlich zum Domain-Name-Sharing vgl. *Haar/Krone*, Mitt. 2005, 58.

einheitliches Portal geschaffen wird (siehe etwa „http://www.winterthur.ch" oder „http://www.kaefer.com"). Der *BGH* hat in der Vossius-Entscheidung[1] über solch alternative Lösungsmöglichkeiten nachgedacht. Die Gefahr der Verwechselung könne bei Gleichnamigkeit auch auf andere Weise ausgeschlossen werden. Man könne als Domaininhaber zum Beispiel durch Hinweis auf der zentralen Einstiegsseite deutlich machen, dass es sich nicht um das Angebot des klagenden Namensinhabers handele. Zweckmäßigerweise könne man angeben, wo das Angebot des Namensträgers im Internet zu finden sei. Allerdings gelte dies nicht, wenn die berechtigten Interessen des Namensträgers das Interesse des Domaininhabers deutlich überwiegen. Diese Entscheidung gilt jedoch in der obergerichtlichen Entscheidungspraxis als Sonderfall.

In dem Rechtsstreit zwischen den gleichnamigen Bekleidungsunternehmen „Peek & Cloppenburg KG" über die Gestaltung des Internetauftritts hielt der *BGH* die Priorität der Kennzeichenrechte für nicht entscheidungserheblich, da eine Gleichgewichtslage bestehe.[2] Aufgrund der zwischen den Parteien geschlossenen Abrede jeweils ausschließlich im norddeutschen Raum bzw. im übrigen Bundesgebiet tätig zu werden, existierten die gleichnamigen Unternehmen nahezu 40 Jahre unbeschadet nebeneinander. Für die Frage, ob der Klägerin ein Anspruch gegen die Beklagte zustehe, die Verwendung der Internetadressen „p-und-c.de", „puc-online.de", „peek-und-cloppenburg.de" und „peek-und-cloppenburg.com" zu unterlassen, müssten deshalb andere als zeitliche Überlegungen herangezogen werden. Wie in den Fällen der Gleichnamigkeit sei die infolge der Nutzung der Internetadressen entstandene Verwechselungsgefahr grundsätzlich hinzunehmen. Die Klägerin müsse die damit einhergehende Störung der Gleichgewichtslage jedoch nur insoweit dulden, als die Beklagte ein schutzwürdiges Interesse an der Benutzung habe und alles Erforderliche und Zumutbare getan habe, um einer Erhöhung der Verwechselungsgefahr weitestgehend entgegenzuwirken.[3] Da die Beklagte die eigene Unternehmensbezeichnung zuerst als Domainnamen in den konkreten Formen registriert habe, besitze sie ein schutzwürdiges Interesse, diese tatsächlich auch zu benutzen. Sie könne sich gegenüber anderen Inhabern der Unternehmensbezeichnung auf das unter Gleichnamigen wirksame Gerechtigkeitsprinzip der Priorität berufen. Zwar sei mit dem Internetauftritt der Beklagten unter den oben genannten Adressen keine automatische Ausdehnung ihres räumlichen Tätigkeitsbereichs verbunden, jedoch werde die Gefahr von Verwechselungen durch den Internetauftritt erhöht. Die Beklagte hätte deshalb auf der ersten Seite verdeutlichen müssen, dass es zwei Bekleidungsunternehmen „Peek & Cloppenburg KG" gibt, und sie selbst in ihrer wirtschaftlichen

---

[1] *BGH*, Urt. v. 11.4.2002 – I ZR 317/99, BRAK 2002, 192 = MDR 2002, 1138 = MMR 2002, 456 m. Anm. *Hoeller* = CR 2002, 674 m. Anm. *Koschorreck*.
[2] *BGH*, Urt. v. 31.3.2010 – I ZR 174/07, CR 2010, 519 = MDR 2010, 884 = WRP 2010, 880 – Peek & Cloppenburg.
[3] *BGH*, Urt. v. 31.3.2010 – I ZR 174/07, CR 2010, 519 = MDR 2010, 884 = WRP 2010, 880 – Peek & Cloppenburg.

Tätigkeit auf ein bestimmtes Gebiet beschränkt ist. Diese Verpflichtung treffe in gleichem Maße die Klägerin, welche unter den Adressen „peekundcloppenburg.de", „peekundcloppenburg.com", „peek-cloppenburg.de" sowie „pundc.de" und „p-und-c.com" erreichbar ist. Die Beklagte hatte im Wege der Widerklage eine spiegelbildliche Unterlassung begehrt.

Unklar ist die Reichweite von § 24 MarkenG und dem dort enthaltenen Einwand der Erschöpfung in Bezug auf Domainregistrierungen. Der *BGH* hat in der Entscheidung Aidol[1] darauf hingewiesen, dass der Grundsatz der Erschöpfung auch das Ankündigungsrecht umfasse. Insofern dürften Waren, die mit einer Marke gekennzeichnet sind, bei ihrem Weitervertrieb durch Dritte grundsätzlich unter ihrer Marke beworben werden.[2] Für das Ankündigungsrecht sei es nicht erforderlich, dass der Händler im Zeitpunkt seiner Werbung die betreffende Ware bereits vorrätig hat. Ausreichend sei vielmehr, dass der Händler über die Ware im vorgesehenen Zeitpunkt ihres Absatzes ohne Verletzung der Rechte des Markeninhabers verfügen könne.[3] Ein Ankündigungsrecht lehnt der *BGH* allerdings ab, wenn die konkrete Bezugnahme auf Originalprodukte erfolge. Insofern wird man eine Domain nicht unter Berufung auf den Erschöpfungsgrundsatz verwenden können, wenn die markenbezogene Domain unternehmensbezogen verwendet wird.[4] Ähnlich wird es der Fall sein, wenn überhaupt keine Originalprodukte auf der Seite angeboten werden. Im Übrigen lässt § 24 Abs. 2 MarkenG auch zu, dass der Inhaber der Marke aus berechtigten Gründen trotz Erschöpfung der Benutzung der Marke widersprechen kann. Dies gilt insbesondere, wenn eine Handelsbeziehung zwischen dem Domainverwender und dem Kennzeichenrechtsinhaber vorgetäuscht wird.[5] Das *Oberlandesgericht Düsseldorf* hat die Auffassung vertreten, dass ein Anbieter von Fahrzeugtuning-Dienstleistungen nicht die Internet-Domain www.peugeot-tuning.de verwenden dürfe. Diese Dienstleistung sei nämlich der geschäftlichen Tätigkeit der Klägerin, nämlich dem Vertrieb von Peugeot-Kraftfahrzeugen und zugehörigen Serviceleistungen für diese Fahrzeuge sehr ähnlich. Aus diesem Grund sei die Verwendung des Zeichens in der Domain geeignet, eine Verwechslungsgefahr im weiteren Sinne zu begründen. Der Verkehr nehme an, dass jemand, der Tuning-Leistungen unter Verwendung des Zeichens „Peugeot" erbringt, hierzu von Peugeot autorisiert worden ist und daher zumindest rechtliche und wirtschaftliche Beziehungen

---

1 *BGH*, Urt. v. 8.2.2007 – I ZR 77/04, MDR 2007, 1273 = CR 2007, 589 = WRP 2007, 1095 = NJW-RR 2007, 126 = MMR 2007, 648.
2 Siehe dazu auch *EuGH*, Urt. v. 4.11.1997 – Rs. C-337/95, GRUR Int. 1998, 140 = WRP 1998, 150 – DIOR; *EuGH*, Urt. v. 23.2.1999 – C-63/97, GRUR Int. 1999, 438 = WRP 1999, 407 – BMW.
3 Siehe dazu auch *BGH*, Urt. v. 17.7.2003 – I ZR 256/00, MDR 2003, 1430 = GRUR 2003, 878, 879 – Vier Ringe über Audi.
4 Siehe dazu auch *LG Hamburg*, Urt. v. 30.5.2000 – 312 O 146/00, NJWE-WettbR 2000, 235.
5 So etwa im Fall *LG Düsseldorf*, Urt. v. 19.7.2006 – 2a O 32/06, CR 2007, 118 = GRUR-RR 2007, 14-cat-Ersatzteile.de. Ähnlich *LG Düsseldorf*, Urt. v. 11.7.2007 – 2a O 24/07, CR 2007, 742 = MMR 2008, 268 – hapimag-a-aktien.de.

bestehen.¹ Bislang ungeklärt ist auch die Zulässigkeit der Verwendung von Marken zu satirischen Zwecken. Das *Landgericht Nürnberg-Fürth*² hat z.B. entschieden, dass das Zeichen „Storch Heinar" weiterhin zur Kennzeichnung von Kleidung, Geschirr, Ansteckern und ähnlichen Waren, deren Vertrieb über das Internet stattfindet, verwendet werden darf. Es bestehe keine Verwechselungsgefahr von „Storch Heinar" mit „THOR STEINAR"; auch werden die Kennzeichen und Waren der Klägerin durch den Beklagten weder herabgesetzt noch verunglimpft.³

e) Gattungsbegriffe

Literatur: *Abel*, Generische Domains. Geklärte und ungeklärte Fragen zur Zulässigkeit beschreibender second-level-Domains nach dem Urteil des BGH vom 17. Mai 2001 – mitwohnzentrale.de, WRP 2001, 1426; *Beater*, Internet-Domains, Marktzugang und Monopolisierung geschäftlicher Kommunikationsmöglichkeiten, JZ 2002, 275; *Buchner*, generische Domains, GRUR 2006, 984; *Ernst*, Zur Zulässigkeit der Verwendung von Gattungsbegriffen und Branchenbezeichnungen als Domains, MMR 2001, 181; *Ernst*, Gattungsnamen als Domains, DuD 2001, 212; *Essl*, Freihaltebedürfnis bei generischen und beschreibenden Internet-Domains?, öBl 2000, 100; *Fraiss*, Domain-Grabbing von Gattungsbegriffen nur bei Verkehrsgeltung!, Rdw 2004, 203; *Härting*, Zur Zulässigkeit der Verwendung beschreibender Angaben, BB 2001, 491; *Mietzel/Hero*, Sittenwidriger Domainhandel: Gibt es die „Hinterhaltsdomain"?, MMR 2002, 84; *Müller*, Internet-Domains von Rechtsanwaltskanzleien, WRP 2002, 160; *Renck*, Scheiden allgemeine Begriffe und Gattungsbegriffe als Internet-Domain aus?, WRP 2000, 264; *Schröder*, Zur Zulässigkeit von Gattungsbezeichnungen als Domains, MMR 2001, 238; *Sosnitza*, Gattungsbegriffe als Domainnamen im Internet, K&R 2000, 209; *Thiele/Rohlfing*, Gattungsbezeichnungen als Domain-Names, MMR 2000, 591; *Wendlandt*, Gattungsbegriffe als Domainnamen, WRP 2001, 629.

Schwierig ist schließlich auch die Frage, ob **Gattungsbegriffe** und **beschreibende Angaben** als Domainnamen registriert werden können.⁴ Solche Angaben könnten markenrechtlich wegen fehlender Unterscheidungskraft (§ 8 Abs. 2 Nr. 1 MarkenG) oder wegen eines besonderen Freihaltebedürfnisses (§ 8 Abs. 2 Nr. 2 MarkenG) nie einer Person zugewiesen werden. Zulässig ist daher die Verwendung von Domains wie „anwalt.de", „messe.de" oder „notar.de".⁵

Allerdings ist in all diesen Fällen zu beachten, dass die Kennzeichnung nicht gegen andere standes- oder wettbewerbsrechtliche Vorgaben verstoßen darf. So wäre die Benutzung des Kennzeichens „Anwalt" einem Anwalt vorbehalten. Ein Nicht-Anwalt würde gegen Standesrecht oder, wegen der damit ver-

---

1 *OLG Düsseldorf*, Urt. v. 21.11.2006 – I-20 U 241/05, MMR 2007, 188.
2 *LG Nürnberg-Fürth*, Urt. v. 11.8.2010 – 3 O 5617/09, GRUR-RR 2010, 384.
3 *Schmidt*, GRUR-Prax 2010, 51 – Markenparodie; *Grünberger*, GRUR 1994, 246 – Rechtliche Probleme der Markenparodie unter Einbeziehung amerikanischen Füllmaterials.
4 Vgl. hierzu *Kur*, CR 1996, 325, 328.
5 *BGH* v. 17.5.2001 – I ZR 216/99, MDR 2002, 45 = CR 2001, 777 m. Anm. *Jaeger-Lenz* = MMR 2001, 666, 670 – mitwohnzentrale.de.

bundenen Kanalisierung von Kundenströmen, gegen §§ 3, 4 Nr. 10 UWG bzw. §§ 3, 5 UWG verstoßen.

In diesem Sinne hat auch das *OLG Frankfurt*[1] betont, dass bei rein beschreibenden und daher freihaltebedürftigen Begriffen wie „Wirtschaft" und „Wirtschaft-Online" ein markenrechtlicher Schutz nicht in Betracht komme. Allenfalls aus §§ 3, 4 Nr. 10 UWG bzw. §§ 3, 5 UWG könnten sich Grenzen für die Wahl solcher Beschreibungen ergeben. Zu beachten sei dabei vor allem die „Kanalisierungsfunktion" der Domainnamen, sofern der User der Einfachheit halber das Online-Angebot mit der umfassendsten Adressbezeichnung wähle und anderen Angeboten keine Beachtung mehr schenke. Dieser Effekt sei aber ausgeschlossen, wenn die Online-Adresse lediglich in der Werbung des jeweiligen Unternehmens benutzt werde. Im Übrigen müsse auf die besonderen Nutzergewohnheiten abgestellt werden.

Das *OLG Hamburg*, das über die Domain „mitwohnzentrale.de" zu entscheiden hatte, schloss eine entsprechende Anwendung der Regelung des § 8 MarkenG auf die Domainregistrierung ebenfalls aus.[2] Bei der wettbewerbsrechtlichen Beurteilung kam es aber zu einem anderen Ergebnis als die vorgenannte Entscheidung. Es sah die Verwendung der Domain durch einen Verband von Wohnungsvermittlungsagenturen unter dem Gesichtspunkt der Kanalisierung von Kundenströmen als wettbewerbswidrig an. Kunden, die sich das Leistungsangebot im Bereich der Mitwohnzentralen erschließen wollten, würden durch die Domain „abgefangen". Zur Begründung ging das Gericht auf die Nutzergewohnheiten bei der Suche nach Internetangeboten ein. Ein nicht unerheblicher Teil der Nutzer verwende hierzu nicht nur Suchmaschinen, sondern gebe versuchsweise eine Domainadresse mit dem gesuchten Unternehmens- oder Markennamen ein. Diese Praxis dehne sich immer mehr auf Branchen-, Produkt- und Gattungsbezeichnungen aus. Wesentliche Teile der Verbraucher, die auf diese Weise zu einer Webseite gefunden hätten, verzichteten aus Bequemlichkeit darauf, anschließend nach Alternativangeboten zu suchen. Der Hamburger Linie folgten weitere Gerichte, etwa hinsichtlich der Bezeichnungen „Rechtsanwalt",[3] „rechtsanwaelte.de",[4]

---

1 *OLG Frankfurt a.M.*, Beschl. v. 13.2.1997 – 6 W 5/97, CR 1997, 271 m. Anm. *Bettinger* = WRP 1997, 341. Ähnlich auch *OLG Braunschweig*, Urt. v. 20.7.2000 – 2 U 26/00, CR 2000, 614 = MMR 2000, 610 – Stahlguss.de. Unzutreffend *OLG München*, Urt. v. 22.4.1999 – 29 1389/99, OLG München v. 22.4.1999 – 29 W 1389/99, CR 1999, 595 = MMR 1999, 547 – buecher.de.
2 *OLG Hamburg*, Urt. v. 13.7.1999 – 3 U 58/98, MMR 2000, 40 = CR 1999, 779 m. Anm. *Hartmann* = K&R 2000, 190 m. Anm. *Strömer*; siehe auch EWiR 2000, 193 (*Hoeren*). Anders *Mankowski*, MDR 2002, 47, 48, der für eine analoge Anwendung von § 8 MarkenG plädiert.
3 *OLG Stuttgart*, Urt. v. 15.10.1999 – 2 U 52/99, MDR 2000, 483 = MMR 2000, 164 in Bezug auf eine Vanity-Nummer; aufgehoben durch *BGH*, Urt. v. 21.2.2002 – I ZR 281/99, CR 2002, 729 = MDR 2003, 119 = BRAK 2002, 231 m. Anm. *Dahns* = MMR 2002, 605.
4 *LG München I*, Urt. v. 16.11.2000 – 7 O 5570/00, MMR 2001, 179 m. Anm. *Ernst* = CR 2001, 128 = K&R 2001, 108 m. Anm. *Sosnitza*. Zu Domains mit Anwaltsbezug

„zwangsversteigerung.de",[1] „hauptbahnhof.de"[2] oder „deutsches-handwerk.de".[3] Auch zahlreiche Literaturstimmen haben die Hamburger Leitlinien weiterverfolgt.[4] Andere Gerichte widersprachen der Hamburger Ansicht, zum Beispiel in Bezug auf die Termini „stahlguss.de",[5] „lastminute.com",[6] „zeitarbeit.de",[7] „autovermietung.com",[8] „fahrplan.de",[9] „sauna.de",[10] „rechtsanwalt.com"[11] oder „kueche.de".[12] Hierbei wurde darauf abgestellt, dass für den Tätigkeitsbereich eine Vielzahl beschreibender Kennzeichnungen vorhanden waren.[13] Noch deutlicher ist das *OLG Braunschweig* in der oben genannten Entscheidung, das die Kanalisierung durch Registrierung rein beschreibender Domainnamen für sich allein nicht als wettbewerbswidrig angesehen hat.[14] Das *LG Hamburg* stellt darauf ab, ob der Eindruck entstanden ist, es handle sich um ein Portal für eine originelle und neue Leistung. Eine Kanalisierungsgefahr sei ausgeschlossen, wenn interessierte Kreise wüssten, dass es diese Leistung von zahlreichen Anbietern gibt.[15] Das *LG Darmstadt* hat in der oben erwähnten Entscheidung „kueche.de" darauf abgestellt, ob ein umsichtiger, kritisch prüfender und verständiger Verbraucher beim Aufruf der Webseite ohne weiteres erkennen kann, dass es sich um das Angebot eines Einzelunternehmens handelt. Die Begründung, dass der Internetnutzer den von ihm gewünschten Domainnamen direkt in die Browserzeile eingebe, könnte jedoch durch die zunehmende Nutzung von Suchmaschinen, insbesondere der Suchmaschine „google", nicht mehr zeitgemäß sein. Eine Untersuchung über die Nutzergewohnheiten der betroffenen Nutzerkreise ist wohl noch nicht durchgeführt worden, zumindest wurde eine Abkehr von der Methode der Direkt-

---

siehe auch *OLG Celle*, Urt. v. 23.8.2001, MMR 2001, 179; *OLG Hamburg*, Urt. v. 2.5.2002 – 3 U 303/01, MMR 2002, 824; *OLG München*, Urt. v. 18.4.2002 – 29 U 1573/02, MMR 2002, 614.
1 *LG Köln*, Urt. v. 10.10.2000 – 33 O 286/00, CR 2001, 193 = MMR 2001, 55.
2 *LG Köln*, Urt. v. 23.9.1999 – 31 O 522/99, MMR 2000, 45 = CR 1999, 649.
3 *OLG Hamburg*, Urt. v. 15.11.2006 – 5 U 185/05, CR 2007, 258.
4 Ähnlich auch *Bettinger*, CR 1997, 273; *Sosnitza*, K&R 2000, 209, 212; *Ubber*, WRP 1997, 497.
5 *OLG Braunschweig*, Urt. v. 20.7.2000 – 2 U 26/00, CR 2000, 614 = MMR 2000, 610.
6 *LG Hamburg*, Urt. v. 30.6.2000 – 416 O 91/00, CR 200, 617 m. Anm. *Bettinger* = MMR 2000, 763, 765.
7 *LG Köln*, Urt. v. 27.4.2000 – 31 O 166/00, MMR 2001, 197.
8 *LG München*, Urt. v. 28.9.2000 – 4 HKO 13251/00, MMR 2001, 185.
9 *LG Köln*, 31 O 513/99 (n.v.).
10 *OLG Hamm*, Urt. v. 2.11.2000 – 4 U 95/00, MMR 2001, 237. Ähnlich bereits *LG Münster*, Urt. v. 14.4.2000 – 23 O 60/00.
11 *LG Mannheim*, Urt. v. 24.8.2001 – 7 O 189/01, MMR 2002, 635 = CR 2002, 689 (Ls.). A.A. *OLG Hamburg*, Urt. v. 2.5.2002 – 3 U 303/01, BRAK 2002, 287 m. Anm. *Creutz* = MMR 2002, 824.
12 *LG Darmstadt*, Urt. v. 17.4.2001 – 16 O 501/00, MMR 2001, 559.
13 *LG München*, Urt. v. 28.9.2000 – 4 HKO 13251/00, MMR 2001, 185.
14 *OLG Braunschweig*, Urt. v. 20.7.2000 – 2 U 26/00, CR 2000, 614 = MMR 2000, 610.
15 *LG Hamburg*, Urt. v. 30.6.2000 – 416 O 91/00, CR 2000, 617 m. Anm. *Bettinger* = MMR 2000, 763 – lastminute.com.

eingabe noch in keinem Urteil angesprochen. Dies bedeutet, dass weiterhin davon ausgegangen werden muss, dass zumindest ein Teil der Internetnutzer (auch) nach dieser Methode vorgehen.

Der *BGH* hat in Sachen „**mitwohnzentrale.de**" am 17. Mai 2001 entschieden.[1] Die Verwendung von Gattungsbegriffen sei grundsätzlich zulässig; insbesondere liege keine Unlauterkeit i.S.v. § 3 UWG vor. Der Domaininhaber habe nur einen sich bietenden Vorteil genutzt, ohne auf Dritte unlauter einzuwirken. Ein Anlass für eine neue Fallgruppe speziell für Domains bestehe nicht. Die Parallele zum Markenrecht und dem dortigen Freihaltebedürfnis von Gattungsbegriffen sei nicht zu ziehen, da kein Ausschließlichkeitsrecht drohe. Grenzen sieht der *BGH* dort, wo Rechtsmissbrauch drohe, etwa wenn der Gattungsbegriff sowohl unter verschiedenen TLDs als auch in ähnlichen Schreibweisen vom Verwender blockiert werde. Auch müsse noch geprüft werden, ob die Kennung mitwohnzentrale.de nicht eine relevante Irreführungsgefahr heraufbeschwöre, weil der Eindruck entstehen könne, dass es sich um das einzige oder maßgebliche Angebot unter der Gattungsbezeichnung handle.[2] Das *OLG Hamburg* will für die Beurteilung, ob sich ein Gattungsbegriff als Domainname nach § 3 UWG als irreführend aufgrund einer unzutreffenden Alleinstellungsrühmung darstellt, nicht allein auf die Bezeichnung der Domain abstellen, sondern maßgeblich (auch) auf den dahinter stehenden Internetauftritt und insbesondere auch auf die konkrete Gestaltung der Homepage.[3] Die Notwendigkeit dieser beiden Einschränkungen sind in der Literatur mit Recht bezweifelt worden.[4] Diese Leitlinien hat der *BGH* in der Entscheidung „weltonline.de" bekräftigt.[5] Die Registrierung von Gattungsbegriffen sei dem Gerechtigkeitsprinzip unterworfen und erfolge nach dem Prinzip „wer zuerst kommt, mahlt zuerst" und stelle kein unlauteres Verhalten dar. Im entschiedenen Fall sei gleichfalls festzuhalten, dass der Axel Springer Verlag die genannte Domain nicht benötige, da er sich bereits unter „welt-online.de" präsentiere.

Dennoch machten diese Zusätze die Runde: So hat das *LG Düsseldorf*[6] entschieden, dass die Verwendung des Gattungsnamens „**literaturen.de**" nach § 826 BGB sittenwidrig sein könnte, wenn allein die formalrechtliche Stellung dazu benutzt werden soll, Gewinne zu erzielen, deren Höhe nicht mit ir-

---

1 *BGH*, Urt. v. 17.5.2001 – I ZR 216/99, MMR 2001, 666 m. Anm. *Hoeren* = WRP 2001, 1286 mit Besprechung *Abel* 1426 = MDR 2002, 45 m. Anm. *Mankowski* = CR 2001, 777 m. Anm. *Jaeger-Lenz* = BB 2001, 2080 = NJW 2001, 3262.
2 *Mankowski*, MDR 2002, 47, 48 sieht in jeder Aneignung von Branchenbezeichnungen durch einen einzelnen Wettbewerber die irreführende Behauptung einer Spitzenstellung.
3 *OLG Hamburg*, Urt. v. 6.3.2003 – 5 U 186/01, CR 2003, 605 = MMR 2003, 537.
4 Siehe *Abel*, WRP 2001, 1426; *Beater*, JZ 2002, 275.
5 *BGH*, Urt. v. 2.12.2004 – I ZR 207/01, MDR 2005, 1182 = CR 2005, 593 = NJW 2005, 2315 = MMR 2005, 534 m. Anm. *Viefhues*.
6 *LG Düsseldorf*, Urt. v. 6.7.2001 – 38 O 18/01, CR 2002, 138 m. Anm. *Graf* = MMR 2002, 126.

gendeiner Leistung des Rechtsinhabers in Zusammenhang steht. Das *Landgericht Frankfurt* sah – anders als dann die Oberinstanz[1] – in dem Angebot, unter der Domain „drogerie.de" Subdomains zu erwerben, eine Irreführung i.S.v. § 5 UWG.[2] Ähnlich entschied das *OLG Nürnberg* hinsichtlich der Verwendung der Domain „steuererklaerung.de" für einen Lohnsteuerhilfeverein.[3] Das *OLG Hamburg* verbot die Verwendung von „rechtsanwalt.com" durch Nicht-Anwälte als irreführend i.S.v. § 5 UWG.[4]

Für besondere Aufregung haben das *LG Dortmund*[5] und das *OLG Hamm*[6] gesorgt, als sie die Verwendung der Domain „**tauchschule-dortmund**.de" wegen impliziter Spitzenstellungsbehauptung für unlauter i.S.v. §§ 3, 5 UWG erklärten.[7] Ebenso hielt das *OLG Stuttgart* die Bezeichnung „Bodenseekanzlei" für wettbewerbswidrig, da dieses Wort den gesamten Wirtschaftsraum Bodensee mit der Kanzlei in Verbindung sehe und somit eine herausragende Stellung suggeriert wurde.[8] Das *Oberlandesgericht Hamm* hat seine alte Rechtsprechung dann allerdings jüngst aufgegeben, wonach die Verwendung einer Kombination, die einen Ortsnamen beinhaltet, als Domain als unzulässige Spitzenstellungsbehauptung anzusehen sei.[9] Es gelte stattdessen der Grundsatz „first come, first served". Der Ortsname alleine könne nicht als Herausstellung im Sinne des Wettbewerbsrechts anzusehen sein. Dem Verkehr sei regelmäßig bekannt, dass es in großen Städten eine Fülle von Rechtsanwaltskanzleien gebe. Auch der Einwand, dass Kundenströme, etwa aufgrund entsprechender Suchmaschinenangaben umgeleitet wurden, wurde vom Gericht nicht akzeptiert.

Verboten ist auch die Domain „Deutsches-Anwaltverzeichnis.de" nach § 5 UWG, da dadurch der falsche Eindruck erweckt wird, das Verzeichnis enthalte die meisten Namen der in Deutschland tätigen Anwälte.[10] Die Domain „deutsches-handwerk.de" kann von erheblichen Teilen des Verkehrs dahin-

---

1 *OLG Frankfurt a.M.*, Urt. v. 12.9.2002 – 6 U 128/01, MMR 2002, 811 – drogerie.de.
2 *LG Frankfurt a.M.*, Urt. v. 23.3.2001 – 3/12 O 4/01, LG Frankfurt/M. v. 23.3.2001 – 3/12 O 4/01, CR 2001, 713 m. Anm. *Pahlow* = MMR 2001, 542 m. Anm. *Buecking*.
3 *OLG Nürnberg*, Urt. v. 6.11.2001 – 3 U 2393/01, MMR 2002, 635 = K&R 2002, 155 = GRUR 2002, 460 = MDR 2002, 406.
4 *OLG Hamburg*, Urt. v. 2.5.2002 – 3 U 303/01, BRAK 2002, 287 m. Anm. *Creutz* = MMR 2002, 824. A.A. *LG Mannheim*, Urt. v. 24.8.2001 – 7 O 189/01, MMR 2002, 635 = CR 2002, 689 (Ls.). Anders auch *LG Berlin*, Urt. v. 18.6.2003 – 97 O 80/03, CR 2003, 771 für die Domain „Rechtsbeistand.info".
5 *LG Dortmund*, Urt. v. 24.10.2002 – 18 O 70/02, MMR 2003, 200.
6 *OLG Hamm*, Urt. v. 18.3.2003 – 4 U 14/03, CR 2003, 522 m. Anm. *Beckmann*.
7 *OLG Hamm*, Urt. v. 18.3.2003 – 4 U 14/03, CR 2003, 522 = MMR 2003, 471 m. Anm. *Karl*.
8 *OLG Stuttgart*, Urt. v. 16.3.2006 – 2 U 147/05, BRAK 2006, 188 = NJW 2006, 2273.
9 *OLG Hamm*, Urt. v. 19.6.2008 – 4 U 63/08, MMR 2009, 50 m. Anm. *Kuhr* – anwaltskanzlei-dortmund.de.
10 *LG Berlin*, Urt. v. 16.12.2002 – 97 O 192/02, CR 2003, 937; MMR 2003, 490. Ähnlich *LG Erfurt*, Urt. v. 21.10.2004 – 2 HKO 77/04, MMR 2005, 121 – deutsche Anwalthotline.de.

gehend verstanden werden, dass es sich um eine offizielle Seite einer berufsständischen Organisation des deutschen Handwerkes handelt, so dass zumindest auf der ersten Seite durch einen deutlichen Hinweis dieser Irreführung begegnet werden muss, um wettbewerbsrechtliche Ansprüche abwehren zu können.[1] Auch die Verwendung des TLD „.ag" kann wegen Irreführung verboten sein, wenn eine entsprechende Domain von einer GmbH verwendet wird; denn dann müsse ein beträchtlicher Teil des Verkehrs annehmen, es handele sich bei dem Domaininhaber um eine Aktiengesellschaft.[2] Unklar war lange Zeit die Haltung der Gerichte zu Anwaltdomains wie „anwalt-hannover.de" oder „rechtsanwaelte-dachau.de". Der *BGH* hat nun in einer grundlegenden Entscheidung zur berufsrechtlichen Zulässigkeit der Verwendung von Internetdomains ausgeführt, dass die Verwendung einer Kombination aus einem Gattungsbegriff und einer Region durch Steuerberater als Domain bei dem maßgeblichen durchschnittlich informierten und verständigen Verbraucher nach der Lebenserfahrung nicht die Gefahr einer Irreführung bewirkt. Laut *BGH* sei es bei der Domainbezeichnung www.steuerberater-suedniedersachsen.de ausgeschlossen, dass ein Internetnutzer von der irrigen Vorstellung geleitet wird, hier die einzige Steuerberatungskanzlei in ganz Südniedersachsen zu finden. Zwar liege eine Gefahr der Irreführung in der Tatsache, dass der Domainname eher auf ein Verzeichnis aller Steuerberater in Südniedersachsen oder einen Berufsverband hindeute, dies werde jedoch durch Kenntnisnahme der Homepage sofort und hinreichend korrigiert.[3] Teilweise wird bei Verwendung des Singulars „anwalt" von der wettbewerbsrechtlichen Unbedenklichkeit ausgegangen.[4]

Das *OLG Stuttgart* hat den Begriff „Netz" als nicht schutzfähigen Gattungsbegriff angesehen, auch wenn jemand den Nachnamen „Netz" führt.[5] Ähnlich sah die Kölner Justiz die Rechtslage bei den Gattungsbegriffen „bahnhoefe"[6] und „mahngericht".[7] Für die generischen Umlautdomains gelten ähnliche Regeln. So hat das *LG Leipzig*[8] betont, dass ein Hersteller von Waren

---

[1] *OLG Hamburg*, Urt. v. 15.11.2006 – 5 U 185/05, CR 2007, 258 – deutsches-handwerk.de; GRUR-RR 2007, 93.
[2] *LG Hamburg*, Urt. v. 2.9.2003 – 312 O 271/03, CR 2004, 143 m. Anm. *Stögmüller* = MMR 2003, 796 – tipp.ag; bestätigt durch: *OLG Hamburg*, Urt. v. 16.6.2004 – 5 U 162/03, CR 2004, 769 = MMR 2004, 680.
[3] *BGH*, Urt. v. 1.9.2010 – StBSt (R) 2/10, CR 2011, 125 = DStR 2010, 2326.
[4] *LG Duisburg*, Urt. v. 10.1.2001 – 13 U 309/00, NJW 2002, 2114 – anwalt-muelheim.de; *OLG München*, Urt. v. 10.5.2001 – 29 U 1594/01. Ähnlich auch *OLG München*, Urt. v. 18.4.2002 – 29 U 1573/02, CR 2002, 757 – rechtsanwaelte-dachau.de.
[5] *OLG Stuttgart*, Urt. v. 7.3.2002 – 2 U 184/01, CR 2002, 529 = MMR 2002, 388 – www.netz.de.
[6] *LG Köln*, Urt. v. 22.12.2005 – 84 O 55/05, MMR 2006, 244 – bahnhoefe.de.
[7] *OLG Köln*, Urt. v. 30.9.2005 – 20 U 45/05, CR 2006, 493 = MMR 2006, 31.
[8] *LG Leipzig*, Urt. v. 24.11.2005 – 05 O 2142/05, MMR 2006, 113, 114 – kettenzüge.de. Ähnlich *LG Frankenthal*, Urt. v. 29.9.2005 – 2 HU O 55/05, CR 2006, 421 = MMR 2006, 116 – günstig.de.

keinen Anspruch auf Unterlassung der Registrierung oder Nutzung einer IDN-Domain hat, die nur Waren beschreibt.

In Anwendung von §§ 3, 4 Nr. 10 UWG soll die Registrierung von Gattungsbegriffen verboten sein, wenn diese Namen zum Zweck der Behinderung eines Konkurrenten angemeldet worden sind.[1] Dies gilt insbesondere dann, wenn die Gattungsdomains auf die eigene Domain umgeleitet werden.

Keine rechtlichen Probleme sah das *OLG Wien* bei der Registrierung der Domain „kinder.at" im Verhältnis zu einer (generischen) Wort/Bildmarke „kinder".[2] Auch wurde ein Unterlassungsanspruch einer juristischen Zeitschrift gegen die Verwendung der Domain „versicherungsrecht.de" durch einen Dritten vom *LG* und *OLG Düsseldorf* mangels Unlauterkeit abgelehnt.[3] Der *BGH* hat inzwischen auch keine Probleme mehr in der Verwendung der Adressen „presserecht.de"[4] und „rechtsanwaelte-notar.de"[5] gesehen; diese sei weder irreführend noch verstoße sie gegen anwaltliches Berufsrecht. In Sachen Mitwohnzentrale liegt auch die zweite Entscheidung des *OLG Hamburg* vor.[6] Hiernach ist für die Beurteilung der Frage, ob sich die Verwendung eines generischen Domainnamens (hier: „mitwohnzentrale.de") nach § 5 UWG als irreführend wegen einer unzutreffenden Alleinstellungsberühmung darstellt, wie später vom *BGH* bestätigt, nicht allein auf die Bezeichnung der Domain, sondern maßgeblich (auch) auf den dahinter stehenden Internetauftritt, insbesondere die konkrete Gestaltung der Homepage abzustellen. Der Hinweis eines Vereins, dass auf seiner Homepage nur Vereinsmitglieder aufgeführt sind, kann nach den Umständen des Einzelfalls ausreichen, um irrtumsbedingten Fehlvorstellungen entgegenzuwirken, die angesichts der generischen Domain-Bezeichnung bei Teilen des Verkehrs entstehen können. Eine ausdrückliche Bezugnahme auf Konkurrenzunternehmen ist nicht erforderlich.

Zu den Gattungsbegriffen zählen im Übrigen **lateinische Bezeichnungen** nicht. Laut einer Entscheidung des *LG München*[7] können lateinische Begriffe durchaus im allgemeinen Sprachgebrauch angesiedelt sein. Daraus folge aber nicht automatisch ein Freihaltebedürfnis als Gattungsbegriff, da die deutsche

---

1 *OLG Hamburg*, Urt. v. 14.4.2005 – 5 U 74/04, MMR 2006, 328.
2 *OLG Wien*, Urt. v. 25.4.2002 – 5 R 32/02; ähnlich liberal *öOGH*, Beschl. v. 20.4.2006 – 4 Ob 39/06y, MMR 2006, 667 – rechtsanwaltsportal.at.
3 *LG Düsseldorf*, Urt. v. 12.6.2002 – 2a O 11/02, CR 2003, 64 = MMR 2007, 758; *OLG Düsseldorf*, Beschl. v. 25.11.2002 – 13 U 62/02, MMR 2003, 177.
4 *BGH*, Beschl. v. 25.11.2002 – Anwt (B) 41/02, MDR 2003, 418 = BRAK 2003, 82 = MMR 2003, 252 m. Anm. *Schulte* = ZUM 2003, 302 = CR 2003, 355 m. Anm. *Hoß* = NJW 2009, 662.
5 *BGH*, Beschl. v. 25.11.2002 – Anwt (B) 8/02, BRAK 2003, 22 m. Anm. *Dahns* = MMR 2003, 256 = CR 2003, 354. Anders wiederum *ÖOBDK*, Entscheidung v. 28.4.2003 – 13 Bkd 2/03, MMR 2003, 788 m. Anm. *Karl*, in der die Kommission die Verwendung der Domain scheidungsanwalt.at als rechtswidrig ansah.
6 *OLG Hamburg*, Urt. v. 6.3.2003 – 5 U 186/01, CR 2003, 605 = MMR 2003, 537 – Mitwohnzentrale II.
7 *LG München*, Urt. v. 11.4.2005 – 27 O 16317/04, MMR 2005, 620 – fatum.de.

Übersetzung nur Personen mit Lateinkenntnissen möglich ist, also nur einer Minderheit der Bevölkerung. Demnach hat das *LG* dem Kläger Recht gegeben, der mit Familiennamen Fatum (lat. Schicksal) heißt und die Freigabe der bereits reservierten gleichnamigen Webadresse verlangt hatte.

Seit dem 1. März 2004 besteht die Möglichkeit, Domains mit Umlauten registrieren zu lassen. Alleine die Registrierung eines bereits registrierten Gattungsbegriffs mit Umlauten stelle jedoch noch keine wettbewerbswidrige Handlung dar,[1] auch wenn der Begriff mit Umlauten einfacher zu erreichen und vom Verkehr gemerkt werden kann. Ein Wettbewerber, der Inhaber der Domain ohne Umlaute ist (und somit vor der Registrierungsmöglichkeit von Domains mit Umlauten einziger Inhaber des Gattungsbegriffes als Domain war), kann daher nicht gegen den neuen Inhaber von Umlautdomains vorgehen. Es handle sich bei einem solchen Vorgehen nicht um eine gezielte Behinderung, da der Wettbewerber weiterhin in der Lage sei, seine bisherige Domain zu benutzen und daher nicht behindert würde.[2]

Zu beachten gilt es, dass eine Domain auch gegen markenrechtliche Angriffe geschützt ist, wenn der Verkehr in der Domain überhaupt keine Marke, sondern sogleich einen Gattungsbegriff sieht. Dies gilt selbst dann, wenn eine entsprechende europäische Marke eingetragen war.[3]

f) „com"-Adressen

Ungeklärt ist die Rechtslage auch bei den **„com"-Adressen**. Grundsätzlich kann sich ein Markenrechtsinhaber gegen die Verwendung seines Kennzeichens in einer „com"-Adresse in gleicher Weise zur Wehr setzen wie bei einer „de"-Adresse.[4] Ähnliches gilt für die Verwendung anderer gTLDs, wie etwa im Falle von „WDR.org" für ein Portal zum Thema „Fachjournalismus".[5] Den gTLDs fehlt es an der kennzeichnenden Wirkung; entscheidend ist daher die Second-Level-Domain.[6]

Hier drohen **oft Kollisionen zwischen den Inhabern ausländischer und deutscher Kennzeichnungen**, etwa bei Verwendung der Bezeichnung „persil.com" für die (im britischen Rechtskreis berechtigte) Unilever. Das Hauptproblem liegt in diesen Fällen in der Durchsetzung von Unterlassungsansprüchen, denn sofern sich nur die Top-Level-Domain ändert, haben oft beide Domain-

---

1 *OLG Köln*, Urt. v. 2.9.2005 – 6 U 39/05, CR 2005, 880 = MMR 2005, 763 – Schlüsselbänder.de.
2 *OLG Köln*, Urt. v. 2.9.2005 – 6 U 39/05, CR 2005, 880 = MMR 2005, 763 – Schlüsselbänder.de.
3 *OLG Düsseldorf*, Urt. v. 28.11.2006 – I-20 U 73/06, CR 2007, 473 = MMR 2007, 187 – professional-nails.de.
4 *OLG Karlsruhe*, Urt. v. 9.6.1999 – 6 U 62/99, MMR 1999, 604 = CR 1999, 783.
5 *LG Köln*, Urt. v. 23.5.2000 – 33 O 216/00, MMR 2000, 625 – WDR.org.
6 *OLG Hamburg*, Beschl. v. 4.2.2002 – 3 W 8/02, CR 2002, 446 m. Anm. *Beckmann* = LSK 2002, 311010 – handy.de/handy.com.

inhaber für ihren kennzeichenrechtlichen Schutzbereich eine Berechtigung. So kann der amerikanische Inhaber der Domain „baynet.com" sich auf das ihm nach US-Recht zustehende Markenrecht in gleicher Weise berufen wie die bayerische Staatsregierung auf die deutschen Rechte zur Nutzung der Domain „baynet.de". Wollte man hier einen Unterlassungsanspruch sauber tenorieren, müsste man den Anspruch auf die Nutzung der Domain im jeweiligen Heimatstaat beschränken. Eine solche Beschränkung ist jedoch technisch nicht durchsetzbar. Die Anbieter der Seite baynet.com könnten schon von der technischen Ausgestaltung des WWW her der bayerischen Staatsregierung nicht aufgeben, zu verhindern, dass deren baynet.de-Angebot in den USA abgerufen werden kann. Das *Kammergericht* hat daraus in der Concept-Entscheidung[1] die Konsequenz gezogen, einem Störer die Berufung auf die Einschränkungen für den weltweiten Abruf zu verweigern.

Im Übrigen wird zunehmend die Auffassung vertreten, dass die Verwechslungsgefahr mit zunehmender Verbreitung der neuen TLDs herabgesetzt sei. So soll es künftig möglich sein, z.B. Kommunen auf die Domain „XX.info" oder „XX.museum" zu verweisen, während die mit dem Städtenamen identische „de"-Domain dem bisherigen Domaininhaber verbleibt.[2]

g) Regional begrenzter Schutz

Der Kennzeichenschutz eines Unternehmens, welches nur regional, aber nicht bundesweit tätig ist, beschränkt sich auf das räumliche Tätigkeitsfeld.[3] Daher hat der *BGH* einem in Bayern ansässigen und ausschließlich dort tätigen Sprachinstitut („Cambridge Institut") einen Unterlassungsanspruch gegen die Verwendung der Domain „cambridgeinstitute.ch" durch ein Schweizer Sprachinstitut versagt.[4]

3. Titelschutz nach § 5 Abs. 3 MarkenG

Wichtig ist auch der spezielle Schutz, den § 5 Abs. 3 MarkenG für **den Titel von Zeitschriften oder Büchern** vorsieht.[5] Der Titelschutz hat im digitalen Markt dadurch eine besondere Bedeutung erlangt, dass der *BGH* in den Ent-

---

[1] *KG*, Urt. v. 25.3.1997 – 5 U 659/97, NJW 1997, 3321.
[2] So etwa *Reinhart*, WRP 2002, 628.
[3] *BGH*, Urt. v. 28.6.2007 – I ZR 49/04, CR 2007, 655 = MMR 2007, 748 – cambridge-institute.de; vgl. auch *OLG Köln*, Beschl. v. 7.5.2007 – 6 W 54/07, MMR 2008, 119 – 4e.de.
[4] *BGH*, Urt. v. 28.6.2007 – I ZR 49/04, CR 2007, 655 = MMR 2007, 748 – cambridge-institute.de; vgl. auch *OLG Köln*, Beschl. v. 7.5.2007 – 6 W 54/07, MMR 2008, 119 – 4e.de.
[5] *OLG München*, Urt. v. 20.9.2001 – 29 U 5906/00, MMR 2002, 115 – champagner.de; s. auch *BGH*, Urt. v. 28.6.2007 – I ZR 49/04, CR 2007, 655 = MMR 2007, 748 = NJW-RR 2008, 57 – cambridgeinstitute.ch.

scheidungen FTOS und PowerPoint[1] einen Titelschutz auch für Software zugelassen hat. Damit wird ein allgemeiner Namensschutz für alle bezeichnungsfähigen geistigen Produkte eingeführt, der auch Homepages und CD-ROMs einschließen kann.

Zur Bestimmung der **Reichweite des Titelschutzes** gegen Provider ist die Entscheidung „Karriere" des *Landgerichts Köln* einschlägig.[2] Die Antragsstellerin, die Verlagsgruppe Handelsblatt, setzte sich hier erfolgreich gegen die Verwendung des Wortes „Karriere" als Teil einer Domain zur Wehr („www.karriere.de"). Sie stützte sich auf den Titelschutz, den das *LG Köln* bereits Jahre zuvor dem Handelsblatt für deren Zeitungsbeilage „Karriere" zugebilligt hatte.[3] Ein Teilnehmer im Internet werde zumindest organisatorische Zusammenhänge zwischen den Parteien annehmen, die tatsächlich nicht bestünden. Das *Landgericht* hat dem Begehren in vollem Umfang stattgegeben; die Antragsgegnerin hat dem Beschluss nicht widersprochen. Ähnlich großzügig argumentierte das *LG Mannheim* hinsichtlich der Bezeichnung „Bautipp"[4] und das *OLG Düsseldorf* in Bezug auf „Diamantbericht".[5] Auch der Begriff „America" soll für ein gleichnamiges Computerspiel geschützt sein.[6]

Anders sieht das *LG Hamburg* die Reichweite des Titelschutzes. In seinem Urteil[7] betont das *Landgericht*, dass ein Titelschutz nur dann gegenüber Domain-Adressen geltend gemacht werden könne, wenn der Titel dermaßen bekannt sei, dass die Verwendung der Internet-Adresse für die angesprochenen Verkehrskreise ein Hinweis auf die Zeitschrift sei. Mit dieser Begründung lehnte es das *Landgericht* ab, die Verwendung der Adresse bike.de für ein Werbeforum zu untersagen. Das Wort „bike" sei erkennbar beschreibender Natur und für eine Bekanntheit der Zeitschrift „bike" sei nichts vorgetragen. Auch kommt ein Schutz nur in Bezug auf ein konkretes Werk in Betracht.[8] Mit ähnlicher Begründung hat das *OLG Hamburg* der Fachzeitschrift „Schuhmarkt" Schutz gegen eine Internetagentur versagt, die sich mehrere tausend Domains, darunter „schuhmarkt.de", hatte registrieren lassen. Wenn die Agentur unter der Domain eine E-Commerce-Plattform betreibe, fehle es an der erforderlichen Verwechslungsgefahr mit einer Fachzeitschrift, die nur gering verbreitet und in einem beschränkten Fachkreis bekannt sei.[9] An dem Zeitschriftentitel „Der Allgemeinarzt" soll ein Titelschutzrecht bestehen, das sich aber wegen begrenzter Unterscheidungskraft nicht gegen eine Do-

---

[1] *BGH*, Urt. v. 24.4.1997 – I ZR 44/95, MDR 1998, 57 = CR 1998, 5.
[2] *LG Köln*, Urt. v. 18.2.1997 – 31 O 792/96, AfP 1997, 655.
[3] *LG Köln*, Urt. v. 21.8.1990 – 31 O 643/89, AfP 1990, 330.
[4] *LG Mannheim*, Urt. v. 18.12.1998 – 7 O 196/98, CR 1999, 528. Ähnlich auch *öOGH*, MR 2001, 1987, 198 – „deKrone.at".
[5] *OLG Düsseldorf*, I 20 U 127/04 (n.v.).
[6] *KG*, Urt. v. 17.12.2002 – 5 U 79/02, MarkenR 2003, 367.
[7] *LG Hamburg*, Urt. v. 13.8.1997 – 315 O 120/97, MMR 1998, 46 – bike.de.
[8] *OLG Hamburg*, Urt. v. 5.11.1998 – 3 U 130/98, MMR 1999, 159, 161 = CR 1999, 184, 186 m. Anm. *Hackbart* = NJW-RR 1999, 625 – emergency.de.
[9] *OLG Hamburg*, Urt. v. 24.7.2003 – 3 U 154/01, CR 2003, 850 = MMR 2003, 668.

main „allgemeinarzt.de" durchsetzt.[1] Auch der bekannte Zeitungstitel „Die Welt" konnte sich nicht gegen eine Domain „weltonline.de" durchsetzen, da diese Domain nicht geschäftsmäßig benutzt wurde.[2]

4. Reichweite von §§ 823, 826 BGB und § 3 UWG

Neue Wege beschritt das *OLG Frankfurt* in der Entscheidung „**Weideglück**".[3] Hiernach kann wegen unlauterer Behinderung in Anspruch genommen werden, wer sich ohne nachvollziehbares eigenes Interesse eine Domain mit fremden Namensbestandteilen registrieren lässt, die mit dem eigenen Namen und der eigenen Tätigkeit in keinem Zusammenhang steht. Im vorliegenden Fall hatte ein Student die Kennung „weideglueck.de" für sich registrieren lassen. Zur Begründung gab er im Prozess widersprüchliche und kaum nachvollziehbare Begründungen ab. Das *OLG* entschied aus diesem Grund zu Gunsten des Klägers, der auf eine Reihe von eingetragenen Marken mit der Bezeichnung „Weideglueck" verweisen konnte. Über die Anwendung des § 826 BGB schließt der Senat eine gefährliche Schutzlücke, denn bei der nicht-wettbewerbsmäßigen Nutzung einer Domain, die als Bestandteil eine fremde Marke enthält, greift § 14 MarkenG nicht ein. Auch § 12 BGB hilft nicht, da hiernach nur der Name eines Unternehmens, nicht aber eine Produktbezeichnung geschützt ist. Dennoch muss die Entscheidung des *OLG* vorsichtig zu Rate gezogen werden; sie betraf einen besonderen Fall, in dem der Beklagte zur offensichtlichen Verärgerung des Gerichts sehr widersprüchlich vorgetragen hatte.

Im Übrigen hat das *OLG Frankfurt* **§ 826 BGB** auch dann herangezogen, wenn jemand sich Tausende von Domains zu Verkaufszwecken reservieren lässt und von Dritten Entgelt dafür erwartet, dass sie eigene Angebote unter ihren Kennzeichen ins Internet stellen.[4] Im vorliegenden Fall klagte die Zeitung „Die Welt" gegen den Domaininhaber von „welt-online.de". Nach Auffassung der Frankfurter Richter müsse die Zeitung es hinnehmen, dass jemand die Bezeichnungen „Welt" und „Online" als beschreibende Angaben innerhalb ihrer Domain verwendet. Dies gelte aber nicht für einen Spekulanten, der ohne eigenes Nutzungsinteresse durch die Registrierung den Zeicheninhaber behindern und/oder ihn dazu bringen wolle, die Domain anzukaufen. Ähnlich soll nach Auffassung des *LG München* eine Registrierung i.S.v. § 826

---

1 *LG Hamburg*, Urt. v. 31.5.2005 – 312 O 961/04, MMR 2006, 252.
2 *BGH*, Urt. v. 2.12.2004 – I ZR 207/01, MDR 2005, 1182 = CR 2005, 593 = MMR 2005, 534 – weltonline.de. Ähnlich auch *OLG Hamburg*, Urt. v. 8.2.2007 – 3 U 109/06, MMR 2007, 384 – test24.de.
3 *OLG Frankfurt a.M.*, Beschl. v. 12.4.2000 – 6 W 33/00, MDR 2000, 1268 = CR 2000, 615 = MMR 2000, 424; ähnlich auch *OLG Nürnberg*, Urt. v. 11.1.2000 – 3 U 1352/99, CR 2001, 54. Sowie *OLG Frankfurt a.M.*, Urt. v. 8.3.2001 – 6 U 31/00, CR 2001, 620 = MMR 2001, 532 – praline-tv.de.
4 *OLG Frankfurt a.M.*, Urt. v. 10.5.2001 – 6 U 72/00, MMR 2001, 696 – Weltonline.de.

II. Kennzeichenrechtliche Vorgaben

BGB sittenwidrig sein, wenn sie planmäßig auf Grund einer Suche nach versehentlich frei gewordenen Domainnamen erfolgt.[1]

Dem widerspricht das *OLG Hamburg* in seiner Entscheidung „Schuhmarkt", in der der Senat betont, dass die bloße Registrierung zahlreicher Domains noch keinen Schluss auf die Sittenwidrigkeit zulasse.[2]

Weiterhin bejaht das *LG München* einen Unterlassungsanspruch nach §§ 826, 1004 BGB unter dem Gesichtspunkt des „Domain-Grabbings", wenn eine Domain, die sowohl aufgrund der konkreten Gestaltung als auch aufgrund einer bereits zuvor erfolgten jahrelangen Benutzung einer bestimmten Person eindeutig zugeordnet werden kann und ohne Zustimmung für Inhalte, die geeignet sind, den Ruf der Person negativ zu beeinflussen, genutzt wird.[3]

Auch der *BGH* wandte sich in seiner Revisionsentscheidung im Fall „**weltonline.de**" gegen das *OLG Frankfurt* und hob dessen Entscheidung auf.[4] Alleine in der Registrierung eines Gattungsbegriffes läge noch keine sittenwidrige Schädigung, auch wenn es nahe liegen würde, dass ein Unternehmen diesen für seinen Internetauftritt benutzen wolle. Ein Vorgehen gegen diese Registrierung sei, auch wenn die Registrierung durch einen Spekulanten erfolge, erst dann möglich, wenn Anhaltspunkte dafür bestehen würden, dass diese Domain im geschäftlichen Verkehr in einer das Kennzeichen verletzenden Weise erfolge.[5]

Neben § 826 BGB wird manchmal auch ein Schutz über **§ 823 Abs. 1 BGB** thematisiert (etwa unter dem Gesichtspunkt des eingerichteten und ausgeübten Gewerbebetriebs). Eine Anwendung dieses Grundgedankens wird jedoch bei Domain-Fällen ausgeschlossen, wenn aufgrund des Produktes und des beschränkten Kundenkreises weder eine Verwechslungs- noch eine Verwässerungsgefahr besteht.[6]

Unabhängig von kennzeichenrechtlichen Vorgaben existiert ein Recht auf Nutzung einer Domain, das über § 823 Abs. 1 BGB als sonstiges Recht geschützt ist. Verlangt jemand unberechtigterweise eine Löschung der Domain, wird in dieses Recht eingegriffen. Das Recht bringt auch einen Schutz gegen unberechtigte Dispute-Einträge.[7]

---

1 *LG München I*, Urt. v. 21.3.2006 – 33 O 22666/05, CR 2006, 494 = MMR 2006, 692; *LG München I*, Urt. v. 4.4.2006 – 33 O 15828/05, CR 2006, 559 = MMR 2006, 484; ebenso *OLG München*, Urt. v. 5.10.2006 – 29 U 3143/06, MMR 2007, 115.
2 *OLG Hamburg*, Urt. v. 24.7.2003 – 3 U 154/01, CR 2003, 850 = MMR 2003, 668; so auch *LG Berlin*, Urt. v. 21.2.2008 – 52 O 111/07, MMR 2008, 484 – naeher.de.
3 *LG München*, Urt. v. 4.7.2006 – 33 O 2343/06, CR 2007, 470 = MMR 2006, 823.
4 *BGH*, Urt. v. 2.12.2004 – I ZR 207/01, MDR 2005, 1182 = CR 2005, 593 = MMR 2005, 534.
5 *BGH*, Urt. v. 2.12.2004 – I ZR 207/01, MDR 2005, 1182 = CR 2005, 593 = MMR 2005, 534.
6 So etwa *OLG Hamm*, Urt. v. 18.2.2003 – 9 U 136/02, CR 2003, 937 (Ls.).
7 *OLG Köln*, Urt. v. 17.3.2006 – 6 U 163/05, CR 2006, 487 = MMR 2006, 469.

§ 3 UWG kommt wegen dessen Subsidiarität im Bereich des **ergänzenden Leistungsschutzes** selten zum Tragen. Voraussetzung eines Behinderungswettbewerbs nach §§ 3, 4 Nr. 10 UWG ist stets eine Beeinträchtigung der wettbewerblichen Entfaltungsmöglichkeiten der Mitbewerber. Da eine solche Beeinträchtigung jedem Wettbewerb eigen ist, muss freilich noch ein weiteres Merkmal hinzutreten, damit von einer wettbewerbswidrigen Beeinträchtigung und – eine allgemeine Marktbehinderung oder Marktstörung steht im Streitfall nicht zur Debatte – von einer unzulässigen individuellen Behinderung gesprochen werden kann: Wettbewerbswidrig ist die Beeinträchtigung im Allgemeinen dann, wenn gezielt der Zweck verfolgt wird, den Mitbewerber in seiner Entfaltung zu hindern und ihn dadurch zu verdrängen. Ist eine solche Zweckrichtung nicht festzustellen, muss die Behinderung doch derart sein, dass der beeinträchtigte Mitbewerber seine Leistung am Markt durch eigene Anstrengungen nicht mehr in angemessener Weise zur Geltung bringen kann.[1] Dies lässt sich nur auf Grund einer Gesamtwürdigung der **Einzelumstände** unter Abwägung der widerstreitenden Interessen der Wettbewerber beurteilen,[2] wobei sich die Bewertung an den von der Rechtsprechung entwickelten Fallgruppen orientieren muss. Eine unlautere Behinderung kann im Falle der Domainreservierung vorliegen, wenn der Zweck der Reservierung darin besteht, Dritte zu behindern bzw. zur Zahlung zu veranlassen, und ein eigenes schützenswertes Interesse des Reservierenden nicht greifbar ist.[3] Als missbräuchlich kann es sich erweisen, wenn der Anmelder die Verwendung eines Gattungsbegriffs durch Dritte dadurch blockiert, dass er gleichzeitig andere Schreibweisen des registrierten Begriffs unter derselben Top-Level-Domain oder dieselbe Bezeichnung unter anderen Top-Level-Domains für sich registrieren lässt.[4] Allerdings kommt ein Eingriff in deliktsrechtlich geschützte Positionen in Betracht, wenn die Domain als solche beleidigend ist.[5]

5. Allgemeiner Namensschutz über § 12 BGB

§ 12 BGB ist die Quelle des namensrechtlichen Kennzeichnungsschutzes außerhalb des geschäftlichen Verkehrs. Als lex generalis umfasst er das MarkenG und § 37 HGB. Geschützt sind sowohl die Namen natürlicher Personen,

---

1 *Brandner/Bergmann*, in: Großkomm. UWG, § 1 Rz. A 3.
2 *Baumbach/Hefermehl*, WettbewerbsR, 22. Aufl., § 1 UWG Rz. 208; *Köhler*, in: Köhler/Piper, UWG, 2. Aufl., § 1 Rz. 285.
3 *OLG München*, Urt. v. 2.4.1998 – 6 U 4798/97, CR 1998, 556 m. Anm. *Hackbarth* = NJW-RR 1998, 984; *OLG München*, Urt. v. 12.8.1999 – 6 U 4484/98, CR 2000, 247 = MMR 2000, 104; *OLG Karlsruhe*, Urt. v. 24.6.1998 – 6 U 247/97, MMR 1999, 171; *OLG Dresden*, Urt. v. 20.10.1998 – 14 U 3613/97, CR 1999, 589 = NJWE-WettbR 1999, 133; *OLG Frankfurt a.M.*, Urt. v. 4.5.2000 – 6 U 81/99, CR 2000, 698 = NJW-RR 2001, 547 = WRP 2000, 772–774; *Köhler/Piper*, § 1 Rz. 327 m.w.N.
4 *BGH*, Urt. v. 17.5.2001 – I ZR 316/99, MDR 2002, 45 = CR 2001, 777 m. Anm. *Jaeger-Lenz* = GRUR 2001, 1061 = NJW 2001, 3262 = WRP 2001, 1286–1290 – Mitwohnzentrale.de.
5 *LG Frankfurt a.M.*, Beschl. v. 30.3.2006 – 2/03 O 112/05, CR 2007, 126 = MMR 2006, 561 – lotto-betrug.de.

Berufs- und Künstlernamen[1] als auch die Namen juristischer Personen, insbesondere der Firmen. Auch und gerade öffentlich-rechtliche Körperschaften sind gegen eine unbefugte Nutzung ihres Namens im privatrechtlichen Verkehr durch § 12 BGB geschützt.[2] Der Name eines rechtsfähigen Vereins genießt allenfalls den Schutz des § 12 BGB, sofern dessen Namen hinreichende Unterscheidungskraft zukommt.[3] Der Funktionsbereich eines Unternehmens kann auch durch eine Verwendung des Unternehmenskennzeichens außerhalb des Anwendungsbereichs des Kennzeichenrechts berührt werden. Insofern kommt einem Unternehmen ein Namensschutz zu, wenn in einem Domainnamen das Unternehmenskennzeichen mit dem Begriff „Blog" zusammengeführt wird.[4]

Nicht geschützt sind **Gattungsbezeichnungen**, wie „Marine",[5] „Volksbank",[6] „Datenzentrale"[7] oder eine allgemein bekannte geographische Bezeichnung wie „Canalgrande".[8] Ein namensrechtlicher Anspruch des Namensträgers kommt regelmäßig nicht in Betracht, wenn der Name zugleich einen Gattungsbegriff darstellt.[9]

Das Namensrecht **erlischt** – anders als das postmortale Persönlichkeitsrecht – mit dem Tod des Namensträgers.[10]

Inzwischen ist in der Rechtsprechung gefestigt, dass Domainnamen trotz ihrer freien Wählbarkeit dem **Schutz des § 12 BGB** unterstehen.[11] So sieht das *LG Frankfurt a.M.*[12] gerade in der freien Wählbarkeit des Domainnamens z.B. durch beliebige Zahlen- und/oder Buchstabenkombinationen deren Eignung als Kennzeichnungsfunktion mit Namensfunktion, wenn dabei eine Unternehmensbezeichnung gewählt werde, so wie in diesem Fall, wo die L.I.T. Lo-

---

1 Zu Pseudonymen siehe *LG Köln*, Urt. v. 23.2.2000 – 14 O 322/99, CI 2000, 106 – maxim.de.
2 *BGH*, Urt. v. 15.3.1963 – Ib ZR 98/61, GRUR 1964, 38 – Dortmund grüßt.
3 *OLG München*, Urt. v. 15.11.2001 – 29 U 3769/01, CR 2002, 449 m. Anm. *Mankowski* = MMR 2002, 166 – Literaturhaus.
4 *OLG Hamburg*, Beschl. v. 31.5.2007 – 3 W 110/07, CR 2007, 661 = MMR 2008, 118. Ähnlich *OLG Frankfurt a.M.*, Beschl. v. 3.3.2009 – 6 W 29/09, MMR 2009, 401.
5 *LG Hamburg*, Urt. v. 13.10.2000 – 416 O 129/00, CR 2001, 131 = MMR 2001, 196 – marine.de.
6 *BGH*, Urt. v. 2.7.1992 – I ZR 250/90, MDR 1993, 37 = NJW-RR 1992, 1454.
7 *BGH*, Urt. v. 3.12.1976 – I ZR 151/75, GRUR 1977, 503.
8 *LG Düsseldorf*, Urt. v. 12.6.2002 – 2a O 346/01, CR 2002, 839; *OLG Brandenburg*, Urt. v. 12.6.2007 – 6 U 123/06, NJW-RR 2008, 490.
9 *LG Berlin*, Urt. v. 21.2.2008 – 52 O 111/07, MMR 2008, 484 – naeher.de.
10 *BGH*, Urt. v. 5.10.2006 – I ZR 277/03, MDR 2007, 417 = MMR 2007, 106 = CR 2007, 101 = FamRZ 2007, 207 = ZUM 2007, 54 = WRP 2007, 87 = K&R 2007, 38 = MarkenR 2007, 24 = GRUR 2007, 178; *BGH*, Urt. v. 5.10.2006 – III ZR 283/05, AG 2006, 934 = GmbHR 2006, 1332 = NotBZ 2007, 56 = MDR 2007, 352 = NJW 2007, 224 – Klinski-Klaus.de.
11 *OLG Köln*, Urt. v. 6.7.2000 – 18 U 34/00, CR 2000, 696 = MMR 2001, 170; vgl. aber zuvor: *LG Köln*, Beschl. v. 17.12.1996 – 3 O 507/96, CR 1997, 291.
12 *LG Frankfurt a.M.*, Urt. v. 10.9.1997 – 2/6 O 261/97, MMR 1998, 151.

gistik-Informations-Transport Lager & Logistik GmbH den Domainnamen lit. de benutzen wollte. Ebenso sieht es das *LG Bonn*[1] und unterstellt den Domainnamen detag.de dem Schutz des § 12 BGB, da sich die Buchstabenkombination aus den Anfangsbuchstaben der Firmenbezeichnung, nämlich Deutsche Telekom AG, zusammensetze. Die Abkürzung „FC Bayern" für die vollständige Unternehmensbezeichnung „FC Bayern München AG" genießt den Schutz des § 12 BGB.[2]

Zweifelhaft ist, ob auch durch die **Verwendung eines fiktiven Namens** speziell für das Internet ein Namensschutz begründet werden kann; das *OLG Köln* hatte dies bejaht,[3] der *BGH* dann aber in der Revision abgelehnt.[4] Als Faustregel kann gelten: Pseudonyme sind – auch wenn sie im Personalausweis eingetragen sind – nur dann namensrechtlich geschützt, wenn sie Verkehrsgeltung erlangt haben.[5] Dazu reicht es nicht aus, unter dem Pseudonym nur vorübergehend Webseiten zu gestalten.[6]

Zu weit geht jedenfalls das *OLG Hamburg* in der Entscheidung „Emergency",[7] in der der Senat jedweder Domain ein allgemeines Namensrecht – auch ohne Bezug auf ein konkretes Unternehmen oder Produkt – zubilligen will.[8] Restriktiver geht das *OLG Köln* mit solchen Fällen um. So kämen namensrechtliche Ansprüche aus der Bezeichnung „DSDS" – der Abkürzung der Sendereihe „Deutschland sucht den Superstar" – auf den Verzicht auf einen das Kürzel „dsds" enthaltenden Domainnamen (hier: dsds-news.de) nicht in Betracht, wenn der Namensträger über eine einschlägig bezeichnete Domain (hier: „dsds.de") bereits verfügt und die angegriffene Domain den Namen nur in einem Kombinationszeichen enthält.[9]

---

1 *LG Bonn*, Beschl. v. 22.9.1997 – 1 O 374/97, NJW-RR 1998, 977.
2 *OLG Köln*, Urt. v. 30.4.2010 – 6 U 208/09, CR 2010, 529 = GRUR-RR 2010, 399 – www.fcbayern.es.
3 *OLG Köln*, Urt. v. 6.7.2000 – 18 U 34/00, CR 2000, 696 = MMR 2001, 170 – maxem.de; ähnlich *LG München I*, Urt. v. 7.12.2000 – 4 HKO 20974/00, ZUM-RD 2001, 359 – nominator.de.
4 *BGH*, Urt. v. 26.6.2003 – I ZR 296/00, CR 2003, 845 = MDR 2004, 347 = WRP 2003, 1215 – maxem.de; bestätigt durch das *BVerfG*, Beschl. v. 21.8.2006 – 1 BvR 2047/03, CR 2006, 770. Ähnlich *OLG Hamm*, Urt. v. 18.1.2005 – 4 U 166/04, MMR 2005, 381 – juraxx.
5 *BVerfG*, Beschl. v. 21.8.2006 – 1 BvR 2047/03, CR 2006, 770 m. Anm. *Kitz* = MMR 2006, 735.
6 *AG Nürnberg*, Urt. v. 29.6.2004 – 14 C 654/04, ZUM-RD 2004, 600 – kerner.de.
7 *OLG Hamburg*, Urt. v. 5.11.1998 – 3 U 130/98, CR 1999, 184 = MMR 1999, 159.
8 Hinzuweisen ist auch darauf, dass nach 4 (a) (ii) der UDRP legitimate interests die Verwendung einer Domain legitimieren können. Zu den „legitimate interests" zählt die Bekanntheit einer Domain in der Szene; siehe Toyota vom J. Alexis, D 2003 – 0624 und Digitronics vom Sixnet D 2000 – 0008.
9 *OLG Köln*, Urt. v. 19.3.2010 – 6 U 180/09, CR 2010, 612 m. Anm. *Hackbarth* = ZUM-RD 2010, 325.

Allgemein anerkannt ist, dass die **Bezeichnungen von Kommunen** auch bei Verwendung als Bestandteil einer Domain namensrechtlich geschützt sind.[1] Nach herrschender Auffassung macht derjenige, der sich einen Stadtnamen für die Domain seiner Homepage auswählt, von einem fremden, durch § 12 BGB geschützten Namen Gebrauch und erweckt den Eindruck, dass unter seiner Domain die Stadt selbst als Namensträgerin im Internet tätig werde. Der Schutz erstreckt sich auf Stadtteilnamen,[2] die Gesamtbezeichnung „Deutschland"[3] oder die Namen staatlicher Organisationen.[4] Der Schutz erstreckt sich auch auf deutsche Übersetzungen ausländischer Staatsnamen.[5] Für Furore hat in diesem Zusammenhang die Entscheidung des *Landgerichts Mannheim* in Sachen „Heidelberg" gesorgt.[6] Hiernach hat die Verwendung der Internet-Adresse „heidelberg.de" durch die Heidelberger Druckmaschinen GbR das Namensrecht der Stadt Heidelberg aus § 12 BGB verletzt.

Ausgenommen sind allerdings kleine Gemeinden, deren Namen nicht von überragender Bedeutung sind,[7] zumindest wenn die Domain dem Familiennamen des Geschäftsführers der GmbH entspricht, die die Domain nutzt.[8] Geschützt ist die Kommune auch nicht gegen Domainbezeichnungen, die den Städtenamen unter Hinzufügung eines erklärenden Zusatzes (z.B. duis-

---

1 Siehe etwa *BGH*, Urt. v. 14.6.2006 – I ZR 249/03, MDR 2007, 287 = CR 2006, 678; *OLG Karlsruhe*, Urt. v. 9.6.1999 – 6 U 62/99, MMR 1999, 604 – Bad.Wildbad.com; *OLG Brandenburg*, Urt. v. 12.4.2000 – 1 U 25/99, K&R 2000, 406 m. Anm. *Gnielinski* – luckau.de; *OLG Köln*, Beschl. v. 18.12.1998 – 13 W 48/98, CR 1999, 385 = MMR 1999, 556 – herzogenrath.de.
2 Siehe dazu *LG Flensburg*, Urt. v. 8.1.2002 – 2 O 351/01, CR 2002, 537 m. Anm. *Eckhardt* = K&R 2002, 204 – sandwig.de. *LG München I*, Urt. v. 7.5.2002 – 7 O 12248/01, CR 2002, 840 m. Anm. *Eckhardt*.
3 *LG Berlin*, Urt. v. 10.8.2000 – 10 O 101/00, MMR 2001, 57.
4 *LG Nürnberg*, Urt. v. 24.2.2000 – 4 O 6913/99, MMR 2000, 629 – Pinakothek.
5 *LG Berlin*, Urt. v. 26.9.2006 – 9 O 355/06, CR 2007, 270 = MMR 2007, 60 – tschechische-republik.at.
6 *LG Mannheim*, Urt. v. 8.3.1996 – 7 O 60/96, ZUM 1996, 705 m. Anm. *Flechsig* = CR 1996, 353 m. Anm. *Hoeren*. Ähnlich *LG Braunschweig*, Urt. v. 28.1.1997 – 9 O 450/96, CR 1997, 414 und *OLG Hamm*, Urt. v. 13.1.1998 – 4 U 135/97, CR 1998, 241 m. Anm. *Bettinger* = MMR 1998, 214 m. Anm. *Berlit*; *LG Lüneburg*, Urt. v. 29.1.1997 – 3 O 336/96, CR 1997, 288; *LG Ansbach*, Urt. v. 5.3.1997 – 2 O 99/97, NJW 1997, 2688 – „Ansbach"; *OLG Köln*, Beschl. v. 18.1.1999 – 13 W 1/99, GRUR 2000, 799 – „alsdorf.de. So auch die Rechtslage in Österreich vgl. etwa *öOGH*, Urt. v. 29.1.2002 – 4 Ob 246/01g, MMR 2002, 452 – Graz2003.at.
7 *LG Osnabrück*, Urt. v. 23.9.2005 – 12 O 3937/04, MMR 2006, 248, das darauf abstellt, dass die Kommune einem nennenswerten Teil der Bevölkerung bekannt sein muss, damit ein Anspruch aus § 12 BGB gerechtfertigt sei. Ähnlich auch *LG Köln*, Urt. v. 8.5.2009 – 81 O 220/08, GRUR-RR 2009, 260 zur Domain Welle, in der der Name einer kleinen Gemeinde mit einem Gattungsbegriff kollidiert.
8 *LG Augsburg*, Urt. v. 15.11.2000 – 6 O 3536/00, MMR 2001, 243 – boos m. Anm. *Florstedt*, 825. Bestätigt durch *OLG München*, Urt. v. 11.7.2001 – 27 U 922/00, CR 2002, 56 = MMR 2001, 692 – boos.de. Ähnlich auch *LG Erfurt*, Urt. v. 31.1.2002 – 3 O 2554/01, CR 2002, 302 = MMR 2002, 396 – Suhl.de; *LG Düsseldorf*, Urt. v. 16.1.2002 – 2a O 172/01, MMR 2002, 398 – bocklet.de. Anders allerdings *OLG Oldenburg*, Beschl. v. 30.9.2003 – 13 U 73/03, CR 2004, 781 = MMR 2004, 34.

burg-info.de) oder einer branchen- und länderübergreifenden Top-Level-Domain (z.B. .info) verwenden.[1] Ein öffentlich-rechtlicher Zweckverband ist kein Träger des Namensrechts i.S.v. § 12 BGB.[2] Auch kann eine Kommune nur dann einen Anspruch aus § 12 BGB geltend machen, wenn die angegriffene Bezeichnung deckungsgleich mit ihrem regionalen Gebiet ist; beinhaltet eine Domain eine geographische Angabe, die über die Gebietsgrenzen der Kommune hinausgeht, so kann die Kommune eine Namensrechtsverletzung daher nicht geltend machen.[3] Allerdings gehört die Domain mit dem Top-Level-Zusatz „.info" (z.B. duisburg.info) der jeweiligen Kommune.[4] Auch in der Nutzung eines (übersetzten) Staatsnamens mit unterschiedlichen TLDs (z.B. tschechische-republik.at/.ch) sieht die Rechtsprechung eine unzulässige Namensanmaßung, da aufgrund der Einmaligkeit eines jeden Staates davon auszugehen ist, dass dieser sich jeweils selbst präsentiert. Daran ändert auch eine an sich widersprüchliche TLD nichts.[5] Privatpersonen, deren Namen keinen besonderen Bekanntheitsgrad aufweisen (z.B. der Name Netz),[6] können sich nicht dagegen zur Wehr setzen, dass ihr „Allerweltsname" Teil einer Domain wird. Ähnliches gilt auch für die Bezeichnung „Freie Wähler".[7]

Eine weitere interessante Entscheidung[8] über die Streitigkeiten bzgl. der Benutzung von **Gebietsbezeichnungen** in Domainnamen hat das *OLG Rostock* gefällt. Der Kläger, ein regionaler, privater Informationsanbieter, wollte seine als Marke anerkannte Bezeichnung „Müritz-Online" gegenüber der Benutzung des Domainnamens „mueritz-online.de" durch das Land Mecklenburg-Vorpommern schützen. Das *OLG* hat einen Unterlassungsanspruch des Klägers bejaht. Der Kläger sei als Inhaber des Namens in das vom Patentamt geführte Register eingetragen gewesen, bevor das Land sich für „mueritz-online" interessierte. Er sei also zuerst da gewesen. Das Land habe als Gebiets-

---

1 Dazu *OLG Düsseldorf*, Urt. v. 15.1.2002 – 20 U 76/01, CR 2002, 447; *BGH*, Urt. v. 21.9.2006 – I ZR 201/03, MMR 2007, 38 = WRP 2007, 76 = MarkenR 2007, 539 = ZUM 2007, 58 = CR 2007, 36 = K&R 2007, 41 = NJW 2007, 682 = GRUR 2007, 259 = ZIP 2007, 837 = AfP 2007, 41 = WM 2007, 34; Anm. *Marly/Jobke*, LMK 2006, 204530.
2 *LG Frankfurt a.M.*, Urt. v. 29.9.2010 – 2/6 O 167/10 (nicht rkr.), NJOZ 2011, 40.
3 Vgl. *OLG Brandenburg*, Urt. v. 12.6.2007 – 6 U 123/06 – schlaubetal.de – NJW-RR 2008, 490.
4 *BGH*, Urt. v. 21.9.2006 – I ZR 201/03, MDR 2007, 286 = CR 2007, 36 – solingen.info; NJW 2007, 682 – solingen.info; vgl. auch die Vorinstanz: *OLG Düsseldorf*, Urt. v. 15.7.2003 – 20 U 43/03, CR 2004, 538 = MMR 2003, 748 – solingen.info; die TLD „info" ändert hier nichts an der Zuordnung der als SLD verwendeten Bezeichnung „solingen" zu der gleichnamigen Stadt als Namensträger. Siehe in diesem Zusammenhang auch die Entscheidung des *Cour d'Appel de Paris*, Urt. v. 29.10.2004 – 2003/04012 (n.v.), wonach die Agence France-Presse (AFP) als Markeninhaberin auch einen Anspruch auf die info-Domain www.afp.info hat.
5 So etwa *KG*, Beschl. v. 29.5.2007 – 5 U 153/06, MMR 2007, 600.
6 So *OLG Stuttgart*, Urt. v. 7.3.2002 – 2 U 184/01, CR 2002, 529.
7 *OLG Schleswig*, Urt. v. 22.10.2010 – 17 U 14/10, GRUR-RR 2011, 226.
8 *OLG Rostock*, Urt. v. 16.2.2000 – 2 U 5/99, K&R 2000, 303 = NJWE-WettbR 2000, 161 = MMR 2001, 128.

körperschaft an dem Namen „Müritz" nicht die gleichen Rechte, wie eine Stadt an ihrem Namen. Hier habe eine große Verwechslungsgefahr bestanden, so dass der Anspruch auf Unterlassung bejaht wurde. Insofern ist eine Gefahr der Verwechslung auch dann anzunehmen, wenn ein Unterschied in geringen Abweichungen der Schreibweise besteht.[1]

Neben der **Namensleugnung**[2] schützt § 12 BGB vor allem vor der **Namensanmaßung**. Zu Letzterer zählt insbesondere die sog. Zuordnungsverwirrung.[3] Eine Zuordnungsverwirrung ist gegeben, wenn der unrichtige Eindruck hervorgerufen wird, der Namensträger habe dem Gebrauch seines Namens zugestimmt.[4] Grundsätzlich ist jeder zur Verwendung seines Namens im Wirtschaftsleben berechtigt, auch Unternehmen steht ein Namensrecht nach § 12 BGB zweifellos zu.[5] Eine Ausnahme gilt jedoch außerhalb bürgerlicher Namen. Insbesondere bei den Bezeichnungen juristischer Personen ist entscheidend, wann eine Bezeichnung zu einem Namen i.S.d. § 12 BGB geworden ist. Je nachdem, welcher Name zuerst Verkehrsgeltung hatte, bestimmt sich auch das Recht zur namensmäßigen Benutzung. Diese Leitlinien prägen vor allem die Rechtsprechung zu den Städtenamen, wonach in jeder Verwendung eines Städtenamens als Teil einer Domain eine Namensanmaßung liegen soll.[6] Entscheidend ist aber stets, was der überwiegende Teil der Internet-Nutzer aus dem gesamten Sprachraum der Top-Level-Domain unter dem Begriff der Second-Level-Domain verstehe. Eine Gemeinde mit dem Namen „Winzer" kann daher nicht gegen die Verwendung dieses Begriffs vorgehen, den die meisten als Gattungsbegriff verstehen.[7] Auch durch das Anhängen von Zusätzen an einen Namen (etwa xy-blog.de) kann der Eindruck erweckt werden, es handle sich um ein Angebot des Namensinhabers, insofern liegt eine Namensanma-

---

1 *OLG Rostock*, Urt. v. 16.2.2000 – 2 U 5/99, K&R 2000, 303 = NJWE-WettbR 2000, 161 = MMR 2001, 128.
2 Diese kommt bei Domainstreitigkeiten nicht zum Tragen; so etwa *OLG Düsseldorf*, Urt. v. 15.1.2002 – 20 U 76/01, WRP 2002, 1085 – Duisburg-info. Anders noch derselbe Senat: *OLG Düsseldorf*, Urt. v. 17.11.1998 – 20 U 162/97, CR 1999, 528 = NJW-RR 1999, 626 – ufa.de.
3 *BGH*, Urt. v. 17.4.1984 – VI ZR 246/82, MDR 1984, 747 = NJW 1984, 1956; *BGH*, Urt. v. 3.6.1986 – VI ZR 102/85, MDR 1986, 925 = NJW 1986, 2951.
4 *BGH*, Urt. v. 23.9.1992 – I ZR 251/90, MDR 1993, 132 = WRP 1993, 101; *BGH*, Urt. v. 20.10.1982 – VIII ZR 186/81, MDR 1983, 304 = NJW 1983, 1186.
5 So das *OLG Hamburg*, Beschl. v. 31.5.2007 – 3 W 110/07, CR 2007, 661 = MMR 2008, 118.
6 *OLG Köln*, Beschl. v. 18.12.1998 – 13 W 48/98, CR 1999, 385 m. Anm. *Biere* = MMR 1999, 556; ähnlich auch *OLG Karlsruhe*, Urt. v. 9.6.1999 – 6 U 62/99, MMR 1999, 604 = CR 1999, 783; *OLG Rostock*, Urt. v. 16.2.2000 – 2 U 5/99, MMR 2001, 128 m. Anm. *Jaeger*.
7 *LG Deggendorf*, Urt. v. 14.12.2000 – 1 O 480/00, CR 2001, 266; so auch *LG Berlin*, Urt. v. 21.2.2008 – 52 O 111/07, MMR 2008, 484 – neaher.de. Ähnlich für Sonntag.de *OLG München*, Urt. v. 24.2.2011 – 24 U 649/10, MMR 2011, 386. Siehe auch *BGH*, Urt. v. 26.6.2003 – I ZR 296/00, CR 2003, 845 = MDR 2004, 347 = MMR 2003, 726 – presserecht.de.

ßung dann ebenfalls vor.[1] Bei Gleichnamigkeit von Namensträgern kommt die Prioritätsregel dann nicht zur Anwendung, wenn auf eine überragende Verkehrsbedeutung verwiesen werden kann oder kein schützenswertes Interesse an der Verwendung der Domain besteht.[2] Ansonsten gilt der Grundsatz „Wer zuerst kommt, mahlt zuerst".[3] Dieser Grundsatz gilt im Übrigen auch dann, wenn der Namensträger bereits eine Domain besitzt; er kann dann nach Auffassung des *OLG Köln* nicht auf Freigabe einer zweiten Domain mit seinem Namen klagen.[4]

Unabhängig von der Frage, ob bestimmte widersprüchliche TLDs einer Zuordnung zu einem bestimmten Namensträger widersprechen können und damit eine Zuordnungsverwirrung ausgeschlossen ist, ist dies bei der Kombination eines Staatsnamens als SLD mit der auf einen anderen Staat hinweisenden TLD nicht der Fall, da Letztere den Betrachter lediglich auf das Land der Registrierung hinweist.[5]

Eine Catch-All-Funktion kann zu einer Namensanmaßung auch in einem Fall führen, in dem die Verwendung der Second-Level-Domain keine Namensanmaßung darstellt.[6]

Die Verwendung des fremden Namens für eine Domain, die zu einem **kritischen Meinungsforum** führt, kann jedoch durch die grundrechtlich geschützte Meinungsfreiheit legitimiert sein. Zwar hat das *LG Berlin* der Organisation Greenpeace die Verwendung der Domain „oil-of-elf.de" wegen Verwechslungsfähigkeit untersagt,[7] jedoch ist diese Entscheidung durch das *Kammergericht* mit Hinweis auf die besonderen Interessen von Greenpeace aufgehoben worden.[8] Ähnlich hat das *OLG Hamburg* ein Meinungsforum über einen Finanzdienstleister mit der Kennung „awd-aussteiger.de" zugelassen.[9] Wird eine kritisierende Webseite betrieben (hier: bund-der-verunsicherten.de), die unter einer an den Namen der kritisierten Persönlichkeit angeglichenen Domain geschaltet wird, liegt darin kein Namensgebrauch, solange distanzierende Zu-

---

1 *OLG Hamburg*, Beschl. v. 31.5.2007 – 3 W 110/07, CR 2007, 661 = MMR 2008, 118.
2 *OLG Stuttgart*, Urt. v. 26.7.2007 – 7 U 55/07, CR 2008, 120 = MMR 2008, 178. *OLG Hamburg*, Beschl. v. 10.6.2008 – 3 W 67/08 – Pelikan-und-partner.de; pelikan-und-partner.com.
3 *LG Osnabrück*, Urt. v. 23.9.2005 – 12 O 3937/04, CR 2006, 283. Das Prioritätsprinzip soll nach dem *LG Osnabrück* nur wegen eines überragenden Interesses an Rechtssicherheit eingeschränkt werden können.
4 *OLG Köln*, Urt. v. 19.3.2010 – 6 U 180/09, CR 2010, 612 – dsdsnews.de.
5 *KG*, Beschl. v. 29.5.2007 – 5 U 153/06, MMR 2007, 600, wonach auch in der Nutzung der Internetdomain „tschechische-republik" in Kombination mit den TLDs „com", „ch" oder „at" eine unzulässige Namensanmaßung liegt.
6 *OLG Nürnberg*, Urt. v. 12.4.2006 – 4 U 1790/05, CR 2006, 485 m. Anm. *Schirmbacher* = MMR 2006, 465.
7 *LG Berlin*, Urt. v. 6.3.2001 – 16 O 33/01, MMR 2001, 630, 631.
8 *KG*, Urt. v. 23.10.2001 – 5 U 101/01, CR 2002, 760 m. Anm. *Graf* = MMR 2002, 686. Ähnlich inzwischen *LG Hamburg*, Beschl. v. 10.6.2002 – 312 O 280/02, CR 2003, 297 = MMR 2003, 53 in Sachen „Stopesso".
9 *OLG Hamburg*, Urt. v. 18.12.2003 – 3 U 117/03, CR 2004, 861 = MMR 2004, 415.

sätze innerhalb der Second-Level-Domain (hier: „un") ohne Weiteres erkennen lassen, dass der Betreiber nicht im „Lager" des Berechtigten steht und zudem der Name so gewählt ist, dass dem Berechtigten die Möglichkeit erhalten bleibt, seinen eigenen Namen als Domain registrieren zu lassen. Dies gilt auch für die Verwendung fremder Namen als Keyword bei Suchmaschinenwerbung.[1] Ebenfalls Meinungsäußerung sind Domains, die sich mit Vorwürfen an bestimmte Stellen richten, sofern die Grenze zur Schmähkritik nicht überschritten wird.[2] Einem Fanclub kann die Domain-Bezeichnung „dsds-news.de" nicht verwehrt werden, wenn der Namensträger über eine einschlägig bezeichnete Domain (hier: „dsds.de") bereits verfügt und die angegriffene Domain den Namen nur in einem Kombinationszeichen enthält.[3]

Schon in der bloßen **Reservierung einer Domain** mit fremden Namensbestandteilen kann eine Namensanmaßung liegen.[4] Dies ist etwa dann der Fall, wenn Bestandteile angehängt werden (etwa – unternehmensgruppe), die nicht bloß beschreibenden Charakter haben, sondern vielmehr Ausdruck einer besonderen Qualität oder Stellung des Namensträgers sind.[5] Die Verwendung einer generischen Domain verletzt jedoch nicht die Namensrechte eines zufällig mit dem generischen Namen identischen Familiennamens (hier im Falle des Begriffs „Säugling").[6] Auch die Verwendung der Domain „duisburg.info.de" durch einen Stadtplanverlag führt nicht zu einer Zuordnungsverwirrung zu Lasten der Stadt Duisburg.[7] Im Übrigen soll es an einer Namensanmaßung fehlen, wenn die Registrierung des Domainnamens einer – für sich genommen rechtlich unbedenklichen – Benutzungsaufnahme als Unternehmenskennzeichen in einer anderen Branche unmittelbar vorausgeht.[8] In der Entscheidung „weltonline.de"[9] hat der *BGH* darauf abgestellt, ob mit der Registrierung eine erhebliche Beeinträchtigung des Namensrechts verbunden ist. Eine solche Konstellation liege nicht vor, wenn der Namensinhaber selbst vergessen habe, die Domain zu registrieren.

---

1 *OLG Braunschweig*, Urt. v. 10.11.2009 – 2 U 191/09.
2 *LG Frankfurt a.M.*, Beschl. v. 30.3.2006 – 2/03 O 112/05, CR 2007, 126 = MMR 2006, 561.
3 *OLG Köln*, Urt. v. 19.3.2010 – 6 U 180/09, CR 2010, 612 m. Anm. *Hackbarth* = ZUM-RD 2010, 325 – www.dsds-news.de.
4 *LG Düsseldorf*, Urt. v. 22.9.1998 – 4O 473/97, CR 1999, 716 = MMR 1999, 369 – nazar. Anders *LG München I*, Urt. v. 18.3.2004 – 17 HKO 16815/03, MMR 2004, 771 – sexquisit; *LG Düsseldorf*, Urt. v. 25.2.2004 – 2a O 247/03, MMR 2004, 700 – Ratiosoft.
5 *OLG Stuttgart*, Urt. v. 26.7.2007 – 7 U 55/07, MMR 2008, 178 = K&R 2007, 657 = CR 2008, 120.
6 *LG München I*, Urt. v. 8.3.2001 – 4 HKO 200/01, CR 2001, 555 – Saeugling.de.
7 *OLG Düsseldorf*, Urt. v. 15.1.2002 – 20 U 76/01, CR 2002, 447 = WRP 2002, 1085 und *LG Düsseldorf*, Urt. v. 9.5.2001 – 34 O 16/01, MMR 2001, 626.
8 *BGH*, Urt. v. 9.9.2004 – I ZR 65/02, MDR 2005, 765 = CR 2005, 362 m. Anm. *Eckhardt* = MMR 2005, 313 – mho.
9 *BGH*, Urt. v. 2.12.2004 – I ZR 207/01, MDR 2005, 1182 = CR 2005, 593 = MMR 2005, 534 – weltonline.de.

Das *Landgericht München I*[1] hat einen Unterlassungsanspruch der Juris-GmbH gegen ein Datenverarbeitungsunternehmen bejaht, das sich die Bezeichnung „juris.de" hatte reservieren lassen. Auch hier wird eine Verletzung des Namensrechts aus § 12 BGB bejaht. Der Begriff „juris" stelle zwar nur eine aus der Betreiberfirma abgeleitete Abkürzung dar, aber auch die Firma einer GmbH, selbst wenn sie nicht als Personenfirma gebildet sei, sowie alle anderen namensartigen Kennzeichen, insbesondere auch aus der Firma abgeleitete Abkürzungen und Schlagworte, unterfielen dem Schutz des § 12 BGB. Bei der Abkürzung „juris" handele es sich zudem um den einzigen unterscheidungskräftigen Bestandteil der Firma, so dass sie geeignet sei, vom Verkehr her als Abkürzung des Firmennamens verstanden zu werden.

Fraglich ist, ob ein Dritter mit Einverständnis eines Berechtigten für diesen eine Domain registrieren darf. Das *OLG Celle* ist der Ansicht, dass in einem solchen Fall eine Namensanmaßung vorliege. Registriere eine Webagentur einen Firmennamen als Domain für einen Kunden, könne nach erfolgtem Dispute-Eintrag die eingetragene Webagentur Rechte namensgleicher Dritter verletzen und verpflichtet sein, die Domain herauszugeben.[2] Der *BGH* hat diese Entscheidung aufgehoben. Ein Namensrecht kann auch von einem Namensträger hergeleitet werden und daher die Domain von einem Nichtnamensträger betrieben werden,[3] solange für Gleichnamige die Möglichkeit besteht, zu überprüfen, ob die Domain für einen Namensträger registriert wurde.[4] Diese Möglichkeit kann darin bestehen, dass der DENIC die Treuhänderstellung des Domaininhabers mitgeteilt wird. Großzügig reagierte daraufhin das *OLG Celle*.[5] Da der Entertainer Harald Schmidt dem Fernsehsender SAT.1 die Reservierung der Webadresse „schmidt.de" gestattet hatte, dürfe der Sender die Domain weiterhin reserviert halten. Eine Freigabe-Klage eines Herrn Schmidt aus Berlin wurde abgewiesen. Trotz der fehlenden Namensidentität des Privatsenders mit der in Streit stehenden Internetadresse lehnte das Gericht wegen der Gestattung durch den Namensträger Harald Schmidt eine unberechtigte Namensanmaßung i.S.v. § 12 Satz 1, 2. Fall BGB ab. Die Gestattung sei auch für jedermann ersichtlich gewesen. Mit Verweis auf die Rechtsprechung des *BGH* zu sog. Treuhand-Domains führte das *OLG* aus, dass von einer Über-

---

1 *LG München I*, Urt. v. 15.1.1997 – 1 HKO 3146/96, CR 1997, 479 = NJW-RR 1998, 973.
2 *OLG Celle*, Urt. v. 8.4.2008 – 13 U 213/03, CR 2004, 772 = MMR 2004, 486 – grundke.de; *OLG Celle*, Urt. v. 8.12.2005 – 13 U 69/05, MMR 2006, 558 – raule.de; ähnlich *LG Hamburg*, Urt. v. 26.1.2005 – 302 O 116/04, CR 2005, 465 = CR 2005, 533 m. Anm. *Rössel* = MMR 2005, 254 – mueller.de. A.A. *OLG Stuttgart*, Urt. v. 4.7.2005 – 5 U 33/05, MMR 2006, 41; *LG München I*, Urt. v. 28.4.2005 – 34 S 16971/04, MMR 2006, 56. Siehe dazu auch *Rössel*, ITRB 2007, 255.
3 *BGH*, Urt. v. 8.2.2007 – I ZR 59/04, MDR 2007, 1442 = CR 2007, 590 m. Anm. *Klees* = NJW 2007, 2633 – grundke.de; vgl. auch *OLG Stuttgart*, Urt. v. 4.7.2005 – 5 U 33/05, CR 2006, 269.
4 *BGH*, Urt. v. 8.2.2007 – I ZR 59/04, MDR 2007, 1442 = CR 2007, 590 m. Anm. *Klees* = NJW 2007, 2633.
5 *OLG Celle*, Urt. v. 13.12.2007 – 13 U 117/05 – K&R 2008, 111.

prüfungsmöglichkeit der Gestattung auszugehen sei, „wenn ein durch einen Namen geprägter Domainname für einen Vertreter des Namensträgers registriert und dann alsbald – noch bevor ein anderer Namensträger im Wege des Dispute-Eintrags ein Recht an dem Domainnamen anmeldet – für eine Homepage des Namensträgers genutzt wird". Diese Voraussetzungen sah das Gericht im entschiedenen Fall als erfüllt an, da sich vor dem Dispute-Eintrag unter der Adresse „schmidt.de" der Internetauftritt für die „Harald-Schmidt-Show" befand.

Der Namensträger kann auch Dritten die Registrierung seines Namens gestatten.[1] Dieser Dritte kann dann prioritätsbegründend eine Domain anmelden[2] und verwendet eine abgeleitete Rechtsposition zur Führung des Namens und zur Registrierung der Domain.[3] Innerhalb eines Konzerns kann eine Holdinggesellschaft die Unternehmensbezeichnung einer Tochtergesellschaft mit deren Zustimmung als Domain registrieren lassen. Sie ist dann im Domainrechtsstreit so zu behandeln, als sei sie selbst berechtigt, die Bezeichnung zu führen.[4] Im Übrigen soll sich bei einer Treuhand aus § 667 BGB ein Anspruch des Treugebers auf Freigabe der Domain gegen den Treuhänder ergeben.[5]

6. Rechtsfolgen einer Markenrechtsverletzung

Literatur: *Allmendinger*, Probleme bei der Umsetzung namens- und markenrechtlicher Unterlassungsverpflichtungen im Internet, GRUR 2000, 966; *Boecker*, Der Löschungsanspruch in der registerkennzeichenrechtlich motivierten Domainstreitigkeit, GRUR 2007, 320; *Boecker*, „de-Domains" – Praktische Probleme bei der Zwangsvollstreckung, MDR 2007, 1234; *Burgstaller*, Domainübertragung auch im Provisionalverfahren?, MR 2002, 49; *Engler*, Der Übertragungsanspruch im Domainrecht, Münster 2002; *Kieser*, Shell.de – Ende des Domainübertragungsanspruchs?, K&R 2002, 537; *Kulajewski*, Der Anspruch auf Domainübertragung, Münster 2003; Rechtsschutz bei Missbrauch von Internet-Domains, WRP 1997, 497; *Weisert*, Rechtsanspruch auf Übertragung einer Internet-Adresse, ITRB 2001, 17.

a) Unterlassungsanspruch

Zunächst ist zu bedenken, dass das Kennzeichenrecht von einem Anspruch auf Unterlassung ausgeht. Der Verletzer hat eine **Unterlassungserklärung** abzugeben. Tut er dies nicht, kann er dazu über § 890 ZPO gezwungen werden. Wer zur Unterlassung verurteilt worden ist, hat umfassend dafür Sorge zu tragen, dass die Domain bei der DENIC gelöscht und in Suchmaschinen aus-

---

1 LG Hannover, Urt. v. 22.4.2005 – 9 O 117/04, CR 2005, 896 = MMR 2005, 550.
2 OLG Stuttgart, Urt. v. 4.7.2005 – 5 U 33/05, CR 2006, 269 = MMR 2006, 41.
3 LG München I, Urt. v. 28.4.2005 – 34 S 16971/04, MMR 2006, 56.
4 BGH, Urt. v. 9.6.2005 – I ZR 231/01, CR 2006, 426 = MMR 2006, 104 – segnitz.de.
5 BGH, Urt. v. 25.3.2010 – I ZR 197/08, MDR 2010, 1275 = GRUR 2010, 944 – braunkohle-nein.de.

getragen wird.[1] Der Hinweis darauf, dass die Homepage „wegen Serverumstellung" nicht erreichbar sei, reicht nicht.[2] Das *OLG Köln* relativiert die Pflichten des Domaininhabers in Bezug auf Suchmaschinen; diesem sei es nicht zuzurechnen, wenn später noch über Suchmaschinen auf die verbotene Domain verwiesen werde.[3] Es ist keine Zuwiderhandlung gegen das Verbot der Benutzung einer Internet-Domain, wenn die Internetseiten gelöscht worden sind und unter der Domain nur noch ein Baustellen-Hinweis ohne weitere Inhalte aufzufinden ist. Enthält die Verfügung kein Dekonnektivierungsgebot, greift auch das Argument einer möglichen Zuordnungsverwirrung nicht.[4]

Neben dem Unterlassungsanspruch sind auch der **Beseitigungs- und Löschungsanspruch** problematisch. Bislang waren die Gerichte bei der Anwendung des Löschungsanspruchs in Bezug auf Domains großzügig. Selbst wenn die Domain in einer nicht-kennzeichnungsrechtlichen Art und Weise genutzt werden könnte, wurde der Löschungsanspruch nicht versagt.[5] Nunmehr vertritt der *BGH* eine andere Haltung.[6] Hiernach soll ein Löschungsanspruch nur dann in Betracht kommen, wenn jede Verwendung, auch wenn sie im Bereich anderer Branchen erfolgt, zumindest eine nach § 15 Abs. 2 Markengesetz unlautere Ausnutzung oder Beeinträchtigung der Unterscheidungskraft oder Wertschätzung des Kennzeichens darstellt. Die Registrierung eines Domainnamens kann nur bei Vorliegen besonderer Umstände den Tatbestand einer unlauteren Mitbewerberbehinderung erfüllen und einen Anspruch auf Einwilligung in die Löschung des Domainnamens begründen.[7] Anderes kann nach Auffassung des *OLG Hamburg* dann gelten, wenn die im Vordergrund stehende Behinderungsabsicht ein etwaiges schützenswertes Interesse des Domaininhabers zurücktreten lasse.[8] Im Übrigen dürfte es trotz des obigen Urteils des *BGH* in Sachen Euro Telekom möglich sein, aus dem allgemeinen Namensrecht heraus eine Löschung der Domain zu bewirken; denn insoweit gilt die ältere Rechtsprechung des *BGH* in Sachen „Shell" und „Krupp" fort. Wer

---

1 *LG Berlin*, Urt. v. 14.10.1999 – 16 O 84/98, MMR 2000, 495; ähnlich auch *LG Berlin*, Beschl. v. 29.7.1999 – 16 O 317/99, K&R 2000, 91; *LG München I*, Urt. v. 20.2.2003 – 17 KH O 17818/02, MMR 2003, 677 – freundin.de.
2 *LG Berlin*, Beschl. v. 29.7.1999 – 16 O 317/99, K&R 2000, 91.
3 *OLG Köln*, Beschl. v. 13.6.2001 – 6 W 25/01, CR 2001, 863 = MMR 2001, 695 = K&R 2002, 257.
4 *OLG Hamburg*, Beschl. v. 28.5.2007 – 3 W 151/07, MMR 2008, 113.
5 Siehe *OLG Hamburg*, Urt. v. 28.7.2005 – 5 U 141/04, MMR 2006, 476 – Metrosex.
6 *BGH*, Urt. v. 19.7.2007 – I ZR 137/04, CR 2007, 727 = MMR 2007, 702 – Euro Telekom.
7 *BGH*, Urt. v. 19.2.2009 – I ZR 135/06, CR 2009, 748 = MDR 2009, 942 – ahd.de.
8 *OLG Hamburg*, Urt. v. 5.7.2006 – 5 U 87/05, CR 2007, 47 = MMR 2006, 608 – AHD.de für den Fall eines offensichtlichen Missbrauchs der Domain. Anders noch *OLG Hamburg*, Urt. v. 24.7.2003 – 3 U 154/01, GRUR-RR 2004, 77 ähnlich schon das *Kammergericht*, Urt. v. 17.12.2002 – 5 U 79/02, GRUR-RR 2003, 372 – Amerika zwei mit Verweis auf das Schikaneverbot der §§ 823, 826 BGB.

allerdings seine Ansprüche auf eine Domain nur auf eine Marke stützt, wird künftig keine Domainlöschung mehr verlangen können.[1]

Nach Auffassung des *LG Hamburg*[2] liegt der Fall eines Domaingrabbings nur dann vor, wenn bereits der Domain-Erwerb als solcher darauf gerichtet sei, sich die Domain vom Kennzeicheninhaber abkaufen zu lassen. Indizien für ein solches unlauteres Domaingrabbing lägen vor allem dann vor, wenn unmittelbar nach Erhalt einer auf die kommende Domain bezogenen Abmahnung der Abgemahnte weitere Domain-Varianten des Begriffs für sich registrieren lasse. Im Übrigen lehnt das Gericht lediglich den auf Markenrecht gestützten Domain-Löschungsanspruch ab. Verwiesen wird auf die oben erwähnte Rechtsprechung des *BGH* in Sachen Euro Telekom, wonach ein kennzeichenrechtlicher Löschungsanspruch bei Domains nur dann gegeben sei, wenn schon das Halten des Domainnamens für sich gesehen eine Rechtsverletzung darstelle. Ein solcher Fall liege nur dann vor, wenn jede Verwendung – auch dann, wenn sie im Bereich anderer als der vom Markenschutz betroffenen Branchen erfolge – als markenrechtliche Ausnutzung oder Beeinträchtigung der Unterscheidungskraft oder Wertschätzung des Zeichens anzusehen sei. Da ein solcher Fall aber nach der allgemeinen Lebenserfahrung kaum vorkommt, scheide ein nur auf Markenrecht begründeter Löschungsanspruch regelmäßig aus. Wenn überhaupt, komme ein Löschungsanspruch nur aus UWG, insbesondere aus dem Gesichtspunkt des § 4 Nr. 10 und hier insbesondere bei Vorliegen eines Domain-Warrings in Betracht.

Ähnlich hat auch der österreichische OGH[3] die Rechtslage gesehen. Soweit die Nutzung einer Domain nach materiellem Recht nicht gänzlich untersagt werden könne, bestehe in der Regel auch kein Anspruch auf Einwilligung in deren Löschung. Auch wenn der Inhaber die Domain in einer Weise genutzt hat, die in Markenrechte eines Dritten eingriff, begründe ihre Existenz als solche noch nicht die typische Gefahr, dass er dieses Verhalten wiederholt. Vielmehr bestehen von vornherein unzählige Möglichkeiten einer rechtmäßigen Nutzung. Dieser Unterschied schließt es im Regelfall aus, die Löschung einer Domain zu verlangen.

b) Schadensersatz durch Verzicht

Hinzu kommt der Anspruch des Betroffenen auf Schadensersatz. Es ist der Zustand herzustellen, der ohne das schädigende Ereignis bestünde (§ 249 Abs. 1 BGB).[4] Insofern kann der Betroffene auf jeden Fall verlangen, dass der Verletzer eine **Verzichtserklärung** gegenüber der DENIC abgibt.

---

1 *OLG Köln*, Urt. v. 1.6.2007 – 6 U 35/07. Anders zugunsten eines Löschungsanspruchs *OLG Hamburg*, Beschl. v. 31.5.2007 – 3 W 110/07, CR 2007, 661 = MMR 2008, 118.
2 *LG Hamburg*, Urt. v. 12.8.2008 – 312 O 64/08, MMR 2009, 70.
3 ÖGH, Urt. v. 2.10.2007 – 17 Ob 13/07x. – LSK 2008, 270119.
4 Abmahnkosten kann der Betroffene bei der Durchsetzung von Rechten aus einer durchschnittlichen Markenposition gegenüber einem Privaten nicht verlangen; so das *LG Freiburg*, Urt. v. 28.10.2003 – 9 S 94/03, CR 2004, 854 = MMR 2004, 41.

Bei einer Löschung im DENIC-Register besteht jedoch das Risiko, dass Dritte sich die freigewordene Domain sichern und der Rechtsinhaber dagegen neue gerichtliche Schritte einleiten muss. Verlangte der Rechtsinhaber eine Übertragung der Domain auf sich selbst, so wäre der Schädiger verpflichtet, gegenüber dem jeweiligen Mitglied der DENIC, von dem er die Domain zugewiesen bekommen hat, die Zustimmung zu einer solchen **Namensübertragung** zu erklären.[1]

Ob ein solcher Anspruch besteht, ist sehr umstritten, da der kennzeichenrechtliche Störer dann zu einer Verbesserung der Rechtsstellung des Kennzeicheninhabers verpflichtet würde und nicht bloß zur Beseitigung der Störung. So geht das *OLG Hamm* in der „krupp.de"-Entscheidung[2] davon aus, dass § 12 BGB keinen Anspruch auf die Übertragung der Domain gewährt. Dafür spricht, dass sich der Unterlassungsanspruch regelmäßig negatorisch im „Nichtstun" erschöpft. Allenfalls die Löschung der Domain ließe sich noch als Teil eines Beseitigungsanspruchs rechtfertigen. Wieso der Schädiger aber auch zur Übertragung der Domain verpflichtet sein soll, ist in der Tat unklar.

Anders entschied das *OLG München* im März 1999 zu der Domain „shell.de".[3] Die Situation des Kennzeicheninhabers sei vergleichbar mit der eines Erfinders. Hat eine unberechtigte Patentanmeldung bereits zum Patent geführt, so kann der Berechtigte gem. § 8 Abs. 1 PatG nicht lediglich Löschung, sondern Übertragung des Patents verlangen. Ähnlich gewährt § 894 BGB demjenigen, dessen Recht nicht oder nicht richtig eingetragen ist, einen Anspruch auf Zustimmung zur Berichtigung des Grundbuchs gegen den durch die Berichtigung Betroffenen. Da die mit dem Internet zusammenhängenden Rechtsfragen noch nicht gesetzlich geregelt seien, könne man die vorgenannten Regelungen zur Lösung des Domainkonflikts heranziehen. Der Kennzeicheninhaber habe daher gegen den Schädiger einen Anspruch auf Übertragung der Domain bzw. auf Berichtigung der Domainregistrierung Zug um Zug gegen Erstattung der Registrierungskosten. In einer Entscheidung vom August 1999[4] allerdings wandte das *OLG München* die von ihm aufgestellten Grundsätze nicht an und lehnte einen Übertragungsanspruch ab. Das *LG Hamburg* wiederum hat den Übertragungsanspruch als Folgenbeseitigungsanspruch bejaht, wenn hierdurch alleine die entstandene Rechtsbeeinträchtigung wieder aufgehoben

---

1 So etwa *LG Hamburg*, Urt. v. 25.3.1998 – 315 O 792/97, CR 1999, 47 – eltern.de.
2 *OLG Hamm*, Urt. v. 13.1.1998 – 4 U 135/97, CR 1998, 241 m. Anm. *Bettinger* = MMR 1998, 214 m. Anm. *Berlit*. Ähnlich auch *OLG Frankfurt a.M.*, Urt. v. 8.3.2001 – 6 U 31/00, CR 2001, 620 = ZUM-RD 2001, 504 – praline-tv.de; *OLG Hamburg*, Urt. v. 2.5.2002 – 3 U 269/01, MMR 2002, 825 – motorradmarkt.de.
3 *OLG München*, Urt. v. 25.3.1999 – 6 U 4557/98, CR 1999, 382 m. Anm. *Hackbarth* = MMR 1999, 427; ähnlich auch *LG Hamburg*, Urt. v. 12.7.2000 – 315 O 148/00, K&R 2000, 613 – „audi-lamborghini" (mit Hinweis auf einen Folgenbeseitigungsanspruch aus §§ 823, 1004 BGB).
4 *OLG München*, Urt. v. 12.8.1999 – 6 U 4484/98, CR 2000, 247 = MMR 2000, 104 rolls-royce.de.

II. Kennzeichenrechtliche Vorgaben

wird.[1] Der *BGH* hat sich inzwischen im Streit zwischen Hamm und München der Auffassung aus Hamm angeschlossen und in Sachen Shell einen Übertragungsanspruch abgelehnt.[2] Dem Berechtigten steht demnach gegenüber dem nichtberechtigten Inhaber eines Domainnamens kein Anspruch auf Überschreibung, sondern nur ein Anspruch auf Löschung des Domainnamens zu.

Mit Urteil vom 25. März 2010 hat der *BGH*[3] einen Streit um die Domain braunkohle-nein.de auf Grundlage des Schuldrechts entschieden, indem er dem Treugeber einen Herausgabeanspruch gegen den Domaininhaber aus § 667 BGB zusprach. Treugeber und Kläger war der Verein Braunkohle Nein e.V., der aus einer 2005 vom Beklagten mitbegründeten Bürgerinitiative hervorgegangen ist. Im Rahmen der Organisation der Bürgerinitiative hatte der Beklagte angeboten, eine Internet-Homepage für die Bürgerinitiative zu erstellen und registrierte nach Zustimmung des Organisationskomitees zu diesem Zweck die Domain braunkohle-nein.de auf eigene Kosten und auf seinen Namen bei der DENIC. Die Homepage wurde daraufhin zur Veröffentlichung von Informationen über die Bürgerinitiative genutzt, wobei der Verein die Domain auch im Impressum seiner Flugblätter angab. Als der Beklagte 2006 aus dem Verein ausschied, lehnte er die Freigabe der Domain ab und nutzte sie zur Veröffentlichung eigener Inhalte weiter.

Dem Verein Braunkohle Nein e.V. sprach der *BGH* nun einen Herausgabeanspruch gegen den Domaininhaber aus § 667 BGB zu, wonach der Beauftragte verpflichtet ist, dem Auftraggeber alles, was er aus der Geschäftsbesorgung erlangt, herauszugeben. Es kam daher auf die Frage an, ob die Domain vom Beklagten treuhänderisch registriert wurde. Der *BGH* bejahte dies mit Hinweis auf den Geschehensablauf, die Übereinstimmung von Vereins- und Domainnamen sowie die Nutzung der Webseite zur Veröffentlichung von Vereinsinhalten. Der Beklagte habe trotz seines Verzichts auf Ersatz der für die Registrierung gemachten Aufwendungen nicht für eigene Zwecke, sondern im Auftrag der Bürgerinitiative gehandelt, worauf sich auch der aus der Bürgerinitiative hervorgegangene Verein berufen könne. Da der Beklagte die Domain lediglich treuhänderisch hielt, sei er dem Verein aus § 667 BGB zur Herausgabe des Erlangten verpflichtet. Der Herausgabeanspruch ziele dabei anders als bei namens- oder markenrechtlichen Ansprüchen gegen einen Domaininhaber nicht nur auf Freigabe, sondern auch auf Umschreibung oder Übertragung der Domain. Ob dem Verein zusätzlich auch ein Schutzrecht aus

---

1 *LG Hamburg*, Urt. v. 12.7.2000 – 315 O 148/00, K&R 2000, 613 – „audi lamborghini"; ähnlich das *LG Hamburg*, Urt. v. 13.10.2000 – 416 O 129/00, CR 2001, 131 = MMR 2001, 196 – marine; anders *LG Hamburg*, Urt. v. 1.8.2000 – 312 O 328/00, CR 2001, 197 = MMR 2000, 620 – „joop".
2 *BGH*, Urt. v. 22.11.2001 – I ZR 138/99, MDR 2002, 835 = MMR 2002, 382 m. Anm. *Hoeren* = K&R 2002, 309 m. Anm. *Strömer* 306 = CR 2002, 525 m. Anm. *Foerstl*. Ebenso *LG Hamburg*, Urt. v. 18.7.2008 – 408 O 274/08, K&R 2009, 61. Siehe dazu auch *Ubber*, BB 2002, 1164; *Thiele*, MR 2002, 198.
3 *BGH*, Urt. v. 25.3.2010 – I ZR 197/08, MMR 2010, 757 = NJW 2010, 3440.

§ 12 BGB zusteht, wie es das *OLG Rostock* als Vorinstanz feststellte, wurde vom *BGH* offen gelassen.

Unklar ist, wie die Beseitigung der rechtswidrigen Lage gegenüber der DENIC durchzusetzen ist.[1] Teilweise gehen die Gerichte[2] davon aus, dass die **Zwangsvollstreckung nach § 890 ZPO** laufe. Durch das Aufrechterhalten der Registrierung behalte sich der Nutzer das Anbieten einer Leistung vor, so dass bei einem Verstoß gegen eine Unterlassungsverpflichtung ein Ordnungsgeld zu verhängen sei. Andere Gerichte verurteilen einen Schädiger meist zur Abgabe einer „Willenserklärung" gegenüber der DENIC, aufgrund derer die Domain-Reservierung gelöscht werden soll.[3] In einem solchen Fall erfolgt die Zwangsvollstreckung über § 894 ZPO analog, so dass mit rechtskräftiger Verurteilung eine weitere Vollstreckung (etwa über Ordnungsgelder) unnötig wird. Streitig ist allerdings dann noch die Frage, inwieweit die Verpflichtung zur Abgabe einer Verzichtserklärung auch durch Beschluss ohne mündliche Verhandlung ausgesprochen werden kann.[4] Fest steht, dass wegen der Gefahr einer Vorwegnahme der Hauptsache eine vorläufige Übertragung aufgrund einer einstweiligen Verfügung nur ausnahmsweise in Betracht kommt.[5] Ansonsten kann die Einwilligung in die Änderung der Eintragung grundsätzlich nicht im Eilverfahren geltend gemacht werden.[6] Der Klageantrag sollte daher darauf lauten, die Domain durch geeignete Erklärung gegenüber der DENIC eG freizugeben. Zur Vermeidung einer Registrierung der Domain auf dritte Personen besteht die Möglichkeit, bereits nach Geltendmachung des Anspruchs bei der DENIC eG einen Dispute-Eintrag zu beantragen. Dieser verhindert einerseits eine Übertragung der Domain während des laufenden Verfahrens, andererseits führt er zu einer direkten Registrierung des Antragstellers bei Freiwerden der Domain.

7. Verantwortlichkeit der DENIC für rechtswidrige Domains

Literatur: *Baum*, Die effiziente Lösung von Domainkonflikten – Eine ökonomische Analyse des Internet-Domain-Rechts, München 2005, S. 177; *Bettinger* in: Bettinger (Hrsg.), Handbuch des Domainrechts – Nationale Schutzsysteme und internationale Streitbeilegung, Köln 2008, DE 69; *Bettinger/Freytag*, Verantwortlichkeit der DENIC

---

1 Zu den technischen Details der Vergabe von Domains siehe *Bähler/Lubich/Schneider/Widmer*, Internet-Domainnamen, Zürich 1996.
2 So etwa *LG Berlin*, Beschl. v. 6.2.2001 – 16 O 101/00, MMR 2001, 323 – Deutschland.de.; *OLG Frankfurt a.M.*, TeilUrt. v. 17.1.2002 – 6 U 128/01, MMR 2002, 471.
3 So etwa *OLG München*, Urt. v. 11.1.2001 – 6 U 5719/99, CR 2001, 406 – kueche-online.de; *LG Wiesbaden*, Beschl. v. 9.8.2000 – 3 O 129/00, MMR 2001, 59.
4 Dafür *LG Wiesbaden*, Beschl. v. 9.8.2000 – 3 O 129/00, MMR 2001, 59; dagegen *OLG Nürnberg*, Urt. v. 11.1.2000 – 3 U 1352/99, CR 2001, 54 (Ls.); *OLG Frankfurt a.M.*, Urt. v. 27.7.2000 – 6 U 50/00, MMR 2000, 752 = GRUR-RR 2001, 5 = CR 2001, 412 – mediafacts; *LG München I*, Beschl. v. 4.4.2000 – 21 O 4375/00, MMR 2001, 61.
5 Siehe zur Rechtslage in Österreich *Burgstaller*, MMR 2002, 49.
6 *OLG Hamm*, Urt. v. 31.5.2001 – 4 U 27/01, MMR 2001, 695; *OLG Frankfurt a.M.*, Urt. v. 27.7.2000 – 6 U 50/00, CR 2001, 412 = MMR 2000, 752.

e.G. für rechtswidrige Domains, CR 1999, 14; *Bücking/Angster*, Domainrecht, 2. Aufl., Stuttgart 2010, Rz. 404 ff.; *Hoeren*, Löschung eines Domainnamens auf Veranlassung des Namensinhabers bewirkt keine Sperrpflichten der DENIC – kurt-biedenkopf.de, LMK 2004, 136; *Nordemann/Czychowski/Grüter*, The Internet, the Name Server and Antitrust Law, ECLR 1998, 99; *Schieferdecker*, Die Haftung der Domainvergabestelle, Köln 2003; *Stadler*, Drittschuldnereigenschaft der DENIC bei der Domainpfändung, MMR 2007, 71.

Die DENIC ist die Vergabestelle für Domainnamen mit der auf Deutschland hinweisenden Top-Level-Domain (TLD) „.de". Verletzt die Verwendung einer Second-Level-Domain die Rechte Dritter aus Wettbewerbs-, Marken-, Namens-, Unternehmens- oder Titelrecht, stellt sich die Frage der Haftbarkeit der DENIC gegenüber dem Geschädigten.

Da bei Vorliegen einer Verletzung in erster Linie der Domaininhaber haftet, hat der *BGH* in seiner „**ambiente.de**"-Entscheidung[1] eine Haftung der DENIC nach markenrechtlichen Gesichtspunkten größtenteils abgelehnt. Eine Haftung als Täter oder Teilnehmer kommt nicht in Betracht, so dass die DENIC allenfalls als Störer haften kann, weil sie mit der Registrierung eine zurechenbare Ursache für die Rechtsverletzung gesetzt hat. Als Störer haftet, wer auch ohne Verschulden oder Wettbewerbsabsicht in irgendeiner Weise willentlich und adäquat kausal zur Verletzung eines geschützten Rechts oder Rechtsguts beiträgt, sofern er die rechtliche Möglichkeit zur Verhinderung dieser Handlung hat und Prüfungspflichten verletzt.

Der Umfang dieser Prüfungspflichten richtet sich danach, ob und inwieweit dem als Störer Inanspruchgenommenen nach den Umständen eine Prüfung zuzumuten ist. In Sachen „**ambiente.de**" entschied der *BGH*, dass die DENIC bei der Erstregistrierung keine Pflicht treffe zu prüfen, ob an dem einzutragenden Domainnamen Rechte Dritter bestehen. Dem entspricht auch das *LG Hamburg*, soweit es eine Haftung der DENIC ablehnt, wenn sich jemand entgegen der Registrierungsbedingungen (etwa unter falschem Namen) registrieren lässt.[2] Der *BGH* nimmt an, dass der DENIC eine Prüfung erst nach Hinweisen Dritter auf mögliche Rechtsverletzungen und selbst dann **nur bei offenkundigen, aus ihrer Sicht eindeutigen, Rechtsverstößen** zuzumuten ist.[3] Die Ablehnung oder Aufhebung eines Domainnamens soll folglich nur dann erfolgen, wenn für den zuständigen Sachbearbeiter unschwer zu erkennen ist, dass die Nutzung Rechte Dritter beeinträchtigt. Unschwer zu erkennen ist eine Verletzung von Kennzeichenrechten nur dann, wenn ihr ein rechtskräftiger gerichtlicher Titel bzw. eine unzweifelhaft wirksame Unterwerfungserklärung des Domaininhabers vorliegt oder wenn die Rechtsverletzung derart eindeutig ist, dass sie sich dem Sachbearbeiter aufdrängen muss. Bei Markenrechtsverletzungen muss noch hinzukommen, dass der Domain-Name mit

---

[1] *BGH*, Urt. v. 17.5.2001 – I ZR 251/99, MDR 2002, 286 = CR 2001, 850 m. Anm. *Freytag* = MMR 2001, 671; ebenso *OLG Frankfurt a.M.*, Beschl. v. 28.7.2009 – 6 U 29/09, MMR 2010, 699.
[2] *LG Hamburg*, Urt. v. 26.3.2009 – 315 O 115/08, MMR 2009, 708 – primavita.de.
[3] *LG Frankfurt a.M.*, Urt. v. 16.11.2009 – 2/21 O 139/09, K&R 2010, 356.

einer berühmten Marke identisch ist, die über eine überragende Verkehrsgeltung auch in allgemeinen Verkehrskreisen verfügt.[1] Bislang gab es kaum Fälle, in denen Gerichte eine solche Offenkundigkeit bejaht hätten. Eine Ausnahme ist der Fall „Regierung – Mittelfranken", in dem das *OLG Frankfurt* die DENIC zu einer Löschung wegen offenkundiger Namensrechtsverletzung verurteilt hat (s.u.).[2]

Aus diesen Gründen kann die DENIC auch nicht zur Führung von sogenannten **Negativlisten** verpflichtet werden, durch die bestimmte Kennzeichen für eine Registrierung gesperrt werden. Dies würde voraussetzen, dass jede denkbare Benutzung eines Kennzeichens als Domain einen erkennbaren offensichtlichen Rechtsverstoß darstellt, was allerdings nie der Fall ist.[3] Eine ähnliche Zielrichtung vertritt das *LG Wiesbaden*[4] für die Geltendmachung von Löschungsansprüchen gegen die DENIC wegen beleidigender Äußerungen auf einer Homepage. Die Nassauische Sparkasse hatte von der DENIC die Löschung der Domain r-e-y.de verlangt, da auf der Homepage angeblich Beleidigungen („Hessische Sparkassenluemmel") geäußert würden. Nach Auffassung der Richter sei eine inhaltliche Überprüfung von Webangeboten weder möglich noch wünschenswert, da die Aufgabe der DENIC allein die Verwaltung von Domainnamen sei. Andernfalls könnte man auch von Dienstleistern wie der Telekom die Sperrung eines Anschlusses verlangen, wenn in einem Telefonat Beleidigungen geäußert werden. Im Falle einer Rechtsverletzung müsse man sich daher direkt an den Domaininhaber wenden.

Die Grundsätze der „ambiente.de"- Entscheidung übertrug das *OLG Frankfurt* in einem kürzlich ergangenen Urteil[5] vom Marken- auf das Namensrecht. Geklagt hatte der Freistaat Bayern gegen die Verwendung mehrerer Domainnamen mit Bezug zu den bayrischen Regierungsbezirken, darunter die Adressen „regierung-mittelfranken.de" und „regierungunterfranken.de". In dieser Entscheidung stellte das Gericht klar, dass ein **rechtskräftiger Titel gegen den**

---

1 Ebenso *OLG Frankfurt a.M.*, Urt. v. 13.2.2003 – 6 U 132/01, MMR 2003, 333 = CR 2003, 607 = K&R 2003, 294 – viagratip.de; *LG Frankfurt a.M.*, Urt. v. 15.1.2009 – 2/3 O 411/08. Ähnlich auch der *öOGH*, Beschl. v. 13.9.2000 – 4 Ob 166/00s, MMR 2001, 601, in dem es um die Prüfungspflichten der österreichischen Vergabestelle bei der Zuweisung der Domain fpoe.at an einen Anbieter rechtsradikaler Inhalte geht und der *OGH* eine Haftung auf den Fall beschränkt hat, dass der Verletzte ein Einschreiten verlangt und die Rechtsverletzung auch für einen juristischen Laien ohne weitere Nachforschungen offenkundig ist. Die gleichen Überlegungen gelten für die Verantwortlichkeit der Service-Provider. Das *OLG Hamburg*, Urt. v. 27.2.2003 – 3 U 7/01, GRUR-RR 2003, 332, hat mit seinem Urteil klargestellt, dass die Regeln aus der Ambiente-Entscheidung auch für die Haftung der Service-Provider gelten.
2 *OLG Frankfurt a.M.*, Urt. v. 17.6.2010 – 16 U 239/09.
3 *BGH*, Urt. v. 19.2.2004 – I ZR 82/01, CR 2004, 531 = MDR 2004, 1131 = GRUR 2004, 619; m. Anm. *Hoeren* = MMR 2004, 467 = LMK 2004, 136 – „kurt-biedenkopf.de".
4 *LG Wiesbaden*, Urt. v. 13.6.2001 – 10 O 116/01, NJW 2001, 3715.
5 *OLG Frankfurt a.M.*, Urt. v. 17.6.2010 – 16 U 239/09.

Admin-C[1] nicht ausreicht, um das Kriterium der Offensichtlichkeit zu erfüllen und eine Störerhaftung der DENIC anzunehmen. Der Titel muss vielmehr gegen den Domaininhaber selbst vorliegen. Dennoch entschied das *OLG Frankfurt* zu Gunsten des Freistaates Bayern und nahm einen Verstoß gegen § 12 BGB an, weil sich bei der Bezeichnung „Regierung" in Verbindung mit allgemein bekannten geographischen Regionen jedem Sachbearbeiter aufdrängen muss, dass es nur einen bestimmten Namensträger, nämlich die Regierung selbst, geben kann, während gleichnamige Dritte nicht existieren können. Auf das noch im Fall „ambiente.de" vom *BGH* geforderte Kriterium einer berühmten Marke verzichtete das *OLG* und führte lediglich an, dass es sich um die Namen der offiziellen Regierungsbezirke des Freistaates handelt. Nun hat der *BGH*[2] in der Revisionsinstanz die Voraussetzungen für ein Einschreiten der DENIC, nämlich den Hinweis auf eine mögliche Rechtsverletzung sowie eine offenkundige, ohne weiteres feststellbare Rechtsverletzung bejaht, da es sich bei den Namen um offizielle Bezeichnungen der Regierungen bayrischer Regierungsbezirke handelt und ein Sachbearbeiter bei der DENIC ohne namensrechtliche Kenntnisse ohne Weiteres erkennen könne, dass diese Bezeichnungen als Domainnamen allein einer staatlichen Stelle und nicht einem in Panama ansässigen privaten Unternehmen zustehen können.

Kartellrechtlich gesehen handelt es sich bei der DENIC um ein **marktbeherrschendes Unternehmen i.S.v. § 19 Abs. 2 Satz 1 Nr. 1 GWB**, das deshalb dem Verbot einer missbräuchlichen Ausnutzung dieser Stellung unterliegt. Die DENIC wurde daher vom *OLG Frankfurt* verurteilt, die zweistellige Domain „vw.de", deren Registrierung nach den ursprünglichen DENIC-Richtlinien nicht möglich war, für den Automobilkonzern zu registrieren.[3] Einer dagegen erhobenen Nichtzulassungsbeschwerde gab der *BGH* nicht statt, so dass die DENIC daraufhin ihre Richtlinien änderte. Seit dem 23. Oktober 2009 können deshalb auch ein- und zweistellige Domains, reine Zifferndomains sowie Domains, die Kfz-Kennzeichen oder anderen TLDs entsprechen, registriert werden. Die beiden Entscheidungen des *LG Frankfurt*[4] zur Registrierung von Kfz-Domains sind deshalb als überholt anzusehen. Das *OLG Frankfurt* entschied außerdem, dass sich die DENIC nicht kartellrechtswidrig verhält, wenn sie eigene Bedingungen für die Vergaberichtlinien entwirft, solange sie dabei nicht einzelne Teilnehmer oder Kunden bevorzugt und ihr Verhalten deshalb als willkürlich gewertet werden könnte.[5] Insbesondere durch die Fest-

---

1 Ist laut Ziffer VIII. der DENIC-Richtlinien die vom Domaininhaber benannte natürliche Person, die als sein Bevollmächtigter berechtigt und gegenüber der DENIC auch verpflichtet ist, sämtliche die Domain betreffenden Angelegenheiten verbindlich zu entscheiden.
2 *BGH*, Urt. v. 27.10.2011 – I ZR 131/10 – regierung-oberfranken.de.
3 *OLG Frankfurt a.M.*, Urt. v. 29.4.2008 – 11 U 32/04, GRUR-RR 2008, 321 = MMR 2008, 609 m. Anm. *Welzel*.
4 *LG Frankfurt a.M.*, Urt. v. 20.5.2009 – 2-06 O 671/08, MMR 2009, 703; *LG Frankfurt a.M.*, Urt. v. 7.1.2009 – 2-06 O 362/08, MMR 2009, 274 = K&R 2009, 278 m. Anm. *Störing*.
5 *OLG Frankfurt a.M.*, Urt. v. 18.5.2010 – 11 U 36/09.

legung eines bestimmten Zeitpunktes für eine Änderung der Vergaberichtlinien und die Vergabe nach dem Prinzip „First come, first served" werden jedem Kunden dieselben Möglichkeiten einer Registrierung eingeräumt.

Streitig ist, ob die DENIC im Rahmen der Zwangsvollstreckung in Domains unter der TLD „.de" als **Drittschuldnerin** im Sinne der ZPO haftet. Drittschuldner ist jeder Dritte, dessen Leistung zur Ausübung des gepfändeten Rechts erforderlich ist oder dessen Rechtsstellung von der Pfändung sonstwie berührt wird. Das *AG Frankfurt* verneint eine Drittschuldnereigenschaft der DENIC.[1] Sie ist Vertragspartei des Domainvertrages und erweckt die Domains in ihren Namensservern zum Leben, einer anderen zusätzlichen Leistung der DENIC bedarf es jedoch nicht. Die unmittelbare Einbeziehung von Drittschuldnern in das Pfändungsverfahren sieht ferner nur § 829 ZPO für die Zwangsvollstreckung in Geldforderungen vor. Nach § 857 ZPO kommt nur eine entsprechende Anwendung dieser Vorschrift auf die Pfändung in Domainnamen in Betracht. Bei der Domainpfändung ist allerdings kein Raum für eine entsprechende Anwendung des § 829 ZPO. Die Pfändung von Geldforderungen führt zum sogenannten Arrestatorium und damit zum Verbot der Zahlung an den Schuldner, um das Erlöschen der gepfändeten Forderung zu verhindern. Überträgt man dies auf die Domainpfändung wäre das Zahlungsverbot als Leistungsverbot zu verstehen mit der Folge, dass die DENIC die Konnektierung der Domain beenden müsste. Das aber ist weder nötig, um den Pfändungsgegenstand zu erhalten, noch sinnvoll, weil eine nicht funktionsfähige und damit nicht genutzte Domain sehr schnell an Wert verliert, etwa indem sie in Suchmaschinenrankings zurückfällt. Deshalb lehnte das *AG* eine entsprechende Anwendung des § 829 ZPO ab und folgerte, dass von der DENIC nicht verlangt werden kann, die Konnektierung der Domain oder eine Übertragung der Domain zu verhindern.

Anderer Ansicht ist das *LG Zwickau*, das in einem kürzlich ergangenen Urteil eine entsprechende Anwendung des § 829 ZPO auf die Domainpfändung bejaht und mithin im Ergebnis eine Drittschuldnereigenschaft der DENIC annimmt.[2] Dabei lehnt das *LG* seine Entscheidung an einen Beschluss des *BGH*[3] an, dem wiederum laut der Gegenansicht keine explizite oder implizite Aussage über die Drittschuldnereigenschaft der DENIC zu entnehmen ist. Klar ist, dass in den Gründen des *BGH*-Beschlusses an keiner Stelle auch nur das Wort „Drittschuldner" vorkommt.[4]

---

1 *AG Frankfurt a.M.*, Urt. v. 26.1.2009 – 32 C 1317/08 – 22, MMR 2009, 709 m. Anm. *Welzel*.
2 *LG Zwickau*, Beschl. v. 12.8.2009 – 8 T 228/09, MMR 2010, 72; so auch *Stadler*, Drittschuldnereigenschaft der DENIC bei der Domainpfändung, MMR 2007, 71.
3 *BGH*, Beschl. v. 5.7.2005 – VII ZB 5/05, CR 2006, 50 = MDR 2005, 1311 = MMR 2005, 685 m. Anm. *Hoffmann*.
4 *BGH*, Beschl. v. 5.7.2005 – VII ZB 5/05, CR 2006, 50 = MDR 2005, 1311 = MMR 2005, 685 m. Anm. *Hoffmann*.

8. Schutz von Domains nach dem MarkenG

Literatur: *Bröcher*, Domainnamen und das Prioritätsprinzip im Kennzeichenrecht, MMR 2005, 203; *Kazemi/Leopold*, Die Internetdomain im Schutzbereich des Art. 14 Abs. 1 GG, MMR 2004, 287; *Koos*, Die Domain als Vermögensgegenstand zwischen Sache und Immaterialgut, MMR 2004, 359.

Eine Domain ist für sich genommen kein schutzfähiges Recht.[1] Sie repräsentiert nur einen schuldrechtlichen Anspruch gegen die Vergabestelle auf Konnektierung sowie eine faktische Sperrposition. Beides steht unter dem verfassungsrechtlichen Schutz des Eigentums i.S.v. Art. 14 GG.[2] Eine Domain kann allerdings **Gegenstand eigener Kennzeichenrechte** werden und folglich dem Schutz des MarkenG unterfallen. Im Folgenden wird geklärt, wann eine Anwendbarkeit des MarkenG auf Domains gegeben ist und in welchem Umfang das MarkenG Schutz bietet.

a) Domain als Marke i.S.d. § 3 MarkenG

Wird ein Domainname aus einer eingetragenen Marke abgeleitet, so stellt diese Vorgehensweise eine Anwendungsform der Marke dar. Rechte können also unmittelbar aus der eingetragenen Marke geltend gemacht werden. Die Registrierung einer Domain als Marke setzt allerdings voraus, dass die Domain hinreichende Kennzeichnungskraft hat. So wurde z.B. Die Eintragung einer Firma „Outlets.de GmbH" wegen mangelnder Unterscheidungskraft als unzulässig erachtet.[3] Auch wurde für die Wort-Bildmarke „weg.de" nur eine schwache Kennzeichnungskraft angenommen.[4] Eine Verwechslungsgefahr mit den Zeichen mcweg.de und mc-weg.de, die beide als „mäcweg.de" gesprochen werden, sei zu verneinen.

Zu beachten ist aber, dass Markenschutz nicht nur durch Registrierung beim DPMA, sondern auch durch **Verkehrsgeltung** entstehen kann. Benutzt jemand eine Domain, kann damit durchaus die Entstehung eines Markenschutzes kraft Verkehrsgeltung einhergehen.[5] Die Domain wird dann Gegenstand eigener Kennzeichenrechte. Zu bedenken ist allerdings, dass die bloße Abrufbarkeit einer Homepage noch nicht zu einer (bundesweiten) Verkehrsgeltung

---

[1] *BGH*, Beschl. v. 5.7.2005 – VII ZB 5/05, CR 2006, 50 = MDR 2005, 1311 = WM 2005, 1849; *OLG Hamm*, Urt. v. 18.1.2005 – 4 U 166/04, MMR 2005, 381.
[2] *BVerfG*, Beschl. v. 24.11.2004 – 1 BvR 1306/02, CR 2005, 282 = NJW 2005, 589 – adacta.de. Ähnlich der *EGMR*, Urt. v. 18.9.2007 – App. nos. 25379/04, 21688/05, 21722/05, 21770/05, MMR 2008, 29 m. Anm. *Kazemi* = MR-Int. 2008, 33.
[3] *OLG Frankfurt a.M.*, Beschl. v. 13.10.2010 – 20 W 196/10, GmbHR 2011, 202.
[4] *OLG Köln*, Urt. v. 22.1.2010 – 6 U 141/09 (*LG Köln*), MMR 2010, 473.
[5] *OLG München*, Urt. v. 16.9.1999 – 29 U 5973/98, CR 1999, 778 = ZUM 2000, 72; *LG Rostock*, Urt. v. 8.12.1998 – 3 O 522/98, K&R 1999, 90 – mueritz-online.de; *LG Braunschweig*, Urt. v. 14.3.2007 – 9 O 2232/06, NJOZ 2007, 2095; *BGH*, Urt. v. 22.7.2004 – I ZR 135/01, CR 2005, 284 = MDR 2005, 586 = MMR 2005, 171 – soco.de.

führt. Unternehmen mit einem regionalen Wirkungskreis erreichen durch eine Webseite noch keine bundesweite Verkehrsgeltung.[1] Vielmehr hängt die Verkehrsgeltung davon ab, ob die Domain markenmäßig benutzt wird und wie weit der Bekanntheitsgrad der auf diese Weise genutzten Domain ist. Die Verkehrsgeltung wird über eine Gesamtbetrachtung ermittelt, bei der die Unterscheidungskraft und die regionale Bedeutung des Kennzeichens ermittelt werden. Als Indizien für die Bedeutung können internetspezifische Hilfsmittel herangezogen werden, wie z.B. Hits, Click per view, Links (wie bei Google), Selbstdarstellung (Altavista).[2] Hinzu kommen Überlegungen zum Zeitraum der Benutzung, zur Höhe der für die Werbung eingesetzten Mittel, zu den Umsätzen bei gekennzeichneten Produkten sowie Umfrageergebnisse.[3] Die Verkehrsgeltung ergibt sich nicht automatisch aus Medienberichten und der eigenen Präsentation im Internet.[4] An einer kennzeichenmäßigen Benutzung einer Marke fehlt es, wenn das Kennzeichen vom angesprochenen Verkehr nicht als Herkunftshinweis, sondern als beschreibende Angabe verstanden wird (z.B. „Dildoparty").[5]

Fehlt es an der Verkehrsgeltung, geschieht es durchaus häufig, dass eine prioritätsältere Domain einer prioritätsjüngeren Marke weichen muss. Nicht kennzeichnungskräftig ist das Zeichen „@"[6] sowie der Zusatz „e" für „electronic".[7] Schutzfähig sind auch nicht „interconnect"[8] und „online".[9]

b) Domain als Unternehmenskennzeichen i.S.d. § 5 Abs. 2 MarkenG

Als besonders bedeutsam in der Diskussion erweist sich die umstrittene Einordnung von **Domains als Unternehmenskennzeichen**. Darunter fallen nach der Legaldefinition des § 5 Abs. 2 Satz 1 MarkenG Zeichen, die im geschäftlichen Verkehr als Name, als Firma oder als besondere Kennzeichnung eines Geschäftsbetriebs oder eines Unternehmens geschützt werden.[10] Nach § 5 Abs. 1 MarkenG werden Unternehmenskennzeichen als geschäftliche Be-

---

1 *BGH*, Urt. v. 22.7.2004 – I ZR 135/01, CR 2005, 284 = MDR 2005, 586 = GRUR 2005, 262 – soco.de. Ähnlich bereits der Nichtannahmebeschluss des *BGH* v. 15.5.2000 – I ZR 289/99 – tnet.de; *BGH*, WRP 2002, 537 – Bank24.
2 Dabei ist jedoch zu beachten, dass diese internetspezifischen Nachweise bei generischen Domains nur beschränkt zum Nachweis der Bekanntheit oder der Verkehrsgeltung benutzt werden können, vgl. *OLG Köln*, Urt. v. 14.7.2006 – 6 U 26/06, MMR 2007, 326 – internationalconnection.de.
3 *LG Düsseldorf*, Urt. v. 8.5.2002 – 2a O 360/01, MMR 2003, 131 – urlaubstip.de.
4 *LG Rostock*, Urt. v. 8.12.1998 – 3 O 522/98, K&R 1999, 90 – mueritz.online.
5 *LG Hamburg*, Urt. v. 15.7.2010 – 315 O 70/10, GRUR-RR 2010, 437 – Dildoparty.
6 *BPatG*, Beschl. v. 18.4.2000 – 24 W (pat) 185/99, CR 2000, 841.
7 *LG München I*, Urt. v. 30.8.2000 – 1 HKO 12250/00, CR 2001, 48.
8 *OLG Karlsruhe*, 6 U 222/99 (n.v.).
9 *OLG Köln*, Urt. v. 27.10.2000 – 6 U 209/99, GRUR 2001, 525.
10 Zur Rechtslage in Österreich siehe die Grundsatzentscheidung des *öOGH*, 13.9.1999 – 4 Ob 180/99 w, 202/99 f., MMR 2000, 352 m. Anm. *Haller*.

zeichnungen geschützt. Auch im Internet genießen sie den Schutz des Markenrechts.

Obwohl anerkannt ist, dass die Domainnamen eine Individualisierungs- und Identifizierungsfunktion erfüllen, tun sich manche Autoren schwer, sie als Unternehmenskennzeichen im markenrechtlichen Sinne anzuerkennen. Hintergrund dafür ist die **technische Funktion der Domainnamen**. Internet-Adressen sind eigentlich mehrstellige Nummern, die man sich aber kaum merken kann. Deshalb werden diese Nummern durch Buchstabenkombinationen überschrieben. Bei Eingabe dieser Buchstabenkombination wird diese in eine IP-Adresse (Nummernkombination) umgewandelt und dient dann der Kennung für einen bestimmten Rechner. Aus diesem Grund wird teilweise eine unmittelbare Anwendbarkeit kennzeichen- und namensrechtlicher Grundsätze abgelehnt, weil der Domainname in erster Linie Zuordnungsfunktion für einen bestimmten Rechner und nicht für eine bestimmte Person habe.[1]

Diese Auslegung verkennt jedoch, dass Domains, die einen Namen enthalten oder namensartig anmuten, in der heutigen Form kennzeichenmäßig genutzt werden.[2] Das *OLG München* hat aus diesem Grund entschieden, dass ein Internet-Domainname ein Unternehmenskennzeichen sein kann, wenn das verwendete Zeichen originäre Kennzeichnungskraft oder Verkehrsgeltung besitze. Dies sei gegeben, wenn der Domain-Name das Dienstleistungsunternehmen bezeichne und in dieser Form im geschäftlichen Verkehr genutzt werde.[3] Dieser Auffassung ist auch der *BGH* in der Entscheidung soco.de gefolgt,[4] der einem Unternehmen dann ein Unternehmenskennzeichen aus der Benutzung einer Domain zuspricht, wenn der Verkehr in der (Unternehmens-)Domain nicht lediglich die Adress-, sondern auch die Herkunftsfunk-

---

1 *Kur*, CR 1996, 325, 327; ähnlich auch *Gabel*, Internet: Die Domainnamen, NJW-CoR 1996, 322; *Graefe*, Marken und Internet, MA 3/96.
2 So auch *KG*, Urt. v. 25.3.1997 – 5 U 659/97, CR 1997, 685 – Concert Concept; *OLG Karlsruhe*, Urt. v. 24.6.1998 – 6 U 247/97, WRP 1998, 900; *OLG Düsseldorf*, Urt. v. 17.11.1998 – 20 U 162/97, CR 1999, 528 = WRP 1999, 343, 346; *OLG Hamm*, Urt. v. 13.1.1998 – 4 U 135/97, CR 1998, 241, 242; *OLG Stuttgart*, Beschl. v. 3.2.1998 – 2 W 77/97, CR 1998, 621; *OLG Köln*, Beschl. v. 18.1.1999 – 13 W 1/99, NJW-CoR 1999, 171; *LG Hamburg*, Urt. v. 17.9.1996 – 404 O 135/96, CR 1997, 157; *OLG Hamburg*, Urt. v. 5.7.2006 – 5 U 87/05, CR 2007, 47 = MMR 2006, 608 – ahd.de; *BGH*, Urt. v. 19.2.2009 – I ZR 135/06, CR 2009, 748 = MDR 2009, 942 = GRUR 2009, 685 – ahd.de. Auf die streitige Frage, ob das MarkenG überhaupt eine kennzeichenmäßige Benutzung voraussetzt, braucht hier nicht eingegangen zu werden; siehe hierzu befürwortend *Sack*, Sonderschutz bekannter Marken, GRUR 1995, 81, 93; *Keller*, Die zeichenmäßige Benutzung im Markenrecht, GRUR 1996, 607. Kritisch allerdings *Fezer*, Rechtsverletzende Benutzung einer Marke als Handeln im geschäftlichen Verkehr, GRUR 1996, 566; *Strack*, Markenmäßiger Gebrauch – Besondere Voraussetzung für die Annahmen einer Markenverletzung, GRUR 1996, 688.
3 *OLG München*, Urt. v. 16.9.1999 – 29 U 5973/98, CR 1999, 778 = ZUM 2000, 71.
4 *BGH*, Urt. v. 22.7.2004 – I ZR 135/01, CR 2005, 284 = MDR 2005, 586 = NJW 2005, 1198 – soco.de.

tion erkennt. Allerdings kann der Beginn der schutzrechtsbegründenden Benutzung einer mit dem Domainnamen übereinstimmenden Geschäftsbezeichnung noch nicht in der Registrierung der Domain gesehen und der Zeitpunkt der Schutzrechtsentstehung bereits auf diesen Zeitpunkt vorverlagert werden.[1] Dies gilt auch dann, wenn die Benutzung der Domain der Registrierung alsbald nachfolgt.

Zu berücksichtigen sind zudem alle **zur Unterscheidung des Geschäftsbetriebs bestimmten Zeichen** i.S.d. § 5 Abs. 2 Satz 2 MarkenG, die ebenfalls Unternehmenskennzeichen darstellen. Solche Zeichen sind aufgrund originärer Kennzeichnungskraft oder kraft Verkehrsgeltung geschützt. Die Benutzung einer Domain kann also Kennzeichenrechte generieren, sofern sie vom Verkehr als namensmäßige Bezeichnung einer Person oder als besondere Bezeichnung eines Unternehmens aufgefasst wird.[2] Erworben wird das Recht an einer geschäftlichen Bezeichnung durch die Aufnahme der Benutzung. Der Schutz für unterscheidungskräftige geschäftliche Bezeichnungen entsteht durch namensmäßigen Gebrauch und zwar unabhängig vom Umfang der Benutzung. Grundsätzlich genügt jede Art einer nach außen gerichteten Tätigkeit, sofern sie auf eine dauernde wirtschaftliche Betätigung schließen lässt.[3] Jede nach außen in Erscheinung tretende Benutzungsform, also zum Beispiel die Verwendung der Kennzeichnung auf Geschäftspapieren, im Zusammenhang mit der Anmietung oder dem Bau von Fabrik- oder Büroräumen, die Schaltung eines Telefonanschlusses, der Aufbau eines Vertriebsnetzes, oder aber der An- und Verkauf von Waren oder Dienstleistungen wie auch die Benutzung in Vorbereitung der Geschäftseröffnung, zählen hierzu. Nicht ausreichend sind nur interne Vorbereitungshandlungen, z.B. der Abschluss eines Gesellschaftsvertrages und die Ausarbeitung einer geschäftlichen Konzeption. Entscheidend ist aber, dass die Domain eine Unterscheidungskraft in Bezug auf ein konkretes Unternehmen aufweist.[4] Der Schutz greift nur dann, wenn die Kennung erkennbar mit dem Namen oder einer Kurzform des Namens des Rechtsträgers übereinstimmt und damit über die Kennung hinaus auf den Rechtsträger selbst hinweist.[5]

---

1 *OLG Frankfurt a.M.*, Urt. v. 5.8.2010 – 6 U 89/09, CR 2011, 408 = MMR 2010, 831.
2 *LG München I*, Urt. v. 4.3.1999, – 17 HKO 18453/98, CR 1999, 451 = GRUR 2000, 800 = K&R 1999, 237 – fnet.
3 *LG Düsseldorf*, 4 O 101/99 – infoshop.de (n.v.).
4 *OLG München*, Urt. v. 16.9.1999 – 29 U 5973/98, ZUM 2000, 71 = CR 1999, 778 – tnet; *KG*, Urt. v. 4.4.2003 – 5 U 335/02, NJW-RR 2003, 1405 – arena-berlin; *LG Frankfurt a.M.*, Urt. v. 26.8.1998 – 2/6 O 438/98, CR 1999, 190 – warez.de; *LG Braunschweig*, Urt. v. 5.8.1997 – 9 O 188/97, MMR 1998, 272 = CR 1998, 364 – deta.com; unzutreffend insofern *LG München I*, Urt. v. 4.3.1999 – 17 KHO 18453/98, CR 1999, 451 = GRUR 2000, 800 = K&R 1999, 237 – fnet; *LG Köln*, Urt. v. 3.9.2009 – 81 O 128/09; *BGH*, Urt. v. 24.2.2005 – I ZR 161/02, CR 2006, 54 = MDR 2006, 41 = GRUR 2005, 871.
5 *LG Düsseldorf*, Urt. v. 18.6.1998 – 4 O 160/98, CR 1998, 688 m. Anm. *Withöft* = NJW-RR 1999, 629 = CI 1998, 188 – jpnw.de; *BGH*, Urt. v. 22.7.2004 – I ZR 135/01, CR 2005, 284 = MDR 2005, 586 = NJW 2005, 1198 – soco.de.

c) **Titelschutz**

Für Domains kommt ein Titelschutz in Betracht, soweit diese titelschutzfähige Produkte kennzeichnen.[1] Durch die Benutzung eines Domainnamens kann grundsätzlich Titelschutz (§ 5 Abs. 3 MarkenG) erworben werden, wenn der Verkehr in der als Domainnamen gewählten Bezeichnung nicht lediglich eine Adressbezeichnung sieht, sondern ein Zeichen zur Unterscheidung von Werken.[2]

Der Titelschutz entsteht bei originärer Kennzeichnungskraft durch die Ingebrauchnahme in namensmäßiger Form, bei nachträglicher Kennzeichnungskraft aufgrund nachgewiesener Verkehrsgeltung.[3] In der Verwendung eines Domainnamens kann eine Benutzung als Werktitel liegen, wenn der Verkehr in dem Domainnamen ein Zeichen zur Unterscheidung eines Werks von einem anderen sieht.[4] Aus diesem Grunde stellte der *BGH* fest, dass der Verleger einer unter der Domain eifel-zeitung.de herausgegebenen Internetzeitung Titelrechte an der Bezeichnung Eifel-Zeitung erworben habe. Das Titelrecht konnte jedoch nicht in vollem Umfang wirksam werden, da die Ingebrauchnahme des Titels unbefugt erfolgte.[5] Zum Zeitpunkt der Benutzungsaufnahme war gegenüber dem Verleger ein Unterlassungstitel bestandskräftig, Druckerzeugnisse unter der Bezeichnung Eifel-Zeitung herauszugeben. So konnte er kein prioritätsälteres Titelrecht erwerben. Bemerkenswert an dieser Entscheidung war zudem, dass der *BGH* in der Veröffentlichung einer Internetzeitung mit dem Titel Eifel-Zeitung eine gegenüber der Veröffentlichung in gedruckter Form im Kern gleichartige Verletzungshandlung erblickte.[6]

Der Titelschutz kann zwar durch Veröffentlichung im Titelschutzanzeiger auf einen Zeitraum von 2–5 Monaten vorverlagert werden. Bei einer Internet-Zeitschrift entsteht der Titelschutz aber erst mit der Erstellung des fertigen Produkts und nicht schon mit der Werbung etwa mittels Inhaltsverzeichnissen.[7] Für Domains wird eine Vorverlagerung des Titelschutzes über Titelschutzanzeiger abgelehnt. Ein Schutz der Domain als Titel komme nur in Betracht, wenn ein fertiges Werk vorliege. Eine Titelschutzanzeige gebe es im

---

1 *OLG München*, Urt. v. 20.10.2005 – 29 U 2129/05, CR 2006, 414.
2 *BGH*, Urt. v. 19.6.2009 – I ZR 47/07, MDR 2010, 398 = CR 2010, 112 – Eifel-Zeitung.
3 *OLG Hamburg*, Urt. v. 15.2.2001 – 3 U 200/00, AfP 2001, 312 = ZUM 2001, 514 = K&R 2001, 368 – sumpfhuhn.de.
4 *BGH*, Urt. v. 18.6.2009 – I ZR 47/07, MDR 2010, 398 = CR 2010, 112 – Eifel-Zeitung.
5 *BGH*, Urt. v. 18.6.2009 – I ZR 47/07, MDR 2010, 398 = CR 2010, 112 – Eifel-Zeitung.
6 *BGH*, Urt. v. 18.6.2009 – I ZR 47/07, MDR 2010, 398 = CR 2010, 112 – Eifel-Zeitung.
7 *OLG München*, Urt. v. 11.1.2001 – 6 U 5719/99, CR 2001, 406 – kuecheonline; ähnlich auch *LG Stuttgart*, Urt. v. 15.7.2003 – 41 O 45/03, CR 2004, 61 = MMR 2003, 675 – snowscoot; *Fezer*, WRP 2000, 969, 973.

Internet oder bei T-Online (noch) nicht. Unzureichend seien auch bloße Inhaltsverzeichnisse, der alleinige Verweis auf Eigenwerbung oder eine Internetzeitschrift mit nur wenigen Beiträgen.[1] Im Übrigen soll ein Titelschutz bei solchen Domains nicht in Betracht kommen, die ein Portal bezeichnen;[2] anders sieht das *LG Stuttgart* die Lage, wenn die Domain der Unterscheidung von anderen Internet-Portalen dient.[3]

d) Afilias und die Konsequenzen

In der Entscheidung afilias.de[4] hat der *BGH* bekräftigt, dass auch eine Domain einen in sich bestehenden Wert habe. Zwar beruhe die Domain nur auf einem schuldrechtlichen Anspruch und sei als solche kein eigenständiger Vermögenswert. Insofern setze sich eine Marke oder ein Unternehmenskennzeichen gegen eine gleichnamige Domain durch. Allerdings gebe es davon Ausnahmen. Eine erste sei anzunehmen, wenn die Registrierung des Domainnamens durch den Nichtberechtigten nur der erste Schritt im Zuge einer späteren Benutzung als Unternehmenskennzeichen sei.[5] Eine weitere Ausnahme sei geboten, wenn das Kennzeichen- bzw. Namensrecht des Berechtigten erst nach der Registrierung des Domainnamens durch den Domaininhaber entstanden sei. Anders verhalte es sich nur, wenn es dem Domaininhaber wegen Rechtsmissbrauchs versagt sei, sich auf seine Rechte aus der Registrierung des Domainnamens zu berufen. Dies sei insbesondere dann der Fall, wenn der Domaininhaber den Domainnamen ohne ernsthaften Benutzungswillen in der Absicht registrieren lasse, sich diesen von dem Inhaber eines entsprechenden Kennzeichen- oder Namensrechtes abkaufen zu lassen.

Eine solche Ausnahme hat das *OLG Hamburg*[6] jüngst bejaht. Die Registrierung der Domain www.stadwerke-uetersen.de stelle eine unberechtigte Anmaßung des Namens eines erst nach der Registrierung gegründeten namensgleichen kommunalen Versorgungsunternehmens dar, wenn sie lediglich dem Ziel dient, eine verkaufbare Vorratsdomain zu erlangen. Gibt der Domaininhaber an, „zu einem späteren Zeitpunkt die Geschichte der ehemaligen Stadtwerke im Internet" bzw. „Bauwerke der Stadt Uetersen" präsentieren zu wollen und ergibt sich aus der vorgerichtlichen Korrespondenz ein klares, auf

---

[1] *BGH*, Urt. v. 14.5.2009 – I ZR 231/06, MDR 2009, 1402 = MMR 2009, 738 = CR 2009, 801 m. Anm. *Hackbarth* – airdsl; OLG München, Urt. v. 11.1.2001 – 6 U 5719/99, CR 2001, 406 = MMR 2001, 381 – kuecheonline.de.
[2] *LG Düsseldorf*, Urt. v. 8.5.2002 – 2a O 360/01; MMR 2003, 131 – urlaubstip.de; a.A. OLG München, Urt. v. 20.10.2005 – 29 U 2129/05, CR 2006, 414 – österreich.de.
[3] *LG Stuttgart*, Urt. v. 15.7.2003 – 41 O 45/03, CR 2004, 61 = MMR 2003, 675 – snowscoot.
[4] *BGH*, Urt. v. 24.4.2008 – I ZR 159/05, MDR 2009, 98 = NJW 2008, 3716 = MMR 2008, 815.
[5] Siehe auch *BGH*, Urt. v. 9.9.2004 – I ZR 65/02, MDR 2005, 765 = CR 2005, 362 m. Anm. *Eckhardt* = GRUR 2005, 430, 431 – mho.de.
[6] *OLG Hamburg*, Urt. v. 24.9.2009 – 3 U 43/09.

die Veräußerung der Domain gerichtetes Erwerbsinteresse, so handele es sich lediglich um vorgeschobene, die Namensanmaßung verschleiernde Zwecke.

In der Entscheidung „ahd"[1] hat der *BGH* erneut darüber entschieden, inwieweit Unternehmen dagegen vorgehen können, dass ihre Geschäftsbezeichnung von Dritten als Domainname registriert und benutzt wird. Die Klägerin, die ihren Kunden die Ausstattung mit Hard- und Software anbietet, benutzt seit Oktober 2001 zur Bezeichnung ihres Unternehmens die Abkürzung „ahd". Die Beklagte (eine GmbH) hat mehrere tausend Domainnamen auf sich registrieren lassen, um sie zum Kauf oder zur entgeltlichen Nutzung anzubieten, darunter seit Mai 1997 auch den Domainnamen „ahd.de". Vor dem Sommer 2002 enthielt die entsprechende Internetseite nur ein „Baustellen"-Schild mit dem Hinweis, dass hier „die Internetpräsenz der Domain ahd.de" entstehe. Danach konnten unterschiedliche Inhalte abgerufen werden, jedenfalls im Februar 2004 auch Dienstleistungen der Beklagten wie z.B. das Zurverfügungstellen von E-Mail-Adressen oder das Erstellen von Homepages. Der *BGH* entschied, dass die Klägerin aufgrund ihres nach der Registrierung des Domainnamens entstandenen Rechts an der Unternehmensbezeichnung der Beklagten verbieten könne, die Buchstabenkombination „ahd" als Kennzeichen für die im Schutzbereich der Geschäftsbezeichnung der Klägerin liegenden Waren und Dienstleistungen zu benutzen. Die Registrierung des Domainnamens führe nur dazu, dass der Inhaber eines erst nach der Registrierung entstandenen Namens- oder Kennzeichenrechts vom Domaininhaber regelmäßig nicht die Löschung des Domainnamens verlangen oder ihm jedwede Nutzung des Domainnamens untersagen könne. Sie berechtige als solche den Domaininhaber dagegen nicht dazu, unter dem Domainnamen das Kennzeichenrecht des Dritten verletzende Handlungen vorzunehmen. Der Domainname sei von der Beklagten vor Oktober 2001 auch nicht so verwendet worden, dass an der Bezeichnung „ahd" ein gegenüber der Geschäftsbezeichnung der Klägerin vorrangiges Kennzeichenrecht der Beklagten entstanden sei.

Einen Anspruch der Klägerin auf Löschung des Domainnamens hat der *Bundesgerichtshof* dagegen verneint. Auf eine Kennzeichenverletzung könne das Löschungsbegehren nicht gestützt werden, weil das Halten des Domainnamens nicht schon für sich gesehen eine Verletzung der Geschäftsbezeichnung der Klägerin darstelle. Ein Löschungsanspruch sei auch nicht unter dem Gesichtspunkt der wettbewerbswidrigen Mitbewerberbehinderung gegeben. Dass die Klägerin ihre Geschäftsbezeichnung „ahd" nicht in Verbindung mit der Top-Level-Domain „de" als Domainnamen nutzen könne, habe sie grundsätzlich hinzunehmen, weil sie die Abkürzung „ahd" erst nach der Registrierung des Domainnamens auf die Beklagte in Benutzung genommen habe. Nach Auffassung des *BGH* handelt die Beklagte im Streitfall nicht rechtsmissbräuchlich, wenn sie sich auf ihre Rechte aus der Registrierung des Domainnamens beruft.

---

1 *BGH*, Urt. v. 19.2.2009 – I ZR 135/06, CR 2009, 748 = MDR 2009, 942 – ahd.de.

III. Pfändung und Bilanzierung von Domains

Literatur: *Berger*, Pfändung von Domains, RPfleger 2002, 181; *Hanloser*, Unzulässigkeit der Domain-Pfändung, CR 2001, 344; *Hanloser*, Die Domain-Pfändung in der aktuellen Diskussion, CR 2001, 456; *Hartig*, Die Rechtsnatur der Domain-Anmerkung zur BGH-Entscheidung „Domain-Pfändung", GRUR 2006, 299; *Hismann/Schmittmann*, Steuerliche Aspekte des Domainhandels, MMR 2003, 635; *Hombrecher*, Domains als Vermögenswerte – Rechtliche Aspekte des Kaufs, der Lizenzierung, der Beleihung und der Zwangsvollstreckung, MMR 2005, 647; *Karies/Niesert*, Aus- und Absonderung von Internet-Domains in der Insolvenz, ZInsO 2002, 510; *Kleespies*, Die Domain als selbständiger Vermögensgegenstand in der Einzelzwangsvollstreckung, GRUR 2002, 764; *Meier*, Zur Zulässigkeit der Pfändung einer Internet-Domain, KKZ 2001, 231; *Oberkofler*, (Ver-)Pfändung von Internet-Domains, Medien und Recht 2001, 185; *Schmitz/Schröder*, Streitwertbestimmung bei Domainstreitigkeiten, K&R 2002, 189; *Ulmer*, Domains in Zwangsvollstreckung und Insolvenz, ITRB 2005, 112; *Viefhues*, Zur Übertragbarkeit und Pfändung vom Domain-Names, MMR 2000, 286; *Welzel*, Zwangsvollstreckung in Internet-Domains, MMR 2001, 131.

Im Zusammenhang mit der Anerkennung einer Domain als vermögenswertes Gut steht auch die Frage ihrer **Pfändbarkeit in der Zwangsvollstreckung**. Hierzu bestehen unterschiedliche Aussagen einzelner Gerichte. Das *LG München I*[1] hat eine Pfändbarkeit nach § 857 ZPO ausgeschlossen. Das *LG Essen* hat hingegen eine Pfändung zugelassen.[2] Folgt man dem *LG Essen*, ist eine Domain nach §§ 844, 857 ZPO pfändbar und freihändig durch Versteigerung seitens des Gerichtsvollziehers im Internet verwertbar.[3] Der Streit zwischen dem *LG München I* und dem *LG Essen* wurde durch den *BGH* aufgelöst. Danach ist eine Domain zwar nicht pfändbar, die Gesamtheit der schuldrechtlichen Ansprüche des Domaininhabers gegenüber der Domainvergabestelle fällt dagegen unter § 857 Abs. 1 ZPO.[4] Eine Verwertung der gepfändeten Ansprüche gegen die Vergabestelle erfolgt also im Wege der Überweisung an Zahlungs statt.

Unter Umständen ist auch denkbar, dass die **Domain als Arbeitsmittel i.S.v. § 811 Nr. 5 ZPO** unpfändbar ist. Die Vorschrift bezieht sich zwar allein auf „Sachen" und ist deshalb nicht unmittelbar einschlägig. Es kommt jedoch eine analoge Anwendung in Betracht.[5] Ein darauf basierender Pfändungsschutz

---

1 *LG München I*, Beschl. v. 12.2.2001 – 20 T 19368/00, CR 2001, 342 = MMR 2001, 319 = K&R 2001, 527; noch offengelassen in *LG München I*, Beschl. v. 28.6.2000 – 20 T 2446/00, MMR 2000, 565 = K&R 2000, 563 = ZUM 2000, 875 = CR 2000, 620 m. Anm. *Hanloser* auf S. 703.
2 *LG Essen*, Beschl. v. 22.9.1999 – 11 T 370/99, MMR 2000, 286 m. Anm. *Viefhues* = CR 2000, 247. Ähnlich auch *AG Lindau*, M 192/00 (n.v.); *AG Langenfeld*, Beschl. v. 21.12.2000 – 12 M 2416/00, CR 2001, 477; *LG Düsseldorf*, Urt. v. 16.3.2001 – 25 T 59/01, CR 2001, 468 m. Anm. *Hartmann/Kloos* = ZUM 2002, 155.
3 So auch *AG Berleburg*, Beschl. v. 16.5.2001 – 6 M 576/00, MMR 2002, 848 (Ls.).
4 *BGH*, Beschl. v. 5.7.2005 – VII ZB 5/05, CR 2006, 50 = MDR 2005, 1311 = GRUR 2005, 969.
5 *Berger*, Rpfleger 2002, 185; ähnlich *LG Mönchengladbach*, Beschl. v. 22.9.2004 – 5 T 445/04, CR 2005, 536 = ZUM 2004, 935 = MDR 2005, 118.

setzt allerdings voraus, dass die Domain zur Fortsetzung der Erwerbstätigkeit des Schuldners „erforderlich" ist. Das ist allerdings nur dann der Fall, wenn sich die Domain im Rechtsverkehr bereits durchgesetzt hat und nicht (mehr) ohne weiteres gegen eine andere ausgetauscht werden kann.[1]

Unabhängig von diesem Streit ist eine **Pfändbarkeit der Konnektierungsansprüche** des Domaininhabers gegen die DENIC im Wege der Forderungspfändung inzwischen anerkannt.[2] Schwierig ist dann aber die Verwertung dieser Forderung, da eine Überweisung mangels Leistungsinteresse des Vollstreckungsgläubigers nicht in Betracht kommt.

Wichtig sind im Übrigen auch Vorkehrungen gegen die **Insolvenz des Access Providers**. Muss ein Provider Insolvenz beantragen, wird die DENIC tätig. Wenige Wochen nach Insolvenz-Antrag sind fast immer alle Domains erstmal direkt bei der DENIC gehostet und auf deren eigenen Nameservern und im Zone-c der Domains eingetragen. In einem Fall, in dem die Zone-c bereits bei der DENIC liegt (erkennbar am HD4-RIPE im Zone-c beim DENIC whois), braucht man also nur die Kündigung an den alten Provider zu schicken und an die DENIC das KK-Fax.

Auch stellt sich in diesem Zusammenhang die Frage nach der Bewertung von Domains. Gängig ist insofern die **RICK-Formel**. Entscheidend abzustellen ist hiernach auf

– das Risiko, rechtliche Probleme bei der Verwendung der Domains zu bekommen = R
– das Image der Domain = I
– die Frage der kommerziellen Verwendbarkeit der Domain = C
– die Kürze der Domain = K.

Differenzierter arbeitet die sog. **Horatius-Formel**, die eine Vielzahl von Indikatoren heranzieht, unter anderem

– die Visits
– die Eintragungen in Suchmaschinen
– die Pflege der Domain
– das Bestandsalter.

Noch variantenreicher sind die Kriterien des **SCHARF-Modells**, das mit über vierzig Indikatoren arbeitet.[3]

Bei der **Streitwertberechnung** im Rahmen von § 12 Abs. 1 GKG berücksichtigt das Gericht im Rahmen seines freien Ermessens den wirtschaftlichen Wert

---

1 *Welzel*, MMR, 2001, 131, 135.
2 *Hanloser*, Rechtspfleger 2000, 525, 527; *Hanloser*, CR 2001, 344, 345; *Welzel*, MMR 2001, 131, 132.
3 http://www.bewertungsformel.de.

der Domain für den Berechtigten, wobei insbesondere die erwartete Zahl der Visits und sonstige Indizien für erzielbare Umsätze und Marketingeffekte zu berücksichtigen sind. Das *OLG Frankfurt*[1] scheint den Wert tendenziell gering anzusetzen. Bei der Bemessung des wirtschaftlichen Wertes der Domainnamen sei zu berücksichtigen, dass sie sämtlich nicht geeignet seien, einen unmittelbaren oder auch nur mittelbaren (assoziativen) Bezug zu Waren oder Dienstleistungen herzustellen, insoweit fehlt ihnen die inhaltliche Aussagekraft sowie ein prägnanter Anklang an marktgängige Waren, Dienstleistungen etc. Daher kämen Internetadressen, die Zufallsfunde im Netz surfender Interessenten sind, kaum in Betracht.

Andere Gerichte sind großzügiger. Das *LG Köln* lässt bei der Nutzung einer Domain als Teil einer E-Mail-Adresse 75 000 Euro ausreichen.[2] Das *LG Hamburg* geht von 50 000 Euro aus.[3] Das *OLG Köln* bejahte einen Streitwert in Höhe von 135 000 Euro,[4] konstatierte aber in einem anderen Fall, dass sich der Streitwert nach dem Interesse des Klägers richte (hier: 25 000 Euro).[5] Dabei wurden gerade auch bei bedeutenderen Unternehmen Streitwerte bis zu 500 000 Euro festgesetzt.[6] Bei Gattungsbegriffen hat sich der Streitwert auf 50 000 Euro eingependelt.[7] Zum Teil wird in der Literatur für alle Domainstreitigkeiten ein Betrag in Höhe von 50 000 Euro als Regelstreitwert angenommen.[8]

Der *BFH*[9] sieht in den Aufwendungen zum Erwerb einer Internetadresse (Domain) **keine sofort abzugsfähige Betriebsausgabe** und auch kein abschreibfähiges Wirtschaftsgut, so dass die entstandenen Kosten im Rahmen einer Überschussrechnung gem. § 4 Abs. 3 EStG keine Berücksichtigung finden. Eine Domain stelle nach Auffassung des FG zwar ein immaterielles Wirtschaftsgut dar. Anders als bei Software finde hingegen kein Wertverzehr statt, da die Internetadresse dauerhaft und in ungeschmälerter Art und Weise genutzt wer-

---

1 *OLG Frankfurt a.M.*, 25 W 33/02 (n.v.).
2 *LG Köln*, Urt. v. 23.2.2000 – 14 O 322/99, MMR 2000, 437 – maxem.de.
3 *LG Hamburg*, Urt. v. 13.1.2004 – 312 O 448/03, BeckRS 2005 00859. http://www.auf recht.de/2903.html; ähnlich *LG Düsseldorf*, 2a O 35/04 (n.v.).
4 *OLG Köln*, Urt. v. 9.7.2004 – 6 U 166/03, GRUR-RR 2005, 82 = OLGR Köln 2005, 173.
5 *OLG Köln*, Urt. v. 30.9.2005 – 20 U 45/05, CR 2006, 493 = GRUR-RR 2006, 67 – Mahngericht.de.
6 *LG Düsseldorf*, 34 O 118/97 in Sachen crrtroinc.de (n.v.); ähnlich *LG Hamburg*, 315 O 448/97 – d-info.de (n.v.); *LG Mannheim*, Urt. v. 17.10.1997 – 7 U 241/97, WRP 1998, 920 – zwilling.de; s. dazu auch *Schmidt/Schröder*, K&R 2002, 189.
7 *LG Düsseldorf*, 38 O 22/01 – versteckte-toscana.de (n.v.); *LG Düsseldorf*, Urt. v. 6.7.2001 – 38 O 18/01, CR 2002, 138 = MMR 2002, 126 = K&R 2002, 98 – literaturen.de.
8 So bei *Schmittmann*, MMR 2002, Heft 12, S. VIII.
9 *BFH*, Urt. v. 19.10.2006, III R 6/05, FR 2007, 695 m. Anm. *Kanzler* = CR 2007, 384 = BStBl. II 2007, 301; ähnlich *FG Rheinland-Pfalz*, Urt. v. 16.11.2004 – 2 K 1431/03, MMR 2005, 336 m. Anm. *Terhaag*.

den könne und dem Domaininhaber zeitlich unbeschränkte wirtschaftliche Vorteile biete.

IV. Streitschlichtung nach der UDRP

Literatur: *Bettinger*, ICANN's Uniform Domain Name Dispute Resolution Policy, CR 2000, 234; *Bettinger*, Abschlussbericht der WIPO zum Internet Domain Name Process, CR 1999, 445; *Geist*, Fair.com?: An Examination of the Allegations of Systemic Unfairness in the ICANN UDRP, http://aix1.uottawa.ca/~geist/frameset.html; *Gibson*, Digital Dispute Resolution, CRi 2001, 33; *Hoffmann*, Alternative dispute resolution dot.com, Mitteilungen der deutschen Patentanwälte 2002, 261; *Maher*, The UDRP: The Globalization of Trademark Rights IIC 2002, 924; *Mueller*, Rough Justice: An Analysis of ICANN's Uniform Dispute Resolution Policy, November 2000, http://dcc.syr.edu/roughjustice.htm; Sorkin Judicial Review of ICANN Domain Name Dispute Decisions, 18 Santa Clara Computer & High Tech. L.J. 637 (2001); *Stotter*, Streitschlichtung bei UK-Domains, MMR 2002, 11; *Strömer*, Das ICANN-Schiedsverfahren – Königsweg bei Domainstreitigkeiten, K&R 2000, 587; *Strömer*, Das ICANN-Schiedsverfahren, Heidelberg 2002; *Weston*, Domain Names, CSLR 2000, 317.

Die ICANN hat sich Gedanken zur **Streitschlichtung** gemacht. So wurde im August 1999 die „**Uniform Dispute Resolution Policy**" (UDRP) verabschiedet.[1] Dieses Regelwerk sieht eine Streitschlichtung bei missbräuchlicher Registrierung von Namen in den Top Level Domains .com, .org und .net vor. Hinzu kommen die länderspezifischen Codes von 31 meist kleineren Staaten (wie z.B. Tuvalu).[2] Die DENIC hat sich noch nicht dazu durchringen können, eine solche Streitschlichtung zu akzeptieren.

Auch neue gTLDs fallen unter die UDRP.[3] Die Verbindlichkeit der UDRP basiert auf rein vertragsrechtlicher Grundlage; wer eine Domain registriert, unterwirft sich rechtsgeschäftlich den UDRP. Es handelt sich insofern bei der UDRP nicht um die Einführung einer Schiedsgerichtsbarkeit i.S.v. §§ 1025 ff. ZPO, sondern um eine Streitschlichtung auf der Basis einer Prorogation nach § 38 ZPO.[4] Eine Möglichkeit, die UDRP isoliert anzugreifen, etwa wegen des darin vorgesehenen, dem deutschen Recht aber fremden, Übertragungsanspruchs besteht nicht.[5] Da die UDRP aber regelmäßig durch einen Hinweis in den AGB des jeweiligen Access Providers verbindlich werden sollen, stellt sich die Frage nach der AGB-rechtlichen Zulässigkeit einer solchen „Schiedsabrede". Die AGB-rechtliche Wirksamkeit ist hochgradig problematisch.

Im Übrigen wenden z.B. US-amerikanische Gerichte ohnehin im Zweifel ihre eigenen Regeln an und lassen es dem Betroffenen offen, bei einer Niederlage

---

[1] Hinzu kommen die „Rules for Uniform Domain Name Dispute Policy", die im Oktober 1999 verabschiedet worden sind.
[2] Siehe dazu die Liste unter http://www.wipo.int./amc/en/domains/cctld/index.html.
[3] Siehe http://arbiter.wipo.int/domains/decisions/index-info.html; hierzu zählen: .info; .biz; .aero; .coop; .museum; .name; .travel.
[4] *LG Berlin*, TeilUrt. v. 2.3.2010 – 15 O 79/09.
[5] *LG Berlin*, TeilUrt. v. 2.3.2010 – 15 O 79/09.

nach der UDRP US-Gerichte anzurufen.[1] Auch Gerichte in anderen Staaten haben die UDRP hinterfragt.[2]

Die Streitschlichtung erfolgt über vier verschiedene, von der ICANN lizenzierte Organisationen, darunter

- die Schiedsstelle der WIPO (http://arbiter.int/domains)[3]
- das National Arbitration Forum (http://www.arb-forum.com/domains)
- das CPR – Institut for Dispute Resolution (http://www.cpradr.org).
- das ADNDRC, das Asian Domain Name Dispute Resolution Centre (http://www.adndrc.org).[4]

Es besteht die freie Wahl, entweder vor ordentlichen Gerichten zu klagen oder die UDRP-Schlichtungsorganisation anzurufen. Auch können staatliche Gerichte trotz einer Streitschlichtungsentscheidung nachträglich tätig werden (Art. 4 (k) UDRP). Eine UDRP-interne Berufungsinstanz besteht nicht.[5] Über die **Frage der Kostenerstattung** wird nicht entschieden. Allerdings hat der österreichische oberste Gerichtshof entschieden, dass bei einer Entscheidung innerhalb der UDRP zu Lasten des Beschwerdegegners ein Auslagenersatz nach nationalem Recht verlangt werden kann.[6]

Die Internet-Verwaltung ICANN ändert derzeit die Regelungen für das Schiedsverfahren:[7] Mit Wirkung ab 1. März 2010 stellt ICANN das Verfahren auf weitgehend elektronische Abwicklung um. Die Änderungen, die mit Wirkung ab 1. März 2010 verpflichtend in Kraft treten, jedoch schon seit 14. Dezember 2009 zur Anwendung kommen, betreffen vor allem verfahrenstechnische Regelungen. Sie sollen das Verfahren für beide Parteien kosten- und zeitsparender gestalten. Hierzu gehört es beispielsweise, dass Klagen einschließlich der Anlagen künftig **ausschließlich in elektronischer Form** eingereicht werden können, wobei eine E-Mail an domain.disputes@wipo.int genügt. Als Dateiformat ist das Word- wie das .pdf-Format zugelassen; auch Excel-Dateien akzeptieren die Schiedsgerichte. Allerdings sollten einzelne Dateien nicht größer als zehn MB sein, die Klage insgesamt eine Größe von 50 MB nicht überschreiten.

---

1 So Section 1114(2)(D)(v) des US Anticybersquatting Act und U.S. Court of Appeals for the First Circuit, Entscheidung vom 5.12.2001 – (JAY D. SALLEN vom CORINTHIANS LICENCIAMENTOS LTDA et al.), GRUR Int. 2003, 82.
2 Siehe die Liste bei der WIPO http://arbiter.wipo.int/domains/challenged/index.html.
3 Siehe dazu auch die WIPO-Broschüre http://www.wipo.int/freepublications/en/arbitration/919/wipo_pub_919.pdf.
4 Ausgeschieden ist das kanadische eResolution Consortium (http://www.resolution.ca).
5 Siehe allerdings den Vorschlag von M. Scott Donahey zur Einführung eines UDRP Appelatte Panel in: Journal of International Abitration 18 (1) 2001, 131.
6 *öOGH*, Urt. v. 16.3.2004 – 4 Ob 42/04m, MMR 2004, 747.
7 http://wipo.int/amc/en/domains/rules/eudrp/.

IV. Streitschlichtung nach der UDRP

Mit dieser Änderung entfällt beispielsweise die Regelung, mehrere Abschriften der eigenen Schriftsätze einzureichen, damit sie dem Gegner übersandt werden können. Das spart nicht nur Papier, sondern auch Zeit, da die Schriftsätze per E-Mail zugestellt werden können. Der Beklagte erhält jedoch weiterhin eine Nachricht über das UDRP-Verfahren an seine im whois angegebene Postanschrift, um sicherzustellen, dass er ordnungsgemäß über das Verfahren in Kenntnis gesetzt wird. Nicht zuletzt aus diesem Grund empfiehlt es sich, die eigenen whois-Daten regelmäßig auf Validität zu prüfen.

Zu zahlen sind die **Schlichtungskosten** durch den Beschwerdeführer (zwischen 1500 und 4000 $). Der Beschwerdegegner hat zwanzig Tage Zeit zu reagieren. Ein „case administrator" prüft die formellen Voraussetzungen der Beschwerde und Erwiderung und bestimmt dann einen Schlichter. Dieser hat nach seiner Ernennung vierzehn Tage Zeit, seine Entscheidung zu erstellen; insgesamt dauert das Verfahren selten länger als zwei Monate. Entscheidungen werden im Volltext und mit voller Namensangabe aller Beteiligten auf der Homepage des Gerichts veröffentlicht. Probleme bereitet den Schiedsrichtern auch die Frage, wie mit nachgereichten Schriftsätzen umzugehen ist. Deren Berücksichtigung liegt im Ermessen des Panels. Die meisten Schiedsrichter lassen nachgereichte Schriftsätze nur dann zu, wenn plausibel gemacht wird, dass die entsprechenden Argumente und Beweismittel nicht bereits in der Beschwerde beziehungsweise der Erwiderung vorgetragen werden konnten.[1] Unzulässig ist die Einbringung neuer Tatsachen, wenn die Beschwerdeführerin den fehlenden Vortrag bereits schon zum Zeitpunkt der Einreichung der Beschwerde hätte vorbringen können.[2] Wichtig ist es, nur klare Fälle zur Entscheidung des Schiedsgerichts zu bringen. Alle wesentlichen Argumente sollten vollständig und sachbezogen in einem einzigen Schriftsatz vorgetragen werden. Dabei sollte von vornherein gleich in diesem Schriftsatz alles schriftliche Beweismaterial beigefügt werden. Als sinnvoll hat es sich erwiesen, die Panelists auch auf ähnlich gelagerte Entscheidungen anderer Panelists hinzuweisen. Die Anrufung eines Dreipanels lohnt sich nur dann, wenn noch kein einheitliches Fallrecht existiert und Rechtsfragen in der Vergangenheit streitig waren.

Die Einlegung der Beschwerde ist automatisch mit einer Übertragungssperre verbunden. Allerdings ist unklar, ob diese Wirkung erst mit Zugang der Beschwerdemitteilung beim Registrar oder schon ab Zustellung der Beschwerdeschrift an den Defendant gilt. Es bestehen zum Teil noch zeitliche Möglichkeiten, als Defendant in Kenntnis der Beschwerdeeinlegung die Domain auf einen anderen zu übertragen (sog. **Cyberflight**). Fraglich ist, ob dann der neue Domaininhaber an die Beschwerdentscheidung gebunden ist.

---

1 Balidiscovery.org, D 2004 – 0299; noch strenger mtvbase.com, D 2000 – 1440, wonach eine Zulassung nur bei besonderer Anforderung der Unterlagen von Panel möglich ist.
2 WIPO Case No. D 2005/0485 – Vincotte.com.

Die Streitschlichtungsgremien entscheiden **nicht nach Maßgabe staatlichen Rechts**. Vielmehr nehmen sie – in Anlehnung an US-amerikanische Gesetzesvorgaben – nur einen eingeschränkten Bereich der Markenpiraterie wahr. Entscheidend ist hierbei Art. 4 (a) der UDRP:

„You are required to submit to a mandatory administrative proceeding in the event that a third party (a „complainant") asserts to the applicable Provider, in compliance with the Rules of Procedure, that

(I) your domain name is identical or confusingly similar to a trademark or service mark in which the complainant has rights; and

(II) you have no rights or legitimate interests in respect of the domain name; and

(III) your domain name has been registered and is being used in bad faith."

Jedes dieser drei Merkmale bedarf näherer Erläuterung. Zunächst ist beim ersten Merkmal zu beachten, dass der Begriff des **„trademark or service mark"** weit ausgelegt wird. Darunter fallen zum Beispiel auch Zeichen, die nach dem US Common Law geschützt sind. Dann muss allerdings eine entsprechende Benutzung im geschäftlichen Verkehr nachgewiesen werden („secondary meaning").[1] Abzugrenzen sind die geschützten Zeichen von Kennzeichen, die lediglich auf Unternehmen verweisen oder persönliche Namen – selbst bei Berühmtheit des Namensträgers – umfassen.[2] Entscheidend kommt es nicht auf den territorialen Schutzbereich der Marke an. Selbst wenn kein Markenschutz im Land des Beschwerdegegners besteht, kann die entsprechende Marke herangezogen werden. Allerdings wird man das Fehlen des Markenschutzes im Rahmen der Bösgläubigkeit zu erörtern haben.[3] Der Zeitpunkt des Schutzerwerbs ist unerheblich. Insofern setzt sich die Marke auch durch, wenn sie „jünger" ist als der Domainname. Auch hier wird man allerdings dann bei der Frage der Bösgläubigkeit des Domaininhabers Zweifel anmelden dürfen.[4] Auch nicht registrierte Markenrechte, wie Benutzungsmarken oder Common Law Trademarks fallen unter die UDRP. Ähnliches gilt für berühmte Personennamen, wenn diese mit einer gewerblichen Nutzung verbunden sind. Berühmtheit als solche reicht nicht aus, um die UDRP anwenden zu können.[5] Geografische Angaben fallen als solche nicht unter die UDRP.[6] Ein Schutz kommt allerdings in Betracht, wenn die geografische Angabe auch Teil einer Wort-Bild-Marke ist.[7] Einen Schutz bekommen auch Werktitel. Streitig ist, ob die Rechte auch nicht ausschließlicher Lizenznehmer unter das Schutzsystem fallen.[8] Der Inhaber der ausschließlichen Lizenz

---

1 NAOP LLC v. Name Administration Inc., FA0808001220825, NAF 7 October 2008.
2 Margaret C. Whitman v. Domains for Sale, D 2008 – 1645 („Merely having a „famous name" is not sufficient to establish common law trademark or service mark rights in the name").
3 Siehe Early Learning Centre.com – D 2005 – 0692.
4 Aljazeera.com – D 2005 – 0309.
5 Juliaroberts.com – D 2000 – 0210; Charlierapier.com – D 2004 – 0221.
6 Sachsen-Anhalt.com – D 2002 – 0273; New Zealand.com – D 2002 – 0754.
7 Potsdam.com, D 2002 – 0856; Meißen.com, D 2003 – 0660.
8 Dafür Telcelbellsouth.com, D 2002 – 1027; dagegen Knicks.com, D 2000 – 1211.

kann in jedem Fall Rechte geltend machen. Im übrigen erlaubt die UDRP eine gewillkürte Prozessstandschaft. Im Übrigen müssen die Eintragungen der Marken vor der Registrierung des Domainnamens durch den Beschwerdegegner erfolgt sein.[1]

Zu prüfen ist dann noch die Verwechslungsfähigkeit im Verhältnis der Marke zum Domainnamen („**likelihood of confusion**"). Diese beurteilt sich nur nach der Zeichenähnlichkeit; die dahinter stehenden Produkte werden nicht geprüft. Generische Zusätze werden hier nicht berücksichtigt.[2] Kritische Zusätze wie „Sucks" oder „Fuck" können unter Umständen die Verwechslungsgefahr ausschließen, was allerdings zwischen den einzelnen Panelists streitig ist.[3]

Auf „**legitimate interests**" kann verweisen, wer eine Domain nachweislich für ein Fan-Forum[4] oder für kritische Meinungsäußerungen[5] nutzt. Die bloße Absicht einer solchen Nutzung reicht nicht aus. Dem Domainnutzer obliegt insofern die Darlegungs- und Beweislast. Der Hinweis auf die Namensgleichheit reicht nicht aus.[6] Ein eigenes Markenrecht begründet ebenfalls ein legitimes Interesse zur Benutzung der Domain.[7] Dies gilt allerdings nur dann, wenn dieses Markenrecht gutgläubig erworben worden ist.[8] Besonders streitig ist die Frage des legitimen Interesses beim Vertrieb von Markenwaren durch Vertragshändler. Hier plädiert eine überwiegende Zahl von Panelists für eine händlerfreundliche Auslegung der Regeln. Ein Verstoß gegen die UDRP soll danach nicht vorliegen, wenn der Händler sich auf den tatsächlichen Vertrieb beschränkt, keine Konkurrenzprodukte anbietet und es nicht zu einer übermäßigen Behinderung des Markeninhabers kommt.[9] Diese Freiheit der Benutzung soll auch für unabhängige Händler gelten.[10]

Am schwierigsten zu konkretisieren ist das Merkmal „**bad faith**". Nachzuweisen ist hier seitens des Beschwerdeführers, dass eine Adresse registriert **und** benutzt wurde „in bad faith".[11] In Anlehnung an die deutsche „Afili-

---

1 WIPO Case No. D 2001/0074 – ode.com; WIPO Case No. D 2001/0101 – e-mortage.com; WIPO Case No. D 2002/0943 – Ezcommerce.com; WIPO Case No. D 2001/1228 – planetarysociety.com.
2 Faketrgheuer, D 2004 – 0871.
3 Für Verwechselungsgefahr: Bayersucks.org, D 2002 – 1115; Berlitzsucks.com, D 2003 – 0465; keine Verwechselungsgefahr: fucknetzcape.com, D 2000 – 0918; Asdasucks.net. D 2002 – 0857.
4 Patbenatar.com, D 2004 – 0001 gegen geert-hofstede.com, D 2003 – 0646.
5 Legal-and-general.com, D 2002 – 1019 gegen Fadesa.net, D 2001 – 0570.
6 Siehe die Entscheidung in Sachen Peter Frampton http://arbiter.wipo.int/domains/decisions/html/2002/d2002-0141.html.
7 Geizhals.com, D 2005 – 0121.
8 So etwa nicht im Falle als Grundlage für die Domain Madonna.com, D 2000 – 0847; ähnlich Cebit.com, D 2003 – 0679.
9 Okidataparts.com, D 2001 – 0903. A.A. allerdings Talkabout.com, D 2000 – 0079.
10 Porschebuy.com, D 2004 – 0481.
11 Das Merkmal stammt aus dem US Cybersquatting Act 1999, Pub L No. 106–133, § 3002 (a), 113 Stat. 1501, 1537, der eine entsprechende Änderung von lit. d § 43 Lanham Act vorsieht.

as"-Rechtsprechung[1] gilt auch bei der UDRP, dass eine jüngere Marke nicht gegen eine ältere Domain geltend gemacht werden kann; in einem solchen Fall fehlt dem Domaininhaber bei der Registrierung die Bösgläubigkeit.[2] Zur Konkretisierung dieses allgemeinen Rechtsbegriffs muss Art. 4 (b) der UDRP herangezogen werden:

> „For the purposes of Paragraph 4(a)(iii), the following circumstances, in particular but without limitation, if found by the Panel to be present, shall be evidence of the registration and use of a domain name in bad faith:
>
> (I) circumstances indicating that you have registered or you have acquired the domain name primarily for the purpose of selling, renting, or otherwise transferring the domain name registration to the complainant who is the owner of the trademark or service mark or to a competitor of that complainant, for valuable consideration in excess of your documented out-of-pocket costs directly related to the domain name; or
>
> (II) you have registered the domain name in order to prevent the owner of the trademark or service mark from reflecting the mark in a corresponding domain name, provided that you have engaged in a pattern of such conduct; or
>
> (III) you have registered the domain name primarily for the purpose of disrupting the business of a competitor; or
>
> (IV) by using the domain name, you have intentionally attempted to attract, for commercial gain, Internet users to your web site or other on-line location, by creating a likelihood of confusion with the complainant's mark as to the source, sponsorship, affiliation, or endorsement of your web site or location or of a product or service on your web site or location."

Diese Liste denkbarer „bad faith"-Fälle ist nicht abschließend („in particular but without limitation"). Im Laufe der Zeit hat sich gerade im Bereich der WIPO eine eigene Judikatur entwickelt, die weitere Fälle von „bad faith" herausgearbeitet hat. An der Bösgläubigkeit soll es fehlen, wenn andere legitime Benutzungsmöglichkeiten denkbar sind. Dies gilt etwa bei generischen Begriffsinhalten.[3] Kritiker werfen der WIPO allerdings vor, dass zu schnell ein „bad faith" zu Gunsten des Beschwerdeführers bejaht werde.[4] Dies gilt vor allem, seitdem die Panelists eine Vermutung der bösgläubigen Registrierung bei bösgläubiger Nutzung und umgekehrt zugelassen haben.[5]

Weiß die Beschwerdeführerin bei Einreichung der Beschwerde, dass sie keine besseren Rechte gegenüber dem Beschwerdegegner geltend machen kann, dass die Beschwerde auch sonst offensichtlich unbegründet ist, kann der Beschwerdegegner gemäß § 15 (e) UDRP Feststellung beantragen, dass es sich

---

1 *BGH*, Urt. v. 24.4.2008 – I ZR 159/05, MDR 2009, 98 = MMR 2008, 815 – afilias.de.
2 Phoenix Mortgange Corp. V. Toggas D 2001 – 0101; Abnuela Company LLC v. Arisu Tech, FA0808001222449, NAF 21 October 2008.
3 Zeit.com, D 2005 – 0725.
4 Siehe http://www.icannot.org und http://www.icannwatch.org.
5 Im Telstra führt das zum Verbot von Baustellendomains, WIPO Case No. D 2000 – 0003. Umgekehrt führt das im grundlegenden Octogen-Fall dazu, eine gutgläubige Registrierung (erwa aufgrund eines Lizenzvertrages) nachträglich zu verbieten (WIPO Case No. D 2009 – 0786).

bei der Beschwerde um einen Versuch des **Reverse Domain Name Hijacking** handelt.[1]

V. Streitschlichtung rund um die EU-Domain

Literatur: *Bettinger*, Alternative Streitbeilegung für „.eu", WRP 2006, 548; *Jaeger-Lenz*, Die Einführung der .eu-Domains – Rechtliche Rahmenbedingungen für Registrierungen und Streitigkeiten, WRP 2005, 1234; *Nitzel*, Die ersten zweihundert ADR-Entscheidungen zu .eu-Domains – Im Spagat zwischen Recht und Gerechtigkeit, MMR 2007, 282; *Pothmann/Guhn*, Erste Analyse der Rechtsprechung zu .eu-Domains in ADR-Verfahren, K&R 2007, 69; *Remmertz*, Alternative dispute Resolution (ADR) – An alternative for .eu-Domain name disputes?, CRi 2006, 161; *Schafft*, Streitigkeiten über „.eu-Domains, GRUR 2004, 986.

Als Zeichen für die Identität des europäischen Wirtschaftsraums hat die europäische Kommission schon seit Ende der 90er Jahre über die Einführung einer eigenen „.eu" TLD nachgedacht. Im Jahre 2002 war es dann so weit. Verabschiedet wurden die Verordnung (EG) Nr. 733/2002 des europäischen Parlaments und des Rates vom 22. April 2002 zur Einführung der Domain oberster Stufe „.eu" sowie die weitere Verordnung (EG) Nr. 874/2004 vom 28. April 2004 der Kommission mit allgemeinen Regeln für die Durchführung und die Funktionen der „.eu" TDL.[2] Aufgrund der Rahmenverordnung des Parlamentes wurde nach einer Ausschreibung ein Registrar bestellt. Als Registrierungsorganisation tritt EURid auf, eine gemeinnützige Organisation mit Sitz in Diegem (Belgien). Im April 2005 wurde die Zuständigkeit für die Streitschlichtungsverfahren in diesem Bereich an die Landwirtschaftskammer der Tschechischen Republik (Tschechisches Schiedsgericht) übertragen. In der Zwischenzeit existieren mehr als zwei Millionen aktive Domains mit der .eu-Kennung. Der tschechische Schiedsgerichtshof kann auf mehr als zweihundert Entscheidungen zurückblicken.

In der ersten Phase der Entscheidungspraxis ging es vornehmlich um Auseinandersetzungen zwischen Markenrechtsinhabern und EURid im Hinblick auf die ordnungsgemäße Durchführung des Sunrise- und weiterer Registrierungsverfahren. Diese Streitigkeiten haben dann sehr schnell an Bedeutung verloren. Heute wird im Wesentlichen direkt zwischen Markenrechtsinhaber und Domaininhaber gestritten, insbesondere im Hinblick auf die Missbräuchlichkeit einer Domaineintragung. Wichtig ist, dass die Inhaber zum Schutzrecht außerhalb der europäischen Union nicht beschwerdeberechtigt sind; sie können nur auf den staatlichen Rechtsweg verwiesen werden. Es erfolgt insofern keine volle Prüfung der Verwechslungsgefahr im markenrechtlichen Sinne, sondern nur ein Vergleich der Zeichenähnlichkeit zwischen Marke und Domainnamen. Hierzu muss nach Art. 22 Abs. 1 VO (EG) Nr. 874/2004 je-

---
1 Siehe WIPO Case No. D 2006/0855 – Trailblazer.com.
2 Amtsblatt Nr. L162 vom 30.4.2004, S. 40.

mand vortragen, dass „eine Domainregistrierung spekulativ oder missbräuchlich i.S.v. Art. 21 der Verordnung" ist.

Im Einzelnen ist dazu vorzutragen, dass die Domain verwechslungsfähig in Bezug auf einen geschützten Namen sei. Das Verfahren setzt voraus, dass ein Recht i.S.v. Art. 10 VO (EG) Nr. 874/2004 nach nationalem oder Gemeinschaftsrecht an einem Namen anerkannt ist und der Domainname mit diesem identisch ist oder ihm verwirrend ähnelt. Die Endung .eu wird dabei ebenso wenig berücksichtigt[1] wie Sonderzeichen.[2] Das Verfahren unterscheidet sich also insofern auch von der UDRP, als nicht nur ein Warenzeichen/eine Marke Gegenstand des Verfahrens sein kann. Vielmehr erreicht jeder nach nationalem Recht geschützte Name als Schutzgegenstand aus. Eine Domain als solche gibt aber noch kein Namensrecht, allenfalls über die jeweiligen Grundregeln für nicht eingetragene Marken. Probleme gibt es auch bei den Namen von Städten, da einzelne EU-Mitgliedstaaten diese Städtenamen nicht schützen. Dies gilt zum Beispiel in Schweden und Finnland. Hier haben dann einzelne Schiedsrichter unterschiedlich entschieden, als zum Beispiel die Städte Stockholm und Helsinki die Verwendung ihres Städtenamens in einer EU-Domain gerügt haben. In Bezug auf Stockholm war man der Auffassung, dass eine Beschwerde keine Aussicht auf Erfolg hat, wenn nach schwedischem Recht kein Rechtsschutz für Städtenamen bestehe. Anders entschied der Schiedsrichter in Sachen Helsinki, wo aus der Regelung für Sunrise-Bevorrechtigte die Konsequenz gezogen wird, dass man Städtenamen losgelöst von nationalem Recht einen Schutz nicht verwehren dürfe. Einig sind sich die Schiedsrichter, dass die Topleveldomain „.eu" nicht bei der Betrachtung der Ähnlichkeit von Domain und Namen einbezogen werden muss. Auch die manchmal verwendeten Sonderzeichen fließen in die Betrachtung der Verwechslungsgefahr nicht ein. Als schwierig erwies es sich, dass nicht klar ist, ob das geltend gemachte Recht von jedermann zu einer Beschwerde genutzt werden kann. Der Wortlaut der Grundregeln lässt es eigentlich zu, dass eine Popularklage mit Berufung auch auf Kennzeichenrechte eines Dritten erfolgen kann.[3] Andere Schiedsrichter verwiesen zu Recht darauf, dass eine Popularklage mit dem Sinn und Zweck des Verfahrens, insbesondere im Hinblick auf eine Übertragung der Domain, nicht zu rechtfertigen sei. Falsch gelöst wurde der Fall der Gleichnamigkeit in der Entscheidung Wüstenrot.eu.[4] Hier hatte die Gemeinde Wüstenrot als erste den Domainnamen erhalten und wurde von der großen Bausparkasse Wüstenrot verklagt. Der Schiedsrichter war der Auffassung, dass hier die Gemeinde der viel bekannteren Beschwerdeführerin weichen müsse. Dabei verkennt er, dass die Gemeinde selbst auf ein eigenes Namensrecht verweisen kann und die in Deutschland bekannte Shell-

---

1 Siehe c-283 Lastminute; c-1959-LOT; c-453 (Web); c-227 (Kunst); c-1693-Gastojobs; c-2035 Waremahr.
2 Siehe dazu c-453-Web; c-2733-Hotel-Adlon.
3 So auch die Auslegung in dem Fall 0717ARZT.
4 Fall 00120.

Rechtsprechung zum Vorrang bekannter Namen wohl nicht auf den Konflikt mit einer Gemeinde übertragen werden kann.[1]

Anders als die UDRP schützt die EU-Domain den Kennzeichenrechtsinhaber in zwei alternativen Fällen. Er kann zum einen vortragen, dass der Domaininhaber kein berechtigtes Interesse bzw. kein eigenes Recht an der Domain habe. Er kann aber auch alternativ darauf verweisen, dass die Domainregistrierung bösgläubig erfolgt sei. Im Rahmen der UDRP werden beide Dinge additiv geprüft. Bei der Frage des bestehenden Rechtes oder Schutzinteresses stritten die Schiedsrichter darüber, ob bereits die Eintragung einer Benelux-Marke ausreiche, um ein eigenes Schutzrecht zu bejahen. Dies wurde in einigen Fällen angenommen, insbesondere in der berühmten Last-Minute-Entscheidung.[2] Andere Schiedsrichter verwiesen darauf, dass die entsprechende Marke dann auch im Webauftritt genutzt werden müsse; im Falle einer Nichtbenutzung der Domain scheide die Annahme eines berechtigten Interesses aus.[3] Als Benutzung soll der bloße Verweis auf eine Web-Baustelle „under construction" nicht ausreichen.[4] Vielmehr soll es erforderlich sein, unter der Domain Grafiken und Texte integriert zu haben.[5] Die Beweislast für das Fehlen eines berechtigten Interesses oder Rechts trägt – entgegen dem Wortlaut der Grundregeln – der Beschwerdeführer. Angesichts der Tatsache, dass es sich um negative Tatsachen handelt, soll er jedoch nur eine Prüfung der denkbaren Schutzinteressen der Gegenseite in Bezug auf offensichtliche Umstände haben.

Im Fall Lastminute.eu hatte der Domaininhaber eine deutsche nationale Marke für Lacke für gewerbliche Zwecke eintragen lassen und auf dieser Grundlage die entsprechende Domain bekommen. Er hatte sich auf diese Weise zusätzlich Zugriff auf 55 weitere aus generischen Zeichen bestehende EU-Namen besorgt. Aus der Sicht des Schiedsgerichts[6] und später auch des *OLG Düsseldorf*[7] konnte man nicht nachweisen, dass hier eine bösgläubige Markenanmeldung beabsichtigt gewesen ist. Allein die Markenanmeldung mit dem Ziel der Registrierung des Domainnamens reiche noch nicht für die Annahme von Bösgläubigkeit. Eine Behinderungsabsicht könne nicht nachgewiesen werden. Es könne auch nicht als rechtswidrig angesehen werden, wenn jemand einen Gattungsbegriff auf diese Weise als Domainnamen registrieren lasse. Nach den in Art. 21 Abs. 3 VO (EG) Nr. 874/2004 aufgeführten Beispielsfälle liegt ein böser Glaube insbesondere vor, wenn

---

1 Siehe dazu auch *Nitzel*, MMR 2006 Heft 9, Seite XIII.
2 Siehe dazu auch 01196-Memorx sowie XXX – Reifen.
3 01959-LOT.
4 0910-Reifen.
5 0052-JAGA.
6 Ähnlich Reifen.eu c-910 und Memorx.eu für eine Beneluxmarke.
7 *OLG Düsseldorf*, Urt. v. 11.9.2007 – I-20 U 21/07, MMR 2008, 107.

a) aus den Umständen ersichtlich wird, dass der Domainname hauptsächlich registriert wurde, um diesen an den Rechtsinhaber zu verkaufen, zu vermieten oder anderweitig zu übertragen,

b) der Domainname registriert wurde, um zu verhindern, dass der Inhaber eines Rechts an dem Namen diesen verwenden kann, oder

c) der Domainname hauptsächlich registriert wurde, um die berufliche oder geschäftliche Tätigkeit eines Wettbewerbers zu stören, sowie wenn

d) der Domainname absichtlich benutzt wird, um Internetnutzer aus Gewinnstreben auf eine Webseite zu locken, oder

e) der Domainname der Name einer Person ist und keine Verbindung zwischen dem Domaininhaber und dem registrierten Domainnamen nachgewiesen werden kann.

Es reiche aus, dass der Domainname registriert worden sei, um ihn an irgendeinen Rechteinhaber zu übertragen.[1] Als Zeichen für die Verhinderungsabsicht wurde angesehen, wenn ein Domaininhaber mehrere Domainnamen mit klarem Bezug zu Marken Dritter aufweist und die entsprechende streitgegenständliche Marke hinter der Domain gar nicht benutzt wird.[2]

Bei der Frage der Bösgläubigkeit wird ebenfalls darum gestritten, ob der Erwerb einer Benelux-Marke ohne entsprechende Nutzung als bösgläubig angesehen werden kann.[3] Anders als bei der UDRP führt jede Verkaufs-, Vermietungs- oder Übertragungsabsicht gegen Entgelt eines Dritten zur Vermutung der Bösgläubigkeit. Es ist nicht mehr entscheidend, ob der Domaininhaber einen entsprechenden Verkauf an den Markenrechtsinhaber selbst plant. Nach einem Zeitraum von zwei Jahren der Nichtbenutzung besteht eine unwiderlegbare Vermutung für die Bösgläubigkeit. Nutzt jemand eine Domain trotz bestehenden eigenen Rechts oder berechtigten Interesses über diesen langen Zeitraum nicht, soll der Markenrechtsinhaber die Chance haben, die Domainübertragung wegen Bösgläubigkeit zu beantragen. Schwierig zu behandeln ist der ebenfalls in den Grundregeln genannte Fall, dass der Domaininhaber vor Beginn des Streitschlichtungsverfahrens eine Benutzungsabsicht bekannt gibt und trotzdem die Benutzung nicht binnen sechs Monaten vornimmt. Eine solche fehlende Benutzung kann in laufenden ADR-Verfahren kaum geltend gemacht werden. Man wird hier das ADR-Verfahren aussetzen müssen, um dann nach Ablauf der sechs Monate wieder neu in die Prüfung einzusteigen. Gibt der Beschwerdegegner etwa bei einer Verhandlung beim *Handelsgericht Wien* zu, dass er Rechtsverletzer sei, kann dies auch im Streitschlichtungsverfahren gewürdigt werden.[4] Bei Gleichnamigkeit zählt der Grundsatz „Wer zu erst kommt, mahlt zu erst".[5] Als berechtigtes Interesse angesehen wurde

---

[1] KSB-c1584.
[2] LOT-c1959. Reifen ist auch veröffentlicht in GRUR Int. 2006, 947.
[3] Dagegen 00283-Lastminute.
[4] NGRAM.
[5] Alpha.

zum Beispiel die Gründung von Beschwerdeforen oder ein tatsächlich existierender Fanclub für einen Fußballverein.[1] Der Kennzeichenrechtsinhaber muss sein eigenes Recht klar nachweisen und wird bei diffusem Vortrag zu Recht abgewiesen.[2] Der 92. Verwaltungsbezirk in Frankreich hat keine eigenen Rechte an der Bezeichnung 92.eu, die sich ein pfiffiger estnischer Dichter mit Verweis auf den Titelschutz für ein sehr eigenartiges, in Estland veröffentlichtes Gedicht hat sichern lassen.

Der *EuGH* stellte mit der Entscheidung in der Sache reifen.eu klar, dass die Auflistung der Bösgläubigkeitsfälle in Art. 21 Abs. 3 VO (EG) Nr. 874/2004 nicht abschließend ist.[3] So muss die Beurteilung des nationalen Gerichts vielmehr aufgrund einer umfassenden Würdigung der Umstände erfolgen. Dabei ist nach Auffassung des Gerichts insbesondere zu berücksichtigen, ob der Markeninhaber beabsichtige, die Marke auf dem Markt zu benutzen, für den Schutz beantragt wurde, und ob die Marke so gestaltet wurde, dass eine Gattungsbezeichnung kaschiert wurde. Bösgläubigkeit könne darüber hinaus durch die Registrierung einer Vielzahl vergleichbarer Marken sowie ihrer Eintragung kurz vor Beginn der ersten Phase für die Registrierung von EU-Domains indiziert werden.[4]

Zusammen mit 33 anderen, aus Gattungsbegriffen bestehenden Marken hatte die Klägerin die Marke &R&E&I&F&E&N& für Sicherheitsgurte angemeldet. Dabei fügte sie jeweils das Sonderzeichen „&" vor und nach jedem Buchstaben ein. Die Klägerin beabsichtigte nicht, die Marke &R&E&I&F&E&N& für Sicherheitsgurte tatsächlich zu benutzen. In der ersten Phase der gestaffelten Registrierung ließ sie auf der Grundlage der Marke &R&E&I&F&E&N& die Domain „reifen.eu" registrieren, da nach den in der VO (EG) Nr. 874/2004 vorgesehenen Übertragungsregeln Sonderzeichen entfernt wurden. Sie plante unter der Domain reifen.eu ein Portal für Reifenhändler aufzubauen. Zudem ließ die Klägerin die Wortmarke kurz vor Beginn der ersten Phase der gestaffelten Registrierung der Top-Level-Domain „.eu" eintragen. Somit erfolgte die Registrierung der Domain reifen.eu für die Klägerin bösgläubig i.S.v. Art. 21 Abs. 1 Buchst. b VO (EG) Nr. 874/2004, obwohl keine der beispielhaften Tatbestandsalternativen des Art. 21 Abs. 3 erfüllt war.[5]

Die Registrierung und der Betrieb der „.eu" TLD wird insgesamt als zufrieden stellend eingestuft, wie die europäische Kommission im Rahmen einer Evaluation festgestellt hat.[6] Allerdings ist hier nicht alles Gold, was glänzt. Die Sunrise-Registrierungen waren sehr stark dadurch belastet, dass Provider aus

---

1 Panathinaikos FC.
2 LABRADA.
3 *EuGH*, Urt. v. 3.6.2010 – Rs. C-569/08, CR 2010, 615 = MMR 2010, 538 – reifen.eu.
4 *EuGH*, Urt. v. 3.6.2010 – Rs. C-569/08, CR 2010, 615 = MMR 2010, 538 – reifen.eu.
5 *EuGH*, Urt. v. 3.6.2010 – Rs. C-569/08, CR 2010, 615 = MMR 2010, 538 – reifen.eu.
6 Mitteilung der Kommission an das Europäische Parlament und an den Rat. Bericht über die Implementierung, Betrieb und Effektivität der „.eu" TLD vom 6.7.2007 – KON (2007) 385.

Zypern und Lettland das Verfahren zu ihren Gunsten missbraucht haben. Insbesondere wurde versucht, durch die Eintragung von Scheinmarken im Schnellverfahren an eine bevorrechtigte Position für die Eintragung von Domains zu kommen. Auch fiel auf, dass bei dem Wettlauf um die schnelle Registrierung die genannten zypriotischen und lettischen Provider fast immer den Sieg errungen haben. Dabei kam diesen exotischen Providern zu Gute, dass nach Art. 22 Abs. 4 VO (EG) Nr. 874/2004 das alternative Streitbeilegungsverfahren in der Sprache des Registrierungsvertrags durchzuführen war; insofern führten Beschwerden gegen die genannte Praxis immer zu Verfahren in zypriotischer oder lettischer Verfahrenssprache. Neben der Streitschlichtung besteht immer noch die Möglichkeit staatliche Gerichte anzurufen, da die Streitschlichtung als solche nicht zu einer Rechtshängigkeit des Verfahrens führt. Insbesondere können die Parteien auch nach Erlass der Entscheidung an einem Gericht der staatlichen Gerichtsbarkeit ein Verfahren einleiten; erfolgt die Einleitung dieses Verfahrens innerhalb einer Frist von 30 Kalendertagen wird die Bindungswirkung der Streitschlichtungsentscheidung beseitigt (Art. 22 Abs. 12 VO (EG) Nr. 874/2004). Erstaunlich ist, dass die materiellen Bestimmungen des Art. 21 VO (EG) Nr. 874/2004 auch von den staatlichen Gerichten anzuwenden sein sollen.[1] Art. 21 VO (EG) Nr. 874/2004 soll auf diese Weise ein eigenständiges EU-Domainrecht etablieren. Allerdings stellt sich hier die Frage, auf welcher europarechtlichen Grundlage dies geschieht. Die genannte Verordnung ist im europarechtlichen Sinne keine Verordnung, da sie nur von der europäischen Kommission verabschiedet worden ist; es fehlt für eine Verordnung im materiellen rechtlichen Sinne die Einhaltung des Verfahrens unter Einbindung des Europäischen Parlamentes.

---

[1] Siehe dazu auch *Schafft*, GRUR 2004, 986, 989; *Jäger-Lenz*, WRP 2005, 1234.

Drittes Kapitel:
Das Urheberrecht

Literatur: *Bayreuther*, Europa auf dem Weg zu einem einheitlichen Urheberrecht, EWS 2001, 422; *Bortloff*, Erfahrungen mit der Bekämpfung der elektronischen Tonträgerpiraterie im Internet, GRUR Int. 2000, 665; *Erd*, Probleme des Online-Rechts: 3. Datenschutz und Urheberschutz, KJ 2000, 457; *Flechsig*, Urheberrecht in der Wissensgesellschaft, in: ZRP 2004, 249; *Haedicke*, Urheberrecht und Internet im Überblick, JURA 2000, 449; *Klett*, Urheberrecht im Internet aus deutscher und amerikanischer Sicht, Baden-Baden 2000; *Klickermann*, Urheberschutz bei zentralen Datenspeichern, MMR 2007, 7; *Kröger*, Die Urheberrechtsrichtlinie für die Informationsgesellschaft – Bestandsaufnahme und kritische Bewertung, CR 2001, 316; *Lippert*, Filtersysteme zur Verhinderung von Urheberrechtsveretzungen im Internet, CR 2001, 478; *Mayer*, Richtlinie 2001/29/EG zur Harmonisierung bestimmter Aspekte des Urheberrechts und der verwandten Schutzrechte in der Informationsgesellschaft, EuZW 2002, 325; *Mestmäcker*, Unternehmenskonzentrationen und Urheberrechte in der alten und neuen Musikwirtschaft, ZUM 2001, 185; *Metzger/Kreutzer*, Richtlinie zum Urheberrecht in der Informationsgesellschaft, MMR 2002, 139; *Ott*, Die Google Buchsuche – Eine massive Urheberrechtsverletzung?, GRUR Int. 2007, 562; *Schack*, Rechtsprobleme der Online-Übermittlung, GRUR 2007, 639; *Seichter*, Die Verfolgung von Verletzungen geistiger Eigentumsrechte durch Verbraucher im Internet, VuR 2007, 291; *Solmecke*, Rechtliche Beurteilung der Nutzung von Musiktauschbörsen, K&R 2007, 138; *Strömholm*, Alte Fragen in neuer Gestalt – das internationale Urheberrecht im IT-Zeitalter, in: Ganea u.a. (Hrsg.), Urheberrecht. Gestern – Heute – Morgen. Festschrift für Adolf Dietz zum 65. Geburtstag, München 2001, 533; *Zahrnt*, Cyberbusiness. Urheber- und Wettbewerbsrecht, K&R 2001, 65.

I. Vorüberlegungen

Literatur: *Bauer/v. Einem*, Handy-TV – Lizenzierung von Urheberrechten unter Berücksichtigung des „2. Korbs", MMR 2007, 698; *Berger*, Die öffentliche Wiedergabe von urheberrechtlichen Werken an elektronischen Leseplätzen in Bibliotheken, Museen und Archiven – Urheberrechtliche, verfassungsrechtliche und europarechtliche Aspekte des geplanten § 52b UrhG, GRUR 2007, 754; *Grützmacher*, Urheberrecht im Wandel – der Zweite Korb, die Enforcement-RL und deren Umsetzung – Ein Überblick; ITRB 2007, 276; *Hanewinkel*, Urheber versus Verleger – Zur Problematik des § 63a S. 2 UrhG und dessen geplanter Änderung im Zweiten Korb, GRUR 2007, 373; *Hoeren*, Der Zweite Korb – Eine Übersicht zu den geplanten Änderungen im Urheberrechtsgesetz, MMR 2007, 615; *Hucko*, Die unbekannten Nutzungsarten und die Öffnung der Archive nach dem „Zweiten Korb", MR-Int. 2007, 141; *Klett*, Das zweite Gesetz zur Regelung des Urheberrechts in der Informationsgesellschaf (zweiter Korb), K&R 2008, 1; *Langhoff/Oberndörfer/Jani*, Der Zweite Korb der Urheberrechtsreform, ZUM 2007, 593; *Meinke*, Der 2. Korb der Urheberrechtsreform, ZAP Fach 16, 341; *Müller*, Festlegung und Inkasso von Vergütungen für die private Vervielfältigung auf der Grundlage des Zweiten Korbs, ZUM 2007, 777; *Nägele/Nitsche*, Gesetzesentwurf der Bundesregierung zur Verbesserung der Durchsetzung von Rechten des Geistigen Eigentums, WRP 2007, 1047; *Peifer*, Das Urheberrecht und die Wissenschaft, in: UFITA 2007/II, 327; *Scheja/Mantz*, Nach der Reform ist vor der Reform – Der Zweite Korb der Urheberrechtsreform, CR 2007, 715; *Spindler*, Reform des Urheberrechts im „Zweiten Korb", NJW 2008, 9;

Spindler/Weber, Die Umsetzung der Enforcement-RL nach dem Regierungsentwurf für ein Gesetz zur Verbesserung der Durchsetzung von Rechten des geistigen Eigentums, ZUM 2007, 257; *Sprang/Ackermann*, Der zweite Korb aus Sicht der (Wissenschafts-)Verlage, K&R 2008, 7.

Ein Anbieter im E-Commerce muss sich zunächst durch den **Dschungel des Immaterialgüterrechts** wühlen, bevor er mit einem Projekt beginnen kann.[1] Dabei ist vor allem die Abgrenzung von Urheber- und Patentrecht wichtig. Das Urheberrecht schützt künstlerische oder wissenschaftlich-technische Leistungen, die eine gewisse Originalität und Kreativität repräsentieren. Der Schutz besteht unabhängig von einer Registrierung, eines Copyright-Vermerks oder anderer Formalitäten. Der Schutz beginnt mit der Schöpfung des Werkes und endet 70 Jahre nach dem Tod des Urhebers. Neben dem Urheberrecht steht das Patentrecht, das den Schutz innovativer Erfindungen regelt. Für den patentrechtlichen Schutz ist die Anmeldung und Registrierung beim Deutschen (oder Europäischen) Patentamt erforderlich. Der Schutz besteht nur für 20 Jahre ab Anmeldung; danach ist die Erfindung zur Benutzung frei. Neben dem Urheber- und Patentrecht bestehen noch weitere Schutzsysteme, die aber hier allenfalls am Rande erwähnt werden. Dazu zählen

– das Geschmacks- und Gebrauchsmusterrecht

– der ergänzende Leistungsschutz über § 3 UWG

– der Geheimnisschutz (§ 17 UWG)

– der deliktsrechtliche Schutz über § 823 Abs. 1 BGB

– die Möglichkeit einer Eingriffskondiktion (§ 812 Abs. 1 Satz 1, 2. Var. BGB).

Geregelt ist das Urheberrecht im **Urheberrechtsgesetz aus dem Jahre 1965**, einem Regelwerk, das schon aufgrund seines Alters nicht auf das Internet bezogen sein kann. Inzwischen wird bereits über einen „**dritten Korb**" diskutiert, der vor allem Belange der Bildung, Wissenschaft und Forschung im Konflikt mit dem Urheberrecht erneut aufgreifen soll.[2] Weitere bedeutende Änderungen des Urheberrechts, insbesondere im Bereich der Rechtsdurchsetzung, zog die Umsetzung der sog. Enforcement-Richtlinie[3] zum 1. September 2008[4] nach sich.

II. Kollisionsrechtliche Fragen

Literatur: *Geller*, Internationales Immaterialgüterrecht, Kollisionsrecht und gerichtliche Sanktionen im Internet, GRUR Int. 2000, 659; *Halfmeier*, Vom Cassislikör zur E-Commerce-Richtlinie: Auf dem Weg zu einem europäischen Mediendeliktsrecht, in:

---

1 Zum Patentschutz von Geschäftsideen s. *Hössle*, Mitt. 2000, 331.
2 Vgl. z.B. *Czychowski*, GRUR 2008, 586; *Grützmacher*, ITRB 2007, 276.
3 Richtlinie 2004/48/EG des Europäischen Parlaments und des Rates vom 29.4.2004 zur Durchsetzung der Rechte des geistigen Eigentums, ABl. L 157 v. 30.4.2004.
4 BGBl. I 2008, S. 1191.

ZeuP 2001, 837; *Junker*, Anwendbares Recht und internationale Zuständigkeit bei Urheberrechtsverletzungen im Internet, Kassel 2002; *Sack*, Das internationale Wettbewerbs- und Immaterialgüterrecht nach der EGBGB-Novelle, WRP 2000, 269; *Sack*, Das internationale Wettbewerbsrecht nach der E-Commerce-Richtlinie (ECRL) und dem EGG-/TDG-Entwurf, WRP 2001, 1408; *Schack*, Internationale Urheber-, Marken- und Wettbewerbsrechtverletzungen im Internet. Internationales Privatrecht, MMR 2000, 59; *Schack*, Copyright licensing in the internet age. Choice of law and forum, in: Corporations, capital market and business in the law, 2000, 489; *Thum*, Internationalprivatrechtliche Aspekte der Verwertung urheberrechtlich geschützter Werke im Internet, GRUR Int. 2001, 9; *Wilske*, Conflict of Laws in Cyber Torts, CRi 2001, 68.

Die Informationsindustrie ist ein international ausgerichteter Wirtschaftssektor. Informationen sind ihrer Natur nach ubiquitär, d.h. überall verbreitet. Sie können ohne hohen Kostenaufwand reproduziert und – z.B. über internationale Datennetze – in wenigen Sekunden transferiert werden. Gerade Phänomene wie die Satellitenübertragung oder das Internet zeigen, dass nationale Grenzen keine besondere Bedeutung mehr haben. Daher stellt sich vorab die Frage, ob und wann das deutsche Urheberrecht bei Informationsprodukten zur Anwendung kommt.

Für schuldrechtliche Verpflichtungen zur Übertragung von Urheberrechten kann das anwendbare Recht hierbei vertraglich durch eine ausdrückliche oder konkludente **Rechtswahl gem. Art. 3 Rom I-VO** geregelt werden.[1] Die Parteien vereinbaren die Anwendung einer bestimmten Urheberrechtsordnung auf ihre Rechtsbeziehungen. Dabei unterliegt ein Vertrag vorrangig dem von den Parteien gewählten Recht. Treffen die Parteien demnach eine Vereinbarung darüber, welches Recht Anwendung finden soll, ist diese immer vorrangig zu beachten. Insbesondere die Vereinbarung eines Gerichtsstandes soll ein (widerlegbares) Indiz für die Wahl des am Gerichtsort geltenden materiellen Rechts sein.[2]

Jedoch können auch für Urheberrechtsverträge zwingende Vorschriften von Bedeutung sein. Die Bestimmungen des UrhG über den Urheberrechtsvertrag sind dabei aber grundsätzlich nicht international zwingend, es handelt sich insofern lediglich um privatschützende Vorschriften.[3] Umstritten ist allerdings die Einordnung des § 32b UrhG, welcher die zwingende Anwendung des § 32 (angemessene Vergütung) sowie des § 32a (weitere Beteiligung des Urhebers) für bestimmte Fälle vorschreibt.[4]

Darüber hinaus ist zu beachten, dass das gewählte Recht allein für die vertraglichen Rechtsbeziehungen entscheidend ist. So werden die oftmals auftretenden deliktischen Rechtsfragen nicht dem gewählten Vertragsstatut un-

---

[1] MüKo/*Martiny*, Art. 4 Rom I-VO, Rz. 204.
[2] BGH, Urt. v. 5.5.1998 – VII ZR 119/87, MDR 1988, 852; BGH, Urt. v. 8.11.1989 – VIII ZR 1/89, MDR 1990, 536 = CR 1990, 333 = NJW-RR 1990, 182; BGH, Urt. v. 21.1.1991 – II ZR 50/90, NJW 1991, 1418; BGH, Urt. v. 13.6.1996 – IX ZR 172/95, MDR 1997, 27 = NJW 1996, 2569.
[3] MüKo/*Martiny* Art. 4 Rom I-VO, Rz. 205.
[4] MüKo/*Martiny* Art. 4 Rom I-VO, Rz. 208 m.w.N.

terstellt, sondern nach dem Deliktsstatut beurteilt. Für außervertragliche Schuldverhältnisse aus einer Verletzung von Rechten des geistigen Eigentums ist insofern Art. 8 Rom II-VO maßgebend.

Dabei sieht Art. 8 Rom II-VO eine von der Grundanknüpfung des Art. 4 Rom II-VO (**Erfolgsortprinzip**) abweichende Anküpfungsregel vor: Bei einer **Verletzung von Rechten des geistigen Eigentums**, wozu u.a. die Urheberrechte, verwandte Schutzrechte, das Recht sui-generis für Datenbanken sowie gewerbliche Schutzrechte gehören,[1] kommt gem. Art. 8 Abs. 1 Rom II-VO das sog. **Territorialitätsprinzip bzw. Schutzlandprinzip** (*lex loci protectionis*)[2] zum Tragen. Demnach ist das „Recht des Staates anzuwenden, für den der Schutz beansprucht wird".[3]

Eine **Ausnahme** gilt gem. Art. 8 Abs. 2 Rom II-VO **für gemeinschaftsweit einheitliche Schutzrechte**: Dort ist „das Recht des Staates anzuwenden, in dem die Verletzung begangen wurde", es kommt folglich auf den **Handlungsort** an. Zu solchen Schutzrechten zählen zurzeit die Gemeinschaftsmarke (Art. 1 Abs. 2 GMV), das Gemeinschaftsgeschmacksmuster (Art. 1 Abs. 3 GGV), der gemeinschaftliche Sortenschutz (Art. 2 GSortenV) sowie der gemeinschaftsweite Schutz geographischer Herkunftsangaben (Erwägungsgrund Nr. 11 VO (EG) 2006/510).[4] In diesem Sinne sind auch staatsvertragliche Sonderregelungen zu beachten.[5]

Gem. Art. 8 Abs. 3 Rom II-VO ist zudem eine Rechtswahl – unabhängig von deren Zeitpunkt – im Gegensatz zu den schuldrechtlichen Verpflichtungen ausgeschlossen.[6] Eine Auflockerung des Statuts findet weder zu Gunsten des gemeinsamen gewöhnlichen Aufenthalts von Haftendem und Geschädigtem (Art. 4 Abs. 2 Rom II-VO) noch zu Gunsten einer offensichtlich enger verbundenen Rechtsordnung (Art. 4 Abs. 3 Rom II-VO) statt.[7]

Werden durch eine einzige Handlung Immaterialgüterrechte in mehreren Staaten betroffen, so handelt es sich um ein sog. **Multistate-Delikt**. In diesem Zusammenhang bereitet die Geltung des Schutzlandprinzips insb. Rechteverwertern im Internetbereich große Probleme:

Diejenigen, die sich rechtmäßig verhalten wollen, müssten ihre Online-Auftritte **nach den Urheberrechtsordnungen all derjenigen Staaten ausrichten, in**

---

[1] Vgl. Erwägungsgrund Nr. 26 Rom II-VO.
[2] Hk-BGB/*Dörner*, Art. 8 Rom II-VO Rz. 2; jurisPK/*Heinze*, BGB, Art. 8 Rom II-VO Rz. 1.
[3] Art. 8 Abs. 1 Rom II-VO.
[4] Prütting/Wegen/Weinreich/*Schaub/Lingemann*, BGB, 4. Aufl., Art. 8, Rz. 5; jurisPK/*Heinze*, BGB, Art. 8 Rom II-VO, Rz. 11.
[5] Hk-BGB/*Dörner*, Art. 8 Rom II-VO Rz. 2.
[6] Palandt/*Thorn*, BGB, Art. 8 Rom II-VO, Rz. 6; jurisPK/*Heinze*, Art. 8 Rom II-VO, Rz. 21.
[7] Palandt/*Thorn*, BGB, Art. 8 Rom II-VO, Rz. 6; jurisPK/*Heinze*, Art. 8 Rom II-VO, Rz. 1.

denen ihr Angebot abrufbar ist, da jeder dieser Staaten potentiell als Schutzland in Betracht kommt.[1] Damit wird aber der Internetauftritt zu einem rechtlich unmöglichen Unterfangen; denn zu einer effektiven Kontrolle der Rechtmäßigkeit des Auftritts müssten alle weltweit bekannten Urheberrechtsordnungen (technisch gesehen alle Rechtsordnungen der Welt) berücksichtigt werden. Es wäre daher auch möglich, dass sich jemand aus Deutschland vor einem amerikanischen Gericht verantworten muss und dort ggf. einen hohen „punitive damage" (Strafschadensersatz) zahlen muss, weil seine Inhalte dort rechtswidrig sind.

Insofern stellt sich bei Multistate-Verstößen die Frage nach einem **Spürbarkeitskriterium** (z.B. in Gestalt eines „hinreichenden Inlandsbezugs"). Dies ist jedoch eine sachrechtliche Frage, welche durch das zur Anwendung berufene Recht zu entscheiden ist.[2]

Der *BGH* hat dazu bereits Stellung bezogen, indem er entschieden hat, dass nicht jedes im Inland abrufbare Angebot von Dienstleistungen im Internet bei Verwechslungsgefahr mit einem inländischen Kennzeichen kennzeichenrechtliche Ansprüche auslösen könne: Eine Verletzungshandlung bedürfe eines wirtschaftlich relevanten Inlandsbezugs, oder mit den Worten der WIPO eines „commercial effect".[3, 4]

In gewissen **schwerwiegenden Fällen** (insbesondere hinsichtlich der „punitive damages"[5]) kann allerdings auch auf kollisionsrechtlicher Ebene unter Rückgriff auf die öffentliche Ordnung (**ordre public**) des Gerichtsstaates (Art. 26 Rom II-VO) oder aufgrund zwingender Vorschriften (Art. 16 Rom II-VO) die Anwendung des Art. 8 Rom II-VO versagt werden.

Um den oben genannten Problemen zu begegnen, hat die Europäische Kommission in ihrem Grünbuch zur Online-Verbreitung audiovisueller Medien[6] angeregt, das bei Satellitensendungen anzuwendende Ursprungslandprinzip auch bei der Online-Übertragung anzuwenden.[7] Dies könne allerdings zu einem „race-to-the-bottom", also einer Verlegung der Geschäfte in das Land mit dem niedrigsten Schutzniveau, führen. Auch wurde die Kodifizierung eines einheitlichen europäischen Urheberrechts oder die Einführung eines op-

---

1 Zu den damit verbundenen Haftungsproblemen siehe allgemein *Decker*, MMR 1999, 7; *Waldenberger*, ZUM 1997, 176.
2 Palandt/*Thorn*, BGB, Art. 8 Rom II-VO (IPR) Rz. 7; jurisPK/*Heinze*, BGB, Art. 8 Rom II-VO Rz. 12, 15.
3 Vgl. WIPO: Joint Recommendation (Publication 845), Part II: Use of a sign on the internet.
4 *BGH*, Urt. v. 13.10.2004 – I ZR 163/02, MDR 2005, 1005 = CR 2005, 359 m. Anm. *Junker* = NJW 2005, 1435.
5 Vgl. Erwägungsgrund Nr. 32 Rom II-VO – insbesondere „punitive damages".
6 Abrufbar unter http://ec.europa.eu/internal_market/consultations/docs/2011/audiovisual/green_paper_COM 2011_427_en.pdf.
7 Ebd. S. 12.

tionalen europäischen Urheber-Registerrechts neben den nationalen Rechtsordnungen angedacht.[1]

III. Schutzfähige Werke

Literatur: *Büchner*, Die urheberrechtliche Schutzfähigkeit virtueller Güter, K&R 2008, 425; *Jaeger/Koglin*, Der rechtliche Schutz von Fonts, CR 2002, 169; *Kazemi*, Online-Nachrichten in Suchmaschinen – Ein Verstoß gegen das deutsche Urheberrecht?, CR 2007, 94; *Solmecke/Bärenfänger*, Urheberrechtliche Schutzfähigkeit von Dateifragmenten – Nutzlos = Schutzlos, MMR 2011, 567; *Thormann*, Links und Frames und ihr Rechtsschutz im Internet, Mitt. 2002, 311.

Wenn das deutsche Urheberrecht kollisionsrechtlich also Anwendung findet, fragt sich als nächstes, welche Werke urheberrechtlich überhaupt schutzfähig sind.

1. Der Katalog geschützter Werkarten

Nach § 1 UrhG erstreckt sich der Schutz auf **Werke der Literatur, Wissenschaft und Kunst**. Software wird als Werk der Literatur angesehen und ist deshalb in § 2 Abs. 1 Nr. 1 UrhG ausdrücklich in die Kategorie der Sprachwerke aufgenommen worden. **Bei multimedialen Werken** ist im Einzelfall zu klären, ob es sich bei dem Produkt um ein filmähnliches Werk, ein Werk der bildenden Kunst oder aber ein Sprachwerk handelt.[2]

§ 2 Abs. 1 UrhG enthält einen **Beispielskatalog** geschützter Werke, der für künftige technische Entwicklungen offen ist. Als Werke der Literatur, Wissenschaft und Kunst sind hiernach etwa Sprachwerke, Werke der Musik, Werke der bildenden Kunst sowie Lichtbild- und Filmwerke geschützt. Geschützt sein kann z.B. die Sprachgestaltung von Webseiten, wenn der Text eine individuelle Wortwahl und Gedankenführung aufweist.[3]

Zu den klassischen Werken treten in der Zwischenzeit neue internetspezifische Werkarten. Insbesondere sei hier für den Fernsehbereich auf den Bereich der **virtuellen Figuren** verwiesen.[4] Solche Computeranimationen sind meist als Werke der bildenden Kunst anzusehen und dementsprechend über § 2 Abs. 1 Nr. 4 UrhG geschützt; dieser Schutz erstreckt sich auch auf das elektronische Bewegungsgitter der Figur. Die grundsätzliche Schutzfähigkeit

---

[1] Ebd. S. 13.
[2] Vgl. z.B. für Webseiten *OLG Rostock*, Beschl. v. 27.6.2007 – 2 W 12/07, CR 2007, 739 = MMR 2008, 116; die für ein Literaturwerk erforderliche Gestaltungshöhe könne u.a. durch Suchmaschinen-Optimierung erreicht werden.
[3] *LG Köln*, Urt. v. 12.8.2009 – 28 O 396/09.
[4] Vgl. hierzu *Schulze*, ZUM 1997, 77 sowie allgemeiner *Rehbinder*, Zum Urheberrechtsschutz für fiktive Figuren, insbesondere für die Träger von Film- und Fernsehserien, Baden-Baden 1988.

solcher virtueller Güter wurde in letzter Zeit v.a. im Zusammenhang mit dem sog. „Second Life" relevant.[1]

Besondere Probleme bereiten **computergenerierte Werke**. Computer sind in der Lage, Grafiken (sog. Fraktale) zu generieren, Software zu programmieren oder gar Liebesgedichte zu schreiben. In diesen Fällen fragt sich, ob man hier noch von Werken individueller Schöpfer reden kann. Meist wird darauf abgestellt, dass die Computer nur deshalb „kreativ" sein können, weil sie ihrerseits von einem menschlichen Programmierer zur „Kreativität" programmiert sind. Diesem Programmierer sollen dann auch die Rechte an den abgeleiteten Werken zustehen. Zumindest ist dies die gesetzgeberische Lösung im britischen Copyright, Designs and Patents Act von 1988.[2] In Deutschland wird immer noch stark die Auffassung vertreten, dass solche Werke nicht schutzfähig seien.

2. Idee – Form

Literatur: *Heinkelein*, Der Schutz der Urheber von Fernsehshows und Fernsehformaten, Baden-Baden 2004; *Hertin*, Zur urheberrechtlichen Schutzfähigkeit von Werbeleistungen unter besonderer Berücksichtigung von Werbekonzeptionen und Werbeideen, GRUR 1997, 799.

Zu bedenken ist aber, dass das Urheberrechtsgesetz **nur die Form eines Werkes** schützt, d.h. die Art und Weise seiner Zusammenstellung, Strukturierung und Präsentation. **Die Idee, die einem Werk zugrunde liegt, ist nicht geschützt**. Je konkreter einzelne Gestaltungselemente übernommen worden sind, desto näher ist man an einer Urheberrechtsverletzung. Schwierig, ja fast unmöglich scheint aber die Grenzziehung zwischen Idee und Form. Hier wird man sich klarmachen müssen, dass die Unterscheidung nicht ontologisch erfolgen darf, sondern auf einer gesellschaftlichen Entscheidung zu Gunsten des Freihaltebedürfnisses, also der freien Nutzung, beruht. Im Übrigen gilt es zu bedenken, dass das Zivilrecht durchaus auch ein Eigentumsrecht an Daten vorsieht. So soll der Arbeitgeber nach § 950 BGB das Eigentumsrecht an Software bekommen, die der Arbeitnehmer auf ein Notebook aufspielt.[3]

Zu den freien Ideen gehören z.B. Werbemethoden, wissenschaftliche Lehren sowie sonstige Informationen, die als Allgemeingut anzusehen sind. Im **Fernsehbereich** spielt die Abgrenzung von Idee und Form eine zentrale Rolle, wenn es um die Frage der **Showformate** geht.[4] Dies bekräftigte der *BGH* in der Entscheidung zur Kinderfernsehserie „Kinderquatsch mit Michael". Der Vor-

---

[1] *LG Köln*, Urt. v. 21.4.2008 – 28 O 124/08, CR 2008, 463 = K&R 2008, 477 m. Anm. *Büchner* zur schutzfähigen Nachbildung des Kölner Doms im „Second Life".
[2] Ähnlich auch *öOGH*, Urt. v. 21.12.2004 – 4 Ob 252/04v, Medien und Recht 2004, 265.
[3] *LAG Chemnitz*, Urt. v. 17.1.2007 – 2 Sa 808/05, CR 2008, 553 m. Anm. *Redeker* = CR 2008, 352 = MMR 2008, 416.
[4] S. *Litten*, MMR 1998, 412.

wurf französischer Produzenten, diese Serie lehne sich unzulässig an das Format der seit 1977 in Frankreich ausgestrahlten Sendereihe „L'école des fans" an, blieb in allen Instanzen ohne Erfolg. Nach Auffassung des *BGH* ist das Format von „L'école des fans" nicht urheberrechtlich schutzfähig. Das Format für eine Fernsehshowreihe, in dem die Konzeption für eine Unterhaltungssendung mit Studiopublikum ausgearbeitet ist (hier: Gesangsauftritte von kleinen Kindern und Gaststars), sei im Allgemeinen nicht urheberrechtlich schutzfähig.[1] Die Idee zu einer neuen Spielshow ist demnach ebenso wenig schutzfähig[2] wie der Hinweis auf neue Themen für die Berichterstattung. Ein Schutz kommt für den audiovisuellen Bereich nur bei ausgearbeiteten Treatments oder Drehbüchern in Betracht.

Auch für die **Werbebranche** bringt dies erhebliche Schutzbeschränkungen mit sich. So sind zwar Werbeanzeigen dem Schutz des UrhG zugänglich. Sie müssen hierzu aber in ihren individuellen Bestandteilen eine eigenschöpferische Prägung und Gestaltung aufweisen. Bei einem Gesamtvergleich mit vorbestehenden Gestaltungen müssen sich schöpferische Eigentümlichkeiten ergeben, die über das Handwerksmäßige und Durchschnittliche deutlich hinausragen. Die Idee, als erster eine **Werbemethode** auf bestimmte Produkte anzuwenden, reicht für einen urheberrechtlichen Schutz nicht aus. Es kommt vielmehr auf die Umsetzung dieser Idee in Form und Inhalt an.[3] Die abstrakte Idee und Konzeption einer Werbekampagne, die noch keinen schöpferischen Ausdruck in einer bestimmten Gestaltung gefunden hat, genießt daher keinen urheberrechtlichen Schutz.[4]

Im **Softwarebereich** bestimmt § 69a Abs. 2 Satz 2 UrhG ausdrücklich, dass Ideen und Grundsätze, auf denen ein Element des Computerprogramms basiert, sowie die den Schnittstellen zugrunde liegenden Grundsätze nicht geschützt sind. Das bedeutet, dass die Verfahren zur Lösung eines Problems und die **mathematischen Prinzipien** in einem Computerprogramm grundsätzlich nicht vom urheberrechtlichen Schutz umfasst werden, wobei wiederum die Abgrenzung zu der geschützten konkreten Ausformulierung dieser Grundsätze äußerst schwierig ist.

Während bei wissenschaftlichen und technischen Inhalten ein besonderes Freihaltebedürfnis besteht, kommt bei **literarischen Werken** eher ein Schutz des Inhalts in Betracht. So bejaht die Rechtsprechung einen Urheberrechtsschutz bei Romanen nicht nur für die konkrete Textfassung, sondern auch für eigenpersönlich geprägte Bestandteile des Werks, die auf der schöpferischen

---

[1] *BGH*, Urt. v. 26.6.2003 – I ZR 176/01, MDR 2003, 1366 = NJW 2003, 2828, BGHZ 155, 257.
[2] Vgl. *OLG München*, Urt. v. 21.1.1999 – 29 W 3422/98, ZUM 1999, 244.
[3] *OLG Düsseldorf*, Urt. v. 19.3.1996 – 20 U 178/94, ZUM 1998, 65, bestätigt durch *BGH*, Urt. v. 3.11.1999 – I ZR 55/97, GRUR 2000, 317.
[4] *OLG Köln*, Beschl. v. 22.6.2009 – 6 U 226/08, ZUM 2010, 179 = GRUR-RR 2010, 140 = AfP 2010, 273.

Phantasie des Urhebers beruhen, wie etwa der Gang der Handlung und die Charakteristik und Rollenverteilung der handelnden Personen.[1]

Für den Betroffenen ist die freie Nutzbarkeit von Ideen ein unlösbares Problem. Es gibt zahlreiche Branchen, deren Kreativität und Erfolg einzig und allein auf Ideen beruht. So bedarf es in der Werbebranche oft einiger Mühen, um die Idee für eine Werbestrategie zu entwickeln. Auch in der schnelllebigen Fernsehbranche haben Einfälle für neue Sendekonzepte eine enorme Bedeutung. In all diesen Branchen steht der Ideengeber schutzlos da. Er kann sich gegen die Verwertung seiner Einfälle nicht zur Wehr setzen. Auch eine Hinterlegung oder Registrierung hilft hier nicht weiter, da diese nichts an der Schutzunfähigkeit von Ideen ändert. Die gewerblichen Schutzrechte (insbes. das PatentG und GebrauchsmusterG) bieten nur unter sehr hohen Voraussetzungen einen Schutz für technische Erfindungen. Auch das Wettbewerbsrecht (UWG) schützt grundsätzlich nicht vor der Übernahme von Ideen.

3. Schutzhöhe

Literatur: *Häuser*, Sound und Sampling, München 2002; *Röhl*, Die urheberrechtliche Zulässigkeit des Tonträger-Sampling, K&R 2009, 117; *Schack*, Zu den Ansprüchen des Tonträgerherstellers wegen Sound Sampling, JZ 2009, 475; *Stieper*, Zur Frage der Urheber- und Leistungsschutzrechteverletzung durch Sound Sampling, ZUM 2009, 223.

Nach § 2 Abs. 2 UrhG sind Werke im Sinne des Gesetzes nur solche, die als **persönliche geistige Schöpfungen** angesehen werden können. Das Gesetz verweist mit dem Erfordernis der „Schöpfung" auf die **Gestaltungshöhe**, die für jedes Werk im Einzelfall nachgewiesen sein muss. Nicht jedes Werk ist geschützt, sondern nur solche, deren Formgestaltung ein hinreichendes Maß an Kreativität beinhaltet.

In der Rechtsprechung wird **zwischen Werken der schönen und der angewandten Künste unterschieden**. Die **schönen Künste** gehören zu den traditionellen Schutzgütern des Urheberrechts. Hier reicht es daher aus, dass die Auswahl oder Anordnung des Stoffes individuelle Eigenarten aufweist. Das *Reichsgericht* hat hierzu die Lehre von der sog. **kleinen Münze**[2] eingeführt, wonach bereits kleinere Eigenarten im Bereich der schönen Künste die Schutzfähigkeit begründen können. Großzügig ist man z.B. bei dem Schutz von Kontaktanzeigen eines Eheanbahnungsinstituts.[3]

Für **Werke der angewandten Kunst**, einschließlich von Gebrauchstexten, ist auf jeden Fall ein **erhöhtes Maß an Gestaltungshöhe** erforderlich. Wie *Erdmann*[4] betont hat, können die Anforderungen an die Gestaltungshöhe bei ein-

---
1 *BGH*, Urt. v. 29.4.1999 – I ZR 65/96, MDR 1999, 1454 = ZUM 1999, 644, 647; *OLG München*, Urt. v. 17.12.1998 – 29 U 3350/98, ZUM 1999, 149, 151.
2 *RGSt* 39, 282, 283 – Theaterzettel; RGZ 81, 120, 122 – Kochrezepte; 116, 292, 294 – Adressbuch.
3 *LG München I*, Urt. v. 12.11.2008 – 21 O 3262/08.
4 *Erdmann*, FS von Gamm 1990, S. 389, 401.

zelnen Werkarten unterschiedlich sein und bei der zweckfreien Kunst höher liegen als bei gebrauchsbezogenen, gewerblichen Werken.[1] Gerade deshalb hat der *BGH* auf das Erfordernis bestanden, dass die Form letzterer Werke deutlich die Durchschnittsgestaltung übersteigen müsse.[2] Die individuellen Eigenarten müssten auf ein überdurchschnittliches Können verweisen. Erst weit jenseits des Handwerklichen und Durchschnittlichen setze hier die Schutzhöhe an.[3] Dies sei allein schon deshalb geboten, weil sonst die Abgrenzung zwischen dem Urheberrecht und dem bei Werken der angewandten Kunst ebenfalls einschlägigen Geschmacksmustergesetz hinfällig würde. Im Übrigen wäre eine Herabsenkung der Gestaltungshöhe in diesem Bereich gefährlich.[4] Denn eine solch großzügige Rechtsprechung würde das Risiko schaffen, dass der Schutz des Urheberrechts über den eigentlichen Kernbereich von Literatur, Musik und Kunst hinaus uferlos ausgeweitet würde und auch bei minimaler kreativer Gestaltung ein monopolartiger Schutz bis 70 Jahre nach Tod des Urhebers bejaht werden müsste. Unter die Gebrauchswerke fällt der gesamte Bereich der Werbung. Im literarischen Bereich sind auch Musterverträge als Gebrauchswerke anzusehen und damit regelmäßig nicht schutzfähig.[5] Allgemeine Geschäftsbedingungen können im Einzelfall ausnahmsweise als (wissenschaftliches Gebrauchs-) Sprachwerk i.S.v. § 2 Abs. 1 Nr. 1 UrhG urheberrechtsfähig sein, wenn sie eine persönliche geistige Schöpfung darstellen.[6]

Teilweise wird diese traditionelle Sichtweise jedoch kritisiert. So wird das Kriterium der Gestaltungshöhe als „spezifisch deutschrechtlich" angesehen und aufgrund europäischer Harmonisierungstendenzen eine Abkehr von diesem Konzept gefordert.[7] Diese Auffassung verkennt jedoch, dass auch in anderen Mitgliedstaaten der Europäischen Union, insbesondere soweit diese der kontinental-europäischen Tradition des „droit d'auteur" zuzurechnen sind, immer noch ein hoher Grad an Schöpfungshöhe als Grundbedingung eines ur-

---

[1] Diese Zweiteilung ist verfassungsrechtlich unbedenklich; *BVerfG*, Beschl. v. 26.1.2005 – 1 BvR 1571/02, NJW-RR 2005, 686.
[2] *BGH*, Urt. v. 17.4.1986 – 1 ZR 213/83, MDR 1986, 999 = GRUR 1986, 739 – Anwaltsschriftsatz; s. auch *BGH*, Urt. v. 21.5.1969 – 1 ZR 42/67, GRUR 1972, 38, 39 – Vasenleuchter; *BGH*, Urt. v. 9.5.1985 – I ZR 52/83, BGHZ 94, 276, 286 = MDR 1986, 121 = CR 1985, 22 – Inkasso-Programm; *BGH*, Urt. v. 22.6.1995 – I ZR 119/93, MDR 1995, 1229 = GRUR 1995, 581 f. – Silberdistel. Deutlich auch formuliert in *Brandenburgisches OLG*, Urt. v. 16.3.2010 – 6 U 50/09.
[3] Anders die österreichische Rechtsprechung, die nur darauf abstellt, dass individuelle, nicht-routinemäßige Züge vorliegen; siehe etwa *öOGH*, Beschl. v. 24.4.2001 – 4 Ob 94/01d, MMR 2002, 42 – telering.at.
[4] Siehe etwa *Schraube*, UFITA 61 (1971), 127, 141; *Thoms*, Der urheberrechtliche Schutz der kleinen Münze, München 1980, 260 m.w.N.
[5] *LG Stuttgart*, Beschl. v. 6.3.2008 – 17 O 68/08 – NJOZ 2008, 2776.
[6] *OLG Köln*, Urt. v. 27.2.2009 – 6 U 193/08.
[7] *Schricker*, GRUR 1996, 815, 818; ähnlich auch *Schricker*, FS Kreile, S. 715 und *Schricker*, GRUR 1991, Band II, 1095, 1102; *Nordemann/Heise*, ZUM 2001, 128.

heberrechtlichen Schutzes angesehen wird.[1] Selbst in der US-amerikanischen Rechtsprechung machen sich Tendenzen bemerkbar, erhöhte qualitative Kriterien an die Gewährung des Copyright anzulegen.[2] Umgekehrt vertritt der *EuGH* nunmehr, dass das Schutzniveau zugunsten der Urheber weit auszulegen sei und damit zum Beispiel durchaus Textauszüge mit 11 Wörtern urheberrechtlich geschützt sein könnten.[3] Entscheidend sei, dass der Urheber „seinen schöpferischen Geist in origineller Weise zum Ausdruck" bringt. Die deutsche Rechtsprechung ist im Hinblick auf Textbestandteile und deren Schutz immer noch skeptisch. So wurde ein Schutz verneint für „Thalia verführt zum Lesen" in der Werbung für eine Buchhandlung.[4] Großzügiger ist man im Markenrecht; dort werden die Kürze, Originalität und Prägnanz eines Slogans als wichtige Indizien angesehen, die für eine Unterscheidungskraft eines Zeichens sprechen können.[5] Der EuGH hat dementsprechend „Vorsprung durch Technik" in vielen Warenklassen als eintragungsfähig anerkannt; er will Slogans mit einer „gewissen Originalität oder Prägnanz" schützen, die sie leicht merkfähig machen, ein Mindestmaß an Interpretationsaufwand erfordern oder bei den angesprochenen Verkehrskreisen einen Denkprozess auslösen.[6]

Die Übernahme des Quelltextes einer Webseite mit Anzeigen ist nach Auffassung des *OLG Frankfurt*[7] weder als Urheberrechtsverstoß noch als Verstoß gegen das Wettbewerbsrecht anzusehen. Das Umsetzen in Html-Code sei keine persönliche geistige Schöpfung wie sie ein urheberrechtlicher Werkschutz voraussetze. Mangels Programmierleistung komme auch ein urheberrechtlicher Schutz als Computerprogramm nicht in Betracht. Ferner verletze die Übernahme der Seite durch den Mitkonkurrenten nach Ansicht des Gerichts nicht das Wettbewerbsrecht. Rechtswidrig ist eine Übernahme fremder Leistungen grundsätzlich dann, wenn die übernommenen Inhalte wettbewerbliche Eigenart besitzen und besondere Unlauterkeitsmerkmale eine relevante subjektive Behinderung des nachgeahmten Konkurrenten begründen. Eine wettbewerbliche Eigenart sei aber in der Internetseite nicht zu erkennen, da diese in Aufbau, Logik der Darstellung, Inhalt sowie grafischer Aufbereitung

---

[1] Vgl. *Dietz*, Das Urheberrecht in der Europäischen Gemeinschaft, Baden-Baden 1978, Rz. 78; *Cerina*, IIC 1993, 579, 582; *Colombet*, Major principles of copyright and neighbouring rights in the world, Paris 1987, 11.
[2] Siehe etwa die Entscheidung des Supreme Court of the United States No. 89-1909 vom 27.3.1991 in Sachen Feist Publications Inc. vs. Rural Telephone Service Company, Sup. Ct. 111 (1991), 1282, GRUR Int. 1991, 933.
[3] *EuGH*, Urt. v. 16.7.2009 – C-5/08.
[4] *LG Mannheim*, Urt. v. 11.12.2009 – 7 O 343/08, ZUM 2010, 911 = GRUR-RR 2010, 462.
[5] *BGH*, Beschl. v. 4.12.2008 – I ZB 48/08 – Willkommen im Leben; *BGH*, Beschl. v. 2.1.2009 – I ZB 34/08 – My World; *BGH*, Beschl. v. 1.7.2010 – I ZB 35/09.
[6] *EuGH*, Urt. v. 21.1.2010 – C-398/08 P, Vorsprung durch Technik.
[7] *OLG Frankfurt a.M.*, Urt. v. 22.3.2005 – 11 U 64/04, CR 2006, 198 = MMR 2005, 705.

keine Besonderheiten gegenüber üblichen Online-Stellenmarktanzeigen aufweise und auch die Erstellung keinen erheblichen Aufwand erfordert habe.

Schwierigkeiten bereiten Onlineauftritte auch insofern, als teilweise nicht ganze Sprach-, Lichtbild- oder Filmwerke eingespeist, sondern kleinste Partikel der betroffenen Werke verwendet werden. So wird etwa bei Musik manchmal lediglich der **Sound** kopiert; die Melodie hingegen wird nicht übernommen.[1] Bei Musik ist regelmäßig nur die Melodie – allerdings schon bei geringer Kreativität[2] – geschützt. Außerhalb des urheberrechtlichen Schutzbereiches liegen die rein handwerkliche Tätigkeit, die kein geistiges Schaffen ist, und alle gemeinfreien Elemente – so die formalen Gestaltungselemente, die auf den Lehren von Harmonik, Rhythmik und Melodik beruhen.[3]

Schlagzeugfiguren, Bassläufe oder Keyboardeinstellungen sind folglich nach allgemeiner Auffassung[4] urheberrechtlich nicht geschützt, da sie nicht melodietragend, sondern lediglich abstrakte Ideen ohne konkrete Form seien. Ähnliches gilt für **Klangdateien** (sog. Presets).[5] Insoweit rächt sich die Unterscheidung von Idee und Form, die dazu führt, dass nur die Melodie als urheberrechtsfähig angesehen wird. Hier ist ein Umdenken erforderlich, das auch den Sound als grundsätzlich urheberrechtsfähig begreift.[6] Nicht geschützt ist nach Auffassung des *OLG Hamm*[7] die Gestaltung von Webbuttons. Ähnlich soll eine Menüführung für ein multimediales Werk nicht schutzfähig sein.[8]

Als Problem haben sich in junger Vergangenheit immer wieder die Verwendung von **Songtexten**[9] und **Kartenausschnitten**[10] erwiesen. Die Verwendung

---

1 Vgl. *Allen*, Entertainement & Sports Law Review 9 (1992), 179, 181; *Keyt*, CalLR 76 (1988), 421, 427; *McGraw*, High Technology LJ 4 (1989), 147, 148. Zum deutschen Recht siehe *Bortloff*, ZUM 1993, 476; *Lewinski*, Verwandte Schutzrechte, in: Schricker (Hrsg.), Urheberrecht auf dem Weg zur Informationsgesellschaft, Baden-Baden 1997, 231; *Münker*, Urheberrechtliche Zustimmungserfordernisse beim Digital Sampling, Frankfurt 1995.
2 *LG Hamburg*, Urt. v. 23.3.2010 – 308 O 175/08: „individuelle Tonfolgen mit Wiedererkennungseffekt".
3 *BGH*, Urt. v. 26.9.1980 – I ZR 17/78, MDR 1981, 641 = GRUR 1981, 267/268 – Dirlada; vgl. auch *BGH*, Urt. v. 3.2.1988 – I ZR 143/86, MDR 1988, 838 = GRUR 1988, 810 – Fantasy und 812 – Ein bisschen Frieden sowie *BGH*, Urt. v. 24.1.1991 – I ZR 72/89, MDR 1991, 1057 = GRUR 1991, 533 – Brown Girl II.
4 So etwa *Wolpert*, UFITA 50 (1967), 769, 770.
5 *LG Rottweil*, ZUM 2002, 490.
6 Siehe hierzu die Nachweise bei *Bindhardt*, Der Schutz von in der Popularmusik verwendeten elektronisch erzeugten Einzelsounds nach dem Urheberrechtsgesetz und dem Gesetz gegen den unlauteren Wettbewerb, Frankfurt 1998, 102; *Bortloff*, ZUM 1993, 477; *Hoeren*, GRUR 1989, 11, 13; *Müller*, ZUM 1999, 555.
7 *OLG Hamm*, Urt. v. 24.8.2004 – 4 U 51/04, MMR 2005, 106.
8 *LG Köln*, Urt. v. 15.6.2005 – 28 O 744/04, MMR 2006, 52.
9 *LG Berlin*, Urt. v. 14.6.2005 – 16 O 229/05, MMR 2005, 718.
10 *BGH*, Urt. v. 23.6.2005 – I ZR 227/02, CR 2005, 852 = MDR 2006, 104 = GRUR 2005, 854; *OLG Hamburg*, Beschl. v. 8.2.2010 – 5 W 5/10, CR 2010, 478 = MMR 2010, 418; *AG Charlottenburg*, Urt. v. 17.11.2005 – 204 C 356/05, GRUR-RR 2006, 70.

eines Stadtplankartenausschnitts ist ohne Einwilligung des Inhabers der entsprechenden Urheberrechte unzulässig.[1]

Ein ganz besonderes Problem bereiten **Fotos** und deren Verwendung im Internet. Nach § 72 UrhG ist jedwedes Foto als sog. Lichtbild durch § 72 UrhG geschützt; besonders kreative Fotos gelten als Lichtbildwerke (§ 2 Abs. Nr. 5 UrhG). Wegen der sehr weiten Schutzfähigkeit nahezu aller Fotos sollte man unbedingt darauf achten, nicht im Rahmen von Copy&Paste fremdes Bildmaterial zu kopieren und in die eigene Webseite einzufügen. Dies zieht schnell eine Abmahnung mit hohen Schadensersatzforderrungen nach sich, zumal Fotografen wegen der illegalen Vervielfältigung und der fehlenden Namensnennung im Kern doppelten Schadensersatz verlangen können. Geschützt sind demnach zum Beispiel auch die Fotos eines Kfz-Sachverständigen von Unfallautos.[2]

Für die Frage der Urheberschaft eines Fotografen an bestimmten Fotografien spricht ein erster Anschein, wenn er einer Person, die diese Fotos später auf ihrer Homepage nutzt, die entsprechenden Fotodateien zuvor auf Speichermedien übergeben hat.[3] Kann ein Fotograf eine ganze Serie von zusammenhängenden Fotos im Prozess vorlegen, spricht ein erster Anschein dafür, dass sämtliche Fotos dieser Fotoserie von ihm stammen. Aus den Metadaten zu einer Fotodatei lassen sich aufgrund ihrer Manipulierbarkeit keine zuverlässigen Rückschlüsse auf die Wahrheit der darin enthaltenen Informationen schließen, so dass sie als Beweis des ersten Anscheins hierfür ungeeignet sind. Der Kunde darf Portraitfotos auch dann nicht auf seiner Homepage veröffentlichen, wenn er dieses Vorhaben während der Auftragserteilung erwähnt hat.[4] Die Übergabe der digitalen Bilddateien gegen zusätzliches Entgelt geschehe lediglich, um dem Kunden die Möglichkeit zum hochauflösenden Ausdruck zu geben und bedeute keine konkludente Einwilligung.

IV. Leistungsschutzrechte

Neben den Rechten des Urhebers bestehen noch die sog. **Leistungsschutzrechte** (§§ 70–94 UrhG). Hierbei genießen Leistungen auch dann einen Schutz durch das Urheberrechtsgesetz, wenn sie selbst keine persönlich-geistigen Schöpfungen beinhalten. Allerdings ist der Schutz gegenüber urheberrechtsfähigen Werken durch Umfang und Dauer beschränkt (meist auf 50 Jahre nach entsprechender Leistung).

---

1 *OLG Hamburg*, Urt. v. 28.4.2006 – 5 U 199/05, MDR 2006, 1183 = K&R 2006, 528; *LG München I*, Urt. v. 15.11.2006 – 21 O 506/06, CR 2007, 674 = MMR 2007, 396.
2 *BGH*, Urt. v. 29.4.2010 – I ZR 68/08, CR 2010, 540 = MDR 2010, 1136 (OLG Hamburg), GRUR 2010, 623.
3 *LG München I*, Urt. v. 21.5.2008 – 21 O 10753/07 – MMR 2008, 622 m. Anm. *Knopp*.
4 *LG Köln*, Urt. v. 20.12.2006 – 28 O 468/06, MMR 2007, 466 m. Anm. *Nennen*.

Von besonderer Bedeutung sind vor allem fünf Arten von Leistungsschutzrechten:
- der Schutz des Lichtbildners (§ 72 UrhG),
- der Schutz der ausübenden Künstler (§§ 73–84 UrhG),
- der Schutz der Tonträgerhersteller (§§ 85, 86 UrhG),
- der Schutz der Filmhersteller (§§ 88–94 UrhG),
- der sui generis Schutz für Datenbankhersteller (§§ 87a–87e UrhG).

Leistungsschutzrechte für Verleger fehlen, werden aber gerade in der jetzigen Diskussion rund um Google politisch gefordert. Im Übrigen genießen alle oben erwähnten Leistungsschutzberechtigten einen spezialgesetzlich verankerten und letztendlich **wettbewerbsrechtlich begründeten Schutz** ihrer Leistungen. Die Leistung des Lichtbildners besteht z.B. darin, Fotografien herzustellen, deren Originalität unterhalb der persönlich-geistigen Schöpfung angesiedelt ist. Der ausübende Künstler genießt Schutz für die Art und Weise, in der er ein Werk vorträgt, aufführt oder an einer Aufführung bzw. einem Vortrag künstlerisch mitwirkt (§ 73 UrhG). Der Tonträgerhersteller erbringt die technisch-wirtschaftliche Leistung der Aufzeichnung und Vermarktung von Werken auf Tonträger (§ 85 UrhG). Der Filmhersteller überträgt Filmwerke und Laufbilder auf Filmstreifen (§§ 94, 95 UrhG). Ein Hersteller von Datenbanken wird schließlich aufgrund der investitionsintensiven Beschaffung, Überprüfung und Darstellung des Inhalts seiner Datenbank geschützt (§§ 87a ff. UrhG).

1. Ausübende Künstler, §§ 73–84 UrhG

Problematisch ist z.B. die Stellung des ausübenden Künstlers, insbesondere im Fall der **Übernahme von Sounds eines Studiomusikers**.[1] Nach § 77 Abs. 2 UrhG dürfen Bild- und Tonträger, auf denen Darbietungen eines ausübenden Künstlers enthalten sind, nur mit dessen Einwilligung vervielfältigt werden. Dieses Recht steht nach herrschender Auffassung auch dem Studiomusiker zu, auch wenn er unmittelbar kein Werk vorträgt oder aufführt (vgl. § 73 UrhG).[2] Beim Sound-Sampling kann sich ein Studiomusiker nur dann gegen die Integration „seiner" Sounds zur Wehr setzen, wenn die Leistung des Musikers zumindest ein Minimum an Eigenart aufweist.[3]

---

[1] Allgemein dazu *Müller*, ZUM 1999, 555.
[2] *Gentz*, GRUR 1974, 328, 330; *Schack*, Urheber- und Urhebervertragsrecht, Tübingen 1997, Rz. 589; *Schricker/Krüger*, Urheberrecht, 3. Aufl., München 2006, § 73 Rz. 16. Teilweise wird § 73 analog angewendet; vgl. *Dünnwald*, UFITA 52 (1969), 49, 63 f.; *Dünnwald*, UFITA 65 (1972), 99, 106.
[3] Abweichend *Möhring/Nicolini*, § 73 Rz. 2: „Es ist dabei nicht notwendig, dass der Vortrag oder die Aufführung des Werkes oder die künstlerische Mitwirkung bei ihnen einen bestimmten Grad künstlerischer Reife erlangt hat."

2. Tonträgerhersteller, §§ 85, 86 UrhG

Schwierigkeiten bereitet auch die **Rechtsstellung des Tonträgerherstellers im Hinblick auf neue Verwertungstechnologien**.

Überträgt er urheberrechtlich geschützte Musikwerke auf Tonträger und werden die Tonträger ungenehmigt ganz oder teilweise kopiert, kann er sich unzweifelhaft auf ein Leistungsschutzrecht aus § 85 Abs. 1 UrhG berufen. Streitig ist jedoch, ob sich das Herstellerunternehmen zum Beispiel gegen **Sound-Klau** zur Wehr setzen kann, auch wenn Sounds als solche nicht urheberrechtsfähig sind.[1] Die Streitfrage ist inzwischen vom *BGH* entschieden.[2] Hiernach greift bereits derjenige in Rechte des Tonträgers ein, der einem fremden Tonträger kleinste Tonfetzen entnimmt. Die Bestimmungen des § 85 Abs. 1 UrhG zum Tonträgerherstellerrecht schütze die zur Feststellung der Tonfelder auf den Tonträger erforderliche wirtschaftliche, organisatorische und technische Leistung des Tonträgerherstellers. Da der Tonträgerhersteller diese Leistung für den gesamten Tonträger erbringe, gebe es kein Teil des Tonträgers, auf den nicht ein Teil dieses Aufwands entfiele und der nicht geschützt wäre. Ein Eingriff in die Rechte des Tonträgerherstellers sei deshalb bereits dann anzunehmen, wenn einem fremden Tonträger kleinste Tonfetzen entnommen würden. Zu prüfen sei aber noch durch das Berufungsgericht, ob nicht doch ein Recht auf freie Benutzung vorliege. Nach § 24 Abs. 1 UrhG könne auch die Benutzung fremder Tonträger ohne Zustimmung des Berechtigten erlaubt sein, wenn das neue Werk einen so großen Abstand zu dem benutzten Werk halte, dass es als selbstständig anzusehen sei. Eine freie Benutzung sei aber von vornherein ausgeschlossen, wenn derjenige, der die fremden Töne verwendet, selbst befugt und befähigt sei, diese einzuspielen. Ferner komme eine freie Benutzung nicht in Betracht, wenn es sich bei der erkennbar dem benutzten Tonträger entnommenen und dem neuen Werk zugrunde gelegten Tonfolge um eine Melodie i.S.v. § 24 Abs. 2 UrhG handele.

Schlecht sieht es für die Musikproduzenten aus, soweit es um **Internet-Radio** geht. Die Produzenten verfügen zwar über ein eigenes Leistungsschutzrecht; dieses erstreckt sich jedoch nur auf die Kontrolle der Vervielfältigung und Verbreitung der von ihnen produzierten Tonträger, § 85 Abs. 1 UrhG. Für die Ausstrahlung einer auf einem Tonträger fixierten Darbietung eines ausübenden Künstlers steht dem Hersteller des Tonträgers nur ein Beteiligungsanspruch gegenüber dem ausübenden Künstler nach § 86 UrhG zu, der von einer Verwertungsgesellschaft wahrgenommen wird. Der Produzent hat folglich keine Möglichkeit, die Ausstrahlung einer so fixierten Darbietung im Rahmen eines Internet-Radiodienstes zu unterbinden. Gerade digitaler Rundfunk führt aber dazu, dass ein Nutzer digitale Kopien erstellen kann, die qualitativ vom Original nicht mehr zu unterscheiden sind. Der Tonträgermarkt könnte

---
[1] Vgl. *Schack*, Urheber- und Urhebervertragsrecht, Tübingen 1997, Rz. 190, 624.
[2] *BGH*, Urt. v. 20.11.2008 – 1 ZR 112/06 – Metall auf Metall; siehe auch *OLG Hamburg*, Urt. v. 17.8.2011 – 5 U 48/05.

so allmählich durch die Verbreitung der fixierten Inhalte über digitalen Rundfunk ersetzt werden. Allerdings stehen den Tonträgerherstellern Verbotsrechte aus §§ 85, 19a UrhG zu, wenn die Nutzer im Wege des Streamings Music-on-Demand-Dienste im Internet nutzen können.[1] In diesem Sinne wurde einem Anbieter die Bereitstellung von Musik im sog. Streaming-Verfahren untersagt. Hier liegt ein Eingriff in § 19a UrhG vor, der zu einem Verbotsanspruch der Tonträgerhersteller nach § 85 UrhG führt.[2] Die Abgrenzung von Internetradio zu Music-on-demand ist aber fließend.

3. Datenbankhersteller, §§ 87a–87e UrhG

Literatur: *Häuser*, Sound und Sampling, München 2002; *Loewenheim*, § 43 Leistungsschutz von Datenbanken, in: Loewenheim (Hrsg.), Handbuch des Urheberrechts, 2. Aufl. 2010; *Röhl*, Die urheberrechtliche Zulässigkeit des Tonträger-Sampling, K&R 2009, 117; *Schack*, Zu den Ansprüchen des Tonträgerherstellers wegen Sound Sampling, JZ 2009, 475; *Stieper*, Zur Frage der Urheber- und Leistungsschutzrechteverletzung durch Sound Sampling, ZUM 2009, 223; *Wiebe*, Bewertungsportale als Datenbanken – Wie weit reicht der Schutz des Datenbankhersteller im Internet?, GRUR-Prax 2011, 369.

a) Vorüberlegungen: Der urheberrechtliche Schutz von Datenbanken

Webseiten sind häufig als **Datenbankwerke** (§ 4 Abs. 2 UrhG) geschützt. Nach § 4 Abs. 1 UrhG werden Sammlungen von Werken oder Beiträgen, die durch Auslese oder Anordnung eine persönlich-geistige Schöpfung sind, unbeschadet des Urheberrechts an den aufgenommenen Werken wie selbständige Werke geschützt.[3] Eine digitale Datenbank kann in dieser Weise geschützt sein, sofern in ihr Beiträge (auch unterschiedlicher Werkarten) gesammelt sind und die Auslese bzw. Anordnung der Beiträge eine **persönlich-geistige Schöpfung** darstellt (fehlt diese Schöpfungshöhe, kommt allerdings noch ein Schutz als wissenschaftliche Ausgabe nach § 70 UrhG in Betracht).

Das erste Merkmal bereitet wenig Schwierigkeiten: Im Rahmen einer Webseite können eine Reihe verschiedener Auszüge aus Musik-, Filmwerken und Texten miteinander verknüpft werden. Das Merkmal einer persönlich-geistigen Schöpfung bereitet bei der Subsumtion die meisten Schwierigkeiten. Die Rechtsprechung stellt hierzu darauf ab, dass das vorhandene Material nach eigenständigen Kriterien ausgewählt oder unter individuellen Ordnungsge-

---

[1] *OLG Stuttgart*, Beschl. v. 21.1.2008 – 2 Ws 328/07, MMR 2008, 474.
[2] *OLG Hamburg*, Urt. v. 7.7.2005 – 5 U 176/04, MMR 2006, 173; ähnlich *OLG Hamburg*, Urt. v. 11.2.2009 – 5 U 154/07, ZUM 2009, 414; a.A. wegen Besonderheiten im österrischen Urheberrecht (Art. 17 III URG) *öOGH*, Beschl. v. 26.8.2008 – 4 Ob 89/08d, GRUR Int. 2009, 751.
[3] Vgl. zum urheberrechtlichen Schutz von Datenbanken auch *Erdmann*, CR 1986, 249; *Hackemann*, ZUM 1987, 269; *Hillig*, ZUM 1992, 325, 326; *Katzenberger*, GRUR 1990, 94; *Raczinski/Rademacher*, GRUR 1989, 324; *Ulmer*, DVR 1976, 87.

sichtspunkten zusammengestellt wird.[1] Eine rein schematische oder routinemäßige Auswahl oder Anordnung ist nicht schutzfähig.[2] Es müssen individuelle Strukturmerkmale verwendet werden, die nicht durch Sachzwänge diktiert sind.[3] Eine Aufsatzsammlung kann aber schon die notwendige Schöpfungshöhe erfüllen, so dass eine Verwendung dieser Aufsatzsammlung in einer Online-Datenbank die Rechte des Herausgebers der Sammlung verletzt.[4]

Schwierig ist allerdings die Annahme eines urheberrechtlichen Schutzes bei **Sammlungen von Telefondaten**. Die Rechtsprechung hat bislang einen solchen Schutz – insbesondere in den Auseinandersetzungen um D-Info 2.0 – abgelehnt[5] und stattdessen einen Schutz über § 3 UWG überwiegend bejaht.[6] Hier käme auch ein Schutz als Datenbank nach § 87a UrhG in Betracht.

b) Die Sui-generis-Komponente

Von zentraler Bedeutung sind im Übrigen auch die **§§ 87a–87e UrhG** mit dem dort verankerten Sui-generis-Recht, das infolge der EU-Datenbankrichtlinie[7] in das Urheberrechtsgesetz aufgenommen worden ist.[8] Geschützt werden die **Datenbankhersteller**. Als Hersteller gilt nicht nur die natürliche Person, die die Elemente der Datenbank beschafft oder überprüft hat, sondern derjenige, der die **Investition in die Datenbank** vorgenommen hat. Aus diesem Grund fällt nach der Legaldefinition des § 87a Abs. 1 Satz 1 UrhG unter diesen Schutz jede Sammlung von Werken, Daten oder anderen unabhängigen Elementen, die systematisch oder methodisch angeordnet und einzeln mit Hilfe elektronischer Mittel oder auf andere Weise zugänglich sind, sofern deren Beschaffung, Überprüfung oder Darstellung eine nach Art oder Umfang **wesentliche Investition** erfordert. Aufwendungen für den Erwerb einer fertigen Da-

---

1 *BGH*, Urt. v. 12.6.1981 – I ZR 95/79, MDR 1982, 295 = GRUR 1982, 37, 39 – WK-Dokumentation; *OLG Frankfurt a.M.*, Urt. v. 10.1.1985 – 6 U 30/84, GRUR 1986, 242 – Gesetzessammlung.
2 *BGH*, Urt. v. 25.9.1953 – I ZR 104/52, GRUR 1954, 129, 130 – Besitz der Erde.
3 *LG Düsseldorf*, Urt. v. 25.9.1953 – I ZR 104/52, LGZ 104, 5.
4 *OLG Hamm*, Urt. v. 26.2.2008 – 4 U 157/07, CR 2008, 517 = MMR 2008, 827.
5 *OLG Karlsruhe*, Beschl. v. 25.9.1996 – 6 U 46/96, MDR 1997, 162 = CR 1997, 149; *LG Hamburg*, Urt. v. 12.4.1996 – 416 O 35/96, CR 1997, 21; *LG Trier*, Urt. v. 19.9.1996 – 7 HO 113/96, CR 1997, 81. S. auch bereits *OLG Frankfurt a.M.*, Jur-PC 1994, 2631 – Tele-Info-CD; *LG Frankfurt a.M.*, Urt. v. 19.2.1997 – 3/12 O 73/96, CR 1997, 740.
6 Anders jetzt die Rechtsprechung des Supreme Court in Australien, abrufbar unter http://www.austlii.edu.au/au/cases/cth/FCAFC/2002/112.html.
7 Richtlinie 96/9/EG v. 11.3.1996, ABl. Nr. L 77 v. 27.3.1996, 20. Siehe dazu *Flechsig*, ZUM 1997, 577; *Gaster*, ZUM 1995, 740, 742; *Gaster*, CR 1997, 669 und 717; *Gaster*, in: Hoeren/Sieber (Hrsg.), Handbuch Multimediarecht, München 2006, Teil 7.8; *Gaster*, Der Rechtsschutz von Datenbanken, Köln 1999; *Wiebe*, CR 1996, 198.
8 Siehe dazu *Raue/Bensinger*, MMR 1998, 507.

tenbank oder einer „Lizenz" an einer solchen Datenbank rechtfertigen keine Datenbankrechte.[1]

Wie der *EuGH* in seiner Entscheidung zum Datenbankschutz für **Wett- und Fußballdaten** bestimmt hat,[2] bedarf es hierfür einer nicht unerheblichen Investition in die Ermittlung und Zusammenstellung von Elementen in der Datenbank. Irrelevant sollen die Mittel sein, die eingesetzt werden, um die Elemente zu erzeugen, aus denen der Inhalt der Datenbank besteht. Mit dieser Begründung hat sich der *EuGH* geweigert, eine Zusammenstellung von Ergebnissen einzelner Fußballspiele oder Hunderennen zu schützen. Entscheidend sei insofern der Aufwand an Arbeit und Geld bei der Datenbankaufbereitung, nicht jedoch bei der Datenerzeugung. Die Abgrenzung ist schwierig und wird im Ergebnis zu heftigen Kontroversen für künftige Fälle führen. Der *BGH* hat in zwei neueren Entscheidungen[3] auf jeden Fall die Vorgaben des *EuGH* verdreht. Ein Eingriff in das Datenbankrecht soll hiernach schon gegeben sein, wenn Daten entnommen und auf andere Weise zusammengefasst werden. Auf die Übernahme der Anordnung der Daten in der Datenbank des Herstellers soll es für den Schutz nach § 87b Abs. 1 Satz 1 UrhG nicht ankommen. Folglich sei das Recht des Datenbankherstellers durch den Vertrieb einer CD-ROM mit Daten aus einer urheberrechtlich geschützten Sammlung nicht verletzt; Schutz komme nur dem Urheber der Zusammenstellung über § 4 Abs. 2 UrhG zu.[4]

Unter den Schutz können eine umfangreiche Sammlung von Hyperlinks,[5] online abrufbare Sammlungen von Kleinanzeigen,[6] das Nummernsystem eines Briefmarkenkatalogs[7] und die meisten Zusammenstellungen von Informatio-

---

1 *BGH*, TeilUrt. v. 30.4.2009 – I ZR 191/05, CR 2009, 735 = GRUR 2009, 852 – Elektronischer Zolltarif.
2 *EuGH*, Urt. v. 9.11.2004 – C-203/02, EuGH v. 9.11.2004 – Rs. C-203/02, CR 2005, 10 m. Anm. Lehmann = MMR 2005, 29 m. Anm. *Hoeren*.
3 *BGH*, Urt. v. 21.7.2005 – I ZR 290/02, CR 2005, 849 = CR 2006, 14 m. Anm. *Grützmacher* = MDR 2006, 104 = GRUR 2005, 857, 860 – Musikcharts; ähnlich bereits *BGH*, Urt. v. 21.4.2005 – I ZR 1/02, CR 2006, 51 = MDR 2006, 104 = GRUR 2005, 940, 943 – Marktstudien.
4 *BGH*, TeilUrt. v. 24.5.2007 – I ZR 130/04, CR 2007, 556 = MMR 2007, 589 – Gedichttitelliste I.
5 *LG Köln*, Urt. v. 4.5.1999 – 2 O 4416/98, NJW CoR 1999, 248; *AG Rostock*, Urt. v. 20.2.2001 – 49 C 429/99, CR 2001, 786 = MMR 2001, 631, 632; s. dazu auch *Schack*, MMR 2001, 9.
6 *LG Berlin*, Urt. v. 8.10.1998 – 16 O 448/98, CR 1999, 388 = MMR 2000, 120, das unter Anwendung des neuen Schutzrechts dem Anbieter einer Metasuchmaschine, die verschiedene Online-Angebote von Kleinanzeigenmärkten systematisch durchsuchte, untersagte, die Ergebnisse dieser Suche seinen Kunden per E-Mail verfügbar zu machen; *LG Köln*, Urt. v. 2.12.1998 – 28 O 431/98, CR 1999, 593 m. Anm. *Obermüller* = AfP 1999, 95, 96; hierzu auch *Schmidt/Stolz*, AfP 1999, 146. A.A. *Schweizerisches Bundesgericht*, MMR 2005, 442, wonach veröffentlichte Immobilieninserate immaterialgüterrechtlich nicht schutzfähig seien.
7 *BGH*, Urt. v. 19.5.2010 – I ZR 158/08, MDR 2011, 440 = CR 2011, 36 – Markenheftchen.

nen auf einer Webseite[1] fallen. Der Schutz von Datenbanken ist auch auf Printmedien, etwa „Lists of Presses"[2] oder ein staatliches Ausschreibungsblatt,[3] anwendbar. Auch Zugpläne fallen unter § 87b UrhG.[4] Auszüge aus solchen Datenbanken mit Hilfe einer Meta-Suchmaschine verstoßen gegen das dem Urheber der Datenbank zustehende Vervielfältigungsrecht. § 87a UrhG schützt eBay gegen eine Vervielfältigung ihrer Bewertungsdatenbank.[5] Auch Bewertungsdatenbanken, die von Nutzern der Plattform mit Inhalten gefüttert werden, fallen unter § 87a UrhG, so dass die Veröffentlichung von Bewertungsdatensätzen auf einer konkurrierenden Webseite gegen § 87b verstößt.[6]

Eine wegen der hohen Praxisrelevanz besondere Rolle spielt der sui generis Schutz bei der Piraterie von **Telefonteilnehmerverzeichnissen**. Die Rechtsprechung hat bislang einen urheberrechtlichen Schutz für solche Datensammlungen – insbesondere in den Auseinandersetzungen um D-Info 2.0[7] – abgelehnt und stattdessen einen ergänzenden Leistungsschutz über § 3 UWG überwiegend bejaht. Hier kommt nunmehr vorrangig auch ein Schutz als Datenbank nach §§ 87a ff. UrhG in Betracht.[8] Allerdings reicht es nicht aus, wenn jemand Daten für ein Internet-Branchenbuch lediglich aus öffentlich-zugänglichen Quellen sammelt und per Computer erfassen lässt.[9] In dem Aufrufen der Suchmaske der Online-Auskunft der Bahn, dem Starten der Suchabfrage und dem anschließenden (fern-)mündlichen Mitteilen des Suchergebnisses soll nach Auffassung des *LG Köln* eine wiederholte und systematische Verbreitung bzw. öffentliche Wiedergabe von Teilen der Online-Auskunfts-Datenbank der Bahn gesehen werden können.[10]

In Bezug auf **Gesetzessammlungen** hat das *OLG München* in seiner Entscheidung vom 26. September 1996[11] einen urheberrechtlichen Schutz ausdrücklich abgelehnt: Eine solche Sammlung stelle allenfalls eine Aneinanderreihung von Texten dar, die auch hinsichtlich der redaktionell gestalteten

---

1 S. die Entscheidung des *Berufungsgerichts Helsinki*, Urt. v. 9.4.1998 – S 96/1304, MMR 1999, 93; Köhler, ZUM 1999, 548.
2 *OLG Köln*, Urt. v. 1.9.2000 – 6 U 43/00, MMR 2001, 165.
3 *OLG Dresden*, Urt. v. 18.7.2000 – 14 U 1153/00, ZUM 2001, 595.
4 *LG Köln*, Urt. v. 8.5.2002 – 28 O 180/02, MMR 2002, 689.
5 *LG Berlin*, Urt. v. Beschl. v. 27.10.2005 – 16 O 743/05, CR 2006, 515 = MMR 2006, 46.
6 *LG Köln*, Urt. v. 6.2.2008 – 28 O 417/07, MMR 2008, 418 (nicht rkr.; nachgehend *OLG Köln*, Urt. v. 14.11.2008 – 6 U 57/08, MMR 2009, 191).
7 *OLG Karlsruhe*, Beschl. v. 25.9.1996 – 6 U 46/96, MDR 1997, 162 = CR 1997, 149; *LG Hamburg*, Urt. v. 12.4.1996 – 416 O 35/96, CR 1997, 21; *LG Trier*, Urt. v. 19.9.1996 – 7 HO 113/96, CR 1997, 81; *LG Frankfurt a.M.*, Urt. v. 19.2.1997 – 3/12 O 73/96, CR 1997, 740.
8 *BGH*, Urt. v. 6.5.1999 – I ZR 199/96, CR 1999, 496 m. Anm. *Wuermeling* = MMR 1999, 470 m. Anm. *Gaster*; Wiebe, MMR 1999, 474; s. auch *HandelsG Paris*, Urt. v. 18.6.1999 – 98/030426, MMR 1999, 533 m. Anm. *Gaster*.
9 *LG Düsseldorf*, Urt. v. 7.2.2001 – 12 O 492/00, ZUM 2002, 65 – Branchenbuch.
10 *LG Köln*, 8.5.2002 – 28 O 180/02, MMR 2002, 689, 690.
11 *OLG München*, Urt. v. 26.9.1996 – 6 U 1707/96, CR 1997, 20.

Überschriften zu einzelnen Paragraphen keinen urheberrechtlichen Schutz genießen könne. Auch ein wettbewerbsrechtlicher Schutz scheide im Hinblick auf die fehlende Eigenart aus. In Betracht kommt jedoch ein Schutz über § 87a UrhG, da die Erstellung umfangreicher Textsammlungen (wie im Falle des „Schönfelder") im Allgemeinen mit einer wesentlichen Investition des Verlegers verbunden ist.[1]

Eine Ausnahmebestimmung, die **amtliche Datenbanken** ungeschützt lässt, findet sich in §§ 87a ff. UrhG zwar nicht; allerdings scheint der *BGH* insoweit § 5 UrhG (Bereichsausnahme vom Urheberrechtsschutz für amtliche Werke) auch auf durch das UrhG geschützte Leistungsergebnisse – und damit auch auf Datenbanken – anwenden zu wollen.[2] Unberührt bleibt jedoch die Möglichkeit, durch eine investitionsintensive Zusammenstellung von amtlichen Werken, Dokumenten oder anderen Materials (z.B. Gesetzessammlungen) sui generis Schutz für die daraus erstellte Datenbank zu beanspruchen.

Beim Investitionsschutz nach §§ 87a ff. UrhG ist das Kriterium der wesentlichen Investition das Pendant zur Schöpfungshöhe beim Schutz der Urheber. Bei der Geltendmachung von Ansprüchen aus § 87a UrhG muss u.a. dargelegt und bewiesen werden, ob und in welchem Umfang die Antragstellerin Aufwendungen für die Aufbereitung und Erschließung des Datenbankinhaltes durch die Erstellung von Tabellen, Abstracts, Thesauri, Indizes, Abfragesystemen u.a., die erst die für eine Datenbank charakteristische Einzelzugänglichkeit ihrer Elemente ermöglichen, Kosten des Erwerbs der zur Datenbanknutzung erforderlichen Computerprogramme sowie Kosten der Herstellung eines Datenbankträgers getätigt hat. Sodann fallen die Kosten der Datenaufbereitung, einschließlich der Optimierung der Abfragesysteme, ins Gewicht, die sich im Wesentlichen in Lohnkosten für ihre systematische oder sonstige methodische Anordnung niederschlagen, sowie Kosten der Bereitstellung. Diese Aufwendungen sind abzugrenzen von unbeachtlichen Investitionen in die Datenerzeugung.[3]

Das Schutzregime umfasst ein **fünfzehn Jahre währendes Recht** des Datenbankherstellers, die Datenbank ganz oder in **wesentlichen Teilen** zu vervielfältigen, zu verbreiten oder öffentlich wiederzugeben[4] (§ 87b Abs. 1 Satz 1 UrhG). Gerade gegenüber einer kommerziellen Verwendung fremder Netzinhalte, z.B. mittels virtueller Suchroboter (intelligent or electronic agents), die Inhalte fremder Webseiten übernehmen, kann das sui generis Recht he-

---

1 Einen sui generis Schutz bejaht das *Bezirksgericht Den Haag*, Urt. v. 20.3.1998 – 98/147, MMR 1998, 299 m. Anm. *Gaster*.
2 *BGH*, Urt. v. 6.5.1999 – I ZR 199/96, CR 1999, 496 m. Anm. *Wuermeling* = MMR 1999, 470, 472; m. Anm. *Gaster*; zur niederländischen Situation siehe *Bezirksgericht Den Haag*, Urt. v. 20.3.1998 – 98/147, MMR 1998, 299.
3 *OLG Düsseldorf*, Beschl. v. 7.8.2008 – I 20 W 103/08, ZUM-RD 2008, 598.
4 Wobei in richtlinienkonformer Auslegung der Verwertungsrechte des § 87b UrhG grundsätzlich auch vorübergehende Vervielfältigungen und ein Bereithalten zum Abruf im Internet von dem sui generis Schutz umfasst sind.

rangezogen werden.[1] Damit stellt sich z.B. für Anbieter von Suchmaschinen die Frage, inwieweit die von ihnen angewandten Suchmethoden nicht im Hinblick auf einen eventuellen sui generis Schutz für die durchsuchten Webseiten problematisch sein könnten. Kein Verstoß gegen das Datenbankrecht liegt darin, dass ein Konkurrent sein Produkt mit einer Import-/Exportfunktion für eingegebene Benutzerdaten versieht.[2] Schon die einmalige Entnahme aller geänderten Daten aus einer bestimmten Version der CD-ROM – durch Erstellung einer (ggfls. nur zwischengespeicherten) Änderungsliste oder unmittelbare Übernahme – bezieht sich nach Meinung des *BGH*[3] auf einen qualitativ wesentlichen Teil der Datenbank. Deshalb stehe dem Anspruch der Klägerin nicht entgegen, dass der rechtmäßige Benutzer qualitativ oder quantitativ unwesentliche Teile einer öffentlich zugänglichen Datenbank zu beliebigen Zwecken entnehmen könne. Die Übernahme von 10 % einer Internet-Bewertungsdatenbank ist noch nicht „wesentlich".[4] Nach Auffassung des *EuGH* liegt eine relevante Vervielfältigung auch vor, wenn ein Teil der Kopie, der aus einem Textauszug von elf Wörtern besteht, ausgedruckt wird.[5]

§ 87b Abs. 1 Satz 2 UrhG sanktioniert im Übrigen auch die Verwendung **unwesentlicher Teile** einer Datenbank, wenn damit eine unzumutbare Beeinträchtigung der Interessen des Datenbankherstellers verbunden ist. Dies soll zum Beispiel beim Ablesen von Zugverbindungsdaten aus einer öffentlichen Datenbank und der mündlichen Mitteilung dieser Daten an Dritte der Fall sein.[6] Das Datenbankherstellerrecht aus § 87b Abs. 1 Satz 2 UrhG wird nicht verletzt, wenn aus Zeitungs- und Zeitschriftenartikeln, die in einer Datenbank gespeichert sind, durch einen Internet-Suchdienst einzelne kleinere Bestandteile auf Suchwortanfrage an Nutzer übermittelt werden, um diesen einen Anhalt dafür zu geben, ob der Abruf des Volltextes für sie sinnvoll wäre. Dies gilt auch dann, wenn der Suchdienst dabei wiederholt und systematisch i.S.d. § 87b Abs. 1 Satz 2 UrhG auf die Datenbank zugreift.[7] Es wird auch nicht verletzt, wenn ein Kataloghersteller im Verkehr mit Dritten auch ohne Erwerb des Konkurrenzprodukts auf dessen als Standard akzeptierte Referenznummern Bezug nimmt.[8]

Ein Unternehmen, das Software zum automatisierten Auslesen von Online-Automobilbörsen vertreibt, verletzt nur dann das Datenbankherstellerrecht eines Automobilbörsenbetreibers, wenn die einzelnen Nutzer ihrerseits das

---

1 Vgl. *LG Berlin*, Urt. v. 8.10.1998 – 16 O 448/98, CR 1999, 388 = AfP 1998, 649.
2 *BGH*, Urt. v. 3.11.2005 – I ZR 311/02, CR 2006, 438 = GRUR 2006, 493.
3 Urt. v. 30.4.2009 – I ZR 191/05 – Elektronischer Zolltarif; siehe dazu auch *OLG Köln*, GRUR-RR 2006, 78.
4 *OLG Köln*, Urt. v. 14.11.2008 – 6 U 57/08, MMR 2009, 191.
5 *EuGH*, Urt. v. 16.7.2009 – C-5/08 – Infopaq.
6 *LG Köln*, Urt. v. 8.5.2002 – 28 O 180/02, MMR 2002, 689.
7 *BGH*, Urt. v. 17.7.2003 – I ZR 259/00, CR 2003, 920 = MDR 2004, 346 = NJW 2003, 3406 – Paperboy.
8 *BGH*, Urt. v. 19.5.2010 – I ZR 158/08.

Datenbankherstellerrecht verletzen.[1] Ansonsten fehlt die für eine Gehilfen- oder Störerhaftung notwendige Haupttat. Deswegen kommt es für die Beurteilung der Frage, ob ein wesentlicher Teil der Datenbank entnommen wird, nicht auf das Nutzungsverhalten der Summe aller Nutzer an, sondern darauf, ob zumindest einzelne Nutzer bei dem Einsatz der Software quantitativ wesentliche Teile der Datenbank vervielfältigen oder entnehmen. Die wiederholte und systematische Vervielfältigung und Entnahme von nach Art und Umfang unwesentlichen Teilen der Datenbank kann nur dann eine Verletzung des Datenbankherstellerrechts darstellen, wenn durch die Entnahmehandlungen in ihrer kumulierten Wirkung in der Summe ein wesentlicher Teil der Datenbank vervielfältigt oder entnommen wird.[2] Diese Ansicht hat der *BGH* in der Revisionsinstanz präzisiert.[3] Vervielfältigen demnach mehrere Nutzer nach Art und Umfang für sich genommen unwesentliche Teile einer Datenbank, die in ihrer Gesamtheit einen wesentlichen Teil der Datenbank bilden, liegt ein Eingriff in das Vervielfältigungsrecht vor, wenn diese in bewusstem und gewolltem Zusammenwirken gehandelt haben. Sind wiederholte und systematische Vervielfältigungen unwesentlicher Teile einer Datenbank nicht darauf gerichtet, kumulativ einen wesentlichen Teil der Datenbank wiederherzustellen, laufen sie einer normalen Auswertung der Datenbank nicht entgegen und sind somit nicht unzumutbar i.S.d. § 87b Abs. 1 Satz 2 UrhG.

Das Datenbankrecht erweist sich auch als Problem für das sog. **Screen-Scraping**. Der Begriff Screen Scraping (engl., etwa: „Bildschirm auskratzen") umfasst generell alle Verfahren zum Auslesen von Texten aus Computerbildschirmen. Gegenwärtig wird der Ausdruck jedoch beinahe ausschließlich in Bezug auf Webseiten verwendet (daher auch Web Scraping). In diesem Fall bezeichnet Screen Scraping speziell die Technologien, die der Gewinnung von Informationen durch gezieltes Extrahieren der benötigten Daten dienen. Die Vermittlung von Flugtickets durch ein anderes Unternehmen im Wege des Screen-Scrapings ist nach Ansicht des *OLG Frankfurt*[4] auch dann rechtlich nicht zu beanstanden, wenn das Flugunternehmen diesen Vertriebsweg nicht wünscht; insbesondere kann hierin weder eine Verletzung des „virtuellen Hausrechts" des Flugunternehmens an seiner Internetseite noch ein Verstoß gegen die Datenbankrechte (§ 87b UrhG) des Flugunternehmens gesehen werden.

Die bei dem sui generis Recht auftretenden, schwierigen Interpretationsfragen und die dadurch hervorgerufene Rechtsunsicherheit lassen sich nur mit Hilfe der Gerichte lösen. Dies gilt insbesondere für die Auslegung des Begriffs der Wesentlichkeit, der sowohl den Schutzgegenstand (§ 87a Abs. 1 UrhG) als

---

1 *OLG Hamburg*, Urt. v. 16.4.2009 – 5 U 101/08, CR 2009, 526 = GRUR-RR 2009, 293. *OLG Hamburg*, Urt. v. 18.8.2010 – 5 U 62/09, CR 2011, 47 = K&R 2011, 55. Ähnlich *OLG Frankfurt a.M.*, Urt. v. 5.3.2009 – 6 U 221/08. *LG Hamburg*: Urt. v. 1.10.2010 – 308 O 162/09, CR 2010, 747 = MMR-Aktuell 2011, 312612.
2 *OLG Hamburg*, Urt. v. 16.4.2009 – 5 U 101/08.
3 *BGH*, Urt. v. 22.6.2011 – I ZR 159/10.
4 *OLG Frankfurt a.M.*, Urt. v. 5.3.2009 – 6 U 221/08.

auch den Schutzumfang (§ 87b Abs. 1 UrhG) bestimmt und damit maßgeblich über die Zulässigkeit einer Datenbanknutzung entscheidet. Dies gilt um so mehr, als § 87b Abs. 1 Satz 2 UrhG auch das Einfallstor verfassungsrechtlicher Überlegungen, etwa im Hinblick auf die Presse- und Informationsfreiheit, sein soll.[1]

Der *BGH*[2] legte dem europäischen Gerichtshof die Frage vor, ob eine rechtswidrige Übernahme von Daten auch dann vorliege, wenn die entsprechende Entnahme aufgrund von Abfragen der Datenbanken nach einer Abwägung im Einzelnen vorgenommen werde. Es ging hierbei um den Fall eines Professors für Germanisitk an der Universität Freiburg, der nach umfangreichen Recherchen eine Liste von Gedichttiteln erstellt hatte, die unter der Überschrift „Die tausendeinhundert wichtigsten Gedichte der deutschen Literatur zwischen 1730 und 1900" im Internet veröffentlicht wurde. Die Beklagte vertrieb eine CD-Rom „1000 Gedichte, die jeder haben muss". Bei der Zusammenstellung der Gedichte auf der CD-Rom hatte sich die Beklagte an der Gedichtliste des Freiburger Professors orientiert. Einige der dort aufgeführten Gedichte waren weg gelassen, andere hinzugefügt worden. Die vom Kläger getroffene Auswahl wurde im Übrigen jeweils kritisch geprüft. Der *EuGH* hat auf die Vorlagefrage entschieden.[3] Entscheidend sei, dass die Bildschirmabfrage zur Übertragung eines wesentlichen Teils des Inhalts der geschützten Datenbank führe. Der Hersteller einer Datenbank dürfe Dritte nicht an der Abfrage der Datenbank zu Informationszwecken hindern, wenn er deren Inhalt Dritten zugänglich mache. Erst wenn für die Darstellung des Inhalts der Datenbank auf dem Bildschirm die ständige oder vorübergehende Übertragung der Gesamtheit oder eines wesentlichen Teils dieses Inhalts auf einen anderen Datenträger erforderlich sei, könne die betreffende Abfrage von der Genehmigung des Herstellers abhängig gemacht werden. Für die Frage, ob eine Entnahme vorliege, sei es unerheblich, ob die Übertragung auf einem technischen Verfahren der Kopie des Inhalts einer geschützten Datenbank beruhe. Der Umstand, dass in einer Datenbank enthaltene Elemente erst nach kritischer Prüfung übernommen werden, stehe ebenfalls nicht der Feststellung entgegen, dass eine Übertragung von Elementen der ersten Datenbank zur zweiten stattfindet.

In diesem Zusammenhang ist auch die Entscheidung des *OLG Köln*[4] zu beachten. Hiernach sind auch die von Nutzern abgegebenen Bewertungen auf einem Bewertungsportal als Datenbank i.S.v. § 87a Abs. 1 UrhG zu qualifizieren. Bei der Beurteilung der notwendigen Investitionshöhe seien auch die Kosten für die Erstellung, Betreuung und kontinuierliche Weiterentwicklung der Datenbanksoftware zu berücksichtigen. Allerdings führe eine wiederholte und systematische Entnahme einzelner Bewertungen aus einer solchen Da-

---

1 *BGH*, Urt. v. 7.4.2005 – I ZR 1/02, GRUR 2005, 940.
2 Urt. v. 24.5.2007 – I ZR 130/4.
3 Urt. v. 9.10.2008 – C 304/07.
4 Urt. v. 14.11.2008 – 6 U 57/08.

tenbank nicht zwangsläufig zur Annahme eines Rechtsverstoßes. Denn selbst bei einer systematischen Entnahme müssten die entnommenen Daten in der Summe die Wesentlichkeitsgrenze überschreiten. Die reine quantitativ bedeutende Entnahme einzelner Daten reiche nur aus, wenn die Beschaffung, Überprüfung oder Darstellung dieses Teils der Daten eine ganz erhebliche, menschliche, technische oder finanzielle Investition erforderte. Neben § 87a UrhG komme eine Anwendung von §§ 3, 4 Nr. 10 UWG nicht in Betracht; eine gewisse Behinderung des Wettbewerbs sei auch bei einer Entnahme einzelner Datensätze für den Wettbewerb immanent. Daran fehle es, wenn es dem Übernehmenden nur um das Partizipieren an den Daten, nicht aber an der Verhinderung der Verwertung der Datenbank gehe.

Gerade auch wegen einer angeblich exzessiven Verwendung solcher unbestimmter Rechtsbegriffe hat die Datenbankrichtlinie **in den USA** besonders heftige Kritik erfahren.[1] Anlass für eine so ausführliche Beschäftigung mit der europäischen Regelung des Datenbankschutzes dürfte jedoch das in Art. 11 Abs. 3 i.V.m. Erwägungsgrund 56 der Datenbankrichtlinie festgelegte **Erfordernis materieller Gegenseitigkeit** für die Gewährung eines sui generis Schutzes gegenüber Herstellern aus Drittstaaten sein. Danach genießen amerikanische Datenbankenhersteller für ihre Produkte in der EU nur dann den neuen Rechtsschutz, wenn in den USA ein vergleichbarer Schutz für europäische Datenbanken besteht. Obwohl vielfach Gefahren für die Informationsfreiheit, Wissenschaft und Forschung, eine Behinderung des Wettbewerbs auf dem Markt für Sekundärprodukte und eine Beschränkung des globalen Handels mit Informationsprodukten und -dienstleistungen durch die europäische Regelung befürchtet werden,[2] scheint die Sorge um einen Wettbewerbsnachteil für amerikanische Unternehmen auf dem europäischen Markt ein (verdecktes) Motiv für die harsche Kritik zu sein. Schließlich bleibt noch zu erwähnen, dass es in den USA seit Einführung der Datenbankrichtlinie ebenfalls Bemühungen gibt, einen Sonderrechtsschutz für „nicht-kreative" Datenbanken einzuführen.[3]

Vertragsrechtlich zu beachten ist § 87e UrhG. Hiernach sind Vereinbarungen über den Ausschluss der Nutzung von nach Art oder Umfang unwesentlichen Teilen einer Datenbank unwirksam, soweit die beschränkten Handlungen weder einer normalen Auswertung der Datenbank zuwiderlaufen noch die berechtigten Interessen des Datenbankherstellers unzumutbar beeinträchtigen. Ähnlich erlaubt § 87b UrhG die freie Nutzung unwesentlicher Teile einer Datenbank, sofern die Nutzung weder die berechtigten Interessen des Datenbankherstellers unzumutbar beeinträchtigt noch der normalen Auswertung

---

[1] Siehe *Reichman/Samuelson*, Vanderbilt Law Review 1997, 51; *Rosler*, High Technology Law Journal 1995, 105; die Richtlinie insgesamt befürwortend jedoch *Hunsucker*, Fordham Intellectual Property, Media and Entertainment Law Journal 1997, 697.
[2] Siehe insbesondere *Reichman/Samuelson*, Vanderbilt Law Review 1997, 84–137.
[3] Vgl. dazu *Gaster*, CR 1999, 669; Gesetzesvorschläge: HR.354 und HR.1858; s. auch *Knöbl*, UFITA 2002, 355.

der Datenbank zuwiderläuft. Vertragliche Beschränkungen der §§ 87b und 87e UrhG sind unwirksam; AGB-Regelungen verstoßen gegen § 307 BGB.[1]

V. Verwertungsrechte des Urhebers

Literatur: *Berberich*, Die urheberrechtliche Zulässigkeit von Thumbnails bei der Suche nach Bildern im Internet, MMR 2005, 145; *Burmeister*, Urheberrechtsschutz gegen Framing im Internet, Köln 2000; *Dornis*, Zur Verletzung von Urheberrechten durch den Betrieb eines Music-on-Demand-Dienstes im Internet, CR 2008, 321; *Freitag*, Urheberrecht und verwandte Schutzrechte im Internet, in: Kröger/Gimmy (Hrsg.), Handbuch zum Internet-Recht, 2. Aufl., Heidelberg 2002, 289; *Hoeren*, Urheberrechtliche Fragen rund um IP-TV und Handy-TV, MMR 2008, 139; *Hoeren*, Überlegungen zur urheberrechtlichen Qualifizierung des elektronischen Abrufs, CR 1996, 517; *Kazemi*, Online-Nachrichten in Suchmaschinen – Ein Verstoß gegen das deutsche Urheberrecht?, CR 2007, 94; *Leistner/Stang*, Die Bildersuche aus urheberrechtlicher Sicht, CR 2008, 499; *Ott*, Haftung für Embedded Videos auf YouTube und anderen Videoplattformen im Internet, ZUM 2008, 556; *Poll*, Neue internetbasierte Nutzungsformen – Das Recht der Zugänglichmachung auf Abruf (§ 19a UrhG) und seine Abgrenzung zum Senderecht (§§ 20, 20b UrhG), GRUR 2007, 476; *Schrader/Rautenstrauch*, Urheberrechtliche Verwertung von Bildern durch Anzeige von Vorschaugrafiken (sog. „thumbnails") bei Internetsuchmaschinen, UFITA 2007, 761; *Walter*, Zur urheberrechtlichen Einordnung der digitalen Werkvermittlung, Medien und Recht 1995, 125; *Wimmers/Schulz*, Wer nutzt? – Zur Abgrenzung zwischen Werknutzer und technischem Vermittler im Urheberrecht, CR 2008, 170.

Das Urheberrechtsgesetz billigt dem Urheber eine Reihe von Verwertungsrechten zu: Er hat gem. § 15 Abs. 1 UrhG das ausschließliche Recht, sein Werk in körperlicher Form zu verwerten. Dieses Recht umfasst insbesondere das Vervielfältigungsrecht (§§ 16, 69c Nr. 1 UrhG), das Verbreitungsrecht (§§ 17, 69c Nr. 3 UrhG) und das Recht, Bearbeitungen des Werkes zu verwerten (§§ 23, 69c Nr. 2 UrhG). Ferner ist allein der Urheber befugt, sein Werk in unkörperlicher Form öffentlich wiederzugeben (Recht der öffentlichen Wiedergabe; § 15 Abs. 2 UrhG; hierbei ist im Internet insbesondere das Recht auf öffentliche Zugänglichmachung gem. § 19a UrhG relevant). Die Digitalisierung urheberrechtsfähiger Materialien greift in eine Reihe dieser Verwertungsrechte ein.

1. Vervielfältigung

Eine Vervielfältigung i.S.d. §§ 15 Abs. 1 Nr. 1, 16 Abs. 1 UrhG liegt vor, wenn Vervielfältigungsstücke des Werkes hergestellt werden, wobei eine (weitere) körperliche Festlegung des Werkes erfolgen muss, die geeignet ist, das Werk den menschlichen Sinnen auf irgendeine Weise unmittelbar oder mittelbar wahrnehmbar zu machen.[2] Da das Vervielfältigungsrecht gem. § 15 Abs. 1

---
1 So *OLG München*, Urt. v. 25.10.2001 – 29 U 2530/01, NJW-RR 2002, 401.
2 *Schricker/Loewenheim*, Urheberrecht, 3. Aufl., München 2006, § 16 Rz. 5.

Nr. 1 UrhG ein ausschließliches Recht des Urhebers ist, kann dieser seine Zustimmung zu einer solchen Vervielfältigung verweigern, sofern sich aus den Schrankenregelungen der §§ 45 ff. UrhG nichts anderes ergibt.

Die **Digitalisierung von Material** etwa im Wege des Scannens und die Speicherung auf einem Server (sog. Upload) stellen Vervielfältigungshandlungen i.S.d. § 16 UrhG dar.[1] Dies gilt auch für das Digitalisieren von Musikwerken zu Sendezwecken; hier spielt das Argument der Sendeanstalten, das Digitalisieren sei eine bloße Vorbereitungshandlung für das Senden, keine Rolle.[2] Weitere Kopien des Werkes werden bei textorientierten Onlinedatenbanken durch die Umwandlung in ein Textdokument durch das OCR-Programm und das eventuell darauf folgende Selektieren der Artikel erstellt. Nicht relevant ist in diesem Kontext die mit der Digitalisierung verbundene Umgestaltung. Nach § 23 UrhG darf ein Werk auch ohne Zustimmung des Urhebers bearbeitet oder in sonstiger Form umgestaltet werden. Erst wenn diese umgestaltete Fassung veröffentlicht oder verwertet werden soll, ist eine Zustimmung des Urhebers erforderlich. Hieraus folgt, dass Texte und Bildmaterial zum Digitalisieren umgestaltet werden dürfen. Allerdings dürfen die Speicher nicht ohne Zustimmung des Urhebers öffentlich zugänglich gemacht oder verbreitet werden.

Anders liegt der Fall, wenn kurze **Zusammenfassungen** (sog. Abstracts) erstellt werden, die über den wesentlichen Inhalt des jeweiligen Dokumentes informieren. Weil die Abstracts aufgrund ihrer komprimierten Darstellung die Textlektüre nicht zu ersetzen vermögen, ist keine urheberrechtliche Relevanz anzunehmen, da die Beschreibung des Inhalts eines Werkes allgemein für zulässig erachtet wird, sobald das Werk selbst veröffentlicht wurde.[3] Werden lediglich Stichworte und bibliographische Angaben aus dem Originaltext übernommen und in das Dokumentationssystem eingespeichert, liegt ebenfalls keine urheberrechtliche Vervielfältigung vor, da hier nur ein inhaltliches Erschließen mit der Möglichkeit späteren Auffindens des Textes in Rede steht.[4] Zum gleichen Ergebnis kommt das *LG Frankfurt a.M.* in der vielbeachteten Perlentaucher-Entscheidung bezüglich des Zusammenfassens fremder Buchkritiken, wenn auch mit kritisch zu beurteilender anderer Begründung: Nach dem das Recht der ersten Inhaltsmitteilung nach § 12 Abs. 2 UrhG durch die Erstveröffentlichung erschöpft sei, ergebe sich im Umkehr-

---

1 *EuGH*, Urt. v. 12.2.2009 – C-5/08; vgl. *OLG Frankfurt a.M.*, Urt. v. 29.10.1996 – 11 U 44/95, CR 1997, 275, 276.
2 So ausdrücklich der *öOGH*, MMR 1999, 352 – Radio Melody III m. Anm. *Haller*.
3 *Katzenberger*, GRUR 1973, 631; *Mehrings*, GRUR 1983, 284, 286; kritisch *Berger/Büchner*, K&R 2007, 151; die Abstracts verfolgten schließlich gerade den Zweck, den wesentlichen Inhalt des Originals wiederzugeben, so dass der für eine freie Benutzung i.S.d. § 24 UrhG im Gegensatz zur Bearbeitung der §§ 23, 3 UrhG erforderliche Abstand zu verneinen sei.
4 *Flechsig*, ZUM 1996, 833, 835; *Raczinski/Rademacher*, GRUR 1989, 325.

schluss, dass nun jedermann das Werk frei mitteilen oder „beschreiben" dürfe.[1] Letztlich wird es wohl in Abgrenzung der Bearbeitung zur freien Benutzung (§§ 23, 24 UrhG) darauf ankommen, dass das Abstract abhängig von Umfang, Aufbau und Gliederung einen eigenen schöpferischen Gehalt aufweist.[2]

Streitig war lange Zeit, ob **durch Links Vervielfältigungen** i.S.v. § 16 UrhG vorgenommen werden können. Das *OLG Hamburg* hat dies z.B. für den Fall bejaht, dass die verweisende Web-Seite beim Anklicken des Links nicht vollständig verlassen wird und sich stattdessen der gelinkte Text als Fenster in der Webseite des Verletzers wieder findet („**Framing**"). In einem solchen Fall könne nicht davon ausgegangen werden, dass die freie Abrufbarkeit von Inhalten im Internet gleichzeitig auch als konkludente Zustimmung zu einem Link anzusehen ist.[3] Der *BGH* hat diese Fragestellung anders gelöst. Ein Link auf eine fremde Datei sei kein Eingriff in das Vervielfältigungsrecht, da solche Links zum Wesen des Internet gehörten.[4] In der Tat lässt die HTML-Technologie explizit eine Vervielfältigung durch Links zu.[5] Dies muss dem Veröffentlichenden des Bildes bereits vor der Veröffentlichung bewusst sein. Er muss also, wenn er die Web-Technologie einsetzt, implizit der Nutzung des Bildes in dieser Form zugestimmt haben. Wenn er dies nicht tut, kann der Veröffentlicher nicht den freien Zugang wählen, sondern muss in geeigneter Form den allgemeinen Zugang verhindern. Dies kann z.B. durch den Zwang einer Angabe eines Benutzernamens und Schlüsselwortes durch den Veröffentlichenden geschehen. Das Setzen eines Links in o.g. Form muss also rechtlich gestattet sein, da der Veröffentlichende jederzeit selber die Möglichkeit hat, den Link unbrauchbar zu machen.

Ein urheberrechtswidriges **Framing** soll in Abgrenzung zur „Paperboy"-Entscheidung des *BGH* aber dann gegeben sein, wenn das zugänglich gemachte Werk – auch ohne Kopie – auf dem eigenen Server in eine Webseite eingegeben wird. Für den Verstoß gegen § 19a UrhG reiche aus, dass sich der Webseiten-Ersteller nach außen hin als „Herr" der Inhalte geriere, so dass für den gewöhnlichen Nutzer die Fremdheit nicht mehr in Erscheinung trete.[6] Abzuwarten bleibt, ob dies auch für sog. „embedded", also in die eigene Homepage eingebundene, Videos von Youtube oder ähnlichen Plattformen gilt.[7]

---

1 *LG Frankfurt a.M.*, Urt. v. 23.11.2006 – 2-03 O 172/06, MMR 2007, 118 – Perlentaucher; nachgehend ebenso *OLG Frankfurt a.M.*, Urt. v. 11.12.2007 – 11 U 75/06, ZUM 2008, 233 (das sich aber wieder auf § 23 UrhG stützt).
2 *OLG Frankfurt a.M.*, Urt. v. 11.12.2007 – 11 U 76/06, GRUR 2008, 249.
3 *OLG Hamburg*, Urt. v. 22.2.2001 – 3 U 247/00, CR 2001, 704 m. Anm. *Dieselhorst* = MMR 2001, 533 – Online-Lexikon; ähnlich bereits *LG Hamburg*, Urt. v. 12.7.2000 – 308 O 205/00, CR 2000, 776 m. Anm. *Metzger* = MMR 2000, 761.
4 *BGH*, Urt. v. 17.7.2003 – I ZR 259/00, CR 2003, 920 = MDR 2004, 346 = NJW 2003, 3406 – Paperboy.
5 Dank an Herrn Sven Gohlke (Berlin) für die folgenden Hinweise.
6 So *LG München I*, Urt. v. 10.1.2007 – 21 O 20028/05, CR 2007, 810 = MMR 2007, 260 m. krit. Anm. *Ott*.
7 So jedenfalls *Ott*, ZUM 2008, 556.

Beim **Abruf** der gespeicherten Daten **vom Server** kann dagegen das Vervielfältigungsrecht des Urhebers betroffen sein. Dies ist unstreitig der Fall, wenn der Nutzer das Material nach dem Download (z.B. auf seiner Festplatte oder einer Diskette) speichert. Dabei findet eine im Verhältnis zum Upload weitere Vervielfältigung statt, für die die Zustimmung des Rechteinhabers erforderlich ist. Ebenso stellt das Ausdrucken in Form einer Hardcopy eine weitere Vervielfältigung dar. Problematisch ist, ob auch das bloße Sichtbarmachen von Inhalten auf dem Bildschirm (sog. browsing) als Vervielfältigung anzusehen ist, da es hier an dem Merkmal der körperlichen Wiedergabe fehlen könnte. Zwar erfolgt eine zeitlich zwingend vorgelagerte vorübergehende Einlagerung der Informationen in den Arbeitsspeicher (sog. RAM-Speicher = random access memory) des abrufenden Computers. Man könnte jedoch argumentieren, dass sich aus Sinn und Zweck des § 16 UrhG ergibt, dass die Vervielfältigung einer dauerhaften Festlegung entsprechen müsse, die mit der eines Buches oder einer CD vergleichbar ist.[1] Für Computerprogramme ist allerdings mittlerweile in § 69c Nr. 1 UrhG gesetzlich normiert, dass auch deren kurzfristige Übernahme in den Arbeitsspeicher eine rechtlich relevante Vervielfältigung ist.[2] Für die elektronisch übermittelten Werke wird daher angeführt, dass für sie letztlich nichts anderes gelten könne, da ihre Urheber ebenso schutzwürdig seien wie die von Computerprogrammen.[3]

Auch **die nur für wenige Sekunden erfolgende Festlegung eines Werkes** oder eines geschützten Werkteils im Arbeitsspeicher erfüllt zudem nicht nur technisch die Voraussetzungen einer Vervielfältigung. Es ist gerade ihr Zweck, die menschliche Betrachtung des Werkes zu ermöglichen. Darüber hinaus haben moderne Browser-Software zumeist eine besondere „caching"-Funktion, mit deren Hilfe jede von einem fremden System heruntergeladene Webseite auf dem Rechner des Nutzers abgespeichert wird, so dass dem Nutzer bei erneutem Aufruf der Seite (z.B. beim Zurückblättern) Kosten und Übertragungszeit für das Herunterladen erspart bleiben. Aus diesen Gründen mehrten sich die Stimmen, die §§ 16, 69c Nr. 1 UrhG auch auf solche Kopien erstrecken wollen, die technisch bedingt sind und insoweit aber eher einen flüchtigen Charakter haben.[4] Gerade für den Bereich der Proxyspeicherung[5] oder des RAM-Arbeitsspeichers wurde von vielen vertreten, dass auch technische Zwischenspeicherungen als urheberrechtlich relevante Vervielfältigungsvorgänge anzusehen seien.[6] Eine Ausnahme sollte allenfalls dann zum Tragen kommen, wenn die Zwischenspeicherung keinen eigenständigen wirtschaftlichen Wert verkörperte.

---

1 *Flechsig*, ZUM 1996, 833, 836; so auch *Hoeren*, UFITA Bd. 111 (1989), S. 5.
2 Ebenso in den USA, 5. Systems Corp. vs. Peak Computer, Inc., 991 F.2d 511, 518 f. (9th Cir.1993).
3 Siehe die Nachweise bei *Schricker/Loewenheim*, Urheberrecht, 3. Aufl. München 2006, § 16 Rz. 16.
4 *Nordemann* in Fromm/Nordemann, § 16 Rz. 2.
5 S. dazu auch die technischen Hinweise in *Bechtold*, ZUM 1997, 427; *Ernst*, K&R 1998, 536, 537; *Sieber*, CR 1997, 581, 588.
6 Etwa OLG Düsseldorf, Urt. v. 14.5.1996 – 20 U 126/95, CR 1996, 728, 729.

Die Streitfrage ist seit 2003 gesetzgeberisch gelöst. Nach § 44a UrhG sind solche Vervielfältigungen nicht zustimmungspflichtig, die dem technischen Prozess immanent sind, für keinen anderen Zweck getätigt werden, als den rechtmäßigen Gebrauch zu ermöglichen, und keine eigene wirtschaftliche Bedeutung haben. „Flüchtige und begleitende" Vervielfältigungshandlungen sind damit weitgehend vom Vervielfältigungsbegriff ausgenommen. Dies hat unmittelbare Auswirkungen für die Provider und deren User. Proxy-Server sind damit ebenso von der Zustimmungspflicht ausgenommen wie Speicherungen im RAM oder die Bildschirmanzeige.

2. Bearbeitung

Nach § 23 UrhG darf ein Werk auch ohne Zustimmung des Urhebers bearbeitet oder in sonstiger Form umgestaltet werden. Erst wenn diese umgestaltete Fassung veröffentlicht oder verwertet werden soll, ist eine Zustimmung des Urhebers erforderlich. Anderes gilt nur für Software, bei der bereits die Umgestaltung als solche verboten ist (§ 69c Nr. 2 UrhG).

Hieraus folgt, dass Texte und Bildmaterial, mit Ausnahme der Software, für die Zwecke der optischen Speicherung umgestaltet werden dürfen. Allerdings dürfen die Speicher nicht ohne Zustimmung des Urhebers öffentlich zugänglich gemacht oder verbreitet werden.

Allerdings gilt eine Ausnahme für die Verfilmung des Werkes. Hier ist bereits die Bearbeitung von der Zustimmung des Urhebers abhängig. Daher taucht die Frage auf, ob es sich bei der Herstellung von Multimedia-Produkten um eine zustimmungsbedürftige Verfilmung handelt. Der *BGH* hat in der „Sherlock-Holmes"-Entscheidung[1] den Verfilmungsvorgang als „Umsetzung eines Sprachwerkes in eine bewegte Bilderfolge mit Hilfe filmischer Gestaltungsmittel" definiert. Sofern im Rahmen von Multimedia-Produkten der Charakter laufender Bilder überwiegt, kommt daher die Anwendung der Filmregelungen des UrhG in Betracht.

Schwierig ist auch die **Abgrenzung** zwischen der **zustimmungspflichtigen Bearbeitung** und der **freien Benutzung** (§ 24 UrhG). Grundsätzlich darf ein selbständiges Werk, das in freier Benutzung eines anderen Werks geschaffen worden ist, ohne Zustimmung des Urhebers des benutzten Werkes veröffentlicht und verwertet werden (§ 24 Abs. 1 UrhG). Eine Ausnahme gilt für die erkennbare Übernahme von Melodien (§ 24 Abs. 2 UrhG).

Damit eine solche freie Benutzung bejaht werden kann, darf das fremde Werk nicht in identischer oder umgestalteter Form übernommen werden, sondern nur als Anregung für das eigene Werkschaffen dienen.[2] Zur Konkretisierung

---

1 BGHZ 26, 52, 55; vgl. auch *Fromm/Nordemann/Vinck*, § 2 Rz. 77.
2 *OLG Hamburg*, OLGZ 190, 8 – Häschenschule; *Schricker/Loewenheim*, § 24 Rz. 9.

verwendet die Rechtsprechung seit den Asterix-Entscheidungen des *BGH*[1] zwei verschiedene „Verblassens-"Formeln:[2] Eine freie Benutzung kann danach zum einen darin zu sehen sein, dass die aus dem geschützten älteren Werk entlehnten eigenen persönlichen Züge in dem neuen Werk so zurücktreten, dass das ältere in dem neuen Werk nur noch schwach und in urheberrechtlich nicht mehr relevanter Weise durchschimmert. Zum anderen können aber auch deutliche Übernahmen durch eine besondere künstlerische Gedankenführung legitimiert sein; in diesem Fall ist ein so großer innerer Abstand erforderlich, dass das neue Werk seinem Wesen nach als selbständig anzusehen ist. Die nähere Konkretisierung gerade letzterer Variante der „Verblassens"-Formel ist schwierig und nur unter Rückgriff auf die Besonderheiten des Einzelfalls möglich. Die Integration von Fotografien in einen digitalen Bildspeicher wird dabei eher als unfreie Benutzung angesehen werden als die Übernahme fremder Sounds in einem multimedialen Videokunstwerk.

Streitig ist in diesem Zusammenhang die Rechtslage bei der Verwendung von **Thumbnails**. Die öffentliche Zugänglichmachung von kleinen Foto-Schnipseln im Internet stellt nach Auffassung des *LG Hamburg*[3] in der Regel eine unfreie Nutzung der zu Grunde liegenden Originalfotos dar. Dem soll nicht entgegenstehen, dass die Thumbnails gegenüber den Originalen stark verkleinert und mit einer viel gröberen Auflösung zum Abruf bereitgehalten werden, denn dadurch werde die Schwelle zur freien Benutzung i.S.d. § 24 UrhG nicht erreicht. Dies sieht das *LG Erfurt*[4] anders. Durch das Onlinestellen von Bildern auf einer Webseite erteile der Webseitenbetreiber der Internetsuchmaschine (im Fall Google Inc.) konkludent eine Einwilligung, urheberrechtlich geschützte Bilder als automatische Thumbnails anzuzeigen. Anders argumentierte aber nachfolgend das *OLG Jena*.[5] Die Nutzung von Thumbnails sei zwar nicht von einer konkludenten Einwilligung oder über das Zitatrecht gedeckt; es fehle im deutschen Recht an einer entsprechenden Schrankenbestimmung. Wer aber eine Suchmaschinenoptimierung etwa über Meta-Tags bei seiner Webseite vornehme, handele rechtsmissbräuchlich, wenn er gegen den Suchmaschinenbetreiber wegen der Thumbnails vorgehe. Der *BGH* hat jetzt in einem neuen Urteil Thumbnails für zulässig erachtet.[6] Ein rechtswid-

---

1 *BGH*, Urt. v. 11.3.1993 – I ZR 264/91, BGHZ 122, 53, 60 = MDR 1993, 747 = GRUR 1994, 191 und 206 – Alcolix.
2 Vgl. *Vinck*, in: Fromm/Nordemann, § 24 UrhG Rz. 3.
3 *LG Hamburg*, Urt. v. 5.9.2003 – 308 O 449/03, CR 2004, 855 = MMR 2004, 558. Ähnlich *LG Hamburg*, Entscheidung vom 26.9.2008 – 308 O 42/06, CR 2009, 47 m. Anm. *Kleinemenke* = MMR 2009, 55; *LG Bielefeld*, Urt. v. 8.11.2005, JurPC Web. Dok. 106/2006 und *OLG Jena*, Urt. v. 27.2.2008 – 2 U 319/07.
4 *LG Erfurt*, Urt. v. 15.3.2007 – 3 O 1108/05, CR 2007, 391 m. Anm. *Berberich* = MMR 2007, 393. Ähnlich *Court of Arnhem* (NL), Urt. v. 16.3.2006 – Ljn Av5236.
5 *OLG Jena*, Urt. v. 27.2.2008 – 2 U 319/07, CR 2008, 390 = MMR 2008, 408 = K&R 2008, 301 m. Anm. *Ott*.
6 *BGH*, Urt. v. 29.4.2010 – I ZR 69/08, MDR 2010, 884 = CR 2010, 463 (OLG Jena, LG Erfurt), MMR 2010, 475; dazu auch aktuell: *LG Köln*, Urt. v. 22.6.2011 – 28 O 819/10.

riger Eingriff in urheberrechtliche Befugnisse sei nicht nur dann zu verneinen, wenn der Berechtigte rechtsgeschäftlich entweder durch Einräumung entsprechender Nutzungsrechte über sein Recht verfügt oder dem Nutzer die entsprechende Werknutzung schuldrechtlich gestattet hat. Vielmehr sei die Rechtswidrigkeit eines Eingriffs in ein ausschließliches Verwertungsrecht auch dann ausgeschlossen, wenn der Berechtigte in die rechtsverletzende Handlung eingewilligt habe. Eine solche Einwilligung setze keine auf den Eintritt dieser Rechtsfolge gerichtete rechtsgeschäftliche Willenserklärung voraus. Die Einstellung des Bildes ohne Sicherungsmechanismen reiche als konkludente Einwilligung. In einem aktuellen Urteil[1] hat der *BGH* diese Rechtsprechung bestätigt. So läge auch dann eine konkludente Einwilligung vor, wenn Dritte das Werk mit Zustimmung des Urhebers ohne Schutzvorkehrungen ins Internet stellen. Zwar wurde hier ein Lichtbild unberechtigt ins Netz gestellt. Da aber die Suchmaschinen nicht unterscheiden könnten, ob ein Bild mit oder ohne Berechtigung eingestellt worden ist, dürfe ihr Betreiber von einer validen Einwilligung ausgehen. Allerdings könne dann der Urheber denjenigen in Anspruch nehmen, der das Werk unberechtigt ins Netz gestellt hat.[2]

3. Recht der öffentlichen Zugänglichmachung

Das Bereithalten von urheberrechtlich geschützten Werken zum Abruf via Intra- oder Internet kann im Übrigen das **Recht der öffentlichen Zugänglichmachung** (§ 19a UrhG) tangieren. Der alte Streit, ob und wann Abrufdienste überhaupt unter das Recht der öffentlichen Wiedergabe (§ 15 Abs. 2 UrhG) fallen,[3] hat sich mit Inkrafttreten der Änderungen des UrhG zum 13. September 2003 erledigt. Mit § 19a UrhG wurde ein neues Verwertungsrecht eingeführt, das ausdrücklich den Bereich der elektronischen Abrufdienste umfasst. Es handelt sich hierbei um das Recht, das Werk drahtgebunden oder drahtlos der Öffentlichkeit in einer Weise zugänglich zu machen, dass es Mitgliedern der Öffentlichkeit an Orten und zu Zeiten ihrer Wahl zugänglich ist. Dieses Recht der öffentlichen Zugänglichmachung (§ 19a) ist ein Unterfall des allge-

---

1 *BGH*, Urt. v. 19.10.2011 – I ZR 140/10.
2 Näheres: becklink 1016700.
3 S. die Nachweise bei *von Ungern-Sternberg*, in: Schricker, Urheberrecht, 3. Aufl. München 2006, § 15 Rz. 59; a.A. *Zscherpe*, MMR 1998, 404. Der *BGH* hat in der Paperboy-Entscheidung klargestellt, dass dem Urheber bereits nach § 15 UrhG (i.d.F. v. 9.9.1965) das ausschließliche Recht zustand, die öffentliche Zugänglichmachung seines Werks zu erlauben oder zu verbieten. Dieses Recht sei als unbenanntes Recht in dem umfassenden Verwertungsrecht des Urhebers aus § 15 UrhG enthalten; *BGH*, Urt. v. 17.7.2003 – I ZR 259/00, CR 2003, 920 = MDR 2004, 346 = NJW 2003, 3406. Ähnlich auch *AG Berlin-Charlottenburg*, Urt. v. 17.11.2003 – 236 C 105/03, CR 2004, 859 = MMR 2004, 269, 270 – Internet-Leseforum.

meinen Rechts der öffentlichen Wiedergabe. Der Tatbestand wird weit ausgelegt[1] und gilt nach § 69c Nr. 4 UrhG auch für Software.

Problematisch bleibt allerdings die Einordnung von **Intranets** in das System der Verwertungsrechte. Denn auch das neue Recht der öffentlichen Zugänglichmachung umfasst nur die Netze, die an „Mitglieder der Öffentlichkeit" gerichtet sind. Statt auf den Akt abzustellen, wird nunmehr auf die Adressaten abgestellt und eine Differenzierung zwischen Angehörigen der Öffentlichkeit und den „Anderen" vorgenommen. Innerhalb eines Unternehmens aber ist niemand „**Angehöriger der Öffentlichkeit**", so dass bei dieser Unterscheidung unternehmensinterne Netze nicht unter das Recht des „making available" fallen würden. Die Frage ist also, wie man die Grenze zwischen dem zustimmungsfreien Betrieb eines lokalen, internen Intranet und der zustimmungspflichtigen Nutzung in größeren Netzen abgrenzen will. Das Kriterium der Adressierung an „Mitglieder der Öffentlichkeit" ist schwammig, wie der Blick in § 15 Abs. 3 UrhG zeigt. Hiernach ist die Wiedergabe öffentlich, wenn sie für eine Mehrzahl von Mitgliedern der Öffentlichkeit bestimmt ist. Zur Öffentlichkeit soll jeder gehören, der nicht mit demjenigen, der das Werk verwertet, oder mit den anderen Personen, denen das Werk in unkörperlicher Form wahrnehmbar oder zugänglich gemacht wird, durch persönliche Beziehungen verbunden ist. Man muss folglich zur Konkretisierung auf das althergebrachte **Kriterium der persönlichen Verbindung** abstellen. Die sorgfältige Abgrenzung wird insbesondere relevant mit Blick auf „legale", nämlich auf einen kleinen Teilnehmerkreis von „Freunden" begrenzte P2P-Musiktauschbörsen im Internet.[2]

Ob zwischen den Benutzern eines internen Datenbanksystems eine solche persönliche Verbindung besteht, hängt meist von zahlreichen Zufällen und Eigenheiten der Betriebsstruktur ab. Auch die Zahl der anschließbaren Bildschirme lässt keine Rückschlüsse darauf zu, wann noch von einer persönlichen Verbindung der Benutzer ausgegangen werden kann. So fragt sich, ob bei 100, 200 oder 500 Bildschirmen noch enge, persönliche Beziehungen zwischen den Usern bestehen. Bilden die Benutzer einer CPU vom Aufbau des EDV-Netzes her eine einzige Organisationseinheit, so ist vom Vorliegen einer persönlichen Verbindung auszugehen. Abzustellen ist deshalb nicht darauf, welche individuellen Verbindungen zwischen den Benutzern eines Abrufterminals bestehen. Entscheidend ist vielmehr die Einordnung der Benutzergruppe innerhalb der EDV-Organisationsstruktur einer Einrichtung. Allerdings ist der Benutzer aufgrund des Ausnahmecharakters der Regelung verpflichtet, die fehlende Öffentlichkeit des EDV-Systems darzulegen und ggf. unter Beweis zu stellen.[3] Im Falle einer hausinternen Datenbank könnte je nach der Enge der Bindung der User von einer persönlichen Beziehung auszugehen sein, so dass

---

[1] Vgl. *LG München I*, Urt. v. 10.1.2007 – 21 O 20028/05, CR 2007, 810 = MMR 2007, 260.
[2] Vgl. zur Problematik *Schapiro*, ZUM 2008, 273.
[3] *Nordemann*, in: Fromm/Nordemann, § 15 Rz. 4.

hinsichtlich der internen Nutzung der Datenbank kein Eingriff in das Recht der öffentlichen Wiedergabe vorliegt. Die Grenze dürfte erst überschritten sein, wenn die Datenbank allgemein für eine kommerzielle Nutzung freigegeben oder jedem außerhalb des internen Kontextes Tätigen der Zugriff auf den Server ermöglicht würde.

Im Übrigen ändert die Tatsache, dass ein Werk auf einer passwortgeschützten Subdomain verbreitet wird, nichts daran, dass hier eine öffentliche Wiedergabe vorliegt.[1] Nach Auffassung des *OLG Köln*[2] erfüllt ein Angebot an Internetnutzer, aus in Deutschland ausgestrahlten Fernsehprogrammen Sendungen auswählen und zeitversetzt auf dem eigenen Personal Computer ansehen zu können, nachdem der Anbieter eine von ihm digitalisierte Fassung der Sendung auf einem dem jeweiligen Nutzer zugewiesenen Speicherplatz seines Servers vorgehalten hat, den Tatbestand des § 19a UrhG und greift zudem in das Vervielfältigungsrecht des betroffenen Fernsehsenders nach § 87 Abs. 1 Nr. 2 UrhG ein.

4. Verbreitungsrecht

Das in §§ 17, 69c Nr. 3 UrhG geregelte Verbreitungsrecht ist das Recht, das Original oder Vervielfältigungsstücke des Werkes der Öffentlichkeit anzubieten oder in Verkehr zu bringen. Dieses Recht könnte bei Recherchediensten, die nicht nur die relevante Informationsquelle suchen und weiterleiten, sondern die Information selbst anbieten, betroffen sein. Dabei ist es unbeachtlich, ob dies entgeltlich oder unentgeltlich, eigennützig oder altruistisch erfolgt. Das Verbreitungsrecht wird nur tangiert, wenn es zu einer Eigentumsübertragung kommt; die reine Besitzüberlassung reicht nicht aus (etwa beim Ausleihen oder bloßen Ausstellen von Werken).[3] Nicht um eine Verbreitung i.S.d. § 17 Abs. 1 UrhG handelt es sich dagegen bei **einer reinen Datenübermittlung**, da es hier an der erforderlichen körperlichen Form fehlt.[4]

VI. Urheberpersönlichkeitsrechte

Literatur: *Decker*, in: Hoeren/Sieber, Handbuch Multimediarecht 2008, Teil 7.2; *Hoeren/Herding*, Wikileaks und das Erstveröffentlichungsrecht, MMR 2011, 500; *Kreile/Wallner*, Schutz der Urheberpersönlichkeitsrechte im Multimediazeitalter, ZUM 1997, 625; *Lehmann*, Persönlichkeitsrecht, Urheberpersönlichkeitsrecht und Neue Medien, in: Ganea u.a. (Hrsg.), Urheberrecht. Gestern – Heute – Morgen. Festschrift für Adolf Dietz zum 65. Geburtstag, München 2001, 117; *Rehbinder*, Multimedia und das Urheberpersönlichkeitsrecht, ZUM 1995, 684; *Reuter*, Digitale Bild- und Filmbearbeitung

---

1 *OLG Jena*, Beschl. v. 10.12.2003 – 2 W 658/03, CR 2004, 781.
2 *OLG Köln*, Urt. v. 9.9.2005 – 6 U 90/05, CR 2006, 557 = MMR 2006, 35 – Personal Video Recorder.
3 *EuGH*, Urt. v. 17.4.2008 – C-456/06.
4 *Loewenheim*, in: Schricker, Urheberrecht, § 17 UrhG, Rz. 5.

im Licht des Urheberrechts, GRUR 1997, 23; *Schack*, Internationale Urheber-, Marken- und Wettbewerbsverletzungen im Internet, MMR 2000, 59.

Das **Urheberpersönlichkeitsrecht (UPR)** ist das **ideelle Gegenstück** zu den wirtschaftlich ausgerichteten Verwertungsrechten. Es schützt den Urheber in seiner besonderen Beziehung zu seinem Werk.[1] Das UPR umfasst die Befugnisse des Veröffentlichungsrechts (§ 12 UrhG), des Rechts auf Anerkennung der Urheberschaft (§ 13 UrhG) und des Rechts auf Schutz gegen Entstellung oder Beeinträchtigung des Werkes (§ 14 UrhG). Im Rahmen der Nutzung von Werken über das Internet stellen sich eine Reihe schwieriger urheberpersönlichkeitsrechtlicher Fragen.

1. Entstellungsverbot

Die Gestalt des Werkes im Internet ist aufgrund der oft geringen Auflösungsqualität häufig erheblich geändert. Hier ist auch in Bezug auf die vertraglich berechtigte Nutzung das **Entstellungsverbot** aus § 39 Abs. 1 UrhG zu beachten. Nach § 39 Abs. 2 UrhG sind Änderungen des Werkes oder seines Titels aber zulässig, zu denen der Urheber seine Einwilligung nach Treu und Glauben nicht versagen kann. Sofern es sich bei Multimediaprodukten um filmähnliche Werke handelt, kommt § 93 UrhG zur Anwendung, der den Entstellungsschutz auf die Fälle gröbster Entstellung und Beeinträchtigung beschränkt. Ähnliches gilt für die Leistungsschutzberechtigten, für die das UrhG zur Anwendung kommt (§§ 14, 93 UrhG). Für ausländische Künstler gilt ansonsten das Rom-Abkommen, das keine persönlichkeitsrechtlichen Vorgaben enthält. Diese Lücke kann nur durch die Anwendung des Beleidigungsschutzes und anderer strafrechtlicher Schutzvorschriften geschlossen werden.

Das **Redigieren von Texten** innerhalb einer Zeitschriftenredaktion stellt eine unzulässige Bearbeitung eines Werkes dar, die in das Recht des Urhebers aus § 14 UrhG eingreift, wenn dieser nicht der Änderung seiner Texte zugestimmt hat oder der Nutzungszweck bestimmte Änderungen unumgänglich macht.[2] Den Vorgang der **Digitalisierung** als solchen wird man regelmäßig nicht als Entstellung ansehen können.[3] Entscheidender ist vielmehr die Art und Weise, wie das Werk digitalisiert und in einen **Off-/Online-Kontext** gesetzt worden ist; z.B. kann eine geringe Auflösung einer Fotografie mit einem Verlust der künstlerischen Eigenart einhergehen und die ideellen Beziehungen des Fotografen zu seinem Werk verletzen. Wie weit das Entstellungsverbot in der Praxis reicht, ist unklar und kann letztendlich nur im Einzelfall festgestellt werden. Auch eine vertragliche Regelung ist unzulässig, da das Entstellungsverbot unverzichtbar ist und nicht auf Dritte übertragen werden kann. Ein Verzicht wird nur insoweit für zulässig erachtet, als genau be-

---

1 *Decker*, in: Hoeren/Sieber, Handbuch Multimediarecht 1999, Teil 7.6. Rz. 1.
2 *LG Hamburg*, Urt. v. 22.12.2010 – 308 O 78/10.
3 Ähnlich auch *BGH*, Urt. v. 18.12.2008 – I ZR 23/06.

stimmte, konkrete Veränderungsformen vertraglich bezeichnet werden. Folglich ergeben sich aus dem Entstellungsverbot Informations- und Aufklärungspflichten des Verwerters gegenüber dem Urheber. Je konkreter der Verwerter vorab mit dem Urheber über konkrete Änderungsabsichten spricht, desto enger wird der Spielraum für das Entstellungsverbot.

2. Namensnennungsrecht

Literatur: *Metzger*, Rechtsgeschäfte über das Urheberpersönlichkeitsrecht nach dem neuen Urhebervertragsrecht, GRUR Int. 2003, 9; *Radmann*, Abschied von der Branchenübung – für ein uneingeschränktes Namensnennungsrecht der Urheber, ZUM 2001, 788.

Neben dem Entstellungsverbot ist das **Namensnennungsrecht** von zentraler Bedeutung. Nach § 13 UrhG hat der **Urheber** das Recht, darüber zu entscheiden, ob und an welcher Stelle des Werkes er als Urheber zu bezeichnen ist. Dieses Recht steht auch **ausübenden Künstlern** (z.B. Musikern) zu (§ 74 Abs. 1 UrhG). Abseits dieser gesetzlichen Regelung werden Namensnennungsrechte etwa von Produzenten vertraglich vereinbart. In den USA sehen Tarifverträge für den Filmbereich eine Reihe von Benennungspflichten im Vor- oder Nachspann vor. Die Namensnennung ist in Deutschland wegen der damit verbundenen Vermutung der Rechteinhaberschaft (§ 13 UrhG) wichtig.

Das Namensnennungsrecht spielt traditionell im Bereich literarischer Werke die größte Rolle. Neuerdings wird es auch kreativen Programmierern zuerkannt.[1] Daneben ist es für **freie Fotografen** lebensnotwendig, dass sich an ihren Fotografien ein Urhebervermerk findet; denn von diesem Vermerk geht eine wichtige Akquisefunktion für die Erteilung späterer Aufträge aus. In anderen Bereichen kommt dem Namensnennungsrecht naturgemäß keine große Bedeutung zu. Insbesondere bei gewerblich genutzten Werken wie etwa Software ist eine Namensnennung kaum üblich. In der Rechtsprechung argumentiert man hier mit der Branchen(un)üblichkeit als Grenze des Namensnennungsrechts. Eine umfassende Nutzungs- und Verwertungsbefugnis erlaubt es regelmäßig nicht, die Urheberbezeichnung wegzulassen. Es bedarf stets einer konkreten Interessenabwägung.[2]

3. Erstveröffentlichungsrecht

Beim Einstellen geheimer unveröffentlichter Dokumente auf **WikiLeaks** ist das aus § 12 UrhG folgende Bestimmungsrecht des Urhebers über die Veröffentlichung seines Werkes betroffen. Nach dieser Vorschrift steht ihm das Erstveröffentlichungsrecht zu, also die alleinige Entscheidungsmacht, ob und wie sein Werk zu veröffentlichen ist. Veröffentlicht ist ein Werk folglich immer dann, wenn es mit Zustimmung dem in § 15 Abs. 3 UrhG beschriebenen

---

1 *OLG Hamm*, Urt. v. 7.8.2007 – 4 U 14/07, CR 2008, 280.
2 *OLG Hamm*, Urt. v. 7.8.2007 – 4 U 14/07, CR 2008, 280.

Personenkreis zugänglich gemacht wurde. Es muss sich also um eine Mehrzahl von Personen handeln, die nicht persönlich untereinander verbunden sind. Maßgeblich für die Annahme einer persönlichen Verbundenheit ist nicht nur die Zahl der Personen, sondern auch die Art ihrer durch die jeweiligen Umstände geprägten Beziehung.[1]

VII. Gesetzliche Schranken

Literatur: *Kröger,* Enge Auslegung von Schrankenbestimmungen – wie lange noch?, MMR 2002, 18; *Schippan,* Urheberrecht goes digital – Das Gesetz zur Regelung des Urheberrechts in der Informationsgesellschaft, ZUM 2003, 378.

Art. 14 Abs. 1 GG schützt auch das Urheberrecht.[2] Urheber und Leistungsschutzberechtigte können jedoch die ihnen zustehenden ausschließlichen Verwertungsrechte nicht unbeschränkt geltend machen. Eine solche Monopolstellung wäre mit den Vorgaben des Grundgesetzes unvereinbar. Zum Schutz der Presse-, Rundfunk- und Informationsfreiheit (Art. 5 GG) sieht das Urheberrecht in den §§ 45–63 UrhG eine Reihe von Schranken für die Ausübung dieser Rechte vor. Schranken können unterschiedlich gestaltet sein. In den USA wurde zum Beispiel eine große, weit formulierte Schranke des „**fair use**" eingeführt (17 U.S.C. § 107), die anhand bestimmter Einzelumstände je nach Einzelfall angewendet wird und darüber hinaus vertraglich abdingbar ist.

Das deutsche Urheberrecht sieht hingegen einen **enumerativen Katalog**[3] einzelner Schranken in unterschiedlich starken Ausprägungen vor. Der Eingriff in das Verbotsrecht des Urhebers besteht in den Formen der zustimmungs- und vergütungsfreien Nutzung, der gesetzlichen Lizenzen, Zwangslizenzen und Verwertungsgesellschaftspflichtigkeiten. Zwangslizenzen gewähren keine direkte Nutzungsbefugnis, sondern lediglich ein gerichtlich durchsetzbares Erfordernis der Zustimmung des Urhebers zu der Nutzung zu einem angemessenen Preis. Das deutsche UrhG kennt lediglich eine einzige durch eine Zwangslizenz ausgestaltete Schranke (§ 61 UrhG), die in der Praxis als bedeutungslos angesehen wird.

Die gesetzliche Festlegung, dass ein bestimmter Anspruch nur durch eine Verwertungsgesellschaft geltend gemacht werden kann, findet sich dagegen sehr häufig, oft in Kombination mit einer gesetzlichen Lizenz. Zum großen Teil wird mit letzteren operiert: Der Urheber kann in diesen Fällen die Nutzung seines Werkes nicht reglementieren (behält jedoch einen Vergütungsanspruch); vielmehr hat der Nutzer eine genau umrissene, gesetzliche Lizenz. Diese Schranken gelten nicht nur im Verhältnis zum Urheber, sondern auch

---

1 *Dreyer*/Kotthoff/Meckel, § 6 Rz. 22.
2 *BVerfG,* Beschl. v. 7.7.1971 – 1 BvR 765/66, Beschl. v. 29.5.2006 – 1 BvR 1080/01, Beschl. v. 20.1.2010 – 1 BvR 2062/09.
3 So ausdrücklich *BGH,* Urt. v. 20.3.2003 – I ZR 1177/00, MDR 2003, 1305 = WRP 2003, 1235.

für Lichtbildner (§ 72 Abs. 1 UrhG), ausübene Künstler (§ 83 UrhG), Tonträger- (§ 85 Abs. 3 UrhG) und Filmhersteller (§ 94 Abs. 4 UrhG). Im Folgenden werden die für den Bereich der neuen Medien relevanten Schrankenregelungen dargestellt.

1. Ablauf der Schutzfrist und verwaiste Werke

Das Urheberrecht erlischt nach Ablauf von **70 Jahren post mortem auctoris** (§ 64 UrhG). Bei Werken, die von mehreren (Mit-)Urhebern geschaffen sind, berechnet sich die Frist nach dem Tode des Längstlebenden (§ 65 Abs. 1 UrhG). Bei Filmwerken kommt es auf den Tod des Hauptregisseurs, Drehbuchautors, Dialogautors und des Filmkomponisten an (§ 65 Abs. 2 UrhG).

Hinzu kommen die Schutzfristen für die **Leistungsschutzberechtigten**, insbesondere die Tonträger- und Filmhersteller sowie die ausübenden Künstler. Deren Schutzrechte bestanden bisher für 50 Jahre ab jeweiliger Leistung. Bei datenbanken ist der Schutz auf 15 Jahre ab jeweiliger Investition beschränkt (s.u.). Nun jedoch nahm das Europäische Parlament die Richtlinie 2011/77/EU an, welche eine Verlängerung der Schutzfristen der ausübenden Künstler und Tonträgerhersteller auf 70 Jahre vorsieht.[1] Die verlängerte Schutzdauer ist von enormer Bedeutung für ausübende Künstler, da diese häufig über keine anderen Einkommensquellen außer der Urheberrechtsvergütung verfügen. Die Richtlinie schreibt außerdem vor, dass nun in Verträge zwischen Künstlern und Plattenfirmen eine sogenannte „Gebrauch-es-oder-verlier-es"-Klausel aufgenommen werden muss, welche es den Künstlern ermöglicht, ihre Rechte zurück zu fordern, wenn der Hersteller die Aufnahme in der erweiterten Schutzfrist nicht weiter vermarktet. Außerdem müssen Plattenfirmen einen Fonds einrichten, in den sie 20 % ihrer Einnahmen zahlen, die während des erweiterten Zeitraums entstehen. Dieser Fond kommt Studiomusikern zugute, deren Aufnahmen in der verlängerten Schutzdauer verkauft werden.

Sonderprobleme bestehen bei der **Nutzung verwaister Werke**, also noch urheberrechtlich geschützter Werke, bei denen der Rechteinhaber nicht zu ermitteln ist.[2] Am 24. Mai 2011 hat die Europäische Kommission einen Vorschlag für die Nutzung verwaister Werke präsentiert. Sofern für ein Werk nach sorgfältiger Recherche im Land seines ersten Erscheinens keine richtigen Daten zum Rechteinhaber festgestellt werden können, kann ein Werk als verwaist gelten. Dies hat die Folge, dass Bibliotheken und Archive das Werk ohne (Nach-)Lizenzierung digitalisieren und online stellen dürfen. Dieses Privileg gilt auch für Institutionen, die im Bereich des Filmerbes tätig sind sowie für die öffentlich-rechtlichen Rundfunkanstalten. Von der Regelung sind nur vorveröffentlichte Printwerke umfasst, jedoch nicht Bilder, audiovisuelle Medien

---
1 *Weitzmann/Otto*, IRights-Dossier. Verlängerung von Schutzfristen für Tonaufnahmen, S. 5 (abrufbar unter: http://irights.info/userfiles/Schutzfrist_A5_dt_web_final%281%29.pdf).
2 *Pfeifer*, GRUR-Prax 2011, 1.

und unveröffentlichte Archivarien sowie elektronische Medien auf Datenträgern. Allerdings dürfen Filmwerke und audiovisuelle Werke von den Rundfunkanstalten sowie von denen im Bereich des Filmerbes tätigen Institutionen digitalisiert und online veröffentlich werden. Eine Vergütung zugunsten des Urhebers ist grundsätzlich nicht vorgesehen. Eine solche Vergütung wird in Erwägungsgrund 22 sowie in Art. 7 Absatz 1 Nr. 4 allein für die kommerzielle Verwertung durch die privilegierten Einrichtungen vorgesehen. Im Übrigen ist die Digitalisierung und Bereitstellung im Netz offenbar vergütungsfrei.

Parallel dazu prüft die Bundesregierung im Rahmen des sogenannten dritten Korbes die Verabschiedung einer gesetzlichen Regelung für verwaiste Werke.[1] Die SPD-Fraktion hat im November 2010 einen entsprechenden Gesetzesentwurf zur Änderung des Urheberwahrnehmungsgesetzes vorgestellt.[2] Im Unterschied zur EU-Richtlinie sehen diese Entwürfe eine weitgehende Vergütungspflicht vor, wobei unterschiedliche Modelle im Bezug auf die Beteiligung von Vergütungsgesellschaften diskutiert werden. Denkbar ist insofern sowohl die Einführung einer neuen Schranke als auch die Lizenzierung durch eine Verwertungsgesellschaft.

2. Erschöpfungsgrundsatz

Literatur: *Baus*, Umgehung der Erschöpfungswirkung durch Zurückhaltung von Nutzungsrechten?, MMR 2002, 14; *Berger*, Die Erschöpfung des urheberrechtlichen Verbreitungsrechts als Ausprägung der Eigentumstheorie des BGB, AcP 2001, 412; *Grützmacher*, Gebrauchtsoftware und Übertragbarkeit von Lizenzen – Zu den Rechtsfragen auch jenseits der Erschöpfungslehre, CR 2007, 549; *Knies*, Erschöpfung Online? – Die aktuelle Problematik beim On-Demand-Vertrieb von Tonträgern im Lichte der Richtlinie zur Informationsgesellschaft, GRUR Int. 2002, 314; *Koch*, Lizenzrechtliche Grenzen des Handels mit Gebrauchtsoftware, ITRB 2007, 140; *Koehler*, Der Erschöpfungsgrundsatz des Urheberrechts im Online-Bereich, München 2000; *Schrader/Rautenstrauch*, Geltung des Erschöpfungsgrundsatzes beim Online-Erwerb durch unkörperliche Übertragung urheberrechtlich geschützter Werke, K&R 2007, 251.

Zu beachten ist ferner der **Erschöpfungsgrundsatz** (§ 17 Abs. 2 UrhG; für Software Spezialregelung in § 69c Nr. 3 Satz 2 UrhG sowie für Datenbanken § 87b Abs. 2 UrhG). Stimmt der Urheber einer Veräußerung von Vervielfältigungsstücken zu, erschöpft sich daran sein Verbreitungsrecht (mit Ausnahme des Vermietrechts). Die Erschöpfung erstreckt sich nur auf die **Verbreitung körperlicher Werkexemplare**; eine zumindest entsprechende Anwendung des Grundsatzes auf bestimmte Online-Übertragungen wird von der h.M. für unmöglich erachtet.[3] Die Erschöpfung knüpft daran an, dass Werkexemplare mit

---

1 BT-Drs. 17/4036.
2 BT-Drs. 17/3991; siehe dazu *Peifer*, GRUR-Prax 2011, 1. Ähnlich die Fraktion der Linken mit ihrem Entwurf vom Februar 2011; BT-Drs. 17/4661 sowie die Fraktion Bündnis 90/Die Grünen, BT-Drs. 17/4695.
3 So auch Erwägungsgrund 29 der InfoSoc-Richtlinie mit folgender Begründung: „Unlike CD-ROM or CD-I, where the intellectual property is incorporated in a material

Zustimmung des zur Verbreitung Berechtigten im Wege der Veräußerung in den Verkehr gebracht worden sind. Bietet z.B. ein Verlag ein Buch zum Verkauf an, verliert es an den Werkkopien sein Kontrollrecht hinsichtlich der Weiterverbreitung. Wer also ein solches Buch gekauft hat, darf es weiterverkaufen. Von der Erschöpfung umfasst sind auch Daten, die auf den Werkstücken enthalten sind (z.B. Marktdaten eines Marktforschungsunternehmens).[1] Gleiches gilt für den Weiterverkauf gebrauchter Standardsoftware, nach h.M. mangels Verkörperung nicht jedoch bei Software, die man über das Internet downloaden konnte.[2]

Fraglich ist, ob auch **im Online-Bereich** eine Erschöpfung angenommen werden kann. Zum Teil wird dies verneint.[3] So hat insbesondere die Münchener Justiz ihr Problem mit der Online-Erschöpfung. Das *OLG München*[4] will diesen Grundsatz nicht anerkennen; die Weitergabe von Nutzungsrechten verstoße gegen die urheberrechtlichen Befugnisse des Verwertungsberechtigten, weil sich der Erschöpfungsgrundsatz sowohl nach deutschem als auch nach europäischem Recht nur auf in einem Gegenstand verkörperte Werke beziehe und hier die „gebrauchte" Software dem Käufer nicht auf einem Datenträger verkörpert übergeben, sondern nur die Softwarelizenz verkauft wurde. Weder direkt noch analog könne der Erschöpfungsgrundsatz zur Anwendung kommen. Ferner ist nach Auffassung des *LG München*[5] die pauschale Werbeaussage, dass die Veräußerung von „gebrauchten" Softwarelizenzen für Standardsoftware erlaubt sei, im Lichte der §§ 3, 5 UWG irreführend und damit unzulässig. Dabei wird auch darauf abgestellt, dass ohnehin die Nutzung von Software den Eingriff in weitere Rechte impliziere, etwa das Recht zum Laden in den Arbeitsspeicher. Andere Gerichte argumentieren zu Recht damit, dass es keinen Unterschied mache, ob Software via DVD oder über das Netz vertrieben werde; in beiden Fällen müsse wirtschaftlich und juristisch im Hin-

---

medium, namely an item of goods, every on-line service is in fact an act which should be subject to authorisation where the copyright or related right so provides." Die InfoSoc-Richtlinie wiederholt damit Überlegungen aus der Datenbankrichtlinie; s. dort Erwägungsgrund 33. So auch *Reinbothe*, GRUR Int. 2001, 733; anders allerdings *Knies*, GRUR Int. 2002, 314; *Köhler*, Der Erschöpfungsgrundsatz des Urheberrechts im Online-Bereich, München 2000, 72.

1 *OLG München*, Urt. v. 25.10.2001 – 29 U 2530/01, NJW-RR 2002, 401.
2 *LG München I*, Urt. v. 15.3.2007 – 7 O 7061/06, MMR 2007, 328; für eine analoge Anwendung des § 69c Nr. 3 Satz 2 UrhG dagegen *Grützmacher*, CR 2007, 549; *Schrader/Rautenstrauch*, K&R 2007, 251.
3 *LG München I*, Urt. v. 19.1.2006 – 7 O 23237/05, MMR 2006, 175 = CR 2006, 159 m. Anm. *Haines/Scholz*; *OLG München*, Urt. v. 3.8.2006 – 6 U 1818/06, MMR 2006, 748 m. Anm. *Stögmüller* = CR 2006, 655 m. Anm. *Lehmann*. Siehe dazu *Hoeren*, CR 2006, 573. Kritisch wohl auch *OLG Frankfurt a.M.*, Beschl. v. 12.5.2009 – 11 W 15/09 für den Handel mit Echtheitszertifikaten.
4 *OLG München*, Urt. v. 3.7.2008 – 6 U 2759/07, CR 2008, 551 m. Anm. *Bräutigam* = K&R 2008, 538; *OLG München*, Urt. v. 3.7.2008 – 6 U 2759/07, CR 2006, 655; *OLG München*, Urt. v. 3.8.2006 – 1818/06, BecksRS 2006, 10438.
5 *LG München I*, Beschl. v. 30.4.2007 – 33 O 7340/08, CR 2008, 414 m. Anm. *Moritz*.

blick auf eine Erschöpfung gleich argumentiert werden.[1] Das *LG München*[2] hat der Kaufpreisklage des mit gebrauchten Softwarelizenzen handelnden Klägers stattgegeben; das Vorbringen des Software-Käufers, der Veräußerung einer einzelnen Lizenz aus einem Volumenlizenzvertrag läge ein Rechtsmangel zu Grunde, teilte das Gericht nicht. Es sei dem Käufer eine verkörperte Kopie übergeben worden, die durch Vervielfältigung der Masterkopie des ursprünglichen Lizenzinhabers entstanden sei. Dadurch sei sowohl hinsichtlich des Verbreitungsrechts als auch des Vervielfältigungsrechts Erschöpfung gem. § 69c Nr. 3 Satz 2 UrhG eingetreten. Durch die in Erfüllung des jeweiligen Volumenlizenzvertrags erfolgte Einräumung von Nutzungsrechten an Software habe sich das Verbreitungsrecht des Lizenzinhabers in Bezug auf jedes einzelne eingeräumte Nutzungsrecht, das jeweils als ein eigenständig zu beurteilendes Vervielfältigungsstück der Software zu behandeln sei, erschöpft. Dadurch könnten auch bei aufgespaltenen Volumenlizenzen einzelne Softwarelizenzen ohne Zustimmung des Lizenzinhabers veräußert werden. Das *OLG Düsseldorf* hat zu Recht eine Ausdehnung des Erschöpfungsgrundsatzes auf die mitgelieferte Sicherungskopie abgelehnt.[3] Der *BGH* hat jetzt mit Beschluss vom 3. Februar 2011[4] die Frage der Online-Erschöpfung dem EuGH zur Entscheidung vorgelegt. Die Kunden der Beklagten können sich nach Auffassung des *BGH* möglicherweise auf die Regelung des § 69d Abs. 1 UrhG berufen, die Art. 5 Abs. 1 der Richtlinie 2009/24/EG ins deutsche Recht umsetzt und daher richtlinienkonform auszulegen ist. Der *EuGH* soll auch klären, ob sich das Verbreitungsrecht des Rechtsinhabers erschöpft, wenn ein Computerprogramm mit seiner Zustimmung im Wege der Online-Übermittlung in Verkehr gebracht worden ist.

Auf der Rechtsfolgenseite ist die Erschöpfung räumlich **auf den Bereich der EU und des EWR beschränk**t.[5] Wer Kopien geschützter Werke in den USA kauft, darf diese nicht in der EU weiterverkaufen; eine internationale Erschöpfung wird von der h.M. abgelehnt.[6]

Sachlich beschränkt sich die Erschöpfung nur auf die jeweilige Verbreitungsform. Sie erlaubt nicht die Verbreitung innerhalb eines neuen, eigenständigen Marktes, etwa von Buchclubausgaben eines Buches im Taschenbuchhandel.[7]

---

1 So etwa *LG Hamburg*, Urt. v. 29.6.2006 – 315 O 343/06, MMR 2006, 827 = CR 2006, 812; *OLG Hamburg*, Urt. v. 7.2.2007 – 5 U 140/06, MMR 2007, 317 m. Anm. *Hüsch/Meuser*. Siehe dazu auch *Rössel*, ITRB 2007, 105. Ähnlich *Grützmacher*, ZUM 2006, 302; *Grützmacher*, CR 2007, 549; *Sosnitza*, K&R 2006, 206.
2 *LG Hamburg*, Urt. v. 29.6.2006 – 315 O 343/06, MMR 2006, 827 m. Anm. *Heydn/Schmidl* = CR 2006, 815 m. Anm. *Grützmacher*; *Bräutigam/Sosna*, jurisPR-ITR 12/2006, Anm. 5.
3 Urt. v. 29.6.2009 – I-20 U 247/08.
4 *BGH*, Beschl. v. 3.2.2011 – I ZR 129/08, CR 2011, 223 m. Anm. *Rössel* – UsedSoft.
5 Siehe dazu auch *EuGH*, Urt. v. 8.6.1971 – C-78/70 – Polydor.
6 *Schricker/Loewenheim*, UrhG, § 17 Rz. 55 m.w.N.
7 *BGH*, Urt. v. 21.11.1958 – I ZR 98/57, GRUR 1959, 200 – Heiligenhof.

Der *BGH* hat in der Entscheidung Half Life 2[1] vertreten, dass der urheberrechtliche Grundsatz der Erschöpfung des Verbreitungsrechts nicht berührt wird, wenn ein Hersteller eines Computerspiels, das auf DVD vertrieben wird, dieses so programmiert, dass es erst nach Einrichtung eines Benutzerkontos über eine Internetverbindung zum Hersteller benutzt werden kann, die Einrichtung des Benutzerkontos nur einmalig möglich ist und der Lizenzvertrag eine Klausel enthält, nach welcher dem Nutzer verboten ist, das Benutzerkonto zu verkaufen, für dessen Nutzung Geld zu verlangen oder es anderweitig weiterzugeben. Urheberrechtlich bestehe kein Anspruch darauf, dass mit dem Erwerb eines urheberrechtlich geschützten Computerprogramms auch eine Nutzungsmöglichkeit eingeräumt wird; insbesondere gebiete der urheberrechtliche Erschöpfungsgrundsatz dies nicht. Einschränkungen der rechtlichen oder tatsächlichen Verkehrsfähigkeit eines Werkstücks, die sich nicht aus dem Verbreitungsrecht des Urhebers als solchem ergeben, sondern auf anderen Umständen beruhen, wie z.B. auf der spezifischen Gestaltung des betreffenden Werks oder Werkstücks, berühren den Grundsatz der Erschöpfung des urheberrechtlichen Verbreitungsrechts nicht.

Ähnlich ist nach Auffassung des *LG Berlin* die Rechtslage beim Vertrieb von Musikdownloads.[2] Eine Klausel in den Allgemeinen Geschäftsbedingungen eines entgeltlichen Musikdownloadportals, die den Weitervertrieb, die Weitergabe, Übergabe oder Unterlizenzierung von im Wege des Downloads erworbenen Musikdateien vorbehaltlich abweichender gesetzlicher Regeln verbietet, beinhaltet keine unangemessene Benachteiligung. Durch den Download einer Musikdatei und ihrer Festlegung auf einem Datenträger tritt keine Erschöpfung des Verbreitungsrechts i.S.d. § 17 Abs. 2 UrhG ein. Eine analoge Anwendung des Erschöpfungsgrundsatzes scheidet aus, da sowohl nach dem deutschen Urheberrecht als auch nach der Richtlinie 2001/29/EG der Eintritt der Erschöpfung ausdrücklich die gegenständliche Verkörperung eines Werkes voraussetzt. Der Weitervertrieb einer durch Download erworbenen Musikdatei mittels Herstellung eines weiteren Vervielfältigungsstückes, z.B. über E-Mail, stellt demnach einen Verstoß gegen § 16 UrhG dar.

3. Öffentliche Reden (§ 48 UrhG)

Nach § 48 Abs. 1 Nr. 2 UrhG ist die Vervielfältigung, Verbreitung und öffentliche Wiedergabe von Reden zulässig, die **bei öffentlichen Verhandlungen** vor staatlichen, kommunalen oder kirchlichen Organen gehalten worden sind. Es ist daher möglich, ohne Zustimmung des Urhebers, Reden über das Internet zugänglich zu machen. Fraglich könnte allenfalls sein, ob sich die Ausnahmebestimmung nur auf den reinen Text der Rede oder auch auf weitere Umstän-

---

[1] *BGH*, Urt. v. 11.2.2010 – I ZR 178/08, CR 2010, 565 m. Anm. *Menz/Neubauer* = MDR 2010, 1071 = MMR 2010, 771.
[2] *LG Berlin*, Urt. v. 14.7.2009 – 16 O 67/08.

de der Rede (Ton- und Bildmaterial) erstreckt. Für die Internetnutzung hat diese Schranke keine besondere Bedeutung.

4. Zeitungsartikel (§ 49 UrhG)

Literatur: *Beiner,* Der urheberrechtliche Schutz digitalisierter Presseartikel in unternehmenseigenen Datenbanken, MMR 1999, 691; *Berger,* Elektronische Pressespiegel und die Informationsrichtlinie, CR 2004, 360; *Flechsig,* Elektronische Pressespiegel – ein Beitrag zur Reform künftiger Pressespiegelausnahmen, in: Festschrift für Melichar, Tübingen 1999; *Hoeren,* Pressespiegel und das Urheberrecht. Eine Besprechung des Urteils des *BGH* „Elektronischer Pressespiegel", GRUR 2002, 1022; *Katzenberger,* Elektronische Pressespiegel aus der Sicht des urheberrechtlichen Konventionsrechtes, GRUR Int. 2004, 739; *Lehmann/Katzenberger,* Elektronische Pressespiegel und Urheberrecht, Düsseldorf 1999; *Niemann,* Pressespiegel de lege lata, CR 2002, 817; *Niemann,* Pressespiegel de lege ferenda, CR 2003, 119; *Vogtmeier,* Elektronischer Pressespiegel im zweiten Korb, MMR 2004, 658; *Wallraf,* Elektronische Pressespiegel aus der Sicht der Verlage, AfP 2000, 23.

Unter dem Gesichtspunkt des freien Informationszugangs regelt § 49 UrhG den uneingeschränkten Zugriff auf Beiträge vor allem aus der Tagespresse. Erst die Rechtsprechung hat aus dieser Bestimmung die sog. „Pressespiegelbestimmung" gemacht.[1] Interessant ist hier vor allem der Bereich der elektronischen Pressespiegel. Nach § 49 Abs. 1 UrhG ist die Vervielfältigung und Verbreitung einzelner Artikel und Abbildungen aus Zeitungen in anderen „Zeitungen und Informationsblättern" sowie deren öffentliche Wiedergabe zulässig, sofern die Artikel und Abbildungen politische, wirtschaftliche oder religiöse Tagesfragen betreffen und nicht mit einem Vorbehalt der Rechte versehen sind.

a) Artikel

Unter „Artikel" sind nur Sprachwerke zu verstehen, nicht jedoch Fotographien oder Zeichnungen.[2] Wenn ein Artikel neben dem Text auch Bildmaterial enthielt, war bis zum 31. Dezember 2007 nur die Übernahme des Textes von § 49 Abs. 1 UrhG gedeckt. Seit dem 1. Januar 2008 werden von § 49 Abs. 1 UrhG nun auch die im Zusammenhang mit Artikeln veröffentlichten Abbildungen erfasst. Damit ist es nun auch möglich, die (regelmäßig bebilderten) Texte aus der Tagespresse in toto zu scannen und unter Berufung auf § 49 UrhG in eine Datenbank einzuspeisen. Erlaubt ist nur die Übernahme *einzelner* Artikel, nicht jedoch etwa die Übernahme des Texts einer gesamten Ausgabe. Auch dürfen nur Artikel verwendet werden, deren Inhalt politische, wirtschaftliche oder religiöse Tagesfragen betrifft. Beiträge mit schwerpunktmäßig wissenschaftlichem oder kulturellem Inhalt fallen nicht unter die Vor-

---

1 Gegen die Anwendung von § 49 Abs. 1 auf Pressespiegel noch *Beiner,* MMR 1999, 691, 695.
2 *Loewenheim,* Urheberrechtliche Grenzen der Verwendung geschützter Werke in Datenbanken, Stuttgart 1994, 73 m.w.N. in Fn. 327.

schrift.[1] Außerdem muss der übernommene Artikel noch im Zeitpunkt der Übernahme aktuell sein.[2]

b) Zeitungen

Die Entnahme ist nur im Hinblick auf **„Zeitungen und andere lediglich dem Tagesinteresse dienenden Informationsblätter"** zulässig. Zu dieser Gruppe zählen neben der Tagespresse auch periodisch erscheinende Informations- und Mitteilungsblätter.[3] Es stellt sich dabei die Frage, ob auch eine Online-Zeitung eine „Zeitung" i.S.v. § 49 UrhG ist. Die Repräsentanten der Zeitungsverleger lehnen dies ab. Sie verweisen darauf, dass es sich bei § 49 UrhG um eine Ausnahmevorschrift zu Lasten des Urhebers handele. Ausnahmevorschriften seien eng auszulegen. Deshalb sei § 49 UrhG nur auf Printmedien als Ausgangsmaterial zu beziehen und spiele für den Online-Bereich keine Rolle. Diese Ansicht wird m.E. zu Recht von der Verwertungsgesellschaft Wort zurückgewiesen. Nach deren Ansicht sei zwar § 49 UrhG als Ausnahmevorschrift tatsächlich eng auszulegen. Dies schließe jedoch nicht aus, dass für den Begriff der „Zeitung" eine sinnvolle und sachgerechte Interpretation gefunden werden könne. Dabei könne es nicht darauf ankommen, auf welchem Trägermedium eine Publikation erscheine. Nach der typischen Definition der Zeitungswissenschaft umfasse Zeitung vielmehr jedes periodisch erscheinende Informationsmedium mit universellem und aktuellem Inhalt.[4] Damit fallen auch Online-Zeitungen unter die Pressespiegel-Bestimmung.

c) Elektronische Pressespiegel

Strittig ist die Anwendbarkeit des § 49 UrhG auf **elektronische Pressespiegel**, insbesondere im Online-Bereich.

Fraglich ist, ob die Erstellung einer „Pressespiegeldatenbank", die beispielsweise in einem Großunternehmen oder in einer Verwaltung sinnvoll genutzt werden könnte, von § 49 Abs. 1 UrhG umfasst wäre. Nach § 49 Abs. 1 Satz 1

---

[1] Zu weit geht m.E. *Melichar*, wenn er es für § 49 genügen lässt, dass ein Artikel „auch" den privilegierten Inhalt hat (*Schricker/Melichar*, § 49 Rz. 7). Es kommt entscheidend auf die Schwerpunkte des Textes an.
[2] Zu weit geht m.E. auch *Loewenheim*, Urheberrechtliche Grenzen der Verwendung geschützter Werke in Datenbanken, Stuttgart 1994, 74, wenn er für die Aktualität auf den Zeitpunkt der Übergabe auf die Benutzer (etwa einer Datenbank) abstellt. Die Übergabe ist als solche kein urheberrechtlich relevanter Akt; entscheidend ist der Zeitpunkt, in dem in die Verwertungsrechte des Urhebers eingegriffen worden ist.
[3] So jetzt ausdrücklich der *BGH*, Urt. v. 27.1.2005 – I ZR 119/02, MDR 2005, 1304 = GRUR 2005, 670, 672. Anders noch das *OLG München I*, Urt. v. 23.12.1999 – 29 U 4142/99, AfP 2000, 191, 193, das Artikel aus Publikumszeitschriften von der Pressespiegelfreiheit ausnahm.
[4] Siehe *Rehbinder*, UFITA 48 (1966), 102; vgl. auch *Melichar*, Die Begriffe „Zeitung" und „Zeitschrift" im Urheberrecht, ZUM 1988, 14.

UrhG ist, wie erläutert, nur die Verbreitung von Informationsblättern erlaubt, die dem Tagesinteresse dienen. Es erscheint aber nicht wahrscheinlich, dass elektronische Pressespiegel tatsächlich nur für einen Tag benutzt und dann vernichtet oder unabhängig von den jeweils anderen tagesaktuellen Pressespiegeln aufbewahrt werden. Vielmehr soll so eine Datenbank entstehen, die jederzeit – und das wesentlich komfortabler als traditionelle Pressespiegel mit Suchfunktionen versehen – verfügbar wäre. Das Erfordernis der „Tagesinteressen" wäre damit nicht mehr gegeben. Die Abgrenzung ist allerdings fließend.[1]

Beim übernehmenden Medium muss es sich ebenfalls um Zeitungen bzw. Informationsblätter handeln. Abwegig erscheint die dazu teilweise vertretene Ansicht, dass auch der selektive Ausdruck von gescannten Zeitungsartikeln aus einer zentralen Datenbank heraus unter § 49 Abs. 1 UrhG falle.[2] Der Benutzer einer Datenbank stellt sich nicht sein eigenes „Informationsblatt" zusammen; der Verteilung von Kopien an Dritte fehlt die vorherige Zusammenfassung in einem zentralen Primärmedium. Wie *Loewenheim* zu Recht feststellt,[3] fehlt es bei solchen Informationsdatenbanken daran, dass der Betreiber selbst von sich aus und im eigenen Interesse informieren will.

Insgesamt ist die Rechtslage hinsichtlich der Anwendbarkeit der Bestimmung auch auf Pressespiegel in elektronischer Form jedoch unklar.[4] Zunächst wurde gegen die Zulässigkeit der Lizenzierung eines elektronischen Pressespiegels durch eine Verwertungsgesellschaft entschieden,[5] eine Privilegierung durch § 49 UrhG also abgelehnt und damit das Verbotsrecht der Urheber bejaht. Diese Entscheidung des *LG Hamburg* wurde noch durch das *OLG Hamburg* bestätigt.[6] Ähnlich sahen die Rechtslage das *OLG Köln*[7] und das *LG Berlin*.[8] Restriktiv argumentierte auch das *Appellationsgericht Bern* für den Bereich der Pressebeobachtung.[9] Nach Auffassung des *LG München I* sollte es allerdings urheberrechtlich unproblematisch und von § 49 UrhG gedeckt sein, wenn jemand einen elektronischen Pressespiegel in der Form anbot, dass eine Auflistung von zu Suchbegriffen gefundenen Artikeln dargeboten wurde, die nur Fundstelle, Überschrift des Artikels, Namen der Zeitung

---

1 Vgl. *Wallraf*, Elektronische Pressespiegel aus der Sicht der Verlage, AfP 2000, 23.
2 So *Eidenmüller*, Elektronischer Pressespiegel, CR 1992, 321, 323.
3 *Loewenheim*, Urheberrechtliche Grenzen der Verwendung geschützter Werke in Datenbanken, Stuttgart 1994, 76.
4 Schon gegen die Anwendbarkeit auf traditionelle Pressespiegel *Wallraf*, Elektronische Pressespiegel aus der Sicht der Verlage, AfP 2000, 23, 26; *Beiner*, MMR 1999, 691, 695.
5 *LG Hamburg*, Urt. v. 7.9.1999 – 308 O 258/99, CR 2000, 355 = AfP 1999, 389.
6 *OLG Hamburg*, Urt. v. 6.4.2000 – 3 U 211/99, CR 2000, 658 m. Anm. *Kröger* = AfP 2000, 299, 300.
7 *OLG Köln*, Urt. v. 30.12.1999 – 6 U 151/99, CR 2000, 352 = MMR 2000, 365 m. Anm. *Will*.
8 *LG Berlin*, Urt. v. 15.5.2001 – 16 O 173/01, AfP 2001, 339.
9 *Appellationsgericht Bern*, Urt. v. 21.5.2001 – I-0299/I/00, MMR 2002, 30 m. Anm. *Hilty*.

als Quellenangabe, Ressort und den Satz des Artikels mit dem Suchbegriff enthielt.[1]

Der *BGH* hat zugunsten der Pressenutzer die Hamburger Entscheidungen aufgehoben und eine Anwendung des § 49 Abs. 1 UrhG auf elektronisch übermittelte Pressespiegel für möglich erachtet.[2] Entscheidend sei, dass der Pressespiegel nach Funktion und Nutzungspotential noch im Wesentlichen dem herkömmlichen Pressespiegel entspreche. Dies setze voraus, dass der elektronisch übermittelte Pressespiegel nur betriebs- oder behördenintern und nur in einer Form zugänglich gemacht werde, die sich im Falle der Speicherung nicht zu einer Volltextrecherche eigne. Infolge dieser höchstrichterlichen Klärung hat der Gesetzgeber im Regierungsentwurf zum „Zweiten Korb" von einer Kodifizierung der Entscheidung abgesehen.[3]

Einige Zeitungsverleger haben die **PMG Presse-Monitor Deutschland GmbH & Co. KG** gegründet, die die Pressespiegelrechte der Verleger bündeln soll. Die PMG bietet elektronische Artikel und/oder Lizenzen von derzeit mehr als 490 Verlagen aus Deutschland und anderen europäischen Ländern für die Erstellung elektronischer Pressespiegel an und hat im Einklang mit der Rechtsprechung des *BGH* entsprechende Verträge geschlossen. Streitig war allerdings lange Zeit, ob nicht diese Organisation ihrerseits als Verwertungsgesellschaft anzusehen sei, so dass für deren Tätigkeit eine Erlaubnis des DPMA eingeholt werden müsste.[4] Das Problem hat sich faktisch dadurch entschärft, dass die Pressemonitor GmbH inzwischen zusammen mit der VG Wort im Bereich der Pressespiegelvergütung tätig ist.

d) Vergütungsanspruch

Wichtig ist ferner der mit der Ausnahme, also der Zulässigkeit der Vervielfältigung und Verbreitung, verknüpfte **Vergütungsanspruch**. Nach § 49 Abs. 1 Satz 2 UrhG ist für die Vervielfältigung, Verbreitung oder öffentliche Wiedergabe eine angemessene Vergütung zu zahlen. Diesen Anspruch kann der Rechtsinhaber nur über eine Verwertungsgesellschaft geltend machen (§ 49 Abs. 1 Satz 3 UrhG). Die Vergütungspflicht entfällt, wenn lediglich kurze Auszüge aus mehreren Kommentaren oder Artikeln in Form einer Übersicht verwendet werden (§ 49 Abs. 1 Satz 2 UrhG a.E.). Es ist daher ohne Zustim-

---

1 *LG München I*, Urt. v. 1.3.2002 – 21 O 9997/01, K&R 2002, 258 m. Anm. *Lührig* = CR 2002, 452.
2 *BGH*, Urt. v. 11.7.2002 – I ZR 255/00, MDR 2003, 283 = MMR 2002, 739 m. Anm. *Hoeren* und *Waldenberger* = CR 2002, 827 mit Bespr. *Niemann* 817 = RDV 2002, 306; vgl. auch *Hoeren*, GRUR 2002, 1022.
3 Vgl. hierzu *Flechsig*, GRUR 2006, 888.
4 Siehe zu den Rechtsauseinandersetzungen *BayVGH*, Beschl. v. 1 4.3.2002 – U 16 E 02.11987, AfP 2002, 173, im Wesentlichen bestätigt durch *BayVGH*, Beschl. v. 18.6.2002 – 22 CE 02.815, ZUM-RD 2003, 219, zur der Frage, ob und mit welchem Inhalt das DPMA über eine Untersagungsverfügung für Presse-Monitore Pressemitteilungen herausgeben darf.

mung der Urheber und ohne Verpflichtung zur Zahlung einer Vergütung zulässig, Presseauszüge etwa im Internet zu platzieren.

Die **VG WORT** nimmt für die Journalisten die Vergütungsansprüche für die elektronischen Pressespiegel wahr, die unter § 49 UrhG fallen. Dazu zählen – wie oben erläutert – Artikel aus Zeitungen mit aktuellem politischem Bezug, nicht jedoch z.B. Artikel aus Zeitschriften oder Beiträge über kulturelle, unterhaltende oder lokale Ereignisse sowie Texte, die keinen aktuellen Bezug haben. Die VG Wort hat ihrerseits mit der **Presse-Monitor** im September 2003 eine umfassende Zusammenarbeit für die Bereitstellung elektronischer Pressespiegel vereinbart. Danach vermarktet die PMG nicht nur die Artikel der mit ihr vertraglich verbundenen Verlage, sondern auch solche elektronischen Pressespiegel, die unter die Einschränkungen des § 49 UrhG fallen. Die VG WORT wird im Gegenzug an den Erlösen der PMG aus dem Geschäft mit elektronischen Pressespiegeln beteiligt, so dass auch die Journalisten, die bei der VG WORT gemeldet sind, von dieser Umlage profitieren.

5. Zitierfreiheit (§ 51 UrhG)

Literatur: *Poll*, TV-Total – Alles Mattscheibe, oder was? Zum Verhältnis von freier Benutzung (§ 24 UrhG) und Zitatrecht (§ 51 UrhG) zu Art. 5 GG, ZUM 2004, 511; *Seifert*, Das Zitatrecht nach „Germania 3", in: Festschrift für Willi Erdmann, Köln 2003, 195; *Seydel*, Die Zitierfreiheit als Urheberrechtsschranke, Köln 2002.

Denkbar ist auch eine Anwendung der in § 51 UrhG geregelten Grundsätze **der Zitierfreiheit**. Dabei ist zu berücksichtigen, dass § 51 UrhG die Meinungsfreiheit (Art. 10 EMRK und Art. 5 Abs. 1 GG) schützt und daher eine Güterabwägung zwischen Urheberrecht und Meinungsfreiheit zu erfolgen hat, die nicht einseitig zugunsten des Urheberrechts gelöst werden darf.[1]

Im Rahmen der Urheberrechtsnovellierung zum sog. Zweiten Korb war angedacht, das Zitatrecht weiter einzuschränken. Es sollte nur dann gewährt werden, sofern die Nutzung anständigen Gepflogenheiten entspricht.[2] Schließlich hat man diese Beschränkung aber doch gestrichen. Stattdessen erstreckt sich das Zitatrecht nunmehr ohne Differenzierung zwischen einzelnen Werkarten auf alle Nutzungen, bei denen das Zitat durch den besonderen Zweck gerechtfertigt ist.

---

[1] S. dazu den spannenden Gerichtsstreit in Frankreich rund um die Ausstrahlung von Utrillo-Werken, etwa *Cour d'Appel de Paris*, Urt. v. 30.5.2001 – (Jean FABRIS ./. Sté FRANCEZ) GRUR Int. 2002, 329 m. Anm. *Geiger*. Ähnlich *öOGH*, Urt. v. 12.6.2001 – 4 Ob 127/01, GRUR Int. 2002, 341 m. Anm. *Walter* zum Verhältnis von Art. 10 EMRK und UrhG.

[2] Regierungsentwurf für ein Zweites Gesetz zur Regelung des Urheberrechts in der Informationsgesellschaft vom 22.3.2006; http://www.kopienbrauchenoriginale.de/media/archive/139.pdf.

a) Zitierfreiheit für wissenschaftliche Werke

§ 51 Nr. 1 UrhG erlaubt die Vervielfältigung, Verbreitung und öffentliche Wiedergabe einzelner bereits veröffentlichter Werke auch ohne Zustimmung des Urhebers, sofern diese in ein selbständiges wissenschaftliches Werk zur Erläuterung des Inhalts aufgenommen werden und die Nutzung in ihrem Umfang durch den besonderen Zweck gerechtfertigt ist.

aa) Wissenschaft

Dabei ist der Begriff des **wissenschaftlichen Werks** weit zu ziehen; auch Filmwerke können hierunter fallen.[1] Allerdings muss das Werk durch die ernsthafte, methodische Suche nach Erkenntnis gekennzeichnet sein.[2] Die Entwickler multimedialer Produkte können das Zitierrecht für wissenschaftliche Zwecke z.B. im Fall von online nutzbarem Lehrmaterial für Studierende, Schüler oder sonstige Interessierte in Anspruch nehmen. Nicht anwendbar ist die Vorschrift jedoch bei der Verwendung von Material für Produkte, bei denen der Schwerpunkt auf dem Unterhaltungswert liegt,[3] so zum Beispiel bei einer Webseite zur Geschichte der Beatles.

bb) Umfang des Zitats

§ 51 Nr. 1 UrhG erlaubt die **Übernahme „einzelner Werke"**. Damit ist zu Gunsten der Verbreitung wissenschaftlicher Informationen auf der einen Seite eine sehr weitgehende, extensive Verwendung fremder Quellen legitimiert: Der Zitierende kann auf ganze Werke zurückgreifen, sofern dies zur Untermauerung einer eigenen Aussage erforderlich ist (sog. Großzitat). Auf der anderen Seite ist das Zitatrecht jedoch auf „einzelne" Quellen beschränkt. Diese Regelung wird bei Verwendung der Werke eines Urhebers sehr eng ausgelegt.[4] Der Zitierende soll nicht unter Berufung auf § 51 UrhG das gesamte Werkrepertoire eines Urhebers verwenden. Anders ist die Lage bei Zitaten in Bezug auf mehrere Urheber; hier neigt man zu einer großzügigeren Behandlung.

cc) Zitatzweck

Entscheidend ist der **Zitatzweck**. Das zitierende Werk muss selbständig sein. Es reicht nicht aus, dass fremde Werke lediglich gesammelt werden; es muss eine eigene geistige Leistung auch im Verhältnis zur Auswahl der Zitate vor-

---

[1] *Ekrutt*, Urheberrechtliche Probleme beim Zitat von Filmen und Fernsehsendungen, Hamburg 1973, 109; *Ulmer*, Zitate in Filmwerken, GRUR 1972, 323, 324.
[2] *LG Berlin*, Urt. v. 26.5.1977 – 16 S 6/76, GRUR 1978, 108 – Terroristenbild; Schricker/Schricker, § 51 Rz. 31.
[3] *KG*, Urt. v. 13.1.1970 – 5 U 1457/69, GRUR 1970, 616.
[4] *BGH*, Urt. v. 3.4.1968 – I ZR 83/66, BGHZ 50, 147, 156 – Kandinsky I; s. auch Schricker/Schricker, § 51 Rz. 34.

liegen.[1] Die Zitate sind folglich nur zur Untermauerung einer eigenen Aussage zulässig. Steht das Zitat gegenüber der eigenen Aussage im Vordergrund, scheidet eine Zulässigkeit nach § 51 Nr. 1 UrhG aus. Ein zulässiges Zitat liegt weiterhin nur vor, wenn eine innere Verbindung zwischen zitierendem und zitiertem Werk besteht.[2] Das Zitat darf nur als Beleg und Hilfsmittel fungieren und muss gegenüber dem Hauptwerk zurücktreten.[3] Geht es hingegen darum, dass der Zitierende auf eigene Ausführungen zu Gunsten des Zitats verzichten will, kann er sich nicht auf § 51 UrhG stützen.[4] Es kommt darauf an, zu welchem Zweck fremde Werke in das Produkt integriert werden. Bedenklich erscheint vor allem die Übernahme ganzer Werke ohne eigene Auseinandersetzung mit deren Inhalt. Umgekehrt ist die Verwendung von Musik- oder Filmsequenzen in einem multimedialen Lexikon über § 51 UrhG durchaus legitimierbar. Die erkennbare Abbildung eines Fotos auf einem neuen Foto kann nur dann von der Zitierfreiheit (§ 51 UrhG) gedeckt sein, wenn es sich bei dem neuen Foto um ein Lichtbildwerk i.S.v. § 2 Abs. 1 Nr. 5, Abs. 2 UrhG handelt und die Abbildung des Lichtbilds im Lichtbild nicht nur einem rein dekorativen, illustrierenden Zweck dient. Erforderlich ist vielmehr das Vorliegen eines Zitatzwecks, d.h. eine irgendwie geartete (geistige) Auseinandersetzung mit dem abgebildeten und erkennbaren Foto (Objekt).[5]

dd) Quellenangabe

Allerdings setzt § 51 UrhG auch voraus, dass in jedem Fall einer Vervielfältigung des Werkes oder eines Werkteiles **die Quelle deutlich angegeben wird** (§ 63 Abs. 1 UrhG). Dies wird bei der Digitalisierung von Fotografien oder dem Sampling einzelner Musikkomponenten kaum praktizierbar sein.[6] Auch beim Zitat von im Internet verfügbaren Texten könnte das Quellenerfordernis problematisch sein, da ein Link als Quellenangabe – wegen der Flüchtigkeit dieses Verweises – im Regelfall nicht ausreichen wird.[7] Links im eigenen Text

---

1 *BGH*, Urt. v. 22.9.1972 – I ZR 6/81, GRUR 1973, 216 – Handbuch moderner Zitate; *Schricker/Schricker*, § 51 Rz. 22, 34.
2 *BGH*, Urt. v. 17.10.1958 – I ZR 180/57 – Verkehrskinderlied; *BGH*, Urt. v. 3.4.1968 – I ZR 93/66 – Kandinsky I; *BGH*, Urt. v. 4.12.1986 – I ZR 189/84, MDR 1987, 381 = GRUR 1987, 362 – Filmzitat; *BGH*, Urt. v. 20.12.2007 – I ZR 42/05, CR 2008, 507 = GRUR 2008, 693; *Schricker/Schricker*, § 51 Rz. 16 m.w.N.
3 *BGH*, Urt. v. 23.5.1985 – I ZR 28/83, MDR 1986, 468 = GRUR 1986, 59, 60 – Geistchristentum; *BGH*, Urt. v. 7.3.1985 – I ZR 70/82, MDR 1985, 738 = GRUR 1987, 34, 35 – Liedtextwiedergabe I.
4 *KG*, Urt. v. 13.1.1970 – 5 U 1457/69, GRUR 1970, 616, 618 – Eintänzer.
5 *KG Berlin*, Urt. v. 15.6.2010 – 5 U 35/08.
6 Die Situation stellt sich allerdings anders mit Blick auf den digitalen „Fingerprint" dar; s. dazu *Gass*, Digitale Wasserzeichen als urheberrechtlicher Schutz digitaler Werke?, ZUM 1999, 815.
7 Vgl. *Schulz*, ZUM 1998, 221, 232; *Bisges*, Grenzen des Zeitatrechts im Internet, GRUR 2009, 730.

als solche stellen keine Zitate dar und müssen daher auch nicht den Anforderungen genügen.[1]

b) Kleinzitat, § 51 Nr. 2 UrhG

Gem. § 51 Nr. 2 UrhG ist die Vervielfältigung, Verbreitung und öffentliche Wiedergabe zulässig, sofern Stellen eines Werkes nach der Veröffentlichung in einem **selbständigen Sprachwerk** angeführt werden. Über den Wortlaut hinaus wird die Regelung **auch auf Filme**[2] **und sonstige Werkgattungen**[3] ausgedehnt. Erlaubt ist nur die Verwendung kleinerer Ausschnitte des Werkes. Allerdings müssen diese Ausschnitte für sich genommen schutzfähig sein. Kleine Pixel und Sounds[4] sind zum Beispiel nicht schutzfähig und können daher stets frei verwendet werden. Schwierigkeiten bereiten Bildzitate. Bei Fotografien oder Werken der bildenden Kunst umfasst ein Zitat notwendigerweise das ganze Bild und nicht nur einen Ausschnitt; in solchen Fällen ist – je nach Zitatzweck – auch die Verwendung ganzer Werke zulässig.[5] Zu beachten ist neben dem Zitatzweck insbesondere die Notwendigkeit der Quellenangabe.

c) Musikzitate, § 51 Nr. 3 UrhG

Nach § 51 Nr. 3 UrhG ist es zulässig, ohne Zustimmung des Rechteinhabers **Teile eines erschienenen musikalischen Werkes in ein (selbständiges) Werk der Musik** zu integrieren.[6] Die Regelung dürfte im Multimediabereich keine große Bedeutung haben, denn bei einer CD-ROM oder Internet-Anwendung handelt es sich nicht um Werke der Musik. Beide sind eher als Datenbank oder (teilweise) als filmähnliche Werke einzustufen.

6. Öffentliche Zugänglichmachung für Unterricht und Forschung, § 52a UrhG

Literatur: *Ensthaler*, Bundestag beschließt die Herausnahme wissenschaftlicher Sprachwerke aus dem Urheberrechtsgesetz, K&R 2003, 209; *Gounalakis*, Elektronische Kopien für Unterricht und Forschung (§ 52a UrhG) im Lichte der Verfassung, Tübingen 2003; *Sieber*, Urheberrechtlicher Reformbedarf im Bildungsbereich, MMR 2004, 715; *Spindler*, Reform des Urheberrechts im „Zweiten Korb", NJW 2008, 9, 13; *Thum*, Urheberrechtliche Zulässigkeit von digitalen Online-Bildarchiven zu Lehr- und Forschungszwecken, K&R 2005, 490.

---

1 *Koch*, GRUR 1997, 417, 420.
2 *BGH*, Urt. v. 4.12.1986 – I ZR 189/84, MDR 1987, 381 = GRUR 1987, 362 – Filmzitat; *BGH*, Urt. v. 20.12.2007 – I ZR 42/05, CR 2008, 507 = GRUR 2008, 693.
3 *Schricker/Schricker*, § 51 Rz. 41.
4 Vgl. *Schricker/Loewenheim*, § 2 Rz. 122.
5 *BVerfG*, Beschl. v. 29.6.2000 – 1 BvR 825/98, NJW 2001, 598– Germania 3; *KG*, UFITA 54 (1969) 296, 299; *Schricker/Schricker*, § 51 Rz. 45; *OLG Hamburg*, Urt. v. 10.7.2002 – 5 U 41/01, GRUR-RR 2003, 33.
6 Siehe dazu allg. *Schricker/Melichar*, § 51 Rz. 49.

Eine Schrankenregelung zugunsten von Unterricht, Wissenschaft und Forschung sieht der 2003 eingeführte § 52a UrhG vor. Durch diese Regelung soll die Nutzung von Werken im Rahmen kleiner Forschungs- und Lehrintranets verbotsfrei gegen eine Pauschalvergütung zulässig sein.

Diese Vorschrift erlaubt zustimmungsfrei das öffentliche Zugänglichmachen

– veröffentlichter kleiner Teile eines Werks, Werke geringen Umfangs sowie einzelner Zeitungs- und Zeitschriftenbeiträge und

– zur Veranschaulichung im Schul- und Hochschulunterricht für den bestimmt abgegrenzten Kreis der Unterrichtsteilnehmer (Abs. 1 Nr. 1) sowie für einen bestimmt abgegrenzten Kreis von Personen für deren eigene wissenschaftliche Forschung (Abs. 1 Nr. 2).

Dabei muss die Zugänglichmachung **zu dem jeweiligen Zweck geboten** und zur Verfolgung nicht kommerzieller Zwecke gerechtfertigt sein. Nach § 52a Abs. 2 Satz 2 UrhG fallen **Filmwerke** erst zwei Jahre nach Beginn der üblichen regulären Auswertung in Filmtheatern unter die Schranke. Nach § 52a Abs. 3 UrhG sind auch die mit der öffentlichen Zugänglichmachung in Zusammenhang stehenden Vervielfältigungen (z.B. Drucken, Speichern) von der Regelung umfasst. Für das öffentliche Zugänglichmachen und Vervielfältigen ist eine Vergütung an die jeweiligen Verwertungsgesellschaften zu entrichten (Abs. 4).

Während beim öffentlichen Zugänglichmachen zu Unterrichtszwecken der abgegrenzte Personenkreis durch die Unterrichtsteilnehmer hinreichend bestimmt ist, fragt sich, was unter einem **„bestimmt abgegrenzten Personenkreis"** beim Zugänglichmachen für Forschungszwecke zu verstehen ist. Eine offene Forschergruppe mit häufig wechselnden Mitgliedern wird sicherlich nicht hierunter fallen. Die Mitglieder müssen sich dem Personenkreis vielmehr eindeutig zuordnen lassen, z.B. die Mitarbeiter eines Forschungsinstituts oder Mitglieder verschiedenster Einrichtungen, die in einem geschlossenen Forschungsteam zusammenarbeiten.[1]

Zugunsten des Personenkreises erlaubt die Vorschrift z.B. das Einstellen von urheberrechtlich geschützten Materialien in ein Newsboard oder eine Mailingliste. Dabei sind immer Quelle und Name des Urhebers anzugeben (§ 63 Abs. 2 Satz 2 UrhG). Vorsicht geboten ist allerdings beim Einstellen ganzer oder wesentlicher Teile einer Datenbank i.S.d. §§ 87a ff. UrhG oder von Computerprogrammen (§§ 69a ff. UrhG). Diese Schutzgegenstände unterliegen eigenen, sehr engen Schrankenregelungen. § 52a UrhG findet auf sie keine Anwendung.

Weitere Probleme macht die Filmauswertung im Rahmen von Intranets. Zu Unterrichts- und Forschungszwecken wird meist weniger auf Spielfilme als auf **Dokumentarfilme** zurückgegriffen. Bei diesem Filmgenre fehlt es aber oft an der in § 52a Abs. 2 UrhG vorausgesetzten „üblichen regulären Auswertung

---

1 *Dreier/Schulze*, § 52a UrhG Rz. 11.

in Filmtheatern". Das Gesetz ist insofern einseitig auf den Spielfilm bezogen. Folglich käme eigentlich mangels Kinoauswertung eine Verwendung von Dokumentarfilmen im Rahmen von § 52a UrhG überhaupt nicht in Betracht. Denkbar ist hier allenfalls eine analoge Anwendung des § 52a Abs. 2 Satz 2 UrhG auf die Fernsehauswertung oder die übliche Nutzung bei Filmfestivals; doch diese Auslegung geht über den (insoweit eng auszulegenden) Wortlaut der Vorschrift hinaus. Im Übrigen kann davon ausgegangen werden, dass dem Gesetzgeber die Besonderheiten des Dokumentarfilmmarktes nicht unbekannt waren, so dass es sich hierbei um eine bewusste Entscheidung zugunsten des Dokumentarfilms und gegen dessen Intranetverwendung handeln müsste.[1]

Für Probleme wird auch die traurige Botschaft sorgen, dass die Regelung zunächst bis Ende 2006 befristet gelten sollte; diese Befristung wurde im November 2008 bis Ende 2012 verlängert. Im Übrigen streiten die Kultusminister noch mit der VG Wort über Schlichtungsvorschläge des DPMA, wonach die Höhe der in § 52a UrhG vorgesehenen Vergütung im Rahmen einer nutzungs- und werkbezogenen Erhebung festgestellt werden soll.

7. Die Nutzung über Bibliothekarbeitsplätze, § 52b UrhG

Im Rahmen der Novellierung des Urheberrechtsgesetzes durch den Zweiten Korb wurde der neue § 52b UrhG in das Gesetz aufgenommen. Dieser regelt die Wiedergabe von Werken an **elektronischen Leseplätzen in öffentlich zugänglichen Bibliotheken, Museen oder Archiven**. Zulässig ist nun, veröffentlichte Werke aus den Beständen ausschließlich in den Räumen der genannten Einrichtungen (nur) an eigens dafür eingerichteten elektronischen Leseplätzen zur Forschung und für private Studien zugänglich zu machen, soweit dem keine vertraglichen Regelungen entgegenstehen. Ein Vertragsangebot als solches reicht nicht aus; der Anwendung steht nur ein geschlossener Vertrag entgegen.[2] Die Zahl der gleichzeitig an den eingerichteten elektronischen Leseplätzen zugänglich gemachten Exemplare darf dabei zudem die Anzahl der sich im Bestand der Einrichtung befindlichen Exemplare nicht übersteigen (sog. „doppelte Bestandsakzessorietät"). Für die Zugänglichmachung ist eine angemessene Vergütung an eine Verwertungsgesellschaft zu zahlen. Nicht von § 52b UrhG gedeckt ist die Möglichkeit, Texte und Inhalte der Bücher teilweise oder komplett mittels USB-Stick herunterzuladen.[3]

Das *LG Frankfurt*[4] hatte in einem Eilverfahren über den Antrag des Ulmer-Verlags zu entscheiden, der Universitätsbibliothek der Technischen Universität Darmstadt zu untersagen, eines seiner Lehrbücher zu digitalisieren und

---
1 *Lüft*, in: Wandtke/Bullinger, § 52a Rz. 19.
2 *LG Frankfurt a.M.*, Urt. v. 16.3.2011 – 2-06 O 378/10.
3 *LG Frankfurt a.M.*, Urt. v. 13.5.2009 – 2-06 O 172/09, GRUR-RR 2009, 330 = MMR 2009, 578.
4 Urt. v. 13.5.2009 – 2-06 O 172/09.

an elektronischen Leseplätzen innerhalb der Bibliothek zur Verfügung zu stellen. Des Weiteren wollte der Ulmer-Verlag auch die Anschlussnutzung durch Studenten und Mitarbeiter geklärt wissen. Die Richter entschieden, dass eine vertragliche Regelung nicht entgegenstünde und eine Digitalisierung und Wiedergabe durch die Bibliothek zulässig sei. Zudem sei auch der Ausdruck der Datei und deren Mitnahme aus den Räumlichkeiten der Bibliothek zulässig, denn nur durch Markieren und Kommentieren der Datei sei ein Studium effektiv durchführbar. Mit diesem Urteil gab sich der Verlag jedoch nicht zufrieden und stellte die vom *LG Frankfurt* erlaubten Anschlussnutzungen in Frage. Das *OLG Frankfurt*[1] untersagte nun auch die vom *LG Frankfurt* noch zugelassenen Anschlussnutzungen. Erlaubt nach § 52b UrhG sind also nur noch die Digitalisierung der Werke und ihre Zugänglichmachung an reinen Leseplätzen, nicht aber weitere Nutzungen der digitalisierten Werke, wie Ausdrucken oder Speichern. Das berechtigte Interesse des Studenten, Ausdrucke für eine sinnvolle Arbeit mit längeren Texten zu nutzen, sei dadurch gewahrt, dass im Rahmen der Privatkopierfreiheit des § 53 UrhG die Möglichkeit bestehe, Kopien von in der Bibliothek vorhandenen Printexemplaren anzufertigen. Das *LG Frankfurt* hat ferner Anschlussnutzungen wie das Ausdrucken oder Speichern auf USB-Sticks verboten.[2]

8. Vervielfältigungen zum eigenen Gebrauch, § 53 UrhG

Literatur: *Ahrens*, Napster, Gnutella, FreeNet & Co – die immaterialgüterrechtliche Beurteilung von Internet-Musiktauschbörsen, ZUM 2000, 1029; *Becker*, Onlinevideorecorder im deutschen Urheberrecht, AfP 2007, 5; *Berger*, Die Neuregelung der Privatkopie in § 53 Abs. 1 UrhG im Spannungsverhältnis von geistigem Eigentum, technischen Schutzmaßnahmen und Informationsfreiheit, ZUM 2004, 257; *Berger*, Die Erstellung elektronischer Archive nach der Novellierung des deutschen Urheberrechts, info7, 153; *Cohen Jehoram*, Facilitating Copyright Infringement by Running Peer-to-Peer Networks. Even the Netherlands May Join a Growing International Consensus, in: RIDA Bd. 214 (Octobre 2007) S. 104–131; *Däubler-Gmelin*, Private Vervielfältigung unter dem Vorzeichen digitaler Technik, ZUM 1999, 769; *Dornis*, Zur Verletzung von Urheberrechten durch den Betrieb eines Music-on-Demand-Dienstes im Internet, CR 2008, 321; *Dreier*, in: Schricker, Urheberrecht auf dem Weg in die Informationsgesellschaft, Baden-Baden 1997, S. 139; *Euler*, Web-Harvesting vs. Urheberrecht, CR 2008, 64; *Frey*, Peer-to-Peer-File-Sharing, das Urheberrecht und die Verantwortlichkeit von Diensteanbietern am Beispiel Napster Inc, ZUM 2001, 466; *Haupt*, Electronic Publishing – Rechtliche Rahmenbedingungen, München 2002; *Heghmanns*, Musiktauschbörsen im Internet aus strafrechtlicher Sicht, MMR 2004, 14; *Hoeren*, Urheberrecht und Verbraucherschutz, Münster 2003; *Kreutzer*, Napster, Gnutella & Co: Rechtsfragen zu Filesharing-Netzen aus der Sicht des deutschen Urheberrechts de lege lata und de lege ferenda, GRUR 2001, 193; *Hoffmann*, Die Auslegung des Begriffs der „offensichtlich rechtswidrig hergestellten Vorlage" in § 53 Abs. 1 UrhG, WRP 2006, 55; *Jani*, Was sind offensichtlich rechtswidrig hergestellte Vorlagen? Erste Überlegungen zur Neufassung von § 53 Abs. 1 Satz 1 UrhG, ZUM 2003, 842; *Krüger*, Die digitale Privatkopie im „zweiten Korb", GRUR 2004, 204; *Leupold/Demisch*, Bereithalten von Musikwerken zum Abruf

---

[1] Urt. v. 24.11.2009 – 11 U 40/09, MMR 2010, 194 = NJW 2010, 2890.
[2] Urt. v. 16.3.2011 – 2 06 O 378/10.

in digitalen Netzen, ZUM 2000, 379; *Loewenheim,* Vervielfältigungen zum eigenen Gebrauch von urheberrechtsrechtswidrig hergestellten Werkstücken, Ganea u.a. (Hrsg.), Urheberrecht. Gestern – Heute – Morgen. Festschrift für Adolf Dietz zum 65. Geburtstag, München 2001, 415; *Malpricht,* Über die rechtlichen Probleme beim Kopieren von Musik-CDs und beim Download von MP3-Dateien aus dem Internet, NJW-CoR 2000, 233; *Mayer,* Die Privatkopie nach Umsetzung des Regierungsentwurfs zur Regelung des Urheberrechts in der Informationsgesellschaft, CR 2003, 274; *Mönkemöller,* Moderne Freibeuter unter uns? – Internet, MP3 und CD-R als GAU für die Musikbranche!, GRUR 2000, 664; *Müller,* Verbesserung des gesetzlichen Instrumentariums zur Durchsetzung von Vergütungsansprüchen für private Vervielfältigung, ZUM 2008, 377; *Nordemann/Dustmann,* To Peer or not to Peer. Urheberrechtliche und datenschutzrechtliche Fragen der Bekämpfung der Internetpiraterie, CR 2004, 380; *Rehbinder/Lausen/Donhauser,* Die Einspeisung von Zeitungsartikeln in Online-Datenbanken der Zeitungsverlage, UFITA 2000/2, 395; *Pichlmaier,* Abschied von der Privatkopie?, CR 2003, 910; *Plaß,* Der Aufbau und die Nutzung eines Online-Volltextsystems durch öffentliche Bibliotheken aus urheberrechtlicher Sicht, WRP 2001, 195; *Poll,* „Korb 2": Was wird aus der Privatkopierregelung in §§ 53 ff. UrhG, ZUM 2006, 96; *Rath-Glawatz/Dietrich,* Die Verwertung urheberrechtlich geschützter Print-Artikel im Internet, AfP 2000, 222; *Rodriguez Ruiz,* After Napster: Cyberspace and the Future of Copyright, CRi 2003, 1; *Röhl/Bosch,* Musiktauschbörsen im Internet, NJW 2008, 1415; *Schapiro,* Die neuen Musiktauschbörsen unter „Freunden". Ein legaler Weg zum Austausch von Musikdateien?, ZUM 2008, 273; *Senftleben,* Privates digitales Kopieren im Spiegel des Dreistufentests, CR 2003, 914; *Spindler,* Urheberrecht und Tauschplattformen im Internet, JZ 2002, 60; *Stickelbrock,* Die Zukunft der Privatkopie im digitalen Zeitalter, GRUR 2004, 736; *Weber/Bischof,* Napster, die Musikindustrie und der Musikvertrieb, sic 2001, 152; *Wiebe,* Der virtuelle Videorecorder – in Österreich erlaubt?, Medien und Recht 2007, 130; *Zahrnt,* Der urheberrechtliche Schutz elektronischer Printmedien, Frankfurt 1999.

Die „Magna charta" der gesetzlichen Lizenzen findet sich in § 53 UrhG, der weitgehend Vervielfältigungen zum eigenen Gebrauch auch ohne Zustimmung der Rechteinhaber zulässt. Kompensatorisch erhält der Urheber für den mit § 53 UrhG verbundenen Rechteverlust einen Anspruch auf Vergütung (§§ 54, 54a UrhG), der seit 1985 hauptsächlich auf einen Anteil an der sog. Geräte- und Leerkassettenabgabe gerichtet ist.[1]

Nach Umsetzung der Datenbankrichtlinie in deutsches Recht gelten **für Datenbanken und Datenbankwerke abweichende Schrankenbestimmungen**. Nach dem neu eingefügten § 53 Abs. 5 UrhG ist die Vervielfältigung aus elektronisch zugänglichen Datenbanken zum privaten Gebrauch (§ 53 Abs. 1 UrhG) nicht mehr zulässig. Auch die Aufnahme in ein eigenes Archiv (§ 53 Abs. 2 Nr. 2 UrhG), die Vervielfältigung zur Unterrichtung über Tagesfragen (§ 53 Abs. 2 Nr. 3 UrhG) und die Vervielfältigung aus Zeitschriften oder vergriffenen Werken (§ 53 Abs. 2 Nr. 4 UrhG) sind im Hinblick auf elektronisch zugängliche Datenbankwerke entfallen. Die Vervielfältigung zum eigenen wissenschaftlichen Gebrauch gem. § 53 Abs. 2 Nr. 1 UrhG ist nur noch von der Schranke gedeckt, wenn keine kommerziellen Zwecke verfolgt werden. Eine ähnliche Bestimmung findet sich für die nicht-kreativen Datenbanken

---

1 Zur Vorgeschichte siehe *Kreile,* ZUM 1985, 609; *Melichar,* ZUM 1987, 51; *Nordemann,* GRUR 1985, 837.

in § 87c UrhG, der die auf Datenbanken anwendbaren Schranken abschließend regelt. Die Vervielfältigung zum privaten Gebrauch (§ 87c Nr. 1 UrhG) ist nur ausgeschlossen, wenn die Datenbank elektronisch zugänglich ist. Der wissenschaftliche Gebrauch (§ 87c Nr. 2 UrhG) sowie die Benutzung zur Veranschaulichung des Unterrichts (§ 87c Nr. 3 UrhG) ohne Lizenzierung ist von Anfang an auf die für den Zweck gebotene Erstellung der Kopien ohne gewerbliche Zielsetzung beschränkt.

a) Privater Gebrauch

Nach § 53 Abs. 1 Satz 1 UrhG ist es zulässig, einzelne Vervielfältigungsstücke eines Werkes **zum privaten Gebrauch** herzustellen oder herstellen zu lassen. Tendenziell kann sich jedermann via File Transfer Protocol (FTP) und unter Berufung auf privaten Gebrauch fremdes Material laden und kopieren. Er kann sich auch von Bibliotheken und Dokumentationsstellen Material kopieren und via Internet zusenden lassen, vorausgesetzt, dass diese Herstellung von Kopien durch andere unentgeltlich geschieht. Anderes gilt jedoch für die Verwendung von Datenbankwerken und Datenbanken, da deren Vervielfältigung – selbst zum Laden in den Arbeitsspeicher und auch zum Privatgebrauch – erlaubnispflichtig ist.[1] Im Übrigen findet eine Differenzierung nach der verwendeten Technik (analog oder digital) nicht statt; die Privatkopierfreiheit umfasst auch digitale Kopien.[2]

Nicht umfasst ist von § 53 Abs. 1 UrhG die Erstellung von Kopien zu erwerbswirtschaftlichen Zwecken. Auch können nach herrschender Auffassung[3] nur natürliche Personen in den Genuss der Regelung kommen; damit scheidet eine Berufung auf diese Vorschrift für betriebsinterne Zwecke eines Unternehmens aus.

Streitig war lange, inwieweit das Kopieren von Werken nur dann zulässig ist, wenn **eine erlaubterweise hergestellte Vervielfältigung** als Vorlage benutzt worden ist. Gerade im Zusammenhang mit „Napster"[4] wurde zum Beispiel die Auffassung vertreten, dass dieses Kriterium nach dem Wortlaut des § 53 UrhG nicht vorausgesetzt war.[5] § 53 Abs. 1 UrhG sah in seiner alten Fassung

---

1 *OLG Hamburg*, Urt. v. 22.2.2001 – 3 U 247/00, CR 2001, 704 m. Anm. *Dieselhorst*.
2 Unklar ist, ob es einen Anspruch auf Privatkopierfreiheit gibt; siehe dazu ablehnend *Brüsseler Appelationsgericht* in Test Achats v. EMIr Records Music Belgium et. Al. v. 9.9.2005 – 2004/AR/1649; *Court de Cassation* in Studio Canal et al. V. St. Perquin and Union Federale des consummateuers, Urt. v. 28.2.2006 – Bul. 2006 I No. 126, p. 115. – Mullholland Drive.
3 So am deutlichsten *Flechsig*, NJW 1985, 1991, 1994; ähnlich auch *Schricker/Loewenheim*, § 53 Rz. 7 m.w.N.
4 S. dazu A&M Records Inc vs. Napster Inc, GRUR Int. 2000, 1066 sowie die Entscheidung des *US Court of Appeals for the Ninth Circuit*, GRUR Int. 2001, 355.
5 So etwa *Schack*, Urheber- und Urhebervertragsrecht, 2. Aufl. 2001, Rz. 496; *Mönkemöller*, GRUR 2000, 663; a.A. *Leupold/Demisch*, ZUM 2000, 379; *Loewenheim*, FS Dietz 2001, S. 415.

keinen Hinweis darauf vor, dass die Vorlage für die Kopie ihrerseits rechtmäßig erstellt sein müsste. Dieses Schweigen des Gesetzes wurde dahingehend interpretiert, dass die Nutzung von P2P-Diensten wie Kazaa zu privaten Kopierzwecken urheberrechtlich zulässig war. Dies störte wiederum bei der vorletzten Novellierung des Gesetzes den Bundesrat, der in seiner Entschließung[1] die Reichweite der Privatkopierfreiheit auf Kopien von legal hergestellten Vorlagen beschränken wollte. Dieser Vorschlag wurde aber im Vermittlungsausschuss abgelehnt. Erstaunlicherweise kam es dann in letzter Minute doch noch zu einer Änderung des § 53 Abs. 1 UrhG. So wurde kurzerhand in der Vorschrift verankert, dass die Privatkopierfreiheit ausnahmsweise nicht zum Tragen komme, wenn zur Vervielfältigung „eine offensichtlich rechtswidrig hergestellte Vorlage" verwendet werde. Der Begriff ist neu und unkonturiert. Es bleibt unklar, auf welche Rechtsordnung überhaupt hinsichtlich der Feststellung der offensichtlichen Rechtswidrigkeit abzustellen ist. Im Übrigen ist dies ein Pyrrhussieg der Musikindustrie. Denn vor der Novellierung konnte diese behaupten, dass die Privatkopierfreiheit eine rechtmäßige Vorlage voraussetze; jetzt ist dieser Einwand auf offensichtlich rechtswidrige Vorlagen beschränkt. Nur am Rande sei darauf hingewiesen, dass Peer-to-Peer-Dienste nicht offensichtlich rechtswidrige Kanäle sind, sondern in vielfältiger Weise zu legalen Zwecken, etwa im Bereich der Wissenschaft, genutzt werden können. Dies ist insbesondere auch mit Blick auf legale Tauschbörsen „unter Freunden" zu beachten.[2]

Durch den 2. Korb wurde die einschränkende Ausnahme durch das Merkmal der offensichtlich rechtswidrig öffentlich zugänglich gemachten Vorlage ergänzt. Trotzdem ist der Download von Fremdmaterial über P2P weiterhin juristisch ungeklärt. Klar ist nur, dass der Upload via P2P niemals unter § 53 Abs. 1 UrhG fallen kann, da der Upload als Bereithalten zum Abruf für die Öffentlichkeit i.S.v. § 19a UrhG niemals unter die Privat*kopier*freiheit fallen kann.[3]

Die Möglichkeit der **Herstellung von Vervielfältigungen durch Dritte** wird beibehalten, sofern dies unentgeltlich geschieht oder es sich um reprografische oder ähnliche Vervielfältigungen handelt. Die vorgeschlagene Regelung gewährleistet damit auch weiterhin, dass ein Versand von Kopien möglich bleibt. Als unentgeltlich im Sinne dieser Vorschrift sollen Vervielfältigungen auch dann anzusehen sein, wenn sie z.B. durch Bibliotheken gefertigt werden, die Gebühren oder Entgelte für die Ausleihe erheben, soweit die Kostendeckung nicht überschritten wird. Nicht unter § 53 Abs. 1 UrhG sollen sog.

---

[1] BT-Drs. 15/1066 v. 27.5.2003, S. 2.
[2] *Schapiro*, ZUM 2008, 273 weist zu Recht darauf hin, dass auch im Rahmen solcher Netzwerke die Vorlage nicht immer rechtmäßig hergestellt sein wird.
[3] So auch der *High Court of Justice* in Polydor Ltd vs. Brown, Urt. v. 28.11.2005, EWHC 3191 (Ch.D); ähnlich *Dublin High Court* in Emi Sony Universal and others vs. Eircom, Urt. v. 8.7.2005, (2006) ECDR 5. Die alte und neue Rechtslage zusammenfassend s. *Röhl/Bosch*, NJW 2008, 1415.

virtuelle Videorecorder fallen.[1] Der Betrieb eines solchen Recorders stelle einen Eingriff in das Senderecht der TV-Anstalten dar; die Möglichkeit, Fernsehsendungen auf dem Server des Dienstanbieters aufzuzeichnen und zu einem beliebigen Zeitpunkt über das Internet abzurufen, verstoße gegen § 20b UrhG.[2] Gleiches gilt für On-Demand-Webradiodienste, bei denen Playlisten auf Abruf individuell zusammengestellt und dann im Streaming-Verfahren hörbar gemacht werden (ohne Download der Dateien).[3] Nicht der private Nutzer selbst, sondern der zwischengeschaltete Dienst nehme die Vervielfältigungshandlung vor. § 53 Abs. 1 UrhG komme allerdings dann zum Tragen, wenn dem Internetnutzer der Programmabruf unentgeltlich gewährt wurde.[4] Der *BGH*[5] sieht das jetzt differenzierter: Falls die Beklagte die Sendungen im Auftrag ihrer Kunden auf den „Persönlichen Videorecordern" abspeichert, verstößt sie – so der *BGH* – gegen das Recht der Klägerin, ihre Sendungen auf Bild- oder Tonträger aufzunehmen. Da sie ihre Leistung nicht unentgeltlich erbringe, könne sie sich in diesem Fall nicht auf das Recht ihrer Kunden stützen, Fernsehsendungen zum privaten Gebrauch aufzuzeichnen. Falls dagegen der Aufzeichnungsprozess vollständig automatisiert sei mit der Folge, dass der jeweilige Kunde als Hersteller der Aufzeichnung anzusehen sei, liege zwar im Regelfall eine vom Gesetz als zulässig angesehene Aufzeichnung zum privaten Gebrauch vor. Die Beklagte verletze dann aber das Recht der Klägerin, ihre Funksendungen weiterzusenden, wenn sie die mit den Satelliten-Antennen empfangenen Sendungen der Klägerin an die „Persönlichen Videorecorder" mehrerer Kunden weiterleite. Denn in diesem Fall greife sie in das Recht der Klägerin ein, ihre Sendungen der Öffentlichkeit zugänglich zu machen.

Die Reichweite von § 53 Abs. 1 UrhG wird durch die Einfügung des § 95b UrhG im ersten Korb konterkariert. Sofern der Rechteinhaber technische Schutzmaßnahmen verwendet, sind öffentliche Multiplikatoren (wie z.B. Schulen oder Universitäten) geschützt, private Nutzer aber nicht. Aus der Beschränkung des § 53 Abs. 1 UrhG in § 95b Abs. 1 UrhG auf analoge Vervielfältigungen lässt sich schließen, dass der Rechteinhaber in einer Vielzahl von

---

1 *OLG Dresden*, Urt. v. 20.3.2007 – 14 U 2328/06, MMR 2007, 664; *OLG Köln*, Urt. v. 9.9.2005 – 6 U 90/05, CR 2006, 557 = MMR 2006, 35; *LG Braunschweig*, Urt. v. 7.6.2006 – 9 O 869/06, K&R 2006, 362; *LG Köln*, Urt. v. 27.4.2005 – 28 O 149/05, MMR 2006, 57; *LG Leipzig*, Urt. v. 12.5.2006 – 5 O 4391/05, CR 2006, 784 = K&R 2006, 426; *LG München I*, Urt. v. 19.5.2005 – 7 O 5829/05, ZUM 2006, 583; s. auch *Becker*, AfP 2007, 5; *Kamps/Koops*, CR 2007, 581.
2 *OLG Dresden*, Urt. v. 28.11.2006 – 14 U 1071/06, NJOZ 2007, 1564; *LG Köln*, Urt. v. 27.4.2005 – 28 O 149/05, MMR 2006, 57; *LG München I*, Urt. v. 19.5.2005 – 7 O 4829/05, ZUM 2006, 583.
3 *OLG Stuttgart*, Beschl. v. 21.1.2008 – 2 Ws 328/07, CR 2008, 321 m. Anm. Dornis; *LG Hamburg*, Urt. v. 21.2.2007 – 308 O 791/06, ZUM 2007, 869; *LG Köln*, Urt. v. 28.2.2007 – 28 O 16/07, MMR 2007, 610 – Trackfinder; *OLG Hamburg*, Urt. v. 25.7.2008 – 5 U 52/07, ZUM 2009, 575.
4 *OLG Köln*, Urt. v. 9.9.2005 – 6 U 90/05, CR 2006, 557 = MMR 2006, 35.
5 *BGH*, Urt. v. 22.4.2009 – I ZR 216/06, CR 2009, 598 m. Anm. *Lüghausen* – Internet-Videorecorder.

Fällen nur technische Sperrmechanismen einsetzen muss, um § 53 Abs. 1 UrhG zu umgehen. Die Einführung einer „Umgehung" der Schutzschranke der Privatkopie ist ein Eingeständnis gegenüber der Musikindustrie und führt die Schutzschranke der Privatkopie ad absurdum. In der Gesetzesformulierung erkennt man die gute Lobbyarbeit der Musikindustrie, deren Ziel, die weitgehende Einschränkung von Privatkopien durch die Auferlegung von technischen Schutzmaßnahmen auf Tonträgern, erreicht wurde.

Es ist bedenklich, dass die digitale Privatkopierfreiheit nicht in § 95b Abs. 1 UrhG genannt wird.[1] Damit ist die Regelung des § 53 Abs. 1 UrhG ein, wenn auch zahnloser,[2] Tiger. Die Industrie kann den Privaten das, was § 53 Abs. 1 UrhG gibt, durch den Einsatz technischer Schutzmechanismen wieder nehmen. Begründet wurde dies lediglich mit einem Urteil des *BVerfG*, nach dem die zustimmungsfreie Kopie nur ausnahmsweise durch überragende Allgemeininteressen zulässig sei.[3] Hier sollte offensichtlich unter der Hand ein Geschenk für die Musikindustrie eingefügt werden, das aber an den verfassungsrechtlichen Vorgaben (Unverletzlichkeit der Wohnung; Informationsfreiheit) vorbei geht. Art. 6 Abs. 4 RL 2001/29/EG (InfoSoc-RL) ist ein mühevoll errungener Kompromiss zugunsten privater Nutzer, der unbedingt einer Umsetzung bedarf. Dem können nicht die Vorbehalte der Musikindustrie gegen die Gefahr des Hacking und unkontrollierten CD-Brennens entgegengehalten werden. Es bleiben hinreichende technische Möglichkeiten, die Zahl der Privatkopien technisch zu beschränken; im Übrigen erhält die Musikindustrie über die Geräte- und Leerkassettenabgabe eine nicht unbeträchtliche Kompensation für ihre Ausfälle. Man könnte allenfalls darüber nachdenken, diese Kompensation noch zu erhöhen.

Die soeben genannte Schutzlücke kann auch nicht dadurch kompensiert werden, dass das Umgehen technischer Maßnahmen zum eigenen privaten Gebrauch strafrechtlich freigestellt wird (§ 108b Abs. 1 UrhG). Denn zivilrechtliche Sanktionen bleiben bestehen und können für den Betroffenen unter Umständen sehr hart sein. Auch entsteht in der Öffentlichkeit der Eindruck, dass das Umgehen von Schutzmechanismen zur Erstellung privater Kopien strikt verboten sei, was aber angesichts der Regelung des § 53 Abs. 1 UrhG nicht stimmt. Die gesetzliche Regelung ist insoweit zu hinterfragen, als nicht das Anfertigen von Privatkopien als Unrecht anzusehen ist, sondern das Einfügen technischer Sperren durch die herstellenden Unternehmen zur Verhinderung der Anfertigung von Privatkopien das Unrecht darstellt. Doch leider hat sich in diesem Bereich die Lobby der Musikindustrie durchgesetzt.

---

1 So auch *Holznagel/Brüggemann*, MMR 2003, 767; siehe auch *Hoeren*, Urheberrecht und Verbraucherschutz, Münster 2003; *Köcher/Kaufmann*, Anm. zu *BVerfG*, Urt. v. 25.7.2005 – 1 BvR 2182/04, CR 2005, 847 = MMR 2005, 751.
2 Vgl. *Götting* in: Schricker, § 95b Rz. 4 m.w.N.
3 *BVerfG*, Beschl. v. 7.7.1971 – 1 BvR 765/66; vgl. Referentenentwurf für ein 2. Gesetz zur Regelung des Urheberrechts in der Informationsgesellschaft S. 3, abrufbar unter http://www.bmj.de/files/-/1174/RegE%20Urheberrecht.pdf.

b) Eigener wissenschaftlicher Gebrauch

Das Urheberrecht legitimiert auch das freie Kopieren von Werken aus dem **Internet für wissenschaftliche Zwecke**. Nach § 53 Abs. 2 Nr. 1 UrhG ist es zulässig, auch ohne Zustimmung des Rechteinhabers einzelne Kopien eines Werkes zum eigenen wissenschaftlichen Gebrauch herzustellen oder herstellen zu lassen. Dabei ist der Begriff des „wissenschaftlichen Gebrauchs" weit auszulegen. Darunter fällt das (auch digitale) Kopieren durch

– Wissenschaftler und Forschungsinstitute

– Privatleute mit wissenschaftlichem Informationsbedürfnis

– Studierende im Rahmen ihrer Ausbildung und

– Forschungseinrichtungen der Privatwirtschaft.[1]

Eine Grenze ist dort zu ziehen, wo nahezu **vollständige Kopien** ganzer Bücher oder Zeitschriften ohne Zustimmung der Rechteinhaber angefertigt werden (§ 53 Abs. 4 Buchst. b UrhG). Sofern die Schutzfristen für diese Werke nach deutschem Recht noch nicht abgelaufen sind, darf der Nutzer die Texte nicht zu wissenschaftlichen Zwecken aus dem Netz abrufen. Ferner legitimiert § 53 UrhG nicht die öffentliche Wiedergabe des Materials (§ 53 Abs. 6 Satz 1 UrhG). Wer sich also zu Forschungszwecken Werke aus dem Internet lädt, darf dies nicht „posten". Zu beachten ist allerdings die Möglichkeit zur Einspeisung in Intranets (§ 52a UrhG).

Aufgrund der Novellierung im Rahmen des Zweiten Korbs wurde die Regelung noch weiter beschränkt und die Wissenschaftsfreiheit auf Fälle beschränkt, in denen **weder unmittelbar noch mittelbar ein kommerzieller Zweck** verfolgt wird. Damit wird eine Nutzung von Material im Rahmen von Drittmittelforschung unmöglich gemacht.

Bibliotheken und Wissenschaftler sind auch gegen **technische Sperrmaßnahmen** geschützt, die ihre Freiheiten und Rechte aus § 53 Abs. 2 UrhG schmälern. Fragwürdig ist allerdings die Pflicht der geschützten Verkehrskreise zur Durchsetzung des Herausgabe- und Unterlassungsanspruchs im Wege der Klage (§ 95b Abs. 2 UrhG). Ein solches Verfahren ist ein kosten- und zeitintensives Rechtsmittel, welches die Arbeit etwa von Bibliotheken de facto trotz Rechtsanspruch behindert. Die Informationsbeschaffung an Hochschulen ist dadurch entscheidend gefährdet. Denn die Hochschulen tragen das Nichtbeschaffungs- und Verzögerungsrisiko. Im Falle der Insolvenz des Rechteinhabers entstünden erhebliche Probleme bei der Nutzung von CD-ROMs; die wissenschaftliche Forschung könnte dadurch sehr schnell lahm gelegt werden. Auch müssten z.B. die Bibliotheken das Risiko tragen, dass die notwendigen Informationen erst mit großer Verzögerung beschafft und CD-ROM-Da-

---

[1] Dies ist allerdings streitig. Wie hier auch *Schricker/Loewenheim*, § 53 Rz. 14; *Ulmer*, § 65 III 1; einschränkend auf Hochschulen *Fromm/Nordemann*, § 53 Rz. 9. Zustimmend *BGH*, Urt. v. 20.2.1997 – 1 ZR 13/95, ZUM-RD 1997, 425 – Betreibervergütung für Privatunternehmen.

tenbanken zeitweilig nicht genutzt werden könnten. Hier sollte an die Einführung eines schnelleren Rechtsmittels, wie etwa die Einführung einer Schlichtungsstelle, gedacht werden, damit sowohl auf Seiten der Bibliotheken und Wissenschaftler als auch auf Seiten der Anbieter eine rasche Klärung der Ansprüche erreicht werden kann.

c) Aufnahme in ein eigenes Archiv

Nach § 53 Abs. 2 Satz 1 Nr. 2 UrhG dürfen einzelne Vervielfältigungsstücke des Werkes zur Aufnahme in ein **eigenes Archiv** hergestellt werden, soweit die Vervielfältigung zu diesem Zweck geboten ist und als Vorlage für die Vervielfältigung ein eigenes Werkstück benutzt wird. Nach Sinn und Zweck ist lediglich ein **Archiv nur zum haus- bzw. betriebsinternen Gebrauch** gemeint.[1] Hinsichtlich elektronischer Pressearchive (im Sinne eines Inhouse-Kommunikationssystems, das den Zugriff durch einen geschlossenen Nutzerkreis zulässt) hat der *BGH*[2] entschieden, dass auch dann, wenn die Nutzung auf Betriebsangehörige beschränkt werde, dies weit über das hinausgehe, was der Gesetzgeber mit der Bestimmung des § 53 Abs. 2 Satz 1 Nr. 2 UrhG privilegieren wollte. Im Übrigen ist zu beachten, dass die Möglichkeiten zur Errichtung eines digitalen Archivs inzwischen stark eingeschränkt sind, siehe § 53 Abs. 2 Satz 2 UrhG. Die Vorschrift erlaubt nunmehr nur noch die Vervielfältigung auf Papier, die ausschließlich analoge Nutzung des Archivmaterials oder die Nutzung digitalen Materials im **öffentlichen Interesse** ohne einen unmittelbar oder mittelbar wirtschaftlichen Erwerbszweck. Firmeninterne **digitale** Archive sind daher nicht mehr zustimmungsfrei erstell- und nutzbar.

d) Zeitungs- und Zeitschriftenbeiträge

Nach § 53 Abs. 2 Nr. 4a UrhG ist es zulässig, zum „sonstigen eigenen Gebrauch" – ein besonderer Zweck ist also nicht erforderlich – einzelne Vervielfältigungsstücke eines Werkes herzustellen oder herstellen zu lassen, soweit es sich **um einzelne Beiträge aus Zeitungen und Zeitschriften** handelt. Bezüglich anderer Werke privilegiert diese Bestimmung lediglich die Vervielfältigung kleiner Teile. Insgesamt dürfen die kopierten Beiträge nur einen kleinen Teil der Zeitung oder Zeitschrift ausmachen; die Regelung gilt nicht für die Übernahme wesentlicher Teile der ausgewählten Beiträge.

e) Kopienversanddienste, § 53a UrhG

Literatur: *Flechsig*, Der Zweite Korb zur Verbesserung der Urheber- und Leistungsschutzrechte, ZRP 2006, 145; *Loewenheim*, Kopienversand und kein Ende, Festschrift

---

1 So auch *von Gamm*, § 54 Rz. 10; *Schricker/Loewenheim*, § 53 Rz. 25; *Katzenberger*, GRUR 1973, 629, 636.
2 *BGH*, Urt. v. 10.12.1998 – I ZR 100/96, CR 1999, 213 m. Anm. *Lütje* = MMR 1999, 409 m. Anm. *Hoeren*.

für Tilmann 2003, 63; *Müller*, Aktuelles zum Kopienversand der Bibliotheken, MR-Int. 2007, 102; *Spindler*, Reform des Urheberrechts im „Zweiten Korb", NJW 2008, 9, 14.

Gerungen wurde um die Zulässigkeit sog. **Kopierdienste**, die von größeren Bibliotheken und Unternehmen zu Gunsten der Kunden angeboten werden.[1] Der *BGH* hat in zwei Verfahren gegen kommerzielle Recherchedienste entschieden, dass das Angebot von Recherche und Erstellung aus einer Hand nicht von den Schranken des Urheberrechts gedeckt sei. Die Klagen richteten sich jeweils gegen die CB-Infobank, die angeboten hatte, aus ihrem umfangreichen Pressearchiv Rechercheaufträge zu erfüllen und Kopien gleich mit anzufertigen. Dabei berief sie sich in erster Linie auf § 53 Abs. 2 Nr. 4a UrhG. Die Vorinstanzen hatten voneinander abweichende Urteile erlassen. Der *BGH* hat klargestellt, dass bei einem Recherche- und Kopierauftrag § 53 Abs. 2 Nr. 4a UrhG nicht zur Anwendung komme, weil die Kopiertätigkeit der Informationsstelle nicht für den Auftraggeber, sondern in eigener Sache geschehe. Die Bank könne sich deshalb auf keine Privilegierung berufen. Der Kunde andererseits, der sich auf die Schranke hätte berufen können, habe weder kopiert noch kopieren lassen.[2]

Anders als bei kommerziellen Informationsdiensten ist die Rechtslage bei **öffentlichen Bibliotheken** und sonstigen für die Öffentlichkeit zugänglichen Einrichtungen. Dies gilt insbesondere, wenn auch Recherche- und Auswahlleistung – wie im nachfolgend skizzierten Fall – beim Besteller liegen. In einer spektakulären Grundsatzentscheidung[3] hatte der *BGH* 1999 entschieden, dass solche Einrichtungen weder in das Vervielfältigungs- noch in das Verbreitungsrecht des Urhebers eingreifen, wenn sie auf eine Einzelbestellung hin Vervielfältigungen einzelner Zeitschriftenbeiträge anfertigen und im Wege des Post- oder Faxversandes übermitteln. In einem solchen Fall sei dann aber in rechtsanaloger Anwendung von §§ 27 Abs. 2 und 3, 49 Abs. 1, 54a Abs. 2 und 54h Abs. 1 UrhG ein Anspruch des Urhebers auf angemessene Vergütung zuzuerkennen, der nur durch eine Verwertungsgesellschaft geltend gemacht werden könne. Die Anerkennung eines solchen Anspruchs sei angesichts der technischen und wirtschaftlichen Entwicklung geboten, um den Anforderungen des Art. 9 RBÜ, der Art. 9 und 13 des TRIPS-Übereinkommens, der Eigentumsgarantie des Art. 14 GG sowie dem urheberrechtlichen Beteiligungs-

---

1 Diese Problematik ist auch der Hintergrund für das Gutachten, das *Loewenheim* im Auftrag der Zeitungsverleger-Verbände erstellt hatte; siehe *Loewenheim*, Urheberrechtliche Grenzen der Verwendung geschützter Werke in Datenbanken, Stuttgart 1994.
2 *BGH*, Urt. v. 16.1.1997 – I ZR 9/95, CR 1997, 403 m. Anm. *Loewenheim* = MDR 1997, 870 = WM 1997, 731 – CB-Infobank I und *BGH*, Urt. v. 16.1.1997 – I ZR 38/96, MDR 1997, 871 = WM 1997, 738 – CB-Infobank II. Ähnlich auch *LG Frankfurt a.M.*, Urt. v. 25.10.2001 – 2/03 O 371/01, MMR 2002, 488 für elektronische Pressespiegel.
3 *BGH*, Urt. v. 25.2.1999 – I ZR 118/96, CR 1999, 614 = K&R 1999, 413 – Kopienversanddienst. Gegen das Urteil haben beide Parteien Verfassungsbeschwerde eingelegt. Vgl. auch die (gegensätzlichen) Anmerkungen zu diesem Urteil von *Hoeren*, MMR 1999, 665, 672 und *Loewenheim*, ZUM 1999, 574.

grundsatz Rechnung zu tragen. Vor diesem Hintergrund sei eine analoge Anwendung aller Regelungen im UrhG, in denen einem Rechteinhaber im Bereich der Schranken Vergütungsansprüche zugebilligt werden, geboten. Ausführlich nahm der *BGH* auf die Möglichkeiten des Internet und des Zugriffs auf Online-Datenbanken (im Sinne von Online-Katalogen und hinsichtlich der dadurch wesentlich erleichterten und erweiterten Recherchemethoden) Bezug. Offen blieb allerdings, ob der *BGH* nur den Kopienversand per Post und Fax ausnehmen wollte, oder ob die Entscheidungsgründe auch auf den Online-Versand (der nicht Gegenstand des Verfahrens war) übertragen werden konnten.

Nach Auffassung des *OLG Köln* fiel ein Internet-Suchdienst, durch den man Zeitungsartikel mittels Deep-Links auffinden kann, unter § 53 Abs. 2 Nr. 4a UrhG.[1] Der Nutzer verwendete den Suchdienst nur zum eigenen Gebrauch; daran änderte auch die Beteiligung des Betreibers des Suchdienstes nichts. Das *OLG München*[2] hielt den elektronischen Kopienversand geschützter Aufsätze aus Zeitschriften zumindest nach Einführung des ersten Korbes des Urheberrechts seit dem 13. September 2003 für eine Verletzung des Vervielfältigungsrechts des Urhebers, während der Kopienversand auf dem Postweg oder als Telefax als gewohnheitsrechtlich gerechtfertigt anzusehen war.[3]

Im Rahmen des **Zweiten Korbes** ist die Zulässigkeit von Kopienversanddiensten durch eine neue Vorschrift geregelt und damit die Rechtsprechung des *BGH* kodifiziert worden.[4] Nach § 53a UrhG ist die Versendung im Wege des Post- oder Faxversandes durch öffentliche Bibliotheken zulässig, sofern sich der Besteller auf einen durch § 53 UrhG privilegierten Zweck berufen kann. Die Vervielfältigung und Verbreitung in sonstiger elektronischer Form ist auf grafische Dateien beschränkt. Eine solche Versendung grafischer Dateien kommt aber nur in Betracht, wenn die Beiträge von Mitgliedern der Öffentlichkeit nicht von Orten und zu Zeiten ihrer Wahl mittels einer vertraglichen Vereinbarung erworben werden können. Mit diesen Beschränkungen hat sich der Kopienversand von öffentlichen Bibliotheken angesichts der elektronischen Angebote der Verlage weitgehend erledigt.

f) Ausnahmeregelungen für den Unterricht

Multimedia wird häufig im **Ausbildungs- und Schulungsbereich** eingesetzt. Insofern stellt sich die Frage nach der Reichweite von § 53 Abs. 3 UrhG. Diese Regelung erlaubt die Vervielfältigungen von kleinen Teilen eines Druckwerkes oder einzelnen Zeitungs- und Zeitschriftenbeiträgen zur Veranschaulichung des Unterrichts in Schulen und in nichtgewerblichen Einrichtungen

---

1 *OLG Köln*, Urt. v. 27.10.2000 – 6 U 71/00, CR 2001, 708 = K&R 2001, 327.
2 *OLG München*, Urt. v. 10.5.2007 – 29 U 1638/06, MMR 2007, 525 m. Anm. *Gausling*.
3 *OLG München*, Urt. v. 10.5.2007 – 29 U 1638/06, MMR 2007, 525 – Subito.
4 S. auch *Flechsig*, ZRP 2006, 145.

der Aus- und Weiterbildung. Es wäre ein Missverständnis, wollte man unter Berufung auf diese Ausnahmevorschrift Werke mittels eines schulübergreifenden Internetangebots zum Kopieren freigeben. Die Regelung bezieht sich nur auf Kopien in der „für **die Unterrichtsteilnehmer** erforderlichen Anzahl". Zudem ist durch den neu eingeführten Satz 2 nun geregelt, dass das Kopieren aus Schulbüchern nur mit der Einwilligung des Berechtigten zulässig ist. Im Übrigen sind Verbreitung und öffentliche Wiedergabe von Material nicht durch die Vorschrift gedeckt (§ 53 Abs. 6 Satz 1 UrhG).

g) Rechtsfolge: Vergütungsanspruch

In den Fällen des § 53 Abs. 1–3 UrhG hat der Urheber einen **Anspruch auf Vergütung gegenüber den Herstellern von Geräten und Speichermedien**, die zur Vornahme von Vervielfältigungen benutzt werden. Dieser in § 54 UrhG geregelte Anspruch kommt neben dem Urheber auch dem ausübenden Künstler (§ 83 UrhG), dem Tonträgerhersteller (§ 85 Abs. 3 UrhG) und dem Filmhersteller (§ 94 Abs. 4 UrhG) zugute.[1]

Allerdings ist dabei zwischen dem Vergütungsanspruch gegenüber den Herstellern von Geräten und Speichermedien (§ 54 UrhG) und jenem gegenüber dem Betreiber von Ablichtungsgeräten (§ 54c Abs. 1 UrhG) zu unterscheiden. Diese Unterscheidung ist nicht nur theoretischer Natur; vielmehr wird die Vergütung jeweils unterschiedlich berechnet. Die Höhe des Vergütungsanspruchs aus § 54 UrhG bemisst sich nach § 54a UrhG, während sich die Vergütungshöhe für Ansprüche aus § 54c Abs. 1 UrhG nach § 54c Abs. 2 UrhG richtet. Durch diese neuen Regelungen wird die Bestimmung der Vergütungshöhe nun den Parteien überlassen. Die Anlage zu § 54d Abs. 1 UrhG a.F. mit den darin enthaltenen abschließend geregelten Vergütungssätzen wurde mit Einführung des **Zweiten Korbs** aufgehoben.[2]

aa) Die alte Rechtslage: Vergütung bei Bild- und Tonaufzeichnungen und bei reprographischen Vervielfältigungen

§ 54 Abs. 1 UrhG a.F. gewährte einen Vergütungsanspruch bei der Aufnahme von Funksendungen auf **Bild- und Tonträgern** und der Übertragung von einem Bild- und Tonträger auf einen anderen. Diese Regelung war im Zeitalter von MP3[3] und dem mittlerweile weit verbreiteten Gebrauch von CD-Brennern von wachsender Bedeutung. Eine Vergütungsregelung für CD-Brenner, MP3-Geräte oder Festplatten existierte aber weiterhin nicht.[4] Jene für Leer-CDs lehnte sich an die Vergütung für Leerkassetten an, was angesichts der enormen Qua-

---

[1] Sendeunternehmen erhalten keine Vergütung (§ 87 IV), was keine Staatshaftungsansprüche auslöst; *BGH*, Beschl. v. 24.6.2010 – III ZR 140/09, CR 2010, 671 = MDR 2010, 1114 = ZUM-RD 2010, 453 = GRUR 2010, 924.
[2] S. auch BT-Drs. 16/1828, S. 28.
[3] Vgl. dazu *Cichon*, K&R 1999, 547.
[4] Vgl. *Däubler-Gmelin*, ZUM 1999, 769, 771.

litätsvorteile der digitalen Kopie nicht gerechtfertigt erschien.[1] Neben dem Vergütungsanspruch nach § 54 Abs. 1 UrhG a.F. konnte für Multimedia auch der Anspruch nach § 54a Abs. 1 UrhG a.F. für die Vervielfältigung im Wege der **Ablichtung** von Bedeutung sein. Dieser Anspruch kam bei Werkarten zum Tragen, bei denen zu erwarten war, dass sie durch Ablichtung oder in einem vergleichbaren Verfahren zum eigenen Gebrauch vervielfältigt werden. Ferner setzte § 54a Abs. 1 UrhG a.F. voraus, dass die Geräte zur Vornahme von Vervielfältigungen zum eigenen Gebrauch „**bestimmt**" waren. Erforderlich war hierzu, dass das Gerät zur Vornahme von Vervielfältigungen technisch geeignet und vorgesehen war.[2] Zu den geeigneten Geräten zählten Scanner,[3] Sampler und Telefaxgeräte.[4]

Angedacht war seitens der VG Wort auch eine **Vergütung für PCs und Drucker**. Gegen eine Gebührenpflicht für Drucker haben sich dagegen das *OLG Düsseldorf* und der *BGH* ausgesprochen.[5] Können Geräte nur im Zusammenhang mit anderen Geräten – z.B. im Verbund mit einem Scanner oder einem PC als sog. Funktionseinheit – die Aufgabe eines Vervielfältigungsgerätes erfüllen, seien sie dazu zwar geeignet, jedoch nicht bestimmt. Vergütungspflichtig nach § 54a UrhG a.F. waren CD-Kopierstationen[6] und sog. Multifunktionsgeräte[7] mit Druck-, Scan- und Faxfunktion, nicht aber PCs.[8] Das *BVerfG* hat diese Haltung des *BGH* scharf kritisiert und den 1. Zivilsenat insbesondere zur Vorlage der Frage an den *EuGH* aufgefordert.[9] Der *EuGH*[10] seinerseits hat unabhängig davon eine Vergütungspflicht für gewerblich genutzte Geräte abgelehnt. Es bedürfe für die Vergütungspflicht eines mutmaßlichen Gebrauchs der Anlagen zum Zweck privater Vervielfältigungen. Folglich sei die unterschiedslose Anwendung der Abgabe für Privatkopien auf Anlagen, Geräte und Medien zur digitalen Vervielfältigung, die nicht privaten Nutzern überlassen werden und eindeutig anderen Verwendungen als der Anfertigung von

---

1 *Cichon*, K&R 1999, 547, 552.
2 *BGH*, Urt. v. 28.1.1993 – I ZR 34/91, MDR 1993, 1072 = CR 1993, 548 = GRUR 1993, 553 – Readerprinter; *BGH*, Urt. v. 19.12.1980 – I ZR 26/78, BGH v. 19.12.1980 – I ZR 126/78, MDR 1981, 642 = GRUR 1981, 355 – Videorekorder; *BGH*, Urt. v. 18.9.1981 – I ZR 43/80, MDR 1982, 460 = GRUR 1982, 104 – Tonfilmgeräte.
3 *BGH*, Urt. v. 29.10.2009 – I ZR 168/06, CR 2010, 153 = ZUM-RD 2010, 1; *BGH*, Urt. v. 5.7.2001 – I ZR 335/98, MDR 2002, 472 = CR 2002, 176 m. Anm. *Poll* = WRP 2002, 219 – Scanner; *OLG Hamburg*, Urt. v. 3.12.1998 – 3 U 62/98, CR 1999, 415.
4 *BGH*, Urt. v. 28.1.1999 – I ZR 208/96, MDR 1999, 1398 = CR 1999, 504 = ZUM 1999, 649. Ähnlich bereits *OLG Zweibrücken*, Urt. v. 15.11.1996 – 2 U 14/96, CR 1997, 348; *LG Düsseldorf*, Urt. v. 14.4.1993 – 12 O 540/92, CR 1994, 224.
5 *OLG Düsseldorf*, Urt. v. 23.1.2007 – 20 U 38/06, CR 2007, 217; siehe dazu auch *BGH*, Urt. v. 6.12.2007 – I ZR 94/05, CR 2008, 211 = MMR 2008, 245.
6 *OLG München*, Urt. v. 27.10.2005 – 29 U 2151/05, MMR 2005, 847.
7 *OLG Stuttgart*, Urt. v. 6.7.2005 – 4 U 19/05, CR 2005, 881.
8 *BGH*, Urt. v. 2.10.2008 – I ZR 18/06.
9 Beschl. v. 30.8.2010 – 1 BvR 1631/08, GRUR 2010, 999.
10 *EuGH*, Urt. v. 21.10.2010 – C-467/08 Padawan SL/Sociedad General de Autores y Editores de España [SGAE], CR 2011, 6 = GRUR 2011, 50.

Privatkopien vorbehalten sind, nicht mit der Richtlinie 2001/29/EG vereinbar.

bb) Die neue Rechtslage: § 54 Abs. 1 UrhG

Im Rahmen der Einführung des **Zweiten Korbs** wurden die Vergütungsansprüche nun in § 54 Abs. 1 UrhG zusammengefasst. Die Neufassung verzichtet auf eine technische Unterscheidung und erfasst nun unterschiedslos alle Vervielfältigungsverfahren.[1] Außerdem wurde der Kreis der Geräte auf Speichermedien erweitert, deren Typ allein oder in Verbindung mit anderen Geräten, Speichermedien oder Zubehör zur Vornahme solcher Vervielfältigungen in nennenswertem Umfang benutzt wird. Von § 54 Abs. 1 UrhG werden nunmehr alle elektronischen (z.B. Smartcard, Memory Stick), magnetischen (z.B. Musikkassette, Magnetband, Festplatte, Diskette) und optischen (z.B. Film, DVD, CD-ROM, CD-R, CD-RW, Laserdisc) Speicher erfasst.[2]

Voraussetzung im neu gefassten § 54 Abs. 1 UrhG ist nicht mehr, dass die Geräte zur Vervielfältigung „bestimmt" sind, sondern dass sie dazu tatsächlich genutzt werden.

Der Vergütungsanspruch kann nach § 54h Abs. 1 UrhG nur durch eine Verwertungsgesellschaft geltend gemacht werden. Zuständig ist dabei z.B. die Zentralstelle für private Überspielungsrechte (ZPÜ) mit Sitz in München. Soweit es um literarische Texte geht, nimmt die VG Wort den Anspruch nach § 54 Abs. 1 UrhG wahr.[3] Bei der Vervielfältigung von Werken der bildenden Kunst und Darstellungen wissenschaftlich-technischer Art ist hingegen die VG Bild-Kunst zur Geltendmachung von Vergütungsansprüchen berechtigt. Die Höhe der Vergütung wurde für den Repo-Bereich ab 1. Januar 2008 durch eine Einigung zwischen BITKOM, VG Wort und VG Bild-Kunst festgelegt, die Ende Dezember 2008 nach langen Auseinandersetzungen verabschiedet wurde. Danach fallen für Multifunktionsgeräte Abgaben zwischen 25 Euro und 87,50 Euro, für Drucker 5 Euro bis 12,50 Euro und Scanner 12,50 Euro an.

Auf den Vergütungsanspruch kann der Urheber gem. § 63a UrhG im Voraus nicht verzichten. Er kann ihn im Voraus nur an eine Verwertungsgesellschaft abtreten (§ 63a Satz 2 UrhG).

h) Hausrechte

Literatur: *Maaßen*, Panoramafreiheit in den preußischen Schloßgärten, GRUR 2010, 880; *Seiler*, Fotografierverbote, Eigentumsrecht und Panoramafreiheit, K&R 2010, 324; *Weber*, Google Street View und ähnliche Geo-Datendienste im Internet aus zivilrechtlicher Sicht, NJOZ 2011, 673.

---

1 Vgl. BT-Drs. 16/1828 S. 28.
2 Vgl. BT-Drs. 16/1828 S. 29.
3 Zur Vergütungshöhe bzw. vergütungspflichtigen Geräten gem. § 54a UrhG s. explizit unten zu „Verwertungsgesellschaften" unter VII. 2.

VII. Gesetzliche Schranken

Zu beachten ist auch für das Internet die Reichweite von § 59 UrhG, der die Nutzung von Abbildungen bei Werken an öffentlichen Plätzen regelt. Hiernach ist es zulässig, Werke, die sich bleibend an öffentlichen Werken, Straßen oder Plätzen befinden, mit Mitteln der Malerei oder Grafik, durch Lichtbild oder durch Filmen zu vervielfältigen, zu verbreiten und öffentlich wiederzugeben. Dieses Recht bezieht sich auch auf Bauwerke, wie sich aus § 59 Abs. 1 Satz 2 UrhG ergibt. Allerdings erstreckt es sich auch bei Bauwerken nur auf die äußere Ansicht, nicht auf die Wiedergabe von Innenräumen. Zulässig sind damit Projekte wie das von Google, das über das Internet Straßenzüge einschließlich der darauf befindlichen Häuser sichtbar macht. Das geschützte Material muss sich allerdings bleibend an öffentlichen Wegen befinden; Werke wie die Installationen von Christo, die von vornherein nur befristet an öffentlichen Straßen oder Plätzen aufgestellt werden, fallen nicht unter die Vorschrift.[1] Umfasst ist alles, was der Benutzer von einem der Allgemeinheit frei zugänglichen Ort ohne besondere Hilfsmittel wahrnehmen kann.[2] Die Schranke hat allerdings Überschneidungen mit dem Hausrecht von Veranstaltern. Nicht alles, was man auf einem öffentlichen Platz, wie etwa einem Fußballplatz sehen kann, ist etwa über das Internet frei verwertbar. Gerade im Sportbereich sind die entsprechenden Veranstalterrechte, etwa des DFB oder der UEFA, zu berücksichtigen. Dies zeigt der allerdings kontrovers diskutierte Fall der „**Hartplatzhelden**", einer Webseite, bei der Amateuraufnahmen von Amateurfußballspielen zum Abruf bereitgehalten wurden. Der *BGH*[3] hat jetzt ein ausschließliches Verwertungsrecht des klagenden Verbandes verneint. Die Veröffentlichung der Filmausschnitte sei – anders als das Oberlandesgericht[4] meinte – keine nach § 4 Nr. 9 Buchst. b UWG unlautere Nachahmung eines geschützten Leistungsergebnisses. Die Organisation und Durchführung der Fußballspiele bedürfe keines solchen Schutzes. Der Kläger könne sich über die ihm angehörigen Vereine eine entsprechende wirtschaftliche Verwertung der Fußballspiele dadurch sichern, dass Besuchern der Fußballspiele Filmaufnahmen unter Berufung auf das Hausrecht untersagt werde.

§ 59 UrhG hat keine Auswirkungen auf die Befugnisse des Eigentümers, die Erstellung von Fotos auch eines öffentlich zugänglichen Gebäudes (z.B. Sanssouci) zu verbieten, soweit die Fotos von seinem Grundstück aus angefertigt worden sind.[5] Allerdings ist die Sammlung und Speicherung von Fotos, die

---

1 *BGH*, Urt. v. 24.1.2002 – I ZR 102/99, MDR 2002, 771 = GRUR 2002, 605, 606 – Verhüllter Reichstag.
2 *BGH*, Urt. v. 5.6.2003 – I ZR 192/00, MDR 2004, 404 = GRUR 2003, 1035, 1037 – Hundertwasser-Haus.
3 Urt. v. 28.10.2010 – I ZR 60/09, CR 2011, 327 = MDR 2011, 617 = MMR 2011, 379 – Hartplatzhelden.
4 *OLG Stuttgart*, Urt. v. 19.3.2009 – 2 U 47/08, CR 2009, 386 = MMR 2009, 395; *LG Stuttgart*, Urt. v. 8.5.2008 – 41 O 3/08, MMR 2008, 551 m. Anm. *Hoeren/Schröder*.
5 *BGH*, Urteile vom 17.12.2010 – V ZR 44/10, 45/10 und 46/10, AfP 2011, 158 = CR 2011, 325, 398 = GRUR 2011, 313; *LG Potsdam*, Urt. v. 21.11.2008 – 1 O 175/08, CR 2009, 194; ähnlich Urt. v. 21.11.2008 – 1 O 161/08 und Urt. v. 21.11.2008 – 1 O 330/08.

die Außenansicht eines Wohnhauses mit dessen postalischer Anschrift zeigen, rechtlich zulässig.[1] Es ist ferner rechtlich nicht zu beanstanden, wenn für „Google Street View" Aufnahmen eines Hauses von der offenen Straße aus gefertigt werden, soweit keine Fotos unter Überwindung einer Umfriedung aufgenommen werden oder die Fotos eine Wohnung darstellen.[2] Auch soll das Veröffentlichen von Abbildungen eines Wohnhauses und darauf bezogener Informationen im Internet vom Medienprivileg des § 41 BDSG erfasst sein, soweit dem Internetangebot eine meinungsbildende Wirkung beigemessen werden kann.[3]

9. Ausblick auf den „Dritten Korb"

Nachdem 2008 der sog. „Zweite Korb" in Kraft getreten war, wurden bald Rufe nach einem „Dritten Korb" laut, der sich mit umstrittenen Belangen der Bildung, Wissenschaft, Forschung und Kultur[4] befassen soll. So prüft das BMJ seit Februar 2009 im Rahmen der Anhörung von Interessenverbänden die Notwendigkeit von Neuregelungen in diesen Bereichen des Open Access.[5] So sollen insbesondere Regelungen über die Privatkopie, Wissenschaftsschranken und Zweitverwertungsrechte, verwaiste Werke und „Internet-Schranken" erarbeitet werden.[6] Im Wissenschaftsbereich werden gesetzliche Zweitverwertungsrechte für Urheber wissenschaftlicher Beiträge sowie eine die bestehenden und teilweise inoperablen Schranken (insb. § 52a UrhG) ersetzende allgemeine Wissenschaftsschranke gefordert. Weitere problematische Themen sind die Regelungen über elektronische Leseplätze sowie die elektronische Fernleihe in § 53a UrhG, wobei insbesondere bei Letzterer die Medienkonvergenz und -entwicklung Unstimmigkeiten hervorruft.[7] Aufgrund de lege lata wegen der Rechtsprechung des *BGH* zur Internetnutzung fehlender Vergütungsansprüche von Verlagen für die Benutzung ihrer Texte wird zudem ein Leistungsschutzrecht für Verlage diskutiert. Diese Thematik greift insbesondere die Google-Bildersuche-Rechtsprechung auf, durch die trotz fehlender Schranke eine vergütungsfreie Nutzung ermöglicht wird. Auch Auslegungsprobleme bei bestehenden Schranken, insbesondere bei § 44a UrhG im Bereich des Streamings, werden als Aufhänger für Reformanstöße diskutiert.

---

1 *LG Köln*, Urt. v. 13.1.2010 – 28 O 578/09, CR 2010, 198 = NJOZ 2010, 1933.
2 *KG*, Beschl. v. 25.10.2010 – 10 W 127/10, MMR 2011, 414.
3 *LG Köln*, Urt. v. 13.1.2010 – 28 O 578/09, CR 2010, 198 = MMR 2010, 278.
4 *Becker*, ZUM 2008, 361.
5 *Heckmann* auf http://www.computerundrecht.de/9376.html; http://irights.info/blog/arbeit2.0/2010/07/13/anhorung-des-bmj-zum-3-korb-der-urheberrechtsnovelle-open-access/.
6 *Spindler*, Der „dritte Korb" – ein „Korb" ohne Boden?, 4. GRUR-Newsletter 02/2011 (abrufbar unter: http://www.grur.de/cms/upload/pdf/newsletter/2011-02_GRUR_Newsletter.pdf).
7 Ebd.

10. Kartellrechtliche Zwangslizenzen

Literatur: von *Bechtolsheim/Bruder*, Die Essential Facilities Doktrin und § 19 (4) Nr. 4 GWB, WRP 2002, 55; *Deselaers*, Die „Essential Facilities"-Doktrin im Lichte des Magill-Urteils des EuGH, EuZW 1995, 563; *Schwarze*, Der Schutz des geistigen Eigentums im europäischen Wettbewerbsrecht, EuZW 2002, 75; *Frey*, Neue Herausforderungen für die exklusive Contentverwertung – Der wettbewerbsrechtliche Rahmen für die Vermarktung und den Erwerb von Medienrechten, GRUR 2003, 931; *Wielsch*, Wettbewerbsrecht als Immaterialgüterrecht, EuZW 2005, 391.

Denkbar ist auch eine **kartellrechtliche Erweiterung der Schranken** in besonderen Einzelfällen. Ausgangspunkt ist **Art. 102 AEUV**[1] und die dort **verankerte Missbrauchskontrolle bei marktbeherrschenden Unternehmen**.

Berühmt ist die hierzu ergangene Entscheidung des *EuGH* in Sachen **Magill**. Hier bejahte der *EuGH* die Möglichkeit, die Ausübung urheberrechtlicher Verwertungsrechte kartellrechtlich zu überprüfen. Im konkreten Fall hatten BBC und ITV dem kanadischen Verleger den Zugriff auf Listen verweigert, in denen das Fernsehprogramm der kommenden Wochen enthalten war. Magill brauchte die Listen, um eine Fernsehzeitschrift auf den Markt zu bringen. BBC und ITV beriefen sich auf ihr nach britischem Recht bestehendes Urheberrecht an den Programmlisten, obwohl sie selbst auf dem Markt für Programmzeitschriften nicht tätig waren. Dies sah der *EuGH* als möglichen Missbrauch einer marktbeherrschenden Stellung an.[2] Allerdings beschränkte der *EuGH* eine solche Anwendung des Kartellrechts bei urheberrechtlichen Konstellationen auf „außergewöhnliche Umstände".

Die genaue Auslegung der „außergewöhnlichen Umstände" überließ der *EuGH* der Entscheidung im Fall „**Bronner**".[3] Die Lieferung der Informationen sei für die Herausgabe des Programmführers „unentbehrlich" gewesen. Auch sei die Weigerung „nicht durch sachliche Erwägungen gerechtfertigt" gewesen. Schließlich sei sie geeignet, „jeglichen Wettbewerb auf dem abgeleiteten Markt" auszuschließen. Damit bedarf es dreier kumulativ zu prüfender Kriterien für die Annahme eines Kontrahierungszwanges: Die Weigerung zum Abschluss von Lizenzverträgen muss geeignet sein, jeglichen Wettbewerb auf dem betreffenden Markt auszuschalten, darf nicht objektiv gerechtfertigt sein und muss unentbehrlich, d.h. tatsächlich und potenziell unersetzbar sein. Der Kontrahierungszwang ist hiernach ultima ratio gegenüber dem Aufbau eigener Informationsbeschaffungs- und Vertriebsstrukturen.

---

1 Zur Zwangslizenzierung nach § 24 PatG vgl. *BGH*, Urt. v. 13.7.2004 – KZR 40/02, MDR 2005, 526 = GRUR 2004, 966, 970.
2 *EuGH*, Urt. v. 6.4.1995 – Rs. C-241/91 P und C 242/91 P, GRUR Int. 1995, 490; s. dazu *Bechtold*, EuZW 1995, 345; *Deselaers*, EuZW 1995, 563; *Götting*, JZ 1996, 307; *Pilny*, GRUR Int. 1995, 956.
3 *EuGH*, Urt. v. 26.11.1998 – Rs. C-7-97, EuGH v. 26.11.1998 – Rs. C-7/97, NJW 1999, 2259.

Neben dem Magill-Fall bietet auch das Urteil in Sachen **IMS Health**[1] Anlass, über die Grenzen der Ausübung urheberrechtlicher Befugnisse zum Ausbau der eigenen Stellung am Markt und vor allem zur Marktkontrolle nachzudenken. Am 3. Juli 2001 veröffentlichte die EU-Kommission ihre Entscheidung, wonach IMS Health, der Weltmarktführer bei der Sammlung von Daten über den Absatz von Arzneimitteln, Auskunft über Lizenzen für seine Struktur „1860 Bausteine" zu erteilen habe.[2] Die Datenstruktur erlaubt es, das Gebiet der Bundesrepublik Deutschland in Absatzsegmente, sog. Bausteine, zu unterteilen; der Standard hat sich zu einer landesweiten Norm für die deutsche Pharmaindustrie entwickelt. Die Kommission sah die Weigerung von IMS Health, Lizenzen für die Verwendung seiner urheberrechtlich geschützten Struktur zu erteilen, als einen Prima-facie-Beweis für den Missbrauch einer marktbeherrschenden Stellung.[3] Sie verpflichtete IMS Health, die Verwendung dieser Struktur seinen Wettbewerbern zu nicht diskriminierenden und geschäftlich angemessenen Bedingungen zu gestatten. Aus Sicht der Kommission hinderte die Weigerung von IMS Health neue Wettbewerber an einem Eintritt in den Markt für pharmazeutische Absatzdaten und war überdies geeignet, den Konkurrenten von IMS Health schweren, irreparablen Schaden zuzufügen.[4]

Nachdem IMS Health Rechtsmittel gegen die Kommissionsentscheidung eingelegt hatte, entschied der *EuGH 1. Instanz* am 26. Oktober 2001 im einstweiligen Rechtsschutzverfahren zu Gunsten von IMS Health und setzte den Vollzug der Kommissionsentscheidung bis zur Entscheidung in der Hauptsache aus. Das Gericht nahm die von der Kommission vorgenommene (und von IMS gerügte) extensive Interpretation der Voraussetzungen, welche in dem Magill-Urteil für einen Missbrauch marktbeherrschender Stellungen durch geistige Eigentumsrechte aufgestellt worden waren, zum Anlass, einen Prima-facie-Nachweis für einstweiligen Rechtsschutz zu Gunsten von IMS Health zu bejahen.[5]

In ihrer Entscheidung hatte die Kommission nämlich einen Missbrauch auch für die Fälle bejaht, in denen die Lizenzverweigerung „nur" den Zugang der potentiellen Lizenznehmer zu denselben Märkten verhinderte. Der *EuGH* hatte in Magill hingegen gefordert, dass ein Missbrauch marktbeherrschender

---

[1] Siehe dazu auch: *Immenga*, Das EU-Wettbewerbsrecht bedroht das Urheberrecht, FAZ v. 9.5.2001, S. 29.
[2] Kommissionsentscheidung COMP D3/38.044 – NDC Health/IMS Health: Interim Measures; die Entscheidung beruht auf Art. 3 der Verordnung No. 17.
[3] Anders im Rahmen eines Verfahrens über urheberrechtliche Unterlassungsansprüche von IMS Health, *OLG Frankfurt a.M.*, Urt. v. 19.6.2001 – 11 U 66/00, MMR 2002, 687; ähnlich *LG Frankfurt a.M.*, Urt. v. 16.11.2000 – 2/3 O 359/00.
[4] Kommissionsentscheidung COMP D3/38.044 – NDC Heath/IMS Health: Interim measures. S. auch Pressemitteilung „Kommission ordnet einstweilige Maßnahmen gegen IMS Health in Deutschland an", 3.7.2001 – IP/01/941.
[5] *EuGH*, Entscheidung v. 26.10.2001 – T-184/01 R, GRUR Int. 2002, 70.

Stellung durch die Ausübung eines geistigen Eigentumsrechts nur dann anzunehmen sei, wenn

(1) die Lizenzverweigerung das Entstehen neuer Produkte oder Dienstleistungen, für die es
(2) eine potentielle Nachfrage auf Sekundärmärkten gibt, verhindere und
(3) der Lizenzgegenstand die faktisch einzige Quelle für das Ausgangsmaterial sei, welches für die Entwicklung des neuen Produkts zwingend benötigt werde.

Es blieb daher abzuwarten, ob sich der Anwendungsbereich der Missbrauchsdoktrin des *EuGH* im Hinblick auf die Ausübung nationaler Immaterialgüterrechte im Sinne der Kommissionsentscheidung erweiterte oder ob die in Magill aufgestellten Voraussetzungen streng beibehalten werden sollten.

Nach dem 2004 ergangenen Urteil des *EuGH*[1] stellt nun die Weigerung eines Unternehmens, das eine beherrschende Stellung wegen der Inhaberschaft an Immaterialgüterrechten innehat, einem anderen Unternehmen eine Lizenz zur Verwendung dieser Rechte zu erteilen, *keinen* Missbrauch einer beherrschenden Stellung i.S.v. Art. 102 AEUV dar. Eine Ausnahme gilt, wenn folgende Bedingungen erfüllt sind:

– Das Unternehmen, das um die Lizenz ersucht hat, beabsichtigt, auf dem Markt für die Lieferung der betreffenden Daten neue Erzeugnisse oder Dienstleistungen anzubieten, die der Inhaber des Rechts des geistigen Eigentums nicht anbietet und für die eine potentielle Nachfrage der Verbraucher besteht.

– Die Weigerung ist nicht aus sachlichen Gründen gerechtfertigt.

– Die Weigerung ist geeignet, dem Inhaber des Rechts des geistigen Eigentums den Markt für die Lieferung der Daten über den Absatz von Arzneimitteln in dem betreffenden Mitgliedstaat vorzubehalten, indem jeglicher Wettbewerb auf diesem Markt ausgeschlossen wird.

Wichtig ist in diesem Zusammenhang auch die patentrechtliche Entscheidung des *BGH* in Sachen **Orange Book**.[2] Hiernach kann derjenige, der aus einem Immaterialgüterrecht in Anspruch genommen wird, einwenden, der Rechteinhaber missbrauche eine marktbeherrschende Stellung, wenn er sich weigere, einen Lizenzvertrag zu nicht diskriminierenden und nicht behindernden Bedingungen abzuschließen. Missbräuchlich handelt der Rechteinhaber jedoch nur, wenn der Gegner ihm ein unbedingtes Angebot auf Abschluss eines Lizenzvertrags gemacht hat, an das er sich gebunden hält und das der Rechteinhaber nicht ablehnen darf, ohne gegen das Diskriminierungs- oder das Behinderungsverbot zu verstoßen. Im Übrigen muss der Gegner, solange er den Gegenstand des Patents bereits benutzt, diejenigen Verpflichtun-

---

[1] *EuGH*, Urt. v. 29.4.2004 – C-418/01, EuZW 2004, 345.
[2] *BGH*, Urt. v. 6.5.2009 – KZR 39/06, CR 2009, 492 = MMR 2009, 686.

gen einhalten, die der abzuschließende Lizenzvertrag an die Benutzung des lizenzierten Gegenstands knüpft.

VIII. Verwertungsgesellschaften

Literatur: *Becker*, Urheberrecht und Internet – Praktische Erfahrungen aus dem Bereich der Musik, in: Schwarze/Becker (Hrsg.), Regulierung im Bereich von Medien und Kultur, Baden-Baden 2002, 57; *Bezzenberger/Riesenhuber*, Die Rechtsprechung zum „Binnenrecht" der Verwertungsgesellschaften – dargestellt am Beispiel der GEMA, GRUR 2003, 1005; *Bing*, Die Verwertung von Urheberrechten. Eine ökonomische Analyse unter besonderer Berücksichtigung der Lizenzvergabe durch Verwertungsgesellschaften, Berlin 2002; Verwertungsgesellschaften im digitalen Umfeld, in: Hoeren/Sieber (Hrsg.), Handbuch Multimedia-Recht, München 2008, Teil 7.5; *Kretschmer*, The Failure of Property Rules in Collective Administration: Rethinking Copyright Societies as Regulatory Instruments, EIPR 24 (2002), 126; *Niemann*, Urheberrechtsabgaben – Wie viel ist im Korb?, CR 2008, 273; *Reber*, Aktuelle Fragen zu Recht und Praxis der Verwertungsgesellschaften, GRUR 2000, 203; *Reinbothe*, Die kollektive Wahrnehmung von Rechten in der Europäischen Gemeinschaft, in: Ganea u.a. (Hrsg.), Urheberrecht. Gestern – Heute – Morgen. Festschrift für Adolf Dietz zum 65. Geburtstag, München 2001, 517; *Siebert*, Die Auslegung der Wahrnehmungsverträge unter Berücksichtigung der digitalen Technik, Köln 2002; *Ventroni/Poll*, Musiklizenzerwerb durch Online-Dienste, MMR 2002, 648; *Vogel*, Verwertung ist Macht. Übles Spiel mit dem Urhebervertragsgesetz, FAZ vom 17. Januar 2004, S. 37.

Die zahlreichen von der Online-Nutzung betroffenen Urheber- und Leistungsschutzrechte machen eine sinnvolle Nutzung des Internets sehr schwierig. Wollte der Content-Provider eine digitale Bild- oder Musikdatenbank einrichten, bräuchte er je nach Speicherkapazität die Zustimmung tausender Urheber und Leistungsschutzberechtigter. So musste z.B. für die Herstellung der CD-ROM anlässlich des 100. Geburtstages des Komponisten Carl Orff der Musikverlag Schott mehr als 800 Urheber- und Leistungsschutzrechte einholen.[1] Gäbe es nicht zumindest die Verwertungsgesellschaften, die einige Rechte treuhänderisch[2] wahrnehmen, müsste der Content-Provider mit jedem einzelnen Berechtigten verhandeln. Die Nutzung von Multimedia wäre damit von vornherein unmöglich. Hier bietet sich die Idee eines One-Stop-Shops an, eines einzigen „Geschäfts für digitale Rechte". In ihrem Grünbuch zur Online-Verbreitung audiovisueller Werke hat die Europäische Kommission daher für Anfang 2012 einen Gesetzgebungsvorschlag zur kollektiven Rechtswahrnehmung im Online-Bereich angekündigt.[3] Allerdings sind solche One-Stop-Shops kartellrechtlich bedenklich. Die Europäische Kommission

---

1 *Möschel/Bechthold*, MMR 1998, 571.
2 Der zwischen dem Urheber und der Verwertungsgesellschaft geschlossene Wahrnehmungsvertrag begründet ein fremdnütziges Treuhandverhältnis, durch das der Treuhänder das ausschließliche Nutzungs- und Verwertungsrecht erhält; vgl. *LG Köln*, ZUM 1998, 168.
3 Siehe Grünbuch, S. 12, abrufbar unter http://ec.europa.eu/internal_market/consultations/docs/2011/audiovisual/green_paper_COM2011_427_en.pdf.

hat am 16. Juli 2008 in Brüssel ihre Entscheidung im Kartellrechtsverfahren gegen den Weltverband musikalischer Verwertungsgesellschaften CISAC und 24 europäische Verwertungsgesellschaften, u.a. die GEMA, veröffentlicht.[1] Die Kommission wirft den Verwertungsgesellschaften Beschränkungen bei der Aufnahme neuer Mitglieder aus anderen Mitgliedstaaten vor. Weiterhin beanstandet die EU-Kommission die territorialen Beschränkungen in den Vereinbarungen der europäischen Verwertungsgesellschaften untereinander für die Bereiche Online-Nutzung, Satellitenübertragung sowie Kabelweitersendung. Territoriale Einschränkungen, die eine Verwertungsgesellschaft daran hindern, kommerziellen Usern außerhalb ihrer Landesgrenzen Lizenzen anzubieten, seien wettbewerbswidrig. Entsprechende Klauseln in den Verträgen von 17 Verwertungsgesellschaften führten zu einer strengen Aufteilung des Marktes auf einer nationalen Basis. Auf diese Weise soll zwischen den europäischen Verwertungsgesellschaften ein Wettbewerb für Musikrechte entstehen. Unter Berufung auf diese Entscheidung führten dann im September 2008 die Verwertungsgesellschaften untereinander einen Gerichts-Krieg. Nachdem die niederländische Verwertungsgesellschaft Buma/Stemra EU-weite Lizenzen für das Weltrepertoire angeboten hatte, erwirkte die GEMA gegen diese Lizenzerteilung eine einstweilige Verfügung beim *LG Mannheim*. Der BUMA wurde mit Verfügung vom 25. August 2008 die Lizenzerteilung für das GEMA-Territorium verboten. Ähnlich ging die britische Performing Rights Society in den Niederlanden in dem Wege einer einstweiligen Verfügung gegen die BUMA vor.

Bekanntes Beispiel einer Verwertungsgesellschaft ist die in München und Berlin ansässige **GEMA** (Gesellschaft für musikalische Aufführungs- und mechanische Vervielfältigungsrechte). Wer bei einem öffentlichen Vereinsfest Musik von CDs spielen will oder wer die Kunden in seinem Geschäft mit Hintergrundmusik erfreuen will, muss dafür an die GEMA einen Obolus entrichten. Die GEMA führt das Geld nach Abzug ihrer Verwaltungsgebühren an die Rechteinhaber ab. Ähnliche Gesellschaften existieren für andere Werkarten. Die **VG Bild-Kunst** (mit Sitz in Bonn) nimmt u.a. die Rechte von bildenden Künstlern, Photographen und Filmurhebern wahr. Die **VG Wort** (mit Sitz in München) ist insbesondere für die Rechte an literarischen, journalistischen und wissenschaftlichen Texten zuständig. Musikproduzenten und Musiker sind in der Hamburger **GVL** (Gesellschaft zur Verwertung von Leistungsschutzrechten) zusammengeschlossen. Undurchsichtig ist die Lage für die Filmproduzenten, die je nach Einzelfall zwischen vier verschiedenen Verwertungsgesellschaften wählen können.

Zunächst kassieren die Verwertungsgesellschaften die nach § 54 UrhG zu entrichtende Geräteabgabe. Hierbei handelt es sich um eine Gebühr, die Hersteller von Speichermedien und von Geräten zu entrichten haben, die zur Vornahme von Vervielfältigungen zum privaten Gebrauch bestimmt sind. Über

---

[1] http://europa.eu/rapid/pressReleasesAction.do?reference=IP/08/1165&format=HTML&aged=0&language=EN&guiLanguage=en.

diesen gesetzlichen Vergütungsanspruch hinaus richtet sich die Kompetenz der Verwertungsgesellschaften nach den Wahrnehmungsverträgen, die die Gesellschaften mit den Rechteinhabern abgeschlossen haben.

1. GEMA

Die GEMA lässt sich u.a. die „Rechte der Aufnahme auf Tonträger und Bildtonträger und die Vervielfältigungs- und Verbreitungsrechte an Tonträgern und Bildtonträgern" übertragen. Die Klausel bezieht sich nur auf die unveränderte Übernahme eines vollständigen Musikwerkes auf Bild-/Tonträger. Jede Bearbeitung, Veränderung oder Kürzung führt deshalb zur Nichtanwendbarkeit der Klausel.[1] Neben der Eins-zu-Eins-Verwendung von Musik regelt der Wahrnehmungsvertrag auch die Verbindung von Musik mit anderen Werken, die sog. Synchronisation. So soll die GEMA zuständig sein, Musik „mit Werken anderer Gattungen auf Multimedia- und anderen Datenträgern oder in Datenbanken, Dokumentationssystemen oder in Speichern ähnlicher Art, u.a. mit der Möglichkeit interaktiver Nutzung" zu verbinden und diese neue Verbindung zu nutzen. Die GEMA verpflichtet sich in diesen Fällen, den Rechteinhaber über alle Anfragen nach Online-Synchronisationsrechten zu informieren. Der Rechteinhaber hat dann vier Wochen Zeit darüber zu entscheiden, ob er die Rechte selbst wahrnimmt. Unternimmt er in diesem Zeitraum nichts, ist die GEMA endgültig zur Vergabe der Synchronisationsrechte berechtigt. Die GEMA hat ferner das Recht, „Werke der Tonkunst in Datenbanken, Dokumentationssysteme oder in Speicher ähnlicher Art einzubringen". Sofern Musik daher über das Internet ausgestrahlt werden soll, ist dafür in Bezug auf die Rechte der Komponisten und Texter (ausschließlich) an die GEMA zu zahlen. Hinzu kommen aber noch die Rechte der Tonträgerhersteller, die ihre digitalen Rechte nicht an eine Verwertungsgesellschaft abgetreten haben. Die GEMA verfügt nicht über das Bearbeitungsrecht, so dass z.B. Aufarbeitung von Musik für Klingeltöne nicht von einer GEMA-Erlaubnis abgedeckt ist.[2] Berechtigte sind allerdings auch nicht daran gehindert, der GEMA das Recht zur Nutzung bearbeiteter oder anders umgestalteter Musikwerke als Klingeltöne oder Freizeichenuntermalungsmelodien nur unter der aufschiebenden Bedingung einzuräumen, dass der Lizenznehmer der GEMA in jedem Einzelfall vor Beginn der Nutzung eine ihm von den Berechtigten zur Wahrung der Urheberpersönlichkeitsrechte der Komponisten erteilte Benutzungsbewilligung vorgelegt hat.[3]

---

[1] Vgl. hierzu ausführlich *Schulze*, ZUM 1993, 255, 261.
[2] *OLG Hamburg*, Urt. v. 18.1.2006 – 5 U 58/05, CR 2006, 235 = MMR 2006, 315; *LG München I*, Urt. v. 20.7.2005 – 21 O 11289/05, MMR 2006, 49; s. dazu auch *Castendyk*, ZUM 2005, 9; *Kees/Lange*, CR 2005, 684.
[3] *BGH*, Urt. v. 11.3.2010 – I ZR 18/08, MDR 2010, 1339 = CR 2010, 647 = MMR 2010, 769.

Der GEMA ist umgekehrt verboten worden, die Nutzungsrechteeinräumung an den Nachweis einer Bearbeitungseinwilligung zu koppeln.[1] Seit Juli 2001 verfügt die GEMA auch über eigene Online-Tarife, die auf Pauschalgebühren (Prozentual bei Gewinnerzielung, sonst Mindestgebühr) je eingespeisten Musiktitel abstellen.[2] Die GEMA ist aufgrund der Berechtigungsverträge in der Fassung der Jahre 2002 und 2005 nicht berechtigt, urheberrechtliche Nutzungsrechte für die Verwendung von Musikwerken zu Werbezwecken wahrzunehmen.[3]

Zu beachten ist allerdings, dass bei der GEMA **nicht die Leistungsschutzrechte der ausübenden Künstler und Tonträgerhersteller** liegen. Diese werden von der GVL wahrgenommen, der die Leistungsschutzberechtigten allerdings bewusst nicht die Online-Rechte übertragen haben. Auch soweit die großen Musik-Companies als Musikverleger der GEMA angehören, ist eine Rechteübertragung an die GEMA nicht erfolgt.

Der *BGH* hat mit Urteil vom 18. Dezember 2008[4] über die Kompetenzen der GEMA bei der Vergabe von Rechten an Klingeltönen entschieden. Nach einer Musterklage des Komponisten Frank Kretschmer (Rock my Life) sollte der *BGH* darüber entscheiden, ob für die Vergabe von Rechten an Klingeltönen nur an die Verwertungsgesellschaft GEMA oder auch an den entsprechenden Urheber der Telefonmelodie zu zahlen sei. Der *BGH* ging davon aus, dass der GEMA-Vertrag von 2002 auch die Verwertung der Musik als Klingelton umfasse. In den GEMA-Verträgen von 1996 und davor sei die Berechtigung, die Stücke zu Klingeltönen zu verarbeiten, noch nicht enthalten. Nach den neueren GEMA-Verträgen bedürfe es keiner zusätzlichen Einwilligung des Urhebers, wenn das Musikwerk so zum Klingelton umgestaltet werde, wie dies bei Vertragsschluss „üblich" und „voraussehbar" gewesen sei. Dazu gehöre, „dass die Nutzung eines Musikwerkes als Ruftonmelodie dessen Kürzung und digitale Bearbeitung bzw. Umgestaltung erfordert". Im Übrigen weist der *BGH* darauf hin, dass der betroffene Urheber mit seinem Altvertrag nicht darauf verwiesen werden könne, dass die GEMA einseitig Änderungen auf Altverträge erstrecken dürfe. Ein solches Recht stehe der GEMA nicht zu. Die zwischen der GEMA und den Berechtigten geschlossenen Berechtigungsverträge könnten nämlich nicht durch einen Beschluss der Mitgliederversammlung der GEMA einseitig geändert werden. Die Bestimmungen aus dem alten GEMA-Berechtigungsvertrag 1996, wonach die Mitgliederversammlung mit Wirkung für künftige Verträge Änderungen des Berechtigungsvertrags beschließen dürfe, sei unwirksam, weil sie die Berechtigten unangemessen benachteilige.

---

1 *LG München I*, Urt. v. 20.7.2005 – 21 O 11289/05, MMR 2006, 49.
2 Siehe Bundesanzeiger Nr. 106 v. 9.6.2001, 11472 und 11473. Ausführlicher *Becker*, in: Schwarze/Becker (Hrsg.), Regulierung, 57, 63.
3 *BGH*, Urt. v. 10.6.2009 – I ZR 226/06, MDR 2010, 96 = MMR 2010, 106.
4 *BGH*, Urt. v. 18.12.2008 – I ZR 23/06, MDR 2009, 399 = CR 2009, 233 m. Anm. *Prill/ Spindler* = I ZR 23/06.

Der GEMA steht im Übrigen nicht das Recht zu, die Eigenwerbung einer Werbeagentur mit musikunterlegten Werbefilmen auf der eigenen Homepage zu kontrollieren. Die GEMA ging bislang gemeinsam mit den Rechteinhabern und Nutzern davon aus, dass die Rechtewahrnehmung im Werbebereich in zwei Stufen erfolgte. Auf der ersten entscheide der Berechtigte individuell, ob seine Werke überhaupt zu Werbezwecken genutzt werden dürfen. Zweitens nehme dann die GEMA die Rechte für die weitere Verwertung der im Einklang mit dieser Entscheidung erstellten Spots wahr. Der *BGH* entschied im Juni 2009,[1] dass der Urheberberechtigte durchaus dazu in der Lage sei, das Recht zur Nutzung seines Werkes zu Werbezwecken selbst wahrzunehmen. Die Nutzung für Werbezwecke müsste aufgrund der im Urheberrecht anerkannten Zweckübertragungsregel explizit im Berechtigungsvertrag geregelt sein. Da dies nicht der Fall ist, verbleibt also im Zweifel dieses Verwertungsrecht bei den jeweiligen Urhebern. Es entspreche auch nicht dem Vertragszweck, dass die GEMA diese Rechte wahrnehmen müsse. Eine Verwertungsgesellschaft solle kollektive Rechte wahrnehmen, die das individuelle Mitglied nicht oder nur schwer unmittelbar selbst wahrnehmen kann. Dies sei aber bei der Werbenutzung von Musik nicht der Fall. Denn die Werbung betreffe ein Marktgeschehen, das ein freies Aushandeln des im Einzelfall angemessenen Entgelts für die Werknutzung erlaube. Es liege daher geradezu im Interesse des Berechtigten, das Entgelt für die Werknutzung zu Werbezwecken selbst mitbestimmen zu können und nicht an die Tarifbestimmungen oder Verteilungsschlüssel der GEMA gebunden zu sein.

Die GEMA unterliegt wie alle anderen Verwertungsgesellschaften dem Abschlusszwang, sowohl gegenüber den Urhebern wie den potentiellen Nutzern. Der Abschlusszwang nach § 11 UrhWG ist eine notwendige Folge davon, dass die jeweilige Verwertungsgesellschaft – in Deutschland besteht für eine oder mehrere Arten von Schutzrechten in der Regel nur jeweils eine Verwertungsgesellschaft – das tatsächliche Monopol für alle Rechte erlangt, die zu ihrem Tätigkeitsbereich gehören. Nach Auffassung des *BGH*[2] besteht ausnahmsweise eine Abschlusspflicht nicht, wenn eine missbräuchliche Ausnutzung der Monopolstellung von vornherein ausscheide und die Verwertungsgesellschaft dem Verlangen auf Einräumung von Nutzungsrechten vorrangige berechtigte Interessen entgegenhalten könne. Diese Voraussetzung sei z.B. gegeben, wenn der Nutzer Nutzungsrechte erhalten soll, die er nicht rechtmäßig nutzen könne. Der *BGH* hat in einem weiteren Urteil[3] einen Kontrahierungszwang nur gegenüber denjenigen angenommen, die die Rechte zumindest auch für eigene Nutzungshandlungen benötigen. Die GEMA müsse Nutzungsrechte dagegen nicht denjenigen einräumen, die diese ausschließlich auf Dritte weiterübertragen möchten.

---

1 *BGH*, Urt. v. 10.6.2009 – I ZR 226/06, MDR 2010, 96 = MMR 2010, 106.
2 *BGH*, Urt. v. 22.4.2009 – I ZR 5/07, MMR 2010, 42 – Seeing is Believing.
3 *BGH*, Urt. v. 14.10.2010 – I ZR 11/08, CR 2011, 121 = MDR 2011, 312 = K&R 2011, 45.

2. VG Wort

Schwieriger ist die Rechtslage bei den anderen Verwertungsgesellschaften. Nach § 1 Nr. 17 des Wahrnehmungsvertrages der VG Wort überträgt der Berechtigte der VG Wort „das Recht, Beiträge auf digitalen Offline-Produkten (z.B. CD-ROM) zu vervielfältigen und zu verbreiten..." zur Wahrnehmung; hierbei geht es um die Wahrnehmung von Alt-Rechten, d.h. der **Übernahme von Altwerken in CD-ROM-Produkte**. Im Mai 1998 wurde zwar eine Änderung beschlossen, wonach der VG Wort gem. § 1 Nr. 18 des Wahrnehmungsvertrages nunmehr auch die Rechte zur Wiedergabe durch Pay-TV, TV-on-demand, Pay-per-view oder ähnliche Einrichtungen übertragen werden. Die Rechte zur Nutzung eines Textes auf einer Internet-Homepage verbleiben aber nach wie vor beim Berechtigten.[1]

Die VG Wort ist auch zuständig für die **Pressespiegelvergütung** (§ 49 UrhG). Soweit Presseübersichten elektronisch erstellt werden, kommt die Pressespiegelfreiheit zum Tragen. Insofern steht der VG Wort ein breites Tätigkeitsfeld zur Verfügung. Dieses nimmt sie seit September 2003 zusammen mit der PMG Pressemonitor Deutschland GmbH & Co. KG wahr, einem Unternehmen der Verlagswirtschaft. Darüber hinaus nimmt die VG Wort bereits die Vergütungsansprüche für private Kopien wahr.

Ungeklärt und höchst umstritten war die Frage, inwieweit **Verleger an dem Gebührenaufkommen bei der VG Wort zu beteiligen** sind. Nach § 63a UrhG a.F. konnten gesetzliche Vergütungsansprüche von Urhebern und Künstlern im Voraus nur an eine Verwertungsgesellschaft abgetreten werden. Verleger konnten daher mangels eigener gesetzlicher Vergütungsansprüche keine an sie abgetretenen Ansprüche mehr in Verwertungsgesellschaften einbringen. Insofern musste ihr Anteil an den Ausschüttungen generell (nicht nur bei der VG Wort, sondern auch bei den anderen Verwertungsgesellschaften) sinken. Die VG Wort wollte auf Druck des Börsenvereins diese neue Rechtslage nicht wahrhaben und stellt ihre Verteilungspraxis nicht um.[2] Diese Regelung ist infolge der Probleme mit dem Zweiten Korb modifiziert. Die Vergütungsansprüche können nunmehr im Voraus nur an eine Verwertungsgesellschaft oder zusammen mit der Einräumung des Verlagsrechts dem Verleger abgetreten werden, wenn dieser sie durch eine Verwertungsgesellschaft wahrnehmen lässt, die Rechte von Verlegern und Urhebern gemeinsam wahrnimmt.

3. VG Bild-Kunst

Auch die VG Bild-Kunst hatte lange Zeit kein Recht, die Digitalisierung geschützter Werke zu kontrollieren. Erst im Juni 1994 wurde der Wahrneh-

---

[1] Vgl. *Melichar*, Schöpfer vorbestehender Werke aus Sicht der VG Wort, ZUM 1999, 12.
[2] Weitere Hinweise finden sich in dem zu Recht deprimierenden Beitrag von *Vogel* aus der FAZ v. 17.1.2003, S. 37.

mungsvertrag dergestalt geändert, dass auch die digitalen Rechte bildender Künstler (Maler, Architekten) bei dieser Verwertungsgesellschaft liegen. Der VG Bild-Kunst gelang es dann, die Fotografen für den Bildungsbereich zu einer Übertragung ihrer digitalen Rechte zu veranlassen. Nach dem neuen Wahrnehmungsvertrag überträgt der Fotograf der Gesellschaft die „Ansprüche aus der nach der ersten Veröffentlichung erfolgenden Nutzung in digitaler Form, soweit die Nutzung für wissenschaftliche Zwecke oder für den Schul- und Unterrichtsgebrauch sowie andere, nichtkommerzielle Bildungszwecke erfolgt". Es muss nach dem Wahrnehmungsvertrag aber sichergestellt sein, dass mit der Nutzung nicht zugleich Werbezwecke verfolgt werden, dass die Bilder bei jeder Nutzung mit der Bezeichnung des jeweiligen Fotografen versehen sind und dass die Bilder in ihrer digitalen Form nicht entstellt sind. Das Recht, gegen eventuelle Entstellungen vorzugehen, überträgt der Fotograf ebenfalls auf die Gesellschaft. Er kann aber jederzeit bezüglich eines konkreten Falls alle Rechte zurückholen. Diese Änderung des Wahrnehmungsvertrages erstreckt sich auf alle existierenden und zukünftig entstehenden Fotos. Den Mitgliedern der VG Bild-Kunst wurde die Möglichkeit eingeräumt, gegen diese Ausdehnung der Kompetenz binnen sechs Wochen Widerspruch einzulegen. Taten sie dies nicht, galten alle bestehenden Verträge mit der VG Bild-Kunst als erweitert. Im Übrigen gilt der Wahrnehmungsvertrag für neue Mitglieder in der neuesten Form.

Bei den von der VG Bild-Kunst wahrgenommenen Filmrechten geht es u.a. um die Videovermietungsrechte, die zu 70 % auf die Urheber und zu 30 % auf die Produzenten verteilt werden. Weiterhin werden das Kabelweiterleitungsrecht, das Recht zur öffentlichen Wiedergabe (etwa bei Lufthansa und in der Bahn) sowie Ansprüche für die Einrichtung von Datenbanken und für die Digitalisierung und von Bildungseinrichtungen geltend gemacht.

IX. Möglichkeiten der Rechteübertragung

Literatur: *Hilty*, Rechtsfragen kommerzieller Nutzung von Daten, in: Weber (Hrsg.), Daten und Datenbanken: Rechtsfragen zu Schutz und Nutzung, Zürich 1999, 81; *Sasse*, Musikverwertung im Internet und deren vertragliche Gestaltung, ZUM 2000, 837; *Schardt*, Musikverwertung im Internet und deren vertragliche Gestaltung, ZUM 2000, 849; *Schooning*, Licensing Author's Rights on the Internet, International Review of Industrial Property and Copyright Law 2000, 967; *Ventroni/Poll*, Musiklizenzerwerb durch Online-Dienste, MMR 2002, 648.

1. Vorüberlegungen

Vor dem Abschluss von Verträgen mit Rechteinhabern bedarf es einer Reihe von Due-Diligence-Überlegungen, etwa folgender Art:
– Welche Werke sollen einbezogen werden?
– Woraus bestehen die einbezogenen Werke (Ton, Text, Bilder)?

- Wie viele Teile des Werkes sollen übernommen werden?
- Wird das Werk eins-zu-eins oder in veränderter Form übernommen?
- Werden Kolorierungs-, Sampling- oder Scanning-Techniken verwendet?
- Bestehen an vorbestehenden Werken Markenrechte?
- Welche Rechte brauche ich (Vervielfältigung, Bearbeitung, Verbreitung, öffentliche Wiedergabe)?
- Wem gehören die Rechte an den Werken (Verwertungsgesellschaften, Verlage, Agenturen)?
- Kann auf gesetzliche Lizenzen/Zwangslizenzen zurückgegriffen werden?

Aus diesen Grundfragen ergibt sich folgende Checkliste für die Projektplanung:

a) Die Homepage

- Art der Homepage und erwartete „Lebensdauer"
- Konkurrenzprojekte
- Titel des Produktes (Domain)
- Begleitprodukte
- Technische Plattform
- Benötigte Datenspeicherkapazität

b) Projektbeteiligte

- Namen der Beteiligten
- Beteiligung Außenstehender
- Rechte am Endprodukt
- Wettbewerbsbeschränkungen

c) Inhalt

- Inkorporierung welcher Werke
- Bestandteile der Werke
- Geplante Änderungen, Kürzungen und Übersetzungen
- Fiction/Non-Fiction
- Fotografien von Zeitzeugen
- Rechtsinhaber (synchron/diachron)
- Vergütung (Lizenzgebühr, Minimalzahlungen)

d) Finanzierung

– Art und Risiken der Finanzierung
– Finanzbedarf und erwartete Gewinne (abzgl. Lizenzgebühren u.a.)

e) Projektbeendigung

– Umstände der Beendigung
– Implikationen für Lizenzzeiten und Wettbewerbsverbote
– Verbleibende Rechte

2. Abgrenzung der Nutzungsrechte

Das **Urheberrecht** ist nicht übertragbar (§ 29 UrhG). Dies entspricht dem kontinentaleuropäischen Urheberrechtsverständnis, wonach der Schutz der Kreativität ein unveräußerliches Menschenrecht ist. In den Vereinigten Staaten und in Großbritannien wird dies anders gesehen; nach der „work made for hire"-Doktrin oder durch „Assignments" kann auch das Urheberrecht auf einen Dritten übertragen werden. Angloamerikanische Verträge bedürfen bei Geltung deutschen Rechts einer Uminterpretation; die Übertragung des Urheberrechts wird regelmäßig in die Einräumung eines ausschließlichen Nutzungsrechts umgedeutet. Sinnlos sind demnach Klauseln, wonach der Rechteinhaber dem Produzenten sein Urheberrecht überträgt. Sie sollten tunlichst vermieden werden.

Der Rechteinhaber kann nach § 31 Abs. 1 UrhG nur **Nutzungsrechte** einräumen. Diese Rechte umfassen die Befugnis, das Werk für einzelne oder alle Nutzungsarten zu nutzen. Sie beinhalten dagegen nicht das Urheberrecht oder das Verwertungsrecht als solches und auch nicht die Urheberpersönlichkeitsrechte.

a) Einfaches versus ausschließliches Nutzungsrecht

Das Gesetz gibt dem Produzenten die Wahl. Er kann sich ein **ausschließliches oder ein einfaches Nutzungsrecht** einräumen lassen (§ 31 Abs. 1 Satz 2 UrhG).

Der Inhaber eines **einfachen Nutzungsrechts** kann das Werk neben anderen Berechtigten nutzen (§ 31 Abs. 2 UrhG). Ihm stehen gegen Verletzungen des Urheberrechts keine eigenen Abwehrbefugnisse zu. Er muss sich vom Rechteinhaber zur Klage in Prozessstandschaft ermächtigen lassen. Er verfügt nach älterer Lehre nur über eine schuldrechtliche Rechtsposition, die nicht gegenüber Dritten geschützt ist; jetzt hat der *BGH* den dinglichen Charakter des einfachen Nutzungsrechts bekräftigt.[1]

---

[1] *BGH*, Urt. v. 26.3.2009 – I ZR 153/06, MDR 2009, 1291 = CR 2009, 767 = MMR 2009, 838 – Reifen progressiv.

Das **ausschließliche Nutzungsrecht** berechtigt den Inhaber hingegen dazu, jeden Dritten und sogar den Inhaber selbst von der eingeräumten Nutzungsmöglichkeit auszuschließen und selbst einfache Nutzungsrechte einzuräumen (§ 31 Abs. 3 UrhG). Er kann selbständig (neben dem Urheber) gegen Verletzungen des Urheberrechts durch Dritte vorgehen. Dieses Klagerecht steht ihm selbst gegen den Urheber zu, falls dieser die Rechtsposition des Nutzungsberechtigten beeinträchtigt.

Welche Rechtsposition ein Produzent erhält, hängt im Einzelfall von dessen wirtschaftlicher Macht ab. Selten wird er in die Lage kommen, dass er von einem Urheber die Einräumung von ausschließlichen Nutzungsrechten verlangen kann. Dies ist nur dann gerechtfertigt, wenn er mit dem Rechteinhaber die Erstellung individuellen, maßgeschneiderten Materials vereinbart hat. Dann sollte nach Möglichkeit der Urheber daran gehindert werden, die Rechte an dem Material noch einmal an Dritte zu übertragen.

Im Übrigen schaffen es große Unternehmen in aller Regel, pauschal ausschließliche Nutzungsrechte zur Erstellung etwa einer Homepage einzufordern, indem sie mit den Urhebern folgende Klausel vereinbaren: „Der Urheber räumt X ein ausschließliches, zeitlich und räumlich unbeschränktes Nutzungsrecht zur Verwendung des Materials in jeder Form ein." Literatur und Rechtsprechung haben diese Pauschalklauseln immer kritisiert.[1]

b) Zeitliche und räumliche Begrenzung

Der Lizenzvertrag sollte etwas zum **zeitlichen und räumlichen Umfang** des Nutzungsrechts sagen. Nach § 31 Abs. 1 Satz 2 UrhG kann das Nutzungsrecht räumlich, zeitlich oder inhaltlich beschränkt eingeräumt werden.

Am günstigsten ist die Position des Produzenten, wenn die übertragenen Nutzungsrechte zeitlich unbeschränkt eingeräumt werden. Denn ansonsten riskiert er, dass bei Ende der Befristung die Rechte automatisch entfallen und er sein fertiges Produkt nicht mehr kommerziell nutzen kann. Er müsste dann mit dem Rechteinhaber nachverhandeln, was meist mit einer Verteuerung der Rechte verbunden ist. Allerdings hängt die Übertragung der unbeschränkten Rechte von der wirtschaftlichen Macht des Unternehmens ab. Ist der Produzent nicht marktführend, muss er für unbeschränkte Rechte kräftig zahlen.

Aus § 31 Abs. 1 Satz 2 UrhG ergibt sich, dass das Nutzungsrecht auch räumlich beschränkt eingeräumt werden kann. Wie bei der zeitlichen Beschränkung ist es natürlich auch hier für den Produzenten am günstigsten, das überlassene Material räumlich unbeschränkt nutzen zu können. Dies gilt insbesondere für die Online-Nutzung, da in diesem Bereich räumliche Beschränkungen keinen Sinn machen. Eher empfiehlt es sich, nach Sprachver-

---

[1] *Hoeren*, CR 1996, 84; ähnlich *OLG Düsseldorf*, Urt. v. 23.10.2001 – 20 U 19/01, ZUM 2002, 221 und das *LG Hamburg*, Beschl. v. 15.7.2009 – 312 O 415/09.

sionen zu staffeln (etwa bezogen auf eine deutsch- oder englischsprachige Homepage).

c) Zweckübertragung (§ 31 Abs. 5 UrhG): Auflistung der zu übertragenden Rechte

Im Anschluss an die allgemeine Bestimmung des zu übertragenden Nutzungsrechts folgt bei der Vertragsgestaltung noch eine beispielhafte Aufzählung der umfassten Rechte (sog. „Insbesondere"-Klausel). Dies erklärt sich aus § 31 Abs. 5 UrhG. Die dort verankerte Zweckübertragungsregel besagt, dass sich der Umfang des Nutzungsrechts bei unklarer Formulierung des Vertrages nach dem mit seiner Einräumung verfolgten Zweck richtet. Es handelt sich hier also um eine „Schlamperregel". Werden in einem Vertrag die Nutzungsrechte nicht detailliert festgelegt, bestimmt das Gericht den Rechteumfang anhand des Vertragszwecks. § 31 Abs. 5 UrhG führt also dazu, dass in Lizenzverträgen immer exemplarisch („insbesondere") die zentralen Nutzungsrechte gesondert spezifiziert werden. So umfasst z.B. die Übergabe von Pressefotos an eine Tageszeitung regelmäßig nicht die Internetrechte.[1] Die Einwilligung zur Veröffentlichung eines Artikels in einer Zeitung schließt nicht die Nutzung als E-Paper im Internet mit ein.[2] Eine Aufspaltung des Onlinenutzungsrechts in das Recht zur öffentlichen Zugänglichmachung (§ 19a UrhG) und in das Vervielfältigungsrecht (§ 16 UrhG) ist nicht möglich. Welche Nutzungsarten nach § 31 UrhG lizenziert werden können, wird durch die wirtschaftlich-technischen Gestaltungsmöglichkeiten eines Werks bestimmt; dabei sind auch die Anfordernisse von Rechtssicherheit und Rechtsklarheit zu beachten. Demnach ist auch die Frage, ob die Aufspaltung eines Nutzungsrechts mit dinglicher Wirkung zulässig ist, anhand einer Abwägung zwischen den Interessen des Urhebers und der Allgemeinheit zu beantworten.[3]

Das UrhG billigt dem Urheber eine **Reihe von Verwertungsrechten** zu. Er hat gem. § 15 Abs. 1 UrhG das ausschließliche Recht, sein Werk in körperlicher Form zu verwerten. Dieses Recht umfasst insbesondere das Vervielfältigungsrecht (§§ 16, 69c Nr. 1 UrhG) und das Verbreitungsrecht (§§ 17, 69c Nr. 3 UrhG). Ferner ist der Urheber gem. § 15 Abs. 2 UrhG allein befugt, sein Werk in unkörperlicher Form öffentlich wiederzugeben (Recht der öffentlichen Wiedergabe) und zum Abruf durch die Öffentlichkeit bereitzustellen (§§ 19a, 69c Nr. 4 UrhG). Im Einzelnen müssen für die Produktion einer Homepage eine Reihe von Rechten besonders hervorgehoben werden, darunter das Recht,

– das Material ganz und teilweise auf Bild- und/oder Tonträger zu vervielfältigen sowie zwecks Digitalisierung in den Arbeitsspeicher zu laden;

---

[1] *KG*, Urt. v. 24.7.2001 – 5 U 9427/99, CR 2002, 127 = K&R 2002, 148 m. Anm. *Welker* 154.
[2] *AG Köln*, Urt. v. 14.6.2006 – 13/C 90/06, GRUR-RR 2006, 396.
[3] *LG München*, Urt. v. 20.6.2009 – 7 O 4139/08, CR 2010, 58 = ZUM 2009, 788.

- das Material über Online-Dienste (FTP, WWW) und vergleichbare Abrufdienste öffentlich wiederzugeben oder einer Mehrzahl von Nutzern zum Abruf bereitzuhalten;
- das Material zu verbreiten, insbesondere zu verkaufen, vermieten, verleihen oder in sonstiger Weise abzugeben (wichtig für Sperre der CD-ROM-Verwertung);
- an dem Material Schnitte, Kürzungen und sonstige Veränderungen vorzunehmen, die aus technischen Gründen oder mit Rücksicht auf die Erfordernisse des Marktes als geboten oder wünschenswert angesehen werden;
- das Material – unter Wahrung eventueller Urheberpersönlichkeitsrechte – neu zu gestalten, zu kürzen und in andere Werkformen zu übertragen;
- das Material zur Verwendung auf oder anlässlich von Messen, Ausstellungen, Festivals und Wettbewerben sowie für Prüf-, Lehr- und Forschungszwecke zu nutzen;
- zu Werbezwecken Ausschnitte, Inhaltsangaben, Bildmaterial und Trailer bis zu einer Länge von drei Minuten herzustellen, zu verbreiten und zu senden;
- eine durch den Lizenzgeber oder in dessen Auftrag vorzunehmende Bearbeitung zu überwachen.

Nach neuerer Rechtsprechung fließt der Zweckübertragungsgrundsatz auch in die AGB-Kontrolle ein. Bei dieser Regelung handelt es sich nicht nur um eine gesetzliche Auslegungsregel, sondern auch um eine zwingende Inhaltsnorm, die im Rahmen der AGB-Kontrolle zu beachten ist. Für die Anwendbarkeit des § 31 Abs. 5 UrhG ist darauf abzustellen, in welchem Ausmaß sich übertragene Nutzungsrechte von dem eigentlichen Vertragszweck entfernen. Je stärker dies der Fall ist, um so eher ist von einer unangemessenen Benachteiligung des Vertragspartners auszugehen. Dies gilt jedenfalls dann, wenn spiegelbildlich nicht eine erweiterte Gegenleistung angeboten und vereinbart wird. § 31 Abs. 5 UrhG erfordert es, ein Übermaß an Rechtsübertragung im Wege Allgemeiner Geschäftsbedingungen selbst dann einer AGB-Kontrolle zu unterwerfen, wenn die einzelnen Nutzungsarten i.S.v. § 31 Abs. 5 UrhG ausdrücklich einzeln bezeichnet sind. Die Einräumung von Nutzungsrechten gegen ein Pauschalhonorar ist in AGB unwirksam, wenn dadurch dem Urheber der Weg zu einer nach § 32 UrhG angemessenen Beteiligung an den Erträgen seiner Werke versperrt wird. Bedingung für die Zulässigkeit einer Pauschalvergütung für die Übertragung von Nutzungsrechten ist, dass die Pauschalvergütung – bei objektiver Betrachtung zum Zeitpunkt des Vertragsschlusses – eine angemessene Beteiligung am voraussichtlichen Gesamtertrag der Nutzung gewährleistet.[1] Eine unüberschaubare Nutzungsrechtsübertragung gegen eine pauschale Vergütung ist in AGB nicht zulässig.[2] Der Zweckübertra-

---
[1] *BGH*, Urt. v. 7.10.2009 – I ZR 38/07, MDR 2010, 96 = GRUR 2009, 1148 (1150) – Talking to Addison.
[2] *OLG Hamburg*, Urt. v. 1.6.2011 – 5 U 113/09, GRUR-RR 2011, 293.

gungsgrundsatz stellt im Übrigen einen wesentlichen Grundsatz des deutschen Urhebervertragsrechts dar und kann daher auch international-privatrechtlich nicht zur Disposition gestellt werden.[1]

Die Möglichkeiten zu einer **AGB-Kontrolle von Verwerterverträgen** werden im Übrigen im UrhG bewusst ausgeklammert. Der Schutz der Urheber und sonstigen marktschwachen Kreativen lässt sich am besten und einfachsten über § 307 BGB bewerkstelligen, wie das *OLG Zweibrücken*[2] im Streit zwischen Musikverlegern und ZDF gezeigt hat. Der Blick auf die AGB-rechtliche Inhaltskontrolle macht eine Reform des Urhebervertragsrechts weitgehend obsolet. So hat das *OLG Düsseldorf* in seinem Urteil vom 23. Oktober 2001[3] die AGB-Kontrolle bei Fernsehverträgen zur Anwendung gebracht. Gegenstand des Verfahrens war u.a. die Frage, inwieweit MDR und NDR Filmproduzenten von der Verwertung ihrer Videorechte abhalten können. Nach Auffassung des Düsseldorfer Senats erstrecken sich die Befugnisse der Fernsehsender nur auf die Ausstrahlung eines Filmes, nicht aber auf die Videoauswertung. Versuche, den Filmproduzenten die außerfernsehmäßige Vermarktung zu verbieten, seien rechtswidrig. Auch sei es den Sendeanstalten verwehrt, sich die Hälfte der Erlöse vertraglich zusichern zu lassen, die die Filmproduzenten über Verwertungsgesellschaften erzielen. Das Urteil führte dazu, dass zahlreiche im Fernsehbereich gängige Vertragsklauseln nichtig wurden.

Pauschale Änderungsvereinbarungen in Allgemeinen Geschäftsbedingungen müssen nach Auffassung der Rechtsprechung unter den Vorbehalt gestellt werden, dass die Bearbeitung und Umgestaltung z.B. „unter Wahrung der geistigen Eigenart des Werkes zu erfolgen hat". Das Recht zur werblichen Nutzung von Pressefotografien für beliebige Zwecke jedweder Art kann nicht wirksam als Nebenrecht pauschal übertragen werden. Auf das Recht auf Anerkennung der Urheberschaft aus § 13 UrhG kann in Allgemeinen Geschäftsbedingungen nicht vollständig im Voraus verzichtet werden.

Ist eine Bestimmung in AGB gemäß § 307 Abs. 1 BGB unwirksam, liegt darin zugleich ein Verstoß gegen § 4 Nr. 11 UWG, da es sich insoweit um eine Marktverhaltensregelung im Interesse der Verbraucher und sonstiger Marktteilnehmer handelt.

d) Weiterübertragung

Nach § 34 Abs. 1 Satz 1 UrhG darf ein Nutzungsrecht nur **mit Zustimmung des Rechteinhabers** übertragen werden. Der Rechteinhaber darf die Zustimmung nicht wider Treu und Glauben verweigern (§ 34 Abs. 1 Satz 2 UrhG). Dadurch soll Schikane oder eine sonstige Diskriminierung des Lizenznehmers vermieden werden. Der Rechteinhaber kann auf sein Zustimmungs-

---

1 *OLG Köln*, Urt. v. 28.1.2011 – 6 U 101/10, ZUM 2011, 574.
2 *OLG Zweibrücken*, Urt. v. 7.12.2000 – 4 U 12/00, ZUM 2001, 346.
3 *OLG Düsseldorf*, Urt. v. 23.10.2001 – 20 U 19/01, ZUM 2002, 221.

recht ganz oder teilweise verzichten. Allerdings kann bereits in der Einräumung von Nutzungsrechten die stillschweigende Zustimmung zur Weiterübertragung an Dritte liegen.

Problematisch ist allerdings die Frage, ob das Zustimmungserfordernis in Allgemeinen Geschäftsbedingungen abbedungen werden kann. Der *BGH* hat dies in einer Entscheidung[1] unter Berufung auf § 9 Abs. 2 Nr. 1 AGBG (jetzt: § 307 Abs. 2 Nr. 1 BGB) abgelehnt.

Eine stillschweigende Erklärung zur Übertragung von Nutzungsrechten gemäß § 34 Abs. 1 UrhG ist innerhalb eines Arbeitsverhältnisses nur anzunehmen, wenn die Weitergabe der Nutzungsrechte an Dritte noch vom Betriebszweck selbst des Arbeitgebers erfasst wird, insbesondere wenn die Verwendungsform für das Unternehmen typisch ist.[2] Wenn schon nicht verlässlich festzustellen ist, dass ein erstellter urheberrechtlich geschützter Text zu den Verpflichtungen des Arbeitnehmers aus dem Arbeitsverhältnis gehört, ist der Arbeitnehmer im Zweifel auch nicht stillschweigend mit einer Weiterübertragung von Nutzungsrechten an einen Dritten einverstanden.

e) Nichtausübung und Rückrufsrechte

Aus dem klassischen Film- und Fernsehbereich stammen vertragliche **Regelungen zur Nichtausübung des Nutzungsrechts**. Der Lizenznehmer soll nicht darauf verpflichtet werden, das überlassene Material einzusetzen. Vielmehr muss es ihm im Rahmen einer Multimediaproduktion freistehen, aus der Fülle etwa von Fotos oder Musiktiteln das geeignete Objekt auszuwählen und die Rechte an anderen Objekten zunächst einmal nicht zu gebrauchen. Auch für die Sperrlizenzen bedarf es dieser Regelung. Lässt sich der Lizenznehmer etwa die Online-Rechte zur Verhinderung einer eventuellen Nutzung durch den Lizenzgeber übertragen, so muss er vermeiden, dass er auf die Verwertung der Online-Rechte verklagt werden kann.

Die gesetzliche Regelung ist allerdings tückisch. Denn mit der Übertragung eines ausschließlichen Nutzungsrechts wird auch das Rückrufsrecht wegen Nichtausübung (§ 41 UrhG) mitgeregelt. Nach § 41 Abs. 1 Satz 1 UrhG kann der Lizenzgeber im Falle einer ausschließlichen Lizenz das Nutzungsrecht zurückrufen, wenn der Lizenznehmer das Recht nicht oder nur unzureichend ausübt und dadurch berechtigte Interessen des Urhebers erheblich verletzt werden. Allerdings müssen zwei Jahre seit Übertragung der Nutzungsrechte abgelaufen sein; darüber hinaus muss eine weitere angemessene Nachfrist zur Ausübung gesetzt werden (§ 41 Abs. 2 Satz 1, 3 UrhG). Vertragsrechtlich ist das Rückrufsrecht deshalb ein Problem, weil nicht im Voraus darauf verzichtet werden kann (§ 41 Abs. 4 Satz 1 UrhG). Der Lizenznehmer kann lediglich

---

[1] *BGH*, Urt. v. 18.2.1982 – I ZR 81/80, MDR 1983, 113 = GRUR 1984, 45 – Honorarbedingungen.
[2] *OLG Düsseldorf*, Urt. v. 15.2.2008 – I-20 U 126/07.

die Ausübung des Rechts für einen Zeitraum von fünf Jahren ausschließen (§ 41 Abs. 4 Satz 2 UrhG). Dadurch kann der Lizenznehmer den Zeitraum für die wirtschaftliche Nutzung von Rechten auf über sieben Jahre verlängern (zwei Jahre Nichtnutzung + Nachfrist + fünf Jahre Ausübungsverzicht).

Wer eine Regelung zum Rückrufsrecht in seinen Vertrag aufnimmt, weckt damit aber auch „schlafende Geister". Viele Rechteinhaber wissen von dem Rückrufsrecht nicht; sie würden erst durch den Vertrag auf die Existenz eines solchen Rechtes hingewiesen. Daher ist in der Praxis eine Güterabwägung zwischen den Risiken der Aufklärung des Rechteinhabers und der Bedeutung der Fristverlängerung üblich.

f) Honorare

Literatur: *Cornish,* The Author as Risk-Sharer, in: The Columbia Journal of Law & the Arts 26 (2002), No. 1, 1; *Erdmann,* Urhebervertragsrecht im Meinungsstreit, GRUR 2002, 923; *Grzeszick,* Der Anspruch des Urhebers auf angemessene Vergütung: Zulässiger Schutz jenseits der Schutzpflicht, AfP 2002, 383; *Hertin,* Urhebervertragsnovelle 2002: Up-Date von Urheberrechtsverträgen, MMR 2003, 16; *Hilty/Peukert,* Das neue deutsche Urhebervertragsrecht im internationalen Kontext, GRUR Int. 2002, 643; *Jacobs,* Das neue Urhebervertragsrecht, NJW 2002, 1905; *Joppich,* § 34 UrhG im Unternehmenskauf, K&R 2003, 211; *Lober,* Nachschlag gefällig? Urhebervertragsrecht und Websites, K&R 2002, 526; *Ory,* Das neue Urhebervertragsrecht, AfP 2002, 93; *Reinhard/ Distelkötter,* Die Haftung des Dritten bei Bestsellerwerken nach § 32a Abs. 2 UrhG, ZUM 2003, 269; *Schack,* Urhebervertragsrecht im Meinungsstreit, GRUR 2002, 853; *Schmitt,* § 36 UrhG – Gemeinsame Vergütungsregeln europäisch gesehen, GRUR 2003, 294; *Schricker,* Zum neuen deutschen Urhebervertragsrecht, GRUR Int. 2002, 797; *Vogel,* Die Reform des Urhebervertragsrechts, in: Schwarze/Becker (Hrsg.), Regulierung im Bereich von Medien und Kultur, Baden-Baden 2002, 29; *Willi,* Neues deutsches Urhebervertragsrecht – Auswirkungen für Schweizer Urheber und Werknutzer, sic! 2002, 360; *Zirkel,* Das neue Urhebervertragsrecht und der angestellte Urheber, WRP 2003, 59.

In der Praxis hat sich bislang **kein fester Tarif für die Nutzung digitaler Rechte** eingebürgert; Standardvergütungen sind nicht bekannt. Daher müssen regelmäßig individuell die Höhe der Vergütung und die Vergütungsgrundlagen festgelegt werden. Die Höhe unterliegt keiner Kontrolle nach §§ 307–309 BGB. Nur die Bemessungskriterien sind kontrollfähig. Im klassischen Urheberrecht haben sich allerdings eine Reihe verschiedener Vergütungsmodelle eingebürgert, die auch für den Online-Bereich gewinnbringend genutzt werden können. Für den Einsatz fertiger Werkteile hat sich die Bemessung nach Festpreisen durchgesetzt. Der Rechteinhaber erhält eine feste Summe, die alle Nutzungen abdeckt. Denkbar ist aber auch die Vereinbarung einer prozentualen Beteiligung am Nettogewinn oder Nettoerlös des Produzenten. Allerdings setzt dies voraus, dass der Online-Dienst von seiner Konzeption her überhaupt Erlöse erzielt.

Zum 1. Juli 2002 ist das erste Gesetz zur Novellierung des Urhebervertragsrechts in Kraft getreten.[1] Das Gesetz beabsichtigte, den verfassungsrechtlich verankerten Grundsatz, dass Urheber angemessen an dem wirtschaftlichen Nutzen ihrer Arbeiten zu beteiligen sind,[2] stärker im UrhG zu verankern. Die Neuregelung sollte insbesondere die Rechtsstellung der freischaffenden Urheber gegenüber den wirtschaftlich stärkeren Verwertern verbessern. Die bedeutsamste Änderung findet sich in § 32 UrhG. Die Vorschrift stellt den Urheber insoweit besser, als sie ihm ein gesetzliches Werkzeug an die Hand gibt, auf vertraglicher Ebene eine **angemessene Vergütung** gegenüber dem Werknutzer durchzusetzen. Inhaltlich regelt sie folgendes: Ist in einem Nutzungsvertrag keine Regelung über die Höhe der Vergütung bestimmt, gilt zugunsten des Urhebers die angemessene Vergütung als vereinbart. Für den Fall, dass zwar eine Vergütung vertraglich vereinbart wurde, diese aber nicht die Schwelle zur Angemessenheit erreicht, kann der Urheber von seinem Vertragspartner verlangen, eine angemessene Vergütung in den Vertrag aufzunehmen. Als angemessen gilt eine Vergütung dann, wenn sie zur Zeit des Vertragsschlusses dem entspricht, was im Hinblick auf Art und Umfang der eingeräumten Nutzungsrechte im Geschäftsverkehr nach redlicher Branchenübung geleistet wird.[3] Eine Pauschalvergütung soll regelmäßig unangemessen sein, weil sie das berechtigte Interesse des Urhebers nicht wahre, an jeder wirtschaftlichen Nutzung ihrer Übersetzung angemessen beteiligt zu werden.[4] Im Übrigen kann selbst bei unterschiedlicher Begründung eines Nachvergütungsanspruchs Klage gegen verschiedene Rechteverwerter an einem Gerichtsstand erhoben werden.[5]

Zur Bestimmung der angemessenen Vergütung können die Interessenvertretungen der Urheber und der Verwerter – ähnlich wie in Tarifverträgen – sog. **gemeinsame Vergütungsregeln** festlegen (§ 36 UrhG). Können sich die Parteien nicht auf gemeinsame Vergütungsregeln einigen, soll eine Schlichtungsstelle entscheiden (§ 36 Abs. 3 UrhG), die sich am Modell der Einigungsstelle des Betriebsverfassungsgesetzes orientiert und so die Sachkunde der Branchen einbezieht. Soweit Vergütungssätze bereits in Tarifverträgen festgelegt sind, gehen diese den Vergütungsregeln vor. Da derzeit keine gemeinsamen Vergütungsregeln und meist auch keine tarifvertraglichen Vergütungssätze existieren und gerichtliche Entscheidungen zur Höhe der jeweils angemessenen Vergütung abzuwarten bleiben, ist die Bestimmung angemessener Vergütungssätze vorerst schwierig. Als Anhaltspunkt sollten die Vergütungssätze der Ver-

---

1 Siehe dazu *Däubler-Gmelin*, GRUR 2000, 764; *Dietz*, AfP 2001, 261; *Dietz*, ZUM 2001, 276; *Dreier*, CR 2000, 45; *Geulen/Klinger*, ZUM 2000, 891; *Katzenberger*, AfP 2001, 265; *Kreile*, ZUM 2001, 300; *Reber*, ZUM 2000, 729; *Schricker*, Editorial MMR 12/2000; *Stickelbrock*, GRUR 2001, 1087; *von Olenhusen*, ZUM 2000, 736; *Weber*, ZUM 2001, 311. Kritisch *Flechsig*, ZRP 2000, 529; *Flechsig*, ZUM 2000, 484; *Flechsig/Hendricks*, ZUM 2000, 721; *Ory*, ZUM 2001, 195; *Schack*, ZUM 2001, 453.
2 *BGH*, Urt. v. 6.11.1953 – I ZR 97/52.
3 Siehe dazu auch *BGH*, Urt. v. 13.12.2001 – I ZR 44/99, GRUR 2002, 602 – Musikfragmente.
4 *BGH*, Urt. v. 7.10.2009 – I ZR 38/07, MDR 2010, 96 – Talking to Addison.
5 *OLG München*, Urt. v. 19.2.2009 – 31 AR 38/09, ZUM 2009, 428.

wertungsgesellschaften herangezogen werden. Eine pauschale Orientierung an einer Regel, wonach z.B. 10 % des Umsatzes angemessen seien, wird man wohl kaum vertreten können.[1] Im Übrigen ist umstritten, ob eine solche Vergütungsregel nicht unter das Kartellverbot des Art. 101 AEUV fällt.[2]

Zu beachten ist, dass dem Urheber in bestimmten Fällen ein **Anspruch auf Nachvergütung** zusteht. Wichtig ist vor allem der sog. Bestsellerparagraph, wonach dem Urheber bei unerwartet hohen Erträgen und auffälligem Missverhältnis zum gezahlten Entgelt ein Nachforderungsrecht bis zur Höhe einer angemessenen Vergütung zusteht (§ 32a UrhG).[3] Dabei kommt es nicht darauf an, ob die Höhe der erzielten Beträge tatsächlich voraussehbar war. Da in dem alten „Bestsellerparagraph" ein „grobes" Missverhältnis erforderlich war, ist die Schwelle für eine zusätzliche Vergütung nun herabgesetzt. Laut Begründung liegt ein auffälliges Missverhältnis jedenfalls dann vor, wenn die vereinbarte Vergütung um 100 % von der angemessenen Beteiligung abweicht.[4]

Dies gilt allerdings nicht, wenn der Urheber nur einen untergeordneten Beitrag zu dem Werk geleistet hat.[5] Bei Vereinbarung einer prozentualen Beteiligung sollten Abrechnungsverpflichtungen sowie ein Prüfungsrecht mit Kostentragungsregelung vorgesehen werden. § 32a UrhG findet auf Sachverhalte Anwendung, die nach dem 28. März 2002 entstanden sind. Für frühere Tatbestände bleibt es bei der Anwendung des revidierten „Bestsellerparagraphen" in § 36 UrhG a.F., es sei denn, dass die das Missverhältnis begründenden Erträge aus der Verwertung nach dem 28. März 2002 entstanden sind.[6] Der allgemeine Anspruch auf eine angemessene vertragliche Vergütung (§ 32 UrhG) gilt für Verträge nach dem 28. März 2002 in vollem Umfang. Für Verträge, die zwischen dem 1. Juni 2001 und dem 28. März 2002 geschlossen wurden, greift die Vorschrift, wenn von den eingeräumten Nutzungsrechten nach dem 28. März 2002 Gebrauch gemacht wird. Bei Verträgen, die vor dem 1. Juni datieren, kommt § 32 UrhG nicht zur Anwendung.

In der Zwischenzeit liegen erste Urteile zu §§ 32, 32a UrhG vor.[7] So soll z.B. im Bereich der Übersetzer ein Pauschalhonorar generell unzulässig sein. Ein solches begünstige wegen des Fehlens jeglicher Absatzbeteiligung einseitig die Interessen der Verwerter, so dass es nicht als redlich anzusehen sei.

---

[1] So zu Recht *Schricker*, GRUR 2002, 737.
[2] So der Ansatz von *Schmitt*, GRUR 2003, 294.
[3] *BGH*, Urt. v. 27.6.1991 – I ZR 22/90, MDR 1992, 38 = ZUM 1992, 141 – Horoskop-Kalender; *BGH*, Urt. v. 22.1.1998 – I ZR 189/95, ZUM 1998, 497 – Comic-Übersetzungen; *LG Oldenburg*, Urt. v. 3.2.1994 – 5 O 1949/93, CR 1995, 39.
[4] Begründung des Rechtsausschusses zu § 32a, S. 46.
[5] *BGH*, Urt. v. 21.6.2001 – I ZR 245/98, MDR 2002, 349 m. Anm. *Schricker*.
[6] So *LG Hamburg*, Urt. v. 18.4.2008 – 308 O 452/07, ZUM 2008, 608.
[7] So etwa *LG München I*, Urt. v. 10.11.2005 – 7 O 24552/04, ZUM 2006, 73.

3. § 31a UrhG und die unbekannten Nutzungsarten

Literatur: *Berger*, Verträge über unbekannte Nutzungsarten nach dem „Zweiten Korb", GRUR 2005, 907; *Breinersdorfer*, Thesen zum Problem der Behandlung unbekannter Nutzungsarten für urheberrechtlich geschützte Werke aus Sicht von Autoren und Produzenten, ZUM 2007, 700; *Diesbach*, Unbekannte Nutzungsarten beim Altfilmen: Der BGH gegen den Rest der Welt?, ZUM 2011, 623; *Donhauser*, Der Begriff der unbekannten Nutzungsart gemäß § 31 Abs. 4 UrhG, Baden-Baden 2001; *Ehmann/Fischer*, Zweitverwertung rechtswissenschaftlicher Texte im Internet, GRUR Int. 2008, 284; *Esser-Wellie/Hufnagel*, Multimedia & Telekommunikation, AfP 1997, 786; *Fitzek*, Die unbekannte Nutzungsart, Berlin 2000; *Freitag*, Neue Kommunikationsformen im Internet, Markenartikel 1995, 514; *Frey/Rudolph*, Verfügungen über unbekannte Nutzungsarten: Anmerkungen zum Regierungsentwurf des Zweiten Korbs, ZUM 2007, 13; *Frohne*, Filmverwertung im Internet und deren vertragliche Gestaltung, ZUM 2000, 810; *Freiherr von Gamm*, Urheber- und urhebervertragsrechtliche Probleme des „digitalen Fernsehens, ZUM 1994, 591; *Hoeren*, Multimedia als noch nicht bekannte Nutzungsart, CR 1995, 710; *Hucko*, Die unbekannten Nutzungsarten und die Öffnung der Archive nach dem „Zweiten Korb", Medien und Recht Int. 2007, 141; *Jänich/Eichelberger*, Die Verwertung von Musikaufnahmen in dezentralen Computernetzwerken als eigenständige Nutzungsart des Urheberrechts?, MMR 2008, 576; *Klöhn*, Unbekannte Nutzungsarten nach dem „Zweiten Korb" der Urheberechtsreform, K&R 2008, 77; *Kreile*, Neue Nutzungsarten – Neue Organisation der Rechteverwaltung? – Zur Neuregelung des § 31 Abs. 4 UrhG, ZUM 2007, 682; *Lettl*, Urheberrecht, München 2008, § 5, Rz. 34; *Lichtenberger/Stockinger*, Klingeltöne und die Begehrlichkeit der Musikverlage. Die EMI-Entscheidung und ihre Relevanz für den österreichischen Markt, Medien und Recht 2002, 95; *Loewenheim*, Die Verwertung alter Spielfilme auf DVD – eine noch nicht bekannte Nutzungsart nach § 31 IV UrhG?, GRUR 2004, 36; *Reber*, Die Substituierbarkeit von Nutzungsformen im Hinblick auf § 31 Abs. 4 und 5 UrhG, ZUM 1998, 481; *Schulze*, Die Einräumung unbekannter Nutzungsrechte nach neuem Urheberrecht, UFITA 2007, 641; *Schwarz*, Klassische Nutzungsrechte und Lizenzvergabe bzw. Rückbehalt von „Internet-Rechten", ZUM 2000, 816; *Spindler*, Reform des Urheberrechts im „Zweiten Korb", NJW 2008, 9; *Stieper/Frank*, DVD als neue Nutzungsart, MMR 2000, 643; *Wandtke/Schäfer*, Music on Demand – Neue Nutzungsart im Internet, GRUR Int. 2000, 187.

Immer wieder taucht im Internetbereich die Frage auf, ob ein Produzent unter Berufung auf Altverträge vorbestehende Werke benutzen kann. Hier setzte § 31 Abs. 4 UrhG a.F. klare Grenzen, wonach die Einräumung von Nutzungsrechten für bei Vertragsschluss unbekannte Nutzungsarten ausgeschlossen war.

a) Einführung

Möchte ein Provider bestehende Werke in seine Homepage integrieren, benötigt er je nach betroffenem Verwertungsrecht die Zustimmung des Urhebers. Problematisch waren bisher die Fälle, in denen der Urheber dem Hersteller bereits ein ausschließliches Nutzungsrecht eingeräumt hatte und der Hersteller erst nachträglich eine Nutzung in einer anderen Nutzungsart vornahm. Fraglich war dann, ob der Hersteller unter Berufung auf das ausschließliche Nutzungsrecht nachträglich Werke einer Zweitverwertung zuführen konnte. Dies war problematisch, sofern es sich um eine neue, noch nicht bekannte Nutzungsart i.S.d. § 31 Abs. 4 UrhG a.F. handelte. Kam diese Vorschrift zur Anwendung, war dem Produzenten die Berufung auf Altverträge versagt. Er musste stattdessen mit den Lizenzgebern nachverhandeln, um die für die Verwendung im Rahmen der neuen Nutzungsart erforderlichen Rechte zu erwerben. Dies konnte zu erheblichen logistischen Schwierigkeiten führen, da die Rechteinhaber unter Umständen nicht mehr auffindbar waren. Darüber hinaus bestand die Möglichkeit, dass der eine oder andere Lizenzgeber gerade angesichts der Internet-Euphorie reiche Beute witterte und die Rechte nur gegen hohe Nachzahlungen einräumen wollte.

b) Unbekannte Nutzungsarten und der „Zweite Korb"

Im Rahmen der Novellierung im **Zweiten Korb** wurde § 31 Abs. 4 UrhG abgeschafft. An dessen Stelle trat § 31a UrhG. Hiernach kann der Urheber durch schriftlichen Vertrag Rechte für unbekannte Nutzungsarten einräumen oder sich dazu verpflichten. Um den Anforderungen für eine wirksame Einräumung gerecht zu werden, muss die Vereinbarung über die Übertragung von Nutzungsrechten aber bereits erkennen lassen, dass die Vertragspartner mit der Festlegung der Pauschalvergütung, auch die Nutzungsrechte für unbekannte Nutzungsarten mit abgelten wollen.[1] Der Schriftform bedarf es nicht, wenn der Urheber unentgeltlich ein einfaches Nutzungsrecht für jedermann einräumt, so etwa bei Open-Source-Software und sonstigem vergleichbaren Open-Content.[2] Der Urheber kann ferner die Rechtseinräumung bzw. die Verpflichtung widerrufen, solange der andere noch nicht begonnen hat, das Werk in der neuen Nutzungsart zu nutzen. Die Frist zum Widerruf beträgt drei Monate und beginnt, sobald der andere die Mitteilung über die beabsichtigte Aufnahme der neuen Nutzungsart an den Urheber unter der ihm zuletzt bekannten Adresse abgesendet hat (§ 31a Abs. 1 Satz 3 UrhG). Den Vertragspartner des Urhebers trifft damit eine Mitteilungspflicht. Unterlässt er es, dem Urheber die Aufnahme der neuen Nutzungsart mitzuteilen, beginnt auch die Drei-Monats-Frist nicht. Der Urheber kann dann jederzeit widerrufen.[3] Wenn der Vertragspartner eine neue Art der Werknutzung aufnimmt, die im Zeitpunkt des Vertragsschlusses vereinbart, aber noch unbekannt war, hat der Urheber kompensatorisch Anspruch auf eine gesonderte angemessene Vergütung (§ 32c Abs. 1 UrhG). Der Vertragspartner hat den Urheber gem. § 32c Abs. 1 UrhG unverzüglich über die Aufnahme der neuen Art der Werknutzung zu unterrichten. Dadurch wird gewährleistet, dass der Urheber seinen Anspruch auf eine gesonderte angemessene Vergütung auch tatsächlich geltend machen kann.[4] Bei Einigung auf eine solche Vergütung entfällt das nicht-

---

1 *BGH*, Urt. v. 28.10.2010 – I ZR 85/09, ZUM 2011, 498. Dazu kritische Anm. *Diesbach*, ZUM 2011, 623.
2 *Lettl*, § 5 Rz. 38.
3 *Schulze*, UFITA 2007, 641, 664.
4 *Hucko*, Medien und Recht Int. 2007, 141, 142.

dispositive Widerrufsrecht (§ 31a Abs. 2 UrhG). Das Widerrufsrecht entfällt außerdem mit dem Tod des Urhebers (§ 31a Abs. 2 Satz 3 UrhG). Ungeklärt ist noch, welcher Anwendungsbereich dann für § 31 Abs. 5 UrhG bleibt. Die Verfassungsbeschwerde zweier Filmurheber gegen die Novelle des Urheberrechtsgesetzes vom 1. Januar 2008 ist nach Ansicht des BVerfG[1] unzulässig. Werde, wie hier, eine von §§ 31a, 32c, 88, 89, 137l UrhG sowie von § 31 Abs. 4 UrhG a.F. ausgehende Verletzung von Grundrechten gerügt, so müsse eine durch die angegriffene Norm gegenwärtige und unmittelbare Verletzung ausreichend substantiiert geltend gemacht werden. Der Umstand allein, bei mehreren Filmproduktionen unter anderem als Regisseur bzw. Drehbuchautor tätig gewesen zu sein, impliziere keine konkrete Betroffenheit. Ein Rechtsschutzinteresse in Bezug auf eine gegenwärtige Betroffenheit sei auch nicht schon deswegen zu bejahen, weil durch die Gesetzesnovelle eine potentielle Betroffenheit bestehen könnte, etwa wenn ein Filmproduzent die Internet-Verwertung eines in den frühen 90er Jahren geschaffenen Werkes aufnehme.

c) Übergangsregelung des § 137l UrhG

In § 137l Abs. 1 UrhG ist nun geregelt, dass bei Verträgen, die zwischen dem 1. Januar 1966 und dem 1. Januar 2008 geschlossen wurden und deren Inhalt die Einräumung eines ausschließlichen sowie räumlich und zeitlich unbegrenzten Nutzungsrechts ist, die Nutzungsrechte für zum Zeitpunkt des Vertragsschlusses unbekannte Nutzungsarten ebenfalls als eingeräumt gelten. Dies gilt jedoch nur, sofern der Urheber der Nutzung nicht fristgerecht widerspricht. Für die Bestimmung der Widerspruchsfrist bedarf es jedoch einer Unterscheidung. Für neue Nutzungsarten, die bis zum 1. Januar 2008 bekannt geworden sind, gilt eine Widerspruchsfrist von einem Jahr seit Inkrafttreten des § 137l UrhG (§ 137l Abs. 1 Satz 2 UrhG).[2] Der Widerspruch gegen die Nutzung in solchen Nutzungsarten, die nach dem 1. Januar 2008 bekannt geworden sind, muss innerhalb von drei Monaten, nachdem der Vertragspartner die Mitteilung über die beabsichtigte Aufnahme der neuen Nutzungsart an den Urheber unter der ihm zuletzt bekannten Anschrift abgesendet hat (§ 137l Abs. 1 Satz 2 UrhG), erfolgen. Diese Frist entspricht der in § 31a Abs. 1 UrhG normierten Widerspruchsfrist.[3]

Die Fiktion gem. § 137l Abs. 1 UrhG bezieht sich nur auf die Übertragung von Nutzungsrechten, die im Zeitpunkt des Vertragsschlusses noch unbekannt waren. Sie gilt selbstverständlich nicht für solche Nutzungsrechte, die bei Vertragsschluss bereits bekannt waren, dem Vertragspartner durch den Ur-

---
1 *BVerfG*, Beschl. v. 24.11.2009 – 1 BvR 213/08, MMR 2010, 188.
2 Vgl. *Schulze*, UFITA 2007, 641, 700.
3 Kritisch zur Neuregelung u.a. *Klickermann*, MMR 2007, 221; *Schulze*, UFITA 2007, 641.

heber jedoch nicht eingeräumt wurden. Solche Nutzungsrechte müssen gesondert vom Urheber erworben werden.[1]

4. Die Rechtsstellung des angestellten Webdesigners

Literatur: *Däubler-Gmelin,* Zur Notwendigkeit eines Urhebervertragsgesetzes, GRUR 2000, 764; *Fuchs,* Der Arbeitnehmerurheber im System des § 43 UrhG, GRUR 2006, 561; *Grobys/Foerstl,* Die Auswirkungen der Urheberrechtsreform auf Arbeitsverträge, NZA 2002, 1015; *Lejeune,* Neues Arbeitnehmerurheberrecht, ITRB 2002, 145; *Naumann,* Die arbeitnehmerähnliche Person in Fernsehunternehmen, in: Dörr/Fink (Hrsg.), Studien zum deutschen und europäischen Medienrecht Bd. 26, Frankfurt 2007; *von Olenhusen,* Film und Fernsehen. Arbeitsrecht – Tarifrecht – Vertragsrecht, Baden-Baden 2001; *Ory,* Rechtspolitische Anmerkungen zum Urhebervertragsrecht, ZUM 2001, 195; *Ory,* Das neue Urhebervertragsrecht, AfP 2002, 93; *Ory,* Erste Entscheidungen zur angemessenen und redlichen Vergütung nach § 32 UrhG, AfP 2006, 9; *Schricker,* Zum neuen deutschen Urhebervertragsrecht, GRUR Int. 2002, 797; *von Vogel,* Der Arbeitnehmer als Urheber, NJW-Spezial 2007, 177.

Die kontinentaleuropäische Urheberrechtstradition hat zahlreiche Probleme mit der Entwicklung von Werken im Beschäftigungsverhältnis.[2] Seit der französischen Revolution wird es als **unveräußerliches Menschenrecht** betrachtet, seine Kreativität in originellen Werken auszudrücken. Deshalb wird der Schöpfer eines Werkes als Inhaber aller Rechte angesehen, selbst wenn er von einem Arbeitgeber mit der Entwicklung dieses Werkes beauftragt worden ist (vgl. § 29 UrhG). Darüber hinaus lässt das deutsche Urheberrecht juristische Personen als Inhaber von Urheberrechten nicht zu.

Folglich wird der **Arbeitnehmer als Urheber** qualifiziert; vertragliche Beschränkungen dieses Prinzips sind ungültig. Der Arbeitgeber erwirbt kein Urheberrecht an einem digitalen Produkt, selbst wenn er seinen Arbeitnehmer zur Entwicklung solcher Produkte beschäftigt.[3]

Allerdings kann sich der Arbeitgeber ausschließliche oder einfache Nutzungsrechte an dem Produkt vertraglich ausbedingen. Selbst wenn er dies im Arbeitsvertrag nicht tut, sollen ihm diejenigen Rechte zukommen, die nach dem Zweck des Arbeitsvertrages erforderlich sind (§ 31 Abs. 5 i.V.m. § 43 UrhG).[4] Die Anwendung dieses sog. **Zweckübertragungsprinzips** macht allerdings Schwierigkeiten.

---

1 Vgl. *Schulze,* UFITA 2007, 641, 692.
2 *Vivant,* Copyrightability of Computer Programs in Europe, in: A.P. Meijboom/C.Prins, The Law of Information Technology in Europe 1992, Deventer 1991, 103, 110.
3 Vgl. zu diesem Themenkreis allgemein *Holländer,* Arbeitnehmerrechte an Software, Bayreuth 1991; *Scholz,* Die Rechtsstellung des Computerprogramme erstellenden Arbeitnehmers nach Urheberrecht, Patentrecht und Arbeitnehmererfindungsrecht, Köln 1989.
4 *BAG,* Urt. v. 13.9.1983 – 3 AZR 371/81, MDR 1984, 521 = GRUR 1984, 429; *BGH,* Urt. v. 22.2.1974 – I ZR 128/72, GRUR 1974, 480. Siehe auch *Buchner,* Der Schutz von Computerprogrammen im Arbeitsverhältnis, in: Michael Lehmann (Hrsg.),

Inmitten der verschiedenen diskutierten Ansichten hat sich eine Art „Opinio Comunis" in folgender Hinsicht entwickelt:[1]

Wenn ein Arbeitnehmer hauptsächlich – aufgrund **von allgemeinen Vorgaben im Arbeitsvertrag oder nach Einzelweisung** – mit der Entwicklung eines Werkes betraut worden ist, hat der Arbeitgeber einen Anspruch auf Übertragung einer ausschließlichen Lizenz, um die Leistungen kommerziell ausnutzen zu können.[2] Ein Arbeitnehmer, der Werke zwar nicht hauptsächlich, aber **nebenbei im Rahmen seines Beschäftigungsverhältnisses** entwickelt, muss dem Arbeitgeber ein einfaches Nutzungsrecht gewähren, damit dieser die Werke in seinem Geschäftsbetrieb einsetzen kann.[3] Zweifelhaft bleibt jedoch, ob dem Arbeitgeber in dieser Konstellation auch ein ausschließliches Nutzungsrecht zukommen soll.[4] Im Übrigen kann unter normalen Umständen nicht davon ausgegangen werden, dass ein Landesbediensteter, der in Erfüllung seiner Dienstpflichten ein urheberrechtlich geschütztes Werk geschaffen und seinem Dienstherrn hieran ein ausschließliches Nutzungsrecht eingeräumt hat, damit seine stillschweigende Zustimmung gegeben hat, dass der Dienstherr anderen Bundesländern zur Erfüllung der ihnen obliegenden oder übertragenen Aufgaben Unterlizenzen gewährt oder das Nutzungsrecht auf sie weiterüberträgt.[5]

Ein Arbeitnehmer darf Werke frei nutzen und verwerten, die er **außerhalb der Arbeitszeit** entwickelt hat. Es wurde bislang aber diskutiert, ob nicht bestimmte Vorschriften des Patentrechts in einem solchen Fall analog angewandt werden können.[6] Streitig ist insbesondere, ob der Arbeitnehmer den Arbeitgeber unter bestimmten Voraussetzungen über sein Werk informieren und ihm die Rechte daran zu angemessenen Bedingungen anbieten muss (§ 19 des Arbeitnehmererfindungsgesetzes[7] analog).[8]

Rechtsschutz und Verwertung von Computerprogrammen, Köln 1988, XI, 266; *Holländer*, Arbeitnehmerrechte an Software, Bayreuth 1991, 122 m.w.N.

1 Vgl. aus der reichen Literatur zu diesem Thema *Koch*, Urheberrechte an Computer-Programmen sichern, Planegg 1986; *Koch*, CR 1985, 86 (I), 1985, 146 (II); *Kolle*, GRUR 1985, 1016; *Sundermann*, GRUR 1988, 350; *Zahrnt*, DV-Verträge: Rechtsfragen und Rechtsprechung, Hallbergmoos 1993, Kapitel 11.
2 Vgl. *OLG Karlsruhe*, Urt. v. 27.5.1987 – 6 U 9/87, CR 1987, 763; *OLG Karlsruhe*, Urt. v. 9.2.1983 – 6 U 150/81, BB 1983, 992; *LAG München*, Urt. v. 16.5.1986 – 4 Sa 28/86, CR 1987, 509; *OLG Koblenz*, Urt. v. 13.8.1981 – 6 U 294/80, BB 1983, 994.
3 *BGH*, Urt. v. 9.5.1985 – I ZR 52/83, MDR 1986, 121 = CR 1985, 22.
4 *Koch*, CR 1985, 89.
5 *BGH*, Urt. v. 12.5.2010 – I ZR 209/07, GesR 2010, 478 = MDR 2011, 179 = GRUR 2011, 59.
6 *Buchmüller*, Urheberrecht und Computersoftware, Münster 1985, 99; *Henkel*, BB 1987, 836.
7 Gesetz über Arbeitnehmererfindungen vom 25.7.1957, BGBl. 1957 I, 756. Vgl. hierzu *Junker*, Computerrecht, Baden-Baden 1988, 238.
8 Vgl. *Buchmüller*, Urheberrecht und Computersoftware, Münster 1985, 98; *Däubler*, AuR 1985, 169; *Kolle*, GRUR 1985, 1016.

Der Arbeitgeber hat keine Rechte an Werken, die **vor Beginn des Arbeitsverhältnisses** oder nach Beendigung des Arbeitsverhältnisses entwickelt worden sind.[1] Ein Urheber darf jedoch auch nicht die Entwicklung eines Werkes stoppen, um sein Beschäftigungsverhältnis zu lösen und dann das Werk später für sich selbst auszunutzen; tut er dies, hat der Arbeitgeber das Recht auf eine ausschließliche Lizenz, obwohl das Werk unabhängig vom Beschäftigungsverhältnis zu Ende entwickelt worden ist.[2] Der Arbeitnehmer hat – anders als im Patentrecht – **keinen Anspruch auf Entgelt** für die Nutzung und Verwertung seiner Werke durch den Arbeitgeber, da er bereits durch seinen Lohn für die Entwicklung des Programms bezahlt worden ist.[3] Es wird allerdings zum Teil in Literatur und Rechtsprechung überlegt, dem Arbeitnehmer eine Sonderbelohnung zu gewähren, wenn dessen Lohn außerordentlich disproportional zum ökonomischen Erfolg seiner Software war („**Sonderleistungstheorie**").[4]

Unklar ist zurzeit leider, ob der Anspruch auf eine **angemessene vertragliche Vergütung** auch **innerhalb von Arbeits- und Dienstverhältnissen** zur Anwendung kommt. Ein Entwurf sah für § 43 UrhG einen neuen Absatz 3 vor, wonach § 32 UrhG ausdrücklich auch innerhalb von Arbeits- und Dienstverhältnissen gelten sollte. Nach Beratungen im Rechtsausschuss des Deutschen Bundestages wurde dieser Absatz wieder aus dem Gesetzesentwurf entfernt.

In der rechtswissenschaftlichen Literatur wird seitdem darum gestritten, ob damit die Anwendung des § 32 UrhG zugunsten von Urhebern in Arbeits- und Dienstverhältnissen generell ausscheidet.[5] Denn trotz Entnahme der eindeutigen Regelung aus dem Entwurf verweist § 43 UrhG, die maßgebliche Vorschrift für Urheber in Arbeits- und Dienstverhältnissen, auf die Vorschriften des Unterabschnitts „Nutzungsrecht" (§§ 31–44 UrhG) und damit auch auf § 32 UrhG. Im Übrigen führt die Begründung des Rechtsausschusses aus, dass die von Rechtsprechung und Lehre entwickelten Grundsätze für Urheber in Arbeits- und Dienstverhältnissen unberührt bleiben.[6] Nach diesen Grundsätzen wurden zusätzliche Vergütungen urheberrechtlicher Leistungen stets abgelehnt. Ferner weist die Begründung darauf hin, dass die im ursprünglichen Vorschlag vorgesehene Regelung des Abs. 3 sich nun in § 32 Abs. 4 UrhG wiederfinde.[7] Dieser Absatz bestimmt, dass der Urheber dann keinen

---

1 *BGH*, Urt. v. 10.5.1984 – I ZR 85/82, MDR 1985, 120 = GRUR 1985, 129; *LAG München*, RDV 1987, 145.
2 *BGH*, Urt. v. 21.10.1980 – X ZR 56/78, NJW 1981, 345.
3 So ausdrücklich *BGH*, 24.10.2000 – X ZR 72/98, CR 2001, 223 = MMR 2001, 310 m. krit. Anm. *Hoeren* – Wetterführungspläne I. Wiederholt durch den *BGH*, Urt. v. 23.10.2001 – X ZR 72/98, CR 2001, 223 = MMR 2002, 99 m. Anm. *Rinkler* – Wetterführungspläne II.
4 *BAG*, Urt. v. 30.4.1965 – 3 AZR 291/63, GRUR 1966, 88. Teilweise wird auch auf § 36 UrhG rekurriert; vgl. *Vinck*, in: Fromm/Nordemann, Urheberrecht, 8. Aufl., § 36 Rz. 4; *Buchner*, GRUR 1985, 1.
5 Für eine Anwendung des § 32 UrhG z.B. *Grobys/Foerstl*, NZA 2002, 1016; *Lejeune*, ITRB 2002, 146; dagegen *Däubler-Gmelin*, GRUR 2000, 765; *Ory*, AfP 2002, 95.
6 Begründung zu § 43, S. 51.
7 Begründung zu § 43, S. 51.

Anspruch auf angemessene Erhöhung seiner vertraglichen Vergütung hat, wenn die Vergütung für die Nutzung von Werken bereits tarifvertraglich bestimmt ist. Der Hinweis auf das Tarifvertragsrecht scheint auf den ersten Blick eine Geltung des § 32 UrhG für Arbeits- und Dienstverhältnisse nahe zu legen. Dieser Schluss ist allerdings nicht zwangläufig, da das Tarifvertragsrecht unter bestimmten Voraussetzungen (§ 12a TVG) auch für Freischaffende gilt. § 32 Abs. 4 UrhG könnte daher in seiner Anwendung auf diese Personengruppe beschränkt sein. Dies würde sich auch mit der Intention des Gesetzgebers decken, nämlich die Rechtsstellung der freischaffenden Urheber verbessern zu wollen. Die Klärung dieser Streitfrage bleibt den Gerichten überlassen.[1]

Wird die Ansicht zugrunde gelegt, nach der § 32 UrhG auch innerhalb von Arbeits- und Dienstverhältnissen anzuwenden ist, hat dies folgende Konsequenzen: Da die §§ 43 ff. UrhG klarstellen, dass die Vorschriften der §§ 31 ff. UrhG nur zur Anwendung kommen, soweit sich aus dem Arbeits- und Dienstverhältnis nichts anderes ergibt, kommt eine zusätzliche Vergütung urheberrechtlicher Leistungen nur in Ausnahmefällen in Betracht. Denn die Erstellung urheberrechtlicher Leistungen gehört häufig zu den Dienstpflichten des Personals und ist daher, soweit die Nutzung der Werke sich im Rahmen dessen hält, was nach der Ausgestaltung des Dienstverhältnisses zu erwarten war, bereits durch das Gehalt abgegolten. Nur wenn der erbrachten urheberrechtlichen Leistung im Wirtschaftsverkehr ein besonders hoher, weit über den Gehaltsanspruch hinausgehender Wert zukommt, könnte im Einzelfall anderes gelten. Erfolgt eine Nutzung des Werkes außerhalb dessen, was nach der Ausgestaltung des Arbeits- oder Dienstverhältnisses geschuldet und zu erwarten war, könnte der Bedienstete die Aufnahme einer Klausel in seinen Arbeits-/Dienstvertrag verlangen, die ihm eine angemessene Vergütung für die Verwertung seiner urheberrechtlichen Leistung gewährt.

Die **unveräußerlichen Urheberpersönlichkeitsrechte** bleiben immer beim Arbeitnehmer. Diese Rechte beinhalten vor allem das Recht, als Autor benannt zu werden und das Recht, das Werk zu bearbeiten (§ 39 UrhG); hinzu kommen weitere Nebenrechte (Recht auf Zugang zu Werkstücken gem. § 25 UrhG; Rückrufsrechte gem. §§ 41 f. UrhG u.a.). Diese Rechtslage ist sehr unvorteilhaft für den Arbeitgeber – besonders im Vergleich zum angloamerikanischen Urheberrechtssystem, in dem der Arbeitgeber als Urheber des entwickelten Produktes gilt. Allerdings wird in der Literatur ein vertraglicher Verzicht auf die Ausübung dieser Persönlichkeitsrechte für möglich erachtet.[2]

Für den **Softwarebereich** gelten – infolge der Europäischen Softwareschutzrichtlinie – Sonderregelungen. In § 69b Abs. 1 UrhG beschäftigt sich das Gesetz mit dem Urheberrecht in Beschäftigungsverhältnissen. Wenn ein Com-

---
1 Vgl. Zum Thema insbes. *von Vogel*, NJW-Spezial 2007, 177.
2 *Schricker*, FS Hubmann, 1985, S. 409; *Seetzen*, Der Verzicht im Immaterialgüterrecht, München 1969, 49.

puterprogramm von einem Arbeitnehmer in der Ausführung seiner arbeitsvertraglichen Pflichten oder gemäß den Instruktionen seines Arbeitgebers entwickelt worden ist, sollen dem Arbeitgeber ausschließlich alle wirtschaftlich relevanten Rechte zustehen, es sei denn, der Vertrag sieht etwas anders vor. Diese Regelung erstreckt sich auch auf Dienstverhältnisse der öffentlichen Hand (§ 69b Abs. 2 UrhG).[1] Für Auftragsverhältnisse kommt die Regelung jedoch nicht zur Anwendung; insofern kommt es künftig auf die (schwierige) Abgrenzung von Auftrag und Arbeitsvertrag entscheidend an.

Die Regelung des § 69b UrhG führte zu einem wichtigen Wechsel im deutschen Urheberrecht:[2] Der Arbeitgeber bekommt alle wirtschaftlichen Rechte, selbst wenn sein Arbeitnehmer nicht als Vollzeit-Softwareentwickler beschäftigt wird.[3] Dies gilt auch für den Fall, dass der Arbeitgeber seinen Arbeitnehmer zur Erstellung eines Computerprogramms von sonstigen Tätigkeiten sowie der betrieblichen Anwesenheitspflicht freigestellt und der Arbeitnehmer die Entwicklung der Software überwiegend außerhalb der regulären Arbeitszeit vorangetrieben hat.[4] Zusätzlich braucht der Arbeitgeber seine Rechte nicht mehr einzuklagen, falls sich der Arbeitnehmer diesbezüglich weigert; stattdessen wird er Inhaber der Rechte, selbst im Falle einer Verweigerung durch den Arbeitnehmer. Kraft Gesetzes sind dem Arbeitgeber – wie es in der Gesetzesbegründung zu § 69b UrhG heißt – „die vermögensrechtlichen Befugnisse (...) vollständig zuzuordnen".[5] Auch ist eine Vergütung abseits des Arbeitslohns im Rahmen von § 69b UrhG grundsätzlich ausgeschlossen.[6] Denkbar bleibt jedoch eine Beteiligung an den Erlösen des Arbeitgebers nach Maßgabe des sog. Bestsellerparagraphen (§ 32a UrhG).[7]

Der Begriff **„wirtschaftliche Rechte"** beinhaltet nicht die Urheberpersönlichkeitsrechte. Diese ideellen Rechte wollen weder die EG-Richtlinie noch der Gesetzesentwurf regeln;[8] es bleibt insofern beim alten Recht. Deshalb darf der Urheber eines Programms selbst in Beschäftigungsverhältnissen folgende Rechte wahrnehmen:

– das Recht darüber zu entscheiden, ob und wo das Werk veröffentlicht oder verbreitet wird,

---

[1] Vgl. zu dem schwierigen Problem des Urheberrechts an Hochschulen, das trotz § 69b Abs. 2 UrhG einer Lösung harrt, *Hubmann/Preuss*, Mitteilungen des Hochschulverbandes 1986, 31; *von Loeper*, WissR 1986, 133.
[2] Vgl. hierzu ausführlich *Sack*, BB 1991, 2165.
[3] Dies gilt auch dann, wenn das Programm ohne konkreten Auftrag während der Arbeitszeit entwickelt worden ist, vgl. *KG*, Beschl. v. 28.1.1997 – 5 W 6232/96, CR 1997, 612.
[4] *OLG Köln*, Urt. v. 25.2.2005 – 6 U 132/04, CR 2005, 557 = GRUR 2005, 863.
[5] BT-Drs. 12/4022, 10.
[6] *BGH*, Urt. v. 24.10.2000 – I ZR 72/98, ZUM 2001, 161; ähnlich *BGH*, Urt. v. 23.10.2001 – X ZR 72/98, CR 2001, 223 = MMR 2002, 99 m. Anm. *Rinkler* – Wetterführungspläne II.
[7] *BGH*, Urt. v. 23.10.2001 – X ZR 72/98, CR 2001, 223 = MMR 2002, 99 m. Anm. *Rinkler* – Wetterführungspläne II.
[8] BT-Drs. 12/4022, 10.

– das Recht, als Autor genannt zu werden, und besonders
– das Recht, Änderungen des Werkes als entstellend abzulehnen.

Diese Rechte sind unveräußerlich und können auch nicht im Rahmen von Arbeitsverträgen übertragen werden. Zu der Frage, ob ein Verzicht hinsichtlich der Ausübung dieser Rechte möglich ist, steht eine gefestigte Rechtsprechung noch aus.[1] Nach Ansicht des *OLG Hamburg* ist ein Verzicht auf Urheberpersönlichkeitsrechte aber ausschließlich im Einzelfall möglich; eine vorherige Verzichtserklärung in Allgemeinen Geschäftsbedingungen ausnahmslos unwirksam.[2]

5. Nutzungsrechtsverträge in der Insolvenz

Literatur: *Berger*, Softwarelizenzen in der Insolvenz des Softwarehauses – Die Ansätze des IX. Zivilsenates für insolvenzfeste Softwarelizenzen als Wegbereiter einer neuen dogmatischen Betrachtung, CR 2006, 505; *Breidenbach*, Computersoftware in der Zwangsvollstreckung, CR 1989, 873, 971 und 1074; *Dieselhorst*, Zur Dinglichkeit und Insolvenzfestigkeit einfacher Lizezen, CR 2010, 69; *Hubmann*, Zwangsvollstreckung in Persönlichkeits- und Immaterialgüterrechte, Festschrift für Heinrich Lehmann 1956, 812; *Paulus*, Software in Vollstreckung und Insolvenz, ZIP 1996, 2; *Plath*, Pfandrechte an Software – Ein Konzept zur Lösung des Insolvenzproblems?, CR 2006, 217; *Roy/Palm*, Zur Problematik der Zwangsvollstreckung in Computer, NJW 1995, 690; *Weber*, Das Schicksal der Softwarelizenz in der Lizenzkette, NZI 2011, 432.

Besondere Schwierigkeiten ergeben sich bei der Frage der **Verwertbarkeit von urheberrechtlich geschützten Inhalten in der Insolvenz**. Nutzungsrechte an Werken können nicht ohne Zustimmung der beteiligten Urheber an einen Kreditgeber zur Kreditsicherung übertragen werden. Hier gilt das (dispositive) Zustimmungserfordernis der §§ 34 Abs. 1, 35 Abs. 1 UrhG. Ausnahmen gelten für den Filmbereich (siehe die Sonderregelung des § 90 Satz 1 UrhG). Das Zustimmungserfordernis des Urhebers entfällt auch dann, wenn das gesamte Unternehmen Gegenstand einer Rechtsübertragung ist, d.h. sämtliche dazugehörende Rechte und Einzelgegenstände übertragen werden (§ 34 Abs. 3 UrhG).[3]

In diesem Zusammenhang stellt sich die Frage, was im Falle der Insolvenz eines Lizenznehmers mit dem ihm vom Urheber eingeräumten ausschließlichen Nutzungsrecht geschieht und inwiefern sich die Insolvenz auf einfache Nutzungsrechte, die der Lizenznehmer seinen Kunden (Sublizenznehmern) eingeräumt hat, auswirkt. Hat der Urheber dem insolventen Lizenznehmer ein ausschließliches Nutzungsrecht an einem Werk gemäß § 31 Abs. 3 UrhG eingeräumt, so steht ihm gemäß § 41 UrhG das Recht zu, dieses Nutzungsrecht wegen Nichtausübung oder nicht unerheblicher unzureichender Aus-

---

[1] Vgl. hierzu *Hertin*, in: Fromm/Nordemann, Rz. 3 m.w.N.
[2] *OLG Hamburg*, Urt. v. 1.6.2011 – 5 U 113/09.
[3] Vgl. auch *RG*, Urt. v. 17.1.1908 – VII 197/07, RGZ 68, 49; *RG*, Urt. v. 2.4.1919 – I 221/18, RGZ 95, 235; *OLG Köln*, Urt. v. 3.3.1950 – 4 U 317/49, GRUR 1950, 579.

übung zurückzurufen. Derartige Umstände liegen im Falle der Insolvenz des Lizenzgebers vor. Im Verhältnis zwischen Urheber und Lizenznehmer erlischt nun nach dem Rückruf von Seiten des Urhebers das ausschließliche Nutzungsrecht und fällt an den Urheber zurück. Zu klären gilt es allerdings, was mit den einfachen Nutzungsrechten geschieht, die der Lizenznehmer in seiner Funktion als Lizenzgeber seinen Kunden (Sublizenznehmern) eingeräumt hat. In der Rechtsprechung wird bezüglich des Rückrufs einer Lizenz vertreten, dass der Lizenzgeber im Falle der Insolvenz des Lizenznehmers nicht berechtigt sein soll, einfache Nutzungsrechte gegenüber Kunden des Lizenznehmers gemäß § 41 UrhG zurückzurufen. Dies lasse sich zunächst aus dem Umstand entnehmen, dass § 41 UrhG nur den Rückruf des ausschließlichen Nutzungsrechts regelt und damit nur das Vertragsverhältnis Lizenzgeber – Lizenznehmer betreffe, nicht aber ein Verhältnis zu Dritten. Demnach wirke sich das Erlöschen des Verpflichtungsgeschäfts zwischen Urheber und dem Lizenznehmer nicht auf die vertraglichen Vereinbarungen zwischen dem Lizenznehmer und seinen Kunden aus. Des Weiteren stützt sich diese Ansicht vor allem auf die Schutzwürdigkeit des Sublizenznehmers. Der *BGH*[1] entschied nun, dass der Sublizenznehmer die Ursachen für die außerordentliche Auflösung des zwischen dem Urheber und dem Lizenznehmer geschlossenen Vertrags und die vorzeitige Beendigung des früheren Nutzungsrechts regelmäßig weder beeinflussen noch vorhersehen kann. Es sei demnach unbillig, wenn er aufgrund derartiger Umstände sein Nutzungsrecht verliere und unter Umständen wirtschaftliche Nachteile erleide. Zudem haben sowohl das einfache Nutzungsrecht als auch das ausschließliche Nutzungsrecht dinglichen Charakter, was sie in ihrem Fortbestand unabhängig mache. Ein einfaches Nutzungsrecht versperre dem Urheber nicht eine anderweitige Nutzung und stehe daher einer Verwertung und einem Bekanntwerden des entsprechenden Werkes nicht entgegen.

Urheberrechtsverträge sind regelmäßig **nicht insolvenzfest**. Der *BGH* spricht in diesem Fall von „Lizenzverträgen" und ordnet sie dem Wahlrecht nach § 103 InsO zu. Lehnt der Insolvenzverwalter in Ausübung dieses Wahlrechts die Erfüllung des Vertrages ab, gestaltet sich das Vertragsverhältnis um und dem Vertragspartner steht nur noch ein Anspruch auf Schadenersatz wegen Nichterfüllung als einfache Insolvenzforderung zu. Er wird damit auf eine in der Regel sehr geringe Quote verwiesen. Ist ein Softwareerstellungsvertrag daher noch nicht beiderseitig erfüllt, kann insbesondere der Insolvenzverwalter die weitere Erfüllung ablehnen.[2] Das Bundeskabinett hatte daraufhin Ende August 2007 einen **Gesetzentwurf zur Änderung der Insolvenzordnung** beschlossen; dieser ist allerdings bis heute nicht in Kraft getreten.[3] Der Lizenz-

---

[1] *BGH*, Urt. v. 26.3.2009 – I ZR 153/06, MDR 2009, 1291 = CR 2009, 767 = GRUR, 2009, 946.
[2] *BGH*, Urt. v. 17.11.2005 – IX ZR 162/04, MDR 2006, 711 = MMR 2006, 386 = NJW 2006, 915. Siehe dazu auch *Witte*, ITRB 2006, 263; *Grützmacher*, CR 2006, 289; *Berger*, CR 2006, 505.
[3] Siehe dazu auch die Stellungnahme der GRUR, GRUR 2008, 138.

vertrag soll danach nicht dem Wahlrecht des Verwalters unterliegen; er behält im Insolvenzverfahren seine Gültigkeit. Die Masse hat nur die Nebenpflichten zu erfüllen, die für eine Nutzung des geschützten Rechts unumgänglich sind. Bei einem krassen Missverhältnis zwischen der vereinbarten und einer marktgerechten Vergütung soll der Verwalter eine Anpassung verlangen können. In diesem Fall soll der Lizenznehmer ein Recht zur außerordentlichen Kündigung haben. Mit dieser differenzierten Lösung würde dem zentralen Interesse des Lizenznehmers Rechnung getragen, auch nach Eröffnung des Insolvenzverfahrens ein ungestörtes Fortlaufen des Lizenzvertrages zu erreichen, ohne dadurch das Interesse der Insolvenzgläubiger an einer möglichst hohen Quote zu vernachlässigen.

Zu beachten ist ferner, dass eine Verwertung in der Insolvenz nicht zulässig ist, sofern zwangsvollstreckungsrechtliche Hindernisse einer Verwertung entgegenstehen (§§ 42, 43 Abs. 1 InsO). Das UrhG sieht allerdings eine Reihe **zwangsvollstreckungsrechtlicher Beschränkungen** vor. Zunächst ist zu beachten, dass das Urheberrecht als solches, die Verwertungsrechte sowie das Urheberpersönlichkeitsrecht mangels Übertragbarkeit nicht verwertbar sind (§ 29 UrhG). Eine Zwangsvollstreckung in Nutzungsrechte in Bezug auf unbekannte Nutzungsarten (§ 31a UrhG) ist ebenso ausgeschlossen. § 113 UrhG zieht hieraus die Konsequenz, dass die Zwangsvollstreckung wegen einer Geldforderung gegen den Urheber in dessen Urheberrecht nur mit der Einwilligung des Urhebers und nur insoweit zulässig ist, als er anderen Nutzungsrechte einräumen kann (§ 31 UrhG). Verwertbar sind daher nur einzelne Nutzungsrechte und Geldforderungen aus deren Verwertung (einschließlich der Einnahmen aus Vergütungen der Verwertungsgesellschaften), sofern der Urheber einwilligt. Die Einwilligung muss höchstpersönlich erteilt werden (§ 113 Satz 2 UrhG). Die Zustimmung des Insolvenzverwalters reicht nicht aus (§ 91 Abs. 1 InsO).

Diese Regeln gelten auch für einige Leistungsschutzberechtigte, insbesondere Lichtbildner (§ 118 i.V.m. § 72 UrhG), nicht jedoch für ausübende Künstler sowie Film- und Tonträgerhersteller.

Zu beachten sind auch die Schwierigkeiten bei der Bilanzierung urheberrechtlicher Schutzpositionen. Eine handelsrechtliche Aktivierung ist nur möglich, wenn das Urheberrecht als immaterieller Wert abstrakt und konkret aktivierungsfähig ist. Für die abstrakte Aktivierungsfähigkeit ist die selbständige Verwertbarkeit des Urheberrechts vonnöten. Das Urheberrecht ist jedoch in abstracto nicht veräußerbar (§ 29 Abs. 1 UrhG); aktivierbar ist daher nur die Möglichkeit, Nutzungsrechte im Rahmen von § 31 UrhG einzuräumen. Schwierigkeiten bereitet ferner § 248 Abs. 2 HGB, der eine Aktivierung immaterieller Vermögensgegenstände verbietet, die nicht entgeltlich erworben wurden. Damit sind selbsterstellte immaterielle Werte von der Aktivierung ausgeschlossen. Dies widerspricht dem Vollständigkeitsgebot des § 246 Abs. 1

HGB und den abweichenden Bestimmungen im IAS und US-GAAP-System.[1] Nach IAS 38.45 und SFAS 86/SOP 98-1 muss der Bilanzierende die Fähigkeit, Ressourcen und Absichten haben, ein marktreifes Produkt zu entwickeln; ferner muss ein entsprechender Markt für die externe Verwendung nachgewiesen werden. In der deutschen Diskussion[2] wird daher gefordert, § 248 Abs. 2 HGB aufzuheben und eine Aktivierung immaterieller Werte zuzulassen, sofern ein konkretes, abgrenz- und beschreibbares Projekt begonnen worden ist, dessen aktive Verfolgung sichergestellt und dessen Nutzen darstellbar ist. Zumindest soll eine Bilanzierung als Rechnungsabgrenzungsposten im Rahmen von § 250 Abs. 1 HGB zulässig sein, sofern bestimmte Ausgaben zeitlich eindeutig einem späteren Erfolg zugeordnet werden können.

X. Code as Code – Zum Schutz von und gegen Kopierschutzmechanismen

Literatur: *Arnold*, Rechtmäßige Anwendungsmöglichkeiten zur Umgehung von technischen Kopierschutzmaßnahmen?, MMR 2008, 144; *Arnold/Timmann*, Ist die Verletzung des § 95a Abs. 3 UrhG durch den Vertrieb von Umgehungsmitteln keine Urheberrechtsverletzung?, MMR 2008, 286; *Bär/Hoffmann*, Das Zugangskontrolldiensteschutz-Gesetz, MMR 2002, 654; *Bechtold*, Vom Urheber- zum Informationsrecht, München 2002; *Davies*, Copyright in the Information Society – Technical Devices to Control Private Copying, in: Ganea u.a. (Hrsg.), Urheberrecht. Gestern – Heute – Morgen. Festschrift für Adolf Dietz zum 65. Geburtstag, München 2001, 307; *Dressel/Scheffler* (Hrsg.), Rechtsschutz gegen Dienstepiraterie. Das ZKDSG in Recht und Praxis, München 2003; *Ernst*, Kopierschutz nach neuem UrhG, CR 2004, 39; *Fallenböck/Weitzer*, Digital Rights Management: A new Approach to Information and Content Management?, CRi 2003, 40; *Fränkl*, Digital Rights Management in der Praxis, 2005; *Gutmann*, Rechtliche Flankierung technischer Schuzmöglichkeiten, K&R 2003, 491; *Goldmann/Liepe*, Vertrieb von kopiergeschützten Audio-CDs in Deutschland. Urheberrechtliche, kaufrechtliche und wettbewerbsrechtliche Aspekte, ZUM 2002, 362; *Gottschalk*, Das Ende von „fair use" – Technische Schutzmaßnahmen im Urheberrecht der USA, MMR 2003, 148; *Holznagel/Brüggemann*, Das Digital Rights Management nach dem ersten Korb der Urheberrechtsnovelle, MMR 2003, 767; *Knies*, DeCSS – oder – Spiel mir das Lied vom Code, ZUM 2003, 286; *Koch*, Urheberrechtliche Zulässigkeit technischer Beschränkungen und Kontrolle der Software-Nutzung, CR 2002, 629; *Kreutzer*, Schutz technischer Maßnahmen und Durchsetzung von Schrankenbestimmungen bei Computerprogrammen, CR 2006, 804; *Melichar*, Die Umsetzung der EU-Urheberrechtsrichtlinie in deutsches Recht, Schwarze/Becker (Hrsg.), Regulierung im Bereich von Medien und Kultur, Baden-Baden 2002, 43; *Picot u.a.* (Hrsg.), Distribution und Schutz digitaler Medien durch Digital Rights Management, Berlin 2004; *Pleister/Ruttig*, Neues Urheberrecht – neuer Kopierschutz, MMR 2003, 763; *Retzer*, On the Technical Protection of Copyright, CRi 2002, 124; *Wand*, Technische Schutzmaßnahmen und Urheberrecht, München 2001; *Wiegand*, Technische Kopierschutzmechanismen in Musik-CDs, MMR 2002, 722.

---

1 S. dazu *von Keitz*, Immaterielle Güter in der internationalen Rechnungslegung, 1997.
2 Vgl. den Bericht des Arbeitskreises „Immaterielle Werte im Rechnungswesen" der Schmalenbach-Gesellschaft für Betriebswirtschaft e.V. in DB 2001, 989.

Globalisierung des Internets und territoriale Anknüpfung des Urheberrechts stehen im Widerspruch; dieser Widerspruch führt in der Praxis zu erheblichen Irritationen. Diese Probleme lassen sich – wie oben beschrieben – nur eingeschränkt durch gesetzliche Ausnahmebestimmungen (statutory licensing) oder die Zwischenschaltung der Verwertungsgesellschaften (collective licensing) lösen. Auch das „single licensing" erweist sich als zeitraubender Lösungsansatz, muss doch mit jedem Rechteinhaber ein Vertrag geschlossen werden. Es wundert nicht, dass die Industrie in dieser Situation zur Selbsthilfe übergeht. Code as Code, der Programmiercode wird zur Kodifikation. An die Stelle gesetzlicher Vorgaben treten **technische Standards, Kopierschutzmechanismen und Copyright Management Systeme**. Im Einzelnen zählen hierzu:

- Dongles, ein Stecker, der zum Schutz vor unberechtigter Softwarenutzung auf den parallelen Port des Rechners gesteckt wird und dadurch erst die Nutzung des Computerprogramms ermöglicht
- RPS, das Rights Protection System der IFPI, einem System zur Sperrung des Zugriffs auf urheberrechtsverletzende Webseiten
- Regional Encoding Enhancements, eine territorial-bezogene Beschränkung der Nutzungsmöglichkeiten einer CD
- CSS, **Content Scramble System** ein Verfahren zur Verschlüsselung von DVD-Videoinhalten,
- SCMS, das Serial Copy Management System, das die Verwendung kopierter CDs verhindert.

Zu diesem Bereich der technischen Selbsthilfe hat die EU eine Reihe von Regelungen erlassen. Zu bedenken sind zunächst die Bestimmungen in der **Softwareschutzrichtlinie über den Schutz gegen Umgehungstools** (Art. 7 Abs. 1 Buchst. c).[1] Hinzu kommt die **Richtlinie 98/84/EG über den rechtlichen Schutz von zugangskontrollierten Daten und von Zugangskontrolldiensten**.[2] Diese regelt nicht nur den Bereich des Pay-TVs, sondern aller Zugangskontrolldienste (Art. 2 Buchst. a). Nach Art. 4 dieser Richtlinie müssen die Mitgliedstaaten sog. „illicit devices" verbieten. Solche „devices" sind in Art. 2 Buchst. e definiert als „any equipment or software designed or adapted to give access to a protected service in an intellegible form without the authorisation of the service provider". Die Richtlinie ist durch das am 23. März 2002 in Kraft getretene „Gesetz zum Schutz von zugangskontrollierten Diensten und Zugangskontrolldiensten (Zugangskontrolldiensteschutzgesetz – ZKDSG)" ins deutsche Recht umgesetzt worden.[3] Verboten ist hiernach die gewerbsmäßige

---

[1] Siehe dazu vor allem *Raubenheimer*, CR 1994, 129; *Raubenheimer*, Mitt. 1994, 309.
[2] ABl. Nr. L 320/54 vom 28.11.1998.
[3] BGBl. 2002 I vom 22.3.2002, 1090 f., abrufbar unter: http://www.bgbl.de/Xaver/start.xav?startbk=Bundesanzeiger_BGBl&bk=Bundesanzeiger_BGBl&stgart=//%5B@attr_id=%27bgbl102s1090.pdf%27%5D. Siehe dazu *Bär/Hoffmann*, MMR 2002, 654 und ausführlich *Dressel/Scheffler* (Hrsg.), Rechtsschutz gegen Dienstepiraterie. Das ZKDSG in Recht und Praxis, München 2003.

Verbreitung von „Vorrichtungen", die dazu bestimmt sind, den geschützten Zugang von Fernseh- und Radiosendungen sowie von Telemediendiensten zu überwinden.

Hinzu kommt die Richtlinie zur Harmonisierung bestimmter Aspekte des Urheberrechts und der verwandten Schutzrechte in der Informationsgesellschaft, die sog. **InfoSoc-Richtlinie**.[1] Diese verpflichtet die Mitgliedstaaten zu einem angemessenen Rechtsschutz gegen die Umgehung wirksamer technischer Maßnahmen durch eine Person, der bekannt ist oder den Umständen nach bekannt sein muss, dass sie dieses Ziel verfolgt (Art. 6 Abs. 1).

Allerdings ist ein solcher Schutz dort problematisch, wo die technischen Schutzsysteme gesetzliche Vorgaben unterminieren. Das ist zum Beispiel bei SCMS der Fall, sofern das gesetzlich erlaubte Erstellen privater Kopien technisch unmöglich gemacht wird. Ähnliches gilt für die Regional Encoding Mechanismen, die mit dem Erschöpfungsgrundsatz (§ 17 Abs. 2 UrhG) und dem Prinzip der Warenverkehrsfreiheit kollidieren. Nach Art. 6 Abs. 4 Satz 1 der InfoSoc-Richtlinie treffen die Mitgliedstaaten auch Schutzmaßnahmen gegen technische Sperren, sofern diese den gesetzlichen Schranken widersprechen. Für das Verhältnis zur Privatkopierfreiheit sieht Art. 6 Abs. 4 Satz 2 allerdings nur noch vor, dass ein Mitgliedstaat hier tätig werden „kann" („may"). Es ist daher möglich, dass technische Sperren das Erstellen privater Kopien verhindern und die EU-Staaten hier nicht zum Schutz des Endnutzers vorgehen (vgl. dazu die Ausführungen zu §§ 53, 95b UrhG unter VI. 8.). Im Übrigen können die Rechteinhaber solche Sperren auch setzen, wenn sie selbst die Vervielfältigung zum privaten Gebrauch ermöglichen (Art. 6 Abs. 4 Satz 2 a.E.).

Wesentliche Ausprägungen dieser EU-Vorgaben finden sich in **§§ 95a ff. UrhG**. Nach § 95a Abs. 1 UrhG dürfen wirksame[2] technische Maßnahmen zum Schutz eines urheberrechtlich geschützten Gegenstandes ohne Zustimmung des Rechtsinhabers nicht umgangen werden. § 95a Abs. 3 UrhG verbietet u.a. die Herstellung, die Einfuhr, die Verbreitung, den Verkauf, die Vermietung, die Werbung im Hinblick auf Verkauf oder Vermietung und den gewerblichen Zwecken dienenden Besitz von Vorrichtungen, Erzeugnissen oder Bestandteilen. Die Verfassungsmäßigkeit dieser sehr verbotsfreudigen Regelung ist umstritten.[3] In Bezug auf § 95a Abs. 3 UrhG hat das *BVerfG* jedoch keine Bedenken gesehen.[4] Zu den geschützten Kopierschutzmaßnahmen

---

1 Richtlinie 2001/29/EG vom 22.5.2001, EG ABl. L 167 v. 22.6.2001, S. 10.
2 Css ist kein effektiver Umgehungsschutz nach Auffassung des *Bezirksgerichts Helsinki*, Urt. v. 25.5.2007 – R 07/1004, abrufbar unter: http://www.valimaki.com/org/docs/css/css_helsinki_distrct_court.pdf.
3 *Ulbricht*, CR 2004, 674; differenzierend *LG Köln*, Urt. v. 23.11.2005 – 28 S 6/05, CR 2006, 702 = MMR 2006, 412; *Holznagel/Brüggemann*, MMR 2003, 767, 773.
4 *BVerfG*, Beschl. v. 25.7.2005 – 1 BvR 2182/04, CR 2005, 847 = MMR 2005, 751; ähnlich auch *OLG München*, Urt. v. 28.7.2005 – 29 U 2887/05, CR 2005, 821 m. Anm. Scheja = AfP 2005, 480, 484.

zählen auch Regional Encoding Systems, wie auf DVDs gebräuchlich.[1] Auch bei Nintendo DS-Karten handelt es sich um technische Schutzmaßnahmen nach § 95a UrhG.[2]

Der Beteiligungstatbestand des § 95a Abs. 3 UrhG wird in der Rechtsprechung weit ausgelegt. Er umfasst auch das bloße Einstellen eines Verkaufsangebots bei eBay für eine Software, die technische Kopierschutz-Mechanismen umgehen kann, als tatbestandliche „Werbung".[3] Die Haftung wird durch die Münchener Justiz[4] in zweifelhafter Art und Weise über den Wortlaut des § 95a Abs. 3 UrhG hinaus ausgedehnt. Hierzu bedient man sich der Konstruktion der allgemeinen Mitstörerhaftung. Eine solche soll schon eingreifen, wenn jemand einen Link auf Umgehungssoftware setzt. Allerdings kann der Presse eine Berichterstattung über Umgehungssoftware nicht verwehrt werden. Auch Links auf solch Angebote sind durch die Pressefreiheit geschützt: Sind in einem im Internet veröffentlichten, seinem übrigen Inhalt nach dem Schutz der Presse- und Meinungsfreiheit unterfallenden Beitrag elektronische Verweise (Links) auf fremde Internetseiten in der Weise eingebettet, dass sie einzelne Angaben des Beitrags belegen oder diese durch zusätzliche Informationen ergänzen sollen, so werden auch diese Verweise von der Presse- und Meinungsfreiheit umfasst.[5]

In der *BGH*-Entscheidung Session-Id[6] hat der Senat den Schutz technischer Maßnahmen über § 95a UrhG hinaus erweitert. Bediene sich ein Berechtigter einer technischen Schutzmaßnahme, um den öffentlichen Zugang zu einem geschützten Werk nur auf dem Weg über die Startseite seiner Webseite zu eröffnen, greife das Setzen eines Hyperlinks, der unter Umgehung dieser Schutzmaßnahme einen unmittelbaren Zugriff auf das geschützte Werk ermöglicht, in das Recht der öffentlichen Zugänglichmachung des Werkes aus § 19a UrhG ein. Bei der technischen Schutzmaßnahme müsse es sich nicht um eine wirksame technische Schutzmaßnahme i.S.d. § 95a UrhG handeln. Es reiche aus, dass die Schutzmaßnahme den Willen des Berechtigten erkennbar macht, den öffentlichen Zugang zu dem geschützten Werk nur auf dem vorgesehenen Weg zu ermöglichen.

---

1 So in Australien der Fall Kabushiki Kaisha Sony vs. Stevens, entschieden vom *Obersten Gerichtshof Australiens* am 26.7.2002, (2002) FCA 906; ähnlich Sony v. Ball, *High Court of Justice*, 24.6.2004 und 19.7.2004, (2005) FSR 9.
2 *LG München*, Urt. v. 14.10.2009 – 21 O 22196/08.
3 *LG Köln*, Urt. v. 23.11.2005 – 28 S 6/05, CR 2006, 702 = MMR 2006, 412.
4 *OLG München*, Urt. v. 28.7.2005 – 29 U 2887/05, AfP 2005, 480, 484; ähnlich bereits *LG München I*, Urt. v. 7.3.2005 – 21 O 3220/05, CR 2005, 460 m. Anm. *Lejeune* = MMR 2005, 385, 387.
5 *BGH*, Urt. v. 14.10.2010 – I ZR 191/08, CR 2011, 467 m. Anm. *Arlt* = CR 2011, 401 = MDR 2011, 618 = GRUR 2011, 513 – AnyDVD.
6 *BGH*, Urt. v. 29.4.2010 – I ZR 39/08, MDR 2011, 378 = CR 2011, 41 = ZUM 2011, 49 – Session-ID.

Im Übrigen greift § 95a UrhG nicht ein, wenn ein Nutzer bei bestehendem digitalen Kopierschutz eine analoge Kopie zieht.[1] Denn der digitale Kopierschutz ist in einem solchen Fall nicht gegen die Redigitalisierung einer analogen Kopie wirksam. Allerdings besteht dann die Möglichkeit, gegen den Softwarehersteller aus §§ 3, 4 Nr. 10 UWG vorzugehen.

§ 95a UrhG kommt im Übrigen zum Tragen, wenn jemand Brenner-Software im Rahmen einer Online-Auktion anbietet.[2] Manipulierbare Schnittstellen an Receivern unterfallen nicht § 95a UrhG.[3] Im Übrigen stellen verbotene Angebote auch für Private eine unzulässige „Werbung" i.S.v. § 95a UrhG dar. Bei der Bestimmung des § 95a Abs. 3 UrhG handelt es sich um ein Schutzgesetz i.S.d. § 823 Abs. 2 Satz 1 BGB zugunsten der Inhaber von Urheberrechten und Leistungsschutzrechten, die wirksame technische Maßnahmen zum Schutz ihrer urheberrechtlich geschützten Werke und Leistungen einsetzen. Der Begriff der Werbung im Hinblick auf den Verkauf i.S.d. § 95a Abs. 3 UrhG umfasst jegliche Äußerung mit dem Ziel, den Absatz der in dieser Regelung näher bezeichneten Umgehungsmittel zu fördern.[4] Er ist nicht auf ein Handeln zu gewerblichen Zwecken beschränkt und erfasst auch das private und einmalige Verkaufsangebot. Ein Verstoß gegen § 95a Abs. 3 UrhG setzt kein Verschulden des Verletzers voraus.[5]

Die Beschränkung der Zulässigkeit digitaler Privatkopien durch das Verbot der Umgehung wirksamer technischer Schutzmaßnahmen (vgl. § 95a UrhG) verletzt nach Auffassung des *OLG München*[6] nicht das Eigentumsgrundrecht des Besitzers einer Kopiervorlage; es ist vielmehr nur eine wirksame Inhalts- und Schrankenbestimmung i.S.d. Art. 14 Abs. 1 Satz 2 GG. Den Verbrauchern ist aus der Befugnis zur Privatkopie, die 1965 aus der Not der geistigen Eigentümer geboren wurde, kein Recht erwachsen, das sich heute gegen das seinerseits durch Art. 14 GG geschützte geistige Eigentum ins Feld führen ließe. Aus der bloßen Existenz von Umgehungsmaßnahmen folgt nicht zwingend die Unwirksamkeit der betroffenen technischen Schutzmaßnahmen i.S.d. § 95a Abs. 1 UrhG. Die Wirksamkeit solcher Schutzmaßnahmen hängt vielmehr davon ab, ob der durchschnittliche Benutzer durch die Maßnahmen von Urheberrechtsverletzungen abgehalten werden kann.[7]

---

1 *LG Frankfurt a.M.*, Urt. v. 31.5.2006 – 2/6 O 288/06, CR 2006, 816.
2 *BGH*, Urt. v. 15.7.2008 – I ZR 219/05, MDR 2008, 1351 = CR 2008, 691 = ZUM 2008, 781 = WRP 2008, 1449 – Clone-CD; *LG Köln*, Urt. v. 23.11.2005 – 28 S 6/05, CR 2006, 702.
3 *OLG Hamburg*, Urteile vom 24.6.2009 – 5 U 165/08, CR 2010, 45 und 308 O 3/08.
4 *BGH*, Urt. v. 17.7.2008 – I ZR 219/05, MDR 2008, 1351 = CR 2008, 691 = ZUM 2008, 781 = WRP 2008, 1449.
5 *BGH*, Urt. v. 17.7.2008 – I ZR 219/05, MDR 2008, 1351 = CR 2008, 691 = ZUM 2008, 781 = WRP 2008, 1449.
6 *OLG München*, Urt. v. 23.10.2008 – 29 U 5696/07, CR 2009, 33 = CR 2009, 105 m. Anm. *Feldmann* = MMR 2009, 118.
7 *OLG München*, Urt. v. 23.10.2008 – 29 U 5696/07, CR 2009, 33 = CR 2009, 105 m. Anm. *Feldmann* = MMR 2009, 118.

XI. Folgen bei Rechtsverletzung

Die Rechtsfolgen in Pirateriefällen bestimmen sich nach den §§ 97 ff. und §§ 106 ff. UrhG; ergänzend sind die Bestimmungen des BGB zum Schadensersatz hinzuzuziehen. Zum 1. September 2008 erfolgte eine Novellierung des Sanktionssystems aufgrund der Richtlinie 2004/48/EG zur Durchsetzung der Rechte des geistigen Eigentums.[1]

1. Strafrechtliche Sanktionen

Hinsichtlich der Folgen von Rechtsverletzungen sind zunächst die **strafrechtlichen Sanktionen** zu beachten. Nach § 106 Abs. 1 UrhG droht demjenigen eine Freiheitsstrafe bis zu drei Jahren oder eine Geldstrafe, der ohne eine gesetzliche Lizenz und ohne Einwilligung des Rechteinhabers ein Werk vervielfältigt (§ 16 UrhG), verbreitet (§ 17 UrhG) oder öffentlich wiedergibt (§ 15 Abs. 2 UrhG).[2] Das Kopieren von Software ohne Einwilligung des Rechteinhabers ist demnach verboten, sofern nicht die gesetzlichen Ausnahmen wie z.B. § 69c Nr. 3 UrhG (veräußerte körperliche Vervielfältigungsstücke), § 69d Abs. 2 UrhG (Sicherungskopien) oder §§ 69d Abs. 3, 69e UrhG (Reverse Engineering und Dekompilierung) eingreifen. Auch wenn die Erstellung solcher Raubkopien immer noch gesellschaftlich als Kavaliersdelikt angesehen wird, ist dieses Verhalten nicht vom Gesetzgeber durch Schaffung einer gesetzlichen Schranke legitimiert worden. Dagegen fällt die Online-Datenübertragung nicht unter das Merkmal der Verbreitung, da Gegenstand der Verbreitung nur körperliche Werkstücke sein können.[3] Unter die unerlaubte öffentliche Wiedergabe fällt allerdings das Bereithalten von Material zum Abruf über das Internet. Die Nutzung von Internet-Tauschbörsen zum Download von Musik fällt ebenfalls unter § 106 UrhG.[4] Der bloße Besitz von Raubkopien ist jedoch nicht strafbar.

§ 106 Abs. 2 UrhG erweitert die Strafbarkeit auf die Versuchsdelikte. Es reicht daher aus, dass der Täter bereits nach seiner Vorstellung unmittelbar zur Tat angesetzt hat (siehe § 22 StGB). Allerdings reicht es nicht aus, dass einschlägige Werkzeuge zum Herstellen von Kopien in der Wohnung des Beschuldigten gefunden werden. So ist der bloße Besitz eines CD-ROM-Brenners noch nicht geeignet, von einem unmittelbaren Ansetzen zur Tat zu sprechen. § 106 UrhG ist ein Antragsdelikt, § 109 UrhG. Es ist also erforderlich, dass der betroffene Rechteinhaber eine Strafverfolgung wünscht und ausdrücklich fordert. Die Strafverfolgungsbehörden können gem. § 109 UrhG von sich aus erst dann tätig werden, wenn sie ein besonderes öffentliches Interesse an der Straf-

---

1 Richtlinie 2004/48/EG zur Durchsetzung der Rechte des geistigen Eigentums v. 2.6.2004, ABl. L 195/16; BGBl. 2008 Teil I Nr. 28 v. 11.7.2008, S. 1191.
2 Die Auslegung dieser Regelung ist Gegenstand einer Vorlage des *BGH* an den *EuGH*, Beschl. v. 8.12.2010 – 1 StR 213/10, GRUR 2011, 227.
3 *Kroitzsch*, in: Möhring/Nicolini, § 17 Rz. 9.
4 *AG Cottbus*, Urt. v. 25.5.2004 – 95 Ds 1653, CR 2004, 782.

verfolgung annehmen. Dieses besondere Interesse dürfte im Bereich der Kleinstpiraterie (etwa der sog. Computerkids) zu verneinen sein. Erst wenn die Piraterie von ihrer Größenordnung her das „normale" Maß übersteigt, ist eine Amtsermittlung geboten.

Etwas anderes gilt für den Bereich der **gewerbsmäßigen Piraterie (§ 108a UrhG)**. Wenn jemand zu kommerziellen Zwecken Kopien erstellt und vertreibt, erhöht sich nicht nur die denkbare Freiheitsstrafe auf bis zu fünf Jahre. Die gewerbsmäßige Piraterie ist auch ein Offizialdelikt, so dass die Strafverfolgungsbehörden bei einem entsprechenden Verdacht auch ohne Antrag des Betroffenen tätig werden und ermitteln. Darüber hinaus können Gegenstände, wie z.B. der PC mit Zubehör, wenn sie zu einer der oben genannten Straftaten genutzt wurden, gem. § 110 UrhG eingezogen werden.

Es hat für den Betroffenen große Vorteile, den strafrechtlichen Weg einzuschlagen und Strafantrag zu stellen. Im Zivilverfahren kann es nämlich sehr schwierig sein, den Nachweis einer Piraterie zu führen. Der Betroffene selber kann regelmäßig kein Beweismaterial in den Räumen des Beschuldigten beschlagnahmen. Anders ist die Lage jedoch für die Strafverfolgungsbehörden, die entsprechendes Material auf richterliche Anordnung beschlagnahmen können (siehe § 98 StPO). Sobald das Strafverfahren abgeschlossen ist, kann der Betroffene die Ergebnisse in das anschließende Zivilverfahren einführen. Im Übrigen entstehen dem Betroffenen für die Ermittlungen im Strafverfahren keine Kosten; insbesondere eventuelle Sachverständigengebühren sind vom Staat zu entrichten. Angesichts der guten Relation von Kosten und Nutzen sollte der Betroffene daher unbedingt einen Strafantrag stellen. Auch sollte der Betroffene im Offizialverfahren gegen gewerbliche Piraterie entsprechende Anzeigen bei den Behörden machen und das Verfahren laufend begleiten.

Im Übrigen sind die Möglichkeiten der **Zollbeschlagnahme** zu beachten.[1] Der Zoll kann aufgrund eines Antrags des Rechteinhabers verdächtige Sendungen anhalten, untersuchen, Proben entnehmen, Fälschungen vernichten und Informationen an den Rechteinhaber herausgeben. Der Zoll wird bei Nichtgemeinschaftswaren nach der VO 1383/2003 („Produktpiraterieverordnung")[2] tätig; hinzu kommen eher seltene Beschlagnahmefälle nach rein nationalen Vorschriften etwa im Falle innergemeinschaftlicher Parallelimporte.

Der von der EU-Kommission vorgelegte Richtlinienentwurf (IPRED2) zur einheitlichen Regelung strafrechtlicher Sanktionen bei Verletzung von Immaterialgüterrechten ist aufgrund verfahrensrechtlicher Fragen gescheitert.

---

1 Weitere Informationen hierzu unter http://www.zoll.de/DE/Fachthemen/Verbote-Beschraenkungen/Gewerblicher-Rechtsschutz/Marken-und-Produktpiraterie/marken-und-produktpiraterie_node.html.
2 Verordnung (EG) Nr. 1383/2003 des Rates v. 22.7.2003 über das Vorgehen der Zollbehörden gegen Waren, die im Verdacht stehen, bestimmte Rechte geistigen Eigentums zu verletzen, und die Maßnahmen gegenüber Waren, die erkanntermaßen derartige Rechte verletzen, ABl. Nr. L 196 v. 2.8.2003, S. 7.

Momentan steht das Anti-Piraterieabkommen ACTA, das u.a. von der EU, den USA und Japan ausgehandelt wurde, zur Diskussion. Eine vollständige Verabschiedung der EU-Kommission steht wegen heftiger Kritik noch aus, weshalb eine Entscheidung des Parlaments erst 2012 zu erwarten ist.

2. Zivilrechtliche Ansprüche

Literatur: *Eisenkolb*, Die Enforcement-Richtlinie und ihre Wirkung – Ist die Enforcement-Richtlinie mit Ablauf der Umsetzungsfrist unmittelbar wirksam?, GRUR 2007, 387; *Frank/Wiegand*, Der Besichtigungsanspruch im Urheberrecht de lege ferenda, CR 2007, 481; *Freitag*, Internetangebote und Urheberrecht, DRiZ 2007, 204; *Husch*, Thumbnails in Bildersuchmaschinen, CR 2010, 452; *Faustmann/Ramsperger*, Abmahnkosten im Urheberrecht – Zur Anwendbarkeit des § 97a Abs. 2 UrhG, MMR 2010, 662; *Kaeding*, Haftung für Hot Spot Netze, CR 2010, 164; *Leistner*, Störerhaftung und mittelbare Schutzrechtsverletzung, GRUR 2010, Beilage zu Heft 1; *Numann/Mayer*, Rechtfertigung und Kritik von Massenabmahnungen gegen Urheberrechtsverletzungen in Filesharing-Netzwerkene, ZUM 2010, 321; *Pahlow*, Anspruchskonkurrenzen bei Verletzung lizenzierter Schutzrechte unter Berücksichtigung der Richtlinie 2004/48/EG, GRUR 2007, 1001; *Peifer*, Die dreifache Schadensberechnung im Lichte zivilrechtlicher Dogmatik, WRP 2008, 48; *Schwartmann/Kocks*, Haftung für den Missbrauch offener WLAN-Anschlüsse, K&R 2010, 433; *Sobola*, Schadensersatzpflicht durch Nutzung von Musiktauschbörsen, ITRB 2008, 135; *Spindler*, Haftung für private WLAN im Delikts- und Urheberrecht, CR 2010, 592; *Spindler/Weber*, Die Umsetzung der Enforcement-Richtlinie nach dem Regierungsentwurf für ein Gesetz zur Verbesserung der Durchsetzung von Rechten des geistigen Eigentums, ZUM 2007, 257; *Spitz*, Überlegungen zum entgangenen Gewinn und zur Gewinnherausgabe im Bereich des gewerblichen Rechtsschutzes, sic! 2007, 795; *Witte*, Zur Schadensberechnung bei der Verletzung von Urheberrechten an Software, ITRB 2006, 136; *Wörheide*, Haftung im Internet, MMR-Beilage 2011, 6.

a) § 97 Abs. 1 UrhG

Die **zentrale Norm** der zivilrechtlichen Ansprüche bildet § 97 Abs. 1 UrhG. Danach steht dem Verletzten ein verschuldensunabhängiger Anspruch auf Beseitigung bzw., bei Wiederholungsgefahr, auf Unterlassung der Verletzungshandlung zu. Darüber hinaus kann der Verletzte bei Vorsatz oder Fahrlässigkeit Schadensersatz verlangen. Voraussetzung ist jeweils die widerrechtliche und schuldhafte Verletzung eines Urheber- oder Leistungsschutzrechts eines anderen. Diese Ansprüche sind frei übertragbar und auch verzichtbar. Geschützt sind dabei nur die absoluten Rechte, d.h. solche, die gegenüber jedem nichtberechtigten Dritten wirken. Die Verletzung rein vertraglicher Ansprüche, etwa die Position des Inhabers eines einfachen Nutzungsrechts, reicht nicht aus.[1] Als Verletzungshandlung gilt jeder Eingriff in eines der dem Rechteinhaber zustehenden Verwertungs- oder Persönlichkeitsrechte. Widerrechtlich ist jeder Eingriff in die Position des Rechteinhabers, der nicht von einer

---

1 Str.; so auch *Wild*, in: Schricker, § 97 Rz. 30; a.A. *Lütje*, in: Möhring/Nicolini, § 97 Rz. 53.

gesetzlichen Schranke oder der Einwilligung des Rechteinhabers gedeckt ist. Rechtsunkenntnis entlastet nicht.[1]

aa) **Anspruch auf Beseitigung und Unterlassung**

Der in § 97 Abs. 1 UrhG normierte **Unterlassungsanspruch** gilt sowohl für vermögens- als auch für persönlichkeitsrechtliche Beeinträchtigungen. Zu unterscheiden ist zwischen dem wiederherstellenden und dem vorbeugenden Unterlassungsanspruch. Während sich das Gesetz nur auf den wiederherstellenden Unterlassungsanspruch nach vorangegangener Rechtsverletzung bezieht, regelt der in der Rechtsprechung entwickelte vorbeugende Unterlassungsanspruch die Fälle der konkret drohenden Erstbegehungsgefahr. Diese besteht bei allen vorbereitenden Maßnahmen, die einen zukünftigen Eingriff nahe legen.

Da streng genommen alle Unterlassungsansprüche Unterfälle des **Beseitigungsanspruchs** sind, greift dieser nur, wenn eine fortdauernde Gefährdung nicht durch bloßes Unterlassen beseitigt werden kann. Dabei dient er dem Zweck, den Eintritt künftiger Verletzungsfolgen zu verhindern, nicht jedoch der Wiederherstellung des ursprünglichen Zustands.

Zu beachten ist auch § 98 Abs. 1 UrhG, wonach der Verletzte Herausgabe an einen Gerichtsvollzieher zwecks Vernichtung verlangen kann.[2] Neben der Vernichtung kann auch Schadensersatz verlangt werden.[3]

Der Anspruchsinhaber hat nach ständiger Rechtsprechung einen Anspruch auf Ersatz der Aufwendungen, insbesondere auch der Anwaltskosten, nach den Grundsätzen der Geschäftsführung ohne Auftrag.[4]

bb) **Anspruch auf Schadensersatz**

Handelt der Schädiger **vorsätzlich oder fahrlässig**, besteht ein Anspruch auf Schadensersatz. Dieser wird nicht dadurch ausgeschlossen, dass der Schädiger darauf verweist, keine hinreichenden Rechtskenntnisse gehabt zu haben. Schon eine grobe Vorstellung davon, dass das Verhalten nicht der Rechtsordnung entspricht, reicht aus. Auch muss sich der Schädiger die notwendigen Rechtskenntnisse verschaffen, denn „Irrtum schützt vor Strafe nicht". Jeder Fehler bei der Beurteilung der Rechtslage ist dem Schädiger im Rahmen des Fahrlässigkeitsvorwurfes zuzurechnen.[5]

---

[1] *BGH*, Urt. v. 14.11.1985 – I ZR 68/83, GRUR 1986, 734 – Bob Dylan; *BGH*, Urt. v. 18.12.1997 – I ZR 79/95, MDR 1998, 1113 = GRUR 1998, 568 – Beatles-Doppel-CD.
[2] *BGH*, VersäumnisUrt. v. 28.11.2002 – I ZR 168/00, GRUR 2003, 228 – P-Vermerk.
[3] *KG*, Urt. v. 5.3.1991 – 5 U 4433/91, GRUR 1992, 168, – Dia-Kopien.
[4] Zuletzt z.B. *LG Köln*, Urt. v. 18.7.2007 – 28 O 480/06, MMR 2008, 126.
[5] *BGH*, Urt. v. 20.5.2009 – I ZR 239/06, CR 2009, 642 = GRUR 2009, 864.

Zur Bestimmung des Inhalts des Schadensersatzanspruchs ist zunächst zwischen materiellem und immateriellem Schaden zu unterscheiden. Bei **materiellen Schäden** sind die §§ 249 ff. BGB heranzuziehen. Der Schädiger schuldet zunächst die Naturalrestitution, d.h. die Wiederherstellung des Zustandes, der ohne die Rechtsverletzung bestehen würde. Dies ist allerdings bei Urheberrechtsverletzungen selten möglich. Insofern ist nach § 251 BGB Geldersatz zu leisten. Hierbei stehen **drei verschiedene Berechnungsarten** zur Auswahl: Ersatz der erlittenen Vermögenseinbuße einschließlich des entgangenen Gewinns (§§ 249 ff. BGB), Zahlung einer angemessenen Lizenz und die Herausgabe des vom Schädiger erlangten Gewinns.[1] Der Verletzte kann zwischen diesen Berechnungsarten frei wählen und noch während des Prozesses und sogar nach Rechtskraft des Verletzungsprozesses wechseln.[2]

Dabei gilt der Gewinn als entgangen, der nach dem gewöhnlichen Lauf der Dinge oder nach den besonderen Umständen, insbesondere nach den getroffenen Anstalten und Vorkehrungen mit Wahrscheinlichkeit erwartet werden konnte (§ 252 Satz 2 BGB). Dabei kann auch ein eigenes Vergütungssystem des Verletzten zugrunde gelegt werden, wenn dieses tatsächlich vorher zum Einsatz gekommen ist.[3] Allerdings ist es gerade im Urheberrecht oft schwierig, den Nachweis eines solchen Gewinns zu erbringen. Einfacher ist für den Verletzten daher, eine angemessene Lizenzgebühr für die Benutzung des ihm zustehenden Rechts zu fordern. Dann ist dem Verletzten der Betrag zu ersetzen, den er als Gegenleistung für die Erteilung seiner Zustimmung erhalten hätte. Als angemessen gilt die Lizenzgebühr, die verständige Vertragspartner üblicherweise vereinbart hätten. Darüber hinaus sieht § 97 Abs. 1 Satz 2 UrhG ausdrücklich vor, dass anstelle des Schadensersatzes die Herausgabe des erlangten Gewinns verlangt werden kann.[4] Herauszugeben ist der Reingewinn, den der Schädiger gezogen hat und zwar unabhängig davon, ob ihn der Verletzte hätte erzielen können. Dabei wird der Schaden regelmäßig nach § 287 ZPO vom Gericht geschätzt.[5] Der Schaden kann bei Prominenten auch den Bekanntheitsgrad und Sympathiewert berücksichtigen.[6] Als abzugsfähig galten nach älterer Rechtsprechung alle Selbstkosten des Verletzers, einschließlich der Materialkosten, Vertriebsgemeinkosten und Fertigungslöhne.[7] Aktuell sind Gemeinkosten nur noch abzugsfähig, wenn sie den schutz-

---

1 *BGH*, Urt. v. 8.10.1971 – I ZR 12/70, GRUR 1972, 189 – Wandsteckdose II; *BGH*, Urt. v. 22.9.1999 – I ZR 48/97, MDR 2000, 596 = GRUR 2000, 226, 227 – Planungsmappe u.a.
2 *BGH*, Urt. v. 22.4.1993 – I ZR 52/91, MDR 1993, 1070 = GRUR 1993, 757 – Kollektion Holiday.
3 *BGH*, Urt. v. 26.3.2009 – I ZR 42/06.
4 *BGH*, Urt. v. 19.1.1973 – I ZR 39/71, GRUR 1973, 478– Modeneuheit.
5 *OLG Frankfurt a.M.*, Urt. v. 4.5.2004 – 11 U 6/02 und 11 U 11/03, ZUM 2004, 924.
6 *BVerfG*, Urt. v. 5.3.2009 – 1 BvR 127/09.
7 *BGH*, Urt. v. 29.5.1962 – I ZR 132/60, GRUR 1962, 509 – Diarähmchen II; *BGH*, Urt. v. 13.7.1973 – I ZR 101/72, GRUR 1974, 53 – Nebelscheinwerfer. Kritisch dazu *Lehmann*, BB 1988, 1680.

rechtsverletzenden Gegenständen unmittelbar zugerechnet werden können.[1] Bei der Bemessung des Schadensersatzanspruchs nach den Grundsätzen der Lizenzanalogie sind Ersatzzahlungen, die der Verletzer seinen Vertragspartnern wegen deren Inanspruchnahme durch den Verletzten erbringt, nicht abzuziehen.[2]

Etwas anderes gilt im Falle der **Verletzung von Urheberpersönlichkeitsrechten**. Nach § 97 Abs. 2 UrhG können u.a. Urheber, Lichtbildner und ausübende Künstler auch wegen immaterieller Schäden eine Entschädigung in Geld nach Maßgabe der Billigkeit verlangen. Dadurch ist z.B. gewährleistet, dass Fotografen bei Verletzung ihres Namensnennungsrechts einen Aufschlag auf die geltend gemachten wirtschaftlichen Schäden erheben dürfen. Auch soll eine Anwendung der Vorschrift gerechtfertigt sein, wenn jemand fremde Webseiten ohne Namensnennung zu kommerziellen Zwecken kopiert.[3]

Besonderheiten bestehen hinsichtlich der Gewährung **eines zusätzlichen Kostenaufschlags**. Die Rechtsprechung hat im Rahmen der Berechnung des konkreten Schadens der GEMA gestattet, durch einen Aufschlag von bis zu 100 % ihre zusätzlichen Kosten für die Kontrolle von Rechtsverletzungen geltend zu machen. Auch die fehlende Urheberbenennung rechtfertigt bei der unrechtmäßigen Verwendung von Fotos einen Zuschlag.[4] Eine Gewährung dieses pauschalen Zuschlags für andere Branchen ist nicht geboten, zumal es sich hier um eine kaum zu rechtfertigende, verdeckte Form des Strafschadensersatzes handelt. Ein Strafschadensersatz, etwa in Form eines doppelten Schadensersatzes, war einmal bei der Diskussion rund um die Enforcement-Richtlinie angedacht, wurde aber als systemfremd abgelehnt.

Bei **privater Nutzung von Fotos im Internet für kurze Zeit** sind die Erstattungskosten allerdings deutlich geringer. So verurteilte das *OLG Brandenburg*[5] einen Privaten zur Zahlung von 40 Euro Schadensersatz und 100 Euro Abmahnkosten. Der Kläger könne hier nur 40 Euro Lizenzgebühren verlangen, weil das Foto nur wenige Tage im Internet verwendet worden sei. Zu bezahlen habe der Beklagte auch die Abmahnkosten. Da der Beklagte erstmals das Urheberrecht verletzt, das Foto lediglich für einen Privatverkauf verwendet habe und daher die Rechtsverletzung des Klägers nicht erheblich gewesen sei, sei der Kostenerstattungsanspruch auf 100 Euro zu begrenzen. Zu beachten ist in diesem Kontext § **97a Abs. 2 UrhG**. Hiernach beschränkt sich der Ersatz der er-

---

1 *BGH*, Urt. v. 2.11.2000 – I ZR 246/98, MDR 2001, 827 = CR 2001, 220 m. Anm. *Sedlmaier* = GRUR 2001, 329 – Gemeinkostenanteil für den Bereich des Geschmacksmusterrechts; ähnlich für das Patentrecht OLG Düsseldorf, Urt. v. 20.12.2001 – 2 U 91/00.
2 *BGH*, Urt. v. 26.3.2009 – I ZR 44/06, CR 2009, 447 = MDR 2009, 941 = GRUR 2009, 660.
3 *OLG Frankfurt a.M.*, Urt. v. 4.5.2004 – 11 U 6/02 und 11 U 11/03, ZUM 2004, 924.
4 *OLG Düsseldorf*, Urt. v. 9.5.2006 – 20 U 138/05, GRUR-RR 2006, 393.
5 *OLG Brandenburg*, Urt. v. 3.2.2009 – 6 U 58/08, MDR 2009, 643 = CR 2009, 251 = MMR 2009, 258; ähnlich *LG Hamburg*, Urt. v. 10.2.2009 – 36a C 171/08, AfP 2009, 95.

forderlichen Aufwendungen für die Inanspruchnahme anwaltlicher Dienstleistungen für die erstmalige Abmahnung in einfach gelagerten Fällen mit einer nur unerheblichen Rechtsverletzung außerhalb des geschäftlichen Verkehrs auf 100 Euro.[1] Im Übrigen ist regelmäßig dann von einem „einfach gelagerten Fall" i.S.v. § 97a UrhG auszugehen, wenn es sich um sog. „Massenabmahnungen" handelt.[2] Kein einfach gelagerter Fall liegt vor, wenn ein Film noch vor der relevanten Verwertungsphase (hier: Start des DVD-Verkaufs) öffentlich zugänglich gemacht wurde oder erst kurz auf dem Markt ist.[3] Auch soll § 97a UrhG nie bei P2P zur Anwendung kommen.[4]

b) Sonstige Geldansprüche

§ 97 Abs. 3 UrhG weist auf die Anwendbarkeit weiterer Anspruchsgrundlagen hin. Hier kommen Ansprüche aus dem Bereicherungsrecht, der Geschäftsführung ohne Auftrag, aus dem Deliktsrecht sowie dem Wettbewerbsrecht in Betracht. Besonders wichtig sind dabei die Ansprüche aus den §§ 812 ff. BGB, denn sie sind auf Zahlung gerichtet, ohne ein Verschulden des Schädigers zu fordern. Praktische Folgen hat dies, wenn der Verletzte dem Inanspruchgenommenen weder Vorsatz noch Fahrlässigkeit nachweisen kann. Ein Vorteil des Bereicherungsrechts liegt auch in der längeren Verjährung (10 Jahre ab Entstehung; § 852 Satz 2 BGB). Dagegen haben die anderen Ansprüche aufgrund der umfassenden Regelung des § 97 UrhG meist nur subsidiäre Bedeutung.

c) Auskunft und Rechnungslegung

Literatur: *Bäcker*, Starkes Recht und schwache Durchsetzung, ZUM 2008, 391; *Beck/Kreißig*, Tauschbörsen-Nutzer im Fadenkreuz der Strafverfolgungsbehörden, NStZ 2007, 304; *Nordemann/Dustmann*, To Peer Or Not To Peer. Urheberrechtliche- und datenschutzrechtliche Fragen der Bekämpfung der Internet-Piraterie, CR 2004, 380; *Czychowski*, Auskunftsansprüche gegenüber Internetzugangsprovidern „vor" dem 2. Korb und „nach" der Enforcement-Richtlinie der EU, MMR 2004, 514; *Einzinger/Schubert/Schwabl/Wessely/Zykan*, Wer ist 217.204.27.214? Access-Provider im Spannungsfeld zwischen Auskunftsbegehrlichkeiten der Rechteinhaber und Datenschutz, M&R 2005, 113; *Gercke*, Tauschbörsen und das Urheberstrafrecht – Ein Überblick über die strafrechtliche Bewertung der Tauschbörsennutzung unter Berücksichtigung der Änderungen durch den „Zweiten Korb" der Urheberrechtsreform, ZUM 2007, 791; *Hoppen*, Software-Besichtigungsansprüche und ihre Durchsetzung, in: CR 2009, 407; *Jüngel/Geißler*, Der neue Auskunftsanspruch aus § 101 UrhG, MMR 2008, 787; *Kitz*, Die Auskunftspflicht des Zugangsvermittlers bei Urheberrechtsverletzungen durch seine Nutzer, GRUR 2003, 1014; *Schanda*, Auskunftsanspruch gegen Access-Provider über die IP-

---
1 Die Vorschrift ist verfassungskonform; siehe *BVerfG*, Beschl. v. 20.1.2010 – 1 BvR 2062/09, MMR 2010, 259.
2 *AG Frankfurt a.M.*, Urt. v. 1.2.2010 – 30 C 2353/09-75.
3 *LG Magdeburg*, Urt. v. 11.5.2011 – 7 O 1337/10.
4 *AG Hamburg*, Urt. v. 27.6.2011 – 36 AC 172/10; *AG Düsseldorf*, Urt. v. 5.4.2011 – 57 C 15740/09; a.A. *AG Frankfurt a.M.*, Urt. v. 1.2.2010 – 30 C 2353/09-75.

Adressen von Urheberrechtsverletzern, M&R 2005, 18; *Sieber/Höfinger*, Drittauskunftsansprüche nach § 101a UrhG gegen Internetprovider zur Verfolgung von Urheberrechtsverletzungen, MMR 2004, 575; *Spindler/Dorschel*, Auskunftsansprüche gegen Internet-Service-Provider, CR 2005, 38; *Stomper*, Zur Auskunftspflicht von Internet-Providern, M&R 2005, 118; *von Olenhusen/Crone*, Der Anspruch auf Auskunft gegenüber Internet-Providern bei Rechtsverletzungen nach Urheber- bzw. Wettbewerbsrecht, WRP 2002, 164; *Frank/Wiegand*, Der Besichtigungsanspruch im Urheberrecht de lege ferenda, CR 2007, 481.

Gem. § 97 Abs. 1 UrhG i.V.m. § 242 BGB analog hat der Verletzte außerdem einen Auskunftsanspruch auf Darlegung des erzielten Gewinns und den nutzungsrechtlich orientierten Auskunftsanspruch aus § 101 Abs. 1 UrhG, der die Verfolgung des eigentlichen Anspruchs erleichtern soll.[1] Dies setzt allerdings voraus, dass der Verletzte selbst nur auf unzumutbare Weise an die notwendigen Informationen gelangen kann. Der Verletzer muss in Erfüllung der Auskunftspflicht alle zumutbaren Recherchemöglichkeiten bzgl. seiner Erwerbsquelle oder des Umfangs der Verletzung ausschöpfen.[2] Insofern muss er in Geschäftsunterlagen Einsicht nehmen und bei Mitarbeitern, Kunden oder Lieferanten nachfragen.[3] Auch sind Geschäftsunterlagen und sonstige Belege herauszugeben.[4] Im Verfügungsverfahren ist ein Auskunftsanspruch nur zu bejahen, wenn die Rechtsverletzung offensichtlich ist.[5] Der Rechnungslegungsanspruch ergibt sich aus § 259 BGB;[6] er kann allerdings nur gegenüber Gewerblichen geltend gemacht werden. Zu den Verletzten zählt auch ein Host-Provider nach Maßgabe des Telemediengesetzes.[7]

§ 101 UrhG erweitert den Kreis der zur Auskunft Verpflichteten und sieht u.a. einen Auskunftsanspruch gegen Dritte vor, die für rechtsverletzende Tätigkeiten genutzte Dienstleistungen erbracht haben. Auch andere Personen, die nicht selbst Verletzer sind, werden mit der neuen Regelung Auskunftsverpflichtungen ausgesetzt sein. Gem. § 101 Abs. 2 UrhG n.F. besteht im Falle einer offensichtlichen Rechtsverletzung oder der Klageerhebung ein Auskunftsanspruch gegen Personen, die in gewerblichem Ausmaß rechtsverletzende Vervielfältigungsstücke in ihrem Besitz hatten (Nr. 1), rechtsverletzende Dienstleistungen in Anspruch nahmen (Nr. 2) oder für rechtsverletzende Tätigkeiten genutzte Dienstleistungen erbracht haben (Nr. 3). Besondere Be-

---

1 Der Auskunftsanspruch aus § 101a I UrhG kann auch urheberpersönlichkeitsrechtliche Ansprüche erfassen, *OLG Hamburg*, Urt. v. 9.1.2007 – 5 W 147/06, CR 2007, 487.
2 *OLG Zweibrücken*, Urt. v. 14.2.1997 – 2 U 25/96, GRUR 1997, 827, 829 – Pharaon-Schmucklinie.
3 *BGH*, Urt. v. 23.1.2003 – I ZR 18/01, MDR 2003, 945 = GRUR 2003, 433, 434 – Cartierring.
4 *BGH*, Urt. v. 23.1.2003 – I ZR 18/01, MDR 2003, 945 = GRUR 2003, 433, 434 – Cartierring.
5 *KG*, Urt. v. 31.5.1996 – 5 U 889/96, GRUR 1997, 129 – verhüllter Reichstag II.
6 *BGH*, Urt. v. 25.2.1992 – X ZR 41/90, MDR 1992, 662 = GRUR 1992, 612, 614 – Nicola.
7 *OLG München*, Urt. v. 21.9.2006 – 29 U 2119/06, CR 2007, 40 = MMR 2006, 739.

denken ruft § 101 Abs. 2 Satz 1 Nr. 4 UrhG n.F. hervor. Danach besteht ein Auskunftsanspruch auch gegenüber Personen, die nach Angaben der in § 101 Abs. 2 Satz 1 Nr. 1–3 UrhG aufgeführten Dritten an der Herstellung, Erzeugung oder am Vertrieb der urheberrechtlich geschützten Güter beteiligt waren. Hier führt die Denunziation eines Dritten ohne Überprüfung der Richtigkeit zur Auskunftspflicht.[1] So kann z.B. ein Sharehoster auf Auskunft über Name, Anschrift und Emailadresse eines Uploaders in Anspruch genommen werden.[2]

In § 101 Abs. 2 und 9 UrhG ist ein Auskunftsanspruch gegen Access Provider geregelt.[3] Er setzt voraus, dass sowohl der auskunftspflichtige Access Provider als auch der Rechtsverletzer in gewerblichem Ausmaß handeln.[4] Diese Regelung gilt als verfassungs- sowie europarechtlich unbedenklich.[5] Die Auskunftspflicht kann auch im Wege einstweiliger Anordnungen durchgesetzt werden, sofern das Vorliegen der Voraussetzungen nach § 101 Abs. 9 UrhG glaubhaft gemacht wird. Die Durchsetzung eines Vorlage- und Besichtigungsanspruchs nach § 101a UrhG im Wege der einstweiligen Verfügung bedarf insbesondere der besonderen Dringlichkeit.[6]

§ 101 UrhG erlaubt allerdings keine „Rasterfahndung", um feststellen zu können, wer aus der Menge der Anschlussinhaber Urheberrechte in gewerblichem Ausmaß verletzt haben könnte.[7]

Streitig ist, wann eine Rechtsverletzung in gewerblichem Ausmaß vorliegt. Zum Teil wird angenommen, es reiche aus, dass ein vollständiger Kinofilm oder ein Musikalbum kurz vor oder nach der Veröffentlichung in Deutschland über das Netz zugänglich gemacht wird.[8] Für die Schwere der Rechtsverletzung soll es schon ausreichen, wenn eine besonders umfangreiche Datei (z.B. ein vollständiges Musikalbum) im unmittelbaren Zusammenhang mit der

---

1 *Haedicke*, FS Schricker, S. 29; *Knaak*, GRUR Int. 2004, 749.
2 *OLG Köln*, Urt. v. 25.3.2011 – 6 U 87/10, CR 2011, 673 = WRP 2011, 933.
3 *OLG Hamburg*, Urt. v. 28.4.2005 – 5 U 156/04, CR 2005, 512 m. Anm. *Dorschel* = MMR 2005, 453; *OLG Frankfurt a.M.*, Urt. v. 25.1.2005 – 11 U 51/04, MMR 2005, 241 m. Anm. *Spindler* = CR 2005, 285; *OLG München*, Urt. v. 24.3.2005 – 6 U 4696/04, MMR 205, 616; *Kitz*, GRUR 2003, 1015; *Spindler/Dorschel*, CR 2005, 39.
4 *OLG Köln*, Beschl. v. 31.10.2008 – 6 Wx 2/08, MDR 2009, 158 = GRUR-RR 2009, 9 = ZUM 2008, 978 = MMR 2008, 820 = CR 2009, 107. A.A. *LG Bielefeld*, Beschl. v. 20.3.2009 – 4 OH 49/09 (kein zweimal „gewerblich").
5 *OLG Karlsruhe*, Beschl. v. 1.9.2009 – 6 W 47/09.
6 *OLG Köln*, Beschl. v. 9.1.2009 – 6 W 3/09.
7 *LG Kiel*, Beschl. v. 2.9.2009 – 2 O 221/09.
8 *OLG Karlsruhe*, Beschl. v. 1.9.2009 – 6 W 47/09, CR 2009, 806; *OLG Schleswig*, Beschl. v. 5.2.2010 – 6 W 26/09, GRUR-RR 2010, 239; *OLG Köln*, Beschl. v. 27.12.2010 – 6 W 155/10; *LG Köln*, Urt. v. 30.4.2009 – 9 OH 388/09. Im Ergebnis ebenso für kurz nach der Erstveröffentlichung angebotene Dateien: *LG Frankfurt a.M.*, Beschl. v. 18.9.2008 – 2-06 O 534/08; *OLG Karlsruhe*, Beschl. v. 1.9.2009 – 6 W 47/09, CR 2009, 806; *OLG Hamburg*, Urt. v. 17.2.2010 – 5 U 60/09, CR 2010, 363; anders für einmalige Download-Angebote: *OLG Zweibrücken*, Beschl. v. 27.10.2008 – 3 W 184/08, CR 2009, 31; *OLG Oldenburg*, Beschl. v. 1.12.2008 – 1 W 76/08.

Erstveröffentlichung in Deutschland im Internet bereitgestellt wird.[1] Als besonders verwerflich gilt die Verbreitung zeitloser, klassischer Musik.[2] Auch soll zu prüfen sein, ob das Werk nach wie vor zu einem üblichen Verkaufspreis auf dem Markt angeboten wird.[3] Einzelne *Landgerichte* lassen aber schon den Download einzelner großer Files ausreichen.[4] Auch soll eine Frist von sechs Monaten ab Veröffentlichung des Werkes gelten, die sich bei Filmwerken bei Verleihung des Oskars noch einmal um sechs Monate verlängert.[5] Allein das öffentliche Zugänglichmachen eines urheberrechtlich geschützten Werkes durch sog. „file-sharing" genügt jedoch nicht für die Feststellung einer Rechtsverletzung in gewerblichem Ausmaß.[6] Vielmehr schließen nach Meinung des *LG Oldenburg* P2P-Dienste die Annahme einer Gewerblichkeit generell aus.[7] Demgegenüber ist für das *OLG München* das bloße Anbieten einer Datei mit urheberrechtlich geschütztem Inhalt in einer Internettauschbörse grundsätzlich ausreichend.[8] Andere argumentieren differenzierend, indem ein gewerbliches Ausmaß erst ab einer Vielzahl von 3000 Musikstücken oder 200 Filmen angenommen wird.[9] Auch wird vertreten, dass das Merkmal der Gewerblichkeit bei einem drei Monate alten PC-Spiel ausscheide.[10]

Die Anordnung gemäß § 101 Abs. 9 UrhG schafft die datenschutzrechtliche Gestattung dafür, dass der zur Auskunft Verpflichtete (hier: Provider) berechtigt ist, die begehrten Daten nicht zu löschen; sie stellt eine i.S.v § 96 TKG ausreichende Erlaubnis dar. Die Gestattung bewirkt zugleich, dass der in Anspruch Genommene die Daten nicht mehr sanktionslos löschen kann, da er sich in diesem Fall schadenersatzpflichtig gemäß §§ 280 Abs. 1, 281 BGB i.V.m. § 101 Abs. 2 UrhG machen würde.[11] Zugelassen wird zum Teil eine vorläufige richterliche Anordnung zur Sicherstellung der Daten bei einer bereits begangenen Rechtsverletzung.[12] Unzutreffend ist die Auffassung des *LG Hamburg*,[13] dass der Access Provider auch verpflichtet sei, „auf Zuruf" die noch vorhandenen Verkehrsdaten bis zur Beendigung des Auskunftsverfahrens vorzuhalten. Den Access Provider treffen nach dem TKG vorrangige Lö-

---

1 *OLG Köln*, Beschl. v. 21.10.2008 – 6 W 2/08; ähnlich *LG Frankfurt*, Beschl. v. 18.9.2008 – 2 O 6 O 534/08 und *OLG Karlsruhe*, Beschl. v. 1.9.2009 – 6 W 47/09.
2 *OLG Köln*, Beschl. v. 9.2.2009 – 6 W 182/08.
3 *OLG Köln*, Beschl. v. 9.2.2009 – 6 W 182/08.
4 *LG Bielefeld*, Beschl. v. 11.9.2008 – 4 O 328/08 – MMR 2009, 70. *LG Köln*, Beschl. v. 5.9.2008 – 28 AR 6/08 – ZUM-RD 2009, 40.
5 *OLG Köln*, Urt. v. 5.5.2011 – 6 W 91/11.
6 *LG Köln*, Beschl. v. 30.4.2009 – 9 OH 388/09.
7 *LG Oldenburg*, Beschl. v. 15.9.2008 – 5 O 2421/08, MMR 2008, 832.
8 *OLG München*, Beschl. v. 26.7.2011 – 29 W 1268/11, ZUMM 2011, 760.
9 *LG Frankenthal*, Beschl. v. 15.9.2008 – 6 O 325/08, CR 2008, 804 = MMR 2008, 830.
10 *OLG Zweibrücken*, Beschl. v. 27.10.2008 – 3 W 184/08, CR 2009, 31 = MMR 2009, 43.
11 *OLG Köln*, Beschl. v. 21.10.2008 – 6 Wx 2/08.
12 *OLG Köln*, Beschl. v. 9.6.2011 – 6 W 159/10.
13 *LG Hamburg*, Urt. v. 11.3.2009 – 308 O 75/09, CR 2009, 656 = MMR 2009, 570 mit krit. Anm. *zur Wiesche*.

schungspflichten, denen er auch prioritär nachzukommen hat.¹ Das *LG Hamburg* vertritt demgegenüber sogar die Auffassung, dass dem Access Provider einstweilig untersagt werden könne, noch vorhandene Daten zu löschen.² Viele Oberlandesgerichte haben inzwischen eine solche Speicherpflicht zu Recht abgelehnt.³ Einer gesetzlichen Grundlage bedarf die Annahme einer Pflicht zur Speicherung dynamischer IP-Adressen im Interesse der Inhaber gewerblicher Schutzrechte und Urheberrechte gerade vor dem Hintergrund des Urteils des *Bundesverfassungsgerichts* zur „Vorratsdatenspeicherung".

Es kommt dem Gesetzgeber zu, einen Ausgleich herzustellen zwischen den Interessen dieser Inhaber privater Rechte, die von Verfassungs wegen zu schützen sind, und den datenschutzrechtlichen Belangen der Internetnutzer, die ihrerseits verfassungsrechtlich geschützt sind.

Schwierigkeiten macht auch die Frage des Auskunftsanspruches nach § 101 UrhG, wenn es um **die örtliche Zuständigkeit des Gerichts** geht. Nach § 101 Abs. 9 Satz 2 UrhG sei nur dasjenige *Landgericht* zuständig, in dessen Bezirk der zur Auskunft Verpflichtete „seinen Wohnsitz, seinen Sitz oder eine Niederlassung" hat. Das *OLG Düsseldorf*⁴ hat dahingehend klar gestellt, dass es zwischen den Gerichtsbarkeiten kein gleichberechtigtes Wahlrecht gebe. Entscheidend sei der alleinige Sitz. Die Zuständigkeit einer Zweigniederlassung sei erst dann gegeben, wenn ein Bezug zu einer bestimmten Niederlassung des zur Auskunft Verpflichteten bestehe. Dies sei der Fall, wenn dort ein wesentlicher Beitrag der Dienstleistungen für die beanstandete rechtsverletzende Tätigkeit erbracht werde. Gegen eine einstweilige Anordnung nach § 101 Abs. 9 UrhG ist die Beschwerde nach den allgemeinen Grundsätzen des FamFG-Verfahrens (Gesetz über das Verfahren in Familiensachen und in den Angelegenheiten der freiwilligen Gerichtsbarkeit) statthaft. Ein Fall der sofortigen Beschwerde nach § 101 Abs. 9 Satz 6 UrhG liegt im Fall einstweiliger Anordnungen nicht vor.⁵

Der Antragsteller hat die Kosten des Auskunftsverfahrens unabhängig von dessen Ausgang zu zahlen; die Erstattungspflicht umfasst auch die außergerichtlichen Kosten des Providers.⁶ Werden einem Auskunftsbegehren nach § 101 Abs. 9 UrhG eine Vielzahl unterschiedlicher, verschiedene Werke betreffender Rechtsverletzungen zu Grunde gelegt, handelt es sich gebühren-

---

1 So auch *OLG Hamm*, Beschl. v. 2.11.2010 – I-4 W 119/10, CR 2011, 516 = GRUR-Prax 2011, 66 = MMR 2011, 193; *OLG Frankfurt a.M.*, Beschl. v. 17.11.2009 – 11 W 53/09, GRUR-RR 2010, 91 = MMR 2010, 109. Eine Verfassungsbeschwerde der Rechteinhaber wurde abgelehnt; *BVerfG*, Beschl. v. 17.2.2011 – 1 BvR 3050/10, RDV 2011, 141 = ZUM-RD 2011, 395.
2 Modifiziert in *LG Hamburg*, Urt. v. 20.10.2010 – 308 O 320/10.
3 *OLG Düsseldorf*, Urt. v. 15.3.2010 – I -20 U 136/10, MMR 2011, 546; *OLG Hamm*, Beschl. v. 2.11.2010 – I-4 W 119/10, CR 2011, 516 = GRUR-Prax 2011, 61.
4 *OLG Düsseldorf*, Beschl. v. 8.1.2009 – I-20 W 130/08.
5 *OLG Köln*, Beschl. v. 21.10.2008 – 6 Wx 2/08.
6 *LG Frankenthal*, Beschl. v. 6.3.2009 – 6 O 60/09, MMR 2009, 487. Dazu auch *Bierekoven*, ITRB 2009, 158.

rechtlich um inhaltlich unterschiedliche Anträge, für die jeweils eine gesonderte Gebühr nach § 128c Nr. 4 KostO entsteht.[1] Für die Gerichtsgebühren ist auf den Sachverhalt der Rechtsverletzung abzustellen; auf die Anzahl der mitgeteilten IP-Adressen kommt es nicht an.[2]

Ein Internetprovider ist nicht verpflichtet, IP-Adressen, die er nur im Rahmen der Vorratsdatenspeicherung vorgehalten hat, an einen Rechteinhaber herauszugeben.[3] Das *OLG* ist dabei der Argumentation gefolgt, dass die Norm des § 101 Abs. 9 UrhG (allenfalls) einen datenschutzrechtlichen Erlaubnistatbestand für die Übermittlung der gemäß § 96 TKG gespeicherten Verkehrsdaten, nicht jedoch für die allein nach § 113a TKG gespeicherten Daten bildet. Für eine Gestattung im Hinblick auf derartige Daten fehlt es nach der Auffassung des Gerichts an einer Rechtsgrundlage. Auf dieses Urteil des *OLG* hat auch die Nichtigerklärung der §§ 113a und 113b TKG durch das *Bundesverfassungsgericht*[4] im Zuge des Urteils zur Vorratsdatenspeicherung keine direkte Auswirkung, weil auch nach einer Neugestaltung der Regelungen durch den Gesetzgeber keine Erweiterung des Kreises der Auskunftsanspruchsberechtigten über staatliche Stellen hinaus zu erwarten ist. Gibt der Access Provider die Daten rechtswidrig an den Rechteinhaber, unterliegen diese Daten keinem Beweisverwertungsverbot, selbst wenn die Auskunft des Providers ohne richterliche Anordnung eingeholt wurde.[5]

Gefährlich war lange Zeit der von der Musik- und Spieleindustrie eingeschlagene Weg über das Strafrecht. Mittels technischer Tools des Unternehmens Logistep wurden P2P-Netzwerke durchforstet und automatisiert **Strafanträge an die Staatsanwaltschaft** geschickt.[6] Selbst wenn die StA den Antrag nicht weiter verfolgte, konnte dadurch die Anwaltskanzlei über den strafrechtlichen Weg an die Adressen der Nutzer kommen und (bis dahin noch sehr) hohe Abmahngebühren liquidieren. Entsprechende Akteneinsichtsrechte der Musikindustrie wurden dann aber vermehrt abgelehnt.[7] Diese Ansicht ist zutreffend, da § 406e StPO eine Akteneinsicht verbietet, wenn schutzwürdige Interessen des Beschuldigten entgegenstehen. Die Geltendmachung zivilrechtlicher Ansprüche wiegt gegenüber den persönlichkeits- und datenschutz-

---

[1] *OLG Frankfurt a.M.*, Beschl. v. 15.4.2009 – 11 W 27/09; *OLG Karlsruhe*, Beschl. v. 15.1.2009 – 6 W 4/09. A.A. *OLG München*, Urt. v. 27.9.2010 – 11 W 1894/10.
[2] *OLG Düsseldorf*, Beschl. v. 12.3.2009 – I-10 W 11/09.
[3] *OLG Frankfurt a.M.*, Beschl. v. 12.5.2009 – 11 W 21/09, CR 2010, 99 = MMR 2009, 542.
[4] *BVerfG*, Urt. v. 2.3.2010 – 1 BvR 256/08, CR 2010, 232 = NJW 2010, 833.
[5] *OLG Köln*, Urt. v. 23.7.2010 – 6 U 31/10, CR 2010, 746 = MDR 2010, 1141 = MMR 2010, 780.
[6] Siehe dazu Massenanzeige „Schienbeintritt für Softwarepiraten", FAZ, 12.9.2005, S. 23.
[7] *LG München I*, Beschl. v. 12.3.2008 – 5 Qs 19/08, MMR 2008, 561; ähnlich *LG Saarbrücken*, Beschl. v. 28.1.2008 – 5 (3) Qs 349/07, MMR 2008, 562; *LG Frankenthal*, Beschl. v. 21.5.2008 – 6 O 156/08, CR 2008, 666 = MMR 2008, 687; *LG München I*, Beschl. v. 12.3.2008 – 5 Qs 19/08. A.A. *LG Saarbrücken*, Beschl. v. 2.7.2007 – 2 Qs 11/09, MMR 2009, 639 und *LG Bielefeld*, Beschl. v. 10.6.2009 – 2 Qs 224/09.

rechtlichen Belangen des Beschuldigten geringer. Hier ging es um eine rechtsmissbräuchliche Nutzung der Staatsanwaltschaften und ihrer hoheitlichen Befugnisse für die Belange der Musikindustrie. Da es sich beim File-Sharing in der Regel um Bagatellkriminalität handelt, konnte die Staatsanwaltschaft vom Provider nach Auffassung des *AG Offenburg*[1] auch nicht die Namensnennung eines Kunden verlangen, dem zu einem ganz bestimmten Zeitpunkt eine IP-Nummer zugewiesen war. Bei der Geltendmachung von Einsichts- und Auskunftsansprüchen des Rechteinhabers ist auch das Recht des Beschuldigten auf informationelle Selbstbestimmung zu beachten. Insofern könne die Musikindustrie kein strafrechtlich begründetes Akteneinsichtsrecht geltend machen, wenn es um Bagatellfälle geht.[2] Bei dem Bereithalten von einer Musikdatei handelt es sich um einen solchen Fall bagatellartiger Rechtsverletzung, was sodann zum Vorrang des Rechtes auf informationelle Selbstbestimmung des Betroffenen führt.[3] Im Übrigen hat der *EuGH* betont, dass Auskunftsansprüche gegen Access Provider nicht zwingend europarechtlich vorgegeben sind.[4] Das *LG Hamburg* hat ferner festgestellt, dass selbst gefertigte Screenshots von den angeblichen P2P-Rechtsverstößen kein geeignetes Beweismittel sind.[5] Ansonsten gehen die Hamburger Richter von der Zulässigkeit der Logistep-Recherche nach IP-Adressen aus.[6]

Das *Schweizerische Bundesverwaltungsgericht* hat mit Urteil vom 8. September 2010[7] eine Empfehlung des Eidgenössischen Datenschutz- und Öffentlichkeitsbeauftragten (EDÖB) in Sachen Logistep AG „betreffend die Bearbeitung und Weitergabe von Datenspuren" im Wesentlichen bestätigt. Der Beauftragte hatte die Bearbeitungsmethoden der Logistep AG als geeignet angesehen, die Persönlichkeit einer größeren Anzahl von Personen zu verletzen. Mithilfe einre speziellen Software hatte die Logistep AG in verschiedenen Peer-to-Peer-Netzwerken nach angebotenen urheberrechtlich geschützten Werken gesucht und elektronische Daten aufgezeichnet, die die Identifikation der Urheberrechtsverletzer ermöglichte. Die so erhobenen Daten wurden sodann an die Urheberrechtsinhaber weitergegeben, die sich damit über eine Anzeige gegen Unbekannt die Identitätsdaten im Rahmen der Akteneinsicht verschaffen und Schadensersatzforderungen geltend machen konnten. Das Bundesverwaltungsgericht kam in diesem Zusammenhang zu dem Schluss, dass

---

1 *AG Offenburg*, Beschl. v. 20.7.2007 – 4 Gs 442/07, CR 2007, 676 m. Anm. *Heidrich* = MMR 2007, 809.
2 *LG Darmstadt*, Beschl. v. 12.12.2008 – 9 QS 573/08, MMR 2009, 290.
3 Ähnlich schon *LG Darmstadt*, Beschl. v. 9.10.2008 – 9 QS 490/08 – MMR 2009, 52 m. Anm. *Bär*.
4 *EuGH*, Urt. v. 29.1.2008 – Rs. C-275/06, CR 2008, 381 = MMR 2008, 227.
5 *LG Hamburg*, Urt. v. 14.3.2008 – 308 O 76/07, CR 2008, 401 m. Anm. *Stücke* = MMR 2008, 418.
6 *OLG Hamburg*, Beschl. v. 3.11.2010 – 5 W 126/10, CR 2011, 126 = MMR 2011, 281; ebenso *OLG München*, Beschl. v. 4.7.2011 – 6 W 496/11, MMR-Aktuell, 321108.
7 *Schweizer BG*, Urt. v. 8.9.2010 – 1 C_285/2009, MMR 2011, 201.

- das Sammeln und Weitergeben von technischen Daten durch die Beklagte eine Bearbeitung von Personendaten im Sinne des Datenschutzgesetzes (DSG) darstellt,
- diese Datenbearbeitung die Persönlichkeit der betroffenen Personen verletzt, da weder das Zweckmäßigkeits- noch das Erkennbarkeitsprinzip eingehalten werden und
- das Interesse an der wirksamen Bekämpfung von Urheberrechtsverletzungen die Tragweite der Persönlichkeitsverletzungen nicht aufwiegen kann.

In **Österreich** sah die Lage anders aus; hier argumentierte man ursprünglich deutlicher zugunsten der Musikindustrie. So hatte der *Oberste Gerichtshof*[1] Ende Juli 2005 über die Auskunftspflicht von Internet-Providern entschieden: Diese müssten nunmehr Auskunft über Namen und Adressen der User erteilen. Bei dieser Auskunft handele es sich um eine Stammdatenauskunft und nicht um eine Telekommunikationsüberwachung, und der Auskunftsleistung stünden weder grundsätzliche datenschutzrechtliche noch telekommunikationsrechtliche Bestimmungen entgegen.[2] Diese Auffassung hat der OGH dann aber nach widerstreitender Vorlageentscheidung des *EuGH*[3] wieder aufgegeben.[4]

---

1 *öOGH*, Entschl. v. 26.7.2005 – 11 Os 57/05z, MMR 2005, 827; ähnlich *OLG Wien*, Beschl. v. 30.3.2005 – 17 Bs 76/05u, MMR 2005, 591.
2 Anderer Auffassung in Österreich *OLG Linz*, Beschl. v. 23.2.2005 – 9 Bs 35/05v, MMR 2005, 592.
3 *öOGH*, Beschl. v. 13.11.2007 – 4 Ob 141/07z, GRUR Int. 2008, 765.
4 *öOGH*, Urt. v. 14.7.2009 – 4 Ob 41/09x, GRUR Int. 2010, 345.

Viertes Kapitel:
Online-Marketing: Werberechtliche Fragen

Literatur: *Bender/Kahlen,* Neues Telemediengesetz verbessert den Rechtsrahmen für Neue Dienste und Schutz vor Spam-Mails, MMR 2006, 590; *Bestmann,* Der Schwarzmarkt blüht, Nicht autorisierter Ticketverkauf im Internet und das UWG, WRP 2005, 279; *Freitag,* Wettbewerbsrechtliche Probleme im Internet, in: Kröger/Gimmy (Hrsg.), Handbuch zum Internet-Recht, Berlin 2000, S. 369; *Ernst,* Suchmaschinenmarketing (Keyword Advertising, Doorway Pages, u.ä.) im Wettbewerbs- und Markenrecht, WRP 2004, 278; *Ernst,* Rechtliche Probleme des Suchmaschinen-Marketings, ITRB 2005, 91; *Ernst,* Disclaimer in E-Mail und Webseite, ITRB 2007, 165; *Fritz,* Internet-Marketing und Electronic Commerce, Wiesbaden 2000; *Gamerith,* Der Richtlinienvorschlag über unlautere Geschäftspraktiken, Möglichkeiten einer harmonischen Umsetzung, WRP 2005, 391; *Härting/Schirmbacher,* Internetwerbung und Wettbewerbsrecht, ITRB 2005, 16; *Hey,* Online-Werbung – effiziente Gestaltung und rechtliche Rahmenbbedingungen, BuW 2001, 119; *Heyms/Prieß,* Werbung online – Eine Betrachtung aus rechtlicher Sicht, Berlin 2002; *Heyn,* Grenzenlose Markttransparenz im Internet? Zur rechtlichen Problematik von automatisierten Preisvergleichen im Internet, GRUR 2000, 657; *Hoeren,* Werbung im WWW – aus der Sicht des neuen UWG, MMR 2004, 643; *Hoeren,* Privacy, Direktmarketing und das neue UWG, DuD 2004, 611; *Hoeren,* Werbung im WWW – aus der Sicht des neuen UWG, MMR 2004, 643; *Jöhri,* Werbung im Internet – Rechtsvergleichende, lauterkeitsrechtliche Beurteilung von Werbeformen im Internet, Zürich 2000; *Kaestner,* Unfair Competition Law – European Union and Member States, WRP 2007, 1009; *Koch,* Von Blogs, Podcasts und Wikis – telemedienrechtliche Zuordnungs- und Haftungsfragen der neuen Dienste im Internet, ITRB, 2006, 260; *Lehmann,* E-Commerce und das Werberecht der Versicherungen in Europa, ZgesVW 2001, 379; *Leistner,* Werbung, Commercial Communications und E-Commerce, in: Lehmann (Hrg.), Electronic Business in Europa. Internationales, europäisches und deutsches Online-Recht, München 2002, 275; *Marwitz,* Werberecht — Besondere werberechtliche Bestimmungen (Teil 11.2), in: Hoeren/Sieber (Hrsg.), Handbuch Multimedia-Recht, München 2011; *Micklitz/Schirmbacher,* Distanzkommunikation im europäischen Lauterkeitsrecht, WRP 2006, 148; *Moritz,* Quo vadis elektronischer Geschäftsverkehr?, CR 2000, 61; *Naumann,* Präsentationen im Internet als Verstoß gegen §§ 1, 3 UWG, Frankfurt 2001; *Rath-Glawatz/Engels/Dietrich,* Das Recht der Anzeige, 3. Aufl., Köln 2005; *Rösler,* Werbende E-Karten – Zur Zulässigkeit von Mischformen zwischen elektronischem Direktmarketing und privater Kommunikation, WRP 2005, 438; *Ruess,* Die E-Commerce-Richtlinie und das deutsche Wettbewerbsrecht, München 2003; *Schmittmann,* Werbung im Internet. Recht und Praxis, München 2003; *Tettenborn,* Die Umsetzung der EG-Richtlinie über den elektronischen Geschäftsverkehr, in: Lehmann (Hrg.), Electronic Business in Europa. Internationales, europäisches und deutsches Online-Recht, München 2002, 69.

Wer das Internet zu Werbezwecken nutzt, weiß oft nicht, welche rechtlichen Grenzen zu beachten sind. Eine Vielfalt von Gesetzen kommt hier zum Tragen, gekoppelt mit einer Vielfalt von Gerichtsentscheidungen. Im Folgenden soll daher der Dschungel des Werberechts etwas gelichtet werden. Dabei muss unterschieden werden zwischen den werberechtlichen Spezialbestimmungen, insbesondere im Standesrecht und Arzneimittelrecht, und den allgemeinen Bestimmungen des Gesetzes zum Schutz gegen unlauteren Wettbewerb (UWG).

I. Kollisionsrechtliche Fragen

Literatur: *Ahrens,* Das Herkunftslandprinzip in der E-Commerce-Richtlinie, CR 2000, 835; *Bernreuther,* Die Rechtsdurchsetzung des Herkunftslandrechts nach Art. 3 Abs. 2 EC-RiL und das Grundgesetz, WRP 2001, 384; *Bodewig,* Herkunftslandprinzip im Wettbewerbsrecht: Erste Erfahrungen, GRUR 2004, 822; *Bröhl,* EGG-Gesetz über rechtliche Rahmenbedingungen des elektronischen Geschäftsverkehrs, MMR 2001, 67; *Dethloff,* Europäisches Kollisionsrecht des unlauteren Wettbewerbs, JZ 2000, 179; *Gierschmann,* Die E-Commerce-Richtlinie, DB 2000, 1315; *Glöckner,* Wettbewerbsverstöße im Internet – Grenzen einer kollisionsrechtlichen Problemlösung, Zeitschrift für vergleichende Rechtswissenschaft 2000, 278; *Glöckner,* Ist die Union reif für die Kontrolle an der Quelle?, WRP 2005, 795; *Härting,* Umsetzung der E-Commerce-Richtlinie, DB 2001, 80; *Handig,* Neues im Internationalen Wettbewerbsrecht – Auswirkungen der Rom II-Verordnung, GRUR Int. 2008, 24; *Härting,* Gesetzentwurf zur Umsetzung der E-Commerce-Richtlinie, CR 2001, 271; *Halfmeier,* Vom Cassislikör zur E-Commerce-Richtlinie: Auf dem Weg zu einem europäischen Mediendeliktsrecht, ZeuP 2001, 837; *Kur,* Das Herkunftslandprinzip der E-Commerce-Richtlinie: Chancen und Risiken, in: Festschrift für Willi Erdmann, Köln 2003, 629; *Leible/Lehmann,* Die neue EG-Verordnung über das auf außervertragliche Schuldverhältnisse anzuwendende Recht („Rom II"), RIW 2007, 721; *Lindacher,* Zum Internationalen Privatrecht des unlauteren Wettbewerbs, WRP 1996, 645; *Lindacher,* Die internationale Dimension lauterkeitsrechtlicher Unterlassungsansprüche: Marktterritorialität versus Universalität GRUR Int. 2008, 453; *Lurger/Vallant,* Grenzüberschreitender Wettbewerb im Internet. Umsetzung des Herkunftslandprinzips der E-Commerce-Richtlinie in Deutschland und Österreich, RIW 2002, 188; *Mankowski,* Wettbewerbsrechtliches Gerichtspflichtigkeits- und Rechtsanwendungsrisiko bei Werbung über Websites, CR 2000, 763; *Mankowski,* Das Herkunftslandprinzip als Internationales Privatrecht der E-Commerce-Richtlinie, ZvglRWiss 2001, 137; *Mankowski,* Herkunftslandprinzip und Günstigkeitsvergleich in § 4 TDG-E, CR 2001, 630; *Mankowski,* Herkunftslandprinzip und deutsches Umsetzungsgesetz zur E-commerce-Richtlinie, ZVglRWiss 100 (2001), 137; *Mankowski,* Wider ein Herkunftslandprinzip für Dienstleistungen im Binnenmarkt, IPRax 2004, 385; *Ohly,* Das Herkunftslandprinzip im Bereich vollständig angeglichenem Lauterkeitsrechts, WRP 2006, 1401; *Sack,* Das internationale Wettbewerbs- und Immaterialgüterrecht nach der EGBGB-Novelle, WRP 2000, 269; *Sack,* Das internationale Wettbewerbsrecht nach der E-Commerce-Richtlinie (ECRL) und dem EGG-/TDG-Entwurf, WRP 2001, 1408; *Sack,* Internationales Laterkeitsrecht nach der Rom II-VO, WIRP 2008, 845; *Schack,* Internationale Urheber-, Marken- und Wettbewerbsrechtsverletzungen im Internet (Teil 2), MMR 2000, 135; *Spindler,* Das Gesetz zum elektronischen Geschäftsverkehr – Verantwortlichkeit der Diensteanbieter und Herkunftslandprinzip, NJW 2002, 921; *Spindler,* Das Herkunftslandprinzip im neuen Teledienstegesetz, RIW 2002, 183; *Schmittmann,* Werbung im Internet. Recht und Praxis, München 2003; *Thünken,* Die EG-Richtlinie über den elektronischen Geschäftsverkehr und das Internationale Privatrecht des unlauteren Wettbewerbs, IPRax 2001, 15; *Ubber,* Rechtsschutz bei Missbrauch von Internet-Domains, WRP 1997 497; *Wüstenberg,* Das Fehlen von in § 6 TDG aufgeführten Informationen auf Homepages und seine Bewertung nach § 1 UWG, WRP 2002, 782.

Wie im Urheberrecht ist auch hier vorab zu prüfen, wann das deutsche Wettbewerbs- und Kartellrecht zur Anwendung gelangt. Grundsätzlich bestimmt sich dies für außervertragliche Schuldverhältnisse im Lauterkeitsrecht gem. Art. 6 Abs. 1 Rom II-VO nach dem **Marktort**. Demnach ist auf den **Ort der wettbewerblichen Interessenkollision** abzustellen, also denjenigen, wo Verbraucher umworben werden und die Wettbewerbsmaßnahme einwirkt.[1] Wer sich für seine Werbung des Internets oder einer CD-ROM bedient, muss diese folglich an deutschem Recht messen lassen, sofern nur der **Ort der wettbewerblichen Interessenkollision** im Inland liegt.

Mit dem Markortprinzip soll die Grundregel des Art. 4 Rom II-VO (Ort des Schadenseintritts, Erfolgsortprinzip) – im Interesse der Marktteilnehmer sowie der Allgemeinheit an gleichen Konkurrenzbedingungen auf dem Markt – präzisiert[2] werden.[3] Zugleich ermöglicht eine solche Anknüpfung, den Erfolgsort im Regelfall präzise zu lokalisieren.[4] Der Marktort ist somit eine besondere Ausprägung des Erfolgsortes.[5]

Zum Schutz der Allgemeinheit begrenzt darüber hinaus Art. 6 Abs. 4 die Rechtswahl, Art. 4 Abs. 2 und 3 ROM II-VO (Anknüpfung an gleichen gewöhnlichen Aufenthalt der Parteien bzw. offensichtlich engere Beziehung) sind ebenfalls nicht anwendbar.[6]

Bei Verstößen, die sich allerdings lediglich gegen einen bestimmten Wettbewerber richten, bedarf es aufgrund der großen Nähe zum allgemeinen Deliktsrecht[7] gem. Art. 6 Abs. 2 ROM II-VO einer Marktanknüpfung nicht. In solchen Fällen greift die Grundregel des Art. 4 ROM II-VO. Umstritten ist jedoch, ob in solchen Fällen ebenfalls die Rechtswahl ausgeschlossen ist.[8]

Dies hätte zur Folge, dass insbesondere bei Wettbewerbshandlungen im Internet aufgrund der weltweiten Abrufbarkeit praktisch jede Rechtsordnung zur Anwendung kommen könnte, ohne Rücksicht darauf, ob die Interessensbeeinträchtigung überhaupt spürbar, unmittelbar oder wesentlich ist.

Jedoch ist die Frage nach einer entsprechenden **Spürbarkeitsschwelle**, insb. im Hinblick auf Wettbewerbshandlungen im Internet, nicht gänzlich geklärt. Während die bisherige deutsche Rechtsprechung eine kollisionsrechtliche

---

[1] Hk-BGB/*Dörner*, Art. 6 Rom II-VO, Rz. 4; *Sack*, WRP 2008, 845, 847; *BGH*, Urt. v. 11.2.2010 – I ZR 85/08, Rz. 12, MDR 2010, 1137 = GRUR 2010, 847 – Ausschreibung in Bulgarien; *BGH*, Urt. v. 20.12.1963 – Ib ZR 104/62, GRUR 1964, 316, 318 – Stahlexport; *BGH*, Urt. v. 30.6.1961 – I ZR 39/60, GRUR 1962, 243 – Kindersaugflaschen; *v. Hoffmann/Thorn*, IPR, § 11 Rz. 51; *Lindacher*, WRP 1996, 645.
[2] Erwägungsgrund Nr. 21 der Rom II-VO.
[3] *Sack*, WRP 2008, 845, 847; jurisPK/*Wurmnest*, BGB, Art. 6 Rom II-VO, Rz. 2, 5.
[4] jurisPK/*Wurmnest*, BGB, Art. 6 Rom II-VO Rz. 2.
[5] jurisPK/*Wurmnest*, BGB, Art. 6 Rom II-VO Rz. 10.
[6] Vgl. *Staudinger/Czaplinski*, Anm. zu *BGH*, Urt. v. 9.7.2009 – Xa ZR 19/08, MDR 2009, 1348 = NJW 2009, 3371.
[7] jurisPK/*Wurmnest*, BGB, Art. 6 Rom II-VO Rz. 2.
[8] Pro: *Sack*, WRP 2008, 845, 651; *v. Hein*, ZEuP 2009, 6, 23; Contra: jurisPK/*Wurmnest*, BGB, Art. 6 Rom II-VO, Rz. 24 – aufgrund nur sehr indirekter Berührung der Interessen der Allgemeinheit und Anwendung von Art. 4 Rom II-VO sei eine teleologische Reduktion des Art. 6 Abs. 4 nur konsequent, so auch: *Leible/Lehmann*, RIW 2007, 721.

Spürbarkeitsregel entwickelt hat,[1] enthält die beschlossene Fassung der ROM II-VO keinen Ansatzpunkt für die Anforderung einer „unmittelbaren" oder „wesentlichen" Beeinträchtigung.[2]

Bei strikter Wortlautinterpretation könnte insofern ein Spürbarkeitskriterium allenfalls auf **materiell-rechtlicher** Ebene Beachtung finden.[3] Diese Ansicht bringt vor, dass auch für Unterlassungsansprüche bereits die bloße Möglichkeit der Auswirkung ausreichen solle, weil dies eine Gefahr der Interessenkollision i.S.d. Art. 6 I Rom II-VO schaffe.[4] Als wesentliche Grundlage auf internationaler sachrechtlicher Ebene liefert bisher die UGP-RL eine qualitative Spürbarkeitsgrenze,[5] welche verlangt, dass ein Durchschnittsverbraucher durch die unlautere Geschäftspraktik wesentlich beeinflusst werden kann.[6] Diese gilt jedoch nicht im B2B-Bereich.

Eine andere Auffassung lehnt eine strikte Anlehnung an den Wortlaut ab.[7] So sei die Lösung mit dem übergeordneten Prinzip des IPR, für Rechtssicherheit zu sorgen, kaum vereinbar, weshalb ein Spürbarkeitskriterium in das Tatbestandsmerkmal der Beeinträchtigung hineingelesen werden müsse, um sog. „Spillover"-Effekte (zum Tragen kommen unwesentlicher, nicht spürbarer Effekte) zu vermeiden.[8]

Darüber hinaus hat die bisherige Rechtsprechung des *BGH* eine Interessenkollision bei Werbung im Internet nur dort angenommen, wo sich diese **bestimmungsgemäß** ausgewirkt hat.[9] Eine solche Einschränkung soll auch weiterhin möglich sein.[10]

In Fällen, in denen ein Kaufmann seine Waren oder Leistungen grenzüberschreitend anbietet, ist der **Marktort** somit derjenige, an dem die Werbemaßnahme auf den Kunden einwirken soll, selbst wenn der spätere Absatz auf ei-

---

1 Grundlegend für das deutsche Wettbewerbsrecht: *BGH*, Urt. v. 23.10.1970 – I ZR 86/09, GRUR 1971, 153 (III.2.a) – Tampax; *Sack*, WRP 2008, 845 m.w.N.
2 Anders in den Vorschlägen für die Rom II-VO, siehe Art. 5 Abs. 1 und Art. 7 Abs. 1 Rom II-VO in der Fassung KOM(2006) 83 endg.
3 So: Palandt/*Thorn*, BGB, Art. 6 Rom II-VO (IPR), Rz. 13; *Sack*, WRP 2008, 845; vgl. *Handig*, GRUR Int. 2008, 24, 28.
4 *Sack*, WRP 2008, 845, 852.
5 *Handig*, GRUR Int. 2008, 24; *Gamerith* i. d. Anm. zu *öOGH*, ÖBl 2007, 121.
6 Art. 5 Abs. 2 Buchst. b UGP-RL.
7 Vgl. Hk-BGB/*Dörner*, Art. 40 EGBGB Rz. 5.
8 jurisPK/*Wurmnest*, BGB, Art. 6 Rom II-VO Rz. 12.
9 *BGH*, Urt. v. 30.3.2006 – I ZR 24/03, CR 2006, 539 = MDR 2006, 941 = GRUR 2006, 513 Rz. 25 – Arzneimittelwerbung im Internet; *BGH*, Urt. v. 5.10.2006 – I ZR 7/04, MDR 2007, 536 = BRAK 2007, 82 = GRUR 2007, 245 Rz. 13; Hk-BGB/*Dörner*, Art. 40 EGBGB, Rz. 5. Dies ist allerdings nicht mit der oben diskutierten Spürbarkeitsschwelle im Rahmen der Intensität der Wirkung zu verwechseln.
10 Hk-BGB/*Dörner*, Art. 6 Rom II-VO Rz. 5; Palandt/*Thorn*, BGB, Art. 6 Rom II-VO (IPR) Rz. 10; wohl auch: jurisPK/*Wurmnest*, BGB, 4. Aufl. 2009, Art. 6 Rom II-VO Rz. 12; dagegen: *Sack*, WRP 2008, 845, 852.

nem anderen Markt stattfindet.[1] Diese Regel gilt uneingeschränkt jedoch nur in den Fällen, in denen die wettbewerbsrechtliche Beurteilung der Werbemaßnahme – wie beispielsweise in Fällen der irreführenden Werbung – nicht davon abhängig ist, ob das beworbene Absatzgeschäft wettbewerbsrechtlich zu beanstanden ist.[2] Anders verhält es sich, wenn sich der Vorwurf der Unlauterkeit der Ankündigung ausschließlich darauf gründet, dass das beworbene, im Ausland stattfindende Absatzgeschäft im Inland unlauter ist. So kann die Werbung für ein im Ausland abzuschließendes Geschäft im Inland nicht mit der Begründung untersagt werden, dass der Geschäftsabschluss – wenn er im Inland stattfände – als Rechtsbruch nach §§ 3, 4 Nr. 11 UWG zu untersagen wäre. Bspw. wäre es einem luxemburgischen Kaufmann unbenommen, in Deutschland damit zu werben, dass Kunden an einem deutschen Feiertag, an dem der Verkauf in Deutschland gegen die Bestimmungen des Ladenschlussgesetzes verstieße, in seinem Luxemburger Geschäftslokal willkommen seien.[3]

Im **Internet** kommt Werbung in zwei Formen in Betracht: Zum einen durch individuell oder massenhaft versandte E-Mails, zum anderen durch die Präsentation auf einer Webseite. Dementsprechend gilt in diesem Bereich das Recht des Landes, in dem eine E-Mail bestimmungsgemäß empfangen oder von dem aus eine Webseite bestimmungsgemäß abgerufen werden kann. Im Hinblick auf E-Mail-Werbung kann z.B. die Länderkennung Anhaltspunkte über den bestimmungsgemäßen Empfangsort geben.[4] Bei Webseiten, die auch zu Werbezwecken genutzt werden, ist die Festlegung des bestimmungsgemäßen Abruforts wegen der Globalität des Internets oftmals weitaus schwieriger. Aufgrund des erforderlichen finalen Charakters der Einwirkung fallen Internet-Angebote, die bspw. nur auf den amerikanischen Markt zugeschnitten sind, für eine lauterkeitsrechtliche Prüfung nach deutschem Recht aus. Soweit herrscht Übereinstimmung. **Wie** aber lässt sich der **Adressatenkreis einer Webseite festlegen?** Webseiten stehen grundsätzlich einem weltweiten Publikum zum Abruf zur Verfügung, ohne dass sie jedoch allein aufgrund dieser Möglichkeit auch an die gesamte Welt adressiert sein müssten. Entscheidend dürfte wohl kaum die subjektiv-finale Sichtweise des Online-Anbieters sein. Denn dann könnte dieser durch Warnhinweise (sog. Disclaimer) auf seiner Webseite, z.B. „Diese Homepage ist nicht für den deutschen Markt bestimmt", die Anwendung des deutschen Rechts ausschließen. Ein Ausschluss

---

[1] *BGH*, Urt. v. 15.11.1990 – I ZR 22/89, MDR 1991, 856 = NJW 1991, 1054 – Kauf im Ausland; vgl. auch jurisPK/*Wurmnest*, BGB, Art. 6 Rom II-VO Rz. 10; *Lindacher*, GRUR Int. 2008, 453; *Sack*, WRP 2008, 845, 847.
[2] *BGH*, Urt. v. 13.5.2004 – I ZR 264/00, GRUR 2004, 1035 – Rotpreis-Revolution. Ähnlich *OLG Hamburg*, Urt. v. 9.11.2006 – 3 U 58/06 und *OLG Rostock*, Urt. v. 20.7.2009 – 2 W 41/09; vgl. ebenso: Piper/Ohly/Sosniza/*Ohly*, UWG, B. 1. Einführung B. Rz. 15; a.A. *Sack*, WRP 2008, 845, 949.
[3] *BGH*, Urt. v. 13.5.2004 – I ZR 264/00, GRUR 2004, 1035 – Rotpreis-Revolution.
[4] *LG Stuttgart*, Urt. v. 15.5.2007 – 17 O 490/06, MMR 2007, 668; hierzu krit. *Klinger*, jurisPR-ITR 9/2008 Anm. 2.

über den Disclaimer ist zwar auch grundsätzlich möglich,[1] jedoch muss im Zweifel der Grundsatz der „protestatio facto contraria non volet" gelten und auf den objektiven Empfängerhorizont abgestellt werden. Es sind in diesem Zusammenhang insofern alle Umstände des Einzelfalls einzubeziehen, um festzustellen, auf welche Verkehrskreise eine Werbekampagne im Internet zielt.[2] So kann neben der TLD (Top-Level-Domain),[3] der Sprache[4] eine größere Bedeutung zukommen. Allerdings ist dies eine deutsch geprägte Sicht. Schon bei Verwendung englischer oder französischer Sprache ist ein nationaler Markt angesichts der weltweiten Bedeutung solcher Sprachen nicht mehr rekonstruierbar.[5] Neben der Sprache können jedoch v.a. die für das Online-Angebot verfügbaren **Zahlungsmittel** weiterhelfen. Als ein nennenswertes Indiz könnten insofen landesspezifische Währungen (also insb. nicht der Euro)[6] bzw. die Beschränkung von Zahlungen ausschließlich über deutsche Konten fungieren.

Werden z.B. ausschließlich Zahlungen in Euro oder über Konten deutscher Kreditinstitute zugelassen, kann dadurch auch auf eine Beschränkung für den deutschen Markt geschlossen werden. Zu einer Einschränkung vermag dieses Kriterium aber in der Praxis kaum zu führen. Denn im Internet werden üblicherweise mehrere Zahlungsmöglichkeiten angeboten, unter denen sich meist auch eine Zahlungsform per Kreditkarte befindet.[7] Diese Zahlungsmodalitäten sind international verbreitet und lassen damit keine Rückschlüsse auf einen national beschränkten Adressatenkreis des Online-Marketings zu. Auch Hinweise auf Verkaufs- und Lieferbeschränkungen (bspw.: „Die hier angebotenen Waren können von Österreich oder der Schweiz aus nicht bestellt werden.") können, wie oben bereits angedeutet, lediglich als Indiz für eine Beschränkung auf den deutschen Markt angesehen werden.[8] Entscheidend ist, wie sich der Online-Anbieter tatsächlich verhält und ob er Bestellungen

---

1 *BGH*, Urt. v. 30.3.2006 – I ZR 24/03, CR 2006, 539 = MDR 2006, 941 = NJW 2006, 2630; Palandt/*Thorn*, BGB, Art. 6 Rom II-VO (IPR) Rz. 10.
2 Siehe dazu *OLG Frankfurt a.M.*, Beschl. v. 3.12.1998 – 6 W 122/98, CR 1999, 450 und (allerdings auf die internationale Zuständigkeit bezogen), *Spindler*, MMR 2000, 18, 20.
3 Vgl. *Hoeren*, Handbuch MMR, Teil 25, Rz. 214 m.w.N. – gleiche Diskussion zur int. Zuständigkeit.
4 Vgl. Palandt/*Thorn*, BGB, Art. 6 Rom II-VO (IPR) Rz. 10; Hk-BGB/*Dörner*, Art. 40 EGBGB Rz. 5a; *Ubber*, WRP 1997, 497, 503 (zur int. Zuständigkeit).
5 Anders das *OLG Hamburg*, Urt. v. 2.5.2002 – 3 U 312/01, MMR 2002, 822 = CR 2002, 837 sowie das *LG Köln*, Urt. v. 20.4.2001 – 81 O 160/99, MMR 2002, 60 = ZUM-RD 2001, 524 = CR 2002, 58 m. Anm. *Cichon*, wonach die Verwendung der englischen Sprache und das Fehlen der deutschen Flagge dafür spreche, dass die Seite nicht für den deutschen Markt konzipiert sei.
6 Vgl. *Hoeren*, Handbuch MMR, Teil 25, Rz. 224 – gleiche Diskussion zur int. Zuständigkeit.
7 Siehe hierzu *Mankowski*, GRUR Int. 1999, 909, 918; *Escher*, WM 1997, 1173; *Hoeren*, Handbuch MMR, Teil 25, Rz. 224 – gleiche Diskussion zur int. Zuständigkeit.
8 Vgl. Handbuch MMR, Teil 25, Rz. 227 – gleiche Diskussion zur int. Zuständigkeit.

I. Kollisionsrechtliche Fragen

aus den umliegenden Grenzländern de facto annimmt oder nicht.[1] Es gibt folglich eine Reihe von Webseiten, deren Marktausrichtung nicht eindeutig fixierbar ist. Die Betreiber dieser Seiten werden damit rechnen müssen, dass sie mehrere nationale Wettbewerbsordnungen zu beachten haben. Deutsche Provider werden zum Beispiel regelmäßig auch das – vom deutschen Recht z.T. stark divergierende – Wettbewerbsrecht der Schweiz und Österreichs mitbedenken müssen.

Ein Abstellen auf den „finalen Markteingriff" wirft allerdings weitere Probleme auf. Insbesondere betrifft dies das Zusammenspiel mit der E-Commerce-Richtlinie[2] (ECRL) und deren Umsetzung in § 3 TMG. Darin wird nämlich auf das Herkunftslandprizip abgestellt, also das Recht des Staats, in dem der Handelnde seinen Sitz hat, was der Verwirklichung von Waren-, verkehrs- und Dienstleistungsfreiheit dienen soll.[3]

Danach soll jeder Mitgliedstaat dafür Sorge tragen, dass die Dienste der Informationsgesellschaft, die von einem in seinem Hoheitsgebiet niedergelassenen Diensteanbieter erbracht werden, den innerstaatlichen Vorschriften entsprechen, die den durch diese Richtlinie koordinierten Bereich betreffen.

Auf Internetdienste bezogen hat somit ein Provider, der seine Dienste entsprechend den Vorgaben seines „Heimatrechts" erbringt, zusätzliche Restriktionen im Abrufstaat nicht zu befürchten. Portugiesisches Internetrecht schlägt damit deutsches Lauterkeits- oder schwedisches Verbraucherschutzrecht.

Problematisch erscheint dabei bereits auf kollisionsrechtlicher Ebene jedoch die Regelung des Art. 1 Abs. 4 ECRL, welche vorschreibt, dass die Richtlinie keine zusätzlichen Regeln im Bereich des IPR schaffen soll. Der Streit aber, ob es sich um eine zwingende Regelung des materiellen Rechts handele[4] oder ob Art. 1 Abs. 4 lediglich ein „Etikettenschwindel" sei und es eine kollisionsrechtliche Wirkung habe,[5] kann jedoch dahin stehen. Denn jedenfalls hat die Herkunftslandregelung der ECRL Vorrang vor der ROM II-VO: Ordnet man diese als Kollisionsregel ein, so greift Art. 27 ROM II-VO (wonach Kollisionsnormen der EG für besondere Gegenstände der außervertraglichen Schuldverhältnisse in ihrer Anwendung nicht von ROM II-VO tangiert werden), sieht

---

1 Vgl. ebd.
2 Richtlinie 2000/31/EG des Europäischen Parlaments und des Rates v. 8.6.2000 (Richtlinie über den elektronischen Geschäftsverkehr), ABl. EG Nr. L 178 S. 1. Laut Begründungserwägung 35 RO-II-VO „sollte [die Rom II-VO] die Anwendung anderer Rechtsakte nicht ausschließen, die zum reibungslosen Funktionieren des Binnenmarkts beitragen sollen".
3 jurisPK/*Wurmnest*, BGB, Art. 6 Rom II-VO Rz. 6.
4 Harte-Bavendamm/Henning-Bodewig/*Glöckner*, UWG, Einl. C. Rz. 32; Staudinger/*Fezer*/*Koos*, Int WirtschR Rz. 547; MüKo/*Drexl*, BGB, IntUnlWettbR Rz. 62; *Sack*, WRP 2008, 845, 855.
5 *Mankowski*, ZVglRWiss 100 (2001), 137; *Mankowski*, IPRax 2002, 257; *Thünken*, IPRax 2001, 15.

man es dagegen als zwingende materiellrechtliche Vorgabe, ist die ROM II-VO gar nicht betroffen.[1]

Die Anwendung des Herkunftslandprinzips ist jedoch auch aus folgender Sicht problematisch: Hinter dieser radikalen Neuregelung verbirgt sich eine latente **Angst vor materieller Harmonisierung**. Offensichtlich hat die Kommission den Mut verloren, Gebiete wie das Lauterkeitsrecht zu harmonisieren. Stattdessen wählt man einen Weg, der (scheinbar) für weniger Diskussionen in den Mitgliedstaaten sorgt – das formale Herkunftslandprinzip. Letztlich führt dies zu einer Harmonisierung auf dem geringsten Level. Die Wahl des Geschäftssitzes fällt daher in vielen Fällen auf die EU-Länder mit den geringsten Restriktionen als Geschäftssitz. Die Provider können von dort aus ganz Europa mit ihren Leistungen bedienen, ein **„race to the bottom"** ist die Folge.[2]

Die Bedeutung des Herkunftslandprinzips ist im Übrigen allerdings durch eine Fülle von **Ausnahmen** deutlich herabgesetzt worden. Der Anhang der Richtlinie nimmt eine Reihe von Rechtsgebieten aus Art. 3 der Richtlinie global heraus. Nach diesem Anhang soll das Herkunftslandprinzip u.a. nicht im Bereich des Immaterialgüterrechts, der vertraglichen Verpflichtungen bei Verbraucherverträgen sowie bei der Zulässigkeit von nicht angeforderter E-Mailwerbung zum Tragen kommen. Es bleibt den Abrufstaaten also unbenommen, insoweit restriktivere Regelungen vorzusehen. Nach Art. 3 Abs. 4 der Richtlinie sind auch nationalstaatliche Maßnahmen der Abrufstaaten, z.B. in Bereichen wie öffentliche Ordnung, öffentliche Gesundheit und Verbraucherschutz, im Rahmen der Verhältnismäßigkeit legitim. Allerdings unterliegen die Mitgliedstaaten bei solchen Maßnahmen einer starken Aufsicht durch die Europäische Kommission. Das Herkunftslandprinzip führt im Übrigen nicht zur Anwendung ausländischen Werberechts, wenn ein Anbieter in Deutschland eine Zweigniederlassung eingetragen hat und diese als Anbieterin auf der streitigen Internetseite anzusehen ist.[3]

Deutsche Anbieter, d.h. Anbieter mit Sitz in Deutschland, unterliegen somit dem deutschen Recht, selbst wenn sie im EU-Ausland über das Internet Geschäfte abwickeln. Auf ihr Heimatrecht können sich umgekehrt auch EU-Ausländer berufen. Probleme bestehen bei Unternehmen mit Sitz im außereuropäischen Ausland; für sie gilt nach Maßgabe des Kollisionsrechts deutsches Recht, wenn sie in Deutschland Kunden und Märkte gewinnen wollen. Noch ungeklärt ist, ob in dieser Schlechterstellung nicht eine Verletzung von WTO-Recht liegt.

---

[1] Palandt/*Thorn*, BGB, Art. 6 Rom II-VO (IPR) Rz. 3; JurisPK/*Wurmnest*, BGB, Art. 6 Rom II-VO Rz. 6; vgl. auch: Erwägungsgrund 35 zur Rom II-VO.
[2] Das Herkunftslandprinzip gilt jedoch nicht für die Frage der Gerichtszuständigkeit; a.A. nur *Bernreuther*, WRP 2001, 384.
[3] *LG Dresden*, Urt. v. 3.8.2007 – 41 O 1313/07 EV; Vgl. hierzu auch *OLG Hamburg*, Urt. v. 8.4.2009 – 5 U 13/08, WRP 2009, 1305, Herkuftslandprinzip nicht anwendbar aus Verbraucherschutzgründen.

II. Anwendbare Regelungen

Bei der Werbung im Online-Marketingbereich sind vor allem die Vorgaben spezieller Lauterkeitsgesetze, des Gesetzes gegen den unlauteren Wettbewerb (UWG) sowie des Markengesetzes zu beachten. Bei der Anwendung des UWG gilt es zu berücksichtigen, dass zur Beurteilung der Frage, ob eine Werbung im Internet irreführende Angaben enthält, auf das Verständnis eines **durchschnittlich informierten und verständigen Verbrauchers** abzustellen ist, der der Werbung die der Situation angemessene Aufmerksamkeit entgegenbringt.[1] Die besonderen Umstände der Werbung im Internet, wie insbesondere der Umstand, dass der interessierte Internet-Nutzer die benötigten Informationen selbst nachfragen muss, sind bei der Bestimmung des Grades der Aufmerksamkeit zu berücksichtigen. Verträge, die unter Verstoß gegen die wettbewerbsrechtlichen Vorgaben Handlungspflichten vorsehen, sind regelmäßig nach § 134 BGB nichtig.[2]

Hervorzuheben im **UWG** ist in diesem Zusammenhang insbesondere, dass zur Stärkung der Verbraucherrechte das Verhalten des Unternehmens nicht nur vor Vertragsschluss, sondern auch während und nach Vertragsschluss Berücksichtigung findet (z.B. im Kundenreklamationsmanagement). Darüber hinaus findet sich im Anhang des UWG eine sog. „Schwarze Liste" von unlauteren Werbepraktiken gegenüber Verbrauchern, die z.B. die Verwendung von Gütezeichen ohne die erforderliche Genehmigung oder Lockangebote per se untersagt. Es handelt sich dabei um „Verbote ohne Wertungsvorbehalt", da sie keinen Raum für eine Wertung im Einzelfall lassen.

Der Tatbestand der Irreführung durch Unterlassen in § 5a UWG begründet darüber hinaus Informationspflichten für Unternehmen. Wonach in § 5a Abs. 1 UWG auch im B2B-Bereich Anwendung findet, gelten die nachfolgenden Abs. 2–4 nur im Verhältnis zwischen Unternehmern und Verbrauchern. Demnach gilt eine Werbung als unlauter, wenn Informationen in der Werbung, die für den Verbraucher wesentlich sind, fehlen und hierdurch dessen Entscheidungsfähigkeit beeinflusst wird. Eine denkbare Indizwirkung der auf den Umgang mit Verbrauchern beschränkten Regelungen für den B2C-Bereich, scheint im Hinblick auf die Gesetzesbegründung, den Geschäftsverkehr nicht übermäßig mit Informationspflichten zu belasten,[3] zweifelhaft. Eine einschlägige Rechtsprechung zu dieser Frage steht allerdings noch aus.

1. Besondere Regelungen mit wettbewerbsrechtlichem Gehalt

In Deutschland besteht eine Reihe lauterkeitsrechtlicher Regelungen, die als Spezialgesetze für bestimmte Adressatenkreise dem Electronic Commerce

---

1 *BGH*, Urt. v. 16.12.2004 – I ZR 222/02, MDR 2005, 941 = CR 2005, 357 = MMR 2005, 309 – Epson-Tinte.
2 *OLG München*, Urt. v. 16.2.2006 – 29 U 4412/05, NJW-RR 2006, 768.
3 Amtl. Begr. zum RegE, BT-Drs. 16/10 145, S. 25.

Grenzen ziehen. Hervorzuheben sind standesrechtliche Sonderregelungen, Werbebeschränkungen für bestimmte Produkte sowie besondere Bestimmungen im Zusammenhang mit Online-Auktionen.

a) Standesrecht

Literatur: *Axmann/Degen*, Kanzlei-Homepages und elektronische Mandatsbearbeitung – Anwaltsstrategien zur Minimierung rechtlicher Risiken, NJW 2006, 1457; *Berger*, Rechtliche Rahmenbedingungen anwaltlicher Dienstleistungen über das Internet, NJW 2001, 1530; *Bousonville*, Rat und Auskunft am Telefon – Anwalts-Hotline, K&R 2003, 177; *Bürger*, Das Fernabsatzrecht und seine Anwendbarkeit auf Rechtsanwälte, NJW 2002, 465; *Dahns/Krauter*, Anwaltliche Werbung im Internet, BRAK-Mitt 2004, 2; *Ebbing*, Virtuelle Rechtsberatung und das anwaltliche Werbeverbot, NJW-CoR 1996, 242; *Eickhoff*, Berufsrecht contra Verfassungsrecht – ein Perpetuum mobile, NJW 1998, 798; *Fassbender*, Von Fachanwälten und selbsternannten „Spezialisten" – Ein Beitrag zu den zulässigen Grenzen werblicher Äußerungen von Rechtsanwälten; NJW 2006, 1463; *Flechsig*, Virtuelle Anwaltswerbung im Internet, ZUM 1997, 96; *Franosch*, Rechtliche Fallstricke der anwaltlichen Impressumspflicht im Internet, NJW 2004, 3155; *Gravel/Mehari*, Ist Internetwerbung mit Gegnerlisten generell zulässig?, MMR-Aktuell 2010-307094; *Hagenkötter/Härting*, @nwälte im Netz, Bonn 2001; *Härting*, Unverschlüsselte E-Mails im anwaltlichen Geschäftsverkehr – Ein Verstoß gegen die Verschwiegenheitspflicht?, MDR 2001, 61; *Härting*, Guter Rat im Internet – Ein Fall für das RBerG, MDR 2002, 1157; *Härting*, IT-Sicherheit in der Anwaltskanzlei – Das Anwaltsgeheimnis im Zeitalter der Informationstechnologie, NJW 2005, 1248; *Horst*, E-Commerce – Verbotenes Terrain für Rechtsanwälte?, MDR 2000, 1293; *Horst*, Anwaltliche Werbung im Internet, AnwBl 2000, 343; *Horst/Horst*, Internetpräsenz und E-Commerce für Rechtsanwälte, Köln 2002; *Knorpp*, Der rechtskonforme Auftritt von Rechtsanwälten im Internet, Münster 2005; *Kopp*, Die Verwendung von Kreditkarten als Zahlungsmittel in Anwaltskanzleien, BRAK-Mitt 1998, 214; *Laghzaoui/Wirges*, Anwaltshaftung bei Verwendung von Internet und Telefax, AnwBl 1999, 253; *Lorz*, Internetwerbung für verschreibungspflichtige Arzneimittel aus gemeinschaftsrechtlicher Perpektive, GRUR Int. 2005, 894; *Müller*, Internet-Domains von Rechtsanwaltskanzleien, WRP 2002, 160; *Pestke*, Internet und Standesrecht Freier Berufe. Möglichkeiten und korrespondierende Pflichten, dargestellt am Beispiel des Steuerberaters, DSWR 1998; *Saenger/Riße*, Die Gestaltung der Anwaltshomepage, WRP 2005, 1468; *Schmittmann*, Werbung im Internet. Recht und Praxis, München 2003, 289 ff.; *Schmittmann*, Die Domain des Notars, K&R 2006, 67; *Schmittmann*, Werbung von Angehörigen der rechts- und steuerberatenden Berufe im Internet, MDR 1997, 601; *Schmittmann*, Bannerwerbung. Rechtsprobleme insbesondere bei kammergebundenenen Berufen, MMR 2001, 792; *Schulte/Schulte*, Unzulässige Werbung von Anwälten im Internet?, MMR 2002, 585; *Sobola*, Homepage, Domainname, Meta-Tags – Rechtsanwaltswerbung im Internet, NJW 2001, 1113; *Wagner/Lerch*, Mandatsgeheimnis im Internet? Zur Zulässigkeit anwaltlicher E-Mail-Korrespondenz im Hinblick auf straf- und standesrechtliche Vorgaben, NJW-CoR 1996, 380.

Auch das Standes- und Berufsrecht kann über § 3 UWG unter dem Gesichtspunkt der Standesvergessenheit zum Gegenstand wettbewerbsrechtlicher Auseinandersetzungen gemacht werden.[1] Hier ist an die **Standesregeln der**

---

1 Siehe hierzu *BVerfG*, Beschl. v. 4.4.1990 – 1 BvR 750/87, NJW 1990, 2122, 2123 (Rechtsanwälte); *BVerfG*, Beschl. v. 19.11.1985 – 1 BvR 38/78, GRUR 1986, 387, 389;

II. Anwendbare Regelungen

freien Berufe zu denken.[1] Exemplarisch werden die Sonderreglungen für Rechtsanwälte, Steuerberater und Wirtschaftsprüfer sowie für medizinische Berufe dargestellt.

Im Rahmen einer Webseite ist bei **Rechtsanwälten** Werbung in dem Umfang zulässig, wie dies bei Praxis-Broschüren und Rundbriefen im Rahmen von § 43b BRAO, §§ 6 ff. BORA der Fall ist.[2] § 43b BRAO bestimmt, dass Werbung von Rechtsanwälten insoweit zulässig ist, als sie in Form und Inhalt sachlich unterrichtet und nicht auf die Erteilung eines Mandates im Einzelfall ausgerichtet ist. Erforderlich sind ein informativer Gehalt sowie eine seriöse Gestaltung.[3] Keine Bedenken bestehen dabei hinsichtlich des Hinweises „optimale Vertretung".[4] Eine Webseite darf Angaben zur Kanzlei, zu den Tätigkeitsschwerpunkten – nach § 7 Abs. 1 BORA allerdings nur bei entsprechenden Kenntnissen[5] – und den Interessenschwerpunkten je Anwalt, wobei insgesamt nur fünf Rechtsgebiete hiervon höchstens drei als Tätigkeitsschwerpunkte bezeichnet werden dürfen, sowie Lebensläufe und Fotos der Anwälte enthalten. In Rechtsgebieten, in denen keine Fachanwaltsbezeichnung erhältlich ist, kann auf der eigenen Webpage mit der Bezeichnung „Spezialist" geworben werden, wenn der Rechtsanwalt über herausragende, qualitativ weit über den Mitbewerbern liegende Kenntnisse verfügt, für die er im Zweifel darlegungs- und beweisbelastet ist.[6] Die Benutzung der Bezeichnung „Fachanwälte" ist dann gerechtfertigt, wenn in der Kanzlei eine den Plural rechtfertigende Anzahl an Rechtsanwälten berechtigt ist, den Titel „Fachanwalt" zu führen. Dabei spielt es keine Rolle, ob an jedem Standort bei einer überörtlichen Kanzlei Rechtsanwälte mit der Berechtigung zum Führen der

---

NJW 1994, 1591 (Ärzte); *OLG Dresden*, Urt. v. 2.12.1997 – 14 U 1007/97, WRP 1998, 320; *LG Nürnberg-Fürth*, Urt. v. 29.1.1997 – 3 O 33/97, CR 1997, 415 = NJW-CoR 1997, 229; *Hoeren*, WRP 1997, 993 (Steuerberater, Wirtschaftsprüfer); ferner die detaillierte Darstellung und Diskussion erlaubter und unerlaubter beruflicher Werbemaßnahmen bei *Marwitz*, in: Hoeren/Sieber, Handbuch Multimediarecht, München 1999, Teil 11.2 Rz. 201–315.

1 Siehe hierzu für die Anwaltswerbung im Internet *Edenhofer*, CR 1997, 120; *Scheuerle*, NJW 1997, 1291; *Schmittmann*, MDR 1997, 601; *Wagner/Lerch*, NJW-CoR 1996, 380; Für Steuerberater vgl. *Wittsiepe/Friemel*, NWB Fach 30, 1047.
2 Siehe dazu auch das Urteil des *BGH*, Urt. v. 15.3.2001 – I ZR 337/98, MDR 2001, 1308 = BRAK 2001, 229 = WRP 2002, 71, in dem Rundschreiben von Anwälten auch gegenüber Nicht-Mandanten für zulässig erachtet wurden. Siehe auch *OLG München*, Urt. v. 20.12.2001 – 29 U 4593/01, CR 2002, 530 zu Interessentenschreiben auf Homepages.
3 *OLG Koblenz*, Urt. v. 13.2.1997 – 6 U 1500/96, CR 1997, 343 = WRP 1997, 478, 480.
4 *BGH*, Beschl. v. 17.6.2004 – IX ZB 206/03, FamRZ 2004, 1486 = MDR 2004, 1310 = WM 2005, 1003.
5 *Faßbender*, NJW 2006, 1463.
6 *BVerfG*, Beschl. v. 28.7.2004 – 1 BvR 159/04, MDR 2004, 1085 m. Anm. *Römermann* = BRAK 2004, 231 = NJW 2004, 2656; *OLG Nürnberg*, Urt. v. 20.3.2007 – 3 U 2675/06, BRAK 2007, 128 = NJW 2007, 1984.

Bezeichnung „Fachanwalt" tätig sind.[1] Als unzulässige Selbstbewertung verboten ist die Domain-Bezeichnung „Praedikatsanwaelte.de".[2]

Auch können in eine Homepage Informationen zu ausgewählten Rechtsgebieten sowie Aufsätze, Vorträge der Anwälte, Musterverträge oder Checklisten aufgenommen werden.[3] Sachfremde Downloadmöglichkeiten sind unzulässig.[4] Keine Bedenken bestehen gegen die Verwendung von Fotos der Kanzleiräume.[5] Allerdings darf keine Irreführung über die wirkliche Größe und Kapazität der Kanzlei entstehen.[6] Dezente Hintergrundmusik ist ebenfalls zulässig.[7] Sponsoring ist auch für Anwälte grundsätzlich zulässig.[8] Insofern darf ein Anwalt auch virtuelle Kunstausstellungen im Netz platzieren.[9] Pop-up-Fenster sind nicht erlaubt.[10] Gästebücher sind wegen der damit verbundenen Irreführungsgefahr verboten.[11] (Anwalts-) Notaren ist jedwede Hervorhebung oder Werbung untersagt; sie dürfen im Internet nur auf den örtlichen Tätigkeitsbereich hinweisen und evtl. Beiträge zu wichtigen Rechtsproblemen verbreiten.[12]

Eine **Online-Beratung** war früher nur im Rahmen eines bestehenden Mandatsverhältnisses zulässig. Abseits eines solchen Verhältnisses galt ein solches Beratungsangebot – etwa im Rahmen öffentlicher Diskussionsforen – als standeswidrig.[13] Diese Rechtsprechung hat sich gewandelt. Der *BGH* hat einen telefonischen Rechtsberatungsdienst für standesrechtskonform angesehen.[14] Entscheidend sei, dass der Beratungsvertrag nicht mit dem Organisator des Beratungsdienstes, sondern direkt mit dem den Anruf entgegennehmen-

---

1 *BGH*, Urt. v. 29.3.2007 – I ZR 152/04, MDR 2007, 1272 = BRAK 2007, 177 = CR 2007, 609 = NJW 2007, 2334.
2 *OLG Nürnberg*, Beschl. v. 13.7.2009 – 3 U 525/09, BRAK 2009, 245 = NJOZ 2011, 46.
3 *LG Köln*, Beschl. v. 20.10.1998 – 31 O 817/98 (n.v.); *Scheuerle*, NJW 1997, 1291, 1292; *Schmittmann*, MDR 1997, 601.
4 *LG Köln*, Beschl. v. 20.10.1998 – 31 O 817/98 (n.v.).
5 *OLG München*, Urt. v. 29.3.2000 – 29 U 2007/00, MDR 2000, 673 m. Anm. *Römermann* = BRAK 2000, 311 = BB 2000, 1003.
6 *OLG Stuttgart*, BB 1952, 386; *LG Köln*, Urt. v. 28.9.1993 – 31 O 371/93.
7 *LG Köln*, Urt. v. 20.10.1998 – 31 O 723/98 (n.v.).
8 *BVerfG*, Beschl. v. 17.4.2000 – 1 BvR 721/99, MDR 2000, 730 m. Anm. *Härting* = BRAK 2000, 137 = NJW 2000, 3195; anders noch *OLG Rostock*, Urt. v. 17.3.1999 – 2 U 81/98, MDR 1999, 834.
9 So *Härting*, MDR 2000, 730; a.A. *Schneider*, MDR 2000, 133.
10 So *Schmittmann*, MMR 2001, 792.
11 *OLG Nürnberg*, Urt. v. 23.3.1999 – 3 U 3977/98, BRAK 1999, 148 = MDR 1999, 769 m. Anm. *Römermann* = CR 2000, 243 m. Anm. *Schmittmann* = NJW 1999, 2126. Ähnlich *LG Nürnberg-Fürth*, Urt. v. 20.5.1998 – 3 O 1435/98, CR 1998, 622 = DB 1998, 1404.
12 Siehe *KG*, Urt. v. 19.5.2000 – 5 U 727/00, MDR 2001, 239 = MMR 2001, 128.
13 Vgl. *Marwitz*, in: Hoeren/Sieber, Handbuch Multimediarecht, München 1999, Teil 11.2 Rz. 50.
14 *BGH*, Urt. v. 26.9.2002 – I ZR 44/00, MDR 2003, 357 = CR 2003, 424 = BRAK 2003, 92 = GRUR 2003, 349 = WRP 2003, 374 = K&R 2003, 183 mit Besprechung *Bouson-*

den Anwalt zustande komme. Auch die Vereinbarung einer Zeitvergütung sei unbedenklich, selbst wenn es dabei zu einer Gebührenunterschreitung und gelegentlich auch zu einer Gebührenüberschreitung komme. Schließlich seien auch weitere Standesrechtsverbote, insbesondere das Verbot der Abtretung von Gebührenansprüchen (§ 49b Abs. 4 Satz 2 BRAO), nicht verletzt.

Providern ist es untersagt, Mitglieder ihres Forums öffentlich zur Kontaktaufnahme mit einer bestimmten Kanzlei aufzufordern und für eine anwaltliche Beratung gegen Pauschalgebühr zu werben.[1]

Ein Anwalt darf werbewirksame Ideen bei der Auswahl seiner **Kanzlei-Domain** benutzen und sich zum Beispiel unter der Adresse „recht-freundlich.de" im Internet präsentieren.[2] Auch keine Bedenken bestehen gegen die Internet-Verwendung der Werbeaussage „Die Kanzlei zum Schutz des Privatvermögens"[3] oder die Verwendung des Begriffs „Anwalts-Suchservice" als Link und Meta-Tag.[4] Die Nutzung generischer Domains für Anwälte ist als solches nach neuerer Auffassung des *BGH* sowohl in standesrechtlicher Hinsicht (etwa im Hinblick auf § 43b BRAO) unproblematisch und auch wettbewerbsrechtlich unbedenklich.[5] Erlaubt ist etwa die Kennung „steuerberater-suedniedersachsen.de".[6] Verboten wurden Kennungen wie „Rechtsanwalt",[7] „rechtsanwaelte.de"[8] oder „rechtsanwaelte-dachau.de"[9] unter Berufung auf §§ 3, 5 UWG. Anders soll die Lage bei der singulären Bezeichnung „rechtsanwalt-kerpen.de" sein.[10]

---

ville. Ähnlich *BGH*, Urt. v. 30.9.2004 – I ZR 261/02, FamRZ 2005, 883 = CR 2005, 442 = MDR 2005, 1019 = BRAK 2005, 139 = ZIP 2005, 1048.
1 *LG München I*, Urt. v. 25.3.1996 – 1 HKO 5953/96, BRAK 1997, 95 = CR 1996, 736.
2 *OLG Celle*, Urt. v. 23.8.2001 – 13 U 152/01, MDR 2002, 118 = CR 2001, 857 = MMR 2001, 811. Siehe zu dem Themenkomplex auch *Müller*, WRP 2002, 160.
3 *LG Berlin*, Urt. v. 24.4.2001 – 15 O 391/00, NJW-RR 2001, 1643.
4 *OLG Köln*, Urt. v. 4.10.2002 – 6 U 64/02, CR 2003, 93 = K&R 2003, 193.
5 *BGH*, Beschl. v. 25.11.2002 – AnwZ (B) 41/02, CR 2003, 355 m. Anm. *Hoß* = K&R 2003, 189. Ähnlich auch für den Fall der Vanitynummer. R-E-C-H-T-S-A-N-W-A-L-T: *BGH*, Urt. v. 21.2.2002 – I ZR 281/99, MDR 2003, 119 = BRAK 2002, 231 m. Anm. *Dahns* = CR 2002, 729. Anders noch die Vorinstanz *OLG Stuttgart*, Urt. v. 15.10.1999 –2 U 52/99, MMR 2000, 164.
6 *BGH*, Urt. v. 1.9.2010 – StbSt (R) 2/10, CR 2011, 125 = MMR 2010, 820.
7 *OLG Stuttgart*, 15.10.1999 –2 U 52/99, MMR 2000, 164 in Bezug auf eine Vanity-Nummer.
8 *LG München I*, Urt. v. 16.11.2000 – 7 O 5570/00, MMR 2001, 179 m. Anm. *Ernst* = CR 2001, 128 = K&R 2001, 108 m. Anm. *Soznitza*. Zu Domains mit Anwaltsbezug siehe auch *OLG Celle*, Urt. v. 16.11.2000 – 7 O 5570/00, MMR 2001, 179; *OLG Hamburg*, Urt. v. 2.5.2002 – 3 U 303/01, MMR 2002, 824; *OLG München*, Urt. v. 18.4.2002 – 29 U 1573/02, MMR 2002, 614.
9 *OLG München*, Urt. v. 18.4.2002 – 29 U 1573/02, MMR 2002, 614 = CR 2002, 757. Ähnlich *OLG Celle*, Urt. v. 29.3.2001 – 13 U 309/00, MDR 2001, 840 = NJW 2001, 21000 = MMR 2001, 531 – anwalt-hannover.de; *LG Köln*, Urt. v. 7.9.1998 – 31 O 723/98, ZAP EN-Nr. 785/98 für die Domain „rechtsanwaelte-koeln.de".
10 *OLG München*, Urt. v. 10.5.2001 – 29 U 1594/01(n.v.). Anderer Auffassung *OLG Celle*, Urt. v. 29.3.2001 – 13 U 309/00, MDR 2001, 840 = NJW 2001, 21000 = MMR 2001, 531 – anwalt-hannover.de.

Im elektronischen Kontakt zum Mandanten sind die **Verschwiegenheitspflichten** (§ 43a Abs. 2 Satz 1 BRAO) zu bedenken; insofern ist die Verschlüsselung der Nachrichten und ein hinreichendes Datensicherheitskonzept (einschließlich Firewalls) ratsam.[1] Unklar ist, ob ein Anwalt aus der anwaltlichen Schweigepflicht (§ 43a Abs. 2 Satz 1 BRAO) und im Hinblick auf § 203 Abs. 1 Nr. 3 StGB verpflichtet ist, seine E-Mails an Mandanten zu verschlüsseln.[2] Aus Wortlaut und Normverständnis lässt sich eine solche Verpflichtung – auch unter Berücksichtigung der Berufsfreiheit aus Art. 12 GG – wohl nicht ableiten.[3]

Zu beachten sind schließlich die **Informationspflichten** und das Recht des Kunden auf **Widerruf** nach dem Fernabsatzrecht, die auch für die Erbringung anwaltlicher Dienstleistungen via Internet zum Tragen kommen.[4] Insofern sind die Pflichtangaben nach § 312c BGB zu machen. Eine Information über das Widerrufsrecht ist jedoch nicht nötig, da ein Widerrufsrecht regelmäßig wegen des zeitlichen Ablaufs der Beratungsleistung (§ 312d Abs. 3 BGB) nicht in Betracht kommt. Allerdings soll der Anwalt dann zur Information über den Wegfall des Widerrufsrechts verpflichtet sein.[5]

Vergleichbar den Rechtsanwälten ist die Rechtslage bei **den Steuerberatern und Wirtschaftsprüfern**. § 22 der neuen Berufsordnung für Steuerberater sieht eine Anwendung der normalen Werberegeln auf Netzdienste vor. Daraus lässt sich entnehmen, dass Homepages als Teil des weltweiten Datennetzes keinen Verstoß gegen § 57a StBerG darstellen.[6] Auch die Berufsordnung für Wirtschaftsprüfer (WiPrO) verbietet lediglich reklamehafte Werbung, d.h. solche, die sich der Methoden der gewerblichen Wirtschaft bedient (§ 34 Abs. 2 und 3 WiPrO).[7] Damit wird den Wirtschaftsprüfern die Vermittlung sachbezogener Informationen über das Internet ermöglicht, soweit diese nicht auf die Erteilung eines Auftrags im Einzelfall gerichtet ist.[8]

Schwieriger ist die Rechtslage für die **medizinischen Berufe**. Zu beachten sind hier zunächst die besonderen Vertrauenspflichten im Rahmen von § 203 StGB, die es z.B. verbieten, dass Mediziner ihre Datenverarbeitung ohne Ein-

---

1 Siehe dazu *Koch*, MDR 2000, 1293, 1297; näher zu den Anforderungen an die sog. IT-Sicherheit vgl. *Schulze-Melling*, CR 2005, 73.
2 Siehe dazu (ablehnend) *Härting*, MDR 2001, 61, *Härting*, NJW 2005, 1248.
3 Vgl. *Axmann/Degen*, NJW 2006, 1457; *Härting*, NJW 2005, 1248.
4 So zu Recht *Axmann/Degen*, NJW 2006, 1461; *Bürger*, NJW 2002, 465; a.A. *AG Wiesloch*, Urt. v. 16.11.20011 – 1 C 282/01, MDR 2002, 852 = JZ 2002, 671 m. Anm. *Bürger*.
5 So *Horst*, MDR 2000, 1293, 1297.
6 So auch *LG Nürnberg-Fürth*, Urt. v. 29.1.1997 – 3 O 33/97, CR 1997, 415 = NJW-CoR 1997, 229.
7 Siehe etwa den Fall des *LG München II*, Urt. v. 31.8.2000 – 4 HKO 3241/00, CR 2001, 345, in dem ein Steuerberater sich auf seiner Homepage als „außergewöhnlicher Steuerberater" mit einem „exklusiven Leistungsprofil" angepriesen hatte.
8 Siehe hierzu auch *LG Düsseldorf*, Beschl. v. 1.7.1996 – 46-133/95, BRAK 1997, 95 = BRAK 1996, 219 = BRAK-Mitt. 1997, 95 und BRAK-Mitt. 1996, 219.

II. Anwendbare Regelungen

willigung der Patienten auf Externe übertragen.[1] Apothekern ist die Werbung für Arzneimittel und bestimmte Körperpflegemittel untersagt.[2] Ärzte und Zahnärzte unterliegen immer noch einem strengen Verbot jeglicher Werbung. Erlaubt sind allein neutrale, informative Angaben i.S.d. § 36 Berufsordnung der Ärzte, also beispielsweise Sprechzeiten, Anschrift und ärztliche Titel.[3] Standesrechtlich neuerdings erlaubt sind auch Hinweise auf Spezialisierungen, Praxisschwerpunkte und Zeugnisse.[4] Auch hat das *BVerfG* jüngst die Werberestriktionen gelockert, in dem es z.B. Hinweise auf Hobbies, Berufserfahrungen, Auslandsaufenthalte oder Dialektkenntnisse zuließ.[5] Nach Auffassung des *OLG Köln*[6] verstößt ein Mediziner gegen Standesrecht, wenn er sich als Spezialist in fast allen Bereichen der Zahnmedizin anpreist und auf seine Teilnahme an Fortbildungsveranstaltungen sowie seine Referententätigkeit hinweist.[7] Ferndiagnosen verbietet zudem § 9 des Heilmittelwerbegesetzes (HWG). Dies erklärt die Rigorosität des *OLG Koblenz*, das einem Zahnarzt den Aufbau einer Homepage mit Hinweisen z.B. zur Praxis, zur Behandlung von Zahn- und Kiefererkrankungen und zur Pflege der Zähne verbot.[8] Ein Zahnarzt, der auf einer Internetplattform ein Gegenangebot zu dem Heil- und Kostenplan oder Kostenvoranschlag eines Kollegen abgibt, das der Patient dort eingestellt hat, verstößt weder gegen das berufsrechtliche Kollegialitätsgebot noch gegen das Verbot berufswidriger Werbung.[9] Verpflichtet er sich, dem Betreiber der Internetplattform im Falle des Zustandekommens eines Behandlungsvertrags mit dem Patienten einen Teil seines Honorars als Entgelt für die Nutzung des virtuellen Marktplatzes abzugeben, liegt darin auch kein unzulässiges Versprechen eines Entgelts für die Zuweisung von Patienten. Dementsprechend handelt auch der Betreiber der Internetplattform nicht wettbewerbswidrig.

Ähnlich restriktive Bestimmungen finden sich für Notare und Architekten.[10] Wirbt ein Architekt auf seiner Homepage mit Referenzobjekten, so bringt er damit im Allgemeinen zum Ausdruck, dass er für diese Objekte die wesentlichen Planungsleistungen, soweit diese zu den normalen Architektenleis-

---

1 Dies gilt selbst dann, wenn die Patienten formal in die Datenweitergabe einwilligen; so *BSG*, Urt. v. 10.12.2008 – B 6 KA 37/07 R, GesR 2009, 305 = CR 2009, 460.
2 Siehe hierzu von *Czettritz*, Pharma Recht 1997, 86.
3 Vgl. *Marwitz*, in: Hoeren/Sieber, Handbuch Multimediarecht, München 1999, Teil 11.2 Rz. 287.
4 *BGH*, Urt. v. 9.10.2003 – I ZR 167/01, MDR 2004, 224 = NJW 2004, 440 = MMR 2004, 103 m. Anm. *Schmittmann* = CR 2004, 129.
5 *BVerfG*, Beschl. v. 26.8.2003 – 1 BvR 1003/02, WRP 2003, 1209.
6 *OLG Köln*, Urt. v. 9.3.2001 – 6 U 127/00, MMR 2001, 702.
7 Quelle: FAZ vom 13.6.2001, S. 31.
8 *OLG Koblenz*, Urt. v. 13.2.1997 – 6 U 1500/96, CR 1997, 343 = WRP 1997, 478 = ZIP 1997, 377 m. Anm. *Ring*. Siehe auch die Entscheidung der Vorinstanz *LG Trier*, Urt. v. 19.9.1996 – 7 HO 133/96, WRP 1996, 1231 = CR 1997, 81 = ZUM 1997, 147.
9 *BGH*, Urt. v. 1.12.2010 – I ZR 55/08, CR 2011, 465 = MDR 2011, 554 = GesR 2011, 297 = MMR 2011, 318; ähnlich *BGH*, Urt. v. 24.3.2011 – III ZR 69/10, GesR 2011, 411 = MDR 2011, 588 = MMR 2011, 454.
10 Siehe dazu *Schmittmann*, MDR 1997, 601, 602.

tungen gehören, erbracht hat. Die Werbung mit Referenzobjekten ist daher im Allgemeinen nicht deshalb irreführend, weil der Architekt für die Objekte die Bauüberwachung nicht übernommen hatte.[1]

b) Werbebeschränkungen für besondere Produkte

Literatur: *Arhold/Wimmer,* Arzneimittelhandel über das Internet, K&R 2004, 126; *Carlini,* Liability on the Internet: Prescription Drugs and the Virtual Pharmacy, Whittier Law Review 2000, 157; *Czettritz,* Pharma Online – Rechtliche Probleme der Pharmawerbung im Internet, Pharma Recht 1997, 88; *Eichler,* Arzneimittel im Internet, K&R 2001, 144; *Koenig/Müller,* Der werbliche Auftritt von Online-Apotheken im Europäischen Binnenmarkt, WRP 2000, 1366; *König/Engelmann,* E-Commerce mit Arzneimitteln im europäischen Binnenmarkt und Freiheit des Warenverkehrs, ZUM 2001, 19; *König/Engelmann,* Schutz von Reimporten durch die Freiheit des Warenverkehrs – Eine Untersuchung am Beispiel des grenzüberschreitenden Arzneimittelversandhandels, EWS 2001, 405; *Mand,* Arzneimittelversand durch Internet-Apotheken im Europäischen Binnenmarkt, WRP 2003, 37; *Mand,* E-Commerce mit Arzneimitteln, MMR 2003, 77; *Mand/Könen,* Verbraucherschutz und Versandhandel mit Arzneimitteln, WRP 2006, 841; *Marwitz,* Internetapotheken zwischen Gerichten und Gesetzgebern, MMR 2004, 218; *Rolfes,* Internetapotheken, München 2003; *Schultz,* Die Haftung von Internetauktionshäusern für den Vertrieb von Arzneimitteln, WRP 2004, 1347; *Stallberg,* Die Zugänglichmachung der Gebrauchsinformation verschreibungspflichtiger Arzneimittel im Internet, WRP 2010, 56; *Stallberg,* Information und Werbung in und auf Arzneimittelverpackungen – Rechtliche Gestaltungsmöglichkeiten und Grenzen, PharmR 2010, 214.

Das deutsche Wettbewerbsrecht kennt eine Fülle von produktspezifischen Werbebeschränkungen, die auch für das Online-Marketing zu beachten sind. Hervorzuheben sind die umfänglichen Regelungen für den Bereich der **Arzneimittelwerbung** im Arzneimittel- und Heilmittelwerbegesetz. Wichtig sind hier die Pflichtangaben für Arzneimittel nach § 4 Abs. 1 HWG.[2]

§ 10 Abs. 1 HWG, der eine **Werbung für verschreibungspflichtige Arzneimittel** nur gegenüber Ärzten, Zahnärzten und ähnlichen Approbierten zulässt,[3] führt zu erheblichen Problemen im Internet. So ist schon die Nennung eines verschreibungspflichtigen Arzneimittels auf der Homepage neben der Werbung für eine Arztpraxis nach § 10 HWG verboten.[4] Denn selbst wenn der Nutzer per E-Mail bestätigt, dass er approbiert sei, wird dies einen Abruf von Werbung i.S.v. § 10 HWG nicht legitimieren, sodass diese Vorschrift de facto auf ein Verbot der Werbung für verschreibungspflichtige Arzneimittel im Internet hinausläuft. Eine Lösung lässt sich nur dadurch finden, dass man vorab Passworte an Approbierte weitergibt und dadurch einen geschlossenen Benutzerkreis für die Datenbank schafft. Jeder Arzt oder Apotheker erhält auf Vorlage seiner Approbationsurkunde einen Zugangscode für die Homepage. Dies

---

1 *OLG Karlsruhe,* Urt. v. 27.1.2011 – 4 U 180/10, GRUR-RR 2011, 187.
2 Siehe dazu *OLG München,* Urt. v. 7.3.2002 – 29 U 5688/01, CR 2002, 445 = MMR 2002, 463.
3 Siehe hierzu kritisch *Albrecht/Wronka,* GRUR 1977, 83, 95.
4 *OVG Lüneburg,* Beschl. v. 4.7.2006 – 11 LA 138/05; *LG Berlin,* Urt. v. 30.9.2002 – 103 O 84/02, WRP 2003, 125.

kann allerdings problematisch werden, insbesondere was die Langwierigkeit der Urkundenvorlage und -prüfung angeht. Eine Alternative könnte darin bestehen, Cookies einzusetzen. Diese können jedoch nur die Wiedererkennung eines einmal zulässigerweise eingeloggten Users erleichtern; den Vorgang der Approbationsprüfung kann man dadurch nicht vereinfachen. Anbieten würde sich die Verbindung mit der digitalen Signatur, die es erlaubt, über ein Attribut-Zertifikat Angaben zur berufsrechtlichen Zulassung zu speichern und elektronisch zu verifizieren (siehe § 7 Abs. 2 SigG). Schließlich lässt sich auch an ein gemeinsames Portal aller Arzneimittelhersteller zur einmaligen Prüfung der Approbation denken, wobei dann kartellrechtliche Vorgaben zu beachten wären. § 10 HWG verbietet im Übrigen auch Angaben im Internet zur Indikation von Arzneimitteln.[1] Eine Ausnahme vom Werbeverbot gilt für die nach § 11 Abs. 1 Satz 1 AMG vorgeschriebenen Pflichtangaben.[2] Diese müssen in unmittelbarem Zusammenhang mit der Werbung stehen; 3 Clicks sind zuviel.[3] Im Übrigen hat der *BGH* dem *EuGH* die Frage vorgelegt, ob nicht Öffentlichkeitswerbung für verschreibungspflichtige Rezeptmittel im Internet zulässig sein sollte.[4] Der EuGh[5] hat daraufhin entschieden, dass die Verbreitung von Informationen über verschreibungspflichtige Arzneimittel auf einer Internet-Webseite durch Arzneimittelunternehmen zulässig sei, wenn diese Informationen auf dieser Webseite nur demjenigen zugänglich sind, der sich selbst um sie bemüht, und diese Verbreitung ausschließlich in der getreuen Wiedergabe der Umhüllung des Arzneimittels geschieht. Ferner müsse die Packungsbeilage wörtlich und vollständig wiedergegeben werden.

Im Bereich der Heilmittelwerbung sind ferner die besonderen Restriktionen für die Werbung außerhalb der in § 2 HWG definierten Fachkreise zu beachten. So verbietet § 11 Abs. 1 Nr. 1 HWG **Hinweise auf fachliche Veröffentlichungen**. Gefährlich sind in diesem Zusammenhang z.B. Links auf Fachaufsätze. Untersagt ist gem. § 11 Abs. 1 Nr. 6 HWG zudem ein Werbeauftritt im Internet, der fremd- und fachsprachliche Bezeichnungen enthält. Problematisch sind ferner virtuelle Gästebücher, soweit darin positive Äußerungen Dritter über Arzneimittel auftauchen können; eine solche Webseite ist nach § 11 Abs. 1 Nr. 11 HWG unzulässig. § 12 HWG verbietet Publikumswerbung für bestimmte Krankheiten (etwa Herz- oder Nervenerkrankungen). In diesem Bereich sind auch Hinweise zur Erkennung, Verhütung oder Linderung der Krankheit nicht erlaubt, sofern sie mit der Werbung für ein Arzneimittel kombiniert sind. Bislang kaum diskutiert ist die Reichweite des Heilmittelwerbegesetzes im Verhältnis zu ausländischen Internetanbietern. § 13 HWG lässt eine Werbung ausländischer Unternehmen nur zu, wenn diese einen

---

1 *OLG Hamburg*, Urt. v. 23.11.2006 – 3 U 43/05.
2 *BGH*, Urt. v. 13.3.2008 – I ZR 95/05.
3 *OLG München*, Urt. v. 7.3.2002 – 29 U 5688/01, CR 2002, 445; *OLG Hamburg*, Beschl. v. 3.5.2002 – 3 U 355/01.
4 *BGH*, Urt. v. 16.7.2009 – 1 ZR 223/06 – I ZR 223/06, WRP 2009, 1100 = GRUR 2009, 988.
5 *EuGH*, Urt. v. 5.5.2011 – C-316/09.

Verantwortlichen mit Sitz in der EU benennen. Die Vorschrift würde nach ihrem Wortlaut darauf hinauslaufen, dass US-Pharmaproduzenten bei jedwedem Internetauftritt § 13 HWG zu beachten hätten. Allerdings ist es dem Begriff der Werbung immanent, dass nach der Zielrichtung gefragt wird. § 13 HWG kann daher nur zur Anwendung gelangen, wenn die Homepage auf den deutschen Markt gerichtet ist.

Nicht unter das Heilmittelwerberecht fällt jedoch eine kostenlos für jedermann abrufbare Onlinedatenbank mit Einzelinformationen zu tausenden Arzneimitteln.[1]

Der *EuGH*[2] hat geklärt, dass es für das Versandhandelsverbot keine europarechtliche Rechtfertigung gebe, soweit es um nicht verschreibungspflichtige Arzneimittel geht. Erlaubt seien Beschränkungen bei verschreibungspflichtigen oder in Deutschland nicht zugelassenen Arzneimitteln. Einem Urteil des *Berliner Kammergerichts*[3] zufolge dürfen niederländische Internet-Apotheken per Versandhandel keine apothekenpflichtigen Arzneimittel an deutsche Endverbraucher schicken. Untersagt wurde, für den Versandhandel zu werben, sofern es sich um verschreibungspflichtige Arzneien oder solche handelt, für die es in Deutschland keine Zulassung gibt. Dieser Linie folgte auch das *LG Frankfurt a.M.*[4] Auch für Online-Apotheken gilt die Arzneimittelpreisverordnung;[5] verboten sind aus diesem Grund „Bonus-Modelle" für „gute" DocMorris-Kunden.[6] Eine Internetapotheke verstößt nicht gegen arzneimittelrechtliche Preisbestimmungen, wenn sie für jedes Rezept einen Gutschein im Wert von fünf Euro ausstellt.[7] Dem strengen deutschen Arzneimittelrecht können ausländische Versandapotheken jedoch ausweichen, solange sie das Vertriebsgebiet ihrer Waren durch einen eindeutig gestalteten Disclaimer, der aufgrund seiner Aufmachung ernst genommen wird und tatsächlich auch eingehalten wird, auf außerhalb Deutschlands beschränken.[8] Allerdings hat der *EuGH* diesem Bereich Restriktionen auferlegt.[9] So sei die Verbreitung von Informationen über verschreibungspflichtige Arzneimittel auf einer Internetseite dann unzulässig, wenn sie zuvor anhand eines Werbeziels ausgewählt oder umgestaltet worden sind. Erlaubt sei eine solche Verbreitung jedoch dann, wenn die Informationen nur demjenigen zugänglich sind, der sich selbst um sie be-

---

1 *OLG Frankfurt a.M.*, Urt. v. 28.10.2004 – 6 U 187/03, CR 2005, 683 = GesR 2005, 283 = MMR 2005, 383.
2 *EuGH*, Urt. v. 11.12.2003 – Rs. C-322/01, GesR 2004, 58 = MMR 2004, 149 m. Anm. Mand.
3 *KG*, Urt. v. 9.11.2004 – 5 U 300/01, CR 2005, 291 = MMR 2005, 246, 251.
4 *LG Frankfurt a.M.*, Urt. v. 21.7.2006 – 3/11 O 64/01, CR 2007, 201.
5 *OLG Hamburg*, Urt. v. 17.2.2009 – 3 U 225/06, GesR 2009, 626 = MD 2009, 772.
6 *OLG Hamburg*, Urt. v. 25.3.2010 – 3 U 126/09, PharmR 2010, 410.
7 *OLG Naumburg*, Urt. v. 26.8.2005 – 10 U 16/05, GRUR-RR 2006, 336. A.A. *OVG Lüneburg*, Beschl. v. 8.7.2011 – 13 ME 95/11, GRUR-Prax 2011, 356. All das ist streitig und Gegenstand einer Vorlage des *BGH* an den Gemeinsamen Senat aller Bundesgerichte.
8 *BGH*, Urt. v. 30.3.2006 – I ZR 24/03, MDR 2006, 941 = CR 2006, 539.
9 *EuGH*, Urt. v. 5.5.2011 – C-316/09.

müht und diese Verbreitung ausschließlich in der getreuen Wiedergabe der Umhüllung des Arzneimittels sowie in der wörtlichen und vollständigen Wiedergabe der Packungsbeilage oder der von der zuständigen Arzneimittelbehörde genehmigten Zusammenfassung der Merkmale des Arzneimittels besteht.

Umfassend sind die Beschränkungen in Bezug auf die **Tabakwerbung**. §§ 21a Abs. 2, 21b Abs. 4 VTabakG sieht ein allgemeines Werbeverbot für Zigaretten, zigarettenähnliche Tabakerzeugnisse und Tabakerzeugnisse, die zur Herstellung von Zigaretten durch Verbraucher bestimmt sind, vor, soweit die Werbung im Hörfunk oder in einer sonstigen Form der audiovisuellen kommerziellen Kommunikation (insb. Fernsehwerbung, Teleshopping, Produktplatzierung, vgl. § 21b Abs. 1 Nr. 3 VTabakG i.V.m. Art. 1 Buchst. h RL 89/88/EWG) erfolgen soll. Verboten ist gem. § 21a Abs. 3 VTabakG auch die Tabakwerbung in Presseerzeugnissen sowie gem. § 21a Abs. 4 VTabakG in Diensten der Informationsgesellschaft, soweit sie sich an die Öffentlichkeit richten. Zulässig bleibt eine redaktionelle Berichterstattung, § 22a VTabakG. Eingeschränkt wurde auch die Möglichkeit des Sponsorings, vgl. §§ 21a Abs. 5–7, 21b Abs. 2 VTabakG. Erlaubt ist allerdings weiterhin allgemeine Imagewerbung für ein Tabakunternehmen.[1] Eine solche erlaubte Imagewerbung liegt jedoch nicht vor, wenn zusätzlich zur Imagewerbung auch noch die Logos der Tabakprodukte gezeigt werden.[2]

Mit Wirkung zum 1. Januar 2009 ist die fünfte Novelle der Verpackungsverordnung in Kraft getreten, die auch den Internethandel treffen wird. Ersatzlos gestrichen wurde hierbei die Pflicht auch für Internethändler, ihre Rücknahmeverpflichtung bei Verpackungen besonders zu bewerben. Gleiches gilt für die Hinweise auf Verpackungen, was die Systembeteiligung etwa an dem grünen Punkt etc. angeht. Im Übrigen dürfen Verkaufsverpackungen ohne Beteiligung an einem flächendeckenden Entsorgungssystem nicht mehr an private Endverbraucher abgegeben werden (§ 6 Abs. 1 Satz 3 VerpackV). Es wird daher für alle Hersteller und Händler auch im Internethandel notwendig sein, sich an ein bundesweit anerkanntes Versorgungssystem anzuschließen. Dabei umfasst die Entsorgungspflicht nicht nur die Produktverpackung, sondern auch den zum Transport an den Endkunden genutzten Karton. Verstöße gegen die Vorgaben können mit einem Bußgeld bis zu 50 000 Euro geahndet werden und stellen gleichzeitig wettbewerbswidriges Verhalten dar.

Zu bedenken sind die sonstigen Restriktionen für den Vertrieb von Waren. So gelten auch bei Online-Auktionen die **Vorgaben des Tabaksteuergesetzes**. Der Käufer kann sich hier nicht auf eine Gutgläubigkeit bei der Ersteigerung erheblich preisreduzierter Tabakwaren im Internet berufen. Wie das *FG Düsseldorf* entschied, ist die Heranziehung eines Ersteigerers zur Zahlung der bei Wareneinfuhr seitens des Internet-Anbieters nicht entrichteter Zölle und Steuern rechtmäßig. Der steuerpflichtige Ersteigerer sei wegen des erheblich reduzierten Preises nicht gutgläubig gewesen und durch entsprechende Hin-

---
1 *OLG Hamburg*, Urt. v. 19.8.2008 – 5 U 12/08.
2 *OLG Hamburg*, Urt. v. 19.8.2008 – 5 U 12/08.

weise auf den Internetseiten des Auktionshauses über die Möglichkeit eines nicht gesetzeskonformen Warenstroms auch angemessen informiert gewesen.[1]

Im Übrigen ist beim Verkauf neuer Bücher über eBay die **Preisbindung** zu beachten.[2] Auch Privatpersonen, die mit einer gewissen Regelmäßigkeit neue Bücher in Online-Auktionen anbieten, müssen die Vorschriften des Buchpreisbindungsgesetzes einhalten. Wer gewerbs- oder geschäftsmäßig Bücher an Letztabnehmer verkauft, muss den festgesetzten Preis einhalten (§ 3 Buchpreisbindungsgesetz). Diese Verpflichtung trifft nicht nur gewerbsmäßige Händler. Geschäftsmäßig handelt, wer – auch ohne Gewinnerzielungsabsicht – die Wiederholung gleichartiger Tätigkeit zum wiederkehrenden Bestandteil seiner Beschäftigung macht. Diese Voraussetzung liegt nach Ansicht des *OLG Frankfurt*[3] bei einem Angebot von mehr als 40 Büchern innerhalb von sechs Wochen vor. Dafür spielt es keine Rolle, dass der Beklagte den Handel „nebenbei" betreibt. Der Verkauf von Büchern unterliegt dann der Preisbindung, wenn es sich um den ersten Verkauf an Letztabnehmer handelt. Derjenige, der ein Buch geschenkt erhält, das der Schenker zuvor als Endabnehmer erworben hat, kann über das geschenkte Buch frei und beliebig verfügen und unterliegt nicht mehr der Preisbindung.[4]

Nach § 33 GewO ist die Durchführung eines Spiels mit Gewinnmöglichkeit erlaubnispflichtig. Einer besonderen Erlaubnis bedürfen Lotterien und Glücksspiele i.S.v. § 284 StGB. Wer diese Erlaubnis nicht einholt, macht sich strafbar. Diese Regelungen gelten auch für das Bewerben von Sportwetten im Internet.[5] Schon die Werbung über eine Webseite für ein ausländisches, nicht genehmigtes Glücksspiel reicht aus, um § 284 StGB zur Anwendung zu bringen.[6] Ein bloßer Link als solcher insbesondere im Rahmen einer Presseberichterstattung über ausländische Glücksspiele begründet hingegen keine Haftung.[7] Auch wer vom Ausland aus Onlinecasinos betreibt, macht sich nach deutschem Recht strafbar; daran ändern Warnhinweise auf der Homepage für deutsche Interessenten nichts.[8] Ein ausländischer Anbieter von Glücksspielen im Internet, der auch gegenüber Interessenten in Deutschland auftritt, benötigt die dazu notwendige Erlaubnis einer inländischen Behörde, um sich nicht nach § 284 StGB strafbar zu machen.[9] Zweifelhaft wurde aller-

---

1 *FG Düsseldorf*, Urt. v. 23.6.2004 – 4 K 1162/04, ZfZ 2005, 25.
2 *OLG Frankfurt a.M.*, Urt. v. 15.8.2004 – 11 U 18/2004, MMR 2004, 685.
3 *OLG Frankfurt a.M.*, Urt. v. 15.6.2004 – 11 U 18/2004, MMR 2004, 685; ähnlich *OLG Frankfurt a.M.*, Urt. v. 9.12.2009 – 11 U 72/07.
4 *OLG Frankfurt a.M.*, Urt. v. 9.12.2009 – 11 U 72/07.
5 *OLG Hamm*, Urt. v. 24.9.1998 – 4 U 152/98, SpuRT 1999, 114 m. Anm. *Summerer*. Ähnlich *OLG Hamburg*, Urt. v. 10.1.2002 – 3 U 218/01, MDR 2002, 1083 = MMR 2002, 471 m. Anm. *Bahr*.
6 *OLG Hamburg*, Beschl. v. 19.1.2005 – 3 U 171/04, CR 2005, 459.
7 *BGH*, Urt. v. 1.4.2004 – I ZR 317/01, NJW 2004, 2158 = MDR 2004, 1432 = CR 2004, 613 m. Anm. *Dietlein* = GRUR 2004, 693.
8 So der *öOGH*, Urt. v. 14.3.2005 – 4 Ob 255/04k – LSK 2005, 400269.
9 Vgl. wiederum *öOGH*, Urt. v. 14.3.2005 – 4 Ob 255/04k – LSK 2005, 400269.

dings nach der Gambelli-Entscheidung[1] des *EuGH*, ob das deutsche Glücksspielverbot europarechtlichen Vorgaben noch entspricht.[2] Im Übrigen gilt das Verbot von Glücksspielen auch für Spielhallen. Wenn dort der Zugang zu Internetsportwetten gewährt wird, sind solche „Annahmestellen" nach § 33i GewO verboten.[3]

In einem aktuellen Urteil[4] hat der *BGH* jedoch das Verbot des Veranstaltens und des Vermittelns öffentlicher Glücksspiele im Internet nach § 4 Abs. 4 GlüStV für wirksam befunden und insbesondere nicht europäisches Recht verletzt gesehen. Das Verbot stelle zwar eine Beschränkung des freien Dienstleistungsverkehrs in der EU dar. Die mit dem Verbot verfolgten Ziele der Suchtbekämpfung und -prävention sowie des Jugendschutzes und der Betrugsvorbeugung könnten dies jedoch rechtfertigen. Insbesondere das Kohärenzkriterium des *EuGH*, nach dem Maßnahmen, mit denen ein Mitgliedstaat die Spieltätigkeit beschränkt, dazu beitragen müssen, die Gelegenheit zum Spiel zu verringern und die Tätigkeit in diesem Bereich in kohärenter und systematischer Weise zu begrenzen, sieht das Gericht erfüllt.

Nach § 8a RStV sind Gewinnspiele bei einer Teilnahmeentgelt-Höchstgrenze von € 0,50 grds. zulässig. Nach Auffassung des *LG Köln* gilt ein Gewinnspiel, das nach dem Tombola-Prinzip aufgebaut ist und über das Internet angeboten wird, auch dann als Glücksspiel i.S.d. GlüStV, wenn für ein Los zwar lediglich 50 Cent verlangt werden, jedoch der Spieler durch Mehrfachteilnahme das zu zahlende Entgelt in 50 Cent-Schritten jederzeit erhöhen kann.[5] Verboten ist es daher auch, Pachtverträge über eine Gaststätte für 9,99 Euro zu verlosen.[6] Auch Umgehungsgeschäfte sind vom Verbot umfasst, etwa die mittelbare Verlosung über eine Teilnahmegebühr für ein Quiz, bei dem der Kenntnisreichste ein Haus gewinnt.

Verboten sind auch im Internet **Versicherungsvermittlungsgeschäfte ohne gewerberechtliche Erlaubnis (§§ 34c und 34d GewO)**. Die Tätigkeit ohne Makler-Schein ist über § 4 Nr. 11 UWG u.a. ein Wettbewerbsverstoß. So verbot das *LG Hamburg*[7] dem Unternehmen Tchibo, auf seinen Internetseiten unter dem Bereich „Versicherungen" Versicherungen vorzustellen und zu vermitteln. Tchibo selbst war zwar weder Versicherer noch Vertragspartner der angebotenen Versicherungsunternehmen. Tchibo hatte jedoch Vereinbarungen mit (anderen) Vermittlern und erhielt für getätigte Abschlüsse Vergütungen. Dies sei als Versicherungsvermittlung i.S.d. § 34d GewO bzw. als Finanzdienstleis-

---

1 *EuGH*, Urt. v. 6.11.2003 – Rs. C-243/01, NJW 2004, 139 = MMR 2004, 92 m. Anm. Bahr.
2 So etwa *Kazemi/Leopold*, MMR 2004, 649; *Pelz/Stempfle*, K&R 2004, 570; *Spindler*, GRUR 2004, 724. Siehe auch *LG München*, Urt. v. 27.10.2003 – 5 Qs 41/03, CR 2004, 464 = MMR 2004, 109.
3 *VG Trier*, Urt. v. 17.2.2009 – 1 L 32/08.
4 *BGH*, Urt. v. 28.9.2011 – 1 ZR 92/09.
5 *LG Köln*, Urt. v. 7.4.2009 – 33 O 45/09.
6 *VG Berlin*, Beschl. v. 17.8.2009 – VG 4 L 274.09.
7 *LG Hamburg*, Urt. v. 30.4.2010 – 408 O 95/09.

tung gemäß § 34c GewO *anzusehen, zumal* die Marke Tchibo stark in die werblichen Textungen eingebunden war („tchibo-günstig", „tchibo-fair", „tchibo-einfach").

Sachlich gerechtfertigt soll ein Ausschluss von Internethändlern bei Markenprodukten sein, die im selektiven Vertrieb ausschließlich über Ladenlokale verkauft werden.[1] Ähnlich sieht es das *LG Mannheim*.[2] Ein Hersteller von Markenartikeln (hier: Scout-Schulranzen) darf den Verkauf seiner Produkte bei eBay untersagen, da die Internet-Plattform nicht das Ambiente eines Fachgeschäfts bietet. Ähnlich sieht dies das *OLG Karlsruhe*.[3] Eine vertragliche Beschränkung des Internetvertriebs soll hiernach zulässig sein, wenn sie auf die fachliche Eignung des Wiederverkäufers und seines Personals und auf seine sachliche Ausstattung bezogen ist; sie muss ferner einheitlich und diskriminierungsfrei angewendet werden. Ein Usenetdienst hat keinen kartellrechtlichen Anspruch auf Schaltung von Google-Ad-Anzeigen gegen Google, wenn Google sich zur Begründung seiner Weigerung auf die sonst bestehende Gefahr einer urheberrechtlichen Störerhaftung berufen kann.[4] Der Generalanwalt des *EuGH*[5] hat kürzlich erklärt, ein den Vertriebshändlern eines selektiven Vertriebsnetzes auferlegtes allgemeines und absolutes Verbot, Produkte über das Internet an Endbenutzer zu verkaufen, sei grundsätzlich kartellrechtswidrig. Denn ein solches Verbot sei eine Beschränkung des aktiven und passiven Verkaufs i.S.v. Art. 4 Buchst. c der Vertikal-GruppenfreistellungsVO [VO (EG) 2790/1999]. An dessen Stelle ist seit 1.6.2010 der inhaltsgleiche Art. 4 Buchst. c der VO (EU) 330/2010 getreten. Dieser Ansicht hat sich jüngst auch der EuGH selbst angeschlossen.[6]

c) Das eBay-Bewertungsystem

Umstritten ist, inwieweit der eBay-Kunde zur Abgabe sachlicher Bewertungen bei abgewickelten Geschäften verpflichtet werden kann.[7] Bei eBay können Mitglieder von eBay nach erfolgter Vertragsabwicklung ein **kurzes Statement zu dem Geschäftsverhalten ihres Vertragspartners** geben. Diese Aussagen bilden nicht selten die Grundlage für die Entscheidung zum Vertragsabschluss eines Dritten mit dem Bewerteten, dem dann insbesondere eine negative Beurteilung schadet. Seit dem 22. Mai 2008 können Verkäufer bei eBay ihren Kunden keine negativen Bewertungen mehr geben. Dadurch will eBay „Rachebewertungen" für schlechte Kundenbewertungen verhindern.

---

1 *BGH*, Urt. v. 4.11.2003 – KZR 2/02, CR 2004, 195.
2 *LG Mannheim*, Urt. v. 14.3.2008 – 7 O 263/07, CR 2008, 593; a.A. *LG Berlin*, Urt. v. 24.7.2007 – 16 O 412/07, CR 2008, 607 = K&R 2008, 321.
3 *OLG Karlsruhe*, Urt. v. 25.11.2009 – 6 U 47/08 Kart.
4 *LG Hamburg*, Urt. v. 4.2.2008 – 315 O 870/07.
5 *EuGH*, Schlussantrag des Generalanwalts vom 3.3.2011 – C-439/09.
6 *EuGH*, Urt. v. 13.10.2011 – Rs. C-439/09, MMR 2012, 50 m. Anm. *Neubauer*.
7 Vgl. *Janal*, NJW 2006, 870.

Die Gerichte haben sich mit Unterlassungs-, Beseitigungs- und Schadensersatzansprüchen hinsichtlich der Bewertungen zu beschäftigen.[1]

Zunächst zu prüfen ist die rechtliche Zulässigkeit **falscher Tatsachenbehauptungen**. Diese sind einem Beweis zugänglich, also an den Maßstäben von „wahr" und „unwahr" zu messen. Eine ehrenrührige, **unwahre** Tatsachenbehauptung kann in das allgemeine Persönlichkeitsrecht oder auch den eingerichteten und ausgeübten Gewerbebetrieb eingreifen.[2] Erfolgt das Abgeben der unwahren Bewertung widerrechtlich, d.h. ist sie geeignet, negativen Einfluss auf weitere Geschäfte bei eBay auszuüben, so kann ein Unterlassungsbzw. Beseitigungsanspruch gem. § 823 Abs. 1 BGB, § 1004 Abs. 1 BGB bejaht werden.[3] Die einmalige Möglichkeit der Bewertungsabgabe begründet jedoch nicht die widerlegliche Vermutung einer Wiederholungsgefahr und rechtfertigt somit noch keinen Unterlassungsanspruch.[4] Auch die Geltendmachung eines Schadensersatzanspruchs gem. § 823 Abs. 1 BGB ist dann möglich. Im Rahmen eines einstweiligen Rechtsschutzverfahrens des *LG Düsseldorf* – auf das noch näher einzugehen sein wird – wurde über eine Kreditgefährdung gem. § 824 BGB entschieden.[5]

Einige Gerichte verneinen den Rückgriff auf diese Anspruchsgrundlagen und leiten aus §§ 280 Abs. 1, 241 Abs. 2 BGB i.V.m. den AGB von eBay **vertragliche Ansprüche** her. Die eBay-AGB sehen vor, dass ausschließlich wahrheitsgemäße, sachliche Angaben gemacht werden dürfen und die gesetzlichen Bestimmungen zu beachten sind. Diese AGB gelten zwischen den Vertragspartnern zwar nicht unmittelbar,[6] sie obliegen jedoch jedem Vertragsteil als Nebenpflichten.[7]

Das *LG Düsseldorf* fordert im Zusammenhang mit § 824 BGB eine **offensichtlich unwahre Tatsache** und stellt somit zumindest für den Bereich des einstweiligen Rechtsschutzes erhöhte Anforderungen an die Voraussetzungen des § 824 BGB, der grundsätzlich das bloße Vorliegen einer unwahren Tatsache verlangt.[8] Das *LG* rechtfertigt die erhöhte Anforderung mit der von § 824 Abs. 2 BGB geforderten Interessenabwägung. Gegenüber stehen sich das Interesse des Betroffenen an Zurückhaltung der Information und dem Interesse der Mitteilungsempfänger an Veröffentlichung der Information. Das *LG* führt fünf Punkte an, die ein überwiegendes Interesse der Mitteilungsempfänger begründen.

---

1 Die bisherige Rechtsprechung im Zusammenhang mit eBay bilanziert *Schlömer*, BB 2007, 2129.
2 *OLG Oldenburg*, Urt. v. 3.4.2006 – 13 U 71/05.
3 *LG Konstanz*, Urt. v. 28.7.2004 – 11 S 31/04, NJW-RR 2004, 1635, 1636; *AG Koblenz*, Urt. v. 21.8.2006 – 15 1 C 624/06, CR 2007, 540, 541.
4 *LG Bad Kreuznach*, Beschl. v. 13.7.2006 – 2 O 290/06, MMR 2007, 823 = CR 2007, 335 (Ls.).
5 *LG Düsseldorf*, Urt. v. 18.2.2004 – 12 O 6/04, CR 2004, 623 = MMR 2004, 496.
6 *BGH*, Urt. v. 7.11.2001 – VIII ZR 13/01, MDR 2002, 208 = CR 2002, 213 m. Anm. *Wiebe* = MMR 2002, 95.
7 *AG Erlangen*, Urt. v. 26.5.2004 – 1 C 457/04, CR 2004, 780 = NJW 2004, 3720, 3721; *AG Peine*, Urt. v. 15.9.2004 – 18 C 234/04, NJW-RR 2004, 275.
8 *LG Düsseldorf*, Urt. v. 18.2.2004 – 12 O 6/04, CR 2004, 623 = MMR 2004, 496.

Erstens sei es gerade Sinn und Zweck des Bewertungssystems, ein aussagekräftiges Bild des Verkäufers zu zeichnen. Zweitens habe sich der Verkäufer den Vorteil zu nutze gemacht, durch den Verkauf im Internet eine Vielzahl von potenziellen Käufern zu werben, so dass er auch mit den negativen Konsequenzen leben müsse. Hiergegen könne nicht angeführt werden, dass es der Gewerbetreibende grundsätzlich nicht dulden müsse, dass er bei wirtschaftlich nicht bedeutenden Verträgen in der Öffentlichkeit mit Äußerungen jeglicher Art konfrontiert wird. Das dritte Argument stützt sich auf die Möglichkeit der Gegendarstellung. Der Betroffene könne in direktem Zusammenhang auf die Äußerung reagieren. Viertens werde damit auch dem Umstand Rechnung getragen, dass viele Unternehmen sich dem Markt unter einem Pseudonym präsentieren. Nur in dem Fall, in dem eine offensichtlich unwahre Tatsachenbehauptung vorliege, könne von einer Interessenverletzung des eigentlichen Geschäftsherrn die Rede sein. Fünftens sei die Bewertung für den Markt die einzige Informationsquelle.

Hinsichtlich der Unwahrheit der Tatsache stellt sich die Frage nach der **Beweislast**. Bei einem Unterlassungsbegehren hat – nach den von der Rechtsprechung zur Verteilung der Beweislast entwickelten Grundsätzen – der von der Behauptung Betroffene die Unwahrheit zu beweisen. Daran orientiert sich dann auch das *AG Peine*.[1] Zwar sei nach dem Rechtsgedanken des § 186 StGB der Unterlassungsbeklagte beweispflichtig, d.h. er müsse die Wahrheit der von ihm getätigten Aussage beweisen. Diese Beweislast kehre sich jedoch um, wenn der Unterlassungsbeklagte ein berechtigtes Interesse an der Äußerung nachweisen könne. Da die Bewertung vorliegend als Grundlage für die Kaufentscheidung anderer diene, könne ein solches Interesse bejaht werden. Insofern trifft die Rechtsprechung die Wertung, die im neuen UWG in § 4 Nr. 8 kodifiziert ist: Für den Fall eines berechtigten Interesses ist auch hier eine Umkehr der Beweislast vorgesehen. Das Interesse (meist das des Käufers), sich an die Öffentlichkeit zu richten, ist vom *AG Peine* in einer Abwägung mit dem Interesse des Betroffenen an Zurückhaltung der Information auch als überwiegend bewertet worden. Der Betroffene (meist der Verkäufer) wisse, dass er von seinem Vertragspartner öffentlich bewertet werde, er nutze den Effekt einer positiven Bewertung als Werbung, so dass er auch die Auswirkungen negativer Bewertungen hinnehmen müsse. Im Rahmen der Interessenabwägung müsse auch berücksichtigt werden, dass es dem Sinn und Zweck des Bewertungssystems zuwiderlaufe, wenn den Bewertenden die Beweislast treffe. Dieser würde eine Bewertung u.U. dann gar nicht erst abgeben, aus Angst im Streitfalle den Beweis für diese Aussage antreten zu müssen.

Das *AG Peine* differenziert darüber hinaus zwischen dem tatsächlichen Defekt der verkauften Sache und der Wahrheit der Äußerung des Käufers über diesen Defekt. Vorliegend ging es um die Beschädigung eines Scheinwerfers, der – nach Angaben des Beklagten – einen drei cm langen Riss an der Halterung aufwies. Der Kläger zog, um seiner Beweislast nachzukommen, die Aus-

---

[1] *AG Peine*, Urt. v. 15.9.2004 – 18 C 234/04, NJW-RR 2005, 275.

sage seiner Lebensgefährtin heran, wonach der Scheinwerfer keinen Defekt hatte. Diese Aussage erachtet das Gericht als nicht ausreichend, um die Wahrheit der Behauptung des Beklagten über den Defekt der Sache zu widerlegen. Die Aussage reiche zwar aus, um zu beweisen, dass bei Versendung der Sache diese noch keinen Defekt aufwies, nicht gesagt sei damit jedoch, dass die Sache beim Eintreffen bei dem Empfänger nicht den von diesem beschriebenen Defekt hatte und seine Aussage daher nicht der Wahrheit entspreche. Die Empfänger der Aussage legten dieser jedoch gerade den Zeitpunkt nach der Versendung zu Grunde.

Das *LG Konstanz*[1] urteilte über die Beweislast anders. Derjenige, der eine Tatsache behaupte, deren Wahrheit zum Zeitpunkt der Äußerung noch nicht hinreichend geklärt ist, sei in besonderer Weise verpflichtet. Er müsse darlegen, auf welche tatsächlichen Erkenntnisse und Grundlagen er seine Aussage stütze. Andernfalls sei die Behauptung des Anspruchstellers, die Aussage sei unwahr, nicht ausreichend widerlegt. Das *LG* sah hier folglich – ohne dass hierfür eine Begründung vorlag – die Beweislast nicht umgekehrt.

Neben den Tatsachenbehauptungen fließen in das eBay-Bewertungssystem auch **Werturteile** ein. Werturteile zeichnen sich dadurch aus, dass sie ein Element des Dafür- oder Dagegenhaltens beinhalten und keinem Beweis zugänglich sind. In der vom *LG Konstanz* zu überprüfenden Aussage: „Alles Unfug, Kunststück mit mir nicht zufrieden zu sein", liegt z.B. ein Werturteil. Die Prüfung unzulässiger Werturteile unterscheidet sich von der einer Tatsachenbehauptung. Die Äußerung von Werturteilen ist – anders als Tatsachenbehauptungen – durch das **Grundrecht der Meinungsfreiheit** gem. Art. 5 Abs. 1 GG geschützt. Bei der Prüfung der Beseitigungs- bzw. Unterlassungsansprüche analog § 1004 Abs. 1 BGB ist der von der Behauptung Betroffene analog § 1004 Abs. 2 BGB unter Umständen zur Duldung der Behauptung verpflichtet. Zur Ermittlung dieser Verpflichtung ist eine Interessenabwägung vorzunehmen, für die die Schranke der Meinungsfreiheit gem. Art. 5 Abs. 2 GG den Maßstab bildet. Werturteile können die grundrechtlich geschützte Grenze demnach u.a. dann überschreiten, wenn sie eine Ehrverletzung beinhalten. Meinungsfreiheit und Schutz der Persönlichkeit stehen in Wechselwirkung. Nicht jede überzogene oder ausfällige Äußerung bringt daher eine Ehrverletzung mit sich. Erst, wenn mit der Aussage nicht das Kundtun einer Meinung, sondern die Diffamierung einer Person beabsichtigt wird und mit der Aussage eine persönliche Herabsetzung verbunden ist, ist von unzulässiger sog. **Schmähkritik** zu sprechen.

Das *AG Koblenz* lehnte einen Eingriff in den eingerichteten und ausgeübten Gewerbebetrieb wegen Fehlens von Schmähkritik ab. Der Anspruchsgegner in dem einstweiligen Verfügungsverfahren bewertete den Anspruchsteller wie folgt: „So etwas hätte ich nicht erwartet. Rate ab." Um in dieser Äußerung einen Eingriff in den eingerichteten und ausgeübten Gewerbebetrieb zu sehen, müsse sich die Äußerung gegen die betriebliche Organisation oder die unter-

---

[1] *LG Konstanz*, Urt. v. 28.7.2004 – 11 S 31/04, NJW-RR 2004, 1635.

nehmerische Freiheit richten und über eine bloße Belästigung hinaus gehen. Die hier getätigte Aussage erfülle dieses Kriterium nicht. Auch werde der Achtungsanspruch des Anspruchstellers dadurch nicht gefährdet.[1]

Das *AG Eggenfelden* bezieht in die erforderliche Interessenabwägung ein, dass der Kläger seinerseits Kraftausdrücke verwendete und vorher selbst eine negative Bewertung abgab. Darüber hinaus habe sich der Rechtsstreit an einem Fehler des Klägers entzündet.[2]

Wird die Unzulässigkeit des Werturteils bejaht, können daraus die bereits im Zusammenhang mit der Tatsachenbehauptung beschriebenen Ansprüche erwachsen. Ein Beseitigungsanspruch in Form des Widerrufs gem. §§ 823 Abs. 1, 1004 Abs. 1 BGB dürfte jedoch bei Werturteilen nicht in Betracht kommen, da ein „Gegenbeweis" in dem Sinne nicht erbracht werden kann.[3] In diesem Fall dürfte lediglich ein Löschungsanspruch sinnvoll sein. In Verbindung mit § 823 Abs. 2 BGB können auch strafrechtliche Normen gem. §§ 185 ff. StGB, wie Beleidigung, üble Nachrede und Verleumdung in Betracht kommen.[4] So hat das *AG Köln* bei offensichtlich beleidigendem Inhalt einer Bewertung einen Löschungsanspruch gegen eBay selbst bejaht.[5]

Einige Gerichte stellen ein **besonderes Erfordernis der Sachlichkeit** einer Bewertung auf. Besonders hervorzuheben ist ein Urteil des *AG Erlangen*, da dieses auch jenseits des Vorliegens einer unwahren Tatsachenbehauptung oder von Schmähkritik die Unzulässigkeit einer Aussage bejaht hat, wenn sie unsachlich ist.[6] Diese Ansicht geht zu Gunsten des von der Aussage Betroffenen am weitesten. Sie steht teilweise in Widerspruch zu der zuvor vom *AG Koblenz* vertretenen Auffassung. Der Beklagte bewertete den Kläger noch vor Bezahlung negativ mit dem Kommentar: „Ein Freund und ich würden hier nicht mehr kaufen." Das Gesamtbewertungsprofil des Klägers sank daraufhin von 100 % auf 98,5 % positive Bewertungen. Eine Tatsachenbehauptung liegt in dieser Aussage nicht, sodass sie nur an den Maßstäben eines Werturteils zu messen ist. Eine Ehrverletzung oder ein Eingriff in den eingerichteten und ausgeübten Gewerbebetrieb lässt sich hier jedoch nicht erkennen.

Dennoch bemängelte das *AG* die Bewertung, sie sei so allgemein gehalten, dass sie dem Empfänger eine Reihe von Interpretationsmöglichkeiten lasse. Aufgrund der damit zum Ausdruck kommenden Unsachlichkeit sei sie als unzulässig zu werten und es bestehe ein Löschungsanspruch.[7] Um in der Argumentation der Wechselwirkung zwischen Meinungsfreiheit und Schutz der Persönlichkeit zu bleiben, könnte man sagen, dass das *AG* die Grenzen der

---

1 *AG Koblenz*, Urt. v. 2.4.2004 – 142 C 330/04, CR 2005, 72 = MMR 2004, 638, 639.
2 *AG Eggenfelden*, Urt. v. 16.8.2004 – 1 C 196/04, CR 2004, 858 = MMR 2005, 132.
3 *LG Konstanz*, Urt. v. 28.7.2004 – 11 S 31/04, NJW-RR 2004, 1635.
4 *AG Koblenz*, Urt. v. 2.4.2004 – 142 C 330/04, CR 2005, 72 = MMR 2004, 638.
5 Allerdings handelt es sich nur um eine Entscheidung im einstweiligen Rechtsschutz; Beschluss des *AG Köln*, Beschl. v. 15.3.2005 – 119 C 110/05 (n.v.).
6 *AG Erlangen*, Urt. v. 26.5.2004 – 1 C 457/04, CR 2004, 780 = NJW 2004, 3720.
7 *AG Erlangen*, Urt. v. 26.5.2004 – 1 C 457/04, CR 2004, 780 = NJW 2004, 3720.

Meinungsfreiheit früher überschritten sieht und in dem Schutz der Persönlichkeit bereits eher ein überwiegendes Interesse erkennt. Fraglich ist, ob dies gerechtfertigt ist. Zunächst ist anzumerken, dass die Meinungsfreiheit nicht gänzlich eingeschränkt wird. Das *AG* gesteht zu, dass bei dem von eBay verwendeten System überwiegend subjektive Meinungen abgegeben werden, stellt an sie jedoch das Erfordernis einer Begründung. Es handle sich insofern bei eBay nicht ausschließlich um ein Meinungsforum, bei dem Meinungen, ohne bestimmten Erfordernissen nachzukommen, verbreitet werden könnten.[1]

Das *AG Peine* fordert im Zusammenhang mit der **Beweislast** bei Tatsachenbehauptungen, dass die Beweislast nicht bei demjenigen liegen dürfe, der die Aussage tätigt, da dies dem Sinn und Zweck des Bewertungssystems zuwiderlaufe.[2] In Anlehnung an dieses Argument könnte man dem *AG Erlangen* entgegenhalten, dass die wenig konkretisierten Anforderungen an die Begründung die Teilnehmer auch eher verunsichert und sie Bewertungen daher gar nicht oder nicht entsprechend ihrer Meinung äußern. Das *AG Erlangen* sieht jedoch in dem Erfordernis der Begründung der Aussage gerade die Garantie für den Sinn und Zweck der Plattform, durch die alle Nutzer sich voneinander ein angemessenes Bild machen sollen. Dieses Bild könne gerade nicht entstehen, wenn der Nutzer nur mit allgemeinen, überspitzten und schlagwörtlich gehaltenen Bewertungen konfrontiert werde. Auch das vielfach ins Feld geführte Argument, der Betroffene habe die Möglichkeit zur Gegendarstellung, greift hier für das *AG* nicht. Eine allgemeine Bewertung verhindere gerade, dass sich der Betroffene auf einen Kritikpunkt beziehen und sich gegen diesen zur Wehr setzen könne.[3]

Wie bereits erwähnt, tritt das *AG Koblenz*[4] in seiner zuvor ergangenen Entscheidung diesen Einschätzungen entgegen. Das *AG Koblenz* stellt zwar auch darauf ab, dass die Bewertung keine **unsachliche Schmähkritik** enthalten darf, allerdings sieht es in dem Vorliegen einer Begründung kein Kriterium für die Sachlichkeit. Es sieht in dem Bewertungssystem ein reines Meinungsforum, sodass es für die Sachlichkeit nicht auf die Begründung der Aussage ankommen könne.[5] Den Anforderungen der Zulässigkeit kämen sonst nur die Kommentare nach, die eine ausführliche Beschreibung der Transaktion enthielten, so dass aufgrund der „neutralen" Beschreibung eine Einschätzung erfolgen kann. Gerade die Tatsache, dass nur eine beschränkte Zeichenanzahl für den Kommentar zur Verfügung steht, zeige, dass eine lange Begründung nicht möglich sei und es sich um eine subjektive Meinung handle. Auch der Wortlaut der eBay-AGB, dass das Bewertungssystem helfen solle, die Zuverlässigkeit anderer einzuschätzen, mache die Eigenschaft als ausschließliches Meinungsforum deutlich. An die Zuverlässigkeit würden unterschiedliche

---

1 *AG Erlangen*, Urt. v. 26.5.2004 – 1 C 457/04, CR 2004, 780 = NJW 2004, 3720.
2 *AG Peine*, Urt. v. 15.9.2004 – 18 C 234/04, NJW-RR 2005, 275.
3 *AG Erlangen*, Urt. v. 26.5.2004 – 1 C 457/04, CR 2004, 780 = NJW 2004, 3720.
4 *AG Koblenz*, Urt. v. 2.4.2004 – 142 C 330/04, CR 2005, 72 = MMR 2004, 638.
5 *AG Koblenz*, Urt. v. 2.4.2004 – 142 C 330/04, CR 2005, 72 = MMR 2004, 638.

Kriterien gestellt; jedem sei klar, dass es sich bei der Einschätzung der Zuverlässigkeit um eine subjektive handle.

Die Literatur hat zu Recht einiges an dieser instanzgerichtlichen Positionierung auszusetzen.

Besonders das Argument des *LG Düsseldorf* und des *AG Peine* über das Bestehen einer Gegendarstellungsmöglichkeit, vermag die Literatur nicht zu überzeugen. Das Argument gehe an der Realität von eBay vor allem deshalb vorbei, weil häufig eine Vielzahl von Bewertungen vorhanden sei, die von den Interessierten alle gesichtet werden müssten. Des Weiteren bleibe eine negative Bewertung in der Gesamtbewertungsstatistik erhalten unabhängig davon, ob eine Gegendarstellung erfolge.[1]

Teilweise stellt sich die Literatur jedoch auch auf die Seite der Rechtsprechung, so z.B. bei dem Urteil des *AG Koblenz*. So wird zwar anerkannt, dass in der Ablehnung einer ausführlichen Begründung die Gefahr einer vertrags- und sittenwidrigen Manipulation liege, diese jedoch deshalb nicht verhindert werden könne, weil es keine Möglichkeit gebe, aus dem Ratingsystem auszusteigen. Schon gar nicht dürfe die Gefahr durch eine Veränderung des Bewertungssystems gebannt werden, dies könne allenfalls durch gerichtlichen Schutz erfolgen.[2] Obwohl sogar die Erpressung mit einer negativen Bewertung (sog. Feedback-Erpressung) befürchtet wird, wird das Urteil des *AG Koblenz* bejaht. Eine absolute Objektivität sei bei einer derart kurzen Darstellung nicht möglich. Des Weiteren bestehe die Gefahr, dass jegliche subjektive Bewertung kritisiert und daher eine Flut an Klagen ausgelöst werde.[3]

Erhalten Verkäufer zu viele negative Bewertungen durch andere Nutzer und sehen die Allgemeinen Geschäftsbedingungen (AGB) des Webauktionshauses für diesen Fall ein Kündigungsrecht mit einer Frist von 14 Tagen vor, so ist die Kündigung rechtens.[4] Die Kündigungsfrist ist nach Auffassung des Gerichts auch nicht zu kurz bemessen, da sie im Einklang mit § 621 Nr. 5 BGB stehe. Auch bestehe kein unmittelbarer oder mittelbarer Kontrahierungszwang seitens eBay, da es für eine unmittelbare Pflicht an einer gesetzlichen Bestimmung fehle, wie sie beispielsweise für bestimmte Formen der Daseinsvorsorge normiert ist. Für einen mittelbaren Kontrahierungszwang fehle es am Erfordernis, dass die Ablehnung des Vertragsschlusses eine unerlaubte Handlung darstellt. Die Frage des Bestehens einer marktbeherrschenden Stellung i.S.d. GWB konnte das *OLG* offen lassen, da der Kläger aufgrund eigener Einlassung kein Gewerbetreibender war und somit das GWB keine Anwendung fand.

---

1 *Hermann*, MMR 2004, 497.
2 *Ernst*, MMR 2004, 640.
3 *Herrmann*, MMR 2004, 497.
4 So das *Brandenburgische OLG*, Urt. v. 18.5.2005 – 7 U 169/04, CR 2005, 662 = MMR 2005, 698.

Das *Kammergericht* entschied einen etwas anders gearteten Fall: eBay hatte den Account einer Händlerin gesperrt, den sie eröffnet hatte, nachdem der Account ihres Ehemannes aufgrund negativer Bewertungen gesperrt worden war.[1] Das *KG* stellte klar, dass die Eröffnung eines neuen Accounts zur Umgehung einer bereits erfolgten Sperrung einen schwerwiegenden Verstoß gegen die vertragliche Vertrauensgrundlage darstelle und zur sofortigen Sperrung des neuen Accounts berechtige.

d) Die Preisangabenverordnung, die Impressums- und weitere Informationspflichten

Literatur: *Brunst*, Umsetzungsprobleme der Impressumspflicht bei Webangeboten, MMR 2004, 8; *Ernst*, Pflichtangaben in E-Mails – Neue Pflichten durch das EHUG?, ITRB 2007, 94; *Glaus/Gabel*, Praktische Umsetzung der Anforderungen zu Pflichtangaben in E-Mails, BB 2007, 1744; *Härting*, Briefe und E-Mails im Netz, K&R 2007, 551; *Hoeren*, Informationspflichten im Internet – im Lichte des neuen UWG, WM 2004, 2461; *Hoeren/Pfaff*, Pflichtangaben im elektronischen Geschäftsverkehr aus juristischer und technischer Sicht, MMR 2007, 207; *König*/Riede, Pflichtangaben in geschäftlichen E-Mails – Rechtslage Deutschland und Österreich, MR Int. 2007, 99; *Rätze*, „Ich freue mich auf E-Mails" verstößt gegen § 5 TMG, MMR-Aktuell 2010, 308821; *Rot/Groß*, Pflichtangaben auf Geschäftsbrief und Bestellschein im Internet, K&R 2002, 127; *Schmittmann*, Pflichtangaben in E-Mails – Ist die elektronische Post ein Geschäftsbrief?, DB 2002, 1038; *Schulte/Schulte*, Informationspflichten im elektronischen Geschäftsverkehr – wettbewerbsrechtlich betrachtet, NJW 2003, 2140; *Schweinoch/Böhlke/Richter*, E-Mails als elektronische Geschäftsbriefe mit Nebenwirkungen, CR 2007, 167; *Stickelbrock*, „Impressumspflicht" im Internet, GRUR 2004, 111; *Woitke*, Informations- und Hinweispflichten im E-Commerce, BB 2003, 2469

aa) Preisangabenverordnung

Die Vorgaben der Preisangabenverordnung, insbesondere § 1 PAngV, gelten auch im Internet. Wer nur wirbt, muss keine Preise angeben; wer aber mit Preisen wirbt, muss diese vollständig angeben.[2] Jeder Anbieter muss danach gegenüber den Endverbrauchern die Entgelte für die Nutzung der Dienste vor dem Zugriff angeben. § 4 Abs. 4 PAngV stellt klar, dass jedes auf Bildschirm übertragene Angebot mit einer Preisangabe (incl. einer Angabe der Mehrwertsteuer)[3] versehen sein muss. Wird eine Leistung über Bildschirmanzeige erbracht und nach Einheiten berechnet, ist der Preis der fortlaufenden Nutzung als gesonderte Anzeige unentgeltlich anzubieten. Der Verbraucher muss daher über den Preis der aktuellen Online-Nutzung ständig informiert sein. Es ist wettbewerbswidrig, wenn der angezeigte Verkaufspreis in einer Preissuchmaschine von dem späteren, tatsächlichen Preis im verlinkten Online-Shop abweicht. Dies gilt ebenfalls, wenn die Abweichung nur für wenige Stunden

---

1 *KG*, Urt. v. 5.8.2005 – 13 U 4/05, CR 2005, 818 m. Anm. *Spindler* = MMR 2005, 764.
2 *OLG Stuttgart*, Urt. v. 17.1.2008 – 2 U 17/07.
3 *OLG Hamburg*, Beschl. v. 4.1.2007 – 3 W 224/06, CR 2007, 753 = CR 2007, 818 = MMR 2007, 321.

vorhanden ist. Verantwortlich als Täter im wettbewerbsrechtlichen Sinne ist hier der Händler, sofern er dem Suchmaschinenbetreiber die Preisangaben mitgeteilt und dieser sie unverändert übernommen hat.[1] Auch hinsichtlich der auf einer Homepage zu findenden Produktangebote hat ein Anbieter die Preise einschließlich der Versandkosten genau zu spezifizieren. Dagegen verstößt er, wenn er im Internet z.B. Buchungen für Flugreisen entgegennimmt und den Preis durch den Kunden selbst bestimmen lässt.[2] Auch müssen sich die Versandkosten in einer Preissuchmaschine wiederfinden.[3] Die PAngV ist auch bei Internetabofallen verletzt.[4]

Allerdings gebietet das Internet aufgrund seiner technischen Besonderheiten eine flexible Interpretation des Preisangabenrechts. So muss bei einem Reservierungssystem für Linienflüge im Internet nicht bereits bei der erstmaligen Bezeichnung von Preisen der Endpreis angegeben werden; es reicht vielmehr aus, dass der Preis bei der fortlaufenden Eingabe in das Reservierungssystem ermittelt werden kann, solange der Nutzer unmissverständlich darauf hingewiesen wird.[5] Es reicht aber nicht aus, wenn am oberen Bildschirmrand auf die Seite „Allgemeine Geschäftsbedingungen" mit den dortigen Preisangaben verwiesen wird.[6] Auch bei der (zulässigen) Information über Links darf der Link selbst nicht banal mit der Beschriftung „Mehr Infos" versehen sein.[7] Angaben wie die der Versandkosten müssen leicht erkennbar, deutlich lesbar und gut wahrnehmbar sein.[8] Es muss auf sie aber nicht auf der Internetseite, die das Warenangebot enthält, hingewiesen werden, sondern es kann sich auch um eine andere Seite handeln.[9] Den Verbrauchern ist bekannt, dass im Versandhandel neben dem Endpreis üblicherweise Liefer- und Versandkosten anfallen.[10] Die Versandkosten müssen auch nicht auf der den Bestellvorgang abschließenden „Bestell-Übersicht" neben dem Warenpreis noch einmal der Höhe nach ausgewiesen werden.[11] Verpackungskosten sind neben den Waren-

---

1 *BGH*, Urt. v. 18.3.2010 – I ZR 16/08, MDR 2010, 1413 = CR 2010, 809 = MMR 2010, 823.
2 *OLG Düsseldorf*, Urt. v. 9.11.2000 – 2 U 49/00, CR 2001, 122 m. Anm. *Hackbarth* = WRP 2001, 291.
3 *BGH*, Urt. v. 16.7.2009 – I ZR 140/07.
4 *LG Hamburg*, Urt. v. 8.7.2010 – 327 O 634/09; *LG Meiningen*, Urt. v. 6.7.2010 – 1 O 613/10.
5 *BGH*, Urt. v. 3.4.2003 – I ZR 222/00, MDR 2003, 1367 = CR 2003, 849 = WRP 2003, 1222.
6 *OLG Frankfurt a.M.*, Urt. v. 12.8.2004 – 5 U 187/03, MDR 2004, 844 = CR 2005, 128.
7 *OLG Hamburg*, Urt. v. 3.2.2005 – 5 U 128/04, CR 2005, 366 = MMR 2005, 467.
8 Siehe *OLG Hamburg*, Urt. v. 23.12.2004 – 5 U 17/04, CR 2005, 605 = MMR 2005, 318.
9 *BGH*, Urt. v. 4.10.2007 – I ZR 143/04. Ihm folgend jetzt auch *OLG Hamburg*, Urt. v. 16.1.2008 – 5 U 148/06 unter ausdrücklicher Aufgabe seiner älteren Rechtsprechung.
10 *BGH*, Urt. v. 4.10.2007 – I ZR 143/04, MMR 2008, 39 = NJW 2008, 1384; Urt. v. 18.3.2010 – I ZR 16/08, MDR 2010, 1413 = CR 2010, 809 = MMR 2010, 823.
11 *BGH*, Urt. v. 5.10.2005 – VIII ZR 382/04, MDR 2006, 435 = CR 2006, 120.

II. Anwendbare Regelungen

preisen ebenfalls gesondert auszuweisen.[1] Die PAngV gilt auch beim Vertrieb von Apps über iPhones.[2]

Die Preisangabenverordnung wurde zum 1. Januar 2003 um weitere Informationspflichten ergänzt. Seitdem müssen Online-Anbieter auf ihren Werbeseiten ausdrücklich darauf hinweisen, dass der hier zu findende Preis die Umsatzsteuer und alle anderen Preisbestandteile einschließt. Weiter ist anzugeben, ob für den Kunden zusätzliche Liefer- und Versandkosten anfallen. Diese Angaben müssen deutlich wahrnehmbar sein und dürfen nicht in den Allgemeinen Geschäftsbedingungen „versteckt" werden. Der Verweis auf eine Hotline reicht nicht aus.[3] Auf der Homepage ist ein Verweis auf die Endpreise via einfachem Link zulässig.[4] Der Link muss aber deutlich gekennzeichnet sein. Zwischenlinks sind unzulässig. Auch die Verlinkung mittels des Buttons „Top Tagespreis" ist unzulässig.[5] Allerdings müssen die Versandkosten nicht noch einmal neben dem Warenpreis in einer Bestellübersicht der Höhe nach ausgewiesen werden.[6] Unterlässt der Anbieter es, Angaben über die Höhe der Versandkosten für Sendungen ins Ausland zu machen, ist dies wettbewerbsrechtlich unbeachtlich, wenn ein Versand in das innereuropäische Ausland angeboten wird und für diesen keine höheren Kosten verlangt werden als für den Versand ins Inland. Sind die Versandkosten für Auslandssendungen höher und wird dennoch auf eine gesonderte Versandkostenangabe verzichtet, handelt es sich lediglich um einen Bagatellverstoß, der wettbewerbsrechtlich gem. § 3 UWG nicht geahndet wird.[7]

Die nach der Preisangabenverordnung anzugebenden Hinweise auf den Enthalt der Umsatzsteuer im Preis sowie zu zusätzlich anfallenden Liefer- und Versandkosten müssen in einem Webshop nicht auf der gleichen Unterseite angeboten werden, auf der auch die Ware dargestellt wird. Als Argument führte der Erste Senat des *BGH* an, dass dem Internetnutzer bekannt sei, dass im Versandhandel weitere Kosten anfallen und er auch davon ausgehe, dass der Preis die Umsatzsteuer enthalte. Für die Pflichtangaben reiche es demgemäß aus, „wenn die fraglichen Informationen alsbald sowie leicht erkennbar und gut wahrnehmbar auf einer gesonderten Seite gegeben würden, die der Internetnutzer bei näherer Befassung mit dem Angebot noch vor Einleitung des Bestellvorgangs aufrufen müsse".[8]

---

1 *LG Hamburg*, Urt. v. 24.2.2005 – 5 U 72/04, CR 2006, 127.
2 *OLG Hamm*, Urt. v. 20.5.2010 – 4 u 225/09, NJW-RR 2010, 148.
3 *OLG Hamburg*, Urt. v. 11.9.2003 – 5 U 69/03, CR 2004, 377.
4 *OLG Köln*, Urt. v. 7.5.2004 – 6 U 4/04, CR 2004, 861 = MMR 2004, 617.
5 *OLG Hamburg*, Urt. v. 6.11.2003 – 5 U 48/03, CR 2004, 460.
6 *BGH*, Urt. v. 5.10.2005 – VIII ZR 382/04, MDR 2006, 435 = CR 2006, 120.
7 *KG*, Urt. v. 7.9.2007 – 5 W 266/07, CR 2008, 259 = MMR 2008, 45.
8 *BGH*, Urt. v. 4.10.2007 – I ZR 143/04, CR 2008, 108 m. Anm. *Kaufmann* = MDR 2008, 221 = MMR 2008, 39. Ähnlich *BGH*, Beschl. v. 28.3.2007 – 4 W 19/07, MMR 2007, 663.

bb) Impressumspflicht

Hinzu kommen die **Informationspflichten aus § 5 Abs. 1 TMG**. Hiernach muss ein Unternehmen auf der Homepage als Minimum angeben

- Firma und Anschrift[1]
- Vorstand
- E-Mail-Adresse[2]
- Angaben zu den zuständigen Aufsichtsbehörden[3]
- Handelsregisternummer
- USt-Identifikationsnummer.

Streitig war lange Zeit, ob auch die Angabe einer **Telefonnummer** vonnöten ist.[4] Ausdrücklich ist die Telefonnummer im Gesetzestext nicht erwähnt; nur in der Gesetzesbegründung findet sich ein entsprechender Hinweis darauf. Es ist daher streitig, ob die Angabe einer Telefonnummer wirklich erforderlich ist. Diese Frage wurde vom *BGH* dem *EuGH* zur Entscheidung vorgelegt.[5] Dieser hat mit Urteil vom 16. Oktober 2008[6] entschieden, dass die Angabe einer Telefonnummer im Impressum nicht zwingend notwendig ist. Nicht allein die Angabe der Telefonnummer gewährleiste eine schnelle Kontaktaufnahme und unmittelbare Kommunikation, sondern dazu gebe es auch andere Kommunikationswege. So reiche auch eine im Rahmen des Internetauftritts angebotene elektronische Anfragemaske aus, sofern auf Anfragen der Verbraucher innerhalb von 30 bis 60 Minuten geantwortet wird. Nur in Ausnahmefällen, etwa, wenn der Verbraucher/Nutzer des Dienstes nach erster elektronischer Kontaktaufnahme keinen Zugang zum Internet hat (z.B. aufgrund einer Urlaubsreise), muss auf Anfrage des Nutzers ein (nichtelektronischer) Kommunikationsweg angeboten werden, der eine effiziente Kontaktaufnahme im Sinne der Richtlinie bzw. des § 5 Abs. 1 Nr. 2 TMG ermöglicht.

Die **Pflichtangaben**, insbesondere nach § 5 Abs. 1 TMG, müssen leicht erkennbar und unmittelbar erreichbar dem Nutzer zugänglich gemacht werden. Es reicht nicht aus, dass die Angaben unter dem *Begriff "Backstage"* zu finden

---

1 *LG Berlin*, Urt. v. 11.5.2010 – 15 O 104/10: auch der Vorname des Firmeninhabers muss vollständig genannt werden.
2 Nicht notwendig ist die Verwendung eines automatisierten Links zur E-Mail-Anschrift; so *Ernst*, GRUR 2003, 759.
3 *LG Essen*, Urt. v. 11.2.2009 – 41 O 5/09.
4 Unklar ist auch, ob die Angabe einer kostenpflichtigen Mehrwertdienstnummer zulässig ist; siehe dazu *Gravenreuth/Kleinjung*, JurPC-Web-Dok. 273/2003. Die Pflicht zur Angabe der Telefonnummer (oder Faxnummer) wird bejaht von *OLG Köln*, Urt. v. 13.2.2004 – 6 U 109/03, CR 2004, 694 = MMR 2004, 412 und abgelehnt von *OLG Hamm*, Urt. v. 17.3.2004 – 20 U 222/03, CR 2005, 64 = MMR 2004, 549.
5 *BGH*, Beschl. v. 26.4.2007 – I ZR 190/04, CR 2007, 521 = MMR 2007, 505.
6 *EuGH*, Urt. v. 16.10.2008 – Rs. C-298/07, CR 2009, 17 = MMR 2009, 25.

sind.[1] Auch nicht ausreichend ist die Angabe „Ich freue mich auf Ihre Mails".[2] Streitig ist, ob die Begriffe „Kontakt" oder „Impressum" ausreichen.[3] Bedenken bestehen auch dagegen, den Bildschirm insoweit mit einer hohen Pixeldichte (z.B. 800 × 600 Pixel) zu versehen[4] oder die Informationen mittels PDF oder Javascript zu integrieren.[5] Unzulässig ist zudem, dass die Hinweise erst nach vorherigem Scrollen vollständig lesbar[6] oder erst nach Anklicken mehrerer Unterpunkte wahrnehmbar sind.[7] Ausreichen soll es jedoch, wenn die Pflichtangaben nach zweimaligem Anklicken eines Links erreichbar sind.[8] Ausreichend ist es auch, wenn ein eBay-Händler auf seiner Shopseite unter der Bezeichnung „mich" die Angaben bereithält.[9] Die Verwendung von Pop-Up-Fenstern ist unzulässig.[10] Ferner unzulässig ist nach einem Beschluss des *OLG Frankfurt a.M.*,[11] wenn der Scrollkasten bei einem Online-Shop, in dem die gesetzlichen Angaben gemacht werden, zu klein ist; dies gelte auch für Allgemeine Geschäftsbedingungen (AGB), die in einer Scrollbox dargestellt werden. Dass die Webseite während technischer Wartungsarbeiten vorübergehend nicht erreichbar ist, ändert an der ständigen Verfügbarkeit des Impressums nichts.[12] Die Impressumspflicht gilt nicht für eine „Baustellenseite" (Webpräsenz noch in Vorbereitung) in Ermangelung einer hinreichenden geschäftlichen Tätigkeit[13] sowie auch nicht für eine Vorschaltseite „Alles für die Marke".[14] Ausgenommen von der Impressumspflicht sind allerdings

---

1 *OLG Hamburg*, Beschl. v. 20.11.2002 – 5 W 80/02, CR 2003, 283 = MMR 2003, 105 – Backstage.
2 *OLG Naumburg*, Urt. v. 13.8.2010 – 1 U 28/10, CR 2010, 682 = MMR 2010, 760; *Rätze*, MMR-Aktuell 2010, 308821.
3 Bejaht durch *OLG Hamburg*, Beschl. v. 20.11.2002 – 5 W 80/02, CR 2003, 283 = MMR 2003, 105 – Backstage und *OLG München*, Urt. v. 17.9.2022 – 11 U 67/00, CR 2003, 53, 54 m. Anm. Schulte. Ähnlich *Hoß*, WRP 2003, 945, 949; *Kaestner/Twes*, WRP 2002, 1011, 1016; *Ott*, WRP 2003, 945, 948. Ablehnend *OLG Karlsruhe*, Urt. v. 27.3.2002 – 6 U 200/01, CR 2002, 682 = WRP 2002, 849, 850 und *Ernst*, GRUR 2003, 759, 760.
4 *OLG Hamburg*, Beschl. v. 20.11.2002 – 5 W 80/02, CR 2003, 283 = MMR 2003, 105 – Backstage.
5 Siehe *Ernst*, GRUR 2003, 759, 760; *Schulte*, CR 2004, 55, 56.
6 So *Hoenike/Hülsdunk*, MMR 2002, 415, 416.
7 *OLG Hamburg*, Beschl. v. 20.11.2002 – 5 W 80/02, CR 2003, 283 = MMR 2003, 105 – Backstage.
8 *BGH*, Urt. v. 20.7.2006 – I ZR 228/03, MDR 2007, 230 = CR 2006, 850 m. Anm. *Zimmerlich* = MMR 2007, 40; *OLG München*, Urt. v. 17.9.2002 – 11 U 67/00, MMR 2004, 36 = CR 2004, 53, 54 m. Anm. *Schulte*. A.A. z.B. *Woitke*, NJW 2003, 871, 873, der die Erreichbarkeit auf einen Mausklick beschränken will.
9 *KG*, Beschl. v. 11.5.2007 – 5 W 116/07, CR 2007, 595 = MMR 2007, 791; *LG Hamburg*, Urt. v. 11.5.2006, 327 O 196/06, MMR 2007, 130.
10 *LG Wiesbaden*, Urt. v. 27.7.2006 – 13 O 43/06, CR 2007, 270 = MMR 2006, 822.
11 *OLG Frankfurt a.M.*, Beschl. v. 9.5.2007 – 6 W 61/07, CR 2008, 124 = MMR 2007, 603.
12 *OLG Düsseldorf*, Urt. v. 4.11.2008 – I-20 U 125/08, CR 2009, 267 = MMR 2009, 266.
13 *LG Düsseldorf*, Urt. v. 15.12.2010 – 12 O 312/10, K&R 2011, 281.
14 *LG Düsseldorf*, Urt. v. 15.12.2010 – 12 O 312/10, K&R 2011, 281.

nach einem Beschluss des *LG München*[1] nicht Social Media Internetpräsenzen wie Google Places-Profile. Diese Ansicht lässt sich, wie auch jüngst durch das *LG Aschaffenburg*[2] getan, auf Webangebote wie Preisvergleichsdienste, Unternehmensverzeichnisse, Facebook, Xing, Twitter usw. übertragen. Hier besteht keine Notwendigkeit, dass sich das Impressum unter der gleichen Domäne befindet, wie das angebotene Telemedium. Es sei auch zulässig, auf das Impressum der eigenen Webseite zu verlinken.[3]

Der **Betreiber eines Internetportals** für kostenlose anonyme Kleinanzeigen hat auf Grund einer ihn treffenden wettbewerbsrechtlichen Verkehrspflicht Vorkehrungen dafür zu treffen, dass gewerbliche Anbieter ihrer Verpflichtung zur Angabe ihres Namens und ihrer Anschrift (§ 5 Abs. 1 Nr. 1 TMG) nachkommen. An die insoweit erforderlichen Maßnahmen sind jedoch keine allzu hohen Anforderungen zu stellen; es kann ausreichen, dass die Anzeigenkunden vor Abgabe ihres Anzeigenauftrags in geeigneter Form über die Impressumspflicht belehrt, zur Preisgabe der Gewerblichkeit ihres Angebots bei der Anmeldung nachdrücklich angehalten und in diesem Fall zur Angabe ihres Namens und ihrer Anschrift gezwungen werden.[4]

Streitig und bis heute ungeklärt ist die Frage, inwieweit ein Verstoß gegen die gesetzlichen Vorgaben durch Dritte **abgemahnt** werden kann. Unstreitig ist, dass die Informationspflichten verbraucherschützend sind.[5] Ein Teil der Rechtsprechung[6] sieht § 5 TMG und die anderen Regelungen zu den Informationspflichten als wertneutrale Vorschriften, die weder einem sittlichen Gebot Geltung verschaffen, noch dem Schutz wichtiger Gemeinschaftsgüter oder allgemeiner Interessen dienen. Die Verletzung wertneutraler Vorschriften ist regelmäßig erst dann wettbewerbswidrig, wenn der Handelnde dabei bewusst und planmäßig vorgeht, obwohl für ihn erkennbar ist, dass er dadurch einen sachlich ungerechtfertigten Vorsprung im Wettbewerb erlangen kann. Durch das Fehlen der nach § 5 TMG erforderlichen Anbieterangaben wird nach Auffassung des *LG Berlin* kein Umsatzgeschäft gemacht, vielmehr sei das Fehlen der Angaben eher kontraproduktiv für Vertragsabschlüsse.[7]

---

1 *LG München*, Beschl. v. 22.3.2011 – 17 HKO 5636/11.
2 *LG Aschaffenburg*, Urt. v. 19.8.2011 – 2 HKO 54/11; vgl. zudem *LG Köln*, Urt. v. 28.12.2010 – 28 O 402/10; *OLG Düsseldorf*, Urt. v. 18.12.2007 – I-20 U 17/07.
3 Vgl. Spindler/Schuster/*Micklitz/Schirmbacher*, Recht der elektronischen Medien, 2. Aufl. 2011, § 5 TMG Rz. 28a.
4 *OLG Frankfurt a.M.*, Urt. v. 23.10.2008 – 6 U 139/08, CR 2009, 189 = MMR 2009, 194; ähnlich *OLG Düsseldorf*, Urt. v. 18.12.2007 – I-20 U 17/07 – MMR 2008, 682; *LG Frankfurt a.M.*, Urt. v. 13.5.2009 – 2-06 O 61/09.
5 *OLG München*, Urt. v. 11.9.2003 – 29 U 2681/03, MMR 2004, 36 = CR 2004, 53; *OLG München*, Urt. v. 26.7.2001 – 29 U 3265/01, MMR 2002, 173 = CR 2002, 55.
6 *LG Hamburg*, Beschl. v. 28.11.2000 – 312 O 512/00, NJW-RR 2001, 1075; *LG Berlin*, Versäumnisteil- und TeilUrt. v. 1.10.2002 – 16 O 531/02, MMR 2003, 200; zustimmend *Schneider*, MDR 2002, 1236, 1238. Offengelassen in *OLG Hamburg*, Urt. v. 20.11.2002 – 5 W 80/02, CR 2003, 283 = MMR 2003, 105 – Backstage. Anders *LG Düsseldorf*, Urt. v. 29.1.2003 – 34 O 188/02, CR 2003, 380 = MMR 2003, 340.
7 *LG Berlin*, Versäumnisteil- und TeilUrt. v. 1.10.2002 – 16 O 531/02, MMR 2003, 200.

Anders bejaht das *OLG Hamburg* in der Backstage-Entscheidung das Vorliegen eines unlauter erlangten Wettbewerbsvorteils.[1] Nach dem neuen UWG ist in Umsetzung der UGP-Richtlinie klar, dass jeder auch noch so kleine Verstoß gegen die Impressumspflichten wettbewerbsrechtlich geahndet werden kann.[2]

cc) Fax und Mails

Bei der Verankerung der notwendigen Pflichtangaben zeigen sich besondere Probleme beim Einsatz von **Fax und E-Mail**. Die Versendung eines Werbefaxes oder einer Werbe-Mail ohne die Pflichtangaben nach § 312c Abs. 2 BGB a.F., Art. 240 EGBGB a.F. i.V.m. § 1 Abs. 1 BGB-InfoV a.F. stellen Verstöße gegen §§ 3, 4 Nr. 11 UWG dar.[3] Nichts anderes gilt angesichts der Tatsache, dass sich die erforderlichen Pflichtangaben nunmehr aus § 312c Abs. 1 BGB i.V.m. Art. 246 §§ 1, 2 EGBGB ergeben. Zu beachten ist die Neufassung der Regelungen zu Geschäftsbriefen zum 1. Juli 2007, die klarstellt, dass auch Geschäftsbriefe in E-Mail-Form die Pflichtangaben enthalten müssen.[4] Relevant ist hier insbesondere § 37a Abs. 1 HGB, wonach ein Einzelkaufmann bei Geschäftsbriefen – nunmehr in jeder Form – an einen bestimmten Empfänger seine Firma mit Rechtsformzusatz, Niederlassungsort, Registergericht und Registernummer versehen muss. Ähnliches gilt für die offene Handelsgesellschaft, die Kommanditgesellschaft, die Partnerschaft, die GmbH und die Aktiengesellschaft (§§ 125a, 177a HGB; § 7 Abs. 4 PartGG, § 35a GmbHG; § 80 AktG). Das Aktiengesetz sieht ferner vor, dass bei einer Aktiengesellschaft zusätzlich auch noch alle Vorstandsmitglieder und der Vorsitzende des Aufsichtsrats mit vollständigem Namen aufgeführt sein müssen (§ 80 Abs. 1 Satz 1 AktG). Für die GmbH kommt die Angabe des Geschäftsführers hinzu (§ 35a Abs. 1 Satz 1 GmbHG). Fehlen diese Angaben, kann das Registergericht ein Zwangsgeld festsetzen (§ 37a Abs. 4 Satz 1 HGB; ähnlich §§ 125a Abs. 2, 177a Satz 1 HGB; § 7 Abs. 4 PartGG). Für die Aktiengesellschaft und die GmbH sind die Zwangsgeldvorschriften der § 407 Abs. 1 AktG sowie § 79 Abs. 1 GmbHG zu beachten. Diese Vorschriften gelten auch bei E-Mails, die im Geschäftsverkehr nach außen hin zum Einsatz kommen.[5] Auch für Bestellmasken im Internet wird eine Verpflichtung zur Veröffentlichung der Pflichtangaben angenommen.[6] Die

---

1 *OLG Hamburg*, Beschl. v. 20.11.2002 – 5 W 80/02, CR 2003, 283 = MMR 2003, 105 – Backstage. Anders *LG Düsseldorf*, Urt. v. 29.1.2003 – 34 O 188/02, CR 2003, 380 = MMR 2003, 340.
2 *OLG Hamm*, Urt. v. 2.4.2009 – 4 U 213/08, MMR 2009, 552 = K&R 2009, 504.
3 *OLG Frankfurt a.M.*, Urt. v. 14.2.2002 – 2/3 O 422/01, MMR 2002, 395.
4 Zur Frage, ob dies auch für geschäftliche SMS-Nachrichten gilt vgl. *Maaßen/Orlikowski-Wolf*, BB 2007, 561.
5 Die Erweiterung der Pflichtangaben auf E-Mails wurde durch das Gesetz über elektronische Handelsregister und Genossenschaftsregister, sowie das Unternehmensregister (EHUG) seit dem 1.1.2007 eingeführt.
6 *Rot/Groß*, K&R 2002, 127.

Pflicht gilt auch bei ausländischen Gesellschaften.[1] Das Fehlen von Vor- und Nachname des Firmeninhabers in einem Geschäftsbrief ist – zumindest nach dem alten UWG – nicht geeignet, den Wettbewerb zu Lasten von Konkurrenten zu beeinflussen und überschreitet deshalb nicht die nach § 3 UWG geforderte Bagatellschwelle.[2] Für die Pflichtangaben auf Geschäftsbriefen (z.B. nach § 35a GmbHG) wird eine Unlauterkeit aufgrund Wettbewerbsvorsprungs verneint.[3]

dd) Lieferfristen

Soweit Betreiber von Webshops auf der Homepage **keine Angaben über Lieferfristen** machen, muss der Versand, laut einem Urteil des *BGH*[4] sofort erfolgen. Mangele es an einem entsprechenden Hinweis, liegt eine irreführende Werbung i.S.v. § 5 Abs. 5 Satz 1 UWG a.F. vor. Insofern kann man nunmehr auf § 3 Abs. 3 i.V.m. Anhang Nr. 5 UWG zurückgreifen. Zur Begründung führte der *BGH* an, dass sich der Tatbestand einer unzulässigen irreführenden Werbung maßgeblich nach dem Gesamteindruck bemisst, den der angesprochene Verkehrskreis von der Werbung hat. Dies gelte nicht nur für beworbene Ware im stationären Handel, sondern auch für das Internet. Auch dort erwarte der Verbraucher bei fehlendem Hinweis, dass ihm die Ware unverzüglich und nicht erst in drei bis vier Wochen zugesandt wird. Darin liege auch keine unzumutbare Belastung des Shopinhabers. Schließlich könne er in zulässiger Weise auf eine bestehende Lieferfrist hinweisen. Es ist AGB-rechtlich nach § 308 Nr. 4 BGB unzulässig, in AGB eine Klausel einzufügen, wonach Lieferfristen unverbindlich sind.[5] Gleiches gilt für Änderungsvorbehalte bei unverschuldeter Nichtverfügbarkeit der Ware. Erlaubt sind Hinweise „Lieferung innerhalb 24 Stunden".[6] Wegen Irreführung verboten ist der Hinweis „Lieferung auf Anfrage".[7] Soweit ein Online-Anbieter mit Preissenkungen wirbt und diese zeitlich befristet, muss das Ende der Aktion unmittelbar der Offerte zu entnehmen sein. Eine Unterrichtung erst auf einer Unterseite, zu der ein Link ohne Beschreibung von der Preissenkungs-Seite führt, reicht nicht aus. Nach Auffassung des *OLG Frankfurt*[8] liegt in der fehlenden direkten Angabe auf der Angebotsseite ein Verstoß gegen § 4 Nr. 4 UWG, wonach bei Preissenkungen sämtliche Bedingungen anzugeben sind. Erforderlich sei dabei eine klare

---

1 *LG Frankfurt a.M.*, Urt. v. 28.3.2003 – 3-12 O 151/02, MMR 2003, 597.
2 *OLG Brandenburg*, Urt. v. 18.4.2007 – 5 U 190/06, MMR 2008, 58.
3 *LG Berlin*, Urt. v. 16.2.1990 – 102 O 24/90, MDR 1991, 857 = WM 1991, 615.
4 *BGH*, Urt. v. 7.4.2005 – I ZR 314/02, MDR 2005, 940 = CR 2005, 591 = MMR 2005, 531 = NJW 2005, 531; ähnlich *LG Hamburg*, Urt. v. 12.5.2009 – 312 O 74/09, MMR 2010, 32.
5 *OLG Frankfurt a.M.*, Urt. v. 10.11.2005 – 1 U 127/05, MDR 2006, 919 = CR 2006, 195 = MMR 2006, 325; *LG Frankfurt a.M.*, Urt. v. 28.6.2006 – 2/2 O 404/05, MMR 2006, 831.
6 *OLG Hamm*, Urt. v. 4.6.2009 – 4 U 19/09, MMR 2009, 861.
7 *OLG Hamm*, Urt. v. 17.3.2009 – 4 U 167/08, MMR 2009, 555.
8 *OLG Stuttgart*, Urt. v. 8.2.2007 – 2 U 136/06, MMR 2007, 385.

und eindeutige Angabe. Zwar sei eine Aufklärung auch durch Hyperlinks möglich. Erforderlich sei aber, dass aus dem neben dem Angebot angebrachten Link deutlich hervor gehe, dass dieser zu einer Unterseite mit weiteren Bedingungen führt.

Erlaubt sind Hinweise in Katalogen „**Änderungen und Irrtümer vorbehalten. Abbildungen ähnlich.**" Wie der *BGH*[1] betont, bringen diese Hinweise lediglich die auch ohne ausdrücklichen Vorbehalt bestehende Rechtslage zum Ausdruck, dass die im Katalog enthaltenen Angaben zu den Produkten und deren Preisen und Eigenschaften – ebenso wie die Abbildungen – nicht ohne Weiteres Vertragsinhalt werden, sondern insoweit vorläufig und unverbindlich sind, als die Katalogangaben durch die Beklagte vor oder bei Abschluss des Vertrages noch korrigiert werden können. Die Hinweise verdeutlichen damit, dass erst die bei Vertragsschluss abgegebenen Willenserklärungen und nicht schon die Katalogangaben oder -abbildungen für den Inhalt eines Vertrages über die im Katalog angebotenen Produkte maßgebend sind. Den Hinweisen ist keine Beschränkung der Rechte des Vertragspartners in haftungs- oder gewährleistungsrechtlicher Hinsicht zu entnehmen. Anders wäre es dann, wenn die Beklagte unter Umgehung der Vorschriften über Allgemeine Geschäftsbedingungen (§§ 305 ff. BGB) die Hinweise dazu missbrauchen würde, eine Geltendmachung berechtigter Ansprüche von Verbrauchern zu verhindern.

ee) Widerrufsbelehrung nach Fernabsatzrecht

Aufgrund des Fernabsatzrechts trifft den Unternehmer im E-Commerce eine Fülle **von Informationspflichten im Verhältnis zum Verbraucher**. Der Umfang dieser Pflichten ist in Art. 246 §§ 1 und 2 EGBGB zusammengefasst, auf den § 312c Abs. 1 BGB verweist.[2]

Die zunächst eingeführte **Musterwiderrufsbelehrung** wurde jedoch vielfach in der Literatur als unzureichend kritisiert, da sie die disparaten Regelungen des Fernabsatz- und Verbraucherkreditrechts unzulässigerweise miteinander vermenge.[3] Auch einige Gerichte gingen davon aus, dass die Musterbelehrung rechtswidrig war.[4] In der Zwischenzeit wurde der alte Text durch ein neues Muster zur Widerrufsbelehrung ersetzt.[5] Dieses Muster trat zum 1. April 2008 in Kraft. Derzeit plant die EU-Kommission die Verabschiedung eines eigenen

---

1 *BGH*, Urt. v. 4.2.2009 – VIII ZR 32/08, CR 2009, 305 = MDR 2009, 556 m. Anm. *Niebling* = GRUR 1009, 506.
2 Zu den materiellen Voraussetzungen und Folgen eines Widerrufs siehe die Ausführungen unten zum E-Contracting.
3 So etwa *Masuch*, NJW 2002, 2932 und *Bodendiek*, MDR 2003, 1.
4 *LG Halle*, Urt. v. 13.5.2005 – 1 S 28/05, FamRZ 2007, 119 = CR 2006, 709 m. Anm. *Rössel* = MMR 2006, 772 = BB 2006, 1817; *LG Siegen*, Urt. v. 22.1.2007 – 3 S 120/06, NJW 2007, 1826; a.A. *LG Münster*, Urt. v. 2.8.2006 – 24 O 96/06, FamRZ 2007, 121 = CR 2006, 782 = MMR 2006, 762 = K&R 2006, 480.
5 Siehe dazu *Föhlisch*, MMR 2007, 749.

EU-Musters im Rahmen der geplanten Richtlinie zu den „general consumer rights". Das neue Muster des BMJ hatte im Übrigen keine Privilegierung erhalten, sondern war nach wie vor als Verordnung verabschiedet worden. Änderungen an dem Muster erfolgen auf eigene Gefahr und können zum Verlust jeglicher Privilegierung führen.[1] Mit der am 11. Juni 2010 in Kraft getretenen Änderung des § 360 Abs. 3 BGB erlangte die Musterwiderrufsbelehrung endlich den Rang eines formalen Gesetzes und ist daher nun unangreifbar, was für die Unternehmer einen erheblichen Zugewinn an Rechtssicherheit gebracht hat.

Im Einzelnen muss ein Provider u.a. informieren über

Unternehmensspezifische Daten

– die Identität des Lieferers[2]

– die Adresse der Niederlassung

– die E-Mail-Adresse für direkte Kontakte

– die Handelsregisternummer, Name, Anschrift und sonstige Grunddaten eventuell bestehender Aufsichtsbehörden

– die eventuelle Zugehörigkeit zu einer Standesorganisation (einschließlich eines Hinweises auf geltende Standesrichtlinien)

– die Umsatzsteuernummer

Produktspezifische Daten

– wesentliche Eigenschaften der Ware oder Dienstleistung

– Fehlende Mehrwertsteuer[3]

– Preis der Ware oder Dienstleistung (Bruttopreise, da die Angabe von nettopreisen wettbewerbswidrig ist[4]) einschließlich aller Steuern

– Versandkosten bei Auslandsversand[5]

– Mindestlaufzeit des Vertrages, wenn dieser eine dauernde oder regelmäßig wiederkehrende Leistung zum Inhalt hat

– Zusätzliche Versand- und Lieferkosten[6]

---

1 *OLG München*, Urt. v. 26.6.2008 – 29 U 2250/08, MMR 2008, 677.
2 Notwendig ist bei einem Einzelunternehmer die Angabe des vollen Namens, d.h. des Vor- und Zunamens, *KG*, Beschl. v. 13.2.2007 – 5 W 34/07, MMR 2007, 440.
3 *OLG Hamburg*, Beschl. v. 4.1.2007 – 3 W 224/06, CR 2007, 753 = CR 2007, 818 = MMR 2007, 321.
4 *BGH*, Urt. v. 30.11.1989 – I ZR 55/87, MDR 1990, 695 = GRUR 1990, 617; *BGH*, Urt. v. 30.4.2003 – I ZR 222/00, MDR 2003, 1367 = CR 2003, 849 = GRUR 2003, 889.
5 *LG Bochum*, Urt. v. 10.2.2009 – 12 O 12/09; *LG Berlin*, Urt. v. 24.6.2009 – 16 O 894/07.
6 Die Angabe der Versand- und Lieferkosten auf einer erst durch weitere Klicks erreichbaren Unterseite stellt einen Wettbewerbsverstoß dar, *OLG Hamburg*, Urt. v. 15.2.2007 – 3 U 253/06, MMR 2007, 438.

- Ausverkauf, Rabatte und Zugaben
- das Bestehen von Glücksspielen

Einzelheiten hinsichtlich der Zahlung und der Lieferung[1]
- Kosten für den Einsatz der Fernkommunikationstechnik
- Einzelheiten zur Zahlung (z.B. per Nachnahme oder auf Rechnung)
- Gültigkeitsdauer des Angebots oder des Preises
- Mindestlaufzeit des Vertrages

Die Einzelheiten der Belehrung müssen **klar und verständlich** sein. Die Frage der Verständlichkeit ist gleichzeitig eine Frage der Vertragssprache, die nach Erwägungsgrund 8 der Fernabsatzrichtlinie von den Mitgliedstaaten festzulegen ist.[2] Typischerweise würde man die am Ort des Verbrauchers verstandene Sprache verwenden, es sei denn, es wurde eine andere Vertragssprache vereinbart. Es reicht nicht aus, dass diese Informationen für den Verbraucher nur über einen Link „mich" oder „Kontakt" zu erreichen und dort unter der Überschrift „Impressum" angeführt sind.[3] Eine Verlinkung ist aber zulässig, wenn die Bezeichnung der Links deutlich macht, dass sie zur Belehrung führen (etwa „Widerrufsbelehrung" oder „Verbraucherrechte).[4] Die Belehrung kann auch in einer Scrollbox angezeigt werden; diese darf aber nicht so klein sein, dass durch ständiges Scrollen das Lesen übermäßig erschwert wird, d.h. die Zeilenlänge und -zahl darf nicht zu gering sein.[5] Die Bestimmung „Die Frist beginnt frühestens mit Erhalt der Belehrung" ist ebenfalls nicht ausreichend klar und verständlich formuliert.[6] Die Klausel muss auch alle an den Widerruf geknüpften Pflichten umfassen, etwa die Pflicht zum Wertersatz bei nicht bestimmungsgemäßem Gebrauch (§ 346 Abs. 2 Nr. 3 BGB).[7] Sie muss aber auch die wesentlichen Rechte des Verbrauchers nennen.[8]

---

1 Dabei ist zu beachten, dass eine Widerrufsbelehrung, die lediglich über die Pflichten des Verbrauchers im Falle des Widerrufs, nicht jedoch über dessen wesentlichen Rechte informiert, nicht ausreichend ist, *BGH*, Urt. v. 12.4.2007 – VII ZR 122/06, MDR 2007, 878 = CR 2007, 529.
2 *Reich*, EuZW 1997, 581, 584.
3 *OLG Hamm*, Urt. v. 14.4.2005 – 4 U 2/05, CR 2005, 666 = GRUR-RR 2005, 285; *OLG Karlsruhe*, Urt. v. 27.3.2002 – 6 U 200/01, CR 2002, 682 = WRP 2002, 849. Ähnlich für die Pflichtangaben nach dem HWG *OLG München*, Urt. v. 7.3.2002 – 29 U 5688/01, CR 2002, 445 = MMR 2002, 463.
4 *OLG Jena*, Urt. v. 8.3.2006 – 2 U 990/05, GRUR-RR 2006, 283, 284; *LG Lübeck*, Urt. v. 22.4.2008 – 11 O 9/08, MMR 2008, 554.
5 *OLG Frankfurt a.M.*, Beschl. v. 9.5.2007 – 6 W 61/07, CR 2008, 124 = MMR 2007, 603.
6 *OLG Hamm*, Beschl. v. 15.3.2007 – 4 W 1/07, CR 2007, 387.
7 *OLG Zweibrücken*, Urt. v. 15.11.2007 – 4 U 98/07, CR 2008, 539 = MMR 2008, 257; ähnlich bereits *KG*, Urt. v. 9.11.2005 – 5 W 276/07 – GRUR-RR 2008, 129.
8 *BGH*, Urt. v. 12.4.2007 – VII ZR 122/06, CR 2007, 529 = MDR 2007, 878 = MMR 2007, 514 m. Anm. Föhlisch.

Streitig ist, ob **Telefon- und Faxnummern** in der Widerrufsbelehrung auftauchen dürfen. Das KG[1] sah darin kein Problem, da diese Angaben nur die Rücksendung erleichterten. Das *OLG Frankfurt*[2] hielt die Angabe der Telefonnummer für unzulässig, da die Gefahr bestehe, dass der Verbraucher irrtümlicherweise von einer Widerrufsmöglichkeit via Telefon ausgehe.

Die geforderten Informationen müssen dem Verbraucher spätestens bei Erfüllung des Vertrages bzw. bei Waren spätestens bis zur Lieferung an den Verbraucher in „**Textform**" mitgeteilt werden (§ 312c Abs. 1 BGB i.V.m. Art. 246 § 2 Abs. 1 Satz 1, 2 i.V.m. § 1 EGBGB). Eine Ausnahme gilt nur dann, wenn eine Dienstleistung unmittelbar und in einem Mal durch Fernkommunikationstechnik erbracht wird und der Verbraucher zumindest die geographische Anschrift des Lieferers erfährt (§ 312c Abs. 1 BGB i.V.m. Art. 246 § 2 Abs. 2 EGBGB). Der Zeitpunkt der Vertragsbestätigung ist maßgeblich für den Beginn der Widerrufsfrist.

Der Begriff der Textform verweist wiederum auf § 126b BGB, wonach die Erklärung u.a. in einer Urkunde oder auf andere zur dauerhaften Wiedergabe in Schriftzeichen geeignete Weise abgegeben werden muss. Insofern ersetzt der Begriff der „Textform" zwar den alten Begriff des dauerhaften Datenträgers, der sich noch im Fernabsatzgesetz fand. Er wiederholt aber den Terminus der Dauerhaftigkeit und führt daher zu der schwierigen und schon nach altem Recht problematischen Frage, wann ein Datenträger dauerhaft ist.

Entscheidend für die Möglichkeit der dauerhaften Wiedergabe nach § 126b BGB ist, dass die Datei dem (evtl. manipulativen) **Zugriff des anbietenden Unternehmens entzogen** ist.[3]

Sicherlich wird dies durch eine Papierinformation erfüllt, die der Kunde – etwa bei Erhalt der Ware – erhält. Schwierig wird die Lage bei Übersendung der Information als Teil einer E-Mail. Hier wird man darauf abstellen müssen, ob der Kunde die E-Mail wirklich erhalten und auf seinem Rechner abgespeichert hat, da sie dann in seinen Machtbereich gelangt ist. Insofern soll es ausreichen, dass der Provider seinerseits eine E-Mail mit den entsprechenden Informationen an den Verbraucher verschickt, die dieser dann auch erhält und entweder selber vom Rechner seines Access-Providers herunterlädt oder zumindest von dort aus einsehen kann.[4]

---

1 *KG*, Beschl. v. 7.9.2007 – 5 W 266/07, CR 2008, 259 – MMR 2008, 45; NJW-RR 2008, 352; ähnlich *LG Lübeck*, Urt. v. 22.4.2008 – 11 O 9/08 – MMR 2008, 554. Ähnlich für die Faxnummer *OLG Hamburg*, Beschl. v. 5.7.2007 – 5 W 77/07, CR 2008, 331; *LG Kempten*, Urt. v. 28.2.2008 – 3 O 146/08.
2 *OLG Frankfurt a.M.*, Urt. v. 17.6.2004 – 6 U 158/03. Ähnlich jetzt auch *OLG Hamm*, Urteil von 2.7.2009 – 4 U 43/09 und *LG Frankfurt a.M.*, Urteil von 27.1.2009 – 3-11 O 12/09.
3 Siehe *Lorenz*, NJW 2001, 2230.
4 Kritisch zur Dauerhaftigkeit und Manipulationssicherheit von E-Mails: *Dietrich/Hofmann*, CR 2007, 318.

Unklar bleibt aber die Lage, wenn der Verbraucher behauptet, eine entsprechende E-Mail nie erhalten zu haben. Denkbar wäre es, für diesen Fall gleichzeitig mit der E-Mail auch eine elektronische Empfangsbestätigung zu generieren; die klassischen E-Mail-Programme sehen eine entsprechende Funktion auch vor. Aber auch die entsprechende Empfangsbestätigung kann absichtlich oder versehentlich vom Verbraucher gelöscht werden, so dass die Bestätigung ihrerseits nie den Server des Lieferanten erreicht. Insofern bestehen für den Verbraucher eine Reihe von Möglichkeiten, den Lieferanten hinsichtlich des Empfangs entsprechender Informationen im Unsicheren zu lassen.

Noch schwieriger wird die Situation bei der **Unterrichtung über die Homepage**. Eine Homepage seitens des Lieferanten ist kein dauerhafter Datenträger.[1] Dies sieht das *LG Paderborn* (der Auffassung des *LG Flensburg*[2] folgend) anders; danach sei der Textform des § 126b BGB genüge getan, wenn die notwendigen Informationen für den Verbraucher im Rahmen des Angebots zur Verfügung gestellt werden und dieser sie ausdrucken oder speichern kann, zumindest wenn diese Informationen für 90 Tage gespeichert und abrufbar bleiben und vom Verkäufer nicht mehr einseitig verändert werden können, wie dies etwa bei eBay der Fall ist.[3] Das *OLG Hamburg* verneint diese Ansicht, da Manipulationen durch Dritte technisch nicht ausgeschlossen seien und die Speicherung beim Anbieter jederzeit aufhebbar sei.[4] Das *OLG München* stellte zuletzt klar, dass der Verbraucher die Informationen zumindest tatsächlich speichern oder ausdrucken müsse.[5]

Hinzu kommt, dass es bei der Homepage an einer Übertragung der Informationen an den Verbraucher fehlt, sodass dieser die Informationen nicht i.S.v. Art. 5 Abs. 1 der Fernabsatzrichtlinie „erhalten" hat.[6] Es fehle auch an der für eine *Mitteilung* (§ 312c Abs. 1 BGB i.V.m. Art. 246 § 2 Abs. 1 EGBGB) erforderlichen zielgerichteten Entäußerung in Richtung eines bestimmten Empfängers.[7] Für Geschäfte bei eBay ergibt sich daraus, dass die Belehrung typischerweise erst nach Vertragsschluss in Textform mitgeteilt wird.

Auf diesen Umstand hat der Gesetzgeber reagiert und zum 11. Juni 2010 § 355 Abs. 2 Satz 2 BGB insoweit geändert, dass eine Widerrufsbelehrung bei Fernabsatzverträgen nach Vertragsschluss lediglich eine 14 Tage dauernde Wi-

---

1 *Bonke/Gellmann*, NJW 2006, 3170.
2 *LG Flensburg*, Urt. v. 23.8.2006 – 107/06, CR 2007, 112 = MMR 2006, 686.
3 *LG Paderborn*, Urt. v. 28.11.2006 – 6 O 70/06, CR 2007, 465.
4 *OLG Hamburg*, Urt. v. 24.8.2006 – 3 U 103/06, CR 2006, 854 = NJW-RR 2007, 839, 840.
5 *OLG München*, Urt. v. 26.6.2008 – 29 U 2250/08, MMR 2008, 677.
6 *OLG Jena*, Urt. v. 9.6.2007 – 2 W 124/07, WRP 2007, 1008; *OLG Hamburg*, Urt. v. 24.8.2006 – 3 U 103/06, CR 2006, 854; *LG Kleve*, Urt. v. 2.3.2007 – 8 O 128/06, MMR 2007, 332; a.A. *LG Flensburg*, Urt. v. 23.8.2006 – 6 O 107/06, CR 2007, 112 = MMR 2006, 686; *LG Paderborn*, Urt. v. 28.11.2006 – 6 O 70/06, CR 2007, 465.
7 *OLG Jena*, Urt. v. 9.6.2007 – 2 W 124/07, WRP 2007, 1008; *Buchmann*, MMR 2007, 347.

derrufsfrist auslöst, wenn sie dem Verbraucher unverzüglich nach Vertragsschluss in Textform mitgeteilt wurde.

Vorsicht ist auch bei der **Platzierung der Informationen** geboten. Teilweise wurde angenommen, dass die Informationspflichten nach dem Fernabsatzgesetz nur erfüllt seien, wenn der Interessent diese Informationen zwangsläufig aufrufen muss, bevor er den Vertrag abschließt. Ein Link auf diese Informationen reiche nicht aus.[1] Inzwischen werden aber auch (Zwei-)Link-Systeme in der Rechtsprechung geduldet, solange die Linkbezeichnungen üblich und verständlich sind.[2] Verzichtet wurde im Übrigen auch auf die Notwendigkeit, die Angaben auf der Startseite bereitzuhalten, sodass ein zwingender Abruf der Informationen nicht mehr erforderlich ist. Ein angeblicher Platzmangel, etwa bei Widerrufsbelehrungen für Handys, rechtfertigt keine Verkürzungen der Belehrung.[3] Eine Angabe erst vor der endgültigen Bestellung im Warenkorb ist nicht hinreichend.[4]

2. Allgemeines Wettbewerbsrecht

Abseits spezieller Lauterkeitsregeln ist das allgemeine Wettbewerbsrecht, besonders §§ 3, 5 UWG, zu beachten. Im Vordergrund der Diskussion im Zusammenhang mit Werbung im Internet stehen vier Problemfelder: die kommerzielle Versendung von E-Mails, das Trennungsgebot sowie die Verwendung von Hyperlinks und von Meta-Tags.

a) Kommerzielle Versendung von E-Mails

Literatur: *Ayad,* E-Mail-Werbung – Rechtsgrundlagen und Regelungsbedarf, CR 2001, 533; *Baetge,* Unverlangte E-Mail-Werbung zwischen Lauterkeits- und Deliktsrecht, NJW 2006, 1037; *Bender/Kahlen,* Neues Telemediengesetz verbessert den Rechtsrahmen für Neue Dienste und Schutz vor Spam-Mails, MMR 2006, 590; *Brömmelmeyer,* E-Mail-Werbung nach der UWG-Reform, GRUR 2006, 285; *Dietrich/Pohlmann,* IP-Blacklisting zur Spam-Abwehr, DuD 2005, 548; *Ernst/Seichter,* Werben mittels E-Cards – Rechtliche Beurteilung als Spamming?, MMR 2006, 779; *Dieselhorst/Schreiber,* Die Rechtslage zum E-Mail-Spamming in Deutschland, CR 2004, 680; *Härting,* Spam: Haftungs- und Freizeichnungsklauseln, ITRB 2005, 282; *Härting/Eckhart,* Provider gegen Spammer, CR 2004, 119; *Heidrich/Tschoepe,* Rechtsprobleme der E-Mail-Filterung, MMR 2004, 75; *Hoeren,* Virenscanning und Spamfilter – Rechtliche Möglichkeiten im Kampf gegen Viren, Spams & Co., NJW 2004, 3513; *Janokowski,* Kosten beim Empfänger unverlangter E-Mails – nur ein Scheinargument?, K&R 2000, 499; *Kabel,* Spam: A Terminal Threat to ISPs?, CRi 2003, 6; *Kitz,* Meine E-Mails les' ich nicht!, CR 2005, 450; *Laga,* Das österreichische Spam-Verbot: ein rechtlich bedenkliches Kuriosum, Österreichische Blätter für gewerblichen Rechtsschutz und Urheberrecht 2000, 243; *Lei-*

---

1 So noch *OLG Frankfurt a.M.,* Beschl. v. 17.4.2001 – 6 W 37/01, MDR 2001, 744 = CR 2001, 782 m. Anm. *Vehslage* = ZUM 2001, 800.
2 *BGH,* Urt. v. 20.7.2006 – I ZR 228/03, MDR 2007, 230 = CR 2006, 850 m. Anm. *Zimmerlich* = MMR 2007, 40.
3 *OLG Hamm,* Urt. v. 18.6.2009 – 4 U 51/09.
4 *LG Bonn,* Urt. v. 15.7.2009 – 16 O 76/09, WRP 2009, 1314.

ble, Spam oder Nicht-Spam, das ist hier die Frage, K&R 2006, 485; *Leistner/Pohlmann*, E-Mail-Direktmarketing im neuen europäischen Recht und in der UWG-Reform, WRP 2003, 815; *Lettl*, Rechtsfragen des Direktmarketings per Telefon und E-Mail, GRUR 2000, 977; *Leupold/Bräutigam/Pfeiffer*, Von der Werbung zur kommerziellen Kommunikation, WRP 2000, 575; *Nippe*, Belästigung zwischen Wettbewerbshandlung und Werbung, WRP 2006, 951; *Nippe*, Belästigende Wettbewerbshandlungen, Tatbestände, Rechtfertigungsgründe, Rechtsprechung, WRP 2007, 19; *Prasse*, Spam-E-Mails in der neueren Rechtsprechung, MDR 2006, 619; *Schmidl*, E-Mail-Filterung am Arbeitsplatz, MMR 2005, 343; *Schöttle*, Webseite- und E-Mail-Marketing- ein Überblick, JurPC 2007, WebDok. 9/2007; *Schrick*, Direktmarketing mittels E-Mail und seine Entwicklung, MMR 2000, 399; *Schmittmann/Lorenz*, Die rechtliche Beurteilung von E-Mail-Werbung nach Inkrafttreten des TMG, K&R 2007, 609; *Seichter/Witzmann*, Die Einwilligung in die Telefonwerbung, WRP 2007, 699; *Spindler/Schmittmann*, Unerwünschte E-Mail-Werbung. Zivil- und wettbewerbsrechtliche Zulässigkeit in Europa, MMR-Beilage 8/2001, 10; *Splittgerber/Zscherpe/Goldmann*, Werbe-E-Mails – Zulässigkeit und Verantwortlichkeit, WRP 2006, 178; *Weber/Meckbach*, E-Mail basierte virale Werbeinstrumente – unzumutbare Belästigung oder modernes Marketing, MMR 2007, 482; *Wegmann*, Anforderungen an die Einwilligung in Telefonwerbung nach dem UWG, WRP 2007, 1141; *Weiler*, Spamming – Wandel des europäischen Rechtsrahmens, MMR 2003, 223; *Wendlandt*, Cybersquatting, Metatags und Spam, München 2002; *Wolber/Eckhardt*, Zulässigkeit unaufgeforderter E-Mail-Werbung, DB 2002, 2581; *Ziem*, Spamming. Zulässigkeit nach § 1 UWG, Fernabsatzrichtlinie und E-Commerce-Richtlinienentwurf, MMR 2000, 129.

Seit das Internet und insbesondere E-Mails boomen, hat auch die Werbung diesen Zweig schnell für sich entdeckt. In zunehmendem Maße wird Werbung per E-Mail, sowohl individuell als auch massenhaft, versandt. Leider handelt es sich in den meisten Fällen jedoch um unerwünschte Post. Man bezeichnet dieses Phänomen als Spamming.

Zunächst ist zu beachten, dass das deutsche Werberecht auch für ausländische Spammer gilt (selbst wenn diese ihren Sitz außerhalb der EU – zum Beispiel in den USA – haben). Es findet das sog. Marktortprinzip Anwendung, wonach das Wettbewerbsrecht desjenigen Staates gilt, an dem durch das Wettbewerbsverhalten auf die Entschließung des Kunden eingewirkt wird.[1] Man sollte aber nicht versuchen, gegen ausländische Anbieter rechtlich vorzugehen – es ist in der Praxis zwecklos. Denn eine deutsche Entscheidung, die man gegen ausländische Spammer durchaus erwirken könnte, wäre im außereuropäischen Ausland kaum vollstreckbar. Im Übrigen ist auch die Vollstreckung deutscher Entscheidungen innerhalb der EU oft ein Trauerspiel.

Mit dem im Rahmen der Novellierung des UWG eingefügten § 7 Abs. 2 Nr. 3 UWG besteht nunmehr eine ausdrückliche Regelung, derzufolge unverlangte Werbesendungen an Marktteilnehmer wettbewerbswidrig sind (**Opt-in**). Jede Werbezusendung von Unternehmen wird als „unzumutbare Belästigung" eingestuft, wenn der Empfänger nicht vorher ausdrücklich zugestimmt hat.[2] Im Übrigen lässt § 7 Abs. 3 UWG nunmehr ein **modifiziertes Opt-out** zu, in Um-

---
1 *LG Stuttgart*, Urt. v. 15.5.2007 – 17 O 490/06, MMR 2007, 668.
2 So jetzt auch das Urteil des *BGH*, Urt. v. 16.7.2008 – VIII ZR 348/06, MDR 2008, 1264 = CR 2008, 720 m. Anm. *Brisch/Laue* = MMR 2008, 731.

setzung von Art. 13 Abs. 2 der Datenschutzrichtlinie über elektronische Kommunikation.[1] Werbe-Mails dürfen danach auch versandt werden, wenn der Werbende die E-Mail-Kontaktdaten im Zusammenhang mit dem Verkauf eines Produktes oder einer Dienstleistung des Werbenden unmittelbar von seinem Kunden erhalten hat und nunmehr eigene ähnliche Leistungen via Internet bewerben will. Es muss dann aber bei der ersten Bestellung die Möglichkeit zu einem gebührenfreien, einfachen Widerruf eröffnet worden sein. Die Neuregelung entspricht weitgehend der bisherigen Rechtsprechung zu Spam-Mails.[2]

Bei der Verfolgung der wettbewerbsrechtlichen Verstöße gegen § 7 Abs. 2 Nr. 3 UWG ist zu beachten, dass Beseitigungs- und Unterlassungsansprüche gem. § 8 Abs. 3 UWG nur Mitbewerbern oder Verbraucherverbänden zustehen. Diese Ansprüche richten sich dabei nicht nur gegen den Inhaber der Domain, von der aus die Spam-E-Mails versendet wurden, sondern auch gegen das Unternehmen, dessen Internetauftritt sich auf dieser Domain befindet.[3]

Dem Empfänger selbst hat der Gesetzgeber aktuell mit § 6 Abs. 2 Satz 1 i.V.m. § 16 Abs. 1 TMG ein **neues Mittel zur Bekämpfung des E-Mail-Spammings** an die Hand gegeben. Danach kann mit einem Bußgeld von bis zu 50 000 Euro (§ 16 Abs. 3 TMG) belegt werden, wer kommerzielle Kommunikation per elektronischer Post versendet und dabei in der Kopf- und Betreffzeile den Absender oder den kommerziellen Charakter der Nachricht verschleiert oder verheimlicht. Das Spamming wird folglich im TMG als Ordnungswidrigkeit qualifiziert. Die Durchsetzung wird aber auch hier Schwierigkeiten bereiten. So stammt ein großer Teil der Spam-Mails aus dem Ausland. Auch im Inland wird eine Identifikation des Absenders in vielen Fällen unmöglich sein. Es geht dem Gesetzgeber also eher darum, ein Zeichen im Kampf gegen das Spamming zu setzen.[4]

---

1 EU-Richtlinie über die Verarbeitung personenbezogener Daten und den Schutz der Privatsphäre in der elektronischen Kommunikation, ABl. EG Nr. L 201 vom 31.7.2002, S. 37, abgedruckt in GRUR 2003, 409. Siehe zu den Spamming-Bestimmungen in der Richtlinie auch *Weiler*, MMR 2003, 223.
2 Vgl. *BGH*, Urt. v. 11.3.2004 – I ZR 81/01, MDR 2004, 893 = MMR 2004, 386; *LG Berlin*, Beschl. v. 14.5.1998 – 16 O 301/98, CR 1998, 499 = MMR 1998, 491 = BRAK 1999, 45 = RDV 1998, 220; *LG Berlin*, Urt. v. 13.10.1998 – 16 O 320/98, CR 1999, 187 = MMR 1999, 43 m. Anm. *Westerwelle*; *LG Berlin*, Urt. v. 7.1.2000 – 15 O 495/99, NJW-RR 2000, 1229; *LG Traunstein*, Beschl. v. 18.12.1997 – 2 HKO 3755/97, NJW 1998, 109 = CR 1998, 171; *LG Augsburg*, Beschl. v. 19.10.1998 – 2 O 34416/98, NJW-CoR 1999, 52; *LG Dresden*, Beschluss – 44 O 1026/97, WRP 1999, 250; *LG Ellwangen*, Urt. v. 27.8.1999 – 2 KfH O 5/99, MMR 1999, 675 m. zust. Anm. *Schmittmann*; *AG Essen-Borbeck*, Urt. v. 18.12.1998 – 5 C 365/98; *Hoeren*, WRP 1997, 993; *AG Berlin-Charlottenburg*, Urt. v. 21.3.2000 – 4 C 382/99, CR 2001, 197 = MMR 2000, 775; *AG Essen-Borbeck*, Urt. v. 16.1.2001 – 6 C 658/00, MMR 2001, 261; *Ernst*, BB 1997, 1057, 1060; *Ultsch*, NJW 1997, 3007, 3008 Fn. 26; *Schrey/Westerwelle*, BB 1997, 17; *Marwitz*, MMR 1999, 83, 86; *Wendel*, Wer hat Recht im Internet?, Aachen 1997, 80; *Gummig*, ZUM 1996, 573.
3 *LG Düsseldorf*, Urt. v. 16.8.2006 – 12 O 376/05, CR 2007, 114.
4 *Bender/Kahlen*, MMR 2006, 594.

II. Anwendbare Regelungen

Die Zusendung von unerwünschter E-Mail-Werbung an Private verstößt nach einigen Auffassungen auch gegen **§ 823 Abs. 1 BGB**, sofern der Empfänger nicht damit einverstanden ist oder sein Einverständnis auch nicht im Rahmen einer bereits bestehenden Geschäftsverbindung vermutet werden kann. Sie stellt nach Ansicht des *LG Berlin*[1] und des *AG Brakel*[2] darüber hinaus einen Eingriff in das allgemeine Persönlichkeitsrecht des Empfängers dar, gegen den dieser einen Anspruch auf Unterlassung der Zusendung gem. §§ 1004, 823 Abs. 1 BGB habe, da § 1004 BGB in entsprechender Anwendung nicht nur das Eigentum, sondern auch alle absoluten Rechte i.S.d. § 823 Abs. 1 BGB schütze, sich also auch auf das allgemeine Persönlichkeitsrecht erstrecke. Das *LG Augsburg*[3] hatte speziell über die unaufgeforderte E-Mail-Werbung an Privatleute zu entscheiden und bejahte ebenfalls einen Verstoß gegen § 823 Abs. 1 BGB. Ein Rechtsverstoß liegt auch dann vor, wenn die Mail eindeutig in der Betreffzeile als Werbung gekennzeichnet und auf Abbestellmöglichkeiten verwiesen wird.[4]

Handelt es sich bei Absender und Empfänger einer unaufgeforderten Werbe-E-Mail jeweils um einen Gewerbetreibenden, bejaht das *LG Berlin*[5] zudem einen **Eingriff in den eingerichteten und ausgeübten Gewerbebetrieb** und spricht dem Gewerbetreibenden einen Unterlassungsanspruch aus §§ 1004, 823 Abs. 1 BGB gegen den Absender zu. Ein Wettbewerbsverstoß nach §§ 3, 7 Abs. 1, 2 Nr. 3 UWG wird in diesem konkreten Fall trotz Einordnung der Versendung der Werbe-E-Mail als Handlung im geschäftlichen Verkehr verneint, weil Absender und Empfänger in völlig verschiedenen Branchen tätig seien, sodass jeglicher Wettbewerb fehle. Eine Eigentumsverletzung aus § 823 Abs. 1 BGB lehnt das *LG Berlin* in diesem Fall mit der Begründung ab, der Empfang einer unerwünschten E-Mail beeinträchtige keine materiellen Güter, sondern lediglich Zeit, Arbeitsaufwand und Speicherplatz des betroffenen Empfängers bzw. Computers. Diese Aspekte würden als Vermögensbestandteile jedoch, anders als bei der Telefax-Werbung, bei der das Eigentum an Papier und Toner regelmäßig betroffen sei, nicht dem Eigentumsschutz unterfallen.[6] Vereinzelt wird angenommen, dass die bloß vereinzelte Zusendung einer Werbe-E-Mail

---

1 *LG Berlin*, Beschl. v. 14.5.1998 – 16 O 301/98, BRAK 1999, 45 = CR 1998, 499 m. Anm. *Schmittmann* = MMR 1998, 491. Siehe auch *AG Dachau*, Urt. v. 10.7.2001 – 3 C 167/01, CR 2002, 455 m. Anm. *Winter* = MMR 2002, 179, wonach das unverlangte Übersenden einer sofort als Werbe-Mail erkennbaren E-Mail an ein Unternehmen der IT-Branche keinen Schadensersatzanspruch auslöst.
2 *AG Brakel*, Urt. v. 11.2.1998 – 7 C 748/97, MMR 1998, 492.
3 *AG Augsburg*, Beschl. v. 19.10.1998 – 2 O 34416/98, NJW-CoR 1999, 52.
4 *LG Dortmund*, Urt. v. 30.8.2005 – 19 O 20/05, WRP 2005, 1575.
5 *LG Berlin*, Urt. v. 13.10.1998 – 16 O 320/98, CR 1999, 187 = MMR 1999, 43 = NJW-CoR 1999, 52. Ebenso *LG Berlin*, Urt. v. 16.5.2002 – 16 O 4/02, CR 2002, 606 und *LG Berlin*, Urt. v. 26.8.2003 – 16 O 339/03, CR 2004, 544 = MMR 2004, 44; vgl. auch *Baetge*, NJW 2006, 1039.
6 Ebenso *LG Braunschweig*, Urt. v. 11.8.1999 – 22 O 1683/99, CR 2000, 854 = MMR 2000, 50 im Bereich des § 1 UWG; *AG Kiel*, Urt. v. 30.9.1999 – 110 C 243/99, MMR 2000, 51; so auch *Baetge*, NJW 2006, 1038.

nicht den Erlass einer einstweiligen Verfügung rechtfertigt, der Betroffene folglich ein Hauptsacheverfahren einleiten muss.[1] Ein lediglich vermutetes Interesse an der Zusendung einer Werbe-E-Mail reicht nicht aus.[2] § 7 Abs. 2 Nr. 3 UWG erlaubt E-Mail-Werbung nur bei einem ausdrücklichen oder konkludenten Einverständnis. Ein mutmaßliches Einverständnis ist auch bei Werbung, die sich an Unternehmer richtet, nicht ausreichend.[3] Bereits die einmalige Zusendung einer Werbe-E-Mail ohne vorherige ausdrückliche Einwilligung des Adressaten kann einen rechtswidrigen Eingriff in das Recht am eingerichteten und ausgeübten Gewerbebetrieb darstellen.[4] Eine als sog. „Opt-in"-Klausel vorformulierte Einwilligung in Werbung ist unwirksam, wenn sie so allgemein gehalten ist, dass sie ohne einen konkreten Bezug die Bewerbung aller möglichen Waren und Dienstleistungen durch einen nicht überschaubaren Kreis von Unternehmen erlaubt.[5]

Verboten sind nach den vorgenannten Grundsätzen auch **Produktempfehlungen mit Zusatzwerbung**.[6] Als Beispiel kann der Fall von Quelle angeführt werden. Hier war Reklame in die Produktempfehlungs-E-Mails integriert worden, die jedoch vom Absender beim Abschicken der Mail nicht gesehen werden konnte, sondern erst beim Empfänger sichtbar wurde. Die Spamverbote gelten jedoch nicht, wenn der Absender um Dienstleistungen des Empfängers wirbt, für die er ein Entgelt zu entrichten bereit ist.[7] Das Spamming-Verbot gilt auch für Gewerkschaften. Da Arbeitnehmer bei nicht erlaubter Privatnutzung des dienstlichen E-Mail-Accounts eingehende Mails auf deren Relevanz für ihren Job prüfen und somit Arbeitszeit aufwenden müssen, stellt die Zusendung von E-Mails durch eine Gewerkschaft ohne Einverständnis des Arbeitgebers unerlaubtes Spamming dar und begründet einen Unterlassungsanspruch.[8]

Das Erfordernis des Opt-In gilt grundsätzlich auch für die Versendung elektronischer Newsletter. Hier bedarf es regelmäßig auch eines **Double-Opt-In** in Form einer Bestätigungs-E-Mail.[9] Nur durch die Rücksendung/Aktivierung der Bestätigungs-E-Mail kann der Versender des Newsletters den ihm oblie-

---

1 *LG Karlsruhe*, Urt. v. 25.10.2001 – 5 O 186/01, MMR 2002, 402.
2 *OLG Düsseldorf*, Urt. v. 22.9.2004 – 15 U 41/04, MMR 2004, 820.
3 *BGH*, Beschl. v. 10.12.2009 – I ZR 201/07, CR 2010, 525 = MMR 2010, 183.
4 *BGH*, Beschl. v. 20.5.2009 – I ZR 218/07, CR 2009, 733 = MDR 2009, 1234 = GRUR 2009, 980.
5 *OLG Köln*, Urt. v. 29.4.2009 – 6 U 218/08, MDR 2010, 39 = CR 2009, 783 = MMR 2009, 470; ähnlich *OLG Hamburg*, Urt. v. 4.3.2009 – 5 U 62/08, CR 2009, 437.
6 *OLG Nürnberg*, Urt. v. 25.10.2005 – 3 U 1084/05, CR 2006, 196.
7 *OLG Düsseldorf*, Urt. v. 4.10.2005 – 20 U 64/05, MMR 2006, 171 = CR 2006, 642 (Ls.).
8 *Arbeitsgericht Frankfurt a.M.*, Urt. v. 12.4.2007 – 11 Ga 60/07, DSB 2007, 19 m. Anm. Vahle.
9 *LG München*, Beschl. v. 13.10.2009 – 31 T 14369/09, K&R 2009, 824; *AG Burgwedel*, Urt. v. 7.2.2008 – 70 C 161/06; *AG Berlin*, Urt. v. 11.6.2008 – 21 C 43/08, MMR 2009, 144 (Ls.); *AG Düsseldorf*, Urt. v. 14.7.2009 – 48 C 1911/09, K&R 2007, 430.

II. Anwendbare Regelungen

genden Beweis der datenschutzrechtlichen Einwilligung erbringen. Allerdings wird immer noch darüber gestritten, ob nicht schon die Bestätigungs-E-Mail unzulässige Werbung darstellt.[1] Eine zulässige Check-Mail im Rahmen eines Double-Opt-In-Verfahrens liegt nicht vor, wenn der Versender überhaupt nicht davon ausgeht, der Empfänger habe sich selbst eingetragen, sondern weiß, dass die Adressen von Dritten in ein Formular zur Freundschaftswerbung eingetragen wurden. Inhaltlich liegt keine Check-Mail vor, wenn die E-Mail bereits Werbung enthält.[2]

Der Absender trägt die **Beweislast** für das Bestehen eines für die Zulässigkeit der Zusendung erforderlichen Einverständnisses.[3] Die Tatsache, dass ein Nutzer seine E-Mail-Adresse freiwillig in ein für jedermann zugängliches E-Mail-Verzeichnis hat eintragen lassen, führt auf keinen Fall zu der Vermutung, er sei mit der Zusendung von Werbung per E-Mail einverstanden. Schwierig wird es, wenn die E-Mail-Werbung mit unbedenklichen Diensten verquickt wird. So gibt es bereits Konstellationen, in denen eine Privatperson beim Versenden einer privaten E-Mail Werbung als Attachment oder am Ende der Mail mitverschickt.[4] Dies erfolgt meist, um einen kostenlosen E-Mail-Dienst zu nutzen oder Webmiles zu bekommen. In einem solchen Fall besteht gegen den Versender wohl kaum eine Handhabe. Das Werbeunternehmen kann aber weiterhin aus §§ 3, 7 Abs. 2 Nr. 3 UWG in Anspruch genommen werden. Nicht ausreichend ist es im Übrigen auch, die Einwilligungserklärung in AGB zu integrieren, wenn sich die Einwilligung abstrakt auf „interessante Angebote" beziehen soll.[5]

Veröffentlicht ein Gewerbetreibender seine E-Mail-Adresse auf seiner Webseite, heißt dies nicht, dass er mit Kaufanfragen von anderen Gewerbetreibenden unter Verwendung dieser Kontaktdaten einverstanden ist.[6] Die Angabe einer E-Mail-Adresse auf einer Homepage kann nicht als konkludente Einwilligung in den Empfang von E-Mail-Werbung gewertet werden.[7] Gibt ein Sportverein

---

1 Für Zulässigkeit *AG Hamburg*, Urt. v. 11.10.2006 – 6 C 404/06, GRUR-RR 2008, 216; *LG Berlin*, Urt. v. 23.1.2007 – 15 O 346/06, K&R 2007, 430.
2 *LG Berlin*, Urt. v. 18.8.2009 – 15 S 8/09, K&R 2009, 823.
3 *KG*, Beschl. v. 8.1.2002 – 5 U 6727/00, CR 2002, 759 = MMR 2002, 685. *LG Berlin*, Urt. v. 16.5.2002 – 16 O 4/02, CR 2002, 606; *LG Berlin*, Urt. v. 26.8.2003 – 16 O 339/03, MMR 2004, 44. Zweifelhaft ist, ob die Einwilligung in AGB erklärt werden kann; *OLG Hamm*, Urt. v. 17.2.2011 – I – 4 U 174/10, OLG Hamm v. 17.2.2011 – I-4 U 174/10, CR 2011, 539 = MMR 2011, 539.
4 Siehe in diesem Zusammenhang auch das Problem des Anhängens von Werbung an Free-SMS-Dienste, dazu *Remmetz*, MMR 2003, 314.
5 *OLG Köln*, Urt. v. 29.4.2009 – 6 U 218/08, MDR 2010, 39 = CR 2009, 783 = MMR 2009, 470.
6 *BGH*, Beschl. v. 10.12.2009 – I ZR 201/07, CR 2010, 525 = MMR 2010, 183. Anders nach der alten Fassung des UWG, die für E-Mailwerbung im B2B-Bereich ein mutmaßliches Einverständnis ausreichen ließ: *BGH*, Urt. v. 17.7.2008 – I ZR 75/06, MDR 2008, 1288 = CR 2008, 708 = MMR 2008, 661; NJW 2008, 2997.
7 *BGH*, Beschl. v. 10.12.2009 – I ZR 201/07, CR 2010, 525 = MMR 2010, 183.

in der Rechtsform des eingetragenen Vereins auf seiner Webseite eine E-Mail-Adresse an, so liegt darin keine konkludente Einwilligung, gewerbliche Anfragen nach Dienstleistungen des Vereins (hier: Platzierung von Bannerwerbung auf der Webseite des Vereins) mittels E-Mail zu empfangen.[1]

Die Betroffenen können sich mit aller Härte des Gesetzes gegen Spammer wehren. Sie können und sollten im Bereich B2B deutsche und EU-Provider **abmahnen**. Ferner besteht nach deutschem Datenschutzrecht ein Auskunftsanspruch des Betroffenen; der Spammer muss offenlegen, woher er die E-Mail-Adresse hat und an wen er sie weiterleitet.[2]

Der betroffene **Access Provider** kann technisch und rechtlich reagieren.[3] Zu beachten ist aber, dass er zwar für Wettbewerbsverstöße via Internet nicht haftet, aber zur Sperrung der Nutzung im Rahmen technischer Möglichkeiten verpflichtet ist.[4] Den Adressaten trifft allerdings keine Pflicht zur Sperrung/Filterung von Mails.[5]

Als **technische Abwehrmaßnahmen** des Providers kommen z.B. in Betracht:

- Umstellen der netzinternen Mail-Kommunikation (zwischen dem Haupt-Mailserver und den netzinternen Mail-Servern) auf einen anderen Port als den Standardport 25, über den fast alle Spam-Mails versendet werden. Hierzu ist eine formale Abstimmung innerhalb der Institution erforderlich, damit die (ein- und ausgehenden, internen und externen) Mails zwischen einzelnen Mail-Servern und dem Gateway-Server auf dem richtigen Port übermittelt werden können.

- Abweisen ausgehender Mails, die von externen Nutzern (außerhalb des eigenen Netzes) zur Weiterleitung übermittelt werden.

- Führen von Signaturen (Hash-Werte) zur Erkennung von inhaltsgleichen Mails, die in großer Zahl an den Mail-Server übermittelt werden.

- Abwicklung des gesamten ausgehenden Mail-Verkehrs über einen Mail-Server, der Mails von unbekannten Absendern nicht weiterleitet.

- Führen von „Blacklists" von SPAM-offenen Sites, so dass Mails dieser Hosts gezielt auf Spam-Inhalte überprüft werden können, z.B. durch Prüfen auf verdächtige Keywörter, Inkonsistenzen (insbes. im Mail-Header).

- Umleiten aller Mails, die die Institution von außen erreichen, auf einen einzigen Mail-Server, der mit entsprechendem Aufwand vor Missbräuchen durch Spammer „gesichert" wird.

---

1 *BGH*, Urt. v. 17.7.2008 – I ZR 197/05, MDR 2008, 1288 = CR 2008, 718 = NJW 2008, 2999; MMR 2008, 662 m. Anm. *Schulze zur Wiesche*.
2 *LG Heidelberg*, Urt. v. 23.9.2009 – 1 S 15/09, MMR 2010, 66.
3 *Hoeren*, NJW 2004, 3514.
4 *OLG Karlsruhe*, Urt. v. 8.5.2002 – 6 U 197/01, MMR 2002, 613 = CR 2002, 751.
5 *OLG Düsseldorf*, Urt. v. 24.5.2006 – I-15 U 45/06, MDR 2006, 1349 = MMR 2006, 681.

Allerdings ist zu beachten, dass jede Filterungsmaßnahme telekommunikationsrechtlich und datenschutzrechtlich problematisch sein kann. Der 1. Strafsenat des *OLG Karlsruhe*[1] hat jetzt entschieden, dass das Ausfiltern von E-Mails wegen **Verletzung des Post- und Briefgeheimnisses** nach § 206 Abs. 2 Nr. 2 StGB strafbar sei. Dies gelte selbst für eine nicht-gewerbliche Einrichtung wie eine Hochschule. Der Begriff des Unternehmens i.S.v. § 206 StGB sei weit auszulegen, denn nur ein solches Verständnis könne dem Gesetzeszweck gerecht werden, das subjektive Recht des Einzelnen auf Geheimhaltung des Inhalts und der näheren Umstände des Postverkehrs und seinen Anspruch auf Übermittlung von Sendungen zu schützen. Als Unternehmen sei danach jede Betätigung im geschäftlichen Verkehr anzusehen, die nicht ausschließlich hoheitlich erfolge oder auf eine rein private Tätigkeit beschränkt sei. Auf eine Gewinnerzielungsabsicht komme es dabei nicht an. Zwar handele es sich bei einer staatlichen Hochschule um eine Körperschaft des öffentlichen Rechts, diese sei vorliegend aber nicht ausschließlich zur Erfüllung ihrer hoheitlichen Aufgaben tätig geworden, sondern habe ihre Telekommunikationsanlage unterschiedlichen Nutzergruppen, wie z.B. Mitarbeitern, Vereinen und außenstehenden Dritten, zur Verfügung gestellt. Aus diesem Grund sei eine Abgrenzung zwischen dienstlichen und wissenschaftlichen Belangen einerseits und privaten und wirtschaftlichen Zwecken andererseits nicht möglich. Wegen der bestehenden vielfältigen Verflechtungen und wirtschaftlichen Interessen habe die Hochschule deshalb vorliegend am geschäftlichen Verkehr teilgenommen und sei nicht ausschließlich hoheitlich tätig geworden.

Die **Filterung von Spamseiten** ist rechtlich unbedenklich. Dem Inhaber einer Domain, die unter Verstoß gegen die Richtlinien des Suchmaschinenbetreibers „Google" mit Hilfe von unzulässigen Brücken- oder Doorway-Seiten in den Trefferlisten der Suchmaschine „Google" weit oben positioniert ist, steht gegen den Betreiber einer Filtersoftware für „Google"-Recherchen kein Unterlassungsanspruch im Hinblick auf eine Kennzeichnung seiner Domain als Spam zu.[2]

b) Trennungsgebot

Von Bedeutung ist im Electronic Business auch das sog. **Trennungsgebot**, dass in den klassischen Print- und Rundfunkmedien Werbung und redaktioneller Teil klar voneinander zu trennen sind. Das Trennungsgebot ist im Bereich von Fernsehen und Presse u.a. in den Richtlinien des Zentralverbandes der deutschen Werbewirtschaft (ZAW), im Staatsvertrag über den Rundfunk im

---

[1] *OLG Karlsruhe*, Beschl. v. 10.1.2005 – 1 Ws 152/04, CR 2005, 288 m. Anm. *Lejeune* = MMR 2005, 178. A.A. *LAG Brandenburg*, Urt. v. 16.2.2011 – 4 Sa 2132/10.
[2] *OLG Hamm*, Urt. v. 1.3.2007 – 4 U 142/06, CR 2007, 530 m. Anm. *Ernst* = NJW 2008, 161.

vereinten Deutschland (RfStV) und in den Landespresse- und Landesrundfunkgesetzen verankert.

Eine Besonderheit tritt insofern bei der Verwendung von **Hyperlinks in elektronischen Presseerzeugnissen** auf. So kann eine im WWW vertretene Zeitschrift durchaus bei einzelnen redaktionellen Beiträgen Hyperlinks auf die Homepages der im Text erwähnten Unternehmen zulassen. Nach der presserechtlichen Judikatur ist ein solcher Hyperlink nur im Rahmen der publizistischen Informationsaufgabe zulässig. Das Trennungsgebot sei nicht verletzt, wenn die sachliche Unterrichtung der Leser im Vordergrund steht und die unvermeidlich damit verbundene Werbewirkung nur als eine in Kauf zu nehmende Nebenfolge erscheint.[1]

Für die allgemeine Zulässigkeit könnte sprechen, dass die Hyperlinks dem Leser die oft mühevolle Aufgabe abnehmen, sich selbst unter Angabe der Unternehmensadresse mit dem fremden Server verbinden lassen zu müssen. Aus diesem Grund gelten solche Links vielfach als Serviceleistung und sind daher häufig im Internet zu finden.[2] Die besseren Argumente sprechen jedoch dafür, dass die Hyperlinks von der wettbewerbsrechtlich vorausgesetzten Informationsaufgabe nicht mehr gedeckt sind. Der Leser wird regelmäßig durch den Beitrag selbst sachgerecht informiert, ohne dass es des Verweises bedarf. Zur Sachaufklärung reicht es aus, wenn der Leser im Artikel die WWW-Adresse des Unternehmens findet. Kann er sich darüber hinaus sofort mit dem Server des Unternehmens verbinden lassen, verschwimmen die Grenzen von inhaltlicher Information und Werbung. Der Anbieter der Sachinformation stellt dann den Kontakt zum Werbetreibenden her – eine Marketingaufgabe, die sonst dem werbenden Unternehmen obliegt. Gleichzeitig werden damit bestimmte Unternehmen optisch hervorgehoben und andere Firmen, die über keine Homepage verfügen, herabgesetzt. Von daher spricht mehr dafür, dass Hyperlinks in elektronischen Presseerzeugnissen wegen Verstoßes gegen das Trennungsgebot unzulässig sind.[3]

Interessant ist in diesem Zusammenhang eine Entscheidung des *KG*. Das *KG*[4] hat zu Recht betont, dass das einfache **Setzen eines Links** von einem redaktionellen Beitrag auf die Internetseiten eines Glücksspielunternehmens nicht verboten werden könne. Sofern mit dem Link keine werbende Anpreisung verbunden sei, handele es sich noch um journalistische Arbeit zuguns-

---

1 *BGHZ* 50, 1 = *BGH*, Urt. v. 10.1.1968 – Ib ZR 43/66, GRUR 1968, 645 – Pelzversand; *BGH*, Urt. v. 7.6.1967 – Ib ZR 34/65, GRUR 1968, 382 – Favorit II; *OLG Köln*, AfP 1972, 289; *OLG Düsseldorf* v. 17.4.1986 – 2 U 179/85, WRP 1986, 556, 558; *OLG Frankfurt a.M.*, Urt. v. 23.8.1984 – 6 U 174/83, WRP 1985, 37.
2 So auch pro Link *KG*, Urt. v. 4.9.2001 – 5 U 124/01, MMR 2002, 119.
3 Auf weitere Fallgruppen soll hier nicht eingegangen werden. So wäre zum Beispiel an den Einsatz von Hyperlinks für Zwecke vergleichender Werbung (§ 6 UWG) und als Teil einer Schmähkritik zu denken.
4 *KG*, Urt. v. 4.9.2001 – 5 U 124/01, MMR 2002, 119 m. Anm. *Becker*.

ten des Lesers, so dass auch keine Wettbewerbsförderungsabsicht zugunsten des verlinkten Unternehmens unterstellt werden könne.

Betreiber von Homepages mit redaktionellem Inhalt müssen bei einem Link, der auf eine tiefer liegende Werbeseite verweist, klar auf den folgenden Reklameinhalt hinweisen. Das hat das *LG Berlin*[1] entschieden und der Unterlassungsklage der Verbraucherzentrale Bundesverband gegen die vom Axel Springer-Verlag betriebene Webseite Bild.t-Online.de stattgegeben. Im entschiedenen Fall erschien auf der Startseite ein Artikel zu einem Auto, der mit Links zu Unterseiten versehen war. Klickte der Benutzer eine der Verknüpfungen an, so gelangte er auf die Unterseiten mit weiteren Texten, die nach Auffassung der Verbraucherschützer als Werbung einzustufen waren, aber nur teilweise den Hinweis „Anzeige" enthielten. Darin sah das *LG* einen unlauteren Vorsprung durch Rechtsbruch (§ 4 Nr. 11 UWG), da § 6 Abs. 1 Nr. 1 TMG für kommerzielle Kommunikationen wie Werbung fordert, dass sie klar als solche erkennbar sind (Trennungsgrundsatz). Zwar könne wegen der Gewöhnung der Online-Leser an Werbung im Internet ein großzügigerer Maßstab angelegt werden. Dennoch liege eine Verwirrung vor, wenn Links auf der Frontpage so gestaltet sind, dass der Benutzer erwarten darf, dass er beim Anklicken gleichfalls auf eine weitere Seite mit redaktionellen Texten geführt wird. Unbeachtlich sei nach Meinung des *LG* der Einwand, dass Internetnutzer quasi als Gegenleistung für kostenlose Informationen Werbung erwarten würden. Nähme man das an, wären die Kennzeichnungspflicht und der Trennungsgrundsatz aus § 6 Abs. 1 Nr. 1 TMG ihres Sinnes entleert. Das Trennungsgebot wird beachtet, wenn bei einer Online-Zeitung ein auffällig gelb unterlegter Link verbunden wird mit dem Symbol eines Einkaufswagens und dem Wort „Shopping". Der Leser weiß dann, dass er über den Link den redaktionellen Teil der Zeitung verlässt und zu einer Werbeseite gelangt.[2]

c) Hyperlinks

Literatur: *Claus,* Hyperlinks und die Nutzung und Verwertung von geschützten Inhalten im Internet, Berlin 2004; *Ernst/Wiebe,* Immaterialgüterrechtliche Haftung für das Setzen von Links und vertragliche Gestaltungsmöglichkeiten, MMR-Beilage 8/2001, 20; *Ernst/Vassilaki/Wiebe,* Hyperlinks. Rechtsschutz. Haftung. Gestaltung, Köln 2002; *Hoeren,* Keine wettbewerbsrechtlichen Bedenken mehr gegen Hyperlinks? – Anmerkung zum *BGH*-Urteil „Paperboy", GRUR 2004, 1; *Köster/Jürgens,* Die Haftung von Suchmaschinen für Suchergebnislisten, K&R 2006, 108; *Ott,* Haftung für Hyperlinks – Eine Bestandsaufnahme nach 10 Jahren, WRP 2006, 691; *Sommer/Brinkel,* Zur Haftung für eDonkey-Links, CR 2006, 68; *Stenzel,* Zur Haftung des Metasuchmaschinenbetreibers für die Wiedergabe rechtswidriger Inhalte, ZUM 2006, 405; *Volkmann,* Haftung für fremde Inhalte: Unterlassungs- und Beseitigungsansprüche gegen Hyperlinksetzer im Urheberrecht, GRUR 2005, 200.

---

1 *LG Berlin*, Urt. v. 26.7.2005 – 16 O 132/05, MMR 2005, 778.
2 *KG*, Beschl. v. 8.6.2007 – 5 W 127/07 – WRP 2007, 1392.

Weitere wettbewerbsrechtliche Probleme ergeben sich bei der **Verwendung von Hyperlinks**. Darf z.B. ein Unternehmen in seiner Homepage auf die Pages anderer Unternehmen verweisen? Ein solches Cross-Referencing ist als Benutzung einer fremden Marke oder geschäftlichen Bezeichnung nach §§ 14, 15 MarkenG zu beurteilen.

Diese Benutzung ist in jedem Fall zulässig, wenn der Markeninhaber der Vorgehensweise zugestimmt hat. Eine solche Zustimmung ist konkludent für die Benutzung fremder Internet-Adressen zu bejahen.[1] Hyperlinks stellen das Kennzeichen des WWW dar. Wer sich und sein Unternehmen im Internet präsentiert, weiß, dass andere Internetteilnehmer durch Hyperlinks auf diese Präsentation verweisen. Er kann sich grundsätzlich nicht dagegen zur Wehr setzen, dass andere auf seine Homepage verweisen. Auch dieses Prinzip hat jedoch Ausnahmen, die im allgemeinen Wettbewerbsrecht begründet sind.

aa) Deep Linking

Fraglich ist, wann das Setzen eines Links ohne Zustimmung gegen **§ 3 UWG** verstößt. Das *OLG Celle* betrachtete das Setzen zahlreicher Links auf im Internet verstreute Immobilienanzeigen als ein unlauteres Schmarotzen.[2] Das *OLG Düsseldorf* hingegen sah in der mit dem Link verbundenen Auswahl einzelner Seiten eines fremden Internetangebots keine Lauterkeitsprobleme.[3] Für unzulässig hielt das *OLG Hamburg* einen Link, der zahlreiche Funktionen einer Datenbank in ein separates Fenster aufnimmt, obwohl Bookmarking auf das fremde Angebot ausgeschlossen ist.[4] Das *LG Hamburg* will im Übrigen generell jedweden Link im B2B-Bereich als unlauter i.S.v. § 3 UWG ansehen.[5]

Großzügig hat demgegenüber das *OLG Köln* einen Internetsuchdienst zugelassen, der dem Nutzer eine Auflistung aller Presseinformationen nach den

---

1 So jetzt ausdrücklich *BGH*, Urt. v. 17.7.2003 – I ZR 299/00, CR 2003, 920 = MDR 2004, 346 = NJW 2003, 3406 = GRUR 2003, 958 = WRP 2003, 1341 = MMR 2003, 719 – Paperboy; OLG Düsseldorf, Urt. v. 29.6.1999 – 20 U 85/98, CR 2000, 184 m. Anm. *Leistner* = MMR 1999, 729 – Baumarkt; siehe auch *Viefhues* in: Hoeren/Sieber (Hrsg.), Handbuch Multimediarecht, Kap. 6 Rz. 197. Anders allerdings *LG Hamburg*, Urt. v. 2.1.2001 – 312 O 606/00, CR 2001, 265, das alle Hyperlinks zwischen Wettbewerbern als Verstoß gegen § 1 UWG angesehen hat.
2 *OLG Celle*, Urt. v. 12.5.1999 – 13 U 38/99, CR 1999, 523 m. Anm. *Wiebe* = MMR 1999, 480 m. Anm. *Hoffmann*.
3 *OLG Düsseldorf*, Urt. v. 29.6.1999 – 20 U 85/98, CR 2000, 184 m. Anm. *Leistner* = MMR 1999, 729 – Baumarkt.
4 *OLG Hamburg*, Urt. v. 22.2.2001 – 3 U 247/00, CR 2001, 704 m. Anm. *Dieselhorst* = MMR 2001, 533; *LG Hamburg*, Urt. v. 12.7.2000 – 308 O 205/00, MMR 2000, 761 = CR 2000, 776 m. Anm. *Metzger*.
5 *LG Hamburg*, Urt. v. 2.1.2001 – 312 O 606/00, CR 2001, 265, das alle Hyperlinks zwischen Wettbewerbern als Verstoß gegen § 3 UWG angesehen hat.

Wünschen und Vorgaben des Nutzers ermöglichte. In dem direkten Zugriff des Nutzers auf die angebotenen Informationen via Deep-Link sah der Senat keine Verletzung von § 3 UWG.[1] Diese Auffassung hat der *BGH* in der **Paperboy**-Entscheidung bekräftigt. Ein Internet-Suchdienst, der Informationsangebote, insbesondere Presseartikel, auswertet, die vom Berechtigten öffentlich zugänglich gemacht worden sind, handele grundsätzlich nicht wettbewerbswidrig, wenn er Nutzern unter Angabe von Kurzinformationen über die einzelnen Angebote durch Deep-Links den unmittelbaren Zugriff auf die nachgewiesenen Angebote ermöglicht und die Nutzer so an den Startseiten der Internetauftritte, unter denen diese zugänglich gemacht sind, vorbeiführt. Dies gelte auch dann, wenn dies dem Interesse des Informationsanbieters widerspricht, dadurch Werbeeinnahmen zu erzielen, dass Nutzer, die Artikel über die Startseiten aufrufen, zunächst der dort aufgezeigten Werbung begegnen. Die Tätigkeit von Suchdiensten und deren Einsatz von Hyperlinks sei wettbewerbsrechtlich zumindest dann grundsätzlich hinzunehmen, wenn diese lediglich den Abruf vom Berechtigten öffentlich zugänglich gemachter Informationsangebote ermöglichen.[2]

bb) Framing bzw. Inline-Linking

Noch weitgehend ungeklärt ist die Frage, ob das sog. **Inline-Linking** wettbewerbswidrig ist. Hierunter versteht man Verfahren, bei denen der Link nicht mit einem Wechsel der Internet-Adresse verbunden ist, sondern der Benutzer den Eindruck hat, er finde das Angebot noch auf dem ursprünglichen Server. Dies wird durch den Einsatz von Frames erreicht, die beim Aufruf der fremden URL erhalten bleiben (sog. IMG Links). In solchen Fällen wird suggeriert, dass die „gelinkte" Homepage von einem anderen als dem tatsächlichen Anbieter stammt. Bedenklich erscheint ein solches Vorgehen bereits urheberrechtlich im Hinblick auf das Namensnennungsrecht des Urhebers (§ 12 UrhG).[3] Eine urheberrechtliche Vervielfältigung i.S.v. § 16 UrhG kann in dem Setzen eines Links nicht gesehen werden.[4] Eine Kopie des Werkes entsteht lediglich auf dem Rechner des Nutzers, nicht aber auf dem Rechner des Linksetzers. Der Nutzer wird dabei regelmäßig wegen § 44a UrhG (vorübergehende Vervielfältigungshandlung) nicht gegen das Urheberrecht verstoßen. Es kommt

---

1 *OLG Köln*, Urt. v. 27.10.2000 – 6 U 71/00, CR 2001, 708 = MMR 2001, 387.
2 *BGH*, Urt. v. 17.7.2003 – I ZR 259/00, CR 2003, 920 = MDR 2004, 346 = NJW 2003, 3406 = GRUR 2003, 958 = MMR 2003, 719 – Paperboy.
3 Diesen Aspekt übersieht *Koch*, GRUR 1997, 417, 430. Siehe hierzu auch die britische Entscheidung im Fall Shetland Times vom Shetland News vom 24.10.1996, abrufbar unter: http://www.shetland-news.co.uk. Dazu auch *Reed*, Copyright in WWW Pages, in: Computer Law & Security Report 13 (1997), 167.
4 *BGH*, Urt. v. 17.7.2003 – I ZR 299/00, CR 2003, 920 = MDR 2004, 346 = GRUR 2003, 958 – Paperboy; *Ernst*, ZUM 2003, 860; *Schack*, MMR 2001, 13; *Volkmann*, GRUR 2005, 201.

eine Verletzung von bestehenden Kennzeichenrechten in Betracht.[1] Aber auch wettbewerbsrechtlich dürfte das Verhalten unlauter i.S.v. § 3 UWG sein, wenn in der Darstellung der fremden Webseite im eigenen Frame die Übernahme fremder, unter Mühen und Aufwendungen zusammengestellter Daten liegt.[2] Dies entspricht auch der Rechtslage in anderen Staaten, die solche Inline-Linking-Verfahren als irreführend verbieten.[3]

In diesen Fällen lohnt sich ein **Link-Agreement**. Der Inhalt könnte z.B. sein:

„Sie können Links auf unsere Homepage legen. Wir bestehen jedoch darauf, dass unsere Webseiten alleiniger Bestandteil des Browser-Fensters sind. Die Informationen dürfen im Übrigen nicht verändert oder verfälscht werden. Die Vervielfältigung von Texten, Textteilen und Bildmaterial bedarf unserer vorherigen Zustimmung."

Interessant ist in diesem Zusammenhang auch die Aufstellung von „Verlinkungsregeln", wie sie das Bundesministerium für Gesundheit aufgestellt hat.[4] Hiernach muss jeder Verlinkende nicht nur innerhalb von 24 Stunden nach der Verlinkung dem Ministerium diese Verlinkung mitteilen, außerdem darf die verlinkte Seite aber nicht in einem Rahmen erscheinen, sondern muss vollständig neu geladen werden.

Da der Betreiber einer Seite keine immaterialgüterrechtlichen Ansprüche gegen die Verlinkung auf seine Seite besitzt, könnten Verlinkungsregeln ausschließlich vertragsrechtlich Wirkung entfalten. Hierbei ist jedoch sehr fraglich, ob die reine Darstellung dieser Regeln auf der eigenen Homepage, die ja zumeist an versteckter Stelle erfolgt, die Annahme eines (konkludent) geschlossenen „Verlinkungsvertrages" rechtfertigt.

cc) Vorspannwerbung und Virtual Malls

Probleme ergeben sich zum Beispiel, wenn über den bloßen Hyperlink hinaus ein Wettbewerber die fremde Homepage in besonderer Weise präsentiert. Beispiele solcher Präsentationen finden sich etwa in den sog. **Virtual Malls**, digitalen Kaufhäusern, in denen der Kunde aus einem breiten Angebot kommer-

---

1 Hinweise dazu finden sich in Playboy Enterprises, Inc. vom Universal Tel-A-Talk, CI-VOM A. 96-6961 (E.D. Pa. 1998); vgl. auch *Tucker*, Vanderbilt Journal of Law and Technology 4 (1999), 8.
2 Siehe dazu auch *OLG Celle*, Urt. v. 12.5.1999 – 13 U 38/99, CR 1999, 523 m. Anm. *de Selby*; *LG Berlin*, Urt. v. 30.7.1996 – 1 S 82/96, CR 1997, 216 (Leitsatz), das die Übernahme von fremden Stellenanzeigen in ein eigenes Internetangebot als unlauter angesehen hat; *LG Lübeck*, Urt. v. 24.11.1998 – 11 S 4/98, CR 1999, 650 = NJW-CoR 1999, 429, 429: *Hoeren*, MMR 2004, 645.
3 Vgl. Shetland Times Ltd. v. Wills, Scot. Sess-Cas. (Oct. 24, 1996), EIPR 1 (1996), 723; Ticketmaster Corp. v. Tickets.com, 2000 US Dist. LEXIS 12987, 2000 WL 1887522 (C.D. Cal 2000).
4 Diese Regeln sind zu finden unter: http://www.bmg.bund.de/cln_040/nn_600110/ DE/Linking-Policy/linking-policy-node,param=.html__nnn=true.

zieller Homepages frei wählen und sich von der zentralen Webseite zu einzelnen Unternehmen „klicken" kann. In diesen Malls wird der Schriftzug der fremden Unternehmenskennzeichnung, sei es eine Marke oder eine geschäftliche Bezeichnung, verwendet und zum Teil in einen größeren Marketingzusammenhang gestellt. Eine solche Vorgehensweise könnte zum einen wegen der rufmäßigen Ausbeutung einer branchenfremden Marke gem. § 14 Abs. 2 Nr. 3 MarkenG unzulässig sein. Hiernach darf eine fremde Marke nicht benutzt werden, wenn dadurch die Unterscheidungskraft oder die Wertschätzung der bekannten Marke ohne rechtfertigenden Grund in unlauterer Weise ausgenutzt oder beeinträchtigt wird.

Ferner könnte ein solches Verhalten unter dem Gesichtspunkt der offenen Anlehnung wettbewerbswidrig sein. § 3 UWG verbietet, dass ein Wettbewerber die Qualität seiner Waren oder Leistungen mit Konkurrenzprodukten in Beziehung setzt, um deren guten Ruf als Vorspann für eigene wirtschaftliche Zwecke auszunutzen.[1] Eine besondere Präsentation ist folglich sowohl nach § 14 MarkenG als auch nach § 3 UWG nur ausnahmsweise zulässig, wenn sie auf einen besonderen sachlichen Grund, insbesondere ein überwiegendes, schutzwürdiges Aufklärungsinteresse zurückgeführt werden kann.[2] Bei den bekannten Fällen von „Virtual Malls" kann von einem solchen Aufklärungsinteresse aber nicht die Rede sein. Die Gestaltung eines „Verkaufsraums" für andere Unternehmen dient regelmäßig nur Marketinginteressen. Im Prinzip soll der Verbraucher davon ausgehen, dass er in einer solchen Mall die Verbindung zu Top-Unternehmen bekommt. Es entsteht der Eindruck, dass der „Mall"-Betreiber intensive geschäftliche Kontakte zu dem erwähnten Unternehmen hat. Daher liegt hier eher das Element des unlauteren Vorspanns vor, das nur durch eine Zustimmungserklärung des betroffenen Unternehmens aus der Welt geschaffen werden kann.

d) Meta-Tags und Google AdWords

Literatur: *Baars/Schuler/Llody*, Keyword-Advertising – Legal implications in Germany, France and the UK, CRi 2007, 137; *Day*, Kennzeichenrechtsverletzungen durch Metatags, AJP 1998, 1463; *Bernreuther*, Die suchmaschinenoptimierte Webseite – eine urheberrechtlich geschützte Unlauterkeit mit und ohne Markenverletzung. Zusammenhänge zwischen UWG einerseits und UrhG bzw. MarkenG andererseits, in: WRP 2008, 1058; *Denis-Leroy*, Liability for Adwords Services in France, CRi 2007, 65; *Dietrich*, Rechtliche Probleme bei der Verwendung von Metatags, K&R 2006, 71; *Dörre/Jüngst*, Aktuelle Entwicklungen der Adword-Rechtsprechung, in: K&R 2007, 239; *Eichelberger*, Markenverletzung durch die unberechtigte Verwendung einer Marke als Schlüsselwort, in: MarkenR 2007, 83; *Ernst*, Suchmaschenmarketing in der aktuellen deutschen Rechtsprechung, in: MR-Int 2007, 195; *Fuchs*, Google-AdWords: Wer haftet für vermeintliche Rechtsverletzungen?, wbl 2007, 414; *Hartl*, Fremde Kennzeichen im Quelltext von

---

[1] *BGH*, Urt. v. 20.12.1963 – 5b ZR 104/62, BGHZ 40, 391, 398 – Stahlexport; 86, 90, 95 – Rolls-Royce; *BGH*, Urt. v. 12.2.1969 – 5 ZR 137/66, GRUR 1969, 413, 415 – Angelique II.

[2] *BGH*, Urt. v. 6.2.1976 – 5 ZR 127/74, GRUR 1976, 375 – Raziol.

Webseiten – Marken- und wettbewerbsrechtliche Zulässigkeit, MMR 2007, 12; *Hartl*, Keyword-Advertising mit geschützten Kennzeichen, eine Kennzeichenrechtsverletzung?, K&R 2006, 384; *Hartwig*, Zur Verwendung eines fremden Kennzeichens als Metatag, in: EWiR 2007, 473; *Heim*, Zur Markenbenutzung durch Meta-Tags, CR 2005, 200; *Höhne*, Von Hyperlinks und Metatags, MuR 2001, 109; *Horak*, Die Platzierung von nicht sichtbaren Keywords zwecks Bewerbung von Leistungen, in: MarkenR 2007, 240; *Hüsch*, Die marken- und wettbewerbsrechtliche Zulässigkeit bei kontextabhängiger Suchmaschinenwerbung, MMR 2006, 357; *Hüsch*, Rechtmäßigkeit suchwortabhängiger Werbebanner in der aktuelle Rechtsprechung, K&R 2006, 223; *Illmer*, Keyword-Advertising – Quo Vadis?, WRP 2007, 399; *Jaeschke*, Zur markenmäßigen Benutzung beim Keyword-Advertising, in: CR 2008, 375; *Kochinke/Tröndle*, Links, Frames und Meta-Tags – Urheber- und markenrechtliche Implikationen im Internet, CR 1999, 190; *Kaufmann*, Metatagging – Markenrecht oder reformiertes UWG?, MMR 2005, 348; *Kotthoff*, Fremde Kennzeichen in Metatags: Marken- und Wettbewerbsrecht, K&R 1999, 157; *Kur*, Metatag – Pauschale Verurteilung oder differenzierende Betrachtung?, CR 2000, 448; *Kur*, Confusion Over Use? Die Benutzung „als Marke" im Lichte der EuGH-Rechtsprechung, in GRUR Int. 2008, 1; *McCuaig*, Halve the Baby: An Obvious Solution to the Troubling Use of Trademarks as Metatags, in: John Marshall Journal of Computer & Information Law 18 (2000), 643; *Menke*, Die Verwendung fremder Kennzeichen in Meta-Tags, WRP 1999, 982; *Meyer*, Der Gebrauch geschützter Kennzeichen als Advertising Keywords (AdWords), K & R 2006, 557; *Ott*, Suchmaschinenmanipulation im Zusammenhang mit fremden Marken, in: MMR 2008, 222; *Renner*, Metatags und Keyword Advertising mit fremden Kennzeichen im Marken- und Wettbewerbsrecht, WRP 2007, 49; *Schmidt-Bogatzky*, Zeichenrechtliche Fragen im Internet, GRUR 2000, 959; *Schirmbacher*, Metatags und Keyword-Advertising, ITRB 2007, 117; *Shemtov*, Searching for the Right Balance: Google, Keywords Advertising and Trade Mark Use, EIPR 2008, 470; *Schultz/Störing*, Die wettbewerbsrechtliche Beurteilung von Keyword-Advertising mit fremden Marken, WRP 2008, 741; *Sosnitza* Adwords = Metatags? Zur marken- und wettbewerbsrechtlichen Zulässigkeit des Keyword-Advertising über Suchmaschinen, MarkenR 2008, 35; *Stögmüller*, Markenrechtliche Zulässigkeit kontext-sensitiver Werbung im Internet, CR 2007, 446; *Terhaag*, Verwendung fremder Kennzeichen als Google-Adword, in: MMR 2007, 111; *Thiele*, Meta-Tags und das österreichische Wettbewerbsrecht, ÖJZ 2001, 168; *Tietge*, Ist die Verwendung fremder Marken im Rahmen des Keyword-Advertising nach jüngster Rechtsprechung zulässig?, K&R 2007, 503; *Ullmann*, Kennzeichenverletzung im Internet, GRUR 2007, 633; *Varadinek*, Trefferlisten von Suchmaschinen im Internet als Werbeplatz für Wettbewerber, GRUR 2000, 279; *Viefhues*, Internet und Kennzeichenrecht: Meta-Tags, MMR 1999, 336; *Wendlandt*, Cybersquatting, Metatags und Spam, München 2002; *Yorck – Percy*, Ist die Verwendung fremder Marken im Rahmen des Keyword-Advertising nach jüngster Rechtsprechung zulässig?, K&R 2007, 503.

Sehr häufig finden sich Unternehmen mit ihrem WWW-Angebot bei den Suchmaschinen schlecht platziert. Wer nicht auf den ersten Seiten von Google oder Yahoo erscheint, wird oft gar nicht gefunden. Diese fatale Situation hat Unredliche dazu bewogen, durch **missbräuchliche Verwendung von Meta-Tags** ihre Position bei den Suchmaschinen zu verbessern. Der Meta-Tag ist eine Angabe im HTML-Quellcode. Diese Angabe ist in das der Seite zugrunde liegende HTML-Dokument zum einen als „title" und zum anderen als „description" integriert. Dieser Eintrag ist für den Benutzer auf dem Bildschirm regelmäßig nicht sichtbar. Die Suchmaschinen, meist automatisierte Such-„Roboter", tasten die im Netz befindliche Homepage ab und lesen die in den

Meta-Tags angegebenen Begriffe aus. Dies führt dazu, dass bei der Eingabe dieser Bezeichnung in Suchmaschinen u.a. auf die Internetadresse des Tag-Setzers verwiesen wird. So könnte z.B. ein Ford-Techniker auf der Ford-Homepage im HTML-Code den Meta-Tag-Begriff „Opel" eingeben. Dies würde dazu führen, dass der Nutzer einer Suchmaschine bei Eingabe des Begriffs „Opel" auch auf die Ford-Seite verwiesen wird.

Das *OLG München* hat ein solches Verhalten als **Markenverletzung** angesehen.[1] Eine verbotene Markenbenutzung liege auch vor, wenn jemand im nicht sichtbaren Teil einer Homepage die rechtsverletzende Bezeichnung als Meta-Tag verwende. Ähnlich ist die Rechtslage bei Verwendung von Namen bekannter Persönlichkeiten als Teil der Metaindexierung; hier soll eine Verletzung des Namensrechtes aus § 12 BGB vorliegen.[2]

Anderer Auffassung ist das *OLG Düsseldorf*.[3] Das Gericht lehnt bei Verwendung fremder Kennzeichen in Meta-Tags eine Markenrechtsverletzung mangels Erkennbarkeit der unsichtbaren Meta-Tags ab. Auch **fehle** es an einer **Verletzung des UWG**, da der Nutzer bei der Eingabe eines Begriffs in die Suchmaschine wisse, dass auch solche Webseiten angezeigt werden, die nur sehr entfernt in einem Zusammenhang mit dem Suchbegriff stehen.

Dem hat der *BGH* in der Revisionsentscheidung zu „Impuls" widersprochen.[4] Zwar liege keine Verletzung des UWG vor. Es handele sich aber bei der Verwendung fremder Kennzeichen im Quelltext trotz der fehlenden Sichtbarkeit um eine Verletzung des § 15 MarkenG. Der *BGH* hat sich damit der h.M. in Rechtsprechung und Schrifttum angeschlossen.

Andere Gerichte wiederum sehen in der Verwendung von Meta-Tags anders als das *OLG München* keine Kennzeichenverletzung, sofern die Suchworte

---

1 *OLG München*, Urt. v. 6.4.2000 – 6 U 4123/99, MDR 2000, 1209 = MMR 2000, 546 m. Anm. *Strittmatter* = CR 2000, 461 = WRP 2000, 775; ebenso *OLG Karlsruhe*, Urt. v. 22.10.2003 – 6 U 112/03, CR 2004, 535 – Deutscher Video Ring; *OLG Hamburg*, Urt. v. 6.5.2004 – 3 U 34/02, CR 2005, 258; *LG Frankfurt a.M.*, Urt. v. 3.12.1999 – 3/II O 98/99, CR 2000, 462; *LG Hamburg*, Beschl. v. 13.9.1999 – 315 O 258/99, CR 2000, 121; *LG Mannheim*, Urt. v. 1.8.1997 – 7 O 291/97, CR 1998, 306. Ähnlich auch in den USA Brookfield Communications Inc. v. West Coast Entertainment Corp., 174 F 3d 1036, 9th Cir. 1999 sowie in den UK der High Court. A.A. *Day*, AJP 1998, 1466 und *Viefhues*, MMR 1999, 336, 338, die darauf verweisen, dass der Meta-Tag nicht der Individualisierung eines Unternehmens oder Produktes diene.
2 *LG Hamburg*, Urt. v. 6.6.2001 – 406 O 16/01, CR 2002, 374 mit krit. Anm. *Beckmann*.
3 *OLG Düsseldorf*, Urt. v. 15.7.2003 – 20 U 21/03, CR 2004, 462 = MMR 2004, 257 – impuls; *OLG Düsseldorf*, Beschl. v. 17.2.2004 – I-20 U 104/03, MMR 2004, 319 = CR 2004, 462 – Metatag III; *OLG Düsseldorf*, Urt. v. 14.2.2006 – 20 U 195/05, CR 2006, 695.
4 *BGH*, Urt. v. 18.5.2006, I ZR 183/03, CR 2007, 103 = MDR 2007, 418 = MMR 2006, 812 – Impuls III; z.T. zustimmend aber differenzierend nach der Art der Metatags: *Hartl*, MMR 2007, 12; die Impuls-Entscheidung des *BGH* wird besprochen von *Renner*, WRP 2007, 49.

noch in einem weiten Zusammenhang mit dem Leistungsangebot des Anbieters stehen. Dafür liege aber eine Verletzung von § 3 UWG vor, wenn viele hundert lexikonartig aneinander gereihte Begriffe aufgeführt werden.[1] Ein solches Verhalten lasse nämlich den Schluss zu, dass der Gestalter der Internetseite die technischen Schwächen der Suchmaschinen-Software ausnutzen wolle, um sich bei der Benennung durch Suchmaschinen Wettbewerbsvorteile zu verschaffen. Für die Frage einer Markenrechtsverletzung soll es entscheidend auf die Vorstellungen der Verbraucher bei Aufruf des konkreten Zeichens über eine Suchmaschine ankommen.[2]

Schwieriger wird die Lage, wenn jemand ein Recht hat, eine Bezeichnung zu verwenden. Man denke z.B. an einen Miele-Händler, der die Bezeichnung „Miele" in seine Meta-Tags integriert. Der *EuGH* hat hierzu festgestellt, dass es Händlern markenrechtlich nicht verwehrt werden könne, die Bezeichnungen von Markenprodukten (einschließlich der Logos) für den Verkauf ihrer Produkte zu verwenden.[3] Fraglich ist aber, ob dies zum Beispiel auch den tausendfachen Gebrauch des Wortes „Miele" in den Meta-Tags abdecken würde. Hier wäre wohl an §§ 3, 4 Nr. 10 UWG zu denken, wenn der Händler sich durch solche Massenverwendungen eines geschützten Begriffs eine ihm (gerade im Verhältnis zum Hersteller) nicht zukommende Position in der Suchmaschine sichert.[4] Allerdings ist die Verwendung von Meta-Tags, die keinen sachlichen Bezug zu den auf einer Internetseite angebotenen Informationen und Inhalten aufweisen, nicht per se wettbewerbswidrig, wie das *OLG Düsseldorf*[5] gegenüber dem *LG Düsseldorf*[6] klargestellt hat. Nach Auffassung des *OLG Thüringen*[7] kann einer Nissan-Vertragswerkstatt die Verwendung des Nissan-Logos verboten werden. Das *OLG* wies in diesem Zusammenhang daraufhin, dass trotz entsprechender Erschöpfung § 24 Abs. 2 MarkenG und der darin enthaltene Grundsatz der Irreführungsgefahr zu berücksichtigen seien. Darüber hinaus liege auch ein Verstoß gegen § 5 Abs. 2 und Abs. 3 UWG vor.

Eine weitere Variante zur Manipulation von Suchmaschinen ist das bereits etwas ältere **Font-Matching**. Dabei werden fremde Marken, fremde Geschäftsbezeichnungen oder irreführende Begriffe in der Hintergrundfarbe (und häufig in sehr kleiner Schriftgröße) in den Text einer Webseite aufgenommen. Der Text kann vom Nutzer nur durch Markieren der entsprechenden Stellen der Webseite oder durch Ansicht des Quelltextes gelesen, aber von Suchmaschinen ausgewertet werden. Das *LG Essen*[8] ist der Auffassung, dass Font-Matching wettbewerbsrechtlich unzulässig sei. In dem zu entscheidenden Fall

---

[1] *LG Essen*, Urt. v. 26.5.2004 – 44 O 166/03, MMR 2004, 692 – Metatag-Kompendium.
[2] *LG Hamburg*, Urt. v. 13.12.2005 – 312 O 632/05, MMR 2006, 337.
[3] *EuGH*, Urt. v. 23.2.1999 – Rs.C-63/97, JZ 1999, 835 = WRP 1999, 407, 411.
[4] Vgl. *Hartl*, MMR 2007, 13.
[5] *OLG Düsseldorf*, Urt. v. 1.10.2002 – 20 U 93/02, CR 2003, 133 = WRP 2003, 104.
[6] *LG Düsseldorf*, Urt. v. 27.3.2002 – 12 O 48/02, MMR 2002, 557 = K&R 2002, 380 = ITRB 2002, 153 = CR 2002, 610.
[7] *OLG Jena*, Urt. v. 25.6.2008 – 2 U 21/08, GRUR-RR 2008, 397.
[8] *LG Essen*, Urt. v. 26.5.2004 – 44 O 166/03, MMR 2004, 692.

hatte die Beklagte in der beschriebenen Weise etliche tausend Begriffe, die mit dem Inhalt der Webseite in keinem Zusammenhang standen, auf der Webseite platziert. Das *LG Essen* sah in dem Verhalten der Beklagten ein unlauteres Wettbewerbsverhalten i.S.v. § 3 UWG. Es begründete dies damit, dass die Beklagte durch die Verwendung einer Vielzahl beziehungsloser Begriffe erreicht habe, dass ihre Internet-Seiten bei Anwendung der Suchmaschine Google unter den ersten Anbietern benannt werden, und sich so einen Wettbewerbsvorteil gegenüber konkurrierenden Anbietern verschafft habe, die ihre Internet-Werbung ohne manipulative Meta-Tags im Internet präsentieren. Nach dem *BGH* kommt auch ein Berufen auf eine mögliche Erschöpfung eines Kennzeichens beim Font-Matching nur dann in Betracht, wenn sich die Werbung auf das konkrete Originalprodukt bezieht.[1]

Verboten ist die Verwendung fremder Marken als „Eye-Catcher", um bei eBay Interessierte auf eigene Seiten zu locken. Das *KG* sah darin ein unlauteres Verhalten i.S.v. §§ 3, 6 Abs. 2 Nr. 4 UWG.[2] Der *österreichische OGH* will im Übrigen auch **Catch-all-Funktionen** verbieten. Mit solchen Funktionen sei verbunden, dass Internetnutzer, die auf eine bestimmte Webseite gelangen wollen und daher deren Firmenschlagwort (zusammen mit „whirlpools.at") eingeben, auf die Webseite eines Konkurrenten kämen. Sie würden damit auf die Webseite eines Mitbewerbers „umgeleitet".[3] Dieser Auffassung hat sich auch das *OLG Nürnberg* angeschlossen, das in der Verwendung einer Catch-all-Funktion für sämtliche Eingaben eine Kennzeichenrechtsverletzung bejahte.[4]

Der *BGH* hat die Benutzung von fremden Marken in der Kopfzeile einer Internetseite wegen § 14 Abs. 2 Nr. 2 MarkenG verboten.[5] Hierdurch werde das Ergebnis der Trefferliste beeinflusst und dadurch die Herkunftsfunktion der Marke angegriffen. Ein solches Verhalten könne nicht als zulässige vergleichende Werbung angesehen werden.

Entschieden ist inzwischen, dass die Verwendung von **Google AdWords** marken- und wettbewerbsrechtlich grundsätzlich nicht untersagt werden kann. Google macht es möglich, kostenpflichtig frei wählbare Keywords, sog. AdWords, anzumelden, nach deren Eingabe durch den Nutzer Werbung am Rande der Trefferliste platziert wird. Bei den Keywords hat man verschiedene Auswahlmöglichkeiten als Anzeigenkunde. Man kann genau passende Keywords wählen („exact match"). Denkbar ist aber auch, passende Wortgruppen

---

[1] *BGH*, Urt. v. 8.2.2007 – I ZR 77/04, MDR 2007, 1273 = CR 2007, 589 = MMR 2007, 648 – Aidol.
[2] *KG*, Beschl. v. 4.3.2005 – 5 W 32/05, CR 2005, 671 = MMR 2005, 315.
[3] *öOGH*, Beschl. v. 12.7.2005 – 4 Ob 131/05a, MMR 2005, 750.
[4] *OLG Nürnberg*, Urt. v. 12.4.2006 – 4 U 1790/05, CR 2006, 485 – suess.de m. Anm. *Schirmbacher*.
[5] *BGH*, Urt. v. 4.2.2010 – I ZR 51/08, CR 2010, 602 m. Anm. *Dietrich/Zenker* = MDR 2010, 1277 = GRUR 2010, 835 – Power Ball.

(„phrase match") oder weitgehend passende Keywords („broad match") zu buchen. Das *OLG Braunschweig* geht davon aus, dass bei der Auswahl „broad match" der Nutzer verpflichtet sei, durch ausschließende Keywords Markenrechtsverletzungen generell auszuschließen. Insofern müsste der Werbetreibende durch Hinzufügung der Keywords (gekennzeichnet durch ein „Minus") jedwede Markenrechtsverletzung durch zufällige Kombinationsmöglichkeiten bei der Sucheingabe ausschließen.

Der *BGH* hat jetzt die Frage der Verwendung fremder Marken als Keyword für Google AdWords zum Teil geklärt.[1] Grundsätzlich sieht der *BGH* in Google AdWords kein kennzeichenrechtliches Problem, lediglich ein markenrechtliches Verfahren leitete der *BGH* an den *EuGH* weiter. So sah der *BGH* in der Verwendung des Keywords PCB bei Google nur eine beschreibende Angabe, selbst wenn bei zu weiter Gestaltung der Recherche auch die Marke PCB-Pool angezeigt werde.[2] Auch sei ein Google AdWord keine Verletzung von Unternehmenskennzeichen, wie etwa bei der Verwendung des Keywords Beta Layout im Verhältnis zu einer gleichlautenden Firma.[3] Es fehle insofern an der Verwechselungsgefahr, da der Internetnutzer nicht annehme, dass die im Anzeigenblock neben der Trefferliste aufgeführten Anzeigen von dem Inhaber des Unternehmenskennzeichens stammen. Im markenrechtlichen Fall „Bananabay" legte der *BGH* den Fall dem *EuGH* zur Entscheidung vor. Hier war das Schlüsselwort identisch mit einer fremden Marke und wurde auch für identische Waren und Dienstleistungen genutzt.

Der *Französische Cour de Cassation* hat dem *EuGH* die Frage vorgelegt, ob es eine markenmäßige Verwendung i.S.v. Art. 5 (1) (a) der Markenrechtsrichtlinie sei, wenn markenrechtliche Begriffe als Keyword verwendet werden.[4] Ähnlich hat der *österreichische OGH* einen Vorlagebeschluss gefasst.[5] Hierbei hatte der *österreichische OGH* ohnehin die Auffassung vertreten, dass es eine Verwechselungsgefahr bei Google AdWords schon deshalb gebe, weil die **Überschrift** über den entsprechenden Trefferlisten keine hinreichende Kennzeichnung als Anzeigen darstelle. Der *EuGH*[6] entschied, dass derjenige, der bei Google AdWords als Schlüsselwort ein einer Marke eines anderen entsprechendes Zeichen auswählt, die Marke benutzt. Markenrechtliche Abwehransprüche bestünden aber nur dann, wenn aus dieser Werbung für einen

---

1 *BGH*, Beschl. v. 22.1.2009 – 1 ZR 125/07 – MMR 2009, 326 Bananabay u.a.
2 *BGH*, Urt. v. 22.1.2009 – I ZR 139/07, CR 2009, 323 m. Anm. *Backu* = MDR 2009, 704 = MMR 2009, 331.
3 *BGH*, Urt. v. 22.1.2009 – I ZR 30/07, CR 2009, 328 = MDR 2009, 705 = MMR 2009, 329.
4 Fall C-236/08, C-237/08 und C-238/08.
5 C-278/08 im Fall trekking.at.
6 *EuGH*, Urt. v. 23.3.2010 – Rs. C-236/08 bis C-238/08, CR 2010, 318 = GRUR 2010, 445 und 641. Ähnlich Rs. C.-91/09 – Bananabay; Rs. C-278/08 – BergSpechte; Rs. C-558/08, CR 2010, 827 – Portakabin/Primakabin) Rs. C-91/09 – Bananabay; Rs. C-278/08 – BergSpechte; Rs. C-558/08 – Portakabin/Primakabin.

II. Anwendbare Regelungen

Durchschnittsinternetnutzer nur schwer zu erkennen ist, ob die in der Anzeige beworbenen Waren von dem Inhaber der Marke oder vielmehr von einem Dritten stammen. Im Kern gehen damit viele zu Recht von der Zulässigkeit von Google AdWords aus; Google selbst hat auch die lange Zeit betriebene Einrichtung entsprechender Sperrlisten von Markenartikelherstellern eingestellt. Das *OLG Köln* zieht aus der Entscheidung die Konsequenz, dass die Verhinderung von AdWord-Werbung durch den Markenhersteller ihrerseits eine unlautere Behinderung nach §§ 3, 4 Nr. 10 UWG darstelle.[1] In Anwendung der *EuGH*-Entscheidung hat der *österreichische OGH* allerdings eine Google AdWords-Kampagne verboten, bei der nicht erkennbar war, dass der Anbieter in keiner Weise mit dem Markeninhaber verbunden ist.[2] Die deutschen Gerichte scheinen sich nun darauf zu kaprizieren, Google AdWords-Kampagnen wegen Verwechselungsgefahr zu verbieten, so dass sich durch die *EuGH*-Entscheidung letztendlich nichts verändert hat.[3]

Für die Praxis lässt sich aus diesem richtungsweisenden Merksatz des *EuGH* ableiten, dass, wenn die Anzeige selbst den fremden Markennamen nicht enthält und auch sonst keine Verbindung – etwa durch die Gestaltung der Anzeige – zu dem Markeninhaber hergestellt wird, eine Markenrechtsverletzung allein durch die Buchung fremder Marken bei Google AdWords fernliegt und somit Werbewillige grundsätzlich nicht gehindert sind, fremde Marken als Schlüsselwörter im Rahmen von Google AdWords zur Werbung zu nutzen. Besonderer Vorsicht bedarf es aber hinsichtlich der Gestaltung der bei Google erscheinenden Anzeigen. Innerhalb dieser ist deutlich zu machen, dass die unter der Anzeige angebotenen Waren nicht im Zusammenhang zu dem eingegebenen Keyword stehen. Dieser Abstand kann bei Gesamtschau der unterinstanzlichen Entscheidungen, der bisherigen Diskussionen in der juristischen Literatur sowie zweier Urteile des *BGH*[4] aus dem Frühjahr 2011 durch die räumliche Trennung von der Trefferliste, eine ausdrückliche Kennzeichnung als „Anzeige" oder durch grafische bzw. farbliche Mittel hergestellt werden.[5] Darüber hinaus muss in der Anzeige selbst auf das Zeichen oder sonst einen Hinweis auf den Markeninhaber bzw. die von diesem angebotenen Produkte verzichtet werden, der angegebene Domainname vielmehr auf eine andere betriebliche Herkunft hinweisen.[6] Im Übrigen hinaus dürfte ein aus-

---

1 *OLG Köln*, Urt. v. 2.7.2010 – 6 U 48/10, CR 2010, 683.
2 *öOGH*, Beschl. v. 21.6.2010 – 17 Ob3/10 f., MMR 2010, 754 – Bergspechte. Ähnlich auch die strenge Formulierung in Ingerl/Rohnke, Nach § 15 Rz. 197: Aus der Gesamtaufmachung der Anzeige müsse unmissverständlich deutlich werden, dass sie von einem Dritten stamme.
3 So etwa *OLG Düsseldorf*, Urt. v. 21.12.2010 – I 20 W 13/10.
4 *BGH*, Urt. v. 13.1.2011 – I ZR 125/07, CR 2011, 664 = MDR 2011, 998 = MMR 2011, 590; Urt. v. 13.1.2011 – I ZR 46/08, MMR 2011, 608 m. Anm. *Hoeren*.
5 *BGH*, Urt. v. 13.1.2011 – I ZR 46/08, MMR 2011, 608 m. Anm. *Hoeren*.
6 *BGH*, Urt. v. 13.1.2011 – I ZR 125/07, CR 2011, 664 = MDR 2011, 998 = MMR 2011, 590.

drücklicher Hinweis in der Anzeige oder eine möglichst prominente Herausstellung der eigenen Marke ausreichen.[1]

Entscheidend ist jedenfalls, dass die Anzeige nicht nur vage, sondern deutlich aufzeigt, dass der Werbende Dritter im Verhältnis zum tatsächlichen Markeninhaber ist.[2] Es ist zu empfehlen, sich bei einer Abgabe der Anzeigenschaltung an Dritte jedenfalls die Einflussnahme auf die Auswahl der Keywords zu sichern und die Anzeigen selber möglichst klar und deutlich zu gestalten.

In seiner neuesten Entscheidung urteilte der *EuGH* nun, dass der Gebrauch fremder Markennamen für Werbezwecke im Internet grundsätzlich zulässig sei.[3] Somit ist es Unternehmen gestattet, Markennamen ihrer Wettbewerber als Schlüsselbegriffe zu nutzen, um Internetnutzer zu ihren eigenen Werbeanzeigen zu lotsen, sofern es sich bei der Werbung nicht um eine bloße Nachahmung von Waren oder Dienstleistungen des Inhabers der Marke handelt („Trittbrettfahrer"), die Unterscheidungskraft der Marke („Verwässerung") oder ihre Wertschätzung beeinträchtigt werden. Im vorliegenden Fall hatte der Blumenversand Interflora gegen das britische Kaufhaus Marks & Spencer geklagt, welches ohne die Zustimmung des Wettbewerbers den Begriff „Interflora" und ähnliche als Schlüsselwörter bei Google reserviert hatte. Dem *EuGH* zufolge muss nun das britische Gericht prüfen, ob Marks & Spencer damit die Marke seines Wettbewerbers als Trittbrettfahrer ausgenutzt hat. Dies wäre der Fall, wenn es „für einen normal informierten und angemessen aufmerksamen Internetnutzer" nicht ohne zu erkennen sei, „ob die in der Anzeige beworbenen Waren oder Dienstleistungen von dem Inhaber der Marke oder einem mit ihm wirtschaftlich verbundenen Unternehmen oder vielmehr von einem Dritten stammen".

Schließlich sind bei der Nutzung von Google AdWords, wenn auch nur bei nicht eröffnetem Anwendungsbereich des Markenrechtes, auch die Vorgaben des Wettbewerbsrechts (UWG) zu beachten, zu denen der *EuGH* allerdings in den angeführten Entscheidungen nicht befragt worden ist. Maßgeblich sind daher die vom *BGH* ebenfalls in der Entscheidung „Beta Layout" angeführten Grundsätze. Nach diesen liegt jedenfalls dann, wenn die fremde Marke nicht in der Anzeige genannt wird und diese bloß im Anzeigenteil der Trefferliste aufgeführt wird, weder eine Behinderung unter dem Gesichtspunkt des Kundenfangs noch unter dem Gesichtspunkt der Rufausbeutung gem. §§ 8, 4 Nr. 10 UWG vor. Der Grund dafür ist, dass bei dieser Gestaltung der Trefferliste und der Anzeige weder auf den potenziellen Kunden unangemessen eingewirkt wird, noch der Kunde eine Verbindung zwischen der Marke und den beworbenen Waren herstellt. Ohne hinzutreten weiterer, verschleiernder Umstände ist für den Internetnutzer auch der Werbecharakter der Anzeige zu er-

---

1 So z.B. *Musiol*, GRUR-Prax 2010, 147; *Schirmbacher*, GRUR Prax 2010, 165; *Stadler*, MMR-Aktuell 2010, 301002.
2 Vgl. *LG Berlin*, Urt. v. 22.9.2010 – 97 O 55/10; *OLG Düsseldorf*, Beschl. v. 21.10.2010 – 20 W 136/10.
3 *EuGH*, Urt. v. 22.9.2011 – Rs. C-323/09.

kennen, so dass auch eine nach § 5 UWG unlautere Irreführung nicht anzunehmen ist. Letztlich ist noch unter dem Gesichtspunkt der unlauteren vergleichenden Werbung nach § 6 UWG zu beachten, dass die jeweiligen Produkte in der Anzeige nicht ausdrücklich nebeneinander, etwa hinsichtlich ihrer Vorzüge oder ihrer Nachteile, dargestellt werden sollten.

e) Sonstige wettbewerbsrechtliche Werbebeschränkungen

Ein Internetdienst, der Personen zusammenführt, um gemeinsam verbilligte Gruppentarife der Deutschen Bahn zu nutzen (sog. **Kartenfuchs**), verstößt nicht gegen § 3 UWG. Insbesondere liegt insofern weder ein unlauterer Behinderungswettbewerb noch die Übernahme fremder Leistungen vor.[1]

Das Angebot, eine **kostenlose Registrierung einer „.de"-Adresse** durchzuführen, verstößt auch unter dem Gesichtspunkt der Wertreklame nicht gegen § 3 UWG.[2] Das *LG Hamburg* hat einen Internetdienst untersagt, der es Kunden von eBay erlaubt, erst kurz vor dem Auktions-Ende selbsttätig Gebote auf Verkaufsangebote abzugeben (sog. **Sniper**).[3] Diese Sniper seien zum einen als sittenwidriges Verleiten zum Vertragsbruch anzusehen; denn die Nutzung des Dienstes setze die Weitergabe von Nutzernamen und Passwort voraus, was den AGB von eBay widerspreche. Zum zweiten sei das Sniping eine unlautere Absatzbehinderung zu Lasten des Auktionshauses.

Das *LG Düsseldorf*[4] hat entschieden, dass **Popup-Fenster**, die sich öffnen, wenn ein Internetnutzer eine Webseite verlassen möchte, gem. §§ 3, 7 UWG unlauter seien und damit gegen das Wettbewerbsrecht verstoßen. Diese Art der unfreien „Werbung" wird vor allem von Anbietern aus dem Erotik- und Glücksspiel-Bereich verwendet, um die Surfer auf den entsprechenden Webseiten festzuhalten. Die Richter vergleichen dies mit der Werbung durch unerwünschte E-Mails, weil der Surfer auch hier gegen seinen Willen gezwungen werde, Informationen und Angebote wahrzunehmen.

Nicht wettbewerbswidrig ist der Einsatz von **Werbeblockern**. Der *BGH*[5] hat die Zulässigkeit eines Tools bejaht, das Fernsehwerbungen ausfiltern kann (sog. Fernsehfee); ein solches Tool verstoße weder wegen Produktbehinderung noch wegen Behinderung des Werbemarktes gegen § 3 UWG. Das Urteil ist

---

[1] *LG Frankfurt a.M.*, Urt. v. 17.11.2000 – 3/11 O 193/00, CR 2001, 125 m. Anm. *Leible*.
[2] *KG*, Urt. v. 24.11.2000 – 5 U 7264/00, MMR 2001, 708 m. Anm. *Hoffmann*.
[3] *LG Hamburg*, Urt. v. 16.7.2002 – 312 O 271/02, CR 2002, 763; siehe dazu kritisch *Leible/Sosnitza*, CR 2003, 344 und K&R 2003, 300. Anderer Auffassung auch *LG Berlin*, Urt. v. 11.2.2003 – 15 O 704/02, CR 2003, 857 = K&R 2003, 294.
[4] *LG Düsseldorf*, Urt. v. 26.3.2003 – 2a O 186/02, CR 2003, 525 = MMR 2003, 486 = K&R 2003, 525 (Ls.) m. Anm. *Mankowski*. Ähnlich auch *Leupold u.a.*, WRP 2000, 575, 591.
[5] *BGH*, Urt. v. 24.6.2004 – I ZR 26/02, MDR 2005, 44 = CR 2004, 760.

auch auf den Webwasher übertragbar, der Bannerwebung und Popups unterdrückt.

Hat der Rechteinhaber von **Fußball-Eintrittskarten** in seinen AGB ein Weiterverkaufsverbot statuiert, so dürfen die Tickets nicht zu einem höheren Preis auf einer Internetseite verkauft werden. Dies hat das *OLG Hamburg*[1] entschieden und dem in der ersten Fußballbundesliga spielenden Hamburger Sport-Verein (HSV) Recht gegeben. Hintergrund war die Praxis eines Anbieters, der unter Verschleierung seiner Geschäftstätigkeit entweder direkt telefonisch oder durch Dritte beim HSV Karten bestellt hatte. Des Weiteren gelangte der spätere Beklagte an die Tickets, indem er sie Privatpersonen abkaufte und anschließend kommerziell auf seiner Webseite offerierte. Um dies zu verhindern, verbot der Fußballclub in seinen AGB den Weiterverkauf. Nach zwei erfolglosen Abmahnungen beantragte der HSV erfolgreich eine einstweilige Verfügung, die das *OLG* nunmehr bestätigt hat. Nach Auffassung des *OLG* war die Klausel nicht zu beanstanden. Beim Direkterwerb durch den Beklagten seien die AGB deshalb mit in den Vertrag einbezogen worden, weil der Anbieter aufgrund der beiden Abmahnungen Kenntnis von der Klausel gehabt habe. Darüber hinaus folge der Unterlassungsanspruch wegen des bestehenden Wettbewerbsverhältnisses auch aus §§ 3, 8 Abs. 1 UWG. Der HSV habe ein schützwürdiges Interesse, gegen den Schwarzhandel im Internet vorzugehen. Ein wettbewerbswidriges Verhalten liege gleichfalls im Erwerb der Karten von Privatpersonen. Es sei davon auszugehen, dass das Weiterverkaufsverbot in den AGB gegenüber den privaten Fußballfans wirksam in den Vertrag miteinbezogen wurde. Deren Weiterverkauf an den Onlineanbieter stelle sich als Vertragsbruch dar, den der Beklagte systematisch und in Kenntnis für seine Zwecke ausgenutzt habe. Daran liege eine unlautere Wettbewerbshandlung gem. § 3 UWG. Ähnlich hat das *OLG Hamm*[2] Schalke 04 erlaubt, Zweiterwerbern den Zutritt zum Stadion zu verwehren, die Karten regelwidrig über das Internet erworben hatten.

In jüngerer Zeit häufen sich gerichtliche Auseinandersetzungen zur Frage der nach § 184 StGB notwendigen **Altersverifikation im Pornobereich**.[3] Das *BVerwG*[4] weist darauf hin, dass eine zuverlässige Alterskontrolle anzunehmen sei, wenn vor oder während des Vertragsschlusses ein persönlicher Kontakt mit dem späteren Kunden und in diesem Zusammenhang eine zuverlässige Kontrolle seines Alters anhand amtlicher und mit Lichtbild versehener Dokumente vorgenommen wird. Nach Ansicht des Gerichtes müssten andere Verfahrensweisen ein ähnliches Maß an Gewissheit bewirken, dass der Vertrag nur mit Erwachsenen abgeschlossen wird. Insbesondere müsse „so weit wie möglich sichergestellt sein, dass die Zugangsdaten tatsächlich nur an die

---

1 *OLG Hamburg*, Urt. v. 3.2.2005 – 5 U 65/04, NJW 2005, 3003. Ähnlich *LG Frankfurt a.M.*, Urt. v. 20.4.2006 – 31 C 3120/05-1.
2 *OLG Hamm*, Urt. v. 14.7.2009 – 4 U 86/09.
3 Siehe dazu die gute Problemübersicht bei http://www.coolspot.de/avs/.
4 *BVerwG*, Urt. v. 20.2.2002 – 6 C 13/01, NJW 2002, 2966.

volljährigen Kunden gelangen". Sicherstellen des Erwachsenenversandhandels nach dem Jugendschutzgesetz erfordert einen persönlichen Kontakt im Rahmen der Zustellung der über das Internet versendeten Ware. Diesen Anforderungen genügen die meisten Kontrollsysteme nicht. So verstößt z.B. das oft verwendete Altersverifikationssystem „Über18.de" gegen § 4 Abs. 2 JMStV.[1] Zweifelhaft sind auch PostIdent-Verfahren bei der Bestellung von Versandware im Internet. Hier soll nach Auffassung des *OLG München*[2] eine persönliche Alterskontrolle („Face-to-Face") im Rahmen der Zustellung am Bestellerhaushalt notwendig sein. Reine Online-Altersüberprüfungen – etwa über Abfrage einer Personalausweisnummer – sind danach für eine „Sicherstellung" jedenfalls völlig unzureichend. Dies sah jetzt auch der *BGH*[3] so. Der *BGH* erachtete zudem das Verifikationssystem „Über18.de" als nicht effektiv. Jugendliche könnten sich leicht die Ausweisnummern von Familienangehörigen und erwachsenen Bekannten beschaffen. Oft würden sie auch über eigene Bankkonten verfügen. Die Anforderung an die Verlässlichkeit müsste höher sein als im streitgegenständlichen System. Den Vorwurf, dass damit der Zugang Erwachsener zu pornografischen Angeboten im Internet unverhältnismäßig beschränkt werde, ließ der *BGH* nicht gelten. Es gebe hinreichende Möglichkeiten, ein Verifikationssystem zuverlässig auszugestalten, etwa durch eine einmalige persönliche Identifizierung der Nutzer durch den Postzusteller und entsprechende Authentifizierungen beim Inhalteabruf. Alternativ könnten auch technische Mittel wie ein Webcam-Check oder biometrische Merkmale zur Identifizierung herangezogen werden. Ein Killer-Argument aus der klassischen Internetrechtsdiskussion hat der *BGH* ebenfalls abgeschmettert, nämlich den Hinweis auf großzügigere Regelungen im Ausland. Auch ausländische Angebote, die im Inland abrufbar sind, unterlägen der Zugangsbeschränkung des deutschen Jugendschutzrechts. Dass die Rechtsdurchsetzung im Ausland u.U. schwieriger sein kann, stelle keinen Verstoß gegen das Gleichheitsgebot dar.

Das *OLG Frankfurt*[4] hat entschieden, dass ein Konkurrent nicht eine (fast) **identische Hotline-Rufnummer** nutzen darf; damit sei typischerweise ein unlauteres Abfangen von Kundenströmen verbunden. Eine Ausnahme gelte dann, wenn der Kunde bei Beginn des Telefonats einen deutlichen Hinweis auf die Fehlleitung bekommt. Das *OLG Hamm*[5] wies darauf hin, dass die **Ausgrenzung von IP-Adressen** eines Mitbewerbers unzulässig sei.

---

1 *OLG Nürnberg*, Urt. v. 7.3.2009 – 3 U 4142/04, CR 2005, 902 = MMR 2005, 464. Ähnlich auch *KG*, Beschl. v. 13.9.2004 – 1 ss 299/04, MMR 2005, 474; *LG Hamburg*, Urt. v. 14.9.2004 – 312 O 732/04 (n.v.); *LG Krefeld*, Urt. v. 15.9.2004 – 11 O 85/04 (n.v.); *LG Duisburg*, Urt. v. 30.8.2004 – 21 O 97/04, CR 2005, 226. A.A. *LG Düsseldorf*, Urt. v. 28.7.2004 – 12 O 19/04, CR 2004, 849 (n.v.).
2 *OLG München*, Urt. v. 29.7.2004 – 29 U 2745/04, MMR 2004, 755.
3 *BGH*, Urt. v. 18.10.2007 – I ZR 102/05, MDR 2008, 699 = CR 2008, 386 = MMR 2008, 400 – ueber18.de.
4 *OLG Frankfurt a.M.*, Urt. v. 11.9.2008 – 6 U 197/07.
5 *OLG Hamm*, Urt. v. 10.6.2008 – 4 U 37/08.

Wettbewerbswidrig sind sogenannte **WLAN-Sharing** bzw. Flatrate-Sharing-Angebote, bei denen Mitglieder einer Community ihren jeweils eigenen Breitband-Internetzugang mit denen der anderen registrierten Mitgliedern teilen. Durch den „schmarotzenden" Zugriff auf die von Mitbewerbern mit eigenen erheblichen Kosten eingerichteten Internetzugänge droht nach Auffassung des *OLG Köln*[1] eine Gefährdung des Wettbewerbs. Das Geschäftsmodell stelle derzeit noch vorhandene und nicht zuletzt auch aus Verbrauchersicht erhaltenswerte Angebot von Flatrate-Tarifen für den Internetzugang grundsätzlich in Frage.

3. Prozessuale Fragen

Ein Wettbewerbsprozess, der sich mit der Zulässigkeit einer Werbeaussage im Internet beschäftigt, hat eine Reihe besonderer **verfahrensrechtlicher Schwierigkeiten**. So ist zu beachten, dass eine genaue Bezeichnung der inkriminierten Homepage notwendig ist. Im Hinblick auf § 253 Abs. 2 Nr. 2 ZPO ist es wichtig, die URL der Seite, d.h. die genaue Bezeichnung der Domainadresse inklusive sämtlicher Sub-Domains, genau zu kennzeichnen; der bloße Verweis auf die zentrale Einstiegsseite dürfte problematisch sein. Auch der Inhalt der zu ahndenden Seite ist im Antrag wiederzugeben, z.B. durch lesbare Ausdrucke der Seiten zum angegriffenen Zeitpunkt. Dies ist besonders deshalb wichtig, weil Homepages jederzeit leicht und unauffällig veränderbar sind, sodass eine genaue Bestimmung im Nachhinein unmöglich wird.

Im Hinblick auf Unterlassungsansprüche ist **eine Untersagung von Werbung im Ausland** traditionell nicht möglich. Die Zuständigkeit deutscher Gerichte endet an den Staatsgrenzen. Diese Beschränkung des Unterlassungsanspruchs macht im Internet insofern Schwierigkeiten, als bei der Untersagung eines bestimmten Online-Angebots der weltweite Zugriff unmöglich gemacht wird. Es ist technisch nicht möglich, die Abrufmöglichkeiten für eine Webseite so zu konzipieren, dass diese nur aus einem bestimmten Land nicht mehr abgerufen werden kann. Dies spricht dafür, dem Verletzten im internationalen Kontext einen Anspruch auf Untersagung der inkriminierten Homepage zu gewähren.

Als sehr ärgerlich erweisen sich die zunehmenden **Abmahnwellen**, etwa im Hinblick auf Stadtkarten, die Verwendung von Kfz-Domains[2] oder die Verletzung von Informationspflichten. Meist versuchen (vermeintlich) clevere Anwälte oder Geschäftsleute hier eine neue Einnahmequelle aufzubauen, indem sie massenhaft solche Verstöße abmahnen und die Erstattung ihrer Gebühren verlangen. Grundsätzlich sind die Kosten für eine Abmahnung zu erstatten; die Anspruchsgrundlage ergibt sich im Allgemeinen (wenn auch in zweifelhafter Weise) aus dem Gedanken der Geschäftsführung ohne Auftrag. In § 12

---

[1] *OLG Köln*, Urt. v. 6.5.2009 – 6 U 223/08.
[2] *LG Hamburg*, Urt. v. 27.1.2004 – 315 O 627/03 (Anerkenntnisurteil ohne Gründe) (n.v.).

II. Anwendbare Regelungen

Abs. 1 Satz 2 UWG ist ein spezieller Erstattungsanspruch hinsichtlich der für eine wettbewerbsrechtlich begründete Abmahnung erforderlichen Aufwendungen normiert. Allerdings neigt die Rechtsprechung immer mehr dazu, eine Kostenerstattungspflicht bei Massenabmahnungen abzulehnen. Die Versendung zahlreicher Abmahnungen in gleichgelagerten Fällen der fehlerhaften Widerrufsbelehrung im Internet stellt einen **Rechtsmissbrauch** gem. § 8 Abs. 4 UWG dar und rechtfertigt nicht den Erlass einer einstweiligen Verfügung.[1] Die in § 8 Abs. 4 UWG normierte Rechtsmissbräuchlichkeit einer an sich aktivlegitimierten Partei ist auch dann anzunehmen, wenn der beauftragte Rechtsanwalt seinen Auftraggeber vom Kostenrisiko freistellt.[2] Dieses kollusive Zusammenwirken zwischen Rechtsanwalt und Mandant zeige, dass „der Abmahner ersichtlich keine ernsthaften Interessen am Schutz gegen den unlauteren Wettbewerb verfolgt, sondern sich lediglich dafür hergibt, seinem Anwalt eine Gebühreneinnahmequelle zu verschaffen". Ein Rechtsmissbrauch wurde auch angenommen, wenn die Abmahntätigkeit in keinem vernünftigen wirtschaftlichen Verhältnis zu der gewerblichen Tätigkeit des Abmahners steht.[3] Unzulässig soll es auch sein, wenn der Abmahnanwalt dem Mandanten eine kostenfreie Verfolgung von Unterlassungsansprüchen und Profit aus Vertragsstrafen verspricht.[4] Für eine Missbräuchlichkeit spricht ferner ein abenteuerlich überhöhter Gegentandswert (hier: 100 000 Euro), allgemein gehaltene Ausführungen in der Abmahnschrift ohne Bezug zum Einzelfall sowie eine hohe Zahl von Abmahnfällen pro Monat.[5] Die Abgabe einer Unterlassungserklärung gegenüber der Wettbewerbszentrale reicht als solche nicht aus, um die Wiederholungsgefahr auszuschließen.[6]

Ferner besteht für einen eingeschalteten Rechtsanwalt, für dessen Verfassen einer Abmahnung, dann kein Kostenerstattungsanspruch, wenn Missbrauch i.S.v. § 8 Abs. 4 UWG vorliegt.[7] Dies ist z.B. der Fall, wenn die Abmahnung nur erfolgt, um beim Abgemahnten möglichst hohe Kosten entstehen zulassen. Ein derartiges nicht schützenswertes Vorgehen liegt auch dann vor, wenn der Anwalt in der Vergangenheit zahlreiche gleich gelagerte Abmahnungen verschickt hat und in einer weiteren Abmahnung, neben den Interessen des Konzerns, auch noch die rechtlichen Belange von fünf weiteren Tochterunternehmen wahrnimmt. Dagegen fordert das *OLG Frankfurt* für die Annahme eines Missbrauchs des Abmahnungsrechts selbst bei einer Serie von 200 Abmahnungen weitere Gesichtspunkte, sodass selbst bei dieser hohen Zahl ein

---

1 *LG Paderborn*, Urt. v. 24.4.2007 – 3 O 678/06, MMR 2007, 672.
2 *OLG Frankfurt a.M.*, Urt. v. 14.12.2006 – 6 U 129/06, CR 2007, 387 = GRUR-RR 2007, 56.
3 *LG Berlin*, Urt. v. 16.4.2008 – 15 O 565/07.
4 *KG*, Beschl. v. 8.7.2008 – 5 W 34/08.
5 *LG Bückeburg*, Urt. v. 22.4.2008 – 2 O 62/08.
6 *LG Bielefeld*, Beschl. v. 18.4.2008 – 17 O 66/08; *LG Frankfurt a.M.*, Urt. v. 9.4.2008 – 3/8 O 190/07.
7 *OLG Hamm*, Urt. v. 28.4.2009 – 4 U 216/08, CR 2010, 122 und Urt. v. 24.3.2009 – 4 U 211/08; *AG Lübbecke*, Urt. v. 31.5.2005 – 3 C 314/04; abrufbar unter: http://www.dr-bahr.com/download/ag-luebbecke-31052005-3-C-314-04.pdf.

Missbrauch per se aufgrund dieser Zahl nicht anzunehmen sei.[1] Stellt ein Rechtsanwalt seinen Mandanten von dem Kostenrisiko einer Abmahnung vollständig oder zu einem großen Teil frei, handelt es sich um ein missbräuchliches kollusives Zusammenwirken.[2] Auch ein unangemessenes Verhältnis der Abmahnkosten zum Umsatz des Abmahnenden rechtfertigt die Annahme eines Missbrauchs.[3] Es ist im Ergebnis daher wichtig, Abmahnungen nicht blind zu unterschreiben. Der behauptete Rechtsverstoß muss genau geprüft werden. Sinnvoll ist es oft auch, zwar die Unterlassungserklärung abzugeben, die Erstattung der Kosten aber abzulehnen.

Das *AG Charlottenburg*[4] vertritt die Auffassung, dass einem abmahnenden Rechtsanwalt bei einer berechtigten Abmahnung wegen Urheberrechtsverletzung nur eine pauschale Aufwandsentschädigung in Höhe von 100 Euro zustehe, wenn bereits vorher zahlreiche gleichlautende Abmahnungen wegen eines gleichartigen Verstoßes verschickt wurden. Begründung: In diesem Fall liege ein Musterformular vor und die Ausarbeitung einschließlich Ermittlung der Kontaktdaten des Verletzers kann ggf. durch eine Sekretärin erfolgen. Das *LG Freiburg* hat bei einer einfachen Konstellation des Domain-Grabbings einen Anspruch auf Ersatz der Abmahnkosten abgelehnt.[5] Bei diesem Urteil handelt es sich aber wohl um einen Ausnahmefall, da die Domain einerseits ausschließlich für die private Nutzung gedacht war und es sich andererseits um ein (relativ) unbekanntes Kennzeichen gehandelt hat. Das *LG Freiburg* setzte dabei die Sorgfaltspflichten für einen Internetnutzer, der eine private Domain betreibt, deutlich niedriger an als bei geschäftlichen Domains, bei denen eine Suche nach möglicherweise entgegenstehenden Kennzeichen erforderlich sei.[6] Nicht berücksichtigt wurde dabei vom *LG Freiburg* der Grundsatz, dass es sich bei den Abmahnkosten um nach den Grundsätzen der Geschäftsführung ohne Auftrag zu ersetzende Kosten handelt, da es auch im Interesse des Verletzers ist, einen Anwalt mit der Überprüfung des Sachverhaltes zu betrauen. Insbesondere im Hinblick auf die Frage, ob es sich um vorsätzliches Domain-Grabbing handelt oder nicht, erscheint die Prüfung durch einen Anwalt angebracht, sodass aus diesen Überlegungen die Auferlegung der Anwaltskosten angebracht erscheint.

---

1 *OLG Frankfurt a.M.*, Urt. v. 14.12.2006 – 6 U 129/06, CR 2007, 387; a.A. *LG Bielefeld*, Urt. v. 2.6.2006 – 15 O 53/06, CR 2006, 857, das bei einer Anzahl von 100 Abmahnungen mit identisch gerügten Verstößen innerhalb weniger Tage einen Rechtsmissbrauch bejahte.
2 *OLG Frankfurt a.M.*, Urt. v. 14.12.2006 – 6 U 129/06, CR 2007, 387 = MMR 2007, 322 (323); ebenso *LG Heilbronn* im Hinblick auf Rechtsanwälte, die im Internet mit kostenneutralen Abmahntätigkeiten werben, MMR 2007, 536.
3 *LG Stade*, Urt. v. 23.4.2009 – 8 O 46/09; *LG Bochum*, Urt. v. 7.4.2009 – 3-12 O 20/09; *LG Dortmund*, Urt. v. 6.8.2009 – 19 O 39/08; *OLG Brandenburg*, Urt. v. 22.9.2009 – 6 W 93/09.
4 *AG Charlottenburg*, Urt. v. 11.4.2005 – 236 C 282/04, ZUM 2005, 578.
5 *LG Freiburg*, Urt. v. 28.10.2003 – 9 S 94/03, CR 2004, 854 = MMR 2004, 41.
6 *LG Freiburg*, Urt. v. 28.10.2003 – 9 S 94/03, CR 2004, 854 = MMR 2004, 41.

II. Anwendbare Regelungen

Der **Streitwert** für Rechtsverletzungen im Bereich der Informationspflichten wird von einigen Gerichten zunehmend kleiner angesetzt. Für die Festlegung des Streitwertes bei fehlerhaften Angaben der gesetzlichen Informationspflichten bei Fernabsatzgeschäften sei zwar das wirtschaftliche Interesse des sich gesetzeskonform verhaltenden Mitbewerbers zu berücksichtigen. Gleichfalls müsse aber beachtet werden, wie sich der gerügte Wettbewerbsverstoß tatsächlich zwischen den beiden Konkurrenten ausgewirkt habe. Entscheidend sei dabei auch die „Größe des Marktes und die Vielzahl der Marktteilnehmer". Demnach sei der Streitwert höchstens auf bis zu 900 Euro festzulegen, wenn die Parteien im Internet Gold- und Silberschmuck verkaufen.[1] Anders argumentiert das *OLG Hamburg*:[2] Da Mitbewerber, die sich um ein rechtstreues Verhalten hinsichtlich der ordnungsgemäßen Aufklärung von Verbrauchern bei Onlinegeschäften kümmern, „gegebenenfalls auch Geld für Beratungsleistungen" aufwenden müssten, verschlechtere sich ihre Rechtsposition gegenüber Konkurrenten, die sich nicht an die gesetzlichen Vorgaben halten. Da „eine erhebliche Gefahr zunehmender Nachlässigkeit" in diesem Bereich zu besorgen sei, rechtfertige die Nichteinhaltung von Informationspflichten einen Streitwert von 5000 Euro.[3]

Zu beachten ist ferner, dass eine **Abmahnbefugnis eines Mitbewerbers** i.S.v. § 8 Abs. 3 Nr. 1 UWG voraussetzt, dass der Abmahnende ausreichend glaubhaft macht, Gewerbetreibender zu sein. Dazu gehört bei der gebotenen wirtschaftlichen Betrachtungsweise auch die Glaubhaftmachung einer ausreichenden, bereits in ausreichendem Umfange aufgenommenen, auf Dauer gerichteten geschäftlichen Betätigung, die im Falle des behaupteten Handels auch von einer ausreichenden Gewinnerzielungsabsicht getragen sein muss. Erforderlich sind daher konkrete Angaben zu den angeblichen Gewerbetätigkeiten; etwa in Bezug auf Kundenstamm, Anzahl der Geschäftsvorfälle oder Umsatzzahlen.[4]

Das *Landgericht Düsseldorf*[5] hat darauf hingewiesen, dass Abmahngebühren in einem Wettbewerbsprozess nur geltend gemacht werden können, wenn eine **schriftliche Vollmacht** der Gegenseite übermittelt worden ist.

---

1 *OLG Düsseldorf*, Beschl. v. 5.7.2007 – I 20 W15/0; ähnlich *OLG Düsseldorf*, Urt. v. 3.7.2007 – I-20 U 10/07, MMR 2008, 56. Siehe auch *LG Münster*, Urt. v. 4.4.2007 – 2 O 595/06: Herabsetzung des Streitwerts von 25 000 Euro auf 4000 Euro bei fehlender Widerrufsbelehrung; *OLG Frankfurt a.M.*, Beschl. v. 17.8.2006 – 6 W 117/06, MMR 2007, 117: Herabsetzung des Streitwerts auf 5000 Euro.
2 *OLG Hamburg*, Beschl. v. 30.10.2007 – 3 W 189/07 – LSK 2008, 270117.
3 Siehe auch *OLG Hamm*, Beschl. v. 28.3.2007 – 4 W 19/07, CR 2008, 197 = das (und im Folgenden auch die Instanzgerichte im Bezirk) sogar von einem Streitwert von 30 000 Euro ausgeht.
4 *OLG Jena*, Urt. v. 18.8.2004 – 2 W 355/04, CR 2005, 467 (Leitsatz).
5 *LG Düsseldorf*, Urt. v. 3.12.2008 – 12 O 393/07. Ähnlich *OLG Düsseldorf*, Urt. v. 11.8.2009 – I-20 U 253/08.

Fünftes Kapitel:
Der Vertragsschluss mit Kunden

I. Kollisionsrechtliche Fragen

Literatur: *Graf von Bernstorff,* Der Abschluss elektronischer Verträge, RIW 2002, 179; *Blaurock,* Grenzüberschreitende elektronische Geschäfte, in: Hohloch (Hrsg.), Recht und Internet, 2001, 31; *Hübner,* Vertragsschluss und Probleme des Internationalen Privatrechts beim E-Commerce, ZgesVW 2001, 351; *Pfeiffer,* Neues internationales Vertragsrecht, Zur Rom I-VO, EuZW 2008, 622; *Spindler,* Grenzüberschreitende elektronische Rechtsgeschäfte, in: Hohloch (Hrsg.), Recht und Internet, 2001, 9; *Terlau,* Internationale Zuständigkeit, in: Moritz/Dreier, Rechts-Handbuch E-Commerce, 2. Aufl. 2005, 443.

Im Internet werden eine Reihe von Verträgen mit grenzüberschreitendem Charakter geschlossen. Auf diese darf nicht einfach das deutsche Vertragsrecht angewendet werden. Vielmehr ist nach den Regeln des Internationalen Privatrechts das Vertragsstatut, also das auf den Vertrag anwendbare Recht zu bestimmen.

1. UN-Kaufrecht

Das UN-Kaufrecht, auch Wiener Kaufrecht genannt, ist die Rechtsgrundlage des internationalen Warenkaufs. Es ist im CISG (Convention on the International Sale of Goods) geregelt.[1] Bei dem CISG handelt es sich um ein internationales Übereinkommen, das dem nationalen Recht eines Vertragsstaates, sowie dem internationalen Privatrecht vorgeht.

Gemäß Art. 25 Abs. 1 Rom I-VO berührt diese Verordnung jedoch nicht die Anwendung **internationaler Übereinkommen**, denen ein oder mehrere Mitgliedstaaten zum Zeitpunkt der Annahme der Verordnung angehörten und welche Kollisionsnormen für vertragliche Schuldverhältnisse enthalten. Ein solches Übereinkommen stellt in diesem Zusammenhang insbesondere das sogenannte UN-Kaufrecht (Convention on the International Sale of Goods – **CISG**)[2] dar und geht somit in seinem Anwendungsbereich den Regelungen der Rom I-VO vor.[3]

Sachlich kommt das **UN-Kaufrecht** typischerweise zum Tragen, wenn Waren im gewerblichen Kontext verkauft werden.[4] Waren sind alle beweglichen Sa-

---

1 Wiener UN-Übereinkommen über Verträge über den Internationalen Warenkauf, BGBl. II 1989, 588.
2 Wiener UN-Übereinkommen über Verträge über den Internationalen Warenkauf, BGBl. II 1989, 588.
3 MüKo/*Martiny*, BGB, Vor Art. 1 CISG, Rz. 11, 12.
4 Vgl. MüKo/*Martiny*, BGB, Art. 1 CISG, Rz. 15.

chen, Art. 1 Abs. 1 CISG.¹ Auf den Verkauf von Standardsoftware wird das Übereinkommen zumindest entsprechend angewendet, unabhängig davon, ob sie per Datenträger oder Datenfernübertragung geliefert wird.² Nicht erfasst sind Datenbankverträge, da es sich hierbei meist nicht um Kaufverträge handelt.

Neben dieser **sachlichen Zuständigkeit** muss der **örtliche Anwendungsbereich** eröffnet sein. Art. 1 Abs. 1 CISG erfordert, dass die Kaufvertragsparteien ihre Niederlassung in verschiedenen Staaten haben, also ein grenzüberschreitender Kauf vorliegt. Zudem muss der Kauf Verbindung zu mindestens einem Vertragsstaat aufweisen. Dies ist der Fall, wenn die Parteien die Niederlassung in verschiedenen Vertragsstaaten haben (Art. 1 Abs. 1 Buchst. a CISG), oder die Regeln des IPR zur Anwendung des Rechts eines Vertragsstaats führen (Art. 1 Abs. 1 Buchst. b CISG). Da mit Ausnahme von Großbritannien alle wichtigen Nationen Vertragsmitglieder sind,³ wird der räumliche Anwendungsbereich bei vielen über das Internet geschlossenen Warenkaufverträgen eröffnet sein. Zwar erlaubt Art. 6 CISG, von den Regeln der CISG abzuweichen bzw. ein nationales Recht als Vertragsstatut zu bestimmen; liegt jedoch eine Rechtswahl zu Gunsten eines Staates vor, der Vertragsmitglied ist, so ist grundsätzlich davon auszugehen, dass diese Rechtswahl das gesamte Recht und damit auch die zu innerstaatlichem Recht gewordene CISG umfasst.⁴ Soll also zum Beispiel deutsches materielles Recht auf den Vertrag anwendbar sein, so hat die Rechtswahl unter eindeutigem Ausschluss des UN-Kaufrechts zu erfolgen.⁵

2. Grundzüge der Rom I-VO

Im Bereich des EU-weiten Kollisionsrechts ist die am 17. Dezember 2009 in Kraft getretene Rom I-Verordnung für vertragliche Schuldverhältnisse, welche nach diesem Zeitpunkt geschlossen wurden, grundsätzlich maßgebend.⁶ Diese ist in ihrem Anwendungsbereich dem deutschen IPR gem. Art. 3 Nr. 1b

---

1 MüKo/*Martiny*, BGB, Art. 1 CISG, Rz. 15; Staudinger/*Magnus* (2005), Art. 1 CISG Rz. 42 f.
2 Staudinger/*Magnus* (2005), Art. 1 CISG Rz. 44 m.w.N.; Siehe auch *Diedrich*, Autonome Auslegung von Internationalem Einheitsrecht, Baden-Baden 1994, 174; *Diedrich*, RIW 1993, 441, 452; *Endler/Daub*, CR 1993, 601; *Hoeren*, CR 1988, 908; *Mankowski*, CR 1999, 581; a.A. *Piltz*, NJW 1994, 1101.
3 Zu derzeitigen Mitgliedstaaten – Siehe: http://www.uncitral.org/uncitral/en/uncitral_texts/sale_goods/1980CISG_status.html.
4 MüKo/*Martiny*, BGB, Art. 6 CISG, Rz. 80.
5 Zu beachten ist ferner, dass die UNCITRAL am 23.11.2005 die „United Nations Convention on the Use of Electronic Communications in international Contracts" (CUECIC) verabschiedet hat. Dabei handelt es sich um ein internationales Übereinkommen für den grenzüberschreitenden Handelsverkehr; siehe dazu *Bernstorff*, RIW 2002, 179.
6 Palandt/*Thorn*, BGB, Vorb. zu Art. 1 Rom I-VO, Rz. 1.

EGBGB vorrangig. Die Rom I-Verordnung löst somit insbesondere die Regelungen zum internationalen Vertragsrecht in Art. 27–37 EGBGB ab.[1]

Ist das UN-Kaufrecht nicht einschlägig, so bestimmt sich das Vertragsstatut nach **den Art. 3, 4 Rom I-VO**. Wegen der in Art. 6 Rom I-VO normierten vorrangigen Regelung für Verbraucherverträge sind vom praktischen Anwendungsbereich der Art. 3, 4 Rom I-VO primär solche Internet-Transaktionen erfasst, an denen auf beiden Seiten freiberuflich oder gewerblich Tätige beteiligt sind. Nach Art. 3 Rom I-VO unterliegt ein solcher Vertrag dabei vorrangig dem von den Parteien gewählten Recht. Auch in den AGB kann eine Rechtswahlklausel enthalten sein.[2] Weiterhin kommt gem. Art. 3 Abs. 1 Satz 2 Rom I-VO eine konkludente Rechtswahl in Betracht. Insbesondere die Vereinbarung eines Gerichts- oder Schiedsstandes soll ein (widerlegbares) Indiz für die Wahl des am Gerichtsort geltenden materiellen Rechts sein.[3]

Wenn die Parteien keine ausdrückliche oder konkludente Rechtswahl getroffen haben, kommt als Auffangregelung Anknüpfung an die **charakteristische Leistung** zum Tragen.[4] Sie kommt in **Art. 4 Rom I-VO** zum Ausdruck und findet Anwendung, sofern kein besonderer Vertrag nach Art. 5–8 Rom I-VO vorliegt. Anknüpfungspunkt ist dabei grundsätzlich der **gewöhnliche Aufenthalt** des Marketers, also der absetzenden Person, wobei allerdings durch die detaillierten Regelungen für **einzelne Vertragstypen** in Art. 4 Abs. 1 Rom I-VO das Kriterium der „vertragscharakteristischen Leistung" gestärkt werden soll.[5] Bei Unternehmen findet für die Bestimmung des gewöhnlichen Aufenthaltes Art. 19 Rom I-VO Anwendung, der auf den Sitz der Hauptverwaltung oder Niederlassung abstellt.

Sofern also die Art. 3 sowie 5–8 Rom I-VO (für Beförderungs-, Verbraucher-, Versicherungs- sowie Individualarbeitsverträge) nicht einschlägig sind, ist zunächst zu prüfen, ob es sich bei dem zu beurteilenden Sachverhalt nicht um einen in Art. 4 Abs. 1 Rom I-VO genannten Vertragstypen handelt. Hervorzuheben wäre da in etwa die Regelung in **Art. 4 Abs. 1 Buchst. a Rom I-VO** zu **Kaufverträgen** über bewegliche Sachen (zu Software Vgl. oben). Hierbei ist jedoch, wie oben bereits erwähnt, insbesondere zu beachten, dass die Regelungen des **CISG** gem. Art. 25 Rom I-VO vorrangig Anwendung finden.[6] Jedoch behält die Regelung des Art. 4 Abs. 1 Buchst. a Rom I-VO ihre Bedeutung, sofern die Parteien die Anwendung des CISG ausgeschlossen haben und auch

---

1 Die Regelungen des EGBGB bleiben jedoch weiterhin für Altverträge anwendbar – mit der Folge, dass für eine lange Übergangszeit zwei kollisionsrechtliche Systeme nebeneinander anwendbar bleiben.
2 jurisPK/*Ringe*, BGB, Art. 3 Rom I-VO Rz. 16.
3 Vgl. Erwägungsgrund 12 der Rom I-VO; jurisPK/*Ringe*, BGB, Art. 3 Rom I-VO Rz. 19 m.w.N.; BGH v. 1.7.1964 – VIII ZR 266/62, WM 1964, 1023.
4 jurisPK/*Ringe*, BGB, Art. 4 Rom I-VO Rz. 10.
5 1, 4; Vgl. Grünbuch der Kommission, KOM(2002) 654, S. 30 f.
6 jurisPK/Ringe, BGB, Art. 4 Rom I-VO Rz. 14; MüKo/*Martiny*, BGB, Art. 4 Rom I-VO, Rz. 7; Palandt/*Thorn*, BGB, Art. 4 Rom I-VO, Rz. 5.

für die Ausfüllung von Lücken ist das anwendbare Recht weiterhin nach den Regeln des IPR der lex fori (in unserem Fall also auch nach Art. 4 Rom I-VO) zu bestimmen.[1]

Gewisse Probleme tauchen jedoch auf, sofern kein besonderer Vertragstyp gem. Art. 4 Abs. 1 Rom I-VO einschlägig ist, oder die Bestandteile des zu beurteilenden Vertrags durch den Tatbestand mehrerer solcher Vertragstypen abgedeckt werden. Denn dann kommt die **Auffangklausel des Art. 4 Abs. 2 Rom I-VO** zum Tragen, wonach an den gewöhnlichen Aufenthalt des Erbringers der **charakteristischen Leistung** angeknüpft wird. Charakteristisch ist dabei die Leistung, die dem betreffenden Vertragstyp seine Eigenart verleiht und seine Unterscheidung von anderen Vertragstypen ermöglicht.[2]

Allerdings ist gerade diese Zuordnung der charakteristischen Leistung inbesondere im Hinblick auf Verträge über **Immaterialgüter** heftig umstritten.[3] So wird bei Verpflichtungen zur Übertragung von Urheberrechten sowie bei **Lizenzverträgen** einerseits vertreten, dass es an sich der Urheber bzw. der Lizenzgeber sei, der die charakteristische Leistung erbringe.[4] Wird indes ein ausschließliches Recht übertragen oder verpflichtet sich der Rechteerwerber zur Verwertung bzw. Ausübung, so soll andererseits nach weit verbreiteter Ansicht der Erwerber bzw. der Lizenznehmer die charakteristische Leistung erbringen.[5]

Allerdings gibt es auch Konstellationen, in denen die Anknüpfung gem. Art. 4 Abs. 1, 2 Rom I-VO unangemessen erscheint. Sofern es sich aus der Gesamtheit der Umstände also ergibt, dass der Vertrag trotz der vorgenommenen objektiven Anknüpfung zum Recht eines anderen Staates eine **offensichtlich engere Verbindung** aufweist, so soll nach **Art. 4 Abs. 3 Rom I-VO** dieses Recht Anwendung finden. Dabei soll diese Ausweichklausel eine enge Ausnahme und restriktiv auszulegen sein.[6] So kann diese z.B. greifen, wenn die Anknüpfung nach Abs. 1, 2 willkürlich und isoliert erscheint und mit Ausnahme der Regelanknüpfung alle anderen Hinweise auf eine andere Rechtsordnung verweisen (vgl. insbes. Erwägungsgrund 20 der Rom I-VO).[7]

Zuletzt kommt in manchen Fällen allerdings auch **Art. 4 Abs. 4 Rom I-VO** zum Tragen: schlägt nämlich eine Anknüpfung nach den Absätzen 1 und 2 fehl, so findet das Recht des Staates Anwendung zu dem der Vertrag die engste

---

[1] Palandt/*Thorn*, BGB, Art. 4 Rom I-VO, Rz. 5.
[2] MüKo/*Martiny*, BGB, Art. 4 Rom I-VO, Rz. 148; Palandt/*Thorn*, BGB, Art. 4 Rom I-VO, Rz. 22.
[3] Palandt/*Thorn*, BGB, Art. 4 Rom I-VO, Rz. 28.
[4] So Palandt/*Thorn*, BGB, Art. 4 Rom I-VO, Rz. 28; Soergel/*v. Hoffman*, BGB, 28 EGBGB, Rz. 495, 501; *Wagner*, IPRax 2008, 377.
[5] Vgl. MüKo/*Martiny*, BGB, Art. 4 Rom I-VO, Rz. 202, 225 m.w.N.
[6] *Leible*/Lehmann, RIW 2008, 528, 536; jurisPK/*Ringe*, BGB, Art. 4 Rom I-VO Rz. 53.
[7] jurisPK/*Ringe*, BGB, Art. 4 Rom I-VO Rz. 57.

Verbindung aufweist.[1] Dabei können wie bei Art. 4 Abs. 3 Rom I-VO alle für den Abschluss und die Erfüllung relevanten Gesichtspunkte als Indizien von Bedeutung sein (Vgl. insbes. Erwägungsgrund 21 der Rom I-VO).[2]

3. Sonderanknüpfungen

Eingeschränkt wird die Bestimmung des Vertragsstatuts nach Art. 3, 4 Rom I-VO jedoch auch durch den speziellen **Vorbehalt des Art. 9 Rom I-VO** zugunsten der Anwendung von **Eingriffsnormen** des Rechts des angerufenen Gerichts. Eine Eingriffsnorm ist dabei eine zwingende Vorschrift, deren Einhaltung von einem Staat als so entscheidend für die Wahrung seines öffentlichen Interesses, insbesondere seiner politischen, sozialen oder wirtschaftlichen Organisation, angesehen wird, dass sie ungeachtet des nach Maßgabe dieser Verordnung auf den Vertrag anzuwendenden Rechts auf alle Sachverhalte anzuwenden ist, die in ihren Anwendungsbereich fallen.

Bereits aus dieser Definition lässt sich erkennen, dass es das erklärte Ziel des Gesetzgebers ist, den Anwendungsbereich des Eingriffsrechts zu reduzieren.[3] Es kommt somit entscheidend darauf an, ob ein Staat die Norm als so entscheidend für die Wahrung des „öffentlichen Interesses" ansieht, dass sie nationale Geltung beansprucht.[4] Wegen der gebotenen engen Auslegung genügt es nicht, dass eine Norm lediglich reflexartig neben Individual- auch öffentliche Gemeinwohlinteressen verfolgt. Als Differenzierungskriterium mag daher dienen, ob eine Bestimmung dem **überindividuellen Kollektiv- oder Institutionenschutz** verpflichtet ist.[5]

Anwendbar bleiben daher insbesondere Gesetze im Rahmen des Kartell- und Außenwirtschaftsrechts,[6] der Regelung des Produktpirateriegesetzes, sowie des Datenschutz- und Steuerrechts.

Noch begrenzter ist der Anwendungsbereich des **ordre public** gem. Art. 21 Rom I-VO. Demnach kann die Anwendung einer nach der Rom-VO bestimmten Rechtsordnung versagt werden, wenn sie mit der öffentlichen Ordnung des Forumstaates offensichtlich unvereinbar ist. Diese Regelung ist die letzte Stufe der Kontrollmechanismen, die eine Kollisionsverweisung unter einen Ordnungsvorbehalt stellen.[7] Als Ausnahmevorschrift ist sie daher eng auszulegen und kommt erst dann zur Anwendung, wenn das an sich maßgebliche

---

1 Nicht zu verwechseln mit Art. 4 Abs. 3, der gerade dann Anwendung findet, wenn die Regelanknüpfung der Abs. 1, 2 greift, jedoch aufgrund offensichtlich engerer Verbindung zu einer anderen Rechtsordung unangemessen erscheint.
2 jurisPK/*Ringe*, BGB, Art. 4 Rom I-VO Rz. 62.
3 jurisPK/*Ringe*, BGB, Art. 9 Rom I-VO Rz. 8.
4 jurisPK/*Ringe*, BGB, Art. 9 Rom I-VO Rz. 11.
5 jurisPK/*Ringe*, BGB, Art. 9 Rom I-VO Rz. 13.
6 jurisPK/*Ringe*, BGB, Art. 9 Rom I-VO Rz. 14.
7 jurisPK/*Ringe*, BGB, Art. 21 Rom I-VO Rz. 2.

ausländische Recht den Kernbestand der inländischen Rechtsordnung antasten würde.[1]

4. Besonderheiten im Versicherungsvertragsrecht

Literatur: *Fricke,* Das Versicherungs-IPR im Entwurf der Rom-I-Verordnung – ein kurzer Überblick über die Änderungen, VersR 2006, 745; *Fricke,* Das internationale Privatrecht der Versicherungsverträge nach Inkrafttreten der Rom I-VO, VersR 2008, 443; *Fricke,* Kollisionsrecht im Umbruch – Perspektiven für die Versicherungswirtschaft, VersR 2005, 726; *Götting,* Anwendbares Aufsichtsrecht bei Finanzdienstleistungen im Internet, CR 2001, 528; *Hoppmann/Moos,* Rechtsfragen des Internet-Vertriebs von Versicherungsdienstleistungen, in: Kröger/Gimmy d.h. (Hrsg.), Handbuch zum Internet-Recht 2000, 486; *Mankowski,* Internationales Versicherungsvertragsrecht, VersR 1999, 923; *Micklitz/Ebers,* Der Abschluss von privaten Versicherungsverträgen im Internet, VersR 2002, 641; *Winter,* Internationale Online-Versicherung als Korrespondenzversicherung, VersR 2001, 1461.

Vor Inkrafttreten der Rom I- und Rom II-Verordnungen bestand vor allem im internationalen Versicherungsvertragsrecht eine unübersichtliche Rechtslage, die häufig und heftig kritisiert wurde.[2] Die für das deutsche Kollisionsrecht grundsätzlich einschlägigen Regelungen der Art. 27–37 EGBGB fanden keine Anwendung. Stattdessen wurde auf die Risikobelegenheit abgestellt. Als maßgebliche Kollisionsnormen kamen nicht nur die Art. 7 ff. EGVVG a.F. in Betracht, sondern auch die Art. 27 ff. EGBGB a.F. und bei älteren Verträgen sogar ungeschriebene Rechtsgrundsätze des IPR.[3] Diese Reglungen wurden nunmehr von der Rom I-VO abgelöst.

Diese enthält in den Art. 3 und 4 allgemeine Bestimmungen über die Rechtswahl bzw. Regelungen im Falle einer fehlenden Rechtswahl. Für Versicherungsverträge gilt die spezielle Kollisionsnorm in Art. 7 Rom I-VO. Diese Spezialnorm gilt jedoch nicht für alle Versicherungsverträge. So beurteilt sich die Rückversicherung gem. Art. 7 Abs. 1 Satz 2 Rom I-VO nach den allgemeinen Vorschriften der Art. 3 und 4 Rom I-VO. Für Versicherungsverträge über Großrisiken i.S.v. Art. 5 Buchst. d) der ersten Schadensversicherungsrichtlinie enthält der Art. 7 Abs. 2 Rom I-VO hingegen eine grundsätzlich abschließende Regelung. Gleiches gilt für sog. Massenrisiken, die in Art. 7 Abs. 3 Rom I-VO durch versicherungsspezifisches Kollisionsrecht geregelt werden. Es ist jedoch zu beachten, dass der Anwendungsbereich von Art. 7 Abs. 3 Rom I-VO nicht abschließend für Massenrisiken geregelt ist, sondern gem. Art. 7 Abs. 1 Satz 1 Rom I-VO auf die Fälle beschränkt ist, in denen das Risiko in einem EU-Mitgliedstaat belegen ist. Andernfalls gelten zunächst die allgemeinen Kollisionsnormen der Art. 3 und 4 Rom I-VO. Schließlich enthält der Art. 7 Abs. 4

---

[1] jurisPK/*Ringe,* BGB, Art. 21 Rom I-VO Rz. 9.
[2] Vgl. etwa *Perner,* IPRax 2009, 218.
[3] Vgl. zum Ganzen *Prölss/Armbrüster,* in: Prölss/Martin, VVG, 27. Aufl. 2004, vor Art. 7 EGVVG, Rz. 6.

Rom I-VO noch besondere Bestimmungen für den Spezialfall der Pflichtversicherung

Eine versicherungsrechtlich interessante Ausnahme vom Anwendungsbereich der Rom I-VO ergibt sich aus dem Erwägungsgrund Nr. 10 i.V.m. Art. 1 Abs. 2 Buchst. i, im Fall der (außervertraglichen) Schuldverhältnisse, die aus Verhandlungen vor Abschluss eines Vertrages entstehen.[1] Die Regelung zur culpa in contrahendo (c.i.c.) dient der Abgrenzung vom Anwendungsbereich der Rom I- zur Rom II-VO.[2] Relevant wird dies für die vorvertragliche Anzeigepflicht des Versicherungsnehmers nach § 19 VVG 2008. Während sich das auf den späteren Versicherungsvertrag anzuwendende Recht nach Maßgabe der Rom I-VO bestimmt, muss das auf die vorvertragliche Anzeigepflicht des Versicherungsnehmers anzuwendende Recht anhand der Rom II-VO bestimmt werden. Allerdings wird bei einer Verletzung vorvertraglicher Anzeigepflichten des Versicherungsnehmers selten das Recht eines anderen Staates zur Anwendung kommen, da die einschlägige Kollisionsnorm, der Art. 12 Rom II-VO, für die Fälle der c.i.c. bestimmt, dass auf die Fälle von Schuldverhältnissen vor Abschluss eines Vertrages, dasjenige Recht anzuwenden ist, das auf den später tatsächlich geschlossenen Vertrag anwendbar ist. Demnach sind die vorvertragliche Anzeigepflicht des Versicherungsnehmers und der Versicherungsvertrag als solcher regelmäßig nach ein und demselben Recht zu beurteilen.

II. Vertragsschluss im Internet

Literatur: *Bausch*, Das Recht des Verkäufers auf Versendung beim Internetkauf, ITRB 2007, 193; *Birk*, § 119 BGB als Regelung für Kommunikationsirrtümer, JZ 2002, 446; *Burgard*, Online-Marktordnung und Inhaltskontrolle, WM 2001, 2102; *Cichon*, Internet-Verträge, Verträge über Internet-Leistungen und E-Commerce, 2. Aufl. 2005; *Cornelius*, Vertragsabschluss durch autonome elektronische Agenten, MMR 2002, 353; *Dörner*, Rechtsgeschäfte im Internet, AcP 202 (2002), 363; *Härting*, Internetrecht, 4. Aufl., Köln 2010; *Holzbach/Süßenberger* in: Moritz/Dreier (Hrsg.), Rechtshandbuch zum E-Commerce, 2. Aufl. 2005, 453 ff.; *Hübner*, Vertragsschluss und Probleme des Internationalen Privatrechts beim E-Commerce, ZgesVW 2001, 351; *Koch*, Einbeziehung und Abwehr von Verkaufs-AGB im b2b-commerce, K&R 2001, 87; *Kröger/Gimmy* (Hrsg.), Handbuch zum Internetrecht, 2. Aufl. 2002; *Moritz*, Quo vadis elektronischer Geschäftsverkehr, CR 2000, 61; *Ruff*, Vertriebsrecht im Internet, 2003; *Scherer/Butt*, Rechtsprobleme bei Vertragsschluss via Internet, DB 2000, 1009; *Vogl*, Vertragsschluss im Internethandel, ITRB 2005, 145; *Wettig/Zehndner*, A legal analysis of human and electronic agents, in: Artificial Intelligence and Law 12 (2004), 111.

---

[1] *Katschhaler/Leichsenring*, Neues internationales Versicherungsvertragsrecht nach der Rom-I-Verordnung, r + s 2010, 46.
[2] Verordnung (EH) Nr. 864/2007 v. 11.7.2007, die bereits zum 11.1.2009 in Kraft getreten ist.

1. Allgemeine Regeln und Internetabofallen

Via Internet können prinzipiell Verträge genauso abgeschlossen werden wie im normalen Geschäftsleben. Dabei ist zu beachten, dass eine **Homepage regelmäßig nur als „invitatio ad offerendum"** anzusehen ist.[1] Das Angebot geht demnach vom Besteller aus; der Content-Provider entscheidet nach freiem Ermessen darüber, ob er das Angebot annimmt. Auch automatisch generierte Erklärungen sind Willenserklärungen im Sinne des BGB.[2] Dies gilt vor allem für den Vertragsschluss über autonome elektronische Agenten; denn in der Einrichtung des Agenten selbst liegt eine willentliche Vorbereitungshandlung, aufgrund derer Erklärungen des Agenten dem Anwender zugerechnet werden können.[3] Nicht als Willenserklärung anzusehen sind Mails, wonach die eingegangene Bestellung bearbeitet werde (Bestätigungsmail i.S.v. § 312e Abs. 1 Nr. 3 BGB).[4] Anders soll der Fall liegen, wenn die Mail darauf verweist, dass der Auftrag „ausgeführt" werde.[5] Als verbindliches Angebot anzusehen sind Rubriken wie „Sofort kaufen" oder Hinweise auf den direkten Download von Software und Musik.

Ein besonderes Problem beim Vertragsschluss im Internet stellen die **sog. „Abo-" oder „Kostenfallen"** dar, in denen mit versteckten Kostenhinweisen Nutzer für diverse Dienstleistungen geworben werden sollen.[6] Die Kostenfallen finden sich auf einer Vielzahl von Internetseiten mit unterschiedlichsten Angeboten, wie beim Download von Software, Ahnenforschung, SMS-Versand und Routenplanern. In den meisten Fällen verlangen die Anbieter bei Inan-

---

1 Siehe auch *OLG Stuttgart*, Urt. v. 10.8.2006 – 12 U 91/06, CR 2007, 269; *OLG Nürnberg*, HinweisBeschl. v. 10.6.2009 – 14 U 622/09, MMR 2010, 31; *OLG Oldenburg*, Urt. v. 11.1.1993 – 13 U 133/92, MDR 1993, 420 = CR 1993, 558; *LG Essen*, Urt. v. 13.2.2003 – 16 O 416/02, MMR 2004, 49; *Eckert*, DB 1994, 717; *Wagner*, WM 1995, 1129; *Ernst*, NJW-CoR 1997, 165; *Ph. Koehler*, MMR 1998, 289; *H. Köhler*, NJW 1998, 185; *Waldenberger*, BB 1996, 2365. Etwas anders ist die Gewichtung bei *Mehrings*, MMR 1998, 30, 32, der „in einer Reihe von Fällen" von einem verbindlichen Angebot ausgeht.
2 *Köhler*, AcP 1982, 126; *Mehrings*, in: Hoeren/Sieber (Hrsg.), Handbuch Multimediarecht, Rz. 23 m.w.N. A.A. früher *Susat/Stolzenburg*, MDR 1957, 146; *Clemens*, NJW 1985, 1998.
3 *Cornelius*, MMR 2002, 353. Vgl. dazu auch die Regelungen in Sec. 14 des Uniform Electronic Transactions Act der USA sowie Sec. 21 des kanadischen Uniform Electronic Commerce Act.
4 *LG Essen*, Urt. v. 13.2.2004 – 16 O 416/02, NJW-RR 2003, 1207; *LG Hamburg*, Urt. v. 15.11.2004 – 328 S 24/04, CR 2005, 605 = MMR 2005, 121 m. Anm. *Lindhorst*; *AG Butzbach*, Urt. v. 14.6.2002 – 51 C 2S/02, CR 2002, 765; anders *AG Wolfenbüttel*, Urt. v. 14.3.2003 – 17 C 477/02, CR 2003, 622 = MMR 2003, 492.
5 *LG Köln*, Urt. v. 16.4.2003 – 9 S 289/02, CR 2003, 613 = MMR 2003, 481; *LG Gießen*, Urt. v. 4.6.2003 – 1 S 413/02, CR 2003, 856 = MDR 2003, 1041 = NJW-RR 2003, 1206.
6 *OLG Frankfurt a.M.*, Urt. v. 4.12.2008 – 6 U 186/07, MMR 2009, 341; *LG Frankfurt a.M.*, Beschl. v. 5.3.2009 – S/27 Kis 3330 Js 212484/07, KLs – 12/08, MMR 2009, 421; *Blasek*, Kostenfallen im Internet – ein Dauerbrenner, GRUR 2010, 396; *Eisele*, Zur Strafbarkeit von sog. „Kostenfallen" im Internet, NStZ 2010, 193.

spruchnahme des jeweiligen Dienstes die Zahlung des ausstehenden Betrages und drohen mit Mahnungen und Schufa-Einträgen, sofern der Nutzer nicht zahlt.[1] Solche betrügerischen Angebote finden sich vor allem im Umkreis des sog. Rodgauer Kreisels, der gezielt die Leichtfertigkeit von Internetnutzern für die Internet-„Abzocke" nutzen. Die Mitglieder dieses Zirkels bedienen sich einschlägig vorbekannter Anwälte, die unter Verstoß gegen Standesrecht operieren; es ist daher auch angezeigt, die Inkasso-Anwälte bei den Anwaltskammern anzuzeigen. Wichtig ist es auf jeden Fall, nicht zu zahlen (auch nicht bei den üblichen aggressiven Mahnungen dieser Zirkel und ihrer selbst gegründeten Inkassounternehmen). Schutz vor solchen unberechtigten Zahlungsforderungen bieten auf zivilrechtlicher Seite vor allem das Vertrags- und das Lauterkeitsrecht (siehe unten). Aber auch die strafrechtliche Würdigung solcher Fallkonstellationen gewinnt in der Rechtsprechung immer größere Bedeutung; derzeit läuft gegen die Leitfiguren des Rodgauer Kreisels ein Betrugsverfahren beim *Landgericht Frankfurt*.[2]

Das Vertragsrecht gelangt regelmäßig zu dem Ergebnis, dass das Zustandekommen eines Vertrages zwischen dem Verbraucher und dem Kostenfallen-Betreiber an der Wirksamkeit der Einigung scheitert. In vielen Fällen geht der Verbraucher aufgrund der Gestaltung der Internetseite von einem kostenlosen Angebot aus. Kommt es zum Vertragsschluss zwischen Verbraucher und Abofallen-Betreiber muss durch Auslegung ermittelt werden, ob die Parteien sich über den Punkt der Entgeltlichkeit geeinigt haben. Nach §§ 133, 157 BGB ist hierbei auf den objektiven Sinn der Willenserklärung abzustellen. Durfte der Verbraucher aufgrund der Gestaltung der Seite zu Recht von einem kostenlosen Angebot ausgehen und hat er dies auch so verstanden, liegt gem. § 155 BGB ein Dissens vor.[3] Ein Vertrag zwischen Verbraucher und Anbieter ist somit nicht zustande gekommen. Verträge dieser Art sind zudem in der Regel nach § 138 BGB sittenwidrig, da von einem krasses Missverhältnis zwischen Leistung und Gegenleistung auszugehen ist und nach den objektiven Wertverhältnissen eine verwerfliche Gesinnung vermutet werden kann.[4] Probemitgliedschaften von Minderjährigen sind ebenfalls unzulässig.[5]

Beim Abschluss von Verträgen im Internet steht dem Verbraucher zudem das fernabsatzrechtliche Widerrufsrecht nach § 312d Abs. 1 BGB zu. Der besondere Erlöschensgrund in Absatz 3 setzt Art. 6 Abs. 3, 1. Spiegelstrich FernabsatzRL und Art. 6 Abs. 2 Buchst. c FinanzDL-FernabsatzRL um. Die Vorschrift soll dem Umstand, dass erbrachte Dienste nicht zurückgegeben werden können, Rechnung tragen. Das Widerrufsrecht erlischt nur bei vollständiger Erfüllung der Vertragspflichten beider Seiten auf ausdrücklichen Wunsch des Verbrauchers vor Ablauf der Widerrufsfrist. Ein „ausdrücklicher

---

1 *AG Leipzig*, Beschl. v. 3.2.2010 – 118 C 10105/09.
2 Auf Veranlassung des *OLG Frankfurt a.M.*, Beschl. v. 17.12.2010 – 1 Ws 29/09.
3 *LG Mannheim*, Urt. v. 14.1.2010 – 10 S 53/09, CR 2010, 538 = MMR 2010, 241.
4 *BGH*, Urt. v. 19.1.2001 – V ZR 437/99, MDR 2001, 683 = NJW 2001, 1127.
5 *BGH*, Urt. v. 19.1.2001 – V ZR 437/99, MDR 2001, 683 = NJW 2001, 1127.

Wunsch" liegt jedoch nur vor, wenn dem Verbraucher die Entgeltlichkeit der Dienstleistung bewusst war. Da dies ist der Regel nicht der Fall ist, behält der Verbraucher auch bei bereits erbrachten Leistungen sein Widerrufsrecht.

Oftmals werden diverse Zahlungspflichten vom Kostenfallen-Betreiber auch in den AGB versteckt. Um in den Vertrag wirksam mit einbezogen zu werden, dürfen die entsprechenden Klauseln jedoch nicht gegen §§ 307–309, 305c oder 306a BGB verstoßen. Nach § 307 Abs. 1 Satz 1, Abs. 2 BGB ist eine Klausel unwirksam, wenn der Verbraucher unangemessen benachteiligt wird. Eine solche Benachteiligung ergibt sich vor allem aus sog. Vorleistungsklauseln, mit denen die Vorauszahlung des Entgelts für einen bestimmten Zeitraum, beispielsweise nach Vertragsschluss, festgelegt wird.[1] Eine solche Klausel weicht von der gesetzlichen Regelung in § 614 BGB ab, nach welcher die Vergütung erst nach Erbringung der Dienstleistung zu entrichten ist. Sie ist daher nur zulässig, wenn es einen sachlich berechtigten Grund gibt und keine überwiegenden Belange des Kunden entgegenstehen. Ein solcher Grund könnte sich aus der Notwendigkeit ergeben, den Unternehmer vor zahlungsunfähigen Kunden zu schützen. Dieses Ziel kann jedoch durch eine Vorleistungspflicht des Kunden nicht erreicht werden, da die Anbieter dem Kunden noch bevor dieser die Rechnung überhaupt bezahlen kann, den Zugang zu Datenbanken oder den Download von Software ermöglichen. Eine Berechtigung ist insofern zu verneinen.[2] Auch eine Klausel, in welcher der Verbraucher auf sein Widerrufsrecht verzichtet, ist unwirksam, da der § 355 BGB aufgrund seiner Schutzfunktion einseitig zwingendes Recht enthält.[3] Ferner sind Klauseln, die nach § 305c BGB für den Verbraucher überraschend sind, nicht in den Vertrag mit einzubeziehen. Dies ist der Fall, wenn der Inhalt der Klausel in erheblichem Maße von dem abweicht, was der Kunde den Umständen nach erwarten durfte.[4] Ist nach den Umständen oder aufgrund der Gestaltung der Webseite davon auszugehen, dass es sich um eine kostenlose Leistung des Anbieters handelt, so muss auf die AGB, welche die Kostenpflichtigkeit der Dienstleistung bestimmt, ausdrücklich hingewiesen oder sie muss zumindest deutlich hervorgehoben werden.[5] Andernfalls ist sie gem. § 305c BGB unwirksam.[6] Zudem muss der Verbraucher nicht davon ausgehen, dass eine Hauptleistungspflicht in den AGB zu finden ist.[7] Ähnliches gilt für AGB, die bei Inanspruchnahme der Dienstleistung den Abschluss eines Abonnements beinhalten, sofern der Verbraucher dies den Umständen nach nicht erwarten musste.

---

1 *Gröning*, GRUR 2009, 266.
2 *Blasek*, GRUR 2010, 397; so auch *OLG Frankfurt a.M.*, Urt. v. 4.12.2009 – 6 U 187/07.
3 *Schulze*, HK BGB, § 355 Rz. 2.
4 MüKoBGB/*Basedow*, München 2007, 5. Aufl., Bd. 2, § 305c, Rz. 5.
5 *BGH*, Urt. v. 10.11.1989 – V ZR 201/88, NJW 1990, 576; MüKoBGB/*Basedow*, § 305c, Rz. 8.
6 Siehe *AG München*, Urt. v. 16.1.2007 – 161 C 23695/06.
7 *Ellenbogen/Saerbeck*, Kunde wider Willen – Vertragsfallen im Internet, CR 2009, 132.

Sofern dennoch ein Vertragsschluss mit Zahlungspflicht bejaht wird, kann der Verbraucher seine Willenserklärung in der Regel nach § 123 Abs. 1 BGB anfechten. Da die Abofallen-Betreiber die Kostenpflichtigkeit der Dienstleistung in den meisten Fällen nur an versteckter Stelle erwähnen, kommt eine Täuschungshandlung durch Unterlassen in Betracht. Voraussetzung hierfür ist, dass eine Rechtspflicht zur Aufklärung besteht.[1] Neben den Informationspflichten, die den Anbieter bei Fernabsatzverträgen gem. § 312c Abs. 1 BGB i.V.m. Art. 246 §§ 1 und 2 EGBGB treffen, erstreckt sich die Aufklärungspflicht zudem auf Umstände, die den Vertragszweck des anderen vereiteln oder gefährden können und die für seinen Entschluss von wesentlicher Bedeutung sind. Dies ist für das Merkmal der Kostenpflichtigkeit einer Dienstleistung zu bejahen. Wird dem Verbraucher verschwiegen, ob eine Ware oder Dienstleistung kostenpflichtig ist, handelt es sich um eine Täuschungshandlug i.S.d. § 123 Abs. 1 BGB.

Neben den vertragsrechtlichen Vorschriften gewähren auch die Regelungen des Lauterkeitsrechts Schutz vor den Betreibern von Kostenfallen. Sie dienen der Regelung des Marktverhaltens und sollen den fairen Wettbewerb schützen. Das im Vordergrund stehende Problem ist die Verwendung bestimmter Begriffe und die Art der Darstellung, wodurch der Verbraucher bezüglich der Preisinformationen von Waren und Dienstleistungen in die Irre geführt wird. Dem trägt zum Beispiel die sog. „black list" der Nr. 21 des Anhangs zu § 3 Abs. 3 UWG Rechnung.[2] Demnach darf eine Ware oder Dienstleistung nicht als „gratis", „umsonst" oder „kostenfrei" tituliert werden, sofern dafür vermeidbare Kosten von dem Verbraucher zu tragen sind.[3] Hierunter fallen vor allem die Kosten für ein Abonnement oder ein Jahresbeitrag für eine Club-Mitgliedschaft, die als verschleierte Gegenleistung für ein „Gratisangebot" verlangt werden.[4] Auch die allgemeinen Irreführungsverbote in §§ 5, 5a UWG sollen den Verbraucher vor dem durch Werbung fälschlicherweise vermittelten Eindruck eines kostenlosen Angebotes schützen. So sollen einzelne Angaben einer geschlossenen Darstellung nicht aus dem Zusammenhang gerissen werden, um den attraktiven Teil des Angebotes hervorzuheben und etwaige Preisinformationen weit vom Blickfeld des Verbrauchers zu platzieren. Dies geschieht vor allem durch sog. Sternchentexte, durch welche die Kostenhinweise an Stellen gelangen, an denen sie von den meisten Verbrauchern nicht

---

1 *Dörner*, HK BGB, § 123, Rz. 2.
2 *Schünemann*, in: Harte-Bavendamm/Henning-Bodewig, UWG, München 2009, 2. Aufl., § 3 III, Rz. 457.
3 *OLG Koblenz*, Urt. v. 22.12.2010 – 9 U 610/10, VuR 2011, 148; es handelt sich um eine unzulässige geschäftliche Handlung i.s.v. § 3 Abs. 3 Anhang Nr. 21 UWG, wenn im Internet ein Sicherheitspaket als kostenlos beworben wird, nach dem Ablauf einer Nutzungsdauer allerdings 4,99 Euro für die weitere Nutzung erhoben werden, sofern der Nutzer nicht von seinem Kündigungsrecht Gebrauch gemacht hat.
4 *Blasek*, GRUR 2010, 400; ähnlich *OLG Hamburg*, Urt. v. 8.4.2009 – S U 13/08, Urt. v. 8.4.2009 – 5 U 13/08, MMR 2010, 185; *LG Hamburg*, Urt. v. 8.7.2010 – 327 O 634/09.

mehr wahrgenommen werden.[1] Wie oben bereits genannt, werden Preisinformationen auch in AGB „versteckt", wodurch der Verbraucher in die Irre geführt wird. Durch § 5a Abs. 3 Nr. 3 UWG wird der Verbraucher zudem davor geschützt, dass die Anbieter den Eindruck eines vermeintlich niedrigen Endpreises erwecken, indem sie einen Teil der Kosten durch oben genannte Tricks „verstecken". Wenn es um die Irreführung durch Preisverschleierung geht, liegt regelmäßig auch ein Verstoß gegen die PAngV und somit ein wettbewerbswidriges Verhalten gem. § 4 Nr. 11 UWG i.V.m. § 1 PAngV.[2] Kostenfallen-Modelle verstoßen zudem in der Regel gegen die Pflicht zur Endpreisangabe nach § 1 Abs. 1 Satz 1 PAngV oder gegen die Grundsätze der Preiswahrheit und Preisklarheit nach § 1 Abs. 6 PAngV. Der Tatbestand des § 4 Nr. 11 UWG ist unabhängig von Verstößen gegen die PAngV auch bei Verstößen gegen das AGB- oder gegen das zwingenden Verbraucherwiderrufsrecht erfüllt. Werden Minderjährige wegen falscher Altersangabe unter Druck gesetzt, ist ist dies ein Wettbewerbsverstoß nach § 4 Nr. 1 UWG.[3]

Problematischer ist die strafrechtliche Wertung von „Abofallen". Im Vordergrund steht die Diskussion, ob eine Täuschungshandlung i.S.d. § 263 Abs. 1 StGB vorliegt. Nach dem Gesetzeswortlaut besteht eine solche aus der Vorspiegelung falscher oder in der Entstellung oder Unterdrückung wahrer Tatsachen.[4] Hierunter fällt jedes Verhalten, das objektiv irreführt oder einen Irrtum unterhält und damit auf die Vorstellung eines anderen einwirkt.[5] Die sog. „Abofallen-Betreiber" behaupten indes wahre Tatsachen.[6] Teilweise wird daher eine Täuschungshandlung in diesen Fallkonstellationen abgelehnt, da sonst die Grenzen des Wortlauts überschritten und damit Art. 103 Abs. 2 GG verletzt sei.[7] In Literatur wie Rechtsprechung ist es jedoch allgemein anerkannt, dass die Täuschungshandlung auch konkludent durch irreführendes Verhalten, das nach der Verkehrsanschauung als stillschweigende Erklärung zu verstehen ist, bestehen kann.[8] Dies ist der Fall, wenn der Täter die Unwahrheit zwar nicht expressis verbis zum Ausdruck bringt, jedoch durch sein Verhalten mit erklärt.[9] In Bezug auf den Wortlaut des § 263 Abs. 1 StGB ist dies als Entstellung wahrer Tatsachen zu werten. Somit ist eine konkludente Täuschung durch den planmäßig erweckten Gesamteindruck der Kostenfreiheit auf den entsprechenden Internetseiten nach höchstrichterlicher Rechtsprechung möglich, sofern das Täuschungsverhalten des Täters objektiv geeignet und subjektiv dazu bestimmt ist, beim Adressaten eine Fehlvorstel-

---

1 *LG Hanau*, Urt. v. 7.12.2007 – 9 O 870/07, MMR 2008, 488; *Blasek*, GRUR 2010, 401.
2 So *OLG Frankfurt a.M.*, Urt. v. 4.12.2008 – 6 U 187/07.
3 *LG Mannheim*, Urt. v. 12.5.2009 – 2 O 268/08.
4 *Cramer/Perron*, in: Schönke/Schröder, StGB, 2010, 28. Aufl., § 263, Rz. 6.
5 *Cramer/Perron*, in: Schönke/Schröder, StGB, § 263, Rz. 11.
6 *Eisele*, zur Strafbarkeit von sog. „Kostenfallen" im Internet, NStZ 2010, 194.
7 *Loos*, JR 2002, 77, 78.
8 BGHSt 47, 1, Rz. 7; OLG Frankfurt a.M., Beschl. v. 17.12.2010 – 1 Ws 29/09.
9 BGHSt 47, 1, Rz. 7; *Cramer/Perron*, Schönke/Schröder StGB, § 263, Rz. 14.

lung über tatsächliche Umstände hervorzurufen.[1] Dass die Kostenpflichtigkeit eines Angebots auf den ersten Blick möglicherweise nicht erkennbar ist, bedeutet jedoch nicht, dass zwangsläufig eine Täuschungshandlung i.S.d. § 263 Abs. 1 StGB vorliegt.[2] Neben der Entstellung wahrer Tatsachen kommt auch ein Betrug durch das Versenden der Rechnung oder Mahnung in Betracht, wenn hierdurch eine nichtbestehende Forderung geltend gemacht wird, da durch das Einfordern einer Leistung schlüssig erklärt wird, dass ein entsprechender Anspruch besteht.[3]

Insgesamt bieten sowohl das Vertragsrecht wie auch die Umsetzung diverser Richtlinien im Verbraucher- und Wettbewerbsrecht Schutzmechanismen gegen Kostenfallen-Betreiber. Und auch das Strafrecht bietet Ansatzpunkte um die „Abofallen-Betreiber" zu sanktionieren. Zunehmend tendieren Gerichte auch dazu die Kosten für einen von „Abo-Fallen-Opfern" beauftragten Rechtsanwalt im Zuge des Schadensersatzes den Betreibern von Abo-Fallen aufzuerlegen.[4] Problematisch bleibt jedoch nach wie vor die Durchsetzung der Sanktionen, da die Wirkung von Abmahnung und Urteilen sich lediglich auf den zugrundeliegenden Sachverhalt beziehen und Kostenfallen-Betreiber ohne großen Aufwand mit leicht geänderter Webseite neue Abofallen errichten können.

2. Vertragsschluss bei Online-Auktionen

Literatur: *Deutsch*, Vertragsschluss bei Internetauktionen – Probleme und Streitstände, MMR 2004, 586; *Goldman*, Rechtliche Rahmenbedingungen für Internetauktionen, 2005; *Gurman*, Internetauktionen, 2005; *Härting*, „Wer bietet mehr?" – Rechtssicherheit des Vertragsschlusses bei Internetauktionen, MMR 2001, 278; *Härting/Golz*, Rechtsfragen des eBay-Handels, ITRB 2005, 137; *Huppertz*, Rechtliche Probleme von Online-Auktionen, MMR 2000, 65; *Koch*, Geltungsbereich von Internet-Auktionsbedingungen, CR 2005, 502; *Koch*, Widerrufsrecht bei Online-Auktionen, ITRB 2005, 67; *Kono*, Some thoughts on Contractual Issues related to the Internet – the Internet Auction and ist Contractual Analysis from a Japanese Point of View, Conference Paper Miyazaki 2001; *Lettl*, Versteigerung im Internet – BGH, NJW 2002, 363, JuS 2002, 219; *Mehrings*, Im Süd-Westen wenig Neues: BGH zum Vertragsabschluss bei Internet-Auktionen, BB 2002, 469; *Noack/Kremer*, Online-Auktionen: „eBay-Recht" als Herausforderung für den Anwalt, AnwBl 2004, 602; *Peter*, PowerSeller als Unternehmer, ITRB 2007, 18; *Rohlfing*, Unternehmer qua Indizwirkung? – Darlegungs- und Beweislast bei geschäftsmäßigem Handeln in elektronischen Marktplätzen, MMR 2006, 271; *Rüfner*, Verbindlicher Vertragsschluss bei Versteigerungen im Internet, JZ 2000, 715; *Szczesny*, Aktuelles zur Unternehmereigenschaft im Rahmen von Internet-Auktionen, NJW 2007, 2586; *Sester*, Vertragsabschluss bei Internet-Auktionen, CR 2001, 98; *Spindler/*

---

1 BGHSt 47, 1, Rz. 11; *BGH*, NStZ-RR, 2004, 110; *OLG Frankfurt a.M.*, Beschl. v. 13.3.2003 – 1 Ws 126/02, NJW 2003, 3215.
2 *LG Frankfurt a.M.*, Beschl. v. 5.3.2009 – 5/27 Kls 3330 12/08, MMR 2009, 422.
3 *BGH* NStZ 1994, 188; *Cramer/Perron*, in: Schönke/Schröder, StGB, § 263 Rz. 16c; *AG Marburg*, Urt. v. 8.2.2010 – 91 C 981/09, GRUR-RR 2010, 265.
4 So *LG Mannheim*, Urt. v. 14.1.2010 – 10 S 53/09, CR 2010, 538 = MMR 2010, 241; *BGH*, Beschl. v. 10.11.2009 – VI ZR 217/08, GRUR 2010, 265; *AG Bonn*, Urt. v. 12.2.2010, 103 C 422/09.

Wiebe (Hrsg.), Internet-Auktionen und Elektronische Marktplätze, 2005; *Wenzel*, Vertragsabschluss bei Internet-Auktionen – ricardo.de, NJW 2002, 1550; *Wiebe*, Vertragsschluss bei Online-Auktionen, MMR 2000, 323.

Im Falle einer Auktion kommt ein Vertrag[1] **mit Abgabe des Höchstgebots** zustande, wenn der Versteigerer bei Freischaltung der Angebotsseite die Erklärung abgibt, der Versteigerer nehme bereits zu diesem Zeitpunkt das höchste, wirksam abgegebene Angebot an. Der Anbieter der Webseite trete sowohl für den Versteigerer als auch den Bieter jeweils als Empfangsvertreter auf. Entscheidend stellte der *BGH* darauf ab, dass der beklagte Versteigerer vor der Freischaltung seines Angebotes gegenüber ricardo.de ausdrücklich eine Erklärung mit folgendem Wortlaut abgegeben hatte: „Bereits zu diesem Zeitpunkt erkläre ich die Annahme des höchsten, wirksam abgegebenen Kaufangebotes." Der *BGH* sah sich an einer Inhaltskontrolle der ricardo.de-AGB gehindert, da diese nicht die inhaltliche Ausgestaltung des Kaufvertrages zwischen Versteigerer und Bieter beeinflussen könne. Die von den Auktionshäusern gestellten AGB werden zwar von Anbieter und Bieter bei Errichtung des Benutzerkontos akzeptiert. Sie finden aber gerade keine direkte Anwendung zwischen den Vertragsparteien, sondern können lediglich zur Auslegung des Vertrags herangezogen werden.[2]

Nach der Einstellung des Angebots auf den Seiten von eBay ist dieses rechtsverbindlich und unwiderruflich.[3] Eine Ausnahme soll dann gelten, wenn ein krasses Missverhältnis zwischen Marktwert und erzieltem Kaufpreis vorliegt.[4] Dies gilt auch bei der Wahl der Option „Sofort-kaufen", bei der der Kunde mit dem Anklicken das Angebot annimmt.[5] Anders als bei klassischen Online-Shops besteht hier auch keine Gefahr für den Verkäufer, Verträge mit einer Vielzahl unbekannter Käufer zu schließen und eventuell Lieferschwierigkeiten o.ä. zu riskieren, sodass keine invitatio ad offerendum, sondern ein

---

1 *BGH*, Urt. v. 7.11.2001 – VIII ZR 13/01, MDR 2002, 208 = NJW 2002, 363 = CR 2002, 213 m. Anm. *Wiebe* = TMR 2002, 36 m. Anm. *Wiebe* = ZUM 2002, 134 = DB 2001, 2712 = BB 2001, 2600 = K&R 2002, 85 m. Anm. *Leible/Sosnitza*. Später auch *LG Berlin*, Urt. v. 15.5.2007 – 31 O 270/05, MMR 2007, 802; *BGH*, Urt. v. 3.11.2004 – VIII ZR 375/03, CR 2005, 53 m. Anm. *Wiebe* = MDR 2005, 132 m. Anm. *Schlegel* = MMR 2005, 37. Siehe dazu u.a. *Leible*, JA 2002, 444; *Lettl*, JuS 2002, 219.

2 *BGH*, Urt. v. 7.11.2001 – VIII ZR 13/01, MDR 2002, 208 = CR 2002, 213 m. Anm. *Wiebe* = NJW 2002, 363.

3 *OLG Oldenburg*, Urt. v. 28.7.2005 – 8 U 93/09, Urt. v. 28.7.2005 – 8 U 93/05, CR 2005, 828 = MDR 2006, 80 = MMR 2005, 766; *KG*, Beschl. v. 25.1.2005 – 17 U 72/04, MMR 2005, 709; *LG Berlin*, Urt. v. 20.7.2004 – 4 O 299/04, Urt. v. 20.7.2004 – 4 O 293/04, CR 2004, 940 = NJW 2004, 2831; *LG Coburg*, Urt. v. 6.7.2004 – 22 O 43/04, CR 2005, 228 = MMR 2005, 330; auch *LG Berlin*, Urt. v. 15.5.2007 – 31 O 270/05 – NJW-RR 2009, 132; MMR 2007, 802.

4 *OLG Koblenz*, Beschl. v. 3.6.2009 – 5 U 429/09, MDR 2009, 1412 = CR 2010, 49; *OLG Nürnberg*, Urt. v. 23.7.2009 – 14 U 622/09, MMR 2010, 31; a.A. *OLG Köln*, Urt. v. 8.12.2006 – 19 U 109/06.

5 *LG Saarbrücken*, Urt. v. 7.1.2004 – 2 O 255/03, MMR 2004, 556; *AG Moers*, Urt. v. 11.2.2004 – 532 C 109/83, Urt. v. 11.2.2004 – 532 C 109/03, NJW 2004, 1330 = MMR 2004, 563 = CR 2004, 706.

bindendes Angebot vorliegt.[1] Zwar sehen die eBay-AGB eine Regelung bzgl. der vorzeitigen Beendigung einer Auktion seitens des Anbieters vor. Diese stellt aber gerade keine Einräumung eines Widerrufsrechts dar oder ändert gar den Charakter des Angebots in eine unverbindliche invitatio ad offerendum. Sie ist vielmehr als bloße Möglichkeit der Anfechtung der Willenserklärung nach den allgemeinen Regeln der §§ 119 ff. BGB zu verstehen.[2]

In diesem Zusammenhang ist außerdem darauf hinzuweisen, dass ein Widerruf eines Gebotes ebenso wenig möglich ist, da dieser „vor oder gleichzeitig" mit dem Angebot zugehen müsste, § 130 Abs. 1 Satz 2 BGB. Dies ist aufgrund der sofortigen Übermittlung an den Anbieter aber regelmäßig nicht möglich, sodass auch hier lediglich nach den allgemeinen Irrtumsregeln angefochten werden kann.

Nach Auffassung des *AG Kerpen* liegt kein rechtsverbindliches Angebot bei Online-Auktionen vor, wenn der Verkäufer in der Artikelbeschreibung ausdrücklich darum bittet, von Geboten abzusehen („**hier bitte nicht bieten**") und einen Preis als „Verhandlungsbasis" nennt.[3] Ähnlich soll eine Offerte bei einem Online-Auktionshaus unverbindlich sein, wenn dies mit der Einleitung beginnt „Achtung, dies ist vorerst eine Umfrage! Nicht bieten!".[4] Keine AGB-rechtlichen Bedenken hatte das *Kammergericht* gegen die Verwendung der Klausel „Mit Ablauf der vom Verkäufer bestimmten Zeit kommt zwischen dem Verkäufer und dem Höchstbieter ein Kaufvertrag zustande."[5]

Das *AG Westerstede* geht davon aus, dass der Veranstalter einer Internetauktion nicht für die ordnungsgemäße Abwicklung des eigentlichen Verkaufsvertrages hafte und insbesondere keine Bonitäts- oder Identitätsüberprüfungen schulde.[6]

Der Einsatz eines **Bietagenten** bei der Ersteigerung ändert nichts am Vorliegen eines rechtlich bindenden Vertragsschlusses. Die von der jeweiligen Agentensoftware abgegebene Willenserklärung ist dem Verwender der Software nach allgemeinen Grundsätzen als eigene Willenserklärung zuzurechnen.[7]

---

1 *OLG Jena*, Urt. v. 9.6.2007 – 2 W 124/07, WRP 2007, 1008; *OLG Hamburg*, Urt. v. 12.9.2009 – 5 W 129/07, CR 2008, 116 = K&R 2007, 655.
2 *KG*, Beschl. v. 25.1.2005 – 17 U 72/04, MMR 2005, 709; *OLG Oldenburg*, Urt. v. 28.7.2005 – 8 U 93/05, CR 2005, 828 = MDR 2006, 80 = MMR 2005, 766; *LG Coburg*, Urt. v. 6.7.2004 – 22 O 43/06, MMR 2005, 330.
3 *AG Kerpen*, Urt. v. 25.5.2001 – 21 C 53/01, MMR 2001, 711.
4 *LG Darmstadt*, Urt. v. 24.1.2002 – 3 O 289/01, NJW-RR 2002, 1139 = CR 2003, 295 = MMR 2002, 768 (Ls.).
5 *KG*, Urt. v. 15.8.2001 – 29 U 30/01, BB 2002, 168. = K&R 2002, 147 = NJW 2002, 1583 = CR 2002, 604 = MMR 2002, 326 (Ls.).
6 *AG Westerstede*, Urt. v. 19.12.2001 – 21 C 792/01, CR 2002, 377.
7 *Cornlius*, MMR 2002, 353. Ohne nähere Begründung auch *AG Hannover*, Urt. v. 7.9.2001 – 501C 1510/01, 501 C 1510/01, MMR 2002, 262 = NJW-RR 2002, 131 = CR 2002, 539 (Leitsatz).

Der Durchsetzbarkeit eines Schadenersatzanspruchs wegen Nichterfüllung eines im Rahmen einer Internetauktion, nach vorzeitiger Auktionsbeendigung zustande gekommenen Kaufvertrags über einen hochwertigen Artikel zu einem unrealistisch niedrigen Preis kann allerdings der Einwand unzulässiger Rechtsausübung entgegenstehen.[1]

Wenn jemand bei eBay günstig an Produkte kommt, stellt dies nicht den Tatbestand einer Hehlerei i.S.v. § 259 StGB dar. Insofern hat das *Landgericht Karlsruhe*[2] zu Recht erkannt, dass selbst bei dem Erwerb von Diebesgut über eBay eine Haftung nicht schon deshalb angenommen werden kann, weil der Startpreis für den hochpreisigen Gegenstand lediglich einen Euro betragen und der Zuschlagspreis deutlich unter dem üblichen Marktpreis liege.

Bei Internet-Auktionen stellt sich zudem immer häufiger das **Problem des Missbrauchs von Benutzerdaten oder des sog. Spaßbietens**. Unter Spaßbieten ist vereinfacht die Abgabe eines Gebots ohne Interesse an der Ersteigerung zu verstehen ist. Hierbei umfasst es nicht nur die Benutzung eines fremden Accounts, sondern auch diejenige eines „gefakten" eigenen Accounts, bei dem falsche Nutzerdaten im Vorfeld eingegeben wurden. Weitläufig werden zudem auch die Formen der Preistreiberei, des sog. „Pushens" oder der „Preispflege" durch das zeitweise Ausschalten von Konkurrenten verstanden, die in diesem Rahmen aber unbeachtet bleiben sollen.

Verschafft sich ein Dritter unerlaubt Zugang zu den Benutzerdaten eines Users und ersteigert auf diese Weise einen bestimmten Gegenstand, so stellt sich die Frage der Haftung bei Verletzung vertraglicher Pflichten. Diese regelt sich nach den Grundsätzen des **Handelns unter fremdem Namen**.[3] Hierbei ist kein bloßes Handeln unter falscher Namensangabe anzunehmen, bei der der Auftretende unbefugt den Namen eines Dritten benutzt und es dem Vertragspartner gerade nicht auf dessen Identität ankommt und daher der Nutzer direkt berechtigt und verpflichtet wird, da bei Unkenntnis der wahren Identität eine Vertragsabwicklung hier nicht möglich ist. Vielmehr liegt ein Fall der Identitätstäuschung vor bei dem der Handelnde als falsus procurator gem. § 177 BGB zu behandeln ist, dessen getätigtes Geschäft von der Genehmigung des Account-Inhabers abhängt. Verweigert dieser die Genehmigung, so haftet der Handelnde dem Vertragspartner auf Erfüllung oder Schadensersatz. Im Übrigen gelten die Grundsätze der Anscheins- oder der Duldungsvollmacht entsprechend.[4] Für eine Zurechnung reicht es nicht bereits aus, dass der Kontoinhaber die Zugangsdaten nicht hinreichend vor dem Zugriff des Handelnden geschützt hat.

---

1 *LG Koblenz*, Urt. v. 18.3.2009 – 10 O 250/08, CR 2009, 466 m. Anm. *Redeker* – Porsche Carrera für 5,50 Euro.
2 *LG Karlsruhe*, Urt. v. 28.9.2007 – 18 AK 136/07, MMR 2007, 796.
3 **BGH**, Urt. v. 11.5.2011 – VIII ZR 289/09, MDR 2011, 773 = CR 2011, 455 m. Anm. *Mankowski* = MMR 2011, 447.
4 **BGH**, Urt. v. 11.5.2011 – VIII ZR 289/09, MDR 2011, 773 = CR 2011, 455 m. Anm. *Mankowski* = MMR 2011, 447.

Benutzt der Bieter einen „gefakten" eigenen Account, so kommt zwischen ihm und dem Anbieter unmittelbar ein Vertrag zustande, bei dem sich der Spaßbieter nicht auf seine unbeachtliche fehlende Ernstlichkeit, § 118 BGB, oder einen geheimen Vorbehalt berufen kann, § 116 BGB, da der Vertragspartner von dieser keine Kenntnis hat.

Im Übrigen sind **Gewährleistungsausschlüsse bei Onlineauktionen** zwischen Privaten vereinbar.[1] Es empfiehlt sich beim Verkauf unter Privaten daher der Hinweis: „Es handelt sich um eine Privatauktion; ich übernehme keine Gewährleistung und keine Garantie nach EU-Recht".

Es ist allerdings zu beachten, dass der Gewährleistungsausschluss sich nicht auf etwaige Sachmängel einer Falschlieferung erstreckt und er zudem, im Falle einer Beschaffenheitsvereinbarung, hinter diese zurücktritt.[2] In diesem Zusammenhang ist aber darauf hinzuweisen, dass der *BGH* eine vorschnelle Annahme eines Garantiewillens des Verkäufers, wie er noch unter dem alten Recht häufig angenommen wurde, aufgrund der Besserstellung des Verbrauchers im neuen Verbrauchsgüterkaufrecht verneint.[3] Der *BGH* entschied in diesem Fall, dass allein der Umstand, dass der Kaufvertrag über eine Internetauktionsplattform zustande komme, unter Privaten nicht die Annahme einer konkludenten Garantie i.S.v. § 444 BGB rechtfertige. Im zugrunde liegenden Fall ging es um ein gebrauchtes Motorrad, das mit einer Laufleistung von 30 000 km angeboten wurde. Zugleich wurde erklärt, dass das „Krad natürlich ohne Gewähr verkauft" werde. Tatsächlich stellte sich jedoch heraus, dass der Tachostand in Meilen angegeben war, was zu einer Laufleistung von 48 965 km führte. Um den Gewährleistungsausschluss zu überwinden, nahm der *BGH* jedoch nicht wie die Vorinstanzen an, dass aus dem Umstand, dass bei einem Internetkauf der Käufer nicht die Möglichkeit der Besichtigung der Sache hat, eine Garantie für die erwähnten Eigenschaften resultiere. Vielmehr müssten, wie bei jeder Garantie, besondere Umstände hinzutreten, welche auf einen Rechtsbindungswillen bezüglich der Garantie schließen ließen. Allerdings sei die Angabe des Kilometerstandes eine Beschaffenheitsangabe. Diese stehe neben dem Haftungsausschluss und werde somit nicht erfasst. Der *BGH* legt den Gewährleistungsausschluss dahingehend aus, dass die Beschaffenheitsvereinbarung ohne Sinn und Wert sei, wenn sie wegen eines umfassenden Haftungsausschluss unverbindlich ist und somit ein Ausschluss für die Laufleistung nicht gewollt sein könne. Dem wird entgegengehalten, dass den beiden in § 444 BGB genannten Einschränkungen eine dritte hinzugefügt werde. Vielmehr können Sinn und Wert der Erklärung auch darin

---

[1] *AG Kamen*, Urt. v. 3.11.2004 – 3 C 359/04, CR 2005, 146 = MMR 2005, 392. Ähnlich *LG Berlin*, TeilUrt. v. 16.3.2004 – 18 O 533/03, MMR 2004, 630 mit dem zusätzlichen bedenklichen Hinweis, dass man beim Kauf einer Waren zum Preis von 1 Euro nur von wertlosen Gegenständen ausgehen dürfe.
[2] *AG Aachen*, Urt. v. 17.5.2005 – 10 C 69/05, NJW-RR 2005, 1143.
[3] *BGH*, Urt. v. 29.11.2006 – VIII ZR 92/06, CR 2007, 473 = MDR 2007, 642 = NJW 2007, 1346.

liegen, dass sie dem Käufer einen ersten Hinweis über den vermutlichen Zustand der Kaufsache gebe und damit die Kaufentscheidung erheblich beeinflussen würde. Zudem könne der Käufer davon ausgehen, dass der Verkäufer seinerseits von einer entsprechenden Beschaffenheit ausgehe. Dass dabei Käufererwartungen enttäuscht werden können, sei ein Spezifikum der Beschaffenheitsvereinbarung. Hätte das Motorrad eine Laufleistung von 30 000 km gehabt, wäre aber gar nicht gelaufen, so wäre dies vom Haftungsausschluss umfasst gewesen.[1]

Für den **Verkauf durch Gewerbetreibende an Private** ist ein Gewährleistungsausschluss nicht möglich. Insofern taucht oft die Frage auf, wie man im Einzelfall verkäuferseitig Privatleute von Gewerbetreibenden abgrenzen kann. Diese Unterscheidung ist zudem von äußerster Wichtigkeit, da sich aus der Unternehmereigenschaft besondere Pflichten des Verkäufers hinsichtlich verbraucherschutzrechtlicher Vorschriften ergeben (insb. bzgl. des Widerrufsrechts, gem. § 355 und dessen Belehrung).[2] Grundsätzlich richtet sich die Einordnung nach dem Unternehmerbegriff des § 14 BGB, der allerdings in einem rein funktionalen Sinn zu verstehen ist, sodass ein „**in kaufmännischer Weise eingerichteter Gewerbebetrieb**" gerade nicht erforderlich ist.[3] Eine gewerbliche Tätigkeit ist vielmehr in der planmäßigen und dauerhaften Erbringung von Leistungen gegen Entgelt zu sehen.[4] Entscheidend ist hierfür eine Würdigung aller Gesamtumstände und Indizien des Einzelfalls.[5] Erfasst werden aber gerade auch nebenberufliche Tätigkeiten und solche, bei denen es nicht um Gewinnerzielung geht.[6] Das Fehlen der Gewinnerzielungsabsicht kann in der Gesamtschau allerdings ein Indiz darstellen, welches gegen die Unternehmereigenschaft spricht, insbesondere, wenn auf Dauer sogar Verluste entstehen.

Als Indizien werden von der Rechtsprechung neben Zahl und Häufigkeit insbesondere Neuware,[7] gleiche Warenkategorie und Veräußerung unterschiedlicher Waren herangezogen. Insbesondere bei Kleidung wird nicht nur darauf abgestellt, ob es sich um Neuware handelt, sondern auch auf das Angebot verschiedener Größen, was regelmäßig gegen ein rein privates Handeln spricht. Das *OLG Frankfurt a.M.*[8] nahm die Unternehmenseigenschaft bereits bei 40

---

1 *BGH*, Urt. v. 29.11.2006 – VIII ZR 92/06, CR 2007, 473 = MDR 2007, 642 = NJW 2007, 1346 m. Anm. *Gutzeit*.
2 *KG*, Beschl. v. 18.7.2006 – 5 W 156/06, CR 2006, 680 = NJW 2006, 3215 = MMR 2006, 678.
3 *OLG Frankfurt a.M.*, Urt. v. 22.12.2004 – 6 W 153/04, CR 2005, 883 = NJW 2005, 1438; *LG Mainz*, Urt. v. 6.7.2005 – 3 O 184/04, CR 2006, 131 m. Anm. *Mankowski* = BB 2005, 2264; *LG Berlin*, Urt. v. 5.9.2006 – 103 O 75/06, MMR 2007, 401.
4 Palandt/*Heinrichs*, § 14 Rz. 1.
5 So zuletzt *OLG Zweibrücken*, Urt. v. 28.6.2007 – 4 U 210/06, CR 2007, 681 mit einigen Beispielen.
6 Palandt/*Heinrichs*, § 14, Rz. 1; *Bamberger/Roth*, § 14 Rz. 6.
7 *LG Berlin*, Urt. v. 9.9.2006 – 103 O 75/06, MMR 2007, 401.
8 *OLG Frankfurt a.M.*, Beschl. v. 27.7.2004 – 6 W 54/04, GRUR 2004, 1042.

Abschlüssen in 6 Wochen an, wohingegen das *LG Mainz*[1] 252 Verkäufe von verschiedenen Gegenständen in 2 Jahren genügen ließ. Sofern innerhalb eines Monats 50 Mal gleichartige Waren verkauft werden, spricht dies ebenfalls für eine gewerbliche Tätigkeit.[2] Wer über eBay eine Mehrzahl wertvoller antiker Gegenstände verkauft, die er zumindest teilweise zuvor eingekauft hatte, handelt als Unternehmer und nicht als Privatperson.[3] Für das *LG Hanau* reichen bereits 25 Verkäufe in zwei Monaten, um die Unternehmereigenschaft zu bejahen, denn schließlich könne auch ein Nebenerwerb gewerblich sein.[4] Ein weiteres Indiz ist der Ankauf zum Weiterverkauf, auch wenn dies nicht konstitutiv für unternehmerisches Handeln sei. Vielmehr könne auch die Auflösung einer bereits im Privatbesitz befindlichen größeren Sammlung mit einer Vielzahl von Verkäufen unternehmerisch geschehen.[5]

Da es für den Verbraucher häufig unmöglich sein wird, aufgrund der Intransparenz und Anonymität von eBay den Nachweis über diese Eigenschaft erfolgreich zu führen, wird unter anderem vorgeschlagen, eine Beweislastumkehr greifen zu lassen, um ein Leerlaufen des Verbraucherschutzes zu vermeiden.[6] Vertreten wird die Möglichkeit eines Anscheinsbeweises, der durch die Verwendung von Vertragsbedingungen, besondere Angaben auf der „Mich-Seite", oder aber die Führung des Titels „**Powerseller**" indiziert werde.[7] „Powerseller" gelten dabei zunächst als Unternehmer und sind somit an die Verbraucherschutzvorschriften gebunden.[8] Wer als „Powerseller" auftritt, muss im Zweifel das Nichtvorliegen der unternehmerischen Eigenschaft des § 14 BGB beweisen.[9] Auch wird vertreten, dass allein die Einstufung als Powerseller bloß ein Indiz und kein endgültiger Beweis für die Unternehmereigenschaft sei. Das gleiche gelte für die Einrichtung eines eBay-Shops. Umgekehrt stehe das Fehlen einer Registrierung als Powerseller einem unternehmerischen

---

1 *LG Mainz*, Urt. v. 6.7.2005 – 3 O 184/04, CR 2006, 131 m. Anm. *Mankowski* = BB 2005, 2264.
2 *OLG Frankfurt a.M.*, Beschl. v. 27.7.2004 – 6 W 54/04, GRUR 2004, 1042; bei 60 Verkäufen: *LG Berlin*, Urt. v. 5.9.2006 – 103 O 75/06, MMR 2007, 401.
3 *LG München*, Urt. v. 7.4.2009 – 33 O 1936/08.
4 LG Hanau v. 28.9.2006 – 5 O 51/06, MMR 2007, 339.
5 *OLG Frankfurt a.M.*, Beschl. v. 21.3.2007 – 6 W 27/07, CR 2007, 682 = MMR 2007, 378; a.A. *OLG Zweibrücken*, Urt. v. 28.6.2007 – 4 U 210/06, CR 2007, 681, welches zusätzliche Anforderungen an Dauerhaftigkeit und Planmäßigkeit stellt.
6 *OLG Karlsruhe*, Urt. v. 27.4.2006 – 4 U 119/04, CR 2006, 689 = WRP 2006, 1038; *OLG Koblenz*, Beschl. v. 17.10.2005 – 5 U 1145/05, CR 2006, 209 = MDR 2006, 321 = MMR 2006, 236; *Peter*, ITRB 2007, 18.
7 *OLG Karlsruhe*, Urt. v. 27.4.2006 – 4 U 119/04, CR 2006, 689 = WRP 2006, 1038; *LG Mainz*, Urt. v. 6.7.2005 – 3 O 184/04, CR 2006, 131 m. Anm. *Mankowski* = MMR 2006, 51; *OLG Frankfurt a.M.*, Beschl. v. 21.3.2007 – 6 W 27/07, CR 2007, 682 = MMR 2007, 378; *LG Berlin*, Urt. v. 5.9.2006 – 103 O 75/06, MMR 2007, 401; siehe aber auch *LG Coburg*, Urt. v. 19.10.2006 – 1 HKO 32/06, MMR 2007, 399, das bei 33 gleichzeitig angebotenen neuen Artikeln und 270 Bewertungen für Verkäufe noch keine Unternehmereigenschaft sah.
8 *OLG Karlsruhe*, Urt. v. 27.4.2006 – 4 U 119/04, CR 2006, 689; *Peter*, ITRB 2007, 18.
9 *OLG Koblenz*, Beschl. v. 17.10.2009 – 5 U 1149/05, MDR 2006, 321 = CR 2006, 209.

Handeln nicht entgegen.[1] Einzelne Stimmen in der Literatur gehen dagegen sogar so weit, die Einrichtung eines eBay-Shops, genauso wie die Registrierung als Powerseller, stets für die Anwendung verbraucherschützender Vorschriften ausreichen zu lassen. Denn die Begriffe „Shop" oder „Powerseller" ließen auf unternehmerisches Handeln schließen. Wählt ein Verkäufer solche Bezeichnungen, obwohl er eigentlich Verbraucher ist, müsse er sich nach dem Grundsatz „venire contra factum proprium" wegen § 242 BGB so behandeln lassen, als wäre er tatsächlich Unternehmer.[2]

Am 10. Oktober 2011 hat der Europäische Rat die Verbraucherrichtlinie (VRRL), die am 23. Juni das Parlament passierte, angenommen. Die Richtlinie vollharmonisiert die Informationspflichten und das Widerrufsrecht im Fernabsatzgeschäft. Sie sieht vor allem stark erweiterte Informationspflichten, wie Regelungen zu Kosten und Zahlungsart, dem Liefertermin und Lieferbeschränkungen vor. Außerdem legt sie eine einheitliche 14-tägige Widerrufsfrist für Internetgeschäfte fest.

Betroffen sind alle Waren und Dienstleistungen, mit Ausnahme u.a. von Finanzdienstleistungen, Online-Flugbuchungen, Online-Wettgeschäften oder Gesundheitsdienstleistungen. Bei versiegelten DVDs oder CDs soll ein Widerruf nach Öffnung nicht mehr zulässig sein, bei Büchern dagegen schon. Die Widerrufsfrist verlängert sich automatisch auf ein ganzes Jahr, wenn der Verbraucher nicht über das Widerrufsrecht informiert worden ist. Die Händler müssen Verbraucher über den vollständigen Preis und die Eigenschaften der Ware informieren; es müssen auch gültige Kontaktdaten angegeben werden. Damit will man auch das Problem der Internetabzocker in den Griff bekommen. Bei Online-Geschäften gilt darüber hinaus die Regel, dass der Käufer nach der ersten Zustimmung zum Kauf nochmals eine Übersicht über die Gesamtkosten des Geschäfts angezeigt bekommt, bevor er diese mit einem zweiten Klick bestätigt. Die Mitgliedstaaten haben zwei Jahre Zeit, die Richtlinie in nationales Recht umzusetzen.

III. Zugang, Anfechtung und Vollmacht bei elektronischen Willenserklärungen

Literatur: *Baher*, Eingang von E-Mail-Sendungen bei Gericht, MDR 2002, 669; *Bonke/Gellmann*, Die Widerrufsfrist bei eBay-Auktionen – Ein Beitrag zur Problematik der rechtzeitigen Belehrung des Verbrauchers in Textform, NJW 2006, 3169; *Cornelius*, Vertragsabschluss durch autonome elektronische Agenten, MMR 2002, 353; *Dietrich*, Der Zugang einer per E-Mail übermittelten Willenserklärung, K&R 2002, 138; *Herwik*, Zugang und Zustimmung in elektronischen Medien, MMR 2001, 145; *Petersen*, Allgemeiner Teil des BGB und Internet, Jura 2002, 387; *Vehslage*, Elektronisch übermittelte Willenserklärungen, AnwBl. 2002, 86.

---

1 *OLG Frankfurt a.M.*, Beschl. v. 21.3.2007 – 6 W 27/07, CR 2007, 682 = MMR 2007, 378.
2 *Szczesny/Holthusen*, NJW 2007, 2586.

Für den Vertragsschluss unter Anwesenden fehlt es an einer gesetzlichen Regelung, so dass § 130 BGB analog angewandt wird. Eine verkörperte Willenserklärung wird demnach mit Übergabe wirksam, wohingegen eine unverkörperte grundsätzlich in dem Zeitpunkt zugeht, in dem der Vertragspartner sie akustisch richtig und vollständig vernommen hat (sog. **strenge Vernehmungstheorie**).[1] Zum Schutz des Rechtsverkehrs wird dies aber dahingehend eingeschränkt, dass es für den Zugang ausreichend ist, wenn der Erklärende davon ausgeht und auch davon ausgehen darf, dass die andere Seite die Erklärung richtig und vollständig vernommen hat (sog. **eingeschränkte Vernehmungstheorie**).[2]

Fraglich ist, zu welchem **Zeitpunkt** ein über das Internet geschlossener **Vertrag zustande kommt**. Nach deutschem Recht wird zwischen den Willenserklärungen unter An- und Abwesenden unterschieden. Bei einem Vertragsschluss unter Anwesenden geht eine Willenserklärung im Zeitpunkt der akustisch richtigen Vernehmung zu (sog. Vernehmungstheorie). Bei der Abgabe einer **Willenserklärung unter Abwesenden** ist der Zeitpunkt entscheidend, in dem die Erklärung so in den Machtbereich des Empfängers gelangt ist, dass dieser von der Willenserklärung Kenntnis nehmen kann und unter normalen Umständen auch mit der Kenntnisnahme zu rechnen ist.[3] Bei online-kommunizierenden Computern (etwa im EDI-Bereich) wird teilweise von Willenserklärungen unter Anwesenden ausgegangen.[4] Dies mag für den EDI-Bereich noch vertretbar sein. Im WWW-Sektor ist jedoch die Gegenmeinung überzeugender, wonach der Vertragsschluss im Wege von Willenserklärungen unter Abwesenden erfolgt, zumal § 147 Abs. 1 Satz 2 BGB eine Erklärung direkt von Person zu Person voraussetzt.[5]

Für den Zugang von Willenserklärungen via E-Mail ist daher maßgeblich, wann mit dem Abruf einer Mail durch den Empfänger üblicherweise gerechnet werden kann. Insoweit ist zwischen geschäftlichen und privaten Empfängern zu unterscheiden.[6] Von **Geschäftsleuten** kann die regelmäßige Kontrolle ihres elektronischen Posteingangs erwartet werden. Nachrichten, die während der Geschäftszeiten abrufbar werden, gelten im gleichen Zeitpunkt als zugegangen. Mitteilungen, die außerhalb der Geschäftszeiten eingelegt werden, werden üblicherweise bei Öffnung des Geschäfts zur Kenntnis genommen. Bei **Privatpersonen** wird man davon ausgehen können, dass sie zu-

---

1 Palandt/*Heinrichs*, § 130, Rz. 13.
2 Palandt/*Heinrichs*, § 130, Rz. 14.
3 Sog. Empfangs- oder Zugangstheorie; siehe hierzu etwa MüKo/*Einsele*, 5. Aufl. 2006, § 130 Rz. 11.
4 So etwa *Brinkmann*, BB 1981, 1183; *Fritzsche/Malzer*, DNotZ 1995, 3, 9; *Herget/Reimer*, DStR 1996, 1288; *Taupitz/Kritter*, JuS 1999, 839.
5 I.E. ebenso *Graf Fringuelli/Wallhäuser*, CR 1999, 93; für den EDI-Bereich *Bartl*, DB 1982, 1097; *Fritzemeyer/Heun*, CR 1992, 130; *Hellner*, Festschrift Werner 1984, 251; *Heun*, CR 1994, 5955; *Kleier*, WRP 1983, 534; *Redeker*, NJW 1984, 2390.
6 *Ernst*, NJW-CoR 1997, 165; *Graf Fringuelli/Wallhäuser*, CR 1999, 93; ausführlich *Taupitz/Kritter*, JuS 1999, 839.

mindest einmal täglich ihren Posteingang durchsehen. Mangels üblicher Abfragezeiten gelten Nachrichten bei diesen Empfängern als am Tag nach der Abrufbarkeit zugegangen.

Bei der **automatisierten Bestellungsannahme** reicht das Passieren der Schnittstelle des Online-Unternehmens aus, so dass das in § 130 Abs. 1 Satz 2 BGB verankerte Widerrufsrecht praktisch bedeutungslos ist.[1]

Gefährlich ist die Eröffnung von E-Mail-Zugängen wegen der damit verbundenen **Haftungsrisiken**. Gibt z.B. ein Rechtsanwalt seine E-Mail-Kennung den Mandanten bekannt, kann der Eindruck entstehen, dass über eine E-Mail an den Anwalt auch rechtsrelevante Vorgänge abgewickelt werden können. Fordert der Mandant daher seinen Anwalt via E-Mail auf, Berufung einzulegen, und liest der Anwalt die Mail nicht, droht eine Schadensersatzklage des Mandanten gegen den Anwalt. Mit der Veröffentlichung der E-Mail-Adresse auf Briefbögen und Visitenkarten wird die Bereitschaft zur Entgegennahme von E-Mail-Aufträgen signalisiert. Der Provider muss dann auch während der normalen Geschäftszeiten unverzüglich reagieren. Will er das nicht, muss er den Kunden darauf hinweisen. Empfehlenswert sind deutliche Hinweise wie z.B.:

Die E-Mail-Adresse dient nur zur Übermittlung von Informationswünschen, nicht für die Erteilung von E-Mail-Aufträgen.

Will der Provider über E-Mail Aufträge entgegennehmen und abwickeln, sollte er eine spezielle E-Mail-Adresse dafür vorsehen und den Account regelmäßig, d.h. in risikorelevanten Bereichen sogar mehrfach arbeitstäglich, abfragen.

Das **Fälschungsrisiko** trägt der Provider; eine Abwälzung auf den Kunden in AGB ist unwirksam. Es lohnt sich, mit dem Kunden Sicherheitsmaßnahmen für E-Mail-Übermittlungen zu vereinbaren (etwa mittels Passwörtern). Auch sollte man den Kunden auf das Fälschungsrisiko hinweisen, etwa:

Der Kunde wünscht, dass seine Aufträge auch per E-Mail entgegengenommen und bearbeitet werden. Der Kunde ist durch den Provider ausdrücklich darauf hingewiesen worden, dass bei der E-Mail-Übermittlung Missbräuche nicht auszuschließen sind. Der Provider ist nicht in der Lage, E-Mail-Aufträge auf die Richtigkeit des Absenders und ihre inhaltliche Richtigkeit hin zu überprüfen. Dessen ungeachtet bittet der Kunde den Provider, solche elektronischen Aufträge zur Ausführung oder Weiterleitung anzunehmen. Der Provider wird von jeder Haftung und allen Regressansprüchen freigestellt, die aufgrund einer rechtsmissbräuchlichen Verwendung des Übermittlungssystems entstehen. Die Parteien vereinbaren folgende Sicherungsmaßnahmen (...).

Der Besteller kann sein Angebot nach §§ 119, 120 BGB anfechten, wenn seine Willenserklärung via Provider falsch übermittelt worden ist.[2] Macht der Be-

---

[1] So auch *Heun*, CR 1994, 595.
[2] Siehe *Heun*, CR 1994, 595, 596; *Waldenberger*, BB 1996, 2365, 2366.

steller bei der Erstellung seiner Mail irrtümlich falsche Angaben, kann er nach § 119 Abs. 1, 2. Var. BGB anfechten.[1] Streitig ist, ob eine Anfechtung bei computergenerierten Erklärungen in Betracht kommt, deren Fehler auf lange zuvor eingegebenem **falschem Datenmaterial** beruht.[2] Es muss hier beachtet werden, dass die abgegebene Erklärung den Motiven desjenigen, der die Daten eingepflegt hat, entspricht, sodass eine Anfechtung dieses Motivirrtums unzulässig ist.[3] Bei **Übertragungsfehlern** kommt eine Anfechtung nach § 120 BGB analog in Betracht. Streitig ist, ob ein Fehler bei der Einstellung von Preisen in eine Webseite zur Anfechtung berechtigt. Teilweise wird darauf abgestellt, dass der Eingabefehler auf die Annahmeerklärung fortwirke und damit zur Anfechtung berechtige.[4] Unbeachtlich ist auf dieser Grundlage auch eine automatisch generierte (falsche) Bestätigungs-E-Mail, da diese nur als Bestätigung des Auftrages einzustufen ist.

Wichtig ist, dass die Anfechtung schnell erklärt wird. Will z.B. ein Onlineshop-Betreiber einen Kaufvertrag wegen irrtümlicher Preisauszeichnung i.S.v. § 119 Abs. 1, 1. Alt. BGB anfechten, hat dies gem. § 121 Abs. 1 BGB „unverzüglich" zu erfolgen, d.h. ohne schuldhaftes Zögern, § 120 BGB. Hierbei ist zu beachten, dass nicht zu hohe Anforderungen zu stellen sind, da eine Gleichsetzung mit „sofort" nicht erfolgen soll.[5] Es muss ein Ausgleich zwischen den widerstreitenden Interessen gefunden werden. Allerdings ist dem Anfechtenden die Möglichkeit der Einholung einer Rechtsauskunft zuzugestehen.[6] Die Obergrenze liegt hier in der Regel bei zwei Wochen.[7] Nach einer Entscheidung des *LG Bonn*[8] ist das Anfechtungsrecht verwirkt, wenn es erst drei Wochen nach Kenntnis vom Irrtum wahrgenommen wird. Auch müsse der Händler deutlich machen, dass er tatsächlich die Anfechtung will. Räumt er

---

[1] *OLG Hamm*, Urt. v. 8.1.1993 – 20 U 249/92, CR 1993, 688; siehe auch *BGH*, Urt. v. 7.6.1984 – IX ZR 66/83, MDR 1984, 838 = DB 1984, 2399; *OLG Oldenburg*, Urt. v. 30.10.2003 – 8 U 136/03, CR 2004, 298.
[2] *OLG Hamm*, Urt. v. 8.1.1993 – 20 U 249/92, CR 1993, 688; siehe auch *BGH*, Urt. v. 7.6.1984 – IX ZR 66/83, MDR 1984, 838 = DB 1984, 2399; *OLG Oldenburg*, Urt. v. 30.10.2003 – 8 U 136/03, CR 2004, 298; Dafür *OLG Frankfurt a.M.*, Urt. v. 20.11.2002 – 9 U 94/02, MDR 2003, 677 = MMR 2003, 405; dagegen *AG Frankfurt a.M.*, Urt. v. 13.6.1989 – 30 C 1270/89-45, CR 1990, 469 = NJW-RR 1990, 116; im Ergebnis auch *LG Frankfurt a.M.*, Urt. v. 8.8.1988 – 2/24 S 76/88, NJW-RR 1988, 1331; *LG Frankfurt a.M.*, Urt. v. 28.2.1997 – 2/19 O 359/96, CR 1997, 738.
[3] *LG Frankfurt a.M.*, Urt. v. 28.2.1997 – 2/19 O 359/96, CR 1997, 738.
[4] *BGH*, Urt. v. 26.1.2005 – VIII ZR 79/04, CR 2005, 355 m. Anm. *Ernst* = MDR 2005, 674 = NJW 2005, 976 = MMR 2005, 233; *OLG Hamm*, Urt. v. 12.1.2004 – 13 U 165/03, CR 2004, 949 = NJW 2004, 2601; *OLG Frankfurt a.M.*, Urt. v. 20.11.2002 – 9 U 94/02, MDR 2003, 677 = CR 2003, 450; anderer Auffassung *LG Köln*, Urt. v. 16.4.2003 – 9 S 289/02, CR 2003, 613 (n.v.); *AG Herford*, Urt. v. 21.8.2003 – 12 C 574/03.
[5] *RG*, 124, 118.
[6] Palandt/*Heinrichs*, § 121, Rz. 3.
[7] *OLG Hamm*, Urt. v. 9.1.1990 – 26 U 21/98, NJW-RR, 1990, 523.
[8] *LG Bonn*, Urt. v. 8.3.2005 – 2 O 455/04 (n.v.).

dem Käufer nach drei Tagen ein Rücktrittsrecht ein, liegt darin keine konkludente Anfechtung.

Benutzt ein Fremder die Kennung des Users, kommt eine Bindung an elektronische Bestellungen nach den Grundsätzen des **Handelns unter fremdem Namen in Form der Identitätstäuschung** in Betracht.[1] Dem Geschäftspartner geht es gerade um ein Geschäft mit dem Träger des Namens; anderes würde zudem der Abwicklung des Vertrags entgegenstehen. Handelt ein Dritter für den Namensträger, so kommt eine Haftung desjenigen als falsus procurator nach § 179 Abs. 1 BGB nur in Betracht, sofern er keine Vertretungsmacht hat:

– Genehmigung,
– nach den Regeln der Duldungsvollmacht oder
– nach den Regeln der Anscheinsvollmacht.

Die Fälle der **Genehmigung** sind grundsätzlich unproblematisch, da das Geschäft außer in Ausnahmefällen nunmehr für und gegen den Vertretenen wirkt, § 164 Abs. 1 BGB.

Eine Anwendung der **Regeln über die Duldungsvollmacht** vermag hier ebenso wenig zu einer Haftung des Account-Inhabers zu führen, da diese voraussetzen würde, dass der Vertretene positive Kenntnis der Handlung des Fremden hatte, an welcher es regelmäßig beim Einsatz von Trojanern, beim Hacken oder Phishing fehlen wird. Im Übrigen gelten die Grundsätze des **Handelns unter fremdem Namen**.[2] Wie der *BGH*[3] jüngst bekräftigt hat, reicht es für eine Zurechnung nicht aus, dass der Kontoinhaber die Zugangsdaten nicht hinreichend vor dem Zugriff des Handelnden geschützt hat.

Besondere Bedeutung hat hier die Anwendung der **Regeln über die Anscheinsvollmacht**. Für die Anscheinsvollmacht bedarf es gerade nicht der positiven Kenntnis des Handelns eines Dritten, sondern es genügt gerade die fahrlässige Unkenntnis des Account-Inhabers sowie das Vertrauen des Geschäftspartners auf die Vertretungsmacht des Handelnden. An diesem schutzwürdigen Vertrauen des Geschäftspartners fehlt es aber in der Regel, da die Registrierung oder das Handeln unter einem bestimmten Account gerade nicht den nötigen Rechtsschein zu setzen vermag.[4] Dies wird durch die Gerichte mit den fehlenden Sicherheitsstandards und der daraus resultierenden Missbrauchsgefahr

---

1 *OLG München*, Urt. v. 5.2.2004 – 19 U 5114/03, NJW 2004, 1328 = MMR 2004, 625 = K&R 2004, 352 = CR 2004, 845. Siehe *Borsum/Hoffmeister*, NJW 1985, 1205.
2 *BGH*, Urt. v. 11.5.2011 – VIII ZR 289/09, MDR 2011, 773 = CR 2011, 455 m. Anm. *Mankowski* = MMR 2011, 447.
3 *BGH*, Urt. v. 11.5.2011 – VIII ZR 289/09, MDR 2011, 773 = CR 2011, 455 m. Anm. *Mankowski* = MMR 2011, 447.
4 *BGH*, Urt. v. 11.5.2011 – VIII ZR 289/09, MDR 2011, 773 = CR 2011, 455 m. Anm. *Mankowski* = MMR 2011, 447.

begründet.[1] In diesem Zusammenhang ist auch darauf hinzuweisen, dass auch bei haushaltsangehörigen minderjährigen Kindern keine Anscheinsvollmacht erwachsen kann, da die Familienzugehörigkeit regelmäßig keine Vollmachtstellung begründen kann.[2] Anders stellt sich die Situation aber dar, sofern der Account-Inhaber sein Passwort fahrlässig weitergegeben hat, oder es von einem Dritten durch einen einfachen Blick über die Schulter eingesehen werden konnte. In diesen Fällen bejaht das *OLG Hamm* in Einzelfällen eine Anscheinsvollmacht.[3] Im Bereich der R-Gespräche hat der *BGH* dies dahingehend eingeschränkt, dass von einer Anscheinsvollmacht des Minderjährigen dann ausgegangen werden kann, wenn das Kind mehrfach über einen gewissen Zeitraum hinweg R-Gespräche geführt hat und die Eltern die Kosten beglichen haben.[4] Aber auch hier hält der *BGH* daran fest, dass die bloße Nutzung, ähnlich wie bei der Nutzung des Accounts, keine Setzung eines Rechtsscheins begründen kann.[5]

Teilweise wird zwar im Prozess versucht über den Anscheinsbeweis der Gebotsabgabe bei Internetauktionen eine vertragliche Bindung bzw. eine Haftung des Account-Inhabers zu begründen, dies lehnen die Gerichte aber mit Hinweis auf die o.g. fehlenden Sicherheitsstandards und die daraus resultierende Missbrauchsgefahr ab, sodass es an dem notwendigen typischen Geschehensablauf fehlt.[6] Zwar setzen sich beide Parteien dieser Gefahr aus, allerdings hat das Risiko der Verkäufer zu tragen, der Initiator des Verkaufs ist und die Vorteile des Internets und der Internetauktion für sich nutzen will.[7]

Im Fall der missbräuchlichen Verwendung von Passwörtern und anderen Identitätsmerkmalen des Bankkunden (hier: PIN und TAN im Rahmen des **Phishing/Pharming**) durch Dritte fehlt es an einem vom Bankkunden bewusst gesetzten Rechtsschein.[8]

Die Grundsätze des *Bundesgerichtshofes* zum Anscheinsbeweis bei EC-Karten[9] können auf solche Fälle nicht übertragen werden. Die Bank kann von ihren Kunden erwarten, dass diese einen den allgemeinen Anforderungen, an

---

1 *OLG Köln*, Urt. v. 13.1.2006 – 19 U 120/05, CR 2006, 489 = NJW 2006, 1676; *LG Bonn*, Urt. v. 19.12.2003 – 2 O 472/03, CR 2004, 218 m. Anm. Winter = MMR 2004, 180.
2 *LG Bonn*, Urt. v. 19.12.2003 – 2 O 472/03, CR 2004, 218 m. Anm. *Winter* = MMR 2004, 180.
3 *OLG Hamm*, Urt. v. 16.11.2006 – 28 U 84/06, NJW 2007, 611.
4 *BGH*, Urt. v. 16.3.2006 – III ZR 152/05, CR 2006, 454 m. Anm. *Klees* = MDR 2006, 1033 = FamRZ 2007, 384 = MMR 2006, 453 m. Anm. *Mankowski*. Vgl. auch *AG Diegburg*, Urt. v. 31.1.2006 – 20 C 303/05, MMR 2006, 343.
5 *BGH*, Urt. v. 16.3.2006 – III ZR 152/05, CR 2006, 454 m. Anm. *Klees* = MDR 2006, 1033 = FamRZ 2007, 384 = MMR 2006, 453 m. Anm. *Mankowski*.
6 *LG Bonn*, Urt. v. 19.12.2003 – 2 O 478/03, MMR 2004, 180.
7 *OLG Hamm*, Urt. v. 16.11.2006 – 28 U 84/06, NJW 2007, 611; *OLG Köln*, CR 2003, 35.
8 *AG Wiesloch*, Urt. v. 20.6.2008 – 4 C 57/08.
9 *BGH*, Urt. v. 5.10.2005 – XI ZR 210/03.

dem Verhalten eines durchschnittlichen PC-Benutzers orientierten Personalcomputer für die Benutzung des Online-Banking verwenden. So darf die Bank von einem verständigen, technisch durchschnittlich begabten Kunden verlangen, dass er eine aktuelle Virenschutzsoftware und eine Firewall verwendet und regelmäßig Sicherheitsupdates für sein Betriebssystem und die verwendete Software einspielt. Ebenso muss ein Kontoinhaber die Warnungen der Banken beachten, PIN und TAN niemals auf telefonische Anforderung oder Anforderung per E-Mail herauszugeben. Außerdem wird man von ihm erwarten können, dass er deutliche Hinweise auf gefälschte E-Mails und Internetseiten seiner Bank erkennt (sprachliche Mängel, deutlich falsche Internet-Adresse, Adresse ohne https://, kein Schlüsselsymbol in der Statusleiste).[1]

Hat ein Kredinistitut nach einer Phishing-Attacke einen Geldbetrag eines Kunden an einen Dritten überwiesen, besteht zwischen der Bank und dem Dritten ein nach Bereicherungsrecht rückabwickelbares Leistungsverhältnis, ohne dass sich der (bösgläubige) Dritte auf Entreicherung berufen kann.[2]

IV. Schriftform und digitale Signatur

Literatur: *Bergfelder*, Was ändert das 1. Signaturgesetz?, CR 2005, 148; *Boente/Riehm*, Das BGB im Zeitalter digitaler Kommunikation – Neue Formvorschriften, Jura 2001, 793; *Fringuelli/Wallhäuser*, Formerfordernisse beim Vertragsschluss im Internet, CR 1999, 93; *Gellert*, Elektronischer Brückenschlag – Verbindungen schaffen zwischen Public Key Infrastrukturen, DuD 2005, 597; *Kunz/Schmidt/Viebeg*, Konzepte für rechtssichere Transformation signierter Dokumente, DuD 2005, 279; *Moritz*, Quo vadis elektronischer Geschäftsverkehr?, CR 2000, 61; *Müglich*, Neue Formvorschriften für den E-Commerce, MMR 2000, 7; *Noack*, Digitaler Rechtsverkehr: Elektronische Signatur, elektronische Form und Textform, DStR 2001, 1893; *Nowak*, Der elektronische Vertrag – Zustandekommen und Wirksamkeit unter Berücksichtigung des neuen „Formvorschriftenanpassungsgesetzes", MDR 2001, 841; *Roßnagel*, Elektronische Signaturen mit der Bankkarte? – Das Erste Gesetz zur Änderung des Signaturgesetzes, NJW 2005, 385; *Sidler*, Beweislast liegt beim Schlüsselinhaber, digma 2001, 64; *Spindler*, Der neue Vorschlag einer E-Commerce-Richtlinie, ZUM 1999, 795; *Steinbeck*, Die neuen Formvorschriften im BGB, DStR 2003, 644; *Vehslage*, Das geplante Gesetz zur Anpassung der Formvorschriften des Privatrechts und anderer Vorschriften an den modernen Rechtsverkehr, DB 2000, 1801.

Die deutsche Zivilrechtsordnung sieht an zahlreichen Stellen die Einhaltung einer **besonderen Schriftform** vor. Digital signierte Dokumente und Erklärungen genügen jedoch dem Schriftformerfordernis nach derzeitiger Rechtslage schon naturgemäß nicht.[3] Denn nach § 126 BGB muss bei einer gesetzlich vorgesehenen Schriftform der Text von dem Aussteller eigenhändig durch Namensunterschrift oder mittels notariell beglaubigten Handzeichens unter-

---

[1] *LG Köln*, Urt. v. 5.12.2007 – 9 S 195/07.
[2] *LG Kreuznach*, Urt. v. 30.1.2008 – 2 O 331/07, MMR 2008, 421.
[3] So auch grundlegend *BGH*, Urt. v. 28.1.1993 – IX ZR 259/91, BGHZ 121, 224 = MDR 1993, 532 = CR 1994, 29.

zeichnet werden. Das Erfordernis der Schriftform ist zum Beispiel vorgesehen bei Verbraucherdarlehensverträgen (§ 492 Abs. 1 Satz 1 und 2 BGB), beim Grundstückskaufvertrag (§ 311b BGB), bei Quittungen (§ 368 BGB), bei der Kündigung des Arbeitsvertrages (§ 623 BGB), bei der Bürgschaftserklärung (§ 766 BGB) oder beim Testament (§§ 2231 Nr. 1, 2231 Nr. 2, 2247 Abs. 1 BGB). Im Bereich des Internetrechts bestehen im Zusammenhang mit Formvorschriften zahlreiche Sonderregelungen, von denen im Folgenden die bedeutsamsten dargestellt werden.

In den frühen Entwürfen des IuKDG (Informations- und Kommunikationsdienstegesetz) versuchte man dem Problem der elektronischen Form durch Einführung von „**Testvorschriften**" Herr zu werden, innerhalb deren Anwendungsbereich die Möglichkeiten und Risiken der elektronischen Form getestet werden sollten. Als solche waren die Vorschriften über Fernunterrichtsverträge vorgesehen. Man sah darin die Änderung einer einzelnen, praktisch kaum relevanten Formvorschrift, nämlich der Schriftform bei Fernunterrichtsverträgen im Rahmen des Fernunterrichtsschutzgesetzes, durch eine spezielle, elektronische Form vor. Dann verzichtete man jedoch auf dieses Experiment und ließ die Frage der Schriftform außen vor.

Im August 2001 ist das Gesetz zur Anpassung der Formvorschriften des Privatrechts an den modernen Geschäftsverkehr in Kraft getreten.[1] Dieses sieht, neben der notariellen Beurkundung, als weiteren Ersatz der durch Gesetz vorgeschriebenen Schriftform, die „**elektronische Form**" vor (§ 126 Abs. 3 BGB). Mit der „**Textform**" als neuer, „verkehrsfähiger" Form wird in § 126b BGB ein erleichtertes Formerfordernis gegenüber der Schriftform vorgesehen, das den Bedürfnissen des modernen Rechtsverkehrs entgegen kommt. Nach § 126b BGB wird die Textform eingehalten, wenn die Erklärung

– in einer Urkunde oder anderen „zur dauerhaften Wiedergabe in Schriftzeichen geeigneten Weise" abgegeben worden ist,
– die Person des Erklärenden genannt ist und
– der Abschluss der Erklärung durch Nachbildung der Namensunterschrift oder anders erkennbar gemacht wird.

Auf die **eigenhändige Unterschrift** soll dann verzichtet werden können. Problematisch ist hier der Verweis auf die dauerhafte Wiedergabe[2] und die Parallele zur Namensunterschrift. Die Textform ist für solche, bislang der strengen Schriftform unterliegenden Fälle gedacht, in denen das Erfordernis einer eigenhändigen Unterschrift unangemessen und verkehrserschwerend ist. Typische Anwendungen betreffen Massenvorgänge mit sich wiederholenden, meist gleichlautenden Erklärungen ohne erhebliche Beweiswirkung. Dazu zählt auch das Computerfax von PC zu PC. In dem Gesetz ausgewiesene Fälle

---
[1] Gesetz zur Anpassung der Formvorschriften im Privatrecht v. 13.7.2001, BGBl. 2001 I Nr. 35, S. 1542.
[2] Vgl. Ausführungen zum Fernabsatzrecht, Rz. 504.

sind z.B. §§ 355 Abs. 1, 410 Abs. 2, 416 Abs. 2, 556b Abs. 2 und Art. 246 § 2 Abs. 1 EGBGB.

Anders ist die Neuregelung der ZPO. Nach dem **Zustellungsreformgesetz**[1] kann die Zustellung in Zivilverfahren auch durch ein Fax oder ein elektronisches Dokument erfolgen (§ 174 Abs. 2 und 3 ZPO). Welche Formerfordernisse das elektronische Dokument erfüllen muss, lässt das Gesetz offen. Eine qualifizierte Form ist allerdings notwendig, wenn gesichert werden soll, dass der Inhalt der Nachricht bei der Übertragung unverändert geblieben ist. Das elektronische Dokument gilt als zugestellt, wenn der Adressat bestätigt, die Datei erhalten und zu einem bestimmten Zeitpunkt entgegengenommen zu haben. Das Empfangsbekenntnis kann auch elektronisch übermittelt werden, wobei eine Verschlüsselung oder Signatur nicht erforderlich ist.

V. Beweiswert digitaler Dokumente

Literatur: *Bösig,* Authentifizierung und Autorisierung im elektronischen Rechtsverkehr, 2006; *Brandner/Pordesch/Roßnagel/Schachermayer,* Langzeitsicherung qualifizierter elek-tronischer Signaturen, DuD 2002, 2; *Bieser,* Das neue Signaturgesetz, DStR 2001, 27; *Bieser,* Signaturgesetz: die digitale Signatur im europäischen und internationalen Kontext, RDV 2000, 197 und 264; *Blum,* Entwurf eines neuen Signaturgesetzes, DuD 2001, 71; *Büllesbach/Miedbrodt,* Überblick über die internationale Signaturregelung, CR 2000, 751; *Czeguhn,* Beweiswert und Beweiskraft digitaler Dokumente im Zivilprozess, JUS 2004, 124; *Dreßel/Viehues,* Gesetzgeberischer Handlungsbedarf für den elektronischen Rechtsverkehr – werden die wahren Probleme gelöst?, K&R 2003, 434; *Dumortier/Rinderle,* Umsetzung der Signaturrichtlinie in den europäischen Mitgliedstaaten, CRi 1/2001, 5; *Eßer,* Der Strafrechtliche Schutz des qualifizierten elektronischen Signaturverfahrens; *Fischer-Dieskau,* Der Referentenentwurf zum Justizkommunikationsgesetz aus Sicht des Signaturrechts, MMR 2003, 701; *Fischer-Dieskau,* Das elektronisch signierte Dokument als Mittel zur Beweissicherung, 2006; *Fischer-Dieskau, Roßnagel, Steidle,* Beweisführung am seidenen Bit-String? Die Langzeitaufbewahrung elektronischer Signaturen auf dem Prüfstand, MMR 2004, 451; *Fischer-Dieskau/Gitter/Paul/Steidle,* Elektronisch signierte Dokumente als Beweismittel im Zivilprozess, MMR 2002, 709; *Gassen,* Digitale Signaturen in der Praxis, 2003; *Geis,* Die elektronische Signatur: Eine internationale Architektur der Identifizierung im E-Commerce, MMR 2000, 667; *Geis,* Schutz von Kundendaten im E-Commerce und elektronische Signatur, RDV 2000, 208; *von Harnier,* Organisationsmöglichkeiten für Zertifizierungsstellen nach dem Signaturgesetz, 2000; *Hoeren/Schüngel* (Hrsg.), Rechtsfragen der digitalen Signatur, 1999; *Hoeren/Pfaff,* Pflichtangaben im elektronischen Geschäftsverkehr aus juristischer und technischer Sicht, MMR 2007, 207; *Leier,* Die Haftung der Zertifizierungsstellen nach dem SigG. Betrachtung der geltenden und Überlegungen zur zukünftigen Rechtslage, MMR 2000, 13; *Mankowski,* Wie problematisch ist die Identität des Erklärenden bei E-Mails wirklich?, NJW 2002, 2822; *Mason,* Electronic Signatures – Evidence, CLSR 18 (2002), 175; *Miedbrodt,* Das Signaturgesetz in den USA; DuD 2000, 541; *Miedbrodt,* Signaturregulierung im Rechtsvergleich, 2000; *Morel/Jones,* De-mystifying electronic signatures and electronic signatures law from a

---

[1] Gesetz zur Reform des Verfahrens bei gerichtlichen Zustellungen vom 25.6.2001, BGBl. I 1206, in Kraft seit dem 1.7.2002. Siehe dazu auch *Viefhues/Scherf,* MMR 2001, 596 und *Viefhues,* CR 2001, 556.

European Union perspective, Communications Law 7 (2002), 174; *von Ondarza*, Digitale Signaturen und die staatliche Kontrolle von „Fremdleistungen", 2001; *Rapp*, Rechtliche Rahmenbedingungen und Formqualität elektronischer Signaturen, 2002; *Redeker*, EU-Signaturrichtlinie und Umsetzungsbedarf im deutschen Recht, CR 2000, 455; *Rieß*, Signaturgesetz – der Markt ist unsicher, DuD 2000, 530; *Roßnagel*, Auf dem Weg zu neuen Signaturregelungen, MMR 2000, 451; *Roßnagel*, Digitale Signaturen im europäischen elektronischen Rechtsverkehr, K&R 2000, 313; *Roßnagel*, Das neue Signaturgesetz, MMR 2001, 201; *Roßnagel*, Die elektronische Signatur im Verwaltungsrecht, DÖV 2001, 221; *Roßnagel*, Die neue Signaturverordnung, BB 2002, 261; *Roßnagel*, Die europäische Richtlinie für elektronische Signaturen und ihre Umsetzung im neuen Signaturgesetz, in: Lehmann (Hrsg.), Electronic Business in Europa. Internationales, europäisches und deutsches Online-Recht, 2002, 131; *Roßnagel*, Rechtliche Unterschiede von Signaturverfahren, MMR 2002, 215; *Roßnagel*, Die fortgeschrittene digitale Signatur, MMR 2003, 164; *Roßnagel*, Qualifizierte elektronische Signatur mit Einschränkungen für das Besteuerungsverfahren, K&R 2003, 379; *Roßnage/Fischer-Dieskau/Pordesch/Brandner*, Erneuerung elektronischer Signaturen, CR 2003, 301; *Roßnagel/Fischer-Dieskau/Pordesch/Brandner*, Das elektronische Verwaltungsverfahren – Das Dritte Verwaltungsverfahrensänderungsgesetz, NJW 2003, 469; *Roßnagel/Wilke*, Die rechtliche Bedeutung gescannter Dokumente, NJW 2006, 2145; *Schemmann*, Die Beweiswirkung elektronischer Signaturen und die Kodifizierung des Anscheinsbeweises in § 371a ZPO, ZZP 118 (2005), 161; *Schlauri/Jörg/Arter* (Hrsg.), Internet-Recht und Digitale Signaturen, 2005; *Schlechter*, Ein gemeinschaftlicher Rahmen für elektronische Signaturen, K&R Beilage 10/2000; *Schmidl*, Die elektronische Signatur. Funktionsweise, rechtliche Implikationen, Auswirkungen der EG-Richtlinie, CR 2002, 508; *Schröter*, Rechtssicherheit im elektronischen Geschäftsverkehr. Zur Notwendigkeit einer gesetzlichen Zurechnungsregelung beim Einsatz elektronischer Signaturen, WM 2000, 2134; *Tettenborn*, Die Novelle des Signaturgesetzes, CR 2000, 683; *Thomale*, Die Haftungsregelung nach § 11 SigG, MMR 2004, 80; *Vehslage*, Beweiswert elektronischer Dokumente, K&R 2002, 531; *Welsch*, Das Signaturänderungsgesetz, DuD 2000, 408; *Wietzorek*, Der Beweis des Zugangs von Anlagen in E-Mails, MMR 2007, 156; *Yonemaru/Roßnagel*, Japanische Signaturgesetzgebung – Auf dem Weg zu „e-Japan", MMR 2002, 806.

Abseits der Schriftform stellt sich die Frage nach dem Beweiswert digital generierter Dokumente.

1. Freie richterliche Beweiswürdigung

Nach herrschender Auffassung können diese Dokumente **nur im Rahmen freier richterlicher Beweiswürdigung** (§ 286 ZPO) im Zivilprozess Berücksichtigung finden.[1] Dabei mehren sich die Stimmen auch innerhalb der Jurisprudenz, die einer E-Mail im Bestreitensfall keinen Beweiswert zuerkennen. So soll die Angabe einer E-Mail-Adresse selbst bei Absicherung mit einem Passwort kein ausreichendes Indiz dafür sein, dass der E-Mail-Inhaber tatsächlich an einer Internetauktion teilgenommen hat.[2] Wegen des zunehmenden Phi-

---

1 Hierzu sehr ausführlich *Nöcker*, CR 2000, 176; *Geis*, CR 1993, 653; *Heun*, CR 1995, 2, 3; a.A. nur *Kilian*, DuD 1993, 607, 609.
2 *AG Erfurt*, Urt. v. 14.9.2001 – 28 C 2354/01, MMR 2002, 127 m. Anm. *Wiebe* = CR 2002, 767 m. Anm. *Winter*; ähnlich auch *OLG Köln*, Urt. v. 6.9.2002 – 19 U 16/02, MMR 2002, 813 = CR 2003, 55 m. Anm. *Mankowski* 44 = K&R 2003, 83 m. Anm.

shing-Risikos ist selbst bei passwortgeschützten Systemen eine Zuordnung zum ursprünglichen Berechtigten nicht mehr möglich; eine Beweislastumkehr zu dessen Lasten ist daher unmöglich.[1] Anders argumentieren Stimmen in der Literatur, die zumindest für die Identität des Erklärenden bei E-Mails einen Anscheinsbeweis für möglich ansehen.[2] Auch soll ein solcher bei Vorliegen einer Lesebestätigung gegeben sein.

Eine Qualifizierung digital generierter Dokumente als Privaturkunde i.S.v. § 416 ZPO scheidet aus, da es an einer dauerhaften Verkörperung sowie an einer hinreichenden Unterschrift fehlt und darüber hinaus die Gedankenäußerung nicht unmittelbar aus sich heraus wahrgenommen werden kann. Der Verkäufer kann daher beim Abschluss eines Vertrages via Internet nicht darauf vertrauen, dass die elektronisch erstellten Unterlagen den vollen Beweis für den Abschluss und den Inhalt des Vertrages erbringen. Der Kunde kann sich problemlos darauf berufen, dass er den Vertrag nie, oder nicht mit diesem Inhalt, abgeschlossen hat. Sendeprotokolle erbringen nämlich nicht den Anscheinsbeweis für den Zugang einer Erklärung; sie haben allenfalls Indizwirkung.[3] Im Übrigen sieht die Rechtsprechung Internetauktionen als Versendungskauf an, so dass die Darlegungs- und Beweislast für den Inhalt eines Pakets beim Verkäufer liegt.[4]

2. Beweisvereinbarung

Die Problematik des Beweiswerts digital generierter Dokumente lässt sich auch nicht vertraglich durch Abschluss einer **Beweisvereinbarung** lösen. Zwar wäre eine Klausel denkbar, wonach der Kunde den Beweiswert der elektronischen Dokumente als Urkundsbeweis akzeptieren muss. Eine solche Klausel hätte jedoch keine Bindungswirkung für die richterliche Beweiswürdigung. Der Richter könnte es weiterhin ablehnen, die Dokumente als Urkunden zu qualifizieren. Auch die Bindung des Kunden an diese Klausel ist zweifelhaft.[5]

Roßnagel = TKMR 2003, 51; *OLG Hamburg*, Urt. v. 13.6.2002 – 3 U 168/00, MMR 2002, 677 m. Anm. *Funk/Wenn* 820; *LG Bonn*, Urt. v. 19.12.2003 – 2 O 472/03, MMR 2004, 179 m. Anm. *Mankowski*; *LG Bonn*, Urt. v. 7.8.2001 – 2 O 450/00, MMR 2002, 255 m. Anm. *Wiebe* = CR 2002, 293 m. Anm. *Hoeren*; *LG Konstanz*, Urt. v. 19.4.2002 – 2 O 141/01 A, MMR 2002, 835 m. Anm. *Winter* = CR 2002, 609; *AG Karlsruhe-Durlach*, Urt. v. 2.8.2001 – 1 C 355/01, MMR 2002, 64.
1 *LG Magdeburg*, Urt. v. 21.10.2003 – 6 O 1721/03 C 321, CR 2005, 466.
2 So *Mankowski*, NJW 2002, 2822 und CR 2003, 44; *Veshlage*, K&R 2002, 531, 533; *Krüger/Bütter*, MDR 2003, 181, 186.
3 *BGH*, Urt. v. 7.12.1994 – VIII ZR 153/93, MDR 1995, 952 = FamRZ 1995, 552 = CR 1995, 143 m. Anm. *Wiebe* = NJW 1995, 665.
4 *LG Berlin*, Urt. v. 1.10.2003 – 18 O 117/03, CR 2004, 306 = MMR 2004, 189. Anders aber *LG Essen*, Urt. v. 16.12.2004 – 10 S 354/04, CR 2005, 601.
5 *Hoeren*, CR 1995, 513, 516.

3. Signaturrichtlinie und das neue Signaturgesetz

Hier hat die Europäische Union mit der Ende 1999 in Kraft getretenen **Signaturrichtlinie** Abhilfe geschaffen.[1] In der Richtlinie wird **zwischen „elektronischen Signaturen"** und **„fortgeschrittenen digitalen Signaturen"** unterschieden. Einer (einfachen) elektronischen Signatur darf nach Art. 5 Abs. 2 nicht generell die Rechtsgültigkeit und die Zulässigkeit als Beweismittel abgesprochen werden. Eine „fortgeschrittene digitale Signatur" hat darüber hinaus auch einen erhöhten Beweiswert. Dazu ist erforderlich, dass die Signatur ausschließlich dem Unterzeichner zugeordnet ist, die Identifizierung des Unterzeichners ermöglicht und mit Mitteln erstellt wird, die der Unterzeichner unter seiner alleinigen Kontrolle halten kann und so mit den Daten, auf die sie sich bezieht, verknüpft ist, so dass eine nachträgliche Veränderung der Daten erkannt werden kann. „Fortgeschrittene" elektronische Signaturen, die auf einem qualifizierten Zertifikat beruhen,[2] sollen das rechtliche Erfordernis einer Unterschrift erfüllen (Art. 5 Abs. 1). Es dürfte damit feststehen, dass zumindest dann, wenn die hohen Sicherheitsanforderungen des deutschen Signaturgesetzes erfüllt sind, der Beweiswert eines dergestalt signierten Dokuments, dem einer Privaturkunde gleichkommt. Gleiches dürfte auch für Signaturverfahren anderer Staaten gelten, sofern die dortigen Zertifizierungsstellen die in Anhang II der Richtlinie festgelegten Voraussetzungen erfüllen. Zertifizierungsstellen, die ein qualifiziertes Zertifikat ausstellen, müssen gegenüber jeder Person, die vernünftigerweise auf das Zertifikat vertraut, haften. Sie können den Anwendungsbereich von Zertifikaten und den Wert der Transaktionen, für die ein Zertifikat gültig ist, begrenzen. Die Zertifizierungsstelle ist in diesen Fällen nicht für Schäden verantwortlich, die sich aus einer über den Anwendungsbereich oder die Höchstgrenze hinausgehenden Nutzung eines Zertifikats ergeben.

Die Signaturrichtlinie ist der richtige Weg. Sie lässt aber noch Fragen offen. Insbesondere das Verhältnis der **„fortgeschrittenen digitalen Signatur"** zu den Sicherheitsanforderungen einzelner nationaler Signaturregelungen ist unklar. Es sollte sehr schnell Planungssicherheit dahingehend hergestellt werden, welche Sicherheitsinfrastruktur welchen Beweiswert für ein digital signiertes Dokument mit sich bringt. Die Planungssicherheit lässt sich aber nur dadurch herstellen, dass einzelne Akteure anfangen, die Signatur einzusetzen. Gefordert ist hier der Staat, mit gutem Vorbild voranzugehen. Auch die großen Unternehmen sind gefordert, den klassischen Vertrieb um einen virtuel-

---

[1] Richtlinie 1999/93/EG des europäischen Parlaments und des Rates v. 13.12.1999 über gemeinschaftliche Rahmenbedingungen für elektronische Signaturen, ABl. L 13 v. 19.1.2000, 12. Parallel dazu sind die Arbeiten zum UNCITRAL-Modellgesetz für den elektronischen Geschäftsverkehr zu beachten, die auch die Entwicklung einheitlicher Regeln für elektronische Signaturen umfassen (http://www.uncitral.org). Auch die OECD arbeitet an einer Übersicht über Formvorschriften im Bereich elektronischer Signaturen.

[2] Die an ein qualifiziertes Zertifikat zu stellenden Voraussetzungen finden sich in Anhang I der genannten Richtlinie.

len Distributionsweg mittels digitaler Signaturen zu ergänzen und hierzu z.B. dem Versicherungsnehmer eine entsprechende Hardware (Chipkarte und Lesegerät) kostengünstig zur Verfügung zu stellen. Ansonsten droht das spieltheoretische Dilemma, dass niemand aus Angst der erste sein will und die digitale Signatur aus diesem Grund nie zum effektiven Einsatz kommt.

Nach dem Signaturgesetz vom 16. Mai 2001, das die Signaturrichtlinie in deutsches Recht umsetzt, kommen **verschiedene Stufen** der Signaturerzeugung zum Tragen. Da ist zum ersten die **einfache Signatur**. Es handelt sich um eine digitale Unterschrift, deren Erzeugung nicht nach den Vorgaben des Signaturgesetzes erfolgt. Solche Signaturen sind nicht verboten. Sie sind aber nicht der Schriftform gleichgestellt (§ 126 Abs. 3 BGB). Auch kommt ihnen kein erhöhter Beweiswert i.S.v. § 371a ZPO zu. Es fehlt ihnen schließlich auch die Sicherheitsvermutung nach § 15 Abs. 1 SigG.

Im Signaturgesetz sind lediglich die Anforderungen an eine „**qualifizierte elektronische Signatur**" geregelt. Erst eine solche Signatur erfüllt die Anforderungen des Signaturgesetzes (vgl. § 2 Abs. 3 SigG). Als „qualifiziertes Zertifikat" gilt jede elektronische Bescheinigung, mit denen Signaturprüfschlüssel einer natürlichen Person zugeordnet werden und die die Identität dieser Person bestätigen (§ 2 Nr. 6 und 7 SigG). Das Zertifikat muss bestimmte Mindestangaben enthalten (§ 7 SigG) und den gesetzlichen Vorgaben des SigG entsprechen. Erlaubt sind – im Unterschied zum alten SigG – auch softwarebasierte Signatursysteme (§ 2 Nr. 10 SigG). Der Betrieb eines Zertifizierungsdienstes für solche Zertifikate ist genehmigungsfrei nach entsprechender Anzeige möglich (4 Abs. 1 und 3 SigG). Die Anzeige erfolgt bei der Bundesnetzagentur; die Bundesnetzagentur nimmt auch die allgemeine Missbrauchsaufsicht hinsichtlich der Einhaltung der technischen Standards vor. Nach § 11 Abs. 1 SigG haftet eine Zertifizierungsstelle einem Dritten für den Schaden, den dieser dadurch erleidet, dass er auf die Angaben in einem qualifizierten Zertifikat vertraut. Diese Haftung entfällt nur dann, wenn der Anbieter beweisen kann, dass er nicht schuldhaft gehandelt hat (§ 11 Abs. 2 SigG). Ein qualifiziertes Zertifikat hat nach § 292a ZPO den Anschein für sich, dass die zertifizierte elektronische Willenserklärung echt ist. Dieser Anschein kann nur durch Tatsachen erschüttert werden, die es ernsthaft als möglich erscheinen lassen, dass die Erklärung nicht mit dem Willen des Signatur-Schlüssel-Inhabers abgegeben worden ist. Der Kunde kann also immer noch vortragen, die Chipkarte mit dem Signaturschlüssel sei ihm entwendet worden. Allerdings trifft ihn dann eine Obliegenheit, diesen Fall unverzüglich dem Vertragspartner anzuzeigen; ansonsten verliert er sein Rügerecht. Im Übrigen bleibt ihm die Behauptung, ihm seien nicht die Daten angezeigt worden, die er signiert habe (etwa weil ein anderes als das signierte Dokument im Hintergrund signiert worden ist). Gelingt dem Anwender der Nachweis einer solch falschen Präsentation, ist die signierte Erklärung nicht authentisch. In der

Forschung wird zu Recht von der „Achillesferse" des Signaturrechts gesprochen.[1]

Eine freiwillige Akkreditierung ist für Zertifizierungsdiensteanbieter möglich, die von der zuständigen Behörde ein zusätzliches Gütesiegel erhalten (§ 15 SigG). Zu diesen Anbietern zählt die Deutsche Telekom AG mit ihrer Tochter „T-Telesec Crypt" (http://www.telesec.de) und die Deutsche Post AG mit ihrem Dienst „Signtrust" (http://signtrust.deutschepost.de).

Seit Inkrafttreten des neuen Signaturgesetzes sind bereits mehr als 20 **Zertifizierungsstellen** akkreditiert.[2] Den auf diese Weise generierten Zertifikaten kommt ein noch höherer Beweiswert als den normalen qualifizierten Signaturen zu, ohne dass man weiß, wie hoch der Beweiswert zu bemessen ist. Für das Zivilrecht stehen qualifizierte und akkreditierte Signaturverfahren auf einer Stufe; für Behörden erscheint allerdings eine Verpflichtung zur Nutzung akkreditierter Verfahren möglich.[3]

Zu klären ist noch die **Interoperabilität der Signaturen**, insbesondere im Hinblick auf die Nutzung im Ausland. Ende September 2001 wurden erst Interoperabilitätsspezifikationen (ISIS-MTT) seitens des BMWi veröffentlicht. Im Übrigen ist inzwischen auch das 3. Verwaltungsverfahren-Änderungsgesetz am 1. Februar 2003 in Kraft getreten.[4] Hiernach kann für den Bereich des Verwaltungsverfahrens eine durch Rechtsvorschrift angeordnete Schriftform, soweit nicht durch Rechtsvorschrift etwas anderes bestimmt ist, durch die elektronische Form ersetzt werden. Diese Form wird gem. § 3a Abs. 2 VwVfG erfüllt, wenn das elektronische Dokument mit einer qualifizierten elektronischen Signatur nach dem Signaturgesetz versehen ist. Zu beachten ist ferner, dass beispielsweise im **Arbeitsgerichtsgesetz** (ArbGG) Sonderregelungen bezüglich elektronischer Dokumente gelten, §§ 46b, 46c und 46d ArbGG. Bei etwaigen Dokumenten, die von den Parteien dem Gericht zugeleitet werden, ersetzt eine qualifizierte Signatur die Schriftform. Das Gleiche gilt für gerichtliche Dokumente seitens des Richters, Rechtspflegers oder Urkundsbeamten der Geschäftsstelle, deren Unterschrift durch eine qualifizierte elektronische Signatur ersetzt werden kann.

Seit 2005 findet sich in der **Zivilprozessordnung** (ZPO) allerdings der § 371a, welcher auf qualifizierte elektronische Signaturen im Zivilprozess die Vorschriften über die Beweiskraft privater Urkunden für entsprechend anwendbar

---

1 So *Fischer-Dieskau u.a.*, MMR 2002, 709, 713. Siehe dazu auch *Pordesch*, DuD 2000, 89.
2 Ein aktueller Stand zu Zertifizierungsanbietern, die sich bei der Regulierungsbehörde akkreditiert oder dort ihre Tätigkeit angezeigt haben, ist unter http://www.bundesnetzagentur.de zu finden.
3 Siehe *Roßnagel*, DÖV 2001, 225; *Roßnagel*, MMR 2002, 215.
4 BGBl. I, 3322. Dazu auch *Schmitz/Schlatmann*, NVwZ 2002, 1281; *Schlatmann*, LKV 2002, 489; *Roßnagel*, NJW 2003, 469; zu den Entwürfen *Schmitz*, NVwZ 2000, 1238; *Catrein*, NWVBl 2001, 50; *Catrein*, NVwZ 2001, 413; *Rosenbach*, DVBl. 2001, 332; *Roßnagel*, DÖV 2001, 221; *Roßnagel*, DVBl. 2002, 1005; *Storr*, MMR 2002, 579.

erklärt. Zudem erfolgt eine Beweiserleichterung in Form eines Anscheinsbeweises (prima-facie-Vermutung), dass das Dokument mit dieser Signatur vom Signaturschlüssel-Inhaber abgegeben wurde, § 371a Abs. 2 ZPO. Auch das MarkenG ermöglicht die Einreichung elektronischer Dokumente, die mit einer qualifizierten elektronischen Signatur versehen sind, sowohl vor dem DPMA, als auch vor dem BpatG und dem *BGH* nach § 95a MarkenG.

Am 24. Februar 2011 hat der Bundestag den Gesetzesentwurf für das De-Mail-Gesetz verabschiedet, welches am 3. Mai 2011 in Kraft getreten ist. Ziel des Gesetzes ist die Gewährleistung eines sicheren, vertraulichen und nachweisbaren Geschäftsverkehrs für jedermann im Internet. Bei der **De-Mail** handelt es sich um ein kostenpflichtiges Kommunikationsmittel im Internet, das den schnellen, verbindlichen und vertraulichen Austausch rechtsgültiger elektronischer Dokumente, wie vertrags- und geschäftsrelevanter Unterlagen, zwischen Bürgern, Behörden und Unternehmen ermöglichen soll. Hierfür sollen Mail-Provider eine zusätzliche eigene Infrastruktur für sichere E-Mail-Kommunikation aufbauen und in dieser zusammenarbeiten. Die De-Mail soll insgesamt vier neue Möglichkeiten bieten, um die Mängel im unsicheren E-Mail-Verkehr zu beheben: einen gegen Ausspähung und Manipulation gesicherten E-Mail-Verkehr, sichere Nachweise der Identität des Kommunikationspartners, belastbare Beweismittel für Handlungen im E-Mail-Verkehr und eine rechtssichere Zustellung elektronischer Dokumente auch gegen nichtkooperative Kommunikationspartner.[1] Diese vier De-Mail-Dienste, durch deren Nutzung die De-Mail-Nutzer untereinander ihre E-Mail-Kommunikation absichern können, sollen Sicherheit für den Rechts- und Geschäftsverkehr gewährleisten. Die Anforderungen an diese Dienste sind in den §§ 3–8 De-Mail-Gesetz geregelt.

Mail-Provider, die die De-Mail-Funktion anbieten wollen, müssen die gesetzlichen Voraussetzungen erfüllen und diese freiwillig in einer Akkreditierung nachweisen. Hierfür muss der Antragssteller unter anderem nachweisen, dass er ausreichend zuverlässig und fachkundig ist, über eine Deckungsvorsorge verfügt und die datenschutzrechtlichen Anforderungen erfüllt.[2] Nur akkreditierte Anbieter können nach § 17 Abs. 1 Satz 3 und 4 De-Mail-Gesetz ihre Vertrauenswürdigkeit durch ein Gütezeichen nachweisen. Durch die Akkreditierung wird es möglich, weitergehende Rechtsfolgen an die De-Mail-Dienste zu knüpfen. So besteht bei der De-Mail die Möglichkeit, eine Zugangsbestätigung zu erhalten. Es handelt sich hierbei um ein mit Richtigkeitsbestätigung versehenes technisches Protokoll, das dem Absender als qualifiziert elektronisch signiertes Dokument bereitgestellt wird, welches er als Augenscheinsbeweis gem. § 371 Abs. 1 Satz 2 ZPO in den Prozess einbringen kann, um den Zugang in Gestalt der Ablage der Nachricht im Postfach des Empfängers zu beweisen. Der Beweis dürfte im Rahmen der freien richterlichen Beweiswürdigung gem. § 286 Abs. 1 ZPO (Anscheinsbeweis) zumindest

---

[1] Begründung der Bundesregierung, BT-Dr. 17/3630, S. 1.
[2] Hierzu *Roßnagel*, CR 2011, 25.

dann gelingen, wenn das De-Mail-System des Providers des Empfängers zuverlässig arbeitet und Unregelmäßigkeiten nicht bekannt geworden sind. Bei der De-Mail mit Zugangsbestätigung ist nicht nur der Zugang des Schriftstücks bewiesen, sondern auch sein Inhalt, da die De-Mail durch Verschlüsselung auch gegen Veränderungen geschützt ist.[1]

Aufgrund langwieriger Akkreditierungsverfahren[2] wird erwartet, dass De-Mail-Post über geschätzt 2 Mio. registrierte Postfächer erst Ende 2011 verschickt werden kann.[3]

Das Projekt wurde ursprünglich von der Bundesregierung als Teil ihrer High-Tech-Strategie seit 2006 langfristig und sorgfältig vorbereitet. Es wurde erstmals im November 2008 auf dem IT-Gipfel in Darmstadt vorgestellt und in einem sechsmonatigen Pilotprojekt von Oktober 2009 bis März 2010 in Friedrichshafen am Bodensee genutzt, um Urkunden wie Geburtsbescheinigungen, Aufenthaltsbestätigungen oder die nach Waffenrecht vorgeschriebenen Rundschreiben an alle Waffenbesitzer zu verschicken.[4] Dabei wurde auch sein Name von „Bürgerportale" in „De-Mail" geändert. Insgesamt nahmen 812 Privatpersonen und über 30 Unternehmen und Organisationen,[5] die De-Mail sowohl anboten als auch nutzten, teil und zogen ein positives Fazit.[6]

Das Konkurrenzangebot der *Deutschen Post*, „E-Postbrief", welches noch nicht dem De-Mail-Standard entspricht,[7] hat nunmehr lauterkeitsrechtliche Fragestellungen aufgeworfen. So wurde der Werbespruch, der E-Postbrief sei *„so sicher und verbindlich wie der Brief"* und übertrage *„die Vorteile des klassischen Briefes ins Internet"*, auf Klage der Verbraucherzentrale vom *LG Bonn*[8] für unzulässig erklärt, da das Schriftformerfordernis bei elektronischer Kommunikation nur durch eine qualifizierte elektronische Signatur ersetzt werden könne, diese Möglichkeit beim E-Postbrief aber nicht bestehe. Verbraucher könnten durch die Annahme, elektronische Post sei so verbindlich wie ein Brief, Fristen versäumen und erhebliche Nachteile erleiden.[9]

Die EU-Kommission schlägt vor, elektronische Rechnungen in Zukunft ebenso zu behandeln wie auf Papier ausgestellte.[10] Damit würde die seit 1. Januar 2002 als § 14 Abs. 3 Nr. 1 im deutschen Umsatzsteuergesetz (UStG) einge-

---

1 Palandt/*Heinrichs*, § 130 Rz. 21.
2 *Viefhues*, MMR-Aktuell 2011, 317906; Näheres zum Verfahren: https://www.bsi.bund.de/ContentBSI/The-men/Egovernment/DeMail/DeMail.html.
3 *Viefhues*, MMR-Aktuell 2011, 317906; http://heise.de/-1280513.
4 http://www.heise.de/newsticker/meldung/DE-Mail-kommt-an-945382.html.
5 U.a. T-Home, T-Systems, WEB.DE und GMX, die zwei Drittel des deutschen E-Mail-Markts abdecken.
6 Siehe z.B. *Gelzhäuser*, DuD 2010, 646; *Dietrich/Keller-Herder*, DuD 2010, 301.
7 *Viefhues*, MMR-Aktuell 2011, 317906.
8 *LG Bonn*, Urt. v. 30.6.2011 – 14 O 17/11.
9 Vgl. auch becklink 1015557.
10 http://ec.europa.eu/taxation_customs/resources/documents/common/whats_new/COM(2008)805_en.pdf.

führte Vorschrift entfallen, elektronische Rechnungen qualifiziert zu signieren. Zur Begründung ihres Gesetzesvorschlags führt die Kommission an, die vorhandenen Regeln seien „zu kompliziert und unterschiedlich". Ein am 2. Januar 2011 verabschiedeter Entwurf[1] für ein Steuervereinfachungsgesetz sah daraufhin die Änderung des Umsatzsteuergesetzes dahingehend vor, dass elektronische Rechnungen nicht mehr nur mit einer qualifizierten Signatur versehen oder per EDI versandt werden konnten, sondern auch Übermittlungsverfahren wie Download per Web-Link, E-Post oder DE-Mail möglich sein sollten. Nachdem dieser Entwurf vom Bundestag am 23. September 2011 verabschiedet wurde,[2] hat sich der Bundesrat diesem am gleichen Tag angeschlossen.[3] Die geplanten Erleichterungen für elektronische Rechnungen können nun also wie geplant rückwirkend zum 1. Juli 2011 in Kraft treten. Künftig gelten von Fax zu Fax übermittelte Rechnungen als normale Papierrechnungen. Elektronische Rechnung und Papierrechnung werden gleich behandelt, d.h. der Vorsteuerabzug ist zulässig, wenn die Echtheit der Herkunft und die Unversehrtheit und Lesbarkeit des Rechnungsinhalts gewährleistet sind und sich alle Pflichtangaben vollständig auf der Rechnung befinden. Eine qualifizierte Signatur ist nicht mehr erforderlich.[4]

VI. Das Recht der Allgemeinen Geschäftsbedingungen

Literatur: *Kamanabrou*, Vorgaben der E-Commerce-RL für die Einbeziehung von AGB bei Online-Rechtsgeschäften, CR 2001, 421; *Kitz*, Vertragsschluss im Internet, in: Hoeren/Sieber (Hrsg.), Handbuch Multimedia-Recht, 2011, Teil 13.1; *Moritz*, Quo vadis elektronischer Geschäftsverkehr, CR 2000, 64 f.; *Graf von Bernstorff*, Ausgewählte Rechtsprobleme im Electronic Commerce, RIW 2000, 15 f.; *Rehbinder/Schmauss*, Rechtsprobleme beim Vertragsschluss im Internet, UFITA 2000/II, 313; *Rinkler*, AGB-Regelungen zum Rückgriff des Unternehmers und zu Rechtsmängeln auf dem Prüfstand, ITRB 2006, 68; *Schmitz/Eckhardt*, AGB – Einwilligung in Werbung, CR 2006, 533; *Wiebe*, Vertragsschluss und Verbraucherschutz bei Internet-Auktionen und anderen elektronischen Marktplätzen, in: *Spindler/Wiebe* (Hrsg.), Internetauktionen und Elektronische Marktplätze, 2005.

Das Recht der Allgemeinen Geschäftsbedingungen hat besondere Bedeutung auch im Bereich des Online-Rechts, und zwar insbesondere durch die Schwierigkeiten, die sich durch die Verwendung/Einbeziehung auf Webseiten stellen.

Hierbei ist vorweg festzustellen, dass das AGB-Recht (§§ 305 ff. BGB) nicht nur auf B2C- oder auf B2B-Verträge Anwendung findet, sondern auch im Bereich der C2C-Verträge. Allerdings wird der Verwendung von AGBs in diesem

---

1 Siehe http://www.bundesfinanzministerium.de/nn_32880/DE/BMF__Startseite/Aktuelles/Aktuelle__Gesetze/Gesetzentwuerfe__Arbeitsfassungen/Steuervereinfachungsgesetz__anl,templateId%3Draw,property%3Dpubli cationFile.pdf.
2 BT-Drs. 17/5125.
3 BR-Drs. 568/11(B).
4 Weitere Informationen *Painter*, DStR 2011, 1877, 1881; http://heise.de/-1349623.

Bereich zumeist entgegenstehen, dass es sich nicht um solche Vertragsbedingungen handelt, die für eine Vielzahl von Verträgen bestimmt sind (mindestens drei Verwendungen).[1] Im Übrigen ist zu beachten, dass die Verwendung unwirksamer AGB-Klauseln regelmäßig auch als Wettbewerbverstoß angesehen wird und damit nach § 3 UWG abmahnfähig ist.[2] Auch löst die Verwendung nichtiger AGB Schadensersatzansprüche aus §§ 280, 311 BGB aus.

Besondere Schwierigkeiten macht die Einbeziehung von AGB in eine Webseite. Nach § 305 Abs. 2 BGB muss auf die Geschäftsbedingungen im Zeitpunkt des Vertragsschlusses ausdrücklich hingewiesen und dem Erwerber somit eine zumutbare Möglichkeit der Kenntnisnahme gegeben werden. Wird im Zusammenhang von Rahmenverträgen vorab auf die AGB hingewiesen und deren Einbeziehung vereinbart, sind die Anforderungen von § 305 Abs. 2 BGB erfüllt.

Problematisch ist die Einbeziehung von AGB, die der Nutzer nur über den elektronischen Abruf einsehen kann. Unstreitig ist eine Einbeziehung von AGB durch sog. **Click-Wrap-Agreements** möglich, bei denen der Kunde die AGB elektronisch zur Lektüre einsehen kann und durch Klicken einer elektrischen Schaltfläche seine Zustimmung hierzu erklärt.[3] Hier wird häufig noch mit gerichtlichen Entscheidungen zum Btx-Verkehr argumentiert, die besagen, dass das Lesen längerer Bedingungen aufgrund der langen Übertragungsdauer unzumutbar sei.[4] Bei **Texten, die länger als eine Bildschirmseite sind**, soll eine Ausdruckmöglichkeit bestehen.[5] Andere verweisen aber wiederum darauf, dass der Ausdruck mit Kosten verbunden ist, Kenntnisse des Kunden hinsichtlich der Druckmöglichkeiten voraussetzt und im Übrigen die Existenz eines Druckers bedingt.[6] Ähnlich hält die Literatur wegen der nachträglichen Änderbarkeit eine wirksame Vereinbarung von AGB über elektronische Netze für unmöglich.[7]

Diese Anforderungen erscheinen überzogen. Der Besteller ist gerade im WWW-Bereich frei, sich die AGB auf seinen Rechner oder einen Proxy-Server zu laden und in aller Ruhe, ohne zusätzliche Übertragungskosten, zu lesen.

---

1 *BGH*, Urt. v. 15.4.1998 – VIII ZR 377/96, MDR 1998, 890 = NJW 1998, 2286; *BGH*, VersäumnisUrt. v. 25.9.2001 – XI ZR 109/01, NJW 2002, 138; *BAG*, Urt. v. 1.3.2006 – 5 AZR 363/05, DB 2006, 1377; Palandt/*Heinrichs*, § 305 Rz. 9.
2 *OLG Frankfurt a.M.*, Beschl. v. 4.7.2008 – 6 W 54/08 – LSK 2009, 010396; *KG*, Beschl. v. 25.1.2008 – 5 W 344/08; *OLG Celle*, Urt. v. 28.2.2008 – 13 U 195/07; a.A. *OLG Köln*, Urt. v. 16.5.2008 – 6 U 26/08 – MMR 2008, 540.
3 So auch *LG Essen*, Urt. v. 13.2.2003 – 16 O 416/02, MMR 2004, 49.
4 *LG Aachen*, Urt. v. 24.1.1991 – 6 S 192/90, MDR 1991, 540 = CR 1991, 222 = NJW 1991, 2159, 2160; *LG Wuppertal*, Urt. v. 16.5.1990 – 8 S 21/90, MDR 1991, 349 = CR 1992, 93 = NJW-RR 1991, 1148, 1149; *AG Ansbach*, zit. n. *Herget/Reimer*, DStR 1996, 1288, 1293. In der Literatur wird diese Argumentation geteilt von *Ulmer/Brandner/Hensen*, AGBG, 8. Aufl. 1997, § 2 Rz. 49a und *Borges*, ZIP 1999, 130; *Mehrings*, BB 1998, 2373.
5 *Heinrichs*, NJW 1999, 1596; ähnlich auch *Borges*, ZIP 1999, 130.
6 Siehe dazu *Mehrings*, BB 1998, 2373; *Kamanbrou*, CR 2001, 421.
7 *Wolf/Horn/Lindacher*, AGBG, 4. Aufl 1999, § 2 Rz. 24; *Bultmann/Rahn*, NJW 1988, 2432.

Er kann sie zusätzlich ausdrucken und hat dadurch die Gewähr, die jeweiligen AGB unzweifelhaft zur Kenntnis nehmen zu können. Schließlich bedient sich der Nutzer zum Vertragsschluss freiwillig des Internets und muss damit auch die für das WWW typischen Informationsmöglichkeiten akzeptieren. Eine nachträgliche Änderung der AGB wäre unter dem Gesichtspunkt des Betrugs strafbar. Von daher spricht diese eher vage Möglichkeit nicht gegen die wirksame Vereinbarung von AGB.[1]

Nicht ausreichend ist der **bloße Hinweis auf die AGB auf der Homepage**, etwa im Rahmen von Frames auf der Einstiegsseite.[2] Zu empfehlen ist die Aufnahme eines Hinweises auf die AGB nebst Link in das Online-Bestellformular: „Hiermit bestelle ich – wobei ich die Geschäftsbedingungen (hier Link) zur Kenntnis genommen und akzeptiert habe – folgende Artikel:". Noch deutlicher wären zwingend in den Bestellablauf integrierte Fenster mit den AGB, die sich erst auf einen Buttondruck des Bestellers hin wieder schließen. In einem solchen Fall wären vier Fenster einzurichten, die nacheinander „durchzuklicken" und zu bestätigen sind. Die vier Fenster sind

- ein Fenster für die Beschreibung des Lieferanten und des ausgewählten Produkts (nach den Vorgaben des Fernabsatzrechts)
- ein Fenster mit den Allgemeinen Geschäftsbedingungen
- ein Fenster mit der Datenschutz-Einwilligung (siehe §§ 4, 4a BDSG)
- ein Fenster mit der Möglichkeit zur Korrektur der Bestellung (Vorgabe der E-Commerce-Richtlinie; § 312g Abs. 2 BGB).

Zu beachten ist ferner § 312g Abs. 1 BGB, der der Umsetzung von Art. 10 Abs. 3 der E-Commerce-Richtlinie dient. Hiernach sind dem Nutzer die Vertragsbestimmungen unter Einschluss der in den Vertrag **einbezogenen Allgemeinen Geschäftsbedingungen so zur Verfügung zu stellen**, dass er sie abrufen und in wiedergabefähiger Form speichern kann. Erforderlich sind insofern Hinweise auf technische Speichermöglichkeiten über Shortcuts wie strg-s und strg-p.[3] Die Wiedergabemöglichkeit ist am besten gesichert, wenn die AGB als HTML-Dokument oder im PDF-Format (oder einem vergleichbaren Format) zum Herunterladen bereitgestellt werden.

Zulässige Klauseln in AGB sind solche bezüglich

- Bezahlverfahren
- Preis

---

[1] Zuletzt *LG Münster*, Urt. v. 21.1.2000 – 4 O 424/99, CR 2000, 313: „auch umfangreiche Geschäftsbedingungen werden bei Vertragsschlüssen im Internet wirksam einbezogen, wenn der Kunde die Möglichkeit hat, sie kostenlos zu kopieren"; ähnlich auch *Palandt/Heinrichs*, BGB, 65. Aufl. § 311; *Fringuelli/Wallhäuser*, CR 1999, 93; *Kaiser/Voigt*, K&R 1999, 445; *Löhnig*, NJW 1997, 1688; *Moritz*, CR 2000, 61; vom Bernstorff, RIW 2000, 14; *Waldenberger*, BB 1996, 2365.
[2] Siehe im Übrigen zu denkbaren Fehlern bei der AGB-Einbindung die Glosse unter http://www.kommdesign.de/galerie/empfang/rechtsabteilung.htm.
[3] Siehe *Kamanabrou*, CR 2001, 421.

- Versandkosten
- Eigentumsvorbehalt
- Aufrechnungsverbot
- „Solange der Vorrat reicht! Änderungen und Irrtümer vorbehalten"[1]

Unzulässige Klauseln sind hingegen solche bezüglich
- Gerichtswahl gegenüber Nicht-Kaufleuten
- Die Erhebung einer Gebühr für die Verwendung von Kreditkarten[2]
- Die Erhebung einer pauschalen Bearbeitungsgebühr für Rücklastschriften[3]
- Nicht geregelte Folgen in Bezug auf die Rückzahlung des bereits entrichteten Kaufpreises bei Ausübung des Widerrufsrechts[4]
- Verkürzung der gesetzlichen Verjährungsfrist für Gewährleistungsansprüche des Käufers[5]
- Einschränkungen der Ausübung des Widerrufsrechts auf „Ware in Originalverpackung und mit Originalrechnung" oder Ausschluss des Widerrufsrechts für bestimmte Warengruppen[6]
- Abwälzung der Gefahr der Rücksendung auf den Kunden bei Ausübung des Widerrufsrechts[7]
- Die Beschränkung der Gültigkeit von Warengeschenkgutscheinen auf ein Jahr[8]
- Angaben zu Lieferfristen „in der Regel" oder „ca"[9]

---

1 *BGH*, Urt. v. 4.2.2009 – VIII ZR 32/08.
2 *KG*, Urt. v. 30.4.2009 – 23 U 243/08.
3 *BGH*, Urt. v. 17.9.2009 – Xa ZR 40/08.
4 Bei *BGH*, Urt. v. 5.10.2005 – VIII ZR 382/04, MDR 2006, 435 = CR 2006, 120 handelte es sich um die Formulierung „entweder wird der Wert ihrem Kundenkonto gutgeschrieben oder Sie erhalten beim Nachnahmekauf einen Verrechnungsscheck".
5 *BGH*, Urt. v. 15.11.2006 – VIII ZR 3/06, MDR 2007, 450 = CR 2007, 351.
6 *LG Düsseldorf*, Urt. v. 17.5.2006 – 12 O 496/05, CR 2006, 858; *OLG Hamburg*, Urt. v. 20.12.2006 – 5 U 105/06, GesR 2008, 161 = GRUR-RR 2007, 402 Ähnlich *LG Konstanz*, Urt. v. 5.5.2005 – 8 O 94/05 KfH. Auch verboten ist die Verweigerung der Rücknahme unfrei versendeter Ware; *OLG Hamburg*, Beschl. v. 14.2.2007 – 5 W 15/087.
7 *LG Düsseldorf*, Urt. v. 17.5.2006 – 12 O 496/05, CR 2006, 858; *LG Landau*, Urt. v. 17.2.2006 – HKO 977/05; *LG Coburg*, Urt. v. 9.3.2006 – 1 HKO 95/05 – LSK 2007, 010357. Zulässig ist die Klausel „Bitte frankieren Sie das Paket ausreichend, um Strafporto zu vermeiden. Wir erstatten Ihnen den Portobetrag dann umgehend"; *OLG Hamburg*, Urt. v. 20.4.2007 – 3 W 83/07, CR 2008, 183 = MMR 2008, 57.
8 *LG München*, Urt. v. 5.4.2007 – 12 O 22084/06, K&R 2007, 428. Ähnlich *OLG München*, Urt. v. 17.1.2008 – 29 U 3193/07, MDR 2008, 376 – MMR 2009, 70; NJW-RR 2008, 1233.
9 *KG*, Beschl. v. 3.4.2007 – 5 W 73/07, CR 2007, 682 = NJW 2007, 2266.; *OLG Bremen*; Urt. v. 8.9.2009 – 2 W 55/09, CR 2010, 533 = MMR 2010, 26; anders *LG Frankfurt a.M.*, Urt. v. 3.7.2008 – 2-31 O 128/07 für die „ca"-Angabe.

- Unkonkretisierte Preis- oder Leistungsänderungsvorbehalte[1]
- AGB: „Unfrei zurückgesandte Ware wird nicht angenommen"[2]
- Liefervorbehalte in Bezug auf Ersatzlieferung gleichwertiger Produkte[3]
- Die Beschränkung der Rückerstattung nach fernabsatzrechtlichem Widerruf auf eine Gutschrift[4]
- Die Option, die Ware mit „versichertem Versand" zu versenden[5]
- Die Einführung von Rügepflichten im B2C-Bereich[6]
- „Teillieferungen und Teilabrechnungen sind zulässig"[7]

Versteckt sich die Zahlungspflicht in den allgemeinen Geschäftsbedingungen, kann diese Klausel ungewöhnlich und überraschend und damit unwirksam sein, wenn nach dem Erscheinungsbild der Webseite mit einer kostenpflichtigen Leistung nicht gerechnet werden musste.[8] Weist ein Diensteanbieter auf einer Internetseite blickfangmäßig auf die Möglichkeit hin, eine (Gratis-)Leistung beziehen zu können (hier: 111 Gratis-SMS und ein Gewinnspiel mit einer Gewinnchance von über 1000 Euro) ohne hinreichend deutlich und in ähnlicher Form wie diese Blickfangwerbung eine tatsächlich bestehende Zahlungspflicht und/oder Preisbestandteile herauszustellen, liegt der Fall einer irreführenden und unzulässigen Blickfangwerbung vor.[9]

Es ist in diesem Zusammenhang aber zu beachten, dass aufgrund der verbraucherfreundlichen Regelung des AGB-Rechts, insbesondere der §§ 308, 309 BGB, die Gerichte von den gesetzlichen Vorgaben nur sehr eingeschränkt abweichen.

Bei **Downloadprodukten** (wie Software oder Musik) sind im Übrigen zu beachten:

Zulässige Regelungen:

- einfaches Nutzungsrecht
- Vermietrechte verbleiben beim Provider, §§ 27, 69c Nr. 3 UrhG

---

1 *BGH*, Urt. v. 15.11.2007 – III ZR 247/06, MDR 2008, 189 = CR 2008, 178 – NJW 2008, 360; MMR 2008, 159; siehe auch *BGH*, Urt. v. 11.10.2007 – III ZR 63/07, CR 2008, 104 = MDR 2008, 194 m. Anm. *Woitkewitsch* = MMR 2008, 36.
2 *OLG Hamburg*, Urt. v. 14.2.2007 – 5 W 15/07, CR 2007, 455 = MMR 2007, 530, wegen Verstoßes gegen § 312d Abs. 1 BGB.
3 *LG Frankfurt a.M.*, Urt. v. 23.8.2006 – 2/2 O 404/05 – LSK 2007, 240288. Ähnlich auch *BGH*, Urt. v. 21.9.2005 – VIII ZB 284/04.
4 *LG Regensburg*, Urt. v. 15.3.2007 – 1 HKO 2719/06.
5 *LG Saarbrücken*, Urt. v. 15.9.2006 – 7 I 0 94/06; *LG Hamburg*, Urt. v. 18.1.2007 – 315 O 457/06 – MMR 2007, 461; *LG Hamburg*, Beschl. v. 6.11.2007 – 315 O 888/07.
6 *LG Hamburg*, Urt. v. 5.9.2003 – 324 O 224/03, CR 2004, 136 m. Anm. *Föhlisch* – MMR 2004, 190; *LG Frankfurt a.M.*, Urt. v. 9.3.2005 – 2-02 O 341/04.
7 *KG*, Urt. v. 25.1.2008 – 5 W 344/07 – GRUR 2008, 930.
8 *AG München* Urt. v. 16.1.2007 – 161 C 23695/06, CR 2007, 816 – LSK 2008, 080005.
9 *LG Stuttgart*, Urt. v. 15.5.2007 – 17 O 490/06, MMR 2007, 668.

- Keine Unterlizenzen durch den User
- Eigentum an Werkkopie?
  - Zulässig: Einzelplatzlizenz mit Verbot der gleichzeitigen Nutzung auf mehreren CPUs
  - Unzulässig: Beschränkung der Nutzung auf eine bestimmte CPU; Weiterveräußerungsverbote [str.][1]

Unzulässige Regelungen:
- Unzulässigkeit von Sicherungskopien (bei Software unerlässlich, § 69d Abs. 2 UrhG)
- Beschränkung von Fehlerbeseitigung und Deassembling (Verstoß gegen §§ 69d Abs. 1, 69e UrhG), sofern kein eigener Support des Providers

Im B2B-Fall ist die Einbeziehung von AGB unproblematischer möglich. Hier ist anerkannt, dass zur Einbeziehung in den Vertrag jede auch stillschweigende Willensübereinstimmung genügt. Im unternehmerischen Verkehr reicht es mithin aus, ist es andererseits aber auch erforderlich, dass die Parteien sich auf irgendeine Weise konkludent über die Einbeziehung der AGB einigen. Ausreichend ist, dass der Verwender erkennbar auf seine AGB verweist und der unternehmerische Vertragspartner deren Geltung nicht widerspricht. Eine ausdrückliche Einbeziehung ist auch dann wirksam, wenn die AGB dem für den Vertragsschluss maßgeblichen Schreiben nicht beigefügt waren und der Kunde den Inhalt der AGB nicht kennt.[2]

VII. Zahlungsmittel im elektronischen Geschäftsverkehr

Literatur: *Balzer*, Haftung von Direktbanken bei Nichterreichbarkeit, ZBB 2000, 2; *Behrendt*, Das Mindestreservesystem des ESZB und elektronisches Geld, EuZW 2002, 364; *Einsele*, Wertpapiere im elektronischen Bankgeschäft, WM 2001, 7; *Eisele/Fad*, Strafrechtliche Verantwortlichkeit beim Missbrauch kartengestützter Zahlungssysteme, Jura 2002, 305; *Escher*, Elektronische Zahlungen im Internet – Produkte und Rechtsfragen, in: Lehmann (Hrsg.), Electronic Business in Europa. Internationales, europäisches und deutsches Online-Recht, 2002, 585; *Fiebig*, Die Haftung beim Missbrauch von Kreditkartendaten im Internet, K&R 2002, 447; *Florian*, Rechtsfragen des Wertpapierhandels im Internet, 2001; *Hoenike/Szodruch*, Rechtsrahmen innovativer Zahlungssysteme für die Multimediadienste, MMR 2006, 519; *Hofmann*, Die Geldkarte – Die elektronische Geldbörse der deutschen Kreditwirtschaft, 2001; *Kißling*, Zahlung mit elektronischen Werteinheiten, 2001; *Kaperschmidt*, Rechtsfragen des Vertriebs von Investmentfonds im Internet, WM 2002, 1747; *Koch/Maurer*, Rechtsfragen des Online-Vertriebs von Bankprodukten, WM 2002, 2443 (Teil I) und 2481 (Teil II); *Koch*, Bankgeheimnis im Online- und Internet-Banking, MMR 2002, 504; *Krüger/Bütter*, Elektro-

---
1 E.A. *LG München*, Urt. v. 19.1.2006 – 7 O 23237/05, CR 2006, 159 m. Anm. *Haines/Scholz* = MMR 2006, 175: grundsätzlich unzulässige Klausel; a.A. *OLG München*, Urt. v. 3.8.2006 – 6 U 1818/06, CR 2006, 655 = MMR 2006, 748: abhängig davon, ob dingliche oder schuldrechtliche Regelung getroffen wurde.
2 *OLG Bremen*, Urt. v. 11.2.2004 – 1 U 68/03 = 7 O 733/03, NJOZ 2004, 2854.

nische Willenserklärungen im Bankgeschäftsverkehr: Risiken des Online-Banking, WM 2001, 221; *Kümpel*, Elektronisches Geld (cyber coins) als Bankgarantie, WM 1999, 313; *Luckey*, Ein europarechtlicher Rahmen für das elektronische Geld, WM 2002, 1529; *Mai*, Wertpapierhandel im Internet unter besonderer Berücksichtigung der zivilrechtlichen Haftung von Börseninformationsdiensten, 2000 (unverä. Magisterarbeit); *Müglich/Simon*, Datenaustausch im elektronischen Zahlungsverkehr per UN/EDIFACT, K&R 2000, 282; *Neumann*, Die Rechtsnatur des Netzgeldes – Internetzahlungsmittel ecash, 2000; *Neumann/Bock*, Zahlungsverkehr im Internet, 2004; *Oberndörfer*, Digitale Wertpapiere im Lichte der neuen Formvorschriften des BGB, CR 2002, 358; *Pfüller/ Westerwelle*, Wertpapierhandel im Internet, in: Hoeren/Sieber (Hrsg.), Handbuch Multimediarecht 2004, Kap. 13/7; *Riehmer/Heuser*, Börsen und Internet, ZGR 4 (2001), 385; *Schulz*, Digitales Geld, 2000; *Stockhausen*, Die Einführung des HBCI-Standards aus bankrechtlicher Sicht, WM 2001, 605; *Spallino*, Rechtsfragen des Netzgeldes, WM 2001, 231; *Graf von Schönborn*, Bankhaftung bei der Überweisung im Internet, 2001; *Vaupel*, IPOs Over The Internet, in: Butterworths Journal of Banking and Financial Law, Februar 2000, 46; *Spindler*, Elektronische Finanzmärkte und Internet-Börsen, WM 2002, 1341 und 1365; *Weber*, Zahlungsverfahren im Internet, 2002; *Werner*, Rechtsfragen des elektronischen Zahlungsverkehrs (Teil 13.5), in: Hoeren/Sieber (Hrsg.), Handbuch Multimedia-Recht, München 2011; *Werner*, Das Lastschriftverfahren im Internet BKR 2002, 11; *Werner*, Geldverkehr im Internet. Ein Praxisleitfaden, 2002.

1. Herkömmliche Zahlungsmethoden

Im deutschsprachigen Internet sind die Kreditkarte, das Lastschriftverfahren und die Zahlung per Rechnung als Zahlungsmöglichkeiten am weitesten verbreitet.

Der **Kreditkarte** kommt zugute, dass sie sich als international anerkanntes Zahlungsmittel auch bei internationalen Transaktionen anbietet. Ihr Vorteil liegt für den Internet-Händler darin, dass das Kreditkartenunternehmen ihm eine Zahlungsgarantie gewährt, so dass er sich nicht primär auf die Bonität seines Kunden verlassen muss. Der Kunde wiederum kann Kreditkartenzahlungen relativ leicht stornieren lassen, so dass das Risiko sich für ihn in vertretbaren Grenzen hält. Sicherheitsprobleme tauchen dann auf, wenn die Daten ungeschützt über das Netz verschickt werden, so dass sie leicht abgefangen bzw. mitgelesen werden können. Daher wird heute TLS bzw. SSL als Sicherheitsstandards eingesetzt. Das **Transport Layer Security** (**TLS**) bzw. sein Vorgängername **Secure Sockets Layer** (**SSL**) ist ein hybrides Verschlüsselungsprotokoll zur sicheren Datenübertragung im Internet. SSL-Verschlüsselung wird heute vor allem mit HTTPS eingesetzt. Jedes SSL-Zertifikat enthält eindeutige und authentifizierte Informationen über den Eigentümer des Zertifikats. Eine Zertifizierungsstelle überprüft bei der Ausstellung die Identität des Zertifikatsbesitzers.

Im **Lastschriftverfahren** wird dem Händler auf elektronischem Wege die Ermächtigung erteilt, den Rechnungsbetrag per Lastschrift vom Girokonto des Kunden einzuziehen. Zu diesem Zweck teilt der Kunde dem Händler, meist im Wege eines WWW-Formulars, die Daten seiner Bankverbindung mit. Nachteil dieses Verfahrens ist, dass dem Händler ein Nachweis über die Lastschriftermächtigung fehlt, da ein solcher die handschriftliche Signatur des Kunden erfordert. Nach dem Lastschriftabkommen zwischen Kreditwirtschaft und Industrie ist diese Form des Nachweises zwingend; ein elektronisches Dokument reicht nicht aus.[1] Ein weiterer Unsicherheitsfaktor besteht für den Händler darin, dass der Kunde Lastschriften binnen sechs Wochen problemlos zurückbuchen lassen kann. Für internationale Transaktionen ist das Lastschriftverfahren ungeeignet, da es in dieser Form auf das Inland begrenzt ist.

Beim **Rechnungsversand** ist zu bedenken, dass der Händler das Risiko der Bonität und Zahlungsbereitschaft des Kunden trägt, da die Warenlieferung der Zahlung zeitlich vorgeht. Ohne zusätzliche Möglichkeiten, sich der Identität des Kunden sowie der Authentizität der Bestellung zu versichern – z.B. durch den Einsatz digitaler Signaturen und Zertifikate – ist diese Zahlungsform für die meisten Internet-Händler nicht optimal.

2. Internetspezifische Zahlungsmethoden

Systeme, die die **Zahlung im Internet per Chipkarte** (z.B. Geldkarte oder Mondex)[2] **oder Netzgeld** (z.B. eCash) ermöglichen, haben keine Praxisdurchsetzung erfahren. Auch Verfahren bei Kleinbetragszahlungen (sog. micropayments) wie Millicent und CyberCoin konnten sich nicht durchsetzen.[3]

Die Funktionsweise dieser Formen elektronischen Geldes ist bereits ausführlich in der Literatur beschrieben worden.[4] Hier soll sich die weitere rechtliche Beurteilung auf das **Netzgeld** beschränken. Die entscheidende Weichenstellung besteht in der Frage, ob Netzgeld seiner Rechtsnatur nach eher als **Forderung** gegen die Bank oder aber als eine Art verbriefte **Inhaberschuldverschreibung** (§§ 793, 797 BGB) anzusehen ist. Im ersten Fall wäre Netzgeld parallel zu den „normalen" Guthaben bei einer Bank zu behandeln; allerdings wäre dann auch die Zirkulationsfähigkeit des Netzgeldes wegen des sehr engen Gutglaubensschutzes bei Forderungsabtretungen[5] gefährdet. Im zweiten Fall steht eine sachenrechtlich orientierte Sichtweise im Vordergrund, die Netzgeld als digitale, dennoch durch Übereignung nach § 929 BGB übertragbare Münze ansieht. Allerdings scheitert diese Sichtweise daran, dass dem Netzgeld die Urkundsqualität fehlt und insofern die Annahme einer wertpapier-

---

[1] *Werner*, in: Hoeren/Sieber, Handbuch Multimediarecht, München 2011, Teil 13.5, Rz. 39.
[2] http://www.mondex.com/; Mondex ist in Deutschland nicht erhältlich.
[3] http://www.paypal.com/cybercash.
[4] Siehe dazu insbesondere *Furche/Wrightson*, Cybermoney, 1997; *Birkelbach*, WM 1996, 2099; *Jaskulla*, ZBB 1996, 216; *Escher*, WM 1997, 1163; *Werner*, in: Hoeren/Sieber, Handbuch Multimediarecht, München 2011, Teil 13.5; *Gramlich*, in: Handbuch zum Internet-Recht, 103.
[5] Siehe §§ 407, 409 BGB.

rechtlichen Verbriefung fehlschlagen muss.[1] *Escher* schlägt daher eine analoge Anwendung der Vorschriften zur Inhaberschuldverschreibung vor und spricht insofern von „Inhaberschulddaten", „digitalisierten Inhaberschuldverpflichtungen" bzw. „Wertdaten".[2] Dieser Analogieschluss ist zumindest bei offenen Systemen, die eine Nutzung von eCash auch außerhalb eines auf eine Bank bezogenen Testbetriebes zulassen, gerechtfertigt. Er entspricht der von der herrschenden Meinung[3] vorgenommenen analogen Anwendung der Eigentumsvorschriften auf Software, die insoweit nur als Spezialfall digitaler Informationen anzusehen ist. Anders ist die Sachlage jedoch für die geschlossenen eCash-Systeme, bei denen eine einzelne Großbank eCash an ausgewählte Kunden „ausgibt" und nachträglich über den Händler wieder „einlöst". In Anlehnung an die rechtliche Einordnung der Geldkarte[4] ist das Verhältnis zwischen Kunden und Bank als Geschäftsbesorgungsvertrag i.S.v. § 675 BGB anzusehen. Die Übersendung der digitalen „Münzen" vom Kunden an den Händler impliziert eine Einzelweisung des Kunden an die Bank gem. §§ 665, 675 BGB, das eCash-Konto mit einem bestimmten Betrag zu belasten und in entsprechender Höhe einem anderen Konto gutzuschreiben. Der Händler übermittelt diese Weisung als Bote an die Bank, die nach einer Online-Überprüfung der eingereichten „Münzdatei" die Einlösung gegenüber dem Händler bestätigt. Mit letzterer Erklärung geht die Bank gegenüber dem einlösenden Händler eine abstrakte Zahlungsverpflichtung ein. Im Verhältnis von Kunden und Händler ist eCash nur als Leistung erfüllungshalber anzusehen (§ 364 Abs. 2 BGB).[5]

Besonderer Beliebtheit erfreut sich das Internetzahlungssystem **PayPal**.[6] Es bietet dem Nutzer nach einer Registrierung die Möglichkeit Transaktionen im Internet über dieses Konto abzuwickeln. Der Nutzer kann hierbei seinem Vertragspartner das Geld auf dessen PayPal-Konto überweisen oder aber einer Zahlungsaufforderung, d.h. einer elektronischen Rechnung, des Vertragspartners nachkommen und sie von seinem PayPal-Konto begleichen. In der Grundversion des Accounts muss der User zuvor Geld auf dieses überweisen, um damit als Guthaben verfahren zu können. Es gibt allerdings daneben eine weitere Accountform, bei der der User eine eigene, reale Kontoverbindung oder aber seine Kreditkartennummer angibt, die per Testüberweisung bzw. Testabbuchung von PayPal verifiziert wird, so dass er auch ohne Guthaben auf seinem PayPal-Konto Überweisungen tätigen kann, die dann von seinem

---

[1] Zur fehlenden Urkundsqualität digitalisierter Informationen siehe auch die Ausführungen unten.
[2] *Escher*, WM 1997, 1173.
[3] Siehe hierzu *BGH*, Urt. v. 4.11.1987 – VIII ZR 314/86, MDR 1988, 223 = CR 1988, 124 = CR 1988, 994 m. Anm. *Ruppelt* = NJW 1988, 406.
[4] Siehe *Escher*, WM 1997, 1179.
[5] Das e-Cash-System ist jedoch bis heute nicht weit verbreitet; es ist fraglich, ob das System in Zukunft bestehen kann.
[6] Interessant zum Ganzen: *Hoenike/Szodruch*, Rechtsrahmen innovativer Zahlungssysteme für Multimediadienste, MMR 2006, 519; *Meder/Grabe*, PayPal – Die „Internet-Währung" der Zukunft, BKR, 2005, 467.

Konto durch PayPal eingezogen werden. Durch diese Verifizierung verringert PayPal das Missbrauchsrisiko auf ein Minimum. Das Risiko des Zurückgehens von Zahlungen trägt aber weiterhin der Vertragspartner. Besonders interessant ist in diesem Zusammenhang die Möglichkeit des Users, bei PayPal das Guthaben mit einer Beschränkung dahingehend zu versehen, dass über das Guthaben erst nach Freigabe durch den User verfügt werden kann, so dass eine Prüfung der Ware ermöglicht und etwaige Gewährleistungsrechte gesichert sind.

Als besonders problematisch ist allerdings das Klauselwerk von PayPal zu sehen, mit dem die Vertragsbeziehung zum User geregelt wird. Das Werk an sich ist äußerst umfangreich und hauptsächlich an den amerikanischen Rechtsrahmen angepasst, sodass es eine Vielzahl von Klauseln enthalten dürfte, die nicht den deutschen Anforderung entsprechen und damit unwirksam wären.

Währungsrechtlich ist Netzgeld **nicht als gesetzliches Zahlungsmittel** i.S.v. § 14 Abs. 1 BBankG anzusehen und kollidiert damit nicht mit dem Notenmonopol der Deutschen Bundesbank. Die Ausgabe des Netzgeldes ist nicht nach § 35 BBankG strafbar. Infolge der geplanten Aufhebung der Vorschriften zur Mindestreserve spielt die Frage, ob die Ausgabe von Netzgeld nicht zu einer für die Mindestreservepolitik gefährlichen Herabsenkung des Bargeldumlaufs führen wird, wohl keine Rolle mehr. Das Geldwäschegesetz, das in § 2 eine „Annahme oder Abgabe von Bargeld" voraussetzt, ist weder direkt noch analog auf Netzgeld anwendbar.

VIII. Verbraucherschutz im Internet

Literatur: *Ady*, Die Umsetzung der Verbraucherkreditrichtlinie in deutsches Recht und besondere verbraucherpolitische Aspekte, WM 2009, 1061; *Aye*, Verbraucherschutz im Internet nach französischem und deutschem Recht: Eine Studie im Lichte der europäischen Rechtsangleichung, 2005; *Bierekoven*, Rechtssichere Widerrufsbelehrung im Onlinehandel, ITRB 2007, 73; *Dilger*, Verbraucherschutz bei Vertragsabschlüssen im Internet, 2002; *Drexl*, Verbraucherschutz und Electronic Commerce in Europa, in: Lehmann (Hrsg.), Electronic Business in Europa. Internationales, europäisches und deutsches Online-Recht, 2002, 473; *Gülpen*, Verbraucherschutz im Rahmen von Online-Auktionen, 2005; *Klewitz*, Verbraucherschutz bei Rechtsgeschäften im Internet, 2006; *Marini*, Profili giuridici del commercio ellettronico nel diritto communitario, in: Dir. Comm. Int 2000, 329; *Pauly*, M-Commerce und Verbraucherschutz, 2005; *Priwaczenko*, Verbraucherschutz bei grenzüberschreitendem Internetkredit, WM 2007, 189; *Reich/Nordhausen*, Verbraucher und Recht im elektronischen Geschäftsverkehr, 2000; *Föhlisch*, Verbraucherschutz im Internet, in: Hoeren/Sieber, Handbuch Multimediarecht, München 2011, Teil 13.4.

Eine besondere Rolle bei der Nutzung des Internets spielen Verbraucherschutzfragen. Insbesondere ist hier zu fragen, inwieweit auf elektronische Bestellungen Bestimmungen des Verbraucherschutzrechts zur Anwendung kommen.

Bis vor kurzem stellte die komplette Neugestaltung des Verbraucherschutzrechts und eine damit einhergehende sog. „Vollharmonisierung" eines der erklärten Ziele der Europäischen Union dar. In einem Richtlinienvorschlag der Kommission vom 8. Oktober 2008 wurden vier der wichtigsten, bereits geltende Richtlinien im Bereich des Verbraucherschutzes überarbeitet und in einem Dossier zusammengeführt.[1] Das Ziel der „Vollharmonisierung" ist es, einen echten Nutzen für Verbraucher und Unternehmen zu erzeugen, indem das gesamte Verbraucherschutzrecht so weit wie möglich vereinheitlicht wird. Dafür müssten in allen bestehenden Verbraucherrichtlinien z.b. Widerrufsrechte für Verbraucher und Informationspflichten der Unternehmer möglichst gleich ausgestaltet werden. Eine solche Vereinheitlichung des Verbraucherschutzrechts bedeutet jedoch nicht nur gleiche Mindeststandards in allen Mitgliedstaaten, sondern gleichzeitig auch ein Herabsetzen des Schutzniveaus in Ländern mit einem ausgeprägtem Verbraucherschutz wie z.B. Deutschland. Vollharmonisierte Regelungen nehmen den Mitgliedstaaten die Möglichkeit, weitergehende Regelungen zum Schutz der Verbraucher aufrechtzuerhalten oder neu einzuführen. Für die Geltendmachung von Gewährleistungsrechten aus einem Kaufvertrag – etwa bei mangelhafter Ware – soll z.B. nach dem Richtlinienvorschlag eine im deutschen Recht bisher nicht bestehende Rügepflicht für den Verbraucher eingeführt werden. Er soll die Mängelrechte nur noch wirksam geltend machen können, wenn er dem Verkäufer binnen zwei Monaten, nachdem er einen Mangel festgestellt hat, diesen mitteilt. Rügt er nicht rechtzeitig, soll er seine Gewährleistungsrechte verlieren. Aufgrund starken Widerstands gegen die Zwangsvereinheitlichung aus Angst vor einem Aufweichen des Verbraucherschutzniveaus ist die EU-Kommission jedoch mitlerweile wieder von ihrem Ziel der „Vollharmonisierung" abgewichen, so dass fraglich ist, inwiefern der Entwurf noch umgesetzt werden wird.

1. Kollisionsrechtliche Fragen

Literatur: *Borges*, Weltweite Geschäfte per Internet und deutscher Verbraucherschutz ZIP 1999, 565; *Ernst*, Verbraucherschutzrechtliche Aspekte des Internets, VuR 1997, 259; *Kronke*, Electronic Commerce und Europäisches Verbrauchervertrags-IPR, RiW 1996, 985; *Mankowski*, E-Commerce und Internationales Verbraucherschutzrecht, MMR-Beilage 7/2000 22; *Rüßmann*, Verbraucherschutz im Internet, K&R 1998, 129; *Spindler*, Internationales Verbraucherschutzrecht im Internet, MMR 2000, 185; *Staudinger*, Internationales Verbraucherschutzrecht made in Germany, RiW 2000, 416; *Waldenberger*, Grenzen des Verbraucherschutzes beim Abschluss von Verträgen im Internet, BB 1996, 2365.
Speziell zur Änderung durch die Rom I-VO:
Martiny, Neues deutsches internationales Vertragsrecht, RiW 2009, 737; *Pfeiffer*, Neues Internationales Vertragsrecht – Zur Rom I Verordnung, EuZW 2008, 622.

---

1 Vorschlag für eine Richtline des europäischen Parlaments und des Rates über Rechte der Verbraucher: Dokumentennummer 2008/0196 (COD).

Auch bei Verbraucherverträgen ist zunächst das anwendbare materielle Recht zu bestimmen. Das UN-Kaufrecht ist gem. Art. 2 Buchst. a CISG nicht anwendbar, sofern das Konsumentengeschäft für den Verkäufer als solches erkennbar ist. An der Erkennbarkeit kann es fehlen, wenn ein Angestellter eine Bestellung über die E-Mail-Adresse seines Unternehmens vornimmt, die Leistung jedoch für seinen privaten Bedarf bestimmt ist.

Seit der Aufhebung[1] der Art. 27–37 EGBGB a.F. Ende 2009 erfolgt die Ermittlung der anwendbaren Kollisionsvorschriften nun europaweit einheitlich nach der sog. „Rom I-VO" (Verordnung EG (Nr.) 593/2008), die als Verordnung ohne Umsetzung unmittelbar Wirkung in den Mitgliedstaaten entwickelt. Für Verbraucherverträge gilt hierbei nun insbesondere Art. 6 Rom I-VO.

Haben die Parteien **keine Rechtswahl** getroffen, gilt bei Verbraucherverträgen das Recht des Staates, in dem der Verbraucher seinen gewöhnlichen Aufenthalt hat (Art. 6 Abs. 1 Rom I-VO). In diesem Zusammenhang ergeben sich bei Vertragsschlüssen im Internet weder Probleme noch Besonderheiten.

Voraussetzung ist, dass es sich um einen Verbrauchervertrag i.S.d. Art. 6 Abs. 1 Rom I-VO handelt, der Vertragszweck also nicht der beruflichen oder gewerblichen Tätigkeit des Kunden zugerechnet werden kann. Zudem wird zum Teil – wie bei Art. 2 Buchst. a CISG – gefordert, dass der Vertragspartner den Verwendungszweck nach den objektiven Gegebenheiten erkennen konnte.

Sachlich unterliegen grundsätzlich sämtliche Vertragsarten der Sonderreglung des Art. 6 Abs. 1 Rom I-VO. Lediglich der Ausnahmekatalog gem. Art. 6 Abs. 4 Rom I-VO ist zu beachten. Besonderheiten für den Vertragsschluss im Internet ergeben sich aus diesem jedoch nicht.

Einschränkungen in der Anwendbarkeit können sich lediglich aus den räumlichen Voraussetzungen des Art. 6 Rom I-VO ergeben. So wird vorausgesetzt, dass der Vertragsschluss auf Grund äußerer Umstände für den Verbraucher in die Nähe eines Inlandsgeschäftes rückt. Anstelle der speziellen Fallgruppen des Art. 29 Abs. 1 Nr. 1–3 EGBGB a.F. sind nun jedoch zwei generalklauselartige Formulierungen getreten. Diese erfordern entweder gem. Buchst. a die Ausübung einer beruflichen oder gewerblichen Tätigkeit durch den Unternehmer im Aufenthaltsstaat des Verbrauchers oder gem. Buchst. b das Ausrichten einer solchen Tätigkeit auf diesen Staat.

Hierbei kommt es nicht auf die eingesetzten Medien an. Entscheidend ist allein die Ausrichtung der Tätigkeiten. Internet-Angebote sind allerdings regelmäßig nicht speziell auf ein bestimmtes Staatsgebiet gerichtet, sondern an die ganze Welt adressiert. Jedoch wird die Ansprache im Internet zumindest auch als individuell an den Aufenthaltsstaat des Verbrauchers gerichtet empfunden und es wäre zudem widersprüchlich, wenn sich der Anbieter die Internationa-

---

[1] Die Aufhebung erfolgte durch das Gesetz zur Anpassung der Vorschriften des internationalen Privatrechts an die Verordnung EG (Nr.) 593/2008 v. 25.6.2009.

lität des Mediums nicht zurechnen lassen müsste. Das Risiko, einer Vielzahl von Rechtsordnungen unterworfen zu sein (Overspill-Risiko), muss grundsätzlich derjenige tragen, der sich eines transnationalen Mediums bedient. Daher genügt es für die Anwendbarkeit des Art. 6 Abs. 1 Rom I-VO, dass die Internet-Angebote zumindest **auch** auf den Aufenthaltsstaat des Verbrauchers abzielen.

Eine **Rechtswahl** ist neben den allgemeinen Regeln gem. Art. 3 Abs. 1 Rom I-VO auch bei Verbraucherverträgen gem. Art. 6 Abs. 2 Satz 1 Rom I-VO ausdrücklich zulässig und primär zur Bestimmung des anwendbaren Rechts zu berücksichtigen. Zum Schutz des Verbrauchers darf gem. Art. 6 Abs. 2 Rom I-VO diese Rechtswahl jedoch nicht dazu führen, dass dem Verbraucher der Schutz entzogen wird, den ihm die zwingenden Bestimmungen des Staats gewähren, in dem er seinen gewöhnlichen Aufenthalt hat. Auch bei Vereinbarung ausländischen Rechts steht einem deutschen Verbraucher daher bei elektronischen Bestellungen der Schutz nach dem BGB zu.

Regelmäßig nach Art. 6 Rom I-VO ist Art. 46b EGBGB zu prüfen, weil die Vorschrift den Verbraucherschutz nach Art. 6 Rom I-VO ergänzt. Art. 46b EGBGB regelt den Verbraucherschutz für besondere Gebiete, die durch Rechtswahl von den Vertragsparteien gewählt worden sind. Der Rückgriff auf Art. 46b EGBGB ist jedoch nur dann sinnvoll, wenn Art. 6 Rom I-VO nicht zu einem richtlinienkonformen Verbraucherschutz nach dem Recht eines Mitgliedstaats führt. Ist dieser gegeben, besteht kein Anlass zur Anwendung von Art. 46b EGBGB. Dieser greift jedoch dann ein, wenn Art. 6 Rom I-VO tatbestandlich nicht anwendbar ist oder zur Anwendung des für den Verbraucher ungünstigeren Rechts eines Nicht-EU/EWR-Mitgliedstaats führt.

Zu beachten ist, dass Art. 46b EGBGB allein die Anwendbarkeit solcher Normen regelt, die in Anwendung von Verbraucherschutzrichtlinien ergangen sind. Diese sind in Art. 46b Abs. 3 EGBGB abschließend aufgeführt. Diese Liste kann jedoch nach Bedarf vom Gesetzgeber erweitert werden. Zudem ist die Aufzählung „dynamisch" ausgestaltet: verwiesen wird jeweils auf die Sekundärrechtsakte „in ihrer jeweils geltenden Fassung".

Art. 46b EGBGB erfasst nur solche Sachverhalte, in denen eine Rechtswahl zu Gunsten des Rechts eines Drittstaats vorliegt. Nicht erfasst werden Sachverhalte, für die das Recht eines Drittstaats aufgrund objektiver Anknüpfungspunkte maßgeblich ist: Diese kann keine Partei zu ihren Gunsten beeinflussen, ein besonderer Schutz des Verbrauchers ist daher nicht erforderlich.

Art. 46b EGBGB greift demnach ein, wenn:
- der **Vertrag kraft subjektiver Anknüpfung** (also Rechtswahl) nicht dem Recht eines Mitgliedstaats oder Vertragsstaats des EWR unterliegt und
- der Vertrag einen **engen Zusammenhang** „mit dem Gebiet eines dieser Staaten" aufweist.

Liegen diese Voraussetzungen vor, so hat der Richter die „geltenden Bestimmungen zur Umsetzung der Verbraucherschutzrichtlinien" desjenigen EU- bzw. EWR-Staats anzuwenden, „zu dem der Vertrag einen engen Zusammenhang aufweist". Im Wege der allseitigen Anknüpfungen wird somit dasjenige Statut zur Anwendung berufen, zu dem der Vertrag ein besonderes Näheverhältnis innehat. Die dortigen einzelstaatlichen Sachnormen zur Umsetzung der in Abs. 3 genannten Richtlinien, gelten ergänzend zu den Normen des durch Rechtswahl bestimmten Vertragsstatuts. Bei der Anwendung des von Art. 46b Abs. 1 EGBGB berufenen Rechts bleibt es auch dann, wenn dieses dem Verbraucher einen geringeren Schutz bietet als das von den Parteien gewählte Recht. Insoweit ist ein sog. „Günstigkeitsvergleich" des gewählten mit dem von Abs. 1 berufenen Rechts nicht vorgesehen.

Art. 46b Abs. 2 EGBGB nennt Regelbeispiele für das Vorliegen eines **„engen Zusammenhangs"**. Ein solcher liegt nach Art. 46b Abs. 2 Nr. 1 EGBGB mit dem EU- bzw. EWR-Staat vor, in dem der Verbraucher seinen gewöhnlichen Aufenthalt hat und in dem ein Unternehmer eine berufliche bzw. gewerbliche Tätigkeit ausübt. Weiterhin ist nach Art. 46b Abs. 2 Nr. 2 EGBGB ein solcher enger Zusammenhang anzunehmen, wenn der Unternehmer eine solche Tätigkeit auf einen Mitglied- oder Vertragsstaat ausrichtet. Dies entspricht im Wesentlichen dem Wortlaut des Art. 6 Rom I-VO und sollte damit in diesem Sinne ausgelegt werden.

Probleme ergeben sich, wenn auf ein mitgliedstaatliches Recht verwiesen wird, in dem eine Richtlinientransformation bisher unterblieben ist oder ein Sekundärrechtsakt zwar rechtzeitig, aber unzutreffend umgesetzt wurde. Führt Art. 46b Abs. 1 EGBGB zur Anwendung eines zwar mitgliedstaatlichen, aber richtlinienwidrigen Rechts, so muss der deutsche Richter zunächst versuchen, dieses Recht anhand des des landeseigenen Methodenkanons richtlinienkonform zu interpretieren. Ist dies ausgeschlossen, verbleibt dem Verbraucher nur der Weg einer Staatshaftungsklage gegen den säumigen Mitgliedstaat.[1]

2. Das Fernabsatzrecht

Literatur: *Aigner/Hofman*, Fernabsatzrecht im Internet, 2004; *Balscheit*, Konsumvertragsrecht und E-Commerce, 2004; *Braun*, Widerrufsrecht und Haftungsausschluss bei Internetauktionen, CR 2005, 113; *Brönnecke*, Abwicklungsprobleme beim Widerruf von Fernabsatzgeschäften, MMR 2004, 127; *Fischer*, Das verbraucherschützende Widerrufsrecht und die Schuldrechtsreform, DB 2002, 253; *Föhlisch/Buchmann*, „Globales Leihhaus Internet" statt Onlinehandel? Wertersatz für Nutzungen nach fernabsatzrechtlichem Widerruf, MMR 2010, 3; *Heigl/Rettenmaier*, Widerruf und Herstellergarantie – Probleme beim Fernabsatz, K&R 2004, 559; *Hilbig*, Erstattungsfähigkeit von Hinsendekosten bei Widerruf eines Feransatzgeschäfts, MMR 2009, 300; *Hoeren/Müller*, Widerrufsrecht bei eBay-Versteigerungen, NJW 2005, 948; *Kaestner/Tews*, Praktische Probleme des Fernabsatzrechts, WRP 2005, 1335; *Kaufmann*, Das Online-Widerrufs-

---

1 *Staudinger*, RiW 2000, 416, 417.

recht im Spiegel der Rechtsprechung, CR 2006, 764; *Koch*, Widerrufsrecht bei Online – Auktionen, ITRB 2005, 67; *Leible/Wildemann*, Von Powersellern, Spaßbietern und einem Widerrufsrecht bei Internetauktionen, K&R 2005, 26; *Lejeune*, Die Reform der Widerrufsbelehrungen für den Online Handel, CR 2008, 226; *Martis/Meishof*, Voraussetzungen des Widerrufs nach § 355 BGB, MDR 2004, 4; *Marx*, Nicht nur im Internet: harmonisierter Verbraucherschutz im Fernabsatz, WRP 2000, 1228; *Marx/Bäuml*, Die Information des Verbrauchers zum Widerrufsrecht bei Fernabsatz, WRP 2004, 162; *Schmittmann*, Aktuelle Entwicklungen im Fernabsatzrecht, K&R 2003, 385 und K&R 2004, 361; *Wekwerth*, Anforderungen an preisbezogene Pflichtangaben im Fernabsatz, MMR 2008, 381.

Am 1. Juli 2001 trat das Fernabsatzgesetz in Kraft, durch welches die EU-Richtlinie über den Verbraucherschutz im Fernabsatz in nationales Recht umgesetzt wurde.[1] In der Zwischenzeit findet sich in der Literatur eine breite Palette allgemeiner Aufsätze zum Fernabsatzgesetz,[2] ein Regelwerk, das nicht internetspezifisch konzipiert ist, sondern auch auf Telefongeschäfte oder Teleshopping ausgerichtet ist. Durch das **Schuldrechtsmodernisierungsgesetz** sind die Vorschriften des Fernabsatzgesetzes in das BGB überführt worden (§§ 312b–312d BGB a.F.), ohne dass sich inhaltliche Änderungen ergaben.[3] Mit dem Gesetz zur Neuordnung der Vorschriften über das Widerrufs- und Rückgaberecht mit Wirkung zum 11. Juni 2010 sollten nun schließlich letzte Rechtsunsicherheiten auf diesem Gebiet beseitigt werden.

Trotz der EU-Vorgaben haben die Mitgliedstaaten die fernabsatzrechtlichen Vorgaben äußerst unterschiedlich umgesetzt. So variieren etwa die Widerrufsfristen zwischen sieben Werktagen (z.B. in Österreich oder UK) bis hin zu 15 Tagen (in Malta und Slowenien). Dies hat die Europäische Kommission veranlasst, einen neuen Entwurf für eine Richtlinie über „general consumer rights" zu erarbeiten. Seit Oktober 2008 hat die Europäische Kommission einen Entwurf einer Richtlinie für die Harmonisierung und Einführung neuer Konsumentenrechte in der EU geplant. Am 23. Juni 2011 hat das Europäische Parlament die Neuregelung verabschiedet.[4] Die Richtlinie sieht vor allem stark erweiterte Informationspflichten und eine einheitliche 14-tägige Widerrufsfrist für Internetgeschäfte vor. Betroffen sind alle Waren und Dienstleistungen, mit Ausnahme u.a. von Finanzdienstleistungen, Online-Flugbuchungen, Online-Wettgeschäften oder Gesundheitsdienstleistungen. Bei

---

1 ABl. EG Nr. C 156 vom 23.6.1992, 14; ABl. EG Nr. C 308 vom 15.11.1993, 18; ABl. EG Nr. C 288 vom 30.10.1995, 1 = EWS 1995, 411; EuZW 1996, 131; Richtlinie 97/7/EG des Europäischen Parlaments und des Rates vom 20.5.1997 über den Verbraucherschutz bei Vertragsabschlüssen im Fernabsatz, ABl. Nr. L 144/19 vom 4.6.1997; Referentenentwurf vom 31.5.1999. Siehe hierzu auch *Waldenberger*, K&R 1999, 345; Gesetz über Fernabsatzverträge und andere Fragen des Verbraucherrechts sowie zur Umstellung von Vorschriften auf Euro vom 27.6.2000, BGBl. I, 987.
2 Siehe dazu etwa *Fuchs*, ZIP 2000, 1273; *Härting*, CR 1999, 157; *Härting/Schirmbacher*, MDR 20000, 917; *Kamanabrou*, WM 2000, 1418; *Micklitz/Reich*, BB 1999, 2093; *Roth*, JZ 2000, 1013; *Schmidt-Räntsch*, ZBB 2000, 344; *Schmidt-Räntsch*, VuR 2000, 427; *Tonner*, BB 2000, 1413.
3 Siehe dazu *Micklitz*, EuZW 2001, 133.
4 Der Europäische Rat nahm die Richtlinie am 10.10.2011 an.

versiegelten DVDs oder CDs soll ein Widerruf nach Öffnung nicht mehr zulässig sein, bei Büchern dagegen schon. Die Widerrufsfrist verlängert sich automatisch auf ein ganzes Jahr, wenn der Verbraucher nicht über das Widerrufsrecht informiert worden ist. Die Händler müssen Verbraucher über den vollständigen Preis und die Eigenschaften der Ware informieren; es müssen auch gültige Kontaktdaten angegeben werden. Damit will man auch das Problem der „Internetabzocker" in den Griff bekommen. Bei Online-Geschäften gilt darüber hinaus die Regel, dass der Käufer nach der ersten Zustimmung zum Kauf nochmals eine Übersicht über die Gesamtkosten des Geschäfts angezeigt bekommt, bevor er diese mit einem zweiten Klick bestätigt. Im November 2011 wurde die Richtlinie im Amtsblatt der Union veröffentlicht,[1] die Mitgliedstaaten haben von diesem Zeitpunkt an zwei Jahre Zeit, die Bestimmungen in nationales Recht umzusetzen.

a) Anwendungsbereich

Der Anwendungsbereich des Fernabsatzgesetzes ist gem. § 312b Abs. 1 BGB **ein Vertragsabschluss unter ausschließlicher Verwendung von Fernkommunikationstechniken**. Dabei muss der eine Vertragspartner Verbraucher i.S.d. § 13 BGB sein. Die andere Vertragspartei muss im Rahmen eines für den Fernabsatz organisierten Vertriebs- bzw. Dienstleistungssystems handeln (§ 312b Abs. 1 BGB). Unter die in § 312b Abs. 2 BGB definierten Fernkommunikationstechniken fallen sowohl traditionelle Vertriebsmethoden wie Katalog- und Versandhandel als auch moderne Formen wie E-Mailverkauf, Internetvertrieb, Teleshopping und ähnliches. Ein Umgehungsgeschäft i.S.v. § 312i BGB liegt vor, wenn aufgrund einer telefonischen Bestellung der Kunde bei Anlieferung einen schriftlichen Vertrag unterschreiben soll.[2]

Fernabsatzrecht ist gem. § 312b Abs. 3 Nr. 6 BGB nicht auf die Vermittlung von Beförderungsverträgen anwendbar.[3] Ferner gilt das Fernabsatzrecht nach gleicher Vorschrift nicht für die Weiterleitung von Lottotipps[4] oder den gewerblichen Weiterverkauf von Eintrittskarten.[5]

Im Übrigen umfasst das Fernabsatzrecht nur Geschäfte zwischen Unternehmern und Verbrauchern (B2C). Die Einstufung des Verkäufers als Privatperson erfolgt nach Indizien, etwa der Lieferanschrift, der Angabe von Geschäftskonten oder der Verwendung der Checkbox „gewerblich". Auch wird geprüft, wie viel und wie häufig verkauft wird, wie viele Bewertungen ein Verkäufer etwa bei einem Online-Auktionshaus hat oder ob Neu- oder Gebrauchtware ver-

---

1 Richtlinie 2011/83/EU des Europäischen Parlaments und des Rates vom 25.10.2011, ABl. Nr. L 304/64 vom 22.11.2011.
2 *OLG Schleswig*, Urt. v. 28.8.2003 – 7 U 240/01, CR 2004, 300.
3 *LG Berlin*, Urt. v. 7.7.2004 – 33 O 130/03, LSK 2006, 020245.
4 *OLG Karlsruhe*, Urt. v. 23.7.2002 – 6 U 200/01, CR 2002, 682 = MMR 2002, 618.
5 *AG München*, Urt. v. 2.12.2005 – 182 C 26144/05, CR 2008, 260 = MMR 2007, 743; *AG Wernigerode*, Urt. v. 22.2.2007 – 10 C 659/06.

kauft wird. Zu berücksichtigen ist auch die Vermutung des § 346 HGB, wonach die Geschäfte eines Kaufmanns typischerweise gewerblich sind. Bei einem Powerseller besteht die Vermutung der Gewerblichkeit seines Geschäftsangebots.[1]

Die Notwendigkeit, den Informations- und Unterrichtungspflichten gemäß §§ 312c, 312d, 355, 357 BGB nachzukommen, entfällt im Fernabsatzhandel (hier: im Rahmen von eBay) auch dann nicht, wenn eine Klausel mit der Formulierung „Wir verkaufen ausschließlich an Gewerbetreibende, ein Widerrufsrecht wird deshalb ausgeschlossen" auf den Angebotsseiten des Unternehmers angebracht wird. Wie das *OLG Hamm*[2] entschied, stellt eine solche Klausel einen nach § 475 Abs. 1 BGB verbotenen Umgehungstatbestand dar, wenn durch die Klausel nicht mit hinreichender Sicherheit ausgeschlossen ist, dass ein Verkauf an Verbraucher stattfindet.

b) Widerrufs- und Rückgaberecht

Der Verbraucher kann in jedem Fall den Vertrag binnen zwei Wochen **ohne Angabe von Gründen und ohne Strafzahlung widerrufen** (§ 312d Abs. 1 BGB).[3] Das Fernabsatzgesetz verweist hinsichtlich der Modalitäten des Widerrufs auf die allgemeinen Regelungen zu Verbraucherwiderrufen (§§ 355–360 BGB). Dort ist vorgesehen, dass der Widerruf in Textform oder durch Rücksendung der Sache innerhalb von zwei Wochen erfolgen muss (§ 355 Abs. 1 Satz 2 BGB). Die Frist beginnt, wenn dem Verbraucher eine den Anforderungen des § 360 Abs. 1 BGB entsprechende Belehrung über sein Widerrufsrecht in Textform mitgeteilt worden ist (§ 355 Abs. 3 BGB). Das Widerrufsrecht erlischt gem. § 355 Abs. 4 Satz 1 BGB jedoch spätestens sechs Monate nach Vertragsschluss. Die Frist beginnt hier bei der Lieferung von Waren nicht vor Eingang beim Empfänger. Wahrt der Lieferer die Textform nicht ein, erlischt das Widerrufsrecht nicht (§ 355 Abs. 4 Satz 3 BGB).[4]

Anstelle eines Widerrufsrechts kann auch ein **Rückgaberecht** vertraglich vereinbart werden (§ 312d Abs. 1 Satz 2 BGB). Eine solche Vereinbarung ist im Internethandel durchweg sinnvoll. Beim Widerrufsrecht könnte der Verbraucher nämlich den Vertrag widerrufen und die bestellte Ware erst einmal behalten (und nutzen). Beim Rückgaberecht ist die Ware sofort zurückzugeben (§ 356 BGB). Allerdings setzt die Vereinbarung eines Rückgaberechts die Textform voraus, die zum Beispiel bei eBay-Verkäufen nicht eingehalten werden kann.[5]

---

1 *OLG Zweibrücken*, Urt. v. 28.6.2007 – 4 U 210/06, CR 2007, 681 – MMR 2008, 135.
2 *OLG Hamm*, Urt. v. 28.2.2008 – 4 U 196/07, CR 2008, 539 – MMR 2008, 469.
3 Zu den Belehrungspflichten siehe Ausführungen oben zum Online-Marketing.
4 Siehe dazu auch *BGH*, Urt. v. 31.12.2002 – I ZR 132/00 (n.v.): Bei der Beurteilung der Frage, ob eine Widerrufsbelehrung deutlich gestaltet ist, ist allein auf den Zeitpunkt abzustellen, zu dem der Verbraucher von der Belehrung anlässlich ihrer Aushändigung und gegebenenfalls Unterzeichnung Kenntnis nehmen kann.
5 *LG Berlin*, Beschl. v. 7.5.2007 – 103 O 91/07.

Folglich reichen Hinweise auf der Homepage nicht aus, um wirksam ein Rückgaberecht zu vereinbaren.[1]

Das Widerrufsrecht kann **ohne Angaben von Gründen** ausgeübt werden. Es reicht allerdings nicht aus, wenn der Verbraucher nur mitteilt, er habe „eine Rücksendung".[2] Das Widerrufsrecht kann auch geltend gemacht werden, wenn der Vertrag nach §§ 134, 138 BGB nichtig ist.[3]

c) Kostentragung

Grundsätzlich dürfen dem Verbraucher keine Kosten für die Ausübung des Widerrufsrechts auferlegt werden. Wie Art. 6 der Fernabsatzrichtlinie ausdrücklich festschreibt, dürfen dem Verbraucher einzig die unmittelbaren Kosten der Rücksendung der Waren auferlegt werden. Bei hohen Transportkosten kann der Kunde die Rücksendung bis zur Zahlung eines Vorschusses verweigern (§ 669 BGB analog).

aa) Rücksendekosten

Seit Inkrafttreten des Gesetzes zum Fernabsatz bei Finanzdienstleistungen im Dezember 2004[4] kann der Händler dem Kunden die Rücksendekosten nach ausgeübtem Widerrufsrecht dann auferlegen, wenn die einzelne zurückgesandte Ware einen Bestellwert von mehr als 40 Euro aufweist. Hierfür ist jedoch erforderlich, dass der Kunde im Zeitpunkt des Widerrufs den Kaufpreis noch nicht gezahlt hat. Ansonsten bleibt es bei der bisherigen Regelung, dass der Kunde vertraglich zur Zahlung der Rücksendekosten verpflichtet werden kann, wenn der **Bestellwert bis zu 40 Euro beträgt** (§ 357 Abs. 2 Satz 3 BGB). Wenn aber die Rücksendekosten vom Verkäufer zu tragen sind, darf dieser eine Annahme von unfrei verschickten Sendungen nicht ausschließen, da dies eine gesetzlich nicht vorgesehene Vorlieferungspflicht des Verbrauchers darstellen würde.[5] Die Auferlegung der Kosten der Rücksendung nach § 357 Abs. 2 Satz 3 BGB kann nicht allein durch die Widerrufsbelehrung erfolgen, sondern bedarf einer zusätzlichen vertraglichen Vereinbarung.[6] Eine solche vertragliche Vereinbarung liegt bereits im Hinblick auf den Empfängerhorizont des Verbrauchers mit der gesetzlichen Widerrufsbelehrung allein nicht vor, da der Verbraucher diese Belehrung vielmehr für eine gesetzliche Verpflichtung hält und somit – in irreführender Weise – nicht vor die Wahl gestellt wird, ob er mit dieser Vertragsbestimmung i.S.v. § 305 Abs. 2 BGB einverstanden ist oder nicht.

---

[1] Siehe *LG Leipzig*, Beschl. v. 27.6.2007 – 05 HKO 2050/07.
[2] *AG Schopfheim*, Urt. v. 19.3.2008 – 2 C 14/08, MMR 2008, 427.
[3] *BGH*, Urt. v. 25.11.2009 – VIII ZR 318/08.
[4] http://www.heise.de/newsticker/meldung/52649.
[5] *OLG Hamburg*, Beschl. v. 14.2.2007 – 5 W 15/07, CR 2007, 455 = MMR 2007, 530.
[6] *LG Dortmund*, Urt. v. 26.3.2009 – 16 O 46/09.

bb) Hinsendekosten

Streitig ist, ob die anteiligen Versandkosten („**Hinsendekosten**") bei Rückgabe der Ware im Versandhandelskauf erstattungsfähig sind. Einige Gerichte[1] sehen kein Problem darin, dass der Unternehmer dem Kunden bei der Rückzahlung des Kaufpreises die Erstattung der Hinsendekosten verweigert; darin sei kein Verstoß gegen §§ 312b–d BGB zu sehen. Dies sehen andere Gerichte zugunsten des Verbrauchers anders.[2] Der Verweis in AGB auf die Erstellung einer Gutschrift ist unzulässig.[3] Im Übrigen ist die Pflicht zur Erstattung auch der Hinsendekosten zwingend. Sie kann nicht durch Abschluss eines getrennten „Versendungsvertrags" ausgehebelt werden. Insofern läge sonst ein gem. § 312i BGB unzulässiges Umgehungsgeschäft vor.[4] Der *BGH* hatte allerdings angedeutet, dass ein Anspruch des Käufers auf Erstattung der Kosten der Zusendung der bestellten Ware nach den Bestimmungen des deutschen Rechts nicht gegeben ist.[5] Der Senat hat das Revisionsverfahren ausgesetzt und dem *EuGH* die Frage zur Vorabentscheidung vorgelegt, ob die Bestimmungen der Fernabsatzrichtlinie dahingehend auszulegen sind, dass sie einer nationalen Regelung entgegenstehen, nach der die Kosten der Zusendung der Waren auch dann dem Verbraucher auferlegt werden können, wenn er den Vertrag widerrufen hat. Nach dem mittlerweile vorliegenden Urteil des *EuGH*[6] steht Art. 6 Abs. 1 und 2 der Richtlinie 97/7/EG einer nationalen Regelung entgegen, nach der der Lieferer in einem im Fernabsatz abgeschlossenen Vertrag dem Verbraucher die Kosten der Zusendung der Ware auferlegen darf, wenn dieser sein Widerrufsrecht ausübt. Aus Art. 6 Abs. 1 und 2 der Richtlinie gehe ausdrücklich hervor, dass dem Verbraucher, der sein Widerrufsrecht ausübt, nur die unmittelbaren Kosten der Rücksendung der Waren auferlegt werden können. Die übrigen Kosten könnten ihm nicht in Rechnung gestellt werden. Der Verbraucher müsse vor Risiken geschützt werden, die sich daraus ergäben, dass er vor Abschluss des Vertrags im Fernabsatz keine Möglichkeit habe, die Waren zu sehen oder zu prüfen. Dementsprechend hat auch der *BGH* nun festgestellt, dass ein Verkäufer von Waren im Fernabsatzgeschäft einen Verbraucher nicht mit den Versandkosten für die Hinsendung der Ware an den Verbraucher belasten darf, wenn dieser von seinem Widerrufs- oder Rückgaberecht Gebrauch macht.[7]

---

1 *OLG Frankfurt a.M.*, Urt. v. 28.1.2001 – 9 U 148/01, CR 2002, 638 = JurPC Web-Dok. 334/2002; ähnlich *OLG Nürnberg*, HinweisBeschl. v. 5.10.2004 – 3 U 2464/04, NJW-RR 2005, 1581.
2 *OLG Karlsruhe*, Urt. v. 5.9.2007 – 15 U 226/06, CR 2008, 118 = MMR 2008, 46.
3 *BGH*, Urt. v. 5.10.2005 – VIII ZR 382/04, MDR 2006, 435 = CR 2006, 120.
4 *OLG Karlsruhe*, Urt. v. 5.9.2007 – 15 U 226/06, CR 2008, 118 = MMR 2008, 46.
5 Beschl. v. 1.10.2008 – VIII ZR 268/07.
6 *EuGH*, Urt. v. 15.4.2010 – C-511/08, NJW 2010, 1941.
7 *BGH*, Urt. v. 7.7.2010 – VIII ZR 268/07.

cc) Nutzungsentschädigung

Hinzu kommen allerdings Regelungen zu einer **Nutzungsentschädigung** (§ 357 Abs. 1 Satz 1 i.V.m. § 346 Abs. 2 Nr. 3 BGB). Hiernach soll – in Anlehnung an § 346 Abs. 2 Nr. 1 BGB – für die Überlassung des Gebrauchs oder die Benutzung einer Sache sowie für sonstige Leistungen deren Wert zu vergüten sein. Nach § 357 Abs. 3 Satz 1 BGB muss eine durch den bestimmungsgemäßen Gebrauch der Sache entstandene Wertminderung vom Verbraucher ersetzt werden, wenn er vorher auf diese Rechtsfolge hingewiesen worden ist. Nach § 357 Abs. 3 Satz 1 BGB ist der Verbraucher abweichend von § 346 Abs. 2 Satz 1 Nr. 3 Halbs. 2 BGB auch zum Wertersatz für eine Verschlechterung des empfangenen Gegenstandes durch die bestimmungsgemäße Ingebrauchnahme verpflichtet, wenn er **spätestens bei Vertragsschluss in Textform** auf diese Rechtsfolge und eine Möglichkeit, sie zu vermeiden, hingewiesen worden ist.[1] Dies gilt nach § 357 Abs. 3 Satz 3 BGB nur dann nicht, wenn die Verschlechterung ausschließlich auf die Prüfung der Sache zurückzuführen ist. § 357 Abs. 3 Satz 4 BGB enthält darüber hinaus eine auf den Verbraucher beschränkte Ausnahme von § 346 Abs. 3 Satz 1 Nr. 3 BGB, da der Verbraucher, nachdem er ordnungsgemäß über sein Widerrufsrecht belehrt worden ist oder auf andere Weise von seinem Widerrufsrecht Kenntnis erlangt hat, der Wertersatzpflicht nicht mehr dadurch entgehen kann, dass er sich auf die Beachtung der Sorgfalt beruft, die er in eigenen Angelegenheiten zu beachten pflegt.[2] Für die bestimmungsgemäße Ingebrauchnahme eines Fernsehers für 30 Betriebsstunden können 250 Euro Wertersatz verlangt werden.[3] Auch der Gebrauch von Rasierapparaten löst Ansprüche auf Nutzungsentschädigung aus.[4]

Streitig ist, ob diese Regelungen – insbesondere im Hinblick auf Art. 6 Abs. 2 und Art. 12 Abs. 1 Fernabsatzrichtlinie – richtlinienkonform sind. Ein Teil der Literatur lehnt dies ab.[5] Der *EuGH* hat sich nunmehr dieser Kritik angeschlossen.[6] Die Richter urteilten, dass der Verbraucher dem Verkäufer beim Widerruf nicht generell Nutzungsersatz zu leisten hat. Der Ersatz für gezogene Nutzungen nach § 346 Abs. 1 und 2 Nr. 1 BGB ist hiernach **nicht mit der Fernabsatzrichtlinie vereinbar**. Die Entscheidung beschäftigt sich zwar nicht mit dem Wertersatz für die Verschlechterung der Ware infolge der Ingebrauchnahme nach § 357 Abs. 3 BGB; die Entscheidungsgründe lassen sich jedoch auch auf diesen Ersatzanspruch übertragen. Denn der *EuGH* stellt generell da-

---

1 Das *AG Lahr* hat die Vereinbarkeit dieser Bestimmung mit der Ferabsatzrichtlinie bezweifelt und die Frage dem EuGH zur Entscheidung vorgelegt; Beschl. v. 26.10.2007 – 5 C 138/07.
2 *KG*, Beschl. v. 9.11.2007 – 5 W 304/07 (LG Berlin), MDR 2008, 517, MMR 2008, 339.
3 *AG Augsburg*, Urt. v. 30.10.2006 – 23 C 4461; dazu auch *öOGH*, Urt. v. 27.9.2005 – 1 Ob 110/05s: 330 Euro für 343 Stunden.
4 *AG Backnang*, Urt. v. 17.6.2009 – 4 C 810/08.
5 *Tonner*, BB 2000, 1413, 1416; Ähnlich das *AG Lahr*, Beschl. v. 26.10.2007 – 5 C 138/07, das die Frage dem EuGH zur Entscheidung vorgelegt hat, MMR 2008, 270.
6 Urt. v. 3.9.2009 – C 489/07 – Messner.

rauf ab, dass ein Wertersatzanspruch den Verbraucher wegen der Kostenfolgen von der Ausübung des Widerrufsrechts abhalten könnte. Ihm verbleibe nicht mehr die Möglichkeit, seine Rechte frei und ohne Druck zu nutzen. Es sei unzumutbar, wenn der Verbraucher schon für die Prüfung und das Ausprobieren der Ware zahlen müsse. Die derzeitigen Belehrungen müssen dementsprechend angepasst werden, will der Verkäufer nicht eine zeitlich unbegrenzte Rückgabe hinnehmen. Da der *EuGH* nicht jede Klausel zum Wertersatz geahndet hat, lassen sich Konsequenzen schwer absehen. Die Möglichkeiten, die sich aus dem Urteil ergeben, sind auch in der Literatur noch umstritten, so dass sich ein Endpunkt der Entwicklung noch nicht absehen lässt.[1]

Verboten sind zu allgemein gehaltene Hinweise wie: „Wenn Sie beschädigte Waren zurücksenden, wird der gesetzlich zulässige Betrag in Abzug gebracht". Die Klausel gibt die gesetzliche Formulierung aus Anlage 1 zu Art. 246 § 2 Abs. 3 S. 1 EGBGB nicht adäquat wieder („müssen Sie uns insoweit Wertersatz leisten") und ist insofern ein Verstoß gegen das Transparenzgebot (§ 307 Abs. 1 Satz 2 BGB). AGB-rechtlich unzulässig ist auch eine Klausel, wonach es dem Kunden obliegt, im Falle der Ausübung des Rückgaberechts die Ware in der Originalverpackung samt Innenverpackung zurückzusenden.[2]

Das *OLG Hamburg* vertritt die Auffassung, dass § 312c Abs. 2 BGB a.F. eine dem § 357 Abs. 3 BGB vorrangige Regelung enthalte und es daher für die Anwendung des § 357 Abs. 3 BGB nicht erforderlich sei, auf die Wertersatzpflicht bei Ingebrauchnahme vor Vertragsschluss in Textform hinzuweisen; vielmehr reiche es aus, wenn die Information mit Lieferung in Textform erfolge.[3] Diese Auffassung hat das *OLG Köln*[4] zurückgewiesen, gleichzeitig aber gemeint, dass § 357 Abs. 3 BGB keine Marktbezogenheit i.S.d. § 4 Nr. 11 UWG aufweise. Schließlich hat dann das *KG*[5] beide Auffassungen zurückgewiesen, seinerseits aber die Auffassung vertreten, dass es sich um eine Bagatelle handeln würde. Das *OLG Stuttgart* hat die Auffassung vertreten, dass eine Wertersatzpflicht nicht bestehe, weil § 357 Abs. 3 BGB nun mal eine Belehrung in Textform vor Vertragsschluss voraussetze, was bei eBay technisch nicht möglich sei. § 312c Abs. 2 BGB a.F. stelle keine vorrangige Regelung dar, sondern setze eine Belehrung gem. § 357 Abs. 3 BGB vielmehr voraus. Dass eine falsche Belehrung über die Rechtsfolgen des Widerrufs (und nicht nur über Bestehen oder Ausübung) einen erheblichen Wettbewerbsverstoß darstelle, sei ständige Rechtsprechung.[6]

---

[1] Vgl. hierzu: *Föhlisch/Buchmann*, MMR 2010, 3.
[2] *OLG Frankfurt a.M.*, Urt. v. 10.11.2005 – 1 U 127/05, MDR 2006, 919 = CR 2006, 195 = MMR 2006, 325.
[3] OLG Hamburg v. 19.6.2007 – 5 W 92/07, MDR 2007, 1361 = CR 2007, 659 m. Anm. Dietrich/Ziegelmayer = MMR 2007, 660 m. Anm. *Solmecke*; so auch *LG Flensburg*, Urt. v. 23.8.2006 – 6 O 107/06, CR 2007, 112 = MMR 2006, 686.
[4] *OLG Köln*, Urt. v. 3.8.2007 – 6 U 60/07, MMR 2007, 713.
[5] *KG*, Beschl. v. 9.11.2007 – 5 W 304/07 (LG Berlin), MDR 2008, 517, MMR 2008, 339.
[6] *OLG Stuttgart*, AnerkenntnisUrt. v. 7.2.2008 – 2 U 94/07.

d) Ausnahmebestimmungen

Wichtig sind die **Ausnahmebestimmungen** für das Widerrufs- und Rückgaberecht. Die Weite dieser Rechte kontrastiert mit einer Fülle von Ausnahmebestimmungen, die in § 312d Abs. 4 BGB vorgesehen sind. Diese Ausnahmen scheinen aber nur für das Widerrufsrecht, nicht für das Rückgaberecht zu gelten; ein Verweis auf § 312d Abs. 4 BGB fehlt in der Rückgaberegelung des § 312d Abs. 1 BGB. Zu beachten ist aber, dass bei Nichtbestehen eines gesetzlichen Widerrufsrechts auch kein Ersatz durch ein vertragliches Rückgaberecht in Betracht kommt. Das Rückgaberecht kann und braucht sich nur auf Artikel zu beziehen, für die ein gesetzliches Widerrufsrecht besteht.

Die Darlegungs- und Beweislast für einen Ausschluss des Widerrufsrechts nach § 312d Abs. 4 BGB liegt bei dem Unternehmer, der sich auf den Ausnahmetatbestand beruft.[1]

Zunächst besteht kein Widerrufsrecht bei Verträgen über die Lieferung von Waren, die **nach Kundenspezifikation angefertigt** oder eindeutig auf die **persönlichen Bedürfnisse der Kunden zugeschnitten** worden sind (§ 312d Abs. 4 Nr. 1 BGB). Darunter fällt etwa die Bestellung eines PKWs nach den Wünschen des Kunden (etwa im Hinblick auf Sonderausstattungen oder Farbe). Sind die Änderungswünsche nur von untergeordneter Bedeutung, ist die eng auszulegende Ausnahmevorschrift nicht einschlägig. Eine Anfertigung der Ware nach Kundenspezifikation, bei deren Vorliegen das Recht des Verbrauchers zum Widerruf eines Fernabsatzvertrages ausgeschlossen ist, ist dann nicht gegeben, wenn die zu liefernde Ware auf Bestellung des Verbrauchers aus vorgefertigten Standardbauteilen zusammengefügt wird, die mit verhältnismäßig geringem Aufwand ohne Beeinträchtigung ihrer Substanz oder Funktionsfähigkeit wieder getrennt werden können (hier PCs aus Bauteilen nach Kundenwunsch).[2]

Ferner soll der Verbraucher sein Widerrufsrecht nicht ausüben können bei Verträgen zur Lieferung von **Audio- oder Videoaufzeichnungen** oder **Software**, die vom Verbraucher **entsiegelt** worden sind (§ 312d Abs. 4 Nr. 2 BGB). Unter diese Regelung fallen nur physische Versiegelungen etwa einer CD-ROM; die bloße Eingabe des BIOS-Passwortes stellt keine Entsiegelung eines Datenträgers dar. Will man die Norm auch auf die Übertragung von Software auf einer bereits eingebauten Festplatte anwenden, legt es der Sinn und Zweck der Vorschrift nahe, nur solche Handlungen des Verbrauchers als „Entsiegelung" anzusehen, die einer erkennbar zum Schutze des Urheberrechts geschaffenen Sperre dienen. Dies ist nach Auffassung des *LG Frankfurt* bei der Eingabe eines BIOS-Passwortes nicht der Fall, da deren Zweck allein die Verhinderung von unbefugten Änderungen der BIOS-Einstellungen sei.[3]

---

[1] *BGH*, Urt. v. 19.3.2003 – VIII ZR 295/01, MDR 2003, 732 = CR 2003, 480.
[2] *BGH*, Urt. v. 19.3.2003 – VIII ZR 295/01, MDR 2003, 732 = CR 2003, 480. Ähnlich *LG Hannover*, Urt. v. 20.3.2009 – 13 S 36/08.
[3] *LG Frankfurt a.M.*, Urt. v. 18.12.2002 – 2/1 S 20/02, CR 2003, 412.

Ein Eigentor ist diese Regelung für die Softwareindustrie bzgl. des Bereichs der Software zum Downloaden angeht. Wenn Software über das Internet zum Abruf bereitgehalten wird, fehlt es an einer Versiegelung. Hier greift folglich die (als Ausnahme eng auszulegende) Regelung für versiegelte Produkte nicht ein. Die EDV-Industrie möchte hier eine andere Ausnahmebestimmung heranziehen, wonach ein Widerrufsrecht nicht bei Gütern besteht, die auf Grund ihrer Beschaffenheit nicht für eine Rücksendung geeignet sind (§ 312d Abs. 4 Nr. 1 BGB). Doch hier geht es um Pizzadienste im Internet, nicht um Software, deren Beschaffenheit eine Rückgabe ja nicht per se ausschließt.

Bereits im März 2009 hat der Bundestag einem Gesetz zugestimmt, mit dem das **Erlöschen des Widerrufsrechts bei Dienstleistungen** geändert werden soll, das im Mai den Bundesrat passierte. Das Gesetz trat am 4. August 2009 in Kraft.[1] Seitdem müssen alle Dienstleister und Shopbetreiber, die auch Dienstleistungen anbieten, ihre Bestellabläufe und die Widerrufsbelehrung schnellstmöglich anpassen. Der Text der Belehrung muss nun lauten:

„Ihr Widerrufsrecht erlischt vorzeitig, wenn der Vertrag von beiden Seiten auf Ihren ausdrücklichen Wunsch vollständig erfüllt ist, bevor Sie Ihr Widerrufsrecht ausgeübt haben."

e) Das Widerrufsrecht bei Onlineauktionen

Literatur: *Bonke/Gellmann*, Die Widerrufsfrist bei eBay-Auktionen – Ein Beitrag zur Problematik der rechtzeitigen Belehrung des Verbrauchers in Textform, NJW 2006, 3169; *Braun*, Widerrufsrecht und Haftungsausschluss bei Internetauktionen, CR 2005, 113; *Dietrich/Hofmann*, 3. Gerichte, 2. Wochen, 1. Monat? Konfusion um die Widerrufsfristen bei eBay, CR 2007, 318; *Föhlisch*, Ist die Musterwiderrufsbelehrung für den Internethandel noch zu retten?, MMR 2007, 139; *Hoeren/Müller*, Widerrufsrecht bei eBay-Versteigerungen, NJW 2005, 948; *Hoffmann*, Die Entwicklung des Internet-Rechts bis Mitte 2006, NJW 2006, 2602; *Schirmbacher*, Von der Ausnahme zur Regel: Neue Widerrufsfristen im Online-Handel?, CR 2006, 673.

Nach Zustandekommen eines Fernabsatzvertrags i.S.d. § 312b Abs. 1 BGB besteht für den Verbraucher regelmäßig ein **Widerrufsrecht** gem. §§ 312d Abs. 1, 355 BGB. Unabdingbare Voraussetzung hierfür ist allerdings, dass es sich bei dem Vertragspartner um einen Unternehmer i.S.d. § 14 Abs. 1 BGB handelt. Dies verdeutlicht, warum Verkäufer insbesondere bei Internetauktionen häufig versuchen, als Verbraucher aufzutreten, nämlich um ebendiese Einräumung des Widerrufsrechts an den Vertragspartner zu umgehen.[2]

Die **Anwendbarkeit des Widerrufsrechts** war insbesondere bei Internetauktionen im Hinblick auf die Ausnahmeregelung des § 312d Abs. 4 Nr. 5 BGB lange umstritten. Diesen Streit klärte der *BGH* allerdings dahingehend, dass er die Anwendbarkeit des § 156 BGB auf Internetauktionen verneinte, da es die-

---

1 BGBl. 2009 Teil I, Nr. 49, S. 2413.
2 Für die Einordnung als Unternehmer in einer Internetauktion vgl. *OLG Frankfurt a.M.*, Beschl. v. 21.3.2007 – 6 W 27/07.

sen an dem nötigen Zuschlag fehle, sondern Geschäfte hier vielmehr durch Angebot und Annahme zustande kämen.[1] Eine weitere Ausnahmeregelung greift nach § 312d Abs. 4 Nr. 2 BGB für Software, Audio- und Videoaufzeichnungen, sofern die gelieferten Datenträger entsiegelt worden sind. Wann eine solche Entsiegelung allerdings vorliegt und welche Maßnahmen (einschweißen, Aufkleber, o.ä.) ausreichend sind, um als Versiegelung zu gelten, ist bisher nicht abschließend geklärt. Nach dem *LG Dortmund*[2] reiche ein Tesafilmstreifen nicht als Versiegelung aus, wohingegen das *OLG Frankfurt a.M.*[3] in Bezug auf die Entsiegelung von Software darauf abstellte, ob eine Überwindung eines erkennbar zur Wahrung des Urheberrechts geschaffenen Sperre erfolgt sei, etwa durch Öffnen einer verschlossenen und äußerlich durch Aufschrift, damit erkennbar versiegelten Hülle um eine CD-ROM.

Der Widerruf kann zum einen in Textform, § 126b BGB, erklärt werden oder aber konkludent durch Rücksendung der Ware gem. § 355 Abs. 1 Satz 2 BGB. Hierbei ist allerdings die **Widerrufsfrist** des § 312d Abs. 2 BGB zu beachten. Diese beginnt regelmäßig, wenn der Verbraucher ordnungsgemäß in Textform über sein Widerrufsrecht belehrt wird, § 355 Abs. 3 BGB, und zudem die Informationspflichten des Art. 246 § 1 Abs. 1 EGBGB, § 312e Abs. 1 Satz 1 BGB erfüllt wurden, § 312c Abs. 1 BGB. Als weitere Voraussetzung benennt § 312d Abs. 2 BGB den Zugang der Waren beim Empfänger bzw. bei Dienstleistungen den Vertragsschluss. Bei ordnungsgemäßer Belehrung vor Vertragsschluss beläuft sich die Dauer der Widerrufsfrist regelmäßig auf zwei Wochen, § 355 Abs. 1 Satz 2 BGB. Sollte die Belehrung hingegen nicht unverzüglich nach Vertragsschluss erfolgen, verlängert sie sich auf einen Monat, § 355 Abs. 2 Satz 3 BGB. Sollten die Voraussetzungen allerdings auch nach Vertragsschluss nicht erfüllt werden, so erlischt das Widerrufsrecht nicht, § 355 Abs. 4 Satz 2 BGB. In diesem Fall ist die Dauer der Widerrufsfrist nur durch die Verwirkung begrenzt.

Bei einer Widerrufsbelehrung ist bezüglich der Widerrufsfrist zudem darauf zu achten, dass die genauen Vorgaben des § 312d Abs. 2, 2. Alt. BGB eingehalten werden, wonach die Frist „nicht vor Erfüllung der Informationspflichten gemäß Art. 246 § 2 EGBGB" zu laufen beginnt. § 312c Abs. 1 BGB wiederum schreibt eine Belehrung in Textform vor. Die Vorlage für eine Widerrufsbelehrung in Anlage 2 zu § 14 Abs. 1 und 3 BGB-InfoVO a.F. (Vorlage für eine Widerrufsbelehrung) war bis zur ihrer Änderung im März 2008 in diesem Punkt irreführend, da sie vom „Erhalt dieser Belehrung" sprach; wenn ein Anbieter einer Ware diese Erklärung online einstellte, erfüllte die Belehrung aber gerade nicht die Textform gem. § 126b BGB, so dass eine weitere Erklärung (diesmal in Textform) erforderlich war. Zwar stehen die BGB-InfoVO und § 312d

---
1 *BGH*, Urt. v. 3.11.2004 – VIII Z R 375/03, CR 2005, 53 m. Anm. *Wiebe* = NJW 2005, 53 = ZIP 2004, 2334 = MDR 2005, 132; ebenso: *KG*, Beschl. v. 5.12.2006 5 W 295/06, CR 2007, 331; *Dietrich/Hoffmann*, CR 2007, 318.
2 Urt. v. 1.6.2006 – 16 O 55/06 (n.v.).
3 *LG Frankfurt a.M.*, Urt. v. 18.12.2002 – 2/1 S 20/02, CR 2003, 412.

Abs. 2, 2. Alt. BGB normhierarchisch auf derselben Ebene, allerdings erkannten die Gerichte zumeist auf den Vorrang des § 312d Abs. 2, 2. Alt. BGB und befanden Erklärungen, die zwar Anlage 2 zu § 14 Abs. 1 und 3 BGB-InfoVO entsprachen, aber lediglich online eingestellt waren, bereits mehrfach als unzureichend.[1] Der Gesetzgeber behob dieses Problem mit Wirkung zum 1. April 2008 schließlich, indem er die Belehrungs-Vorlage in der BGB-InfoVO dahingehend änderte, dass die Frist „nach Erhalt dieser Belehrung in Textform" beginne, sowie ausführliche Gestaltungshinweise zu dieser Frage ergänzte.[2] Zum 11. Juni 2010 erhielten die Musterwiderrufs- sowie die Musterrückgabebelehrung den Rang eines formellen Gesetzes und sind daher durch die Instanzgerichte nicht mehr angreifbar.[3] Das Muster findet sich jetzt in Anlage 1 zu Art. 246 § 2 Abs. 3 Satz 1 EGBGB.

Problematisch ist dieses Erfordernis der **Textform** insbesondere bei Vertragsschlüssen im Rahmen von Internetauktionen, namentlich bei eBay. Die Erklärung müsste dem Verbraucher gegenüber in einer „zur dauerhaften Wiedergabe in Schriftzeichen geeigneten Weise" abgegeben werden. Der bloße Abruf der Angebotsseite auf der über das Widerrufsrecht belehrt wird, genügt diesen Anforderungen nicht.[4] Gleiches gilt für die Belehrung im Rahmen der „Mich-Seite" des Verkäufers. Voraussetzung ist vielmehr, dass die Belehrung dem Verbraucher mitgeteilt wird und damit vom Unternehmer zu erfolgen hat, so dass ein einseitiger Abruf, die Möglichkeit des Downloads oder aber das Vorhalten der Information auf der Homepage nicht ausreichend ist, es sei denn, dass es tatsächlich zu einer Perpetuierung beim Verbraucher durch Ausdruck oder Speichern gekommen ist.[5] Eine Grafik-Belehrung reicht nicht aus, um den fernabsatzrechtlichen Belehrungspflichten nachzukommen. Dadurch sei – so das *LG Berlin*[6] – nicht sichergestellt, dass der als Grafik abgelegte Text unabhängig vom verwendeten Browsertyp abrufbar ist. Das gilt insbesondere

---

1 *KG*, Beschl. v. 5.12.2006 – 5 W 295/06, MMR 2007, 185 = CR 2007, 331 = ITRB 2007, 53; *LG Koblenz*, Urt. v. 20.12.2006 – 12 S 128/06, CR 2007, 745 = BB 2007, 239; *LG Kleve*, Urt. v. 2.3.2007 – 8 O 128/06, MMR 2007, 332; *LG Halle (Saale)*, Urt. v. 13.5.2005 – 1 S 28/05, BB 2006, 1817; a.A. *LG Münster*, Urt. v. 2.8.2006 – 24 O 96/06, FamRZ 2007, 121 = MMR 2006, 762 = CR 2006, 782.
2 Dritte Verordnung zur Änderung der BGB-Informationspflichten-Verordnung v. 4.3.2008; BGBl. v. 12.3.2009, S. 292.
3 Gesetz zur Umsetzung der Verbraucherkreditrichtlinie, des zivilrechtlichen Teils der Zahlungsdiensterichtlinie sowie zur Neuordnung der Vorschriften über das Widerrufs- und Rückgaberecht vom 29.7.2009 (BGBl. I 2009, S. 2355 Gesetz zur Umsetzung der Verbraucherkreditrichtlinie, des zivilrechtlichen Teils der Zahlungsdiensterichtlinie sowie zur Neuordnung der Vorschriften über das Widerrufs- und Rückgaberecht v. 29.7.2009 (BGBl. I 2009, S. 2355).
4 *KG*, Beschl. v. 18.7.2006 – 5 W 156/06, CR 2006, 680 = NJW 2006, 3215; *OLG Hamburg*, Beschl. v. 12.1.2007 – 3 W 206/06, CR 2007, 753 = CR 2007, 818 = MMR 2007, 320.
5 *KG*, Beschl. v. 5.12.2006 – 5 W 295/06, CR 2007, 331 = MMR 2007, 185; a.A. *LG Paderborn*, Urt. v. 28.11.2006 – 6 O 70/06, MMR 2007, 191 = CR 2007, 465; *LG Flensburg*, Urt. v. 23.8.2006 – 6 O 107/06, CR 2007, 112 = MMR 2006, 686.
6 *LG Berlin*, Urt. v. 24.6.2008 – 16 O 894/07.

bei der Nutzung des WAP-Portals von eBay. Hinzu kommt, dass der Inhalt der verlinkten Datei jederzeit – auch während des Angebotszeitraumes – geändert werden kann, ohne dass dem Verbraucher dies bewusst wird, die Suchfunktion des Browsers in Grafikdateien nicht funktioniert oder die Lesbarkeit des Ausdrucks der Angebotsseite – abhängig vom verwendeten Browser und Drucker – eingeschränkt sein kann.

Es ist allerdings festzuhalten, dass der Verkäufer vor Vertragsschluss keine Kenntnis der wahren Identität des Käufers hat und zudem bis zum letzten Moment überhaupt nicht weiß, wer Käufer wird und demnach zu belehren wäre. Daher ist es für ihn nicht möglich, eine Belehrung vor Vertragsschluss vorzunehmen. Mit Wirkung zum 11. Juni 2010 hat der Gesetzgeber deshalb das BGB geändert und geregelt, dass die Aufnahme einer Widerrufsbelehrung in die Bestätigungsmail von eBay oder aber in eine unverzüglich versandte Mail des Verkäufers den zeitlichen Anforderungen an die Belehrung vor Vertragsschluss genügt.[1] Daher gilt jetzt auch für eBay-Verkäufe eine **Widerrufsdauer von zwei Wochen**, sofern der Verbraucher durch unverzügliche Zusendung einer E-Mail, eines Faxes oder aber eines Briefes spätestens mit Zusendung der Ware belehrt wird.[2]

f) Bestellkorrektur und Empfangsbestätigung

Literatur: *Bodenstedt*, „Alles für einen Euro"? Abgrenzung von Zugangsbestätigungen und Annahmeerklärungen im Internet, MMR 2004, 719; *Corlese*, Verbraucherschutz im digitalen Zeitalter: zum Europäischen IPR für Online-Verbraucherverträge, GRUR Int. 2005, 192; *Glatt*, Vertragsschluss im Internet. Die Artikel 9 bis 11 der E-Commerce-Richtlinie und ihre Umsetzung im deutschen Recht, ZUM 2001, 390; *Klimke*, Korrekturhilfen beim Online-Vertragsschluss, CR 2005, 582; *Stockmar/Wittwer*, Die Pflicht zur Empfangsbestätigung von elektronischen Bestellungen im Spiegel der Rechtsprechung, CR 2005, 118.

Infolge der E-Commerce-Richtlinie sieht § 312g Abs. 1 Nr. 1 BGB vor, dass der Diensteanbieter angemessene, wirksame und zugängliche technische Mittel zur Verfügung zu stellen hat, mit deren Hilfe der Kunde Eingabefehler vor Abgabe seiner Bestellung erkennen und berichtigen kann.

Art. 11 der E-Commerce-Richtlinie sieht ferner vor, dass der Diensteanbieter **den Eingang einer Bestellung des Nutzers** unverzüglich zu bestätigen hat. Diese Pflicht ist in § 312g Abs. 1 Nr. 3 BGB verankert. Die Empfangsbestätigung ist keine Willenserklärung. Sie dient dazu, dem Kunden Gewissheit darüber zu verschaffen, ob seine Bestellung angekommen ist. Insofern geht es um eine Zugangsbestätigung. Allerdings kann die Empfangsbestätigung mit

---

1 Anders noch für die Zeit vor dem 11.6.2010 *OLG Hamburg*, Beschl. v. 19.6.2007 – 5 W 92/07, O MDR 2007, 1361 = CR 2007, 659 m. Anm. *Dietrich/Ziegelmayer* = MMR 2007, 660 m. Anm. *Solmecke*.
2 Dies vertraten schon vor Inkrafttreten des neuen Gesetzes MüKo/*Ulmer*, § 355, Rz. 53; Palandt/*Grüneberg*, § 355, Rz. 19; *Hoffmann*, NJW 2007, 2594; *Becker/Föhlisch*, NJW 2005, 3377; *Domke*, BB 2006, 61.

der Annahmeerklärung des Unternehmers verknüpft werden. Die Abgrenzung zwischen Empfangs- und Annahmebestätigung ist allerdings unklar und wird von den Gerichten unterschiedlich beurteilt. Das *OLG Frankfurt*[1] hat bereits in der Rückmeldung „Vielen Dank für Ihren Auftrag, den wir so schnell als möglich ausführen werden", eine Annahmeerklärung gesehen. Das *AG Westerburg*[2] hat ähnlich eine Annahme bejaht für eine E-Mail mit dem Inhalt: „Guten Tag, vielen Dank für Ihre Bestellung! Am Ende dieser Mail finden Sie eine Auflistung Ihrer Bestellung, die wir so schnell wie möglich für Sie bearbeiten werden." Das *AG Butzbach*[3] hingegen sah in der Formulierung „Vielen Dank für Ihre Mail. Wir werden Ihren Auftrag umgehend bearbeiten.", keine Annahme. Der fehlende Rechtsbindungswille kann durch den Zusatz „Keine Auftragsbestätigung" deutlich gemacht werden.[4] Ein solcher klarstellender Hinweis kann auch in den AGB verankert werden.[5] Die Pflichten zur Bereitstellung von Eingabekorrekturen und einer Empfangsbestätigung gelten nach § 312e Abs. 2 BGB sowohl im Bereich B2C wie B2B. Im **B2B-Bereich** können die Pflichten allerdings abbedungen werden.

---

[1] *OLG Frankfurt a.M.*, Urt. v. 20.11.2002 – 9 U 94/02, MDR 2003, 677 = CR 2003, 450.
[2] *AG Westerburg*, Urt. v. 14.3.2003 – 21 C 26/03, CR 2003, 699.
[3] *AG Butzbach*, Urt. v. 14.6.2002 – 51 C 25/02, NJW-RR 2003, 55 = CR 2002, 765.
[4] *LG Gießen*, Urt. v. 4.6.2003 – 1 S 413/02, MDR 2003, 1041 = CR 2003, 856.
[5] *AG Wolfenbüttel*, Urt. v. 14.3.2003 – 17 C 477/02, CR 2003, 622.

Sechstes Kapitel:
Datenschutzrecht

Literatur: *Artl*, Datenschutzrechtliche Betrachtung von Onlineangeboten zum Erwerb digitaler Inhalte, MMR 2007, 683; *Bergmann/Möhrle/Herb*, Datenschutzrecht, Kommentar, Stand: 42. Lfg., Januar 2011, www.datenschutz-kommentar.de; *Beukelmann*, Vorratsdatenspeicherung so nicht verfassungsgemäß, NJW-Spezial 2010, 184; *Brieskorn*, Datenschutz und die Gefährdung der Intimität: philosophische Bemerkungen, in: Zeit und kommunikative Rechtskultur in Europa 2000, 225; *Brink/Schmidt*, Die rechtliche (Un-)Zulässigkeit von Mitarbeiterscreenings – Vom schmalen Pfad der Legalität, MMR 2010, 592; *Büllesbach/Garstka*, Meilensteine auf dem Weg zu einer datenschutzrechtlichen Gesellschaft, CR 2005, 720; *Dorn*, Lehrerbenotung im Internet, DuD 2008, 98; *Franzen*, Die Novellierung des Bundesdatenschutzgesetzes und ihre Bedeutung für die Privatwirtschaft, DB 2001, 35; *Giesen*, Datenverarbeitung im Auftrag in Drittstaaten – eine misslungene Gesetzgebung, CR 2007, 543; *Gola/Klug*, Die Entwicklung des Datenschutzrechts in den Jahren 2009/2010, NJW 2010, 2483; *Gola/Klug*, Die BDSG-Novellen 2009 – Ein Kurzüberblick, RDV Beilage 4/2009, 1; *Gola/Klug*, Die Entwicklung des Datenschutzrechts in den Jahren 2010/2011, NJW 2011, 2484; *Härting*, Datenschutz im Internet – Gesetzgeberischer Handlungsbedarf, BB 2010, 839; *Hobbert*, Datenschutz und Datensicherheit im Internet, 2000; *Hornung*, Zwei runde Geburtstage: Das Recht auf informationelle Selbstbestimmung und das WWW, MMR 2004, 3; *Hornung*, Datenschutz durch Technik in Europa – Die Reform der Richtlinie als Chance für ein modernes Datenschutzrecht, ZD 2011, 51; *Moos*, Die Entwicklung des Datenschutzrechts im Jahr 2009, K&R 2010, 166; *Reding*, Herausforderungen an den Datenschutz bis 2020: Eine europäische Perspektive, ZD 2011, 1; *Roßnagel/Grimm*, Datenschutz im Electronic Commerce, 2003; *Ruppmann*, Der konzerninterne Austausch personenbezogener Daten: Risiken und Chancen für den Datenschutz, 2000; *Schaar*, Datenschutz bei Web-Services, RDV 2003, 59; *Schmitz/Eckhardt*, Einsatz von RFID nach dem BDSG – Bedarf es einer speziellen Regulierung von RFID-Tags?, CR 2007, 171; *Schneider/Härting*, Warum wir ein neues BDSG brauchen – Kritischer Beitrag zum BDSG und dessen Defiziten, ZD 2011, 63; *Simitis*, Der EuGH und die Vorratsdatenspeicherung oder die verfehlte Kehrtwende bei der Kompetenzregelung, NJW 2009, 1782; *Tinnefeld/Ehmann/Gerling*, Einführung in das Datenschutzrecht, 2005; *Wiesner*, Datenschutzrechtliche Einwilligung zur Werbung: Opt-out ausreichend?, DuD 2007, 604.

Das Datenschutzrecht verweist auf ein Herrschaftsrecht an Daten, erschöpft sich darin aber nicht. Datenschutz steht an der Schnittstelle von Zugangsrechten Dritter und dem Exklusivitätsrecht des Betroffenen, der sich insoweit auf sein **„right to be let alone"**, seine Privatsphäre oder genauer, auf sein Recht auf informationelle Selbstbestimmung berufen möchte. Insoweit umfasst das Datenschutzrecht den Schutz der Vertraulichkeit des Briefverkehrs und der Telekommunikation sowie die besonderen Persönlichkeitsrechte an Bild, Text und Ton. Das Datenschutzrecht steht historisch am Beginn des Informationsrechts. Erst später kamen das Urheberrecht und ähnliche Teilbereiche hinzu.

I. Vorab: Besondere Persönlichkeitsrechte

Literatur: *Beck*, Lehrermobbing durch Videos im Internet – ein Fall für die Staatsanwaltschaft?, in: MMR 2008, 77; *Gounalakis/Rhode*, Persönlichkeitsschutz im Internet – Grundlagen und Online-Spezifika, 2002; *Heidrich*, Zwischen Free Speech und Mitstörerhaftung. Forenhaftung in den USA und Deutschland, K&R 2007, 144; *Helle*, Persönlichkeitsverletzungen im Internet, JZ 2002, 593; *Kamp/Peifer*, Datenschutz und Persönlichkeitsrecht – Anwendung der Grundsätze über Produktkritik auf das Bewertungsportal „spickmich.de"?, ZUM 2009, 185; *Lütcke*, Persönlichkeitsverletzungen Internet, 1999; *Petershagen*, Der Schutz des Rechts am eigenen Bild vor Hyperlinks, NJW 2011, 705; *von Hinden*, Persönlichkeitsverletzungen im Internet. Das anwendbare Recht, 1999; *von Petersdorff-Campen*, Persönlichkeitsrecht und digitale Archive, ZUM 2008, 102.

Vorab zu beachten sind besondere Persönlichkeitsrechte, etwa das im Kunsturheberrechtsgesetz geregelte **Recht am eigenen Bild** (§§ 22 ff. KUG).[1] Auch Mitarbeiter eines Unternehmens dürfen im Internet nur mit ihrer Einwilligung abgebildet werden. Dies gilt auch für leitende Angestellte, die das Unternehmen nach außen repräsentieren.[2] Eine Veröffentlichung von Fotos einer Disco-Veranstaltung im Internet ist grundsätzlich nur mit Einwilligung der Abgebildeten zulässig.[3] Dabei erstreckt sich eine Einwilligung, die sich auf die Verwendung eines Fotos für Personalzwecke erstreckt, nicht automatisch auf das Internet. Auch hier gilt entsprechend der urheberrechtliche Zweckübertragungsgrundsatz (§ 31 Abs. 5 UrhG); eine Einwilligung zu Personalzwecken legitimiert keine Internetnutzung.[4] Zu bedenken ist beim Recht am eigenen Bild auch die Möglichkeit eines Widerrufs zumindest dann, wenn der Abgebildete wegen gewandelter Überzeugung eine Verbreitung seines Fotos nicht mehr möchte. Erklärt der Abgebildete einen solchen Widerruf, kommt eine analoge Anwendung von § 42 Abs. 3 UrhG nicht in Betracht, so dass ein Anspruch auf angemessene Entschädigung nicht besteht. Vielmehr verbleibt es allenfalls bei einem Anspruch auf Ersatz des Vertrauensschadens in analoger Anwendung von § 122 BGB.[5]

Werden dem **privaten Bereich** zuzuordnende und im Internet im Zusammenhang mit einer Freizeitaktivität veröffentlichte Bilder in einem Bericht verlinkt, der sich kritisch mit der anwaltlichen Tätigkeit des Abgebildeten auseinandersetzt, steht dem abgebildeten Anwalt ein Unterlassungsanspruch aus §§ 1004, 823 BGB, 22, 23 KUG zu, sofern der Link auf die Bilder als Unter-

---

1 Vgl. dazu etwa *BGH*, Urt. v. 29.10.2009 – I ZR 65/07, MDR 2010, 706 = NJW-RR 2010, 855.
2 *Kaufmann*, DuD 2005, 262, 266.
3 *AG Ingolstadt*, Urt. v. 3.2.2009 – 10 C 2700/08, ITRB 2009, 269.
4 *KG*, Urt. v. 24.7.2001 – 5 U 9427/99, CR 2002, 127 = AfP 2001, 406, wonach die bloße Bekanntheit einer Nutzungsmöglichkeit bei Vertragsschluss nicht reiche, eine Einwilligung nach KUG anzunehmen.
5 *AG Charlottenburg*, Urt. v. 21.2.2002 – 204 C 574/01, AfP 2002, 172.

mauerung der kritischen Äußerungen eingesetzt wird.[1] Selbst wenn man die Bebilderung noch als Beitrag zu einer allgemeinen Diskussion versteht, überwiegt das berechtigte Interesse des Abgebildeten an seiner Privatsphäre dasjenige eines Presseorgans an der Veröffentlichung, da das zur Schau gestellte Bild als Beleg für die kritischen Meinungsäußerungen aus dem (privaten) Zusammenhang gerissen wird. Ähnlich pressekritisch argumentiert das *LG Berlin*.[2] Ein **Rechtsanwalt** sei typischerweise nach § 23 Abs. 1 Nr. 1 KUG **keine relative Person der Zeitgeschichte** und habe daher einen Anspruch auf Unterlassung von Fotoveröffentlichungen gegen die Zeitung „Die Welt". Kein zeitgeschichtliches Ereignis stelle die Wahrnehmung seiner beratenden Tätigkeit für prominente Mandanten dar. Die Veröffentlichung von Gerichtsentscheidungen im Internet mit voller Nennung der anwaltlichen Parteivertreter verletzt nach Auffassung des *OLG Hamm*[3] die Rechtsanwälte weder in ihrem Allgemeinen Persönlichkeitsrecht noch in deren Recht am eingerichteten und ausgeübten Gewerbebetrieb.

Eine Personensuchmaschine, die Informationen zu gesuchten Personen im Internet aufspürt, kann sich grundsätzlich nicht darauf berufen, dass ein bestimmtes Foto im Internet vorhanden und dessen Nutzung daher von einer mutmaßlichen Einwilligung des Abgebildeten gedeckt sei.[4] Der Eingriff des Betreibers der Personensuchmaschine ist aber nicht rechtswidrig, wenn er dem Verhalten der abgebildeten Person auch ohne ausdrückliche rechtsgeschäftliche Erklärung entnehmen durfte, diese sei mit der Abbildung ihres Fotos in dem Internetangebot einverstanden, da sie es ermöglicht hat, dass ihr Foto auf der von ihrem Arbeitgeber betriebenen Internetseite veröffentlicht wird.[5] Ähnlich zulässig ist der Zugriff auf Bilder, die der Betroffene bei Facebook und ähnlichen sozialen Plattformen einstellt.[6]

Die Haftung von Online-Pressearchiven für Persönlichkeitsrechtsverletzungen wird in der Rechtsprechung unterschiedlich bewertet. Hierbei zeigt sich bereits eine uneinheitliche Beurteilung der Frage, wann durch das Bereithalten von Inhalten in einem Online-Archiv überhaupt eine Persönlichkeitsrechtsverletzung gegeben ist. Gegenstand der gerichtlichen Entscheidungen sind zumeist Berichte über Straftaten, in denen die Namen der Straftäter genannt und Bilder von ihnen verwendet werden. Schwierigkeiten persönlichkeitsrechtlicher Art ergeben sich, wenn ein schon seit mehreren Jahren wegen einer Straftat rechtskräftig Verurteilter gegen einen ihn identifizierenden Artikel in einem sog. Online-Archiv vorgehen will. Ein solcher Anspruch hängt wesentlich von der durch den Bericht erzielten Breitenwirkung ab. Ist der Tä-

---

1 *OLG München*, Urt. v. 26.6.2007 – 18 U 2067/07, CR 2007, 741 = MMR 2007, 659; a.A. *KG*, Beschl. v. 10.7.2009 – 9 W 119/08, GRUR-RR 2010, 7.
2 *LG Berlin*, AfP 2007, 164.
3 *OLG Hamm*, Urt. v. 11.12.2007 – 4 U 132/07, BRAK 2008, 144 = MDR 2008, 1128 = MMR 2008, 547.
4 *LG Köln*, Urt. v. 17.6.2009 – 28 O 662/08.
5 *LG Hamburg*, Urt. v. 16.6.2010 – 325 O 448/09, CR 2010, 750 = ZUM-RD 2010, 623.
6 *OLG Köln*, Urt. v. 9.2.2010 – 15 U 107/09, CR 2010, 530 = ZUM 2010, 706.

ter noch in Haft, hat die Berichterstattung keine so negativen Auswirkungen, dass das öffentliche Informationsinteresse hinter das Allgemeine Persönlichkeitsrecht des Betroffenen zurücktreten müsste.[1] Während das *LG Frankfurt a.M.*[2] eine Verletzung des Persönlichkeitsrechts ablehnt, weil der archivierte Artikel keine mit einem aktuellen Beitrag vergleichbare Breitenwirkung erzeuge, bejaht das *LG Hamburg*[3] eine Verletzung des Persönlichkeitsrechts. Die Möglichkeit einer blitzschnellen Auffindbarkeit durch den Einsatz hocheffizienter Suchmaschinen begründe ein erheblich intensiviertes und ganz eigenes Maß an perpetuierter Beeinträchtigung. In einer aktuellen Entscheidung schloss sich das *OLG Hamburg* allerdings im Ergebnis der Meinung an, nach der eine grundsätzliche Löschungspflicht nach dem Ablauf einer bestimmten Zeit nicht bejaht werden kann.[4] Der *BGH*[5] hat die Löschungspflichten von Archivbetreibern jetzt auf ein Minimum reduziert. Im Veröffentlichungszeitpunkt zulässige Mitschriften nicht mehr aktueller Rundfunkbeiträge dürfen hiernach auch unter voller Namensnennung verurteilter Straftäter zum Abruf im Internet bereitgehalten werden. Ein Interesse der Öffentlichkeit bestehe auch an der Recherche vergangener, zeitgeschichtlicher Ereignisse. Zu berücksichtigen sei darüber hinaus, dass ein anerkennenswertes Interesse der Öffentlichkeit nicht nur an der Information über das aktuelle Zeitgeschehen, sondern auch an der Möglichkeit bestehe, vergangene zeitgeschichtliche Ereignisse zu recherchieren. Das von den Klägern begehrte Verbot würde den freien Informations- und Kommunikationsprozess einschnüren und hätte abschreckende Auswirkungen auf den Gebrauch der Meinungs- und Medienfreiheit. Ähnlich hat der *BGH* in einem weiteren Urteil[6] presseinterne Bildarchive von der Haftung freigestellt. Der quasi presseintern bleibende Abruf von Bildnissen (von Personen) durch Presseunternehmen in einem Bildarchiv stelle keine Verbreitungshandlung i.S.v. § 22 KunstUrhG des Betreibers dieses Bildarchivs dar. Das Bildarchiv erbringe in einem solchen Fall eine typischerweise pressebezogene bzw. medienbezogene Hilfstätigkeit, die in enger organisatorischer Bindung an die Medien erfolge und für das Funktionieren der freien Medien bzw. Presse notwendig sei. Bei schweren Straftaten hält der *BGH* im Übrigen auch das Bereithalten von sog. Teasern im Internet für zulässig, in denen ein verurteilter Straftäter namentlich genannt wird und durch die auf im „Archiv" enthaltene und nur Nutzern mit besonderer Zugangsberechtigung zugängliche Beiträge aufmerksam gemacht wird.[7]

---

1 *LG Hamburg*, Beschl. v. 11.6.2008 – 324 O 1069/07.
2 *LG Frankfurt a.M.*, Urt. v. 5.10.2006 – 2/3 O 358/06 – MMR 2007, 59.
3 *LG Hamburg*, Urt. v. 1.6.2007 – 324 O 717/06, MMR 2007, 666.
4 *OLG Hamburg*, Beschl. v. 11.3.2008 – 7 W 22/08.
5 *BGH*, Urt. v. 15.12.2009 – VI ZR 227/08, MDR 2010, 321 = CR 2010, 184 m. Anm. Kaufmann = GRUR 2010, 266 und *BGH*, Urt. v. 15.12.2009 – VI ZR 228/08, BeckRS 2010, 01852.
6 *BGH*, Urt. v. 7.12.2010 – VI ZR 34/09, ZUM 2011, 240.
7 *BGH*, Urt. v. 20.4.2010 – VI ZR 245/08, CR 2010, 540 = MMR 2010, 571; ähnlich *BGH*, Urteile vom 9.2.2010 – VI ZR 243/08 und VI ZR 244/08, MMR 2010, 573.

I. Vorab: Besondere Persönlichkeitsrechte

Es bestehen nach Auffassung des *OLG Frankfurt*[1] keine persönlichkeitsrechtlichen Löschungspflichten für Online-Archive – Grundsätzlich kann einem verurteilten Straftäter zur Wahrung seines Persönlichkeitsrechts ein Unterlassungsanspruch gegen eine ihn identifizierende Berichterstattung zustehen. Voraussetzung ist eine entsprechende Breiten- und Tiefenwirkung, die bei einigen Zeilen in einem Online-Archiv nicht gegeben ist. Anders ist dies beispielsweise bei einer umfassenden Berichterstattung im Fernsehen zu den „größten Kriminalfällen".

Soweit eine Person freiwillig Fragen von Journalisten beantwortet und sich von diesen fotografieren lässt, liegt darin das **konkludente Einverständnis** zur Verwendung der Aussagen und des Bildes in einem Artikel.[2] Trägt der Befragte in einem späteren Schmerzensgeldprozess vor, er habe seine Aussage unter den Vorbehalt gestellt, dass er den Artikel vor der Veröffentlichung gegenlesen wollte, trägt er die Beweislast. Wer sein Privatleben der Internetöffentlichkeit („jedenfalls den Siamkatzenfans") zugänglich gemacht hat, muss sich auch Kritik an seiner Person und seiner Katzenhaltung gefallen lassen.[3]

Die Benotung von Lehrern in Foren wie **spickmich.de** oder **meinprof.de** ist vom Grundrecht auf freie Meinungsäußerung gedeckt.[4] In seinem Urteil zum Lehrerbewertungsportal „spickmich"[5] gab der *BGH* der Meinungsäußerungsfreiheit den Vorzug vor dem Persönlichkeitsrechtsschutz. Bei den in dem Portal verwendeten Bewertungskriterien (Name, Geburtsdatum, etc.) handele es sich um personenbezogene Daten, deren geschäftsmäßige Erhebung und Speicherung gemäß § 29 Abs. 1 Nr. 2 BDSG zulässig sei, weil die Daten aus allgemein zugänglichen Quellen, wie der Schulwebseite, entnommen wurden. Zwar berührten die Bewertungen den jeweiligen Lehrer in seiner beruflichen Tätigkeit, also seiner Sozialsphäre, die vom Allgemeinen Persönlichkeitsrecht geschützt wird. Dennoch seien diese Bewertungen rechtmäßige Meinungsäußerungen i.S.d. Art. 5 Abs. 1 GG. Selbst eine schlechte Bewertung sei keine Schmähkritik, da durch die Vorgabe bestimmter Bewertungskriterien auf „spickmich.de" einer Diffamierung vorgebeugt werde, solange sie alleine den Bereich der Sozialsphäre tangierte und keine erheblichen Angriffe auf die Persönlichkeit des Betroffenen zuließe. Zwar handelt es sich um eine Einzelfallentscheidung; diese hat jedoch grundsätzliche Bedeutung für die Zulässigkeit

---
1 *OLG Frankfurt a.M.*, Urt. v. 22.5.2007 – 11 U 72/06 – MMR 2008, 182.
2 *LG München I*, Urt. v. 12.12.2007 – 9 O 13832/07, ZUM-RD 2008, 309.
3 *LG Berlin*, Urt. v. 25.10.2007 – 27 O 602/07, CR 2008, 402 = MMR 2008, 353.
4 *OLG Köln*, Urt. v. 3.7.2008 – 15 U 43/08, CR 2008, 512 = MMR 2008, 672; *OLG Köln*, Urt. v. 27.11.2007 – 15 U 142/07, CR 2008, 112 = MMR 2008, 101; *LG Köln*, Urt. v. 30.1.2008 – 28 O 319/07, ZUM-RD 2008, 205; *LG Köln*, Urt. v. 11.7.2007 – 28 O 263/07, CR 2007, 666 m. Anm. *Plog* = MMR 2007, 729 m. Anm. *Kreutzer*; *LG Köln*, Beschl. v. 22.8.2007 – 28 O 333/07, RDV 2007, 252; *LG Duisburg*, Urt. v. 18.4.2008 – 10 O 350/07, CR 2008, 540 = MMR 2008, 691. Ähnlich *LG Berlin*, Urt. v. 31.5.2007 – 27 S 2/07, CR 2007, 744 = MMR 2007, 668 und *LG Regensburg*, Urt. v. 2.2.2009 – 1 O 1642/08 (2), AfP 2009, 175 zu meinprof.de.
5 *BGH*, Urt. v. 23.6.2009 – VI ZR 196/08, CR 2009, 593 = MDR 2009, 1038 = NJW 2009, 2888.

entsprechender Hochschulbewertungsportale wie „meinProf.de" oder „profrate.de". In der Zwischenzeit werden auch in anderen Bereichen entsprechende Bewertungssysteme als Meinungsäußerungen und damit zulässig angesehen.[1] Insofern dürfe jemand über ein vier Sterne Hotel im Internet veröffentlichen „max. 3-Sterne-Hotel" und „Alles andere im Hotel, was wir bewerten können, durch unsere Nutzung, entsprach überwiegend getünchter Nostalgie, gepaart mit unternehmerischer Arroganz."

Das *Kammergericht*[2] hatte sich mit der Frage des Zitierens aus anwaltlichen Schriftsätzen zu beschäftigen.[3] Es gebe zwar kein generelles Verbot für ein solches Zitieren, dennoch könne die Veröffentlichung eines solchen Zitates das allgemeine Persönlichkeitsrecht des Anwaltes verletzen, was nach Maßgabe einer Güterabwägung zu prüfen sei. Insofern sich der Äußernde auf ein sachliches und ernsthaftes, für die Allgemeinheit bedeutsames Informationsinteresse berufe, gehe dann aber die Meinungsfreiheit dem Persönlichkeitsrecht vor. Die Grenzen des Persönlichkeitsrechts sind allerdings dann überschritten, wenn „Berufskläger gegen Aktiengesellschaften" als „Schmeißfliege" bezeichnet werden.[4]

Schwierig ist auch die Verwendung von Zitaten eines prominenten Kabarettisten in einem Werbetext.[5] Die bloße Verwendung des Namens eines Prominenten in einer Werbeanzeige ist noch keine Namenrechtsverletzung i.S.v. § 12 BGB. Etwas anderes kann nur dann gelten, wenn in der Veröffentlichung der Eindruck erweckt werde, die namentlich genannte Person stehe selbst hinter dem Produkt. Auch liegt in der Verwendung einzelner Sätze aus dem Kabarett-Programm des Prominenten keine Verletzung allgemeiner Persönlichkeitsrechte. Die Verwendung solcher Zitate greift aber auch nicht in das Urheberrecht ein, wenn die zitierten Stellen weder von ihrem gedanklichen Inhalt noch von ihrer sprachlichen Gestaltung her die notwendige Gestaltungshöhe erreichen. Allerdings soll sich aus § 51 UrhG ergeben, dass auch Teile von Werken, die für sich genommen keinen Werkcharakter haben, nicht ohne weiteres in Veröffentlichungen Dritter übernommen werden dürfen. In solchen Fällen könne aber über das Zitatrecht dann eine Rechtfertigung erfolgen, wenn der Umfang der Zitierung durch den Zweck des Beitrags gerechtfertigt sei. Man könne aus der Fassung kein Recht ableiten, wonach der Urheber bestimmt, zu welchen Zwecken und in welchen Zusammenhängen Zitate aus seinem Werk eingesetzt werden. Zu beachten seien auch die Rechte Dritter auf freie Meinungsäußerung.

---

[1] Siehe z.B. *AG Wolgast*, Urt. v. 5.12.2008 – 1 C 501/07 für Hotelbewertungssysteme, K&R 2009, 281.
[2] *KG*, Beschl. v. 31.10.2008 – 9 W 152/06, ZUM-RD 2009, 244.
[3] Siehe auch *LG Köln*, Urt. v. 7.7.2010 – 28 O 721/09, BRAK 2010, 226 = ZUM 2010, 987 insbesondere zur Frage der urheberrechtlichen Schutzfähigkeit.
[4] *AG Düsseldorf*, Urt. v. 19.12.2008 – 31 C 5067/08.
[5] *OLG Hamburg*, Urt. v. 26.2.2008 – 7 U 61/07, AfP 2008, 210. Siehe auch *AG Hamburg*, Urt. v. 2.7.2009 – 36 AC 164/09.

Bei Meinungen wird wegen des hohen verfassungsrechtlichen Schutzes der Meinungsfreiheit die Zulässigkeit der freien Rede vermutet. Dies gilt – wie das *OLG Koblenz*[1] klarmacht – auch bei einer **heftigen Diskussion in Internetforen**. In der öffentlichen Auseinandersetzung müsse Kritik hingenommen werden, die durchaus auch überspitzt und polemisch sein dürfe. Andernfalls drohe die Gefahr der Lähmung oder Verengung des Meinungsbildungsprozesses. Unzulässig seien allenfalls sog. Schmähkritiken, also Werturteile, die jeder sachlichen Grundlage entbehrende, böswillige oder gehässige Schmähungen enthalten. Erst wenn die Diffamierung einer Person im Vordergrund steht und nicht mehr die Auseinandersetzung mit der Sache, wird diese Grenze zur Schmähkritik überschritten. Diese sich für das Recht auf freie Meinungsäußerung aussprechende Judikatur unterstützt das *OLG Stuttgart*[2] selbst für den Fall, dass jemand im Internet zur Zerstörung von Maisfeldern wegen des dort angebauten Gen-Maises aufruft. Ein **Aufruf zu Straftaten** durch eine Mitteilung via Internet könne nur vorliegen, wenn i.S.d. § 111 StGB zeitgleich mindestens die Mitteilung eines bestimmten Tatortes oder Tatzeitpunktes erfolge. Zusätzliche inhaltliche Anforderungen könnten sich aus der Straftat ergeben, zu der aufgerufen werde. Ohne eine derartige Konkretisierung stelle sich ein Aufruf im Internet zwar als drastische, aber im Sinne der Meinungsfreiheit noch hinzunehmende Äußerung zur Beeinflussung der öffentlichen Meinung dar.

Ob die **Veröffentlichung eines rechtskräftigen Urteils im Internet unter voller Namensnennung** der Parteien zulässig ist, ist im Rahmen einer Abwägung zwischen dem Recht auf freie Meinungsäußerung des Veröffentlichers einerseits und dem Allgemeinen Persönlichkeitsrecht des Genannten andererseits festzustellen. Enthält das veröffentlichte Urteil keine für die Öffentlichkeit erheblichen Informationen, sondern dient es allein dem privaten Konflikt der Parteien untereinander und der Anprangerung einer der beteiligten Parteien, so überwiegt das Allgemeine Persönlichkeitsrecht.[3]

Titulierte Forderungen und die Daten der dazugehörigen Schuldner dürfen im Internet auf einer Handelsplattform für Vollstreckungstitel veröffentlicht werden. Dadurch werden weder das allgemeine Persönlichkeitsrecht noch datenschutzrechtliche Bestimmungen verletzt.[4] Die Richter des *LG Köln* erklärten, die Informationen über die Schuldner beträfen nur die Sozialsphäre und dürften aufgrund des öffentlichen Interesses veröffentlicht werden. Da der Gläubiger zudem ein schützenswertes Interesse daran habe, dass zumindest ein Teil seiner Forderungen erfüllt werden könne, gehe eine Interessenabwägung zu Lasten des Schuldners aus. Dessen allgemeines Persönlichkeitsrecht

---

1 *OLG Koblenz*, Beschl. v. 7.12.2007 – 2 U 862/06, MMR 2008, 54.
2 *OLG Stuttgart*, Beschl. v. 26.2.2007 – 4 Ss 42/2007, MMR 2007, 434.
3 *OLG Hamburg*, Beschl. v. 9.7.2007 – W 56/07, ZUM 2008, 66; *OLG Hamburg*, Urt. v. 16.2.2010 – 7 U 88/09. ITRB 2010, 154; anders in derselben Sache noch *LG Hamburg*, Urt. v. 31.7.2009 – 325 O 85/09, MMR 2010, 60 (Ls.).
4 *LG Köln*, Urt. v. 17.3.2010 – 28 O 612/09, DuD 2010, 586.

habe hinter dem Interesse des Gläubigers an der Erfüllung seiner Forderung zurückzutreten.

Ein Sportverband darf die **Sperre eines Spielers** auf seiner Internet-Homepage veröffentlichen. Eine Veröffentlichung auf der Homepage sei – so das *OLG Karlsruhe*[1] – die praktikabelste Möglichkeit, über die jeweils aktuellen Sperren zu informieren. Es sei nicht erkennbar, dass die Veröffentlichung geeignet gewesen sei, dem Kläger einen erheblichen Persönlichkeitsschaden zuzufügen, da eine solche – anders als eine Berichterstattung in der Presse oder gar im Fernsehen – keine besondere Breitenwirkung entfalte. Es erhielten nämlich nur solche Personen Informationen über den Kläger, die von sich aus aktiv wurden, die Webseite aufrufen und sich über mehrere Links zu den Spielsperren „durchklickten". Dass der Eintrag über den Kläger auch bei Eingabe seines Namens auf einer Internetsuchmaschine erscheine, mache die Veröffentlichung auf der Webseite nicht rechtswidrig. Hinzu komme, dass es grundsätzlich ebenso erlaubt sei, sich Informationen über einen Dritten zu beschaffen, wie Informationen über einen Dritten zu erteilen. Der Umstand, dass Suchmaschinen die Beschaffung solcher Informationen erleichtern, ändere hieran nichts. Mit der Möglichkeit einer solchen Suche sei keinerlei öffentliche Stigmatisierung oder Prangerwirkung verbunden.

Die **Veröffentlichung privater E-Mails** kann einen Eingriff in das allgemeine Persönlichkeitsrecht des Absenders/Betroffenen darstellen.[2] In den Bereich der Geheimsphäre fallen schriftliche sowie Tonbandaufzeichnungen, persönliche Briefe, aber auch solche Aufzeichnungen und Briefe, die berufliche oder geschäftliche Fragen betreffen, insbesondere persönliche Aufzeichnungen zu beruflichen oder geschäftlichen Erlebnissen oder Planungen. Mit dem Versenden einer E-Mail verlässt der Absender nicht den heimischen Bereich und begibt sich nicht in eine allgemeine Sphäre. Dies kann allenfalls in Betracht kommen, wenn der Absender die E-Mail an einen nicht abgegrenzten Personenkreis richtet und versendet oder im Rahmen seiner beruflichen Tätigkeit handelt, sodass die E-Mail dem Bereich der Sozialsphäre zuzuordnen wäre. Wird sich öffentlich kritisch mit dem Inhalt der E-Mail auseinandergesetzt, ist ferner der Schutzumfang der Meinungsfreiheit zu beachten.[3]

Wer hingegen ein Foto von sich auf einer öffentlichen Internetplattform wie Facebook ohne Aktivierung der Suchmaschinen-Zugriffssperre veröffentlicht, muss damit rechnen, dass dies als konkludente Einwilligung zur Anzeige dieses Bildes in **Personensuchmaschinen** gesehen wird.[4] Gleiches gilt, wenn man sich mit der Veröffentlichung seines Fotos auf einer suchmaschinenoptimierten Firmenhomepage einverstanden erklärt und das Bild auf der Seite oh-

---

1 *OLG Karlsruhe*, Urt. v. 30.1.2009 – 14 U 131/08, CR 2009, 535 = MMR 2009, 404.
2 *LG Köln*, Urt. v. 28.5.2008 – 28 O 157/08, CR 2008, 664; *LG Stuttgart*, Urt. v. 6.5.2010 – 17 O 341/09, K&R 2010, 837.
3 Vgl. *BVerfG*, Beschl. v. 18.2.2010 – 1 BvR 2477/08, CR 2010, 380 = NJW 2010, 1587.
4 *OLG Köln*, Urt. v. 9.2.2010 – 15 U 107/09, CR 2010, 530 = ZUM 2010, 706; ähnlich auch *LG Köln*, Urt. v. 22.6.2011 – 28 O 819/10, DuD 2011, 823.

ne Einschränkungen frei zugänglich machen lässt.¹ Des Weiteren hat das *LG Hamburg* eine vorbeugende Prüfungspflicht der Suchmaschinenbetreiber für möglicherweise persönlihckeitsrechtsverletzende Inhalte der verlinkten Texte (hier Namensnennung in Zusammenhang mit einem Mordfall) abgelehnt.²

II. Geschichte des Datenschutzrechts

1. Vorgeschichte bis zum BDSG 1991

Die Geburtsstunde des Datenschutzrechts in Deutschland liegt im Jahre 1970. In diesem Jahr verabschiedete das Bundesland **Hessen** als erstes Land der Welt ein Datenschutzgesetz.³ Dieses Gesetz war geprägt durch die amerikanische Debatte um das „Recht auf Privatheit" (privacy)⁴ sowie durch den **Mikrozensus-Beschluss** des *Bundesverfassungsgerichts* vom 16. Juli 1969,⁵ in dem es heißt:

„Der Staat darf durch keine Maßnahmen, auch nicht durch ein Gesetz, die Würde des Menschen verletzen oder sonst über die in Art. 2 Abs. 1 GG gezogenen Schranken hinaus die Freiheit der Person in ihrem Wesensgehalt antasten. Mit der Menschenwürde wäre nicht zu vereinbaren, wenn der Staat das Recht für sich in Anspruch nehmen könnte, den Menschen zwangsweise in seiner ganzen Persönlichkeit zu registrieren und zu katalogisieren, sei es auch nur in der Anonymität einer statistischen Erhebung, und ihn damit wie eine Sache zu behandeln, die einer Bestandsaufnahme in jeder Beziehung zugänglich ist."⁶

Im Jahre 1970 gab die Bundesregierung bekannt, dass mit den Vorarbeiten zu einem Entwurf eines Bundesdatenschutzgesetzes begonnen worden sei.⁷ Diese Vorarbeiten mündeten dann – nach verschiedenen Entwürfen und heftigen Diskussionen in Bundestag und Bundesrat – in dem „Gesetz zum Schutz vor Missbrauch personenbezogener Daten bei der Datenverarbeitung vom 27. Januar 1977 – **Bundesdatenschutzgesetz**".⁸ Dieses Gesetz trat am 1. Januar 1978 in Kraft. Auf der Grundlage des BDSG wurden bis 1981 in allen Bundesländern Landesdatenschutzgesetze erlassen;⁹ ferner wurden Datenschutzbeauftragte in Bund, Ländern und Betrieben eingesetzt sowie die vorgesehenen Aufsichtsbehörden installiert.

---

1 *LG Hamburg*, Urt. v. 16.6.2010 – 325 O 448/09, CR 2010, 750.
2 *LG Hamburg*, Beschl. v. 7.12.2009 – 325 O 190/09.
3 GVBl. I, 625.
4 Zur Entwicklung des Datenschutzes in den USA vgl. *Tinnefeld/Ehmann*, I. Teil, 2.1, 36.
5 *BVerfG*, Beschl. v. 16.7.1969 – 1 BvL 19/63, BVerfGE 27, 1 = NJW 1969, 1707.
6 Ähnlich später auch *BVerfG*, Beschl. v. 15.1.1970 – 1 BvR 13/68, BVerfGE 27, 344 = NJW 1970, 555 sowie die Soraya-Entscheidung *BVerfG*, Beschl. v. 14.2.1973 – 1 BvR 112/65, BVerfGE 34, 269 = MDR 1973, 737.
7 BT-Drs. VI/1223 vom 5.10.1970.
8 BGBl. I, 201.
9 Zur föderalen Struktur des deutschen Datenschutzrechts vgl. *Tinnefeld/Ehmann*, I. Teil, 4.3, 93.

Grundlegend hat sich das Datenschutzrecht durch das **Volkszählungsurteil** des *BVerfG* vom 15. Dezember 1983[1] geändert. Das *BVerfG* hat in dieser Entscheidung folgende Vorgaben an gesetzliche Regelungen zum Datenschutz gesetzt:

- Jeder Bürger hat ein Recht, „grundsätzlich selbst über die Preisgabe und Verwendung seiner persönlichen Daten zu bestimmen". Dieses Recht ergibt sich aus Art. 2 Abs. 1 i.V.m. Art. 1 Abs. 1 GG und wird vom *BVerfG* als **„Recht auf informationelle Selbstbestimmung"** bezeichnet.

- Es gibt „unter den Bedingungen der automatisierten **Datenverarbeitung** kein ‚belangloses' Datum mehr": Jedes personenbezogene Datum steht unter dem Schutz des Grundgesetzes, losgelöst davon, ob es eine sensible Information enthält oder nicht.

- Die Bürger müssen wissen, „wer was wann und bei welcher Gelegenheit über sie weiß". Es bestehen insofern weitgehende **Aufklärungspflichten** der datenverarbeitenden Stelle. Gleichzeitig gilt das Prinzip des Vorrangs der Selbstauskunft (Grundsatz der Direkterhebung): Wenn möglich, soll der Bürger selbst um Mitteilung seiner Daten gebeten werden, bevor von Dritten Auskünfte über den Betroffenen eingeholt werden.

- Einschränkungen des Rechts auf informationelle Selbstbestimmung bedürfen **einer ausdrücklichen gesetzlichen Grundlage**. Diese Grundlage muss die wesentlichen Bedingungen für die Zulässigkeit der Datenerhebung und -verarbeitung so konkret wie möglich definieren. Ferner muss sie Aufklärungs-, Auskunfts- und Löschungspflichten sowie die Beteiligung unabhängiger Datenschutzbeauftragter vorsehen.

- Die Erhebung und Verarbeitung personenbezogener Daten unterliegen einer strengen **Zweckbindung**: Daten dürfen nur für einen konkreten gesetzlich bestimmten Zweck erhoben und gespeichert werden; jede Sammlung personenbezogener Daten „auf Vorrat zu unbestimmten Zwecken" ist unzulässig. Die Daten dürfen auch nur im Rahmen des Zweckes verarbeitet werden, für den sie erhoben worden sind, sog. Zweckbindungsgrundsatz; jegliche zweckentfremdete Nutzung der Daten ist unzulässig.

Aufgrund der Vorgaben des *BVerfG* war der Bundesgesetzgeber gezwungen, das BDSG grundlegend zu novellieren. Am 31. Mai 1990 verabschiedete der Bundestag dann das „Gesetz zur Fortentwicklung der Datenverarbeitung und des Datenschutzes"[2] und leitete es dem Bundesrat zu. Der Bundesrat lehnte den Gesetzesentwurf ab und rief den Vermittlungsausschuss an.[3] Erst in der vom Vermittlungsausschuss erarbeiteten Kompromiss-Fassung[4] konnte das **novellierte BDSG** dann am 1. Juni 1991 in Kraft treten.

---

[1] *BVerfG*, Urt. v. 15.12.1983 – 1 BvR 209/83 u.a., BVerfGE 65, 1 = NJW 1984, 419.
[2] BT-Drs. 11/4306.
[3] BR-Drs. 379/90.
[4] BGBl. I, 2954.

2. Die EU-Datenschutzrichtlinie und die jüngsten Novellierungen des BDSG

Neben den nationalen Gesetzgebern musste die EU auf dem Gebiet des Datenschutzes tätig werden, allein schon um die Fragen des grenzüberschreitenden Datenaustauschs innerhalb der EU zu klären. Bereits 1976 hat das Europäische Parlament mehrere Entschließungen angenommen,[1] in denen die EU-Kommission zur Ausarbeitung einer **EU-Datenschutzrichtlinie** aufgefordert wurde. Die EU-Kommission ließ sich jedoch mit dieser Bitte Zeit. Erst am 18. Juli 1990 verabschiedete sie ein Maßnahmenbündel zu Fragen des Datenschutzes.[2] Dieses Bündel umfasste den Vorschlag für eine Richtlinie zum Schutz von Personen bei der Verarbeitung personenbezogener Daten sowie einen Vorschlag für eine Richtlinie zum Schutz personenbezogener Daten im Telekommunikationsbereich. Im Oktober 1995 wurde dann die Datenschutzrichtlinie verabschiedet.[3] Im Dezember 1997 folgte die TK-Datenschutzrichtlinie.[4] Die Grundsätze der RL 95/46/EG wurden in speziellen Vorschriften für den Fernmeldebereich umgesetzt: zuerst durch die RL 97/66/EG des EP und des Rates über die Verarbeitung personenbezogener Daten und den Schutz der Privatsphäre im Bereich der Telekommunikation (ABl. 1997 L 24/1), die dann durch **RL 2002/58/EG zum Datenschutz in der elektronischen Kommunikation** (ABl. 2002 L 201/37) ersetzt wurde. RL 2002/58/EG wurde ihrerseits geändert und ergänzt durch die RL 2006/24/EG des EP und des Rates über die **Vorratsspeicherung** von Daten, die bei der Bereitstellung öffentlich zugänglicher elektronischer Kommunikationsdienste oder öffentlicher Kommunikationsnetze erzeugt oder verarbeitet werden, und zur Änderung der RL 2002/58/EG (ABl. 2006 L 105/54).

Mit dem Vertrag von Lissabon wurde die EU-Charta der Grundrechte, in deren Art. 8 das Recht jeder Person auf Schutz der sie betreffenden Daten anerkannt wird, rechtsverbindlich. Außerdem wurde mit Art. 16 AEUV eine neue Rechtsgrundlage für die Schaffung einer umfassenden und kohärenten Regelung der EU zum Schutz natürlicher Personen bei der Verarbeitung personenbezogener Daten und zum freien Datenverkehr geschaffen.

Die EU-Kommission hat daher im November 2010 ein Gesamtkonzept für den Datenschutz in der Europäischen Union vorgestellt und angekündigt, die EU-Vorschriften für den Schutz personenbezogener Daten in sämtlichen Tä-

---

1 ABl. Nr. C 1000 v. 3.5.1976, 27; ebenso ABl. Nr. C 140 v. 5.6.1979, 34; ABl. Nr. C 87 v. 5.4.1982, 39.
2 KOM (90) 314 final = ABl. C 277/12 v. 5.11.1990; in deutscher Übersetzung abgedruckt als BR-Drs. 690/90.
3 Richtlinie 95/46/EG des Europäischen Parlaments und des Rates v. 24.10.1995 zum Schutz natürlicher Personen bei der Verarbeitung personenbezogener Daten und zum freien Datenverkehr, ABl. EG L v. 23.11.1995, 31. Siehe hierzu auch *Brühann/Zerdick*, CR 1996, 429; *Simitis*, NJW 1997, 281; *Weber*, CR 1995, 297.
4 Richtlinie 97/66/EG des Europäischen Parlaments und des Rates über die Verarbeitung personenbezogener Daten und den Schutz der Privatsphäre im Bereich der Telekommunikation v. 15.12.1997, Beil. zu CR 4/1998.

tigkeitsbereichen der Union zu überarbeiten.[1] Dieses Konzept wurde vom Rat der Europäischen Union im Februar 2011 begrüßt, gerade auch hinsichtlich einer EU-weiten Angleichung der Stellung des Datenschutzbeauftragten. Schließlich folgte im Juni 2011 eine Stellungnahme des Europäischen Parlaments, in der noch einige Änderungen gefordert werden.[2] Nunmehr wird mit einem baldigen Gesetzentwurf der Kommission gerechnet.

Was die **Umsetzung der EU-Vorschriften in nationales Recht** angeht, ließ sich der deutsche Gesetzgeber viel Zeit. Erst nach der Zustimmung des Bundesrates am 11. Mai 2001 und der Ausfertigung durch den Bundespräsidenten am 18. Mai 2001 ist **das Bundesdatenschutzgesetz** im Bundesgesetzblatt vom 22. Mai 2001 verkündet worden.[3] Es ist damit am 23. Mai 2001 in Kraft getreten.[4]

Im Sommer 2009 wurden – bedingt durch sog. Datenschutzskandale – zwei größere Änderungsentwürfe zum BDSG verabschiedet. In der BDSG-Novelle II wurde versucht, den Fällen des unberechtigten Datenhandels zu begegnen. Am 10. Dezember 2008 hat die Bundesregierung den vom Bundesminister des Innern vorgelegten Entwurf eines Gesetzes zur Regelung des Datenschutzaudits und zur Regelung datenschutzrechtlicher Vorschriften beschlossen. Der heftig diskutierte Entwurf wurde dann am 3. Juli 2009 vom Bundestag verabschiedet.[5] Die Änderungen traten weitestgehend am 1. September 2009 in Kraft (§ 34 Abs. 1a, Abs. 5, und § 43 Abs. 1 Nr. 8a traten am 1. April 2010 in Kraft). Im Einzelnen sehen die neuen Vorschriften vor, dass künftig die Nutzung und Übermittlung personenbezogener Daten zu Zwecken des Adressenhandels grundsätzlich nur mit Einwilligung des Betroffenen möglich sein wird. Die Einwilligung soll nach Möglichkeit schriftlich erteilt werden (§ 28 Abs. 3 Satz 1 BDSG); wird sie mit anderen Vertragserklärungen verbunden, muss sie drucktechnisch hervorgehoben werden (§ 28 Abs. 3a BDSG). Ohne Einwilligung ist die Verarbeitung bestimmter „freier" Adressdaten zulässig, wenn dies für Zwecke der Werbung für eigene Angebote geschieht (§ 28 Abs. 3 Satz 2 Nr. 1 BDSG). Ferner ist die Nutzung der Adressdaten einwilligungsfrei möglich, wenn die Daten für berufsbezogene Werbung beim Betroffenen verwendet werden (§ 28 Abs. 3 Satz 2 Nr. 2 BDSG). Befreit sind schließlich auch Werbung für Spenden gemeinnütziger Einrichtungen vom Einwilligungserfordernis (§ 28 Abs. 3 Satz 2 Nr. 3 BDSG).

---

1 KOM(2010) 609 endgültig, http://ec.europa.eu/justice/news/consulting_public/0006/com_2010_609_de.pdf (aberufen am 12.2.2011).
2 Entschließung des Europäischen Parlaments v. 6.7.2011 zum Gesamtkonzept für den Datenschutz in der Europäischen Union (2011/2025(INI)), http://www.europarl.europa.eu/sides/getDoc.do?pubRef=-//EP//TEXT+TA+P7-TA-2011-0323+0+DOC+XML+V0//DE (aberufen am 12.10.2011).
3 Bundesdatenschutzgesetz (BDSG), Bundesgesetzblatt v. 22.5.2001, BGBl. 2001 Teil I Nr. 23, 904.
4 Siehe dazu *Gola/Klug*, NJW 2001, 3747; *Schierbaum*, PersR 2001, 275; *Franzen*, DB 2001, 1867.
5 BT-Drs. 16/12011 und 16/13657.

II. Geschichte des Datenschutzrechts

Die möglichen Bußgelder für Verstöße gegen das Datenschutzrecht wurden auf bis zu 50 000 Euro für Ordnungswidrigkeiten i.S.d. § 43 Abs. 1 BDSG, sowie auf bis zu 300 000 Euro für Ordnungswidrigkeiten i.S.d. § 43 Abs. 2 BDSG erhöht. Diese Beträge können allerdings sogar noch überschritten werden, denn § 43 Abs. 3 Satz 2 BDSG fordert, dass der wirtschaftliche Vorteil, den der Täter aus der Ordnungswidrigkeit gezogen hat, überschritten werden soll. Es wurde so die Möglichkeit zur Abschöpfung unrechtmäßiger Gewinne aus illegaler Datenverarbeitung geschaffen. Des Weiteren werden Informationspflichten für Unternehmen für den Fall eingeführt, dass diese feststellen, dass bestimmte personenbezogene Daten aus ihrem Verfügungsbereich unrechtmäßig übermittelt wurden („Datenschutzpanne"). In diesen Fällen wären sowohl Aufsichtsbehörden als auch Betroffene zu unterrichten.

Der Bundestag hat im Mai 2009 den umstrittenen Gesetzesentwurf der Bundesregierung zur Regulierung von Auskunfteien mit Änderungen verabschiedet, die der Innenausschuss empfohlen hatte.[1] Das Gesetz trat am 1. April 2010 in Kraft.[2] Diese Novellierung des Bundesdatenschutzgesetzes (BDSG-Novelle I) sieht mit § 28b eine ausdrückliche Regelung des Scoring-Verfahrens vor. Hiernach sind Scoring-Verfahren nur dann zulässig, wenn die zur Berechnung des Score-Wertes benutzten Daten unter Zugrundelegung eines wissenschaftlich anerkannten mathematisch-statischen Verfahrens nachweisbar für die Berechnung der Wahrscheinlichkeit des zu bestimmenden Verhaltens erheblich sind. Zudem müssen die Voraussetzungen einer Datennutzung nach § 28 BDSG bzw. bei einer Berechnung durch eine Auskunftei die Voraussetzungen einer Datenübermittlung nach § 29 BDSG vorliegen. Die von der Regierung befürwortete, besonders umkämpfte Klausel, wonach Auskunfteien Wohnortdaten in die Ermittlung der Scorewerte zur Prüfung der Kreditwürdigkeit einbeziehen dürfen, hat das Parlament eingeschränkt. Verboten ist demnach die „ausschließliche" Nutzung von Anschriftendaten für die entsprechende Wahrscheinlichkeitsberechnung. Gegen dieses Verbot wird auch dann verstoßen, wenn neben Anschriftendaten zwar auch andere Daten genutzt werden, diese aber nur mit einer „verschwindend geringen Gewichtung" in die Berechnung des Scorewertes einfließen.[3]

Unternehmen, die Informationen über die tatsächliche oder vermeintliche Zahlungsfähigkeit von Privatpersonen sammeln und verkaufen, müssen künftig Auskünfte über das Zustandekommen von Scorewerten einzelfallbezogen und in allgemein verständlicher Form erteilen. Dazu soll Interessenten etwa auch die Skala möglicher Scorewerte erschlossen werden. Weggefallen ist die vom Bundesinnenministerium und von Datenschützern geforderte Verpflichtung, die zur Berechnung der Wahrscheinlichkeitswerte genutzten Datenarten „in absteigender Reihenfolge ihrer Bedeutung für das im Einzelfall berechnete Ergebnis aufzuführen".

---
1 BT-Drs. 16/13219.
2 BGBl. 2009 I, Nr. 48, S. 2254.
3 BT-Drs. 16/13219, S. 9.

Eingefügt hat der Bundestag eine Klarstellung, dass die Dienstleister den Betroffenen auf Verlangen die wesentlichen Gründe einer für sie ungünstigen automatisierten Entscheidung mitzuteilen und zu erläutern haben (§ 6a Abs. 2 Nr. 2 BDSG). Der Kunde soll so in die Lage versetzt werden, mit einem Sachbearbeiter in Kontakt zu treten und seine Interessen womöglich doch noch durchzusetzen. Zudem folgten die Abgeordneten einem Vorschlag des Bundesrates, demzufolge etwa Kreditinstitute Tatsachen wie eine vorzeitige Schuldenrückzahlung bei Auskunfteien nachmelden müssen, durch die ein Scorewert positiv beeinflusst werden könnte (§ 28 Abs. 3 Satz 1 BDSG). Verstöße gegen diese „Nachberichtspflicht" werden mit einem Bußgeld belegt. Nicht durchsetzen konnte sich die SPD mit ihrem Anliegen, Scoring auf tatsächlich kreditrelevante Belange zu beschränken. So dürfen nun etwa auch Vermieter oder Versicherungen weiter zu diesem Mittel greifen.

Mit der BDSG-Novelle III, dem „Gesetz zur Umsetzung der Verbraucherkreditrichtlinie", trat am 11. Juni 2010 die vorerst letzte Änderung des BDSG in Kraft.[1] Neu eingefügt wurden die Vorschriften des § 29 Abs. 6 und Abs. 7, sowie die entsprechenden Bußgeldvorschriften in § 43 BDSG. § 29 Abs. 6 BDSG stärkt dabei die Auskunftsrechte von Darlehensgebern aus anderen Mitgliedstaaten der EU oder der EWG, indem diese inländischen Darlehensgebern gleich gestellt werden. Für den Fall dass ein Darlehensgesuch aufgrund einer entsprechenden Auskunft abgelehnt wird, ist der Verbraucher gem. § 29 Abs. 7 BDSG umgehend hierüber, sowie über die erhaltene Auskunft zu unterrichten.

Im März 2010 entschied der *EuGH* auf eine am 22. November 2007 eingereichte Vertragsverletzungsklage der Europäischen Kommission, dass Deutschland die Richtlinie 95/46/EG unzulänglich umgesetzt hat.[2] Bemängelt wurde die nicht ausreichende Unabhängigkeit der Datenschutzbeauftragten der Länder, die von den Landesparlamenten gewählt werden und meist dem Landtagspräsidenten unterstehen. Dies genüge dem von der Richtlinie geforderten Kriterium der völligen Unabhängigkeit nicht. Ausgehend davon haben einige Bundesländer, in denen die Datenschutzaufsicht über öffentliche und nichtöffentliche Stellen bislang getrennt voneinander ausgeübt wurde, sich zur Zusammenlegung dieser Zuständigkeiten beim Landesdatenschutzbeauftragten entschlossen.[3] In Berlin, wo bereits eine Gesamtzuständigkeit des Landesdatenschutzbeauftragten bestand, gab das *EuGH*-Urteil den Anlass, die bisherige Rechtsaufsicht des Senats über den Beauftragten abzuschaffen. Auch in Rheinland-Pfalz, Schleswig-Holstein und anderen Bundesländern sind Gesetzesänderungen beschlossen bzw. in der Vorbereitung, mit denen die Vorgaben des *EuGH* umgesetzt werden sollen.

---

1 Gesetz i.d.F. der BR-Drs. 639/09 v. 10.7.2009, veröffentlicht im BGBl. I Nr. 49 v. 3.8.2009.
2 C-518/07. Siehe dazu auch die Kommentierung von *Zerdick*, in: Borchardt/Lenz/Borchardt (Hrsg.), EU-Verträge Kommentar, 5. Aufl. 2010, Art. 16 AEUV.
3 So in Baden-Württemberg und Hessen.

3. Die Richtlinie 2006/24/EG

Literatur: *Bizer*, Vorratsdatenspeicherung: Ein fundamentaler Verfassungsverstoß, DuD 2007, 586; *Breyer*, Rechtsprobleme der Richtlinie 2006/24/EG zur Vorratsdatenspeicherung und ihrer Umsetzung in Deutschland StV 2007, 21; *Breyer*, (Un-)Zulässigkeit einer anlasslosen, siebentägigen Vorratsdatenspeicherung – Grenzen des Rechts auf Anonymität, MMR 2011, 573; *Gietl*, Die Einführung der Vorratsdatenspeicherung, K&R 2007, 545; *Gitter/Schnabel*, Die Richtlinie zur Vorratsdatenspeicherung und ihre Umsetzung in das nationale Recht, MMR 2007, 411; *Gola/Klug/Reif*, Datenschutz- und presserechtliche Bewertung der „Vorratsdatenspeicherung", NJW 2007, 2599; *Hoeren*, Die Umsetzung der Richtlinie zur Vorratsdatenspeicherung – Konsequenzen für die Privatwirtschaft, JZ 2008, 668; *Leutheusser-Schnarrenberger*, Vorratsdatenspeicherung – Ein vorprogrammierter Verfassungskonflikt, ZRP 2007, 9; *Orantek*, Die Vorratsdatenspeicherung in Deutschland, NJ 2010, 193; *Roßnagel*, Interessenausgleich in der Vorratsdatenspeicherung, MMR 2011, 493; *Rusteberg*, Die EG-Richtlinie zur Vorratsspeicherung von Verkehrsdaten im System des europäischen Grund- und Menschenrechtsschutzes, VBlBW 2007, 171; *Schramm/Wegener*, Neue Anforderungen an eine anlasslose Speicherung von Vorratsdaten – Umsetzungsmöglichkeiten der Vorgaben des Bundesverfassungsgerichts, MMR 2011, 9; *Wolff*, Vorratsdatenspeicherung – Der Gesetzgeber gefangen zwischen Europarecht und Verfassung?, NVwZ 2010, 751; *Zöller*, Vorratsdatenspeicherung zwischen nationaler und europäischer Strafverfolgung, GA 2007, 393.

Zu beachten sind **jüngste EU-Entwicklungen**, insbesondere die Richtlinie 2006/24/EG vom 24. März 2006[1] über die **Vorratsspeicherung** von Daten, die bei der Bereitstellung öffentlich zugänglicher elektronischer Kommunikationsdienste oder öffentlicher Kommunikationsnetze erzeugt oder verarbeitet werden.[2] So müssen die Mitgliedstaaten die Speicherung aller Arten von Telekommunikationsverkehrsdaten für einen Zeitraum von mindestens sechs, höchstens aber 24 Monaten sicherstellen, um deren Verfügbarkeit für die Strafverfolgungsbehörden zu erleichtern. Unternehmen, die mit Auskunftsersuchen von Polizei- und Sicherheitsbehörden zu tun haben, sollten eine eigene interne Policy zum Umgang mit solchen Auskunftsersuchen erstellen und einen verantwortlichen Unternehmensinternen für die Bearbeitung solcher Ersuchen abstellen. Problematisch ist es, sofort zu reagieren, insbesondere auf Anrufe einer solchen Behörde. Man sollte nach Möglichkeit darauf bestehen, sich das Auskunftsersuchen schriftlich bestätigen zu lassen. Die durch die Richtlinie geforderte Mindestspeicherung von Daten für sechs Monate erfasst die näheren Umstände der Kommunikation, jedoch nicht den Inhalt der Kommunikation selbst. Im Bereich des Internets sind neben den Zugangsdaten wie IP-Adresse und Zeitdauer des Zugangs, Verkehrsdaten zu E-Mails und IP-Telefonie zu speichern, um die Identifikation der an Kommunikationsvorgängen Beteiligten zu ermöglichen. Die Mindestspeicherungspflicht ohne konkreten Anlass und ohne die Voraussetzung einer betrieblichen Erforderlichkeit der Daten stellt mit der Außerkraftsetzung des Grundsatzes der Datensparsamkeit in diesem Bereich einen grundlegenden

---

1 EG ABl. L 105 v. 13.4.2006, 54.
2 *Alvaro*, RDV 2005, 47; *Schmittmann/Kempermann*, AfP 2005, 254.

Paradigmenwechsel im europäischen Datenschutzrecht dar. Daneben stellt sich aufgrund des exorbitanten Speicheraufwands zur Erfassung sämtlicher EU-Bürger die Frage, inwieweit Aufwand und Nutzen hierbei im Verhältnis stehen. Die Richtlinie war innerhalb von 18 Monaten in nationales Recht umzusetzen, wobei sich Deutschland das Recht vorbehalten hatte, die Speicherpflicht in Bezug auf Daten zum Internetzugang, Internet-Telefonie und Internet E-Mail, erst zum 15. März 2009 umzusetzen.

In Deutschland erfolgte die Umsetzung der Richtlinie durch das Gesetz zur Neuregelung der Telekommunikationsüberwachung und anderer verdeckter Ermittlungsmaßnahmen sowie zur Umsetzung der Richtlinie 2006/24/EG, das am 1. Januar 2008 in Kraft getreten ist.[1] Eine Speicherungspflicht durch Internet-Service-Provider war ab dem 1. Januar 2009 verpflichtend. Neben der Umsetzung der Richtlinie zur Vorratsdatenspeicherung,[2] die die verdachtsunabhängige Speicherung von Telekommunikationsdaten vorsieht, werden durch die Novelle die strafprozessualen Regelungen zur Telekommunikationsüberwachung nach §§ 100a, 100b StPO, zur Abfrage von Verkehrsdaten nach § 100g StPO, zum sog. IMSI-Catcher nach § 100i StPO sowie zur Beschlagnahme von elektronischen Speichermedien nach § 110 Abs. 3 StPO erheblich ausgeweitet, bzw. reformiert.

Das *Bundesverfassungsgericht* setzte mit Beschluss vom 11. März 2008 Teile der Vorratsdatenspeicherung zunächst vorläufig außer Kraft.[3] Dies betraf allerdings nicht die grundsätzliche Speicherungspflicht nach § 113a TKG, sondern die Verwendung der nach § 113a TKG gespeicherten Daten.

Am 2. März 2010 entschied das *BVerfG* im Hauptsacheverfahren, dass die konkrete Ausgestaltung der Vorratsdatenspeicherung in Deutschland insgesamt gegen das Telekommunikationsgeheimnis aus Art. 10 Abs. 1 GG verstößt.[4] Die betreffenden Normen wurden dementsprechend für nichtig (§§ 113a, 113b TMG) bzw. für teilnichtig (§ 100g Abs. 1 Satz 1 StPO) erklärt. Ferner waren die bisher gesammelten Daten unverzüglich zu löschen. Das Gericht hielt die sechsmonatige, vorsorglich anlasslose Speicherung von Telekommunikationsverkehrsdaten durch private Diensteanbieter für einen Grundrechtseingriff „mit einer Streubreite, wie sie die Rechtsordnung bisher nicht kennt". Die Effektivierung der Strafverfolgung, der Gefahrenabwehr und der Erfüllung der nachrichtendienstlichen Aufgaben seien zwar legitime Zwecke; weniger einschneidende Mittel für ebenso weitreichende Aufklä-

---

1 Gesetz v. 21.12.2007 – BGBl. I Nr. 70, S. 3198.
2 Richtlinie 2006/24/EG des Europäischen Parlaments und des Rates v. 15.3.2006 über die Vorratsdatenspeicherung von Daten, die bei der Bereitstellung öffentlich zugänglicher elektronischer Kommunikationsdienste oder öffentlicher Kommunikationsnetze erzeugt oder verarbeitet werden und zur Änderung der Richtlinie 2002/58/EG – ABl. L 105, S. 54.
3 *BVerfG*, Beschl. v. 11.3.2008 – 1 BvR 256/08, MMR 2008, 303; vgl. dazu *Bergmann/Möhrle/Herb*, BDSG, Loseblattslg., Stand: Januar 2011; Ziff. 2.2.3 und 2.3.3.15 der Systematik in Teil I.
4 *BVerfG*, Urt. v. 2.3.2010 – 1 BvR 586/08 u.a., BVerfGE 125, 260.

rungsmöglichkeiten auch nicht ersichtlich. Der Grundsatz der Verhältnismäßigkeit gebiete aber eine gesetzliche Regelung, die der Schwere des Eingriffs in besonderem Maße Rechung trage. Die Speicherung der Daten als solche sei hingegen *nicht* schlechthin mit Art. 10 Abs. 1 GG unvereinbar. Das Gericht stellt jedoch klare Anforderungen an die Zulässigkeit der Speicherung. Dazu gehören die dezentrale Speicherung der Daten durch private Diensteanbieter (also keinesfalls durch den Staat selbst) unter Einhaltung besonders hoher Sicherheitsstandards. Zugriffsrechte sind (mit Ausnahme der IP-Adresse) zur Gewährleistung eines effektiven Rechtsschutzes unter Richtervorbehalt zu stellen. An die Verwendung der Daten sind besondere Transparenzanforderungen zu stellen. Auch muss die Verwendung auf die Verfolgung schwerer Straftaten beschränkt bleiben. In Betracht kommt damit ein Abruf der Daten ausschließlich zur Abwehr von Gefahren für Leib, Leben oder Freiheit einer Person, für den Bestand oder die Sicherheit des Bundes oder eines Landes oder zu Abwehr einer Gefahr für die Allgemeinheit.[1] Welche Straftatbestände mittels Abruf der Daten verfolgt werden dürfen, ist vorher gesetzlich zu bestimmen. Ferner bedarf es auch Regelungen zum nachträglichen Rechtsschutz; die rechtswidrige Verwendung der Daten muss sanktioniert werden können.

Damit blieb die EU-Vorgabe zur Vorratsdatenspeicherung als solche vom Gericht unangetastet. Die Richtlinie 2006/24/EG schreibe zwar die mindestens sechsmonatige Speicherung der Daten vor, lasse den Mitgliedstaaten jedoch weiten Entscheidungsspielraum über Regelungen zum Zugang zu den Daten und über ihre Verwendung. Mit diesem Inhalt könne die Richtlinie daher ohne Verfassungsverstoß in nationales Recht umgesetzt werden.

Dies ist aufgrund fundamentaler Meinungsunterschiede zwischen CDU/CSU und FDP aber immer noch nicht geschehen. Infolgedessen wurde mittlerweile ein Vertragsverletzungsverfahren gegen Deutschland eingeleitet.[2] Im Juni 2011 wurde immerhin seitens des FDP-geführten Bundesjustizministeriums ein neuer Gesetzentwurf zur Vorratsdatenspeicherung vorgestellt.[3] Er verzichtet auf eine Verpflichtung der Telekommunikationsunternehmen zur Speicherung von Kundenverkehrsdaten für einen bestimmten Zeitpunkt. Stattdessen sollen Staatsanwaltschaft und Polizei die Unternehmen zur Aufbewahrung der im Zeitpunkt der Anforderung vorhandenen Daten eines bestimmten Kunden verpflichten können bis ein – für die Verwertung im Rahmen der Strafverfolgung nötiger – Gerichtsbeschluss vorliegt („Quick Freeze"-Technik). Im Übrigen soll eine generelle Vorratsdatenspeicherung der Verbindungsdaten, die eine Kunden-Identifizierung über die IP-Nummer ermöglichen, nur für eine Dauer von sieben Tagen erfolgen.

---

[1] Vgl. dazu auch *BVerfG*, Urt. v. 28.10.2008 – 1 BvR 256/08, BVerfGE 122, 120 (141).
[2] Vgl. *Roßnagel*, MMR 2011, 493.
[3] Gesetzentwurf unter http://wiki.vorratsdatenspeicherung.de/images/DisE_.pdf (abgerufen am 19.10.2011).

Problematisch hieran erscheint zunächst, dass die Richtlinie 2006/24/EG eine Speicherungspflicht für eine Dauer von sechs Monaten vorsieht. Indessen wird innerhalb der EU-Kommission angesichts der uneinheitlichen Umsetzung der Richtlinie in den einzelnen Mitgliedstaaten und Zweifeln an der Vereinbarkeit mit der europäischen Grundrechtecharta bereits an Änderungsvorschlägen gearbeitet.[1] Daher ist fraglich, ob es überhaupt bei der europarechtlichen Vorgabe einer Speicherdauer von sechs Monaten bleibt.

III. Kollisionsrechtliche Vorfragen

Literatur: *Jotzo*, Gilt deutsches Datenschutzrecht auch für Google, Facebook & Co. bei grenzüberschreitendem Datenverkehr?, MMR 2009, 232; *Kjelland*, Der Schutz der persönlichen Integrität im Internet – kollisionsrechtliche Fragen, in: Hohloch (Hrsg.), Recht und Internet, 2001, 143.

Im Hinblick auf die fortschreitende Internationalisierung der Datenverarbeitung insbesondere im Online-Bereich fragt sich, in welchen Fällen das deutsche Datenschutzrecht zur Anwendung kommt. Fest steht, dass vertragliche Rechtswahlklauseln keinen Einfluss auf die Anwendbarkeit des Datenschutzrechts haben.[2] Aus der Sicht des deutschen Kollisionsrechts kommt es gem. § 1 Abs. 5 BDSG vielmehr entscheidend auf den **Sitz der verantwortlichen Stelle** an. Deutsches Recht ist anwendbar, wenn die verantwortliche Stelle in Deutschland ihren Sitz hat.[3] Dabei stellt § 1 Abs. 5 BDSG eine spezialgesetzliche Kollisionsnorm dar, die in ihrem Anwendungsbereich den allgemeinen Kollisionsnormen vorgeht.[4] Die Regelung des § 1 Abs. 5 BDSG findet darüber hinaus auch Anwendung im Hinblick auf §§ 11 ff. TMG, welche ebenfalls Datenschutzbestimmungen enthalten. Insbesondere ergibt sich die internationale Anwendbarkeit insofern nicht aus § 3 Abs. 1, 2 TMG.[5]

Dabei bezeichnet der Begriff des „Verantwortlichen" die Einrichtung oder jede andere Stelle, die personenbezogene Daten verarbeitet oder (etwa im Wege der Auftragsdatenverarbeitung) verarbeiten lässt *und* über Zweck und Ziel der Datenverarbeitung, verwendete Daten und Verfahren sowie über die Übermittlungsadressaten entscheidet (Art. 2 Buchst. d, e DSRL). Diese Definition macht es sehr schwer, den Verantwortlichen zu bestimmen. Schon nach dem geltenden BDSG ist es schwierig, die Auftragsdatenverarbeitung nach § 11 BDSG von Funktionsübertragungen (etwa im Bereich des Outsourcing) abzugrenzen.

---

1 Vgl. *Roßnagel*, MMR 2011, 493.
2 Siehe Art. 3, 9 Rom I-VO; vgl. hierzu Däubler/Klebe/Wedde/Weichert/*Weichert*, BDSG, § 1 Rz. 5; *Gola/Schomerus*, BDSG, § 1 Rz. 16.
3 *Ellger*, Datenschutz, 604; *Bergmann/Möhrle/Herb*, Rz. 36 zu § 1; a.A. *Moritz/Winkler*, NJW-CoR 1997, 43, die „jede innerhalb der Bundesrepublik Deutschland stattfindende Datenverarbeitung" dem BDSG unterstellen wollen.
4 *Jotzo*, MMR 2009, 232.
5 *Jotzo*, MMR 2009, 232; Däubler/Klebe/Wedde/Weichert/*Weichert*, BDSG, § 1 Rz. 19.

Problematisch bleibt jedoch die ergänzende Anwendung des Prinzips der belegenden Verarbeitungsmittel. Nach Art. 4 Abs. 1 Buchst. c DSRL soll die Richtlinie i.R.d. § 1 Abs. 5 Satz 2 BDSG auch dann zur Anwendung kommen, wenn der Verantwortliche außerhalb der EU ansässig ist, sofern er für seine Datenverarbeitung – außer für Zwecke der „Durchfuhr" (vgl. ebenso § 1 Abs. 5 Satz 4 BDSG) – automatisierte oder nicht automatisierte **„Mittel" im Hoheitsgebiet eines Mitgliedstaats** verwendet. Hier taucht der unklare Begriff der „Mittel" auf; die Begründung verweist erläuternd auf Terminals und Fragebögen. Im Übrigen trifft den Verantwortlichen in diesem Fall die Pflicht zur Benennung eines im entsprechenden EU-Mitgliedstaats ansässigen Vertreters (Art. 4 Abs. 2 DSRL, § 1 Abs. 5 Satz 3 BDSG).

Im Ergebnis kommt das deutsche Datenschutzrecht zur Anwendung, wenn
- ein Unternehmen mit Sitz in Deutschland Daten in den USA verarbeiten lässt oder
- ein Unternehmen mit Sitz in den USA Daten über deutsche Terminals verarbeitet.

Umgekehrt ist das Recht des außereuropäischen Staates anzuwenden, wenn
- das Unternehmen außerhalb der EU sitzt und nur dort Datenverarbeitung betreibt oder
- ein amerikanischer Vertriebsbeauftragter mit seinem Laptop im Transitbereich eines Flughafens innerhalb der EU sitzt („Durchfuhr").

Zweifelhaft ist im Übrigen jedoch, ob diese Regelung auch für die zivilrechtlichen Folgen des unerlaubten Umgangs mit personenbezogenen Daten gilt. Da das BDSG für Persönlichkeitsrechtsverletzungen kein umfassendes Sanktionssystem bereitstellt, werden diese Ansprüche auch nicht durch das BDSG verdrängt.[1]

Für sämtliche privatrechtlichen Ansprüche, die aus dem widerrechtlichen Umgang mit personenbezogenen Daten folgen, richtet sich das anwendbare Recht daher nicht nach § 1 Abs. 5 BDSG, sondern nach dem Deliktstatut des Art. 40 EGBGB.[2] Demnach richtet sich das anwendbare Recht grundsätzlich nach dem Ort der Verletzungshandlung. Wie allgemein bei Persönlichkeitsrechtsverletzungen ist dies der Geschäftssitz des datenverarbeitenden Anbieters.[3]

---

1 *Jotzo*, MMR 2009, 232.
2 Dies ist nach wie vor der Fall, da Persönlichkeitsrechtsverletzungen gem. Art. 1 Abs. 2 Buchst. g Rom II-VO explizit von ihrem Anwendungsbereich ausgenommen sind.
3 *Jotzo*, MMR 2009, 232.

IV. Die Grundstruktur des BDSG

Die Kernpunkte für das Verständnis des BDSG sind das Merkmal „personenbezogene Daten" sowie die Regelungen zur Erhebung, Verarbeitung und Nutzung der geschützten Daten.

1. Abgrenzung zwischen BDSG und Telemediengesetz

Zunächst ist allerdings die Anwendbarkeit des BDSG auf den E-Commerce-Sektor zu klären. Hierzu bedarf es einer **Abgrenzung** zwischen den Regelungsbereichen des **BDSG** und des **Telemediengesetzes (TMG)**. Das im Vergleich zum BDSG speziellere TMG erfasst nur Daten, die für die Durchführung eines Telemediendienstes verwendet werden. Das TMG gilt allerdings nicht für die Verarbeitung von Daten juristischer Personen (§ 11 Abs. 2 TMG). Auch gilt es nicht für die Datenverarbeitung in Dienst- und Arbeitsverhältnissen, soweit die Nutzung der Telemediendienste ausschließlich zu beruflichen oder dienstlichen Zwecken erfolgt (§ 11 Abs. 1 Nr. 1 TMG). Zudem ist die Kommunikation von oder zwischen Unternehmen vom Gesetz ausgenommen, soweit die Nutzung der Telemediendienste ausschließlich zur Steuerung von Arbeits- oder Geschäftsprozessen erfolgt (§ 11 Abs. 1 Nr. 2 TMG).

Ob das BDSG oder das TMG anzuwenden ist, richtet sich nach den **verschiedenen Stufen der Internetnutzung**. Die Aufforderung zu einem Vertragsangebot selbst ist ein Telemediendienst, die Behandlung entsprechender Daten fällt in den Bereich des TMG. Damit unterliegen auch die Vermarkter von Banner Ads dem TMG. Dies gilt nunmehr auch für den ehemals vom MDStV erfassten Fall, dass die Werbung der Meinungsbildung der Allgemeinheit dient. Gibt der Nutzer aber tatsächlich ein Angebot ab, werden erneut Daten ausgetauscht. Diese betreffen jedoch nicht mehr Fragen etwa der Nutzungsdauer des Angebotes oder der Kontrolle der abgerufenen Angebote. Es handelt sich hingegen um reine Inhaltsdaten, deren Erhebung, Verarbeitung und Nutzung sich nach den Vorschriften des BDSG richtet.

Das BDSG findet in der Privatwirtschaft uneingeschränkt nur Anwendung bei

- personenbezogenen Daten (§ 3 Abs. 1 BDSG)
- natürlicher Personen (§ 3 Abs. 1 BDSG),
- die unter Einsatz von Datenverarbeitungsanlagen verarbeitet oder genutzt werden (§ 1 Abs. 2 Nr. 3 BDSG).

2. Personenbezogene Daten, § 3 Abs. 1 BDSG

Nur „Einzelangaben über persönliche oder sachliche Verhältnisse einer bestimmten oder bestimmbaren natürlichen Person" **(§ 3 Abs. 1 BDSG)** sind durch das BDSG geschützt. Diese Legaldefinition beinhaltet zweierlei: Zum einen begrenzt sie den Datenschutz auf natürliche Personen, zum anderen werden alle Informationen erfasst, die über den Betroffenen etwas aussagen.

Geschützt sind also nur **Informationen über den einzelnen Menschen.** Anders als in anderen europäischen Staaten (wie z.B. in Luxemburg, Dänemark und Österreich) fallen unter das BDSG nicht die Daten juristischer Personen, wie etwa die eines eingetragenen Vereins, einer GmbH, einer Genossenschaft oder einer AG. Selbst sensible Informationen über ein Unternehmen (z.B. Beschäftigtenzahl, finanzielle Lage, technisches Know-how) sind nicht durch das BDSG geschützt, sondern allenfalls über § 17 UWG (als Betriebsgeheimnis) oder über § 823 Abs. 1 BGB (Recht am eingerichteten und ausgeübten Gewerbebetrieb). Etwas anderes gilt allerdings, wenn die (nicht durch das BDSG geschützten) Unternehmensdaten in eine Beziehung zu einzelnen Mitgliedern des Vorstands, zu der Geschäftsführung oder zu einzelnen Gesellschaftern gebracht werden;[1] in diesem Fall ist das BDSG anwendbar. Überdies soll die unberechtigte Weitergabe von Unternehmensdaten nach Auffassung des *BGH* das „allgemeine Persönlichkeitsrecht eines Unternehmens" aus § 823 Abs. 1 BGB verletzen.[2]

Das BDSG schützt weiter *alle* Informationen, die über den Betroffenen etwas aussagen, beispielsweise:

– den Familien- und Vornamen,

– die Anschrift,

– die Staatsangehörigkeit und

– den Beruf.

Es kommt nicht darauf an, wie schutzbedürftig und sensibel das einzelne Datum ist. Das BDSG ist insofern im Lichte des Volkszählungsurteils zu lesen, wonach **es ein belangloses personenbezogenes Datum im Zeitalter der EDV nicht geben kann.**[3] Deshalb ist z.B. auch die Abbildung eines Gebäudes in einer Adressdatenbank auf CD-ROM als personenbezogenes Datum einzuordnen, wenn die Gebäudeabbildung mit dem Namen und der Anschrift der einzelnen Bewohner verknüpft ist und so einen Rückschluss über die Wohnverhältnisse des Betroffenen zulässt.[4] Im übrigen wird derzeit über die Zulässigkeit von Diensten wie **Google Street View** gestritten. Erste Urteile zeigen,

---

1 Vgl. *BGH*, Urt. v. 17.12.1985 – VI ZR 244/84, CR 1986, 366 = GmbHR 1986, 92 = MDR 1986, 489 = CR 1986, 635 m. Anm. *Bischoff* = NJW 1986, 2505.
2 *BGH*, Urt. v. 8.2.1994 – VI ZR 286/93, GmbHR 1994, 330 = AG 1994, 222 = MDR 1994, 991 = NJW 1994, 1281 = CR 1994, 396; a.A. für die Übermittlung geschäftsbezogener Daten einer GmbH *OLG Karlsruhe*, Urt. v. 2.10.1986 – 12 U 43/86, CR 1988, 34 m. Anm. *Bischoff* = GmbHR 1998, 62.
3 Zum besonderen Schutz sensitiver Daten vgl. die obigen Ausführungen zur Regelvermutung des § 28 Abs. 2 Nr. 1b BDSG und zur EU-Datenschutzrichtlinie.
4 Vgl. hierzu *LG Waldshut-Tiengen*, Urt. v. 28.10.1999 – 1 O 200/99, DuD 2000, 106, das die Frage nach dem Personenbezug der Gebäudeabbildung offenlässt, jedoch „im Falle einer Anwendbarkeit des BDSG" von einer Zulässigkeit der Datenerhebung (in Bezug auf die Gebäudeabbildungen) gemäß § 29 Abs. 1 Nr. 2 BDSG ausgeht.

dass unter eigentums- und persönlichkeitsrechtlichen Aspekten keine Bedenken gegen die entsprechenden Google-Aufnahmen bestehen.[1] Eine Verletzung des Eigentumsrechts der Anlieger wurde abgelehnt, da der Eigentümer nicht an der Nutzung der Sache gehindert sei.[2] Auch nach § 59 Abs. 1 UrhG ist die fotografische Verbreitung der äußeren Ansicht eines Gebäudes unproblematisch, was das Urheberrecht angeht. Schließlich fehlt es auch an einer Verletzung des allgemeinen Persönlichkeitsrechts der Anlieger durch wertneutrale Aufnahmeverfahren in der Öffentlichkeit. Die (noch nicht gelösten) Probleme liegen vielmehr in der Möglichkeit, Google Street View zur Erstellung von Persönlichkeitsprofilen zu nutzen und große Datenpools auf der Grundlage dieses Dienstes zu erstellen.

Streitig ist, ob **Werturteile** unter den Begriff der personenbezogenen Daten fallen. So wurde bereits zum alten BDSG die Ansicht vertreten, Werturteile seien als bloße „Annahmen" von den „Angaben" zu unterscheiden und deshalb vom Schutzbereich des Gesetzes auszunehmen.[3] Gerade angesichts der großen Bedeutung, die Wertungen etwa in Personaldateien für den einzelnen Betroffenen haben, ist der h.M. beizupflichten, wonach auch Werturteile den Schutz der Datenschutzgesetze genießen.[4]

Problematischer ist die Frage, ob **Prognose- und Planungsdaten** vom BDSG geschützte Daten sind. Maßgeblich ist grundsätzlich, ob es sich um Daten handelt, die nicht nur die künftigen, sondern bereits die gegenwärtigen Verhältnisse des Betroffenen berühren.[5] So beruht insbesondere die Personalplanung eines Arbeitgebers auf der Bewertung gegenwärtiger fachlicher Qualifikationen der Arbeitnehmer. Derartige Planungsdaten bauen damit regelmäßig auf einer Analyse vergangener bzw. gegenwärtiger Sachverhalte auf und können erhebliche Rückwirkungen für die jetzige Stellung des Betroffenen implizieren. Man wird deshalb davon ausgehen müssen, dass zumindest re-individualisierbare Planungsdaten dem BDSG unterliegen, wenn sie konkrete Auswirkungen für den Betroffenen mit sich bringen.[6]

---

[1] *LG Berlin*, Beschl. v. 13.9.2010 – 37 O 363/10; *KG*, Beschl. v. 25.10.2010 – 10 W 127/10, MMR 2011, 414.
[2] Vgl. *BGH*, Urt. v. 9.3.1989 – I ZR 54/87, MDR 1989, 966 = NJW 1989, 2251; *OLG Brandenburg*, Urt. v. 2.9.1998 – 1 U 4/98, NJW 1999, 3339; *LG Waldshut-Tiengen*, Urt. v. 28.10.1999 – 1 O 200/99, DuD 2000, 106.
[3] Vgl. *Hergenhahn*, DuD 1977, 25.
[4] So für das alte BDSG *Hümmerich/Kniffka*, NJW 1979, 1184; *Eberle*, DÖV 1977, 317; zum aktuellen BDSG vgl. *Dammann*, in: Simitis, 6. Aufl. 2006, § 3 Rz. 12; *Auernhammer*, BDSG, 3. Aufl. 1993, § 2 Rz. 5; *Gola/Schomerus*, BDSG, 10. Aufl. 2010, § 3, Anm. 2.6.
[5] *Gola/Schomerus*, BDSG, 10. Aufl. 2010, § 3 Anm. 2.9.
[6] So auch *Gola/Schomerus*, BDSG, 9. Aufl. 2007, § 3 Anm. 2.9; einschränkend *Bergmann/Möhrle/Herb*, BDSG, Loseblattslg., Stand: Januar 2011, § 3 Rz. 34, die „abstrakte" Planungsdaten vom Anwendungsbereich des BDSG ausnehmen, weil sie „regelmäßig keine Einzeldaten" enthalten.

Von Bedeutung ist auch die Frage, inwieweit **anonymisierte oder zusammenfassende (aggregierte) Daten und Datensammlungen** dem BDSG unterliegen. Entscheidend ist nach der Legaldefinition des Anonymisierens in § 3 Abs. 6 BDSG, ob die Daten „nicht mehr oder nur mit einem unverhältnismäßig großen Aufwand an Zeit, Kosten und Arbeitskraft einer bestimmten oder bestimmbaren natürlichen Person zugeordnet werden können." Der Personenbezug ist daher relativ aus der Sicht der datenverarbeitenden Stelle zu bestimmen. Man wird deshalb über eine Risikoanalyse im Einzelfall prüfen müssen, unter welchem wirtschaftlichen und technischen Aufwand ein Personenbezug wiederhergestellt werden kann.[1] Grundsätzlich ist jedoch die Erstellung anonymer Profile in vollem Umfang zulässig, da das Datenschutzrecht hier nicht zum Tragen kommt. Ähnliches gilt für Pseudonyme, sofern nicht Zuordnungslisten in der Hand des Datenverarbeiters die Aufdeckung der Identität des hinter dem Pseudonym stehenden Nutzers ermöglichen.

Nach h.M. sind daher **Sammelangaben über Personengruppen, aggregierte oder anonymisierte Daten** jedenfalls dann keine Einzelangaben i.S.v. § 3 Abs. 1 BDSG, wenn kein Rückschluss auf eine einzelne Person möglich ist.[2] Allerdings wird der Personenbezug hergestellt, wenn eine Einzelperson als Mitglied einer Personengruppe gekennzeichnet wird, über die bestimmte Angaben gemacht werden, wenn die Daten also auf die Einzelperson „durchschlagen".[3] Dies wird z.B. im Bereich des E-Commerce bei der Erstellung von Nutzungsprofilen relevant, wenn ein Internet-Nutzer aufgrund statistischer Erkenntnisse einer bestimmten Käuferschicht zugeordnet werden kann.[4]

3. Erhebung, Verarbeitung und Nutzung von Daten

Handelt es sich um personenbezogene Daten einer natürlichen Person i.S.d. § 3 Abs. 1 BDSG, verlangt § 1 Abs. 2 Nr. 3 BDSG, dass die Daten unter Einsatz von Datenverarbeitungsanlagen verarbeitet, genutzt oder dafür erhoben werden.

a) Erhebung von Daten, § 3 Abs. 3 BDSG[5]

Der Begriff der „**Erhebung**" ist in § 3 Abs. 3 BDSG definiert als „das Beschaffen von Daten über den Betroffenen". Es bedarf einer Aktivität, durch die die

---
[1] *Gola/Schomerus*, BDSG, 10. Aufl. 2010, § 3 Anm. 15.2.
[2] Vgl. *Gola/Schomerus*, BDSG, 10. Aufl. 2010, § 3, Anm. 2.2; *Auernhammer*, BDSG, § 3, Rz. 4. *BFH*, Urt. v. 27.10.1993 – I R 25/92, FR 1994, 199 = CR 1994, 346 = NJW 1994, 2246; *Tinnefeld/Ehmann*, II. Teil, 3.1.1 a.E., 186.
[3] Vgl. *BAG*, Beschl. v. 18.2.1986 – 1 ABR 21/84, CR 1986, 335 = RDV 1986, 138; *BAG*, Urt. v. 26.7.1994 – 1 ABR 6/94, CR 1995, 99 = CR 1995, 223 = RDV 1995, 29; *Bergmann/Möhrle/Herb*, Rz. 30 zu § 3 zu Kunden- und Datenprofilen.
[4] Siehe hierzu auch die Ausführungen unten zum bereichsspezifischen TMG.
[5] Vgl. hierzu *Tinnefeld*, Persönlichkeitsrecht und Modalitäten der Datenerhebung im Bundesdatenschutzgesetz, NJW 1993, 1117; speziell zur Erhebung von Arbeitnehmerdaten, *Däubler*, CR 1994, 101.

erhebende Stelle oder Person Kenntnis von den Daten erhält oder Verfügung über diese begründet. Unter Berücksichtigung des Kausalerfordernisses aus § 1 Abs. 2 Nr. 3 bzw. § 27 Abs. 1 Satz 1 BDSG („dafür erhoben"), fällt die bloße Erhebung als solche (d.h. ohne anschließende Weiterverarbeitung oder Nutzung) nicht unter das BDSG.[1] Vom Vorliegen einer erlaubnispflichtigen Erhebung ist z.B. auszugehen bei Befragungen (etwa mittels Personalfragebögen[2] oder in Kunden- und Verbraucherbefragungen),[3] medizinischen Untersuchungen (Blutproben) und der Observierung von Personen mittels Kameras.

b) Verarbeitung von Daten

Im Gegensatz zu den meisten Datenschutzgesetzen der Länder und der EU-Datenschutzrichtlinie verwendet das BDSG nach wie vor einen engen Verarbeitungsbegriff. Der weite Verarbeitungsbegriff aus den LDSGs und der EU-DSRL schließt hingegen das Erheben und Nutzen mit ein. Das BDSG verwendet deshalb an fast allen Stellen die Aufzählung der Begriffstrias („Erheben, „Verarbeiten", „Nutzen"), dies jedoch auch nicht konsequent (vgl. z.B. § 3 Abs. 2 Satz 1 bei dem die Trias dem Oberbegriff „automatisierte Verarbeitung" unterfällt).[4]

Unter **„Verarbeitung"** personenbezogener Daten fallen gem. § 3 Abs. 4 BDSG die

- Speicherung (Nr. 1),
- Veränderung (Nr. 2),
- Übermittlung (Nr. 3),
- Sperrung (Nr. 4) und
- Löschung (Nr. 5) personenbezogener Daten.

Speichern und Übermitteln sind dabei die wichtigsten Verarbeitungsphasen.

aa) Speicherung, § 3 Abs. 4 Nr. 1 BDSG

Speicherung im Sinne des BDSG meint **das Erfassen, Aufnehmen oder Aufbewahren von Daten** auf einem Datenträger zum Zwecke ihrer weiteren Verwendung. Infolge der Aufgabe des Dateierfordernisses stellen jetzt auch Aufzeichnungen auf unformatierten Datenträgern wie Notizzetteln eine Speicherung im Sinne des BDSG dar.

---

[1] A.A. *Bergmann/Möhrle/Herb*, BDSG, Loseblattslg., Stand: Januar 2011, § 3 Rz. 60.
[2] Vgl. *Däubler*, Erhebung von Arbeitnehmerdaten, CR 1994, 101.
[3] Vgl. *Breinlinger*, Datenschutzrechtliche Probleme bei Kunden- und Verbraucherbefragungen, RDV 1997, 247.
[4] Vgl. Däubler/Klebe/Wedde/Weichert/*Weichert*, § 3 Rz. 28 f.

bb) Veränderung, § 3 Abs. 4 Nr. 2 BDSG

Als **Veränderung** bezeichnet das BDSG das **inhaltliche Umgestalten gespeicherter Daten**. Es bezieht sich somit nur auf die Modifikation des Informationsgehalts und Aussagewerts eines konkreten Datums. Rein formale Verarbeitungsvorgänge wie das Vergleichen von Daten können deshalb nicht unter § 3 Abs. 4 Nr. 2 BDSG subsumiert werden. Es liegt dann ein Nutzen von Daten nach § 3 Abs. 5 BDSG vor. Problematisch ist diese Legaldefinition deshalb, weil Datenveränderung regelmäßig auch Löschung alter und Speicherung neuer Daten impliziert. Man wird dann davon ausgehen müssen, dass die Vorschriften über Datenspeicherung und -löschung als leges speciales zu betrachten sind. Da jedoch die Zulässigkeitsvoraussetzungen für die Speicherung und Veränderung identisch sind, spielt die genaue Abgrenzung in der Praxis nur eine untergeordnete Rolle.

Die Veränderung kann auch darin liegen, dass die Daten durch eine Verknüpfung ihren bisherigen Kontext verlieren und so einen neuen, abgewandelten Informationswert erhalten, etwa durch das Herausnehmen von Daten aus dem bisherigen Verarbeitungszusammenhang oder durch das Einfügen in einen anderen Zusammenhang (z.B. Überspielung von Daten aus einem Schuldnerverzeichnis in eine Personaldatei).[1]

Allerdings greift § 3 Abs. 4 Nr. 2 BDSG dann nicht ein, wenn lediglich eine Veränderung der äußeren Umstände der Datenverarbeitung stattfindet, etwa wenn der Datenzugriff durch Personen erfolgt, die nicht zu einem nach bestimmten funktionalen Kriterien festgelegten sozialen Umfeld gehören. Nur Einwirkungen auf das Datum selbst, nicht aber der Inhaltswandel eines Datums durch verändertes Vorwissen Dritter unterfallen dem Begriff der „Datenveränderung" in § 3 Abs. 4 Nr. 2 BDSG.

cc) Übermittlung, § 3 Abs. 4 Nr. 3 BDSG

„Übermittlung" bezeichnet die **Bekanntgabe von Daten durch die verantwortliche Stelle** (§ 3 Abs. 7 BDSG) an Dritte (§ 3 Abs. 8 BDSG) durch Weitergabe, Einsichtnahme oder Abruf. Vom Übermittlungsbegriff umfasst ist demnach sowohl **die Weitergabe von personenbezogenen Daten an Dritte**, etwa in Form der (schriftlichen oder mündlichen) Erteilung von Auskünften oder der Übermittlung mittels Datenfernübertragung, als auch die **Einsichtnahme oder der Abruf von Daten durch Dritte**. Insoweit fällt das BDSG allerdings hinter das Gesetz aus dem Jahre 1977 zurück, das bereits das Bereitstellen von Daten zum Abruf als „Übermittlung" einstufte.

Der Begriff der „Übermittlung" macht insofern Schwierigkeiten, als eine Bekanntgabe von Daten an „Dritte" vorliegen muss. Fraglich ist jedoch, wer als

---
[1] Vgl. *Gola/Schomerus*, BDSG, 10. Aufl. 2010, § 3 Anm. 10.1; *Bergmann/Möhrle/Herb*, BDSG, Loseblattslg., Stand: Januar 2011, § 3 Rz. 83.

„Dritter" einzustufen ist. § 3 Abs. 8 Satz 2 BDSG verweist hierzu darauf, dass Dritter „jede Person oder Stelle außerhalb der verantwortlichen Stelle" sei; dabei ist der Begriff der „verantwortlichen Stelle" in § 3 Abs. 7 BDSG definiert als „jede Person oder Stelle, die personenbezogene Daten für sich selbst erhebt, verarbeitet oder nutzt oder dies durch andere im Auftrag vornehmen lässt". Nicht als Dritte gelten der Betroffene selbst und diejenigen Personen oder Stellen, die innerhalb der EU/EWR im Auftrag der speichernden Stelle Daten verarbeiten oder nutzen (§ 3 Abs. 8 Satz 3 BDSG).

Das Verhältnis von verantwortlicher Stelle und Drittem bestimmt sich nach dem sog. funktionalen Stellenbegriff.[1] Danach sind „Dritte"

– alle Behörden, Stellen und Personen außerhalb der jeweiligen Behörde bzw. des einzelnen Unternehmens und

– alle organisatorischen Teile innerhalb einer Behörde oder eines Unternehmens, deren Funktion in keinem direkten Zusammenhang mit der konkreten Datenverarbeitung steht.[2] Damit ist eine Datenübermittlung auch bei scheinbar hausinternen Mitteilungen gegeben, wenn diese Mitteilungen die vorgegebene Funktions- und Geschäftsverteilung übersteigen,

– der Empfänger bei einem Datenaustausch zwischen zwei verschiedenen Stellen und

– der Empfänger bei jedem Datentransfer in Staaten außerhalb von EU/EWR.

Mangels Bekanntgabe an einen „Dritten" liegt eine Datenübermittlung nicht vor bei

– einem Datentransfer innerhalb der speichernden Stelle,

– der Mitteilung von Daten an den Betroffenen (etwa im Rahmen eines Auskunftsbegehrens nach §§ 19, 34 BDSG) und

– dem Austausch von Daten zwischen einem Auftraggeber und einem Auftragnehmer (etwa einem Rechenzentrum),[3] sofern der Auftragnehmer seinen Sitz in der EU oder dem EWR hat.

dd) Sperrung, § 3 Abs. 4 Nr. 4 BDSG

„**Sperrung**" personenbezogener Daten bezeichnet die Kennzeichnung dieser Daten zu dem Zweck, ihre weitere Verarbeitung oder Nutzung einzuschränken. Diese Verarbeitungsphase zielt auf die Möglichkeit, bei automatisierten Dateien den Zugriff auf Datenfelder oder ganze Datensätze programmtechnisch unmöglich zu machen. Bei Akten spielt die Sperrung demgegenüber

---

[1] Vgl. *BVerfG*, Beschl. v. 18.12.1987 – 1 BvR 962/87, CR 1988, 147 = NJW 1988, 959; *Bergmann/Möhrle/Herb*, Rz. 149–154 zu § 3.

[2] Vgl. hierzu auch *Büser*, Rechtliche Probleme der Datenübermittlung beim Franchising, BB 1997, 213; *Bergmann/Möhrle/Herb*, Rz. 159 zu § 3.

[3] *Bergmann/Möhrle/Herb*, Rz. 98 zu § 3.

keine Rolle; sie ist dort auch nur unter erschwerten Voraussetzungen zulässig (§ 20 Abs. 5 BDSG).

ee) Löschung, § 3 Abs. 4 Nr. 5 BDSG

„Löschung" bezeichnet im BDSG das Unkenntlichmachen von Daten, womit allein das unwiederbringliche Tilgen der Daten, ungeachtet der dabei verwendeten Verfahren, gemeint ist.

Ein Löschen kann erfolgen durch Radieren, Überschreiben, Schwärzen und Vernichten der Datenträger (einschließlich aller Sicherheitskopien).[1]

Nicht ausreichend sind der bloße Vermerk „Gelöscht" und/oder das bloße Archivieren und Auslagern von Daten.

Alle vorgenannten Regelungen unterfallen dem Grundsatz „**Verbot mit Erlaubnisvorbehalt**". Danach ist grds. von einem Verbot der Datenerhebung, -verarbeitung und -nutzung ohne die Einwilligung des Betroffenen auszugehen, es sei denn, eine Norm im weitesten Sinne erlaubt die Datenverwendung (sog. Erlaubnisnorm). Dieser Grundsatz ist in § 4 Abs. 1 BDSG niedergelegt.

V. Ermächtigungsgrundlagen

Gemäß dem grundsätzlichen Verbot mit Erlaubnisvorbehalt ist jede Verarbeitung, Nutzung oder Erhebung personenbezogener Daten zunächst einmal unzulässig. Das Erheben, Verarbeiten oder Nutzen ist aber ausnahmsweise erlaubt, wenn

– der Betroffene eingewilligt hat,
– ein Tarifvertrag oder eine Betriebsvereinbarung die Verarbeitung erlaubt oder
– eine gesetzliche Vorschrift die Verarbeitung legitimiert.

1. Einwilligung

Die **Einwilligung** nach § 4 Abs. 1 BDSG muss gem. § 4a Abs. 1 BDSG auf der freien Entscheidung des Betroffenen beruhen, also ohne Zwang erfolgen.[2] Sie ist nur möglich, wenn der Betroffene vorab auf den Zweck der Speicherung, Verarbeitung oder Nutzung sowie auf Verlangen auf die Folgen der Verweigerung hingewiesen wurde (sog. „informierte Einwilligung", § 4a Abs. 1 Satz 2 BDSG). Die Einwilligung bedarf im Übrigen regelmäßig der **Schriftform** (§ 4a Abs. 1 Satz 3 BDSG). Sie ist jederzeit frei widerruflich. Entgegenstehende Vereinbarungen sind unwirksam.

---

1 *Bergmann/Möhrle/Herb*, Rz. 113 und 117 zu § 3.
2 § 4 Abs. 1 Satz 1 berücksichtigt insofern Art. 2 Buchst. h der EU-DSRL.

Schwierigkeiten bestehen bei der **Erteilung des Einverständnisses in Allgemeinen Geschäftsbedingungen**, seitdem der *BGH* ein klauselmäßiges Einverständnis in Telefonwerbung für unwirksam erklärt hat.[1] Telefonwerbung stelle einen besonders schwerwiegenden Eingriff in die Privatsphäre dar. Daher verstoße solche Werbung im privaten Bereich gegen die guten Sitten. Das Einverständnis des Kunden sei dementsprechend erst wirksam, wenn der Kunde sich ausdrücklich mit dieser Maßnahme einverstanden erkläre. Die Rechtsprechung des *BGH* hat konsequent Eingang in das reformierte UWG und den dortigen § 7 Abs. 2 Nr. 2 UWG gefunden,[2] wonach eine unzulässige Belästigung, „bei einer Werbung mit Telefonanrufen gegenüber Verbrauchern ohne deren Einwilligung oder gegenüber sonstigen Marktteilnehmern ohne deren zumindest mutmaßliche Einwilligung" vorliegt. Nach einer Entscheidung des *LG Hannover* gelten diese Grundsätze auch für unverlangt zugesandte Werbung per SMS gegenüber Verbrauchern.[3] Der Teilnehmer muss eindeutig über Art und Umfang der Speicherung und die vorgesehene Datenübermittlung informiert werden. Auch sind ihm Möglichkeiten zur Beschränkung einzelner DV-Formen einzuräumen.

Für zum Teil unwirksam hielt der *Bundesgerichtshof* eine formularmäßige Klausel, wonach der Nutzung von Daten für Werbung und Marktforschung ausdrücklich (durch Ankreuzen) widersprochen werden muss (sog. **Opt-Out-Lösung**).[4] Eine solche Klausel sei zwar mit den wesentlichen Grundgedanken der §§ 4 Abs. 1, 4a Abs. 1 BDSG im Hinblick auf die Zusendung von Werbung per Post zu vereinbaren,[5] da sich aus § 4a BDSG insbesondere nicht ergebe, dass die Einwilligung nur dann wirksam sein soll, wenn sie aktiv erklärt wird (kein Erfordernis des Opt-In).[6] Dies gelte aber nicht für eine Einwilligung, die sich auf Werbung per E-Mail oder SMS beziehe. Hier gelte § 7 Abs. 2 Nr. 3 UWG. Die Vorschrift verlangt entsprechend der Datenschutzrichtlinie für elektronische Kommunikation (RL 2002/58/EG) eine Einwilligung in Form einer gesonderten Erklärung (**Opt-In**).

Eine ohne sachlichen Zusammenhang in AGB eingebaute Einwilligungserklärung verstößt gegen das Transparenzgebot.[7] Ähnlich verstößt eine Bevollmächtigung in AGB, Daten an Dritte weiterzugeben, gegen § 307 Abs. 1 sowie § 307 Abs. 2 Nr. 1 BGB i.V.m. § 4 Abs. 1 BDSG.[8] Auch ist eine Klausel wegen

---

1 *BGH*, Urt. v. 16.3.1999 – XI ZR 76/98, MDR 1999, 856 m. Anm. *Imping* = CR 1999, 567 = NJW 1999, 1864; *Bergmann/Möhrle/Herb*, Rz. 70a zu § 4a.
2 BT-Drs. 15/1487, 21.
3 *LG Hannover*, Urt. v. 21.6.2005 – 14 O 158/04, CR 2006, 529 m. Anm. *Müglich* = MMR 2005, 714 = K&R 2005, 526.
4 *BGH*, Urt. v. 16.7.2008 – VIII ZR 348/06, MDR 2008, 1264 = CR 2008, 720 m. Anm. *Brisch/Laue* – NJW 2008, 3055; MMR 2008, 731 m. Anm. *Grapentin* – Payback, n.v.; vgl. dazu *Bergmann/Möhrle/Herb*, Rz. 26c zu § 4a.
5 So schon die Vorinstanz: *OLG München*, Urt. v. 28.9.2006 – 29 U 2769/06, MMR 2007, 48 = CR 2007, 179; auch *LG Köln*, Urt. v. 9.5.2007 – 26 O 358/05, n.v.
6 Vgl. auch *Wiesner*, DuD 2007, 604.
7 *LG Bonn*, Urt. v. 30.11.2006 – 11 O 66/06, CR 2007, 237 = MMR 2007, 124.
8 *LG Dortmund*, Urt. v. 23.2.2007 – 8 O 194/06.

unangemessener Benachteiligung unwirksam, wonach Daten an „Unternehmen des Konzerns" weitergegeben werden dürfen.[1] Ist die Klausel zu **unbestimmt**, fehlt ihr die ermächtigende Wirkung. Sie ist darüber hinaus wegen Abweichung von wesentlichen Grundgedanken des BDSG nach § 307 Abs. 1, Abs. 2 Nr. 1 BGB nichtig.[2]

Umstritten ist, ob eine ausdrückliche Einwilligung in die Datenverarbeitung auch dann erforderlich ist, wenn die Datenerhebung freiwillig erfolgt.[3]

Für die Erforderlichkeit spricht der insofern eindeutige Wortlaut des § 4a Abs. 1 BDSG.[4] Allerdings ist auch zu berücksichtigen, dass die Einwilligung beim Vorliegen besonderer Umstände nur dann der Schriftform bedarf, wenn nicht **wegen besonderer Umstände eine andere Form** angemessen ist (§ 4a Abs. 1 Satz 3 BDSG). Werden Daten, z.B. im Rahmen einer Verbraucherbefragung unter dem ausdrücklichen Hinweis auf die Freiwilligkeit der Teilnahme und mit detaillierter Darstellung der Zweckbestimmung erhoben, so kann dies im Einzelfall eine ausdrückliche Einwilligung in die spätere Datenverarbeitung entbehrlich machen, da bereits in der freiwilligen Teilnahme eine (konkludente) Einwilligung liegt.[5] Die vom Gesetz in § 4a Abs. 1 BDSG vorgesehene *schriftliche* Einwilligung kann online allerdings nicht erfolgen.

Der *BGH* hat inzwischen großzügig Opt-Out-Lösungen als Einwilligung ausreichen lassen.[6] Seitens der Firma „Happy Digits" war eine umrandete Klausel verwendet worden:

Einwilligung in Beratung, Information (Werbung) und Marketing

Ich bin damit einverstanden, dass meine bei HappyDigits erhobenen persönlichen Daten (Name, Anschrift, Geburtsdatum) und meine Programmdaten (Anzahl gesammelte Digits und deren Verwendung; Art der gekauften Waren und Dienstleistungen; freiwillige Angaben) von der D GmbH […] als Betreiberin des Happy-Digits Programms und ihren Partnerunternehmen zu Marktforschungs- und schriftlichen Beratungs- und Informationszwecken (Werbung) über Produkte und Dienstleistungen der jeweiligen Partnerunternehmen gespeichert, verarbeitet und genutzt werden. […] **Sind Sie nicht einverstanden, streichen Sie die Klausel** […]

Der *BGH* hat entschieden, dass diese Klausel wirksam sei. Sie betreffe allein die Einwilligung in die Speicherung, Verarbeitung und Nutzung von Daten für die Zusendung von Werbung per Post sowie zu Zwecken der Marktfor-

---

1 *OLG Köln*, Urt. v. 23.11.2007 – 6 U 95/07 – MMR 2008, 780; *Bergmann/Möhrle/Herb*, Rz. 39a zu § 4a.
2 *LG Halle*, Urt. v. 18.3.1996 – 8 O 103/95, CR 1998, 85.
3 Für eine Einwilligung *LG Stuttgart*, Urt. v. 13.8.1998 – 17 O 329/98, RDV 1998, 262; dagegen *LG Darmstadt*, Urt. v. 24.9.1998 – 15 O 204/98, RDV 1999, 28.
4 Vgl. *LG Stuttgart*, Urt. v. 13.8.1998 – 17 O 329/98, RDV 1998, 262.
5 *LG Darmstadt*, Urt. v. 24.9.1998 – 15 O 204/98, RDV 1999, 28.
6 *BGH*, Urt. v. 11.11.2009 – VIII ZR 12/08.

schung.[1] Unter dem Gesichtspunkt datenschutzrechtlicher Bestimmungen sei die Klausel nicht zu beanstanden. Danach kann die Einwilligung in die Speicherung, Verarbeitung und Nutzung von Daten zusammen mit anderen Erklärungen schriftlich erteilt werden, sofern sie – wie hier – besonders hervorgehoben wird. Die Klausel sei in der Mitte des eine Druckseite umfassenden Formulars platziert und als einziger Absatz der Seite mit einer zusätzlichen Umrahmung versehen, so dass sie schon deshalb Aufmerksamkeit auf sich zieht. Der fettgedruckten Überschrift lässt sich schon aufgrund des verwendeten Worts „Einwilligung" unmittelbar entnehmen, dass sie ein rechtlich relevantes Einverständnis des Verbrauchers mit Werbungs- und Marketingmaßnahmen enthält, die – was einem durchschnittlich verständigen Verbraucher bekannt ist – in aller Regel mit einer Speicherung und Nutzung von Daten einhergehen.

An dieser Rechtslage hat sich nach Auffassung des *BGH*[2] auch durch die Änderung des Bundesdatenschutzgesetzes mit Wirkung vom 1. September 2009 nichts geändert. Nach § 28 Abs. 3 Satz 1 BDSG ist die Verarbeitung oder Nutzung personenbezogener Daten für Zwecke des Adresshandels oder der Werbung zulässig, soweit der Betroffene eingewilligt hat. Soll die Einwilligung zusammen mit anderen Erklärungen schriftlich erteilt werden, ist sie nach § 28 Abs. 3a Satz 2 BDSG in drucktechnisch deutlicher Gestaltung besonders hervorzuheben. Auch nach der neuen Fassung des Bundesdatenschutzgesetzes sei somit eine „Opt-Out"-Regelung zur Erteilung der Einwilligung in die Verarbeitung und Nutzung personenbezogener Daten für Zwecke der Werbung per Post zulässig. Eine darüber hinausgehende Einwilligung in die Verwendung solcher Daten für Werbung im Wege elektronischer Post (SMS, E-Mail), die nach § 7 Abs. 2 Nr. 3 UWG wirksam nur durch eine gesondert abzugebende Erklärung („opt-in") erteilt werden kann, war allerdings nicht Gegenstand des Verfahrens. In diesen Fällen dürfte es bei einem strikten Opt-In bleiben.[3]

Zweifelhaft ist, ob allein wegen der regelmäßigen Nutzung des Internets „besondere Umstände" anzunehmen sind, deretwegen eine andere Form angemessen wäre. Zwar wurde dies von der Rechtsprechung bei besonderer Eilbedürftigkeit oder in bestimmten Telefonsituationen anerkannt, doch würde eine Verallgemeinerung auf alle Internetsituationen dem Ausnahmecharakter dieser Vorschrift zuwiderlaufen. Wenn Unternehmen das Internet nutzen, um ihre Produkte anzubieten oder auch online Verträge abzuschließen, sind sie jedoch zum Teil Telemediendiensteanbieter i.S.d. § 1 TMG (siehe oben). Auch § 12 Abs. 1 TMG sieht hinsichtlich der Verwendung personenbezogener Daten ein Verbot mit Erlaubnisvorbehalt vor.

Für die Telemediendienste hat sich der Gesetzgeber entschieden, die elektronische Einwilligung ausreichen zu lassen (§ 13 Abs. 2 TMG). Dabei darf aller-

---

[1] *BGH*, Urt. v. 16.7.2008 – VIII ZR 348/06.
[2] *BGH*, Urt. v. 11.11.2009 – VIII ZR 12/08.
[3] So argumentiert der *BGH* im Fall vom 16.7.2008 – VIII ZR 348/06, MDR 2008, 1264 = CR 2008, 720 m. Anm. *Brisch/Laue* – „Payback".

dings nicht ein einfacher Mausklick genügen, sondern durch den Eingabemodus muss sichergestellt sein, dass eine bewusste Handlung des Kunden vorliegt. Hilfreich ist die sog. bestätigende Einwilligung, bei der die Einwilligung nach dem Setzen eines Häkchens durch einen anschließenden Klick auf einen Button bestätigt wird. Darüber hinaus muss die Protokollierung und Abrufbarkeit sichergestellt sein. Auch ist der Nutzer auf die Möglichkeit des Widerrufs seiner Einwilligung hinzuweisen (§ 13 Abs. 3 TMG), sofern dies nicht durch wirksamen Verzicht ausgeschlossen wird.

2. Tarifvertrag/Betriebsvereinbarung – zugleich eine Einführung in arbeitsrechtliche Probleme mit Bezug zum Internet

Literatur: *Altenburg/von Reinsdorff/Leister*, Telekommunikation am Arbeitsplatz, MMR 2005, 135; *Altenburg/von Reinsdorff/Leister*, Betriebsverfassungsrechtliche Aspekte der Telekommunikation, MMR 2005, 222; *Balke/Müller*, Arbeitsrechtliche Aspekte beim Einsatz von E-Mails, DB 1997, 326; *Balsmeier/Weißnicht*, Überwachung am Arbeitsplatz und deren Einfluss auf die Datenschutzrechte Dritter, K&R 2005, 537; *Beckschulze/Henkel*, Der Einfluss des Internet auf das Arbeitsrecht, DSB 2001, 1491; *Biter*, Internet und E-Mail am Arbeitsplatz, DuD 2004, 277; *Biter*, Private Internetnutzung am Arbeitsplatz?, DuD 2004, 432; *Däubler*, Internet und Arbeitsrecht, 2004; *Däubler*, Nutzung des Internet durch Arbeitnehmer, K&R 2000, 323; *Ernst*, Privates Surfen am Arbeitsplatz als Kündigungsgrund, DuD 2006, 223; *Gola*, Datenschutz bei der Kontrolle „mobiler" Arbeitnehmer – Zulässigkeit und Transparenz, NZA 2007, 1139; *Gola*, Neuer Tele-Datenschutz für Arbeitnehmer? Die Anwendung von TKD und TDDSG im Arbeitsverhältnis?, MMR 1999, 322; *Hanau/Andres*, Rechtsgutachten über die arbeits- und betriebsverfassungsrechtlichen Bedingungen der privaten Nutzung von Internet-Anschlüssen durch Arbeitnehmer, 2000; *Hanau/Hoeren*, Private Internetnutzung durch Arbeitnehmer, 2003; *Härting*, E-Mail und TK-Geheimnis – Die drei Gesichter der E-Mail: Telekommunikation, Datensatz, elektronischer Brief; *Hoeren*, Rechtliche Grundlagen des SCHUFA-Scoring-Verfahrens, RDV 2007, 93; *Jaeger*, Vorsicht bei Überwachungssoftware, AuA 2001, 402; *Jofer/Wegerich*, Betriebliche Nutzung von E-Mail-Diensten: Kontrollbefugnisse des Arbeitgebers, K&R 2002, 235; *Kiper/Schierbaum*, Arbeitnehmer-Datenschutz bei Internet und E-Mail-Nutzung, 2000; *Kaufmann*, Mitarbeiterdaten auf der Homepage, DuD 2005, 262; *Kaufmann*, Mitarbeiterdaten auf der Homepage, DuD 2005, 262; *Kaufmann*, Rote Karte für neugierige Admins, c't 2006, 234; *Kliemt*, E-Mail- und Internetnutzung von Mitarbeitern, AuA 2001, 532; *Kronisch*, Privates Internet-Surfen am Arbeitsplatz, AuA 1999, 550; *Lansnicker*, Surfen im Internet während der Arbeitszeit, BB 2007, 2184; *Möller*, Privatnutzung des Internet am Arbeitsplatz, ITRB 2005, 142; *Nägele/Meyer*, Internet und E-Mail am Arbeitsplatz, K&R 2004, 312; *Oppliger/Holthaus*, Totale Überwachung ist technisch möglich, digma 2001, 14; *Panzer*, Mitarbeiterkontrolle und neue Medien, 2004; *Post-Ortmann*, Der Arbeitgeber als Anbieter von Telekommunikations- und Telediensten, RDV 1999, 102; *Pröpper/Römermann*, Nutzung von Internet und E-Mail am Arbeitsplatz (Mustervereinbarung), MMR 2008, 514; *Rath/Karner*, Private Internetnutzung am Arbeitsplatz – rechtliche Zulässigkeit und Kontrollmöglichkeiten des Arbeitgebers, K&R 2007, 446; *Rieble/Gutzeit*, Gewerkschaftliche Selbstdarstellung im Internet und Intranet, ZFA 2001, 341; *Sacherer*, Datenschutzrechtliche Aspekte der Internetnutzung von Arbeitnehmern, RdW 2005, 17; *Schmidl*, E-Mail-Filterung am Arbeitsplatz, MMR 2005, 343; *Schönfeld/Streese/Flemming*, Ausgewählte Probleme der Nutzung des Internet im Arbeitsleben, MMR-Beilage 2001, 8; *Tinnefeld*, Arbeitnehmerdatenschutz in Zeiten des Internet, MMR 2001, 797; *Tinnefeld/Viethen*, Arbeitnehmerdatenschutz und Internet-

Ökonomie, NZA 2000, 977; *Weißnicht*, Die Nutzung des Internet am Arbeitsplatz, MMR 2003, 448; *Wigger*, Surfen im Betrieb – ein Spannungsfeld, digma 2001, 20; *Wolber*, Internet-Zugang und Mitbestimmung, PersR 2000, 3; *Zilkens*, Datenschutz am Arbeitsplatz, DuD 2005, 253.

In Deutschland existiert noch immer kein Arbeitnehmerdatenschutzgesetz, durch das der Umgang mit personenbezogenen Daten im Arbeitsverhältnis geregelt wird. Es gelten stattdessen die allgemeinen Vorgaben des BDSG. Durch die jüngste Novellierung des BDSG (BDSG-Novelle II), verabschiedet am 3. Juli 2009 im Bundestag,[1] wurden generelle Regeln zum Arbeitnehmerdatenschutz in das BDSG eingeführt. Nach § 32 Abs. 1 Satz 1 BDSG dürfen personenbezogene Daten eines Beschäftigten verarbeitet werden, wenn dies für die Begründung, Durchführung oder Beendigung des Beschäftigungsverhältnisses erforderlich ist. Diese Regel ist nichtssagend. Konkreter ist der Hinweis in § 32 Abs. 1 Satz 2 BDSG, wonach Arbeitnehmerdaten zur Aufdeckung von Straftaten nur verwendet werden dürfen, wenn zu dokumentierende tatsächliche Anhaltspunkte den Verdacht der Begehung einer Straftat begründen; ferner muss die Verarbeitung erforderlich und verhältnismäßig sein. Diese Regelung begrenzt die Bekämpfung von Korruption und anderen Missbrauchsfällen im Unternehmen erheblich.

Nach Auffassung des *BAG* ist eine Verarbeitung von Arbeitnehmerdaten auch zulässig, sofern sie auf der Grundlage einer Ermächtigung in einem **Tarifvertrag** oder in einer **Betriebsvereinbarung** beruht.[2] Das *BAG* geht hierbei davon aus, dass es sich bei Tarifverträgen und Betriebsvereinbarungen um „andere Rechtsvorschriften" i.S.d. § 4 Abs. 1 BDSG handelt. Eine Verarbeitung personenbezogener Daten soll auf der Grundlage einer entsprechenden kollektivrechtlichen Regelung nach Auffassung des *BAG* selbst dann gerechtfertigt sein, wenn sich diese Vereinbarung zu Lasten des Betroffenen auswirkt.[3] Diese Regelung gilt jedoch mangels ausdrücklicher Gesetzesregelung nicht für den Bereich des Internets. Insofern fehlt es dem Betriebsrat an einer Regelungskompetenz für spezifisch datenschutzrechtliche Fragen in Bezug auf das Internet.

Es bleibt aber betriebsverfassungsrechtlich dabei, dass die Einführung des Internets mitbestimmungspflichtig ist. Über die Login-Files bei der WWW-Nutzung und die Kontrolle der E-Mails ist eine Überwachung von Verhalten und Leistung der Arbeitnehmer möglich; insofern greift der Tatbestand des § 87 Abs. 1 Nr. 6 BetrVG.[4] Ähnliches gilt für die Mitbestimmung des Personalrats nach § 75 Abs. 3 Nr. 17 BPersVG.[5] So hat das *OVG Münster* im Januar 2000

---

1 BT-Drs. 16/12011 und 16/13657.
2 *BAG*, Beschl. v. 27.5.1986 – 1 ABR 48/84, CR 1986, 571 = MDR 1987, 83 = NJW 1987, 674.
3 Krit. *Rademacher/Latendorf*, CR 1989, 1105; *Wohlgemuth*, Datenschutz für Arbeitnehmer, Rz. 613; *Walz*, in: Simitis u.a., § 4 Rz. 16; *Fitting u.a.*, BetrVG, § 83, Rz. 28.
4 So auch *Däubler*, Internet und Arbeitsrecht, 3. Aufl. 2004, Rz. 293; *Balke/Müller*, DB 1997, 327; *Post-Ortmann*, RDV 1999, 107 u.a.
5 Siehe *Schneider*, PersR 1991, 129.

entschieden, dass die Bereitstellung von Sprechstundenübersichten und weiterer Personaldaten auf persönlichen WWW-Seiten im Hochschulnetz und WWW-Bereich der Mitbestimmung nach § 72 Abs. 3 Nr. 1 LPVG NW unterliegt.[1]

Das enorme **Überwachungspotential**, das die Nutzung des Internets dem Arbeitgeber eröffnet, zeigt sich zum einen darin, dass sämtliche Aktivitäten des Arbeitnehmers im Internet im Nachhinein protokolliert werden können. Zum anderen ist auch a priori eine Kontrolle möglich, etwa über Firewalls.

Bei der Überwachung des E-Mail-Verkehrs durch den Arbeitgeber ist neben den betriebsverfassungsrechtlichen Vorgaben[2] auch das Fernmeldegeheimnis zu beachten.[3] § 88 TKG, der das Fernmeldegeheimnis festschreibt, gilt nur, wenn jemand geschäftsmäßig Telekommunikationsdienste erbringt (§ 88 Abs. 2 TKG). Geschäftsmäßig handelt, wer nachhaltig Telekommunikation für Dritte mit oder ohne Gewinnerzielungsabsicht anbietet (§ 3 Nr. 10 TKG). Bei der Nutzung von E-Mails zu dienstlichen Zwecken fehlt es an einem Angebot für „Dritte", so dass das Fernmeldegeheimnis nicht greift.[4] Der Arbeitgeber kann hier den Eingang und Ausgang von E-Mails einschließlich der Zieladressen festhalten. Er kann ferner bei Abwesenheit des Mitarbeiters E-Mails lesen, sofern die Mails nicht ausdrücklich als „persönlich" oder „vertraulich" gekennzeichnet sind oder anderweitig deren private Natur zu erkennen ist. Ansonsten ist die Lektüre der Mails durch den Arbeitgeber nur bei Nachweis eines berechtigten Interesses erlaubt, wenn etwa

– ein begründeter Verdacht auf strafbare Handlungen besteht,
– E-Mails den Betriebsfrieden gefährden (etwa bei Mobbing) oder
– die Weitergabe von Betriebsgeheimnissen vermieden werden soll.[5]

Nach § 96 Abs. 1 TKG ist die Datenerhebung zur betrieblichen Abwicklung der geschäftsmäßigen Telekommunikationsdienste gestattet. Außerdem berechtigt § 100 Abs. 3 TKG den Arbeitgeber zur Erhebung von Daten zwecks Aufklärung und Unterbindung rechtswidriger Inanspruchnahme von Telekommunikationsnetzen. Die Daten sind zu löschen, sofern sie für die genannten Zwecke nicht mehr erforderlich sind (§ 96 Abs. 1 Satz 3 TKG). Werden Daten für die Entgeltermittlung und Entgeltabrechnung vorgehalten, müssen die Verkehrsdaten über die näheren Umstände der Kommunikation spätestens sechs Monate nach Versendung der Rechnung gelöscht werden (§ 97 Abs. 3 Satz 3 TKG).

---
1 *OVG Münster*, Beschl. v. 20.1.2000 – 1 A 2759/98 PVL.
2 So auch in Österreich *OGH*, Beschl. v. 13.6.2002 – 8 Ob A288/01p (n.v.).
3 Vgl. *Schmidl*, MMR 2005, 343.
4 So auch *Däubler*, Internet und Arbeitsrecht, 3. Aufl. 2004, Rz. 235; *Gola*, MMR 1999, 323; *Post-Ortmann*, RDV 1999, 103.
5 *Däubler*, Internet und Arbeitsrecht, 3. Aufl. 2004, Rz. 249.

Die erlaubte private Nutzung des Internets fällt hingegen unter § 88 TKG und § 206 StGB, so dass jede Überwachung von E-Mails (strafrechtlich!) verboten ist. Auch das Ausfiltern der an den Arbeitnehmer gerichteten E-Mails kann eine Straftat gem. § 206 Abs. 2 Nr. 2 StGB darstellen. Nach dieser Vorschrift macht sich strafbar, wer als Beschäftigter oder Inhaber eines Unternehmens, das geschäftsmäßig Post- oder Telekommunikationsleistungen erbringt, unbefugt eine einem solchen Unternehmen anvertraute Sendung unterdrückt.

Fraglich ist, ob für die Verwendung von **Mitarbeiterdaten** stets deren **Einwilligung verlangt werden kann**. Hier bietet sich das „**Zwei-Phasen-Modell**" an, das zwischen der Funktionsebene auf der einen und der Datenqualitätsebene auf der anderen Seite unterscheidet.[1] Bei der Funktionsebene ist eine Differenzierung zwischen Funktionsträgern und Nichtfunktionsträgern vorzunehmen, wobei Funktionsträger derjenige ist, der Außenkontakt, ein hohes Maß an Entscheidungskompetenz und/oder eine Repräsentationsfunktion innehat.[2] Die personenbezogenen Daten dieser Funktionsträger dürfen in einem gewissen Maße auch ohne vorherige Einwilligung im Internet veröffentlicht werden; für personenbezogene Daten von Nichtfunktionsträgern ist stets deren vorherige Einwilligung erforderlich.[3] Hinsichtlich der Funktionsträger ist nunmehr auf die Datenqualitätsebene abzustellen, bei denen zwischen den Basiskommunikationsdaten, funktionsrelevanten Zusatzdaten und Privatdaten unterschieden wird.[4] Ohne vorherige Einwilligung des Funktionsträgers dürfen die Basiskommunikationsdaten und die funktionsrelevanten Zusatzdaten publiziert werden; für die Privatdaten ist auch bei dieser Personengruppe eine vorherige Einwilligung erforderlich.[5]

Sofern es sich um die Veröffentlichung von Kontaktdaten von Beamten handelt, darf der Dienstherr diese im Interesse einer transparenten, bürgernahen und öffentlichen Verwaltung grundsätzlich auch ohne das ausdrückliche Einverständnis des Betroffenen im Internet bekannt geben. Hier überwiegt im Hinblick auf das Ziel der Personalisierung des Behördenauftritts das Interesse des Dienstherrn an der Veröffentlichung des Namens und der dienstlichen Kontaktdaten gegenüber dem Anspruch auf Persönlichkeitsrechtsschutz solcher Beamten mit Außenkontakten. Auch ein Verstoß gegen das Grundrecht auf informationelle Selbstbestimmung der Beamten liegt insoweit nicht vor. Eine Ausnahme von diesem Grundsatz gilt allerdings für den Fall, dass Sicherheitsbedenken der Veröffentlichung der Daten entgegenstehen.[6]

---

[1] *Kaufmann*, DuD 2005, 262.
[2] *Kaufmann*, DuD 2005, 266.
[3] *Kaufmann*, DuD 2005, 266.
[4] *Kaufmann*, DuD 2005, 266.
[5] *Kaufmann*, DuD 2005, 266.
[6] *OVG Rheinland-Pfalz*, Urt. v. 10.9.2007 – 2 A 10413/07, K&R 2007, 671.

V. Ermächtigungsgrundlagen

Bei der Veröffentlichung von Fotos im Internet ist hingegen keine Unterscheidung zwischen Funktionsträgern und Nichtfunktionsträgern vorzunehmen; für beide Personengruppen ist aufgrund des Rechts am eigenen Bild gem. § 22 KUG immer eine vorherige Einwilligung erforderlich.[1]

Schon kurze Zeit nach der Implementierung des Internets am Arbeitsplatz mussten sich die Gerichte vielfach mit der Frage beschäftigten, ob und unter welchen Umständen die Benutzung des neuen Mediums einen **Kündigungsgrund** darstellt. Mitte 2005 nahm dazu das *BAG* ausführlich Stellung.[2] Im entschiedenen Fall konnten die Arbeitnehmer das firmeneigene Intranet und das Internet benutzen. Sobald die Startseite des Intranets aufgerufen wurde, erschienen ein rot unterlegter Hinweis „Intranet und Internet nur zum dienstlichen Gebrauch" und die Anmerkung, dass der Zugriff auf andere Seiten protokolliert werde. Ein Mitarbeiter hatte entgegen des Verbots das Internet zum Aufruf pornografischer Seiten benutzt und erhielt wegen der Missachtung des Verbots ohne eine vorherige Abmahnung die außerordentliche Kündigung. Ausgangspunkt der Begründung des *BAG* war § 626 Abs. 1 BGB, wonach ein Arbeitsverhältnis aus wichtigem Grund ohne Einhaltung der Kündigungsfrist gekündigt werden kann, wenn Tatsachen vorliegen, aufgrund derer dem Kündigenden unter Berücksichtigung der Umstände des Einzelfalls und unter Abwägung der Interessen beider Vertragsteile die Fortsetzung des Arbeitsverhältnisses bis zum Ablauf der Kündigungsfrist nicht zugemutet werden kann.[3] Den insoweit wichtigen Grund sah das *BAG* in der privaten Nutzung, da dies eine Verletzung der Hauptleistungspflicht zur „Arbeit" darstelle, die umso schwerer wiege, „je mehr der Arbeitnehmer bei der privaten Nutzung des Internets seine Arbeitspflicht in zeitlicher und inhaltlicher Hinsicht vernachlässige".[4] Soweit eine „ausschweifende" Privatnutzung des WWW vorliege, bedarf es laut *BAG* auch keiner vorherigen Abmahnung, die grundsätzlich vor einer außerordentlichen Kündigung auszusprechen ist, da es jedem Arbeitnehmer klar sein muss, „dass er mit einer exzessiven Nutzung des Internet während der Arbeitszeit seine vertraglichen Neben- und Hauptleistungspflichten verletzt".[5] Die Entscheidung des *BAG* wird zu Recht als

---

1 *Kaufmann*, DuD 2005, 266; so auch der *öOGH*, Urt. v. 5.10.2000 – 8 Ob A 136/00h (n.v.).
2 *BAG*, Urt. v. 7.7.2005 – 2 AZR 581/04, CR 2006, 426 = MDR 2006, 458 = DuD 2006, 243 = MMR 2006, 94 = NJW 2006, 540; s. auch die Anm. von *Ernst*, DuD 2006, 223; ähnlich *BAG*, Urt. v. 12.1.2006 – 2 AZR 179/05, CR 2006, 775 = NZA 2006, 980. Ähnlich inzwischen *BAG*, Urt. v. 31.5.2007 – 2 AZR 200/06, CR 2008, 110, MMR 2007, 782.
3 *BAG*, Urt. v. 7.7.2005 – 2 AZR 581/04, CR 2006, 426 = MDR 2006, 458 = DuD 2006, 243.
4 *BAG*, Urt. v. 7.7.2005 – 2 AZR 581/04, CR 2006, 426 = MDR 2006, 458 = DuD 2006, 243.
5 *BAG*, Urt. v. 7.7.2005 – 2 AZR 581/04, CR 2006, 426 = MDR 2006, 458 = DuD 2006, 243.

Grundsatzentscheidung bezeichnet, da sie weiterhin folgende **Vorgaben zur Kündigung** wegen privaten Surfens am Arbeitsplatz statuiert:[1]

- Eine fristlose Kündigung ist bei einem nicht genehmigt stattfindenden Surfen in erheblichem Umfang zulässig, insbesondere wenn dabei die Gefahr von Virenverseuchung besteht.
- Eine außerordentliche Kündigung ist ferner rechtens, wenn dem Arbeitgeber aufgrund der Online-Nutzung zusätzliche Kosten entstehen (daran fehlt es aber, soweit eine Flatrate verwendet wird).
- Soweit der Internetanschluss „ausschweifend" zu Privatzwecken benutzt wird, stellt dies eine Nichtleistung dar. Gleichgültig, ob die private Nutzung erlaubt, geduldet oder verboten ist, rechtfertigt dies eine außerordentliche Kündigung.
- Da insbesondere der Internetzugang heute ein grundlegendes Kommunikationsmittel bei Bürotätigkeiten darstellt, darf der Arbeitgeber einem gekündigten Beschäftigten den Zugang bis zu dessen tatsächlichem Ausscheiden nicht verweigern.[2]
- Greift ein Administrator auf private E-Mailkonten und Dateien der Personalstelle zu, kann er außerordentlich gekündigt werden.[3]

Zuletzt bestätigt wurden diese Grundsätze für das Vorliegen eines Kündigungsgrundes durch ein Urteil des *BAG* vom 31. Mai 2007. Allerdings konnte das Gericht in dieser Entscheidung das Vorliegen der Kündigungsgründe nicht in hinreichender Weise feststellen, da insbesondere tatsächliche Anhaltspunkte über den Umfang der privaten Internetnutzung durch den Beklagten fehlten.[4] Selbst wenn der Arbeitnehmer sich schriftlich verpflichtet hat, das Internet nur dienstlich zu nutzen, soll allein ein Verstoß gegen dieses Verbot zur privaten Nutzung jedoch nicht für eine Kündigung ausreichen, so das *LAG Rheinland-Pfalz*. Vielmehr müssten weitergehende Pflichtverletzungen vorliegen, wie die Verursachung weiterer Kosten etc.[5]

Installiert der Arbeitnehmer unerlaubterweise eine **Anonymisierungssoftware**, verletzt er seine arbeitsvertragliche Rücksichtsnahmepflicht erheblich.[6] Im Übrigen unterliegt das betriebliche Verbot der Privatnutzung des Internets nicht dem Mitbestimmungsrecht des Betriebsrats, da ausschließlich das Arbeitsverhalten der Arbeitnehmer kontrolliert wird.[7]

Nicht nur das private Surfen kann eine außerordentliche oder ordentliche Kündigung rechtfertigen, sondern auch der **Zugriff auf E-Mail-Korrespondenz**

---

1 Die Auflistung wurde entnommen von *Ernst*, DuD 2006, 223.
2 *ArbG Berlin*, Urt. v. 26.1.2007 – 71 Ca 24785/05, CR 2007, 752.
3 *LAG München*, Urt. v. 8.7.2009 – 11 Sa 54/09.
4 *BAG*, Urt. v. 31.5.2007 – 2 AZR 2006/06, CR 2008, 110 = MMR 2007, 782.
5 *LAG Rheinland-Pfalz*, Urt. v. 26.2.2010 – 6 Sa 682/09.
6 *BAG*, Urt. v. 12.1.2006 – 2 AZR 179/05, CR 2006, 775 = NZA 2006, 980.
7 *LAG Hamm*, Beschl. v. 7.4.2006 – 10 TaBV 1/06, CR 2007, 124 = MMR 2006, 700.

von Vorgesetzen. So hat unter anderem das *ArbG Aachen* eine außerordentliche Kündigung für wirksam erklärt, weil ein Systemadministrator aufgrund seines unbegrenzten Systemzugriffs heimlich E-Mails seines Vorgesetzten gelesen hatte.[1] Nach Meinung des *ArbG* lag darin ein wichtiger Grund, da der Systemadministrator in schwerwiegender Weise gegen seine Pflichten aus dem Arbeitsvertrag verstoßen habe, indem er „unter Missbrauch der ihm übertragenen Befugnisse und technischen Möglichkeiten auf interne Korrespondenz zwischen seinem Vorgesetzten und einer weiteren Führungskraft zugegriffen" habe.[2] Bei einem derartigen Fehlverhalten ist auch eine vorherige Abmahnung nicht erforderlich, wie sich aus einer älteren Entscheidung des *BAG* ergibt.[3]

Ein fristloser Kündigungsgrund ohne das Erfordernis einer vorherigen Abmahnung soll ebenfalls vorliegen, wenn ein Mitarbeiter eigenmächtig Datensätze aus einem Gruppen-Email-Account löscht. Die fristlose Kündigung ist jedenfalls dann gerechtfertigt, wenn statt der Löschung auch eine Speicherung an einem anderen Ort möglich gewesen wäre. Eine bestehende grundsätzliche Berechtigung des Arbeitnehmers zur Datenlöschung soll keine Rolle spielen, wenn es gerade um einen pflichtwidrigen Datenzugriff geht.[4]

Letztlich kann auch das Überspielen betrieblicher Daten auf private Datenträger[5] und die irreguläre Nutzung fremder Passwörter[6] zu einer wirksamen Kündigung führen. Beschäftigten, die Material des Arbeitgebers entwenden und anschließend bei eBay verkaufen, darf fristlos gekündigt werden.[7] Dies gilt auch, wenn der Diebstahl nicht hundertprozentig aufgeklärt werden kann und der Arbeitnehmer mehr als 30 Jahre im Betrieb beschäftigt ist. Als Indiz für den Diebstahl dürfen auch positive Bewertungen des Arbeitnehmers bei eBay heran gezogen werden. Im Übrigen darf der Arbeitgeber, der ein Internetforum bereitstellt, bei Verbalattacken (hier: Angriffe auf Kollegen als „Verräter", „Zwerg" und „Rattenfänger") dem Arbeitnehmer die Schreibberechtigung entziehen.[8]

Aufgrund zahlreicher Datenschutzskandale der Vergangenheit und dem Bedarf einer zentralen Regelung hat die Bundesregierung nach längerer Diskussion am 25. August 2010 einen Gesetzentwurf zur umfassenden Regelung des

---

1 *AG Aachen*, Urt. v. 16.8.2005 – 7 Ca 5514/04, MMR 2006, 702. *Kaufmann*, c't 2006, 234.
2 *Kaufmann*, c't 2006, 234.
3 *BAG*, Urt. v. 10.1.2002 – 7 AZR 463/79, n.v., *Kaufmann*, c't 6/2006, 234.
4 *LAG Berlin-Brandenburg*, Urt. v. 9.12.2009 – 15 Sa 1463/09.
5 *Sächsisches LAG*, Urt. v. 14.7.1999 – 2 Sa 34/99, MDR 2000, 710. Anders aber *BayObLG*, Beschl. v. 12.8.1998 – 5 St RR 122/98, RDV 1999, 27, zum Falle eines Polizeibeamten, der Informationen aus einer Polizeidatenbank zu privaten Zwecken genutzt hatte.
6 *LAG Schleswig-Holstein*, Urt. v. 15.11.1989 – 5 Sa 335/89, DB 1990, 635.
7 *LAG Köln*, Urt. v. 16.1.2007 – 9 Sa 1033/06, MMR 2007, 784.
8 *LAG Hessen*, Urt. v. 5.11.2007 – 17 Sa GA 1331/07, CR 2008, 660 = MMR 2008, 599.

Beschäftigtendatenschutzes erlassen.[1] Danach wurde § 32 BDSG komplett neu gefasst, sowie um die §§ 32a–32l ergänzt. Der Entwurf regelte neben der Datenerhebung im Einstellungsverfahren auch die Datenerhebung während und nach dem Beschäftigungsverhältnis. Schwerpunkte waren insbesondere:

- **Internetrecherchen des Arbeitgebers**: Der Arbeitgeber soll sich gem. § 32 Abs. 6 BDSG grundsätzlich aus allgemein zugänglichen Quellen (damit auch aus dem Internet) über einen Bewerber informieren dürfen. Hinsichtlich sozialer Netzwerke gilt jedoch eine Einschränkung: Dient das Netzwerk hauptsächlich der privaten Kommunikation (Facebook, StudiVZ, etc.), darf sich der Arbeitgeber *nicht* über den Bewerber informieren. Gegenteiliges gilt für Netzwerke, die gerade der beruflichen Präsentation dienen sollen (Bsp: Xing, LinkedIn).

- **Medizinische Untersuchungen** sind nur noch dann zulässig, wenn sie eine wesentliche Einstellungsvoraussetzung darstellen (§ 32a Abs. 1 BDSG). Es soll nur mitgeteilt werden dürfen, ob die Untersuchung bestanden wurde, nicht jedoch die konkrete Diagnose.

- Soweit es zur **Durchführung des Beschäftigungsverhältnisses** erforderlich ist und keine Sonderregelungen bestehen, dürfen grundsätzlich Beschäftigtendaten erhoben werden. Dazu gehören auch Daten zur Leistungs- und Verhaltenskontrolle (§ 32c Abs. 1 BDSG).

- **Videoüberwachung am Arbeitsplatz**: Die *heimliche* Videoüberwachung am Arbeitsplatz ist immer unzulässig (§ 32e Abs. 4 BDSG). Die *offene* Videoüberwachung ist ausschließlich zu den im Gesetz genannten Gründen (z.B. Sicherung des Eigentums oder von Anlagen, Schutz der Beschäftigten; § 32f BDSG) zulässig.

- **Nutzung von Telefon, E-Mail und Internet**: Der Arbeitgeber soll die Nutzung von TK-Diensten am Arbeitsplatz zur Gewährleistung des ordnungsgemäßen technischen Betriebs in regelmäßigen Abständen im erforderlichen Maß kontrollieren dürfen. Ist beispielsweise die Nutzung des Internets nur zu beruflichen Zwecken erlaubt, darf der Arbeitgeber zukünftig regelmäßige Stichprobenkontrollen durchführen (§ 32i BDSG). Hinsichtlich der privaten Nutzung des Internets ist keine ausdrückliche Sonderregelung geplant, es bleibt insofern bei der geltenden Rechtslage nach dem TKG.

Verstöße gegen diese Regelungen sind entweder als Ordnungswidrigkeiten oder als Straftaten zu ahnden. So kann beispielsweise eine unzulässige heimliche Videoüberwachung als Ordnungswidrigkeit mit einer Geldbuße von bis zu 100 000 Euro belegt werden (§ 43 Abs. 2, 3 BDSG).

---

1 Vgl. http://www.bmi.bund.de/SharedDocs/Downloads/DE/Gesetzestexte/Entwuerfe/Entwurf_Beschaeftigtendatenschutz.pdf?__blob=publicationFile für den Gesetzesentwurf, sowie http://www.bmi.bund.de/SharedDocs/Downloads/DE/Kurzmeldungen/pressepapier_beschaeftigtendatenschutz.pdf?__blob=publicationFile für ein erläuterndes Hintergrundpapier, zuletzt abgerufen am 20.10.2011.

3. Gesetzliche Ermächtigung

Es existieren gesetzliche Ausnahmeregelungen, die eine Verwertung personenbezogener Daten gestatten. Nicht alle weisen einen Bezug zum Internet auf. Eingegangen wird auf § 28 BDSG, die zentrale Norm für die Verwendung personenbezogener Daten im nicht-öffentlichen Bereich, sowie auf die Bestimmungen zur Rasterfahndung und zum Auskunftsersuchen staatlicher Stellen.

a) § 28 BDSG

Nach § 28 Abs. 1 Nr. 1 BDSG ist die Verarbeitung personenbezogener Daten **im Rahmen der Zweckbestimmung des Schuldverhältnisses** zwischen dem Verarbeiter und dem Betroffenen zulässig. Diese Regelung spielt eine besondere Rolle bei der Verarbeitung von Kunden- oder Arbeitnehmerdaten. Soweit die Verarbeitung zur Durchführung oder Abwicklung des Vertrages erforderlich ist, bestehen keine datenschutzrechtlichen Einwände.[1] Allerdings ist zu beachten, dass insoweit der **Grundsatz der Zweckbindung** greift. Daten dürfen nur im Rahmen eines gesetzlich bestimmten Zweckes verarbeitet werden; entfällt der Zweck, wird die Verarbeitung unzulässig. So dürfen Kundendaten nicht auf Vorrat gesammelt werden. Gibt der Kunde seine Daten für ein Preisausschreiben ab, so dürfen die Daten nicht für eine Werbeaktion verwendet werden. Nach Beendigung des Kundenauftrags sind die Daten zu löschen.

Nach § 28 Abs. 1 Nr. 2 BDSG ist für die Zulässigkeit darauf abzustellen, ob die Verarbeitung zur Wahrung berechtigter Interessen des Verarbeiters oder Dritter erforderlich ist.

Besonderheiten gelten für **besondere Arten personenbezogener Daten**. In Anlehnung an das französische Datenschutzgesetz soll jede Erhebung, Verarbeitung oder Nutzung von Daten über

– rassische und ethnische Herkunft,
– politische Meinung,
– religiöse oder philosophische Überzeugungen,
– Gewerkschaftszugehörigkeit sowie
– Gesundheit und Sexualleben

grundsätzlich untersagt werden, sofern nicht eine ausdrückliche Einwilligung des Betroffenen vorliegt (Art. 8 Abs. 1 der EU-Richtlinie). Insofern wird durch die EU-Richtlinie die alte Sphärentheorie, die in Deutschland aufgrund des Volkszählungsurteils abgelehnt worden ist, europaweit etabliert.

---

[1] Zu Scoring-Systemen in der Kreditwirtschaft, vgl. *Hoeren*, RDV 2007, 93; *Koch*, MMR 1998, 458.

§ 28 BDSG sieht aber im Einklang mit der EU-Richtlinie **eine Reihe von Ausnahmen** vor, in denen eine Verarbeitung zulässig ist. So findet das Verarbeitungsverbot keine Anwendung

- bei einer ausdrücklichen Einwilligung des Betroffenen (§ 28 Abs. 6 BDSG),
- bei einer Verarbeitung durch politisch, philosophisch, religiös oder gewerkschaftlich ausgerichtete Vereinigungen (§ 28 Abs. 9 BDSG),
- bei Daten, die der Betroffene selbst öffentlich bekannt gemacht hat (§ 28 Abs. 6 Nr. 2 BDSG) oder
- soweit die Datenverarbeitung zur Rechtsdurchsetzung erforderlich ist (§ 28 Abs. 6 Nr. 3 BDSG).

Besonderheiten ergeben sich bei der Erhebung personenbezogener Daten von Kindern. Das *OLG Frankfurt*[1] hatte einen Fall zu entscheiden, in dem personenbezogene Daten von Kindern im Alter von 3 bis 12 Jahren mittels eines Web-Formulars erfasst wurden. Die Kinder waren dabei Mitglieder des Clubs, der die Daten erhob. Das *OLG Frankfurt* verneinte eine Rechtfertigung nach § 28 Abs. 1 BDSG. Die Minderjährigkeit der Kinder und ihre mangelnde datenschutzrechtliche Einsichtsfähigkeit würden in solchen Fällen eine Interessenabwägung erfordern, die zugunsten des Minderjährigenschutzes ausfällt.[2] Es bedürfe der Einwilligung bzw. Zustimmung der Eltern. Das *OLG Frankfurt* stufte das Verhalten der Vertreter des Clubs als Ausnutzung der geschäftlichen Unerfahrenheit und somit als wettbewerbswidrig ein.

b) Rasterfahndung und Auskunftsersuchen staatlicher Stellen

Literatur: *Bär*, Auskunftsanspruch über Telekommunikationsdaten nach den neuen §§ 100g, h StPO, MMR 2002, 358; *Beck/Kreißig*, Tauschbörsen-Nutzer im Fadenkreuz der Strafverfolgungsbehörden, NStZ 2007, 340; *Bizer*, IP-Adressem sind Verkehrsdaten, DuD 2007, 602; *Eckhardt*, Die Neuregelung der TK-Überwachung und anderer verdeckter Ermittlungsmaßnahmen – Ein kritischer Überblick über die geplanten Änderungen in der StPO zur Umsetzung der Cybercrime Convention, CR 2007, 336; *Gercke*, Zum Umfang der Auskunftspflicht von Providern gegenüber Ermittlungsbehörden, CR 2005, 599; *Gitter/Schnabel*, Die Richtlinie zur Vorratsdatenspeicherung und ihre Umsetzung in nationales Recht, MMR 2007, 411; *Hoeren*, Auskunftspflichten der Internetprovider an Strafverfolgungsbehörden – eine Einführung, wistra 2005, 1; *Kirchberg*, Zur Zukunft der Rasterfahndung – Randbedingungen und Perspektiven der Entscheidung des BVerfG vom 4. April 2006, CR 2007, 10; *Petri*, Auskunftsverlangen nach § 161 StPO gegenüber Privaten – eine verdeckte Rasterfahndung, StV 2007, 266; *Puschke/Singelstein*, Telekommunikationsüberwachung, Vorratsdatenspeicherung und (sonstige) heimliche Ermittlungsmaßnahmen der StPO nach der Neuregelung zum 1. Januar 2008, NJW 2008, 113; *Sankol*, Die Qual der Wahl: § 113 TKG oder §§ 100g, 100h StPO? – Die Kontroverse über das Auskunftsverlangen von Ermittlungsbehörden gegen Access-Provider bei dynamischen IP-Adressen; MMR 2006, 361; *Schramm*, Staatsanwaltliche Auskunft

---

[1] *OLG Frankfurt a.M.*, Urt. v. 30.6.2005 – 6 U 168/04, CR 2005, 830 = FamRZ 2006, 267 = MMR 2005, 696.
[2] *Bergmann/Möhrle/Herb*, Rz. 236 zu § 28.

über dynamische IP-Adressen, DuD 2006, 785; *Warg*, Auskunftsbefugnisse der Strafverfolgungsbehörden und Anonymität des E-Mail-Anzeigenerstatters, MMR 2006, 77.

Sehr häufig verlangen staatliche Stellen, vor allem Polizei- und Sicherheitsbehörden, von Unternehmen der Privatwirtschaft die Herausgabe von Kundendaten. Insbesondere seit den Terroranschlägen des 11. September 2001 sind eine Reihe von Ermächtigungsgrundlagen geschaffen bzw. erweitert worden, um die Unternehmen zur Herausgabe von Daten zu verpflichten. Zu nennen ist dabei die **Rasterfahndung**, die aufgrund spezieller und sehr klar konturierter Ermächtigungsgrundlagen vorgenommen werden kann. Viel weiter und verfassungsrechtlich bedenklich sind die allgemeinen Ermächtigungsgrundlagen für das **Auskunftsersuchen**.

Bei der **Rasterfahndung** ist zwischen der Aufklärung bereits begangener Straftaten und präventiv polizeilichen Maßnahmen zu unterscheiden. **Repressiv** können *Staatsanwaltschaften* und *Polizei* nach Maßgabe von **§§ 98a, 98b StPO** Daten anfordern. Es müssen allerdings zureichende tatsächliche Anhaltspunkte für Straftaten von erheblicher Bedeutung vorliegen. Ferner ist formell eine richterliche Anordnung notwendig; bei Gefahr im Verzug kann die Anordnung durch den *Staatsanwalt* selbst erfolgen. Diese tritt allerdings außer Kraft, wenn sie nicht innerhalb von drei Werktagen durch einen Richter bestätigt wird. §§ 98a, 98b StPO gelten nicht für die „Rasterfahndung" bei Telekommunikationsvorgängen (z.B. Telefongesprächslisten oder Internet-Logdateien); hier sind speziellere Vorschriften (§§ 100a, 100b, 100g StPO) anwendbar. Allerdings ist hier nach dem Urteil des *BVerfG* zur Vorratsdatenspeicherung zu beachten, dass § 100g StPO teilnichtig ist, soweit er die Erhebung von Verkehrsdaten im Sinne des durch dasselbe Urteil für nichtig erklärten § 113a TKG erlaubt. **Präventiv** können *Staatsanwaltschaft* und *Polizei* nach den **Gefahrabwehrgesetzen** der einzelnen Bundesländer vorgehen. Diese enthalten unterschiedlichste Voraussetzungen für das Auskunftsersuchen. Regelmäßig wird darauf abgestellt, dass eine gegenwärtige Gefahr für den Bestand oder die Sicherheit des Bundes bzw. eines Landes vorliegt. Auch kann das Auskunftsersuchen auf eine gegenwärtige Gefahr für Leib, Leben oder Freiheit einer Person gestützt werden. In Berlin gilt § 47 ASOG (Allgemeines Gesetz zum Schutz der öffentlichen Sicherheit und Ordnung). Hiernach ist eine richterliche Anordnung erforderlich. Bei Gefahr im Verzug reicht auch eine Anordnung durch den *Polizeipräsidenten* oder dessen Stellvertreter. In Bayern kommt Art. 44 sowie Art. 33 Abs. 5 PAG zum Tragen, wonach die Anordnung durch den *Leiter eines Landespolizeipräsidiums* oder einer *Polizei- oder Kriminaldirektion* oder des *Landeskriminalamts* erfolgen kann. In allen diesen Fällen ist jedoch die Zustimmung des *Staatsministeriums des Inneren* erforderlich. Die Regelungen in Baden-Württemberg sehen vor, dass die Anordnung durch den *Leiter des Landeskriminalamtes, der Wasserschutzpolizeidirektion, einer Landespolizeidirektion, eines Polizeipräsidiums oder einer Polizeidirektion* erfolgen kann (§§ 40, 22 Abs. 6 PolG). In Hessen gilt § 26 HSOG (Gesetz über die öffentliche Sicherheit und Ordnung), wonach eine richterliche Anordnung oder bei Gefahr im Verzug eine polizeiliche Anordnung möglich sind. In Nordrhein-Westfalen gelten restriktive Bestimmungen, da nach § 31 PolG in jedem Fall eine richterliche Anordnung notwendig ist.

Schwierig zu konkretisieren ist in all diesen Gesetzen der Begriff der **gegenwärtigen Gefahr**. Einzelne Gerichte ließen es nicht ausreichen, dass nach dem 11. September 2001 pauschal auf die allgemeine terroristische Gefährdung hingewiesen wird.[1] Insbesondere hat das *Oberlandesgericht Frankfurt* darauf hingewiesen, dass das Gericht selbst bei der richterlichen Anordnung feststellen müsse, welche einzelnen Tatsachen die Annahme einer gegenwärtigen Gefahr stützen.[2] Das *Landgericht Berlin* hat darauf abgestellt, dass eine Gefahr nur gegenwärtig sei, wenn die Einwirkung des schädigenden Ereignisses auf das betroffene Schutzgut entweder bereits begonnen hat oder wenn diese Einwirkung unmittelbar oder in nächster Zeit mit einer an Sicherheit grenzenden Wahrscheinlichkeit bevorsteht.[3]

Die Entscheidung des *LG Berlin* ist jedoch durch das *Kammergericht* mit Beschluss vom 16. April 2002 aufgehoben worden.[4] Nach Auffassung des *Kammergerichts* reicht es für das Bestehen einer gegenwärtigen Gefahr aus, wenn eine Dauergefahr besteht. Eine solche Dauergefahr sei gegenwärtig, wenn sie jederzeit, also auch alsbald in einen Schaden umschlagen könne.[5] Das *BVerfG* hat jedoch mit Beschluss vom 4. April 2006 eine präventive polizeiliche Rasterfahndung auf der Grundlage des § 31 PolG NW mit dem Recht auf informationelle Selbstbestimmung für unvereinbar erklärt.[6] Angesichts der inhaltlichen Weite der Befugnis käme dem Eingriff erhebliches Gewicht zu. Ein solcher Eingriff ließe sich nur bei einer konkreten Gefahr für hochrangige Rechtsgüter wie den Bestand des Staates, der Sicherheit des Bundes oder eines Landes oder den Leib, das Leben oder die Freiheit einer Person rechtfertigen. Damit scheide die Maßnahme im Vorfeld der Gefahrenabwehr aus. Die allgemeine Bedrohungslage im Hinblick auf die terroristischen Anschläge vom 11. September 2001 begründe keine derartige konkrete Gefahr. Etwas anderes ergebe sich erst dann, wenn weitere Tatsachen vorlägen, aus denen sich eine konkrete Gefahr, etwa die Vorbereitung oder Durchführung terroristischer Anschläge, ergebe.

---

[1] Etwa *OLG Düsseldorf*, Beschl. v. 8.2.2002 – 3 Wx 357/01, NVwZ 2002, 631; *OVG Rheinland-Pfalz*, Urt. v. 27.8.2002 – 12 B 11008/02, NVwZ 2002, 1529; *OVG Bremen*, Beschl. v. 8.7.2002 – 1 B 155/02, NVwZ 2002, 1530.
[2] *OLG Frankfurt a.M.*, Beschl. v. 8.1.2002 – 20 W 479701, DuD 2002, 174.
[3] *LG Berlin*, Beschl. v. 15.1.2002 – 84 T 278, DuD 2002, 175; anders noch die Vorinstanz des *AG Berlin-Tiergarten*, DuD 2001, 691.
[4] *KG*, Beschl. v. 16.4.2002 – 1 W 89 bis 98/02, CR 2003, 188 = MMR 2002, 616.
[5] Ähnlich auch *VG Mainz*, Beschl. v. 19.2.2002 – 1 L 1106101, DuD 2002, 303; *OVG Rheinland-Pfalz*, DuD 2002, 307.
[6] *BVerfG*, Beschl. v. 14.2.2005 – 1 BvR 240/04, MDR 2005, 806 = NJW 2005, 3271.

Im Bereich der repressiven Rasterfahndung ist ferner noch zu berücksichtigen, dass §§ 7 Abs. 2, 28 BKA-Gesetz eigene Ermächtigungsgrundlagen für das Bundeskriminalamt vorsehen. Diese erlauben die Datenerhebung durch Anfragen bei öffentlichen und nicht-öffentlichen Stellen, sofern dies zur Erfüllung der spezifischen BKA-Aufgaben erforderlich ist. Zu bedenken ist aber, dass das BKA nicht im Bereich der präventiven Gefahrenabwehr tätig ist. Ferner ist bis heute umstritten, ob diese Vorschriften hinreichend bestimmt sind. Ein großer Teil der Literatur vertritt die Auffassung, dass es sich hierbei nicht um ausreichende Ermächtigungsgrundlagen für eine Rasterfahndung handelt.[1] Im Übrigen geben diese Vorschriften nur die Möglichkeit, Daten zu erbitten; eine Verpflichtung für die ersuchte Stelle zur Herausgabe von Daten ist damit nicht verbunden.

Im Rahmen einer Verfassungsbeschwerde hat das *BVerfG* im Jahr 2005 eine **Ermächtigungsgrundlage für die Telekommunikationsüberwachung** durch Landesgesetz für nichtig erklärt.[2] Die Verfassungsbeschwerde betraf § 33a Abs. 1 Nr. 3 des Niedersächsischen Gesetzes über die öffentliche Sicherheit und Ordnung (Nds. SOG), der der Polizei die Überwachung und Aufzeichnung von Telekommunikationsvorgängen bei jenen Personen gestattet, „bei denen Tatsachen die Annahme rechtfertigen, dass sie Straftaten von erheblicher Bedeutung begehen werden, wenn die Vorsorge für die Verfolgung oder Verhütung dieser Straftaten auf andere Weise nicht möglich erscheint".[3] Nach Auffassung des *BVerfG* verstieß die Norm unter anderem gegen den Bestimmtheitsgrundsatz, da es an der erforderlichen Präzisierung des Tatbestandsmerkmals „Straftat von erheblicher Bedeutung" fehle.[4]

Im Hinblick auf **Bestandsdaten** (Daten, die zur Durchführung des Schuldverhältnisses erhoben werden wie z.B. Name, Adresse und Bankverbindung) bestehen besondere Vorgaben des TKG in Bezug auf die Auskunftserteilung an Sicherheitsbehörden. Nach § 111 TKG sind geschäftsmäßige Anbieter, die Rufnummern bereitstellen, verpflichtet, unabhängig von einer betrieblichen Erforderlichkeit bestimmte Bestandsdaten zu den Anschlüssen für eventuelle Auskunftsersuche von Ermittlungsbehörden zu speichern. Diese Daten und die weiteren zu betrieblichen Erfordernissen nach § 95 TKG erhobenen Daten stehen für das manuelle Auskunftsverfahren nach § 113 TKG zur Verfügung. Hiernach haben die Anbieter im Einzelfall den zuständigen Stellen auf Anforderung Auskunft zu erteilen. Eines richterlichen Beschlusses bedarf es hierfür nicht. Bei dem im Detail komplizierten automatisierten Auskunftsverfahren nach § 112 TKG haben Anbieter die Telekommunikationsdienste für die Öffentlichkeit erbringen, die nach § 111 TKG zu speichernden Daten so verfügbar zu haben, dass die Bundesnetzagentur für Auskunftsersuche der berechtig-

---

1 S. dazu die Hinweise bei *Gerling/Langer/Roßmann*, DuD 2001, 746, 747.
2 *BVerfG*, Urt. v. 27.7.2005 – 1 BvR 668/04, CR 2005, 796 = DuD 2005, 553.
3 *BVerfG*, Urt. v. 27.7.2005 – 1 BvR 668/04, CR 2005, 796 = DuD 2005, 553.
4 *BVerfG*, Urt. v. 27.7.2005 – 1 BvR 668/04, CR 2005, 796 = DuD 2005, 553.

ten Stellen jederzeit Daten aus den Kundendateien automatisiert im Inland abrufen kann.

Hinsichtlich der **Auskunftsverpflichtung für Telekommunikationsvorgänge** sind zunächst die besonderen Regelungen in **§§ 100a, 100b StPO** (Überwachung des Fernmeldeverkehrs) zu beachten. Hiernach haben die *Staatsanwaltschaft* und die *Polizei* die Möglichkeit, Telefonanschlüsse zu überwachen. Die Vorschrift betrifft damit den Inhalt der Telekommunikation. Zu diesen Inhaltsdaten zählt etwa auch der Inhalt einer E-Mail. Die Befugnis ist allerdings seit der Neufassung der Vorschrift durch das Gesetz zur Neuregelung der Telekommunikationsüberwachung und anderer verdeckter Ermittlungsmaßnahmen sowie zur Umsetzung der Richtlinie 2006/24/EG[1] auf die Verfolgung von auch im Einzelfall schweren Straftaten nach § 100a Abs. 2 StPO beschränkt. Nach § 100b StPO bedarf die Maßnahme einer richterlichen Anordnung. Bei Gefahr im Verzug ist auch eine staatsanwaltliche Anordnung möglich, die allerdings binnen drei Tagen vom *Richter* bestätigt werden muss. Die früher bestehende, allerdings verfassungsrechtlich bedenkliche allgemeine Ermächtigungsgrundlage des § 12 FAG[2] ist mit Wirkung zum 1. Januar 2002 entfallen.[3] An dessen Stelle sind §§ 100g, 100h StPO getreten.[4] Durch das Gesetz zur Neuregelung der Telekommunikationsüberwachung und anderer verdeckter Ermittlungsmaßnahmen sowie zur Umsetzung der Richtlinie 2006/24/EG wurde § 100g StPO novelliert. Die Voraussetzungen der Anordnung einer Überwachung sind nunmehr einheitlich in § 100b StPO geregelt.

§ 100g Abs. 1 Satz 1 StPO erlaubte bis zum *BVerfG*-Urteil zur Vorratsdatenspeicherung den Zugriff auf Verkehrsdaten i.S.d. § 113a TKG (z.B. die angerufene Telefonnummer, IP-Adresse, Log-Zeiten, auch Standortdaten), nicht aber auf den Inhalt der Telekommunikation. Für die Eingriffsbefugnis ist das Vorliegen einer Straftat von auch im Einzelfall erheblicher Bedeutung oder einer Straftat, die mittels Telekommunikationseinrichtung begangen wurde, erforderlich. Seit der Neufassung ist die Vorschrift zudem nicht mehr als reiner Auskunftsanspruch gestaltet, sondern beinhaltet eine eigenständige Erhebungsbefugnis der staatlichen Ermittlungsbehörden. Erfasst ist nunmehr auch die sog. Echtzeitausleitung, bei der die Daten zeitgleich mit ihrem Anfallen an die Behörden ausgeleitet werden

Entgegen § 100b StPO genügt im Falle einer Straftat von erheblicher Bedeutung eine räumlich und zeitlich hinreichend bestimmte Bezeichnung der Telekommunikation, wenn die Erforschung des Sachverhalts oder die Ermittlung des Aufenthaltsortes des Beschuldigten auf andere Weise aussichtslos oder wesentlich erschwert wäre.

---

1 BGBl. I 2007, 3198; in Kraft getreten am 1.1.2008.
2 Dazu *Bär*, MMR 2000, 476.
3 BGBl. I 2001, 3879.
4 Siehe dazu *Bär*, MMR 2002, 358.

Ob die Auskunft über eine hinter einer dynamischen IP-Adresse stehenden Person unter § 100g StPO oder unter § 113 TKG fällt ist umstritten.[1] Der Gesetzgeber scheint sich aber mit der Neufassung des § 113b TKG für die Auskunftserteilung nach § 113 TKG entschieden zu haben.

Für den *militärischen Abschirmdienst* gilt § 4a MADG; ähnliches gilt für den **Bundesnachrichtendienst** (§ 2a BNDG). Diese dürfen Verkehrsdaten bei einer schwerwiegenden Gefährdung der jeweils von den Gesetzen geschützten Schutzgüter erfragen, sofern der Präsident der jeweiligen Behörde einen Antrag gestellt hat und das *Innenministerium* hierüber positiv entschieden hat.

Auskunftsverpflichtungen bestehen auch gegenüber dem **Bundesamt für Verfassungsschutz**. Die Auskunft über Verkehrsdaten ist in § 8a Abs. 2 Nr. 4 BVerfSchG geregelt. Die Regelung sieht eine Auskunftserteilung im Einzelfall vor und legitimiert keine Rasterfahndung. Es müssen tatsächliche Anhaltspunkte schwerwiegender Gefahren für die nach dem Bundesverfassungsschutzgesetz geschützten Rechtsgüter (freiheitlich demokratische Grundordnung, Sicherheit des Bundes und der Länder; vgl. § 3 BVerfSchG) vorliegen. Es bedarf eines Antrages des *Präsidenten des Bundesamtes*, über den ein besonders beauftragtes Ministerium zu entscheiden hat. Verpflichtet sind hiernach Finanzdienstleistungsinstitute, etwa im Hinblick auf Auskünfte zu Konten, Kontoinhabern und Geldbewegungen. Ferner müssen Postdienstleistungsunternehmen Auskünfte zu Postfächern und sonstigen Umständen des Postverkehrs herausgeben. Ähnliches gilt für Luftfahrt- und Telekommunikationsunternehmen. In allen genannten Fällen sind die Kosten, die dem Unternehmen aus der Zusammenstellung und Herausgabe der Daten entstehen, nach dem Zeugen- und Sachverständigenentschädigungsgesetz zu entrichten (§ 23 Abs. 1 i.V.m. Anlage 3 JVEG).[2] Ein Mitbestimmungsrecht des Betriebsrates besteht bei der Herausgabe der Daten nicht, da die genannten Auskunftsregelungen eine anderweitige gesetzliche Regelung i.S.v. § 87 Abs. 1 BetrVG sind. Der Betroffene hat hinsichtlich der Übermittlung der Daten ein Auskunftsrecht (§ 34 Abs. 1 Nr. 2 BDSG), das nur in Fällen der Gefahr für die öffentliche Sicherheit ausgeschlossen ist (§§ 34 Abs. 4, 33 Abs. 2 Nr. 6 BDSG).

VI. Haftung bei unzulässiger oder unrichtiger Datenverarbeitung

Literatur: *Born*, Schadensersatz bei Datenschutzverstößen, 2001; *Härting*, Gewährleistungspflichten von Internet-Dienstleistern, CR 2001, 37; *Hoeren/Sieber*, Multimedia-

---

[1] Für § 100g StPO: *LG Stuttgart*, Beschl. v. 4.1.2005 – 13 Qs 89/04, CR 2005, 598 m. Anm. *Gercke*, MMR 2005, 624 m. Anm. *Bär*; *LG Hamburg*, Beschl. v. 23.6.2005 – 631 Qs 43/05, CR 2005, 832; *Beck/Kreißig*, NStZ 2007, 340; *Sankol*, MMR 2006, 331.
[2] *LG Oldenburg*, Beschl. v. 10.2.1997 – 4 AR 25/96, DuD 1998, 170; *OLG Zweibrücken*, Beschl. v. 24.6.1997 – 1 Ws 313/97, DuD 1998, 168.

Recht 2011; *Schmitz*, Vertragliche Haftung bei unentgeltlichem Informationserwerb via Internet, MMR 2000, 396.

1. Vertragliche Ansprüche

Die unrichtige oder unzulässige Verarbeitung personenbezogener Daten kann einen vertraglichen Anspruch auf Schadensersatz auslösen.[1] Grundsätzlich sind zwei Fallgruppen zu unterscheiden: Die Datenverarbeitung für eigene Zwecke und die Auftragsdatenverarbeitung.

Im Bereich des Arbeitsvertragsrechts liegt grundsätzlich eine **Datenverarbeitung für eigene Zwecke** vor, bei der die konkreten Datenschutzpflichten regelmäßig „nur" vertragliche Neben- bzw. Begleitpflichten im Verhältnis zum zugrunde liegenden Rechtsgeschäft darstellen (vgl. § 242 BGB). Werden also Daten von Arbeitnehmern unzulässigerweise genutzt, kommt eine Haftung wegen Pflichtverletzung (§ 280 Abs. 1 BGB) in Betracht, die aber auf den Ersatz materieller Schäden beschränkt ist.

Der **Auftragsdatenverarbeitung** (vgl. § 11 BDSG) liegt regelmäßig ein Geschäftsbesorgungsvertrag (§ 675 BGB) zugrunde, bei dem die Verpflichtung zur vertraulichen Behandlung von Daten zumeist eine Hauptpflicht des Vertrages darstellt. Der Auftraggeber hat hier verschiedene Ansprüche: Er kann vom Vertrag zurücktreten oder, etwa bei Dauerschuldverhältnissen, kündigen; er kann aber auch Schadensersatz wegen Nichterfüllung verlangen.

2. Gesetzliche Ansprüche

Für den Betroffenen ist die Möglichkeit von größerer Bedeutung, Verstöße gegen das BDSG **deliktsrechtlich zu ahnden**.

Dabei ist zu beachten, dass das BDSG selbst nur für den öffentlichen Bereich eine gesonderte Anspruchsnorm enthält: Nach § 8 BDSG haften öffentliche Stellen für eine unzulässige oder unrichtige automatisierte Datenverarbeitung ohne Rücksicht auf ihr Verschulden bis zu einem Höchstbetrag von 130 000,– Euro.

Zu beachten ist § 7 BDSG als eigene Schadensersatznorm, sofern Schäden durch eine unzulässige oder unrichtige Datenverarbeitung auftreten. Daneben gelten die **allgemeinen deliktsrechtlichen Vorschriften des Bürgerlichen Gesetzbuches (§§ 823 ff. BGB)**. Für diese Vorschriften ist charakteristisch, dass sie ein Verschulden der verarbeitenden Stelle voraussetzen; insofern unter-

---

[1] Zu beachten sind auch die unternehmensinternen Möglichkeiten zur Audutierung des Datenschutzes gekoppelt mit einem Gütesiegel für Datenschutzprodukte; siehe dazu *Roßnagel*, Datenschutzaudit. Konzeption, Durchführung, gesetzliche Regelung, Braunschweig 2000 sowie *Roßnagel*, Marktwirtschaftlicher Datenschutz im Datenschutzrecht der Zukunft, in: Bäumler/von Mutius (Hrsg.), Datenschutz als Wettbewerbsvorteil, Braunschweig 2002, 114.

scheidet sich die Haftung des privatwirtschaftlichen Bereichs im Datenschutzrecht deutlich von der (verschuldensunabhängigen) Gefährdungshaftung im öffentlichen Bereich. Allerdings sieht § 7 Satz 2 BDSG für den nichtöffentlichen Bereich eine Beweislastumkehr für den Betroffenen insoweit vor, als er ein Verschulden der verarbeitenden Stelle nicht beweisen muss; vielmehr liegt die Beweislast für das Nichtverschulden bei der entsprechenden Stelle.

In seinem Urteil vom 17. Juli 2009[1] hat der *BGH* erstmalig ausdrücklich die Garantenpflicht von „Compliance Officers" bejaht. Im zugrunde liegenden Verfahren ging es um den Leiter der Rechtsabteilung und der Innenrevision der Berliner Stadtreinigungsbetriebe, bei dem der *BGH* eine Position entsprechend der eines Compliance Officers gerade nicht annahm. Der *BGH* führte in seinem obiter dictum aus, dass es das Aufgabengebiet des Compliance Officers sei, Rechtsverstöße, insbesondere Straftaten zu verhindern, die aus dem Unternehmen heraus begangen werden und diesem erhebliche Nachteile durch Haftungsrisiken oder Ansehensverlust bringen können. Derartige Beauftragte treffe regelmäßig strafrechtlich eine Garantenpflicht i.S.d. § 13 Abs. 1 StGB, solche im Zusammenhang mit der Tätigkeit des Unternehmens stehende Straftaten von Unternehmensangehörigen zu verhindern. Dies sei die notwendige Kehrseite ihrer gegenüber der Unternehmensleitung übernommenen Pflicht, Rechtsverstöße und insbesondere Straftaten zu unterbinden. Diese Rechtsprechung hat die Haftung betrieblicher Datenschutzbeauftragter für Datenschutz- und Datensicherheitsverstöße deutlich erhöht. Den Datenschutzbeauftragten obliegt es nun, Rechtsverstöße der Geschäftsleitung zu melden und dies entsprechend auch zu dokumentieren.

a) Verletzung des Persönlichkeitsrechts, § 823 Abs. 1 BGB

§ 823 Abs. 1 BGB schützt insbesondere das seit der Entscheidung des *BGH* vom 25. Mai 1954[2] zum juristischen Allgemeingut gewordene „**allgemeine Persönlichkeitsrecht**".[3] Hierbei handelt es sich um ein sog. Rahmenrecht, dessen Reichweite und Grenzen im Einzelfall unter Berücksichtigung der Art. 1 Abs. 1 und Art. 2 Abs. 1 GG zu ermitteln sind. Im Falle einer Verletzung des allgemeinen Persönlichkeitsrechts des Betroffenen durch eine unzulässige Datenverarbeitung ergibt sich der Umfang der in Frage kommenden Verletzungshandlungen aus dem BDSG selbst. Gefahrenmomente und damit Verletzungsmöglichkeiten tauchen im Datenerhebungsverfahren, im Speicherungsstadium sowie bei unberechtigter Weitergabe (Übermittlung) von Daten an unbefugte Dritte auf. Die nach § 8 BDSG bestehende Gefährdungshaftung verdrängt andere Anspruchsgrundlagen nicht.

---

[1] BGH, Urt. v. 17.7.2009 – 5 StR 394/08, AG 2009, 740 = CR 2009, 699 = NJW 2009, 3173.
[2] BGHZ 13, 334.
[3] *BGH*, Urt. v. 22.5.1984 – VI ZR 105/82, MDR 1984, 747 = NJW 1984, 1886.

Zur Beurteilung der Schuldfrage sind die vom *BGH* entwickelten Prinzipien der Produzentenhaftung analog anzuwenden, da auch hier der Betroffene einer z.T. höchst komplexen Organisation gegenübersteht, deren Strukturen er nicht durchschauen und überprüfen kann. Er muss deshalb nur nachweisen, dass sein Schaden auf die Verarbeitung seiner Daten durch die betreffende Stelle zurückzuführen ist, während die speichernde Stelle darlegen muss, dass die Datenverarbeitung entweder nicht ursächlich für den Schaden war[1] oder ihre Mitarbeiter kein Verschulden trifft.[2]

Das **allgemeine Persönlichkeitsrecht** ist etwa bei der anprangernden Veröffentlichung von Schuldnernamen im Internet verletzt.[3] Auch bei der Benennung des vollständigen bürgerlichen Namens einer Person auf einer Homepage gilt es, das allgemeine Persönlichkeitsrecht zu beachten. Soweit kein berechtigtes Interesse, wie beispielsweise innerhalb der Berichterstattung oder in einer Internetenzyklopädie besteht, bedarf es grundsätzlich der Einwilligung der genannten Person.[4] Außerdem stellt auch die Veröffentlichung vertraulicher geschäftlicher E-Mail-Korrespondenzen auf einer Online-Plattform einen schwerwiegenden Eingriff in das allgemeine Persönlichkeitsrecht dar.[5] Problematisch ist ferner innerhalb der Berichterstattung die Verwendung von Bildern für eine Fotomontage. Soweit diese die betroffene Person verzerrt darstellt, liegt nach einer Entscheidung des *BVerfG* eine Verletzung des allgemeinen Persönlichkeitsrechts vor, da dieses auch vor der Verbreitung eines technisch manipulierten Bildes [schütze], das den Anschein erweckt, ein authentisches Abbild einer Person zu sein.[6] Verboten ist auch der Einsatz versteckter Webcams. § 201a StGB verbietet unter Strafe unbefugte Bildaufnahmen in einer Wohnung oder in einem gegen Einblicke besonders geschützten Raum.[7]

Die Verantwortung für die Beachtung dieser Persönlichkeitsrechte trifft auch den Anbieter von Internetforen, wie das *OLG Köln* in Sachen Steffi Graf und MSN festgestellt hat. Ein MSN-User hatte Mitte des vergangenen Jahres gefälschte Porno-Bilder der deutschen Tennis-Ikone produziert und sie unter seiner MSN.de-Community-Seite der Welt zur Verfügung gestellt. Im Dezember 2001 hatte das *LG Köln* zu Gunsten von Graf entschieden, die gegen die Ver-

---

1 Vgl. *LG Bonn*, Urt. v. 16.3.1994 – 5 S 179/93, CR 1995, 276 = RDV 1995, 253 für die Haftung bei Verstoß gegen das Bankgeheimnis (§ 28 Abs. 1 Satz 1 Nr. 1 BDSG).
2 A.A. *Bergmann/Möhrle/Herb*, § 8 Rz. 10; vgl. auch BGHZ 51, 91; MüKoBGB/*Mertens*, § 823 Rz. 134; a.A. *Wind*, RDV 1991, 16.
3 So *OLG Rostock*, Urt. v. 21.3.2011 – 2 U 55/00, ZIP 2001, 793. Siehe dazu kritisch *Paulus*, EWiR 2001, 863.
4 *AG Charlottenburg*, Beschl. v. 19.12.2005 – 209 C 1015/05, MMR 2006, 255 m. Anm. *Kaufmann/Köcher*. Die dortige einstweilige Verfügung wurde indes später wieder aufgehoben, www.heise.de/newsticker/meldung/69377.
5 *LG Köln*, Urt. v. 6.9.2006 – 28 O 178/06, CR 2007, 195.
6 *BVerfG*, Beschl. v. 22.3.2005 – 1 BvR 2357/04, NJW 2005, 1179.
7 Vorschrift eingefügt durch das Sechsunddreißigste Strafrechtsänderungsgesetz – § 201a StGB – (36. StrÄndG) vom 30.7.2004 (BGBl. I S. 2012) m.W. vom 6.8.2004.

breitung der Bilder geklagt hatte; den Einspruch von Microsoft gegen die einstweilige Verfügung, nach der der deutsche Ableger des Software-Konzerns die Verbreitung der manipulierten Nacktbilder in den MSN-Foren zu verhindern habe, wies das *OLG* ab.[1]

Das allgemeine Persönlichkeitsrecht kann auch durch veraltete News verletzt sein. Allerdings wird eine Korrekturpflicht bei veralteten News, etwa durch eine spätere Abänderung von Urteilen in der 2. Instanz, von der Rechtsprechung als problematisch angesehen. Das *Amtsgericht München*[2] hat eine Gleichsetzung von veralteten News dieser Art mit ehrverletzenden Tatsachen abgelehnt. Eine Verletzung des Persönlichkeitsrechts durch unkommentiertes Belassen des abgeänderten Urteils auf der Homepage sei zumindest vor der Zustellung des schriftlichen Urteils nicht zu bejahen. Eine Reaktionszeit von 14 Tagen wird auf jeden Fall als angemessen angesehen.[3] Auch der Verbleib einer Berichterstattung über einen in der Vergangenheit verurteilten Straftäter mit voller Namensnennung und Abbildungen in einem Online-Archiv ist dann zulässig, wenn es einen neuen, aktuellen Anlass für die Namensnennung gibt.[4]

Neben einem materiellen Schadensersatzanspruch kommt auch ein immaterieller Entschädigungsanspruch aus Art. 2 Abs. 1 i.V.m. Art. 1 Abs. 1 GG in Frage.[5]

b) Verletzung eines Schutzgesetzes, § 823 Abs. 2 BGB

Nach **§ 823 Abs. 2 BGB** ist derjenige zum Ersatz von Schäden verpflichtet, der schuldhaft „gegen ein den Schutz eines anderen bezweckendes Gesetz verstößt". Ein Schutzgesetz ist jede Rechtsnorm (vgl. Art. 2 EGBGB), die dem Schutz der Interessen anderer dienen soll. Es ist inzwischen anerkannt, dass Vorschriften des BDSG Schutzgesetze i.S.d. § 823 Abs. 2 BGB darstellen können. Allerdings ist bei jeder einzelnen Vorschrift zu prüfen, ob sie dem Schutz des Betroffenen gegen unrichtige oder unzulässige Datenverarbeitung dient. Über § 823 Abs. 2 BGB kann der Betroffene im Gegensatz zu § 823 Abs. 1 BGB auch einen Ersatz seines Vermögensschadens verlangen.

---

1 http://www.heise.de/newsticker/meldung/Microsoft-im-Rechtsstreit-um-Steffi-Graf-Fotomontagen-unterlegen-Update-62027.html.
2 *AG München*, Urt. v. 14.9.2005 – 161 17453/04 (n.v.).
3 *OLG Frankfurt a.M.*, Beschl. v. 12.10.2005 – 16 W 16/05, GRUR-RR 2006, 302.
4 *LG Frankfurt a.M.*, Urt. v. 5.10.2006 – 2/3 O 358/06, CR 2007, 194.
5 *Hoeren*, Multimedia-Recht, Teil 18.2 Rz. 3; *BGH*, Urt. v. 15.11.1994 – VI ZR 56/94, MDR 1995, 804 = NJW 1995, 861; *BGH*, Urt. v. 5.12.1995 – VI ZR 332/94, MDR 1996, 366 = NJW 1996, 984 bzgl. des Falls der Caroline von Monaco, AfP 1997, 499.

c) Schadensersatz nach §§ 824, 826 BGB

Neben § 823 Abs. 1 und 2 BGB kommt ein Anspruch aus **§ 824 BGB** in Betracht. Nach dieser Vorschrift haftet die verarbeitende Stelle, wenn sie

- der Wahrheit zuwider
- eine Tatsache behauptet oder verbreitet,
- die geeignet ist, den Kredit des Betroffenen zu gefährden oder sonstige Nachteile
- für dessen Erwerb oder Fortkommen herbeizuführen,
- sofern die verarbeitende Stelle die Unwahrheit kennen musste.

§ 824 BGB statuiert also eine Haftung wegen unrichtiger Datenverarbeitung, die zu einer Herabsetzung der wirtschaftlichen Wertschätzung von Personen führt.[1]

Daneben ist auch eine Haftung nach **§ 826 BGB** von Bedeutung, seit der *BGH*[2] auch bei Weitergabe wahrer Informationen in besonderen Fällen eine Ersatzpflicht gem. § 826 BGB bejaht hat: Sollten Informationen über das Privatleben eines einzelnen ohne zwingenden Grund weitergegeben werden, so steht ihm der Schutz des § 826 BGB zu. Er kann sich dann auch den daraus resultierenden Vermögensschaden ersetzen lassen.

d) Unterlassungs- und Beseitigungsansprüche

Neben dem Schadensersatzanspruch können dem Betroffenen aus § 823 Abs. 1 BGB auch **Beseitigungs- und Unterlassungsansprüche** zustehen, die über die im BDSG statuierten Korrekturansprüche (§ 6 i.V.m. §§ 34, 35 BDSG) insofern hinausgehen, als sie auch gegenüber Dritten wirken. Solche Ansprüche ergeben sich regelmäßig aus §§ 1004, 823 Abs. 1 BGB analog bei einer Verletzung des allgemeinen Persönlichkeitsrechts durch eine unzulässige Übermittlung personenbezogener Daten.[3] Der Betroffene kann daher unter Berufung auf §§ 1004, 823 Abs. 1 BGB analog vom Empfänger der Daten deren Vernichtung oder Herausgabe verlangen.[4] Gleichzeitig hat er nach den Grundsätzen von Treu und Glauben (§ 242 BGB) einen Anspruch gegenüber der speichernden Stelle auf Auskunft über Name und Anschrift des Datenempfängers.[5] Im Übrigen kann der Betroffene nach § 35 Abs. 2 Satz 2 Nr. 1 BDSG i.V.m. § 11 Abs. 1 Nr. 1 TMG Löschung seiner Bestandsdaten verlangen. Für die Nutzungsdaten ist ein Löschungsanspruch ausdrücklich in § 12 TMG nor-

---

[1] Vgl. *OLG Frankfurt a.M.*, Urt. v. 6.1.1988 – 17 U 35/87, RDV 1988, 148.
[2] LM § 826 Nr. 3.
[3] *BGH*, Urt. v. 7.7.1983 – III ZR 159/82, MDR 1984, 205 = NJW 1984, 436; *BGH*, Urt. v. 15.12.1983 – III ZR 187/82, MDR 1984, 648 = NJW 1984, 1887.
[4] *BGH*, BGHZ 27, 284.
[5] *BGH*, Urt. v. 15.12.1983 – III ZR 187/82, MDR 1984, 648 = NJW 1984, 1887.

miert.¹ Bei der Nutzung von Daten für E-Mail-Werbe-Kampagnen kommt allerdings anstelle der Löschung auch eine Sperrung in Betracht (§ 35 Abs. 3 Nr. 2 BDSG).²

Zu beachten sind schließlich auch die Möglichkeiten, im B2B-Bereich zwischen Konkurrenten Datenschutzverstöße mittels § 4 Nr. 11 UWG zu ahnden. Das *OLG Köln* sah § 28 BDSG als Marktverhaltensregelung i.S.v. § 4 Nr. 11 UWG an.³ Das *LG Berlin* und das KG haben dies jedoch für § 13 TMG abgelehnt.⁴ Mit § 13 Abs. 1 TMG habe der Gesetzgeber allein überindividuelle Belange des freien Wettbewerbs bei der Gesetzgebung berücksichtigt, um Beschränkungen der Persönlichkeitsrechte der Nutzer von Telediensten, nicht aber Interessen einzelner Wettbewerber zu rechtfertigen.

VII. Sonderbestimmungen im Online-Bereich

Literatur: *Arlt*, Datenschutzrechtliche Betrachtung von Online-Angeboten zum Erwerb digitaler Inhalte, MMR 2007, 683; *Bizer*, Datenschutz in Telekommunikation und Neuen Medien, Gerling (Hrsg.), Datenschutz und neue Medien, 1998, S. 23; *Büllesbach* (Hsg.), Datenschutz im Telekommunikationsrecht, 1997; *Fetzer*, Internet und Datenschutz im Telemediengesetz, DRiZ 2007, 206; *Holznagel u.a.* (Hrsg.), Datenschutz und Multimedia, 1998; *Lohse/Janetzko*, Regulationsmodelle des Datenschutzes am Beispiel von P3P, CR 2001, 55; *Müthlein*, Datenschutz bei Online-Diensten, RDV 1996, 224; *Roßnagel*, Modernisierung des Datenschutzrechts für eine Welt allgegenwärtiger Datenverarbeitung, MMR 2005, 71; *Roßnagel/Bizer*, Multimediadienste und Datenschutz, 1995; *Schulz*, Rechtsfragen des Datenschutzes bei Online-Kommunikation, Expertise im Auftrag der Landesrundfunkanstalt NRW, 1998.

In § 1 Abs. 3 BDSG ist die **Subsidiarität des BDSG** normiert: Soweit andere Rechtsvorschriften des Bundes den Umgang mit personenbezogenen Daten regeln, gehen diese dem BDSG vor. Landesrechtliche Datenschutzbestimmungen werden als „andere Rechtsvorschriften" im Rahmen des § 4 Abs. 1 BDSG relevant, soweit sie Erlaubnistatbestände für die Verarbeitung und Nutzung personenbezogener Daten enthalten. Zu beachten sind – abseits TK-spezifischer Tatbestände – z.B. §§ 147, 200 AO, die der Finanzverwaltung die Kompetenz übertragen, im Rahmen steuerlicher Außenprüfungen direkt auf die DV-Systeme des Steuerpflichtigen Zugriff zu nehmen.

Für den Online-Bereich sind – neben einzelnen Landesgesetzen, wie z.B. dem Hamburgischen Mediengesetz – vor allem die bereichsspezifischen Datenschutzvorschriften im Telekommunikationsgesetz (TKG) und im Telemediengesetz (TMG) von Bedeutung.

---

1 Für die entsprechende Vorschrift im Teledienstedatenschutzgesetz: *OLG Bamberg*, Urt. v. 12.5.2005 – 1 U 143/04, CR 2006, 274.
2 *OLG Bamberg*, Urt. v. 12.5.2005 – 1 U 143/04, CR 2006, 274.
3 *OLG Köln*, Urt. v. 14.8.2009 – 6 U 70/09, MMR 2009, 845.
4 *LG Berlin*, Beschl. v. 14.3.2011 – 91 O 25/11, CR 2011, 331 = MMR 2011, 386 m. Anm. *Hullen*; *KG Berlin*, Beschl. v. 29.4.2011 – 5 W 88/11.

1. Datenschutz im TK-Sektor: Das TKG

Literatur: *Eckhardt/Schmitz*, Datenschutz in der TKG-Novelle, CR 2011, 436; *Härting*, E-Mail und TK-Geheimnis – Die drei Gesichter der E-Mail: Telekommunikation, Datensatz, elektronischer Brief, CR 2007, 311; *Köcher/Kaufmann*, Speicherung von Verkehrsdaten bei Internet-Access-Providern, DuD 2006; *König/Röder*, Die EG-Datenschutzrichtlinie für Telekommunikation – Verpflichtungen auch für Internetdienstleister, CR 2000, 668; *Königshofen*, Telekommunikations-Datenschutzverordnung. Kommentar, Heidelberg 2002; *Ohlenburg*, Der neue Telekommunikationsdatenschutz – Eine Darstellung von Teil 7 Abschnitt 2 TKG, MMR 2004, 431; *Reimann*, Datenschutz im neuen TKG, DuD 2004, 421; *Ulmer/Schrief*, Datenschutz im neuen TK-Recht, RDV 2005, 3; *Wüstenberg*, Vorratsdatenspeicherung und § 100 TKG – Zum Urteil des LG Darmstadt vom 25. Januar 2005, DuD 2007, 595; *Wüstenberg*, Das Recht der Zugangsanbieter auf Speicherung der IP-Adressen bei Online-Flatrates, TKMR 2003, 105.

Das Telekommunikationsgesetz (TKG)[1] ist der Nachfolger des früheren Fernmeldeanlagen-Gesetzes (FAG), von dem früher § 12 FAG als strafprozessuale Ermächtigungsgrundlage für Auskünfte über Telekommunikationsvorgänge in strafgerichtlichen Untersuchungen herangezogen wurde. Mit dem im Juni 2004 verkündeten Gesetz (**TKG 2004**)[2] sind auch im Bereich Fernmeldegeheimnis, Datenschutz und Öffentliche Sicherheit einige Neuerungen eingetreten. So werden die personenbezogenen Daten der Teilnehmer und Nutzer von Telekommunikationsdiensten ab sofort gesetzlich und nicht durch eine Rechtsverordnung geschützt. Dafür wurde § 89 TKG a.F. und die Telekommunikations-Datenschutzverordnung (TDSV)[3] zu einer in sich geschlossenen gesetzlichen Regelung zusammengeführt. Die Speicherung von Verkehrsdaten, vormals Verbindungsdaten, beim Diensteanbieter wird nicht mehr um die letzten drei Ziffern gekürzt, sondern als ungekürzte und vollständige Rufnummer gespeichert. Der Kunde hat jedoch ein Wahlrecht, auf das ihn der Diensteanbieter hinweisen muss. Er kann dieser Form der Speicherung zustimmen oder lieber die verkürzte oder sogar die komplette Löschung der Daten beantragen. Auch Kunden mit bestehenden Verträgen müssen auf diese gesetzliche Regelung hingewiesen werden. Einzelverbindungsnachweise betrifft diese Gesetzesänderung nicht, da sie nur auf die interne Speicherung der Verkehrsdaten beim Diensteanbieter anzuwenden ist. Eine weitere Neuerung stellt die Option von sog. „Inverssuchen" bei der Telefonauskunft dar. Konnte bisher bei der Auskunft nur die Rufnummer oder unter Umständen auch die Adresse eines Teilnehmers erfragt werden, so ist dies auch umgekehrt möglich. Ein Teilnehmer ist nun auch anhand seiner Rufnummer zu erfragen. Voraussetzung dafür ist, dass der betroffene Kunde des Dienstanbieters mit

---

[1] Telekommunikationsgesetz v. 22.6.2004 (BGBl. I S. 1190), zuletzt geändert durch Artikel 2 des Gesetzes v. 22.12.2011 (BGBl. I S. 2958).
[2] BGBl. I, S. 1190.
[3] Telekommunikations-Datenschutzverordnung v. 18.12.2000 (BGBl. I 2000 S. 1740); durch die Bundesregierung auf Grund des § 89 Abs. 1 des Telekommunikationsgesetzes v. 25.7.1996 (BGBl. I S. 1120) verordnet.

VII. Sonderbestimmungen im Online-Bereich

seinen Daten in einem Telefonbuch oder einem anderen elektronischen Kundenverzeichnis eingetragen ist und gegen diese Art der Auskunft keinen Widerspruch eingelegt hat. Nach § 47 Abs. 1 TKG ist der Teilnehmernetzbetreiber verpflichtet, diese Teilnehmerdaten anderen Unternehmen zum Zwecke der Bereitstellung von öffentlich zugänglichen Auskunftsdiensten und Teilnehmerverzeichnissen zur Verfügung zu stellen. Nach einer Entscheidung des *Bundesgerichtshofs* darf der Betreiber die Freischaltung der Daten für eine Inverssuche der Auskunftsdienste nicht von dem Vorliegen einer Einwilligung der Kunden abhängig machen, sondern hat auch hier auf Grundlage der Widerspruchslösung zu verfahren.[1]

Eine weitere Vorschrift verpflichtet die Netzbetreiber im Notfall zur Übermittlung von Standortdaten sog. Dienste mit Zusatznutzen ohne vorherige Einwilligung, damit eine Lokalisierung des Hilfesuchenden erfolgen kann. Für Prepaid-Verträge sind nun der Name, die Adresse und das Geburtsdatum des Kunden zu erheben.

Die **datenschutzrechtlichen Vorschriften des TKG** finden sich in § 88 TKG sowie in §§ 91 ff. TKG: § 88 TKG konkretisiert das grundrechtlich garantierte Fernmeldegeheimnis (Art. 10 GG)[2] und erstreckt sich auf den Inhalt und die näheren Umstände der Telekommunikation, „insbesondere die Tatsache, ob jemand an einem Telekommunikationsvorgang beteiligt ist oder war" (§ 88 TKG). In den sachlichen Anwendungsbereich des TKG fällt gemäß § 3 Nr. 22 TKG jeder technische Vorgang des Aussendens, Übermittelns und Empfangens von Signalen jeglicher Art in der Form von Zeichen, Sprache, Bildern oder Tönen mittels Telekommunikationsanlagen. Neben den klassischen TK-Anbietern (insbs. Sprachtelefonie) umfasst der Anwendungsbereich des TKG damit auch die Übermittlung von E-Mails und jeden sonstigen Online-Datenaustausch (insbs. per Telnet oder FTP), soweit es um den technischen Kommunikationsvorgang geht.[3]

Ebenso wie das allgemeine Datenschutzrecht im BDSG erstreckt sich der bereichsspezifische Datenschutz des Telekommunikationsrechts auf die **Erhebung, Verarbeitung und Nutzung personenbezogener Daten**. Allerdings sind im TKG die Einzelangaben über juristische Personen, die dem Fernmeldegeheimnis unterliegen, den personenbezogenen Daten natürlicher Personen gleichgestellt (§ 91 Abs. 1 Satz 2 TKG). Auch IP-Adressen sind personenbezogen, da eine Person insoweit bestimmbar ist.

§§ 95 ff. TKG enthalten eine **abschließende Aufzählung möglicher Erlaubnistatbestände** für die Erhebung, Verarbeitung und Nutzung personenbezogener

---

[1] *BGH*, Urt. v. 5.7.2007 – III ZR 316/06, CR 2007, 567 = MMR 2007, 641.
[2] Vgl. *Rieß*, Vom Fernmeldegeheimnis zum Telekommunikationsgeheimnis, in: Büllesbach (Hrsg.), Datenschutz im Telekommunikationsrecht, Köln 1997, 126.
[3] Vgl. zur Abgrenzung *Robert*, in: Beck'scher TKG-Kommentar, § 91 Rz. 7; *Gola*, RDV 1998, 243.

Daten im Telekommunikationsbereich. So ist gemäß § 95 Abs. 1 TKG die Verarbeitung von Bestandsdaten zulässig, soweit dies für die Begründung, inhaltliche Ausgestaltung, Änderung oder Beendigung des Vertragsverhältnisses erforderlich ist. § 96 TKG bezieht sich auf Verkehrsdaten (3 Nr. 30 TKG) und erlaubt deren Speicherung für das Herstellen und Aufrechterhalten der Telekommunikationsverbindung.[1] Da das TKG auch die E-Mail-Kommunikation erfasst, ist die Zwischenspeicherung von E-Mails in POP-Mailpostfächern bzw. in der SMTP-Spooldatei zulässig. Zwar besagt § 88 Abs. 1 Satz 1 TKG, dass grundsätzlich nur die näheren Umstände der Telekommunikation erhoben, verarbeitet und genutzt werden dürfen, jedoch enthält § 88 Abs. 1 Satz 2 TKG eine Ausnahme für Nachrichteninhalte, deren Verarbeitung aus verarbeitungstechnischen Gründen Bestandteil des Dienstes ist. Damit ist auch die Speicherung und Verarbeitung eingehender Nachrichten bei Mailbox-Diensten, z.B. die Anrufbeantworter-/Weiterleitungs-Funktion bei Mobiltelefonen, legitimiert.

Weitere Erlaubnistatbestände für Verkehrsdaten (§ 3 Nr. 30 TKG) sehen § 96 Abs. 2 Satz 1 TKG (Erforderlichkeit zum Aufbau weiterer Verbindungen), § 96 Abs. 3 TKG (Verwendung von teilnehmerbezogenen Verkehrsdaten mit Einwilligung des Betroffenen zur Bedarfsplanung), § 97 TKG (Entgeltermittlung, Entgeltabrechnung), § 99 TKG (Einzelverbindungsnachweis), § 100 TKG (Störung von Telekommunikationsanlagen und Missbrauch von Telekommunikationsdiensten[2]) und § 101 TKG (Mitteilen ankommender Verbindungen) vor.

Bemerkenswert ist allerdings, dass einige Erlaubnistatbestände – im Gegensatz zum allgemeinen Anwendungsbereich des TKG – auf Sprachtelefondienste zugeschnitten sind: So sieht etwa § 101 TKG nur die Identifikation des Anschlusses bei bedrohenden oder belästigenden Anrufen vor. Die Identifikation des Absenders von Spam-Mails durch dessen Provider wird hiervon nicht unmittelbar erfasst.

2. Das TMG

Literatur: *Bizer*, Rückschritt Telemediengesetz, DuD 2007, 4; *Büllesbach*, Datenschutz und Selbstregulierung, digma 2001, 88; *Flisek*, Der datenschutzrechtliche Auskunftsanspruch nach TDDSG, CR 2004, 949; *Fröhle*, Web-Advertising, Nutzerprofile und Teledienstedatenschutz, 2003; *Geis*, Schutz von Kundendaten im E-Commerce und elektronische Signatur, RDV 2000, 208; *Gerling*, Betrieb von WWW-Servern – Rechtliche und technische Aspekte, IT-Sicherheit 3/2001, 18; *Hillebrand-Beck/Gross*, Datengewinnung im Internet, Cookies und ihre Bewertung unter Berücksichtigung der Novellie-

---

[1] Auch bei Pauschaltarifen (Flatrate) ist die Speicherung des Datenvolumens und der dynamischen IP-Adresse zulässig: So jetzt der *BGH*, Urt. v. 13.1.2011 – IH ZR 146110 gegen *LG Darmstadt*, Urt. v. 25.1.2006 – 25 S 118/05, CR 2006, 249; *LG Darmstadt*, Urt. v. 6.6.2007 – 10 O 562/03, CR 2007, 574; *AG Bonn*, Urt. v. 5.7.2007 – 9 C 177/07, CR 2007, 640 = MMR 2008, 203.

[2] Hierzu: *LG Darmstadt*, Urt. v. 6.6.2007 – 10 O 562/03, CR 2007, 574; *AG Bonn*, Urt. v. 5.7.2007 – 9 C 177/07, CR 2007, 640 = MMR 2008, 203.

rung des TDDSG, DuD 2001, 389; *Hoeren*, Das Telemediengesetz, NJW 2007, 801; *Jandt*, Das neue TMG – Nachbesserungsbedarf für den Datenschutz im Mehrpersonenverhältnis, MMR 2006, 652; *Köhntopp/Köhntopp*, Datenspuren im Internet, CR 2000, 238; *Löw*, Datenschutz im Internet: eine strukturelle Untersuchung auf der Basis der neuen deutschen Medienordnung, Diss. 2000; *Meyerdiecks*, Sind IP-Adressen personenbezogene Daten?, MMR 2009, 8; *Meyer*, Cookies & Co. – Datenschutz und Wettbewerbsrecht, WRP 2002, 1028; *Rasmussen*, Datenschutz im Internet. Gesetzgeberische Maßnahmen zur Verhinderung der Erstellung ungewollter Nutzerprofile im Web – Zur Neufassung des TDDSG, CR 2002, 36; *Roßnagel/Pfitzmann*, Datenschutz im Internet, in: Staudt (Hrsg.), Deutschland Online, 2002, 89; *Schaar*, Datenschutz im Internet, 2002; *Schallbruch*, Electronic Mail im Internet – Wie steht es mit dem Datenschutz?, Datenschutz-Nachrichten 5/95, 11; *Schneider*, Europäischer Datenschutz und E-Commerce, in: Lehmann (Hrsg.), Electronic Business in Europa. Internationales, europäisches und deutsches Online-Recht, München 2002, 561; *Spindler*, Das neue Telemediengesetz – Konvergenz in sachten Schritten, CR 2007, 239; *Welp*, Die Entwicklung des Datenschutzrechts im Jahr 2007, MMR-Beilage 7/2008, 9; *Zscherpe*, Anforderungen an die datenschutzrechtliche Einwilligung im Internet, MMR 2004, 723.

In den §§ 11–15 regelt das Telemediengesetz den Schutz personenbezogener Daten bei der Nutzung von Telemediendiensten i.S.v. § 1 Abs. 1 TMG. Zu diesen Diensten zählen insbesondere solche der Individualkommunikation (Telebanking, E-Mail und Datendienste).

Die datenschutzrechtlichen Regelungen in BDSG und TMG gehen einheitlich von den **Grundsätzen der Zweckbindung, des Systemdatenschutzes und der Datensparsamkeit bzw. der Datenvermeidung** aus. Der Systemdatenschutz soll bewirken, dass bereits die Systemstrukturen für die Verarbeitung personenbezogener Daten einer datenschutzrechtlichen Kontrolle unterliegen. Durch eine dateneinsparende Organisation der Übermittlung, der Abrechnung und Bezahlung sowie durch die technisch-organisatorische Trennung der Verarbeitungsbereiche soll die Erhebung und Verarbeitung personenbezogener Daten möglichst vermieden werden (vgl. § 13 Abs. 6 TMG).

Wie auch im allgemeinen Datenschutzrecht ist die **Erhebung und Verarbeitung personenbezogener Daten** im Online-Bereich nur zulässig, soweit sie gesetzlich gestattet ist oder der Betroffene einwilligt (§ 12 Abs. 1 TMG). Es gilt der Grundsatz der Zweckbindung. Die Voraussetzungen für eine wirksame elektronische Einwilligung sind in § 13 Abs. 2 TMG geregelt. Der Betroffene ist über Art, Umfang, Ort und Zweck der Erhebung und Nutzung seiner Daten vor deren Erhebung zu informieren. Auch hat der Nutzer das Recht, die zu seiner Person gespeicherten Daten unentgeltlich – auch auf elektronischem Wege und auch bei kurzfristiger Speicherung der Daten – einzusehen (§ 13 Abs. 7 TMG). Die Erstellung von Nutzungsprofilen ist nur bei der Verwendung von Pseudonymen zulässig (§ 15 Abs. 3 TMG).

Bestands- und Nutzungsdaten werden unterschieden und getrennt voneinander geregelt. Die hierzu einschlägigen Regelungen sind §§ 14, 15 TMG.[1]

---

[1] Vgl. hierzu ausführlich *Engel-Flechsig*, RDV 1997, 59.

Dem Diensteanbieter ist es nunmehr gestattet, **Abrechnungsdaten** auch für die Aufklärung der missbräuchlichen Inanspruchnahme seiner Dienste zu nutzen, wenn ihm tatsächliche Anhaltspunkte für einen entsprechenden Missbrauchsfall vorliegen (§ 15 Abs. 8 TMG). Es besteht eine Dokumentationspflicht.[1]

Für die Nutzung von nicht-personenbezogenen Daten, insbesondere Informationen zu den Clients, die ein Online-Angebot abgerufen haben, gilt das bereichsspezifische Datenschutzrecht des TMG nicht. Im Hinblick auf die Speicherung von IP-Adressen durch Online-Diensteanbieter ist die Frage allerdings umstritten. So bejahte das *AG Berlin Mitte* den Personenbezug von dynamischen IP-Adressen, da der Diensteanbieter mit Hilfe des Access-Providers den korrelierenden Namen bestimmen könne.[2] Dies gilt nach der amtsgerichtlichen Rechtsprechung auch dann, wenn dem Diensteanbieter kein Auskunftsanspruch gegen den Access-Provider zusteht.

Die Frage ist bei der Aufzeichnung von Nutzungsdaten in Log-Files, z.B. zur Erstellung von Nutzerprofilen und Abrufstatistiken von Bedeutung.[3] Personenbezogene Nutzungsdaten sind frühestmöglich, spätestens unmittelbar nach Ende der jeweiligen Nutzung zu löschen, sofern es sich nicht um Abrechnungsdaten i.S.v. § 15 Abs. 4 TMG handelt. Nicht-personenbezogene Daten, z.B. reine Maschinenangaben (IP-Adressen (strittig)), können hingegen für Auswertungszwecke protokolliert werden, sofern kein Rückschluss auf den jeweiligen Nutzer möglich ist.[4] In Bezug auf IP-Adressen hat das *LG Darmstadt*[5] geurteilt, dass die Speicherung dynamischer IP-Adressen (jene IP-Kennungen, die nur für eine Internet-Session vergeben werden) dann nicht erforderlich und somit unzulässig sei, wenn der Betroffene eine unbegrenzte Flatrate besitzt, für die er monatlich eine Pauschale bezahlt. Im zu entscheidenden Fall hatte sich ein T-Online-Kunde gegen die Speicherung seiner IP-Adressen über einen Zeitraum von 80 Tagen nach Rechnungsversand gewehrt. An der Erforderlichkeit fehle es, weil die IP-Kennungen wegen des Pauschalbetrages nicht zu Abrechnungszwecken notwendig und auch keine Anhaltspunkte für den Zweck der Missbrauchsbekämpfung erkennbar gewe-

---

1 Zu einem bizarren Fall einer Auskunftspflicht *LG Stuttgart*, Urt. v. 1.11.2008 – 8 O 357/07, FamRZ 2008, 1648 = NJW 2008, 2048: Hat eine Frau mehreren ihr über ein Internetportal vermittelten Männern sexuelle Dienstleistungen erbracht, kann sie im Falle einer Schwangerschaft Auskunft über die Identität der vermittelten Männer verlangen.
2 *AG Berlin Mitte*, Urt. v. 27.3.2007 – 5 C 314/06, ZUM 2008, 83.
3 Siehe auch *Wolters*, Einkauf via Internet: Verbraucherschutz durch Datenschutz, DuD 1999, 277.
4 Vgl. *Schulz*, Rechtsfragen des Datenschutzes bei Online-Kommunikation, 40.
5 *LG Darmstadt*, Urt. v. 25.1.2006 – 25 S 118/05, CR 2006, 249 = MMR 2006, 330. Das Urteil ist inzwischen rkr. Der *BGH*, Beschl. v. 26.10.2006 – III ZR 40/06, MMR 2007, 37, verwarf die eingelegte Beschwerde als unzulässig. Auch *LG Darmstadt*, Urt. v. 7.12.2005 – 25 S 118/05, CR 2006, 249 = DuD 2006, 178; *AG Bonn*, Urt. v. 5.7.2007 – 9 C 177/07, CR 2007, 640 = MMR 2008, 203.

sen seien.[1] Das *OLG Frankfurt* bestätigte diese Entscheidung im Wesentlichen, verwarf aber die Berufung des Klägers insoweit, als dass eine sofortige Pflicht zur Löschung der Daten durch den Provider nicht bestehe.[2]

Im Übrigen gelten die Regelungen des TMG nur für die Verarbeitung von Nutzerdaten, d.h. der Daten derjenigen, die Telemediendienste oder Telekommunikationsdienstleistungen nachfragen. Die Verwendung von Daten nicht nutzender Dritter im Online-Bereich ist von den Regelwerken nicht umfasst. Insoweit gelten für Kommunen das jeweilige Landesdatenschutzgesetz (z.B. Landesdatenschutzgesetz NW), für die Privatwirtschaft §§ 27 ff. BDSG.

VIII. Ausgewählte Sonderprobleme

1. Web-Cookies

Literatur: *Bizer*, Web-Cookies – datenschutzrechtlich, DuD 1998, 277; *Eckhard*, Datenschutzerklärungen und Hinweise auf Cookies, ITRB 2005, 46; *Eichler*, Cookies – verbotene Früchte?, Eine datenschutzrechtliche und technikorientierte Betrachtung, K&R 1999, 76; *Hillenbrand-Beck/Greß*, Datengewinnung im Internet, Cookies und ihre Bewertung unter Berücksichtigung der Novellierung des TDDSG, DuD 2001, 389; *Hoeren*, Web-Cookies und das römische Recht, DuD 1998, 455; *Ihde*, Cookies – Datenschutz als Rahmenbedingungen der Internetökonomie, CR 2000, 413; *Köcher/Kaufmann*, Speicherung von Verkehrsdaten bei Internet-Access-Providern, DuD 2006, 360; *Mayer*, Cookies & Co. – Datenschutz und Wettbewerbsrecht, WRP 2002, 1028; *Schaar*, Cookies: Unterrichtung und Einwilligung des Nutzers über die Verwendung, DuD 2000, 275; *Wichert*, Web-Cookies – Mythos und Wirklichkeit, DuD 1998, 273; *Woitke*, Web-Bugs – Nur lästiges Ungeziefer oder datenschutzrechtliche Bedrohung?, MMR 2003, 310.

Die sog. **Web-Cookies** und ihre möglichen negativen Auswirkungen auf die Privatsphäre von Internet-Nutzern sind immer noch buchstäblich in aller Munde. Ein Cookie ist ein von einem Web-Server erzeugter Datensatz, der an einen Web-Browser gesendet wird und bei diesem in einer Cookie-Datei des lokalen Rechners abgelegt wird.[3] Umgekehrt werden aber auch die lokalen Cookie-Einträge an den Web-Server übermittelt. Beides geschieht in der Regel, ohne dass der Benutzer etwas davon merkt. Cookies dienen normalerweise dazu, Informationen über den Benutzer des Web-Browsers zu sammeln und an einen Web-Server zu übermitteln. Davon profitieren z.B. Katalog- und Zeitungsanbieter, die Benutzerprofile anlegen und den Web-Benutzern dann ganz gezielt Angebote unterbreiten, die die Anbieter auf den bevorzugten Web-Seiten platzieren.

---

1 *BGH*, Beschl. v. 26.10.2006 – III ZR 40/06, MMR 2007, 37; *LG Darmstadt*, Urt. v. 7.12.2005 – 25 S 118/05, CR 2006, 249 = DuD 2006, 178; *Köcher/Kaufmann*, DuD 2006, 360.
2 *OLG Frankfurt a.M.*, Urt. v. 16.6.2010 – 13 U 105/07.
3 Zur Technologie siehe *Eichler*, K&R 1999, 76; *Wichert*, DuD 1998, 273; *Whalen*, The Unofficial Cookie FAQ, http://www.cookiecentral.com/faq, Version 2.6.

Die Cookies sind in diesem Zusammenhang besonders günstig für die Anbieter, da Cookies es ermöglichen, die gesammelten Daten lokal beim Nutzer abzulegen. Die Unterhaltung einer großen und teuren Datenbank ist damit nicht erforderlich. Cookies können aber z.B. auch für den Einkauf im Internet dienen, da der dabei entstehende virtuelle Einkaufskorb in Form eines Cookies abgelegt werden kann.

Seit ihrer Einführung durch die Netscape Communications Corporation sind Cookies sehr umstritten, da man ihnen eine Reihe negativer Eigenschaften und Fähigkeiten zuspricht, so z.B. die Übertragung von Virenprogrammen, das Ausspähen von E-Mail-Adressen und persönlichen Dateien oder das Bekanntmachen des Verzeichnisses einer Festplatte für Fremde. Falsch ist auf jeden Fall, dass Cookies Viren auf den jeweiligen Rechner übertragen können. Was die Informationen angeht, die in den Cookies abgelegt werden, so lässt sich dazu sagen, dass sie nur vom Web-Benutzer selbst stammen und ausschließlich Daten enthalten, die er während seiner Kommunikation mit dem betreffenden Server selbst erzeugt hat. Ein Ausspähen weiterer Daten auf dem lokalen Rechner ist mit Cookies nicht möglich.[1]

Die persönlichen Daten eines Nutzers sind daher i.d.R. über den Einsatz von Cookies nicht oder nur mit sehr großem Aufwand zu ermitteln.[2] Durch eine serverseitige Auswertung der Cookies, die bei der Nutzung verschiedener Online-Dienste *desselben* Diensteanbieters erzeugt wurden, ist es jedoch möglich, kundenspezifische Nutzungsprofile zu erstellen, die jedenfalls dann personenbezogen sind, wenn sich der Nutzer bei zumindest einem Online-Dienst innerhalb des Verbundangebots namentlich oder mit seiner E-Mail-Adresse angemeldet hat.[3] Ein direkter Personenbezug ist ansonsten nur herstellbar, wenn die Internet-Adresse des Kundenrechners Rückschlüsse auf die Identität des Benutzers zulässt.[4] Dies kann bei **statischen IP-Adressen**, die mit einer „sprechenden" personenbezogenen Rechnerkennung oder -domain verbunden sind, der Fall sein.[5] Bei **dynamischen IP-Adressen**, die bei Einwahlverbindungen temporär dem Kundenrechner zugeordnet werden, besteht regelmäßig nur dann ein Personenbezug, wenn der Diensteanbieter und der Internet-Provider des Kunden zusammenwirken oder identisch sind.[6]

---

1 Siehe hierzu *Wichert*, DuD 1998, 273.
2 *Wichert*, DuD 1998, 273; siehe auch *Eichler*, K&R 1999, 76, der allerdings ohne nähere Erläuterung unterstellt, dass der Diensteanbieter unbemerkt die E-Mail-Adresse des Nutzers in einem Cookie speichern kann.
3 Siehe *Wichert*, DuD 1998, 273.
4 Vgl. *Bensberg/Weiß*, Web Log Mining als Analyseinstrument des Electronic Commerce, in: UrhR/Breuer (Hrsg.), Proceedings zur WI-Fachtagung Intregration externer Informationen in Management Support Systems, Dresden 1998, S. 197; *Bizer*, DuD 1998, 277; Eichler, K&R 1999, 76; *Mayer*, WRP 2002, 1028.
5 Z.B. „Hoeren.uni-muenster.de"; für die Qualifizierung statischer IP-Adresse als personenbezogenes Datum *Schulz*, Rechtsfragen des Datenschutzes bei Online-Kommunikation, 41.
6 *Bizer*, DuD 1998, 277; *Schulz*, Rechtsfragen des Datenschutzes bei Online-Kommunikation, 40; a.A.: *AG Berlin Mitte*, Urt. v. 27.3.2007 – 5 C 314/06, ZUM 2008, 83.

Enthalten Cookies **personenbezogene Daten**, ist ihre Verwendung im Hinblick auf die restriktiven Datenschutzregelungen des bereichsspezifischen TMG problematisch. Denn nach § 12 Abs. 1 TMG dürfen personenbezogene Daten zur Nutzung von Telemediendiensten nur erhoben, verarbeitet und genutzt werden, soweit der Nutzer wirksam eingewilligt hat oder ein gesetzlicher Erlaubnistatbestand vorliegt.[1]

Überdies stellt § 15 Abs. 3 Satz 1 TMG ausdrücklich klar, dass Nutzungsprofile nur bei der Verwendung von Pseudonymen zulässig sind. Eine Zusammenführung der pseudonymisierten Profildaten mit personenbezogenen Informationen über den Nutzer ist ebenfalls unzulässig (§ 15 Abs. 3 Satz 2 TMG). Ein Datenabgleich zwischen dem Internet-Provider des Nutzers und dem Diensteanbieter, der lediglich die dynamische (*für ihn* pseudonyme) IP-Adresse in cookie-basierten Nutzungsprofilen festhält, ist damit ausgeschlossen. Werden Cookies lediglich gesetzt, um die jeweilige Nutzung des Online-Dienstes zu ermöglichen oder zu vereinfachen (individualisiertes Angebot, Warenkorbfunktion etc.), ist § 15 Abs. 2 TMG zu beachten. Soweit sie personenbezogene „Nutzungsdaten" enthalten, müssen die Cookie-Daten frühestmöglich, spätestens unmittelbar nach Ende der jeweiligen Nutzung wieder gelöscht werden.

Fehlt es am Personenbezug, ist das Datenschutzrecht für Cookies nicht einschlägig. Zur juristischen Abwehr unerwünschter Cookies ist daher auch an das Besitzrecht aus § 862 Abs. 1 BGB zu denken: Hiernach kann der Besitzer von einem Störer die Beseitigung der Besitzstörung verlangen, sofern verbotene Eigenmacht i.S.v. § 858 Abs. 1 BGB vorliegt. Sieht man in der unaufgeforderten (und damit eigenmächtigen) Speicherung der Cookie-Datei auf der Festplatte des Nutzers eine Besitzstörung, ergibt sich – unbeschadet der datenschutzrechtlichen Bewertung – ein verschuldensunabhängiger Beseitigungs- und Unterlassungsanspruch aus § 862 Abs. 1 BGB.[2] Das *AG Ulm* geht davon aus, dass die nicht genehmigte Verwendung von Cookies im Rahmen einer Shopping Mall dem Shopbetreiber Schadenersatzansprüche aus § 826 BGB gegen den Mallbetreiber gibt.[3] Anders lautend sind US-Entscheidungen, die Cookies von einer konkludenten Einwilligung des Nutzers als gedeckt ansehen.[4]

2. Protokollierung von Nutzungsdaten zur Missbrauchsbekämpfung

Von besonderer Praxisrelevanz ist die Frage, in welchem Umfang der Provider die **Nutzungsdaten seiner Kunden protokollieren** darf, um durch Auswertung

---

[1] Hierzu ausführlich *Bizer*, DuD 1998, 277.
[2] Vgl. *Hoeren*, Web-Cookies und das römische Recht, DuD 1998, 455.
[3] *AG Ulm*, Urt. v. 29.10.1999 – 2 C 1038/99, CR 2000, 469.
[4] In re Double Click, Inc. Privacy Litigation, 60 CIVOM 0641, 2001 US Dist. Lexis 3498 (SDNY 2001).

der dabei entstehenden Log-Files Störungen und Missbräuche aufdecken zu können.

Das TMG trifft bis auf die Leistungserschleichung in § 15 Abs. 8 TMG hierzu keine Aussagen. Dies bedeutet, dass es bezüglich der Nutzungsdaten bei Telemediendiensten derzeit keinen Erlaubnistatbestand gibt, der die Protokollierung personenbezogener Nutzungsdaten zur Missbrauchsaufklärung rechtfertigt.[1] Allerdings gilt dies nur im Anwendungsbereich des TMG, d.h. für die „inhaltsbezogenen" Daten, die bei der Nutzung eines Telemediendienstes anfallen, also z.B. für die missbräuchliche Nutzung eines kostenpflichtigen Web-Angebots, etwa durch Verwendung eines fremden Accounts.

Denkbar wäre jedoch, für diesen Fall den allgemeinen Erlaubnistatbestand des § 28 Abs. 1 Nr. 2 BDSG heranzuziehen: Die Speicherung und Auswertung der Nutzungsdaten in Log-Files würde im Falle der missbräuchlichen Inanspruchnahme von Online-Angeboten ausschließlich der Wahrung berechtigter Interessen des Diensteanbieters dienen. Ein derartiger Rückgriff auf das allgemeine Datenschutzrecht scheint durch das TMG nicht generell ausgeschlossen zu sein, da § 12 Abs. 1 und 2 TMG die Erhebung und Verarbeitung personenbezogener Online-Nutzungsdaten nach anderen Rechtsvorschriften ausdrücklich zulässt. Gegen einen Rückgriff auf das BDSG spricht hingegen, dass das TMG einen in sich abgeschlossenen bereichsspezifischen Regelungskomplex zum Online-Datenschutz enthält und somit als lex specialis dem BDSG grundsätzlich vorgeht.

Überdies sieht **§ 100 Abs. 3 Satz 2 TKG** vor, dass der Telekommunikationsanbieter zu diesem Zweck auch rückwirkend die erhobenen Verkehrsdaten in der Weise verwenden darf, dass aus dem Gesamtbestand aller Verkehrsdaten, die nicht älter als sechs Monate sind, die Daten derjenigen Verbindungen des Netzes ermittelt werden, für die tatsächliche Anhaltspunkte den Verdacht der rechtswidrigen Inanspruchnahme begründen. Hierbei darf der Anbieter aus den zu diesem Zweck erhobenen Verkehrsdaten und den Bestandsdaten einen pseudonymisierten Gesamtdatenbestand bilden, der Aufschluss über die von den einzelnen Teilnehmern erzielten Umsätze gibt und unter Zugrundelegung geeigneter Missbrauchskriterien das Auffinden von Verbindungen ermöglicht, bei denen der Verdacht einer Leistungserschleichung besteht. Die Daten anderer Verbindungen müssen herbei unverzüglich gelöscht werden.

3. Outsourcing

Literatur: *Bitterli*, Outsourcing: Aus den Augen aus dem Sinn?, digma 2001, 156; *Fischer/Steidle*, Brauchen wir neue EG-Standardvertragsklauseln für das „Global Outsourcing"?, CR 2009, 632; *Grützmacher*, Datenschutz und Outsourcing, ITRB 2007,

---

[1] So *AG Berlin Mitte*, Urt. v. 27.3.2007 – 5 C 314/06, ZUM 2008, 83. Siehe hierzu auch die entsprechenden Feststellungen im IuKDG-Evaluierungsbericht, BT-Drs. 14/1191; *Roßnagel*, Evaluierung des TDDSG, DuD 1999, 250.

183; *Geghmanns/Niehaus*, Datenschutz und strafrechtliche Risiken beim Outsourcing durch private Versicherungen, in: Wistra 2008, 161; *Gola/Schomerus*, BDSG, Kommentar, 10. Aufl. 2010; *Heymann/Scheja/Lensdorf*, Outsourcing-Vertrag, in: Redeker (Hrsg.), Handbuch der IT-Verträge, 2007; *Hoenike/Hülsdunk*, Outsourcing im Versicherungs- und Gesundheitswesen ohne Einwilligung?, MMR 2004, 788; *Kramer/Herrmann*, Auftragsdatenverarbeitung, CR 2003, 938; *Moos*, Die EU-Standardvertragsklauseln für Auftragsverarbeiter 2010, CR 2010, 281; *Poschet*, IT-Outsourcing: So müssen Sie vorgehen, digma 2001, 160; *Knyrim*, Datenschutz und Datenrettung beim Outsourcing, ecolex 2004, 413; *Leisner*, Einschaltung Privater bei der Leistungsabrechnung in der Gesetzlichen Krankenversicherung – Verfassungsrechtliche Vorgaben für eine anstehende gesetzliche Neuregelung, NZS 2010, 129; *Niemann/Paul*, Bewölkt oder wolkenlos – rechtliche Herausforderungen des Cloud Computings, K&R 2009, 444; *Scholz/Lutz*, Standardvertragsklauseln für Auftragsdatenverarbeiter und § 11 BDSG, CR 2011, 424; *Schultze-Melling*, Effizientes Information Security Management im Rahmen von IT-Outsourcing-Verträgen, ITRB 2005, 42; *Söbbing/Weinbrenner*, Die Zulässigkeit der Auslagerung von IT-Dienstleistungen durch Institute in so genannten Offshore-Regionen, WM 2006, 165; *Vander*. Auftragsdatenverarbeitung 2.0? – Neuregelungen der Datenschutznovelle II im Kontext von § 11 BDSG, K&R 2010, 292; *Waller*, Außervertragliche Gewährleistungsrechte beim IT-Outsourcing, ITRB 2005, 162.

In der E-Commerce-Industrie wird sehr häufig der Vorteil von Outsourcing gepriesen. Die Datenverarbeitung wird auf Tochterunternehmen ausgegliedert, die als eigene Servicecenter auch für andere Unternehmen tätig sind.

a) Auftragsverarbeitung und Funktionsübertragung

Hierbei ist die **Differenzierung von Auftragsdatenverarbeitung und Funktionsübertragung** wichtig. Eine Auftragsdatenverarbeitung ist nach dem BDSG fast uneingeschränkt zulässig (§ 11 BDSG). Anders ist die Rechtslage bei der Funktionsübertragung, die alle Anforderungen des BDSG erfüllen muss. In einem solchen Fall würde die Weitergabe von Daten an den Funktionsnehmer als Datenübermittlung an einen Dritten anzusehen sein, so dass die Voraussetzungen für eine zulässige Datenübermittlung vorliegen müssen. Im Rahmen dieser Prüfung bliebe aber unklar, ob eine Übermittlung an den Funktionsnehmer erforderlich ist; die gesamte politische Entscheidung des Outsourcings stünde insofern auf dem datenschutzrechtlichen Prüfstand.

Ein solches Outsourcing (i.S. einer **Funktionsübertragung**) wäre anzunehmen, wenn der Dritte über die reine Datenverarbeitung hinaus weitere Funktionen übernähme. Entscheidend ist dabei der Handlungsspielraum des Dritten. Sofern dieser eigenverantwortlich tätig sein kann, liegt keine Auftragsverarbeitung vor.[1] Für eine Eigenverantwortlichkeit spräche vor allem, wenn nicht die Datenverarbeitung oder -nutzung als solches Vertragsgegenstand ist, sondern eine konkrete Aufgabe, für deren Erfüllung die überlassenen Daten als Hilfsmittel dienen. Für ein Outsourcing im o.g. Sinne soll vor allem sprechen, dass der Outsourcing-Geber auf einzelne Phasen der Verarbeitung keinen Ein-

---

1 *Gola/Schomerus*, Rz. 9 zu § 11.

fluss nehmen kann oder die Haftung für die Zulässigkeit und Richtigkeit der Daten auf den Verarbeiter abgewälzt wird. Sofern beim Auftragsunternehmen die Kontrolle über den Datenbestand und deren Verarbeitung im Vordergrund steht, ist weniger an die Aufgabe der Funktionskontrolle gedacht. Dies würde dafür sprechen, dass das hier diskutierte Modell nicht als ein Outsourcing, sondern als ein Auftragsverhältnis i.S.v. § 11 BDSG anzusehen ist.

Die Regelung über Auftragsdatenverarbeitung gilt auch für die Wartung von DV-Unternehmen und den Fernzugriff (§ 11 Abs. 5 BDSG). Die GDD (Gesellschaft für Datenschutz und Datensicherheit) hat in ihrem Vertragsmuster darüber hinaus vorgeschlagen, den Anwendungsbereich des § 11 BDSG auf die Fälle zu beschränken, in denen die Datenverarbeitung den Hauptzweck des Vertrages ausmacht. Daher sollen die Bestimmungen nicht zur Anwendung kommen im Verhältnis zu Reinigungsunternehmen oder Datenentsorgungsunternehmen. Dies ist meines Erachtens sehr fragwürdig, da dieser Einschränkungsvorschlag mit dem Wortlaut des § 11 BDSG nicht in Einklang steht.

Im Falle der **Auftragsdatenverarbeitung** ist allerdings zu beachten, dass der Auftraggeber nach § 11 Abs. 1 BDSG für die Einhaltung der Datenschutzbestimmungen verantwortlich ist. Der Auftragnehmer darf personenbezogene Daten nur im Rahmen der Weisung des Auftraggebers verarbeiten (§ 11 Abs. 3 BDSG). Insbesondere hat der Auftraggeber den Auftragnehmer unter besonderer Berücksichtigung seiner Eignung für die Gewährleistung der Datensicherheitsmaßnahmen sorgfältig auszuwählen (§ 11 Abs. 2 Satz 1 BDSG). Der Auftragnehmer hat insofern keinen Ermessensspielraum hinsichtlich der Ausgestaltung der von ihm durchzuführenden Datenverarbeitung.

Mit dem neuen BDSG wurden die Anforderungen an die Auftragsdatenverarbeitung deutlich verschärft, insbesondere durch die Ergänzungen in § 11 Abs. 2 Satz 2 BDSG. Hier findet sich eine ausführliche Checkliste für die Auftragserteilung. Die entsprechende Checkliste ist nicht abschließend („insbesondere"). Die einzelnen Eckpunkte sind allerdings verbindlich, wie sich insbesondere aus den Bußgeldvorschriften des § 43 BDSG ergibt. Fehlen entsprechende Festlegungen, ist dies im Bußgeld bewährt. Im Anhang zu diesem Skript findet sich ein Muster für eine solche Auftragsdatenverarbeitung; weitere Muster finden sich auf den Seiten der Hessischen Datenschutzaufsicht[1] und der GDD.[2]

Zu vereinbaren ist als Erstes der **Gegenstand und die Dauer** des Auftrages. Diese Verpflichtung ist insofern zunächst einmal überflüssig, als ohnehin bei einer Auftragserteilung Gegenstand und Dauer des Auftrages regelmäßig spe-

---

[1] http://www.rp-darmstadt.hessen.de/irj/RPDA_Internet?cid=cc0eeb29fc27e29efe4d7d34acc1e89e.
[2] https://www.gdd.de/nachrichten/news/neues-gdd-muster-zur-auftragsdatenverarbeitung-gemas-a7-11-bdsg.

zifiziert werden. Zu beachten ist, dass es sich typischerweise bei Auftragsverhältnissen um Dauerschuldverhältnisse handelt, die zeitlich begrenzt sind und entsprechende Kündigungsregeln vorsehen. Insofern ist mit einer Auftragserteilung typischerweise eine Befristung vergönnt.

Als Zweites sind der **Umfang, die Art und der Zweck** der vorgesehenen Erhebung, Verarbeitung oder Nutzung von Daten, die Art der Daten und der Kreis der Betroffenen festzulegen. Insofern ist eine genaue Spezifizierung des Datenschutzanteils eines IT-Projektes notwendig. Dies macht vor allem Probleme, da auch Auftragsverträge typischerweise komplexe Langzeitverträge sind, deren Umfang und Konkretisierung erst im Laufe des entsprechenden Projektes vorgenommen werden kann. Insofern werden die entsprechenden Datenmodelle erst einmal abstrakt festgelegt, um dann später genauer spezifiziert zu werden. Insofern bietet sich an, zunächst einmal nur allgemein die entsprechenden Datenarten und Nutzungsformen festzulegen, um dann im Rahmen späterer SLAs Änderungen und Erweiterungen zu spezifizieren.

Als Drittes festzulegen sind die **Datensicherheitsmaßnahmen** nach § 9 BDSG. Die entsprechende Datensicherheitsliste ist damit bußgeldbewährt in einem eigenen Katalog festzulegen. Auch hier wird man darauf achten müssen, dass Datensicherheitsstandards sich verändern und insofern auch im langen Verlauf für eine Auftragsdatenverarbeitung weiter konkretisiert werden müssen.

Nach Nr. 4 ist **die Berichtigung, Löschung und Sperrung** von Daten festzulegen. Gemeint ist nicht die Berichtigung als solche, sondern die Verfahren, mit denen eine Umsetzung der Berichtigungs-, Löschungs- und Sperrungsansprüche der Betroffenen umgesetzt werden können. Insofern verweist die Vorschrift auf § 35 BDSG und die dort geregelten Voraussetzungen für die Geltendmachung entsprechender Rechte seitens der Betroffenen. Ansprechpartner für die entsprechenden Rechte ist der Auftraggeber selbst, wie sich aus § 11 Abs. 4 BDSG ergibt. Insofern geht es hier darum, intern zwischen Auftraggeber und Auftragnehmer festzulegen, wie der Auftragnehmer auf entsprechende Weisungen des Auftraggebers in Hinblick auf die Berichtigung, Löschung und Sperrung solcher Daten zu reagieren hat.

Als Fünftes ist die Einhaltung der **Pflichten des Auftragnehmers** nach § 11 Abs. 4 BDSG. § 11 Abs. 4 BDSG verweist für die nicht öffentlichen Stellen der Auftragsdatenverarbeitung auf §§ 4f, 4g und § 38 zu spezifizieren. Nach § 4f BDSG ist ein Beauftragter für den Datenschutz zu bestellen, wenn das Unternehmen eine bestimmte Größe erreicht hat. Dieser hat ein besonderes Aufgabenprofil nach §§ 4f, 4g BDSG. Er ist im Übrigen mit einer besonderen Stellenbeschreibung versehen, die insbesondere auf die Unabhängigkeit und Weisungsfreiheit des Datenschutzbeauftragten abstellt (§ 4f Abs. 3 BDSG). Zu beachten ist dann vor allem auch noch § 4f Abs. 2 Satz 1 BDSG, wonach zum Datenschutzbeauftragten nur bestellt werden darf, wer zu der Erfüllung seiner Aufgaben erforderliche Fachkunde und Zuverlässigkeit besitzt. Insofern hat der Auftraggeber zu spezifizieren und zu kontrollieren, ob ein entsprechender

Datenschutzbeauftragter beim Auftragnehmer bestellt ist und wie die entsprechende Fachkunde, Zuverlässigkeit und Unabhängigkeit ist. Im Übrigen ist der Auftragnehmer zur Gewährleistung der Datensicherungsmaßnahmen nach § 9 BDSG verpflichtet. Das Datengeheimnis (§ 5 BDSG) gilt auch für seine Mitarbeiter. Unbefugte Verarbeitungen stellen auch für ihn ggf. strafbare Handlungen nach § 44 BDSG dar. Ferner unterliegt auch er der Datenschutzaufsicht. Etwas rätselhaft ist der Verweis auf § 38 BDSG, da dort nur die entsprechenden Kontrollbefugnisse der Aufsichtsbehörden geregelt sind. Gemeint sind hier aber vor allem die Anordnungsbefugnisse und Kontrollrechte der Behörden nach § 38 Abs. 4 und 5 BDSG sowie die Auskunftspflichten nach § 38 Abs. 3 BDSG, die entsprechende Pflichten der verarbeitenden Stelle auslösen. § 38 Abs. 3 BDSG spricht insofern auch davon, dass die der Kontrolle unterliegenden Stellen sowie die mit ihrer Leitung beauftragten Personen entsprechende Auskünfte zu erteilen haben.

Nach Nr. 6 ist zu regeln, ob eventuell **Unterauftragsverhältnisse** begründet werden dürfen. Das Gesetz schließt die Begründung solcher Unteraufträge nicht aus, verlangt aber eine Regelung dazu, ob der Auftragnehmer überhaupt zu Unterauftragsverhältnissen berechtigt ist. Bei einem solchen Unterauftragsverhältnis wären dann wieder die Regelungen des § 11 BDSG einzuhalten. Insofern entstehen hier Vertragsketten, in denen der Auftraggeber entsprechend den Auftragnehmer kontrolliert, dieser aber wiederum vertraglich seine Unterauftragnehmer überwacht. Zu beachten ist hier vor allem auch, dass nach § 613 BGB im Zweifel Unterauftragsverhältnisse problematisch sein könnten. Diese Bestimmung sieht vor, dass eine Übertragung von Dienstverhältnissen im Zweifel an Dritte nicht vorgenommen werden kann.

In Nr. 7 findet sich der Kern der Kriterien, nämlich die Verpflichtung zur Einführung von **Kontrollrechten des Auftraggebers** und entsprechender Duldungs- und Mitwirkungspflichten des Auftragnehmers. Diese Bestimmung entspricht der bisherigen Entscheidungspraxis der Aufsichtsbehörden, die eine Auftragsdatenverarbeitung nur dann angenommen haben, wenn entsprechende Kontrollrechte des Auftraggebers vorgesehen sind. Erstaunlicherweise werden die Kontrollrechte nicht weiter bestimmt, sondern nur als solche in Nr. 7 erwähnt. Der Auftragnehmer muss durch die Kontrollrechte in eine Beziehung gebracht werden, dass er seinerseits in Sachen Datenschutz und Datensicherheit vollständig von den Kontrollrechten des Auftraggebers gesteuert wird.

Nr. 8 sieht **Mitteilungspflichten** vor, falls der Auftragnehmer oder bei ihm beschäftigte Personen gegen Vorschriften des BDSG oder vertragliche Festlegungen zum Schutz der personenbezogenen Daten verstoßen. Insofern korrespondiert Nr. 8 mit § 42a BDSG und den dort geregelten Mitteilungspflichten nach außen hin. Der Auftragnehmer soll entsprechende Verstöße mitteilen müssen, damit der Auftraggeber entsprechend reagieren kann. Bei den Mitteilungspflichten i.S.v. § 11 Abs. 2 Satz 2 Nr. 8 BDSG ist zu berücksichtigen,

VIII. Ausgewählte Sonderprobleme

dass die Form der Mitteilung ebenso zu regeln ist wie das Prüfungsrisiko und die Reaktionsgeschwindigkeiten.

Im Übrigen war nach § 11 Abs. 3 Satz 2 BDSG a.F. der Auftragnehmer verpflichtet, unverzüglich zu warnen, wenn Weisungen bzw. die in Auftrag gegebenen Erhebungen, Verarbeitungen oder Nutzungen nach seiner Ansicht ganz oder teilweise gegen Datenschutzvorschriften verstoßen. Es handelt sich um eine Hinweispflicht, d.h. der Auftraggeber braucht dem Hinweis nicht zu folgen und der Auftragnehmer darf – und ist je nach der Ausgestaltung des dem Auftrag zugrunde liegenden Rechtsverhältnisses auch verpflichtet – den „beanstandeten" Auftrag gleichwohl auszuführen. Die Treuepflicht basiert auf § 280 BGB und man wird sie annehmen müssen, auch wenn das Gesetz dies nicht mehr ausdrücklich erwähnt.

Nr. 9 ist eine eigenartige Regelung, gerade im Verhältnis zu Nr. 7 und den dort geregelten Kontrollrechten. Hiernach ist der **Umfang der Weisungsbefugnisse** festzulegen, die sich der Auftraggeber gegenüber dem Auftragnehmer vorbehält. Ein Vorbehalt von Weisungsbefugnissen ist sprachlich kaum möglich. Gemeint ist, dass der Umfang der Weisungsbefugnisse genauer geregelt werden soll. Dies ergibt sicher aber auch schon aus Nr. 7.

Nr. 10 sieht zudem eine **Rückgabepflicht in Bezug auf überlassene Datenträger** und auch noch vertragliche Regelungen zur Löschung von Daten nach Beendigung des Auftrags vor. Hier ist zu beachten, dass sich zahlreiche professionelle Auftragsdatenbearbeiter die Datenherrschaft vertraglich zusichern lassen. Solche Klauseln sind regelmäßig nach § 307 Abs. 2 Nr. 1 BGB nichtig. Die Datenherrschaft liegt beim Auftraggeber, der diese dann auch entsprechende Rückgabepflichten und Löschungspflichten sichern muss. Zu beachten ist, dass die reine vertragliche Regelung zur Löschung nicht ausreicht. Man wird sich dann auch noch vorsehen müssen, dass der Auftragnehmer die entsprechende Löschung bestätigt und gegebenenfalls auch eidesstattlich versichert. Die Löschungspflicht erfordert eine genaue Bezeichnung der zurückzugebenden Datenträger. Zu vereinbaren sind Besitzkonstitute i.S.v. § 868 BGB.

§ 11 Abs. 2 Satz 1 BDSG gebietet eine **sorgfältige Auswahl des Auftragsunternehmens** nach Maßgabe deren Datensicherheitskonzeptes. Diese Vorschrift hat vor allem einen vergaberechtlichen Hintersinn, ist aber ansonsten nicht sanktioniert. Insbesondere fehlt es an einer Bußgeldvorschrift, wie § 43 Abs. 1 Nr. 2b BDSG zeigt. § 11 Abs. 2 Satz 4 BDSG sieht ferner vor, dass der Auftraggeber sich vor Beginn der Datenverarbeitung und sodann regelmäßig von der Einhaltung der beim Auftragnehmer getroffenen technischen und organisatorischen Maßnahmen zu überzeugen hat.

Zu beachten ist, dass nach § 43 Abs. 1 Nr. 2b BDSG die Pflicht zur Kontrolle der entsprechenden Maßnahme vor Beginn der Datenverarbeitung **bußgeldbewehrt** ist. Die regelmäßige Kontrollpflicht ist allerdings nicht bußgeldbewehrt. Insofern stellt sich hier die Frage, wie man die Phase vor Beginn der Datenverarbeitung von der regelmäßigen Überwachung abgrenzt. Zu beachten ist ferner, dass die Kontrollpflicht nicht zwangläufig dazu führt, dass der Auftraggeber vor Ort kontrollieren muss. Gemäß § 11 Abs. 2 Satz 5 BDSG ist das Ergebnis der Kontrolle zu dokumentieren. Auf Grund der Tatsache, dass die Kontrollpflicht vor Beginn der Datenverarbeitung und dann regelmäßig einsetzt, besteht insofern auch eine korrespondierende kontinuierliche Dokumentationspflicht.

b) Besonderheiten bei Geheimnisträgern

Nach **§ 203 StGB** macht sich strafbar, wer unbefugt ein fremdes Geheimnis, namentlich ein zum persönlichen Lebensbereich gehörendes Geheimnis oder ein Betriebs- oder Geschäftsgeheimnis offenbart, das ihm aufgrund besonderer Verschwiegenheitspflichten bekannt geworden ist. Von dieser scharfen Vorschrift sind umfasst:

– Rechtsanwälte und Ärzte (insbesondere im Hinblick auf die Fernwartung),[1]
– Versicherungsunternehmen im medizinischen Bereich (Kranken-/Lebensversicherung).

Zu den in § 203 Abs. 1 Nr. 6 StGB der Geheimhaltung unterworfenen Personen gehören nicht nur die Angestellten eines Versicherungsunternehmens, sondern auch von diesem beauftragte selbstständige Versicherungsvermittler. Ein solcher, der von einem Personenversicherer mit der Gewinnung und Betreuung von Kunden betraut wurde, erfährt alle persönlichen Daten des (künftigen) Versicherungsnehmers, die für den Abschluss oder die Durchführung eines Vertrages erforderlich sind oder üblicherweise abgefragt werden. Daher muss er der gleichen Geheimhaltungspflicht unterliegen, wie der Versicherer selbst.[2]

§ 203 StGB kommt gegen den Wortlaut nicht mehr auf öffentlich-rechtliche Kreditinstitute zur Anwendung. Nach Auffassung des *BGH*[3] ist z.B. eine Sparkasse zur Abtretung der Darlehensforderung befugt, weil der Abtretung weder das Bankgeheimnis noch die genannte Strafvorschrift entgegenstehen. In Bezug auf einen Verstoß gegen das Bankgeheimnis hat der Senat seine Grund-

---

1 Siehe etwa den 11. Tätigkeitsbericht des Hamburgischen Datenschutzbeauftragten 1992, Zif. 3.3, 24; Bayerischer Landesbeauftragte für den Datenschutz, 14. Tätigkeitsbericht 1992, Zif. 2.2, 10; Hessischer Datenschutzbeauftragter, 20. Tätigkeitsbericht 1991, Zif. 15.1.1, 78; *Ehmann*, CR 1991, 293; *Zimmer-Hartmann/Helfrich*, CR 1993, 104. Zu den Folgen des hohen Datenschutzniveaus für ein Beweisverwertungsverbot siehe *BVerfG*, Beschl. v. 12.4.2005 – 2 BvR 1027/02, CR 2005, 777 = BRAK 2005, 186 = BB 2005, 1524.
2 *BGH*, Urt. v. 10.2.2010 – VIII ZR 53/09.
3 *BGH*, Urt. v. 27.10.2009 – XI ZR 225/08, MDR 2010, 221; siehe auch *OLG Schleswig*, Urt. v. 18.10.2007 – 5 U 19/07. Hiernach soll die Einbindung von Sparkassen in § 203 StGB dem Grundsatz des verfassungsrechtlichen widersprechen.

satzentscheidung vom 27. Februar 2007[1] bestätigt, dass die Wirksamkeit der Forderungsabtretung durch einen möglichen Verstoß gegen die Verschwiegenheitspflicht des Kreditinstituts – wie auch gegen datenschutzrechtliche Bestimmungen – nicht berührt wird. In Ergänzung zu dieser Entscheidung hat der Senat nunmehr entschieden, dass eine Forderungsabtretung durch eine als Anstalt des öffentlichen Rechts organisierte Sparkasse auch keine – unter Strafe gestellte – Verletzung eines Privatgeheimnisses i.S.d. § 203 StGB darstellt.

In Fällen des § 203 StGB ist Outsourcing folglich nur mit **Einwilligung des Kunden** zulässig.[2] Eine Lösung wäre, das Personal des Tochterunternehmens als berufsmäßig tätige Gehilfen i.S.v. § 203 Abs. 3 StGB anzusehen.[3] Dies setzt voraus, dass die Muttergesellschaft Einfluss darauf hat, wer im konkreten Fall die Datenverarbeitung durchführt. Hier bedarf es entsprechender Regelungen im Rahmenvertrag über die entsprechende Datenverarbeitung. Mutter- und Tochtergesellschaft sollten sich darauf einigen, dass die eingesetzten Techniker konkret benannt und den Weisungen der Muttergesellschaft unterstellt werden. Wenn entsprechende Mitarbeiter funktional zum Personal der Muttergesellschaft gehören, sind sie als Gehilfen i.S.v. § 203 Abs. 3 StGB anzusehen.[4] Diese Perspektive hätte allerdings unter Umständen den Nachteil, dass das Fremdpersonal nach Gesichtspunkten des Arbeitnehmerüberlassungsrechts zu Arbeitnehmern der Muttergesellschaft werden würde.

4. Data Mining und Data Warehouse

Literatur: *Bull*, Zweifelsfragen um die informationelle Selbstbestimmung – Datenschutz als Datenaskese?, NJW 2006, 1617; *Büllesbach*, Datenschutz bei Data Warehouses und Data Mining, CR 2000, 11; *Dittrich/Vavouras*, Data Warehousing aus technischer Sicht, digma 2001, 116; *Flemming*, Unzulässiger Handel mit Persönlichkeitsprofilen? – Erstellung und Vermarktung kommerzieller Datenbanken mit Personenbezug, MMR 2006, 718; *Gola/Schomerus*, BDSG, Kommentar, 10. Aufl. 2010; *Imhof*, One-to-One-Marketing im Internet – Das TDDSG als Marketinghindernis, CR 2000, 110; *Möncke*, Data Warehouses – eine Herausforderung für den Datenschutz?, DuD 1998, 561; *Schweizer*, Data Mining – ein rechtliches Minenfeld, digma 2001, 108; *Taeger*, Datenschutz im Versandhandel – Übermittlung von Kundedaten mit positivem Bonitätswert, BB 2007, 785; *Taeger*, Kundenprofile im Internet, K&R 2003, 220.

Gerade in Bezug auf das Internet wird von vielen die besondere Transparenz des Kunden und seiner persönlichen Verhältnisse gelobt. Log-In-Dateien und die Abfragemöglichkeiten dank technischer Tools im Internet erlauben es sehr schnell, Persönlichkeitsprofile einzelner Kunden zu erstellen. Dies wird

---

[1] *BGH*, Urt. v. 27.2.2007 – XI ZR 195/05, BGHZ 171, 180. = MDR 2007, 786.
[2] Bei Kassenärzten gilt das Verbot externer Datenverarbeitung selbst dann, wenn die Patienten formal in die Datenweitergabe einwilligen; so *BSG*, Urt. v. 10.10.2008 – B 6 KA 37/07 R, GesR 2009, 305 = CR 2009, 460.
[3] In diesem Sinne etwa *Heghmanns/Niehaus*, Wistra 2008, 161.
[4] So auch *Ehmann*, CR 1991, 293 für den Fall der Fernwartung in einer Arztpraxis.

in der Internet-Industrie als Vorteil zu Gunsten des Kunden gesehen und als sog. „Customisation" angepriesen. Die Sammlung und Auswertung der Daten erfolgt mit den Mitteln des **Data Mining** und **Data Warehouse**.¹

Aus datenschutzrechtlicher Sicht stellt sich ein solches Modell jedoch als äußerst fragwürdig dar. Das Datenschutzrecht stellt auf den Grundsatz der Zweckbindung ab. Daten dürfen abseits einer Einwilligung des Betroffenen nur für konkrete Zwecke insbesondere für die Durchführung und Abwicklung eines Vertrages mit dem Kunden genutzt werden (§ 28 Abs. 1 Nr. 1 BDSG). Hierzu kommt der im BDSG integrierte Grundsatz der Datenvermeidung, der es gebietet, so weit wie möglich auf die Erhebung personenbezogener Daten zu verzichten. Eine Datensammlung auf Vorrat ist mit dem Grundkonzept des deutschen Datenschutzrechts nicht vereinbar. Daraus folgt zwingend, dass die Errichtung von allgemeinen Datenpools aus verschiedensten Quellen nicht den Vorgaben des BDSG entsprechen kann. Data Mining ist insofern verboten. Wer solche Verfahren einsetzen will, muss sich die Einwilligung des Betroffenen holen. Dabei kann er auch nicht auf die Alternativstrategie verfallen, durch eine Pauschaleinwilligung jedwedes Data Mining abzusegnen. Nach § 4a Abs. 1 BDSG muss dem Betroffenen in der Einwilligung der vorgesehene Zweck der Erhebung, Verarbeitung oder Nutzung deutlich gemacht worden sein. Es empfiehlt sich also, den konkreten Umfang des geplanten Data Mining-Konzepts von vornherein mit dem Kunden zum Thema der Geschäftsbeziehungen zu machen.

5. Grenzüberschreitender Datenaustausch

Literatur: *Backes u.a.*, Entscheidungshilfe für die Übermittlung personenbezogener Daten in Drittländer, RDV 2004, 156; *Bond/Knyrim*, Data Protection – Third Country Transfers, CLSR 18 (2002), 187; *Brühann*, Datenschutz in Medien und Internet, AfP 2004, 221; *Büllesbach*, Überblick über Europäische Datenschutzregelungen bezüglich des Datenaustausches mit Ländern außerhalb der Europäischen Union, RDV 2002, 55; *Dammann*, Internationaler Datenschutz, RDV 2002, 70; *Gola/Schomerus*, BDSG, Kommentar, 10. Aufl. 2010; *Klug*, Persönlichkeitsschutz beim Datentransfer in die USA: die Safe-Harbor-Lösung, RDV 2000, 212; *Räther/Seitz*, Übermittlung personenbezogener Daten in Drittstaaten. Angemessenheitsklausel, Safe Harbor und die Einwilligung, MMR 2002, 425; *Kilian/Heussen*, Computerrecht, 29. EL 2011; *Räther/Seitz*, Ausnahmen bei Datentransfer in Drittstaaten, MMR 2002, 520; *Simitis*, Der Transfer von Daten in Drittländer – ein Streit ohne Ende?, CR 2000, 472; *Taraschka*, „Auslandsübermittlung" personenbezogener Daten im Internet, CR 2004, 280; *Wissirchen*, Grenzüberschreitender Transfer von Arbeitnehmerdaten, CR 2004, 710; *Wuermeling*, Handelshemmnis Datenschutz: die Drittländerregelung der Europäischen Datenschutzrichtlinie, 2000.

Der **grenzüberschreitende Datentransfer** stellt eines der zentralsten Probleme des Datenschutzrechtes dar: Im Zeitalter umfassender Vernetzung ist es technisch mühelos möglich, dass ein deutsches Unternehmen Daten, die in einem italienischen Rechenzentrum gespeichert sind, ohne zeitliche Verzöge-

---

1 *Gola/Schomerus*, Rz. 11 zu § 28.

VIII. Ausgewählte Sonderprobleme

rung abruft und nutzt.[1] Diese Möglichkeit kann von Unternehmen ausgenutzt werden, um nationale Datenschutzgesetze zu umgehen. Will sich ein Unternehmen nicht dem nationalen Datenschutzgesetz und den damit verbundenen staatlichen Kontrollen unterwerfen, wickelt es alle EDV-Dienstleistungen über das Ausland ab. Alle wichtigen personenbezogenen Daten (insbesondere von Arbeitnehmern)[2] werden in einem ausländischen Rechenzentrum gespeichert und dort bei Bedarf abgerufen; dadurch sind sie grundsätzlich nicht dem unerwünschten nationalen Recht unterworfen.

Das BDSG in seiner ersten Fassung kannte diese Möglichkeit noch nicht und ging deshalb darauf nicht ein.

In jüngster Zeit drohte der grenzüberschreitende Datenaustausch zu einer großen Gefahr für die Entwicklung eines einheitlichen europäischen Binnenmarktes zu werden. Derzeit besitzen zwar fast alle EU-Mitgliedstaaten Rechtsvorschriften zum Datenschutz. Struktur und praktische Durchsetzung der Bestimmungen unterschieden sich ursprünglich jedoch fundamental. Damit entstand aber die Gefahr, dass sich besondere „Datenoasen" herausbildeten: Unternehmen hätten gefahrlos ihre Daten in Italien oder Spanien verarbeiten lassen können, um dem rigiden Datenschutz deutscher oder englischer Provenienz zu entgehen.[3]

Zum sog. Transborder Data Flow (TBDF) sehen die **EU-Datenschutzrichtlinie 95/46/EG** und das BDSG nunmehr klare Regeln vor. Nach § 4 Abs. 2 Satz 2 BDSG (in Umsetzung von Art. 25 Abs. 1 der Richtlinie) können personenbezogene Daten in Drittstaaten (d.h. Staaten, die nicht EU-Mitglied sind) nur bei **Vorliegen eines „angemessenen Schutzniveaus"** übermittelt werden. Wann ein solches Schutzniveau vorliegt, ist jedoch weiterhin nicht geklärt.[4] § 4b Abs. 3 BDSG besagt (in Umsetzung von Art. 25 Abs. 2 EU-Richtlinie) lediglich, dass die Angemessenheit des Schutzniveaus „unter Berücksichtigung aller Umstände beurteilt" wird. Maßgeblich sollen insbesondere die Art der Daten, die Dauer der Datenverarbeitung, sowie „die in dem betreffenden Drittland geltenden allgemeinen oder sektoriellen Rechtsnormen sowie die dort geltenden Staatsregeln und Sicherheitsmaßnahmen" sein. Die EU-Kommission kann in einem formellen Verfahren feststellen, ob ein Drittland das für eine Datenübermittlung erforderliche Schutzniveau gewährleistet (Art. 25 Abs. 4 ff., Art. 31 Abs. 2 EU-Richtlinie).[5]

---

1 Vgl. hierzu *Schapper*, CR 1987, 86, 94; *De Terwange/Louvenaux*, Data Protection and Online Networks, MMR 1998, 451.
2 Vgl. *Däubler*, CR 1999, 49.
3 Siehe hierzu auch *Hoeren*, MMR 1998, 297.
4 Vgl. hierzu *Riemann*, CR 1997, 762.
5 Vgl. hierzu den Streit zwischen der EU und den USA über die sog. „Safe Harbour"-Prinzipien, online abrufbar unter http://www.export.gov/safeharbor.

Zu beachten ist allerdings, dass nach einer **Entscheidung des *EuGH*[1] die Bereitstellung von Daten auf einer Homepage** nicht unter den Übermittlungsbegriff der EU-Datenschutzrichtlinie fällt und somit nicht als grenzüberschreitender Datenaustausch qualifiziert werden kann. Die schwedische Katechetin Lindquist hatte auf einer privaten Webseite „in leicht humoriger Weise" 18 mit ihr gemeinsam in der Kirchengemeinde tätige Personen dargestellt, ohne die Zustimmung der betroffenen Personen eingeholt zu haben. Unter den verbreiteten Informationen befanden sich auch sog. sensible Daten. Daraufhin wurde ein Strafverfahren gegen sie eingeleitet und infolge dessen der *EuGH* angerufen. Dieser sah in den zur Verfügung gestellten Daten zwar personenbezogene Daten i.S.d. Art. 8 Abs. 1 der Richtlinie 95/46/EG. Es liege bei deren Einspeisung in das Internet jedoch keine Übermittlung von Daten in ein Drittland i.S.v. Art. 25 der Richtlinie 95/46/EG vor.

Ausnahmsweise kann ein **Datentransfer auch in Drittstaaten** erfolgen, die kein angemessenes Schutzniveau aufweisen. So enthält § 4c Abs. 1 BDSG allgemeine Erlaubnistatbestände, die eine Datenübermittlung auch in ein unsicheres Drittland rechtfertigen (insbes. Einwilligung des Betroffenen, Vertragserfüllung, Interessenwahrung, Übermittlung aus einem öffentlichen Register, soweit keine berechtigten Interessen entgegenstehen). Abseits dieser (eng auszulegenden) Ausnahmetatbestände ist eine Übermittlung nur zulässig, wenn der Datenübermittler ausreichende Garantien für den Schutz der Privatsphäre und der Grundrechte des Betroffenen bietet. § 4b Abs. 2 BDSG (in Umsetzung von Art. 26 Abs. 2 der Richtlinie 95/46/EG) ermöglicht als Beispiel für entsprechende Schutzgarantien die sog. Vertragslösung:[2] Hiernach soll der Datentransfer in das „unsichere Drittland" vertraglich zwischen Datenübermittler und Betroffenem bzw. – mit Genehmigung der innerstaatlichen Aufsichtsbehörde zwischen Datenübermittler und -empfänger – vereinbart werden.[3] In letzterem Fall genehmigt die zuständige Aufsichtsbehörde die Übermittlung (§ 4c Abs. 2 BDSG).

§ 4c Abs. 2 BDSG erlaubt auch den Datentransfer auf der Basis hinreichender **Codes of Conduct**, etwa innerhalb eines weltweit tätigen Konzerns;[4] fraglich ist allerdings, ob und wie einzelne Datenschutzbehörden solche Codes genehmigen.[5] Eine Sonderlösung existiert für den Datentransfer nach den sog. Safe-Harbor Principles (Informationspflicht, Wahlmöglichkeit, Weitergabe, Sicherheit, Datenintegrität, Auskunftsrecht und Durchsetzung).[6] Das auswärtige

---

[1] *EuGH*, Urt. v. 6.11.2003 – Rs. C-101/01, CR 2004, 286; siehe dazu auch *Taroschka*, CR 2004, 280.
[2] *Gola/Schomerus*, Rz. 2 zu § 4c.
[3] Vgl. *Tinnefeld/Ehmann*, I. Teil, 3.3.3, 68; *Ellger*, RabelsZ 1996, 756.
[4] *Gola/Schomerus*, Rz. 2 zu § 4c.
[5] Siehe dazu auch die Überlegungen WP 74 der Arbeitsgruppe nach Art. 29, http://europa.eu/justice_home/fsj/privacy.
[6] Siehe dazu auch http://www.export.gov/safeHarbor/; *Kilian/Heussen*, Polenz, Rz. 92.

Unternehmen muss sich den Regelungen unterwerfen[1] und gewährleistet dadurch das geforderte angemessene Datenschutzniveau.

Auf dieser Rechtsgrundlage basieren die komplexen **Verhandlungen zwischen den USA und der Europäischen Kommission** über die Verabschiedung von Sonderlösungen. Die USA verfügen über kein dem EU-Standard entsprechendes Datenschutzniveau[2] (ähnlich wie etwa Australien oder Japan). Deshalb ist der Datentransfer von Europa in die USA eigentlich verboten. In dieser Notlage arbeitete man hektisch an einer Entwicklung von Musterverträgen, die den vertraglichen Beziehungen zwischen übermittelnder Stelle und dem Empfänger in den USA zugrunde gelegt werden können. Mitte 2001 kam es zur Verabschiedung von zwei Standardvertragsklauseln, einmal für die Übermittlung personenbezogener Daten an Empfänger in sog. Drittländern[3] und zur Übermittlung an Auftragsdatenverarbeiter in Drittländern.[4]

Am 15. Mai 2010 traten neue **Musterverträge für den grenzüberschreitenden Datenaustausch** mit dem Nicht-EU-Ausland in Kraft.[5] Damit wurde der Ausweitung von Datenverarbeitungstätigkeiten und neuen Geschäftsmodellen für die internationale Verarbeitung personenbezogener Daten Rechnung getragen. Der Beschluss enthält besondere Bestimmungen, wonach unter bestimmten Bedingungen sowie unter Wahrung des Schutzes personenbezogener Daten die Auslagerung von Verarbeitungstätigkeiten an Unterauftragnehmer zulässig ist. Danach muss ein Datenimporteur (Datenverarbeiter), der im Auftrag des in der EU ansässigen Datenexporteurs (für die Datenverarbeitung Verantwortlichen) durchzuführende Verarbeitungen weitervergeben möchte, vorher die schriftliche Einwilligung des Datenexporteurs einholen. Dem Unterauftragsverarbeiter werden in einer schriftlichen Vereinbarung die gleichen Pflichten auferlegt, die der Datenimporteur gemäß den Standardvertragsklauseln erfüllen muss. Kommt der Unterauftragsverarbeiter seinen Datenschutzpflichten nicht nach, bleibt der Datenimporteur gegenüber dem Datenexporteur für die Erfüllung der Pflichten des Unterauftragsverarbeiters uneingeschränkt verantwortlich. Darüber hinaus umfasst die Unterauftragsverarbeitung ausschließlich die Verarbeitungstätigkeiten, die im ursprünglichen Vertrag zwischen dem Datenexporteur aus der EU und dem Datenimporteur vereinbart wurden. Bestehende Verträge, die auf der Grundlage der durch die Entscheidung 2002/16/EG genehmigten Klauseln geschlossen wurden, bleiben so lange gültig, wie die Übermittlung und die Datenverarbeitungstätigkeiten unverändert fortgeführt werden.

---

[1] Zur Liste der teilnehmenden Unternehmen siehe http://web.ita.doc.gov/safeharbor/SHList.nsf/WebPages/Safe+Harbor+List.
[2] Siehe dazu *Schwartz*, Iowa LR 80 (1995), 471.
[3] Standardvertrag vom 15.6.2001, http://europa.eu/justice_home/fsj/privacy.
[4] Standardvertrag vom 27.12.2001, ABl. Nr. L 106 vom 10.1.2002, 52.
[5] http://ec.europa.eu/justice_home/fsj/privacy/modelcontracts/index_de.htm.

In den USA ansässige Unternehmen müssen bei einem drohenden oder bereits anhängigen Rechtsstreit oder einem behördlichem Verfahren elektronisch gespeicherte Dokumente (E-Mails, PDF-Dateien, Tabellenkalkulationen, elektronische Anrufbeantworter, elektronisch gespeicherte Fotos) in großem Umfang vorlegen. Befinden sich Tochtergesellschaften im Ausland, können auch diese aufgefordert und verpflichtet werden, entsprechende Informationen zu übermitteln. Potenzielles Prozessmaterial darf nicht mehr gelöscht werden, sobald ein Unternehmen damit rechnen muss, in einen Rechtsstreit verwickelt zu werden (**Litigation Hold**).[1] Kommt das Unternehmen diesen umfangreichen Speicherungspflichten nicht nach, so gilt dies als Beweisvereitelung (Spoliation), die erhebliche prozessuale Konsequenzen nach sich zieht. Weiterhin hat der US-Richter die Möglichkeit eine Adverse Interference Order zu erlassen. Die Jury wird sodann dahingehend informiert, dass die Dokumente derjenigen Partei, die sie vernichtet hat, zum Nachteil gereicht hätten.

Daneben gibt es im amerikanischen Zivilprozessrecht die sog. **Pre-Trial Discovery**, in deren Rahmen die Parteien für die Rechtsverfolgung sachdienliche Informationen von der gegnerischen Partei anfordern können. Gem. Regel 34 FRCP[2] werden auch elektronisch gespeicherte Informationen von diesem Recht umfasst.

Den US-Gerichten ist nur in unzureichendem Maße bekannt, dass das europäische Datenschutzrecht einer derartigen Vorgehensweise entgegenstehen könnte.[3] Nach dem „Restatement of Foreign Law Relations" können die USA zwar auf die Vorlage von Dokumenten aus dem Ausland verzichten. Diese Regelung ist jedoch rechtlich nicht bindend und wird nicht immer angewandt. Darüber hinaus hat sich Deutschland im Haager Beweisübereinkommen, zu dessen Unterzeichnern auch die USA gehören, vorbehalten, keine Rechtshilfeersuchen aufgrund von Pre-Trial Discovery aus den USA zu bedienen.[4] In der Praxis entfaltet dieses jedoch nur geringe Schutzwirkung und wird zuweilen von US-Richtern umgangen.

Unternehmen, deren personenbezogene Daten dem deutschen Datenschutzrecht unterliegen (§ 1 Abs. 5 BDSG), sind daher dazu verpflichtet, die sich aus der eDiscovery ergebenden Anforderungen in mehrfacher Hinsicht auf Vereinbarkeit mit dem deutschen Datenschutz- und Arbeitsrecht zu prüfen. Diesbezüglich ergeben sich vor allem Probleme in der Zulässigkeit der Datenspeicherung, -durchsuchung und -übermittlung. Nach dem BDSG ist eine unbegrenzte Speicherung von personenbezogenen Daten ohne konkreten oder rechtlich anerkannten Grund gem. §§ 4 Abs. 1, 28 BDSG unzulässig. Einen

---

[1] *Geis*, in: Hoeren/Sieber, Multimedia-Recht 2009, 22. Aufl., Teil 13.2 F. I., Rz. 30.
[2] Federal Rules of Civil Procedures.
[3] Dazu ausführlich *Spies*, USA: Europäischer Datenschutz steht Electronic Discovery nicht entgegen, MMR 3/2008, XVIII.
[4] *Spies*, USA: grenzüberschreitende elektronische Beweiserhebung vs. Datenschutz, MMR 3/2007, VI.

solchen könnte jedoch das Gebot des „Litigation Freeze" darstellen, wonach bestimmte Daten aufzubewahren sind. Nach § 28 Abs. 1 Nr. 2 BDSG ist eine Speicherung der Daten zulässig, sofern dies zur Wahrung berechtigter Interessen erforderlich ist und keine überwiegenden schutzwürdigen Interessen der Betroffenen erkennbar sind. Grundsätzlich stellt die Verteidigung von Rechtsansprüchen vor Gericht ein berechtigtes Interesse dar. Die hypothetische Möglichkeit, Daten in einem möglichen Prozess in den USA nutzen zu können, genügt hingegen den Anforderungen des § 28 Abs. 1 Nr. 2 BDSG nicht.[1] Weniger problematisch ist die Zulässigkeit der Sichtung und Durchsuchung der Daten am Sitz der verantwortlichen Stelle. Diese wird gem. § 3 Abs. 5 BDSG als Nutzung gewertet und ist daher gem. §§ 4 Abs. 1, 28 BDSG erlaubnispflichtig. Hierfür bedient man sich in der Regel eines deutschen Anwalts vor Ort, der die Daten beim deutschen Unternehmen sichtet und auf ihre Prozessrelevanz in Abstimmung mit dem Datenschutzbeauftragten des Unternehmens überprüft.[2] Die Zulässigkeit der Übermittlung der Daten an die eigenen Anwälte der verantwortlichen Stelle in den USA ist grundsätzlich gem. § 28 Abs. 1 Nr. 2 BDSG zu rechtfertigen, da diese die Daten einsehen müssen, um einen effektiven Rechtsschutz der verantwortlichen Stelle zu gewährleisten. Dem steht auch nicht entgegen, dass die EU die USA als Staat mit „nicht adäquatem" Datenschutzniveau i.S.d. § 4b Abs. 2 BDSG eingestuft hat, da nach § 4c Abs. 1 Nr. 4 BDSG eine Übermittlung von personenbezogenen Daten in ein Drittland mit keinem adäquaten Datenschutzniveau zulässig ist, wenn dies zur Ausübung der Verteidigung von „Rechtsansprüchen vor Gericht" erforderlich ist.[3] Problematischer ist hingegen die Zulässigkeit der Übermittlung der Daten an die Prozessgegner und das Gericht, da in US-Verfahren eingebrachte Dokumente auf Antrag der Öffentlichkeit zugänglich gemacht werden müssen, sofern nicht Geschäftsgeheimnisse oder andere höherrangige Interessen berührt werden.[4] Dadurch läuft jedoch die Zweckbindung ins Leere. Dies könnte insgesamt zur Aushöhlung des deutschen Datenschutzrechtes führen, wenn jeder durch fremde Rechtsordnung auf europäische Unternehmen ausgeübte Zwang automatisch zur Freigabe von ansonsten nach deutschem Recht streng geschützten Daten von natürlichen Personen führt.

Um einen möglichen Interessensausgleich zu schaffen, müssen jede verantwortliche Stelle und die betreffenden Parteien selbst versuchen, möglichst großen Einklang zwischen beiden in Konflikt zueinander stehenden Rechts-

---

[1] Dazu ausführlicher *Spies/Schröder*, Auswirkungen der elektronischen Beweiserhebung in den USA auf deutsche Unternehmen, MMR 2008, 278.
[2] Hierfür spricht, dass die Anzahl der später ggf. in die USA übermittelten Daten auf das nach US-Recht erforderliche Minimum reduziert wird, so *Spies/Schröder*, MMR 2008, 279.
[3] *US-District Court Utah*, Urt. v. 21.1.2010 – Case No. 2:08cv569, 2010 U.S. Dist. LEXIS 4566 Accessdata Corporation v. Alste Technologies GmbH.
[4] Dazu ausführlich *Spies/Schröder*, MMR 2008, 279.

ordnungen herzustellen.[1] Nichtsdestotrotz besteht weiterhin große Unsicherheit, entweder gegen das US-Recht oder gegen das deutsche Datenschutzrecht zu verstoßen.

6. Datennutzung in der Insolvenz

Mit der allmählichen Ernüchterung über den Nutzen von E-Commerce machte auch das Insolvenzgespenst die Runde. In dem Maße, wie die Start-Up-Unternehmen wie Pilze aus dem Boden schossen, gingen die ersten auch wieder ein. Cash-Burn, das Verbrennen von Geld, ist eben langfristig keine Erfolgsstrategie in der Wirtschaft. Es stellte sich dann aber die Frage, wie solche Unternehmen insolvenzmäßig behandelt werden sollten. Geld ist dort meist nicht vorhanden. Es finden sich auch sonst kaum Sachwerte. Deren wertvolle Besitzstände bestehen aus urheberrechtlich schutzfähigen E-Commerce-Entwicklungen, Mitarbeiter-Know-how und Kundendaten. Gerade die Verwertung von Kundendaten in der Insolvenz macht aber datenschutzrechtliche Schwierigkeiten. In den USA sorgte zum Beispiel der Fall Toysmart.com für Aufsehen. Ein Walt-Disney-Unternehmen wollte seine Kundendaten wegen drohender Zahlungsunfähigkeit verkaufen. Daraufhin wurde im US-amerikanischen Senat und Repräsentantenhaus über die Einführung spezieller Gesetzesbestimmungen diskutiert. Im Senat wurde der Entwurf eines **Data Privacy Bankruptcy Act** am 22. März 2001 verabschiedet.[2] In Deutschland bestehen Probleme, sofern solche Daten unter den besonderen Geheimnisschutz des **§ 203 StGB** fallen. Dies ist z.B. der Fall bei der Nutzung von Daten durch Anwälte,[3] Ärzte,[4] Steuerberater[5] oder öffentlich-rechtlich organisierte Kreditinstitute.[6] In diesen Fällen erfordert die Weitergabe der Daten eine ausdrückliche Einwilligung durch den Betroffenen; auch im Insolvenzfall käme der Insolvenzverwalter nicht umhin, vor dem Verkauf der Daten die Einwilligung der Betroffenen einzuholen. Dies gilt auch, wenn z.B. die gesamte Anwalts- oder Arztpraxis verkauft werden soll. Ähnliches gilt für sensible Daten nach dem BDSG, etwa bei medizinischen Informationen, Daten zur Gewerkschaftszugehörigkeit, zu Straftaten oder zum Sexualleben. Wegen des soweit bestehenden Einwilligungserfordernisses dürfte die insolvenzmäßige Verwertung der Daten schwierig werden. Schließlich ist zu klären, welcher bilanzmäßige Wert solchen Daten zukommen soll. Freie Daten, wie Namen und Anschrift der Betroffenen, haben keinen hohen kommerziellen Wert im Ge-

---

1 Lösungsansätze dahingehend fordern eine strenge Begrenzung des zu übermittelnden Datenmaterials auf Dokumente mit Bezug zum Rechtsstreit, sowie die Sperrung der Daten gegen eine Einsichtnahme durch Dritte vom US-Gericht durch „Protective Orders" oder ein „Filing under Seal", dazu *Spies/Schröder*, MMR 2008, 280.
2 Siehe http://www.siliconvalley.com/docs/news/depth/priv031601.htm und die Notiz in MMR 2001, XVI.
3 *OLG München*, Urt. v. 5.5.2000 – 23 U 6086/99, BRAK 2000, 311 = NJW 2000, 2592.
4 *BGH*, Urt. v. 13.6.2001 – VIII ZR 176/00, MDR 2001, 1139 = NJW 2001, 2462.
5 *OLG Naumburg*, Urt. v. 25.3.2002 – 1 U 137/01, MDR 2002, 1155 = RDV 2003, 29.
6 Nicht allerdings bei Zahnlabors, *OLG Koblenz*, OLGR Koblenz 2002, 66.

gensatz zu detaillierten Kundenprofilen. Soweit vorgenannten Daten kein wesentlicher Wert zukommt, verhält es sich naturgemäß bei noch ausstehenden Honorarforderungen im Falle der Insolvenz grundlegend anders. Soweit der Insolvenzverwalter derartige Forderungen in die Masse einbringen will, muss der Datenschutz zurücktreten. So hat beispielsweise der *BGH* entschieden, dass für noch ausstehende Honorarforderungen eines insolventen Arztes von Privatpatienten die in § 203 Abs. 1 StGB verankerte ärztliche Verschwiegenheitspflicht und das Recht auf informationelle Selbstbestimmung der Patienten dem Recht des Insolvenzverwalters auf Herausgabe der entsprechenden Daten nicht entgegenstehen.[1]

---

1 *BGH*, Urt. v. 17.2.2005 – IX ZB 62/04, DuD 2006, 45, 46.

Siebtes Kapitel:
Haftung von Online-Diensten

Literatur: *Ahrens,* 21 Thesen zur Störerhaftung im UWG und im Recht des Geistigen Eigentums, WRP 2007, 1281; *Beckmann,* Verantwortlichkeit von Online-Diensteanbietern in Europa und den Vereinigten Staaten von Amerika, 2001; *Bremer,* Strafbare Internet-Inhalte in internationaler Hinsicht, 2001; *Döring,* Die Haftung für eine Mitwirkung an Wettbewerbsverstößen nach der Entscheidung des *BGH* „Jugendgefährdende Medien bei eBay", WRP 2007, 1131; *Eck,* Providerhaftung von Konzernunternehmen, 2004; *Engel,* Die Internet-Service-Provider als Geiseln deutscher Ordnungsbehörden. Eine Kritik an den Verfügungen der Bezirksregierung Düsseldorf, MMR 2003, Beilage 4; *Engels,* Zivilrechtliche Haftung für Inhalte im World Wide Web, AfP 2000, 524; *Freytag,* Providerhaftung im Binnenmarkt, CR 2000, 600; *Fülbier,* Web 2.0 – Haftungsprivilegierung bei MySpace und YouTube, CR 2007, 515; *Gercke,* Zugangsbetreiber im Fadenkreuz der Urheberrechtsinhaber – Eine Untersuchung der urheberrechtlichen Verantwortlichkeit von Downloadportalen und Zugangsprovidern für Musikdownloads, CR 2006, 210; *Gounalakis/Rhode,* Haftung des Host-Providers: ein neues Fehlurteil, NJW 2000, 2168; *Greiner,* Sperrungsverfügungen als Mittel der Gefahrenabwehr im Internet. Zu den Verfügungen der Bezirksregierung Düsseldorf, CR 2002, 620; *Haft/Eisele,* Zur Einführung: Rechtsfragen des Datenverkehrs im Internet, JuS 2001, 112; *Hasberger,* Zur wettbewerbsrechtlichen Haftung der Internetprovider, MR 2004, 128; *Hoffmann,* Zivilrechtliche Haftung im Internet, MMR 2002, 277; *Holznagel,* Zur Providerhaftung – Notice and Take-Down in § 512 U.S. Copyright Act, GRUR Int. 2007, 971; *Weubauer,* Haftungsbeschränkungen nach dem Teledienstgesetz (TDG) und dem Mediendienstestaatsvertrag (MDStV), in: Moritz/Dreier (Hrsg.), Rechtshandbuch E-Commerce, 2. Aufl. 2005, 497; *Jürgens,* Von der Provider- zur Provider- und Medienhaftung – Ein Plädoyer für eine „zweistufige" Auslegung der Verantwortlichkeitsprivilegierungen für Telemedien am Beispiel von Internetforen, CR 2006, 189; *Kitz,* § 101a UrhG: Für eine Rückkehr zur Dogmatik, ZUM 2005, 298; *Koch,* Zur Einordnung von Internet-Suchmaschinen nach dem EGG, K&R 2002, 120; *Koch,* Zur Strafbarkeit der „Auschwitzlüge" im Internet – BGHSt 46, 212, JuS 2002, 123; *Koch,* Von Blogs, Podcasts und Wikis – telemedienrechtliche Zuordnungs- und Haftungsfragen der neuen Dienste im Internet, ITRB, 2006, 260; *Köster/Jürgens,* Haftung professioneller Informationsvermittler im Internet. Eine Bestandsaufnahme nach der Novellierung der Haftungsregelungen, MMR 2002, 420; *Leible/Sosnitza,* Haftung von Internetauktionshäusern – reloaded, NJW 2007, 3324; *Libertus,* Umfang und Reichweite von Löschungspflichten bei Rechtsverstößen im Internet, ZUM 2005, 627; *Lohse,* Verantwortung im Internet, 2000; *Pankoke,* Von der Presse- zur Providerhaftung. Eine rechtspolitische und rechtsvergleichende Untersuchung zur Inhaltsverantwortlichkeit im Netz, 2001; *Popp,* Die strafrechtliche Verantwortlichkeit von Internet-Providern, 2002; *Rücker,* Notice and take down-Verfahren für die deutsche Providerhaftung, CR 2005, 347; *Schlachter,* Cyberspace, The Free Market and the Free Marketplace of Ideas: Recognizing Legal Differences in Computer Bulletin Board Functions, in: Hastings Communication and Entertainment Law Journal 16, 87; *Schmoll,* Die deliktische Haftung der Internet-Service-Provider, 2001; *Schnabel,* Urheberrechtliche Filterpflichten für Access Provider, MMR 2008, 281; *Schneider,* Urheberrechtsverletzungen im Internet bei Anwendung des § 5 TDG, GRUR 2000, 969; *Schneider,* Sperren und Filtern im Internet, DFN-Mitteilungen Juni 2003, 21; *Schneider,* Sperren und Filtern im Internet, MMR 2004, 18; *Sieber,* Verantwortlichkeit im Internet, 2000; *Sobola/Kohl,* Haftung von Providern für fremde Inhalte, CR 2005, 443; *Spindler,* E-Commerce in Europa. Die E-Commerce-Richtlinie in ihrer endgültigen Fassung, MMR-Beilage 2000, 4; *Spindler,* Urheberrecht und Haftung der Provider – ein Drama ohne Ende?, CR 2001, 324; *Spindler*, Das Gesetz zum elektronischen Geschäftsverkehr – Verantwortlichkeit der Diensteanbieter und Herkunftslandprinzip, NJW 2002, 921; *Spindler*, Das Herkunftslandprinzip im neuen Teledienstegesetz, RIW 2002, 183; *Spindler*, Die öffentlich-rechtliche Störerhaftung der Access-Provider, K&R 2002, 398; *Spindler*, Haftung und Verantwortlichkeit im IT-Recht, CR 2005, 741; *Spindler/Volkmann*, Die zivilrechtliche Störerhaftung der Internet-Provider, WRP 2003, 1; *Stadler*, Sperrungsverfügung gegen Accesss-Provider, MMR 2002, 343; *Stadler*, Haftung für Informationen im Internet, 2005; *Stender-Vorwachs*, Anbieterhaftung und neues Multimediarecht, TKMR 2003, 11; *Uecker*, Host-Provider, Content-Provider, Access-Provider oder was?, DFN-Infobrief 06/2009, 5, http://www.dfn.de/fileadmin/3Beratung/Recht/1info briefearchiv/DFN_Infobrief_06_09.pdf; *Volkmann*, Aktuelle Entwicklungen in der Providerhaftung im Jahre 2006, K&R 2006, 245; *Zankl*, Verantwortlichkeit für fremde Internetinhalte: Altes und Neues zur Gehilfenhaftung, Juristische Blätter 2001, 409.

I. Kollisionsrechtliche Vorfragen

Zunächst ist im Rahmen der Haftung vor allem fraglich, welche kollisionsrechtlichen Vorgaben über die Anwendbarkeit deliktsrechtlicher Vorschriften entscheiden.

Maßgebend ist in diesem Zusammenhang insbesondere Art. 4 Rom II-VO. Diese zentrale Kollisionsnorm des Internationalen Deliktsrechts weicht dabei erheblich vom bisherigen deutschen IPR ab. Denn sie stellt nunmehr grundsätzlich auf den Ort des (u.U. drohenden) Schadenseintritts, also den **Erfolgsort *(les loci damni)*,** anstatt des gem. Art. 40 Abs. 1 EGBGB vorher grundsätzlich geltenden Rechts des Handlungsorts[1] (*lex loci delicti commissi*), ab.[2] Zu solchen Ansprüchen aus unerlaubter Handlung zählen dabei neben den allgemeinen deliktischen Schadensersatzansprüchen **auch Unterlassungsansprüche** (Art. 2 Abs. 2 Rom II-VO),[3] sowie wettbewerbsrechtliche,[4] urheberrechtliche und markenrechtliche Ansprüche.[5]

Die Anknüpfung an das Recht des Erfolgsorts wird allerdings in bestimmten Fällen aufgelockert, wenn sie zufällig, gezwungen oder unangemessen erscheint, weil aufgrund besonderer Umstände die Anwendung einer anderen Rechtsordnung angemessen ist.[6] Demzufolge sieht Art. 4 Abs. 2 Rom II-VO vor, dass wenn Schädiger und Geschädigter ihren gewöhnlichen Aufenthalt in einem anderen Land haben, dieses Recht **(lex domicili communis)**[7] und nicht das Recht des Erfolgsorts Anwendung findet.

---

1 *v. Hoffmann/Thorn*, IPR, § 11 Rz. 21.
2 Palandt/*Thorn*, BGB, Art. 4 Rom II-VO, Rz. 1; jurisPK/*Wurmnest*, BGB, Art. 4 Rom II-VO Rz. 2.
3 Vgl. Palandt/*Thorn*, BGB, Art. 2 Rom II-VO (IPR) Rz. 3.
4 Art. 6 ROM II-VO.
5 Art. 8 Rom II-VO.
6 *BGH*, Urt. v. 7.7.1992 – VI ZR 1/92, MDR 1992, 1031 = NJW 1992, 3091; *v. Hoffmann/Thorn*, IPR, § 11 Rz. 34.
7 jurisPK/*Wurmnest*, BGB, Art. 4 Rom II-VO Rz. 2.

Auch kann der Handlungsort i.R.d. Art. 17 Rom II-VO in angemessener Weise dadurch berücksichtigt werden, dass die **Sicherheits- und Verhaltensregeln** des Staates, in dem die schädigende Handlung vorgenommen worden ist, soweit dies zur Wahrung eines Interessensausgleichs angemessen ist, zur Anwendung kommen.[1] Darüberhinaus enthalten einzelne **Sonderkollisionsnormen für besondere Deliktstypen** spezielle Anknüpfungsregeln, welche von der Grundanknüpfung des Art. 4 Rom II-VO abweichen. Dies betrifft namentlich insbesondere die Produkthaftung (Art. 5 Rom II-VO), den unlauteren Wettbewerb einschließlich des Kartellprivatrechts (Art. 6 Rom II-VO) sowie die Verletzung von Immaterialgütern (Art. 8 Rom II-VO).

Ähnliches gilt für das Strafrecht. Entscheidend ist hier nach § 9 StGB, ob der zum Tatbestand gehörende Erfolg i.S.v. § 9 StGB in Deutschland eingetreten ist, unabhängig vom Wohnsitz des Angeklagten. Da ausländische Server auch im Inland zugänglich sind hat der *BGH* einen Australier wegen Volksverhetzung verurteilt, der von Adelaide aus NS-Theorien über das Internet verbreitete.[2]

II. Das Telemediengesetz (TMG)

Die Haftung von Providern ist nunmehr einheitlich im **Telemediengesetz (TMG)** geregelt; der früher erforderlichen Differenzierung zwischen Tele- (TDG) und Mediendienst (MDStV) bedarf es nicht mehr. Die für die Haftung relevanten §§ 8–11 TDG bzw. §§ 6–9 MDStV wurden inhaltsgleich in das TMG übernommen.

Das TMG enthält für das Straf- und Zivilrecht Regeln, die wie ein Filter vor der Anwendung spezieller Haftungsregeln zu prüfen sind.[3] Streitig war die Anwendbarkeit dieser Bestimmungen auf das Urheberrecht, da das *OLG München* in einer fragwürdigen Entscheidung eine Anwendung aufgrund des Wortlauts und der Entstehungsgeschichte von § 5 TDG a.F. (jetzt § 7 TMG) ausgeschlossen hat.[4] Diese Frage ist aber heute zugunsten der Anwendbarkeit geklärt.

Im TMG werden vier Angebote von Diensteanbietern genannt. § 7 TMG erfasst Diensteanbieter, die eigene Informationen zur Nutzung bereithalten, § 8

---

[1] Siehe Erwägungsgrund 34 der Rom II-VO.
[2] *BGH*, Urt. v. 12.12.2000 – 1 StR 184/00, BGHSt 46, 212 = NJW 2001, 624 = NStZ 2001, 305 m. Anm. *Hörnle* = CR 2001, 260 m. Anm. *Vassilaki* = MMR 2001, 228 m. Anm. *Clauß*; siehe dazu auch *Vec*, NJW 2002, 1535; *Koch*, JuS 2002, 123.
[3] So jetzt auch *BGH*, Urt. v. 23.9.2003 – VI ZR 335/02, CR 2004, 48 m. Anm. *Spindler* = MDR 2004, 92 = MMR 2004, 166 m. Anm. *Hoeren*.
[4] *OLG München*, Urt. v. 8.3.2001 – 29 U 3282/00, CR 2001, 333 = WRP 2001, 578; die Entscheidung wurde vom *BGH* nicht zur Revision angenommen. Ähnlich auch *Schaefer/Rasch/Braun*, ZUM 1998, 451; *Waldenberger*, MMR 1998, 124, 127. Dagegen zu Recht kritisch *Spindler*, CR 2001, 324.

TMG Diensteanbieter, die fremde Informationen übermitteln oder den Zugang zu ihrer Nutzung vermitteln. Einen Unterfall dieser Diensteanbieter stellen diejenigen dar, die gem. § 9 TMG fremde Informationen automatisch, zeitlich begrenzt zwischenspeichern, um die Übermittlung der fremden Informationen effizienter zu gestalten. Schließlich behandelt § 10 TMG Diensteanbieter, die fremde Informationen für den Nutzer speichern. Das Gesetz unterscheidet damit zwischen **drei verschiedenen Providern**: dem Content-Provider (§ 7 Abs. 1 TMG), dem Access-Provider (§§ 8, 9 TMG) und dem Host-Provider (§ 10 TMG).

1. Der Content-Provider

Der Content-Provider, also derjenige, der eigene Informationen zur Nutzung bereithält, ist ein Informationslieferant. Bietet er eine Homepage im Internet an, muss er für deren Inhalt einstehen. Das TMG verweist in § 7 Abs. 1 deklaratorisch auf die „allgemeinen Gesetze". Die E-Commerce-Richtlinie und das EGG änderten diese Rechtslage nicht. Es bleibt beim Grundsatz der Haftung des Content-Providers nach den allgemeinen Gesetzen.

Nach allerdings zweifelhafter Auffassung des *LG Hamburg*[1] gehören zu den eigenen Informationen auch solche, für deren Verbreitung der Betreiber einer Internetseite seinen eigenen Internetauftritt zur Verfügung stellt. Unbeachtlich sei dabei, dass eine dritte Person die konkrete Information eingestellt hat. Dies sei die Folge des Umstandes, dass der Inhaber der jeweiligen Internetdomain diejenige Person ist, die für die Inhalte, die über den betreffenden Internetauftritt verbreitet werden, die rechtliche Verantwortung trägt. Von eigenen Informationen könne erst dann nicht mehr gesprochen werden, wenn sich der Webseite-Inhaber von der betreffenden Äußerung nicht pauschal, sondern konkret und ausdrücklich distanziert.

Ein solches „Zueigenmachen" soll im Übrigen vorliegen, wenn sich der Diensteanbieter mit den fremden Inhalten derart identifiziert, dass er die Verantwortung insgesamt oder für bewusst ausgewählte Teile davon übernimmt. Entscheidende Kriterien sind die Art der Datenübernahme, ihr Zweck und die konkrete Präsentation der Inhalte durch den Übernehmenden, wobei es hier auf die Gesamtschau des jeweiligen Angebots aus der Perspektive eines objektiven Betrachters ankommt.[2]

Der *BGH* hat den Bereich des Content Providing und die damit verknüpfte Haftung noch weiter ausgedehnt. Nach Ansicht des *BGH*[3] haftet auch ein Portalbetreiber für Inhalte Dritter, wenn er nach außen sichtbar die inhaltliche Verantwortung für die Fremdinhalte übernommen hat. Für eine solche

---

1 *LG Hamburg*, Urt. v. 27.4.2007 – 324 O 600/06, MMR 2007, 450.
2 *KG Berlin*, Beschl. v. 10.7.2009 – 9 W 119/08 – AfP 2009, 600.
3 *BGH*, Urt. v. 12.11.2009 – I ZR 166/07, MDR 2010, 884 = CR 2010, 468 m. Anm. *Hoeren/Plattner* – marions-kochbuch.de.

Haftung spreche auch, dass der Portalbetreiber die auf seiner Plattform erscheinenden Inhalte inhaltlich kontrolliere, die Inhalte mit seinem Emblem versehe und das Einverständnis der Nutzer einhole, dass er alle zur Verfügung gestellten Inhalte beliebig vervielfältigen und an Dritte weitergeben darf.[1]

Im Falle von Affiliate-Merchant-Systemen hat der *BGH*[2] eine Beauftragtenhaftung bejaht. Entscheidend für eine solch weite Haftung sei, dass der Werbepartner in die betriebliche Organisation des Betriebsinhabers in der Weise eingegliedert sei, dass der Erfolg der Geschäftstätigkeit des beauftragten Unternehmens dem Betriebsinhaber zugute komme und der Betriebsinhaber einen bestimmenden, durchsetzbaren Einfluss auf diejenige Tätigkeit des beauftragten Unternehmens habe, in deren Bereich das beanstandete Verhalten fällt.

Im Folgenden sollen einige Überlegungen zur allgemeinen Haftung von Content-Providern vorgestellt werden.

a) Vertragliche Haftung

Für die vertragliche Haftung kann auf die **allgemeinen Grundsätze des Zivilrechts** zurückgegriffen werden, die neben der Sachmängelhaftung auch eine Haftung wegen Pflichtverletzung vorsehen.

Neben dieser allgemeinen Haftung hat der *BGH* jedoch eine **besondere Verantwortlichkeit für Informationsdienste** kreiert. In der Entscheidung „**Börsendienst**"[3] hat er angenommen, dass auch das formularmäßige Werbeschreiben eines Börsendienstes das Angebot zum Abschluss eines gesonderten Beratungsvertrages beinhalte, sofern die Anbieter die Zuverlässigkeit und Richtigkeit ihrer Informationen hervorhöben. Diese Rechtsprechung hat der *BGH* in den Folgejahren noch ausgeweitet. Nach dieser bedarf es für einen solchen Beratungsvertrag keiner besonderen Vereinbarung oder gar eines schriftlichen Vertrages. Vielmehr werde nach Ansicht des *BGH* ein solcher Auskunftsvertrag stillschweigend abgeschlossen, wenn eine Auskunft erkennbar von erheblicher Bedeutung und die Grundlage wichtiger Entscheidungen des Anwenders gewesen sei.[4] Der Anwender kann dann vollen Schadensersatz gem. § 280 Abs. 1 BGB wegen Pflichtverletzung verlangen, wobei die regelmäßige Verjährungsfrist von drei Jahren nach § 195 BGB gilt.

Allerdings sind diese Fälle durch das Vorliegen einer bereits bestehenden vertraglichen Bindung gekennzeichnet gewesen. Im Falle etwa des Börsendienstes bestand ein abonnementähnlicher Dauervertrag zwischen Herausgeber

---

1 Ähnlich auch *KG*, Beschl. v. 7.10.2010 – 9 W 119/08.
2 *BGH*, Urt. v. 7.10.2009 – I ZR 109/06, CR 2009, 794 m. Anm. *Rössel* = MMR 2009, 827.
3 *BGH*, Urt. v. 8.2.1978 – VIII ZR 20/77, NJW 1978, 997.
4 *BGH*, Urt. v. 17.9.1985 – VI ZR 73/84, NJW 1986, 180; Urt. v. 11.10.1988 – XI ZR 1/88, NJW 1989, 1029.

und Kunden, der auch durch Beratungselemente geprägt war.[1] Von daher kann die Entscheidungspraxis des *BGH* zu den Beratungsverträgen nur für das Verhältnis eines Users zu einem entgeltlichen Online-Informationsdienst herangezogen werden. Allerdings kann eine solche vertragliche Haftung auch bei Verletzung vorvertraglicher Pflichten über § 280 BGB in Betracht kommen. Gibt etwa eine Sparkasse Anlageinformationen und kommt es aufgrund dessen zum Abschluss eines Online-Banking-Vertrages, liegt eine Haftung aus §§ 280 Abs. 1, 311 Abs. 2, 241 Abs. 2 BGB nahe.

Hinsichtlich der **vertraglichen Haftung** kommt eine Beschränkung der Haftung – etwa in Allgemeinen Geschäftsbedingungen – von vornherein kaum in Betracht. Das BGB verbietet jeglichen Ausschluss sowie jegliche Beschränkung der Haftung für arglistiges Verhalten und Beschaffenheitsgarantien (§ 444 BGB), für die Verletzung von Leben, Körper und Gesundheit (§ 309 Nr. 7 Buchst. a BGB) sowie vorsätzliches und grob fahrlässiges Verhalten (§ 309 Nr. 7 Buchst. b BGB). Zusätzlich hat die Rechtsprechung aus § 307 Abs. 2 Nr. 2 BGB abgeleitet, dass auch für mittlere und leichte Fahrlässigkeit des Lieferanten die Haftung nicht ausgeschlossen werden dürfe, sofern es um die Verletzung vertragswesentlicher Kardinalpflichten gehe.[2]

Unwirksam sind daher folgende Vertragsbestimmungen:

– „Jede Haftung für Mängel wird ausgeschlossen."[3]
– „Für fahrlässiges Verhalten des Verkäufers wird nicht gehaftet."[4]
– „Wir haften nicht für Mangelfolgeschäden, Datenverlust und entgangenen Gewinn".[5]
– „Wir haften für Schäden (...) bis zur Höhe von ... Euro."[6]
– „Wir schließen jegliche Haftung, soweit gesetzlich zulässig, aus."[7]

---

1 Siehe dazu auch *Hopt*, FS Fischer 1979, S. 237; *Köndgen*, JZ 1978, 389.
2 Siehe dazu *BGH*, Urt. v. 5.12.1995 – X ZR 14/93, MDR 1996, 675 = DB 1996, 1276.
3 Ähnlich die US-Disclaimers: „Limitation of Liability: You expressly understand and agree that Yahoo shall not be liable for any direct, indirect, incidental, special, consequential or exemplary damages, including but not limited to, damages for loss or profits, goodwill, use, data or other intangible losses, resulting from the use or the inability to use the service...".
4 *OLG Köln*, Urt. v. 2.7.1982 – 20 U 39/82, DAR 1982, 403.
5 *LG Bayreuth*, Urt. v. 17.3.1982 – S 72/81, MDR 1982, 755 = DB 1982, 1400.
6 Diese Klausel war früher nach § 11 Nr. 11 für den Bereich der zugesicherten Eigenschaften gänzlich unwirksam. Sie wird für Ansprüche wegen c.i.c. oder pVV nur zugelassen, wenn alle vertragstypischen und vorhersehbaren Schäden abgedeckt sind (*BGH*, Urt. v. 23.2.1984 – VII ZR 274/82, MDR 1984, 1018 = ZIP 1984, 971; *BGH*, Urt. v. 12.5.1980 – VII ZR 166/79, MDR 1980, 839 = BB 1980, 1011; *BGH*, Urt. v. 11.11.1992 – VIII ZR 138/91, NJW 1993, 335; Erman/*Hefermehl*, § 11 Nr. 7 AGBG, Rz. 15). Wann dies in concreto der Fall ist, lässt sich jedoch kaum feststellen; demnach ist die Klausel auf jeden Fall zu gefährlich.
7 Ein solcher Rettungsanker ist nicht erlaubt; er gilt als unzulässige salvatorische Klausel. Siehe *BGH*, Urt. v. 4.3.1987 – IVa ZR 122/85, MDR 1987, 563 = NJW 1987, 1815;

– „Wir schließen unsere Haftung für leicht fahrlässige Pflichtverletzungen aus."[1]

Zulässig bleibt nur eine Klausel wie folgt:

„Wir schließen unsere Haftung für leicht fahrlässige Pflichtverletzungen aus, sofern nicht Schäden aus der Verletzung des Lebens, des Körpers oder der Gesundheit oder Garantien betroffen oder Ansprüche nach dem Produkthaftungsgesetz berührt sind. Unberührt bleibt ferner die Haftung für die Verletzung von Pflichten, deren Erfüllung die ordnungsgemäße Durchführung des Vertrages überhaupt erst ermöglicht und auf deren Einhaltung der Kunde regelmäßig vertrauen darf. Gleiches gilt für Pflichtverletzungen unserer Erfüllungsgehilfen."

Fraglich ist allerdings, ob es wirklich noch sinnvoll und mit dem AGB-rechtlichen Transparenzgebot (§ 307 Abs. 1 Satz 2 BGB) vereinbar ist, eine solche Klausel in ein Vertragswerk aufzunehmen. Denn schließlich muss der Lieferant für alle wichtigen Pflichtverletzungen und Leistungsstörungen aufkommen und kann die Haftung insoweit auch nicht ausschließen. Letztendlich schuldet der Content Provider daher im Rahmen von entgeltlichen Infodiensten vollständige und richtige Informationen, ohne dass er seine Haftung ausschließen könnte.

Wichtig ist die vertragliche Haftung auch im Hinblick auf **IT-Sicherheit**. Als Teil vertraglicher Nebenpflichten ist der Anbieter verpflichtet, einen Mindeststandard zum Schutz seiner Kunden vor Phishing, Hackern und Viren vorzusehen. So soll z.B. eBay gegenüber den Nutzern verpflichtet sein, Sicherheitsmaßnahmen gegen den Identitätsklau vorzunehmen, insbesondere nach Kenntnis eines Missbrauchsfalls ein zusätzliches Kontrollverfahren bei einer erneuten Anmeldung unter denselben Kontaktdaten vorzunehmen.[2]

b) Deliktische Haftung

Zu beachten ist hier die Haftung für die **Rechtmäßigkeit des Inhalts** (etwa in Bezug auf Urheberrechtsverletzungen) und für die **Richtigkeit des Inhalts**.

Für die **Rechtmäßigkeit des Inhalts** gelten die spezialgesetzlichen Haftungsbestimmungen, etwa:

- § 97 UrhG für Urheberrechtsverletzungen
- §§ 14, 15 MarkenG für Domainfragen
- § 7 BDSG für Datenschutzverstöße oder
- §§ 3, 5 UWG für rechtswidrige Marketingmaßnahmen im Internet.

BGH, Urt. v. 26.11.1984 – VIII ZR 214/83, MDR 1985, 837 = NJW 1985, 623, 627; *OLG Stuttgart*, Urt. v. 19.12.1980 – 2 U 122/80, NJW 1981, 1105.
[1] *BGH*, Urt. v. 29.1.1968 – II ZR 18/65.
[2] *OLG Brandenburg*, Urt. v. 16.11.2005 – 4 U 5/05, CR 2006, 124 = MMR 2006, 107 m. Anm. *Spindler*.

Hier treffen den Content Provider sehr hohe Sorgfaltspflichten. Er kann sich z.B. nicht darauf verlassen, dass der Rechteinhaber mit dem Bereitstellen seiner Software im Internet einverstanden ist. Er muss vielmehr prüfen, ob der Berechtigte das Programm zur öffentlichen Zugänglichmachung freigegeben hat.[1]

Für **falsche Inhalte** bei Content-Providern kommt eine Haftung nach Maßgabe des Produkthaftungsgesetzes oder im Rahmen von § 823 Abs. 1 BGB in Betracht. Insbesondere könnte die „Börsendienst"-Rechtsprechung zur Haftung des Verlegers bei Printmedien herangezogen werden.[2] Allerdings ist dieser Fall dadurch gekennzeichnet, dass ein abonnementähnlicher Dauervertrag zwischen Herausgeber und Kunden bestand, der auch durch Beratungselemente geprägt war.[3] Von daher kann diese Entscheidung nur für das Verhältnis eines Users zu einem entgeltlichen Online-Informationsdienst herangezogen werden.

Abseits vertraglicher Bindungen kommt eine Haftung nur bei **Verletzung absoluter Rechtsgüter** in Betracht. Der *BGH* hat in der **„Kochsalz"-Entscheidung** betont, dass sowohl der Autor wie auch eingeschränkt der Verleger für fehlerhafte Angaben in medizinischen Verlagsprodukten einstehen muss. Bei medizinischen Informationen kommt es in der Tat schnell zur Verletzung von Körper und Gesundheit, beides geschützte Rechtsgüter i.S.v. § 823 Abs. 1 BGB. Daher ist bei der Bereitstellung von Gesundheitstipps und medizinischer Werbung ein hohes Haftungsrisiko zu erwarten.

Ähnliches gilt für den Download von Software via Internet. Führt dieser zum Datenverlust, liegt eine Eigentumsverletzung im Hinblick auf die nicht mehr einwandfrei nutzbare Festplatte des Users vor. Dieser Haftung für Datenverlust kann sich der Provider aber durch den Hinweis auf ein überwiegendes Mitverschulden des Users (nach § 254 Abs. 1 BGB) entziehen, da dessen Schaden offensichtlich auf einer fehlenden Datensicherung beruht.

Wichtig sind hier **deutliche Warnhinweise** auf der Homepage:

„Wir übernehmen keine Gewähr für die Richtigkeit und Vollständigkeit der auf der Homepage befindlichen Informationen."

Zu beachten ist ferner, dass der Content Provider sich nach vollständiger Löschung/Korrektur seiner Seite darauf verlassen kann, dass die Suchmaschinen ihre Datenbanken regelmäßig aktualisieren. Er muss also nicht prüfen, ob die streitgegenständliche Seite noch über längere Zeit bei Suchmaschinenbetreibern vorhanden ist.[4] Er muss aber dafür Sorge tragen, dass die

---

1 *BGH*, Urt. v. 20.5.2009 – I ZR 239/06, CR 2009, 642 = MDR 2009, 1290 = WRP 2009, 1143 = BB 2009, 1781 (Ls.).
2 *BGH*, Urt. v. 8.2.1978 – VIII ZR 20/77, NJW 1978, 997.
3 Siehe dazu auch *Hopt*, FS Fischer 1979, S. 237; *Köndgen*, JZ 1978, 389.
4 *OLG Hamburg*, Beschl. v. 9.9.2002 – 3 W 60/02, CR 2003, 66 m. Anm. *Dieselhorst*; anders aber *LG Frankfurt a.M.*, Urt. v. 3.12.1999 – 3/11 O 89/99, CR 2000, 462; *LG*

Homepage tatsächlich geändert wird; die bloße Entfernung des Links reicht nicht.[1]

2. Der Access-Provider

Beim Access-Provider greifen §§ 8, 9 TMG ein, die Art. 12 der E-Commerce-Richtlinie umsetzen. Hiernach ist der Diensteanbieter für die Durchleitung von Informationen von der Verantwortlichkeit freigestellt. Eine Durchleitung liegt aber nur vor, wenn es um die Weiterleitung von Nutzerinformationen oder um die Zugangsvermittlung zu einem Kommunikationsnetz geht. Die Übermittlung darf nicht vom Diensteanbieter selbst veranlasst worden sein; nur passive, automatische Verfahren sind privilegiert (Erwägungsgrund 42 der Richtlinie). Sonderbestimmungen regeln das Caching (§ 9 TMG). Besonders problematisch ist der Hinweis in § 7 Abs. 2 Satz 2 TMG, wonach Verpflichtungen zur Entfernung oder Sperrung nach den allgemeinen Gesetzen unberührt bleiben. Durch diesen im Widerspruch zur E-Commerce-Richtlinie integrierten Hinweis wird über die Hintertür wieder eine unkonturierte Verantwortlichkeit der Access-Provider heraufbeschworen. Dabei ist besonders fatal, dass die früher im TDG enthaltenen Hinweise auf die technische Möglichkeit und wirtschaftliche Zumutbarkeit der Sperrung nicht mehr im Gesetz enthalten sind. Man könnte das so interpretieren, dass Access-Provider uneingeschränkt zur Sperrung aufgrund von behördlichen oder gerichtlichen Unterlassungsanordnungen verpflichtet werden könnten. Hier gilt jedoch auch der Grundsatz des „impossibilium nemo obligatur". Wenn ein Access-Provider nicht sperren kann, kann man dies auch nicht von ihm verlangen. Versuche, die Access-Provider zur Sperrung zu verpflichten, gingen daher bislang ins Leere. Denn zum Beispiel eine DNS-Sperre kann durch bloße Eintragung eines anderen DNS-Servers spielend umgangen werden.

Der Freiraum für die Access-Provider wird allerdings aufgrund des Drucks der Content-Industrie immer enger. Die Industrie will die Access-Provider zwingen, den Zugang zu missliebigen Downloadmöglichkeiten im Ausland zu sperren und Auskunft über die Identität der Nutzer, insbesondere von P2P-Diensten, zu geben. Art. 8 Abs. 3 der InfoSoc-Richtlinie sieht vor, dass die Mitgliedstaaten auch effektive Schutzmaßnahmen gegen Access-Provider im Kampf gegen Piraterie vorsehen müssen. Daraus wird eine entsprechende Sperrungs- und Auskunftsverpflichtung der Access-Provider abgeleitet. Wie oben gezeigt, besteht mit der Umsetzung der Enforcement-Richtlinie ein Auskunftsanspruch gegen die Access-Provider (z.B. in § 101 Abs. 2 UrhG).

Mannheim, Urt. v. 1.8.1997 – 7 O 291/97, CR 1998, 306 – ARWIS m. Anm. *Hackbarth*.
1 *LG Hamburg*, Beschl. v. 28.3.2003 – 315 O 569/02, MMR 2004, 195; ähnlich *LG Hamburg*, Urt. v. 12.3.2010 – 308 O 604/09, MMR 2008, 488.

Die Gerichte sehen allerdings de lege lata eine Sperrungspflicht des Access-Providers als nicht gegeben an.[1] Zum einen seien die Provider weder Täter noch Teilnehmer in Bezug auf die vorgenommenen Zuwiderhandlungen, da sie auf die Webseiten mit den inkriminierenden Inhalten keinen Zugriff haben. Zum anderen komme auch eine Haftung als sog. mittelbarer Störer nicht in Betracht. Nach dieser Rechtsfigur kann neben einer eigenverantwortlich handelnden Person auch derjenige auf Unterlassung in Anspruch genommen werden, der willentlich und adäquat kausal an einer Rechtsverletzung mitwirkt. Eine solche Haftung sah das *LG Kiel* aufgrund der fehlenden rechtlichen und tatsächlichen Möglichkeit der Provider zur Verhinderung der Rechtsverletzungen als nicht gegeben an. In rechtlicher Hinsicht fehlte es an einer vertraglichen Beziehung zu den Anbietern. In tatsächlicher Hinsicht könne die Sperrung durch einzelne Provider aufgrund der leichten Umgehbarkeit den Zugriff auf die Inhalte weder verhindern noch erschweren. Insbesondere können sie wegen fehlender Zumutbarkeit der Sperrung (insbesondere einer technisch unzureichenden DNS-Sperre) nicht auf Unterlassung in Anspruch genommen werden.[2]

3. Der Host-Provider

Schwieriger ist die Rechtslage bei fremden Inhalten, die Provider zur Nutzung bereithalten, also speichern (sog. Host-Providing). Sie sollten für diese nach dem Wortlaut des alten TDG (§ 5 Abs. 2 a.F.: „nur ... wenn") grundsätzlich nicht verantwortlich sein. Eine Ausnahme galt nur, wenn dem Anbieter die Inhalte bekannt sind und es ihm technisch möglich und zumutbar ist, ihre Verbreitung zu verhindern. Ausweislich der amtlichen Begründung des Gesetzgebers zu § 5 Abs. 2 TDG a.F. sollte eine Haftung des Diensteanbieters also nur gegeben sein, wenn er die fremden rechtswidrigen Inhalte bewusst zum Abruf bereithält. Ähnlich ist nun der Wortlaut des TMG formuliert.

Nach § 10 TMG sind Diensteanbieter für fremde Informationen, welche sie für einen Nutzer speichern, nicht verantwortlich, sofern sie keine Kenntnis von der rechtswidrigen Handlung oder der Information haben und ihnen im Falle von Schadensersatzansprüchen auch keine Tatsachen oder Umstände bekannt sind, aus denen die rechtswidrige Handlung oder die Information offensichtlich wird oder sofern sie bei Kenntniserlangung unverzüglich tätig geworden sind, um die Information zu entfernen oder den Zugang zu ihr zu sperren. Entscheidend ist das Vorliegen der anspruchsbegründenden Tatbe-

---

[1] *OLG Frankfurt a.M.*, Beschl. v. 22.1.2008 – 6 W 10/08, CR 2008, 242; *LG Frankfurt a.M.*, Urt. v. 5.12.2007 – 2-03 O 526/07, MMR 2008, 121; *LG Frankfurt a.M.*, Urt. v. 8.2.2008 – 3-12 O 171/07, MMR 2008, 344; *LG Düsseldorf*, Urt. v. 13.12.2007 – 12 O 550/07, CR 2008, 183 = MMR 2008, 349; *LG Hamburg* Urt. v. 12.3.2010 – 308 O 640/08, CR 2010, 534 = MMR 2010, 488; *LG Kiel*, Urt. v. 23.11.2007 – 14 O 125/07, CR 2008, 126 = MMR 2008, 123; a.A. zu Urheberrechtsverletzungen *LG Köln*, Urt. v. 12.9.2007 – 28 O 339/07 – ZUM 2007, 872.
[2] *LG Hamburg*, Urt. v. 12.11.2008 – 308 O 548/08, CR 2009, 398 = ZUM 2009, 587.

standsmerkmale „Kenntnis" und „offensichtliche" Rechtswidrigkeit. Der Anspruchsteller trägt die volle Darlegungs- und Beweislast für das Vorliegen der Kenntnis.[1] Damit soll die Haftung der Host-Provider auf Vorsatzstraftaten und -delikte beschränkt werden. Das *OLG Düsseldorf* verneint deshalb die Überprüfungspflichten des Host Providers und sieht eine Haftung erst ab Kenntnis der Rechtswidrigkeit als begründet an.[2] Fraglich ist, wann von einer offensichtlichen Rechtswidrigkeit ausgegangen werden kann. Rechtsverletzungen rund um Werbung und Allgemeine Geschäftsbedingungen sollen nach Auffassung des österreichischen OGH[3] bei Weitem das übersteigen, was für einen juristischen Laien ohne weitere Nachforschungen offenkundig als rechtswidrig erkennbar ist. Host-Provider können daher mit wettbewerbsrechtlichen Unterlassungsansprüchen nur dann in Anspruch genommen werden, wenn Rechtsverletzungen durch ihre Kunden für juristische Laien ohne weitere Nachforschungen offenkundig sind.

Mit der Regelung des § 10 TMG konterkariert der Gesetzgeber seine eigenen Bemühungen, die Provider zur innerbetrieblichen oder verbandsseitigen Selbstkontrolle zu verpflichten. Denn wenn die bloße Kenntnis vom Inhalt als subjektives Element ausreichen soll, wird niemand daran Interesse haben, Personal mit der Sichtung des Online-Angebots zu beauftragen. Er wird vielmehr auf jedwede Selbstkontrolle verzichten – getreu dem Motto: Nichts gesehen, nichts gehört. Auch das *LG München* hat dieses Problem gesehen. Seiner Auffassung nach würden bei der amtlichen Auslegung des TMG sowohl Art. 14 GG als auch die Regelungen in Art. 8, 10 und 14 WIPO-Vertrag unterlaufen. Selbst „bewusstes Wegschauen" würde zu einem Haftungsausschluss führen. Dies könne nicht zugelassen werden.[4] Das *Landgericht* fordert, Prüfungspflichten hinsichtlich der die Rechtswidrigkeit begründenden Umstände aufzunehmen. Es hätte sich auch angeboten, wenigstens für die Fälle eine Prüfungspflicht zu bejahen, in denen ein Verstoß gegen Strafgesetze nahe liegt (etwa bei der Bezeichnung einer Newsgroup als „alt.binaries.children-pornography"). Eine solche Prüfungspflicht bei eklatanter Missbrauchsgefahr hätte auch der geltenden Rechtslage im Zivil- und Strafrecht entsprochen. Art. 15 Abs. 1 der E-Commerce-Richtlinie sieht jedoch ausdrücklich von einer Prüfungspflicht ab.

§ 10 TMG stellt für das Bewusstsein der Rechtswidrigkeit auf grobe Rechtsverstöße ab. Die bloße Tatsache, dass ein Rechenzentrumsmitarbeiter eine Newsgroup gesichtet hat, heißt ja noch nicht, dass er deren Inhalt richtig, d.h.

---

[1] *BGH*, Urt. v. 23.9.2003 – VI ZR 335/02, CR 2004, 48 m. Anm. *Spindler* = MDR 2004, 92 = MMR 2004, 166 zu § 5 Abs. 2 TDG a.F. gegen *Spindler*, Haftungsrechtliche Grundprobleme der neuen Medien, NJW 1997, 3193; sowie auch *Spindler*, Das Gesetz zum elektronischen Geschäftsverkehr – Verantwortlichkeit der Diensteanbieter und Herkunftslandprinzip, NJW 2002, 921.
[2] *OLG Düsseldorf*, Urt. v. 17.3.2006 – 6 U 163/05, CR 2006, 682.
[3] *öOGH*, Urt. v. 6.7.2004 – 4 Ob 66/04s („megasex.at"), MMR 2004, 807.
[4] *LG München I*, Urt. v. 30.3.2000 – 7 O 3625/98, CR 2000, 389 m. Anm. *Lehmann* = MMR 2000, 431.

als Rechtsverstoß, bewerten kann. Zumindest für die zivilrechtliche Haftung schließt Vorsatz neben dem Wissen und Wollen der Tatbestandsverwirklichung auch das Bewusstsein von der Rechtswidrigkeit des Angebots mit ein. Da diese Wertung gerade im fließenden E-Commerce-Recht schwierig zu ziehen ist, hat es der Gesetzgeber bei Schadensersatzansprüchen für erforderlich erachtet, dass der Anbieter sich der Tatsachen und Umstände bewusst ist, aus denen die rechtswidrige Information offensichtlich wird.[1]

Der *BGH* hat bislang eine Anwendung von § 10 TMG nur für Schadensersatzansprüche zugelassen. Bei Unterlassungsansprüchen sei das TMG überhaupt nicht einschlägig. Vielmehr sollen dann die allgemeinen Grundsätze der Störerhaftung gelten. Daher ist das Haftungsprivileg gem. § 10 Satz 1 TMG unanwendbar, wenn ein Unterlassungsanspruch gegen den Anbieter besteht. Dies gilt sowohl für den auf eine bereits geschehene Verletzung gestützten[2] als auch den vorbeugenden Unterlassungsanspruch.[3]

Als Störer haftet derjenige,
– der in irgendeiner Weise willentlich und adäquat kausal an der Herbeiführung oder Aufrechterhaltung einer rechtswidrigen Beeinträchtigung mitgewirkt hat
– dem es rechtlich und tatsächlich möglich und zumutbar ist, die unmittelbare Rechtsverletzung zu verhindern und
– der zumutbare Prüfungspflichten verletzt hat.[4]

In einem aktuellen Urteil[5] hat der *BGH* ein dem Notice-and-Take-Down-Verfahren vergleichbares, neues Haftungsmodell für Hostprovider bei der Verletzung von Persönlichkeitsrechten durch fremde Inhalte geschaffen. Der Beklagte hatte die technische Infrastruktur für einen Blog zur Verfügung gestellt, auf dem Tatsachen behauptet wurden, die der Kläger für unwahr und ehrrührig hielt. Das Gericht hat dann für eine Störerhaftung auf Unterlassen die Verletzung folgender Pflichten angenommen. Der Hinweis über die rechtswidrigen Inhalte müsse so konkret sein, dass der Rechtsverstoß auf dessen Grundlage unschwer bejaht werden kann, das heißt ohne eingehende rechtliche und tatsächliche Überprüfung. Dieser Hinweis müsse dann an den für den Inhalt Verantwortlichen mit Aufforderung zur Stellungnahme weitergeleitet werden. Bleibe eine Stellungnahme aus, sei der Eintrag zu löschen.

---

1 Falsch ist m.E. die Auffassung von *Alexander Tettenborn u.a.*, Beilage K&R 12/2001, 1 (32), wonach durch diese Formulierung eine Haftung für grob fahrlässige Unkenntnis eingeführt worden sei.
2 *BGH*, Urt. v. 11.3.2004 – I ZR 304/01, MDR 2004, 1369 = CR 2004, 763 m. Anm. *Volkmann*.
3 *BGH*, Urt. v. 19.4.2007 – I ZR 35/04, MDR 2007, 1442 = CR 2007, 523 m. Anm. *Rössel*.
4 *BGH*, Urt. v. 10.10.1996 – I ZR 129/94, MDR 1997, 677 = GRUR 1997, 313; dazu Fürst, WRP 2009, 378; *Leistner/Stang*, WRP 2008, 533; *Leistner*, GRUR-Beilage 2010, 1.
5 *BGH*, Urt. v. 25.10.2011 – VI ZR 93/10.

Werde allerdings der Berechtigung der Beanstandung so substantiiert widersprochen, dass sich berechtigte Zweifel ergeben, müsse der Provider dies dem Betroffenen mitteilen und von diesem Nachweise verlangen, aus denen sich die Rechtsverletzung ergibt. Bleibe dieser Nachweis aus, könne von einer weiteren Prüfung abgesehen werden. Ergebe sich allerdings daraus eine rechtswidrige Persönlichkeitsrechtsverletzung, sei der Eintrag vom Provider zu löschen.

Für den Bereich des Wettbewerbsrechts/UWG hat der *BGH* dann eine Störerhaftung von Host-Providern abgelehnt und stattdessen auf die Täterhaftung abgestellt.[1] In der jüngsten Entscheidung „Kinderhochstühle im Internet"[2] hat der *BGH* den Abschied von der Störerhaftung im Wettbewerbsrecht ausdrücklich bekräftigt. In Fällen des Verhaltensunrechts komme eine Störerhaftung nicht in Betracht. Vielmehr sei nach einer täterschaftlichen Verletzung wettbewerbsrechtlicher Verkehrspflichten zu fragen.[3] Solche Verkehrspflichten werden verletzt, wenn ein entsprechender Fahrlässigkeitsvorwurf begründet werden kann. Im Übrigen entsprechen die Verkehrspflichten den früheren Prüfpflichten im Rahmen der Störerhaftung. Unterschiede bestehen vor allem bei der Geltendmachung von Auskunftsansprüchen, die nunmehr bei einer täterschaftlichen Konstruktion anders als bei der Störerhaftung bejaht werden können. Im Urheber- und Markenrecht bleibt es jedenfalls für den Host-Provider bei der Figur der Störerhaftung.[4] Anders denkt allerdings noch das *OLG Hamburg*, das bei Host-Providern dazu neigt, eine Unterlassungshaftung als Gehilfen zu bejahen.[5]

4. Haftung für Links

Literatur: *Engels/Köster*, Haftung für „werbende Links" in Online Angeboten, MMR 1999, 522; *Ernst*, Suchmaschinenmarketing (Keyword-Advertising, Doorwaypages u.ä.) im Wettbewerbs- und Markenrecht, WRP 2004, 278; *Ernst*, Rechtliche Probleme des Suchmaschinen-Marketings, ITRB 2005, 91; *Ernst*, AdWord-Werbung in Internet-Suchmaschinen als kennzeichen- und wettbewerbsrechtliches Problem, MarkenR 2006, 57; *Ernst/Vassilaki/Wiebe*, Hyperlinks, 2002; *Feig/Westermeier*, Keyword Advertising:

---

[1] *BGH*, Urt. v. 12.7.2007 – I ZR 18/04, CR 2007, 729 m. Anm. *Härting* = MDR 2008, 97 = MMR 2007, 634; siehe bereits *BGH*, Urt. v. 15.5.2003 – I ZR 292/00, CR 2004, 333 = GRUR 2003, 969; *BGH*, Urt. v. 14.6.2006 – I ZR 249/03, MDR 2007, 287 = CR 2006, 678 = MMR 2006, 672.
[2] *BGH*, Urt. v. 22.7.2010 – I ZR 139/08, CR 2011, 259 = MDR 2011, 246 = MMR 2011, 172.
[3] Ähnlich *LG München I*, Urt. v. 4.11.2008 – 33 O 20212/07, WRP 2009, 491; *LG Frankfurt a.M.*, Urt. v. 13.1.2010 – 2-06 O 521/09, MMR 2010, 336; *OLG Köln*, Urt. v. 27.8.2010 – 6 U 43/10, GRUR-Prax 2010, 566; ähnlich für eine vollständige Abkehr vom Störermodell zum Tätermodell *Folkmann*, CR 2008, 232; *Leistner*, GRUR-Beilage 2010, 1.
[4] *BGH*, Urt. v. 17.5.2001 – I ZR 251/99, MDR 2002, 286 = CR 2001, 850 m. Anm. *Freytag* = MMR 2001, 671; *BGH*, Urt. v. 11.3.2004 – I ZR 304/01, MDR 2004, 1369 = CR 2004, 763 m. Anm. *Volkmann* = MMR 2004, 668.
[5] Dazu *Fürst*, WRP 2009, 378.

Why All the Fuss?, CRi 2005, 48; *Flechsig/Gabel*, Strafrechtliche Verantwortlichkeit im Netz durch Einrichten und Vorhalten von Hyperlinks, CR 1998, 351; *Gabel*, Die Haftung für Hyperlinks im Lichte des neuen UWG, WRP 2005, 1102; *Gercke*, Die strafrechtliche Verantwortung für Hyperlinks, CR 2006, 844; *Gercke*, „Virtuelles" Bereithalten i.S.d. § 5 TDG – Die straf- und zivilrechtliche Verantwortlichkeit bei Einrichtung eines Hyperlinks, ZUM 2001, 34; *Grünzweig*, Haftung für Links im Internet nach Wettbewerbsrecht, RdW 19-2001, (9), 521; *Handig*, Das Zurverfügungstellungsrecht und die Hyperlinks, ecolex 2004, 38; *Köster/Jürgens*, Haftung von Suchmaschinen für Suchergebnislisten, K&R 2006, 108; *Joslove/Krylov*, Dangerous Liaisons, Liability in the European Union for hypertext linking and search engine services, CRi 2005, 33; *Koch*, Zur Einordnung von Internet-Suchmaschinen nach dem EGG, K&R 2002, 120; *Koch*, Perspektiven für die Link- und Suchmaschinenhaftung, CR 2004, 213; *Müglich*, Auswirkungen des EGG auf die haftungsrechtliche Behandlung von Hyperlinks, CR 2002, 583; *Ott*, Urheber- und wettbewerbsrechtliche Probleme von Linking und Framing, Dissertation 2004, www.linksandlaw.com/Urheber-undwettbewerbsrechtlicheProblemevon LinkingundFraming.pdf; *Ott*, Haftung für verlinkte urheberrechtswidrige Inhalte in Deutschland, Österreich und den USA, GRuR Int. 2007, 14; *Ott*, Ich will hier rein! Suchmaschinen und das Kartellrecht, MMR 2006, 195; *Ott*, Haftung für Hyperlinks – eine Bestandsaufnahme nach 10 Jahren, WRP 2006, 691; *Ott*, Haftung für verlinkte urheberrechtswidrige Inhalte in Deutschland, Österreich und den USA, GruRInt 2007, 14; *Plaß*, Hyperlinks im Spannungsfeld von Urheber-, Wettbewerbs- und Haftungsrecht, WRP 2000, 599; *Rath*, Das Recht der Internet-Suchmaschinen, Diss. 2005, Leseprobe abrufbar unter http://snipurl.com/m3ea; *Rath*, Suchmaschinen sind auch nicht mehr das, was sie einmal waren, WRP 2005, 826; *Rath*, Zur Haftung von Internet-Suchmaschinen, AfP 2005, 324; *Schrader/Rautenstrauch*, Urheberrechtliche Verwertung von Bildern durch Anzeige von Vorschaugrafiken (sog. Thumbnails) bei Internetsuchmaschinen, in: UFITA 2007, 761; *Schulz/Held/Laudien*, Suchmaschinen als Gatekeeper in der öffentlichen Kommunikation 2005; *Spindler*, Verantwortlichkeit und Haftung für Hyperlinks im neuen Recht, MMR 2002, 495; *Spindler*, Die Verantwortlichkeit der Provider für „Sich-zu-Eigen-gemachte" Inhalte und für beaufsichtigte Nutzer, MMR 2004, 440; *Spindler*, Haftung und Verantwortlichkeit im IT-Recht, CR 2005, 741; *Stenzel*, Ergänzung der Reform der Telemedien um eine Haftungsprivilegierung für Hyperlinks notwendig, MMR 2006, Heft 9, V; *Ulbricht/Meuss*, Juristische Aspekte von Extended Links und Smart Tags, CR 2002, 162; *Vassilaki*, Strafrechtliche Verantwortlichkeit durch Einrichten und Aufrechterhalten von elektronischen Verweisen (Hyperlinks), CR 1999, 85; *Volkmann*, Aktuelle Entwicklungen in der Providerhaftung im Jahr 2007, K&R 2008, 328; *Zankl*, Haftung für Hyperlinks im Internet, ecolex 2001, 354.

a) Überblick

Die haftungsrechtliche Einordnung von Hyperlinks[1] fällt schon allein deshalb schwer, da sich diese elektronischen Verweise weder einer der drei zuvor beschriebenen Gruppen des TMG zuordnen lassen noch in der E-Commerce-Richtlinie hierzu Regelungen vorgesehen sind. Diese (bewusste) Regelungslücke liegt darin begründet, dass sich das TMG wie auch die E-Commerce-Richtlinie hinsichtlich der Haftung von Akteuren im Internet auf die Regelung von Haftungsprivilegierungen für das Access- und Hostproviding so-

---

[1] Vgl. z.B. schon früh *LG Hamburg*, Urt. v. 12.5.1998 – 312 O 85/98, CR 1998, 565; *AG Berlin-Tiergarten*, Beschl. v. 30.6.1997 – 260 Ds 857/96, CR 1998, 111 m. Anm. *Vassilaki*.

wie das Caching beschränken und sich Hyperlinks oder Suchdienste nicht unter die vorstehend bereits erläuterten Kategorien subsumieren lassen. Zu beachten ist, dass ein Hyperlink als solcher nie eine Haftung auslösen kann, denn dieser ist dem Grunde nach nur eine elektronische Verknüpfung bzw. eine technische Referenz innerhalb eines HTML-Textes. Entscheidend ist daher – zumindest beim manuellen Hyperlinking – grundsätzlich die inhaltliche Aussage, die mit dem Link unter Berücksichtigung seines Kontextes verbunden ist.

So betonte auch schon das AG Berlin-Tiergarten[1] als erstes Gericht in Deutschland zutreffend, dass sich die Verantwortlichkeit des Link-Setzers nach der mit dem Link getroffenen Gesamtaussage richte. In dem Fall des vorgenannten *Amtsgerichts* ging es um die Abgeordnete Angela Marquardt, die einen Link auf einen niederländischen Server gesetzt hatte, auf dem sich die strafrechtlich verbotene Zeitschrift „Radikal" befand. Der Generalbundesanwalt hatte die Bundestagsabgeordnete der Beihilfe zur Bildung einer terroristischen Vereinigung angeklagt und sah in dem Link auf die Zeitschrift den entscheidenden Unterstützungsbeitrag. Dieser Ansicht hat sich das *Amtsgericht* nicht angeschlossen. Strafrechtlich relevant sei nur eine konkrete Ausgabe der Zeitschrift „Radikal" gewesen. Es hätten sich aber keine Feststellungen darüber treffen lassen, ob und vor allem wann die Angeklagte von der Einspeisung der rechtswidrigen Ausgabe Kenntnis erlangt habe. Die bloße Weiterexistenz des Links könne eine Strafbarkeit jedenfalls dann nicht begründen, wenn nicht positiv festgestellt werden könne, dass die Angeklagte den Link bewusst und gewollt in Kenntnis des Inhalts und der Existenz der Ausgabe weiter aufrechterhielt. Unter dem Gesichtspunkt der Ingerenz könne an das Unterlassen einer regelmäßigen Überprüfung des eigenen Links allenfalls der Fahrlässigkeitsvorwurf erhoben werden, der hier allerdings nicht relevant sei. Das (kurze) Urteil des *Amtsgerichts* verweist auf die entscheidende Frage, welchen Aussagegehalt der Link haben kann. Solidarisiert sich jemand mit dem rechtswidrigen Inhalt eines anderen durch das Setzen eines Links, ist er so zu behandeln, als sei er ein Content-Provider.[2] Folglich greift in diesem Fall für das Setzen eines Hyperlinks keine Privilegierung, sondern es gilt der Grundgedanke des § 7 Abs. 1 TMG. Es besteht eine Haftung nach allgemeinen Grundsätzen: der Link-Setzer haftet für die gelinkten Inhalte so, als wären es seine eigenen.

Anders ist der Fall zu beurteilen, wenn sich jemand den fremden Inhalt nicht (inhaltlich) zu Eigen macht. Setzt mithin jemand – etwa aus wissenschaftlichem Interesse heraus – einen Link auf fremde Webseiten und Inhalte ohne jedweden Solidarisierungseffekt, ist er grundsätzlich ähnlich wie ein Access-

---

1 *AG Berlin-Tiergarten*, Beschl. v. 30.6.1997 – 260 Ds 857/96, CR 1998, 111 m. Anm. *Vassilaki*.
2 Siehe dazu etwa den Fall des *OLG München*, Urt. v. 6.7.2001 – 21 U 4864/00, ZUM 2001, 809; in dem zu Grunde liegenden Fall wurden Links mit Namensnennungen kombiniert, wobei der gelinkte Inhalt eine üble Nachrede i.S.d. § 186 StGB enthielt.

Provider zu beurteilen, so dass die Wertungen von § 8 TMG zum Tragen kommen. Ein Grundsatzurteil ist hier die Entscheidung des *LG Hamburg*[1] bezüglich einer Link-Sammlung zu den sog. Steinhöfel-Hassseiten. Der betroffene Anwalt nahm den Link-Setzer wegen Ehrverletzung in Anspruch. Das *LG Hamburg* verurteilte den Webseitenbetreiber, weil dieser sich nicht hinreichend von den ehrverletzenden Äußerungen Dritter distanziert hatte und sich daher dieselben durch die Bereithaltung der Links zu Eigen gemacht habe. Allerdings hat sich die Rechtsprechung inzwischen auch hier ausdifferenziert. So soll zum Beispiel ein Link von einem privaten Internetanbieter auf eine fremde Webseite keine Haftung auslösen.[2] Für sog. „Downloadlinks" wird dagegen eine Haftung bejaht.[3] Die Haftung kann auch soweit gehen, dass wegen Förderung fremden Wettbewerbs für einen Link auf die nach deutschem Recht wettbewerbswidrigen Seiten der amerikanischen Muttergesellschaft gehaftet wird.[4] Auch wird teilweise eine Internetverkehrssicherungspflicht dahingehend bejaht, dass der Verwender eines Links auch für das Risiko hafte, dass die Verweisungsseite nachträglich geändert wird.[5] Zur Klarstellung der Rechtslage wird vereinzelt eine ausdrückliche Regelung im TMG in Form einer Haftungsprivilegierung für Hyperlinks gefordert.[6]

b) Haftung für Hyperlinks[7]

Das *OLG Hamburg*[8] hat die Auffassung vertreten, dass die Schaltung eines Werbebanners nicht unter das TMG falle und auch das Haftungsregime der E-Commerce-Richtlinie nicht passe. Durch die mit dem Banner verbundene Werbung könne jedoch der Werbende als Mitstörer angesehen werden, selbst wenn das beworbene Internetangebot vom Ausland aus betrieben werde. Diese Regeln seien nicht nur für Banner, sondern auch für (manuell gesetzte) Links einschlägig.

Nach dem „Schöner Wetten"-Urteil des *BGH*[9] sollen dagegen zumindest Presseorgane nicht für Hyperlinks auf rechtswidrige Angebote haften, soweit diese als Ergänzung eines redaktionellen Artikels ohne Wettbewerbsabsicht gesetzt werden und der Inhalt der verlinkten Seite nicht eindeutig als strafbar zu erkennen ist. Wer einen Link auf ein nach § 284 StGB im Inland unerlaub-

---

[1] *LG Hamburg*, Urt. v. 12.5.1998– 312 O 85/98, CR 1998, 565.
[2] *OLG Schleswig*, Urt. v. 19.12.2000 – 6 U 51/00, CR 2001, 465 = K&R 2001, 220.
[3] *LG Braunschweig*, Urt. v. 6.9.2000 – 9 O 188/00, CR 2001, 47.
[4] *OLG München*, Urt. v. 15.3.2002 – 21 U 1914/02, CR 2002, 847 = MMR 2002, 625.
[5] So das *OLG München*, Urt. v. 15.3.2002 – 21 U 1914/02, CR 2002, 847 = MMR 2002, 625; ausführlich zu dieser Entscheidung *Mischa Dippelhofer*, JurPC Web-Dok. 304/2002.
[6] *Igor Stenzel*, Ergänzung der Reform der Telemedien um eine Haftungsprivilegierung für Hyperlinks notwendig, MMR 9/2006, S. V.
[7] Siehe dazu auch unter www.linksandlaw.de.
[8] *OLG Hamburg*, Urt. v. 5.6.2002 – 5 U 74/01, MDR 2003, 104 = CR 2003, 56.
[9] *BGH*, Urt. v. 1.4.2004 – I ZR 317/01, MDR 2004, 1432 = CR 2004, 613 m. Anm. *Dietlein*; ähnlich *LG Deggendorf*, Urt. v. 12.10.2004 – 1 S 36/04, CR 2005, 130.

tes Glücksspielangebot setze, handele nicht zwingend in Wettbewerbsabsicht. Als Mitstörer einer Wettbewerbsrechtsverletzung hafte der Linksetzende nur dann, wenn er bei der Einrichtung und Aufrechterhaltung des Links zumutbare Prüfungspflichten verletzt habe. Eine Ergänzung redaktioneller Inhalte durch einen Link, der auf nicht offensichtlich rechtswidrige Inhalte verweist, begründe wegen Art. 5 GG noch keine Störerhaftung.

Das Urteil ist allerdings – wie das fälschlicherweise als Suchmaschinen-Entscheidung bekannt gewordene „Paperboy"-Urteil des *BGH*[1] – spezifisch presserechtlich ausgerichtet. Der *BGH* hat in dem für das Urheberrecht richtungsweisenden Urteil entschieden, dass durch das Setzen von Hyperlinks zu einer Datei auf einer fremden Webseite mit einem urheberrechtlich geschützten Werk grundsätzlich nicht in das Vervielfältigungsrecht an diesem Werk eingegriffen werde. Ein Berechtigter, der ein urheberrechtlich geschütztes Werk ohne technische Schutzmaßnahmen im Internet öffentlich zugänglich mache, ermögliche nach Ansicht des Gerichts vielmehr dadurch bereits selbst die Nutzungen, die ein Abrufender vornehmen könne. Es werde deshalb grundsätzlich schon kein urheberrechtlicher Störungszustand geschaffen, wenn der Zugang zu dem Werk durch das Setzen von Hyperlinks (auch in der Form von Deep Links) erleichtert würde.

Für andere Bereiche gilt dagegen grundsätzlich eine nicht privilegierte Linkhaftung. Wer also mittels Werbebanner auf die Seiten anderer Unternehmen verlinkt, soll nach Auffassung des *OLG Hamburg*[2] als wettbewerbsrechtlicher Mitstörer für die Rechtswidrigkeit der gelinkten Inhalte verantwortlich sein. Dies gilt zumindest dann, wenn das linksetzende Unternehmen damit wirbt, vor Schaltung eines Links die beworbene Seite auf Rechtsverletzungen zu prüfen.

Das *LG Berlin*[3] hat der Betreiberin eines Webportals untersagt, mittels eines Links im geschäftlichen Verkehr urheberrechtlich geschützte Lieder einer bestimmten Gruppe im MP3-Format öffentlich zugänglich zu machen. Die Richter meinten, dass die Antragsgegnerin für die Rechtsverletzungen als Störerin unabhängig vom Verschulden allein deshalb hafte, weil sie über die tatsächliche und rechtliche Möglichkeit verfügte, den Eingriff in das fremde Recht durch Entfernung des Links zu unterbinden. Aus einem auf der Webseite erwähnten Haftungsausschluss folge nichts anderes. Diese Klausel sei ihrem Inhalt nach auf Schadensersatzansprüche zugeschnitten, die nicht Gegenstand des Verfahrens sind. Die Antragsgegnerin könne daraus für sich kein Recht auf Fortsetzung einer als unrechtmäßig erkannten Handlungsweise ableiten. Ähnlich argumentierte das *VG Berlin* für Links einer Studentenschaft,

---
1 *BGH*, Urt. v. 17.7.2003 – I ZR 259/00, CR 2003, 920 = MDR 2004, 346 = NJW 2003, 3406; *Hoeren*, Keine wettbewerbsrechtlichen Bedenken mehr gegen Hyperlinks? Anm. zu *BGH*, GRUR 2004, 1.
2 *OLG Hamburg*, Urt. v. 14.7.2004 – 5 U 160/03, CR 2004, 836 = MMR 2004, 822.
3 *LG Berlin*, Urt. v. 14.6.2005 –16 O 229/05 – MMR 2005, 718.

soweit diese auf Webseiten mit allgemeinpolitischem Inhalt verweisen.[1] Nach Auffassung des *LG Karlsruhe*[2] ist eine Hausdurchsuchung gerechtfertigt, wenn jemand einen Link auf kinderpornographische Seiten setzt. Strafbar macht sich der Betreiber einer Webseite bereits dadurch dass er einen gezielten Link auf eine Internetseite mit derartigen Inhalten setzt und sich diese Inhalte zu eigen macht. Aufgrund der netzartigen Struktur des World Wide Web ist „jeder einzelne Link (...) kausal für die Verbreitung krimineller Inhalte, auch wenn diese erst über eine Kette von Links anderer Anbieter erreichbar sind". Das *LG Stuttgart*[3] hat entschieden, dass das Setzen von Links auf ausländische, in Deutschland strafbare Webseiten mit rechtsradikalem Gedankengut nicht strafbar ist. Voraussetzung sei jedoch, dass sich der Linksetzende von den dortigen Inhalten distanziere und die Verlinkung Teil einer Berichterstattung über Vorgänge des Zeitgeschehens ist.

Die Prüfungspflichten von **Sharehostern** werden insbesondere vom *OLG Hamburg* sehr stark pointiert. Wie der Hamburger Senat in neueren Urteilen[4] betont, kann ein Geschäftsmodell, das z.B. aufgrund seiner Struktur durch die Möglichkeit des anonymen Hochladens in Pakete zerlegter, gepackter und mit Kennwort gegen den Zugriff geschützter Dateien der massenhaften Begehung von Urheberrechtsverletzungen wissentlich Vorschub leistet, von der Rechtsordnung nicht gebilligt werden. Lasse der Betreiber eines solchen Sharehosting-Dienstes in Kenntnis begangener Urheberrechtsverletzungen weiterhin einschränkungslos eine anonyme Nutzung seines Dienstes zu, schneide er dem verletzten Urheber sehenden Auges den erforderlichen Nachweis wiederholter Begehungshandlungen ab, welchen dieser benötigt, um auf der Grundlage der höchstrichterlichen Rechtsprechung seine Rechte erfolgreich und wirksam durchsetzen zu können. In diesem Fall könne sich der Betreiber zur Vermeidung seiner Verantwortlichkeit als Störer unter bestimmten Voraussetzungen nicht mehr auf eine ansonsten gegebenenfalls bestehende Unzumutbarkeit umfangreicher Prüfungspflichten berufen. Neuerdings wird dieser strengen Auffassung jedoch von anderen Obergerichten widersprochen.[5]

Das *OLG Köln*[6] hielt es für zumutbar, einen Sharehoster dazu zu verpflichten, Linksammlungen, die auch auf seiner Seite befindliche Links auflisten, manuell zu überprüfen, wenn diese Links zu einem rechtswidrigen Inhalt führen

---

1 *VG Berlin*, Beschl. v. 1.11.2004 – 2 A 113/04, MMR 2005, 63.
2 *LG Karlsruhe*, Beschl. v. 26.3.2009 – Qs 45/09, CR 2009, 543 = MMR 2009, 418.
3 *LG Stuttgart*, Urt. v. 15.6.2005 – 38 Ns 2 Js 21471/02, CR 2005, 675; siehe auch die Berufungsinstanz *OLG Stuttgart*, Urt. v. 24.4.2006 – 1 Ss 449/05, CR 2006, 542 m. Anm. *Kaufmann*.
4 *OLG Hamburg*, Urt. v. 2.7.2008 – 5 U 73/07, MMR 2008, 823.
5 *OLG Frankfurt a.M.*, Beschl. v. 20.12.2007 – 11 W 58/07, FamRZ 2008, 2033 = MDR 2008, 403 = CR 2008, 243 m. Anm. *Stang/Hühner* = MMR 2008, 169; *OLG Hamburg*, Beschl. v. 14.11.2006 – 5 W 173/06, GRUR-RR 2007, 375; ähnlich lehnt das *LG Mannheim* eine Haftung des Anschlussinhabers für Handlungen volljähriger Familienmitglieder ab, Urt. v. 30.1.2007 – 2 O 71/06, CR 2007, 394.
6 *OLG Köln*, Urt. v. 21.9.2007 – 6 U 86/07, CR 2008, 41 = MMR 2007, 786.

und der Diensteanbieter zuvor darauf aufmerksam gemacht worden ist. Nach Auffassung des *LG München*[1] geht es zu weit, die Störerhaftung auf Fälle auszudehnen, in denen ein nicht kausaler, aber irgendwie auch unterstützender Effekt für Urheberrechtsverstöße von Dritten von einer Handlung ausgeht, die der Betreffende nach Bekanntgabe nicht ausreichend unterbunden hat (hier: Link auf Raubkopie eines Films bei VodPod trotz Hinweises auf dessen Rechtswidrigkeit). Nicht verboten ist die Verbreitung von Downloadlinks bei Rapidshare. Das *Landgericht Hamburg* hat zwar eine solche Haftung bejaht.[2] Dem ist jedoch das *OLG Düsseldorf* mehrfach entgegengetreten.[3] Der Filehosting-Dienst sei nur dann verantwortlich, wenn er im zumutbaren Umfang von der Veröffentlichung Kenntnis erlangt hat und eine solche Veröffentlichung hätte unterbinden können. Dies setze eine umfangreiche Prüfung der technischen Möglichkeiten zur Sperrung ähnlicher Fälle voraus, die Rapidshare nicht leisten könne.

Das *LG München*[4] und das *OLG München*[5] haben den Rechtsstreit von acht Unternehmen der Musikindustrie gegen den Heise Zeitschriften Verlag entschieden. Anlass des Verfahrens war eine Meldung von heise online über die neue Version einer Software zum Kopieren von DVDs. Dieser Beitrag enthielt in der Originalversion neben einer kritischen Würdigung der Angaben des Softwareherstellers Slysoft auch einen Link auf die Webseite des Unternehmens. Nach Ansicht der Münchener Richter hat heise online durch das Setzen des Links auf die Eingangsseite der Unternehmenspräsenz vorsätzlich Beihilfe zu einer unerlaubten Handlung geleistet und hafte daher als Gehilfe gemäß § 830 BGB wie der Hersteller selbst. Dem stehe nicht entgegen, dass ein Download der Software erst mit zwei weiteren Klicks möglich sei. Maßgeblich sei allein, dass die Leser der Meldung über den gesetzten Link direkt auf den Internetauftritt geführt würden. Auch sei es nicht relevant, dass die Leser das Produkt auch über eine Suchmaschine finden könnten. Durch das Setzen des Links werde das Auffinden „um ein Vielfaches bequemer gemacht" und damit die Gefahr von Rechtsgutverletzungen erheblich erhöht. Der Verlag könne sich zur Rechtfertigung der Linksetzung nicht auf die Pressefreiheit des Art. 5 Abs. 1 Satz 2 GG berufen. Diese finde in den entsprechenden Vorschriften des Urheberrechts eine wirksame Einschränkung und müsse im vorliegenden Fall gegenüber den Eigentumsinteressen der Musikindustrie

---

1 *LG München I*, Beschl. v. 31.3.2009 – 21 O 5012/09, MMR 2009, 435.
2 *OLG Hamburg*, Urt. v. 30.9.2009 – 5 U 111/08, MMR 2010, 51; *LG Hamburg*, Urt. v. 12.6.2009 – 310 O 93/08 – ZUM 2009, 863.
3 *OLG Düsseldorf*, Urt. v. 6.7.2010 – I-20 U 8/10, MMR 2010, 702; ähnlich Urt. v. 27.4.2010 – I-20 U 166/09, MMR 2010, 483 = CR 2010, 473.
4 *LG München I*, Urt. v. 5.12.2003 – 5 U 2546/02, CR 2005, 460 m. Anm. *Lejeune*; *LG München I*, Urt. v. 7.3.2005 – 21 O 3220/05, CR 2005, 460 m. Anm. *Lejeune* = MMR 2005, 385 m. Anm. *Hoeren*; ähnlich in der Hauptsache *LG München I*, Urt. v. 14.11.2007 – 21 O 6742/07, CR 2008, 186 = MMR 2008, 192.
5 *OLG München*, Urt. v. 28.7.2005 – 29 U 2887/05, CR 2005, 821 m. Anm. *Scheja* = MMR 2005, 768.

zurückstehen. Im abschließenden Urteil des *BGH*[1] am 14. Oktober 2010 wurde allerdings das Gegenteil für Recht befunden. Werde in einem im Internet veröffentlichten Beitrag, der selbst dem Schutz der Presse- und Meinungsfreiheit unterfällt, Links auf fremde Internetseiten so eingebunden, dass sie einzelne Inhalte des Beitrags belegen oder durch zusätzliche Informationen ergänzen, seien auch diese Links von der Presse- und Meinungsfreiheit umfasst.

Sich dieser Rechtsprechung anschließend hat nun das *LG Braunschweig*[2] entschieden, dass Links auf stimmungsmachende E-Mails eines Burschenschaftlers im Rahmen des Burschenschaftlertags und der Zugangserschwerungen zu Burschenschaften in Abhängigkeit von der „Abstammung" des Kandidaten wegen des gesteigerten Medieninteresses rechtmäßig sind.

c) Suchdienste

Wie eingangs schon angemerkt, gibt es im TMG auch für Suchdienste keine einschlägigen Vorschriften. Die Haftungsprivilegierungen der §§ 8–10 TMG sind vielmehr – mangels planwidriger Regelungslücke auch nicht analog[3] – auf den Betrieb einer Suchmaschine nicht anwendbar: Der bei Suchdiensten automatisch generierte Link auf Trefferlisten selbst lässt sich nicht unter § 7 Abs. 1 TMG subsumieren, da es bei diesem technischen Verweis an einem eigenen Inhalt fehlt. Die neben dem bloßen Link vorgesehenen Kurzbeschreibungen auf den Trefferseiten von Navigationshilfen sind vielmehr in der Regel von der verlinkten Seite ausschnittsweise ohne jegliche Wertung übernommen, so dass es sich dabei grundsätzlich um fremde Inhalte handelt. Für fremde Inhalte ist jedoch § 7 Abs. 1 TMG nicht anwendbar, es sei denn, die von Navigationshilfen erstellten Snippets könnten dieser haftungsrechtlich zugerechnet werden.[4] Eine Anwendung von § 8 Abs. 1 TMG scheidet bei Suchdiensten ebenfalls aus, da Navigationshilfen im Internet nicht auf die Zugangsvermittlung von Informationen ausgerichtet sind, denn es fehlt an der nur geringfügigen Einwirkungsmöglichkeit und Neutralität, die für das Access-Providing charakteristisch sind. Die von den Suchmaschinen zur Verfügung gestellte Leistung ist zudem nicht vergleichbar mit der in § 8 TMG privilegierten technischen Zugangsvermittlung zu einem Kommunikationsnetz durch einen Access-Provider. Denkbar wäre daher allenfalls ein Rückgriff auf die Wertungen des § 9 TMG. Abgesehen davon, dass wegen des Fehlens einer planwidrigen Regelungslücke eine Analogie ausscheidet, kann jedoch die Übermittlung von Trefferlisten durch Suchdienste nicht als Zwischenspeicherung zur beschleunigten Übermittlung von Informationen gese-

---

[1] *BGH*, Urt. v. 14.10.2010 – I ZR 191/08, MDR 2011, 618 = MMR 2011, 39 = AfP 2011, 249 = CR 2011, 401 = GRUR 2011, 513.
[2] *LG Braunschweig*, Urt. v. 5.10.2011 – 9 O 1956/11.
[3] Vgl. hierzu ausführlich *Rath*, Recht der Internet-Suchmaschinen 2005, 275.
[4] Vgl. hierzu etwa *Koch*, Perspektiven für die Link- und Suchmaschinen-Haftung, CR 2004, 213; *Alexander Koch*, Zur Einordnung von Internet- und Suchmaschinen nach dem EGG, K&R 2002, 120.

hen werden. Aufgrund der von Suchmaschinen vorgenommenen Webseitenanalyse und der dateninvertierten Speicherung dieser Inhalte in dem Datenbank-Index der Navigationshilfe erfolgt gerade keine von § 9 TMG vorausgesetzte identische Übernahme des gesamten aufgefundenen Webinhaltes.[1]

Grundsätzlich ist der Anbieter einer Suchmaschine trotz der automatisierten Erfassung der fremden Webangebote und der auf eine Suchanfrage hin automatisch generierten Trefferlisten wie ein normaler Content-Anbieter für das eigentliche Suchmaschinen-Angebot nach den allgemeinen Gesetzen verantwortlich. Er haftet somit grundsätzlich nach den allgemein anerkannten Grundsätzen der Störerhaftung, da für ihn Garanten- und Verkehrssicherungspflichten aus der Eröffnung der „Gefahrenquelle Internet-Suchmaschine" bestehen. Auch nach allgemeinen Grundsätzen kann den Betreibern von Suchdiensten jedoch – dies ist auch den Wertungen der §§ 7–10 TMG zu entnehmen – nicht zugemutet werden, ständig eine Überprüfung der von ihnen automatisch erfassten und indexierten Webangebote vorzunehmen.[2]

Eine vollständige Haftungsbefreiung des Suchmaschinenbetreibers für die von ihm zur Verfügung gestellten Trefferlisten kommt umgekehrt nur dann in Betracht, sofern dieser nach Kenntniserlangung von dem Verweis auf rechtswidrige Informationen auf der fremden Webseite unverzüglich tätig geworden ist, um die rechtswidrigen Informationen zu entfernen oder den Zugang zu ihnen zu sperren. Wegen der enormen Datenmassen, die von Suchdiensten verwaltet werden, ist jedoch nur dann eine ausreichende Kenntnis und damit eine Haftung zu bejahen, wenn der betreffende Verstoß für den Anbieter der Navigationshilfe ohne weitere Nachforschungen zweifelsfrei und unschwer zu erkennen ist. Von einer solchen Erkennbarkeit ist etwa auszugehen, wenn entweder ein rechtskräftiger Titel vorliegt oder aber die Rechtsverletzung auf andere Art und Weise derart eindeutig ist, dass sie sich aufdrängen muss.[3]

Das *OLG Hamburg*[4] lehnte die Haftung eines Suchmaschinenbetreibers für Snippets in dem der Entscheidung zu Grunde liegenden Fall ab. Der Betreiber hafte weder als Äußernder oder Verbreiter noch unter dem Gesichtspunkt der Störerhaftung, da es schon an einer Rechtsverletzung fehle. Die einzelnen Worte der Trefferliste zeigten rechtlich problematische Äußerungen an. Der Kläger befürchtete mit diesen in Verbindung gebracht zu werden, weil auch

---

1 Vgl. zur Haftung von Suchmaschinen für Suchergebnislisten etwa *Köster/Jürgens*, Die Haftung von Suchmaschinen für Suchergebnislisten, K&R 2006, 108; *Rath*, Recht der Internet-Suchmaschinen 2005, 308.
2 So im Ergebnis auch *LG Frankenthal*, Urt. v. 16.5.2006 – 6 O 541/05, CR 2006, 698, das die Entscheidung von einer Interessenabwägung zwischen dem Interesse des Urhebers, eine Veröffentlichung ohne seine Einwilligung unterbinden zu können und dem Interesse des Suchmaschinenbetreibers an der Aufrechterhaltung seiner Suchmaschine abhängig machen will.
3 *BGH*, Urt. v. 29.4.2010 – I ZR 69/08, MDR 2010, 884 = CR 2010, 463 = ZUM 2010, 580.
4 *OLG Hamburg*, Urt. v. 20.2.2007 – 7 U 126/06, CR 2007, 330 = MMR 2007, 315; ähnlich jetzt auch Urt. v. 26.5.2011 – 3 U 67/11, CR 2011, 667 = MMR 2011, 685.

sein Name im weiteren Verlauf des Suchergebnisses genannt wurde. Das Gericht lehnte einen solchen Rückschluss ab. Dem durchschnittlichen Internetnutzer sei klar, dass die gefundenen Seiten ohne menschliche Einwirkung angezeigt werden. Eine inhaltliche Aussage werde mit dem Suchergebnis jedenfalls dann nicht getroffen, wenn nicht ganze Sätze der gefundenen Seite angezeigt werden. Ähnlich hat das *OLG Hamburg* jetzt eine Haftung von Suchmaschinen für persönlichkeitsrechtliche Inhalte abgelehnt.[1] Betreiber von Suchmaschinen müssen die (Such-)Ergebnisse selbst dann nicht auf (Persönlichkeits-)Rechtsverletzungen prüfen, wenn ihnen bereits ähnliche Verstöße bekannt geworden sind. Dies würde das die Störerhaftung begrenzende Kriterium der Zumutbarkeit überschreiten, weil die von dem Betroffenen im Kern beanstandete, in der Einstellung einer rechtswidrigen Äußerung in das Internet liegende Verletzung von Rechten ohne jede Mitwirkung des Betreibers der Suchmaschine stattfindet, so dass ihm nicht aufgegeben werden kann, von sich aus beständig jeder bloßen Möglichkeit einer Beeinträchtigung von Rechten Dritter nachzugehen, um einer eigenen Haftung als Störer durch Mitwirkung an der Verbreitung zu entgehen.[2]

In einem neuen Urteil[3] hat das gleiche Gericht den Suchergebnissen einen eigenen Aussagegehalt abgesprochen und darauf hingewiesen, dass der verständige Nutzer um die Funktion von Suchmaschinen wisse, nur dem Auffinden fremder Inhalte zu dienen. Außerdem distanziere sich *Google* durch die äußere Form der Darstellung automatisch von den fremden, möglicherweise persönlichkeitsverletzenden Inhalten. Eine Auferlegung einer presseähnlichen, uneingeschränkten Verbreiterhaftung würde darüber hinaus die Pressefreiheit aus Art. 5 Abs. 1 Satz 2 GG, auf die sich die Suchmaschine aufgrund der Gewährleistung des Meinungs- und Informationsaustausch im Internet berufen könne, unzulässig einschränken, da sie dann ihrer Funktion nicht mehr nachkommen könne.

Die Haftung von Suchmaschinenbetreibern wird von der Rechtsprechung derzeit uneinheitlich beurteilt. So hat beispielsweise das *AG Bielefeld*[4] bei der Verwendung von Bildern als Thumbnails in einer Suchmaschine eine urheberrechtliche Haftung abgelehnt, da §§ 7, 8 und 9 TMG als spezielle Vorschriften die ansonsten bestehende urheberrechtliche Verantwortlichkeit der Beklagten ausschließen würden. Nach Ansicht des Gerichts besteht durch § 7 Abs. 2 Satz 1 TMG eine Haftungsprivilegierung, da hinsichtlich der Übermittlung von Bildern die Vorschrift des § 8 TMG und hinsichtlich der Speicherung die Vorschrift des § 9 TMG einschlägig ist. Ähnlich nahmen die Gerichte in

---

[1] *OLG Hamburg*, Urt. v. 13.11.2009 – 7 W 125/09, MDR 2010, 85 = K&R 2010, 63; ähnlich Urt. v. 26.5.2011 – 3 U 67/11.
[2] *OLG Hamburg*, Beschl. v. 13.11.2009 – 7 W 125/09, MDR 2010, 85 = MMR 2010, 141.
[3] *OLG Hamburg*, Urt. v. 26.5.2011 – 3 U 67/11.
[4] *AG Bielefeld*, Urt. v. 18.2.2005 – 42 C 767/04, CR 2006, 72; ähnlich *AG Charlottenburg*, Urt. v. 25.2.2005 – 234 C 264/04, www.suchmaschinen-und-recht.de/urteile/Amtsgericht-Charlottenburg-20050225.html (zuletzt abgerufen am 11.10.2011).

Hamburg[1] Google lange Zeit weitgehend von der Haftung aus. Das hat sich jetzt geändert. Das *LG Hamburg* hat die Bildersuche mit Thumbnails als problematisch angesehen. Insbesondere wurde hier auf Klage eines Comic-Zeichners Google verurteilt, entsprechende Thumbnails zu unterlassen. Die stark verkleinerten Vorschaubilder seien keine selbständigen Werke; die Umgestaltung der rechtlich geschützten Comic-Zeichnungen würde daher ausschließliche Urheberrechte des Klägers verletzen. Neben Google wurde in einem zweiten Verfahren auch ein Internetprovider verurteilt, Schnittstellen zu der Google-Bildersuche zu unterlassen.[2] Das *LG Berlin* hingegen hat eine Haftung der Betreiber einer Meta-Suchmaschine bejaht, soweit es um Prüfungspflichten in Bezug auf die Rechtswidrigkeit bereits abgemahnter Einträge aus einer Trefferliste geht.[3] Das *KG*[4] hat allerdings im Februar 2006 die vorgenannte einstweilige Verfügung des *LG Berlin* aufgehoben und entschieden, dass eine Meta-Suchmaschine einer primären Navigationshilfe gleichstehe und daher auch erst ab Kenntnis der Rechtsverletzung hafte.

Auch im Wettbewerbsrecht gibt es zu der Frage der Zulässigkeit von Paid Listings noch keine einheitliche Rechtsprechung. So hat beispielsweise das *LG Hamburg*[5] im einstweiligen Rechtsschutz bei der Schaltung von Paid Listings eine Haftung des Suchmaschinen-Anbieters bejaht, während das *LG München*[6] in einem fast identischen Fall die Haftung des Suchdienst-Anbieters mit Hinweis auf die Unzumutbarkeit einer Prüfungspflicht abgelehnt hat.

Für Preissuchmaschinen wird die Haftung anders beurteilt. Bedient sich ein Unternehmen einer Preissuchmaschine, dann haftet es für etwaige rechtswidrige Daten in der Preissuchmaschine.[7] Es ist wettbewerbswidrig, wenn der angezeigte Verkaufspreis in einer Preissuchmaschine von dem späteren, tatsächlichen Preis im verlinkten Online-Shop abweicht. Dies gilt auch dann, wenn die Abweichung nur für wenige Stunden vorhanden ist.

5. Haftung für sonstige Intermediäre

Literatur: *Berger/Janal*, Suchet und ihr werdet finden? Eine Untersuchung zur Störerhaftung von Onlineauktionshäusern, CR 2004, 917; *Döring*, Die Haftung für eine Mitwirkung an Wettbewerbsverstößen nach der Entscheidung des *BGH* „Jugendgefährdende Medien bei eBay", WRP 2007, 1131; *Ernst/Seichter*, Die Störerhaftung des Inhabers eines Internetzugangs, ZUM 2007, 513; *Flechsig*, Subdomain: Sicher versteckt und unerreichbar?, MMR 2002, 347; *Fülbier*, Web 2.0 – Haftungsprivilegierungen bei Myspace

---

1 *OLG Hamburg*, Urt. v. 22.5.2007 – 7 U 137/06, CR 2007, 797 = MMR 2007, 601; *OLG Hamburg*, Urt. v. 20.2.2007 – 7 U 126/06, CR 2007, 330 = MMR 2007, 315.
2 *LG Hamburg*, Urt. v. 26.5.2008 – 308 O 42/06, CR 2009, 47 m. Anm. *Kleinemenke* = MMR 2009, 55 m. Anm. *Hoeren*.
3 *LG Berlin*, Urt. v. 22.2.2005 – 27 O 45/05, CR 2005, 530 = MMR 2005, 324.
4 *KG*, Urt. v. 10.2.2006 – 9 U 55/05, MMR 2006, 393.
5 *LG Hamburg*, Beschl. v. 14.11.2003 – 312 O 887/03.
6 *LG München I*, Beschl. v. 2.12.2003 – 33 O 21461/03, CR 2004, 704 = MMR 2004, 261.
7 *OLG Stuttgart*, Urt. v. 1.7.2008 – 2 U 12/07, MMR 2008, 754.

und YouTube, CR 2007, 515; *Gietl*, Störerhaftung für ungesicherte Funknetze, MMR 2007, 630; *Heidrich*, Zwischen Free Speech und Mitstörerhaftung. Forenhaftung in den USA und Deutschland, K&R 2007, 144; *Hoeren/Eustergerling*, Die Haftung des Admin-C – ein kritischer Blick auf die Rechtsprechung, MMR 2006, 132; *Hoeren*, Das Telemediengesetz, NJW 2007, 801; *Hoeren/Semrau*, Haftung des Merchant für wettbewerbswidrige Affiliate-Werbung, MMR 2008, 571; *Hornung*, Die Haftung von W-Lan-Betreibern, CR 2007, 88; *Hütten*, Verantwortlichkeit im Usenet, K&R 2007, 554; *Jacobs*, Markenrechtsverletzungen durch Internetauktionen, in: Festschrift für Willi Erdmann, 2003, 327; *Jürgens/Köster*, Die Haftung von Webforen für rechtsverletzende Einträge, AfP 2006, 219; *Jürgens/Veigel*, Zur haftungsminimierenden Gestaltung von „User Generated Con, Die Störerhaftung von Suchmaschinenbetreibern bei Textausschnitten („Snippets"), CR 2007, 443; tent"-Angeboten, AfP 2007, 181; *Jürgens/Veigl*, Zur Verantwortlichkeit für die Inhalte von Webforen, AfP 2007, 279; *Koch*, Zur Einordnung von Internet-Suchmaschinen nach dem EGG, K&R 2002, 120; *Koch*, Perspektiven für die Link- und Suchmaschinenhaftung, CR 2004, 213; *Köster/Jürgens*, Haftung professioneller Informationsvermittler im Internet, MMR 2002, 420; *Köster/Jürgens*, Die Haftung von Suchmaschinen für Suchergebnislisten, K&R 2006, 108; *Lehment*, Zur Störerhaftung von Online-Auktionshäusern, WRP 2003, 1058; *Leible/Sosnitza*, Neues zur Störerhaftung von Internet-Auktionshäusern, NJW 2004, 3225; *Leible/Sosnitza*, Haftung von Internetauktionshäusern – reloaded, NJW 2007, 3324; *Libertus/Schneider*, Die Anbieterhaftung bei internetspezifischen Kommunikationsplattformen, CR 2006, 626; *Libertus*, Determinanten der Störerhaftung für Inhalte in Onlinearchiven, MMR 2007, 143; *Lober/Karg*, Unterlassungsansprüche wegen User Generated Content gegen Betreiber virtueller Welten und Onlinespielen, CR 2007, 647; *Mantz*, Haftung für kompromittierte Computersysteme, K&R 2007, 566; *Maume*, Bestehen und Grenzen des virtuellen Hausrechtes, MMR 2007, 620; *Meyer*, Haftung der Internet-Auktionshäuser für Bewertungsportale, NJW 2004, 3151; *Meyer*, Google AdWords: Wer haftet für vermeintliche Rechtsverletzungen?, K&R 2006, 557; *Meyer*, Google & Co, Aktuelle Rechtsentwicklungen bei Suchmaschinen, K&R 2007, 177; *Ott*, Haftung für verlinkte urheberrechtswidrige Inhalte in Deutschland, Österreich und den USA, GRUR Int. 2007, 14; *Ott*, Mashups – Neue rechtliche Herausforderungen im Web2.0-Zeitalter, K&R 2007, 623; *Ott*, Zulässigkeit der Erstellung von Thumbnails durch Bilder- und Nachrichtensuchmaschinen?, ZUM 2007, 119; *Peter*, Störer im Internet – Haften Eltern für ihre Kinder?, K&R 2007, 371; *Ruess*, Just google it? – Neuigkeiten und Gedanken zur Haftung der Suchmaschinenbetreiber für Markenverletzungen in Deutschland und den USA, GRUR 2007, 198; *Schaefer*, Kennzeichenrechtliche Haftung von Suchmaschinen für AdWords – Rechtsprechungsüberblick und kritische Analyse, MMR 2005, 807; *Schlömer/Dittrich*, eBay&Recht – Rechtsprechungsübersicht 2007/I, K&R 2007, 433; *Schmelz*, Zur Verantwortlichkeit eines Forenbetreibers für fremde Postings, ZUM 2007, 535; *Schnabel*, Juristische Online-Datenbanken im Lichte der Anwaltshaftung, NJW 2007, 3025; *Schöttle*, Sperrungsverfügungen im Internet: Machbar und verhältnismäßig?, K&R 2007, 366; *Schultz*, Die Haftung von Internetauktionshäusern für den Vertrieb von Arzneimitteln, WRP 2004, 1347; *Schuster/Spieker*, Verantwortlichkeit von Internetsuchdiensten für Persönlichkeitsrechtsverletzungen in ihren Suchergebnislisten, MMR 2006, 727; *Schuster*, Die Störerhaftung von Suchmaschinenbetreiber nach dem Telemediengesetz, in: CR 2007, 443; *Sieber/Liesching*, Die Verantwortlichkeit der Suchmaschinenbetreiber nach dem Telemediengesetz, MMR-Beilage 8/2007, 1; *Solmecke*, Rechtliche Beurteilung der Nutzung von Musiktauschbörsen, K&R 2007, 138; *Stadler*, Haftung des Admin-c und des Tech-c, CR 2004, 521; *Stadler*, Proaktive Überwachungspflichten der Betreiber von Diskussionsforen im Internet, K&R 2006, 253; *Strömer*, Haftung des Zonenverwalters (zone-c), K&R 2004, 460; *Strömer/Grootz*, Internet-Foren: „Betreiber- und Kenntnisverschaffungspflichten" – Wege aus der Haftungsfalle, K&R 2006, 553; *Ullmann*, Wer suchet, der findet – Kennzeichenverletzung im Internet, GRUR 2007, 633; *Volkmann*, Haftung des Internetauktionsveranstalters für markenrechtsverletzende Inhalte Dritter, K&R 2004, 231; *Volkmann*, Aktuelle Entwicklungen in der Providerhaftung im Jahr 2006, K&R 2007, 289; *Wimmers/Schulz*, Stört der Admin-C?, CR 2006, 754; *Wüstenberg*, Die Haftung der Internetauktionatoren auf Unterlassung wegen Markenrechtsverletzungen im Internet, WRP 2002, 497; *Wüstenberg*, Die Haftung der Veranstalter von Teleshopping-Programmen wegen Patentrechtsverletzungen durch Verkauf, GRUR 2002, 649.

Die Rechtsprechung denkt auch über eine Haftung sonstiger Intermediäre nach. Unstreitig ist der Anbieter von Produkten bei Online-Auktionen für die Rechtmäßigkeit seines Angebots z.B. in markenrechtlicher Hinsicht verantwortlich, selbst wenn es sich nur um Privatverkäufe handelt.[1] Dasselbe gilt für Online-Versandhändler, die als Betriebsinhaber für alle in ihrem geschäftlichen Bereich begangenen Markenrechtsverletzungen haften, auch wenn diese durch Beauftragte begangen wurden.[2] Streitig ist allerdings, ob sich der Betreiber des Online-Auktionshauses die Angaben in den Angeboten Dritter als eigene Inhalte zurechnen lassen muss.[3] Derzeit laufen vor verschiedenen Gerichten Verfahren, in denen das Unternehmen Rolex Auktionshäuser wie eBay wegen des Vertriebs markenrechtsverletzender Replika von Rolex-Uhren in Anspruch genommen hat. Die Auktionshäuser sahen sich als Host-Provider, die erst nach Information durch Rolex tätig werden müssen. Das *LG Köln* schloss sich jedoch der Klägerin an und betrachtete die Angebote als eigene Inhalte des Auktionshauses, da zumindest die Überschriften der Angebote als eigener Inhalt vorgestellt werden. Ein eigener Inhalt liege auch vor, wenn aus der Sicht des Nutzers eine Verquickung dergestalt stattfinde, dass Diensteanbieter und Fremdinhalt als Einheit erscheinen. Insofern wurde Ricardo als Content-Provider wegen Markenrechtsverletzung zur Unterlassung verurteilt.[4] Diese Entscheidung ist zwar vom *OLG Köln* aufgehoben worden.[5] Der *BGH* hat jedoch nunmehr klargestellt, dass der Betreiber einer Plattform für Versteigerungen im Internet auf Unterlassung in Anspruch genommen werden kann, wenn Anbieter auf dieser Plattform gefälschte Markenprodukte anbieten.[6] Der *BGH* hat betont, dass die Regelungen des TMG, die für Dienste ein Haftungsprivileg vorsehen, bei denen der Betreiber Dritten die Speicherung fremder Inhalte erlaubt („Hosting"), für den Schadensersatzanspruch, nicht aber für den Unterlassungsanspruch gelten.[7] Damit komme eine Haf-

---

1 *LG Berlin*, Urt. v. 5.11.2001 – 103 O 149/01, CR 2002, 371 m. Anm. *Leible/Sosnitza*.
2 *OLG Köln*, Urt. v. 24.5.2006 – 6 U 200/05, CR 2007, 184.
3 *LG Köln*, Urt. v. 31.10.2000 – 33 O 251/00, CR 2001, 417.
4 Ähnlich auch *LG Hamburg*, Urt. v. 14.6.2002 – 406 O 52/02, CR 2002, 919.
5 *OLG Köln*, Urt. v. 2.11.2001 –6 U 12/01, MMR 2002, 110 m. Anm. *Hoeren* = CR 2002, 50 m. Anm. *Wiebe* = K&R 2002, 93 m. Anm. *Spindler* 83; ähnlich auch *LG Düsseldorf*, Urt. v. 29.10.2002 – 4a O 464/01, CR 2003, 211 = MMR 2003, 120 m. Anm. *Leupold*.
6 *BGH*, Urt. v. 11.3.2004 – I ZR 304/01, MDR 2004, 1369 = CR 2004, 763 m. Anm. *Volkmann* = MMR 2004, 668; ähnlich *BGH*, Urt. v. 10.4.2008 – I ZR 227/05, MDR 2008, 1409 = CR 2008, 727 m. Anm. *Rössel* = NJW 2008, 3714 = MMR 2008, 818.
7 Hierzu zählt auch der vorbeugende Unterlassungsanspruch, *BGH*, Urt. v. 19.4.2007 – I ZR 35/04, CR 2007, 523 m. Anm. *Rössel* = MDR 2007, 1442 = MMR 2007, 507.

tung der Beklagten als Störerin in Betracht. Dieser Anspruch setze Handeln im geschäftlichen Verkehr voraus[1] und eine zumutbare Kontrollmöglichkeit für den Betreiber, die Markenverletzung zu unterbinden. Ihm sei nicht zuzumuten, jedes Angebot, das in einem automatischen Verfahren unmittelbar vom Anbieter ins Internet gestellt wird, darauf zu überprüfen, ob Schutzrechte Dritter verletzt würden. Daher könne auch ein vorbeugender Unterlassungsanspruch in dem Fall einer (noch) nicht vorliegenden Schutzrechtsverletzung geltend gemacht werden.[2] Werde ihr aber ein Fall einer Markenverletzung bekannt, müsse sie nicht nur das konkrete Angebot unverzüglich sperren, sondern auch Vorsorge dafür treffen, dass es nicht zu weiteren entsprechenden Markenverletzungen komme. Einen Schadensersatzanspruch gegen den Betreiber hat der *BGH* allerdings verneint.[3] Das Auktionshaus müsse, wenn ihm ein Fall einer Markenverletzung bekannt wird, nicht nur das konkrete Angebot unverzüglich sperren, sondern auch technisch mögliche und zumutbare Maßnahmen ergreifen, um Vorsorge dafür zu treffen, dass es nicht zu weiteren entsprechenden Markenverletzungen kommt.[4] Neuerdings hat sich das *OLG Hamburg*[5] ausführlichst mit der Verantwortlichkeit von eBay für Markenrechtsverletzungen beschäftigt und die Auffassung vertreten, eBay sei nicht nur Störer, sondern auch Mittäter einer Rechtsverletzung wegen Beihilfe durch Unterlassen. Diese Meinung hätte weitreichende Folgen, insbesondere auch im Hinblick auf die Geltendmachung von Auskunftsansprüchen gegen eBay und deren Prüfungspflichten. Die Hamburger Linie entspricht jedoch nicht der herrschenden Meinung und ist dogmatisch unhaltbar. Ebenso ist die Rechtsprechung des *BGH* eine Missachtung der europarechtlichen Vorgaben aus der E-Commerce-Richtlinie und eine Umkehrung des Sinn und Zwecks der gesetzlichen Regelungen zum Host Provider. Völlig zu Recht hat daher der High Court dem *BGH* vorgeworfen, solch wichtige Auslegungsfragen nicht dem *EuGH* zur Klärung vorgelegt zu haben.[6] Die Instanzgerichte verweigern dem *BGH* auch insofern Gehorsam, als sie den Begriff der „ähnlich gelagerten Fälle" eng auslegen.[7] Schließlich hat der Generalanwalt Jääski-

---

[1] Vgl. zu der Frage, ob ein Angebot im Auktionsbereich im geschäftlichen Verkehr erfolgt, *OLG Frankfurt a.M.*, Beschl. v. 7.4.2005 – 6 U 149/04, CR 2005, 667 = MMR 2005, 458.
[2] *BGH*, Urt. v. 19.4.2007 – I ZR 35/04, CR 2007, 523 m. Anm. *Rössel* = MDR 2007, 1442 = MMR 2007, 507; siehe auch *BGH*, Urt. v. 12.7.2007 – I ZR 18/04, CR 2007, 728 m. Anm. *Härting* = MDR 2008, 97 = MMR 2007, 634.
[3] *BGH*, Urt. v. 11.3.2004 – I ZR 304/01, MDR 2004, 1369 = CR 2004, 763 m. Anm. *Volkmann* = MMR 2004, 668.
[4] *BGH*, Urt. v. 19.4.2007 – I ZR 35/04, CR 2007, 523 m. Anm. *Rössel* = MDR 2007, 1442 = MMR 2007, 507; *LG Hamburg*, Urt. v. 4.1.2005 – 312 O 753/04, CR 2005, 680 = MMR 2005, 326 m. Anm. *Rachlock*; ähnlich auch das *OLG Brandenburg*, Urt. v. 16.11.2005 – 4 U 5/05, CR 2006, 124.
[5] *OLG Hamburg*, Urt. v. 24.7.2008 – 3 U 216/06, CR 2008, 809 = MMR 2009, 129 m. Anm. *Witzmann*.
[6] *High Court*, Urt. v. 22.5.2009 – (2009) EWHC 1094 (Ch.).
[7] Siehe z.B. *OLG Düsseldorf*, Urt. v. 24.2.2009 – I-20 U 204/02, MMR 2009, 402.

nens im Verfahren des Kosmetik-Konzerns L'Oréal gegen eBay[1] die Haftung des Auktionshauses deutlich reduziert. Nur wenn eBay die Verletzung einer Marke gemeldet werde und derselbe Nutzer diese konkrete Verletzung fortführe, könne das Unternehmen in die Haftung genommen werden. Diese Auffassung wird dann aber vom *EuGH* nicht geteilt.[2]

Der *Europäische Gerichtshof* präzisierte die Verantwortlichkeit von Betreibern eines Internet-Marktplatzes für die von Nutzern hervorgerufenen Verletzungen des Markenrechts. Die nationalen Gerichte müssten diesen Gesellschaften aufgeben können, Maßnahmen zu ergreifen, die nicht nur auf die Beendigung der Verletzungen der Rechte des geistigen Eigentums, sondern auch auf die Vorbeugung gegen erneute derartige Verletzungen gerichtet seien. Ferner betont der *EuGH*, dass eBay bei Qualifizierung als Host von dem Haftungsprivileg der E-Commerce-Richtlinie profitieren könne. Die Grenzen des Host seien aber dann überschritten, wenn der Anbieter des Dienstes sich nicht auf eine rein technische und automatisierte Verarbeitung von Daten beschränke, sondern „eine aktive Rolle" spiele (Ziffer 113). Eine solche aktive Rolle festzustellen dürfte künftig schwierig sein. Selbst der *EuGH* hat sich mit der Abgrenzung nicht leicht getan. Entscheidendes Kriterium für diese Abgrenzung sei, ob sich der Betreiber durch seinen Beitrag Kenntnis der in Frage stehenden Daten oder eine Kontrolle über sie verschaffen kann. Er bejaht eine aktive Rolle jedenfalls dann, wenn die Präsentation der betreffenden Verkaufsangebote optimiert oder diese Angebote beworben werden (Ziffer 116).

Hiernach soll Kenntnis nämlich schon dann vorliegen, wenn sich ein Host-Provider etwaiger Tatsachen oder Umstände bewusst war, auf deren Grundlage ein sorgfältiger Wirtschaftsteilnehmer die in Rede stehende Rechtswidrigkeit hätte feststellen müssen (Ziffer 120). Hier vermengt der *EuGH* Vorsatz und Fahrlässigkeit und bejaht auch schon eine Fahrlässigkeitshaftung für Host-Provider. Damit aber nicht genug. Der *EuGH* geht sogar von Kenntnis aus, wenn dem Host-Provider entsprechende Informationen von Dritten übersandt wurden. Das Risiko, dass eine solche Information vollkommen falsch ist, wischt der *EuGH* weg. Eine solche Anzeige sei „in der Regel" ein Anhaltspunkt, um zumindest eine Fahrlässigkeitshaftung des Host-Providers zu begründen (Ziffer 122).

Unterlassungsansprüchen müsse der Betreiber eines Online-Marktplatzes Rechnung tragen Dabei habe sich eine entsprechende Unterlassungsverpflichtung dann nicht nur auf den konkreten Verletzungsfall zu beziehen. Vielmehr müsse der Betreiber im Rahmen der Unterlassung „vermeiden, dass erneute derartige Verletzungen derselben Marken durch denselben Händler auftreten". Eigenartig sind die Worte „erneute derartige Verletzungen". Damit

---

[1] Schlussantrag des Generalanwalts Jääskinens Verfahren des Kosmetik-Konzerns L'Oréal gegen eBay vom 9.12.2010 – C-324/09.
[2] *EuGH*, Urt. v. 12.7.2011 – Rs. C 324/09, CR 2011, 597 m. Anm. *Volkmann* = MMR 2011, 596 m. Anm. *Hoeren*.

könnte durchaus gemeint sein, dass wenn jemand, wie zum Beispiel eBay, auf markenrechtsverletzende Produkte der Marke „Davidoff/Blue Water" hingewiesen worden ist, alle Varianten einer solchen Rechtsverletzung künftig von sich aus sperren muss (zum Beispiel auch bei unterschiedlichen Größen der Parfumflaschen). Die vom Gericht auferlegten Maßnahmen müssten allerdings wirksam, verhältnismäßig und abschreckend sein, dabei rechtmäßigen Handel aber nicht beschränken (Ziffern 136, 140). Daher dürften keine aktive ständige Überwachung oder ein vollständiges Verkaufsverbot für Waren der entsprechenden Marken angeordnet werden (Ziffern 139). Nach Auffassung des *EuGH* soll dem Betreiber eines Online-Marktplatzes sogar aufgegeben werden können, Maßnahmen zu ergreifen, die die Identifizierung seiner als Verkäufer auftretenden Kunden erleichtern (Ziffer 142). Der Urheber der Verletzung müsse, „sofern er im geschäftlichen Verkehr und nicht als Privatmann tätig wird, gleich wohl klar identifizierbar sein".

Diese Entscheidung wurde insbesondere von der Internationalen Liga für Wettbewerbsrecht kritisiert.[1] Die Delegierten kritisierten besonders, dass Host Provider bei bloßem Hinweis der Rechteinhaber tätig werden müssten. Es bedürfe vielmehr einer qualifizierten Anzeige und einen Fall offensichtlicher Rechtswidrigkeit. Außerdem bestehe keine Pflicht zur Sperrung weiterer ähnlich gelagerter Fälle, sondern nur eine Pflicht zu ihrer Verhinderung. Zuletzt müssten datenschutzrechtliche Vorbehalte zur Identifizierung der Nutzer geklärt werden.

Soweit der Inhaber eines eBay-Accounts einem Dritten die erforderlichen Zugangsdaten mitteilt und dieser Dritte anschließend dort Plagiate von geschützten Marken versteigert, haftet nach Ansicht des *OLG Frankfurt*[2] und des *OLG Stuttgart*[3] dafür auch der Accountinhaber. Auch wenn der Inhaber nicht selbst die Ware angeboten hat, sei er dennoch passiv legitimiert. Dies folge aus dem Umstand der Mitstörerhaftung, da der Accountinhaber mit der Ermöglichung des Zugangs willentlich und adäquat kausal zur Markenverletzung beigetragen habe. Auch wenn die Prüfungspflichten für einen Accountinhaber nicht überspannt werden dürften, liege jedenfalls dann eine Verantwortung für das fremde Verhalten vor, wenn er sich überhaupt nicht darum kümmert, welche Waren von fremden Dritten über seinen Account angeboten werden.

Inzwischen hat auch der *BGH* in der „Halzbandentscheidung" über die **Haftung des Inhabers eines eBay-Kontos** bei der Verwendung seiner Zugangsdaten durch Dritte geurteilt.[4] Die Ehefrau des Beklagten verwendete dessen

---

[1] Section B; http://www.ligue.org/congres.php?lg=en&txtt=17.
[2] *OLG Frankfurt a.M.*, Beschl. v. 13.6.2005 – 6 W 20/05, CR 2005, 655; ähnlich *LG Bonn*, Urt. v. 7.12.2004 – 11 O 48/04, CR 2005, 602 für UWG-Verstöße und *OLG Stuttgart*, Urt. v. 16.4.2007 – 2 W 71/06, GRUR-RR 2007, 336.
[3] *OLG Stuttgart*, Urt. v. 16.4.2007 – 2 W 71/06, GRUR-RR 2007, 336.
[4] *BGH*, Urt. v. 11.3.2009 – I ZR 114/06, CR 2009, 450 m. Anm. *Rössel* = MDR 2009, 879 = NJW 2009, 1960.

eBay-Benutzerkonto, um ein Halsband zu versteigern. Dabei inserierte die Ehefrau das Halsband unter der Markenbezeichnung „Cartier", wobei dieses jedoch nicht von „Cartier" war. Der *BGH* entschied, dass der Beklagte, der von der Auktion seiner Ehefrau nichts wusste, dennoch hafte. Das Gericht schloss dabei eine Haftung des Beklagten als Mittäter oder Teilnehmer aus, da dieser kein Wissen von den Handlungen, insbesondere von dem konkreten Angebot seiner Ehefrau hatte. Ansatzpunkt für die Haftung des Beklagten ist die von den Zugangsdaten ausgehende Identifikationsmöglichkeit. Der Inhaber der Zugangsdaten ist demnach verpflichtet, „seine Kontaktdaten so unter Verschluss zu halten, dass von ihnen niemand Kenntnis erlangt". Verstößt der Zugangsdateninhaber gegen diese Pflicht, sodass ein Dritter unter seinem Namen handelt, ist es dem Verkehr nicht möglich, den Handelnden zu identifizieren. Die Handlungen des unberechtigten Dritten werden in diesen Fällen dem Kontoinhaber zugerechnet. Auch die AGB von eBay besagen, dass das Mitglied sein Passwort geheim zu halten hat.[1]

Eine Haftung soll nach Ansicht des *OLG Hamm* jedoch in den Fällen ausscheiden, in denen der Kontoinhaber die Handlungen eines unberechtigten Dritten nicht hätte erkennen müssen.[2] Eine Haftung soll zudem dann entfallen, wenn der Geschäftsgegner von einem Eigengeschäft des Handelnden ausgeht.[3] Wenn der Geschäftsgegner den Missbrauch kennt oder fahrlässig nicht kennt, so kommt ebenfalls keine Haftung des Kontoinhabers in Betracht.

Nach Auffassung des *OLG Koblenz*[4] haftet der **sog. Admin-C**,[5] der vom Domaininhaber zu benennende administrative Kontakt, nicht für Kennzeichenrechtsverletzungen im Zusammenhang mit einer Domain. Auch das *OLG Hamburg*[6] urteilte in dem Fall einer Persönlichkeitsrechtsverletzung in diesem Sinn. Der Admin-C sei zwar Ansprechpartner der DENIC, rechtlich verantwortlich für Kennzeichenrechtsverletzungen sei jedoch der Domaininhaber. Diese Argumentation steht im Widerspruch zur Auffassung des *OLG München*, wonach die unmittelbare Einflussmöglichkeit des Admin-C auf den Domainnamen dessen Störerhaftung begründe.[7] Das *KG Berlin* hat eine

---

1 http://pages.ebay.de/help/policies/user-agreement.html.
2 *OLG Hamm*, Urt. v. 16.11.2006 – 28 U 84/06, NJW 2007, 611.
3 *Werner*, K&R 2008, 554, 555.
4 *OLG Koblenz*, Urt. v. 25.1.2002 – 8 U 1842/00, CR 2002, 280 m. Anm. *Eckhardt* = MMR 2002, 466 m. Anm. *Ernst/Vallendar*. Ebenso *OLG Koblenz*, Urt. v. 23.4.2009 – 6 U 730/08, MMR 2009, 549.
5 Vgl. *Hoeren/Eustergerling*, Die Haftung des Admin-C – Ein kritischer Blick auf die Rechtsprechung, MMR 2006, 132; *Wimmers/Schulz*, Stört der Admin-C? Eine kritische Betrachtung der Störerhaftung am Beispiel des sog. Administrativen Ansprechpartners, CR 2006, 754.
6 *OLG Hamburg*, Urt. v. 22.5.2007 – 7 U 137/06, CR 2007, 797 = MMR 2007, 601.
7 *OLG München*, Urt. v. 20.1.2000 – 29 U 5819/99, MMR 2000, 277; ähnlich auch *OLG Stuttgart*, Beschl. v. 1.9.2003 – 2 W 27/03, CR 2004, 133 = MMR 2004, 38; *LG Stuttgart*, Urt. v. 27.1.2009 – 41 O 149/08, www.webhosting-und-recht.de/urteile/Mit storerhaftung-des-Admin-C-Landgericht-Stuttgart-20090127.html (zuletzt abgerufen am 26.10.2011); *LG München I*, Urt. v. 10.2.2005 – 7 O 18567/04, CR 2005, 532; *AG*

Prüfungspflicht des Admin-C dann bejaht, wenn der Domaininhaber und Betreiber einer Meta-Suchmaschine zuvor erfolglos aufgefordert worden ist, den persönlichkeitsverletzenden Suchergebniseintrag zu löschen oder diese Aufforderung von vornherein keinen Erfolg versprechen würde.[1] Angesichts der bestehenden Rechtsunsicherheit sollten diejenigen, die sich als Admin-C zur Verfügung stellen, vor Registrierung der Domain darauf achten, dass keine rechtlichen Bedenken gegen die Zuweisung der Domain bestehen. Neuerdings lehnen *Oberlandesgerichte* jedoch zu Recht die Haftung des Admin-C ab,[2] denn der Pflichtenkreis des Admin-C bezieht sich allein auf das Innenverhältnis zwischen Domaininhaber und der DENIC, die den Registrierungsvertrag, in den die Domainrichtlinien einbezogen sind, schließen und an dem der Admin-C ebenso wenig beteiligt ist wie an seiner Benennung, die einseitig durch den Domaininhaber erfolgt. Schon diese rechtliche Konstellation verbietet es, (Prüfungs-)Pflichten des Admin-C im Außenverhältnis zu Dritten anzunehmen. Vielmehr ist allein der Anmelder für die Zulässigkeit einer bestimmten Domainbezeichnung verantwortlich, wobei es rechtlich unerheblich ist, ob er im Inland oder Ausland seinen Sitz hat.

Der *BGH*[3] hat im Übrigen die **Haftung für Domainprovider** in diesem Zusammenhang erweitert. Wer auf Anfrage einen Internet-Auftritt unter einem bestimmten Domainnamen erstellen möchte und diesen für sich registrieren lasse, könne unter dem Gesichtspunkt einer gezielten Behinderung eines Mitbewerbers nach § 4 Nr. 10 UWG und eines Verschuldens bei Vertragsverhandlungen zur Unterlassung der Verwendung der Domainnamen und zur Einwilligung in die Löschung der Registrierungen verpflichtet sein. Nach Ansicht des *OLG Hamburg* ist der im Impressum bezeichnete Dienstanbieter auch für Inhalte in, dem Nutzer verborgen bleibenden, Subdomains verantwortlich.[4] Für den Betreiber einer Domainbörse kommt es für die Haftung auf den Zeitpunkt positiver Kenntnis an, wie das *LG Düsseldorf* bekräftigt hat.[5] Hiernach kann bei einer solchen Domainbörse, bei der ungenutzte Domains geparkt

---

Bonn, Urt. v. 24.8.2004 – 4 C 252/04, CR 2004, 945 m. Anm. *Kunczik* = MMR 2004, 826 (für den Bereich des UWG); *LG Hamburg*, Urteil von 15.3.2007 – 327 O 718/06, www.webhosting-und-recht.de/urteile/Landgericht-Hamburg-20070315.html (zuletzt abgerufen am 26.10.2011).

1 *KG*, Beschl. v. 20.3.2006 – 10 W 27/05, CR 2006, 778; ähnlich *LG Berlin*, Urt. v. 13.1.2009 – 15 O 957/07, MMR 2009, 348.
2 *OLG Köln*, Urt. v. 15.8.2008 – 6 U 51/08, CR 2009, 118 = MMR 2009, 48; *OLG Düsseldorf*, Urt. v. 3.2.2009 – 20 U 1/08, MMR 2009, 336.
3 *BGH*, Urt. v. 16.12.2004 – I ZR 69/02, MDR 2005, 884 = CR 2005, 510 = MMR 2005, 374.
4 *OLG Hamburg*, Urt. v. 9.9.2004 – 5 U 194/03, CR 2005, 294 = MMR 2005, 322.
5 *LG Düsseldorf*, Urt. v. 15.1.2008 – I 20 U 95/07, MMR 2008, 254; *LG Hamburg*, Urt. v. 18.7.2008 – 408 O 274/08, MMR 2009, 218; *LG Berlin*, Urt. v. 3.6.2008 – 103 O 15/08, MMR 2009, 218; *LG Frankfurt a.M.*, Urt. v. 26.2.2009 – 2-03 O 384/08, MMR 2009, 364; keine Prüfungspflicht nimmt auch an *OLG Hamburg*, Urt. v. 29.4.2010 – 3 U 77/09.

und zum Verkauf angeboten werden, eine Haftung erst ab dem Zeitpunkt positiver Kenntnis des Börsenanbieters von einer Markenrechtsverletzung angenommen werden. Eine darüber hinaus gehende markenrechtliche Prüfung aller geparkten Domains sei den Börsenbetreibern nicht zumutbar. Der Verpächter einer Domain wird nach Auffassung des *BGH* nicht einem Verleger gleichgestellt: Er sei nicht Herr des Angebots und hafte daher erst dann als Störer, wenn es nach Kenntniserlangung zu weiteren Rechtsverletzungen gekommen sei.[1]

Es haften die Parteien für die **Versendung politischer E-Cards** über ihre Server.[2] Selbst wenn die Partei die E-Mails nicht selbst versandt habe, sei diese als (mittelbare) Mitstörerin anzusehen, falls auf ihrer Homepage der Versand von E-Mails durch eine sog. E-Card-Funktion angeboten werde und eine Kontrolle der Berechtigung des Sendenden nicht stattfinde. Solange ein Rechtsmissbrauch durch die E-Cards nicht mit hinreichender Sicherheit ausgeschlossen werden könne, sei es möglich, dass sich die Verwender zur Begehung des rechtswidrigen Eingriffs in Rechte Dritter hinter dem Anbieter der E-Card-Funktion versteckten. Es sei dem Verwender der Funktion daher zuzumuten, notfalls gänzlich auf diesen Mechanismus zu verzichten. Wer Newsletter nicht als Blindkopie, sondern direkt an sämtliche im Adressenfeld aufgeführten E-Mail-Adressen versendet, wirkt an der Verbreitung der Adressenlisten mit und ist Mitstörer.[3]

Eine besonders scharfe Haftung kann den **Betreiber eines Internet-Gästebuchs** treffen.[4] Wer in seinem Gästebuch das Abmahnverhalten eines Anwalts thematisiert, muss mit Einträgen ehrverletzender Art rechnen. Er ist daher auch verpflichtet, die Einträge regelmäßig zu kontrollieren. Andernfalls macht er sich die fremden Inhalte zu Eigen und wird einem Content-Provider i.S.v. § 7 Abs. 1 TMG gleichgestellt. Eine Haftung für Spam übernimmt der Vermieter von Subdomains: Wer Subdomains an Erotik-Anbieter vermietet, haftet für Spam-Mails, die die Erotik-Anbieter versenden.[5] Das *LG Köln* bejahte eine Haftung eines Portalbetreibers für offensichtlich rechtswidrige Kleinanzeigen.[6] Haften soll der Portalbetreiber auch, wenn er Anzeigen durchgesehen hat und übersieht, dass diese persönlichkeitsrechtsverletzend sind.[7] Der Mitveranstalter von Amateurfußballspielen hat nach sehr zweifelhafter Ansicht

---

1 *BGH*, Urt. v. 30.6.2009 – VI ZR 210/08, CR 2009, 730 = NJW-RR 2009, 1413.
2 *LG München I*, Urt. v. 15.4.2003 – 33 O 5791/03, CR 2003, 615 = MMR 2003, 483; *AG Rostock*, Urt. v. 28.1.2003 – 43 C 68/02, CR 2003, 621 = MMR 2003, 345.
3 *OLG Düsseldorf*, Urt. v. 24.5.2006 – I-15 U 45/06, MDR 2006, 1349 = MMR 2006, 681.
4 *LG Düsseldorf*, Urt. v. 8.5.2002 – 6 U 195/01, MMR 2003, 61 (Ls.).
5 *AG Leipzig*, Urt. v. 27.2.2003 – 02 C 8566/02, CR 2003, 935 = MMR 2003, 610.
6 *LG Köln*, Urt. v. 26.11.2003 – 28 O 706/02, CR 2004, 304.
7 *LG Köln*, Urt. v. 26.11.2003 – 28 O 706/02, CR 2004, 304 = MMR 2004, 183 m. Anm. *Christiansen*; *Spieker*, Verantwortlichkeit von Internetsuchdiensten für Persönlichkeitsverletzungen in ihren Suchergebnislisten, MMR 2005, 727.

des *OLG Stuttgart*[1] gegen den Betreiber eines Internetportals, in dem eingestellte Filmaufnahmen von Amateurfußballspielen gezeigt werden, einen Unterlassungsanspruch hinsichtlich der öffentlichen Zugänglichmachung von Filmaufzeichnungen von Fußballspielen. Haften soll auch der im Impressum angegebene „ViSdP" („Verantwortlich im Sinne des Presserechts").[2]

Wer im Übrigen zur Unterlassung ehrverletzender Äußerungen verurteilt worden ist, muss dafür Sorge tragen, dass die Äußerungen auch im Online-Archiv nicht mehr zu finden sind.[3] Ähnlich ist der **Forenbetreiber** zum Ersatz der entstandenen Rechtsverfolgungskosten verpflichtet, wenn ein Betroffener mittels E-Mail von ihm die Löschung einer beleidigenden Fotomontage eines Dritten verlangt und der verantwortliche Betreiber dem in der gesetzten Frist nicht nachkommt.[4] Ohnehin treffen auch den Forenbetreiber gesteigerte Haftungspflichten. So ist er nach Auffassung des *LG Hamburg*[5] auch dann als Störer für fremde, rechtswidrige Postings in Online-Foren verantwortlich, wenn er von den konkreten Beiträgen keine Kenntnis besitzt, denn der Forenbetreiber müsse die fremden eingestellten „Texte vorher automatisch oder manuell" auf ihre Rechtmäßigkeit prüfen. In der Berufungsentscheidung hat das *OLG Hamburg*[6] eine derartige Prüfungspflicht abgelehnt. Den Betreiber treffe lediglich eine spezielle Pflicht zur Überprüfung des konkreten Einzelforum-Threads, wenn er entweder durch sein eigenes Verhalten vorhersehbar rechtswidrige Beiträge Dritter provoziert hat oder ihm bereits mindestens eine Rechtsverletzung von einigem Gewicht benannt worden ist und sich damit die Gefahr weiterer Rechtsverletzungshandlungen durch einzelne Nutzer bereits konkretisiert hat. Der Betreiber ist jedoch nach Kenntnis einer Rechtsverletzung zur unverzüglichen Löschung des Beitrages verpflichtet.[7] Der Betreiber eines Meinungsforums ist nicht zur vorsorglichen Überprüfung sämtlicher Inhalte verpflichtet.[8] Dies würde die Überwachungspflichten des Betreibers überspannen und die Presse- und Meinungsäußerungsfreiheit, un-

---

1 *OLG Stuttgart*, Urt. v. 19.3.2009 – 2 U 47/08, CR 2009, 386; *LG Stuttgart*, Urt. v. 8.5.2008 – 41 O 3/08 KfH, MMR 2008, 551 m. Anm. *Hoeren/Schröder* = CR 2008, 528 m. Anm. *Frey*.
2 *OLG Frankfurt a.M.*, Urt. v. 10.2.2008 – 11 U 28/07, GRUR-RR 2008, 385.
3 *OLG München*, Beschl. v. 11.11.2002 – 21 W 1991/02, CR 2003, 701 = K&R 2003, 145.
4 *AG Winsen/Luhe*, Urt. v. 6.6.2005 – 23 C 155/05, CR 2005, 722.
5 *LG Hamburg*, Urt. v. 2.12.2005 – 324 O 712/05, CR 2006, 638 m. Anm. *Wimmers* = MMR 2006, 491; ähnlich für Äußerungen in Blogs *LG Hamburg*, Urt. v. 4.12.2007 – 324 O 794/07, MMR 2008, 265; a.A. etwa *AG Frankfurt a.M.*, Urt. v. 16.6.2008 – 31 C 2575/07-17, CR 2009, 60.
6 *OLG Hamburg*, Urt. v. 22.8.2006 – 7 U 50/06, CR 2007, 44 = MMR 2006, 744; vgl. auch *OLG Düsseldorf*, Urt. v. 7.6.2006 – I-15 U 21/06, CR 2006, 682 = MMR 2006, 618; *Uwe Jürgens/Oliver Köster*, Die Haftung von Webforen für rechtsverletzende Einträge, AfP 2006, 219; *Tobias H. Strömer/Andreas Grootz*, Internet-Foren: Betreiber- und Kenntnisverschaffungspflichten – Wege aus der Haftungsfalle, K&R 2006, 553.
7 *LG Düsseldorf*, Urt. v. 25.1.2006 – 12 O 546/05, CR 2006, 563.
8 *OLG Hamburg*, Urt. v. 4.2.2009 – 5 U 180/07, MMR 2009, 479.

ter deren Schutz Internetforen stünden, verletzen. Die Meinungsäußerungsfreiheit umfasst nach Art. 5 Abs. 1 GG auch die Meinungsäußerung in Form von Bildern, sodass nichts anderes für einen Forenbeitrag aus Text und Bild gelten kann.

Ähnlich argumentierend bejaht das *LG Hamburg*[1] eine **Haftung für Interviews**. Die Presse trage nach den Regeln der Verbreiterhaftung die volle Haftung für Äußerungen von Interviewpartnern. Würde man allein die Interviewform als hinreichende Distanzierung ausreichen lassen oder eine Prüfpflicht auf besonders schwere Beeinträchtigungen des Persönlichkeitsrechts reduzieren, dürften nach Auffassung des *LG Hamburg* Äußerungen von Presseunternehmen in Interviewform (ohne inhaltliche Distanzierung) verbreitet werden, die bei Verbreitung durch andere journalistische Textformen unzulässig wären. Dies würde dazu führen, dass Presseunternehmen allein durch die Wahl der Form des Interviews unwahre Tatsachenbehauptungen bis zur Schwelle besonders schwerer Beeinträchtigung des Persönlichkeitsrechts sanktionslos verbreiten könnten. Es würde das Risiko geschaffen, dass allein durch die Wahl der Interviewform einem Betroffenen die Möglichkeit genommen würde, ein Verbot der Verbreitung unwahrer Tatsachenbehauptung durchzusetzen. Diese Auffassung hat mit den bisherigen Regeln zur Pressehaftung nichts mehr gemein und steht nicht mehr auf dem Boden der deutschen Rechtsordnung. Das *LG Hamburg* begründet hier halsstarrig und ohne Blick für die Entscheidungspraxis anderer Gerichte (auch des *BGH*) einen Sonderweg, der von cleveren Anwälten im Zusammenhang mit dem fliegenden Internet-Gerichtsstand zur Flucht nach Hamburg genutzt wird. Man kann nur hoffen, dass die Oberinstanzen das *LG Hamburg* allmählich wieder zur Vernunft bringen.

Bei der **Inanspruchnahme eines Unternehmens** nach § 100 Satz 1 UrhG wegen urheberrechtswidriger Handlungen von Arbeitnehmern oder Beauftragten des Unternehmens muss der Anspruchsteller die Unternehmensbezogenheit der Handlungen selbst bei dienstlich genutzten Computern beweisen.[2] Allein aus der Tatsache, dass auf einem im Unternehmen Mitarbeitern (hier: Volontär eines Radiosenders) bereitgestellten Computer keine Firewall installiert ist, lässt sich kein fahrlässiges Organisationsverschulden (§ 831 BGB) der Organe des Unternehmens für Urheberrechtsverletzungen ableiten, wenn keine Anhaltspunkte dafür vorliegen, dass Mitarbeiter insoweit rechtswidrige Handlungen vornehmen (hier: Austausch von Musikdateien über Filesharing-Programme).[3] Jedenfalls ist nach allgemeiner Lebenserfahrung nicht davon auszugehen, dass Mitarbeiter bereitgestellte Computer für Urheberrechtsverletzungen benutzen werden.

---

[1] *LG Hamburg*, Urt. v. 22.2.2008 – 324 O 998/07, AfP 2008, 414.
[2] *OLG München*, Urt. v. 7.12.2006 – 29 U 3845/06, CR 2007, 389.
[3] *LG München I*, Urt. v. 4.10.2007 – 7 O 2827/07, CR 2008, 49 m. Anm. *Mantz* = C 2008, 49.

Im Übrigen haftet der **Inhaber des Internetanschlusses** für jede missbräuchliche Nutzung seines Anschlusses nach den Grundsätzen der Störerhaftung.[1] Ihn soll die Pflicht treffen, sich über die Risiken zu unterrichten und das Tun der Nutzer zu überwachen.[2] Er muss zumindest Sicherungsmaßnahmen, die eine Standardsoftware erlaubt, etwa die Einrichtung von Benutzerkonten mit Passwort, treffen.[3] Es ist einem Anschlussinhaber zuzumuten, zumindest Standardmaßnahmen zur Verschlüsselung des Netzwerkes zu ergreifen. Ansonsten verschafft er nämlich objektiv Dritten die Möglichkeit, sich hinter seiner Person zu verstecken und im Schutze der von ihm geschaffenen Anonymität ohne Angst vor Entdeckung ungestraft Urheberrechtsverletzungen begehen zu können.[4] Eltern haften nicht für ihre Kinder, wenn sie diese über die unrechtmäßigen Downloads belehrt haben.[5] Wer aktiv an einer Internet-Tauschbörse teilnimmt, hat noch nicht zwangsläufig das Wissen, dass bei Nutzung des Tauschbörsen-Programms ohne Weiteres auch von dem eigenen PC Daten zur Verfügung gestellt werden.[6] Haften soll nach Auffassung des *LG Hamburg* der **Betreiber eines Internetcafés**.[7] Denn das Überlassen des Internetzugangs an Dritte berge die nicht unwahrscheinliche Möglichkeit in sich, dass von den Dritten Urheberrechtsverletzungen über diesen Zugang begangen werden. Dem Inhaber des Internetanschlusses seien Maßnahmen möglich und zumutbar, solche Rechtsverletzungen zu verhindern. So könnten insbesondere die für das Filesharing erforderlichen Ports gesperrt werden.

---

1 *BGH*, Urt. v. 12.5.2010 – I ZR 121/08, MDR 2010, 882 = CR 2010, 458 m. Anm. *Hornung* = MMR 2010, 565 – Sommer unseres Lebens; *LG Berlin*, Urt. v. 3.3.2011 – 16 O 433/10, MMR 2011, 401; *LG Hamburg*, Beschl. v. 2.8.2006 – 308 O 509/06, CR 2006, 780; *OLG Köln*, Urt. v. 23.12.2009 – 6 U 101/09, CR 2010, 336 m. Anm. *Kremer* = http://medien-internet-und-recht.de/volltext.php?mir_dok_id=2106 (zuletzt abgerufen am 26.10.2011); siehe auch zur Darlegungslast hinsichtlich der Rechtekette *OLG Köln*, Urt. v. 23.12.2009 – 6 U 101/09, CR 2010, 336 m. Anm. *Kremer* = MMR 2010, 281.
2 *LAG Hamm*, Urt. v. 7.4.2006 – 10 TaBV 1/06, CR 2007, 124 = MMR 2006, 700; *LG Frankfurt a.M.*, Urt. v. 22.2.2007 – 2-3 O 771/06, MMR 2007, 675; *LG Köln*, Beschl. v. 1.12.2010 – 28 O 594/10.
3 *OLG Düsseldorf*, Urt. v. 27.12.2007 – I-20 W 157/07, CR 2008, 182 = MMR 2008, 256; *LG Leipzig*, Beschl. v. 8.2.2008 – 5 O 383/08, MMR 2009, 219; a.A. *OLG Frankfurt a.M.*, Beschl. v. 20.12.2007 – 11 W 58/07, FamRZ 2008, 2033 = MDR 2008, 403 = CR 2008, 243 m. Anm. *Stang/Hühner* = MMR 2008, 169.
4 *LG Düsseldorf*, Urt. v. 16.7.2008 – 12 O 195/08, CR 2008, 742 = MMR 2008, 684.
5 *öOGH*, Beschl. v. 22.1.2008 – 4 Ob 194/07v, K&R 2008, 326; a.A. *LG München I*, Urt. v. 19.6.2008 – 7 O 16402/07, CR 2008, 661 = MMR 2008, 619; *LG Köln*, Urt. v. 13.5.2009 – 28 O 889/08, CR 2009, 684 m. Anm. *Ebke/Werner* = MMR 2010, 48.
6 *OLG Oldenburg*, Beschl. v. 8.5.2009 – 1 Ss 46/09, CR 2010, 202 = MMR 2009, 547.
7 *LG Hamburg*, Beschl. v. 25.11.2010 – 310 O 433/10, CR 2011, 331 = MMR 2011, 475.

# Achtes Kapitel:
// Die internationalen Aspekte des Internetrechts

Literatur: *Arter/Jörg/Gnos*, Zuständigkeit und anwendbares Recht bei internationalen Rechtsgeschäften mittels Internet unter Berücksichtigung unerlaubter Handlungen, AJP 2000, 277; *Berger*, Die internationale Zuständigkeit bei Urheberrechtsverletzungen in Internet-Websites aufgrund des Gerichtsstandes der unerlaubten Handlung, GRUR Int. 2005, 465; *Basedow/Kono/Metzger* (Hrsg.), Intellectual Property in the Global Arena, 2010; *Bodewig*, Erschöpfung der gewerblichen Schutzrechte und des Urheberrechts in den USA, GRUR Int. 2000, 597; *Boele-Woelki/Kessedijan* (Hsg.), Internet – Which Court decides, Which law applies? Quel tribunal décide? Quel droit s'applique, 1998; *Buchner*, E-Commerce und effektiver Rechtsschutz – oder: Wer folgt wem wohin?, RWS 2000, 147; *Determann*, Softwarekombinationen unter der GPL, GRUR Int. 2006, 645; *Determann/Ang-Olson*, Recognition and Enforcement of Foreign Injunctions in the US, CRi 2002, 129; *Dreyfuss/Ginsburg*, Principles Governing Jurisdiction, Choice of Law and Judgments in Transnational Disputes, CRi 2003, 33; *Dogandhi/Hartley*, Preliminiary Draft Convention on Excklusive Choice of Court Agreements, Draft Report, Preliminary document 26 of December 2004; *Endler/Daub*, Internationale Softwareüberlassung und UN-Kaufrecht, CR 1993, 601; *Ferrari*, Zur autonomen Auslegung der EuGVVO, insbesondere des Begriffs des „Erfüllungsortes der Verpflichtung" nach Art. 5 Nr. 1 lit. b, IPRax 2007, 61; *Funk/Wenn*, Der Ausschluss der Haftung für mittelbare Schäden in internationalen Softwareverträgen, CR 2004, 481; *Geiger/Engelhardt/Hansen/Markowski*, Urheberrecht im deutsch-französischen Dialog – Impulse für eine europäische Rechtsharmonisierung, GRUR Int. 2006, 475; *Gottschalk*, Grenzüberschreitende Werbung als eigenständiger urhebrrechtlicher Verletzungstatbestand, IPRax 2006, 135; *Handig*, Neues im Internationalen Wettbewerbsrecht – Auswirkungen der Rom II-Verordnung, GRUR Int. 2008, 28; *Heinze/Roffael*, Internationale Zuständigkeit für Entscheidungen über die Gültigkeit ausländischer Immaterialgüterrecht, GRUR Int. 2006, 787; *Heß*, Aktuelle Perspektiven der europäischen Prozessrechtsangleichung, JZ 2001, 573; *Hilty/Peukert*, Das neue deutsche Urhebervertragsrecht im internationalen Kontext, GRUR Int. 2002, 643; *Hilty*, Der Softwarevertrag – ein Blick in die Zukunft, MMR 2003, 3; *Hoeren/Sieber*, Handbuch Multimedia-Recht, 2011; *Hoeren/Große Ruse*, Immaterialgüter-, Wettbewerbs- und Verbraucherschutz-Kollisionsrecht sowie gerichtliche Zuständigkeit bei Internet-Sachverhalten, in: Lehmann (Hrsg.), E-Business in Europa, Loseblatt 2002; *Hoeren*, IPR und EDV-Recht, CR 1993, 129; *Hoeren*, Revidierte Berner Übereinkunft und Softwareschutz, CR 1992, 243; *Hoeren*, Zoning und Geolocation – Technische Ansätze zu einer Reterritorialisierung des Internet, MMR 2007, 3; *Hoffmann*, Die Entwicklung des Internetrechts bis Mitte 2011, NJW 2011, 2623; *v. Hoffmann/Thron*, Internationales Privatrecht, 2005; *Huber/Bach*, Die Rom II-VO, IPRax 2005, 73; *Huber*, Schadensersatz und Vertragsaufhebung im UN-Kaufrecht, IPRax 2005, 436; *Jayme/Kohler*, Europäisches Kollisionsrecht 2006: Eurozentrismus ohne Kodifikationsidee?, IPRax 2006, 537; *Jayme/Weller*, Die internationale Dimension des Kunstrechts, IPRax 2005, 391; *Kondring*, „Der Vertrag ist das Recht der Parteien" – Zur Verwirklichung des Parteiwillens durch Teilrechtswahl, IPRax 2006 425; *Leible*, Internationales Vertragsrecht, die Arbeiten an der Rom I-Verordnung und der Europäische Vertragsgerichtsstand, IPRax 2006, 365; *Luginbühl/Wollgast*, Das neue Haager Übereinkommen über Gerichtsstandsvereinbarungen: Aussichten für das geistige Eigentum, GRUR Int. 2006, 208; *Mankowski*, Der Vorschlag für die Rom I-Verordnung, IPRax 2006, 101; *Marly*, Softwareüberlassungsverträge, 2004; *Marly*, Das Internet im Internationalen Vertrags- und Deliktsrecht, in: RabelsZ 1999, 203; *Meyer*, Die Anwendung des UN-Kaufrechts in der US-amerikanischen Gerichtspraxis, IPRax 2005, 462; *Moritz/*

Dreier, Rechts-Handbuch zum E-Commerce, 2. Aufl. 2005; *Obergfell*, Das Schutzlandprinzip und „Rom II", IPRax 2005, 9; *Ohly*, Choice of Law in the Digital Environment, in: Drexl/Kur (Hrsg.), Intellectual Property and Private International Law, Oxford 2005, 241; *Pfeifer*, Salomonisches zur Störerhaftung für Hyperlinks durch Online-Mediendienste, IPRax 2006, 246; *Rau*, „Minimum contacts" und „Personal jurisdiction" über auswärtige Gesellschaften im Cyberspace, RIW 2000, 761; *Rüßmann*, Internationalprozessrechtliche und internationalprivatrechtliche Probleme bei Vertragsabschlüssen im Internet unter besonderer Berücksichtigung des Verbraucherschutzes, in: Tauss/Kolbeck/Mönikes (Hrsg.), Deutschlands Weg in die Informationsgesellschaft, 1996, 709; *Rühl*, Das Haager Übereinkommen über die Vereinbarung gerichtlicher Zuständigkeiten: Rückschritt oder Fortschritt?, IPRax 2006 410; *Schack*, Urheber- und Urhebervertragsrecht 2010; *Schack*, Internationale Urheber-, Marken- und Wettbewerbsrechtsverletzungen im Internet, MMR 2000, 59 (Teil 1), MMR 2000, 153 (Teil 2); *Svantesson*, Jurisdictional Issues in Cyberspace, CLSR 18 (2002), 191; *Terlau*, Internationales Prozessrecht, in: Moritz/Dreier (Hsg.), Rechts-Handbuch E-Commerce, 2. Aufl. 2005, 762; *Wagner*, Vom Brüsseler Übereinkommen über die Brüssel I-Verordnung zum Europäischen Vollstreckungstitel, IPRax 2002, 75; *Wernicke/Hoppe*, Die neue EuGVVO – Auswirkungen auf die internationale Zuständigkeit bei Internetverträgen, MMR 2002, 643.

„Gebt mir einen festen Standpunkt und ich werde die Erde bewegen" – dieses Diktum des Archimedes gilt auch und erst recht für das Internet-Recht. Man mag die lauterkeitsrechtlichen Fragen rund um das Internet z.B. mithilfe des deutschen Wettbewerbsrechts lösen können, etwa in der oben fragmentarisch skizzierten Form. Doch für Online-Dienste gelten die territorialen Grenzen der nationalstaatlich geprägten Rechtsordnungen nicht.[1] Eine Homepage lässt sich von irgendeinem Server von irgendeinem Fleck dieser Welt aus zum Abruf anbieten, ohne dass der Standort des Servers auf die Zugriffsmöglichkeiten Einfluss hätte. Es können daher virtuelle Rechtsoasen im Internet entstehen, karibische Inseln werden zum Ausgangspunkt von „junk mails" oder zum Handelsplatz für verbotene Arzneimittel. Auch für deutsche Anbieter stellt sich die Frage, ob sie bei ihrer Online-Präsenz nur das deutsche Recht zu beachten haben oder die unterschiedlichen Regelungen in der Schweiz oder Österreich wegen der dort vorhandenen Abrufmöglichkeiten mit berücksichtigen müssen. Die Aporien werden am deutlichsten in einer Entscheidung des Tribunal de Grande Instance de Paris, wonach Yahoo! in den USA verpflichtet ist, technische Vorkehrungen zu schaffen, die den Zugang zu Internetseiten mit rechtsradikalem Inhalt für französische Nutzer unmöglich machen.[2] Ein *US District Court in Kalifornien* hat sich inzwischen geweigert, dieser französischen Entscheidung in den USA zur Durchsetzung zu verhelfen; dies verbiete das First Amendment der US-Verfassung und die darin geschützte Meinungsfreiheit.[3] Im Mai 2006 endete dieses Tauziehen um dieses Urteil mit einer Entscheidung des US Supreme Court. Dieses lehnte eine Intervention

---

[1] Vgl. hierzu *Hoeren*, WM 1996, 2006; *Osthaus*, AfP 2001, 13.
[2] Tribunal de Grande Instance de Paris, K&R 2001, 63 m. Anm. *Hartmann*.
[3] US District Court for the Northern District of California, Entscheidung v. 7.11.2001 – C-OO-21275 JF in Sachen Yahoo vom LICRA, MMR 2002, 26 m. Anm. *Mankowski*.

zu Gunsten von LICRA ab und verschonte damit faktisch Yahoo! von der Rechtsverfolgung.[1]

Problematisch ist in allen Fällen die Dimension des **Internationalen Zivilverfahrensrechts** (IZVR). Das IZVR bestimmt, ob ein streitiger Sachverhalt einen Inlandsbezug hat, der es rechtfertigt, den Rechtsstreit vor inländischen Gerichten zu entscheiden – also in welchen Fällen ein nationales Gericht zuständig ist (**Internationale Gerichtszuständigkeit**).[2] Ferner regelt es die Anerkennung und Vollstreckung ausländischer Urteile im Inland. Anders als das Internationale Privatrecht[3] betrifft es somit unmittelbar nur verfahrensrechtliche Fragen. Das IZVR kann jedoch mittelbar auch das vom angerufenen Gericht anzuwendende Sachrecht und damit auch die Sachentscheidung des Gerichts beeinflussen: Denn das anwendbare Kollisionsrecht und dadurch wiederum das anwendbare Sachrecht hängen von der Internationalen Zuständigkeit ab. Bei einer Mehrzahl potentieller Gerichtsstände kann der Kläger durch eine geschickte Auswahl des Gerichtes über das anwendbare Kollisionsrecht des Forums die zur Streitentscheidung maßgeblichen Sachnormen bestimmen („Forum Shopping").

Bei Rechtsstreitigkeiten zwischen Parteien mit Sitz in verschiedenen Staaten wirft insbesondere die Bestimmung der internationalen Gerichtszuständigkeit Probleme auf. Die dabei potentiell in Betracht kommenden Zuständigkeiten reichen von derjenigen des Gerichtes am Serverstandort bis hin zu der Zuständigkeit der Gerichte an allen Abruforten. Die für die Offline-Welt entwickelten Zuständigkeitsregeln bieten oftmals keine befriedigende Lösung im Online Bereich und bergen vielfach die Gefahr eines nicht kalkulierbaren Gerichtsstandsrisikos. Dies gilt umso mehr, da die Zuständigkeitsregeln national divergieren und eine internationale Vereinheitlichung in naher Zukunft nicht zu erwarten ist.[4]

---

[1] US Court of Appeals, Ninth Circuit, Ent. v. 12.1.2006 – No. 01-17424 in Sachen Yahoo! Inc. v. LICRA and UEJF.
[2] Grundsätzlich bestimmt jeder Staat autonom, wann seine Gerichte international zuständig sind. Sofern jedoch multi- oder bilaterale Abkommen über die internationale Gerichtszuständigkeit getroffen wurden, gehen diese dem nationalen Prozessrecht zur internationalen Zuständigkeit vor.
[3] Das Internationale Privatrecht (IPR) hat die Aufgabe, bei einem Lebenssachverhalt mit Auslandsbezug das für diesen Sachverhalt anwendbare Recht zu bestimmen. Dabei wird versucht, von mehreren möglichen Rechtsordnungen diejenige anzuwenden, mit welcher der Sachverhalt die räumlich engste Verbindung aufweist. Es geht also immer um die Vorfrage, welches nationale Recht (unter Einschluss des IPR der fraglichen Rechtsordnung) im Einzelfall am besten angewandt werden kann.
[4] Zwar schafft die EuGVO auf europäischer Ebene einen harmonisierten Rechtsrahmen und auf internationaler Ebene wurde nach langwierigen Verhandlungen das Haager Übereinkommen über Gerichtsstandsvereinbarungen am 30.6.2005 verabschiedet; diese regelt aber nur den Fall des Vorliegens einer Parteivereinbarung über die internationale gerichtliche Zuständigkeit.

I. Zuständigkeit bei Immaterialgüterrechtsverletzungen

Zunächst ist zu klären, ob und wann ein Gericht örtlich zuständig ist. Dabei ist zwischen rein nationalen Sachverhalten und solchen mit grenzüberschreitendem Gehalt zu differenzieren.

1. Innerdeutsche Fälle

Für innerdeutsche Fälle gelten die **Regeln der ZPO**. Sofern für eine Klage kein ausschließlicher Gerichtsstand als vorrangig anzunehmen ist, sind Klagen am allgemeinen Gerichtsstand des Beklagten zu erheben (§ 12 ZPO). Dieser ist am Wohnsitz der Beklagten anzusiedeln (§ 13 ZPO). In deliktischen Fällen – etwa bei der Verletzung von Urheber-, Marken- oder Persönlichkeitsrechten – kann gem. § 32 ZPO wahlweise auch am Tatort geklagt werden (Besonderer Gerichtsstand der unerlaubten Handlung). Dies ist sowohl der Handlungsort – Standort des Servers[1] – als auch der Erfolgsort.

Unterschiedliche Auffassungen bestehen hinsichtlich der Bestimmung des Erfolgsortes. Einige Gerichte stellen auf jeden Ort ab, an dem eine Homepage abgerufen werden kann[2] und kommen damit zu einer deutschlandweiten Zuständigkeit aller Gerichte nach Wahl des Klägers. Anwälte können dies gut ausnutzen, um je nach den Besonderheiten eines Gerichts und seiner Judikatur das „richtige" Gericht auszuwählen. Nach anderer Auffassung soll die Zuständigkeit des Erfolgsortes dadurch beschränkt werden, dass darauf abgestellt wird, ob eine Homepage am Gerichtsort bestimmungsgemäß abgerufen werden kann.[3]

Der u.a. für den Schutz des Allgemeinen Persönlichkeitsrechts zuständige VI. Zivilsenat des *Bundesgerichtshofs* hat beschlossen, diese Sache dem Gerichtshof der Europäischen Union vorzulegen. Im Wege der Vorabentscheidung sollte die internationale Zuständigkeit der Gerichte für Unterlassungsklagen gegen Internetveröffentlichungen von Anbietern geklärt werden, die in einem anderen Mitgliedstaat niedergelassen sind. Der Senat hat dem Gerichtshof ferner die Frage zur Entscheidung vorgelegt, ob sich der geltend gemachte Unterlassungsanspruch gemäß dem Herkunftslandprinzip der e-commerce-Richtlinie nach österreichischem Recht richte oder dieser Anspruch nach deutschem Recht zu beurteilen sei.[4]

---

[1] Streitig; andere stellen (auch) auf den Wohnsitz des Schädigers ab; siehe *Koch*, CR 1999, 124; *Mankowski*, RabelsZ 1999, 257.
[2] *LG Düsseldorf*, Urt. v. 4.4.1997 – 34 O 191/96, CR 1998, 165 = NJW-RR 1998, 979; *LG München I*, Urt. v. 21.9.1999 – 9 HKO 12244/99, RIW 2000, 467: Abrufort; PWW/Schaub Rz. 29; *Mankowski*, RabelsZ 63 (1999), 203; *OLG Hamm*, Beschl. v. 15.10.2007 – 4 W 148/07, MMR 2008, 178.
[3] *LG Düsseldorf*, Urt. v. 4.4.1997 – 34 O 191/96, CR 1998, 165 = WM 1997, 1444; *LG Hamburg*, Urt. v. 22.5.2008 – 315 O 992/07. Diff. *Degen/Deister*, NJOZ 2010. 1 (4 ff.).
[4] *BGH*, Beschl. v. 10.11.2009 – VI ZR 217/08, NJW 2010, 1232.

I. Zuständigkeit bei Immaterialgüterrechtsverletzungen

Zur Frage der internationalen Zuständigkeit macht der *BGH* dabei deutlich, dass er eine internationale Zuständigkeit für Persönlichkeitsverletzungen durch Internet-Veröffentlichungen annimmt, wenn über die bloße Abrufbarkeit des Beitrags hinaus ein besonderer Inlandsbezug der Veröffentlichung gegeben ist. Dieser Bezug richtet sich dem *BGH* zufolge allerdings nicht nach der „bestimmungsgemäßen Abrufbarkeit" am Gerichtsort.[1] Eine Persönlichkeitsverletzung setze keine Marktbeeinflussung voraus, sondern trete unabhängig von den Intentionen des Verletzers mit der Kenntnisnahme des rechtsverletzenden Inhalts durch Dritte ein. Entscheidend sei daher, ob die im Internet abrufbaren Informationen objektiv in dem Sinne einen Bezug zum Inland aufweisen, dass eine Kollision der widerstreitenden Interessen[2] nach den Umständen des Falles, insbesondere aufgrund des Inhalts der beanstandeten Meldung, im Inland tatsächlich eingetreten ist oder eintreten kann.[3]

Die Frage der Rechtsnatur und Reichweite des in Art. 3e Commerce-Richtlinie verankerten Herkunftslandprinzips wurde noch nicht vom *EuGH* entschieden.

Prozessuale Besonderheiten gelten für das Urheberrecht sowie das Wettbewerbsrecht. Nach § 104 UrhG gilt für alle Urheberrechtsstreitigkeiten ausschließlich der Rechtsweg zu den ordentlichen Gerichten. Viele Bundesländer haben von der Ermächtigung des § 105 UrhG Gebrauch gemacht und ein bestimmtes *Amts- oder Landgericht* zentral für die Entscheidung von Urheberrechtssachen zuständig erklärt. Ausschließliche Zuständigkeiten sind ferner im UWG geregelt (§ 14 UWG) und dort den Gerichten zugewiesen, in deren Bezirk der Beklagte seine gewerbliche Niederlassung hat (§ 14 Abs. 1 UWG) oder die Handlung begangen worden ist (§ 14 Abs. 2 UWG). Die Regeln ähneln insofern denen der ZPO. Allerdings geht die Rechtsprechung hinsichtlich des Tatorts im Wettbewerbsrecht davon aus, dass auf die tatsächlichen Auswirkungen der streitgegenständlichen Werbung im Gerichtsbezirk abzustellen ist.[4] So soll zum Beispiel zwischen zwei kleineren Kanzleien in Heilbronn und Berlin kein den Gerichtsstand des Begehungsortes eröffnendes Wettbewerbsverhältnis bestehen.[5]

---

1 Anders ist dies bei Kennzeichenverletzungen im Wettbewerbsrecht, wo danach entschieden wird, ob eine Webseite sich „gezielt" oder „bestimmungsgemäß" an deutsche Intenetnutzer richtet, *BGH*, Urt. v. 13.10.2004 – I ZR 163/02, MDR 2005, 1005 = CR 2005, 359 m. Anm. *Junker* = GRUR 2005, 431. Siehe auch *BGH*, Urt. v. 2.3.2010 – VI ZR 23/09, MDR 2010, 744 = CR 2010, 383 = NJW 2010, 1752.
2 Interesse des Klägers an der Achtung seines Persönlichkeitsrechts bzw. Interesse der Beklagten an der Gestaltung ihres Internetauftritts und an einer Berichterstattung.
3 *BGH*, Beschl. v. 10.11.2009 – VI ZR 217/08, NJW 2010, 1232.
4 *LG Potsdam*, Urt. v. 4.7.2001 – 52 O 11/01, MMR 2001, 833 bestätigt durch *OLG Brandenburg*, Beschl. v. 27.3.2002 – 6 U 150/01, MMR 2002, 463; *BGH*, Urt. v. 23.10.1970 – I ZR 86/69, GRUR 1971, 153; *OLG Bremen*, Urt. v. 17.2.2000 – 2 U 139/99, CR 2000, 770.
5 *OLG Brandenburg*, Beschl. v. 27.3.2002 – 6 U 150/01, MMR 2002, 463.

2. Internationale Zuständigkeit

Die Regeln der ZPO werden analog auch zur Klärung der internationalen Zuständigkeit herangezogen. Insbesondere das **Tatortprinzip des § 32 ZPO** kommt entsprechend zur Anwendung. Eine Anwendung der ZPO kommt jedoch nur hinsichtlich der Fälle in Betracht, in denen die internationale Zuständigkeit im Hinblick auf einen außerhalb der EU wohnhaften Beklagten zu bestimmen ist.[1]

a) EuGVO

Hat der Beklagte seinen Wohnsitz innerhalb der EU, gilt für die Frage der Zuständigkeit die **EuGVO** in Zivil- und Handelssachen.[2] Die EuGVO löste mit ihrem Inkrafttreten am 1.3 März 2002 das zuvor geltende Übereinkommen über die gerichtliche Entscheidung in Zivil- und Handelssachen ab (EuGVÜ).[3] Die EuGVO geht davon aus, dass am Wohnsitz des Beklagten (Art. 2 EuGVO) oder bei deliktischen Ansprüchen wahlweise am Ort der unerlaubten Handlung Klage erhoben werden kann (Art. 5 Nr. 3 EuGVO). Für den Tatort wird auf den Ort abgestellt „where the harmful event occured or may occur" (Art. 5 Nr. 3 EuGVO). Dies umfasst sowohl den Handlungs- als auch den Erfolgsort. Der Erfolgsort wird jedoch seitens der Gerichte – ebenso wie bei § 32 ZPO – danach bestimmt, ob an einem Ort eine Homepage nicht nur zufällig abgerufen werden kann.[4] Hinsichtlich der Geltendmachung von Schadensersatzansprüchen ist zu beachten, dass nach der Shevill-Entscheidung des *EuGH*[5] ausschließlich am Handlungsort der gesamte Schaden geltend gemacht werden kann. An den Erfolgsorten kann nur der im jeweiligen Staat eingetretene Teilschaden (wie auch immer dieser territorial berechnet werden soll) geltend gemacht werden.

Bei Immaterialrechtsgütern kommen als zuständigkeitsbegründender Tatort i.S.d. Art. 5 Nr. 3 EuGVO nur solche Orte in Betracht, an denen zumindest ein Teilakt einer dem Rechtsinhaber ausschließlich zugeordneten **Nutzungs- oder Verwertungshandlung** begangen worden ist.[6] Ob eine zuständigkeitsbegründende Tathandlung im Inland begangen worden ist, bestimmt das ange-

---

1 Für den Kontakt zu Beklagten aus den EFTA-Staaten ist noch das Lugano-Übereinkommen v. 16.9.1988 zu beachten, das sich aber von der EuGVO nicht sonderlich unterscheidet.
2 Verordnung (EG) Nr. 44/2001 des Rates v. 22.12.2000 über die gerichtliche Zuständigkeit und die Anerkennung und Vollstreckung von Entscheidungen in Zivil- und Handelssachen, ABl. Nr. L 12 v. 16.1.2001, S. 1–23.
3 Eine Ausnahme besteht nur im Verhältnis zu Dänemark, für das weiterhin das EuGVÜ anwendbar bleibt.
4 So auch *Schack*, MMR 2000, 135. *Pichler, Hoeren/Sieber*, Teil 25 Rz. 207.
5 *EuGH*, Urt. v. 7.3.1995 – Rs. C-68/93, Slg. 1995, I 417. Siehe dazu auch *Mankowski*, RabelsZ 1999, 257.
6 Da Immaterialgüterrechte (anders als Sachenrechte) real nirgends belegen sind, kann es keinen vom Handlungsort verschiedenen Erfolgsort geben. Maßgeblich ist allein,

I. Zuständigkeit bei Immaterialgüterrechtsverletzungen

rufene Gericht nach dem Recht, welches durch das Internationale Privatrecht des Forumstaates zur Anwendung berufen ist. Dies ist regelmäßig das Recht des Schutzlandes (lex loci protectionis), also die Immaterialgüterrechtsordnung des Staates, für dessen Gebiet Schutz begehrt wird.[1] Wenn also z.B. ein deutsches Gericht wegen der Internet-Abrufbarkeit von urheberrechtlich geschütztem Material in der BRD angerufen wird, bestimmt es seine Zuständigkeit nach Art. 5 Nr. 3 EuGVO danach, ob diese Abrufbarkeit (in Deutschland) eine Verletzungshandlung nach dem deutschen Urheberrechtsgesetz darstellt. Ob eine zuständigkeitsbegründende Tathandlung im Inland begangen worden ist, bestimmt sich also nach dem materiellen Immaterialgüterrecht des Landes, für dessen Gebiet Immaterialgüterrechtsschutz beansprucht wird und damit regelmäßig nach inländischem Recht. Für die Verwendung von immaterialgüterrechtlich geschütztem Material im Internet bedeutet dies, dass das materielle Recht des Schutzlandes darüber entscheidet, ob die Abrufbarkeit (auf seinem Territorium) allein ausreichend ist, eine Verletzungshandlung und damit eine Gerichtspflichtigkeit des Handelnden im Schutzland nach Art. 5 Nr. 3 EuGVO zu begründen.

In der EU erfasst Art. 3 der Urheberrechtsrichtlinie[2] explizit die „öffentliche Zugänglichmachung" von geschütztem Material in der Weise, dass dieses „Mitgliedern der Öffentlichkeit von Orten und zu Zeiten ihrer Wahl zugänglich ist" und definiert damit das **Zum-Abruf-Bereithalten** und auch die **Abrufbarkeit** im Internet als erlaubnispflichtige Handlung. Für eine solche Auslegung spricht auch Erwägungsgrund 25 der Richtlinie, wonach Art. 3 Urheberrechtsrichtlinie das Recht umfasst, geschützte Inhalte „im Wege der interaktiven Übertragung auf Abruf für die Öffentlichkeit zugänglich zu machen".[3]

Im Bereich der gewerblichen Schutzrechte, insbesondere im Rahmen des Marken- und Patentrechts, stellt sich ebenfalls die Frage, ob die Abrufbarkeit einer im Inland markenrechtlich geschützten Domain oder – mit Blick auf die USA – die Online-Verwendung einer im Inland patentierten implementierten

---

wo in die dem Rechtsinhaber ausschließlich zugeordneten Handlungsbefugnisse eingegriffen wird.
1 Diese weltweit anerkannte Kollisionsnorm folgt aus dem Territorialitätsprinzip, wonach ein Immaterialgüterrecht nur für das Territorium des gewährenden Staates Geltung beanspruchen kann. Nur dort kann es auch verletzt werden. D.h. ein nach dem deutschen UrhG gewährtes Urheberrecht kann auch nur durch eine Handlung in der BRD verletzt werden. Das Schutzlandprinzip ist i.Ü. in Art. 5 Abs. 2 RBÜ kodifiziert.
2 Richtlinie 2001/29/EG des Europäischen Parlamentes und des Rates v. 22.5.2001 zur Harmonisierung bestimmter Aspekte des Urheberrechts und der verwandten Schutzrechte in der Informationsgesellschaft.
3 Selbst wenn man das „making available right" nur in dem Staat, von dem aus das Material ins Netz gestellt wird, als verletzt ansieht, würde man doch über eine Zurechnung weiterer Vervielfältigungshandlungen der Internetnutzer (browsing, RAM Kopie und vor allem Downloads) zu einer Tathandlung im Abrufstaat gelangen.

Geschäftsmethode allein ausreicht, um dort eine Verletzungshandlung und damit Tatort-Gerichtszuständigkeit zu begründen.

Für die Verwendung eines in Deutschland markenrechtlich geschützten Begriffes als **Domain** unter dem Top-Level „.com" durch ein US Unternehmen hat das *KG Berlin*[1] die Abrufbarkeit in der BRD allein als ausreichend erachtet, um seine Zuständigkeit für die vom deutschen Markenrechtsinhaber eingereichte Verletzungsklage zu bejahen.

In der Literatur gibt es Stimmen, die zur Bejahung eines inländischen Tatortes einen weiteren Inlandsbezug als die rein technisch bedingte Abrufbarkeit im Inland verlangen.[2] Immer mehr *Amts- und Landgerichte*[3] lehnen jedenfalls einen fliegenden Gerichtsstand ab und verlangen, dass der Kläger einen besonderen Bezug zum angerufenen Gericht darlegt.

Zur internationalen Zuständigkeit deutscher Gerichte bezog der *BGH* dahingehend Stellung, dass eine deliktische Handlung, die eine Persönlichkeitsverletzung darstellt, die Zuständigkeit eines deutschen Gerichts gemäß § 32 ZPO dann begründet, wenn ein deutlicher Inlandsbezug objektiver Art dergestalt gegeben ist, dass eine Kollision der widerstreitenden Interessen[4] im Inland tatsächlich eintreten kann.[5] Auf die bloße Abrufbarkeit abzustellen, sei ebenfalls verfehlt, da dies zu einer uferlosen Ausweitung der gerichtlichen Zuständigkeiten führen würde. Andererseits sei auch nicht zu verlangen, dass sich der Inhalt gezielt und bestimmungsgemäß auch an deutsche Nutzer richtet. Dieses Kriterium passe für marktbezogene Wettbewerbsverletzungen, nicht aber bei Persönlichkeitsverletzungen.[6]

Für Unternehmen, die im Rahmen ihres Internetauftritts immaterialgüterrechtlich geschütztes Material verwenden, führt die **besondere Tatortzuständigkeit des Art. 5 Nr. 3 EuGVO** zu beunruhigenden Ergebnissen: Sie laufen Gefahr, sofern ein Dritter eigene Rechte an diesem Material geltend macht, an jedem Abrufort innerhalb der EU wegen der Verwendung dieses Materials

---

1 *KG*, Urt. v. 27.3.1997 – 5 U 659/97, CR 1997, 685 – hier wurde die Zuständigkeit auf den insoweit inhaltsgleichen § 32 ZPO gestützt. Zur Bejahung des inländischen Tatortes reichte dem Gericht eine bestimmungsgemäße Abrufbarkeit im Inland.
2 Siehe z.B. *Koch*, „Internationale Gerichtszuständigkeit und Internet", CR 1999, 121. Oft wird ein Verhalten, das in irgendeiner Form auf den Forumstaat ausgerichtet ist, verlangt.
3 Für ein Wahlrecht: *LG Düsseldorf*, Urt. v. 4.4.1997 – 34 O 191/96, CR 1998, 165 = MMR 1998, 620; *LG Berlin*, Urt. v. 13.10.1998 – 16 O 320/98, CR 1999, 187 = MMR 1999, 43. Gegen ein Wahlrecht: *AG Charlottenburg*, Beschl. v. 19.12.2005 – 209 C 1015/05, MMR 2006, 254 m. Anm. *Kaufmann/Köcher*; *AG Krefeld*, Urt. v. 24.1.2007 – 4 C 305/06, MMR 2007, 471.
4 Widerstreitend waren in vorliegendem Fall einerseits das Interesse des Klägers an der Achtung seines Persönlichkeitsrechts und andererseits das Interesse des Beklagten an der Berichterstattung und Gestaltung seines Internetauftritts.
5 *BGH*, Urt. v. 2.3.2010 – VI ZR 23/09, MDR 2010, 744 = CR 2010, 383 = NJW 2010, 1752.
6 Ebenda.

auf Schadensersatz[1] und insbesondere auf Unterlassung verklagt werden zu können.[2]

Der mit dieser Konzeption verbundene, **fliegende Gerichtsstand** ist schwer zu handhaben. Denn deutsche Gerichte sind danach für die Entscheidungen zahlreicher Internet-Streitigkeiten zuständig, ohne die Zuständigkeit – wie angloamerikanische Gerichte – wegen „forum non conveniens" ablehnen zu können.[3] In der Zwischenzeit stellen jedoch immer mehr Gerichte auch für das Urheberrecht auf die Frage der bestimmungsgemäßen Abrufbarkeit am Gerichtsort ab[4] oder lassen nur noch die Zuständigkeit des Sitzorts zu.[5]

b) Das Haager Übereinkommen über Gerichtsstandsvereinbarungen

Auch auf internationaler Ebene wurde das Problem der national divergierenden Vorschriften zur internationalen gerichtlichen Zuständigkeit erkannt. Daher sollte im Rahmen des sog. Judgments Project der Mitgliedstaaten der **„Haager Konferenz für internationales Privatrecht"** ein internationales Gerichtsstands-, Anerkennungs- und Vollstreckungsübereinkommen geschlossen werden.[6] Dieses Übereinkommen sollte die internationale gerichtliche Zuständigkeit in zivil- und handelsrechtlichen Streitgegenständen umfassend regeln. Ein dieser umfassenden Zielsetzung entsprechender Entwurf wurde schließlich auch im Jahre 2001 im Rahmen einer Diplomatischen Konferenz vorgestellt. Eine Einigung konnte jedoch trotz langwieriger Verhandlungen letztlich nicht erzielt werden.[7] Stattdessen wurde beschlossen, einen weniger umfassenden und weniger umstrittenen Ansatz für die weiteren Verhandlungen zu wählen. Neue Zielsetzung des Judgments Project war nunmehr nur noch der Abschluss eines Abkommens zur Regelung der internationalen gerichtlichen Zuständigkeit bei Vorliegen einer vertraglichen Gerichtsstandsvereinbarung der beteiligten Parteien und die Anerkennung und Vollstreckung der Urteile der nach diesen Vereinbarungen zuständigen ausländischen

---

[1] Wobei jedoch nur der in dem jeweiligen Abrufstaat entstandene Schaden eingeklagt werden kann.
[2] So auch *Berger*, GRUR Int., 2005, 467.
[3] Siehe das Urteil des High Court of Justice v. 29.10.2004, Richardson vs. Schwarzenegger EWHC 2422 (QB), CRi 2005, 21.Vgl. auch den „special circumstances"-Test im japanischen Recht z.B. in D. Kono vom Taro Kono. Im Rahmen der EuGVO ist die Anwendung der forum non conveniens Idee jetzt unzulässig; siehe *EuGH*, Urt. v. 1.3.2005 – C-281/02, EuZW 2005, 345.
[4] *OLG München*, Beschl. v. 7.5.2009 – 31 AR 232/09, GRUR-RR 2009, 320. Ähnlich *LG München*, Urt. v. 30.7.2009 – 7 O 13895/08, NJOZ 2010, 449. Siehe auch *OLG Rostock*, Beschl. v. 29.7.2009 – 2 W 41/09, K&R 2009, 657.
[5] *AG Frankfurt a.M.*, Urt. v. 13.2.2009 – 32 C 2323/08-72, MMR 2009, 420.
[6] S. zum Hintergrund der Verhandlungen Informations- und Arbeitspapiere auf der Webseite der Haager Konferenz, http://www.hcch.net/.
[7] Vgl. zu den verschiedenen Streitpunkten, Preliminary document No. 16 of February 2002, S. 5: http://www.hcch.net/upload/wop/gen_pd16e.pdf.

Gerichte.¹ Für diesen eingeschränkten Bereich ist am 30. Juni 2005 schließlich das Haager Übereinkommen über Gerichtsstandsvereinbarungen (HGÜ) verabschiedet worden.² Fehlt es an einer solchen Parteivereinbarung, kommt das HGÜ nicht zur Anwendung. Damit bleibt es für eine Vielzahl der Fälle im Hinblick auf Immaterialgüterrechtsverletzungen bei dem festgestellten Fehlen eines internationalen Rechtsrahmens.

II. Zuständigkeit bei Verträgen

1. Die nationale Zuständigkeit

Anders als im Deliktsrecht ist im Vertragsrecht eine **Rechtswahl der Parteien** denkbar. § 38 Abs. 1 ZPO lässt eine Gerichtsstandsvereinbarung zu, wenn die Vertragsparteien Kaufleute oder juristische Personen des öffentlichen Rechts sind. Ferner kann die Zuständigkeit vereinbart werden, wenn eine der Parteien keinen allgemeinen Gerichtsstand im Inland hat (§ 38 Abs. 2 ZPO). Mit **Verbrauchern** ist eine Gerichtsstandsvereinbarung nicht zulässig.

2. Die EuGVO

Auch die **EuGVO** lässt die Möglichkeit einer vertraglichen Rechtswahl zu. Ein Gericht bzw. die Gerichte eines Mitgliedstaats sind gem. Art. 23 Abs. 1 EuGVO in einer Rechtssache zuständig, wenn die beteiligten Parteien dessen bzw. deren Zuständigkeit in einer Gerichtsstandsvereinbarung festgelegt haben. Anderes als noch im EuGVÜ stellt die EuGVO zusätzlich die Auslegungsregel auf, dass eine getroffene Gerichtsstandsvereinbarung als ausschließlich anzusehen ist, wenn die Parteien keine anders lautende Vereinbarung getroffen haben (Art. 23 Abs. 1 Satz 2 EuGVO). Daraus folgt, dass andere Gerichte, als die in einer solchen Vereinbarung bestimmten, eine Zuständigkeit ablehnen müssen. Die formellen Anforderungen an die Parteivereinbarung sind gering. Neben der Schriftform genügt auch schon eine mündliche Vereinbarung, die lediglich schriftlich bestätigt worden sein muss. Auch ist die Übermittlung in elektronischer Form, sofern sie eine dauerhafte Aufzeichnung ermöglicht, der Schriftform gleichgestellt (Art. 23 Abs. 2 EuGVO). Somit können Gerichtsstandsvereinbarungen auch per Fax oder E-Mail wirksam getroffen bzw. bestätigt werden. Darüber hinaus lässt die Vorschrift jede sonstige Form der Parteivereinbarung genügen, die den Gepflogenheiten der beteiligten Parteien oder den für die jeweiligen Parteien gem. Art. 23 Abs. 1c EuGVO anwendbaren Handelsbräuchen des internationalen Handels entspricht. Verträge über Gerichtsstandsvereinbarungen können im Rahmen der EuGVO auch mit Verbrauchern getroffen werden. Allerdings ist dabei zu be-

---

1 Vgl. zur Entstehungsgeschichte: *Luginbühl/Wollgast*, GRUR Int. 2006, 209.
2 Text des Übereinkommens unter http://www.hcch.net/index_en.php?act=conventions.text&cid=98.

achten, dass in Abschnitt 4 der EuGVO besondere Zuständigkeiten für Verbrauchersachen festgelegt werden,[1] von denen nur unter bestimmten Voraussetzungen abgewichen werden kann (Art. 23 Abs. 5 i.V.m. Art. 17 EuGVO).

3. Das Haager Übereinkommen

Wurde zwischen den Parteien eine Gerichtsstandsvereinbarung getroffen, kommt auf internationaler Ebene die Anwendbarkeit des bereits erwähnten **„Haager Übereinkommens über Gerichtsstandsvereinbarungen"** in Betracht.[2] Auch hier ist zunächst zu beachten, dass das Abkommen nur im Rahmen von B2B-Vereinbarungen anwendbar ist. Aus dem Anwendungsbereich des HGÜ von vorneherein ausgenommen sind sowohl Vereinbarungen mit oder zwischen Verbrauchern als auch arbeits-, familien-, erb-, transport-, see-, kartell-, atom-, gesellschafts- und einige immaterialgüterrechtliche Streitigkeiten (vgl. Art. 2 HGÜ).

Weitere Voraussetzung ist das Vorliegen einer vertraglichen Gerichtsstandsvereinbarung in Zivil- und Handelssachen. Diese Vereinbarung muss die ausschließliche Zuständigkeit des vereinbarten Gerichtsstandes i.S.v. Art. 3 HGÜ vorsehen. Die formellen Anforderungen an eine solche Gerichtsstandsvereinbarung sind allerdings nur gering. Gem. Art. 3(c)(i) und (ii) HGÜ genügt hierfür schon jede in Schriftform oder jede durch jedes andere Kommunikationsmittel, welches eine spätere Bezugnahme ermöglicht, dokumentierte oder niedergelegte Vereinbarung. Ausreichend können damit auch Vereinbarungen sein, die per E-Mail oder Fax getroffen worden sind.[3]

Im Bereich des **Immaterialgüterrechts** sind jedoch einige Bereichsausnahmen, die im Rahmen von Art. 2 HGÜ vorgenommen werden, zu beachten. Das Abkommen unterscheidet an dieser Stelle zwischen Urheberrechten und verwandten Schutzrechten auf der einen und den gewerblichen Schutzrechten auf der anderen Seite. Während das HGÜ bei Vorliegen einer entsprechenden Gerichtsstandsvereinbarung auf alle Klagen im Bereich des Urheberrechts und der verwandten Schutzrechte anwendbar ist, gelten für den Bereich der gewerblichen Schutzrechte zwei wesentliche Ausnahmen. So sind Bestandsklagen, d.h. Klagen, die die Frage der Wirksamkeit eines gewerblichen Schutzrechtes betreffen, von vornherein aus dem Anwendungsbereich des HGÜ ausgenommen. Diese Bereichsausnahme soll Souveränitätskonflikte zwischen den Mitgliedstaaten verhindern, welche durch eine Überprüfung rechtsbegründender Registrierungsakte durch ausländische Gerichte entstehen könnten.[4] Die Wirksamkeit staatlicher Hoheitsakte soll nicht Gegenstand von Ur-

---

1 Insbesondere wird für die in Art. 15 EuGVO bestimmten Verträge in Art. 16 Abs. 1 der Wohnsitz des Verbrauchers als besonderer Gerichtsstand festgelegt.
2 Text des Übereinkommens unter http://www.hcch.net/index_en.php?act=conventions.text&cid=98.
3 Dogauchi/Hartley, Preliminary document No. 26 of December 2004, Anm. 78.
4 *Luginbühl/Wollgast*, GRUR Int. 2006, 211.

teilen ausländischer Gerichte werden. So soll z.B. ein indisches Gericht nicht über die Wirksamkeit der Eintragung einer deutschen Marke entscheiden können. Diese Bereichsausnahme gilt allerdings auch für solche Bestandsklagen, die die Wirksamkeit nicht eintragungspflichtiger gewerblicher Schutzrechte zum Gegenstand haben.[1] Eine weitere Ausnahme für den Bereich der gewerblichen Schutzrechte ist im Rahmen des Art. 2 (2)(o) HGÜ für bestimmte Verletzungsverfahren festgelegt. Verletzungsverfahren sind im Gegensatz zu Bestandsklagen solche Klagen, die nicht die Wirksamkeit, sondern die Verletzung eines Rechts zum Gegenstand haben. In solchen Verletzungsverfahren ist das HGÜ nur anwendbar, wenn die Verletzung des gewerblichen Schutzrechtes auch als Vertragsverletzung geltend gemacht wird. Damit sind nichtvertragliche Ansprüche in Bezug auf gewerbliche Schutzrechte nicht generell aus dem Anwendungsbereich des HGÜ ausgenommen. Eine solche Regelung würde dem Kläger auch unnötige Umstände bereiten, da vertragliche und nichtvertragliche Ansprüche oftmals in demselben Verfahren geltend gemacht werden.[2] Entscheidend ist, ob die nichtvertraglichen Ansprüche eine gewisse Sachnähe zu den vertraglichen Ansprüchen aufweisen.[3] In Bezug auf den Bereich der Urheberrechte und verwandten Leistungsschutzrechte gelten die beschriebenen Bereichsausnahmen nicht. Hier ist das HGÜ im Falle des Vorliegens einer entsprechenden Gerichtsstandsvereinbarung sowohl auf Bestands- als auch auf Verletzungsverfahren anwendbar.

Inhaltlich bestimmt das HGÜ, dass eine den Voraussetzungen des Abkommens entsprechende **Parteivereinbarung** von den Gerichten der jeweiligen Mitgliedstaaten befolgt werden muss. Das beinhaltet zunächst, dass das in der Vereinbarung bestimmte Gericht seine Zuständigkeit nicht – auch nicht mit Hinweis auf das angloamerikanische „forum non conveniens"-Prinzip – ablehnen darf (Art. 5 HGÜ). Ebenso wenig darf ein gemäß der Parteivereinbarung nicht zuständiges Gericht die Klage zur Entscheidung annehmen (Art. 6 HGÜ). Etwas anderes gilt nur in den im Abkommen bezeichneten Ausnahmen. So z.B. dann, wenn die Parteivereinbarung nach dem anzuwendenden Recht des betreffenden Staates ungültig ist (Art. 5 (1), Art. 6 (a) HGÜ). Außerdem bestimmt das HGÜ, dass andere Gerichte die Urteile des durch die Parteivereinbarung entscheidenden Gerichts von bestimmten Ausnahmefällen abgesehen ohne erneute Überprüfung in der Sache anerkennen und durchsetzen müssen (Art. 8 HGÜ).

---

[1] Hierzu eingehend: *Luginbühl/Wollgast*, GRUR Int. 2006, 211.
[2] *Luginbühl/Wollgast*, GRUR Int. 2006, 212.
[3] Vgl. zur gesamten Problematik wiederum *Luginbühl/Wollgast*, GRUR Int. 2006, 212, die zur Veranschaulichung den Begriff „vertragsnahe" – nicht-vertragliche Ansprüche" verwenden.

III. Vollstreckung

Die Probleme kulminieren schließlich im Bereich der Vollstreckung. Selbst wenn es gelingt, einen ausländischen Verletzer vor einem Gericht zu verklagen und eine Sachentscheidung zu erwirken, muss diese letztlich auch vollstreckt werden können. Im Rahmen des **EuGVO** ist dies regelmäßig kein Problem, auch wenn sich die Vollstreckung in manchen europäischen Staaten (z.B. Italien oder in Belgien) zeitlich schwierig gestalten kann. **Außerhalb Europas** ist eine Vollstreckung – abgesehen von dem durch das Haager Übereinkommen über Gerichtsstandsvereinbarungen geregelten Bereich – jedoch nur nach Maßgabe bilateraler Vollstreckungsübereinkommen gewährleistet, die oft nicht bestehen. So kann sich ein „Pirat" guten Mutes eine ausländische „**Vollstreckungsoase**"[1] als Standort seines Servers aussuchen, um von dort aus die ganze Welt z.B. mit marken- und urheberrechtsverletzenden Raubkopien zu beliefern. Hier rächt sich die nationalstaatliche Wurzel des Rechts; hier wird das Internet de facto zum rechtsfreien Raum, der alle Juristen Lügen straft.

IV. Online Dispute Settlement

Als Lösung wird derzeit auch die Einrichtung von Online Dispute Diensten empfohlen. Es geht hierbei um **Schlichtungsstellen**, die Auseinandersetzungen zwischen den Parteien via Internet entscheiden sollen. Bekannt ist die im Domain-Kapitel beschriebene Streitschlichtung nach der Uniform Dispute Resolution Policy (UDRP) des ICANN, das sich allerdings von den sonstigen Schlichtungsstellen dadurch unterscheidet, dass mit der Entscheidung des Domain Name Panel die Übertragung der Domain verbunden werden kann. Andere Einrichtungen[2] haben keine Möglichkeit, verbindliche Entscheidungen zu treffen. Ihnen stehen als Sanktion nur die Veröffentlichung der Entscheidung und der Entzug eines entsprechenden Gütesiegels zur Verfügung. Gerade wegen der fehlenden Sanktionen ist die Effizienz und Akzeptanz der Online-Schlichtung unklar.[3] Umstritten ist auch noch deren Vereinbarkeit mit den Vorgaben des Rechtsberatungsgesetzes.[4]

---

1 Zu diesen zählen u.a. San Marino, Brunei oder Hong Kong, vgl. *Hoeren*, MMR 1998, 297.
2 Siehe dazu http://www.namadr.com; http://www.drs-ads.com; http://www.onlineresolution.com; http://www.ecodir.org; http://www.squaretrade.com.
3 Eine Ausnahme mag für Trustedshops gelten, eine Einrichtung, hinter der die Gerling-Gruppe als Versicherer steht und das bei Entscheidungen der Schlichtungsstelle deren finanzielle Absicherung durch Gerling sichert; http://www.trustedshop.de.
4 Siehe dazu *Grunewald*, BB 2001, 1111, die aufgrund des Herkunftslandprinzips der E-Commerce-Richtlinie eine Bindung auch inländischer Streitschlichter an das Rechtsberatungsgesetz ablehnen will.

V. Internationales Privatrecht

Es besteht ein prinzipieller Unterschied zwischen dem IZVR, das auf dem Gegenseitigkeitsprinzip beruht und dem IPR, dem eine allseitige Anknüpfung zugrunde liegt.[1]

1. CISG

Das **UN-Kaufrecht**, normiert in der **CISG**,[2] regelt den internationalen Warenkauf zwischen Unternehmern. Es findet Anwendung auf den grenzüberschreitenden Verkehr von Waren und damit auch auf die Überlassung von Standartsoftware.

2. EU-Kollisionsrecht

a) Rom I-Verordnung

Die **Rom I-Verordnung** trat am 17. Dezember 2009 in Kraft und regelt das EU-weite Kollisionsrecht im Bereich der vertraglichen Schuldverhältnisse, die nach diesem Zeitpunkt geschlossen wurden. Als EU-Verordnung geht sie in ihrem Anwendungsbereich dem deutschen IPR vor.

Kritisiert wurde die Rom I-VO unter anderem für die Nichtregelung der vorvertraglichen Schuldverhältnisse.[3] Diese haben jedoch mittlerweile einen Platz in der am 11. Januar 2009 in Kraft getretenen Rom II-VO über außervertragliche Schuldverhältnisse gefunden (Art. 12 Rom II-VO). Erwägungsgrund 10 der Rom I-VO weist ausdrücklich darauf hin.

Die freie **Rechtswahl** ist gemäß Art. 3 Abs. 1 Rom I-VO grundsätzlich zulässig. Besondere Bestimmungen gelten unter anderem im Hinblick auf das Verbrauchervertragsrecht nach Art. 6 Rom I-VO.

Im Bereich des Internetrechts enthält die Rom I-VO insbesondere für die **Bestimmung des anzuwendenden Rechts** im Rahmen der Immaterialgüterrechte, Verbraucherrechte und Vertragsrechte die folgenden relevanten Regelungen:

Das **europäische Verbrauchervertragsrecht** wird in **Art. 6 Rom I-VO** geregelt und bestimmt kategorisch das Recht des gewöhnlichen Aufenthalts des Verbrauchers zum anzuwendenden Recht. Art. 6 Abs. 2 Rom I-VO regelt jedoch, dass eine Rechtswahl i.S.d. Art. 3 Rom I-VO auch hier zugelassen ist, sofern

---

[1] Falsch verstanden im Falle des britischen High Courts, Urt. v. 16.12.2009, Lucasfilm Ltd. V. Andrew Ainsworth (2009) EEWCA Civ. 1328.
[2] „United Nations Convention on Contracts for the International Sale of Goods" vom 11.4.1980, auch Wiener Kaufrecht genannt, das am 1.1.1991 in der Bundesrepublik in Kraft trat, BGBl. 1990 II, S. 1477.
[3] *Mankowski*, IPRax 2006, 101.

dem Verbraucher nicht der Schutz entzogen wird, den er nach Anwendung der zwingenden Vorschriften des nach Art. 6 Abs. 1 Rom I-VO bestimmten Rechts hätte genießen dürfen (Günstigkeitsprinzip).[1]

Der **sachliche Anwendungsbereich** umfasst alle Arten von Verbraucherverträgen,[2] soweit nicht die Ausnahmen des Art. 6 Abs. 4 Rom I-VO greifen.

Der **persönliche Anwendungsbereich** umfasst ausschließlich das Verhältnis B2C, somit die typische Konstellation des Vertrags zwischen Unternehmer und Verbraucher, wobei es sich bei dem letzteren ausdrücklich um eine natürliche Person handeln muss.[3]

Der **räumliche Anwendungsbereich** setzt zumindest eine Ausrichtung der unternehmerischen Tätigkeit auf den Aufenthaltsstaat des Verbrauchers voraus. Der Unternehmer muss gem. Art. 6 Abs. 1 Rom I-VO nämlich entweder im Aufenthaltsstaat des Verbrauchers seine berufliche oder gewerbliche Tätigkeit ausüben (Abs. 1 Buchst. a) oder eine solche Tätigkeit auf irgendeine Weise auf diesen Staat bzw. mehrere Staaten, einschließlich dieses Staates, ausrichten (Abs. 1 Buchst. b). Zudem muss auch der Vertrag in den Bereich dieser Tätigkeit fallen.

Relevanz erlangt dies vor allem im Rahmen der cross-border Situation vieler elektronischer Rechtsgeschäfte. In diesem Zusammenhang ist vor allem im Hinblick auf Erwägungsgrund 24 der Rom I-VO zu beachten, dass zur Wahrung der Übereinstimmung mit der EuGVVO,[4] eine einheitliche Auslegung – insb.[5] hinsichtlich der „ausgerichteten Tätigkeit" – mit Art. 15 Abs. 1 Buchst. c EuGVVO vorzunehmen ist. Während hinsichtlich der „ausgeübten Tätigkeit" (Art. 6 Abs. 1 Buchst. a) u.a. entscheidend sein soll, dass der Unternehmer seine berufliche Tätigkeit bereits vor und unabhängig von dem Vertragsschluss mit dem Verbraucher in dessen Aufenthaltsstaat ausgeübt haben muss,[6] gilt für die „ausgerichtete Tätigkeit" gem. Art. 6 Abs. 1 Buchst. b i.V.m. 15 Abs. 1 Buchst. c EuGVVO folgendes: Sofern Werbeanzeigen im Internet geschaltet werden, müssen sie (zumindest auch) auf Internet-

---

1 jurisPK/*Limbach*, BGB, Art. 6 Rom I-VO Rz. 3.
2 Anders als Art. 5 EVÜ und Art. 29 EGBGB a.F. beschränkt sich Art. 6 Rom I-VO in seiner Anwendbarkeit nicht mehr grundsätzlich auf bestimmte Vertragstypen. Vgl.: jurisPK/*Limbach*, BGB, Art. 6 Rom I-VO Rz. 10.
3 Umstritten ist jedoch die Anwendung auf rechtsfähige Gemeinschaften, insb. BGB-Gesellschaft und Wohnungseigentümergemeinschaft – dazu: jurisPK/*Limbach*, BGB, Art. 6 Rom I-VO Rz. 10; IntVR/*Staudinger*, 2007, Art. 29 EGBGB Rz. 8; NomosHk/*Staudinger*, 5. Aufl. 2007, Art. 29 EGBGB Rz. 3.
4 (EG) Nr. 44/2001.
5 Zwar wird darüber hinaus der Begriff der „ausgeübten Tätigkeit" nicht ausdrücklich in das Auslegungsgebot des Erwägungsgrundes 24 mit einbezogen, jedoch ist davon auszugehen, dass dieser Begriff i.S.d. Abs. 1 Buchst. a Rom I-VO den gleichen Gehalt ausweist, wie die „ausgeübte Tätigkeit" in Art. 15 Abs. 1 Buchst. c der EuVVO; Vgl. jurisPK/*Limbach*, BGB, Art. 6 Rom I-VO Rz. 10; *Mankowski*, ZVglRWiss 105 (2006), 120; *Leible/Lehmann*, RIW 2008, 528.
6 *BGH*, Urt. v. 30.3.2006 – VII ZR 249/04 Rz. 22 = NJW 2006, 1672.

anwender aus dem betreffenden Aufenthaltsstaat zugeschnitten sein.[1] Handelt es sich dagegen um den eigenen Internetauftritt des Unternehmers, so ist vielmehr erforderlich, dass diese Webseite auch den Vertragsschluss im Internet anbietet und dass tatsächlich ein Vertragsabschluss im Fernabsatz erfolgt ist.[2]

Grenzüberschreitende Kaufverträge innerhalb der EU über Internetauktionen wie eBay werden folglich nur erfasst, wenn der Verkäufer ein Unternehmer ist und der Käufer ein Verbraucher. Die typische eBay-Vertragskonstellation (C2C) fällt somit nicht unter Art. 6 Rom I-VO. Einen typischen Anwendungsfall für Art. 6 Rom I-VO stellt jedoch der Vertrag über den Internet-Versandhandel dar.

Als Auffangregelung gilt im **internationalen Vertragsrecht** das Prinzip der Anknüpfung an die charakteristische Leistung.[3] Sie kommt in **Art. 4 Rom I-VO** zum Ausdruck und findet Anwendung, sofern kein besonderer Vertrag nach Art. 5–8 Rom I-VO vorliegt, bzw. keine Rechtswahl gem. Art. 3 Rom I-VO getroffen wurde. Anknüpfungspunkt ist dabei grundsätzlich der gewöhnliche Aufenthalt des Marketers, also der absetzenden Person, wobei allerdings durch die detaillierten Regelungen für einzelne Vertragstypen in Art. 4 Abs. 1 Rom I-VO das Kriterium der „vertragscharakteristischen Leistung" gestärkt werden soll.[4] Bei Unternehmen findet für die Bestimmung des gewöhnlichen Aufenthaltes Art. 19 Rom I-VO Anwendung, der auf den Sitz der Hauptverwaltung oder Niederlassung abstellt.

Im Internetrecht könnte Art. 4 Abs. 1 Buchst. g Rom I-VO eine Rolle spielen. Demnach ist auf Verträge über den Kauf beweglicher Sachen durch Versteigerung das Recht des Ortes anzuwenden, an dem die Versteigerung stattfindet. Dies gilt jedoch nur, soweit dieser Ort ermittelt werden kann. Bei Internetauktionen dürfte dies stets einige Schwierigkeiten mit sich bringen. Sofern der Ort der Versteigerung also nicht ermittelt werden kann, greift Art. 4 Abs. 1 Buchst. a Rom I-VO ein. In diesem Fall bestimmt sich das maßgebliche Recht nach dem gewöhnlichen Aufenthalt des Verkäufers.[5]

---

[1] Dies ist u.U. anhand von Indizien wie Inhalt und Sprache festzulegen: jurisPK/*Limbach*, BGB, Art. 6 Rom I-VO Rz. 45.
[2] So Erwägungsgrund 24 der Rom I-VO, wonach in diesem Fall es jedoch nicht auf die benutzte Sprache oder Währung ankomme; Das Zitat der gemeinsamen Erklärung von Kommission und Rat ist allerdings insofern falsch, als dass nur ursprüngliche, nicht aber auf die korrigierte Fassung v. 20.12.2000 Bezug genommen wird, wonach nicht ein „Anbieten", sondern lediglich ein „Auffordern" zum Vertragsschluss von Nöten wäre: jurisPK/*Limbach*, BGB, Art. 6 Rom I-VO Rz. 46.
[3] jurisPK/*Ringe*, BGB, Art. 4 Rom I-VO Rz. 10.
[4] Vgl. Grünbuch der Kommission, KOM(2002) 654, S. 30 f.
[5] jurisPK/*Ringe*, BGB, Art. 4 Rom I-VO Rz. 36; Palandt/*Thorn*, BGB, Art. 4 Rom I-VO (IPR) Rz. 20.

b) Rom II-Verordnung

Die **Rom II-VO** bestimmt das anzuwendende Recht für alle **außervertraglichen** zivil- und handelsrechtlichen Schuldverhältnisse, die eine Verbindung zum Recht verschiedener Staaten aufweisen. Sie geht in ihrem Anwendungsbereich dem deutschen IPR vor.[1]

Die Rom II-VO wird bei zivil- und handelsrechtlichen Rechtsverhältnissen im Gegensatz zur Rom I-VO immer dann angewendet, wenn **keine freiwillige Parteiverpflichtung** gegenüber einer anderen eingegangen worden ist.[2]

Eine **Rechtswahl** ist gemäß Art. 14 Rom II-VO für den Bereich der außervertraglichen Schuldverhältnisse grundsätzlich **nach** Eintritt der Verletzungshandlung möglich. Nach Art. 14 Abs. 1 Buchst. b Rom II-VO ist sie im Rahmen unerlaubter Handlungen allerdings auch schon vor der Schädigungshandlung möglich, wenn alle Parteien einer kommerziellen Tätigkeit nachgehen und sofern es sich um eine ausgehandelte Vereinbarung handelt. Jedoch wird eine Rechtswahl bei Verletzungen von Rechten des geistigen Eigentums gemäß Art. 8 Abs. 3 Rom II-VO ausdrücklich ausgeschlossen, da die Erfordernisse im Bereich des geistigen Eigentums nicht mit dem Grundsatz der Privatautonomie vereinbar seien.[3] Anwendung findet hier immer die lex loci protectionis.[4]

Die Kollisionsnormen der Rom II-VO lassen sich grundlegend in solche für unerlaubte Handlungen (Art. 4–9 Rom II-VO) und solche für Bereicherungsrecht und GoA (Art. 10 und 11 Rom II-VO) einteilen. Zudem ist das Verschulden bei Vertragsverhandlungen („culpa in contrahendo") in Art. 12 Rom II-VO geregelt.

Die zentrale Kollisionsnorm für unerlaubte Handlungen ist Art. 4 Rom II-VO. Angeknüpft wird an die „lex loci damni", an den Ort, an dem der Schaden eingetreten ist oder einzutreten droht.[5]

Die Art. 5–9 Rom II-VO regeln die Anknüpfung in Spezialbereichen. Von Bedeutung für das Internetrecht sind vor allem folgende:
- Art. 5 Rom II-VO für die **Produkthaftung** mit primärer[6] Anknüpfung an das Recht am gewöhnlichen Aufenthaltsort des Geschädigten, sofern das Produkt dort in den Verkehr gebracht worden ist.

---

1 Palandt/*Thorn*, BGB, Vorb. zur Rom II-VO (IPR) Rz. 1.
2 jurisPK/*Wurmnest*, BGB, Art. 1 Rom II-VO Rz. 26; *Huber/Bach*, IPRax 2005, 73.
3 KOM(2003) 427 endg., S. 24 (zu Art. 10 Abs. 1 des Kommissionsentwurfs).
4 Siehe Erwägungsgrund 26 der Rom II-VO.
5 jurisPK/*Wurmnest*, BGB, Art. 4 Rom II-VO Rz. 2.
6 Unbeschadet des Art. 4 Abs. 2 Rom II-VO; Vgl. Prüfungsreihenfolge in jurisPK/*Wurmnest*, BGB, Art. 4 Rom II-VO Rz. 7.

- Art. 6 Rom II-VO für Handlungen des **unlauteren Wettbewerbs** ist das Recht des Staates anzuwenden, in dessen Gebiete die Wettbewerbsbeziehungen oder die kollektiven Verbraucherinteressen beeinträchtigt werden (Marktortprinzip).[1]
- Art. 8 Abs. 1 Rom II-VO, der die Anknüpfung bei Verletzungen der Rechte **geistigen Eigentums sowie der Immaterialgüterrechte** (d.h. Urheberrechte, verwandte Schutzrechte, Datenbankschutzrecht, gewerbliche Schutzrechte) regelt – mit Anknüpfung an die lex loci protectionis, also das Recht des Landes, für den Schutz beansprucht wird.[2]
- Art. 10 und 11 Rom II-VO für die Bereiche der **ungerechtfertigten Bereicherung und GoA** der Grundsatz: akzessorische Anknüpfung an ein bestehendes Rechtsverhältnis, falls nicht möglich: an den gemeinsamen gewöhnlichen Aufenthalt; nachrangiger Anknüpfungspunkt: Ort des Eintritts der Bereicherung bzw. der Geschäftsführung.

Besondere Beachtung muss dem Art. 8 Abs. 1 Rom II-VO als Kollisionsregel für den Bereich des geistigen Eigentums geschenkt werden. Angeknüpft wird zur Gewährleistung der Unabhängigkeit der Rechte, die ihr Inhaber in jedem Land genießt,[3] im Sinne des Schutzlandprinzips, an die lex loci protectionis. Das Schutzlandprinzip trägt den Territorialitätsgedanken in sich.[4]

Bei grenzüberschreitenden Verletzungen des Urheberrechts durch die Erstellung oder Nutzung von Inhalten im Internet, muss der Begehungsort insofern im Schutzland liegen.[5]

Wenn es um die Vervielfältigung i.S.v. § 16 UrhG geht, lässt sich das anwendbare Recht relativ eindeutig bestimmen. Es kommt darauf an, wo die Vervielfältigungshandlung vorgenommen wird. Schwieriger gestaltet sich hingegen die Lage, wenn es um das Recht der öffentlichen Zugänglichmachung i.S.v. § 19a UrhG geht. Dort lässt sich hinsichtlich des Ortes der Verletzungshandlung sowohl auf den Serverstandort als auch auf den Empfangsstandort abstellen.[6] Ein alleiniges Abstellen auf den Serverstandort dürfte ausscheiden, da dieser sonst nur in einem „urheberrechtsfreien" Land aufgestellt werden müsste. Aber auch eine Anwendbarkeit der Urheberrechte aller Empfangsstaaten würde zu einer Anwendbarkeit aller Urheberrechte der Welt und somit zu einer praktisch nicht handhabbaren „Rechtsinflation" führen.[7]

---

[1] jurisPK/*Wurmnest*, BGB, Art. 6 Rom II-VO Rz. 2.
[2] Vgl. Erwägungsgrund 26 der Rom II-VO.
[3] Vgl. *Leupold/Glossner*, MAH IT-Recht, Teil 5 C. Rz. 26.
[4] *Obergfell*, IPRax 2005, 9; vgl. auch NomosHk/*Dörner*, BGB, Art. 8 Rom II-VO Rz. 2.
[5] *Leupold/Glossner*, IT-Recht, MAH Teil 5 E. Rz. 194.
[6] *Leupold/Glossner*, IT-Recht, MAH Teil 5 E. Rz. 195.
[7] Zum Problem der Haftung siehe weiter unten.

3. Deutsches IPR

Für vertragliche Schuldverhältnisse ist weiterhin insbesondere Art. 46b EGBGB zu beachten. Dieses befasst sich in Überschneidung mit Art. 6 Rom I-VO mit dem Mindestschutz des europäischen Verbrauchers, sofern auf kollisionsrechtlicher Ebene ein Recht außerhalb des EWR aufgrund einer Rechtswahl zur Anwendung kommt. Demnach sind gem. Art. 46b EGBGB bei einem engen räumlichen Zusammenhang des Vertrages zu einem Mitgliedstaat der EU oder einem Staat des EWR die Bestimmungen dieses EU-Mitgliedstaats bzw. EWR-Staates zur Umsetzung der Verbraucherschutzrichtlinien **zusätzlich** anzuwenden. Diese sind in Art. 46b Abs. 3 EGBGB entsprechend aufgezählt.

Besonders problematisch stellt sich jedoch das Verhältnis von Art. 46b EGBGB zu Art. 6 Rom I-VO in dem sich überschneidenden und somit konkurrierenden Anwendungsbereich[1] dar. Das Problem stellt sich im Zusammenhang von Art. 23 Rom I-VO, wonach Rom I „die Anwendung von Vorschriften des Gemeinschaftsrechts" unberührt lässt, „die in besonderen Bereichen Kollisionsnormen für vertragliche Schuldverhältnisse enthalten". Umstritten ist hierbei, ob der hieraus folgende Vorrang von Art. 46 EGBGB anzunehmen ist, obwohl der deutsche Gesetzgeber es versäumt hat, das in einigen Richtlinien enthaltene Günstigkeitsprinzip in Art. 46b EGBGB zu übernehmen, also ob die Verweisung des Art. 23 Rom I-VO nur fehlerfrei umgesetzte Kollisionsnormen erfasst.[2]

Im deutschen IPR finden sich zudem auch Kollisionsnormen für außervertragliche Schuldverhältnisse in den **Art. 38–42 EGBGB**. Soweit jedoch die Rom II-VO Anwendung findet, sperrt sie die innerstaatlichen Regelungen gemäß Art. 3 Nr. 1 Buchst. a EGBGB.

Insbesondere gelten für Persönlichkeitsrechtsverletzungen einschließlich der Verleumdung weiterhin die kollisionsrechtlichen Regeln des EGBGB, da dieses Rechtsgebiet gem. Art. 1 Abs. 2 Buchst. g Rom II-VO explizit aus dem Anwendungsbereich der Rom II-VO ausgenommen wurde.[3]

4. Exemplarische Problemgestaltungen

Hohe Relevanz besitzen im Rahmen von internationalen Softwareverträgen in Deutschland die **Vertragssituation zwischen einem amerikanischen Softwareunternehmen und einem deutschen Abnehmer**. Die Vertragspraxis diffe-

---

[1] Vgl. dazu Tabelle in jurisPK/*Limbach*, BGB, Art. 46b EGBGB Rz. 6 bzw. Rz. 8.
[2] Vgl. hierzu: jurisPK/*Limbach*, BGB, Art. 46b EGBGB Rz. 9; Palandt/*Thorn*, BGB, Art. 6 Rom I-VO (IPR) Rz. 2.
[3] jurisPK/*Wurmnest*, BGB, Art. 1 Rom II-VO Rz. 29 – die Nichtaufnahme ist allerdings auf politische Gründe sowie auf erfolgreiche Lobbyarbeit und weniger auf sachliche Gründe zurückzuführen; vgl. auch: Palandt/*Thorn*, BGB, Art. 1 Rom II-VO (IPR) Rz. 15.

riert jedoch auf nationaler Ebene enorm. Ganz deutlich manifestiert sich dies am Beispiel der im amerikanischen Vertragsrecht verbreiteten Haftungsausschlussklauseln für mittelbare Schäden (incidential/consequential damages). Solche sind dem deutschen Schadensrecht, das nicht zwischen unmittelbaren (general/direct damages) und mittelbaren Schäden unterscheidet, sondern sich an dem Verschuldensgrad orientiert, fremd.[1] Ein vollständiger AGB-Haftungsausschluss für mittelbare Schäden ist in Deutschland nicht wirksam. Aber selbst in den USA bereitet die Auslegung des Begriffs des mittelbaren Schadens aufgrund der bundesstaatlichen, mit jeweils autonomem Gesetzesrecht ausgestatteten Untergliederung außerordentliche Probleme. Ein wichtiges US-amerikanisches Gesetzesprojekt zur nationalen Rechtsharmonisierung des IT-Vertragsrechts – der UCITA (Uniform Computer Information Transaction Act von 1999) – wurde im Jahr 2003 für gescheitert erklärt. Es ist zu konstatieren, dass in der internationalen Vertragspraxis mit ausdrücklichen Definitionen operiert werden sollte.

Auch die rechtliche **Ausgestaltung des Erschöpfungsgrundsatzes**, eines Kernelements des Urheberrechts, verdeutlicht, welche Bedeutung eine Rechtsharmonisierung mit den **USA** für einen multilateral funktionierenden Rechtsschutz hat.

Im internationalen Urheberrecht kollidieren kontinental-europäisches Urheberrechtsdenken (monistische Auffassung) und angelsächsisches Copyright-Denken (dualistische Auffassung).

Rechtsbeziehungen zu den USA werden zudem durch die existierende Rechtszersplitterung innerhalb der in Bundesstaaten mit jeweils autonomem Bundesrecht aufgegliederten USA außerordentlich erschwert.[2] Der Hauptunterschied besteht darin, dass ein Urheber nach deutscher oder kontinental-europäischer Auffassung, lediglich Nutzungsrechte übertragen kann. Die Verwertungsrechte verbleiben im Kern immer bei ihm persönlich. In den USA besteht diese Ausschließlichkeit der Verwertungsrechte des Urhebers nicht. Dort verliert der Urheber durch den „first sale" i.S.d. Sec. 109 (a) UrhG die Rechte an der wirtschaftlichen Weiterverwertung.[3] In der internationalen Vertragspraxis muss diesem Unterschied Rechnung getragen werden.

Im Fadenkreuz der **urheberrechtlichen Haftung** steht zudem die **grenzüberschreitende Online-Werbung**.[4] Das Konfliktfeld besteht aus dem nationalen Urheberrecht und dem europarechtlichen Ziel des freien Warenverkehrs i.S.v. Art. 34 AEUV. Aufgrund der immaterialgüterrechtlichen Anknüpfung an das Schutzland gestaltet sich die Beurteilung urheberrechtlicher Sachverhalte auf

---

1 *Funk/Wenn*, CR 2004, 481.
2 *Bodewig*, GRUR Int. 2000, 597; *Determann*, GRUR Int. 2006, 645; *Hilty*, MMR 2003, 3.
3 *Bodewig*, GRUR Int. 2000, 597; *Lejeune*, MMR 2009, XXII: Vgl. auch *Schütt*, MMR 2008, VII.
4 *Gottschalk*, IPRax 2006, 135; *Czychowski, Nordemann*, NJW, 2010, 735, 740.

V. Internationales Privatrecht

EU-Ebene häufig nicht harmonisch. Die Herstellung und der Vertrieb eines Plagiats werden im Ausland oft nicht sanktioniert, obwohl diese Handlung im mitgliedstaatlichen Schutzland unter Strafe steht.

Bei Online-Werbung kommt es darauf an, ob diese auch für das Schutzland Wirkung entfaltet. Da eine Internetseite jedoch weltweit abrufbar ist, hätte dies zur Folge, dass als Recht des Abrufstaates jedes Rechtssystem der Welt anwendbar wäre, in dem Schutz begehrt wird. Eine evtl. Einschränkung i.S. einer Spürbarkeitsschwelle (z.B. in Gestalt eines „hinreichenden Inlandsbezugs") ist jedoch eine Frage, die nicht auf kollisionsrechtlicher, sondern auf sachrechtlicher Ebene zu beantworten ist.[1]

Diese Frage wurde vom *BGH* auf sachrechtlicher Ebene jedoch geklärt, indem dieser entschieden hat, dass nicht jedes im Inland abrufbare Angebot von Dienstleistungen im Internet bei Verwechslungsgefahr mit einem inländischen Kennzeichen kennzeichenrechtliche Ansprüche auslösen könne: Eine Verletzungshandlung bedürfe eines wirtschaftlich relevanten Inlandsbezugs, oder mit den Worten der WIPO eines „commercial effect".[2, 3]

Zur Feststellung eines solchen Inlandsbezugs kann insb. beachtet werden, ob die Werbung unter anderem auch in der Landessprache des Schutzlandes publiziert wird oder Zahlungsbestimmungen für das jeweilige Schutzland angegeben werden.[4]

Werden in Italien Designerapplikationen von in Deutschland geschützten Objekten über Online-Werbung an Deutsche adressiert, gilt dies auch als Anbieten i.S.v. § 17 Abs. 1 UrhG, wenn die deutschen Nutzer im Rahmen des Geschäftsmodells die Waren über einen Lieferanten außerhalb deutscher Landesgrenzen in Empfang nehmen.[5] Der *BGH* bejaht als Revisionsinstanz in diesem Fall eine Verletzung des Vervielfältigungsrechts, obwohl im Veräußerungsland selbst kein Urheberrechtsschutz bestand, die urheberrechtlich geschützte Ware aber im Inland (lediglich) angeboten wurde.[6]

---

1 Palandt/*Thorn*, BGB, Art. 8 Rom II-VO (IPR) Rz. 7; jurisPK/*Heinze*, BGB, Art. 8 Rom II-VO Rz. 12, 15.
2 Vgl. WIPO: Joint Recommendation (Publication 845), Part II: Use of a sign on the internet.
3 *BGH*, Urt. v. 13.10.2004 – I ZR 163/02, MDR 2005, 1005 = CR 2005, 359 m. Anm. *Junker* = NJW 2005, 1435.
4 Vgl. Hk-BGB/*Dörner*, Art. 6 Rom II-VO IPR Rz. 5; *Sack*, WRP 2008, 845; Palandt/*Thorn*, BGB, Art. 6 Rom II-VO (IPR) Rz. 13.
5 *OLG Hamburg*, Urt. v. 7.7.2004 – 5 U 1437/03, ZUM 2005, 170; *Gottschalk*, IPRax 2006, 135.
6 *BGH*, Urt. v. 15.2.2007 – I ZR 114/04, MDR 2007, 1386 = GRUR 2007, 871 – Wagenfeld-Leuchte; vgl. auch *OLG Frankfurt a.M.*, Urt. v. 1.7.2008 – 11 U 5/08, AfP 2009, 262; *Czychowski/Nordemann*, NJW, 2010, 735.

Der **internationale Anwendungsbereich des § 95a UrhG** ist eröffnet, wenn ein Presseunternehmen in Deutschland über eine im Ausland belegene Software zur DRMS-Umgehung berichtet und mit Hyperlink auf dessen Angebot verweist.[1] Eine Haftung entsteht jedoch nicht schon durch das reine Berichten, sondern im Rahmen der Störerhaftung, wenn die Anleitung und das Setzen des Hyperlinks auf die Umgehungssoftware als Handlung i.S.v. § 95a Abs. 3 UrhG qualifiziert werden können. Dem muss in dem vorliegend skizzierten Fall stattgegeben werden.

---

1 *Peifer*, IPRax 2006, 246.

Neuntes Kapitel:
Internetstrafrecht

Literatur: *Abdallah/Gercke/Reinert*, Die Reform des Urheberrechts – hat der Gesetzgeber das Strafrecht übersehen?, ZUM 2004, 31; *Backu/Karger*, Online-Games, ITRB 2007, 13; *Baier*, Die Bekämpfung der Kinderpornographie auf der Ebene von Europäischer Union und Europarat, ZUM 2004, 39; *Bär*, Wardriver und andere Lauscher – Strafrechtliche Fragen im Zusammenhang mit WLAN, MMR 2005, 434; *Bender/Kahlen*, Neues Telemediengesetz verbessert den Rechtsrahmen für Neue Dienste und Schutz vor Spam-Mails, MMR 2006, 590; *Briner*, Haftung der Internet-Provider für Unrecht Dritter, sic! 2006, 383; *Cornelius*, Computer Fraud, Spam und Copyright-Infringements – Ein Blick auf das US-amerikanische Computerstrafrecht, MMR 2007, 218; *Dannecker*, Neuere Entwicklungen im Bereich der Computerkriminalität: Aktuelle Erscheinungsformen und Anforderungen an eine effektive Bekämpfung, BB 1996, 1285; *Eckhardt*, Die Neuregelung der Telekommunkationsüberwachung und anderer verdeckter Ermittlungsmaßnahmen im TKG, CR 2007, 405; *Eichelberger*, Das Blockieren einer Internet-Seite als strafbare Nötigung, DuD 2006, 490; *Eichelberger*, OLG Düsseldorf: Keine Störerhaftung des Betreibers eines Internetforums, MMR 2006, 618; *Erdemir*, Jugendschutzprgramme und geschlossene Benutzergruppen, CR 2005, 275; *Frank*, MP3, P2P und StA – Die strafrechtliche Seite des Filesharing, K&R 2004, 576; *Gercke*, Die strafrechtliche Verantwortlichkeit für Hyperlinks, CR 2006, 844; *Gercke*, Die Strafbarkeit von Phishing und Identitätsdiebstahl, CR 2005, 606; *Gercke*, Die Entwicklung des Internetstrafrechts im Jahr 2005, ZUM 2006, 284; *Gercke*, OLG Frankfurt a.M.: Strafbarkeit einer „Online-Demo", MMR 2006, 547; *Gercke*, Die Bekämpfung der Internetkriminalität als Herausforderung für die Strafverfolgungsbehörden, in: MMR 2008, 291; *Gercke*, „Cyberterrorismus" – Aktivitäten terroristischer Organisationen im Internet, CR 2007, 62; *Gercke*, Die Entwicklung des Internetrechtstrafrechts 2010/11, ZUM 2011, 609; *Gercke*, Heimliche Online-Durchsuchung: Anspruch und Wirklichkeit – Der Einsatz softwarebasierter Ermittlungsinstrumente zum heimlichen Zugriff auf Computerdaten, CR 2007, 245; *Graf*, Phishing derzeit nicht generell strafbar!, NStZ 2007, 127; *Hassemer*, Strafrechtliche Verantwortung – zivilrechtliche Haftung, ITRB 2004, 253, 257; *Heckmann*, Rechtspflichten zur Gewährleistung von IT-Sicherheit, MMR 2006, 280; *Hilgendorf*, Internetstrafrecht – Grundlagen und aktuelle Fragestellungen, K&R 2006, 541; *Hilgendorf/Frank/Valerius*, Computer- und Internetstrafrecht, 2005; *Hoeren*, Virenscanning und Spamfilter – Rechtliche Möglichkeiten im Kampf gegen Viren, Spams & Co., NJW 2004, 3513; *Hoeren*, Von Hackern, Kazaa und Kreativen, www.annual-multimedia.de; *Hofmann*, Die Online-Untersuchung – staatliches Hacken oder zulässige Ermittlungsmaßnahme?, NStZ 2005, 121; *Knupfer*, Phishing for Money, MMR 2004, 641; *Marberth-Kubicki*, Computer- und Internetstrafrecht, 2005; *Marberth-Kubicki*, Durchsuchung und Beschlagnahme von EDV-Anlagen und E-Mails, ITRB 2006, 59; *Nimmer*, Napster and the New Old Copyright, CRi 2001, 46; *Paul*, Primärrechtliche Regelungen zur Verantwortlichkeit von Internetprovidern aus strafrechtlicher Sicht, 2005; *Popp*, Phishing, Pharming und das Strafrecht, MMR 2006, 84; *Ringel*, Rechtsextremistische Propaganda aus dem Ausland im Internet, CR 1997, 302; *Rinker*, Strafbarkeit und Strafverfolgung von „IP-Spoofing" und „Portscanning", MMR 2002, 663; *Rössel*, Haftung für Computerviren, ITRB 2002, 214; *Sanchez-Hermosilla*, Neues Strafrecht für den Kampf gegen Computerkriminalität, CR 2003, 774; *Satzger*, Strafrechtliche Verantwortlichkeit von Zugangsvermittlern, CR 2001, 109; *Schell*, Die Bekämpfung der Internet-Kriminalität im Land Brandenburg, NJ 2006, 437; *Spannbrucker*, Convention on Cybercrime (ETS 185) – Ein Vergleich mit dem deutschen Computerstrafrecht in materiell- und verfahrensrechtlicher Hinsicht, http://www.opus-bayern.

de/uni-regensburg/volltexte/2005/451/; *Spindler*, IT-Sicherheit und Produkthaftung – Sicherheitslücken, Pflichten der Hersteller und der Softwarenutzer, NJW 2004, 3145; *Stange*, Pornographie im Internet, CR 1996, 424; *Steigert*, Die Entwicklung des Computer- und Internetstrafrechts im Jahr 2009, MMR-Beilage 6/2010, 32; *Spindler*, Hyperlinks und ausländische Glücksspiele – Karlsruhe locuta causa finita?, GRUR 2004, 724; *Vassilaki*, Kriminalität im World Wide Web, MMR 2006, 212; *Vassilaki*, Multimediale Kriminalität, CR 1997, 297; *Vetter*, Gesetzeslücken bei der Internetkriminalität, 2003.

I. Einführung

Neben der zivilrechtlichen Haftung für Rechtsverstöße erlangt auch das **Internetstrafrecht** eine immer größere Bedeutung. Zum einen aufgrund des Bedarfs der Strafverfolgungsbehörden, auch im Internet über hinreichende Rechts- und Ermittlungsgrundlagen zu verfügen, zum anderen auch aufgrund der Tatsache, dass die Ermittlungen der Strafverfolgungsbehörden auch zu zivilrechtlichen Zwecken gebraucht werden können. So bestand bisher zivilrechtlich kein rechtlicher Anknüpfungspunkt, um von Providern die Daten rechtsverletzender Webseiten zu erhalten. Jedoch konnten Rechtsverletzer im Internet über den Umweg des Strafrechts ermittelt werden: Die Provider sind verpflichtet, den Strafverfolgungsbehörden nach § 100g StPO bzw. § 113 TKG Auskünfte zu erteilen, auf die mit Hilfe des Akteneinsichtsrechts gem. § 406e StPO dann auch zur Verfolgung zivilrechtlicher Ansprüche zurückgegriffen werden kann. Das dabei geforderte berechtigte Interesse besteht in der möglichen Geltendmachung zivilrechtlicher Ansprüche durch den Verletzten; mangels eigener zivilrechtlicher Möglichkeit, die in den Akten stehenden Daten zu erlangen, wäre ein Verfahren ohne Erstattung einer Strafanzeige oftmals nicht erfolgreich. Das Strafverfahren eröffnet somit vielfach erst den Weg zur Geltendmachung von Ansprüchen. Dieses Recht zur Akteneinsicht wird von den Staatsanwaltschaften jedoch restriktiv gehandhabt.[1] Ob das Gesetz zur Verbesserung der Durchsetzung von Rechten des geistigen Eigentums,[2] das seit 2008 ausdrücklich einen zivilrechtlichen Auskunftsanspruch gegen Internet-Provider vorsieht (vgl. § 101 UrhG), diesen Umweg über das Strafverfahren in Zukunft entbehrlich machen wird, scheint zweifelhaft. Hiergegen spricht, dass der zivilrechtliche Auskunftsanspruch nur bei Rechtsverletzungen in gewerblichem Ausmaß greift und zudem der Rechteinhaber die von ihm zunächst zu tragenden Rechtsverfolgungskosten erst im Regress gegen den Rechtsverletzer geltend machen kann.

II. Anwendbarkeit deutschen Strafrechts

Für die Anwendbarkeit des deutschen Strafrechts sind die Regelungen der **§§ 3–9 StGB** ausschlaggebend. Im Internet ist insbesondere gem. § 9 StGB als

---

[1] *Schmidt*, GRUR 2010, 673.
[2] In Kraft getreten am 1.9.2008, BGBl. I, S. 1191.

Anknüpfungspunkt auf den Ort abzustellen, an dem die Handlung begangen oder der tatsächliche oder anvisierte Erfolg eingetreten ist.[1] Nach dem Grundgedanken der Vorschrift soll deutsches Strafrecht – auch bei Vornahme der Tathandlung im Ausland – Anwendung finden, sofern es im Inland zu der Schädigung von Rechtsgütern oder zu Gefährdungen kommt, deren Vermeidung Zweck der jeweiligen Strafvorschrift ist.[2] Es gilt somit der **Territorialitätsgrundsatz**.[3]

Bei schlichten Tätigkeitsdelikten wird hierbei an den **Handlungsort** angeknüpft. Schwierigkeiten bereitet jedoch die Anknüpfung bei typischen Internetdelikten, weil dort der Begehungsort und der Erfolgsort aufgrund der Universalität der virtuellen Inhalte meist über die Grenzen der Nationalstaaten hinweg auseinanderfallen. Der *BGH* stellt dabei auf den Ort der Abrufbarkeit der Inhalte ab, unabhängig von dem Serverstandort, auf dem die Inhalte abgelegt sind, wenn diese Inhalte zu einer Verwirklichung des jeweiligen Schutzbereiches des betroffenen Tatbestandes im Inland führen können.[4] Da jedoch die meisten der in Frage kommenden Tatbestände durch das reine Abrufen der Daten und Inhalte, was aus technischer Sicht auch mit einer zumindest kurzzeitigen Speicherung der Inhalte auf dem abrufenden Computer einhergeht, verwirklicht werden können, führt dies zu einer Allzuständigkeit deutschen Strafrechts für im Internet begangene Straftaten.

III. Internationale Regelungen

Das Internetstrafrecht stellt einen der Rechtsbereiche dar, die die Aktualität und die Brisanz einer dringend erforderlichen globalen Rechtsharmonisierung offenlegen. Gerade hier kumulieren moralische und ethische Wertanschauungen. Diese führen im Internet, dessen Inhalte weltweit nahezu grenzenlos wahrgenommen werden können, zu Problemen, denen Nationalstaaten selbst ohnehin nicht Herr werden können und somit auf einen **geschlossenen internationalen Konsens zur Kriminalitätsbekämpfung** angewiesen sind.

Es finden sich diesbezüglich **verschiedene internationale Regelungsprojekte**. Zu nennen ist hier die zur Bekämpfung der Internetkriminalität aus einem Kooperationsprojekt der Vereinten Nationen, OECD, GATT, G8 und EU hervorgegangene Convention on Cybercrime (CCC) (185. Abkommen des Europarates, verabschiedet am 23. November 2001 in Budapest) und ihr erstes Zusatzprotokoll, das sich der Bekämpfung fremdenfeindlicher Inhalte widmet. Weiterhin sind zu nennen der EU-Rahmenbeschluss des Europarates vom

---

1 *Hilgendorf/Wolf*, K&R 2006, 541.
2 *BGH*, Urt. v. 22.8.1996 – 4 StR 217/96, NJW 1997, 138.
3 *BGH*, Urt. v. 12.12.2000 – 1 StR 184/00, CR 2001, 260 m. Anm. *Vassilaki* = NJW 2001, 624; die Entscheidung trotz der zahlreichen kritisierenden Stimmen in ihrem Ergebnis begrüßend: *Stegbauer*, NStZ 2005, 677.
4 *BGH*, Urt. v. 12.12.2000 – 1 StR 184/00, CR 2001, 260 m. Anm. *Vassilaki* = NJW 2001, 624.

24. Februar 2005 (2005/222/JI), die EU-Richtlinie zur Vorratsdatenspeicherung (2006/24/EG) und schließlich der im Bereich des Strafprozessrechtes ab dem 1. Januar 2004 eingeführte europäische Haftbefehl. Am weitesten ausgeprägt ist die Regelungsdichte sowohl in materieller als auch in prozessualer Hinsicht bei der CCC.

1. Cyber Crime Convention

Mit der **Cyber Crime Convention** wurde der erste globale Versuch gestartet, eine Harmonisierung der straf- und verfahrensrechtlichen Regelungen der unterzeichnenden Staaten im Kampf gegen die Internetkriminalität zu erreichen.[1] Ergänzend zu den Vorschriften der Konvention entstand das erste Zusatzprotokoll vom 28. Januar 2003 in Straßburg, das weitere Strafvorschriften im Bereich rassistischer und fremdenfeindlicher Inhalte im Internet enthält. Da einige Länder, in denen die verfassungsrechtlich garantierte Meinungs- und Kommunikationsfreiheit einen hohen Stellenwert besitzt, die Konvention nicht unterzeichnet hätten, sofern dieser Teil auch Inhalt der Konvention gewesen wäre, wurde es notwendig, den Teil über rassistische und fremdenfeindliche Inhalte auszugliedern und in einem Zusatzprotokoll zu verankern.[2] Dieser Entwurf eines multilateralen, völkerrechtlichen Vertrages wird erst nach Ratifizierung durch die Vertragsstaaten wirksam.[3] Deutschland hat dieses Abkommen zwar unterzeichnet, eine Ratifizierung erfolgte in Deutschland (zumindest teilweise) mit dem 41. Strafrechtsänderungsgesetz zur Bekämpfung der Computerkriminalität vom 7. August 2007.[4]

Die Konvention selbst besteht aus 4 Kapiteln: der Einführung, den Änderungen in den jeweiligen nationalen Gesetzen, den Zusammenarbeitsvorschriften und den Endbestimmungen. Die Vorschriften über die zu ändernden nationalen Vorschriften enthalten im strafrechtlichen Bereich Regelungen über den vorsätzlichen und unrechtmäßigen Zugriff auf Computersysteme (Art. 2), das rechtswidrige Abfangen nicht öffentlicher Computerübertragungen (Art. 3), den Eingriff in Daten (Art. 4), den Eingriff in die Funktionsweise eines Computersystems (Art. 5), den Missbrauch von Vorrichtungen (Art. 6), das Herstellen computergestützter Fälschungen (Art. 7), den computergestützten Betrug (Art. 8), Straftaten in Bezug zu Kinderpornographie (Art. 9), sowie Straftaten in Verbindung mit Verletzungen des Urheberrechts (Art. 10). Außerdem enthält die Konvention noch Regelungen zur Verantwortlichkeit bei dem Ver-

---

1 *Gercke*, MMR 2004, 728.
2 Vgl. auch *Holznagel*, ZUM 2000, 1007, im Hinblick auf das Verhältnis strafrechtlicher Verantwortlichkeit und Meinungsfreiheit in Deutschland und den USA.
3 Vgl. zur Notwendigkeit der Umsetzung der Regelungen der Konvention in das deutsche materielle Strafrecht *Gercke*, MMR 2004, 728; eine Aufstellung über den Status der jeweiligen Staaten im Hinblick auf Unterzeichnung und Ratifizierung der Konvention ist unter http://conventions.coe.int/Treaty/Commun/ChercheSig.asp?NT=185&CM=7&DF=6/26/2007&CL=GER einsehbar.
4 BGBl. I, S. 1786.

such und der Beteiligung an Straftaten (Art. 11) und zur Verantwortlichkeit juristischer Personen (Art. 12).

2. EU-Rahmenbeschluss des Europarates (2005/222/JI)

Der **EU-Rahmenbeschluss des Europarates** vom 24. Februar 2005 enthält ähnliche Regelungen wie die Cyber Crime Convention. Dieser Beschluss beinhaltet ebenfalls materielle Regelungen zu rechtswidrigen Zugriffen auf Informationssysteme (Art. 2), rechtswidrigen Systemeingriffen (Art. 3), sowie rechtswidrige Eingriffe in Daten (Art. 4). Außerdem werden Regelungen zur Beteiligung und dem Versuch an diesen Straftaten (Art. 5) getroffen. Der EU-Rahmenbeschluss enthält zusätzliche verfahrensrechtliche Regelungen, insbesondere im Hinblick auf gerichtliche Zuständigkeiten (Art. 10). Die Umsetzungsfrist des EU-Rahmenbeschlusses lief gem. Art. 12 Abs. 1 am 16. März 2007 ab, die Umsetzung erfolgte in Deutschland mit dem 41. Strafrechtsänderungsgesetz zur Bekämpfung der Computerkriminalität vom 7. August 2007.

3. EU-Richtlinie zur Vorratsdatenspeicherung (2006/24/EG)

Literatur: *Breyer*, Rechtsprobleme der RL 2006/24/EG zur Vorratsdatenspeicherung und ihrer Umsetzung in Deutschland, StV 2007, 214; *Gercke*, Die Entwicklung des Internetstrafrechts 2010/11, ZUM 2011, 609; *Gietl*, Das Schicksal der Vorratsdatenspeicherung, DuD 2008, 31; *Gitter/Schnabel*, Die RL zur Vorratsdatenspeicherung und ihre Umsetzung in das nationale Recht, MMR 2007, 411; *Rusteberg*, Die EG-RL zur Vorratsdatenspeicherung von Verkehrsdaten im System des europäischen Grund- und Menschenrechtsschutzes, VBlBW 2007, 171; *Zöller*, Vorratsdatenspeicherung zwischen nationaler und europäischer Strafverfolgung, GA 2007, 393.

Die EU-Richtlinie zur **Vorratsdatenspeicherung** (2006/24/EG)[1] beinhaltet eine Speicherpflicht der Diensteanbieter für bestimmte Verkehrsdaten, wobei die zu speichernden Daten über Informationsdaten in Bezug auf das Internet hinaus auch das Telefonfestnetz, den Mobilfunk, die E-Mail-Kommunikation und die Internet-Telefonie betreffen. Der Grund dieser Speicherpflicht liegt in der einfacheren Verfolgbarkeit von Straftaten sowohl im Internet als auch sonstiger Straftaten. Die Umsetzungsfrist der EU-Richtlinie endete gem. Art. 15 Abs. 1 am 15. September 2007, mit einer Ausnahmeregelung für die Dienste Internetzugang, E-Mail-Kommunikation und Internet-Telefonie, bei denen ein Aufschub auf ausdrückliche Erklärung der Mitgliedstaaten bis längstens 15. März 2009 möglich war. Eine solche Erklärung wurde von der *Bundesrepublik Deutschland* abgegeben. Die Umsetzung erfolgte in *Deutschland* zum 1. Januar 2008 durch das Gesetz zur Neuregelung der Telekom-

---

[1] Richtlinie 2006/24/EG des Europäischen Parlaments und des Rates vom 15.3.2006 über die Vorratsdatenspeicherung von Daten, die bei der Bereitstellung öffentlich zugänglicher, elektronischer Kommunikationsdienste oder öffentlicher Kommunikationsnetze erzeugt oder verarbeitet werden und zur Änderung der Richtlinie 2002/58/EG – Abl. L 105, 54.

munikationsüberwachung und anderer verdeckter Ermittlungsmaßnahmen sowie zur Umsetzung der Richtlinie 2006/24/EG.[1] Für den Bereich des Internets wurden die Regelungen aber erst zum 1. Januar 2009 verbindlich. Nach einer einstweiligen Anordnung des *BVerfG* ist der Zugriff auf die Daten auf die Verfolgung von schweren Straftaten beschränkt.[2] Die grundsätzliche Speicherungspflicht bleibt hiervon aber unberührt. Nach Auffassung des VG Wiesbaden[3] ist die flächendeckende Aufzeichnung der Telefon-, Handy-, E-Mail- und Internetnutzung der gesamten Bevölkerung unverhältnismäßig. Das Gericht sah in der Datenspeicherung auf Vorrat einen Verstoß gegen das Grundrecht auf Datenschutz, die in einer demokratischen Gesellschaft nicht notwendig ist. Der nach Art. 8 EMRK zu wahrende Verhältnismäßigkeitsgrundsatz sei durch die Richtlinie [zur Vorratsdatenspeicherung] nicht gewahrt, weshalb sie ungültig sei. Im Übrigen haben verschiedene Gerichte die Pflicht zur Vorratsdatenspeicherung zugunsten einzelner TK-Anbieter ausgesetzt.[4] Dabei wird vor allem bemängelt, dass keine angemessene Entschädigung für die Investitionskosten der Provider vorgesehen sei.[5]

4. EU-Haftbefehl (2002/584/JI)

Mit Wirkung vom 1. Januar 2004 wurde in einem EU-Rahmenbeschluss durch den Europäischen Rat der **Europäische Haftbefehl** beschlossen, der die nationalen Justizbehörden verpflichtet, das Ersuchen einer nationalen Justizbehörde eines Mitgliedstaats auf Übergabe einer Person mit einem Minimum an Kontrollen anzuerkennen. Der europäische Haftbefehl setzt eine rechtskräftige Verurteilung zu einer Haftstrafe oder eine Anordnung einer Maßregel der Sicherung von mindestens vier Monaten oder das Vorliegen einer Straftat, die mit einer Freiheitsstrafe oder freiheitsentziehenden Maßregel der Sicherheit im Höchstmaß von mindestens zwölf Monaten bedroht ist. Bei einer Strafandrohung von mindestens drei Jahren kann der Europäische Haftbefehl bezüglich diverser Tatbestände ohne Überprüfung des Vorliegens der beiderseitigen Strafbarkeit erfolgen. Zu diesen Tatbeständen zählen auch im Internet begehbare Tatbestände, wie Beteiligung an einer kriminellen Vereinigung, Rassismus und Fremdenfeindlichkeit oder Betrugsdelikte.

Nachdem das erste deutsche Gesetz über den Europäischen Haftbefehl vom *BVerfG* für verfassungswidrig erklärt wurde,[6] trat mit Wirkung vom 2. August 2006 das neu geschaffene, am 25. Juli 2006 veröffentlichte, Gesetz in Kraft.[7]

---

1 Gesetz vom 21.12.2007 – BGBl. I Nr. 70, S. 3198.
2 *BVerfG*, Beschl. v. 11.3.2008 – 1 BvR 256/08, MMR 2008, 303.
3 *VG Wiesbaden* Beschl. v. 27.2.2009 – 6 K 1045/08, BB 2009, 741.
4 So etwa *VG Köln*, Beschl. v. 20.5.2009 – 21 L 234/09, BeckRS 2009, 34139; *VG Berlin*, Beschl. v. 16.1.2009 – VG 27 A 321/08, MMR 2009, 355.
5 *VG Berlin*, Beschl. v. 16.1.2009 – VG 27 A 321/08, MMR 2009, 355.
6 *BVerfG*, Urt. v. 18.7.2005 – 2 BvR 2236/04, NJW 2005, 2289.
7 BGBl. I Nr. 36, S. 1721.

Aufgrund der Tatsache, dass ein Handlungsmittel wie der europäische Haftbefehl auf globaler Ebene nicht existiert, die Festnahme und Auslieferung vielmehr von bilateralen Auslieferungsabkommen abhängig ist, bereiten „**Gesetzes-Oasen**" den Straftätern im Internet immer noch eine große „Spielwiese", um Gesetzesverletzungen zu entweichen.[1]

IV. Materielles Internetstrafrecht

Im Internet begangene Straftaten werden nach dem deutschen materiellen Strafrecht unter die gesetzlich vorgegebenen Normen subsumiert. Daher soll im Folgenden ein Überblick über internetspezifische Problemfälle und ihre strafrechtliche Beurteilung erfolgen.

1. Internet als Propagandamittel

Im Internet stehen sich die Prinzipien Meinungsfreiheit und strafrechtlich relevante Meinungsäußerung diametral gegenüber. Ein besonderes Problem ergibt sich in denjenigen Staaten, in denen die Meinungsfreiheit einen besonders hohen Rang besitzt, wie dies z.B. im anglo-amerikanischen Raum der Fall ist.[2] Diese Tatsache wird von Extremisten gerne ausgenutzt, um ihre **Propaganda** in diesen Ländern in das weltweite Netz einzuspeisen.[3] Es ist dabei fraglich, inwieweit deutsches Strafrecht für sämtliche Internetseiten gilt und ob extremistische Seiten, die auf ausländischen Servern liegen, mit Hilfe des deutschen Strafrechts zu bestrafen sind. Fremdenfeindliche Inhalte im Internet sollten auch durch das Zusatzprotokoll der Cyber Crime Convention bekämpft werden, dem sich aber insbesondere die USA bislang noch nicht angeschlossen haben.[4]

Die **Verbreitung von Nazi-Propaganda**, insbesondere der sog. „Auschwitz-Lüge", also der Leugnung und Verharmlosung der während des Naziregimes begangenen Völkermorde, stellt nach deutschem Strafrecht eine strafbare Handlung gem. § 130 StGB dar. Dieser verbietet die Verbreitung solcher Schriften,[5] die Hass- oder Gewaltpropaganda gegen nationale, rassische oder religiöse Volksgruppen enthält. Aufgrund des Verweises in § 130 Abs. 2 Nr. 1, Abs. 5 StGB auf die Erweiterung des Schriftenbegriffes gem. § 11 Abs. 3 StGB gilt die

---
1 *Vassilaki*, MMR 2006, 212.
2 *Holznagel/Kussel*, MMR 2001, 347, 350.
3 *Holznagel/Kussel*, MMR 2001, 347, 350, 351.
4 Eine Aufstellung über die Unterzeichnung und Ratifizierung des Zusatzprotokolls zur Cyber Crime Convention kann unter http://conventions.coe.int/Treaty/Commun/ChercheSig.asp?NT=189&CM=7&DF=6/26/2007&CL=GER eingesehen werden.
5 Der Einordnung als „Schrift" unterfallen gem. § 130 Abs. 2 Nr. 1, Abs. 5 i.V.m. § 11 Abs. 3 StGB auch Bild- und Tonträger, Datenspeicher, Abbildungen und sonstige Darstellungen.

Vorschrift des § 130 StGB auch im Internet, weil im Internet abrufbare Daten auf Servern, mithin also auf „Datenspeichern", gespeichert sind. Als Verletzungserfolg einer Tat nach § 130 StGB ist die Abrufbarkeit der Propaganda in Deutschland anzusehen, sodass auch diejenigen Urheber, die ihre Daten auf ausländischen Servern gespeichert haben, nach deutschem Strafrecht zu belangen sind.[1] Die Strafvorschrift des § 130 StGB erlangte in letzter Zeit neben der Anwendung auf Nazi-Propaganda und der Verbreitung der „Auschwitz-Lüge" auch Bedeutung bei der Beurteilung anderer terroristischer Anfeindungen im Internet.[2]

Die **Anleitung zu einer Straftat** ist gem. § 130a StGB strafbar. Diese Strafnorm findet ihre Anwendung, wenn mit Hilfe des Internets versucht wird, Gesinnungsgenossen zu Straftaten, die dem Katalog des § 126 StGB, also insbesondere Völkermord, Mord oder Totschlag, zu entnehmen, zu verleiten. Auch bei diesem Straftatbestand liegt der Verletzungserfolg bereits vor, wenn die Möglichkeit besteht, die jeweilige Internetseite aus dem Inland, d.h. dem Gebiet der *Bundesrepublik Deutschland* abzurufen. Insofern genügt auch bei § 130a StGB die Einstellung von Seiten in das Internet für die Anwendung des deutschen Strafrechts. In den Anwendungsbereich dieser Norm fallen solche Seiten, die die Herstellung von Brandsätzen, Bomben oder anderen gefährlichen Materialien enthalten. Außerdem sind Aufforderungen, die zur Manipulation von Bahngleisen aufrufen, nach § 130a StGB strafbar.[3]

Der im Internet veröffentlichte **Aufruf zu einer Straftat** ist gem. § 111 StGB strafbar und kann schon in dem Einstellen eines Plakates liegen, sofern der Kontext der Webseite entsprechend ist.[4]

Weitere Strafvorschriften betreffend die **Verbreitung von Propagandamitteln bzw. die Verwendung von Kennzeichen verfassungswidriger Organisationen** enthalten die §§ 86, 86a StGB. Unter § 86 StGB fallen sämtliche Propagandamittel, die Propaganda für verfassungsfeindliche Organisationen beinhalten. Die Vorschrift des § 86a StGB stellt dagegen auf die Verwendung von Kennzeichen verfassungsfeindlicher Organisationen ab, wobei der Begriff des Kennzeichens weit zu interpretieren ist. Dazu zählen neben den im zivilrechtlichen Sinne als Kennzeichen anzusehenden Herkunftsmerkmale, sondern auch unkörperliche Charakteristika, wie z.B. der „Hitler-Gruß" oder die Grußformeln „Heil Hitler" oder „mit deutschem Gruß".[5] Der Tatbestand ist bereits vollendet, wenn die Kennzeichen auf der Homepage sichtbar sind.[6] Auch die Bereitstellung fremdenfeindlichen Liedgutes ist unter das Tatbe-

---

[1] *BGH*, Urt. v. 12.12.2000 – 1 StR 184/00, CR 2001, 260 m. Anm. *Vassilaki* = NStZ 2001, 305.
[2] *LG Potsdam*, Urt. v. 8.5.2006 – 2 O 221/05, LKV 2006, 574.
[3] *Holznagel/Kussel*, MMR 2001, 347, 348.
[4] *OLG Hamm*, Beschl. v. 5.7.2005 – 2 Ss 120/05, NStZ 2010, 452.
[5] *Sternberg-Lieben*, in: Schönke/Schröder, StGB, 27. Auflage, 2006, § 86a Rz. 3.
[6] *Schreibauer*, in: Kröger/Gimmy, Handbuch zum Internetrecht, 2. Auflage 2002, 613.

standsmerkmal „Kennzeichen" zu subsumieren, selbst in den Fällen, in denen ausschließlich markante Teile des Liedes im Internet abrufbar sind.[1]

Dagegen ist der Tatbestand des § 86a StGB nicht erfüllt, wenn zwar Kennzeichen verfassungsfeindlicher Organisationen abgebildet sind, aus der Abbildung aber eindeutig erkennbar ist, dass diese nicht für die Propaganda zu Gunsten der verfassungsfeindlichen Organisation, sondern wenn der Inhalt der Darstellung in offenkundiger und eindeutiger Weise die Gegnerschaft zu der Organisation und die Bekämpfung ihrer Ideologie zum Ausdruck bringt. Hierbei soll selbst eine kommerzielle Benutzung möglich sein. Die Darstellung der Gegnerschaft kann im Durchstreichen eines Hakenkreuzes, aber auch in anderen Darstellungen deutlich gemacht werden.[2]

2. Gewaltdarstellungen im Internet (§ 131 StGB)

In den vergangenen Monaten wurde immer häufiger in den Medien über **Gewaltdarstellungen** berichtet, die vor allem Jugendliche auf ihren Mobiltelefonen besitzen und die mit Hilfe der MMS-Funktion dieser Mobiltelefone auch verschickt oder aus dem Internet heruntergeladen werden können.[3] In diesen Fällen kann neben der strafrechtlichen Sanktion auch ein Schulausschluss gerechtfertigt sein.[4]

Das Verbreiten oder sonstige Zugänglichmachen von Darstellungen von grausamen oder sonst unmenschlichen Gewaltszenen gegenüber Menschen oder menschenähnlichen Wesen ist nach **§ 131 StGB** strafbar. Der Verletzungserfolg dieser Vorschrift tritt bereits dann ein, wenn die Möglichkeit des Abrufens besteht. Unter einer Gewalttätigkeit wird in diesem Zusammenhang ein aggressives, aktives Tun verstanden, durch das unter Einsatz oder Ingangsetzen physischer Kraft unmittelbar oder mittelbar auf den Körper eines Menschen in einer dessen leibliche oder seelische Unversehrtheit beeinträchtigenden oder konkret gefährdenden Weise eingewirkt wird. Auch einverständliche Gewalttätigkeiten sind vom Tatbestand des § 131 StGB erfasst.[5]

Die Formulierung, dass auch Gewalttätigkeiten gegenüber menschenähnlichen Darstellungen unter die Strafandrohung des § 131 StGB fallen, wurde mit Wirkung vom 1. April 2004 eingefügt. Zuvor waren aufgrund des strafrechtlichen Analogieverbotes solche Gewalttätigkeiten nicht erfasst.[6] Nach der Einfügung des Begriffes „menschenähnliche Wesen" ist § 131 StGB somit auch für Computerspiele, auch solche, die ausschließlich im Internet angebo-

---

1 *BayObLG* v. 15.3.1989 – RReg.3 St 133/88, MDR 1989, 839 = NJW 1990, 2006.
2 *BGH*, Urt. v. 15.3.2007 – 3 StR 486/06, NJW 2007, 1602; anders aber noch die Vorinstanz, *LG Stuttgart*, Urt. v. 29.9.2006 – 18 KLs 4 Js 63331/05, n.v.
3 *AG Sonthofen*, becklink 190029.
4 *VG Berlin*, Beschl. v. 2.12.2005 – 3 A 930/05, ZJJ 2007, 219–221.
5 *Lenckner/Sternberg-Lieben*, in: Schönke/Schröder, § 131, Rz. 6.
6 *BVerfG*, Beschl. v. 20.10.1992 – 1 BvR 698/89, BVerfGE 87, 225 = MDR 1993, 158; *BGH*, Urt. v. 18.12.1999 – 2 StR 365/99, NStZ 2000, 307, 308.

ten werden, anwendbar. Die Darstellung muss nach objektiven Maßstäben als menschenähnlich angesehen werden, wobei selbst bei Comic-Figuren, die ein „menschenähnliches" Verhalten an den Tag legen, dieses Tatbestandsmerkmal vorliegen soll.[1] Das Tatbestandsmerkmal der grausamen oder sonst unmenschlichen Gewalttätigkeit liegt vor, wenn über die Rechtswidrigkeit der Handlung hinaus eine besondere Verwerflichkeit besteht, sodass menschlich verständliche Tätigkeiten nicht darunter fallen, auch wenn sie rechtswidrig sind.[2]

3. (Kinder-) Pornographie im Internet

Ein weiteres Problem ergibt sich bei (**kinder-) pornographischen Angeboten im Internet**. Das Internet als weltweite Plattform erweitert die Möglichkeiten, gegenseitig in Kontakt zu treten und (kinder-) pornographisches Material auszutauschen.[3] Gleichzeitig erhöht sich aber auch das Risiko, dass pornographisches Material, das nicht für Kinder und Jugendliche unter 18 Jahren geeignet ist, von diesen abgerufen wird. Diesem Risiko wird durch die Regelungen zum Jugendschutz im Internet begegnet, die im nächsten Kapitel besprochen werden. Das deutsche Strafrecht bestraft (Kinder-) Pornographie in den §§ 176, 184 ff. StGB. Durch § 184c StGB wird besonders festgelegt, dass auch durch die Verbreitung mit Hilfe Rundfunk-, Medien- oder Teledienste die Tatbestände der §§ 184–184b StGB erfüllt werden können. Der Verletzungserfolg dieser Delikte liegt bereits dann vor, wenn Dateien, unabhängig vom Standort des Servers, aus Deutschland abgerufen werden können.[4]

Die Vorschriften des Strafrechts, die die Behandlung (kinder-) pornographischen Materials bezwecken, wurden durch das **Gesetz zur Änderung der Vorschriften über die Straftaten gegen die sexuelle Selbstbestimmung (SexualdelÄndG) v. 27. Dezember 2003**[5] neu strukturiert. Die §§ 184 ff. StGB erhielten dadurch folgende Struktur: § 184 StGB regelt die Strafbarkeit (einfacher) pornographischer, § 184a StGB diejenige gewalt- und tierpornographischer, § 184b StGB diejenige kinderpornographischer Schriften,[6] während § 184c StGB die Anwendbarkeit dieser Vorschriften auch auf Rundfunk-, Medien- und Teledienste beinhaltet.

Die **Strafbarkeit kinderpornographischer Schriften**, die in § 184b StGB geregelt ist, ist auf verschiedene Handlungsweisen aufgeteilt. Nach § 184b Abs. 1

---

1 *Lenckner/Sternberg-Lieben*, in: Schönke/Schröder, § 131 Rz. 6.
2 *Lenckner/Sternberg-Lieben*, in: Schönke/Schröder, § 131 Rz. 7.
3 Nach einer Studie über die Herstellung und den Vertrieb von Kinderpornographie über das Internet zeigte sich, dass unentgeltliche Tauschbörsen der größte Markt für kinderpornographische Bilder sind, MMR-Aktuell 2011, 317989.
4 *BGH*, Urt. v. 19.7.2001 – IX ZR 246/00, MDR 2001, 1444 = BRAK 2001, 289 m. Anm. *Jungk* = NStZ 2001, 569.
5 BGBl. I, S. 3007.
6 Nach § 11 Abs. 3 sind auch alle Ton- und Bildträger, Datenspeicher, Abbildungen und andere Darstellungen wie Schriften zu behandeln.

Nr. 1 StGB ist das Verbreiten dieser Schriften strafbar. Ein Verbreiten in Bezug auf das Internet liegt dabei vor, wenn die Datei auf dem Rechner des Internetnutzers angekommen ist, unabhängig von einer Übermittlung durch den Anbieter oder einem selbständigen Zugriff durch den Nutzer.[1] § 184b Abs. 1 Nr. 2 StGB beinhaltet die Handlungsweisen des öffentlichen Ausstellens, Anschlagens, Vorführens oder der sonstigen öffentlichen Zugänglichmachung. Das öffentliche Zugänglichmachen ist dabei bereits dann erfüllt, wenn dem Nutzer ein Lesezugriff auf die Dateien ermöglicht wird.[2] Abschließend wird gemäß § 184b Abs. 1 Nr. 3 StGB auch die Herstellung, Beziehung, Lieferung, Vorratshaltung, sowie das Anbieten, Ankündigen, die Anpreisen, und die Einfuhr oder Ausfuhr kinderpornographischer Schriften zum Zwecke einer der in den Nummern 1 und 2 festgelegten Handlungsalternativen bestraft.

Ein Problem, das in erster Linie das Internet betrifft, ergibt sich aus dem nicht **eindeutigen Wortlaut des § 184b** StGB in der Frage, inwieweit die Handlungen virtueller Personen, die als Kinder oder Jugendliche dargestellt sind, unter eine Strafbarkeit des § 184b StGB fallen. Nach dem Wortlaut des § 184b Abs. 2 StGB sind neben tatsächlichen Geschehnissen auch wirklichkeitsnahe Geschehnisse unter den Tatbestand des § 184b StGB zu subsumieren. Eine Darstellung durch offensichtlich virtuelle Personen kann aber wohl nicht als wirklichkeitsnahes Geschehen beurteilt werden. Für den Betrachter ist eindeutig zu erkennen, dass es sich bei einer solchen Darstellung nicht um tatsächliche Geschehnisse handelt. Eine solche bestehende Strafbarkeitslücke kann aufgrund des strafrechtlichen Analogieverbotes auch nicht durch eine analoge Anwendung des § 184b StGB geschlossen werden. Insoweit ist die rechtliche Lage vergleichbar mit dem Tatbestand des § 131 StGB, bei dem die Darstellung virtueller Wesen vor der Einführung des Tatbestandsmerkmals „menschenähnliche Wesen" auch nicht strafbar war.[3]

Die bestehende Regelungslücke sollte aber schnellstmöglich durch den Gesetzgeber geschlossen werden. Virtuelle Darstellungen können in derselben Weise wie reale Darstellungen das Schutzbedürfnis betreffen. Auch virtuelle Darstellungen lassen eine reale Nachahmung befürchten und sollten daher unter Strafe gestellt werden.

Im Jahre 2009 wurde zwar das Gesetz zur Erschwerung des Zugangs zu kinderpornographischen Inhalten in Kommunikationsnetzen (sog. Zugangserschwerungsgesetz) beschlossen,[4] jedoch ist dieses aufgrund eines Nichtanwendungserlasses des Bundesinnenministeriums wirkungslos.[5] Das für die Sperrung zuständige BKA wurde noch vor Inkrafttreten des Gesetzes in einem

---

[1] *BGH*, NStZ 2001, 569.
[2] *BGH*, NStZ 2001, 569.
[3] BVerfG v. 20.10.1992 – 1 BvR 698/89, BVerfGE 87, 209 = MDR 1993, 158 = NJW 1993, 1457.
[4] BGBl. I, S. 78.
[5] MMR-Aktuell 2010, 301090.

Schreiben vom Bundesinnenministerium angewiesen von der Sperrung von Internetseiten vorerst nicht Gebrauch zu machen.

Nun hat die Bundesregierung, am 28.12.2011, einen Gesetzesentwurf eingebracht, mit dem dieses Gesetz aus dem Jahr 2010 aufgehoben werden soll.[1] Anstatt dass der Nutzer, der eine auf der Sperrliste des BKA verzeichnete Internetseite aufruft, auf eine Seite des BKA mit einem „Stopp-Schild" umgeleitet wird, soll nun bei den Anbietern der Internetseiten, die sich regelmäßig im Ausland befinden, darauf hingewirkt werden, die kinderpornographischen Inhalte zu löschen. Da sich diese Vorgehensweise laut Bundesjustizministerin Leutheusser-Schnarrenberger als sehr erfolgreich erwiesen hat und es die technischen Möglichkeiten erlauben, Internetsperren zu umgehen, soll das Gesetz nun endgültig aufgehoben werden. Der Bundesrat hat dem Gesetzesentwurf bereits zugestimmt.[2] Er will jedoch die Bundesregierung dazu verpflichten, dem Bundestag Ende 2012 Bericht über den Erfolg der Löschungsmaßnahmen zu erstatten.

4. Jugendschutz im Internet

Neben dem Schutz der Kinder und Jugendlichen vor sexuellem Missbrauch, der auch durch die Verbreitungsmöglichkeiten (kinder-) pornographischer Materialien, erhöht wird, besteht auch ein **Schutzbedürfnis für die Entwicklung von Kindern und Jugendlichen**. Zum Schutz der Kinder und Jugendlichen vor Gewaltdarstellungen und pornographischen Inhalten im Internet bestehen das Jugendschutzgesetz (JSchG) und spezieller der Jugendmedienschutz-Staatsvertrag (JMStV). Außerdem beinhaltet auch § 184 StGB jugendschützende Vorschriften. Die Strafbarkeit nach § 184 StGB wird dabei durch die Klausel in § 184c Satz 2 StGB eingeschränkt, wonach eine Strafbarkeit unter anderem im Internet wegen § 184 Abs. 1 StGB entfallen kann, wenn der Anbieter durch geeignete Maßnahmen sicherstellen kann, dass sein Angebot ausschließlich für Erwachsene erreichbar ist, die geschützte Gruppe der unter 18-Jährigen dieses Angebot also nicht abrufen kann.

Ein weiteres Schutzinstrument für Kinder und Jugendliche im Internet ist der **Jugendmedienschutz-Staatsvertrag**, der dem Schutz der Menschenwürde und dem Jugendschutz in Rundfunk und Telemedien dienen soll (§ 1 JMStV). Er beinhaltet in § 4 Abs. 1 eine Aufzählung unzulässiger Internetangebote,[3] die durch weitere Angebote in § 4 Abs. 2 Satz 1 JMStV erweitert wird. Die Angebote des § 4 Abs. 2 Satz 1 JMStV sind jedoch nach § 4 Abs. 2 JMStV dann zulässig, wenn gewährleistet werden kann, dass diese Angebote nur Erwachsenen zugänglich gemacht werden, das Angebot also lediglich einer „geschlossenen Benutzergruppe" zugänglich gemacht wird. Für die Einrichtung einer

---

[1] NJW-Spezial 2011, 506.
[2] BR-Drs. 319/11.
[3] Das erste obergerichtliche Urteil zu den inhaltlichen Anforderungen des JMStV erging durch das *OLG Celle*, Beschl. v. 13.2.2007 – 322 Ss 24/07, MMR 2007, 316.

geschlossenen Benutzergruppe ist dabei ein Altersverifikationssystem einzusetzen, das der Zulassung durch die als Aufsichtsbehörde für sämtliche Anforderungen nach dem JMStV eingerichteten Kommission für Jugendmedienschutz (KJM) bedarf. Der JMStV enthält in den §§ 23, 24 Regelungen, die festlegen, dass bestimmte nach dem JMStV als unzulässig eingestufte Verhaltensweisen als Straftat oder als Ordnungswidrigkeit einzustufen sind.

Der Jugendschutz im World Wide Web erfordert eine „effektive Barriere", damit Minderjährige keinen Zugang zu pornografischen Inhalten erhalten. Dabei müssen „einfach und naheliegende Umgehungsmöglichkeiten" ausgeschlossen werden. Dies hat der *BGH*[1] entschieden und ein **Altersverifikationssystem** für wettbewerbswidrig erklärt, wonach vor der „Zugangsgewährung eine Personal- oder Reisepassnummer und die Postzeitzahl des Ausstellungsortes angegeben werden" müssen. Für unzulässig erachtet der Erste Zivilsenat des *BGH* auch ein System, bei dem „außerdem die Eingabe eines Namens, einer Adresse und einer Kreditkartennummer oder Bankverbindung erforderlich ist". Hinsichtlich der konkreten Ausgestaltung eines wirksamen Altersverifikationssystems führten die Richter aus, dass „eine einmalige persönliche Identifizierung der Nutzer etwa durch einen Postzusteller und eine Authentifizierung bei jedem Abruf von Inhalten" erforderlich ist.

5. Beleidigungen im Internet

Das Internet bietet mit seinen spezifischen Einrichtungen wie **Foren, Blogs und Meinungsportalen** einerseits vermehrte Möglichkeiten, die eigene Meinung kundzutun, andererseits aber erleichterte Missbrauchsmöglichkeiten, etwa zu Zwecken des Mobbings.[2] Auch die Weiterentwicklung des Internets in das sog. „Web 2.0", bei der der Inhalt der Seiten nicht mehr nur von Anbieterseite vorgegeben wird, sondern den Benutzern hierbei selbst Möglichkeiten zur Bestimmung der Inhalte eröffnet werden, erhöht die „Mitbestimmung" der Benutzer des Internets.

Daraus folgt aber auch eine erhöhte Gefahr der Begehung von Straftaten gegen die persönliche Ehre, wie sie in den §§ 185 ff. StGB geregelt sind. Zu beachten ist bei diesen Delikten auch immer die Abgrenzung zu dem **Grundrecht der Meinungsfreiheit** nach Art. 5 Abs. 1 GG. Selbst wenn in einem Onlineforum beleidigende Äußerungen an der Tagesordnung sind und das Opfer selbst zuvor sich beleidigend geäußert hat, sind diese Äußerungen als Beleidigung strafbar.[3] Fraglich ist insbesondere, ob neben dem Äußernden selbst auch eine Strafbarkeit des Betreibers in Betracht kommt. Dabei ist eine eigene Täterschaft der Betreiber abzulehnen, da für die Annahme einer Täterschaft gefor-

---

1 *BGH*, Urt. v. 18.10.2007 – I ZR 102/05, MDR 2008, 699 = CR 2008, 386 = NJW 2008, 1882; MMR 2008, 400 m. Anm. *Waldenberger* – ueber18.de.
2 *Beck*, MMR 2008, 77.
3 *AG Rheinbach*, 2 Ds 397/95 vom 12.2.1996 (n.v.).

dert wird, dass eine eigene Missbilligung zum Ausdruck gebracht wird.[1] So wurde auch die Täterschaft einer Rundfunkanstalt für während einer Fernsehsendung getätigte Beleidigungen abgelehnt.[2] Dagegen kommt aber eine Beteiligung als Gehilfe in Betracht. Hier wird es aber wohl in den meisten Fällen am erforderlichen Vorsatz bezüglich der Haupttat (Beleidigung) fehlen, da Internetforen in erster Linie einer sich im Rahmen des Art. 5 GG haltenden Kritik dienen sollen.[3]

6. Hyperlinks

Ein Spezifikum des Internets sind **Hyperlinks**, mit denen man von einer Seite direkt auf eine andere Seite oder deren Unterseite gelangen kann. Diese Hyperlinks können auch strafrechtlich relevant werden, wenn sie auf strafbare Inhalte verlinken. Es könnte sich dabei um ein Verbreiten der auf der verlinkten Seite angebotenen Inhalte handeln. Eine solche Strafbarkeit kann sich aus einer Täterschaft oder aber einer sonstigen Beteiligung an der auf der verlinkten Seite begangenen strafrechtlich relevanten Handlung ergeben.[4]

Während das *AG Stuttgart*[5] eine Verurteilung aufgrund des Setzens von Hyperlinks ausspruch, wurde dieses Urteil in der Berufungsinstanz vom *LG Stuttgart* aufgehoben.[6] Das *LG* stellte dabei darauf ab, dass eine Strafbarkeit – wie im vorliegenden Fall wegen Volksverhetzung – durch das Setzen von Hyperlinks nicht vorliege, wenn der Linksetzer sich in einer ausführlichen Dokumentation von den Inhalten der betreffenden Seiten distanziere.

Differenzierter wurde das Verfahren in der Revisionsinstanz vor dem *OLG Stuttgart* abgeschlossen.[7] Dieses sieht in der Verlinkung mit einer strafrechtlich relevanten Seite grundsätzlich auch dann eine strafrechtliche Verantwortlichkeit, wenn sich der Linksetzer vom Inhalt der jeweiligen Seite distanziert.[8] Es handle sich insoweit um ein täterschaftliches Zugänglichmachen

---

1 *Lenckner*, in: Schönke/Schröder, § 185 Rz. 17; BVerfG, Beschl. v. 26.6.1990 – 1 BvR 776/84, BVerfGE 82, 253 = MDR 1990, 977; OLG Köln, Urt. v. 28.1.1992 – Ss 567-569/91, NJW 1993, 1486.
2 OLG Köln, Urt. v. 28.1.1992 – Ss 567-569/91, NJW 1993, 1486; auch der *BGH* hat in BGHZ 66, 182 im Rahmen einer zivilrechtlichen Fragestellung die Täterschaft einer Rundfunkanstalt nur dann angenommen, wenn diese durch den Ablauf und den Inhalt der Sendung erkennen lässt, dass die kritische Äußerung von ihr selbst stammen soll, sie sich mithin mit der Äußerung identifiziert.
3 So auch *OLG Stuttgart*, Beschl. v. 26.2.2007 – 4 Ss 42/07, ITRB 2007, 77.
4 *Süßenberger* in: Hoeren/Sieber, Handbuch Multimedia-Recht, Teil 11.1 Rz. 46.
5 AG Stuttgart, Urt. v. 7.10.2004 – 2 Ds 2 Js 21471/02, CR 2005, 69 m. abl. Anm. *Neumann*; siehe auch die Anm. von *Kaufmann/Köcher*, MMR 2005, 335.
6 LG Stuttgart, Urt. v. 15.6.2005 – 38 Ns 2 Js 21471/02, CR 2005, 675 m. Anm. *Kaufmann*.
7 OLG Stuttgart, Urt. v. 24.4.2006 – 1 Ss 449/05, CR 2006, 542 m. zust. Anm. *Kaufmann*; siehe auch die Anm. von *Liesching*, MMR 2006, 390.
8 Vgl. dazu *Stegbauer*, NStZ 2005, 677, der die Frage nach der Strafbarkeit eines Links als zumindest „diskussionsbedürftig" ansieht.

der Inhalte, selbst wenn diese auf Servern im Ausland lägen. Jedoch wandte das Gericht im vorliegenden Fall die Sozialadäquanzklausel des § 86 Abs. 3 StGB an, der eine Strafbarkeit der Volksverhetzung ausschließt, wenn das Zugänglichmachen der Inhalte aufklärerischen Zwecken dient. Das Ziel der Linksetzung sei dabei aus den Begleitumständen des Hyperlinks aus objektiver Sicht zu ermitteln.[1] Verallgemeinerungsfähig aus diesem Urteil ist wohl die Aussage, dass für die täterschaftliche Begehung eine Linksetzung ausreichen kann. Für die Sozialadäquanzklausel des § 86 Abs. 3 StGB ist dagegen auf die Gesamtumstände abzustellen.[2]

Das *BGH*-Urteil „Schöner Wetten" befasste sich mit der Strafbarkeit der Hyperlink-Werbung für ausländische Glücksspiele.[3] Es handelte dabei aus strafrechtlicher Sicht die Straftatbestände der §§ 284 StGB ab, die inzident einen Verstoß gegen die wettbewerbsrechtliche Unlauterkeit i.S.d. § 3 UWG darstellten. Das Strafanwendungsrecht führt zu einer Zuständigkeit deutscher Gerichte. Dies wird insbesondere durch § 284 Abs. 4 StGB bestärkt. Zu Rechtsunsicherheiten führt jedoch die *EuGH*-Entscheidung „Gambelli", die sich unter anderem mit der Niederlassungsfreiheit gem. Art. 49 AEUV und der Dienstleistungsfreiheit gem. Art. 52 AEUV beschäftigt. Der *EuGH* hielt in diesem Fall das strafbewehrte Verbot der Vermittlung von in Italien nicht genehmigten Sportwetten für europarechtswidrig, da dessen Motivation primär fiskalpolitischer Natur und somit ungeeignet war, die Dienstleistungsfreiheit zu beschränken. Ausdrücklich verwies er aber auf Einschränkungsmöglichkeiten zur Gefahrenabwehr.[4] Der *BGH* hat die Anwendbarkeit des § 284 StGB aus zwingenden Gründen des Allgemeininteresses angenommen.[5] Unklar ist, ob und wenn ja, inwieweit sich das Urteil des *EuGH*[6] vom 8. September 2010 auf eine Strafbarkeit nach § 284 StGB auswirkt. Der *EuGH* entschied, dass der Glücksspiel-Staatsvertrag (GlüStV) gegen die Grundfreiheiten der Union verstößt und auch während der Zeit, die erforderlich ist, um ihn mit dem Unionsrecht in Einklang zu bringen, nicht weiter angewandt werden darf.

Insgesamt bleibt zu resümieren, dass die Haftung für Hyperlinks weder auf nationaler noch auf EU-Ebene eine einheitliche Regelung erfahren hat. Die Strafbarkeit hängt in diesem Bereich vom Einzelfall ab. Insbesondere ist zu berücksichtigen, dass für eine Teilnahmestrafbarkeit bedingter Vorsatz erforderlich ist,[7] sowie eine nach deutschem Strafrecht eine zumindest tatbe-

---

1 *OLG Stuttgart*, Urt. v. 24.4.2006 –1 Ss 449/05, CR 2006, 542.
2 Vgl. hierzu auch die zustimmende Anmerkung von *Liesching*, MMR 2006, 390.
3 *BGH*, Urt. v. 1.4.2004 – I ZR 317/01, MDR 2004, 1432 = CR 2004, 613 m. Anm. *Dietlein* = GRUR 2004, 693.
4 *EuGH*, Urt. v. 6.11.2003 – Rs. C-243/01, NJW 2004, 139; *Spindler*, GRUR 2004, 724, 726.
5 *BGH*, Urt. v. 14.3.2002 – I ZR 279/99, MDR 2002, 1082 = GRUR 2002, 636.
6 *EuGH*, Urt. v. 8.9.2010 – Rs. C-409/06, CR 2011, 394 = C-316/07, C-358/07, C-359/07, C-360/07, C-409/07, C-410/07, C-46/08.
7 *BGH*, Urt. v. 11.3.2004 – I ZR 304/01, MDR 2004, 1369 = CR 2004, 763 m. Anm. *Volkmann* = MMR 2004, 668 – ROLEX; oftmals erscheint das voluntative Vorsatzele-

standsmäßige und rechtswidrige Haupttat vorliegen muss. Eine solche Haupttat kann bei eindeutig nicht an den deutschen Internetnutzer adressierten Internetangeboten kaum angenommen werden.

7. Viren, Würmer, Trojaner, Spyware

Unter einem **Virus** versteht man ein sich selbst vermehrendes Computerprogramm, welches sich in andere Computerprogramme einschleust und sich damit reproduziert. Die Benennung als „Virus" stammt dabei von der selbständigen Verbreitungs- und Identifizierungsfunktion. Wird ein Virus einmal aktiviert, kann dieser zu einer Störung der Umgebung führen, wie z.B. der Hardware, der Software, oder des Betriebssystems.[1] Ein **Wurm** verbreitet sich dagegen über Netzwerke und verbraucht Ressourcen auf den infizierten Computern. Die zusätzliche Belastung, die durch die selbständige Verbreitung der Würmer entsteht, kann einen so hohen Ressourcenverbrauch darstellen, dass dadurch ein erheblicher wirtschaftlicher Schaden entsteht. Außerdem können Würmer die Belastung von Programmen, wie z.B. Firewalls oder Mailserver erhöhen, so dass diese langsamer arbeiten oder überlastet werden. Als **Trojanisches Pferd** oder auch **Trojaner** werden Programme bezeichnet, die sich vordergründig als nützliche Programme darstellen, im Hintergrund aber ohne Wissen des Anwenders andere Funktionen ausfüllen, wie z.B. das Ausspionieren von Passwörtern. Unter dem Begriff **Spyware** versteht man die im Hintergrund einer Software ablaufende Funktion mit der Daten und Informationen ohne Wissen des Benutzers an den Hersteller der Spyware oder Dritte gesendet werden. Diese Funktion kann einerseits zur Marktforschung, andererseits aber auch zum Erstellen eigens für den Benutzer generierter Angebote benutzt werden.[2]

Die Strafbarkeit dieser Computerschädlinge hängt von ihrer **Wirkungsweise** ab. Besitzen sie eine Schadensroutine, die zu einer Löschung, Unterdrückung, Unbrauchbarmachung oder Veränderung von Daten führt, ist der Tatbestand des § 303a StGB erfüllt.[3] Demgegenüber ist die Lage bei Schädlingen ohne eine Schadensroutine im Hinblick auf § 303 StGB schwieriger einzuschätzen. Die Funktion eines Computerschädlings, sich selbst zu verbreiten und insoweit das Programm derart zu beeinflussen, dass eine selbständige Verbreitung des Schädlings durchgeführt wird, stellt ebenfalls eine nach § 303a StGB relevante Datenveränderung dar.[4]

---

ment höchst fraglich: *LG München I*, Urt. v. 17.11.1999 – 20 Ns 465 Js 173158/95, CR 2000, 117 m. Anm. *Moritz* = NJW 2000, 1051.
[1] *Herchenbach-Canarius/Sommer*, in: Kilian/Heussen, Computerrechts-Handbuch, Teil 15, Rz. 18–20.
[2] *LG Mannheim* m. Anm. *Mühlenbrock/Sesing*, MMR 2008, 765.
[3] Vgl. *Eichelberger*, MMR 2004, 594, 595; *Schreibauer*, in: Kröger/Gimmy, Handbuch zum Internetrecht, S. 607.
[4] So auch *Eichelberger*, MMR 2004, 594, 595; *Ernst*, NJW 2003, 3233, 3238.

Zu denken wäre außerdem an eine Strafbarkeit nach **§ 303b StGB**.[1] Hierbei ist die Tatbestandsvoraussetzung der „Störung des Datenverarbeitungsablaufs" problematisch. Diese Voraussetzung ist mit der reinen Infizierung eines Rechners noch nicht erfüllt. Nach der Ausführung der Funktion des Computerschädlings hängt es von einer eventuell vorhandenen Schadensroutine ab, ob der Tatbestand des § 303b StGB vorliegt.[2] Das bloße Verbreiten eines Schädlings, auch eines solchen mit Schadensroutine führt nicht zur Anwendbarkeit des § 202a StGB. Erst wenn der Schädling selbständig Daten an seinen Entwickler oder Dritte sendet, wobei ein dauerhafter Download der Daten nicht notwendig ist, liegt ein Ausspähen von Daten gem. § 202a StGB vor.[3]

Die Strafbarkeit dieser Tatbestände erfordert durchweg auch den **Vorsatz des Versenders**, für den jedoch der dolus eventualis ausreicht. Von einem Vorsatz ist bei einem bewussten Inverkehrbringen eines Computerschädlings auszugehen, während mangels Vorsatzes die Strafbarkeit bei einem unbewussten Weiterversenden des Schädlings, weil sich dieser aufgrund seiner Programmierung selbständig und ohne Wissen des Computerinhabers verbreitet, entfällt.[4]

Das Einwählen in ein unverschlüsselt betriebenes Funknetzwerk erfüllt weder den Tatbestand des unbefugten Abhörens von Nachrichten nach §§ 89 Satz 1, 148 Abs. 1 TKG, des unbefugten Abrufens oder Verschaffens personenbezogener Daten nach §§ 43 Abs. 2 Nr. 3, 44 BDSG, des Ausspähens von Daten nach § 202a StGB, des Computerbetrugs nach §§ 263a Abs. 1, 263 Abs. 2, 22 StGB noch des Erschleichens von Leistungen nach § 265a StGB.[5]

8. Phishing, Pharming

Als **Phishing** wird der Versuch bezeichnet, mit Hilfe von Spam-E-Mails an persönliche Daten der Internetnutzer zu gelangen. Es handelt sich hierbei meist um Versuche Dritter, Bankkunden zur Preisgabe ihrer Zugangsdaten zu bewegen. Der Internetnutzer wird dabei durch eine gefälschte E-Mail, eine bestimmte Webseite aufzusuchen. Die mit diesem Link aufgerufene Seite sieht die der Bankseite täuschend ähnlich, sodass der Nutzer der Meinung ist, er befinde sich auf der tatsächlichen Seite des Institutes. Im weiteren Verlauf wird der Nutzer gebeten, bestimmte persönliche Daten, wie Passwörter, PIN- oder TAN-Nummern einzugeben. Diese Daten werden durch den Phisher abgezapft, der sie sodann selbst unbefugt benutzen kann.[6]

---

1 *Ernst*, NJW 2003, 3233, 3238.
2 *Eichelberger*, MMR 2004, 594, 595.
3 *Ernst*, NJW 2003, 3233, 3236; *Schneider/Günther*, CR 1997, 389, 395.
4 *Libertus*, MMR 2005, 507, 512.
5 *LG Wuppertal*, Beschl. v. 19.10.2010 – 25 Qs 10 Js 1977/08-177/10, CR 2011, 245 = MMR 2011, 65.
6 *Popp*, MMR 2006, 84; *Borges*, NJW 2005, 3313.

Die Strafbarkeit des Phishings wurde auch durch das 41. Strafänderungsgesetz, welches am 11. August 2007 in Kraft getreten ist nicht hinreichend geregelt, sodass die Erfassung dieser neuen Begehungsweise durch das geltende Strafrecht nach wie vor im Einzelnen umstritten ist. In Betracht für eine Strafbarkeit kommen die Tatbestände des Betrugs nach § 263 StGB, des Vorbereitens eines Computerbetruges nach § 263a Abs. 3 StGB, des Ausspähens von Daten nach § 202a StGB, der Fälschung beweiserheblicher Daten nach § 269 StGB, sowie der Datenveränderung und der Computersabotage nach §§ 303a Abs. 1, 303b Abs. 1 Nr. 1 StGB. Darüber hinaus sind auch die Tatbestände der §§ 143, 143a MarkenG und §§ 106 ff. UrhG für die strafrechtliche Beurteilung heranzuziehen.

Bei der Beurteilung der Strafbarkeit des Phishings sollte zunächst zwischen Datenbeschaffung und der anschließenden Verwendung der erlangten Daten unterschieden werden. Durch das Verschicken der Phishing-E-Mail macht sich der Täter zunächst einmal gem. § 269 StGB wegen Fälschung beweiserheblicher Daten strafbar.[1] Demnach liegt eine rechtlich relevante und zum Beweis bestimmte Gedankenerklärung vor, da der Absender den Eindruck erweckt, dass er den Empfänger zu einer vertragsmäßigen Mitwirkung auffordert. Eine andere Ansicht bezweifelt, ob Phishing-E-Mails eine rechtserhebliche Aufforderung darstellen. Dem sind jedoch die Beziehung zum Geldinstitut sowie angebliche Sicherheitsprobleme, die in der E-Mail beschrieben werden, entgegenzuhalten, sodass es sich bei den Nachrichten durchaus um beweiserhebliche Daten handelt.[2] Auch das Erstellen der Phishing-Webseite fällt unter die Strafbarkeitsvoraussetzung des § 269 StGB, da auch diese eine unechte Datenurkunde darstellt, sowie eine beweiserhebliche Aufforderung an den Kunden enthält, Daten einzugeben.[3] Ferner macht sich der Phisher auch nach §§ 143, 143a MarkenG und §§ 106 ff. UrhG strafbar, wenn er in der E-Mail bzw. auf der Webseite eingetragene Kennzeichen oder geschäftliche Bezeichnungen verwendet, die markenrechtlich oder urheberrechtlich geschützt sind.[4] Eine Strafbarkeit nach §§ 303a und 303b StGB kann hingegen aus guten Gründen abgelehnt werden, da durch das Versenden von Phishing-E-Mails bzw. das Bereitstellen der Webseite keine geschützten Daten gelöscht, unbrauchbar gemacht oder verändert werden.[5] Weiterhin fehlt es auch an einer nach § 303b StGB erforderlichen Störung einer Datenverarbeitung.[6]

Bei der anschließenden Datenverwendung kommt zunächst eine Strafbarkeit nach § 202a StGB in Betracht, sofern sich der Phisher durch die erlangten Daten Zugang zu den Konto- und Depotinformationen verschafft. Zwar ist auch hier umstritten, ob überhaupt noch eine, wie vom § 202a StGB geforderte besondere Zugangsbeschränkung vorliege. Dem ist jedoch entgegenzuhalten,

---

1 *Stuckenberg*, ZStW (118) 2006, 878; *Heghmanns*, wistra 2007, 167.
2 *Gercke*, CR 2005, 606.
3 *Seidl/Fuchs*, HRRS Februar 2010 (2/2010), 85.
4 *Goeckenjan*, wistra 2008, 128; *Beck/Dornis*, CR 2007, 642.
5 So auch *Popp*, MMR 2006, 84.
6 *Goeckenjan*, wistra 2009, 47.

dass mit der vorgeschalteten Zugangsdatenabfrage eine Vorkehrung getroffen wurde, die dazu bestimmt war, den Zugriff auf die Daten auszuschließen, sodass durchaus eine besondere Sicherung i.S.d. § 202a StGB vorlag.[1] Weiterhin macht sich der Phisher durch die Verwendung der Daten für die Onlineüberweisung nach § 263a StGB und §§ 269, 270 StGB strafbar. Da die Banken PIN und TAN zum Zweck des Identitätsnachweises an ihre Kunden vergeben, kommt die Datenverwendung durch den Phisher einer Identitätstäuschung gleich und erfüllt somit das Tatbestandsmerkmal des unbefugten Verwendens von Daten gem. § 263a StGB.[2] Eine Strafbarkeit nach §§ 269, 270 StGB ist deshalb zu bejahen, weil der Phisher durch die Eingabe der Zugangsdaten im Rahmen einer Onlineüberweisung einen Datensatz herstellt, den die Bank als Überweisungsauftrag speichert. Die Speicherung dieser beweiserheblichen Daten stellt eine unechte Urkunde dar. Hierbei handelt es sich im Ergebnis um eine nach § 270 StGB fälschliche Beeinflussung einer Datenverarbeitung, die einer Täuschung im Rechtsverkehr gleichsteht.[3]

Der durch das 41. Strafänderungsgesetz neu eingeführte § 202c StGB greift zwar hinsichtlich der Vorbereitungshandlungen für die Datenverwendung ein, ist jedoch gegenüber dem vom Phisher verwirklichten § 202a StGB subsidiär.[4]

Das *BVerfG* hat drei Verfassungsbeschwerden gegen den sog. Hackerparagraphen (§ 202c StGB) als unzulässig abgewiesen.[5] Mit dieser Entscheidung war das Gericht zwar nicht gezwungen zu überprüfen, ob die gesetzliche Regelung im Einklang mit dem Grundgesetz steht. Dennoch lässt sich anhand der Argumentation des *BVerfG* erkennen, dass sog. Dual-Use-Tools, also Programme, die neben einer möglichen rechtswidrigen Verwendung auch zur Systemwartung erforderlich sind, nicht unter den Tatbestand des Vorbereitens des Ausspähens und Abfangens von Daten fallen, solange sie nicht in der Absicht entwickelt wurden, sie zu diesem Zweck einzusetzen. Denn das *BVerfG* begründete seine Entscheidung damit, dass die Beschwerdeführer, die beruflich mit Dual-Use-Tools arbeiten und deshalb befürchteten, sich nach § 202c StGB strafbar zu machen, von der Strafvorschrift nicht unmittelbar betroffen seien, weil für sie kein Risiko einer strafrechtlichen Verfolgung bestünde. Nur Programme, die mit der Absicht entwickelt werden, sie später zur Ausspähung oder zum Abfangen von Daten einzusetzen, seien vom Tatbestand umfasst. Diese Absicht müsse sich objektiv manifestieren, der Täter also Handlungen vorgenommen haben, anhand derer man eine Absicht zur Begehung der Straftaten nach §§ 202a, b StGB erkennen kann. Dafür sei es nicht ausreichend, wenn das Programm lediglich dazu geeignet sei, die benannten Computerstraftaten zu begehen. Hinzukommen müsse ferner der Vorsatz, eine der genannten Straftaten zu begehen. Nicht strafbar ist es daher, wenn die jeweili-

---

1 *Fischer*, StGB, 57. Aufl. (2010), § 267 Rz. 7.
2 *Weber*, HRRS 2004, 406; *Goeckenjan*, wistra 2008, 128.
3 *Stuckenberg*, ZStW 118 (2006), 878; *Goeckenjan*, wistra 2008, 128.
4 *Heghmanns*, wistra 2007, 167.
5 *BVerfG*, Urt. v. 18.5.2009 – 2 BvR 2233/07, 2 BvR 1151/08, 2 BvR 1524/08.

gen Programme mit Einverständnis der betroffenen Person dazu verwendet werden, Angriffe auf das System zu simulieren, um beispielsweise Schwachstellen im Schutzsystem zu entdecken und zu entfernen.

In einer Weiterentwicklung des Phishing, dem **Pharming** wird innerhalb des Computers die Zuordnung der IP-Adressen manipuliert, so dass der Internetnutzer zwar die richtige Adresse in die Browserzeile eingibt, diese aber mit einer anderen als der gewollten Seite verknüpft ist, welche wiederum die eigentlich gewollte Seite täuschend echt nachbildet.[1] Hierbei werden die geheimen Daten ohne „Mithilfe" des Nutzers ausgespäht. Bei beiden Varianten handelt es sich um einen Missbrauch der Umgebung des Internets.

Pharming dagegen ist als Computerbetrug gem. § 263a StGB strafbar, da direkt in den Datenverarbeitungsvorgang des Computers eingegriffen wird, indem die Zuordnung der Domain mit der IP-Adresse vertauscht wird. Außerdem ist es als Datenveränderung zu qualifizieren und deshalb auch gem. § 303a StGB strafbar, wie auch als Computersabotage nach § 303b Abs. 1 Nr. 1 StGB.[2] Das Bereitstellen des eigenen Kontos zur Annahme des durch Phishing- oder Pharming-Attacken transferierten Geldes stellt eine Beihilfe zu den oben genannten Delikten dar.[3] Kommt diese Bereitstellung der Konten einer Privatperson ausschließlich durch Internet- oder E-Mail-Kontakte zu Stande, muss der Kontoinhaber davon ausgehen, dass es sich um illegales Geld handelt, das aus Computerbetrügereien entstanden ist. Daher kommt für den Kontoinhaber eine Strafbarkeit wegen Geldwäsche in Betracht.[4]

Von Nutzern des Online-Bankings wird mittlerweile erwartet, dass sie über geeignete Sicherheitseinrichtungen verfügen und diese, ebenso wie das Betriebssystem und die verwendete Software, regelmäßig aktualisieren um so eventuellem Missbrauch vorzubeugen. Ferner wird von ihnen ein gründlicher Umgang mit E-Mails insoweit gefordert, dass deutliche Hinweise auf gefälschte E-Mails erkannt werden müssen; Anhaltspunkte sind hier etwa sprachliche Fehler, abweichende Internetadressen sowie unverschlüsselte Verbindungen. Werden diese Vorkehrungen nicht getroffen, liegt Leichtfertigkeit beim Geschädigten vor.[5]

9. DDoS-Attacken (Distributed Denial of Service)

Die Bezeichnung **Denial of Service** steht für einen Angriff auf einen Server mit dem Ziel, dessen Arbeitsfähigkeit erheblich oder gar vollständig einzuschränken. Wird dieser Angriff koordiniert von einer großen Anzahl von

---

1 *Borges*, NJW 2005, 3313; LG Mannheim m. Anm. *Mühlenbrock/Sesing*, MMR 2008, 765.
2 *Popp*, MMR 2006, 84, 86.
3 *AG Hamm*, Urt. v. 5.9.2009 – 10 Ds 101 Js 244/05–1324/05, CR 2006, 70.
4 *AG Darmstadt*, Urt. v. 11.1.2006 – 212 Ls 360 Js 33848/05, JurPC Web-Dok. 125/2006.
5 *LG Köln*, Urt. v. 5.12.2007 – 9 S 195/07, MMR 2008, 259.

Systemen durchgeführt, so spricht man von einem **Distributed Denial of Service** (DDoS).[1] Üblicherweise erfolgen diese Angriffe in Zusammenhang mit Würmern, die sich einige Zeit vor der Durchführung des Angriffs verbreiten und so programmiert sind, dass gleichzeitig der DDoS-Angriff durchgeführt wird.

Bezüglich der Strafbarkeit von DoS-Attacken ist zwischen der Attacke selbst und der zumeist mit einer solchen Attacke verbundenen Androhung, einen DDoS-Angriff auszuführen (oft auch in Verbindung mit einer „Lösegeldforderung"), zu unterscheiden. Die DoS-Attacke selbst kann – abhängig von der jeweiligen Funktionsweise – eine Unterdrückung von Daten gem. § 303a StGB bedeuten, wenn dadurch ein aktueller Datenübertragungsvorgang unterbrochen wird[2] oder der Betreiber der Webseite diese nicht mehr erreichen kann und die Daten daher seiner Verfügungsmöglichkeiten entzogen sind.[3] Die Strafbarkeit ergibt sich nunmehr auch aus § 303b Abs. 1 Nr. 2 StGB (Computersabotage), der die Eingabe oder Übermittlung von Daten bestraft, wenn dies in der Absicht geschieht, einem anderen einen Nachteil zuzufügen. Es sind also insbesondere DoS und DDoS-Angriffe erfasst.[4] Auch die Veränderung des Datenbestandes an den manipulierten Computern, die zu einem vordefinierten DDoS-Angriff führt, stellt eine Datenveränderung an diesem Computer gem. § 303a StGB dar.[5]

Daneben werden insbesondere DDoS-Attacken oft mit einer vorherigen Ankündigung verbunden, die wiederum die Forderung nach einem **„Lösegeld"** zur Vermeidung des Angriffs enthalten kann. Es stellt sich hierbei die Frage nach einer Strafbarkeit dieses Vorgehens wegen Nötigung. Das *AG Frankfurt*[6] sah im Aufruf zu einer solchen **„Online-Demonstration"** einen öffentlichen Aufruf zur Straftat der Nötigung gem. § 111 StGB, weil Dritte durch den Angriff von einem Besuch der Webseite abgehalten werden. Es handle sich daher um „Gewalteinwirkung", da der Internetnutzer durch vis absoluta von einem Besuch der Webseite abgehalten würde. Daneben wäre aber auch das angegriffene Unternehmen selbst Opfer einer Nötigung, weil durch die Beeinflussung der Internetnutzer dem Unternehmen – im vorliegenden Fall der Lufthansa – ein bestimmtes Verhalten aufoktroyiert werden solle. Der Zusammenschluss mehrerer Personen im Onlinebereich zur Durchführung einer „Onlinedemonstration" (die einer DDos-Attacke entspricht) wäre auch nicht vom Grundrecht der Versammlungsfreiheit gem. Art. 8 GG geschützt, weil es insoweit an einem gemeinsamen Ort der Aktivität und der erforderlichen inneren Verbundenheit der Teilnehmer fehle.

---

1 Vgl. zur technischen Seite von DDos-Attacken: *Möller/Kelm*, DuD 2000, 292.
2 *Ernst*, NJW 2003, 3233, 3238.
3 *Kraft/Meister*, MMR 2003, 366, 372.
4 *Ernst*, DS 2007, 335; BT-Drs. 16/3656, S. 13.
5 *Ernst*, NJW 2003, 3233, 3239.
6 *AG Frankfurt a.M.*, Urt. v. 1.7.2005 – 991 Ds 6/2000 Js 226314/01, – 991 Ds 6100 Js 226314/01, CR 2005, 897.

Die Einordnung des Verhaltens als Nötigung wurde jedoch vom Revisionsgericht, dem *OLG Frankfurt a.M.*, nicht geteilt.[1] Es handle sich weder um „Gewalt" noch um eine „Drohung mit einem empfindlichen Übel", sodass eine Strafbarkeit aus § 240 StGB wegen Nötigung entfalle.[2] Dies läge daran, dass sich die Wirkung der DDos-Attacke beim Internetnutzer darin erschöpfe, dass er (für die Zeit der Attacke) die Internetseite nicht aufrufen könne, was aber **keine psychische Beeinträchtigung** bedeute, sondern lediglich eine Sachentziehung, die aber nicht als Nötigung zu werten sei.[3] Seit der Umsetzung des Art. 3 des EU-Rahmenbeschlusses 2005/222/JI durch das Strafrechtsänderungsgesetz vom 20. September 2006 werden DDoS Attacken vom Straftatbestand der Computersabotage gem. § 303b StGB umfasst.[4] Diese Umsetzung entspricht auch der diesbezüglichen Normierung in Art. 5 CCC.[5]

Das *LG Düsseldorf*[6] urteilte nun in einem Fall von einer Reihe von DDos-Attacken auf Online-Wettportale, dass das Fordern von Geldbeträgen zur Vermeidung weiterer DDos-Attacken eine versuchte Erpressung darstellt, die mit der Zahlung der geforderten Summen zur vollendeten Tat i.S.d. § 253 StGB wird. Der Täter hatte durch gezielte DDos-Attacken mehrere Server dieser Portale über ein sog. Botnetz zum Absturz gebracht. Die durchgeführten DDos-Attacken sind zudem in Tateinheit als Computersabotage nach § 303b StGB strafbar.

10. Dialer

Der Begriff **Dialer** steht heutzutage für Einwahlprogramme ins Internet, die sich – teilweise ohne Wissen des Nutzers, teilweise absichtlich – auf dem Computer installieren und selbständig ins Internet einwählen. Diese Einwahl wird meist über Nummern durchgeführt, die besonders hohe Gebühren haben, wie z.B. 0190- oder 0900-Nummern.[7]

Die strafrechtliche Beurteilung von Dialern[8] bereitet ausschließlich bei ohne Wissen des Nutzers installierten Dialern, oder bei denjenigen Dialern, die über die vom Nutzer geplante Einwahl hinausgehen, Probleme. Absichtlich heruntergeladene Dialer, die den Einwahlpreis für die Internetverbindung in bestimmten, dem Nutzer bekannten Fällen erhöhen, sind aus strafrechtlicher Sicht nicht relevant, da der Nutzer in diesen Fällen bewusst eine Vermögens-

---

1 *OLG Frankfurt a.M.*, Beschl. v. 22.5.2006 – 1 Ss 319/05, CR 2006, 684.
2 *OLG Frankfurt a.M.*, Beschl. v. 22.5.2006 – 1 Ss 319/05, CR 2006, 684.
3 A.A. zu diesem Bereich *Kraft/Meister*, MMR 2003, 366, 370, die Online-Demonstrationen mit Sitzblockaden gleichsetzen und daher eine Strafbarkeit wegen Nötigung bejahen.
4 *Gercke*, Anm. zu *OLG Franfurt a.M.*, Urt. v. 22.5.2006 – 1 Ss 319/05, CR 2006, 684 = MMR 2006, 547, 553.
5 *Eichelberger*, DuD 2006, 490, 495.
6 *LG Düsseldorf*, Urt. v. 22.3.2011 – 3 KLs 1/11, CR 2011, 691 = MMR 2001, 624.
7 MüKoStGB/*Graf*, § 202a, Rz. 79.
8 Zu den vertraglichen Beziehungen: *Hoeren/Welp*, JuS 2006, 389.

minderung, wie auch eine Datenveränderung in Kauf nimmt. In Betracht kommt jedoch eine Strafbarkeit nach **§§ 202a, 263, 263a und 303a StGB** bei Dialern, die sich ohne Wissen des Nutzers auf dessen Rechner installiert und die Internetverbindungsdaten derart verändert haben, dass eine Einwahl in das Internet ausschließlich über die Nummer des Dialers erfolgt.[1] Zu beachten ist jedoch, dass der Nutzer die Darlegungs- und Beweislast dafür trägt, dass der Dialer sich heimlich installiert hat.[2] In gleicher Art und Weise zu bestrafen sind Dialer, die über die beabsichtigte Nutzung hinaus auch in anderen als den beabsichtigten und dem Nutzer bekannten Fällen die hochpreisige Internetverbindung des Dialers benutzen. Die Strafbarkeit nach § 202a StGB entfällt dabei, da der Dialer selbst weder dem Versender des Dialers noch irgendeinem Dritten selbständig Daten zusendet. Lediglich in den Fällen, in denen ein Dialer mit einem Trojaner verbunden ist, der Daten ausspionieren soll, kommt eine Strafbarkeit nach § 202a StGB in Betracht,[3] wobei diese die Funktionsweise des Trojaners und nicht des Dialers betrifft.

Dagegen liegt eine Strafbarkeit nach § 303a StGB vor, wenn sich der Dialer ohne **Wissen des Nutzers** installiert, weil der Dialer die Daten des Internetzugangs verändert.[4] Dies gilt auch für die Fälle, in denen sich der Dialer über die beabsichtigte Nutzung hinaus ins Internet einwählt, da in diesem Fall zwar der Nutzer selbst eine Datenveränderung durchgeführt hat, nämlich für die beabsichtigte Einwahl, die Veränderung der Daten, die über diese Einwahl hinausgehen, aber ohne Wissen des Nutzers verändert wurden.[5]

Auch ein **Computerbetrug nach § 263a** StGB liegt vor, da der Nutzer durch die Installation insoweit getäuscht würde, dass er entweder nur für die Anwahl bestimmter Seiten oder aber nie den überhöhten Preis bezahlen müsse.[6] Daneben liegt auch der Betrugstatbestand gem. § 263 StGB bei der Verwendung von Dialern vor. Die für eine Betrugsstrafbarkeit erforderliche Vermögensverfügung besteht in dem aktiven Benutzen des Dialers und damit der überteuerten Verbindung ins Internet. Ein Verfügungsbewusstsein ist insofern nicht erforderlich.[7] Der Vermögensschaden, der laut Buggisch[8] „unproblematisch gegeben sein dürfte", stellt sich aber als schwieriger zu beurteilen dar. Die Rechtsprechung verneint im Hinblick auf zivilrechtliche Zahlungsansprüche der durch Dialer entstandenen Kosten einen solchen Anspruch,[9] bzw.

---

1 *Weidemann*, BeckOK StGB, § 202a, Rz. 16.
2 *AG Leer*, Urt. v. 30.5.2006 – 7d C 8/06, MMR 2007, 473.
3 *Buggisch*, NStZ 2002, 178, 179.
4 *AG Hamburg-St.Georg*, Urt. v. 16.12.2005 – 944 Ls 2214 Js 97/04, MMR 2006, 345; *Buggisch*, NStZ 2002, 178, 180.
5 A.A. *Fülling/Rath*, JuS 2005, 598, 602.
6 *Buggisch*, NStZ 2002, 178, 180; *Fülling/Rath*, JuS 2005, 598, 600.
7 *Fülling/Rath*, JuS 2005, 598, 600; *Buggisch*, NStZ 2002, 178, 181 m.w.N.
8 NStZ 2002, 178, 181.
9 *BGH*, Urt. v. 4.3.2004 – III ZR 96/03, MDR 2004, 620 m. Anm. *Schlegel* = CR 2004, 355 = NJW 2005, 1590; *LG Frankfurt a.M.*, Urt. v. 26.8.2005 – 2-31 O 465/04, MMR 2005, 856; *AG München*, Urt. v. 25.7.2005 – 163 C 13423/05, MMR 2006, 184; *AG*

steht einem Rückzahlungsanspruch positiv gegenüber, wenn die Zahlung unter Vorbehalt erfolgte.[1] Aufgrund der eindeutigen Rechtsprechung besteht somit keine Zahlungspflicht des Nutzers, sodass eine Vermögensgefährdung nicht eingetreten sein könnte. Jedoch ist anerkannt, dass eine Vermögensgefährdung bereits dann vorliegt, wenn das Risiko eines Prozesses droht, in welchem dem Nutzer verschiedenartige Nachweisproblematiken entstehen könnten.[2] Ein Vermögensschaden ist insoweit also ebenfalls, zumindest in Form einer konkreten Vermögensgefährdung durch die Einwahl in das Internet über einen Dialer, anzunehmen. Auch die Qualifikationstatbestände des § 263 StGB können bei Dialern vorliegen, z.B. wenn die Installierung eines Dialers gewerbsmäßig erfolgt.[3] Die letztgenannten Tatbestände des § 263a StGB und des § 263 StGB sollen im vorliegendem Fall – entgegen der herrschenden Meinung, die eine Subsidiarität des § 263a StGB annimmt[4] – in Idealkonkurrenz stehen, um die Doppelfunktion des Dialers, nämlich einerseits die Täuschung des Menschen, andererseits aber auch den Eingriff in den Datenverarbeitungsprozess darzulegen.[5]

11. IP-Spoofing und Portscanning

Weitere Arten von Hackerangriffen stellen das **IP-Spoofing** und das **Portscanning** dar. Beim IP-Spoofing verwendet der Hacker eine falsche IP-Nummer, um so eine falsche Identität vorzuspielen. Dabei setzt der Hacker statt der eigenen ihm zugordneten IP-Adresse die IP-Adresse eines anderen Computers ein, sodass er nicht mehr als Versender des Datenpaketes identifiziert werden kann und dieses Datenpaket einem anderen Nutzer zugeordnet wird.[6] Es wird unterschieden zwischen dem echten IP-Spoofing, bei dem der Hacker die Datenpakete von seinem eigenen Computer aus versendet und eine falsche IP-Adresse benutzt und dem unechten IP-Spoofing, bei dem der Hacker die Datenpakete vom fremden Computer aus versendet. Die dadurch vergebene IP-Adresse stimmt zwar mit dem Anschluss, von dem aus die Daten versendet wurden überein, jedoch stammen diese Daten nicht vom Anschlussinhaber, sondern von einem Dritten, nämlich dem Hacker. Portscanning dagegen bezeichnet die Hackertätigkeit, die offenen Ports eines Systems ausfindig zu machen, um dieses danach im Sinne eines klassischen DoS-Angriffs zum Erliegen zu bringen.[7]

Trier, Urt. v. 10.12.2004 – 32 C 515/04, NJW-RR 2005, 921; *LG Gera*, Urt. v. 24.3.2004 – 1 S 386/03, CR 2004, 543.
1 *BGH*, Urt. v. 20.10.2005 – III ZR 37/05, CR 2006, 27 = NJW 2006, 286.
2 *Fülling/Rath*, JuS 2005, 598, 600.
3 *AG Hamburg-St. Georg*, Urt. v. 16.12.2005 – 944 Ls 2214 Js 97/04-571/05, MMR 2006, 345.
4 *Tröndle/Fischer*, § 263a Rz. 38; *Lackner/Kühl*, § 263a Rz. 27; *Cramer*, in: Schönke/Schröder, § 263a Rz. 41.
5 *Buggisch*, NStZ 2002, 178, 181; *Fülling/Rath*, JuS 2005, 598, 602.
6 *Weidemann*, BeckOK StGB, Computerkriminalität, Rz. 8.
7 *Weidemann*, BeckOK StGB, Computerkriminalität, Rz. 11.

Für die Strafbarkeit des IP-Spoofings muss zwischen dem **echten und dem unechten IP-Spoofing** unterschieden werden. Das echte IP-Spoofing stellt eine Täuschung im Rechtsverkehr bei der Datenverarbeitung gem. § 269 StGB dar.[1] Der Hacker entfernt bei den von ihm versendeten Datenpaketen die (zum Beweis im Rechtsverkehr erhebliche) eigene IP-Nummer und fügt eine andere, fremde IP-Nummer dem Datenpaket bei. Er verändert damit beweiserhebliche Daten und spiegelt dem Empfänger einen anderen als den tatsächlichen Versender vor. Eine Strafbarkeit nach § 303a StGB liegt beim echten IP-Spoofing nicht vor. Der Hacker verändert zwar Daten, jedoch fehlt es an einem Zugriff für Dritte auf diese Daten. Der Tatbestand des § 303a StGB muss aber aufgrund seines Schutzzweckes und des typischen Unrechts der Vorschrift des § 303a StGB, nämlich dass jemand anderes als der Täter von der Tat betroffen sein muss, insoweit eingeschränkt werden. Der Zugriff muss daher auch für Dritte möglich sein, da ansonsten für den Dritten kein Interesse an diesen Daten besteht.[2] Das unechte IP-Spoofing ist dagegen sowohl nach § 269 StGB strafbar, als auch nach § 303a StGB. Die strafbare Handlung in Bezug auf § 269 StGB liegt dabei auf dem Gebrauchen gefälschter Daten (der IP-Adresse des gekaperten Anschlusses), während die Datenveränderung nach § 303a StGB in der Vorspiegelung eines anderen als des wahren Versenders der Daten liegt.

Für das **Portscanning** kommt die Anwendbarkeit mehrerer strafrechtlicher Vorschriften in Betracht. Es könnte sich dabei um Ausspähen von Daten gem. § 202a StGB, um eine Datenveränderung nach § 303a StGB oder eine Computersabotage nach § 303b StGB handeln. Eine Strafbarkeit nach § 202a StGB entfällt, weil das reine Portscanning sich noch außerhalb einer durch Sicherungsmaßnahmen geschützten Sphäre des angegriffenen Nutzers abspielt. Durch das Portscanning verschafft sich der Angreifer also noch keinen Zugang zu besonders gesicherten Daten. Zwar kann daran gedacht werden, dass bereits der Schutz vor Portscanning durch eine Protokollierungssoftware des Nutzers, die Portscanning-Angriffe protokolliert, besteht. Jedoch genügt die reine Protokollierung nicht als geeignete Schutzmaßnahme i.S.d. § 202a StGB,[3] da sie lediglich der Beweissicherung dient. Es besteht daher keine Strafbarkeit nach § 202a StGB.[4] Dagegen ist eine Strafbarkeit des Portscanning anzunehmen, wenn dieses als Mittel für einen DoS-Angriff benutzt wird, weil dadurch Daten i.S.d. § 303a StGB unterdrückt werden. Da für eine Datenunterdrückung das zeitweilige Entziehen der Verwendungsmöglichkeit der Daten für den Berechtigten genügt, liegt eine Strafbarkeit nach § 303a StGB vor.[5] Handelt es sich bei der angegriffenen Datenverarbeitung um eine solche

---

[1] Rinker, MMR 2002, 663, 664.
[2] Diese Einschränkung des Tatbestandes befürwortet auch Rinker, MMR 2002, 663, 664 m.w.N.
[3] So auch Rinker, MMR 2002, 663, 665 m.w.N.
[4] Für eine Strafbarkeit hingegen Weidemann, BeckOK StGB, § 202a, Rz. 15, m.w.N.
[5] Rinker, MMR 2002, 663, 665.

von wesentlicher Bedeutung für einen fremden Betrieb, ein fremdes Unternehmen oder eine Behörde, liegt auch eine Strafbarkeit nach § 303b StGB vor.[1]

12. Einstellung von mangelbehafteten Angeboten ins Internet einschl. der Nutzung fremder Accounts („Account-Takeover")

Aus strafrechtlicher Sicht kann auch die Benutzung von Onlineverkaufsplattformen oder anderen Angeboten im Hinblick auf den **Verkauf nicht existenter oder nicht der Beschreibung entsprechender Gegenstände** interessant werden. In Betracht kommt hier der angekündigte Verkauf von Viagra-Pillen, die sich aber als wirkungslose Pflanzenpräparate entpuppen oder das Versprechen, nach Zahlung eines bestimmten Betrages den Zugang zu einem Portal mit einer großen Anzahl von Erotikbildern zu erhalten, das sich dann aber als inhaltsleere Webseite darstellt.[2] Wird durch diese Benutzung der Ersteigerer zu einer Überweisung des Kaufpreises gebracht, so liegt in dem Verhalten ein Betrug gem. § 263 StGB. Der „Verkäufer" wusste von Beginn der Auktion von der fehlenden Existenz des Kaufgegenstandes und wollte den Ersteigerer zu einer Überweisung des vermeintlichen Kaufpreises, die dieser in Erwartung des Erhalts des vermeintlich gekauften Gegenstandes tätigte, „verführen". Bei einer solchen Strafbarkeit spielt die Frage nach der Inhaberschaft an dem Account keine Rolle, größtenteils werden diese betrügerischen Vorgänge aber über fremde Accounts getätigt, zu deren Zugangsdaten der Täter mit Hilfe einer Phishing-Mail gekommen ist.[3] Das Einstellen eines nicht existenten Gegenstandes selbst auf einer Onlineverkaufsplattform begründet jedoch keine Strafbarkeit zum Nachteil des realen Accountinhabers. Die Strafbarkeit wird ab dem betrügerischen Einstellen einer Auktion ausschließlich zum Nachteil etwaiger Käufer begründet.

13. Filesharing

Seit dem Aufbau von Filesharing-Netzwerken wie „Napster" und „Kazaa" im Internet, bei denen die Teilnehmer des Netzwerkes gegenseitig Dateien zum Download über das Internet bereitstellen, stellt sich die Frage nach der **Strafbarkeit des Filesharing**. In Frage kommt insoweit eine Strafbarkeit nach den §§ 106 ff. UrhG. Voraussetzung für diese Strafbarkeit ist eine Verletzung des Urheberrechts. Die Bereitstellung zum Download bedeutet eine öffentliche Zugänglichmachung gem. § 19a UrhG, während der Download selbst eine

---

[1] So auch *Rinker*, MMR 2002, 663, 665.
[2] Die Beispiele stammen aus: *Schreibauer*, in: Kröger/Gimmy, Handbuch zum Internetrecht, 2. Aufl. 2002, S. 610.
[3] *Gercke*, MMR 2004, Heft 5, XIV; vgl. *Klees*, MMR 2007, 275, 277, der die zivilrechtliche Verantwortlichkeit sog. „Spaßbieter" überprüft und dabei auf die Möglichkeit des Ausspähens von Passwörtern durch Trojaner hinweist; vgl. zu dieser Möglichkeit auch *OLG Naumburg*, Urt. v. 12.1.2005 – 2 U 758/01, OLG-NL 2005, 51.

Vervielfältigung der Datei gem. § 16 UrhG bedeutet.[1] Sie stellt jedoch nur dann eine Urheberrechtsverletzung dar, wenn die urheberrechtliche Schranke der Privatkopie (§ 53 UrhG) nicht einschlägig ist. Nach dem **1. Korb der Urheberrechtsreform** wurde § 53 UrhG auf offensichtlich rechtswidrig hergestellte (!) Vorlagen beschränkt und nicht auf die Rechtmäßigkeit der öffentlichen Zugänglichmachung durch den Anbieter.[2]

Durch die Verabschiedung des **2. Korbes**[3] der Urheberrechtsreform wurde versucht, diese Unzulänglichkeit im Bereich der Privatkopie zu verbessern. Die Änderungen des UrhG beinhalten u.a., dass § 53 Abs. 1 UrhG auch dann nicht einschlägig ist, wenn die Vorlage zur Privatkopie „offensichtlich rechtswidrig öffentlich zugänglich gemacht wurde". Diese Formulierung bedeutet, dass neben dem Anbieten auch der Download von unerlaubt online gestellten urheberrechtlich geschützten Dateien nicht mehr von der Schranke des § 53 UrhG gedeckt ist. Auch die diskutierte Einführung einer Bagatellklausel wurde nicht verabschiedet, sodass bereits der erstmalige Download eine Urheberrechtsverletzung darstellt und nach § 106 UrhG strafbar ist. Es wird davon auszugehen sein, dass Bagatelldelikte auch weiterhin vermehrt von den Staatsanwaltschaften eingestellt werden.

14. Film-Streaming

Zunehmend gelangen leistungsfähigere technische Verfahren für das Streaming von Dateien im Internet zum Einsatz. Der technische Fortschritt insbesondere bei den Übertragungsgeschwindigkeiten ermöglicht es dem Nutzer, Abstand vom herkömmlichen Download zu nehmen und durch das Streaming-Verfahren Medieninhalte direkt aus dem Netz und fast in Echtzeit abzuspielen. Während die Rechtslage hinsichtlich des Anbieters mit dem Ergebnis der Urheberrechtswidrigkeit geklärt scheint, herrscht hinsichtlich der Strafbarkeit des Nutzers noch Uneinigkeit.

Der Abruf von Videodateien erfolgt durch das sog. Streaming-Verfahren, bei dem anders als beim Filesharing kein vollständiger Download vorhergeht, sondern eine kontinuierliche Datenübertragung zwischen Server und Endgerät stattfindet.[4] Bei den Streaming-Verfahren unterscheidet man grundsätzlich zwischen dem On-Demand-Streaming, bei dem der Nutzer im Wege des „unicast" bzw. auf Basis eines Punkt-zu-Punkt-Verbindungsmodells auf Abruf den Stream eigens für sich erhält[5] und dem Live Streaming, bei welchem ein Server einen Datenstrom zu einer bestimmten Zeit an beliebig viele Empfänger sendet.[6] Das Film-Streaming im Internet bedient sich vorwiegend dem On-

---

1 *Frank*, K&R 2004, 577, 578.
2 Vgl. *Frank*, K&R 2004, 577, 579.
3 Regierungsentwurf abrufbar unter http://www.bmj.bund.de/media/archive/1174.pdf.
4 *Fangerow, Schulz*, GRUR 2010, 677.
5 *Radmann*, ZUM 2010, 387.
6 Vgl. *Bullinger*, in: Wandtke/Bullinger, UrhR, 3. Aufl. (2009), § 19a, Rz. 34.

Demand-Streaming. Hierbei findet keine vollständige Speicherung auf dem Zielrechner statt, es sind jedoch Zwischenspeicherungen im Arbeitsspeicher (RAM/Caches) des Nutzers notwendig, um die empfangenen Daten zu verarbeiten.

Fraglich ist zunächst, ob es sich hierbei um einen Eingriff in das Vervielfältigungsrecht gem. § 16 UrhG handelt. Die bloße Anzeige auf dem Bildschirm kann nicht als Vervielfältigung bewertet werden, da hiermit nur körperliche Festlegungen gemeint sind, die geeignet sind, das Werk auf irgendeine Weise den menschlichen Sinnen unmittelbar oder mittelbar zugänglich zu machen.[1] Hiervon muss jedoch die vorherige Aufbereitung und Zwischenspeicherung unterschieden werden, die durchaus eine körperliche Festlegung und damit eine Vervielfältigung i.S.d. § 16 UrhG darstellt.[2] Dem steht auch nicht entgegen, dass es sich lediglich um eine temporäre Speicherung handelt, da durch die Formulierung „ob vorübergehend oder dauerhaft", die im Zuge der Umsetzung der Richtlinie 2001/29/EG[3] aufgenommen wurde, klargestellt wird, dass auch ephemere Vervielfältigungen erfasst werden.

Eine Rechtfertigung dieses Eingriffs ist mangels Zustimmung der Rechteinhaber zur Bereitstellung und Nutzung ihrer Filme auf illegalen Streaming-Portalen nur auf der Basis einer gesetzlichen Schrankenregelung möglich. Als Ausnahmen zum Vervielfältigungsrecht kommen § 53 UrhG und § 44a UrhG in Betracht.

Nach § 53 Abs. 1 Satz 1 UrhG ist die Anfertigung einzelner Vervielfältigungsstücke grundsätzlich zulässig, sofern dies durch eine natürliche Person zum privaten Gebrauch außerhalb eines Erwerbszwecks erfolgt. Eine solche Kopie darf allerdings nur dann angefertigt werden, wenn ihre Vorlage nicht offensichtlich rechtswidrig hergestellt oder öffentlich zugänglich gemacht wurde. Die Vorlage ist zumindest dann rechtswidrig, wenn ihre Herstellung oder ihre öffentliche Zugänglichmachung die Rechte des Urhebers oder eines sonstigen Berechtigten verletzt. Dies dürfte bei den Videos auf den Film-Streaming-Portalen im Internet der Fall sein. Die Rechtswidrigkeit der Vorlage muss für den Nutzer zudem auch offensichtlich sein. Über die Beurteilung des Begriffs der „Offensichtlichkeit" herrscht indes noch Uneinigkeit. Während einige auf rein objektive Kriterien, wie die Tatsache, dass die Angebote kostenlos sind oder fehlende Hinweise auf eine Lizensierung durch den Rechteinhaber abstellen, setzen andere den Schwerpunkt auf subjektive Kriterien.[4] Dieser Ansicht ist schon wegen der Gesetzesbegründung des Ersten Korbes zu folgen,

---

[1] St. Rspr. seit BGHZ 17, 266 = GRUR 1955, 492; BGH v. 3.7.1981 – I ZR 106/79, MDR 1982, 381 = GRUR 1982, 102; *Heerma*, in Wandtke/Bullinger, UrhR, 3. Aufl. (2009), § 16, Rz. 2.
[2] H.M.; *Heerma*, in: Wandtke/Bullinger, UrhR, 3. Aufl. (2009), § 16 Rz. 13.
[3] Richtlinie zur Harmonisierung bestimmter Aspekte des Urheberrechts und der verwandten Schutzrechte in der Informationsgesellschaft vom 22.5.2001; ABl. EG Nr. L 167, S. 10 vom 22.6.2001.
[4] *Berger*, ZUM 2004, 257; *Dornis*, CR 2008, 321.

aus dem sich eine Bemessung nach dem jeweiligen Bildungs- und Kenntnisstand des Nutzers ergibt.[1]

Eine Rechtfertigung kann sich ferner aus der Schranke des § 44a Nr. 2 UrhG ergeben. Hierunter fallen vorübergehende Vervielfältigungshandlungen, die flüchtiger oder begleitender Natur sind. Von der InfoSoc-RL, als auch von dem darauf beruhenden Regierungsentwurf werden ausdrücklich Handlungen genannt, die das Browsing oder Caching ermöglichen.[2] Demnach fallen alle beim Ansehen von Filmen im Internet erfolgenden Vervielfältigungen eindeutig in den Anwendungsbereich der Norm. Solche Kopien sind nach § 44a UrhG jedoch nur gerechtfertigt, wenn sie einen integralen und wesentlichen Teil eines technischen Verfahrens darstellen, mithin im Zuge einer digitalen Werknutzung entstehen. Dies ist gerade beim Streaming der Fall, da die Vervielfältigung technisch unabdingbar ist.[3] Der temporären Speicherung des Videos darf ferner keine eigene wirtschaftliche Bedeutung zukommen. Dies ist der Fall, wenn die vorübergehende Vervielfältigung eine neue, eigenständige Nutzungsmöglichkeit eröffnet. Einerseits wird eine solche bejaht, da der Film während der Sitzung auf Basis der Zwischenspeicherung beliebig vor- und zurückgespult und auch immer wieder neu gestartet werden kann.[4] Als Argument wird auch angeführt, dass durch einfaches Kopieren der Filmdatei auch eine dauerhafte Speicherung des Films möglich ist. Gegen eine eigene wirtschaftliche Bedeutung des Streamings spricht aber, dass die Zwischenspeicherung dem einmaligen rezeptiven Werkgenuss dient und darüber hinaus keine weitere Verwertung der empfangenen Daten ermöglicht, insbesondere auch keine spätere dauerhafte Speicherung.[5] Zudem steht auch die noch minderwertige Qualität der angebotenen Filme einer Vergleichbarkeit mit kostenpflichtigen On-Demand-Angeboten entgegen. Diese Ansicht ist letztlich überzeugender, sodass eine eigene wirtschaftliche Bedeutung verneint werden kann. Die Privilegierung des § 44a Nr. 2 UrhG greift aber nur, wenn es sich um eine „rechtmäßige Nutzung" handelt, da die Vervielfältigung nur dann eine eigenständige wirtschaftliche Bedeutung erlangt, wenn der wirtschaftliche Nutzen über eine rechtmäßige Nutzung hinausgeht. Entscheidend ist deshalb, wann eine rechtmäßige Nutzung vorliegt.

Eine richtlinienkonforme Auslegung mit Verweis auf Erwägungsgrund 33 der Info-RL würde zu dem Schluss kommen, dass eine rechtmäßige Nutzung nur dann vorliegt, wenn sie vom Rechteinhaber zugelassen bzw. durch eine Schranke gedeckt wäre. Dies hätte jedoch zur Folge, dass die Regelung keinen eigenständigen Anwendungsbereich hätte und somit inhaltsleer wäre.[6] Pro-

---

[1] BT-Drs. 16/1828, S. 26.
[2] Erwägungsgrund 33 der InfoSoc-RL, S. 12, sowie BT-Drs. 15/38, S. 18.
[3] *Radmann*, ZUM 2010, 387; *Fangerow/Schulz*, GRUR 2010, 677.
[4] *Radmann*, ZUM 2010, 387.
[5] *Fangerow/Schulz*, GRUR 2010, 677; *Meschede*, Der Schutz digitaler Musik- und Filmwerke vor privater Vervielfältigung nach den zwei Gesetzen zur Regelung des Urheberrechts in der Informationsgesellschaft, 2007, S. 92.
[6] *Fangerow/Schulz*, GRUR 2010, 677.

blematisch wäre weiterhin, dass urheberrechtswidrige Handlungen beim Browsing und somit auch beim Streaming unumgänglich wären, da jeder Aufruf einer Webseite mit unrechtmäßig eingestelltem Inhalt urheberrechtswidrige wäre. Vor dem Aufruf einer Seite ist die Rechtmäßigkeit des Inhalts der Seite jedoch nicht erkennbar.

Andererseits könnte auch darauf abgestellt werden, dass der rezeptive Werkgenuss überhaupt nicht den Ausschließlichkeitsrechten des Urhebers unterfallen soll und somit ephemere Vervielfältigungen durch § 44a UrhG gedeckt sind.[1] Allerdings leitet sich der Grundsatz des freien rezeptiven Werkgenusses nur aus einem funktionierenden Stufensystem zur mittelbaren Erfassung des Endverbrauchers ab. Der Urheber hat sowohl vermögensrechtliche als auch ideelle Interessen an der wirtschaftlichen Verwertung seiner Werke, weshalb ihm eine umfassende Rechtsposition einzuräumen ist.[2]

Eine interessensgerechte Lösung könnte sich jedoch dadurch erreichen lassen, dass der Rechtsgedanke aus § 53 Abs. 1 UrhG auf § 44a Nr. 2 UrhG übertragen wird. Eine rechtmäßige Nutzung liegt mithin vor, wenn die Vorlage nicht offensichtlich rechtswidrig hergestellt oder offensichtlich rechtswidrig öffentlich zugänglich gemacht wird. Sofern die Rechtswidrigkeit der Vorlage für den Nutzer subjektiv erkennbar ist, darf er keine Privatkopie anfertigen.

Das Ansehen von Filmen im Internet mittels Streaming greift zwar in das Vervielfältigungsrecht des Urhebers gem. § 16 Abs. 1 UrhG ein, ist jedoch im Ergebnis durch die Schrankenbestimmungen des § 53 Abs. 1 UrhG und des § 44a Nr. 2 UrhG gerechtfertigt.

V. Strafprozessrecht

1. Vorratsdatenspeicherung und Verdeckte Onlinedurchsuchung

Neben dem materiellen Strafrecht bestehen auch besondere **prozessuale Eingriffe im Bereich des Internet**. Besonders in der Diskussion stehen das Vorgehen der Vorratsdatenspeicherung, sowie das Vorgehen der verdeckten Online-Durchsuchung.

Die **Richtlinie zur Vorratsdatenspeicherung**[3] wurde in dem Gesetz zur Neuregelung der Telekommunikationsüberwachung und anderer verdeckter Ermittlungsmaßnahmen umgesetzt, welches zum 1. Januar 2008 in Kraft trat. **§ 113a TKG**[4] sah darin eine Speicherungsverpflichtung von Verkehrsdaten für Anbieter von öffentlich zugänglichen Telekommunikationsdiensten für die

---

1 So *Fangerow/Schulz*, GRUR 2010, 677; *Mitsdörffer/Gutfleisch*, MMR 2009, 731.
2 *Rehbinder*, UrhR, 15. Aufl. 2008, S. 34.
3 Richtlinie 2006/24/EG über die Vorratsdatenspeicherung von Daten, abrufbar unter: http://eur-lex.europa.eu/LexUriServ/LexUriServ.do?uri=OJ:L2006:105:0054:0063:DE:PDF.
4 § 113a TKG wurde am 2.3.2010 vom BVerfG für verfassungswidrig und nichtig erklärt, s. unten.

Dauer von sechs Monaten vor. Zu den zu speichernden Daten gehörten insbesondere Rufnummern des anrufenden und angerufenen Anschlusses, Beginn und Ende der Verbindung nach Datum und Uhrzeit sowie im Falle von Internetzugangsdiensten auch die verwendete IP-Adresse. Anbieter von E-Mail-Diensten hatten zusätzlich die E-Mail-Adresse des Absenders und des Empfängers sowie den Zeitpunkt des Zugriffs auf das vom Provider zur Verfügung gestellte Postfach zu dokumentieren. Ausdrücklich nicht von diesen Pflichten erfasst waren dabei die Hochschulen, was sich aus der Begründung zum Kreis der Verpflichteten im Regierungsentwurf ergab. Die nach § 113a TKG erhobenen Daten durften dabei gem. § 113b TKG nur zur Verfolgung von Straftaten, zur Abwehr von erheblichen Gefahren für die öffentliche Sicherheit oder zur Erfüllung der gesetzlichen Aufgaben des Verfassungsschutzes, des BND und des MAD verwendet werden.

Bis zum 1. Januar 2008 waren die §§ 100g, 100h StPO als reiner Auskunftsanspruch der staatlichen Ermittlungsbehörden gegenüber Telekommunikationsunternehmen ausgestaltet. Auskunftspflichtig waren solche Unternehmen, die geschäftsmäßig Telekommunikationsdienste erbrachten oder daran mitwirkten, also etwa Access-Provider, aber auch Mailbox-Betreiber oder andere Online-Dienste. Die Anwendung der Vorschriften setzte eine Straftat von erheblicher Bedeutung oder aber eine mittels Telekommunikationsendeinrichtung begangene Straftat voraus. Zu letzteren zählten mittels Telefon, Internet oder E-mail begangene Straftaten. Hintergrund dieser gegenüber der 1. Alternative geringeren Eingriffsschwelle war die technisch bedingte fehlende anderweitige Aufklärungsmöglichkeit der Taten.

Inhaltlich war der Auskunftsanspruch auf einzelne in § 100g Abs. 3 StPO aufgezählte Verbindungsdaten – nach neuerer Terminologie Verkehrsdaten – gerichtet. Hierunter fiel auch die für die technische Adressierung im Internet notwendige dynamische IP-Adresse. Der Auskunftsanspruch stand unter Richtervorbehalt, bei Gefahr im Verzug stand auch der Staatsanwaltschaft die Anordnungsbefugnis zu. Auskunftsersuchen konnten auch über in der Zukunft anfallende Gesprächsdaten angeordnet werden.

Problematisch war, wie zu verfahren war, wenn die Auskunft suchende Stelle die entsprechende IP-Adresse bereits erhoben hatte und vom Telekommunikationsunternehmen die dahinter stehende Person bzw. deren Anschrift ermitteln wollte. Name und Anschrift einer Person gehören zu den sog. Bestandsdaten, d.h. sie stehen in keinem unmittelbaren Zusammenhang mit einem Telekommunikationsvorgang. Bestandsdaten unterliegen aus diesem Grund nicht dem Fernmeldegeheimnis nach Art. 10 GG bzw. § 88 TKG. Vor diesem Hintergrund wurde in der Rechtsprechung vertreten,[1] dass ein Aus-

---

1 *LG Stuttgart*, Beschl. v. 4.1.2005 – 13 Qs 89/04, CR 2005, 598 m. Anm. *Gercke* = MMR 2005, 624; *LG Hamburg*, Beschl. v. 23.6.2005 – 631 Qs 43/05, CR 2005, 832 = MMR 2005, 711; *LG Würzburg*, Beschl. v. 20.9.2005 – 5 Qs 248/05, NStZ-RR 2006, 46; a.A. *LG Bonn*, Beschl. v. 21.5.2004 – 31 Qs 65/04, DuD 2004, 628; *LG Ulm*, Beschl. v. 15.10.2003 – 1 Qs 1088/03, CR 2004, 35 = MMR 2004, 187.

kunftsersuchen über die Identität eines Rechtsverletzers im Internet nicht auf §§ 100g, 100h StPO gestützt werden müsse, sondern dass ein Zugriff lediglich eine Auskunft über Bestandsdaten darstelle, für die das manuelle Auskunftsverfahren nach § 113 TKG gelte. Dieses manuelle Auskunftsverfahren unterliegt keinem Richtervorbehalt, die Auskunft ist auch zur Gefahrenabwehr zulässig. In der Literatur stieß diese Rechtsprechung auf Kritik, da der Provider Name und Anschrift des Rechtsverletzers nur unter Verarbeitung der bei ihm gespeicherten Verkehrsdaten (Log-Zeiten und IP-Adresse) ermitteln konnte. Nach dieser Auffassung stellte das Auskunftsverlangen einen Eingriff in das Fernmeldegeheimnis dar, für das § 113 TKG keine ausreichende Ermächtigungsgrundlage darstellte. In der staatsanwaltlichen Praxis setzte sich aber das manuelle Auskunftsverfahren nach § 113 TKG durch.

Im Rahmen der **Einführung der Vorratsdatenspeicherung zum 1. Januar 2008** ist der Auskunftsanspruch nach §§ 100g, 100h StPO novelliert worden. Nach § 113a TKG mussten nun Internet-Zugangsprovider ab dem 1. Januar 2009 verschiedene Verkehrsdaten (auch die IP-Adresse) für die Dauer von sechs Monaten verdachtsunabhängig speichern. Der neu gefasste § 100g StPO stellt nunmehr die Ermächtigungsgrundlage der staatlichen Behörden zum Zugriff auf die auf Vorrat gespeicherten Daten dar. Die Vorschrift steht nach wie vor unter Richtervorbehalt, ist jedoch nicht mehr als reiner Auskunftsanspruch ausgestaltet. Die Strafverfolgungsbehörden sollten so ohne Mitwirkung der Telekommunikationsanbieter die anfallenden Verkehrsdaten erheben können. Natürlich kann über die Vorschrift aber auch die Mitwirkung der Unternehmen im Rahmen des Auskunftsverfahrens verlangt werden. Möglich wurde so die sog. Echtzeiterhebung von Verkehrsdaten, bei der die Daten zeitgleich mit ihrem Anfallen vom Telekommunikationsdiensteanbieter an die Strafverfolgungsbehörden ausgeleitet werden. Dies war zuvor nur unter den Voraussetzungen der Überwachung des Fernmeldeverkehrs nach §§ 100a, 100b StPO möglich. Als Eingriffsvoraussetzung sieht die Vorschrift eine Straftat von auch im Einzelfall erheblicher Bedeutung vor oder, wie bisher, eine Straftat, die mittels Telekommunikation begangen wurde. In letzterem Fall ist die Maßnahme allerdings streng subsidiär zu anderen Ermittlungsmaßnahmen.

Für die bisher streitige Frage, ob eine Auskunft über die „hinter einer dynamischen IP-Adresse stehende Person" einer richterlichen Anordnung bedarf, hat die Novellierung 2008 keine Klärung geschaffen. Diese Frage wird weiterhin Gegenstand der Rechsprechung sein.

Ob eine IP-Adresse ein Verkehrsdatum darstellt, lässt sich in dieser Allgemeinheit nicht sagen. Zunächst ist zwischen dynamischen und statischen IP-Adressen zu unterscheiden. Statische IP-Adressen sind fest einem Internet-Anschluss zugeordnet und sind daher mit den herkömmlichen Telefonnummern vergleichbar. Da sie in keinem Zusammenhang mit einem konkreten Telekommunikationsvorgang stehen, stellt ihre Erhebung keinen Eingriff in das Fernmeldegeheimnis dar. Es handelt sich daher um Bestandsdaten, über die nach § 113 TKG Auskunft verlangt werden kann. Dies ist weitestgehend unstreitig, eine Mindermeinung vertritt aber die Auffassung, dass auch hier § 100g StPO einschlägig sei. Dynamische IP-Adressen werden hingegen bei jedem Einwahlvorgang in das Internet neu verteilt. Aus diesem Grund lassen sie sich stets einem konkreten Telekommunikationsvorgang zuordnen. Es handelt sich daher um Verkehrsdaten. Diese Einordnung liegt auch dem Gesetz zur Neuregelung der Telekommunikationsüberwachung zugrunde und ist weitestgehend unstreitig.

IP-Adressen sind aber nur dann Verkehrsdaten, wenn sie beim Internet-Zugangsprovider erhoben werden. Werden sie etwa durch den Anbieter eines Internetdienstes (etwa ein Auktionshaus) gespeichert, unterliegen die Daten nicht dem Fernmeldegeheimnis oder dem Anwendungsbereich des Telekommunikationsgesetzes. Insofern ist dann das Telemediengesetz einschlägig. Man spricht dann von Nutzungsdaten. Es ist sogar umstritten, ob IP-Adressen, die auf einem Server eines solchen Dienstes gespeichert werden, überhaupt personenbezogene Daten darstellen. Dies ist davon abhängig, ob der Anschlussinhaber durch den Server-Betreiber bestimmbar ist, was bei der Registrierung von Zugriffen auf Webseiten zweifelhaft sein kann.[1] Nach Ansicht des *AG Berlin Mitte* ist es hierfür ausreichend, dass der Serverbetreiber den Personenbezug über den Access-Provider herstellen kann.[2] Ob dem Betreiber tatsächlich ein Auskunftsrecht zusteht, ist nach dieser Rechtsprechung unerheblich. In der Zwischenzeit mehren sich jedoch die Stimmen, die IP-Adressen als personenbezogene Verkehrsdaten qualifizieren. Nach Auffassung des *LG Frankenthal*[3] sind dynamische IP-Adressen und die dazugehörigen Kundendaten beim Provider Verkehrsdaten. Erhobene Verkehrsdaten dürfen jedoch nur dann verwendet werden, wenn Gegenstand des Ermittlungsverfahrens eine schwere Straftat i.S.d. § 100a Abs. 2 StPO ist. Urheberrechtsverletzungen in P2P-Tauschbörsen sind keine solchen schweren Straftaten. Dennoch erhobene Verkehrsdaten unterliegen aufgrund der Verletzung der Grundrechte einem Beweisverbot und dürfen im Rahmen einer zivilrechtlichen Auseinandersetzung somit nicht verwendet werden.

Im März 2010 hat das *BVerfG* dann die seit 2008 geltende gesetzliche Regelung zur massenhaften Speicherung von Telefon- und Internetverbindungsdaten **für verfassungswidrig und nichtig** erklärt.[4] Nach Ansicht der Karlsruher Richter verletze die Regelung das Fernmeldegeheimnis des Art. 10 GG. Es liege ein „besonders schwerer Eingriff in das Fernmeldegeheimns" vor, welcher Rückschlüsse „bis in die Privatsphäre" ermögliche. Der Grundsatz der Verhältnismäßigkeit verlange, dass die gesetzliche Ausgestaltung einer solchen Datenspeicherung dem besonderen Gewicht des mit der Speicherung verbun-

---

1 Bejahend: *AG Berlin*, Urt. v. 27.3.2007 – 5 C 314/06, DuD 2007, 856.
2 *AG Berlin Mitte*, Urt. v. 27.3.2007, DuD 2007, 856.
3 *LG Frankenthal*, Beschl. v. 21.5.2008 – 6 O 156/08, CR 2008, 666 = MMR 2008, 687; ähnlich *AG Offenburg*, Beschl. v. 20.7.2007 – 4 Gs 442/07, MMR 2007, 809 m. Anm. *Bär*; a.A. *LG Offenburg*, Beschl. v. 17.4.2008 – 3Qs 83/07, MMR 2008, 480.
4 *BVerfG*, Urt. v. 2.3.2010 – 1 BvR 256/08, 1 BvR 263/08, 1 BvR 586/08, CR 2010, 232 = NJW 2010, 833.

denen Grundrechtseingriffs angemessen Rechnung trägt. Erforderlich seien hinreichend anspruchsvolle und normenklare Regelungen hinsichtlich der Datensicherheit, der Datenverwendung, der Transparenz und des Rechtsschutzes, was im Fall der Vorratsdatenspeicherung nicht gegeben sei. Vor allem gebe es keine konkreten Angaben, wofür die Daten gebraucht werden.

Der Gesetzgeber muss nunmehr ein neues Gesetz verabschieden und die vorhandenen Daten „unverzüglich" löschen lassen. Wichtig in diesem Zusammenhang ist ein Urteil des *OLG München* vom Mai 2010,[1] indem es entschieden hat, dass Telekommunikationsverbindungsdaten, die vor der Nichtigerklärung der §§ 113a, 113b TKG und des § 100g Abs. 1 StPO durch Urteil des *BVerfG* vom 2. März 2010 – unter Beachtung der einschränkenden Bedingungen der im selben Verfahren zunächst ergangenen einstweiligen Anordnung des *BVerfG* vom 11. März 2008 erhoben, an die Strafverfolgungsbehörden übermittelt und von diesen zu strafprozessualen Zwecken ausgewertet wurden, weiter uneingeschränkt zu Beweiszwecken verwertbar sind. Die so erhobenen Verbindungsdaten sind als Beweismittel auf gültiger Rechtsgrundlage erlangt, die auch nicht rückwirkend entfallen ist.[2]

Dem stimmte auch der *BGH*[3] in seiner Entscheidung vom 18. Januar 2011 zu. Demnach ist die Verwertbarkeit von Erkenntnissen aus einer während der Geltungsdauer einer einstweiligen Anordnung des *BVerfG* nach deren einschränkenden Vorgaben gerichtlich angeordneten und vollzogenen Ermittlungsmaßnahme dennoch gegeben, wenn das *BVerfG* in seiner späteren Hauptsacheentscheidung die Verfassungswidrigkeit der Rechtsgrundlage für die Ermittlungsmaßnahme feststellt und eine Verpflichtung zur Datenübermittlung bestand.

In seiner Entscheidung vom 13. Januar 2011 urteilte der *BGH*[4] indes, dass die Vorratsspeicherung von Internetverbindungsdaten nicht nur für Zugriffe öffentlicher Strafverfolgungs- und Gefahrenabwehrbehörden verfassungsmäßig ist, sondern auch die Speicherung durch private Telekommunikationsunternehmen für deren eigenen Bedarf. Die Befugnis zur Speicherung von IP-Adressen zum Erkennen, Eingrenzen oder Beseitigen von Störungen oder Fehlern an TK-Anlagen gem. § 100 Abs. 1 TKG setzt nicht voraus, dass Anhaltspunkte für eine Störung oder einen Fehler im Einzelfall vorliegen müssen. Diese Entscheidung stellt das Recht des Internetnutzers auf Anonymität im Verhältnis zu seinem Internet-Zugangsanbieter, zu öffentlichen Stellen nach § 113 TKG und zu privaten Urhebern nach § 101 TKG grundlegend in Frage.

---

1 *OLG München*, Beschl. v. 27.5.2010 – 2 Ws 404/10, MMR 2010, 793.
2 Siehe zum Urteil des *BVerfG* vom 2.3.2010 insbesondere: *Eckhardt/Schütze*, CR 2010, 225; *Westphal*, EuZW 2010, 494; *Otto/Seitlinger*, Medien und Recht 210, 59; *Breyer*, NJW 2010 NJW-aktuell Nr. 18, 12; *Wolff*, NVwZ 2010, 751.
3 *BGH*, Beschl. v. 4.11.2010 – 4 StR 404/10, NJW 2011, 467; so auch *BGH*, Beschl. v. 18.1.2011 – 1 StR 663/10, ZWH 2011, 97 = CR 2011, 371 in Bezug auf die einstweilige Anordnung des *BVerfG* v. 11.3.2008 = NJW 2011, 1377.
4 *BGH*, Urt. v. 13.1.2011 – III ZR 146/10, MMR 2011, 341.

Bei der verdeckten Onlinedurchsuchung werden in Verdacht stehende Computer mit Hilfe vom Staat eingeschleuster Software (Trojaner) auf illegale Inhalte durchsucht. Die dabei gewonnenen Informationen werden dann an die Ermittlungsbehörde zurückgesendet. All dies geschieht ohne Wissen des Beschuldigten.

Dieser Praxis hat der *BGH* jedoch bereits mit Beschluss vom 31. Januar 2007[1] eine Absage erteilt. Die **verdeckte Onlinedurchsuchung** sei durch keine der in Betracht kommenden Normen der StPO gedeckt. Insbesondere greife § 102 StPO (Durchsuchung beim Verdächtigen) nicht, weil es hierfür an der erforderlichen Erkennbarkeit für den Beschuldigten fehle. Auch die §§ 100a, 100b StPO, die aufgrund des fehlenden Wissens des Beschuldigten mit der Lage bei der Onlinedurchsuchung vergleichbar seien, sind nicht anwendbar, da für diese Befugnisnormen deutlich höhere Anforderungen an die Zulässigkeit zu stellen seien. Außerdem seien Gegenstand dieser Normen nur Daten im Informationsfluss, während bei der verdeckten Onlinedurchsuchung gespeicherte Informationen abgerufen würden. Auch andere Befugnisnormen der Strafprozessordnung gestatteten die verdeckte Onlinedurchsuchung nicht. Die verdeckte Onlinedurchsuchung greift damit in das informationelle Selbstbestimmungsrecht des Beschuldigten ohne Rechtfertigung ein und stellt somit einen unzulässigen Eingriff in das allgemeine Persönlichkeitsrecht nach Art. 2. Abs. 1 i.V.m. Art. 1 Abs. 1 GG des Beschuldigten dar. Daher sind durch eine verdeckte Onlinedurchsuchung erlangte Beweismittel nicht verwertbar.

Zu beachten ist ferner die Rechtsprechung des *BVerfG*[2] zur Integrität der elektronischen Kommunikation. Hiernach umfasst das allgemeine Persönlichkeitsrecht (Art. 2 Abs. 1 i.V.m. Art. 1 Abs. 1 GG) das Grundrecht auf Gewährleistung der Vertraulichkeit und Integrität informationstechnischer Systeme. Die heimliche Infiltration eines informationstechnischen Systems, mittels derer die Nutzung des Systems überwacht und seine Speichermedien ausgelesen werden können, ist verfassungsrechtlich nur zulässig, wenn tatsächliche Anhaltspunkte einer konkreten Gefahr für ein überragend wichtiges Rechtsgut bestehen. Überragend wichtig sind Leib, Leben und Freiheit der Person oder solche Güter der Allgemeinheit, deren Bedrohung die Grundlagen oder den Bestand des Staates oder die Grundlagen der Existenz der Menschen berührt. Die Maßnahme kann schon dann gerechtfertigt sein, wenn sich noch nicht mit hinreichender Wahrscheinlichkeit feststellen lässt, dass die Gefahr in näherer Zukunft eintritt, sofern bestimmte Tatsachen auf eine im Einzelfall durch bestimmte Personen drohende Gefahr für das überragend wichtige Rechtsgut hinweisen. Die heimliche Infiltration eines informationstech-

---

1 *BGH*, Beschl. v. 31.1.2007 – StB 18/06, CR 2007, 253 = ZUM 2007, 301; damit wurden auch die sich widersprechenden Entscheidungen der Ermittlungsrichter am *BGH*, StV 2007, 60 (Zulässigkeit einer verdeckten Online-Durchsuchung) und BGH v. 25.11.2006 – 1 BGs 184/2006, CR 2007, 143 (Unzulässigkeit, vgl. zustimmend *Hornung*, CR 2007, 144) zu Gunsten einer Unzulässigkeit entschieden.
2 *BVerfG*, Urt. v. 27.2.2008 – 1 BvR 370/07, CR 2008, 306 = NJW 2008, 822 = MMR 2008, 315 m. Anm. *Bär*.

nischen Systems ist grundsätzlich unter den Vorbehalt richterlicher Anordnung zu stellen. Das Gesetz, das zu einem solchen Eingriff ermächtigt, muss Vorkehrungen enthalten, um den Kernbereich privater Lebensgestaltung zu schützen.

2. E-Mail-Überwachung und Beschlagnahme von E-Mails

Die **Überwachung und der Zugriff auf E-Mails durch die Strafverfolgungsbehörden** können aufgrund der technischen Funktionsweise des Übermittlungsvorganges auf verschiedene Weise geschehen. Eine abgesendete E-Mail gelangt zunächst in das E-Mail-Postfach (den „Account") des Adressaten, das sich auf dem Server des Providers befindet und dort besonders geschützt ist. Je nach Ausgestaltung des E-Mail-Programms wird diese E-Mail anschließend auf dem Server belassen und online angesehen (Webmail-Verfahren) oder vom Server des Providers auf den eigenen Computer des Adressaten heruntergeladen. Daher sind auch Zugriffe sowohl beim Provider, als auch direkt beim Adressaten möglich. Zu fragen ist insoweit, ob es sich dabei um Eingriffe in das verfassungsrechtlich gewährleistete Grundrecht des Fernmeldegeheimnisses (Art. 10 GG) handelt oder um einen Eingriff in das Allgemeine Persönlichkeitsrecht in der Ausprägung des Rechts auf informationelle Selbstbetimmung (Art. 2 Abs. 1 i.V.m. Art. 1 Abs. 1 GG). Das *BVerfG* nimmt spätestens nach dem Download der E-Mail auf den Computer des Adressaten einen abgeschlossenen Telekommunikationsvorgang an und lehnt daher in dieser Fallgestaltung einen Eingriff in das Fernmeldegeheimnis ab.[1]

Der **Zugriff auf die E-Mails auf dem Computer des Adressaten** stellt lediglich einen Eingriff in das Recht auf informationelle Selbstbestimmung nach Art. 2 Abs. 1 GG (und gegebenenfalls in das Grundrecht auf Unverletzlichkeit der Wohnung nach Art. 13 GG) dar. Dabei sollen die §§ 94 und 102 ff. StPO jedoch geeignete Ermächtigungsgrundlagen für den Zugriff bedeuten.[2] Möglicherweise zu kritisieren ist an diesem Urteil, dass bei vielen E-Mail-Anbietern neben dem einmaligen Download und der darauffolgenden Löschung der E-Mail vom Server auch die Möglichkeit besteht, die E-Mail auf den eigenen Computer zu kopieren und somit eine Kopie der E-Mail weiterhin auf dem Server zu belassen. Dabei stellt sich dann die Frage, wann der Telekommunikationsvorgang in diesem Fall beendet sein soll, nach dem ersten Download der E-Mail oder etwa überhaupt nicht?

Dieser Fallgestaltung gegenüber steht jedoch die Möglichkeit, auf die E-Mail **direkt auf dem Server des Providers** zuzugreifen. Inwieweit ein solcher Zugriff über eine analoge Anwendung der §§ 94, 98, 99 StPO erfolgen kann[3] oder auf

---

[1] *BVerfG*, Urt. v. 2.3.2006 – 2 BvR 2099/04, CR 2006, 383 = MMR 2006, 217, NStZ 2006, 641 = VuR 2006, 245.
[2] *BVerfG*, Urt. v. 2.3.2006 – 2 BvR 2099/04, CR 2006, 383.
[3] So das *LG Ravensburg*, Beschl. v. 9.12.2002 – 2 Qs 153/02, CR 2003, 933 = MMR 2003, 679 m. zust. Anm. *Bär*.

die Ermächtigungsgrundlage der §§ 100a ff. StPO zurückgegriffen werden muss,[1] ist streitig. *Bär* unterscheidet dabei zwischen drei Phasen: dem Eingehen der Mail auf dem Server, der Zwischenspeicherung und dem Abrufen der Mail durch den Adressaten und will in Phase 1 und 3 den § 100a StPO als geeignete Ermächtigungsgrundlage sehen, während für Phase 2 die §§ 94, 98 StPO anzuwenden seien.[2]

Sowohl der *BGH* als auch das *BVerfG* haben sich nunmehr im Jahr 2009 mit den rechtlichen Maßgaben für die Sicherstellung von E-Mails beim Provider befasst und gelangen dabei zu unterschiedlichen Ergebnissen.

Der *BGH*[3] zieht in seiner jüngsten Entscheidung bei der Behandlung der Beschlagnahme von E-Mails beim Provider ausdrücklich eine Parallele zur Briefpostbeschlagnahme: Bei den beim Provider gespeicherten E-Mails – ob bereits gelesene oder ungelesene – fehle es an einem dem von Art. 10 Abs. 1 GG geforderten „Telekommunikationsvorgang". Dieser sei gerade mit der Speicherung in der Datenbank des Providers abgeschlossen und ein Eingriff in das Fernmeldegeheimnis gem. Art. 10 Abs. 1 GG daher nicht gegeben. Wegen der durch den *BGH* angeführten Parallele zu der Briefpostbeschlagnahme sei § 99 StPO für solche Zugriffe der Ermittlungsbehörden anwendbar. § 99 StPO enthält im Gegensatz zu § 100a StPO keine Beschränkung auf schwere Straftaten, gestattet aber andererseits lediglich die Beschlagnahme von „Postsendungen", die sich an den Beschuldigten richten oder von einem Beschuldigten herrühren und verfahrensrelevant sind.

Allerdings urteilte der *BGH*,[4] dass die Anordnung der Beschlagnahme des gesamten auf dem Mailserver des Providers gespeicherten E-Mail-Bestands eines Beschuldigten nicht rechtmäßig ist, da sie regelmäßig gegen das Übermaßverbot verstößt. Zudem ist der Beschuldigte auch dann über die Beschlagnahme der in seinem elektronischen Postfach gelagerten E-Mail-Nachrichten zu unterrichten, wenn die Daten auf Grund eines Zugriffs beim Provider auf dessen Mailserver sichergestellt werden.

Nach Auffassung des *BVerfG*[5] stellt ein Zugriff der Ermittlungsbehörden auf beim Provider gespeicherte E-Mails hingegen einen Eingriff in das Grundrecht auf Gewährleistung des Fernmeldegeheimnisses gem. Art. 10 Abs. 1 GG dar. Der Zugriff der Ermittlungsbehörden sei in einen (immer noch) laufenden Telekommunikationsvorgang erfolgt: Die Speicherung der E-Mails beim Empfängerprovider stelle – unabhängig davon, ob nur eine Zwischenspeicherung oder eine endgültige Speicherung vorliegt oder, ob bereits eine Kenntnisnah-

---

[1] *LG Hanau*, Beschl. v. 23.9.1999 – 3 Qs 149/99, NJW 1999, 3647 = MMR 2000, 175 m. abl. Anm. *Bär*; *LG Mannheim*, Beschl. v. 30.11.2001 – 22 Kls 628 Js 15705/00, StV 2002, 242. Siehe auch *LG Hamburg*, Beschl. v. 1.10.2007 – 629 Qs 29/07, MMR 2008, 423 zur unzulässigen Überwachung von Internettelefonaten mit VoIP.
[2] *Bär*, MMR 2003, 679; MMR 2000, 175.
[3] *BGH*, Beschl. v. 31.3.2009 – 1 StR 76/09, MMR 2009, 391.
[4] *BGH*, Beschl. v. 24.11.2009 – StB 48/09, MMR 2010, 444.
[5] *BVerfG*, Beschl. v. 16.6.2009 – 2 BvR 902/06, MMR 2009, 673.

me durch den Empfänger erfolgt ist – keine Unterbrechung oder gar Beendigung des Telekommunikationsvorgangs dar. Das *BVerfG* begründet die besondere Schutzbedüftigkeit durch das Fernmeldegeheimnis damit, dass der „Telekommunikationsvorgang" gerade nicht technisch, sondern vielmehr mit Blick auf den Schutzzweck der Norm zu betrachten sei. Staatliche Stellen – und auch der Provider selbst – können, solange die E-Mails bei dem Provider gespeichert sind, ohne Wissen und insbesondere auch ohne Verhinderungsmöglichkeit des Empfängers auf die E-Mails zugreifen. Gerade in diesem **technisch bedingten Mangel der Beherrschbarkeit** durch den Nutzer seien genau die spezifischen Gefahren, vor denen Art. 10 Abs. 1 GG schützen soll, verwirklicht und ein entsprechender Schutz deshalb geboten.

Die Grundrechte auf informationelle Selbstbestimmung, auf Gewährleistung der Vertraulichkeit und Integrität informationstechnischer Systeme sowie auf Unverletzlichkeit der Wohnung seien dagegen nicht berührt.

Beschränkungen des Fernmeldegeheimnisses befürfen nach Auffassung des *BVerfG* nicht – wie in § 100a StPO gefordert – einer Beschränkung auf schwere Straftaten. Es reiche für eine Beschlagnahme vielmehr aus, wenn die Voraussetzungen des § 94 StPO erfüllt sind.[1]

Durch die Entscheidung des *BVerfG* entsteht bei der Auslegung des Art. 10 Abs. 1 GG eine neue Abstufung: Nicht für jeden Eingriff in Art. 10 Abs. 1 GG gelten die strengen Schranken des § 100a StPO; die Beschlagnahme der E-Mails greift zwar – wie das Abhören – in Art. 10 Abs. 1 GG ein, der Eingriff wiegt jedoch nicht so schwer und ist daher unter erleichterten Voraussetzungen zulässig, dennoch seien besondere Anforderungen im Hinblick auf den Schutz von Art. 10 GG zu berücksichtigen. Es sind zunächst Maßnahmen zu ergreifen, die möglichst wenig beeinträchtigend für den Empfänger sind und sich allein auf die Sichtung beweisrelevanter Nachrichten beim Provider richten. Erst wenn dies nicht möglich oder übermäßig aufwendig ist, dürfen Nachrichten sichergestellt und extern gesichtet werden. Stets sei darauf zu achten, dass der private Kernbereich respektiert wird, indem solche Nachrichten gar nicht erst erhoben oder sofort nach Kenntnis hiervon gelöscht werden.

Dies bedeutet für die Provider, dass sie die Mails den Strafverfolgungsbehörden herauszugeben haben, unabhängig davon, ob diese bereits gelesen wurden oder nicht. Dafür ist ein richterlicher Beschluss vorzulegen. Auswirkungen hat die Aussage, dass das Fernmeldegeheimnis fort gilt, auch wenn die Nachricht auf dem Server des Empfängers angekommen ist, auf den Umgang mit Viren und Spam-Mails, die nun nicht eigenmächtig gelöscht werden dürfen.[2]

---

1 Vgl. hierzu auch *Härting*, CR 2009, 581.
2 Siehe zur kritischen Auseinandersetzung der Entscheidung des *BVerfG* insbesondere *Jahn*, JuS 2009, 1048; *Klein*, NJW 2009, 2996; *Störing*, CR 2009, 475 und *Szebrowski*, K&R 2009, 563.

Im Gegensatz dazu sind in der Literatur nach der Entscheidung des *BVerfG* auch Stimmen laut geworden, welche einen Zugriff auf E-Mail-Konten nur unter den erhöhten Anforderungen der §§ 100a, 100b zulassen.[1]

3. Hinzuziehung von Dritten im Ermittlungsverfahren

Die Staatsanwaltschaft kann sich während des Ermittlungsverfahrens der **Hilfe von Sachverständigen bedienen (§ 161a StPO)**. Sie kann dabei den Sachverständigen selbst bestimmen (§ 161a i.V.m. § 73 StPO), dabei muss sie aber das Gebot der Unparteilichkeit beachten. Bei Ermittlungen im Hinblick auf Urheberrechtsverletzungen hat es sich eingebürgert, dass die Staatsanwaltschaft als Sachverständige Mitarbeiter der Gesellschaft zur Verfolgung von Urheberrechtsverletzungen e.V. (GVU), einer Organisation von Unternehmen der Film- und Software-Entertainmentbranche und ihrer nationalen und internationalen Verbände, die sich der Bekämpfung von Produktpiraterie im Bereich des Urheberrechts widmet, hinzuzieht. Die GVU sieht ihre Aufgabe in der „Aufdeckung von Verstößen gegen die Urheberrechte ihrer Mitglieder und die Mitteilung dieser Verstöße an die Strafverfolgungsbehörden".[2] Bei ihren Mitarbeitern handelt es sich um Privatpersonen, deren Gegenwart bei strafprozessualen Maßnahmen, wie einer Durchsuchung, grundsätzlich nicht unzulässig ist, solange die Hinzuziehung für den Fortgang der Ermittlungen erforderlich ist.[3] Insbesondere im Hinblick auf Personen, die selbst ein Interesse am Ausgang des Verfahrens haben, muss diese Erforderlichkeit besonders geprüft werden. Eine Prüfung der Erforderlichkeit der Hinzuziehung von Mitarbeitern der GVU war Gegenstand eines Beschlusses des *LG Kiel*.[4] Die Erforderlichkeit kann in bestimmten Fällen vorliegen, wenn die Hinzuziehung für den Fortgang der Ermittlungen geboten ist.[5] Daher ist zu prüfen, inwieweit die Hinzuziehung eines Mitarbeiters der GVU diesen Anforderungen genügt. Die GVU hat ein eigenes Interesse an der Aufklärung der Straftaten, da die Verfolgung der strafbaren Urheberrechtsverstöße ihre Aufgabe darstellt. Mitarbeiter der GVU stellen daher keine neutralen Sachverständigen dar, da diese am Ausgang des Verfahrens ein eigenes Interesse haben. Es ist daher fraglich, inwieweit ein Mitarbeiter der GVU bei Durchsuchungen, die aufgrund des Verdachts eines Urheberrechtsverstoßes ergehen, hinzugezogen werden kann. Insbesondere dann, wenn die Mitarbeiter der GVU während des Ermittlungsverfahrens selbständig tätig werden, wie z.B. die Übernahme eines Großteils der Auswertung der beschlagnahmten Computer, der Erstellung eines eigenen Auswertungsberichtes, bedeutet dies eine „Privatisierung des Ermittlungsver-

---

1 Vgl. *Gaede*, StV 2009, 96.
2 Die Homepage der GVU ist unter www.gvu.de zu erreichen.
3 *LG Kiel*, Beschl. v. 14.8.2006 – 37 Qs 54/06, NJW 2006, 3224 = CR 2007, 116.
4 *LG Kiel*, Beschl. v. 14.8.2006 – 37 Qs 54/06, NJW 2006, 3224 = CR 2007, 116.
5 *OLG Hamm*, Beschl. v. 16.1.1986 – 1 VAs 94/85, MDR 1986, 695 = NStZ 1986, 326 m.w.N.

fahrens", das nicht den Anforderungen der Strafprozessordnung entspricht.[1] Die erforderliche Gebotenheit der Hinzuziehung eines „parteilichen" Sachverständigen liegt in der Verfolgung von Urheberrechtsverletzungen gerade nicht vor. Das Aufspüren und die Identifizierung von Raubkopien auf einem Computer stellen keine derart komplizierte technische Anforderung an den Sachverständigen, dass ausschließlich die Hinzuziehung eines Mitarbeiters der GVU in Betracht kommt. Auch die Ermittlungsbehörden sind in der Lage diese Auswertung selbständig durchzuführen.[2] In diesem Verfahren ergab sich außerdem die Besonderheit, dass Computer und CDs der GVU zur Untersuchung überlassen wurden. Auch dieses Verhalten verstoße gegen die Strafprozessordnung, da zwar eine Delegierung an andere Ermittlungspersonen während des Ermittlungsverfahrens möglich ist, nicht jedoch ausschließlich an Sachverständige ohne vorherige Sichtung.[3] Interessant ist auch, dass die Staatsanwaltschaft diese Unterlagen nicht einem bestimmten Sachverständigen, sondern der GVU als Organisation überlassen hat. Auch dieses verstoße gegen § 110 StPO, so das *LG Kiel*.[4]

---

[1] *LG Kiel*, Beschl. v. 14.8.2006 – 37 Qs 54/06, CR 2007, 116 = NJW 2006, 3224.
[2] *LG Kiel*, Beschl. v. 14.8.2006 – 37 Qs 54/06, CR 2007, 116 = NJW 2006, 3224.
[3] *LG Kiel*, Beschl. v. 14.8.2006 – 37 Qs 54/06, CR 2007, 116 = NJW 2006, 3224.
[4] *LG Kiel*, Beschl. v. 14.8.2006 – 37 Qs 54/06, CR 2007, 116 = NJW 2006, 3224.

Anhang Musterverträge

I. Einkaufsbedingungen

1. Liefergegenstand

1.1 Der Lieferant verpflichtet sich, der XXX das Eigentum an den vereinbarten Liefergegenständen frei von Rechten Dritter zu verschaffen.

1.2. Der Lieferant haftet dafür, dass durch den Bezug und die Benutzung der von ihm angebotenen und gelieferten Gegenstände nationale und ausländische Patente und sonstige Schutzrechte Dritter nicht verletzt werden. Der Lieferant stellt XXX von eventuellen Ansprüchen Dritter frei und verpflichtet sich, der XXX in einem Verletzungsverfahren beizutreten.

2. Bestellungen

2.1 Bestellungen sind nur verbindlich, wenn sie schriftlich erfolgen. Mündliche oder telefonische Erklärungen oder Vereinbarungen bedürfen der schriftlichen Bestätigung durch uns, um verbindlich zu sein.

2.2 Unsere Auftragserteilungen (Bestellungen) sind innerhalb von sieben Tagen zu bestätigen. Jedoch gilt Stillschweigen als Annahme.

3. Lieferung

3.1 Die Lieferzeit rechnet vom Datum der Bestellung an. Eine Verlängerung der Lieferfrist gilt nur dann als vereinbart und zugestanden, wenn dies schriftlich erklärt worden ist.

3.2 Mehr- oder Minderlieferungen sowie Falschlieferungen werden nicht genehmigt. Der Lieferant kann insbesondere bei Anderslieferungen – auch wenn es sich um gravierende Fälle handelt – nicht damit rechnen, dass XXX die Lieferung noch als Lieferung der geschuldeten Sache gelten lassen wird.

4. Versand

4.1 Jeder Lieferung ist ein Lieferschein beizufügen, der die Auftragsdaten der XXX (Nr. und Datum der Bestellung und Versandvermerk) enthalten muss. Eine unfreie Anlieferung muss von XXX ausdrücklich genehmigt werden. Sendungen sind schriftlich zu avisieren.

4.2 Die Versendungsgefahr (Verlust, Beschädigung, Verzögerung u.ä.) trägt der Lieferant. Er hat unaufgefordert auf eigene Kosten eine Transport- oder Bruchversicherung abzuschließen.

5. Zahlung

5.1 Die in der Bestellung bzw. Auftragsbestätigung festgelegten Preise haben Gültigkeit bis zur restlosen Abwicklung des Kaufabschlusses und verstehen sich frei Versandanschrift. Eine nachträgliche Erhöhung findet unter keinen Umständen statt.

5.2 Die Zahlung erfolgt nach unserer Wahl innerhalb von 14 Tagen mit 3 % Skonto oder nach 30 Tagen netto.

5.3 Als Rechnungsdatum gilt das Eingangsdatum der Rechnung. Geht die Ware später als die Rechnung ein, richtet sich die Skontofrist nach dem Wareneingang.

5.4 XXX ist berechtigt, alle Gegenforderungen, die sie gegen den Lieferanten und seine Zweigniederlassungen und Verkaufsbüros hat, aufzurechnen, auch dann, wenn es sich um Forderungen handelt, die mit dem erteilten Auftrag keine Verbindung haben.

6. Gewährleistung und Haftung

6.1 Der Lieferant haftet für alle Schäden, insbesondere auch Folgeschäden, die aus einer mangelhaften oder verspäteten Lieferung entstehen. XXX behält sich vor, bei Mängeln der Ware nach freier Wahl Ersatzlieferung zu verlangen oder Minderung bzw. Rücktritt geltend zu machen.

6.2 Der Lieferant verpflichtet sich, die bestehenden gesetzlichen Sicherheitsvorschriften (VDE, Unfallverhütungsvorschriften der Berufsgenossenschaften, Maschinenschutzgesetze etc.) einzuhalten. Er haftet im Falle der Nichteinhaltung für sämtliche Schäden und stellt die XXX hinsichtlich aller Regressansprüche frei.

6.3 XXX ist zur Mängelrüge erst verpflichtet, nachdem die Prüfung der gelieferten Ware durch die dafür eingeteilten Kontrolleure vorgenommen werden konnte. Die Beschränkung der Rügepflicht auf eine kürzere Frist wird ausgeschlossen.

6.4 Die Gewährleistungsfrist wird auf einen Zeitraum von zwei Jahren verlängert. Die Frist beginnt in dem Zeitpunkt, in dem XXX die gelieferten Waren nach Maßgabe von Ziff. 5.2. geprüft hat.

7. Schlussbestimmungen

7.1 XXX kann die Rechte und Pflichten ganz oder teilweise aus diesem Vertrag auf einen Dritten übertragen. Die Übertragung wird nicht wirksam, wenn der Lieferant innerhalb 4 Wochen nach Erhalt einer entsprechenden Mitteilung schriftlich widerspricht.

7.2 Nebenabreden bedürfen der Schriftform.

7.3 Für die Geschäftsverbindung gilt deutsches Recht unter Ausschluss des UN-Kaufrechts.

7.4 Ist der Lieferant ein Kaufmann, der nicht zu den Minderkaufleuten gehört, und ist die Geschäftsbeziehung mit der XXX dem Betriebe seines Handelsgewerbes zuzurechnen, so kann die XXX den Lieferanten am Geschäftssitz der XXX oder bei einem anderen zuständigen Gericht verklagen; dasselbe gilt für juristische Personen des öffentlichen Rechts und für öffentlich-rechtliche Sondervermögen. Die XXX selbst kann von einem solchen Lieferanten nur an dem Gericht verklagt werden, in dessen Bezirk die XXX ihren Geschäftssitz hat.

II. Erwerb von Musikrechten für die Online-Nutzung

Die folgenden Bedingungen regeln die Vertragsbeziehungen zwischen einer fiktiven X-GmbH („Lizenzgeber") und dem Webdesigner („Lizenznehmer"). Das Muster ist nur als Formulierungsvorschlag gedacht, der in jedem Fall an die Besonderheiten des Einzelfalls und die Bedürfnisse der Vertragsparteien angepasst werden muss. Eine Haftung für die Richtigkeit und Adäquanz der Klauseln übernimmt der Verfasser nicht.

§ 1 Vertragsgegenstand

Der Lizenznehmer bietet Homepages im Internet/WWW an. Die Homepages sollen ab 2012 zum öffentlichen Abruf bereitstehen. Zwecks Einbindung in die Homepages werden die Ausschnitte verschiedener Werke digitalisiert. Auch Teile der vom Lizenzgeber erstellten und/oder produzierten Musikwerke sollen hierbei audiovisuell durch gleichzeitige Abbildung von stehenden oder sich bewegenden Bildern oder Texten wahrnehmbar gemacht werden.

§ 2 Rechteumfang

(1) Der Lizenznehmer ist berechtigt, das Material für die Herstellung von Homepages im Online-Bereich zu verwenden. Der Lizenzgeber räumt dem Lizenznehmer insoweit das nicht-ausschließliche, zeitlich unbeschränkte Recht ein, sein Material ganz und teilweise beliebig oft zu nutzen und die unter Benutzung des Werkes hergestellten Homepages ganz oder teilweise beliebig oft zum Abruf bereitzuhalten.

(2) Die Verwertung über das Internet umfasst insbesondere auch das Recht,

a) das Material ganz und teilweise auf Bild- und/oder Tonträgern zu vervielfältigen sowie zwecks Digitalisierung in den Arbeitsspeicher zu laden;

b) das Material zu verbreiten, insbesondere zu verkaufen, vermieten, verleihen oder in sonstiger Weise abzugeben;

c) das Material über Online-Dienste (WWW, E-Mail und vergleichbare Netze) zu verbreiten, zum Abruf bereitzuhalten und öffentlich wiederzugeben;

d) an dem Material Schnitte, Kürzungen und sonstige Veränderungen vorzunehmen, die aus technischen Gründen oder mit Rücksicht auf die Erfordernisse des Marktes als geboten oder wünschenswert angesehen werden;

e) das Material – unter Wahrung eventueller Urheberpersönlichkeitsrechte – neu zu gestalten, zu kürzen und in andere Werkformen zu übertragen;

f) das Material zur Verwendung auf oder anlässlich von Messen, Ausstellungen, Festivals und Wettbewerben sowie für Prüf-, Lehr- und Forschungszwecke zu nutzen;

g) zu Werbezwecken Ausschnitte der Musik herzustellen, zu verbreiten und zu senden;

h) eine durch den Lizenzgeber oder in dessen Auftrag vorzunehmende Bearbeitung zu überwachen.

(3) Der Lizenznehmer ist berechtigt, die ihm übertragenen Rechte auf Dritte zu übertragen.

(4) Der Lizenznehmer ist nicht verpflichtet, von den ihm eingeräumten Rechten Gebrauch zu machen. Insbesondere ist er nicht verpflichtet, das überlassene Material zu verwenden.

§ 3 Vergütung

Für die Übertragung der Rechte in vorstehendem Umfang erhält der Lizenzgeber eine einmalige Lizenzpauschale, deren Höhe sich aus dem beiliegendem Leistungsschein ergibt. Damit sind sämtliche Ansprüche bezüglich der zur Nutzung benötigten Rechte abgegolten.

§ 4 Rechtsmängelhaftung

(1) Der Lizenzgeber versichert, die ausschließlichen Verwertungsrechte an den lizenzierten Musikwerken, einschließlich der Rechte zur Online-Verwertung, zu besitzen. Er versichert ferner, dass die auf den Lizenznehmer zu übertragenden Rechte

a) nicht auf Dritte übertragen oder mit Rechten Dritter belastet sind, Dritte nicht mit deren Ausübung beauftragt wurden,

b) bei Vertragsabschluss keine anderweitigen Verpflichtungen bestehen, die die vom Lizenzgeber zu erbringenden Leistungen behindern könnten.

(2) Der Lizenzgeber steht dafür ein, dass sämtliche natürlichen oder juristischen Personen, die an der Herstellung oder Bearbeitung des Materials beteiligt sind und denen Rechte in Gestalt von Urheber-, Leistungsschutz- und Eigentumsrechten sowie Ansprüche in wettbewerblicher Hinsicht zustehen, alle Einverständniserklärungen gegeben haben, die erforderlich sind, damit das Produkt im

vereinbarten Umfang erstellt und ausgewertet werden kann. Das Gleiche gilt für Autoren- und Verlagsrechte sowie für urheberrechtlich und/oder leistungsschutzrechtlich geschützte Beiträge Dritter. Satz 1 und 2 gelten entsprechend für das allgemeine Persönlichkeitsrecht oder sonstige geschützte Rechte, die Personen zustehen, welche durch die vereinbarte Auswertung des Materials berührt oder verletzt werden könnten.

(3) Der Lizenzgeber versichert, dass von ihm bezüglich des Materials gegenüber seinen Lizenznehmern keine noch fortwirkende Vereinbarung getroffen ist, derzufolge Verwertungsrechte und Befugnisse der nach dem Vertrag zu gewährenden Art automatisch erlöschen oder vom Lizenzgeber an einen Dritten fallen, falls über das Vermögen des Lizenzgebers ein Konkurs- oder Vergleichsverfahren beantragt oder eröffnet wird, der Lizenzgeber seine Zahlungen einstellt oder in Verzug gerät oder falls sonstige auflösende Bedingungen für den eigenen Rechtserwerb des Lizenzgebers erfüllt sind. Der Lizenzgeber versichert ferner, dass ihm auch nichts darüber bekannt geworden ist, dass ein Dritter, von dem er seine Rechte herleitet, für seinen Rechtserwerb entsprechende auflösende Bedingungen mit seinen etwaigen Vormännern vereinbart hat, denenzufolge der Lizenzgeber die von ihm zu übertragenden Rechte ohne sein Zutun verlieren könnte.

(4) Unbeschadet etwaiger darüber hinausgehender Ansprüche und Rechte wird der Lizenzgeber den Lizenznehmer und andere Personen oder Gesellschaften, die Rechte vom Lizenznehmer herleiten, von allen gegen diese erhobenen Ansprüche Dritter einschließlich der Kosten einer etwaigen angemessenen Rechtsverteidigung freistellen. Soweit Dritte gegen den Lizenznehmer Ansprüche geltend machen, ist dieser verpflichtet, den Lizenzgeber hiervon unverzüglich in Kenntnis zu setzen. Es ist dem Lizenzgeber erlaubt, seine Rechte selbst zu vertreten und zu verteidigen. Einen ohne Zustimmung des Lizenzgebers abgeschlossenen Vergleich muss der Lizenzgeber nur insoweit gegen sich gelten lassen, als die durch den Vergleich geschlossenen Ansprüche nachweislich begründet waren.

§ 5 Gebrauchstauglichkeit und Abnahme

(1) Der Lizenzgeber garantiert eine für die Online-Auswertung einwandfreie technische Qualität des zu liefernden Materials.

(2) Der Lizenznehmer hat jeweils binnen 60 Tagen nach Eingang des Materials zu erklären, ob er das Material als vertragsmäßig abnimmt. Weitergehende Ansprüche und Rechte bleiben unberührt. Sollte die Qualität des gelieferten Materials nicht der Garantie gem. Abs. 1 entsprechen, so hat der Lizenzgeber unverzüglich auf seine Kosten und Gefahr Ersatzmaterial zu liefern.

(3) Der Lizenznehmer kann wegen Lieferung mangelhaften Materials vom Vertrag zurücktreten, wenn eine Nachfrist von mindestens drei Wochen zur Lieferung von einwandfreiem Ersatzmaterial gesetzt und in dieser Frist kein einwandfreies

Material geliefert worden ist. Weitergehende Ansprüche und Rechte bleiben unberührt.

§ 6 Sonstiges

(1) Sollte eine Bestimmung dieses Vertrages unwirksam sein, so werden dadurch die übrigen Bestimmungen in ihrer rechtlichen Wirksamkeit nicht berührt. An die Stelle der unwirksamen Bestimmung muss für diesen Fall mit anfänglicher Wirkung eine solche treten, die dem beabsichtigten Sinn und Zweck aller Parteien entspricht und ihrem Inhalt nach durchführbar ist.

(2) Bei Rechtsstreitigkeiten aus diesem Vertrag ist der im Leistungsschein bezeichnete Sitz des Lizenznehmers Gerichtsstand, wenn

a) der Lizenzgeber Kaufmann ist oder

b) der Lizenzgeber keinen allgemeinen Gerichtsstand im Gebiet der Bundesrepublik Deutschland hat oder

c) der Lizenzgeber juristische Person des öffentlichen Rechts ist.

Der Lizenznehmer ist berechtigt, auch an jedem anderen gesetzlich vorgesehenen Gerichtsstand zu klagen. Es gilt das Recht der Bundesrepublik Deutschland unter Ausschluss des UN-Kaufrechts.

III. Nutzungsvereinbarungen mit angestellten Programmierern

In Ergänzung zum heute geschlossenen Arbeitsvertrag wird zwischen den Parteien (dem Arbeitgeber und dem Arbeitnehmer) folgende Vereinbarung getroffen:

§ 1 Rechte an Arbeitsergebnissen

(1) Zu den Arbeitsergebnissen im Sinne dieser Vereinbarung gehören insbesondere die aus der Tätigkeit des Herrn Y in Planung, Entwicklung, Forschung, Kundenberatung, Wartung oder Verwaltung geschaffenen Datensammlungen (Datenbanken) und DV-Programme in Quellen- und Objektprogrammform, bei ihrer Entwicklung entstandenen Erfindungen, Algorithmen, Verfahren, Spezifikationen, Berichte, sowie Dokumentations- und Schulungsmaterial über Systemanalyse, Roh- und Feinentwurf, Test, Installation, Einsatz, Wartung und Pflege der Datensammlungen und DV-Programme.

(2) X hat das Recht, alle Arbeitsergebnisse, die aus der Tätigkeit des Herrn Y für die X entstehen oder durch nicht allgemein bekannte Informationen der X angeregt wurden oder maßgeblich auf Erfahrungen, Arbeiten oder Unterlagen der X beruhen, ohne sachliche, zeitliche oder räumliche Beschränkungen zu verwerten oder verwerten zu lassen.

(3) Schutzfähige Erfindungen und technische Verbesserungsvorschläge unterliegen den Bestimmungen des Gesetzes über Arbeitnehmererfindungen. Diensterfindungen im Sinne des ArbNEG sind der X unverzüglich gesondert schriftlich zu melden (siehe §§ 4 und 5 ArbNEG).

(4) Soweit Arbeitsergebnisse gemäß Abs. 1 und 2 urheberrechtlich geschützte Werke sind, räumt Herr Y der X hieran ausschließliche, zeitlich und räumlich unbeschränkte Nutzungsrechte für alle bekannten Verwertungsarten ein. Dazu gehört insbesondere das Recht, Abänderungen, Bearbeitungen oder andere Umgestaltungen vorzunehmen, die Arbeitsergebnisse im Original oder in abgeänderter, bearbeiteter oder umgestalteter Form zu vervielfältigen, zu veröffentlichen, zu verbreiten, vorzuführen, über Fernleitungen oder drahtlos zu übertragen und zum Betrieb von DV-Anlagen und -Geräten zu nutzen.

(5) Zur vollständigen oder teilweisen Ausübung der Rechte gem. Abs. 4 bedarf es keiner weiteren Zustimmung von Seiten des Herrn Y.

(6) X ist ohne Einholung weiterer Zustimmungen von Seiten des Herrn Y befugt, die Rechte gem. Abs. 3, 4 und 5 ganz oder teilweise auf Dritte zu übertragen oder Dritten entsprechende Rechte einzuräumen.

(7) Herr Y erkennt an, dass eine Verpflichtung zur Autorennennung nicht besteht.

§ 2 Abgeltung

(1) Die in § 1 genannten Rechte an Arbeitsergebnissen sind durch die laufenden Bezüge des Herrn Y abgegolten, und zwar auch für die Zeit nach Beendigung des Arbeitsverhältnisses.

(2) Der Anspruch des Herrn Y auf gesetzliche Vergütungen von Diensterfindungen und technischen Verbesserungsvorschriften nach dem ArbNEG bleibt unberührt. Seine entsprechende Anwendung auf Softwareprodukte wird ausdrücklich ausgeschlossen.

§ 3 Eigene Software und Erfindungen des Herrn Y

(1) In der Anlage zu diesem Vertrag gibt Herr Y der X in Form einer Titelliste Kenntnis von allen Erfindungen, Datenverarbeitungsprogrammen, Vorentwürfen, Pflichtenheften, Problemanalysen, Grobkonzepten u.ä. mehr, die von ihm selbst vor Beginn des Arbeitsverhältnisses gemacht bzw. entwickelt wurden und über die er vollständig oder teilweise verfügungsberechtigt ist.

(2) Herr Y sichert zu, über keine weiteren Datenverarbeitungsprogramme, Vorentwürfe, Pflichtenhefte, Problemanalysen, Grobkonzepte u.ä. mehr bei Unterzeichnung dieser Vereinbarung zu verfügen. Beide Parteien sind sich darüber einig, dass von allen ab heute durch den Herrn Y entwickelten Produkten vermutet wird, dass diese für die X entwickelt wurden, und dass sie – soweit nicht in der

Anlage aufgeführt – nicht vorher bzw. im Rahmen des Arbeitsverhältnisses für die X entwickelt worden sind.

(3) Sofern Herr Y beabsichtigt, die in der Titelliste gem. Abs. 1 genannten Erfindungen, Datenverarbeitungsprogramme und zugehörigen Dokumentationen in das Unternehmen der X einzubringen, bedarf dies der vorherigen schriftlichen Zustimmung der X. Sollte die X einer Nutzung dieses Materials zustimmen, wird über Nutzungsberechtigung und Vergütung eine gesonderte schriftliche Vereinbarung getroffen. Werden solche oder andere Programme stillschweigend eingebracht, so erhält die X ein unentgeltliches und zeitlich unbefristetes Nutzungsrecht, ohne dass es einer dahingehenden ausdrücklichen Vereinbarung bedarf, es sei denn Herr Y hat sich seine Rechte bei der Einbringung ausdrücklich schriftlich gegenüber der Geschäftsführung vorbehalten.

§ 4 Nebenberufliche Softwareverwertung

(1) Jede direkte oder indirekte Verwertung von Arbeitsergebnissen gem. § 1 ist Herrn Y untersagt.

(2) Die gewerbliche Verwertung sonstiger, von Herrn Y neben seiner Tätigkeit für die X geschaffener Software, die nicht Arbeitsergebnis im Sinne der §§ 1 und 2 ist, sowie von eigener Software gem. § 3 bedarf der vorherigen schriftlichen Einwilligung der X. Diese Einwilligung darf nicht aus anderen Gründen versagt werden als dem Schutz von Betriebs- oder Geschäftsgeheimnissen der X.

(3) Herr Y wird während der Dauer des Dienstvertrages keinerlei Wettbewerbshandlung gegen die X vornehmen, insbesondere sich nicht – auch nicht als Minderheitsgesellschafter oder stiller Gesellschafter – an einer Gesellschaft beteiligen, die in Wettbewerb zu der X steht.

§ 5 Informationen, Unterlagen und Software Dritter

(1) Herr Y verpflichtet sich, der X keine vertraulichen Informationen oder Unterlagen, die anderen gehören, zukommen zu lassen. Der Mitarbeiter wird auch nicht veranlassen, dass solche vertraulichen Informationen oder Unterlagen ohne Kenntnis der X in dessen Unternehmen benutzt werden.

(2) Herr Y verpflichtet sich, keine Datenverarbeitungsprogramme und zugehörige Dokumentationen, die er von Dritten erworben, lizenziert oder auf andere Weise erhalten hat, der X zukommen zu lassen, es sei denn nach ausdrücklicher Ermächtigung durch die Gesellschaft. Herr Y wird auch nicht veranlassen, dass solches Material ohne Kenntnis der X in deren Unternehmen benutzt wird.

(3) Herr Y wird für von ihm geschaffenen Arbeitsergebnisse i.S.v. § 1 auf Verlangen der X wahrheitsgemäß erklären, ob die Arbeitsergebnisse von ihm im Original geschaffen und/oder welche Teile aus firmenexternen Quellen direkt oder indirekt in abgewandelter oder bearbeiteter Form übernommen wurden.

§ 6 Geschäfts- und Betriebsgeheimnisse

(1) Herr Y ist verpflichtet, alle Geschäfts- oder Betriebsgeheimnisse der X geheim zu halten. Hierzu gehören insbesondere alle als vertraulich oder unternehmensintern gekennzeichneten oder als solche erkennbaren Unterlagen, Datensammlungen und Datenverarbeitungsprogramme sowie zugehöriges Dokumentations- und Schulungsmaterial. Dies gilt insbesondere auch für alle Kenntnisse, die Herr X im Rahmen der Beratung von Kunden der X über deren Geschäftsbetrieb erlangt.

(2) Die Verpflichtung aus Abs. 1 bleibt auch nach Beendigung des Arbeitsverhältnisses bestehen.

(3) Der Verrat von Geschäfts- und Betriebsgeheimnissen der X bzw. der Kunden von X unterliegt unter anderem den strafrechtlichen Bestimmungen des Gesetzes gegen unlauteren Wettbewerb. Ein Auszug aus diesem Gesetz ist dieser Vereinbarung als Anlage beigefügt.

§ 7 Wissenschaftliche Veröffentlichungen und Vorträge

(1) Manuskripte für wissenschaftliche Veröffentlichungen und Vorträge des Herrn Y, die mit dem Tätigkeitsbereich der X in Verbindung stehen, sind der X zur Freigabe vorzulegen. Eine Freigabe erfolgt, sofern berechtigte betriebliche Interessen einer Publikation nicht entgegenstehen.

(2) Für wissenschaftliche Veröffentlichungen oder Vorträge gem. Ziffer (1) erhält Herr Y in dem zum Zweck der Veröffentlichung und/oder des Vortrages gebotenen Umfang eine Freistellung von § 1 Abs. 2 und Abs. 4, die einen Verzicht der X auf jeden Honoraranspruch einschließt.

IV. Mustertext: AGB-Vorschläge zur Gewährleistung

Gewährleistung (nicht für Verbrauchsgüterkauf)

1. Mängel der gelieferten Sache einschließlich der Handbücher und sonstiger Unterlagen werden vom Lieferanten innerhalb der gesetzlich vorgeschriebenen Frist von zwei Jahren ab Lieferung nach entsprechender Mitteilung durch den Anwender behoben. Dies geschieht nach Wahl des Käufers durch kostenfreie Nachbesserung oder Ersatzlieferung. Im Falle der Ersatzlieferung ist der Käufer verpflichtet, die mangelhafte Sache zurückzugewähren.

2. Kann der Mangel nicht innerhalb angemessener Frist behoben werden oder ist die Nachbesserung oder Ersatzlieferung aus sonstigen Gründen als fehlgeschlagen anzusehen, kann der Käufer nach seiner Wahl Herabsetzung der Vergütung (Minderung) verlangen oder vom Vertrag zurücktreten. Von einem Fehlschlagen der Nachbesserung ist erst auszugehen, wenn dem Lieferanten hinreichende Gelegenheit zur Nachbesserung oder Ersatzlieferung eingeräumt

wurde, ohne dass der vertraglich vereinbarte Erfolg erzielt wurde, wenn die Nachbesserung oder Ersatzlieferung ermöglicht ist, wenn sie vom Lieferanten verweigert oder unzumutbar verzögert wird, wenn begründete Zweifel hinsichtlich der Erfolgsaussichten bestehen oder wenn eine Unzumutbarkeit aus sonstigen Gründen vorliegt.

Untersuchungs- und Rügepflicht (nicht für Verbrauchsgüterkauf)

(1) Der Käufer ist verpflichtet, die gelieferte Ware auf offensichtliche Mängel, die einem durchschnittlichen Kunden ohne weiteres auffallen, zu untersuchen. Zu den offensichtlichen Mängeln zählen auch das Fehlen von Handbüchern sowie erhebliche, leicht sichtbare Beschädigungen der Ware. Ferner fallen Fälle darunter, in denen eine andere Sache oder eine zu geringe Menge geliefert werden. Solche offensichtlichen Mängel sind beim Lieferanten innerhalb von vier Wochen nach Lieferung schriftlich zu rügen.

(2) Mängel, die erst später offensichtlich werden, müssen beim Lieferanten innerhalb von vier Wochen nach dem Erkennen durch den Anwender gerügt werden.

(3) Bei Verletzung der Untersuchungs- und Rügepflicht gilt die Ware in Ansehung des betreffenden Mangels als genehmigt.

Haftung (inkl. Verbrauchsgüterkauf; siehe § 475 Abs. 3 BGB)

Wir schließen unsere Haftung für leicht fahrlässige Pflichtverletzungen aus, sofern diese Schäden aus der Verletzung des Lebens, des Körpers oder der Gesundheit oder Garantien betreffen oder Ansprüche nach dem Produkthaftungsgesetz berührt sind. Unberührt bleibt ferner die Haftung für die Verletzung von Pflichten, deren Erfüllung die ordnungsgemäße Durchführung des Vertrages überhaupt erst ermöglicht und auf deren Einhaltung der Kunde regelmäßig vertrauen darf. Gleiches gilt für Pflichtverletzungen unserer Erfüllungsgehilfen.

V. Belehrungen über das Widerrufsrecht und das Rückgaberecht bei Verbraucherverträgen

(aus: Anlage zu Art. 246 § 2 Absatz 3 Satz 1 EGBGB, BGBl. I 2011, 1602)

Vorbemerkung:

Mit der Einbindung der Vorlagen für die Musterwiderrufs- sowie die Musterrückgabebelehrung in die Anlagen 1 und 2 zu Art. 246 EGBGB hat der Gesetzgeber den Mustern den Rang eines formellen Gesetzes eingeräumt und somit einer langjährigen Praxis der Instanzgerichte ein Ende bereitet, nach der regelmäßig das bloße online Einstellen der Belehrungsvorlage nach der BGB-InfoVO wegen eines Verstoßes gegen § 312d Abs. 2, 2. Alt. BGB a.F. (Fristbeginn nicht vor Erfüllung der Informationspflichten in Textform) als unzureichend bezeichnet wurde.

Die in Form von Fußnoten angefügten „Gestaltungshinweise" sind ebenfalls amtlich und enthalten u.a. diverse Musterformulierungen, die bei bestimmten Vertragsarten oder Vertriebsformen die Musterbelehrungen ergänzen oder abändern.

Widerrufsbelehrung

Widerrufsrecht

Sie können Ihre Vertragserklärung innerhalb von [14 Tagen] [1] ohne Angabe von Gründen in Textform (z.B. Brief, Fax, E-Mail) [oder – wenn Ihnen die Sache vor Fristablauf überlassen wird – auch durch Rücksendung der Sache] [2] widerrufen. Die Frist beginnt nach Erhalt dieser Belehrung in Textform [3]. Zur Wahrung der Widerrufsfrist genügt die rechtzeitige Absendung des Widerrufs [oder der Sache] [2]. Der Widerruf ist zu richten an: [4]

Widerrufsfolgen [5]

Im Falle eines wirksamen Widerrufs sind die beiderseits empfangenen Leistungen zurückzugewähren und ggf. gezogene Nutzungen (z.B. Zinsen) herauszugeben. [6] Können Sie uns die empfangene Leistung sowie Nutzungen (z.B. Gebrauchsvorteile) nicht oder teilweise nicht oder nur in verschlechtertem Zustand zurückgewähren beziehungsweise herausgeben, müssen Sie uns insoweit Wertersatz leisten. [7] [Für die Verschlechterung der Sache müssen Sie Wertersatz nur leisten, soweit die Verschlechterung auf einen Umgang mit der Sache zurückzuführen ist, der über die Prüfung der Eigenschaften und der Funktionsweise hinausgeht. [8] Unter „Prüfung der Eigenschaften und der Funktionsweise" versteht man das Testen und Ausprobieren der jeweiligen Ware, wie es etwa im Ladengeschäft möglich und üblich ist. [9] Paketversandfähige Sachen sind auf unsere [Kosten und] [10] Gefahr zurückzusenden. Nicht paketversandfähige Sachen werden bei Ihnen abgeholt.] [2] Verpflichtungen zur Erstattung von Zahlungen müssen innerhalb von 30 Tagen erfüllt werden. Die Frist beginnt für Sie mit der Absendung Ihrer Widerrufserklärung [oder der Sache] [2], für uns mit deren Empfang.

Besondere Hinweise

[11]

[12]

[13]

(Ort), (Datum), (Unterschrift des Verbrauchers) [14]

Gestaltungshinweise:

[1] Wird die Belehrung nicht spätestens bei, sondern erst nach Vertragsschluss mitgeteilt, lautet der Klammerzusatz „einem Monat". In diesem Fall ist auch Gestaltungshinweis 9 einschlägig, wenn der dort genannte Hinweis nicht spätestens bei Vertragsschluss in Textform erfolgt. Bei Fernabsatzverträgen steht eine unverzüglich nach Vertragsschluss in Textform mitgeteilte Widerrufsbelehrung einer solchen bei Vertragsschluss gleich, wenn der Unternehmer den Verbraucher gemäß Artikel 246 § 1 Absatz 1 Nummer 10 EGBGB unterrichtet hat.

[2] Der Klammerzusatz entfällt bei Leistungen, die nicht in der Überlassung von Sachen bestehen.

[3] Liegt einer der nachstehenden Sonderfälle vor, ist Folgendes einzufügen:

   a) bei schriftlich abzuschließenden Verträgen: „ , jedoch nicht, bevor Ihnen auch eine Vertragsurkunde, Ihr schriftlicher Antrag oder eine Abschrift der Vertragsurkunde oder des Antrags zur Verfügung gestellt worden ist";

   b) bei Fernabsatzverträgen (§ 312b Absatz 1 Satz 1 BGB) über die

      aa) Lieferung von Waren: „ , jedoch nicht vor Eingang der Ware beim Empfänger (bei der wiederkehrenden Lieferung gleichartiger Waren nicht vor Eingang der ersten Teillieferung) und auch nicht vor Erfüllung unserer Informationspflichten gemäß Artikel 246 § 2 in Verbindung mit § 1 Absatz 1 und 2 EGBGB";

      bb) Erbringung von Dienstleistungen außer Zahlungsdiensten: „ , jedoch nicht vor Vertragsschluss und auch nicht vor Erfüllung unserer Informationspflichten gemäß Artikel 246 § 2 in Verbindung mit § 1 Absatz 1 und 2 EGBGB";

      cc) Erbringung von Zahlungsdiensten:

         aaa) bei Zahlungsdiensterahmenverträgen: „ , jedoch nicht vor Vertragsschluss und auch nicht vor Erfüllung unserer Informationspflichten gemäß Artikel 246 § 2 in Verbindung mit § 1 Absatz 1 Nummer 8 bis 12 und Absatz 2 Nummer 2, 4 und 8 sowie Artikel 248 § 4 Absatz 1 EGBGB";

         bbb) bei Kleinbetragsinstrumenten im Sinne des § 675i Absatz 1 BGB: „ , jedoch nicht vor Vertragsschluss und auch nicht vor Erfüllung unserer Informationspflichten gemäß Artikel 246 § 2 in Verbindung mit § 1 Absatz 1 Nummer 8 bis 12 und Absatz 2 Nummer 2, 4 und 8 sowie Artikel 248 § 11 Absatz 1 EGBGB";

         ccc) bei Einzelzahlungsverträgen: „ , jedoch nicht vor Vertragsschluss und auch nicht vor Erfüllung unserer Informationspflichten gemäß Artikel 246 § 2 in Verbindung mit § 1 Absatz 1 Nummer 8 bis 12 und Absatz 2 Nummer 2, 4 und 8 sowie Artikel 248 § 13 Absatz 1 EGBGB";

V. Belehrungen über das Widerrufsrecht und das Rückgaberecht

c) bei Verträgen im elektronischen Geschäftsverkehr (§ 312g Absatz 1 Satz 1 BGB): „ , jedoch nicht vor Erfüllung unserer Pflichten gemäß § 312g Absatz 1 Satz 1 BGB in Verbindung mit Artikel 246 § 3 EGBGB";

d) bei einem Kauf auf Probe (§ 454 BGB): „ , jedoch nicht, bevor der Kaufvertrag durch Ihre Billigung des gekauften Gegenstandes für Sie bindend geworden ist".

Wird für einen Vertrag belehrt, der unter mehrere der vorstehenden Sonderfälle fällt (z.B. ein Fernabsatzvertrag über die Lieferung von Waren im elektronischen Geschäftsverkehr), sind die jeweils zutreffenden Ergänzungen zu kombinieren (in dem genannten Beispiel wie folgt: „ , jedoch nicht vor Eingang der Ware beim Empfänger [bei der wiederkehrenden Lieferung gleichartiger Waren nicht vor Eingang der ersten Teillieferung] und auch nicht vor Erfüllung unserer Informationspflichten gemäß Artikel 246 § 2 in Verbindung mit § 1 Absatz 1 und 2 EGBGB sowie unserer Pflichten gemäß § 312g Absatz 1 Satz 1 BGB in Verbindung mit Artikel 246 § 3 EGBGB"). Soweit zu kombinierende Ergänzungen sprachlich identisch sind, sind Wiederholungen des Wortlauts nicht erforderlich.

[4] Einsetzen: Namen/Firma und ladungsfähige Anschrift des Widerrufsadressaten.

Zusätzlich können angegeben werden: Telefaxnummer, E-Mail-Adresse und/oder, wenn der Verbraucher eine Bestätigung seiner Widerrufserklärung an den Unternehmer erhält, auch eine Internetadresse.

[5] Dieser Absatz kann entfallen, wenn die beiderseitigen Leistungen erst nach Ablauf der Widerrufsfrist erbracht werden. Dasselbe gilt, wenn eine Rückabwicklung nicht in Betracht kommt (z.B. Hereinnahme einer Bürgschaft).

[6] Bei der Vereinbarung eines Entgelts für die Duldung einer Überziehung im Sinne des § 505 BGB ist hier Folgendes einzufügen:

„Überziehen Sie Ihr Konto ohne eingeräumte Überziehungsmöglichkeit oder überschreiten Sie die Ihnen eingeräumte Überziehungsmöglichkeit, können wir von Ihnen über die Rückzahlung des Betrags der Überziehung oder Überschreitung hinaus weder Kosten noch Zinsen verlangen, wenn wir Sie nicht ordnungsgemäß über die Bedingungen und Folgen der Überziehung oder Überschreitung (z.B. anwendbarer Sollzinssatz, Kosten) informiert haben."

[7] Bei Fernabsatzverträgen über Dienstleistungen ist folgender Satz einzufügen:

„Dies kann dazu führen, dass Sie die vertraglichen Zahlungsverpflichtungen für den Zeitraum bis zum Widerruf gleichwohl erfüllen müssen."

[8] Bei Fernabsatzverträgen über die Lieferung von Waren ist anstelle des vorhergehenden Satzes folgender Satz einzufügen:

„Für die Verschlechterung der Sache und für gezogene Nutzungen müssen Sie Wertersatz nur leisten, soweit die Nutzungen oder die Verschlechterung auf einen Umgang mit der Sache zurückzuführen ist, der über die Prüfung der Eigenschaften und der Funktionsweise hinausgeht."

[9] Wenn ein Hinweis auf die Wertersatzpflicht gemäß § 357 Absatz 3 Satz 1 BGB nicht spätestens bei Vertragsschluss in Textform erfolgt, ist anstelle der beiden vorhergehenden Sätze einzufügen: „Für eine durch die bestimmungsgemäße Ingebrauchnahme der Sache entstandene Verschlechterung müssen Sie keinen Wertersatz leisten." Bei Fernabsatzverträgen steht ein unverzüglich nach Vertragsschluss in Textform mitgeteilter Hinweis einem solchen bei Vertragsschluss gleich, wenn der Unternehmer den Verbraucher rechtzeitig vor Abgabe von dessen Vertragserklärung in einer dem eingesetzten Fernkommunikationsmittel entsprechenden Weise über die Wertersatzpflicht unterrichtet hat.

Handelt es sich um einen Fernabsatzvertrag über die Lieferung von Waren, ist anzufügen:

„Wertersatz für gezogene Nutzungen müssen Sie nur leisten, soweit Sie die Ware in einer Art und Weise genutzt haben, die über die Prüfung der Eigenschaften und der Funktionsweise hinausgeht. Unter „Prüfung der Eigenschaften und der Funktionsweise" versteht man das Testen und Ausprobieren der jeweiligen Ware, wie es etwa im Ladengeschäft möglich und üblich ist."

[10] Ist entsprechend § 357 Absatz 2 Satz 3 BGB eine Übernahme der Versandkosten durch den Verbraucher vereinbart worden, kann der Klammerzusatz weggelassen werden. Stattdessen ist hinter „zurückzusenden." Folgendes einzufügen:

„Sie haben die regelmäßigen Kosten der Rücksendung zu tragen, wenn die gelieferte Ware der bestellten entspricht und wenn der Preis der zurückzusendenden Sache einen Betrag von 40 Euro nicht übersteigt oder wenn Sie bei einem höheren Preis der Sache zum Zeitpunkt des Widerrufs noch nicht die Gegenleistung oder eine vertraglich vereinbarte Teilzahlung erbracht haben. Anderenfalls ist die Rücksendung für Sie kostenfrei."

[11] Bei einem Widerrufsrecht gemäß § 312d Absatz 1 BGB, das für einen Fernabsatzvertrag über die Erbringung einer Dienstleistung gilt, ist hier folgender Hinweis aufzunehmen:

„Ihr Widerrufsrecht erlischt vorzeitig, wenn der Vertrag von beiden Seiten auf Ihren ausdrücklichen Wunsch vollständig erfüllt ist, bevor Sie Ihr Widerrufsrecht ausgeübt haben."

V. Belehrungen über das Widerrufsrecht und das Rückgaberecht

[12] Der nachfolgende Hinweis für finanzierte Geschäfte kann entfallen, wenn kein verbundenes Geschäft vorliegt:

„Wenn Sie diesen Vertrag durch ein Darlehen finanzieren und ihn später widerrufen, sind Sie auch an den Darlehensvertrag nicht mehr gebunden, sofern beide Verträge eine wirtschaftliche Einheit bilden. Dies ist insbesondere dann anzunehmen, wenn wir gleichzeitig Ihr Darlehensgeber sind oder wenn sich Ihr Darlehensgeber im Hinblick auf die Finanzierung unserer Mitwirkung bedient. Wenn uns das Darlehen bei Wirksamwerden des Widerrufs oder bei der Rückgabe der Ware bereits zugeflossen ist, tritt Ihr Darlehensgeber im Verhältnis zu Ihnen hinsichtlich der Rechtsfolgen des Widerrufs oder der Rückgabe in unsere Rechte und Pflichten aus dem finanzierten Vertrag ein. Letzteres gilt nicht, wenn der vorliegende Vertrag den Erwerb von Finanzinstrumenten (z.B. von Wertpapieren, Devisen oder Derivaten) zum Gegenstand hat.

Wollen Sie eine vertragliche Bindung so weitgehend wie möglich vermeiden, machen Sie von Ihrem Widerrufsrecht Gebrauch und widerrufen Sie zudem den Darlehensvertrag, wenn Ihnen auch dafür ein Widerrufsrecht zusteht."

Bei einem finanzierten Erwerb eines Grundstücks oder eines grundstücksgleichen Rechts ist Satz 2 des vorstehenden Hinweises wie folgt zu ändern:

„Dies ist nur anzunehmen, wenn die Vertragspartner in beiden Verträgen identisch sind oder wenn der Darlehensgeber über die Zurverfügungstellung von Darlehen hinaus Ihr Grundstücksgeschäft durch Zusammenwirken mit dem Veräußerer fördert, indem er sich dessen Veräußerungsinteressen ganz oder teilweise zu eigen macht, bei der Planung, Werbung oder Durchführung des Projekts Funktionen des Veräußerers übernimmt oder den Veräußerer einseitig begünstigt."

[13] Der nachfolgende Hinweis für Fernabsatzverträge über Finanzdienstleistungen kann entfallen, wenn kein hinzugefügter Fernabsatzvertrag über eine Dienstleistung vorliegt:

„Bei Widerruf dieses Fernabsatzvertrags über eine Finanzdienstleistung sind Sie auch an einen hinzugefügten Fernabsatzvertrag nicht mehr gebunden, wenn dieser Vertrag eine weitere Dienstleistung von uns oder eines Dritten auf der Grundlage einer Vereinbarung zwischen uns und dem Dritten zum Gegenstand hat."

[14] Ort, Datum und Unterschriftsleiste können entfallen. In diesem Fall sind diese Angaben entweder durch die Wörter „Ende der Widerrufsbelehrung" oder durch die Wörter „Ihr(e) (einsetzen: Firma des Unternehmers)" zu ersetzen.

Rückgabebelehrung

Rückgaberecht

Sie können die erhaltene Ware ohne Angabe von Gründen innerhalb von [14 Tagen] [1] durch Rücksendung der Ware zurückgeben. Die Frist beginnt nach Erhalt dieser Belehrung in Textform (z.B. als Brief, Fax, E-Mail), jedoch nicht vor Eingang der Ware [2]. Nur bei nicht paketversandfähiger Ware (z.B. bei sperrigen Gütern) können Sie die Rückgabe auch durch Rücknahmeverlangen in Textform erklären. Zur Wahrung der Frist genügt die rechtzeitige Absendung der Ware oder des Rücknahmeverlangens. In jedem Fall erfolgt die Rücksendung auf unsere Kosten und Gefahr. Die Rücksendung oder das Rücknahmeverlangen hat zu erfolgen an: [3]

[4]

[5]

Rückgabefolgen

Im Falle einer wirksamen Rückgabe sind die beiderseits empfangenen Leistungen zurückzugewähren und ggf. gezogene Nutzungen herauszugeben. Bei einer Verschlechterung der Sache und für Nutzungen (z.B. Gebrauchsvorteile), die nicht oder teilweise nicht oder nur in verschlechtertem Zustand herausgegeben werden können, müssen Sie uns insoweit Wertersatz leisten. Für die Verschlechterung der Sache müssen Sie Wertersatz nur leisten, soweit die Verschlechterung auf einen Umgang mit der Sache zurückzuführen ist, der über die Prüfung der Eigenschaften und der Funktionsweise hinausgeht. [6] Unter „Prüfung der Eigenschaften und der Funktionsweise" versteht man das Testen und Ausprobieren der jeweiligen Ware, wie es etwa im Ladengeschäft möglich und üblich ist. [7] Verpflichtungen zur Erstattung von Zahlungen müssen innerhalb von 30 Tagen erfüllt werden. Die Frist beginnt für Sie mit der Absendung der Ware oder des Rücknahmeverlangens, für uns mit dem Empfang.

Finanzierte Geschäfte [8]

(Ort), (Datum), (Unterschrift des Verbrauchers) [9]

Gestaltungshinweise:

[1] Wird die Belehrung nicht spätestens bei, sondern erst nach Vertragsschluss mitgeteilt, lautet der Klammerzusatz „einem Monat". In diesem Fall ist auch Gestaltungshinweis 7 einschlägig, wenn der dort genannte Hinweis nicht spätestens bei Vertragsschluss in Textform erfolgt. Bei Fernabsatzverträgen steht eine unverzüglich nach Vertragsschluss in Textform mitgeteilte Rückgabebelehrung einer solchen bei Vertragsschluss gleich,

V. Belehrungen über das Widerrufsrecht und das Rückgaberecht

wenn der Unternehmer den Verbraucher gemäß Artikel 246 § 1 Absatz 1 Nummer 10 EGBGB unterrichtet hat.

[2] Liegt einer der nachstehenden Sonderfälle vor, ist Folgendes einzufügen:

a) bei schriftlich abzuschließenden Verträgen: „und auch nicht, bevor Ihnen auch eine Vertragsurkunde, Ihr schriftlicher Antrag oder eine Abschrift der Vertragsurkunde oder des Antrags zur Verfügung gestellt worden ist";

b) bei Fernabsatzverträgen (§ 312b Absatz 1 Satz 1 BGB): „beim Empfänger (bei der wiederkehrenden Lieferung gleichartiger Waren nicht vor Eingang der ersten Teillieferung) und auch nicht vor Erfüllung unserer Informationspflichten gemäß Artikel 246 § 2 in Verbindung mit § 1 Absatz 1 und 2 EGBGB";

c) bei Verträgen im elektronischen Geschäftsverkehr (§ 312g Absatz 1 Satz 1 BGB): „und auch nicht vor Erfüllung unserer Pflichten gemäß § 312g Absatz 1 Satz 1 BGB in Verbindung mit Artikel 246 § 3 EGBGB";

d) bei einem Kauf auf Probe (§ 454 BGB): „und auch nicht, bevor der Kaufvertrag durch Ihre Billigung des gekauften Gegenstandes für Sie bindend geworden ist".

Wird für einen Vertrag belehrt, der unter mehrere der vorstehenden Sonderfälle fällt (z.B. ein Fernabsatzvertrag im elektronischen Geschäftsverkehr), sind die jeweils zutreffenden Ergänzungen zu kombinieren (in dem genannten Beispiel wie folgt: „beim Empfänger [bei der wiederkehrenden Lieferung gleichartiger Waren nicht vor Eingang der ersten Teillieferung] und auch nicht vor Erfüllung unserer Informationspflichten gemäß Artikel 246 § 2 in Verbindung mit § 1 Absatz 1 und 2 EGBGB sowie unserer Pflichten gemäß § 312g Absatz 1 Satz 1 BGB in Verbindung mit Artikel 246 § 3 EGBGB").

[3] Einsetzen: Namen/Firma und ladungsfähige Anschrift des Rückgabeadressaten.

Zusätzlich können angegeben werden: Telefaxnummer, E-Mail-Adresse und/oder, wenn der Verbraucher eine Bestätigung seines Rücknahmeverlangens an den Unternehmer erhält, auch eine Internetadresse.

[4] Hier kann der Hinweis hinzugefügt werden:

„Die Rückgabe paketfähiger Ware kann auch an das Unternehmen (einsetzen: Namen/Firma und Telefonnummer einer Versandstelle) erfolgen, das die Ware bei Ihnen abholt."

[5] Hier kann der Hinweis hinzugefügt werden:

„Bei Rücknahmeverlangen wird die Ware bei Ihnen abgeholt."

[6] Bei Fernabsatzverträgen über Waren ist anstelle des vorgehenden Satzes folgender Satz einzufügen:

„Für die Verschlechterung der Sache und für gezogene Nutzungen müssen Sie Wertersatz nur leisten, soweit die Nutzungen oder die Verschlechterung auf einen Umgang mit der Sache zurückzuführen ist, der über die Prüfung der Eigenschaften und der Funktionsweise hinausgeht."

[7] Wenn ein Hinweis auf die Wertersatzpflicht gemäß § 357 Absatz 3 Satz 1 BGB nicht spätestens bei Vertragsschluss in Textform erfolgt, ist anstelle der beiden vorhergehenden Sätze folgender Satz einzufügen: „Für eine durch die bestimmungsgemäße Ingebrauchnahme der Sache entstandene Verschlechterung müssen Sie keinen Wertersatz leisten." Bei Fernabsatzverträgen steht ein unverzüglich nach Vertragsschluss in Textform mitgeteilter Hinweis einem solchen bei Vertragsschluss gleich, wenn der Unternehmer den Verbraucher rechtzeitig vor Abgabe von dessen Vertragserklärung in einer dem eingesetzten Fernkommunikationsmittel entsprechenden Weise über die Wertersatzpflicht unterrichtet hat.

Handelt es sich um einen Fernabsatzvertrag über die Lieferung von Waren, ist dem vorstehenden Hinweis anzufügen:

„Wertersatz für gezogene Nutzungen müssen Sie nur leisten, soweit Sie die Ware in einer Art und Weise genutzt haben, die über die Prüfung der Eigenschaften und der Funktionsweise hinausgeht. Unter „Prüfung der Eigenschaften und der Funktionsweise" versteht man das Testen und Ausprobieren der jeweiligen Ware, wie es etwa im Ladengeschäft möglich und üblich ist."

[8] Der nachfolgende Hinweis für finanzierte Geschäfte kann entfallen, wenn kein verbundenes Geschäft vorliegt:

„Wenn Sie diesen Vertrag durch ein Darlehen finanzieren und später von Ihrem Rückgaberecht Gebrauch machen, sind Sie auch an den Darlehensvertrag nicht mehr gebunden, sofern beide Verträge eine wirtschaftliche Einheit bilden. Dies ist insbesondere dann anzunehmen, wenn wir gleichzeitig Ihr Darlehensgeber sind oder wenn sich Ihr Darlehensgeber im Hinblick auf die Finanzierung unserer Mitwirkung bedient. Wenn uns das Darlehen bei Wirksamwerden des Widerrufs oder bei der Rückgabe der Ware bereits zugeflossen ist, tritt Ihr Darlehensgeber im Verhältnis zu Ihnen hinsichtlich der Rechtsfolgen des Widerrufs oder der Rückgabe in unsere Rechte und Pflichten aus dem finanzierten Vertrag ein. Wollen Sie eine vertragliche Bindung so weitgehend wie möglich vermeiden, machen Sie von Ihrem Rückgaberecht Gebrauch und widerrufen Sie den Darlehensvertrag, wenn Ihnen auch dafür ein Widerrufsrecht zusteht."

[9] Ort, Datum und Unterschriftsleiste können entfallen. In diesem Fall sind diese Angaben entweder durch die Wörter „Ende der Rückgabebelehrung" oder durch die Wörter „Ihr(e) (einsetzen: Firma des Unternehmers)" zu ersetzen."

Stichwortverzeichnis

Die Zahlen verweisen auf die Seiten.

Abmahnung 59, 101, 193, 197, 268 ff., 287, 371 ff.
Abofallen 234, 282 ff.
Abrechnungsdaten 392 f.
Abstracts 108, 114
Access-Provider 75 ff., 197 ff., 244, 252, 392 ff., 413 ff., 421 f., 432 f., 499 ff.
Adwords 259 f., 263 ff., 436
Admin-C 19, 65, 436 f., 441 f.
Affiliate-Marketing 436
Affiliate-Merchant-System 417
Akteneinsicht 202, 470
Allgemeine Geschäftsbedingungen (AGB)
– Einbeziehung 77, 98, 169 ff., 227 ff., 237, 240, 251, 267 f., 277, 284 ff., 296, 310 ff., 328, 336, 446, 517
– Einwilligung 77, 237, 240, 251, 288, 310 ff. 365
– Transparenzgebot 113, 170, 284 ff., 310, 330, 365, 419
– Zulässige Klauseln 312 ff.
Allgemeine Haftpflichtbedingungen 296, 418 f. 510, 518
Allgemeines Persönlichkeitsrecht 503 ff.
Allzuständigkeit deutschen Strafrechts 471
Altersverifikationssystem 269, 481
Anfechtung 289, 294 ff.
Angemessenes Datenschutzniveau 407 ff.
Anscheinsvollmacht 298 f.
Antragsmodell 280
– Culpa in contrahendo 281
– Vertragsschluss im Internet 281 ff.
Anwaltshomepage 218 ff.
AnyDVD Entscheidung 189

Arbeitnehmererfindungsgesetz 178 f., 515
Arbeitnehmerurheber 178 ff.
– Angemessene Vergütung 180
– Programmierer 123, 514 f.
– Softwarebereich 96, 181
– Webdesigner 95, 178, 511
Arzneimittelwerbung 205 ff., 220
Auktionen siehe online-Auktionen
Auftragsdatenverarbeitung 354 f., 382 f., 397 ff.
– Auftragnehmer 400
– Kontrollrechte des Auftraggebers 383, 397 ff.
– Weisungsbefugnis 397 ff.
Auskunftsanspruch
– Gegen den Access Provider 197 ff., 252, 392, 421, 438, 470, 499 ff.

Bad Faith 80 ff.
Beratungsverträge 417 f.
Berufsordnung für Ärzte 219
Berufsordnung für Rechtsanwälte 218 f.
Berufsordnung für Wirtschaftsprüfer 218
Bestandsdaten 379, 386, 390, 396, 499 ff.
Beta-Layout Entscheidung 264
Betriebsgeheimnis 357, 369, 517
Betriebsvereinbarung 364, 368 f.
Beweiswert 302 ff.
Buchpreisbindung 224
Börsendienst-Entscheidung 417, 420
Bundesdatenschutzgesetz 154, 312, 345 ff., 356 ff., 366
– Subsidiarität 387

Caching 116, 421, 427, 497
Case Administrator 79
Catch-all-Funktionen 54, 263

CISG (siehe UN-Kaufrecht) 275 ff., 321, 460
Click-Wrap-Agreements 311
Code as Code 186 ff.
Compliance Officer 383
Computerbetrug 485 ff., 491
Computer-Wurm 484, 489
Content Scramble System 187
Content-Provider 158, 282, 416 ff., 427, 437, 443
Convention on Cybercrime 471
Cookies 221, 393 ff.
Copyright Management 187
Cyberflight 79
Cyber-Squatting 29, 78 ff., 247, 260

Datamining/Data Warehouse 404
Datenaustausch 362, 389
- grenzüberschreitender 347, 404 ff.
Datenbanken 92, 111, 114, 132, 142, 420, 433, 464, 505, 514
- Amtliche Datenbanken 108
- Datenbankhersteller 102 112
- Datenbankschutz 104 ff., 112, 125, 130
- Datenbankwerke 126
- EU-Datenbankrichtlinie 105, 112, 141
Datenerhebung 346, 363 ff., 374, 379, 383
Datenschutz 2 ff., 19, 197 ff., 248 ff., 279, 308, 337 ff., 390 ff.
- Anonymisierte Daten 359
- Einwilligung 312, 337, 345, 349 f., 364 ff., 376, 516
- Erlaubnistatbestände 202, 387, 389 f., 406
- Grundsatz der Zweckbindung 346 ff., 375, 391 f., 404, 409
- Insolvenz 410 f.
- Kollisionsrecht 354 ff.
- Outsourcing 355, 396 ff., 403
- Prognose- und Planungsdaten 358
- Richtlinie 347 ff.
- verantwortliche Stelle 354, 361, 409

- Verwendung 352 f., 360, 363 ff., 393 ff.
Datenschutzbeauftragter 345 ff., 383, 399 f.
- Unabhängigkeit 350
Datenschutzskandale 348, 373
Datensicherheit 218, 383, 398 ff., 502
Datenverarbeitung 4, 56, 218, 345 ff., 354 ff., 376, 381 ff., 398 ff., 485 ff., 515 ff.
De-Mail 308 ff.
Denic 16 ff., 56 ff., 441 f.
- Negativlisten 64
Dialer 490 ff.
Discount Provider 18
Digitale Dokumente 300 ff.
- Beweiswert 302 ff.
- Interoperabilität 307
- Signaturrichtlinie, Signaturgesetz 305 ff.
Digitale Signaturen 252, 300 ff., 307
- Alice und Bob 308
- Verschlüsselung 306 ff.
- Zertifikate 305 ff.
Dispute-Eintrag 18 f., 47, 56 f.
Distributed Denial of Service (DDoS) 488 ff.
DocMorris Entscheidung 222
Domain
- Arbeitsmittel i.S.v. § 811 Nr. 5 ZPO 74
- Bilanzierung 74 ff.
- Kanzlei 215 ff.
- Vergabe 63 ff., 74
Domain-Grabbing 2, 31, 47, 59, 272
Domain-Name-Sharing 33
Domain-Warrings 59
Dongle 187
Dritter Korb 90
Duldungsvollmacht 290 ff.

eBay 25 ff., 189, 224 ff.
- AGB 267, 288 ff., 441,
- Bewertungssystem 228 ff.
eCash siehe Netzgeld

E-Commerce-Richtlinie 312, 335, 416, 421 ff.
E-Mail 73 ff., 239 ff., 246 ff., 295
– Im Arbeitsverhältnis 367 ff.
– Überwachung 368 ff.
– Werbung 209 ff.
Einführungsgesetz zum Bürgerlichen Gesetzbuch 239 ff., 277 ff., 321 ff., 465
Eingerichteter und ausgeübter Gewerbebetrieb 19, 47, 227 ff., 249 ff., 292 f., 339, 357
Eingriffsnormen 249 ff., 279
Einkaufsbedingungen 509
Einwilligung 161 f., 516
– in Allgemeinen Geschäftsbedingungen 251, 310 ff.
– Änderung des Domainnamens 58 ff., 441
– Bildrechte 101, 118 ff., 338 f.
– BDSG 364
– Facebook 344
– opt-in 250
– Strafrechtliche Sanktionen 191 ff.
– Zwei-Phasen-Modell 370 f.
Elektronische Form 300 ff.
Elektronische Pressespiegel 130 ff.
– Pressespiegeldatenbank 130 ff.
– Pressespiegelvergütung 133, 163
Elektronische Leseplätze 139 f., 154
Enforcement-Richtlinie 90, 196, 421
Elektronische Signatur 300 ff.
– Einfache 305
– Fortgeschrittene 305
– Qualifizierte 306
Elektronische Zahlungsmittel 315 ff.
Empfangsbestätigung 245, 335 f.
Entgangener Gewinn 195, 418
Entstellungsverbot 122 f.
Erfolgsortprinzip 92, 207
Erschöpfungsgrundsatz 35, 126 ff., 188, 466
EU-Datenschutzrichtlinie 248, 347 f., 360 ff., 405 f.
EuGVO 452 ff.
EU-Haftbefehl 474

Finanzdienstleistungs-Richtlinie 320
Fair use 124
Fahrlässigkeitshaftung 193 f., 197, 418, 425 ff., 439
Fernabsatzrecht 323 ff., 520 ff.
Fernmeldegeheimnis 369, 388 f., 499 ff.
File Sharing 200 ff.
File Transfer Protocol (FTP) 142, 169, 389
Finaler Markteingriff 20, 211
Framing 115, 257
Font-Matching 262 f.
Forum-Shopping 449
Funktionsübertragung 355, 397

Geheimnisträger 402
GEMA (Gesellschaft für musikalische Aufführungs- und technische Vervielfältigungsrechte) 159 ff., 196
Gesetz gegen den unlauteren Wettbewerb 97 ff., 197 f., 205 ff.
Gerichtsstand
– Allgemeiner Gerichtsstand 23, 450
– Fliegender Gerichtsstand 445, 454
– Gerichtsstandsvereinbarungen 91, 449, 455 ff.
Gerichtsstandsrisiko 449
Gerichtszuständigkeit 449
– Örtlich 449, 454
Gewerbeordnung 224 ff.
Gewerbsmäßige Piraterie 191 ff.
Glücksspiele
– Glücksspielstaatsvertrag 224 f., 483
– Im Internet 225
GVL (Gesellschaft zur Verwertung von Leistungsschutzrechten) 159 ff.
GVU (Gesellschaft zur Verfolgung von Urheberrechtsverletzungen) 507 f.
GoogleAds 226, 259 ff.

Google Street View 153 ff., 357 f.
Grenzüberschreitender Datenaustausch 347, 404 ff.
– Angemessenes Schutzniveau 320, 406 ff.
– Codes of Conduct 406
Grundrecht auf Gewährleistung der Vertraulichkeit und Integrität informationstechnischer Systeme 503 ff.
Grundsatz des bestimmungsgemäßen Abrufs 21 f.
Günstigkeitsprinzip 461 ff.

Haager Übereinkommen über Gerichtsstandvereinbarungen 455 ff.
Hackerparagraph 487
Haftung von Online-Diensten
– Forenbetreiber 338 ff., 436 ff.,
– Gästebuch-Betreiber 443
– Haftungsprivilegierung 426 ff.
– Intermediäre 435 f.
– Störerhaftung 226, 424 ff.
– Täterhaftung 425
Handeln unter fremdem Namen 290, 298 f.
Handlungsort 92, 414 ff., 450 ff., 471
Heilmittelwerbegesetz 219 ff.
Herkunftslandprinzip 211 ff., 450 f.
Homepage 19 ff., 28 ff., 39 ff., 57 ff., 101 ff., 165 ff., 211 ff., 219 ff., 234 ff., 282 ff., 448 ff., 511
Horatius-Formel 75
Host-Provider 198, 416, 422 ff., 437 ff.
Hyperlinks 106, 189, 241, 246, 254 ff., 482 f.
– Anzeigepflicht von Werbelinks 281
– Deep-Links 149, 256 f., 429
– Frames und Inline-Linking 257 ff., 312
– Haftung 426 ff.
– Link-Agreement 258
– Solidarisierungseffekt 427
– Sponsored links 28, 106 ff.

– Verlinkungsregeln des Bundesministeriums für Gesundheit 258
– Virtual Malls 258 f.

Identitätstäuschung 290 ff., 487
Impressum 236 ff.
Informationspflichten 213, 218, 233 ff., 270 ff. 285, 294, 324, 519
– Internetportalbetreiber 238
– Telefonnummer 236 ff.
InfoSoc-Richtlinie 126 f., 145, 188 ff., 497
Inlandsbezug 21 ff., 93, 449 ff., 467
Insolvenzordnung 184 f.
Internationales Zivilverfahrensrecht 449 f.
Interflora Entscheidung 266
Internet-Radio 103 f.
Invitatio ad offerendum 282, 288 f.
IP-Adresse 9 ff., 69
– Daten, personenbezogene 389 ff.
– Dynamisch 201, 392 ff.
– Statisch 394
– Speicherung 392
– Vorratsdatenspeicherung 377 ff.
IP-Spoofing 492 f.
IT-Sicherheit 419

Jugendschutz 225, 269, 478, 480 ff.

Kennzeichenrechte 11, 21, 84
– Gegenstand 67 ff.
– Verletzung 63, 258 f.
Kennzeichenrechtlicher Löschungsanspruch 59
Keyword Advertisement 259 ff.
Kochsalz-Entscheidung 420
Kollisionsrecht 20 f., 90 ff., 206 ff., 275 ff., 320 f., 354 ff., 414 ff., 449, 460 ff.
Kopierschutz 186 ff.
Kopierversanddienste 147 ff.

Lieferfristen 240 f., 313
likelihood of confusion 81 f.
Lizenzanalogie 196

Lizenzen siehe Nutzungsrechte
legitimate interests 80 f.
Leistungsschutzrechte 101 ff., 158 ff., 190, 458

Marke 13, 226 ff., 237, 256 ff., 261 ff.
Markenrecherche 20
Markenrechtsverletzung 439 ff., 450 ff.
Marktortprinzip 247, 464
Meinungsfreiheit 54, 134, 189, 229 ff., 342 ff., 432, 448, 475, 481
Meta-Tags 118, 246, 259 ff.
- missbräuchliche Verwendung 260 ff.

Mitteilungspflichten 400 f.
Mikrozensus Beschluss 345
Multistate-Delikt 92 f.

Negativlisten 64
Netzgeld 317 ff.
Notice-and-Take-Down-Verfahren 424 f.
Numbering Authorities 10
Nutzungsdaten 386, 391 ff., 501
Nutzungsrechte 119, 127 f., 161 ff.
- In der Insolvenz 183 ff.
- first sale 466
- Kreditsicherung 183
- Nutzungsvereinbarung 515
- Rückrufsrechte 171 ff.

Off-/Online-Kontext 122 f.
Online-Archive 339 ff., 444
Online-Auktionen 190, 214, 223 f., 287 ff., 332 ff., 437
- Haftung 437
- Powerseller 293 f., 326
- Widerrufsrecht 283 f.

Online-Banking 300, 418, 488,
Online Dispute Settlement 459
Online-Erschöpfung (Erschöpfungsgrundsatz) 35, 126 ff., 188, 466
Online-Durchsuchung 498 ff.
Öffentliche Reden 129 f.

Openness Change Innovation 12
Open-Content 176
- Open-Source-Software 176
Opt-In 247 ff., 364 ff.
- Double Opt-In 250 f.
Opt-Out 247, 364 f.
Ordre Public 93, 279 f.

P2P (siehe Peer-to-Peer) 120, 143, 197 ff., 421, 501
Paperboy Entscheidung 115, 257, 429
Pay-TV 163, 187
PayPal 318 f.
Peer-to-Peer Dienste 143, 203
Persönlichkeitsrechte 121 ff., 338 ff., 383 ff., 443 ff.
- Beamte 370
- Einverständnis 249, 341
- Haftung 339 ff., 441
- Hostprovider 424 f.
- Onlinedurchsuchung 503
- Person der Zeitgeschichte 342
- Private E-Mails 249, 344
- Recht am eigenen Bild 338
- Tatsachenbehauptungen 227
- Urheber 166 ff., 181
- Unternehmen 357
Personenbezogene Daten 355
Personensuchmaschinen 344 f.
Pharming 299, 488 ff.
Phishing 298 f., 485 ff.
PMG Presse-Monitor Deutschland GmbH & Co. KG 133
Policenmodell 280
PopUp 216, 237, 267 f.
Portscanning 492 f.
Post- und Briefgeheimnis 253
PostIdent-Verfahren 269
Pre-Trial Discovery 408
Preisangabenverordnung 233 ff.
Prüfungspflichten 63, 345, 423 ff.

Race to the bottom 93, 212
Rasterfahndung 375 ff.
Rechnungslegung 197 ff.

Recht auf informationelle Selbstbestimmung 203, 337, 346, 370 ff., 411, 503 ff.
Rechtsmissbrauch 39, 72 f., 118, 203, 271 ff.
Rechtsvergleichende Hinweise 91 ff., 278
Rechtswahl 91 ff., 322 ff., 460 ff.
Regional Encoding Enhancements 187
Reverse Domain Name Hijacking 83
RICK-Formel 75
Rights Protection System 187
Rolex Entscheidung 437, 483 f.
ROM I-Verordnung 275 ff, 321, 460 ff.
ROM II-Verordnung 281, 414 ff., 463 ff.
Root-Server-System 10
Rückgaberecht 324, 326 ff., 518

Safe Harbor Principles 406 ff.
Schadensersatz 59, 93, 101, 191 ff., 287, 290, 311, 382 ff., 414, 424
– GEMA-Aufschlag 196
– Klage 296
– Shevill-Entscheidung 452
– Störerhaftung 424
SCHARF-Modell 75
Schmähkritik 55, 229 ff., 341
Schriftform 176, 300 ff., 363 f., 456 f., 520
Schutzlandprinzip 21, 92 f. 464
Scoring 349 f.
Screen-Scraping 110
– Web-Scraping 110
Second-Level-Domains 17 ff., 43 ff.
Secure Sockets Layer 316
Serial Copy Management System 187
Service Mark 80 ff.
Session-ID Entscheidung 189 f.
Sharehoster 199, 430 f.
Signaturgesetz 305 ff.
Signaturrichtlinie 305 ff.
Sniper 267

Sonderanknüpfungen 279 f.
Sonderleistungstheorie 180
Sound-Sampling 102, 136, 165
Sound-Klau 103
Spamming 247 ff.
– Filterung 252 f.
Sperrungsverpflichtung
– des Access-Providers 252, 421 ff.
– des Host-Providers 440
– des Online-Auktionshauses 233
Spickmich.de Entscheidung 341 f.
Spürbarkeitskriterium 93, 207 f., 467
Spyware 484 ff.
Standesrecht 36, 205, 214, 293,
– Mediziner 219
– Rechtsanwälte 215 ff.
Störerhaftung 65, 110, 189, 226, 424 ff., 433, 468
– Accountinhaber 440
– Betreiber von Internetcafes 446
– Inhaber des Internet-Anschlusses 446
– Online-Marktplatz 436 ff.
Strafprozessrecht 472, 498 ff.
Strafrecht 122, 145, 191 ff.
– Analogieverbot 477 ff.
– Aufruf zu einer Straftat via Internet 343
– Auschwitz-Lüge 475
– Gewaltdarstellungen 377 ff.
– Namensnennung 343
– Pornographie 478 ff.
– Verbreitung von Propagandamitteln 475 ff.
– Verwendung von Kennzeichen verfassungswidriger Organisationen 476
Streaming 485 ff.
Streitschlichtung 13 ff., 77 ff.
– Schlichtungskosten 79
Suchmaschine 19, 37 ff., 57 ff., 109, 118, 253, 261 ff., 344, 420 f., 429 ff.
– Metasuchmaschine 107, 435
– Personensuchmaschine 339 ff.
– Preissuchmaschine 233 ff., 435 ff.
– Suchdienste 432 f.

Tabaksteuergesetz 223 f.
Tabakwerbung 223
Tarifvertrag 123, 173 ff., 363, 367 ff.
Tatortprinzip 452
Territorialitätsprinzip 15, 20 f.
– Strafrecht 92
– Geistiges Eigentum 92
Telefonteilnehmerverzeichnisse 107
Telekommunikationsanbieter 396, 500
Telekommunikationsgesetz 388 ff., 501
Telekommunikationsüberwachung 204, 352 f., 379 f., 498 ff.
Telemediengesetz 198, 356 ff., 387, 390 ff., 415 ff., 501
Textform 244 ff., 301, 326, 329 ff., 445, 519
Thumbnails 118, 434 f.
Top-Level-Domains 10 ff., 43 f., 51 ff., 63, 73, 87, 210, 454
Trademark 80 ff.
Transport Layer Security 316
Trennungsgebot 246, 253 ff.
Trojaner 298, 484 ff.

UN-Kaufrecht 275 ff., 321, 460, 514
Uniform Dispute Resolution Policy (UDRP) 14, 77 ff., 459
Unlauterer Wettbewerb 205 f., 213 f., 239, 258 ff., 271, 415, 464, 517
Unterlassungsansprüche 12, 32, 42 ff., 52, 57 f., 146, 194, 208, 229, 248 f., 268 ff., 338 ff., 386 ff., 414, 424, 438 ff.
– Im Ausland 270 f., 450
Unternehmenskennzeichen 24 ff., 49, 68 ff., 264,
Urheberpersönlichkeitsrecht 121 ff., 160, 169, 185, 196 f., 512
– Unveräußerliche 181
Urheberrecht 2 ff., 89 ff.
– Privatkopierfreiheit 140 ff.
– Schranken 141 ff., 148
– Unveräußerlichkeit 181 f.

Urheberrechtsverletzung 95, 204, 445 f.
– Auskunft und Rechnungslegung 197 ff.
– Beseitigung 195
– Haftung 419
– Strafrecht 438, 495, 501 507
– Unterlassung 194 ff., 424, 435
Überwachungspotential 369

Verbraucherschutz 212, 238, 255, 292 f., 319 ff., 465
– Internationaler 211, 321 ff., 465
Verbreiterhaftung 434, 445
Vergütung 29, 124 ff., 133 ff., 141, 150 ff., 176, 195, 217, 252, 284, 512, 515 f.
– Gemeinsame Vergütungsregeln 173 f.
– Angemessene Vergütung 91, 139, 148, 173 ff., 180 ff.
– Nachvergütung 173 f.
Verhältnismäßigkeitsgrundsatz 212, 353, 474, 501
Verkehrsdaten 200, 351 ff., 369, 377, 380 f., 390, 396, 473, 498 ff.
Verkehrsgeltung 30, 50, 53, 64, 67 ff.
Versicherungsspezifikat 280
Versicherungsvermittlungsgeschäfte 225
Versicherungsvertragsrecht 280 f.
Vertragsschluss 161, 169, 175 ff., 213, 241, 268, 275, 462, 520 ff.
– Bestellkorrektur 335
– Dissens 283
– Im Internet 281 ff.
– Online-Auktionen 287
– Stellvertretung 215, 288, 298, 339, 355, 377
– Täuschung 286 ff., 298, 487
– Übertragungsfehler 297
– Vernehmungstheorie 295
Verwaiste Werke 125 f., 154
Verwässerung 30, 32, 47, 266

Verwertungsrechte 113 ff., 122, 124, 153 ff., 166, 168, 175, 466, 512 f.
- Vervielfältigungsrechte 113 f., 159 f.
- Verbreitungsrechte 121, 160

Videoüberwachung 374
Virus 484 f.
VG Wort 133 f., 139, 151 f., 159, 163
Volkszählungsurteil 2, 346, 357, 375
Vollstreckungsoase 459
Vorratsdatenspeicherung 201 f., 351 ff., 377, 380, 472 ff., 498 ff.

Webdesigner 178 ff., 511
Weiterverkaufsverbote 268
Werbeblocker 267 f.
Werbepost/-mail 239, 248
WLAN Sharing 270
Wettbewerbsrecht 36, 97, 102, 197, 211, 213 f., 220, 246 ff., 266 ff., 414, 451
- Abmahnungsbefugnis des Mitbewerbers 273
- Fristen 146, 240
- Marktort 206 ff., 247, 464
- Mitstörerhaftung bei Hyperlinks 256, 425, 429, 440, 468
- Online-Auktionen (siehe Online-Auktionen)
- Spürbarkeitsschwelle 207, 467

Widerrufsbelehrung 241 ff., 271, 333, 519 ff.
- Telefon- und Faxnummern 244
- Textform 244, 332 f.
- Platzierung 243 ff.

Widerrufsrechte 177, 218, 283, 286, 289, 325 ff., 518 ff.
- Kostentragung 284, 294, 313, 327 f.
- Nutzungsentschädigung 329 f.

WikiLeaks 123

Zahlungsmittel 210
- herkömmlich 316 f.
- internetspezifisch 317 ff.

Zeitobergrenze 160, 167, 172, 351
Zeitungsartikel 130 ff., 149
Zivilprozessordnung 307
Zollbeschlagnahme 192
Zueigenmachen 416
Zugang 79, 115, 181, 187 ff., 220 ff., 236, 269 f., 284, 290, 294 ff., 304, 308, 337, 351 ff., 372, 421 f., 440 f., 479, 494
Zugangserschwerungsgesetz 479
Zugangskontrolldienst 187
Zwangslizenzen 124, 165
- Kartellrechtlich 155 ff.

Zwangsvollstreckung 62, 66, 74 f., 185
Zweckübertragungsgrundsatz 169, 338